黔南年鉴

QIANNAN
YEARBOOK

·2017·

《黔南年鉴》编纂委员会
《黔南年鉴》编辑部 编

方志出版社
Publishing House of Local Records

·黔南布依族苗族自治州成立 60 周年庆祝大会·

幸福黔南——生态之州

①. 2016 年 8 月 8 日，黔南布依族苗族自治州成立 60 周年庆祝大会在黔南州全民健身活动中心举行

②. 贵州省委书记陈敏尔（右一）向黔南州第一任州长韦茂文赠送州庆纪念微章

③. 贵州省委副书记、省长孙志刚（右二）宣读省委、省人大、省政府、省政协、省军区贺信

④. 贵州省委书记陈敏尔（右二）、省长孙志刚（左二）与州委书记龙长春（左一）、州长向红琼（右一）合影

⑤. 中央有关部门祝贺团团长、国家民委副主任罗黎明致辞

⑥. 黔南州第一任州长韦茂文发表感言

⑦. 中共黔南州委书记龙长春主持庆祝大会

⑧. 中共黔南州委副书记、州长向红琼致欢迎辞

4

5

6

7

8

·黔南布依族苗族自治州成立60周年庆祝大会现场·

1

2

3

幸福黔南

生态之州

①.黔南州建州 60 周年盛典

②.红旗方队入场

③.现场一角

④.黔南布依族苗族自治州成立 60 周年 LOGO

4

·民族歌舞展演·

都匀经济开发区欢迎您
魅力匀东

幸福黔南 —生态之州

民族歌舞展演

·黔南布依族苗族自治州建州60周年工作汇报会·

1

4

5

幸福黔南 —生态之州

①.2016年8月7日，黔南布依族苗族自治州建州60周年工作汇报会在都匀召开

②.省祝贺团团长、省委副书记、省长孙志刚出席会议并讲话

③.中央有关部门祝贺团团长、国家民委副主任罗黎明出席会议并讲话

④.州委书记龙长春出席会议并讲话

⑤.州委副书记、州长向红琼介绍黔南州经济社会发展情况

·成就展开展仪式·

1

2

3

幸福黔南——生态之州

①. 2016 年 8 月 6 日，由州委、州政府主办的“生态之州·幸福黔南”60 周年成就展，在黔南州民族博物馆展出。图为成就展开幕式

②. 领导按下启动球

③. 州领导龙长春（前排中）、向红琼（前排右）、罗毅（左）等在观看成就展

④. 领导、嘉宾参观成就展

·第五次民族团结进步表彰·

1

2

·“黔南星”揭幕仪式·

幸福黔南——生态之州

①.2016 年 8 月 6 日，全州第五次民族团结进步表彰大会在都匀召开
②.全州第五次民族团结进步表彰大会现场
③.贵州省政协党组副书记、副主席蒙启良（右二）、省政协原党组副书记、副主席吴嘉甫（中）、国家天文台台长严俊（左二）、黔南州州委书记龙长春（右一）、国家天文台小行星搜寻项目负责人、研究员周旭（左一）为“黔南星”雕塑揭幕
④.参加“黔南星”揭幕仪式，领导专家合影留念
⑤.2016 年 8 月 8 日下午，中国科学院国家天文台台长严峻（右）颁授“黔南星”命名证书

·重大产业推介暨经贸洽谈活动·

1

2

幸福黔南——生态之州

①.2016 年 8 月 7 日，黔南州成立 60 周年庆祝活动招商引资推介会暨项目签约仪式在都匀举行
②.推介会暨项目签约仪式
③.推介会暨项目签约仪式
④.2016 年 8 月 8 日，黔南跨境电商发展启动会暨签约仪式在龙里东方宏基 020 电商产业园举行
⑤.签约仪式场景之一
⑥.签约仪式现场

3

·跨境电商发展启动会暨签约仪式·

4

5

6

·庆祝中国共产党成立 95 周年表彰大会·

③

幸福黔南——生态之州

①.2016年6月30日上午，黔南布依族苗族自治州庆祝中国共产党成立95周年表彰大会在黔南州全民健身中心举行

②.州委书记龙长春（左）与受表彰的代表握手

③.州领导与受表彰的代表合影

④.受表彰的黔南州优秀共产党员合影（李庆红　摄）

④

·牢记党的宗旨·讴歌幸福黔南合唱大赛·

1

2

3

幸福黔南——生态之州

①.2016 年 6 月 30 日下午，黔南州举行“牢记党的宗旨·讴歌幸福黔南合唱大赛”

②.黔南州党群代表队（罗广法　摄）

③.合唱大赛场景之一（李庆红　摄）

·都匀毛尖（国际茶人会）·

1

幸福黔南——生态之州

①.2016年9月23日，由贵州省人民政府、中国国际茶文化研究会、中国茶叶流通协会主办，黔南州人民政府、贵州省农业委员会、中华全国供销合作总社杭州茶叶研究员承办的2016都匀毛尖（国际）茶人会开幕式在黔南州都匀中国茶文化博览园举行

②.2016年9月23日，都匀毛尖（国际）茶人会开幕式现场文艺表演（李庆红 摄）

③.国际茶叶委员会首席执行官马努扎·佩雷斯致辞（李庆红 摄）

④.中共黔南州委书记龙长春宣读《黔茶出山·都匀宣言》（李庆红 摄）

⑤.嘉宾以茶品种、茶品牌、茶文化为主题展开讨论（李庆红 摄）

2

3

黔茶
出山

4

都匀毛尖(国际)茶人会
茶高端论坛
都匀毛尖引领黔茶出山
DU YUN MAO JIAN YING LING QIAN CHA CHU
贵州省人民政府
国际茶文化研究会
中国茶叶流通协会
黔南州人民政
作总社杭州茶

5

·500米口径球面射电望远镜在黔南州平塘县落成启用·

1

2

2016年9月25日，位于黔南州平塘县大窝凼的世界最大单口径射电望远镜——500米口径球面射电望远镜（FAST）宣告落成启用，开始探索宇宙深处的奥秘。中共中央总书记、国家主席、中央军委主席习近平发来贺信。中共中央政治局委员、国务院副总理刘延东宣读贺信并致辞。

贵州省委书记、省人大常委会主任陈敏尔出席。省委副书记、省长孙志刚，中共科学院院长白春礼，国家发展改革委副主任连维良，诺贝尔物流学奖获得者、射电脉冲双星发现者约瑟夫·泰勒致辞。中国科学院副院长王恩哥主持。国家天文台台长严俊汇报FAST项目基本情况。最后，刘延东、白春礼、连维良、南仁东、陈敏尔、孙志刚共同按下启用球。

3

4

5

幸福黔南——生态之州

①.500米口径球面射电望远镜（Five-hundred-meter Aperture Spherical radio Teles cope），简称FAST

②.大窝凼原貌图

③.启用仪式现场

④．“中国天眼之父”——南仁东

⑤.刘延东（左三）、白春礼（右三）、连维良（左一）、南仁东（右一）、陈敏尔（左二）、孙志刚（右二）共同按下启用球

中国共产党黔南布依族苗族自治州第十一次代表大会

幸福黔南——生态之州

①.2016年12月6日，中国共产党黔南布依族苗族自治州第十一次代表大会在都匀经济开发区开幕
②.中共黔南州委书记龙长春在中国共产党黔南州第十一次代表大会上作报告（李庆红　摄）
③.州委常委、州纪委书记杨光杰代表中共黔南州第十届纪律检查委员会作工作报告
④.中共黔南州委书记龙长春（中）参加分组讨论
⑤.州委常委、代州长吴胜华（中）参加分组讨论（冯小东　摄）
⑥.州人大常委会主任罗毅（中）参加分组讨论（冯小东　摄）
⑦.州政协党组书记魏明禄（中）参加分组讨论（冯小东　摄）
⑧.2016年12月9日，中国共产党黔南州第十一次代表大会闭幕会上，新当选的新一届州委常委龙长春、吴胜华、罗桂荣、张文强、黄伟、杨光杰、吴丹、王芳、胡志峰、瓦标龙集体合影

州直代表团
龙长春
胡品荣
4

吴胜华
5

6

罗甸代表团
魏明禄
7

8

·黔南州第九届旅游产业发展大会·

1

2

3

幸福黔南——生态之州

①.2016年8月9日至8月10日，主题为“循大道·品福泉——古城文化与太极养生之旅”的黔南州第九届旅游产业发展大会暨福泉古城文化旅游节在历史文化名城－古城福泉举行

②.开幕式上太极表演

③.开幕式嘉宾现场学习武当功夫，体验太极养生

④.2016年12月30日，黔南州第十届旅游产业发展大会在有着“山水湖城”之称的黔南罗甸县举行（李庆红　摄）

⑤.省州领导唐世礼（左二）、龙长春（右二）、吴胜华（左三）、罗毅（右一）等参观展览

⑥.开幕式上举行会旗交接仪式（李庆红　摄）

⑦.黔南州第十届旅游产业发展大会，举行黔桂边界旅游产业协作区联盟仪式（李庆红　摄）

·黔南州第十届旅游产业发展大会·

4

5

6

7

民族风情

2016年4月30日，由贵州省音乐家协会、贵州省民族宗教事务委员会、贵州市布依族学会、中共黔南州委宣传部、中国亮点文化工作室主办，中央民族歌舞承办的“中国梦·民族情”——唐世林作品音乐会在北京民族剧院音乐厅举行，音乐会上，中央民族歌舞团国家一级演员蓝剑等歌手携手演绎了由黔南布依族音乐家唐世林创作的《黔南美》《布依山寨美如画》《品一杯毛尖满城香》等18首歌曲。

6月24日，中共都匀市委、都匀市人民政府主办、中共都匀市委宣传部、都匀市文联、都匀市文旅局承办的“中国梦·民族情”——唐世林作品都匀音乐会在黔南民族师范学院大礼堂上演。中央民族歌舞团国家一级演员蓝剑等18位歌唱家又一次登台演绎唐世林作品，受到观众好评。

1

2

幸福黔南——生态之州

①.平塘平丹陶瓷制作
②.布依族花灯
③.水族马尾绣
④.2016年2月贵定沿山镇底至冲白苗坐花场（李光忠 摄）
⑤.2016年四月八节布依族女子杠上扳手劲比赛
⑥.水族长号（谢泽华 摄）
⑦.百岁老人马尾绣人生

水族布鞋和鞋垫制作
水族布鞋，是水族妇女传统手工艺的女式花
布鞋和男式布鞋，统称千层底布鞋，布鞋是冬日
暖夏凉。花布鞋，是水族妇女必备的穿
布料多为红色、绿色和蓝色镶成几何
和鞋跟上绣花卉、雀鸟、蝴蝶
兼用绿色和蓝色布滚边，扣袢
式布鞋，鞋面多用黑色，深蓝
后跟用黑色布镶成几何图形，
边。
水族花鞋垫，是水族传统手工
成鞋垫图形，多用红色、蓝色、绿
粘上，绣出各种飞禽走兽的图
蝴蝶、龙等较多。
3

4

5

6

7

· 综合掠影 ·

1

2

3

幸福黔南——生态之州

①.都匀南沙洲绿地公园（陈建　2016 年摄）
②.黔南州全民健身活动中心
③.三都水族文化风情谷－万户水寨（韦毓祥　摄）
④.龙里双龙小镇
⑤.都匀梦都影视文化旅游创意产业园

幸福黔南——生态之州

①.黔南布依族苗族自治州首府－都匀（陈国宜　2016 年摄）
②.都匀杉木湖夜色（谢泽华　摄）
③.都匀毛尖核心产区螺蛳壳高寨水库茶园景区

3

都匀毛尖小镇秋色（谢泽华　2016 年摄）

瓮安清水江大桥（李双华　2016 年摄）

《黔南年鉴》编纂委员会

顾　　问	唐德智	州委书记
	吴胜华	州委副书记、州人民政府州长
	罗　毅	州人大常委会主任
	魏明禄	州政协主席
主任委员	罗桂荣	州委副书记、州政法委书记
副主任委员	瓦标龙	州委常委、州委秘书长
	胡晓剑	州人民政府副州长

《黔南年鉴》编辑部

主　　编　胡智勇

副 主 编　张慧玲　喻昌富　韦武昌

执行主编　张永淑

编辑校对　张永淑　黄贵平

编　　务　陈福先　杨盛敏　冷　艳　陆　娅

《黔南年鉴（2017）》撰稿人员名单

张永淑	杨　飞	方景发	高　扬	鲍　恩	王平德	龙文超	胡声立
汪　雯	冷玉珠	郭　俊	喻昌富	王素琴	柴天祥	罗　慧	王爱民
杨国庆	舒振华	温成华	陆柏燐	罗继锋	陈明亮	庭永智	赵明红
黄晓红	周　文	裴　育	王继东	邱祥智	王国祥	吴邦敏	罗光卫
陆　杨	杨昌静	林　萌	曹志才	杨宣贵	彭　江	李应陆	潘　娜
汤　伟	桂连学	梁光强	王　梅	潘洪章	马德富	尹　超	吴　健
王尔华	顾俊友	罗映章	田　园	蒙丽华	杨　涛	陈　诚	赵　森
潘盛辉	罗　林	王开媛	龙开君	潘海德	王　翔	史艳芳	肖剑锋
敖宏平	蒙本昌	杨　松	李嘉明	王继咏	罗政长	苏　迪	高　瑞
邱　霞	宋琦霞	李兴国	蒙炳万	刘　幸	叶黔峰	赵二彪	刘献国
陈明辉	涂　松	莫想愿	施川平	余永军	潘崇卿	李乐平	张　杰
蔡荣江	王兴梅	唐思怡	熊　伟	曾贵湘	孙晓姝	钟杰平	周　显
莫开芳	林廷友	龙　麟	旷华霞	李　阳	刘羽瑶	张光宇	黄元刚
宋晏玮	李　涛	王中子	于阳阳	肖剑锋	宋　宇	尹玉基	魏颖娜
张孙付	罗付金	陈　煜	覃　波	罗加建	吴弘毅	周崇启	韦川英
田文杰	张　文	唐　梅	吴珍幸	罗伦鑫	张晴莉	严　松	蒙永昌
吴玮燊	向兆国	刘运竹	杨胜立	赵　琦	谢兴贵	金吉高	黄尚发
毛与艳	彭永刚	黄惠金	王　海	陆江龙	韦绍武	岑秋慧	何培逊
钟成德	方兢民	罗韵熙					

编辑说明

一、《黔南年鉴》是中共黔南州委、州人民政府批准出版的地方综合年鉴，由《黔南年鉴》编辑部编辑出版。

二、《黔南年鉴》创刊于1997年，每年出版一卷，2017年卷是第21卷。收录时限为2016年1月1日至12月31日，少数稿件根据需要作适当追溯或下延。本卷全面、系统、翔实地记载全州上一年度国民经济和社会发展情况，取得的成就和经验，以及存在的问题，为党、政领导作出决策和制订计划提供可靠依据，为科研、企事业单位研究事业发展提供翔实州情资料，为各界人士了解黔南、建设黔南服务，为编纂地方史志积累历史资料。

三、《黔南年鉴（2017）》着力反映全州人民紧紧围绕全面建设小康社会的奋斗目标，高举中国特色社会主义伟大旗帜，坚持以马克思列宁主义、毛泽东思想、邓小平理论、“三个代表”重要思想，科学发展观为指导，贯彻落实习近平总书记系列重要讲话精神和治国理政新理念新思想新战略，坚持辩证唯物主义和历史唯物主义的立场、观点、方法，存真求实，围绕省委、省政府和州委的部署，大力实施“3366”发展战略，加快打造民族地区创新发展先行示范区，大力实施大扶贫、大数据两大战略行动，大力实施创新型驱动、开放型后发赶超和“一圈两翼”发展三大战略，努力建设富民强州、同步小康的新举措、新进展、新成就，突出地方特色。

四、本卷设有28个部类：《特载》《2016年大事记》《州概况》《中国共产党黔南州委员会》《黔南州人民代表大会及其常委员会》《黔南州人民政府》《中国人民政治协商会议黔南州委员会》《民主党派·工商联》《群众团体》《军事》《法治》《民族·宗教》《经济管理与监督》《财政·税务》《金融》《农业》《扶贫开发》《工业》《商务》《交通运输·邮电》《建设·环保》《教育·科学技术》《文化·艺术》《新闻出版·广播电视》《卫生和计划生育·体育》《社会生活》《县市概况》《附录》，另设图片和索引。

五、本卷所用稿件均由州直各单位部门、各县（市）党政办及有关单位提供，并经单位负责人审核签署。有关国民经济和社会发展统计数据，由州统计局提供，各部门提供的数据，我们力求统一，但由于统计口径、统计时限、资料来源的不同，有的数据不尽一致，使用时请以统计部门的为准。

六、本年鉴在编辑出版发行过程中，得到各级党委政府、各有关部门和单位领导及社会各界人士的关心支持，在此一并致谢！本年鉴图文虽经多次审核、校对，但仍难免有差错和疏漏之处，恳请广大读者批评指正。

《黔南年鉴》编辑部

2017年8月

·目　录·

MU LU

特　载

2016年大事记

州概况

中国共产党黔南州委员会

黔南州人民代表大会及其常务委员会

黔南州人民政府

中国人民政治协商会议黔南州委员会

民主党派·工商联

群众团体

军 事

法　治

民族 · 宗教

经济管理与监督

财政·税务

金　融

农　业

扶贫开发

工　业

商　务

交通运输·邮电

建设 · 环保

教育 · 科学技术

文化·艺术

新闻出版·广播电视

卫生和计划生育·体育

社会生活

县市概况

附　录

索　引

·特　载·

TE ZAI

习近平致我国500米口径球面射电望远镜落成启用的贺信

2016年09月25日　18：32：25　来源：新华社

值此500米口径球面射电望远镜落成启用之际，我向参加研制和建设的广大科技工作者、工程技术人员、建设者，表示热烈的祝贺和诚挚的问候！

浩瀚星空，广袤苍穹，自古以来寄托着人类的科学憧憬。天文学是孕育重大原创发现的前沿科学，也是推动科技进步和创新的战略制高点。500米口径球面射电望远镜被誉为“中国天眼”，是具有我国自主知识产权、世界最大单口径、最灵敏的射电望远镜。它的落成启用，对我国在科学前沿实现重大原创突破、加快创新驱动发展具有重要意义。

希望你们再接再厉，发扬开拓进取、勇攀高峰的精神，弘扬团结奋进、协同攻关的作风，高水平管理和运行好这一重大科学基础设施，早出成果、多出成果，出好成果、出大成果，努力为建设创新型国家、建设世界科技强国作出新的更大的贡献。

习近平

2016年9月25日

打造民族地区创新发展先行示范区
为开启基本现代化建设新征程而奋斗

——在中国共产党黔南布依族苗族自治州第十一次代表大会上的报告

（2016年12月6日）

中共黔南州委书记　龙长春

各位代表、同志们：

现在，我代表中国共产党黔南布依族苗族自治州第十届委员会作报告。

加强党的建设，是党领导的伟大事业不断取得胜利的重要法宝。刚闭幕不久的党的十八届六中全会，是在中国共产党成立95周年、红军长征胜利80周年的历史节点上，在全面深化改革、决胜全面小康的关键时刻，召开的一次十分重要的会议。会议明确了习近平同志在全党的领导核心地位，进一步完善了全面从严治党的党内法规体系，这对维护党中央权威、维护党的团结和集中统一领导，对全党全军全国各族人民更好凝聚力量抓住机遇、战胜挑战，对全党团结一心、不忘初心、继续前进，对保证我们党和国家兴旺发达、长治久安，都具有十分重大而深远的意义。省委十一届八次全会，陈敏尔书记对贯彻落实党的十八届六中全会精神作了重要讲话，审议通过了《中共贵州省委学习贯彻落实〈关于新形势下党内政治生活的若干准则〉和〈中国共产党党内监督条例〉的意见》，充分体现了省委坚决维护习近平同志在全党的领导核心地位、推进全面从严治党的坚强决心和责任担当，也为我们加强党的建设作出了表率、指明了方向、提供了遵循。中国共产党黔南州第十一次代表大会，是在我州决战全面脱贫、决胜全面小康的关键时刻，召开的一次十分重要的会议。站在新的起点上，我们唯有坚决维护习近平同志在全党的领导核心地位，按照中央和省委要求，扎实推进全面从严治党，永葆党的先进性和纯洁性，黔南各项事业才能不断迈上新台阶、取得新胜利。

州第十一次党代会的主题是：高举中国特色社会主义伟大旗帜，坚决维护习近平总书记的领导核心地位，深入贯彻习近平总书记系列重要讲话精神和治国理政新理念新思想新战略，深入践行五大新发展理念，坚守发展和生态两条底线，深入实施主基调主战略，以实施大扶贫、大数据两大战略行动为重点，以抢占产业转型升级、区域开放合作、城乡统筹改革、生态文明建设“四个制高点”为引领，大力实施“3366”发展战略，加快打造民族地区创新发展先行示范区，为开启基本现代化建设新征程而奋斗。

一、提速转型、奋力赶超，经济社会发展取得新辉煌

第十次党代会以来的五年，是黔南历史上极不平凡的五年。面对经济下行压力、转型发展“阵痛”、后发赶超倒逼，我们在省委的坚强领导下，团结带领全州各族人民，深入贯彻党的十八大、十八届三中、四中、五中、六中全会和习近平总书记系列重要讲话精神，认真践行五大新发展理念，以“守底线、走新路、奔小康”为总纲，以“强创新、占高地、作示范”为主题，坚持主基调主战略不动摇，大力实施大扶贫、大数据两大战略行动，大力实施开放带动、创新驱动和“一圈两翼”三大战略，圆满完成了第十次党代会

确定的目标任务，各项事业在平稳较快发展中再创辉煌。

五年来，我们立足黔南、放眼全局，在抓好中央和省委重大决策部署在黔南落地生根、开花结果的同时，运用战略思维、系统思维、辩证思维，着力抓了七件独具黔南特色的大事。

第一，推动思想大解放。深入开展以“十破十立”为主要内容的解放思想大讨论活动，全面推进观念革新、思想革命，突破了固守传统的思维定势，打破了阻碍发展的陈规陋习，全州广大干部的思想和行动高度统一到“守底线、走新路、奔小康”的总纲上来，高度统一到主基调主战略上来，高度统一到“强创新、占高地、作示范”的主题上来，敢想敢干、敢闯敢试、敢拼敢抢、敢为人先，以思想的大解放推动了作风大转变、环境大改善、改革大突破、经济大发展。

第二，实施“一圈两翼”发展战略。坚持“一江带两城”，着力推动“大都匀”建设，努力把“都匀”建成“都市”；以福泉、瓮安煤电磷一体化，贵定农产品加工，独山装备制造为支撑，着力打造“泛都匀”经济圈，推动“一圈”重点突破。以三都、荔波、罗甸、平塘为重点，以民族文化、喀斯特地质公园、天文科普游为支撑，着力打造“南翼”生态文明示范区。以惠水、长顺、龙里、贵定为重点，以服务业、航空港经济、民族制药为支撑，着力打造“北翼”环贵阳邻贵安经济带，经济发展呈现出“一圈”引领、“两翼”齐飞的良好态势。

第三，服务“中国天眼”建设。全力配合支持世界最大口径球面射电望远镜项目建设，颁布实施《500米口径球面射电望远镜电磁波宁静区环境保护条例》，承办了“中国天眼”项目落成启用仪式暨国际射电天文论坛，培育了“追赶、领先、跨越”的新时期黔南精神，锤炼了“登高望远、精益求精、勇于争先”的大射电创新精神，拥有了“中国天眼”世界级金字名片，迎来了重大发展机遇。

第四，成功举办建州60周年庆典。坚持勤俭节约、隆重热烈的原则，按照以会促发展、以会惠民生、以会构和谐、以会展形象的要求，深入开展州庆“六大会战”行动，在北京、广州成功举办了建州60周年成就展，在全州举办了盛大的州庆系列活动，充分展示了党的民族政策和民族区域自治制度在黔南的伟大实践，极大地增强了全州各族人民的自豪感和自信心，凝聚起了“一心向党、团结进步、繁荣发展”的巨大合力。

第五，做强“都匀毛尖”品牌。坚决贯彻落实习近平总书记“把都匀毛尖品牌打出去”的重要指示，以质量为生命塑造品牌，以营销为手段宣传品牌，以管理为关键维护品牌，以文化为灵魂做强品牌，制定了都匀毛尖茶标准，建成了气势恢宏的中国茶文化博览园，承办了贵州茶产业发展大会暨都匀毛尖世博名茶百年品牌推介活动、都匀毛尖（国际）茶人会，都匀毛尖以181亿元的品牌价值荣膺2015年度“中国最具品牌价值地理标志产品”，我州被列为都匀毛尖茶国家地理标志产品保护示范区，奋力承担起“引领黔茶出山”的重任。

第六，开展乡镇行政区划调整改革。坚持问题导向、因地制宜，针对我州原有乡镇人口少、范围小、整合资源能力弱、自主发展内生动力不足等问题，按照“精简、效能、统一”的原则，在全省率先完成了乡镇行政区划调整改革，将全州238个乡（镇、街道）合并为106个，探索形成了“镇园合一”“区镇合一”的黔南新模式，推进了乡镇治理体系和治理能力现代化。

第七，打造百鸟河数字小镇。在惠水县百鸟河，构建以创客村、汇智村等为主体的“一镇七村”产业布局，搭建互联网＋大数据应用创业创新平台，建设大数据产业发展基地，成功引进了百度、印孚瑟斯、联想控股等30余家企业，形成了大数据、大健康、大教育“三业”联动发展模式，成为生产、生活、生态“三生”融合发展的典范，创造了“无中生有”培育产业的奇迹。

五年来，我们在抓好七件大事的同时，统筹推进经济社会全面发展。

——坚持把发展作为第一要务，主动适应新常态，全力以赴推动经济持续健康较快发展。预计2016年，地区生产总值突破千亿元大关，是2011年的2.3倍；规模工业增加值增速连续四年位居全省前列；城镇和农村常住居民人均可支配收入为26180元、8850元，分别是2011年的1.8倍、1.9倍；民营经济占地区生产总值的比重，由2011年的34.8%提高到2016年的58%以上。截至今年10月，金融机构存款、贷款、直接融资总额均突破了千亿元大关，分别是2011年末的3倍、3.5倍、16.5倍。三次产业稳中有进、协调发展，呈现出农业“接二连三”、工业“转型升级”、旅游业“好花正红”、物流业“流光溢彩”的良好态势。2015年，经济总量在全国30个民族自治州中从2011年的第10位提升到第6位，全面小康实现程度达90%，经济发展满意度位列全省第一。

——坚持以交通水利为重点，加强基础设施建设，为经济社会发展提供强大支撑。交通固定资产投资从2011年的17.5亿元增加到2016年的330亿元，全州公路里程突破18000公里，其中高速公路总里程达到838公里，实现县县通高速、乡乡通油路、村村通硬化路；启动荔波机场改扩建、都匀机场规划，开展罗甸机场前期工作；黔桂铁路完成扩能升级改造，贵广、沪昆高铁建成通车，迈进“高铁时代”；乌江、红水河四级航道建设全面竣工，打通了“北上长江”水运通道，基本形成了“水陆空互济、铁公机互补”的现代综合交通运输体系。水利固定资产投资从2011年的15亿元增加到2016年的45亿元，累计建设骨干水源工程30处，基本解决了农村饮水安全问题，农村集中供水率达70%以上。电力、电信等基础设施进一步改善。

——坚持城镇化带动战略不动摇，突出以人为本，加快推动山地特色新型城镇化进程。按照做强都匀、做精县城、做特乡镇、做美村寨的思路，注重产城景融合互动、山水城交相辉映，延续城镇历史文脉，全面提升城乡规划、建设、管理水平，积极探索农业转移人口市民化、户籍制度、“多规合一”等改革，形成了以“大都匀”为龙头、县城为骨架、建制镇为支撑、乡所在地和人口聚集村为补充的山地新型城镇化体系。全州常住人口城镇化率从2011年的36.5%提高到2015年的47.8%。都匀市被列为国家新型城镇化综合试点城市、国家级产城融合示范区，各县（市）城乡面貌焕然一新。

——坚持把改革开放作为加快发展的关键一招，全面深化改革，激发经济社会发展的内生动力与活力。坚持改革开放一起抓，以开放倒逼改革、以改革促进发展，以经济体制改革为龙头，正确处理政府和市场的关系，以供给侧结构性改革为主线，在狠抓中央和省委改革任务落地见效的同时，突出黔南特色、动真碰硬、蹄疾步稳地协调推进重点领域和关键环节的改革，经济社会发展活力迸发，瓮安“5531”社会治理模式改革、福泉中小学人事制度改革等闪亮全国、“放样”全省。加快转变政府职能，着力构建“亲”“清”新型政商关系，开放步伐日益加快，营商环境大为改善。截至目前，累计引进州外到位资金4158亿元，引进世界500强企业9家、中国500强企业14家、民营企业500强4家。

——坚持以社会主义核心价值观为引领，构筑精神高地，推进文化大发展大繁荣。认真落实党管意识形态工作主体责任，唱响主旋律、打好主动仗。深入开展精神文明创建活动，“幸福进万家·文化精品乡村行”成为国家公共文化示范项目，龙里农村“孝道新规”得到国家领导人点赞，三都、荔波“四改”工程稳步推进，文明城市、文明村镇、文明单位创建数量位居全省前列。大力推进文艺精品创作，《绕家大歌》荣获第九届世界合唱比赛金奖，电影《近距离击杀》获得中宣部“五个一工程”奖，《刺藜花红》摘取第四届少数民族戏剧会演优秀剧目桂冠。深入开展公民道德实践活动，涌现了“背篼干部”、“伙计干部”、杨刚团队、“当代女愚公”等精神楷模。加快公共文化服务体系建设，建成州博物馆，正在建设州图书馆、州科技馆等项目，实现广播电视户户通。大力发展文化产业，正在拍摄《星火燎原云雾街》等大型电视连续剧，正在建设梦都影视文化园、足球风情小镇等文化产业基地。2015年，文化产业增加值占地区生产总值的比重，位列全省第一。

——坚持把改善民生作为第一追求，践行党的宗旨，积极回应人民对美好生活的向往。减少农村贫困人口89.4万，5个扶贫开发重点县、103个贫困乡镇实现“减贫摘帽”。惠水易地扶贫搬迁模式得到中央和省委肯定，并在全省复制推广。长顺“4+N”产业扶贫模式、罗甸“四带”创业扶贫模式等成为全省典型。教育普及程度全面提高，教育质量大幅提升。农村劳动力转移就业51.6万人，城镇新增就业34.1万人，城镇登记失业率控制在4.2%以下。城乡居民最低生活保障体系、社会救助体系基本完善，实施保障性安居工程14.23万套。医药卫生事业健康发展，人口和计划生育工作不断加强，体育事业蓬勃发展。

——坚持“绿水青山就是金山银山”，厚植发展优势，在坚守底线中擦亮了“生态之州·幸福黔南”品牌。实施“绿色黔南”建设三年行动计划，开展“六个严禁”“六个一律”专项行动，森林防火工作得到加强。大力发展绿色产业、循环经济，全面完成节能减排降碳任务。颁布实施《剑江河流域保护条例》《古树名木保护条例》《樟江河流域保护条例》，建立了生态环境保护法庭、生态环境保护约谈制度和生态环境损害责任追究制度。2015年，城乡生活垃圾无害化处理率和城镇污水处理率位居全省前列，国家湿地公园、森林公园数量排全省首位，森林覆盖率达57.4%，黔南成为首批国家生态保护与建设示范区和全国水生态文明试点城市。

——坚持以治理能力现代化为目标，加强民主法治建设，大力营造团结和谐的良好局面。坚持和完善人民代表大会制度，坚持和完善中国共产党领导的多党合作和政治协商制度，坚持和完善民族区域自治制度，坚持和完善基层民主自治制度，中国特色社会主义政治制度在黔南更加巩固。支持民主党派和工商联加强自身建设，民主党派基层组织、“五好”工商联实现县级全覆盖，民族宗教、外事侨务、港澳台、工青妇等各项工作成效明显，爱国统一战线不断巩固壮大。依法治州进程加快，深入开展“六五”普法活动，法治政府、诚信政府建设扎实推进，都匀市在2015年度县级政府信用综合评估中位列全省第一。深入推进社会治理创新，严厉打击各类犯罪，社区建设管理成效明显，人民群众安全感和满意度连续五年稳居全省前列。各类安全事故发生率持续走低，食品药品安全形势稳中向好。党管武装工作不断加强，双拥共建活动扎实开展，福泉成为全国连续八次荣膺“双拥模范城”的两个县（市）之一，军政军民团结的大好局面更加巩固。

——坚持把抓好党建作为第一政绩，全面从严治党，党的执政能力进一步增强。州委作出了《关于落实全面从严治党要求进一步加强党的建设的决定》，形成了“1+5”全面从严治党工作体系。扎实开展党的群众路线教育实践活动、“三严三实”专题教育、“两学一做”学习教育。按照新时期好干部标准，适时调整不适宜担任现职的领导干部，大力推进干部大交流，州县换届正在有序推进，镇（乡）村换届圆满结束，开放型创新型干部队伍建设成效明显。高度重视人才培养引进工作，着力做好老干部工作。构建基层党建“1+6”工作体系，“三亮一创”活动得到省委充分肯定，集体经济“空壳村”清零行动成效显著。认真落实党风廉政建设“两个责任”，把纪律和规矩挺在前面，持之以恒整治“四风”，持续推进民生监督，坚定不移惩治腐败，织密“制度铁笼”“数据铁笼”。全州党建工作连续三年稳居全省目标考核第一方阵，党风廉政建设群众满意度四年位居全省前茅，干部作风满意率高于全省平均水平。

各位代表、同志们！过去五年，是我州综合实力提升最快、基础设施改善最大、城乡面貌变化最猛、科学发展活力最强、生态文明建设最好、人民得到实惠最多、党的建设成效最佳的五年。五年的发展振奋人心，五年的成就鼓舞士气。这些业绩的取得，是省委正确领导、真情关心的结果，是历届州委继往开来、接续苦干的结果，是州四家班子同心同德、真抓实干的结果，是全州各族干部群众开拓进取、团结奋斗的结果，是驻州人民解放军、武警、消防官兵和驻州单位积极配合、大力支持的结果，是各民主党派、工商联、人民团体、各界人士和深圳、广州对口帮扶城市真诚参与、无私帮助的结果，是各位老领导、老同志言传身教、悉心指导的结果。在此，我谨代表十届黔南州委，向所有关心、支持、帮助黔南改革发展的同志们、朋友们，表示衷心的感谢，并致以崇高的敬意！

回顾五年的奋斗历程，我们探索积累了许多宝贵的经验，主要是：必须坚定不移地在思想上政治上行动上同以习近平同志为核心的党中央保持高度一致，坚决拥护和衷心服从党中央的核心、全党的核心，确保党中央的决策部署在黔南落地生根、开花结果。必须坚定不移地推进改革开放，不断以开放促进改革，以改革扩大开放，为经济社会发展提供不竭动力。必须坚定不移地坚持发展第一要务，践行新发展理念，以供给侧结构性改革引领新常态，着力做大经济总量、提升发展质量。必须坚定不移地守住发展和生态两条底线，正确处理好经济发展与生态保护的关系，实现百姓富与生态美的有机统一。必须坚定不移地把保障和改善民生作为发展的根本目的，让人民群众在改革发展中拥有更多获得感。必须坚定不移地坚持社会主义先进文化的前进方向，充分发挥社会主义核心价值观的引领作用，构筑干事创业的精神高地。必须巩固发展团结和谐、和衷共济的良好局面，汇聚后发赶超、同步小康的强大合力。必须坚定不移地推进全面从严治党，始终把全州各级党组织建设成为推动改革发展的坚强领导核心，永葆党的先进性和纯洁性。这些经验是全州人民共同创造的宝贵财富，必须倍加珍惜、始终坚持、不断发展，永葆黔南的生机与活力。

过去皆为序章，发展永无止境。在前进的道路上，我们要清醒地认识到：最主要的桎梏是理念陈旧、贫困落后、人才匮乏；最突出的痛点是优势发挥不足、资源利用不高、县域发展不均；最大的短板是经济总量小、产业支撑弱、脱贫任务重；最大的危险是精神懈怠、能力不足、基础不牢；最大的考验是顶层设计、资源配置、力量动员；最根本的任务是加速发展、加快转型、推动跨越。对此，我们一定要高度重视，认真加以应对。

二、满怀信心、不辱使命，奋力绘就改革发展新蓝图

未来五年，决战全面脱贫、决胜全面小康、开启基本现代化建设新征程，是我们党对全国人民的庄严承诺；发扬大射电创新精神、唱响好花红民族绚歌，奋力打造民族地区创新发展先行示范区，是省委对我州的谆谆嘱托；完成“十三五”规划目标、建设“五个黔南”、实现富民强州，是全州各族人民的殷切希望。中央的要求、省委的重托、人民的期盼，就是我们全部工作的总目标、总任务。能不能实现目标、完成任务，是对我们“四个自信”“四个意识”的考察，是对我们执政能力、落实能力的考量，是对我们不忘初心、继续前进的考验。

各位代表、同志们！世界新一轮科技革命蓄势待发，全国已经迈入高铁时代，正在开启大数据时代、迎来大众旅游时代、走向生态文明新时代，特别是国家深入实施“一带一路”“长江经济带”“珠江—西江经济带”等重大发展战略，国家大数据综合试验区、国家生态文明试验区、内陆开放型经济试验区密集落户贵州，为我们引领新常态、培育新动能、发展新经济提供了重大机遇。省委要求我们打造民族地区创新发展先行示范区，为我们大胆改革试验、加快创新发展、实现后发赶超提供了难得机遇。我州是连接“一带一路”的重要节点，是贵州乃至大西南面向珠三角开放的桥头堡，具有环贵阳邻贵安的地缘优势、陆水空互济的交通优势、凉爽宜人的气候优势、厚重多彩的人文优势、“中国天眼”的科技优势、激情干事的创业优势，为我们发挥比较优势、补齐发展短板、全面建成小康社会提供了优越条件。同时，世界经济复苏进程艰难曲折，我国经济发展新常态的特征更加明显，我省经济总量小、人均水平低、脱贫任务重的省情仍未根本改变，我州面临既要敢于创新又要防范风险的重大挑战，面临既要后发赶超又要勇于试验的重大任务。纵观大势大局，我州仍处于大有可为的重要战略机遇期，机遇大于挑战。只要我们强化机遇意识、责任意识，保持定力、苦干实干，黔南的明天一定

会更加美好!

今后五年工作的总体要求是:高举中国特色社会主义伟大旗帜,以马克思列宁主义、毛泽东思想、邓小平理论、“三个代表”重要思想、科学发展观为指导,坚决维护习近平总书记的领导核心地位,深入贯彻习近平总书记系列重要讲话精神和治国理政新理念新思想新战略,认真贯彻落实党的十八大、十八届三中、四中、五中、六中全会和党的十九大精神,认真贯彻落实省第十一次党代会、第十二次党代会精神,统筹推进“五位一体”总体布局,协调推进“四个全面”战略布局,以“守底线、走新路、奔小康”为总纲,以“强创新、占高地、作示范”为主题,深入践行五大新发展理念,发扬大射电创新精神,唱响好花红民族绚歌,以实施大扶贫、大数据两大战略行动为重点,以抢占产业转型升级、区域开放合作、城乡统筹改革、生态文明建设“四个制高点”为引领,深入实施“3366”发展战略,确保现行标准下农村贫困人口全部脱贫,全面完成“十三五”规划目标,全面建成小康社会,打造民族地区创新发展先行示范区,坚定不移地走出一条既符合中央精神、契合全省重大战略,又能发挥黔南比较优势、彰显黔南特色的发展新路,为开启基本现代化建设新征程而奋斗。

聚焦总体要求,我们今后五年的奋斗目标是:

奋战五年,综合经济实力显著提升。到2021年,地区生产总值、一般公共预算收入在2015年的基础上翻一番,经济总量在民族自治州中排位“进四争三”,产业投资占固定资产投资比重达40%以上,民营经济占地区生产总值的比重达70%以上,常住人口城镇化率达56%,综合科技进步水平指数位居全省前列,勇当贵州内陆开放型经济试验区的桥头堡、产业转型升级的排头兵、城乡发展一体化的领头雁。

奋战五年,民主法治水平显著提升。党委总揽全局、协调各方的领导体制和工作机制更加健全,人大常委会、政府、政协及法院、检察院等机关依法依章履行职责更加到位,群团组织的政治性、先进性、群众性更加凸显,中国共产党领导下的爱国统一战线更加巩固,全面依法治州更加有效,基层民主自治制度更加完善。党的民族政策和民族区域自治制度落实更加到位,争取建成全国民族团结进步示范州。

奋战五年,文化软实力显著提升。中华民族伟大复兴的中国梦和社会主义核心价值观深入人心,全社会“明礼知耻·崇德向善”的氛围更加浓厚;全民科学文化素质全面提高,干事创业的精气神更加高涨;公共文化服务体系基本建成,文化产品更加丰富;群众性精神文明创建活动深入开展,人民群众的精神文化生活更加多彩;文化产业成为战略性支柱产业,文化产业对经济增长贡献率更加提高。

奋战五年,人民生活水平显著提升。脱贫攻坚任务如期完成,公共服务体系更加健全,就业创业更加充分,居民收入较快增长,收入差距逐步缩小,全民受教育程度和健康水平进一步提高,社会保障体系更加完善,人民群众安全感和满意度持续位居全省前列。

奋战五年,生态文明水平显著提升。生态建设和环境保护持续加强,“一圈两翼”主体功能区布局进一步巩固发展,形成节约资源和保护生态环境的产业结构、增长方式、消费模式,基本建成资源节约型、环境友好型社会,成为贵州生态文明试验区的先锋队。

奋战五年,党的建设科学化水平显著提升。更加紧密团结在以习近平同志为核心的党中央周围,全面从严治党水平显著提升,党内政治生活更加规范,领导水平和执政水平不断提高,创新型干部队伍建设取得明显实效,基层党组织战斗堡垒作用和共产党员先锋模范作用充分发挥,政治生态风清气正,党的先进性和纯洁性充分体现。

各位代表、同志们!黔南正处于打造民族地区创新发展先行示范区的关键时期。我们进行的事业,是一项全面建成小康社会的伟大事业,具有里程碑意义;我们迈出的步伐,是一次向着基本现代化建设前进的新征程,具有划时代意义。我们为欣逢这样一个决战全面脱贫、决胜全面小康、开启基本现代化建设新征程的伟大历史时期而无比幸运,为能够登上这样一个为黔南人民增福祉、为黔南发展促跨越的创业创新舞台而万分自豪。

过去五年的奋斗历程昭示我们：落后不可怕、差距不可怕，怕的是丧失信心、自卑自轻、自怨自艾；困难不可怕、挑战不可怕，怕的是不思进取、望难生畏、临阵却步；压力不可怕、重任不可怕，怕的是贪图安逸、人心不齐、行动不一。

未来五年的奋斗目标激励我们：责任重于泰山，使命无上光荣。只要我们目标同向、上下同心，朝着正前方，汇聚正能量，使出“洪荒力”，“抢”字当头，“干”字为先，“实”字落地，按下“快进键”，跑出“加速度”，我们的目标就一定能够达到，我们的蓝图就一定能够实现，我们的使命就一定能够完成。

三、咬定目标、真抓实干，推动经济社会发展实现新跨越

今后五年，我们必须牢牢把握同步小康这个核心目标，把中央、省委精神与黔南实际有机结合起来，以战略部署“扣扣子”、责任履行“担担子”、工作落实“钉钉子”的精神，以“开局就是决战、起步就要冲刺”的姿态，大力实施“3366”发展战略，加快打造民族地区创新发展先行示范区，决胜全面小康，全面开启基本现代化建设新征程。

（一）持之以恒抢占产业转型升级制高点，着力在转变经济发展方式上下功夫

产业是区域发展的核心竞争力。我州欠发达、欠开发，最主要的原因就是产业不发达，尤其是工业带一产、促三产的动能不足。我们要以供给侧结构性改革为主抓手，以科技创新为引领，以绿色化信息化集约化为方向，坚持总量与质量并重、速度与效益兼顾，重点做大二产、快速发展三产、大力提升一产，加快培育壮大战略性新兴产业，打好产业培育发展持久战，植入经济持续增长的强劲引擎。

坚定不移、持之以恒地深入实施工业强州主战略。新型工业化是实现现代化的必由之路。坚持外向式拓展与内涵式增长相结合，着力推动工业经济中高速增长、迈向中高端水平，让工业“脱胎换骨”。坚持创新驱动发展战略，加快建立以企业为主体、市场为导向、产学研相结合的技术创新体系，引导和支持创新要素向企业集聚，促进科技成果向现实生产力转化。以高新技术企业为依托，以产业聚集区为基地，以大数据、电子信息、中高端装备制造、新医药、节能环保、新材料、新能源等新兴产业为重点，着力引进和培育高新技术产业，打造高新技术产业链和产业集群，使其成为引领我州经济发展的先导产业和支柱产业。以冶金、化工、建材为重点，以骨干企业为依托，大力开发新技术、新产品、新工艺、新装备，拉长产业链条，提升高附加值终端产品比重，推动传统产业转型升级。科学确定工业园区的主导产业，加强园区基础设施建设和服务功能配套，推动园区转型升级，加快产业集聚集群集约发展。

坚定不移、持之以恒地发展现代服务业。强化服务业规划实施、政策配套，以服务业融合、集聚、创新发展为路径，引导生产性服务业向专业化和价值链高端延伸、生活性服务业向精细化和高品质转变，加快把现代服务业打造成为跨越赶超的强大引擎。建立健全加快旅游产业发展的体制机制，推动“旅游＋”全产业联动发展；加强旅游软硬件建设，大力打造提升“中国天眼”、大小七孔等一批精品旅游景区，积极创建国家级度假区、旅游经济开发区和5A级旅游景区；推进各景区连接交通干线的旅游公路建设，大力发展智慧旅游，加快构建“快旅慢游”服务体系，承办好全省第十二届旅游产业发展大会，推动旅游业“井喷式”增长，让旅游业“好花更红”。到2021年，旅游业对GDP的综合贡献率达16%以上。加快构建以“医养健管”为核心的大健康医药产业体系，与时俱进培育发展大健康产业，加快发展康养旅游产业、智慧健康产业、健康运动产业、健康食药材产业，推动大健康与大数据、大生态、大旅游深度融合，让大健康产业“生机勃勃”。引进和培育一批物流平台企业、龙头企业，积极发展第三方、第四方物流，健全物流配送网络，构建现代物流体系，加快以贵州（昌明）国际陆港为重点的“5＋2”港口建设，积极推进川贵广—南亚国际物流大通道建设，让物流业

"流光溢彩"。大力实施"引金"工程，引导更多的银行、证券、保险等金融机构入驻黔南，鼓励金融机构创新产品与服务，支持企业挂牌上市、发行债券，让金融业"光芒四射"。

坚定不移、持之以恒地发展现代农业。以市场化、组织化、规模化为导向，加大土地流转力度，推进适度规模经营，以茶叶、刺梨、烤烟、蔬果、绿壳蛋鸡等特色优势产业为主导，扶持发展农业企业、农民专业合作社、种养大户和家庭农场，鼓励和支持工商资本投资现代农业，发展农产品精深加工业，大力发展观光农业、体验农业、创意农业等新型业态，推进农业园区化、产业化，壮大农村电商，打造全国最大的毛尖茶基地、火龙果基地、刺梨基地和绿壳蛋鸡基地，成为民族地区农业"接二连三"示范区。

坚定不移、持之以恒地推动大数据战略行动。发展大数据产业，是坚守发展和生态两条底线的战略抉择，是弯道取直、寻找一片"蓝海"的现实路径。抓好大数据基础性工作，加快构建宽带、融合、泛在、安全的信息基础设施体系，推动各领域信息资源汇聚整合、关联应用。巩固和扩大政府数据"聚通用"攻坚战成果，消除"信息孤岛"、"数据烟囱"，推动政府数据互联共享。大力发展大数据核心业态、关联业态、衍生业态，推动大射电与大数据结合，推进大数据与产业融合发展，构建大数据全产业链。加强百鸟河数字小镇和航龙天文小镇建设，大力引进培育大数据企业、大数据人才，积极打造大数据创新创业园，让大数据"智慧树"茁壮成长，让大数据"钻石矿"熠熠生辉。

（二）主动作为抢占区域开放合作制高点，着力在拓展发展空间上下功夫

开放是繁荣发展的重要法宝。要积极适应外部环境变化，高标准、高水平扩大开放、加强合作，提高招商引资水平，勇当贵州内陆开放型经济试验区的桥头堡。

久久为功、持续发力，加强开放合作"硬环境"建设。积极争取贵兴铁路列入国家"十三五"规划项目，积极推进贵南高铁建设，争取规划建设黄果树至荔波轨道交通、瓮马铁路南北延伸、都匀至凯里城际铁路，启动以"大都匀"为核心、辐射各县（市）的轨道交通规划建设，实现轨道交通县县全覆盖。大力实施公路"121"工程，建成贵阳至黄平等1000公里高速公路，建成贵惠、都凯、都独、都福等2000公里普通国省道，建成10000公里农村公路，实现二级以上公路乡乡全覆盖、村寨道路全硬化。加快荔波机场改扩建步伐，推进都匀机场、全州通用机场规划建设，实现通用机场县县全覆盖；争取乌江、红水河、都柳江等重要内河航道提级改造，提高水运通达能力。加快福泉凤山、都匀石龙、独山甲摆等100座大中小型水库规划建设，确保中型水库县县全覆盖。推进重点区域江河湖库连通工程建设，促进水资源互连互通，提高水资源调配能力。加快天然气管道规划建设，确保天然气管道县县全覆盖。

久久为功、持续用力，加强开放合作"软环境"建设。加快行政管理体制改革，进一步减少和规范行政审批事项，强化社会管理和公共服务职能，为基层和企业提供优质、高效、便捷的行政服务，推动大众创业、万众创新。创新招商引资方式，强化跟踪服务职能，完善招商引资考核奖惩机制，确保引得进、落得下、服务好、能发展。认真落实支持民营经济发展政策，构建"亲"、"清"新型政商关系，创造公平竞争环境，在市场准入、金融支持、土地使用等方面与公有制经济一视同仁，加快民营经济发展。持续高端化、国际化、品牌化，打造都匀毛尖（国际）茶人会、中国物流（都匀）国际峰会、都匀国际摄影博览会、经营乡村（黔南）论坛等重大交流平台，争取世界反贫困大会、国际射电天文论坛等大型节会活动永久落地黔南，增加人气，提升智气，吸纳商气，汇聚财气。

久久为功、持续借力，加强与重点区域合作共享。把贵阳和贵安作为开放合作的首选地，健全共建共管机制，齐心协力把双龙航空港经济区打造成为黔中经济区重要增长极、市州联动发展示范区，争取成为国家级航空港经济综合试验区；大力推动贵定、惠水、长顺、龙里融入贵阳、贵

安发展；加强与贵阳、贵安在平台建设上的合作，积极争取设立海关、保税仓库、检验检疫机构。推进都匀与凯里的开放合作、协同发展，演好民族地区融合发展“双城记”。加强与广东广西的开放合作，推动粤桂黔高铁经济带贵州合作试验区建设，加强与“两高”沿线地区产业、生态、旅游等重点领域的合作，积极承接珠三角产业转移，加强与广州在园区建设、产业培育、商贸旅游、人才培养等方面的交流合作，用足用好对口帮扶资源。加强与北京大学、重庆大学等高等院校合作，充分发挥高校人才、科技等优势，助推黔南加快发展。

（三）攻坚克难抢占城乡统筹改革制高点，着力在城乡发展一体化上下功夫

城乡既是我们生活的家园，又是产业发展的载体。必须坚持不懈地实施城镇化带动主战略，坚持以人的城镇化为核心，立足山地特色，秉持道法自然，抓好“五个统筹”，促进农业转移人口市民化，加快推进城乡发展一体化，形成城乡良性互动、各美其美、美美与共的新格局。

扎实推进“大都匀”建设，着力做“优”都匀。都匀是全州政治经济文化中心。必须坚持“一江带两城”，抢抓国家新型城镇化综合试点和产城融合示范区建设机遇，抓好“大都匀”总规修编和“多规合一”改革，深入推动都匀市与都匀经济开发区规划共绘、路网相连、功能互补，不断优化山水相依、组团相间、生态相生、文脉相融的城市形态。坚持产业立市不动摇、不折腾、不懈怠，组织特别能吃苦、特别能营销、特别能战斗的招商团队，走出去、请进来，招大商、引大资，以“黄沙百战穿金甲、不破楼兰终不还”的勇气，大打一场产业培育攻坚战、产业发展突围战，真正把“都匀”建成“都市”。

扎实推进集约发展，着力做“强”县城。县城是城乡发展一体化的集散地。抢抓棚户区改造、易地扶贫搬迁、基础设施融资便捷三大机遇“窗口期”，科学谋划县城空间布局、精准确立县城战略定位，高起点规划、高标准建设、高质量管理县城，不断提升县城品位、彰显县城特色、展示县城魅力。依托棚户区项目改造老城、建设新区，依托易地扶贫搬迁集中安置、聚集人气，依托融资便捷建好路网、完善功能，下大力推动县城扩容提质。推进城市管理综合行政执法体制改革，提高城镇管理水平。

扎实推进特色发展，着力做“特”乡镇。乡镇是城乡发展一体化的纽带。坚持以“特”取胜，以宜居宜业宜游为目标，以水电路信为重点，加强小城镇基础设施建设，发展山地特色产业，增强小城镇服务功能，不断提高综合承载能力；抢抓国家生态文明（贵州）示范区建设这一重大机遇，加快湿地公园、森林公园、绿化景观建设，挖掘优秀传统文化、弘扬优秀民族文化，构建空间布局合理、城镇个性突出、文化内涵丰富、生态环境优美的特色小城镇，努力把小城镇建设成为城乡发展一体化的“彩虹桥”。

扎实推进“经营乡村”，着力做“美”村寨。统筹用好生产、生活、生态“三生”资源，深化拓展农村“三变”改革，盘活农村“沉睡”资源；扎实推进“四在农家·美丽乡村”建设，加强传统村落保护，重塑乡贤文化，推动移风易俗，弘扬新风正气，提高美丽乡村的“颜值”和“气质”，使乡村让城市更向往。坚持统筹城乡发展方略，促进城乡联动、工农互动，形成以工促农、以城带乡的长效发展机制，推进城乡基本公共服务均等化，促进城乡要素平等交换、公共资源均衡配置，实现城镇现代文明向农村辐射。

（四）不负重托抢占生态文明建设制高点，着力在厚植发展优势上下功夫

建设生态文明，关系人民福祉，关乎民族未来。我州生态环境良好，是后发赶超的核心优势所在，但生态极其脆弱，须臾大意不得。我们要时刻谨记习近平同志 2011 年 5 月在贵定甘溪林场的谆谆嘱托，遵照“既要金山银山，又要绿水青山，还要在更高境界上做到绿水青山就是金山银山”的重要指示，走生产发展、生活富裕、生态良好的文明发展之路。

坚持“天人合一”，培育绿色文化。牢固树立保护生态环境就是保护生产力、改善生态环境就

是发展生产力的理念，提高全民绿色意识，更加自觉尊重自然、顺应自然、保护自然。积极倡导绿色生活方式，深入开展绿色生活行动，推动绿色低碳出行，引导群众节约资源、保护环境。广泛开展绿色创建活动，鼓励支持创建国家文明城市、环保模范城市、园林城市、卫生城市，积极创建绿色企业、绿色学校、绿色社区，让“生态之州·幸福黔南”誉满人间。

坚持“知行合一”，发展绿色经济。坚持“生态黔南拒绝污染”，实施最严格的生态环境保护制度，推动生态产业化、产业生态化。大力发展生态观光游、天文科普游、红色文化游、太极养生游，着力打造生态利用型产业体系；大力发展原材料精深加工，做大做强精细磷化工，重点发展医药中间体，着力打造循环高效型产业体系；大力发展绿色轻工业、现代服务业、先进制造业，着力打造低碳清洁型产业体系；大力发展环保装备业、光能制造业、磷石膏利用业，着力打造节能环保型产业体系，加快建设资源节约型、环境友好型社会，形成人与自然和谐发展新格局。

坚持“建管合一”，建设绿色家园。深入推进绿色黔南建设，大力实施“青山”“净土”“蓝天”“碧水”四大工程，全面实施新一轮退耕还林还草工程，加强石漠化综合治理。强化生态管护，做好森林防火工作，用好森林保护“六个严禁”、环境保护“六个一律”两把利剑，强化生态环境损害“两个问责”，严厉惩处生态环境违纪违法行为。建立权威统一的环境行政执法体制，完善环保行政执法与刑事司法衔接联动机制，健全自然资源资产产权制度、国土空间开发保护制度、资源总量管理和全面节约制度、资源有偿使用和生态补偿制度，建立生态文明建设目标评价机制，全面落实生态环境保护“党政同责、一岗双责”，严格执行生态环境保护“一票否决”，为美丽中国建设作出黔南贡献。

（五）坚持不懈实施“一圈两翼”发展战略，着力在区域协调发展上下功夫

“一圈两翼”发展战略是践行协调发展理念，避免产业结构低级趋同，防止资源与市场双向掠夺竞争，实现区域发展差异化、资源配置最优化、整体功能集约化的必然选择。我们必须坚持不懈地推动“一圈两翼”发展战略往深处走、向实处做，不断增强全州可持续发展能力和整体竞争实力。

强化龙头引领，增强“一圈”实力。坚持“多心开敞、轴向组团、求同存异、各展其长”的总体布局，推动“泛都匀”经济圈基础设施互联互通、产业发展共生共荣，重点推进贵新线龙马段北移，加快都独、都福快速干道建设，规划建设福泉至江界河、都匀至平塘、都匀杨柳街至贵定昌明快速干道。推动“大都匀”大力发展装备制造、高新技术、文化创意、大健康新医药、现代服务业，大力推进瓮福“煤电磷一体化”、独山“煤电冶一体化”加快发展，让“泛都匀”领跑黔南发展、带动南北“两翼”。

强化优势聚合，推进联动发展。坚持在“一圈两翼”上位规划的指导下，打破行政区划壁垒，找准抓住区域核心竞争力，认真编制区域子规划，精准确定战略定位、科学安排空间布局，以生产力为核心，以产业园区为载体，大力构建跨区域主导产业集群，集中打造“环两贵”千亿级新兴产业带、“瓮福”千亿级磷化工产业园、“南翼”千亿级全域旅游增长极、独山500亿级电子信息、装备制造产业园，努力形成“一圈”重点突破、带动“两翼”齐飞的发展格局。

强化州级统筹，加强督促考核。建立健全“集团承包、板块推动、差别竞争”的“一圈两翼”管理体制和工作机制，组建区域管委会，加强对“一圈两翼”的宏观指导、综合协调，协同推进“一圈两翼”项目化实施。以资源整合为抓手，建立区域性投融资平台，推动资源变资产、资产变资本、资本变资金，促进生产要素向重点产业和重点园区集聚。建立健全“一圈两翼”科学评估、督查考核机制，形成正面激励、负面惩戒相结合的运行机制，实现各区域“能其所能、长其所长、各显神通”。

（六）扎扎实实推进文化大发展大繁荣，着力在提升竞争软实力上下功夫

文化是区域竞争力的重要体现。必须以高度

的文化自觉和文化自信，弘扬主旋律、打好主动仗、传播正能量，不断满足人民的精神需求，丰富人民的精神世界，增强人民的精神力量，实现文化小康，不断提升黔南文化软实力。

坚持以德润人，深入推进社会主义核心价值体系建设。大力培育和践行社会主义核心价值观，实施意识形态引领工程，用习近平总书记系列重要讲话精神武装头脑、教育人民，巩固马克思主义在意识形态领域的指导地位，巩固全党全国人民团结奋斗的共同思想基础。持续开展“明礼知耻·崇德向善”“德润黔南”等主题实践活动，扎实推进公民思想道德建设、社会诚信建设和志愿服务建设，积极发展慈善事业。深入开展精神文明创建和“多彩贵州文明行动”，创建一批“全国文明城市”，实现“省级文明城市”县县全覆盖。

坚持以声夺人，积极构建大宣传格局。格局是视野的体现。主动把握主流思想舆论方向，把提高舆论引导水平作为宣传思想工作的着力点，构建党委统一领导、党政齐抓共管、宣传部门组织协调、职能部门分工负责、社会力量积极参与的大宣传格局。加强网络媒体管理，推动传统媒体和新兴媒体深度融合，巩固壮大网上主流思想舆论，讲述黔南好故事，传播黔南好声音。

坚持以文化人，推动文化事业大发展。认真实施精神文明建设“五个一工程”，深入挖掘黔南红色文化、民族文化、历史文化和科普文化等各种文化资源，加强对地方优秀文化、非物质文化遗产的传承保护、开发利用，支持水书、福泉与南京古城墙申报世界文化遗产，创作一批优秀文艺作品，打造一批民族文化活动品牌。大力发展文化产业，充分发挥都匀经济开发区影视文化基地、足球风情小镇、三都百里水寨、罗甸玉石产业园、贵定阳宝山、福泉古城等文化平台优势，加快引进和培育一批文化龙头企业，壮大文化产业。加强公共文化建设，健全政府为主的公共文化服务投入机制，加强文化基础设施建设，完善公共文化服务体系，深入实施文化惠民工程，保障人民群众基本文化权益。

（七）千方百计保障和改善民生，着力在增加人民群众获得感上下功夫

保障和改善民生，既是改革发展的根本目的，也是推动改革发展的重要举措。我们要牢固树立以人民为中心的发展思想，时时处处关注民生，千方百计改善民生，扎扎实实为群众办实事、解难事、做好事，让广大人民群众拥有更多看得见、摸得着的获得感。

凝心聚力、众志成城，坚决打赢精准脱贫攻坚战。把脱贫攻坚作为头等大事和第一民生工程来抓，紧紧围绕“两不愁、三保障”目标，以“四个切实”“五个一批”“六个精准”为基本遵循，以“五主”“五包”责任制为保障，建立州、县、乡、村“四级联动”脱贫攻坚指挥体系，动员组织全社会力量，以 2 个省定极贫乡（镇）和 15 个一类贫困乡（镇），麻山、瑶山、月亮山“三山”地区，人口较少民族聚居区为主战场，实行分类扶持、靶向施策、精准滴灌，确保与全国全省同步全面建成小康社会。把易地扶贫搬迁作为脱贫攻坚的“当头炮”，坚持“以岗定搬、以扶促搬”，深化拓展易地扶贫搬迁“5 个 3”模式，打造易地扶贫搬迁全国样板。

深化改革，提升质量，着力办好人民满意的教育。教育是民生之基。坚持教育优先发展战略，以促进教育公平、提高教育质量为主线，基本普及十五年教育，推进学前教育集团化，加强特殊教育，推进普通高中优质特色发展，大力发展职业教育，全面推行高中免除学费，促进县域内义务教育均衡发展。推动高等教育创新发展，力争黔南师院建成综合性应用型大学，努力成为新增硕士授权单位，推动黔南医专、盛华职院专升本，争取贵大医学院、科技学院、农学院分别落户贵定、惠水、长顺，支持荔波申报建设导游学院。鼓励社会力量兴教办学，构建终身教育体系，加快实现教育强州。

真心实意、用情用力，着力增加优质公共服务供给。增加公共服务供给是群众幸福感的重要来源。实施更加积极的创业就业政策，到 2021 年，新增农村劳动力转移就业 39 万人，城镇新增就业

36 万人，城镇登记失业率控制在 4.2% 以下。深化医药卫生体制改革，推动医保、医药、医疗“三医联动”，全面提升基层医疗卫生服务能力，全力提高公共卫生服务水平，完善基本医疗保障体系，推进城乡居民基本医保制度整合。认真做好人口和计划生育工作，促进出生人口结构优化、素质提高。完善食品药品监管体系，加大食药品监管力度，大力实施农村饮水安全巩固提升工程，确保人民群众饮食饮水用药安全。广泛开展全民健身活动，推动群众体育与竞技体育、体育事业与体育产业协调发展。健全完善保险、福利、救助、优抚、慈善相互衔接的社会保障体系，推进住房公积金制度全覆盖。加快社会养老服务体系建设，积极应对人口老龄化问题，切实做好留守儿童、空巢老人、残疾人关爱服务工作，保障妇女儿童、老年人、残疾人的合法权益。

（八）协力有序推进民主法治建设，着力在提升现代治理能力上下功夫

加强民主法治建设，是治国理政的基本方式，也是推动治理体系和治理能力现代化的重要内容。必须坚持党的领导、人民当家作主、依法治国有机统一，充分发挥民主治理、依法治理、系统治理的作用，促进社会公平正义，维护社会和谐稳定。

充分发扬民主，提高民主治理质量。发展社会主义民主政治，支持人民代表大会及其常务委员会依法履行职能，保证地方立法、工作监督更好地体现人民意志。支持人民政协依章程行使职能，推进协商民主广泛多层制度化发展。认真做好统战工作，充分发挥民主党派、工商联、无党派人士的作用。坚持和完善民族区域自治制度，认真做好民族宗教工作，扎实做好新形势下外事侨务、港澳台和新社会阶层人士工作。坚持和完善基层群众自治制度，健全企事业单位民主管理制度。支持工会、共青团、妇联等人民团体依照法律和各自章程开展工作，更好发挥群团组织的桥梁纽带作用。加强党管武装，推动国防动员和后备力量建设，支持驻州人民解放军、武警部队、消防部队和民兵预备役建设，深入开展双拥共建，促进军民融合式发展。

坚持有法必依，提升依法治理水平。全面提升立法质量，加快构建适应民族地区创新发展先行示范区建设需要的法制体系。坚持法无授权不可为、法定职责必须为，依法设定权力、行使权力、制约权力、监督权力，推动政府依法行政。坚持公正司法，加强政法队伍建设，提升司法透明度和公信力，让人民群众在每一个司法案件中感受到公平正义。推进全民守法，深入开展“七五”普法活动，增强法治思维，弘扬法治文化，浓厚法治氛围。

强化体系建设，推进社会治理创新。深入推广“5531”社会治理模式，加强基层群众自治组织和社会组织培育，加快构建多方参与的现代治理体系。推广矛盾纠纷多元化解福泉“112”模式，完善社会矛盾纠纷调处、社会稳定风险评估机制，推广贵定“4321”信访工作法，发挥信访主渠道作用，引导群众理性合法表达利益诉求。深化平安黔南建设，构建立体化防控体系，持续推进“犯罪适时控制”机制建设，严密防范和依法打击各种违法犯罪活动，全力预防和妥善处置群体性事件，维护社会和谐稳定。强化安全生产，落实安全生产责任，构建风险分析管控隐患排查治理双重预防机制，以生命至上的担当保障人民生命财产安全。

四、党要管党、从严治党，不断开创党建工作新局面

推动黔南发展，关键在党。我们要坚持思想建党与制度治党紧密结合，坚决维护以习近平同志为核心的党中央权威，扎实推进全面从严治党，永葆党的先进性和纯洁性，不忘初心、继续前进，以优异成绩迎接建党 100 周年，全面实现第一个百年目标。

（一）保持对党绝对忠诚，坚决维护习近平总书记的领导核心地位

伟大的事业需要坚强的领导核心。党的十八大以来，习近平总书记带领全党全军全国各族人民，开创了中国特色社会主义伟大事业和党的建设新的伟大工程新局面，实现了党和国家事业的

继往开来，赢得了全党全军全国各族人民的衷心拥护，受到了国际社会的高度赞誉，在新的伟大斗争实践中成为了党中央的核心、全党的核心。我们要聚焦对党绝对忠诚，对照“三严三实”要求，牢固树立政治意识、大局意识、核心意识、看齐意识，尤其是核心意识、看齐意识，坚决维护习近平总书记的领导核心地位，在思想上衷心拥护核心、在政治上坚决维护核心、在组织上自觉服从核心、在行动上主动看齐核心，自觉向党中央看齐，向党的理论和路线方针政策看齐，以铁一般信仰、铁一般信念、铁一般纪律、铁一般担当，始终同以习近平同志为核心的党中央保持高度一致，坚定不移维护党中央权威和集中统一领导，做到党中央提倡的坚决响应、党中央决定的坚决照办、党中央禁止的坚决不做，不折不扣地贯彻落实好党中央的决策部署。

（二）严肃党内政治生活，加强党内监督

尊崇党章、遵守党章、维护党章，认真落实《关于新形势下党内政治生活的若干准则》和《中国共产党党内监督条例》，全面净化党内政治生态，永葆党的肌体健康，努力形成又有集中又有民主、又有纪律又有自由、又有统一意志又有个人心情舒畅生动活泼的政治局面。抓好思想教育这个根本，深入开展“两学一做”学习教育，完善党委（党组）中心组学习制度，加强学习型党组织建设，深入学习习近平总书记系列重要讲话精神，把学习成果转化为对理想信念的坚守、对党绝对忠诚的行动，讲党性、重品行、作表率，明底线、知敬畏、守规矩，彰显共产党人的人格力量。坚持集体领导与个人分工相结合，健全和落实民主集中制的各项具体制度和工作机制，按照民主集中制规则议事、决策、办事，党委（党组）主要负责同志必须发扬民主、善于集中、敢于担责，领导班子成员必须增强全局观念、责任意识，坚决执行党组织决定，增强党的创造力、凝聚力和战斗力，确保党的团结统一、政令畅通。用好组织生活这个经常性手段，认真落实“三会一课”、民主生活会、领导干部双重组织生活、民主评议党员、谈心谈话等制度，与时俱进创新内容、载体、方法和手段，不断拧紧思想“总开关”，防微杜渐，严守党纪。完善权力运行制约和监督机制，加强党内监督，用好外部监督，强化对党的领导机关和领导干部特别是主要领导的监督，促使党员干部按本色做人、按角色办事。

（三）坚持新时期好干部标准，加强创新型干部队伍建设

坚持党管干部原则，严格落实《党政领导干部选拔任用工作条例》，坚持新时期好干部标准，坚持德才兼备、以德为先，坚持五湖四海、任人唯贤，严把政治关、品行关、作风关、廉洁关，树立正确的选人用人导向，努力锻造登高望远、精益求精、勇于争先的创新型干部队伍。认真执行和完善干部选拔任用廉洁审核、“一报告两评议”制度，建立健全领导班子综合分析研判、干部选拔任用工作全程纪实制度，发挥党组织领导和把关作用。坚持从严管理干部与正向激励相结合，认真落实“四位一体”从严管理干部机制，建立健全容错纠错机制，加快构建“有为激励、无为问责”制度体系，既要做到教育从严、管理从严、问责从严，又要切实宽容失败、允许试错、有错必改，真正为敢担当者担当，为敢负责者负责，促进广大党员干部愿干事、敢干事、干成事。坚持党管人才原则，加强干部教育培训力度，制定阶段性的高层次人才、紧缺人才培养引进特殊政策，统筹实施“优才访学计划”“硕博培养计划”“青年人才交流计划”。

（四）加强基层组织建设，夯实坚强的战斗堡垒

坚持书记抓、抓书记，围绕“1+6”基层党建工作体系，健全完善党建考核评价机制，落实党建工作责任制，扩大基层党组织覆盖面，增强基层党组织的政治功能和服务功能。以“三亮一创”为抓手，推进行业党建“四轮驱动”，构建城乡统筹、相互促进的基层党建工作新格局。持续整顿软弱涣散基层党组织，深入抓好“三支队伍”建设，推行村（居）干部职业化管理，充分发挥驻村干部积极性，提升基层党务工作者专业化职业化水平。深化党建扶贫“四级联动”，继续推进

村级集体经济“空壳村”清零行动，加强基层党组织阵地建设，健全财政投入为主的多元化经费保障机制，增强基层党组织服务群众能力。保障基层干部待遇，防止和纠正把基层干部污名化现象，加强对基层干部的教育培训，注重从基层一线选拔使用业绩突出的好干部，形成重视基层、关注基层的选人用人导向。

（五）加强党风廉洁建设，营造风清气正的政治生态

严明党的纪律，切实增强纪律意识、规矩意识，严格遵守党的政治纪律、组织纪律、廉洁纪律、生活纪律、群众纪律、工作纪律，坚决同违反党的纪律行为作斗争，用铁的纪律、铁的规矩保证各项工作顺利进行。认真执行中央“八项规定”、省委“十项规定”和州委“九项规定”，巩固作风建设成果，防止“四风”反弹回潮。推动全面从严治党向基层延伸，扎实推进民生监督，全面开展巡察工作，严惩群众身边的腐败行为。坚持把纪律和规矩挺在前面，用好监督执纪“四种形态”，健全完善不敢腐、不能腐、不想腐的体制机制。坚持“无禁区、全覆盖、零容忍”，严肃查处发生在领导机关、领导干部中插手工程建设、土地出让、买官卖官、腐化堕落案件，始终保持反腐败斗争的压倒性态势，不断把党风廉洁建设和反腐败斗争引向深入，以良好的党风促政风带民风。

（六）弘扬大射电创新精神，凝聚干事创业的强大正能量

“追赶、领先、跨越”的新时期黔南精神和“登高望远、精益求精、勇于争先”的大射电创新精神，彼此有机融合、一脉相通，都是引领全州各族人民奋发赶超的强大精神力量。大关精神、“背篼干部”精神、“当代女愚公”精神，都是这两种精神的伟大培育者、生动写照者、积极践行者。在前进的道路上，我们必须传承新时期黔南精神，弘扬大射电创新精神。坚定后发赶超、后来居上的决心和信心，保持“追赶”的定力；增强弯道取直、同步小康的智慧和胆识，保持“领先”的慧力；鼓足艰苦奋斗、攻坚克难的干劲和勇气，保持“跨越”的精进力。始终把学习作为政治责任，运用新知识、新经验、新工具，以登高望远的创新精神谋划发展；坚持不懈地追求卓越，更加重细节、求精致、讲完美，以精益求精的工匠精神推动发展；牢固树立不甘落后的意识，敢于树标杆、自加压、往前冲，以勇于争先的拼搏精神引领发展，让黔南发展“直挂云帆济沧海”。

各位代表、同志们！“人不率则不从，身不先则不信。”面对新形势新任务，州委作为全州各项事业的领导核心，必须进一步加强自身建设，努力打造“忠诚、团结、务实、勤奋、廉洁”的州委班子，身体力行、率先垂范，更好地动员和团结全州各级党组织和广大干部群众，奋力打造民族地区创新发展先行示范区，开启基本现代化建设新征程。坚决维护习近平总书记的领导核心地位，认真学习习近平总书记系列重要讲话精神和治国理政新理念新思想新战略，始终坚持正确的政治路线、政治立场、政治方向、政治道路，确保中央和省委政令畅通。认真落实《中国共产党地方委员会工作条例》，全面贯彻执行民主集中制，严格按照规则和程序办事，大事讲原则，小事讲风格，用实际行动树立州委高度团结统一、步调一致的良好形象。善于观大势、谋大事，从做好整体工作出发，找准本职工作在全局中的位置，增强工作合力，敢于在改革发展中涉险滩、破难题，敢于在各项工作中当先进、争一流。坚持党的群众路线，把立党为公、执政为民落实到全部工作中，着力解决好人民群众最关心最直接最现实的利益问题，保持同人民群众的血肉联系。坚持严于律己，树立正确的权力观、地位观、利益观，自重、自省、自警、自励，为全州树立爱党爱民、勤政敬业、廉洁奉公的好榜样。

各位代表、同志们！蓝图已经绘就，号角已经吹响。让我们更加紧密地团结在以习近平同志为核心的党中央周围，高举中国特色社会主义伟大旗帜，团结一心、苦干实干，敢于担当、善作善成，谱写无愧于党、无愧于人民、无愧于历史的黔南新篇章！

强化监督执纪问责　推进全面从严治党 为开启基本现代化建设新征程提供纪律保证

——中国共产党黔南州第十届纪律检查委员会向中国共产党黔南州第十一次代表大会的报告

（2016年12月6日）

黔南州委常委　州纪委书记　杨光杰

各位代表、同志们：

现在，我代表中共黔南州第十届纪律检查委员会，向大会报告工作，请予审议。

一、过去五年工作回顾

州第十次党代会以来的五年，既是全州经济社会发展最快、群众受益最多、综合实力最强的五年，也是人民群众对党风廉政建设和反腐败斗争满意度、干部廉洁从政认可度大幅上升的五年。五年来，州委认真贯彻落实中央和省委的决策部署，团结带领全州各族干部群众，攻坚克难、后发赶超，认真履行全面从严治党主体责任，营造了良好的政治生态。全州各级纪检监察机关在州委和上级纪委的坚强领导下，认真学习贯彻落实党的十八大、十八届三中、四中、五中、六中全会和习近平总书记系列重要讲话精神，以全面从严治党、依规治党为主线，认真履行党章赋予的职责，强化监督执纪问责，不断把党风廉政建设和反腐败斗争引向深入，为全州各项事业健康发展作出了积极贡献。

（一）从严从实，两个责任“落地生根”。过去五年，我们坚持系统抓、抓系统，采取“明责+追责”“制度+科技”等措施，着力推动党风廉政建设“两个责任”的落实。率先出台《关于认真落实党风廉政建设主体责任和监督责任“两个责任”的实施意见》《黔南州党风廉政建设主体责任和监督责任清单》，厘清主体责任6项、监督责任4项、细化责任清单98项，层层签订责任书；率先推动党委常委会和人大、政府、政协及法检两院党组向同级纪委全会述责述廉述德，接受主体责任落实满意度测评；率先将党风廉政建设与大数据有机结合，创建“‘两个责任’落实与监督网络平台”，实现“一网明责、一网履责、一网追责”。今年11月成功举办全国性党风廉政建设与大数据技术运用研讨会，获得有关专家、学者好评，中央、省、州相关媒体作了专题报道。全州共查处“两个责任”落实不力问题90个，责任追究137人（县处级10人），其中主体责任94人、监督责任43人。

（二）重拳出击，监督执纪“抓铁有痕”。过去五年，我们坚持重点抓、抓重点，动真碰硬，挺纪在前。突出纪律约束。充分发挥反腐败协调小组的作用，健全执纪审查工作机制，加强信访举报、案件审理和案件监督管理等工作，依纪依法严肃查处了州行政服务中心原主任周学林、贵定县政协原主席方昌国、荔波县原副县长杨国军等典型案件。五年来，全州纪检监察机关收到来信来访8211件，同比上升43.32%；立案3539件，同比上升175.62%；结案3222件，同比上升151.33%；党政纪处分3403人，同比上升128.39%（其中县处级76人，同比上升68.89%；乡科级771人，同比上升52.37%）；移送司法处理158人；挽回经济损失3.53亿元。紧扣“四种形态”，出台《关于深入落实“两个责任”推进干部约谈常态化实施办法》《关于对反映州管干部问题线索进行约谈函询的试行办法》，全州各级党组织通过集体谈、提醒谈、预警谈、纠错谈等方式共约谈党员干部10497人次，其中转立案审查601人。突出民生监督。围绕“大扶贫”战略开展“整治铸廉三年行动”，组建105个民生监督组、建成105个乡镇教育谈话室、配备1682名村级民生监督员，在全州组织开展农村危房改造、城乡低保、农村合作医疗、信贷扶贫等138项民生项目资金专项监察。严肃查处损害群众利益的不正之风和腐败问题，针对突出问题及时督促有关主管部门完善监管机制。开展民生监督以来，共发现民生领域问题13330个，立案2263件，党政纪处分2226人，挽回经济损失1.38亿元，发出监察建议书51份，督促有关部门建章立制72个。

（三）动辄则咎，正风肃纪“踏石留印”。过去五年，我们坚持反复抓、抓反复，认真贯彻落实中央八项规定、省委十项规定、州委九项规定精神，释放越往后执纪越严的强烈信号。持续发力纠“四风”。紧盯重点领域、重要节点、重点人群，严肃查处收送节礼、购物卡、公款吃喝、公款旅游、违规配备使用公车、滥发津补贴等违规违纪行为，先后查处违反中央八项规定精神问题1995个1461人，通报曝光典型案件386起，核实县级领导干部廉洁自律情况3418人（次）。出台《推进“效能革命”优化发展环境问责暂行办法》，严查“为官不为”“为官慢为”“为官乱为”。与州广播电视台联合办好“黔南政风行风热线”，群众反映问题办结率100%。持续不断抓宣教。坚持惩防并举、注重预防，通过专题讲座、知识测试、知识竞赛、以案说纪等形式，举办网络廉政书法大赛、“勤廉杯”廉政摄影展、优秀廉政文化作品展播、《我是杨刚》音乐话剧巡演等活动，采取改版升级黔南州纪检监察门户网站、创办《黔南风纪》期刊、新建警示教育基地、“任前考廉”、“任前谈话”等措施，强化党员干部纪律规矩意识，教育引导党员干部自觉遵守党章、贯彻党章、维护党章。

（四）先行先试，体制改革“蹄疾步稳”。过去五年，我们坚持统筹抓、抓统筹，积极稳妥推进纪律检查体制机制改革，在“2015年贵州全面深化改革优秀案例”评选活动中，我州纪律检查体制改革创新案例作为全省纪检监察系统唯一案例入选。积极推进“两个为主”。深入推进双重领导体制的具体化、程序化、制度化，出台县（市）纪委书记、部门纪检组长（纪委书记）、企业纪委书记提名考察办法，创新党员干部任前党纪党规考试，就问题线索排查处置、大要案件指挥中心、公开审理、廉政风险防控等制发文件予以规范。其中，举报人参与信访初核的创新做法获中央纪委肯定，探索“三资”委托管理经验在全国农村党风廉政建设现场会上作交流发言，探索机关单位廉政风险防范管理的做法入选全国《廉政风险防控工作（案例教材）》，探索县（市）纪委分管案件副书记异地交流任职的做法推广到全省本届市（州）纪委换届中。积极推进“两个全覆盖”。坚持深化“三转”，全面规范州县（市）乡（镇、街道）纪（工）委书记、纪检组长职能职责，全面调整纪检监察机关内设机构，优化整合执纪审查力量，全面清理纪检监察机关参与议事协调机构1561个；推进派驻机构改革，成立纪工委监察分局，实现对州县党和国家机关的派驻监督的全覆盖；积极配合省委巡视组做好对州本级及13个县（市、区）的巡视工作和整改落实工作，在都匀、龙里、罗甸等地试点巡察工作，把全面从严治党要求延伸到基层。

（五）正人律己，谋事干事“同频共振”。过去五年，我们坚持长期抓、抓长期，紧扣“打铁还需自身硬”，着力建设忠诚、干净、担当的纪检监察干部队伍。拧紧“总开关”锤炼“好干部”。扎实开展党的群众路线教育实践活动、“三严三实”专题教育、“两学一做”学习教育，实现对全州纪检干部轮训一遍的目标，队伍向心力、战斗力、担当力、执行力进一步提升，提拔调整县处级干部71名，涌现出杨刚、陶林等获中纪委和省、州表彰的先进典型，州纪委、州纪委办公室先后被省委党建办、省纪委办公厅评为“先进集体”，

《中国纪检监察报》《贵州党风》对我州纪检监察干部队伍建设进行专题报道。坚持“零容忍”严防“灯下黑”。加大竞争上岗、轮岗交流力度，实行问题线索排查季调度和重点工作目标责任制；健全纪检监察干部监督管理机制，建立纪检监察干部信息库，层层签订廉政承诺书，严格日常监管、刚性约束，对不适宜从事纪检监察工作的9名同志作组织调整，严肃查处违纪违法纪检监察干部21人（县处级5人）。

各位代表、同志们，过去五年，全州党风廉政建设和反腐败斗争的方向更明确、思路更明晰、成效更明显，全州党员干部干事创业的思想更解放、作风更务实、氛围更浓厚，党风廉政建设群众满意度测评四年名列全省前茅，总体实现了州第十次党代会确定的党风廉政建设和反腐败斗争目标任务。这些成绩的取得，得益于州委和省纪委的坚强领导，得益于全州各级党组织和广大党员干部的支持配合，得益于社会各界以及各族群众的积极参与，得益于全州各级纪检监察干部的共同努力。在此，我代表中共黔南州第十届纪律检查委员会，向大家表示衷心的感谢！

在充分肯定成绩的同时，我们也清醒地认识到，全面从严治党任务依然艰巨，党风廉政建设和反腐败斗争形势依然严峻复杂，腐败滋生蔓延的土壤与条件依然存在。具体表现为：有的党委（党组）对党的建设和全面从严治党的重要性、必要性、紧迫性认识不够，存在管党治党失之于宽、失之于松、失之于软的情况，重点领域、重点环节、重要岗位的违纪违法问题仍时有发生；有的纪委（纪工委）对全面从严治党的形势、任务、重点理解把握不够，存在监督执纪软、制度建设弱的情况，不敢腐、不能腐、不想腐的体制机制还没有健全；有的纪检监察干部面对新形势新任务自我净化、自我提升、自我完善不够，存在主责不突出、能力不匹配、效果不明显的问题。在今后的工作中，我们将采取有力措施推动问题的解决。

二、过去五年工作体会

过去五年，是全州纪检监察工作适应新变化、新形势、新挑战的五年，是勇于担当、奋力作为的五年。在深入推进党风廉政建设和反腐败斗争的实践中，我们深刻体会到：

第一，必须坚决向以习近平同志为核心的党中央看齐，不折不扣地贯彻落实中央、省委、省纪委、州委的决策部署。纪委是党内监督的专责机关，讲政治是第一位的要求，必须带头树立政治意识、大局意识、核心意识、看齐意识，坚决拥护以习近平同志为核心的党中央权威。始终保持政治上的清醒和坚定，牢记围绕中心、服务大局，自觉把纪检监察工作放到中心、大局中去思考、谋划、部署和开展，坚定不移地做党的忠诚卫士、人民群众的贴心人。

第二，必须尊崇党章维护党章，严格履行党章赋予的职责。全面从严治党首先要尊崇党章、执行党章、维护党章。纪委要坚持从政治的高度、用纪律的尺子来监督执纪问责，坚持惩前毖后、治病救人，既盯大问题，又不放过小问题，既勤“浇树”、治“病树”、拔“烂树”，又护“森林”，用严明的纪律体现对全州党员干部的关心和厚爱，营造风清气正、干事创业的良好政治生态。

第三，必须牢牢扭住主体责任这个“牛鼻子”，紧紧抓住领导干部这个“关键少数”。主体责任落实有力，全面从严治党才有坚实基础。落实主体责任，关键在于全州各级领导干部，特别是“一把手”，必须全面唤醒责任意识、激发担当精神，以“关键少数”带动大多数，让履职尽责成为各级责任主体的行动自觉。

第四，必须坚持民心是最大的政治，紧扣经济社会发展的主要矛盾、突出问题抓监督。黔南党风廉政建设所取得的成效，关键在于找准了监督执纪问责与经济社会发展的结合点，关键在于围绕人民群众反映强烈的突出问题和损害群众利益的不正之风来进行监督，关键在于广大人民群众的参与。只有围绕经济社会发展这一中心、紧扣脱贫攻坚全面小康这一重点、切实维护群众切身利益这一根本来监督，才能增强群众的获得感，厚植党的执政根基。

第五，必须坚持全面从严治党永远在路上，

坚定信心继续前进。开弓没有回头箭，正风反腐既是一场攻坚战，也是一场持久战。必须保持坚强政治定力，踩着不变的步伐，以顽强的意志和不屈的韧劲，将党风廉政建设和反腐败斗争进行到底。

三、今后五年工作建议

党的十八届六中全会奏响了全面从严治党的最强音，州第十一次党代会吹响了决胜全面小康开启基本现代化建设新征程的冲锋号。新的形势、新的起点赋予党风廉洁建设和反腐败斗争新的任务、新的要求。全州各级党组织和纪检监察机关要高举中国特色社会主义伟大旗帜，以马克思列宁主义、毛泽东思想、邓小平理论、“三个代表”重要思想、科学发展观为指导，深入贯彻习近平总书记系列重要讲话精神，按照中央、省委、省纪委关于全面从严治党的部署和州委“五个黔南”建设要求，发扬大射电创新精神，坚持全面从严治党，聚焦监督执纪问责，强化党内监督，践行“四种形态”，深化作风建设，着力构建不敢腐、不能腐、不想腐的体制机制，营造良好政治生态，为开启基本现代化建设新征程提供坚强纪律保障。为此，我们建议，着力抓好以下六个方面的工作：

（一）严守党章党规党纪，积极探索党内监督的有效途径。推进党风廉洁建设和反腐败斗争，关键在严明纪律，关键在责任落实。纪检监察机关是推动全面从严治党的重要力量，必须忠诚履行党章赋予的神圣职责，牢牢抓住“两个责任”，推动各级党组织管党治党政治责任的有效落实。

强化“四个意识”，严格党内监督。坚持全面从严治党、依规治党，切实从学习党章、遵守党章、维护党章中找准支撑点，形成推动力。坚持把维护党的政治纪律放在首位，加强对党员遵守政治纪律的教育和监督，严肃查处违反政治纪律的行为，坚决维护中央和省委、州委权威。认真贯彻党的十八届三中、四中、五中、六中全会精神，严格执行《关于新形势下党内政治生活的若干准则》《中国共产党党内监督条例》，规范党内政治生活，加强党内监督，认真抓好党内谈话、干部考察考核、述责述廉述德、领导干部个人有关事项报告、领导干部插手干预重大事项记录等制度的落实，切实增强政治意识、大局意识、核心意识、看齐意识。

强化“两个责任”，确保政令畅通。党内监督的权威和责任首先来自于党的组织，党委（党组）监督是第一位的，这是沉甸甸的政治责任。要牢牢牵住主体责任“牛鼻子”，结合“两个责任”落实与监督网络平台，构建具体明确、环环相扣的责任链条和上下一体、整体联动的工作格局，让党员干部受警醒、明底线、知敬畏，让廉政预警数字准、情况明、责任清。全面推进派驻纪检机构改革，加强对派驻机构工作的督促检查和指导协调，让派驻机构充分发挥“派”的权威和“驻”的优势。着力提升监督检查科学化水平，加强对党的路线方针政策和重大决策部署落实情况的监督检查，深入推进党内全方位监督，对党的领导弱化、党的建设缺失、全面从严治党不力和“四风”问题突出的，对违反政治纪律和政治规矩、管党治党不力、发生系统性腐败案件的部门和单位，要严肃追究主体责任、监督责任和领导责任，坚决维护党纪党规的权威性，确保州第十一次党代会确立的各项目标任务顺利实现。

（二）坚持严管厚爱，始终把纪律规矩挺在前面。把纪律挺在前面要体现在平时，既抓早抓小，又抓长抓常，使每个党组织、每名党员都在纪律的约束中，才能达到治“病树”、拔“烂树”、护“森林”的目的。

抓早抓小，实践“四种形态”。综合运用监督执纪“四种形态”，从“盯违法”转向“盯违纪”，从注重查办大要案转向抓大不放小、动辄则咎。既重点抓好第一种形态，又不放松第二、三、四种形态，既坚决处理“少数”和“极少数”，又用好“常态”、管住“大多数”。创新工作方式方法，把“纪在法前”体现在从信访受理、线索处置、谈话函询，到执纪审查、调查谈话、审理报告等各个环节。深入推进精准约谈，对日常发现干部身上存在的问题，以及收到的反映干部的问题线索，要梳理汇总归类，确定谈话类别，及时进行约谈，不断扩大谈话函询覆盖面，坚决减少腐败存量、遏制腐败增量。

抓长抓常，拓展廉洁教育。把学习党章党纪党规、学习习近平总书记系列重要讲话精神，同党情世情国情省情州情结合起来，同中华优秀传统文化结合起来，加强党员干部思想政治教育。充分运用执纪审查反面典型案例，以案说理、以案明纪，警示、教育党员干部尊崇党章、敬畏党章，强化“见贤思齐，见不贤而内自省”的意识。创新教育理念思路和方式方法，将廉洁文化建设同民族文化、民风民俗、家风家规、孝道善道、乡规民约紧密结合起来，扬真抑假、扬善抑恶、扬美抑丑，移风易俗，打造富有黔南特色的廉洁文化品牌，增强廉洁文化的渗透力和感染力，让廉洁建设深深扎根于民族土壤。做好党风廉洁建设和反腐败斗争舆情收集、研判、处置和舆论引导工作，着力营造风清气正的良好舆论氛围。

（三）加大执纪审查力度，持续保持反腐高压态势。以坚决的态度、坚定的力度监督执纪问责，以高压反腐推进从严治党，以反腐成效取信于民。

突出惩治重点。紧紧围绕“六大纪律”严肃纪律规矩，重点查处在扶贫攻坚、工程建设、教育卫生、生态环境、征地拆迁领域中的违规违纪问题，贯彻州委的决策部署中有令不行、有禁不止的问题，买官卖官、以权谋私、贪污贿赂、腐化堕落以及违反中央八项规定精神等问题。重点查处十八大以后不收敛、不收手，问题线索反映集中、群众反映强烈，现在重要岗位且可能还要提拔使用的领导干部。要通过信访举报、审计审查、巡视巡察、派驻监督、督查督办、移交转办等多种手段，拓宽问题线索来源，提高问题线索质量，深挖党员干部违纪问题。要在州县建立巡察制度，健全巡察机构，全面开展巡察工作，发挥巡察的“利剑”作用，把党风廉洁建设有效延伸到基层。

提升惩治合力。加强对反腐败工作的统一领导，构建执纪审查、廉政教育、制度建设“一体化”惩防机制，强化信息共享、执纪协作、案情通报、线索管理等方面的互联互通，以资源整合、齐抓共管来提升监督执纪问责成效。要在举报方式、信访监督、线索处置等关键环节不断创新，提高办信效率和质量；对发现的问题线索，按照集中管理、分类处置的要求，既要做到规范管理、处置到位，又要做到跟踪督促、综合研判。严格执纪审查程序，严肃执纪审查纪律，提升执纪审查质量。加大对基层执纪审查工作指导力度，全面落实违纪案件“先处后移”，严格涉案款物和执纪审查基地的规范化管理，确保依纪依法执纪审查。对发生塌方式腐败案件的、不正之风长期滋生蔓延的单位，要严格问责，倒逼“两个责任”落实，实现案件质量与综合效果有机统一。

（四）深入推进民生监督，服务保障脱贫攻坚。把民生监督作为当前工作的重中之重，抓巩固、抓规范、抓提升，强化扶贫领域监督执纪问责，确保扶贫项目资金安全，为脱贫攻坚保驾护航。

狠抓监督检查。围绕“大扶贫”战略行动，结合“精准扶贫”“精准脱贫”，紧盯扶贫领域项目资金管理使用问题，把日常监管、专项监察、群众监督结合起来，特别是要用好专项监察这个抓手，严肃查处截留、挪用、挤占、骗取项目资金、借管理扶贫项目资金违规收费增加群众和企业负担、收受贿赂为他人谋取利益等违法违纪行为。充分发挥“大数据”平台和互联网的联动作用，建立黔南特色的“民生监督网”和村级“一把手”廉政预警提醒机制，进一步增强发现问题的能力。坚持“监督的再监督、检查的再检查”职责定位，严格“一案双查”，在严肃查处直接责任人的同时，严肃追究主管部门的主体责任、领导责任和监督责任。

狠抓巩固提升。加强民生监督队伍建设，细化明确村级民生监督员的职责，选聘好民生监督员，建立健全考核评估机制，充分调动工作积极性、主动性。要围绕监督执纪“四种形态”，突出乡镇教育谈话室的警示和震慑作用，把党的思想政治工作优势发挥出来。要针对薄弱环节和存在问题，通过组织约谈、实地督导、发监察建议书等有效方式，督促主管部门健全扶贫项目资金落实的体制机制，认真抓好整改，着力堵塞漏洞。

加大民生监督宣传力度，强化干部执行力和落实力，提高群众知晓率和参与度，形成推动扶贫项目资金落实的良好氛围。

（五）扎实开展作风建设，努力营造良好政治生态。良好的政治生态是党员干部干事创业的前提和基础。在深入推进作风建设中，既要查处问题，维护党员干部良好形象，也要包容失误，保护干事创业积极性。

严查作风突出问题。坚定不移落实中央八项规定精神，围绕节点、重点采取日常检查、专项检查、通报曝光等方式聚焦“四风”突出问题，严肃查处违规公款吃喝、违规收送礼品礼金、违规发放津补贴、参赌涉赌等顶风违纪问题，严肃查处各类隐形、变异“四风”问题。要针对存在的“为官不为”突出问题，严厉整治党员干部“不作为”“乱作为”“慢作为”等问题，巩固作风建设成果。要针对群众反映强烈的共性问题，集中开展专项整治，形成声势、形成气势、形成氛围，增强震慑力，严防问题反弹回潮。

激发干事创业活力。健全作风建设长效机制，按照习近平总书记关于“把干部在推进改革中因缺乏经验、先行先试出现的失误和错误，同明知故犯的违纪违法行为区分开来；把上级尚无明确限制的探索性实验中的失误和错误，同上级明令禁止后依然我行我素的违纪违法行为区分开来；把为推动改革的无意过失与为谋取私利的故意行为区分开来”的要求，建立健全党员干部容错纠错机制，最大限度保护党员干部依法干事的积极性，营造愿干事、敢干事、能干成事的良好氛围。要构建“亲”“清”新型政商关系，既要防止官商勾结，避免“亲”而不“清”，又要防止为官不为，避免“清”而不“亲”。要严查违反组织人事纪律行为，加大对诬告陷害、打击报复行为的查处力度，保护作风过硬、敢作敢为、锐意进取的干部，旗帜鲜明地为敢于担当的干部担当、为敢于干事的干部负责，建设风清气正的黔南政治生态。

（六）全面加强自身建设，切实践行忠诚干净担当。打铁还需自身硬。在黔南党风廉洁建设和反腐败斗争新的征程上，按照“三转”的要求，锻造一支素质高、能力强、作风硬、适应时代发展需要的纪检监察干部队伍，显得尤为迫切。

以上率下。各级纪委要抓好班子、带好队伍，认真履行监督执纪问责职责；各级纪委常委会要带头贯彻执行《中国共产党廉洁自律准则》《中国共产党纪律处分条例》，切实担负起组织领导、教育监督、选人用人、示范带动的责任；要进一步深化“两学一做”学习教育，努力实践、用心感悟，在学思践悟中养成思想、政治、行动上的自觉，在学思践悟中增强工作的前瞻性、系统性和主动性，为党委当好参谋助手。各级党委、政府要切实关心爱护纪检监察干部，为党风廉洁建设和反腐败工作创造良好条件，提供有力支持。

真管真严。积极推进纪检监察干部人事制度改革，进一步厘清内设机构职能职责，进一步健全机构设置，进一步加大干部轮岗、挂职、交流力度，进一步优化干部队伍结构，进一步扩大范围扩大视野选拔任用优秀纪检监察干部。要加大教育培训力度，采取多种措施有针对性和实效性地培训干部，不断提升依纪依法履行职责的素质和能力。要坚持管人与管事相结合，围绕重要岗位和关键环节，从制度上、流程上、细节上加以规范；对执纪违纪、以案谋私的，发现一起、查处一起；对不作为的，要批评教育、组织调整直至纪律处分，努力打造忠诚、干净、担当的纪检监察队伍。

各位代表、同志们！州第十一次党代会开启了黔南发展的新征程，站在新起点、面对新挑战，我们要紧密团结在以习近平同志为核心的党中央周围，在州委和上级纪委的坚强领导下，不负重托、不辱使命，不忘初心、继续前进，深入推进党风廉洁建设和反腐败斗争，努力为开启基本现代化建设新征程作出新的更大贡献！

黔南布依族苗族自治州人民政府工作报告

（2017 年 2 月 15 日在州十四届人民代表大会第一次会议上）

黔南州人民政府代理州长　吴胜华

各位代表：

现在，我代表州人民政府向大会作工作报告，请予审议，并请州政协委员和其他列席人员提出意见。

过去五年工作回顾

过去五年，在州委的坚强领导和州人大、州政协的监督支持下，我们深入贯彻习近平总书记系列重要讲话精神，以五大新发展理念为引领，以“守底线、走新路、奔小康”为总纲，以“强创新、占高地、作示范”为主题，坚持主基调主战略不动摇，大力实施开放带动、创新驱动和“一圈两翼”三大战略，紧紧依靠全州各族干部群众，励精图治，砥砺前行，经济发展综合测评连续四年位居全省第一方阵，创造了建州 60 年来新的辉煌。

过去五年，是综合实力显著增强的五年。我们始终坚持发展第一要务，经济社会快速健康发展。地区生产总值突破千亿元大关，达到 1023.39 亿元，是 2011 年的 2 倍，年均增长 14.4%。人均地区生产总值达 31469 元。固定资产投资突破千亿元大关，达 1053.58 亿元，是 2011 年的 2.6 倍，年均增长 21.4%；一般公共预算收入达 110.05 亿元，是 2011 年的 2.8 倍，年均增长 22.9%；金融机构存、贷款余额双双破千亿，分别达 1521.44 亿元、1066.21 亿元，是 2011 年的 2.9 倍和 3.6 倍，年均分别增长 23.7%、29.2%；社会消费品零售总额 247.91 亿元，是 2011 年的 1.9 倍，年均增长 13.6%；城镇和农村常住居民人均可支配收入分别达 26063 元和 8844 元，均为 2011 年的 1.8 倍，年均分别增长 12.6%、13%。经济总量在全国 30 个自治州排位从第九位上升到第五位，全面小康实现程度预计达 93.5%。

过去五年，是基础设施极大改善的五年。我们始终坚持基础先行，以项目建设为抓手，着力推进以交通、水利为重点的基础设施建设。黔桂铁路完成改造，贵广高铁、沪昆客专开通，迈进“高铁时代”；公路里程突破 18000 公里，实现了县县通高速、乡乡通油路、村村通沥青（水泥）路，96% 的建制村开通客运；机场、港口、航道和轨道交通建设全面加快。现代综合立体交通运输体系初具雏形。累计新建骨干水源工程 30 座，治理病险库 101 座、河道 88 处；解决 152.7 万农村人口饮水安全问题；建成城镇污水处理工程 30 处，日处理污水能力 11 万吨；农田有效灌溉面积累计达 315 万亩，从人均 0.5 亩提高到 0.86 亩。能源、信息等基础设施不断夯实，保障水平明显提高。

过去五年，是城乡面貌焕然一新的五年。我们始终坚持城乡统筹发展，大力实施城镇建设“三年行动计划”，山地特色新型城镇化体系基本形成。城区扩容提质，城市建成区面积从 126.4 平方公里增加到 194 平方公里，城镇化率从 36.5% 提高到 49.04%。棚户区改造顺利推进，20 个城市综合体、20 个示范小城镇初具规模。打造了都匀毛尖小镇、龙里双龙小镇等一批特色小镇。都匀、独山、三都列为国家新型城镇化综合试点，惠水好花红、贵定昌明列为省、部级新型城镇化试点。实施城镇美化、亮化、绿化、净化工程，“五脏五乱”、交通拥堵等“城市病”得到有效治理。继荔波之后，龙里荣获国家卫生县城称号，独山麻尾等13个乡（镇）分获国家卫生乡（镇）、全国文明乡（镇）。深入推进美丽乡村“六个小康”建设，农村生产生活条件得到极大改善，基本解决了农村人畜混居问题，37个村寨分获中国少数民族特色村寨、中国传统村落、全国文明村寨称号。

过去五年，是产业结构优化调整的五年。我们始终坚持产业转型升级，着力改造提升传统产业，培育壮大新兴产业，三次产业结构调整到17.9∶35.1∶47。打造“185工程”升级版，建成省级农业示范园区52个，培育农业龙头企业568家，现代山地特色高效农业领跑全省。突出农村产业融合发展，推进农业“接二连三”。茶园面积达到161万亩，新增95万亩。大力实施茶产业发展条例，成功举办都匀毛尖世博名茶百年品牌推介活动，都匀毛尖品牌价值达211.49亿元；“三品一标”产地认定545个，我州获批全省首个“国家地理标志保护产品示范区”。供销工作跃居全省前列。2016年农业增加值达192.2亿元，增速全省第一。规模工业企业从462户增加到727户，规模工业增加值年均增长14.4%，连续四年居全省前列。磷及磷（煤）化工、建材等支柱产业和医药等新兴产业不断转型升级，建成14个产业园区，成功引进金正大、芭田等1801户企业入园。惠水百鸟河数字小镇初具规模，大数据、互联网营销产业风生水起。成功举办6届州旅发大会，“中国天眼”天文科普首游井喷。建成20个重点旅游景区，荔波获国家5A级景区、全国全域旅游示范县、全国森林旅游示范县。2016年，新增龙里巫山峡谷等2家4A景区和13家3A景区，旅游总收入603亿元，列全国30个自治州首位。成功举办3届物流国际峰会，建成西南最大快递物流园（龙里）、全省首个县级公用保税仓库（独山）、“百亿电商惠黔南3+1+1”平台等。贵州双龙物流商贸城农副产品集散中心投运，贵州（昌明）国际陆港、福泉国际陆港、独山国际物流港开工建设，福泉开通至北部湾集装箱专列。独山、龙里、惠水、荔波成为国家级电子商务示范县。

过去五年，是生态环境明显改善的五年。我们始终牢记习近平总书记“甘溪指示”，坚守发展和生态两条底线，实现了百姓富与生态美的有机统一。“绿色黔南”三年行动计划成效显著，完成造林384万亩，治理水土流失660平方公里，森林覆盖率达59%；建成南沙洲、杉木湖等42个城市公园，新增都匀清水江等8个国家湿地公园（试点）和贵定甘溪国家森林公园；连续举办4届“水生态文明·黔南论坛”；荔波、三都纳入国家重点生态功能区，全州重点生态功能区占国土面积达40%。黔南列入“国家生态保护与建设示范区”“全国水生态文明城市试点”，都匀荣膺“全球绿色城市”，瓮福千亿级园区获批国家循环经济示范基地和国家生态工业示范基地，龙里成为全省首个国家循环经济示范县。大力实施剑江河、樟江流域、古树名木、FAST设施及电磁波宁静区等保护条例，支持法院设立环保法庭，建立了环保约谈制度、环境损害和森林火灾责任追究制度。森林保护“六个严禁”成果全省第一，环保“六个一律”“风暴行动”敢于亮剑，污染物排放总量等得到有效控制，单位GDP能耗降低到9.7%，全面完成节能减排降碳任务。一批环保重点项目启动实施，生活垃圾处理率和城镇污水处理率分别达75.7%和85.8%，县城以上城市环境空气质量优良率达99.4%，均位居全省前列。

过去五年，是改革开放活力迸发的五年。我们始终坚持问题导向和需求导向，抓改革促开放，为加快发展注入新动能。以经济体制改革为引领，以供给侧结构性改革为主线，扎实推进重点领域和关键环节改革，科技教育、卫生计生、文化旅游、社会治理、生态文明等改革同步推进。乡镇行政区划调整领先全省，瓮安“5531”社会治理模式全省推广，福泉中小学人事制度改革得到中央肯定，在全省率先实行工商税务“两证合一”试点。组建了“5+1”集团公司，投融资能力得到极大提升，直接融资突破千亿元大关。都匀城市投融资体制改革得到国家发展改革委肯定。促进全面全域开放，推进与巴基斯坦、泰国等“一带一路”沿线国家城市交流，主动参与粤桂黔高铁经济带、左右江革命老区建设，加强与贵阳、贵安等兄弟市州，以及深圳、广州对口帮扶城市的合作。广州产业园、粤桂黔高铁经济带合作试验区贵州园B区落地建设。建成7个省级经济开发区，双龙航空港经济区进入省级战略。招商引资累计到位资金5908亿元，是上个五年的8.5倍，年均增长36.2%；引进“500强”企业37家。进出口总额11.26亿美元，年均增长25.2%。深入推进大众创业、万众创新，积极支持民营经济发展，扶持发展微型企业9649户。发放民贸民品优惠贷款173.4亿元，居全省首位。新建创业孵化基地8个，新增“四上”企业1300户，新增个体工商户2.8万户。民营经济增加值582亿元，占GDP的比重从34.8%提高到57.8%。

过去五年，是民生福祉全面提升的五年。我们始终坚持民生至上，做到发展为了人民、发展依靠人民、发展成果由人民共享。全面落实“六个精准”“五个一批”，率先在全省实施“1+9”精准扶贫行动计划，累计减少83.8万农村贫困人口，6个贫困县、115个贫困乡（镇）按省定标准“减贫摘帽”，瓮安县按国家标准退出片区县。2012年以来累计实施易地扶贫搬迁（扶贫生态移民）3.3万户14.5万人。惠水易地扶贫搬迁“五个三”模式得到中央和省委肯定并全省推广，长顺“4+N”产业扶贫和罗甸“四带”创业增收模式成为全省典型。都匀、福泉、龙里提前通过省同步小康创建达标验收。累计新增城镇就业34.1万人，转移农村劳动力51.6万人；城乡居民、城镇职工养老保险和医疗保险制度基本覆盖，城乡最低生活保障等社会救助体系日趋完善，打通城乡居民与企业职工养老保险转移衔接通道；实施保障性安居工程14.23万套。扎实推进教育“9+3”计划、学前教育三年行动计划和“4+2”教育突破工程，九年义务教育巩固率、高中阶段毛入学率分别达94%、87%，高考录取率居全省前列。高等教育、民办教育得到发展。实施农村义务教育和公办学前教育营养餐改善计划，惠及174.34万名学生。医疗卫生服务体系不断完善，医疗保障水平不断提高，卫生健康服务的可及性、质量、效率和群众满意度显著提高，全面两孩政策得到有效落实。3家医院晋级三级甲等医院。人体器官、造血干细胞捐献工作取得新突破。2016年，新农合参合率达98.76%，人均预期寿命达到73.8岁。科技进步水平提高到47%，平塘获授国家天文科普示范基地、国家天文科普教育基地，国际天文学会命名“黔南星”“平塘星”，长顺等5县（市）成为国家科技进步县。基本建成州县乡村四级公共文化设施，实现多彩贵州“广电云”村村通；“幸福进万家—文化精品乡村行”成为国家示范项目；建成州博物馆、水族文化博物馆、都匀文体艺术中心，州档案图书馆、州科技馆开工建设；恢复建成了福泉古城、瓮安千年古邑和贵定阳宝山，新建了汉唐、巨升等影视基地，《黔之南》走进央视，《绕家大歌》夺取国际大奖，《星火燎原云雾街》《霍去病》等陆续开拍。建成3个全民健身运动中心，承办了国际国内系列体育赛事，持续打造国际体育舞蹈品牌。文化产业增加值占生产总值比重4.2%、列全省第一。推进道路交通、食药品等领域专项整治，安全生产形势持续稳定向好。推进社会治理“五张网”建设，扎实开展严打整治专项行动，公共安全形势总体平稳，人民群众安全感和满意度连续五年稳居全省前列。民族宗教、国防动员、人防、民兵预备役、军供、双拥、妇女儿童、红十字、养老、地方志、保密、档案等工作协同推进。

过去五年，是自身建设不断加强的五年。我们始终坚持依法行政、从严治政、廉洁从政，树立了良好的政府形象。认真开展群众路线教育实践活动、“三严三实”专题教育和“两学一做”学习教育，“四个意识”明显增强，机关作风明显转变，服务效能明显提升。自觉接受人大法律监督、工作监督和政协民主监督，广泛听取民主党派、工商联、无党派人士和人民团体意见，决策科学化民主化水平明显提高。办理州人大代表建议966件、州政协委员提案921件，答复率100%。12345民心热线共受理群众诉求31355件，办理满意率达99.8%。认真落实中央“八项规定”精神和国务院“约法三章”，切实履行党风廉政建设“主体责任”和“一岗双责”。深入推进“大部制”“放管服”改革，政府部门精简至33个，公布了县级以上政府部门权责清单，全部取消州直机关实施的非行政许可审批项目，州政府向县（市）政府下放行政许可102项。推行“互联网+政务服务”，政府门户网站考评连续两年列全国前十位。电子政务、一站式服务、公共资源交易等工作务实开展，保证了“权力在阳光下运行”。开展“效能革命”，强化行政监察和审计监督，狠抓督查问责，大兴调查研究之风，勤政廉政建设取得新成效。

2016年，我们经受住了宏观经济持续下行的严峻考验，经济发展综合测评稳居全省第三，经济发展群众满意度全省第一，“十三五”开局良好，实现了本届政府的圆满收官。地区生产总值同比增长12.5%；规模工业增加值增长11.8%；固定资产投资增长22%；引进州外到位资金1720.6亿元；一般公共预算收入增长13.3%；金融机构存、贷款余额分别增长29.9%和32.8%；社会消费品零售总额增长13.2%；居民消费价格指数涨幅控制在2.2%以内；减少农村贫困人口15.35万人；城镇新增就业7.17万人；全面完成“十件民生实事”。2016年，我们成功举办了建州60周年庆典、都匀毛尖（国际）茶人会、中国物流（都匀）国际峰会等影响重大的活动，凝聚了共识，提振了精神。特别值得一提的是，“中国天眼”落成启用，习近平总书记专致贺信，并在新年贺词中高度点赞，让我们倍受鼓舞，极大提升了全州各族人民的荣誉感、幸福感。

各位代表，过去五年的成就来之不易。这是省委、省政府和州委坚强领导的结果，是州人大、州政协监督支持的结果，是全州各族干部群众团结拼搏的结果。在此，我代表州人民政府，向全州各族人民、各级干部表示崇高的敬意！向人大代表、政协委员，向各民主党派、工商联、无党派人士和人民团体，向驻黔南人民解放军指战员、武警官兵、公安政法干警、民兵预备役人员，向中央、省对口帮扶部门和广州、深圳对口帮扶城市，以及社会各界人士表示衷心的感谢！

在看到成绩的同时，我们还要清醒认识存在的困难和问题：一是经济总量偏小，发展方式粗放，产业层次不高，民营经济发展不足，实体经济实力不强，县域经济实力较弱，加快产业发展的任务十分艰巨；二是基础设施还需进一步完善，市场主体发育不够充分，自主创新能力不强，体制机制障碍有待消除，保持经济持续健康发展的基础还不够牢靠；三是人民群众收入水平偏低，贫困人口仍然较多，城乡发展差距还很大，脱贫攻坚任务十分繁重；四是人口资源环境对经济社会发展的约束加大，经济增长与节能降耗之间的矛盾依然突出；五是创新社会治理的基础比较薄弱，社会事业发展仍然滞后，公共服务水平偏低，就学、就业、就医、住房等关系群众切身利益的突出问题还没有得到根本解决；六是政府职能转变还没有完全到位，行政能力和行政效率亟待提高，“放管服”改革落实不够到位，政风建设还需进一步加强。对此，我们一定以高度负责的态度，认真加以解决。

今后五年政府工作目标任务

今后五年，是黔南全面建成小康社会、开启基本现代化建设新征程的关键时期，也是黔南大有可为的重要战略机遇期。我们必须高举中国特色社会主义伟大旗帜，深入贯彻习近平总书记系列重要讲话精神，认真贯彻落实党的十八大、十八届三中、四中、五中、六中全会精神，认真贯彻落实州第十一次党代会精神，统筹推进“五位一体”总体布局，协调推进“四个全面”战略布局，以“守底线、走新路、奔小康”为总纲，以“强创新、占高地、作示范”为主题，深入践行五大新发展理念，坚定不移实施“3366”发展战略，全面做好稳增长、促改革、调结构、惠民生、防风险各项工作，促进经济平稳健康较快发展和社会和谐稳定，奋力打造民族地区创新发展先行示范区，开启基本现代化建设新征程！

今后五年的奋斗目标是：地区生产总值年均增长13.5%以上，其中一产、二产、三产年均分别增长6%、13.5%、16.5%，经济总量在全国民族自治州中“进四争三”。固定资产投资年均增长25%以上，社会消费品零售总额增长13.5%，一般公共预算收入年均增长13%，金融机构存款余额增长20%以上，贷款余额年均增长25%以上，城镇、农村居民人均可支配收入年均分别增长10%、12%。确保现行标准下农村贫困人口全部如期脱贫，民主法治水平、文化软实力、人民生活水平和生态文明水平显著提升，全面建成小康社会。

今后五年，我们要奋力推进经济社会发展实现“六个新跨越”。

（一）坚定不移地加快转型升级，确保协调发展实现新跨越。我们将坚持以创新为突破口，深化供给侧结构性改革，抢占产业转型升级制高点，着力构筑“55311”产业体系，全力建设新型产业基地。

巩固壮大五大传统产业。一是推进磷及磷（煤）化工“补链”。大力发展精细磷制品及精细磷酸盐产品，推进“煤电磷”一体化发展，延伸产业链条，打造“瓮福”千亿级磷化工产业集群。二是推进能源工业“扩量”。坚持规模化、集约化和集团化发展，依托煤炭、水能资源，积极发展新能源和可再生能源，努力建设清洁、经济、高效、安全的能源体系。三是推进建材工业“升级”。推动建筑业和建材业融合发展，加快新型建筑建材基地建设和产品应用，促进水泥、墙材传统建材升级换代，大力发展石材产业，逐步充实完善建材工业产业门类和结构。建成全省最大的石材产业基地。四是推进冶金工业“转型”。按照总量控制、等量置换、行业整合的原则，不断提高产业集中度、精深加工水平和产业竞争力。支持“矿电冶”“煤电冶”一体化发展。五是推进特色轻工业“提质”。围绕“烟、酒、茶”等传统名片，加快特色轻工产业技术创新和新产品开发，提升产品质量，提高附加值。到2021年，五大传统产业规模工业增加值增长10%以上，产值突破1500亿元。

培育发展五大新兴产业。一是大数据产业。以高新技术产业园为载体，以电子信息制造、电子商务、云计算、软件服务外包为支撑，积极发展智能终端、服务外包等关联业态和智慧健康、智慧物流、智慧旅游等衍生业态。建成世界一流航龙天文小镇和世界知名的百鸟河数字小镇，打造天文经济和数字经济聚集区。到2021年，全州大数据规模总量突破500亿元。二是高端装备制造产业。深入贯彻落实《中国制造2025》，以主机制造为核心，引领带动关键零部件等相关配套产业发展，着力构建整机、零部件产业链。打造千亿级电子信息、高端装备制造产业带。到2021年，全州装备制造产业突破500亿元。三是大健康医药产业。以医药医疗、康体养生养老为重点，培育大健康医药产业集群。到2021年，全州大健康产业突破100亿元。四是新材料产业。发展新型电子信息功能材料、太阳能光伏材料、纳米材料等新材料产业。到2021年，新材料产业产值突破400亿元。五是新能源及环保产业。推广清洁能源高效与梯次利用技术、资源回收与循环利用技术，促进产业化应用。到2021年，五大新兴产业规模工业增加值增长20%以上，产值突破1600亿元。

提升发展三大服务产业。一是山地旅游业。以打造国际山地特色旅游目的地为目标，以全域旅游理念为引领，用好“中国天眼”“荔波世遗”两张世界级名片，推动“旅游+”产业融合发展，积极申报创建“大贵州滩”世界地质公园、国家森林公园、国家级旅游度假区和国家5A、4A级旅游景区，打造提升一批重量级特色旅游产品，加快实现4A景区县县全覆盖、3A景区乡乡全覆盖。到2021年，形成“南翼”千亿级全域旅游增长极，旅游业对GDP的贡献率达16%以上。二是现代物流业。引进和培育一批物流平台企业、龙头企业，着力发展第三方、第四方物流，大力发展多式联运，健全物流配送网络，基本建成川贵广—南亚国际物流大通道、“5+2”物流港口，创建国家级综合保税区，建成1~2个国家级口岸，基本建成大西南区域性商贸物流中心。三是金融服务业。大力实施“引金入黔南”工程，打造黔南金融机构总部集聚区。大力发展地方法人金融机构，确保村镇银行和政策性融资担保机构县域全覆盖。积极开发针对“三农”、中小企业、科技创新的金融产品和服务。大力发展电子商务、研发设计、会展服务、房地产等生产性服务业和养老、家庭服务为重点的生活性服务业。到2021年，现代服务业增加值力争突破1000亿元。

加快发展山地高效农业。以农业供给侧结构性改革为主线，以建设现代农业产业园区为载体，继续打造“185”工程升级版，大力发展茶叶、蔬果、中药材、烤烟、畜牧等特色优势产业，打造全国最大的毛尖茶、刺梨、火龙果、铁皮石斛种植基地和绿壳蛋鸡全产业链基地。引进培育壮大各类新型农业经营主体，大力发展农产品精深加工、休闲农业、乡村旅游和农村电商，拓展生产、供销、信用合作“三位一体”新领域，加快推进农业“接二连三”。把增加绿色优质农产品供给放在突出位置，狠抓农产品标准化生产、品牌创建、质量安全监管，创建无公害绿色有机农产品大州。到2021年，农业增加值达250亿元，畜牧业增加值占农业增加值比重38%，农产品加工率达100%以上，农民人均可支配收入达16500元。

积极发展文化创意产业。优化文化产业布局、培育文化市场主体、完善产业发展政策，积极推动文化产业“走出去”，不断推进文化与科技、旅游的融合发展。大力发展文化创意产业，加快发展影视产业，把“大都匀”打造成为比肩横店、具有国际国内影响力的“中国西部影都”。到2021年，力争文化创意产业增加值达110亿元、占GDP的比重5%以上。

（二）坚定不移地推进基础建设，确保支撑能力实现新跨越。我们将突出重点、强补短板，着力构建功能完善、互联互通、支撑有力的现代基础设施体系。不断完善交通网络。实施公路“121工程”，建成1000公里高速公路、2000公里普通国省道或城际快速干道、10000公里农村公路，重点建设都匀至安顺、贵阳到黄平、平塘至罗甸等高速公路和贵惠、都凯、都独、都福等城市快速干道；加快三都大河至都匀王司快速通道规划研究，加快推进瓮马铁路南北延伸段建设，配合加快贵（阳）南（宁）客专、贵（阳）兴（义）客专、兴永郴赣铁路、都（匀）凯（里）城际铁路等过境铁路建设；启动以“大都匀”为核心，辐射各县（市）的轨道交通规划建设。加快荔波机场改扩建和都匀、罗甸支线机场规划建设。加快罗甸港、瓮安港建设，争取乌江、红水河、都柳江等内河航道提级改造，提高水运通达能力。全面解决缺水问题。实施水利“3个100”工程，建设100座大中小型水库，治理河道100处，实施城镇供水和农村饮水安全巩固提升工程，改善100万人饮水条件。推进重点区域江河湖库连通工程建设，促进水资源互连互通，确保县县有中型水库、乡乡有稳定水源，提高水资源调配能力。夯实能源信息基础。加快农村电网改造升级和智能电网建设，抓好油气管道建设，加快充电站、充电桩扩面建设，加快信息基础设施向基层延伸。到2021年，全州轨道交通、通用机场、中型水库、天然气管道、充电桩实现县县全覆盖，二级以上公路乡乡全覆盖，宽带网络村村全覆盖。

（三）坚定不移地推进城乡一体化，确保城乡统筹发展实现新跨越。我们将坚持“一圈两翼”发展战略，进一步优化城乡布局，统筹城乡资源，抢占城乡统筹改革制高点。提升新型城镇化水平。推进以人为核心的新型城镇化，构建以“大都匀”为龙头、县城为骨架、建制镇为支撑的城镇化体系。支持都匀建成“都市”，推进国家级产城融合示范区建设；统筹城市地上地下空间开发，支持县（市）城建设畅通城市、海绵城市、智慧城市。支持都匀、独山、三都新型城镇化综合试点，支持瓮安、独山、惠水、荔波等撤县建市。加快城市管理和执法理念转变，基本理顺城市执法体制，切实加强现代城市治理，促进公共服务进一步完善，实现城市让生活更美好。加快小城镇建设，增强城镇综合承载能力。到2021年，建成区面积达240平方公里，城镇化率达56%以上。做好经营乡村大文章。深入推进“四在农家·美丽乡村”建设，推动村庄规划全覆盖，继续实施“六个小康”行动计划，完善农村基础设施和公共服务体系，推动城乡公交一体化县县全覆盖。加强传统村落保护，培育乡土特色文化，打造美丽乡村升级版。推动移风易俗，倡导文明新风尚。持续办好“经营乡村（黔南）论坛”。实施农村环境综合整治工程，修好群众脚下路，点亮百姓门前灯，让百姓过上干净体面的生活。

（四）坚定不移地推动生态文明，确保绿色发展实现新跨越。我们将坚守山青、天蓝、水清、地洁四条底线，抢占生态文明建设制高点，加快建设“全国生态保护与建设示范区”。筑牢绿色屏障。深入推进退耕还林、石漠化治理等重点生态工程建设，用好森林保护“六个严禁”，加快建设森林防火“六大体系”，全面推行“村为主”管理模式，统筹推进城乡绿化，强化重点地区生态保护修复。到2021年，全州森林覆盖率达65%。发展绿色经济。以传统产业升级改造为突破，以绿色产业、新兴产业发展为重点，完善节能环保型产业体系，建设一批循环经济示范园区和绿色企业。大力发展环保装备业、光能制造业、磷石膏利用业，完善节能环保型产业体系，加快“两型”社会建设。守护绿色家园。深入推进“绿色黔南拒绝污染行动”，严格生态红线制度，坚持环境保护“六个一律”，统筹抓好大气、水、土壤污染防治和废弃矿山的综合治理，提高环境质量和管理水平。补齐城乡污水管网建设短板，加大城镇、乡村生活垃圾处理及转运设施建设力度，提高城乡污水和垃圾无害化处理率。完善绿色制度。强化生态环境保护责任，完善森林生态保护补偿机制，全面推行领导干部自然资源资产离任审计制、环境公益诉讼制，完善环保行政执法与刑事司法衔接联动机制。全面推行“河长”制。制定实施生态文明建设目标评价考核办法、领导干部环境损害责任追究办法，严格执行生态环境保护“一票否决”，实现环保督察全覆盖。培育绿色文化。支持县（市）创建国家环境保护模范城市、文明城市、卫生城市、园林城市，把黔南建设成为国家生态文明试验区的样板和典型。持续办好“水生态文明·黔南论坛”。积极倡导绿色生活方式，让绿色理念深入人心。

（五）坚定不移地推动改革开放，确保创业创新实现新跨越。我们将坚持用好改革开放关键一招，破除体制机制障碍，激发加快发展活力。推动重点领域和关键环节改革。深化投融资体制改革，激发民间投资活力；推进国有企业公司制改革，鼓励各类资本参与国有企业混合所有制改革；推进“放管服”改革，更好激发市场活力和社会创造力；深化农村产权制度改革，推进农地“三权分置”，加快农村“三变”改革；深化户籍制度改革，推动农业人口市民化，提高城镇化率；深化城市综合执法体制改革，提高城市管理水平；加快科教文卫体等社会事业改革，增强公共服务能力。推动开放向宽领域拓展。抢占区域开放合作制高点，积极创建国家级经济开发区，设立海关、保税区和检验检疫机构。用好都匀毛尖（国际）茶人会、国际射电天文论坛、物流国际峰会等重大平台，提升对外交流合作水平。推进都匀、福泉与凯里协同发展，加强与贵阳、贵安联动合作，把双龙航空港经济区打造成黔中经济区重要增长极。以产业合作为纽带，积极参与“一带一路”建设，主动融入泛珠三角经济区，深化与广州对口帮扶城市协作，主动参与粤桂黔高铁经济带合作试验区、左右江革命老区建设，打造贵州内陆开放型经济试验区桥头堡。突出招大引强，瞄准世界、中国、民营三类“500强”企业，全力引进一批大项目、好项目。推动大众创业万众创新。深入推进科技创新，突出企业技术创新主体地位，培育一批国家和省级企业研发中心，建设一批磷化工、建材和医药省级重点实验室，构建一批产业技术创新战略联盟，开展产学研深度协同创新，提升产业核心竞争力。加强创新创业基地建设，积极发展众创、众包、众扶、众筹空间，构建多层次创业格局。创新机制体制，完善政策支持，毫不动摇地鼓励、支持、引导非公有制经济发展，扶持一批骨干民营企业做大做强，支持一批本土企业加快发展，在推动民营经济发展上作示范、走前列。

（六）坚定不移地推动共享发展，确保民生福祉实现新跨越。我们将围绕创建全国民族团结进步示范州，进一步健全基本公共服务和社会治理体系，扎实办好民生实事，让发展成果惠及全州人民。决战脱贫决胜小康。推进大扶贫战略行动，实施“33668”扶贫攻坚行动计划，确保如期打赢脱贫攻坚战，与全国、全省同步全面建成小康社会。优先发展教育事业。基本普及15年教育，抓好学前教育，加快义务教育学校标准化建设，实现义务教育均衡发展。鼓励和支持社会力量兴办教育。大力发展职业教育、高等教育、特殊教育、民族教育和继续教育，基本实现教育现代化。支持黔南师院建设综合性应用型大学和申报新增硕士授权单位。到2021年，学前教育毛入园率达91%，九年义务教育巩固率达96%，高中阶段毛入学率达91%以上。推进健康黔南建设。继续深化医药卫生体制改革，着力完善医疗卫生服务体系，全面提升基层医疗卫生服务能力。到2021年，创建一批三级综合医院标准，实现专业公共卫生机构、乡镇（街道）标准化卫生院（社区卫生服务中心）、村卫生室标准化建设全覆盖。每千人口医疗卫生机构床位数达到5.55张、执业（助理）医师数达到2.5人、注册护士数达到3.14人、公共卫生专业技术人员达0.83人，每万人口全科医生数达2人。鼓励支持中医药事业发展。大力发展体育事业，构建全民健身公共服务体系。持续办好州运会。繁荣发展文化事业。加强公共文化服务体系建设，实施文艺精品创作、文化品牌创建、文化服务惠民、文化阵地建设工程，办好“好花红”艺术节。做好水书申遗工作。健全完善社会保障。实施积极的创业就业政策，提高就业质量和水平。到2021年，全州实现城镇新增就业36万人，新增转移农业劳动力39万人，城镇登记失业率控制在4.2%以内。推进全民参保计划，实施社会保障兜底工程，加快社会救助、社会保障体系建设，完善基本养老保险制度，健全重特大疾病保障机制，实行统一的城乡居民基本医疗保险制度。提升社会治理水平。加快规范化社区建设，构建社区治理新格局。加强食品药品监管体系建设，保障群众饮食用药安全。强化安全生产责任体系、隐患排查治理体系和应急救援保障体系建设，预防重特大事故发生。深入实施“5531工程”，加强安全保障体系建设，严厉打击各种违法犯罪，持续打造“平安黔南”。加强国防动员和后备力量建设，加快推进军供保障设施建设，抓好“双拥”工作，促进军民融合发展。

2017年工作安排

今年是新一届政府任期的开局之年，也是实施“十三五”规划的关键之年，做好今年的工作意义重大、影响深远。

今年，全州经济社会发展主要预期目标是：地区生产总值增长13.5%，规模工业增加值增长12.5%；减少农村贫困人口14.5万人；固定资产投资增长25%；社会消费品零售总额增长13.5%；一般公共预算收入增长13%；金融机构存、贷款余额分别增长25%以上；城镇和农村常住居民人均可支配收入分别增长10%和11%；城镇登记失业率控制在4.2%以内；居民消费价格指数控制在省定目标范围内；城镇化率达51%，森林覆盖率达61%，完成省下达的节能减排降碳指标任务。力争1个县通过同步小康省级达标验收，17个人口数量较少民族贫困村率先小康。

围绕上述目标，我们将重点抓好以下九个方面的工作：

（一）着力推进脱贫攻坚。一是突出抓好易地扶贫搬迁。精准选定搬迁对象，着力搬进县城转移就业，推行惠水“五个三”经验，提高安置质量和脱贫效果，确保完成7.8万人以上易地搬迁脱贫。二是突出抓好产业扶贫。用好脱贫攻坚产业扶贫子基金，重点支持农业产业化龙头企业和新型农业经营主体带动贫困户发展。推进贫困村“一村一品”行动，壮大农业特色优势产业基地，实施乡村旅游、电商扶贫等产业培育工程，大力抓好产业扶贫招商，确保在产业扶贫上实现重大突破。三是突出抓好就业脱贫。帮助贫困农户实现户均1人以上就业，抓好贫困劳动力就近就业和劳务输出，落实各类经营主体吸纳贫困人口就业奖补政策。四是突出抓好贫困村基础设施建设。大力实施农村公路、小型水利、农村电网改造升级、网络通信、以工代赈等9大工程，强补贫困村公共服务短板。五是突出抓好社会保障。加强贫困地区教师队伍建设，巩固提升贫困地区学校办学水平。统筹低保、医保、养老、救助等整体联动，构筑兜底“安全网”。六是突出抓好各类帮扶。深化对口帮扶，突出产业协作，集中力量推进广州产业园建设。实施民营企业“百企帮百村”活动，完善机关事业单位帮扶机制。年内确保贵定、龙里、惠水、独山、荔波等5个县按国家标准退出片区县，22个贫困乡（镇）“减贫摘帽”，200个贫困村出列，农村低保、五保人口最低生活保障标准超过贫困线标准。突出两个省定极贫乡镇和州定15个一类贫困乡镇的帮扶，重点推进“三山”地区、人口较少民族地区脱贫攻坚，确保早日脱贫。

（二）着力推动工业转型升级。一是加快传统产业提质增效。实施“千企改造”和“双退出”工程，加强对化工、冶金、装备制造、建材、特色轻工业等传统产业的改造提质，全面提高行业的产品技术、工艺装备和“两化融合”水平。重点推动金正大、芭田、雪花啤酒、瓮福黄磷、源翼新材料、卡布国际和山地新能源汽车升级改造等项目建设。支持信邦、神奇等医药龙头企业扩大规模。支持对磷石膏等产业“三废”的利用。拓展精细磷化工、蓝宝石衬底新材料产业。发展新能源产业，新增水电装机3万千瓦以上、太阳能发电装机2万千瓦以上。二是加快培育新兴产业。加快大数据关联产业、衍生产业的引进和培育，推动大数据与大射电深度结合，深化制造业与互联网融合发展，推进“互联网+”协同制造专项行动计划，加快智能制造布局，将百鸟河数字小镇打造成为全省重要的数字经济聚集区。年内实现大数据电子信息产业业务规模总量达180亿元以上。三是加快产业园区建设。重点抓好园区基础设施建设、项目招商和产业培育，确保产业园区完成工业投资310亿元，实现总产值1350亿元以上。

（三）着力推动农村产业融合发展。一是优化农业产业结构。突出抓好五大特色优势产业和五大产业基地，继续打造“185工程”升级版，农业结构调整粮经比达33∶67，实现畜牧业增加值占农业增加值比重达30%。二是推动农业“接二连三”。推进农旅、农商、农工有机结合，加快农村产业融合发展，推动贵定老干妈油制辣椒产业园、“万马归槽”国家农业公园等建设。三是培育新型农业经营主体。大力推广“龙头企业+合作社+农户”模式，新增州级农业龙头企业20家、专业合作社200家、家庭农场100个，农产品加工率达80%。四是增加优质农产品供给。累计完成“三品一标”种植面积120万亩以上，创建国家优质安全农产品生产示范区。培育做大都匀毛尖茶、味莼园、苗姑娘、山王果、恒力源等特色农产品品牌。

（四）着力推动现代服务业提质增效。一是加快旅游业发展。完成荔波景区扩容提质工程，加快“中国天眼”景区配套建设。用好旅游资源大普查成果，全面启动全域旅游规划编制工作。创新旅游发展业态，发展民宿经济，开发低空飞行等山地旅游产品，推动温泉休闲度假产品县县全覆盖。支持罗甸启动“大贵州滩”世界地质公园申报工作，推动瓮安草塘千年古邑旅游区申报国家5A级旅游景区，完成4家4A级景区申报和13家以上3A级景区评定。办好省第十二届旅发大会和州第十一、十二两届旅发大会。积极开发入境游市场，确保入境游客增长30%以上，旅游总收入增长40%以上。二是推动商贸物流业发展。继续推进“5+2”物流平台建设，加快都匀绿茵湖现代物流园、黔南粮油商贸物流园、福泉国际陆港、瓮安港和罗甸港等建设，建成贵州（昌明）国际陆港一期工程，加快构建川贵广—南亚物流大通道。新建和完善一批商业综合体，建成都匀市商贸会展中心，培育新的城市商业中心。大力发展电子商务，培育和引进旗舰电商运营平台，推动“广货北上”“黔货出山”和“网货下乡”，电子商务交易额突破90亿元，网络零售交易额突破25亿元。三是发展大健康产业。大力实施“1+6”大健康医药产业行动计划，推动民族医药产业园建设，成立黔南养生养老发展集团，大力发展“银发经济”，鼓励和支持社会资本进入健康养生养老产业，培育壮大一批大健康龙头企业。逐步丰富医、养、健、游、食、管等业态，推进“泛云雾山”大健康养生示范区规划建设，打响荔波森林氧吧、罗甸暖冬、龙里太阳谷、福泉太极养生、贵定禅修及温泉康养、三都水族文化慢城等品牌。四是大力发展文化产业。重点抓好平塘天文科普文化园区、福泉古城文化园、三都万户水寨文化产业园、罗甸玉石文化产业园、都匀经济开发区汉唐影视城、巨升影视旅游小镇、中国国际足球小镇等一批重点项目建设，大力发展影视产业。筹建贵州文交所黔南分所。启动布依古文字抢救保护和申遗工作。文化产业占GDP比重达4.5%以上。

（五）着力统筹城乡建设。一是优化城镇空间布局。强力推进“一江带两城”配套建设，加强都匀市和都匀经济开发区的协作互动，提升“大都匀”首位度。抓好都（匀）凯（里）、都（匀）独（山）、龙（里）（花）溪等城际快速干道建设，支持有条件的相邻县（市）抱团发展，支持都独、瓮福、长惠一体化发展。启动村庄规划编制工作。二是提升城镇承载能力。实施新一轮城镇建设“三年行动计划”，统筹推进“道路、供排水、新能源、环境、信息、园林、综合管网、公共服务设施”等8大工程。完成3个以上城市公园建设或改造，建成一批城市公共停车位，每个县（市）建成一个大型车辆和特种车辆停车场；建成5公里城市地下综合管廊、80公里慢行绿道；易地开工建设黔南监狱和都匀监狱。三是推进城乡协调发展。统筹推进都匀、独山、三都国家新型城镇化综合试点。新增城镇面积10平方公里，农业转移人口落户城镇6万人，城镇化率提高2个百分点以上。继续实施美丽乡村“六个小康”行动计划，推进城乡基本公共服务均等化。积极开展农村人居环境整治，加快农村垃圾、污水处理设施建设，抓好重点公路沿线农村人居环境示范工程。

（六）着力推动重大项目建设。一是产业项目。引导社会资金重点投向新型工业、现代农业、大数据、大旅游、大物流、大健康、大文化等领域，建成一批重点产业项目，工业、旅游、农业分别完成投资365亿元、104亿元和50亿元以上，稳步提高产业投资比重。二是交通项目。推进贵南客专、瓮马铁路项目建设，开工建设都匀至凯里高铁联络线、瓮马铁路南北延伸工程、贵定南铁路物流中心、黔桂线都匀站外迁工程。建成荔波王蒙至翁昂旅游有轨电车项目，完成“中国天眼”、金海雪山等有轨电车项目前期工作。加快“南翼”平塘至罗甸等5条在建高速公路建设进程，推动贵阳至黄平、瓮安至开阳、惠水至平塘高速公路开工建设，确保在建高速公路里程达660公里以上。加快二级以上公路“乡乡全覆盖”进程；确保所有建制村通客运、所有撤并建制村通硬化路。加快推进都匀机场项目前期工作，抓好荔波机场改扩建工程，开工惠水通用机场（一类），启动部分县（市）的三类通用机场建设。推动龙滩电站过船设施建设，建成荔波樟江航运项目一期工程。三是水利项目。加快福泉凤山、都匀石龙等40座大中小型水库建设，抓好独山甲摆大型水库等拟建项目前期工作。实施河道治理项目20处，新建、续建污水处理厂15座，新建污水收集管网80公里。狠抓农田水利项目建设，发展耕地灌溉面积15万亩。实施城镇供水工程和农村饮水安全巩固提升工程。四是能源通信项目。实施天然气管道“县县通”工程，确保独山、荔波、平塘、长顺、三都等5县开通天然气。实施农村电网改造升级工程；启动新能源汽车充电站（桩）布点规划建设，建成充电桩1040个。加快电子政务公共服务平台项目建设。打好信息基础设施三年会战收官仗，加快推进“满格黔南”“宽带乡村”建设。完成信息基础设施投资13亿元。重点推进500个以上省州重大项目建设，完成投资1200亿元以上，其中城建、交通、水利等重点领域分别完成投资425亿元、360亿元和60亿元。

（七）着力推进改革开放创新。一是深化重点领域和关键环节改革。抢抓IPO扶贫政策机遇，启动实施“县县有上市公司”计划。探索建立农村土地“三权分置”新机制，推进农村“三变”改革。扎实推进政府职能转变，大力推进简政放权、放管结合、优化服务。抓好直供电和增量配电业务改革试点。全面落实“三去一降一补”任务，继续压减煤炭产能150万吨，关闭退出煤矿16处，争取商品房库存去化周期缩短至12个月以内，为企业降低成本50亿元左右。二是扩大对外开放和区域合作。加快7个省级经济开发区建设，捆绑申报国家级经济开发区。开工建设粤桂黔高铁经济带合作试验区（贵州园B区）。推动双龙航空港升级为国家级临空经济区，支持龙里、惠水发展楼宇经济、总部经济。精心办好都匀毛尖（国际）茶人会、中国物流（都匀）国际峰会等，争取举办世界反贫困大会、国际射电天文论坛、中国民族地区创新发展论坛等大型活动。确保年内进出口总额达3.1亿美元、增长24%。三是突出精准招商高效引资。及时完善招商引资优惠政策，引进“500强”企业13家以上，引进技术含量高、成长性好的企业100家以上。全年引进州外到位资金2000亿元以上。四是加快创新能力建设。争取中科院贵州射电天文台及天文数据中心落地黔南。加快黔南州科技园（一期）建设。新增一批创业基地、众创空间、创业主体。大力引进创新人才，深化与科研机构和院校的合作。

（八）着力抓好生态文明建设。一是抓好重点生态工程建设。深入实施“绿色黔南”三年行动计划，水土流失、石漠化治理分别完成180平方公里和155平方公里以上；完成退耕还林20万亩、其它营造林40万亩，抓好森林防火工作。实施都匀东湖、两河汇、杉木湖等一批江河湖库连通及河道生态治理项目，推进罗甸八吝景观坝等一批水生态文明工程。推进清水江、摆龙河等8个湿地公园（试点）建设。申报1个国家森林公园和1个省级湿地公园。完成国有林场改革和古树名木挂牌管理。二是抓好环境治理。大力实施青山、净土、蓝天、碧水四大工程，加强大气、水、土壤污染防治。抓好境内乌江、都柳江、清水江、红水河等流域综合治理，建成都匀市生活垃圾焚烧发电厂、金达莱西南环保基地等项目。确保县城以上城市空气质量优良率达86%以上，水资源三条红线管理综合指数达85%以上，城乡生活垃圾无害化处理率达85%，公众对城乡环境保护满意度达80%以上。三是抓好绿色家园建设。合理划定县城以上城市限制燃煤区和禁止燃煤区，确保中心城市环境空气质量优良率达90%以上。大力实施整体改善农村人居环境“10 + N”行动计划，创建一批生态示范乡（镇）和生态示范村。办好“水生态文明·黔南论坛”。

（九）着力保障和改善民生。一是坚持就业为本。实施重点群体转移就业行动计划、政府公益性岗位优先安排贫困人口就业政策，扶持中小微企业发展，探索“职校+”“创业+”等扩大就业路径；完善公共就业服务平台，强化技能和能力培训。新增城镇就业8万人。二是大力发展教育事业。确保学前三年入园率达90.3%、义务教育巩固率达94%、高中阶段毛入学率达88%以上。加快黔南民族医专“升本”步伐。支持黔南职院、黔南幼专建设省级优质高职院校。建成都匀一中新校区、州委党校新校区。三是扎实推进“健康黔南”建设。加快建设州公共卫生中心、州医院新院区、州中医院新院区，启动州妇女儿童医院建设。深入推进公立医院综合改革，全面实施健康扶贫工程，完善基本医保、大病保险、医疗救助“三重医疗保障”。加快推进分级诊疗，建立医疗、医药、医保联动机制。积极开展特殊人群医疗救助服务，实现救助对象入院医疗费用“零负担”。加快体育场馆和健身工程建设，办好州第五届运动会和首届山地户外嘉年华、国际体育舞蹈公开赛、足球运动会等赛事活动，广泛开展全民健身运动。新建和改造20个全民健身路径工程。四是强化社会保障。实施“全面参保计划”，加大社保扩面征缴力度，提高城镇居民基本医疗保险、新型农村合作医疗财政补助标准和城乡低保标准。加快农村危房改造和保障性安居工程建设。完善精神病患者医疗救治体系，开工建设一批精神病疗养院。做好农村留守儿童、老人、妇女和残疾人关爱救助保障工作。五是提升社会治理水平。切实抓好安全生产，确保安全生产形势总体稳定。加强食品药品安全监管。强化重大金融风险防控，严厉打击网络诈骗、电信诈骗和非法集资等犯罪活动，坚决守住不发生系统性区域性金融风险的底线。抓好重点领域突出矛盾专项治理，提升网上信访运用质量，保持社会和谐稳定。

各位代表，全州各族人民对美好生活的向往就是我们的奋斗目标。今年，我们将尽心竭力办好十件民生实事。（1）让群众贫有所扶。完成年度减贫14.5万人任务，农村、城市低保标准分别提高15%和10%。将0.62万建档立卡贫困人口转化为生态护林员。（2）让群众业有所乐。培训农村劳动力2.5万人，公益性岗位安置就业困难人员5000人。（3）让群众病有所医。建立全州县级以上公立医院预约挂号统一平台，实现乡镇卫生院（社区服务中心）远程医疗和规范化数字预防接种门诊全覆盖。（4）让学生学有所教。免除建档立卡困难家庭普通高中在校生学杂费，压缩6%行政经费用于教育扶贫，全面实施农村学前教育儿童营养改善计划。（5）让群众住有所居。基本建成城镇保障性安居工程4.8万套。改造农村危房2.6万户。完成全州住房公积金信息系统建设。（6）让群众水有所用。实施骨干水源工程6座；实施城镇供水及农村饮水安全巩固提升工程，改善30万人饮水条件。（7）让群众网有所联。基本消除乡镇以上城镇建成区网络盲点盲区。推进高速公路、高速铁路沿线移动网络全覆盖，新增280个行政村光纤网络全覆盖。实施多彩贵州“广电云”户户用工程12万户，完成7个电子商务进农村示范县（市）公共服务中心建设改造。（8）让群众安有所保。安装1000个公共安全监控视频探头，搭建州、县两级视频图像信息交换共享云平台，重点公共区域安全视频监控覆盖90%。实施农村公路安全生命防护工程，处治隐患里程2000公里。（9）让群众电有所供。完成101个中心村农村电网改造升级工程，新建、改造35千伏及以上变电站10座，新建35千伏及以上线路36公里；新建、改建10千伏及以下线路180公里。（10）让群众行有所畅。全州新建城市停车位1.2万个。新建、改建农村公路2200公里。

加强政府自身建设

各位代表！新形势、新任务、新征程，对政府自身建设提出了新的更高要求。我们要始终坚持执政为民理念，不断推动法治政府、创新政府、廉洁政府、服务政府和诚信政府建设，展示政府新形象。

（一）坚持依法行政，建设法治政府。推行州、县、乡三级聘请政府法律顾问制度，健全和完善重大决策程序。自觉接受人大法律监督、政协民主监督、司法机关和社会公众的监督，落实州人大及其常委会决议决定，加强人大代表建议和政协委员提案办理工作。加强政务公开，推进公共数据资源开放，保障群众知情权、参与权和监督权。全面落实行政执法责任制，严格规范公正文明执法。落实行政机关负责人出庭应诉制度。

（二）坚持创新理念，建设创新政府。创新管理理念和方式，建立完善权责清单动态调整和规范运行机制，全面推行“双随机、一公开”监管，营造良好的制度环境。加快事业单位改革步伐，强化事业单位公益属性。创新政府绩效管理，探索建立政府行为容错纠错机制，让实干的人实惠、让有为的人有位。创新制度供给，以政府创新引领和带动社会创新。

（三）坚持廉洁自律，建设廉洁政府。严守政治纪律和政治规矩，增强“四个意识”，切实遵守中央“八项规定”精神和国务院“约法三章”。坚持不懈纠正“四风”，严控“三公”经费支出，降低行政成本。严格落实党风廉洁建设主体责任，完善政府权力运行监督机制，实施“数据铁笼”计划，强化行政监察、督查，推进审计监督全覆盖。加强廉政教育，切实管好公务人员、公共资源、公共权力和公共资金，以“零容忍”的态度坚决惩治腐败。

（四）坚持服务至上，建设服务政府。坚持简政放权、放管结合、优化服务，进一步转变政府职能，全面推行“互联网+政务服务”，提升政务服务整体水平。完善公共服务体系，全面实行“一个窗口”对外受理，健全服务事项网上协同办理机制，加快公共资源交易信息化平台建设，实现公共资源全程电子交易，打造高效透明的政务环境。办好12345民生热线。注重发挥异地商会、行业商会的纽带作用，坚决维护企业合法权益，着力构建“亲”“清”政商关系。

（五）坚持诚实守信，建设诚信政府。推动诚信体系建设，建立健全政府守信践诺机制和政务失信惩戒机制，对政务失信易发多发领域进行重点治理。建立健全政府性债务管理长效机制，做好政府存量债务置换，切实防范财政风险。带头做诚实守信的表率，依法依规理好“旧事”，在债务融资、政府采购、招标投标等领域诚实守信、一诺千金；对确定的重点工作，定了就干、干就干成、干就干好，树立诚实守信、务实担当的施政新风。

各位代表，立足新起点，展望新征程，我们责任重大，使命光荣，不敢有丝毫的懈怠。让我们更加紧密地团结在以习近平同志为核心的党中央周围，高举中国特色社会主义伟大旗帜，在州委的坚强领导下，坚定信心，乘势而上，撸起袖子加油干，甩开膀子拼命干，俯下身子务实干，为加快建设民族地区创新发展先行示范区，开启基本现代化建设新征程而努力奋斗！

黔南布依族苗族自治州
第十三届人民代表大会常务委员会工作报告

（2017 年 2 月 17 日在州十四届人民代表大会第一次会议上）

黔南州人大常委会主任　罗　毅

各位代表：

我受州十三届人大常委会委托，向大会报告工作，请予审议。

过去五年的主要工作

过去五年，是我州立法质量提高、监督实效增强、决定权行使规范、代表工作基础夯实、自身建设成效显著的五年。五年来，在中共黔南州委领导下，州人大常委会深入贯彻落实党的十八大、十八届三中、四中、五中、六中全会精神和习近平总书记系列重要讲话精神，坚持党的领导、人民当家作主、依法治州有机统一，认真履行宪法和法律赋予的职责，全面完成了州十三届人大历次会议提出的目标任务。五年来，共召开常委会会议 39 次、主任会议 71 次，制定民族法规和地方性法规 6 件，完成全国和省人大常委会交办的立法征求意见项目 48 项，对 194 件规范性文件进行备案审查，听取和审议州“一府两院”专项工作报告 131 项，就法律法规贯彻实施情况开展执法检查 9 项，开展专题询问 7 次，对州人民政府 7 个部门进行工作评议，作出决议、决定 36 项，任免国家机关工作人员 383 人次，各项工作都取得了新进展、新成就，为推动全州经济社会后发赶超、同步小康作出了贡献。

一、坚持依法治州，立法工作成果丰硕

五年来，常委会坚持科学立法、民主立法，充分发挥立法主导作用，着力推进重点领域立法，立法工作呈现出质量好、效益高的特点，为扎实推动我州经济社会快速发展提供了有力的法治保障。一是民族立法成效明显。常委会按照立法规划，及时启动各项立法调研工作。茶产业是自治州特色优势产业，是坚守发展和生态两条底线，推进脱贫攻坚、富民强州、同步小康的一个重要抓手，常委会及时开展茶产业发展的立法调研，集众思、抓起草，强审议、重修改，完成了《黔南州促进茶产业发展条例》的制定，为推动我州做大做强茶产业提供了坚强的法治保障。按照州委关于建设生态之州、幸福黔南的决策部署，常委会先后完成了《黔南州剑江河流域保护条例》《黔南州古树名木保护条例》的制定，两个条例的颁布实施，体现了我州既要金山银山又要绿水青山，绿水青山就是金山银山的发展理念。二是地方立法扎实推进。根据省人大常委会的授权，州人大常委会及时启动地方立法工作，设立了州人大常委会法制工作委员会，健全完善相关立法机制。及时废止原《黔南州立法办法》，制定了《黔南州立法条例》，成为《中华人民共和国立法法》修正颁布后，在全省各州市率先制定立法法规，为开展民族立法和地方立法提供了法制保障。500 米口径球面射电望远镜是国家九大科技基础设施之一，常委会按照省委、州委要求，在前期充分调研的基础上，认真起草、反复论证，完成了《黔南州 500 米口径球面射电望远镜电磁波宁静区

环境保护条例》的制定，为“中国天眼”的安全有效运行提供法治保障，这是全国科技创新领域保护的第一部地方性法规。为保护荔波樟江流域，常委会制定了《黔南州樟江流域保护条例》，为切实有效保护樟江提供了法规遵循。三是立法机制不断完善。常委会建立和完善立法调研、协商、听证及规范性文件备案审查等制度。立法工作中，贴近实际，深入群众开展调研，广泛听取各方面意见建议，使立法工作的调研起草、修改论证等过程成为反映民意、集中民智的过程，科学立法、民主立法水平不断提高。深入做好法规清理和废止工作，解决法规实施中存在的不适应、不协调、不一致的问题，及时对自治州制定的单行条例进行了集中清理，更好地适应我州经济社会发展的需要。认真做好规范性文件备案审查工作，对存在的问题进行督促纠正，并加强对县市规范性文件备案审查工作的指导。

常委会在做好立法工作的同时，认真完成全国和省人大常委会交办的《国家安全法（草案）》《广告法（草案）》《贵州省大扶贫条例（草案）》等48部法律法规草案征求意见工作。切实加强了对三都水族自治县立法工作的指导。

二、坚持刚柔并重，监督实效明显增强

常委会围绕中心，服务大局，主动行使宪法和法律赋予的监督职权，综合运用听取和审议专项工作报告、执法检查、视察调研、专题询问、工作评议、约见国家机关负责人等多种监督方式，促进“一府两院”依法行政、公正司法。

（一）着眼于计划和预算执行情况强化监督。常委会切实加强对政府全口径预算决算的审查和监督，定期听取和审议州人民政府关于计划、预算执行情况及审计工作报告，审查批准年度州本级财政决算，确保计划和预算的执行。2013年，常委会在听取和审议预算执行及其他财政收支审计工作报告时，提出州人民政府要强化预算约束、细化预算编制和管理、严肃财经纪律等要求，州人民政府及时对138个州直部门和单位财政闲置资金进行清理并对银行账户撤并，把491个银行账户撤并为164个，划入财政专户资金2.02亿元。2015年，常委会在听取和审议州人民政府关于州直差额拨款事业单位预算收支管理工作情况报告后，州人民政府按照常委会审议意见要求，将州人民医院等三家州直差额拨款事业单位全部收支纳入预算管理，并清理出州直机关事业单位“吃空饷”28人，按规定辞退26人，2人受到党纪政纪处分。常委会切实加强对部门预算决算的审查监督，先后对州教育局等5个部门开展了预决算全程监督，对国库资金运行实行网上在线监督，将都匀经济开发区预决算纳入监管范围，财政资金管理和运行进一步规范。

（二）着眼于促进经济持续健康发展强化监督。常委会主动适应经济发展新常态，为促进经济持续健康发展强化监督。听取和审议了州人民政府关于工业发展、招商引资、重大工程建设等工作情况的报告，要求全州各级人民政府围绕“一圈两翼”发展战略，以全面实施立体功能区规划、产业结构调整、投资拉动、城镇化带动为抓手，加快推进后发赶超、富民强州进程。在“十二五”即将收官之际，常委会听取和审议了州人民政府关于黔南州“十二五”规划目标中期任务完成情况和“十三五”规划纲要编制情况的报告，为保证“十二五”规划圆满收官和“十三五”规划纲要的科学编制提供了保障。为抢抓贵广高铁开通机遇，常委会听取和审议了州人民政府关于全州商贸物流和电子商务工作情况的报告，提出了加快电子商务扶持政策落实、做好电子商务精准扶贫、加强农村电子商务服务站点建设等意见，为推进我州商贸物流业和电子商务工作快速发展注入了新动力，全州有4个县成为国家级、5个县成为省级电子商务示范县。为推进城乡协调发展，常委会先后听取和审议了州人民政府关于“四在农家，美丽乡村”建设、全州水利建设“三大会战”、农村公路建设等工作情况的报告，州人民政府对相关工作中存在的问题认真进行整改，促进了相关工作快速发展。

（三）着眼于保障和改善民生强化监督。常委会聚焦民生热点，积极回应社会关切，加强对城乡低保、建设用地审批与利用、医疗卫生等民生

工作的监督。专题询问是本届人大常委会行使监督权的重要抓手，常委会先后开展了对城乡低保、建设用地审批及利用、保障性安居工程建设等工作进行专题询问。针对城乡低保工作存在的应保未保、“人情保、关系保”、服务质量不高等问题，提出了进一步完善城乡低保工作机制、加快低保信息化建设、加强干部教育等要求，州人民政府积极进行整改落实，促进了城乡低保工作公平、公正、公开，发挥了城乡低保在保障困难群众基本生活中的“兜底”作用。针对建设用地审批及利用中存在的批而未征、征而未用、用而未尽以及农村居民违法占地建房等问题，要求州人民政府对建设用地审批及利用进行全面排查清理，严格农村建设用地审批，严肃查处违法占地行为，提高土地利用率。常委会组成人员在对全州保障性安居工程建设工作进行专题询问时，提出了科学规划选址、完善准入、退出和后续管理机制，确保住房分配公平、公正等建议，促进保障性安居工程惠及更多人民群众，推动人民群众最关心、最直接、最现实利益问题的有效解决。五年来，常委会始终把信访工作作为民生监督工作的重中之重，密切关注群众诉求，积极回应群众关切，接访处理人民群众来信来访反映的突出问题信访件541件，做到件件有着落，事事有回音，有力助推社会和谐稳定。

（四）着眼于确保公正司法强化监督。常委会听取和审议了州中级人民法院、州人民检察院关于涉法涉诉信访、减刑假释、督促起诉及生态环境保护专项行动等工作情况的报告，提出要高度重视涉法涉诉，有效化解矛盾纠纷，规范和完善刑罚执行监督机制，严格适用减刑、假释程序等意见，州中级人民法院和州人民检察院认真落实常委会审议意见，各项工作得到整改落实。

（五）着眼于法律法规贯彻实施情况强化监督。执法检查是人大常委会监督的法定形式和重要途径，制定了《黔南州人大常委会执法检查办法》，进一步规范了执法检查内容、方式和程序。五年来，先后对《中华人民共和国消防法》《贵州省消防条例》《黔南州促进茶产业发展条例》等10部法律法规贯彻实施情况开展了执法检查。抓住法律法规实施中存在的突出问题和薄弱环节，提出解决问题、完善制度的意见建议，督促和推动各级人民政府全面有效实施法律法规。在常委会跟踪监督和推动下，《黔南州促进茶产业发展条例》实施近三年来，全州茶园面积从74.3万亩发展到161.8万亩，发挥了法规引领和推动产业发展的作用。同时，常委会还配合做好全国人大和省人大常委会在我州开展的民族区域自治法、老年人权益保障法、贵州省扶贫开发条例等30多部法律法规的执法检查任务。

（六）着眼于推动部门依法行政强化监督。常委会先后对州卫计委、州民宗委等7个部门认真开展了工作评议。通过评议，全面了解被评议部门工作情况，客观公正地进行综合评价，提出意见建议交由被评议部门认真整改，促进部门提高依法行政能力和服务工作水平。在评议州民宗委时，提出要认真落实国家有关民贸民品优惠政策、加大对民族企业扶持力度、搞好与金融等部门的协调沟通等意见，被评议部门认真实施整改，当年，民贸民品企业优惠贷款达46.5亿元，全州民贸民品各项工作跃居全省第一；2016年，全州发放民贸民品优惠贷款173.4亿元，继续保持全省首位。

三、坚持民主决策，重大事项决定和人事任免权行使科学规范

常委会始终把党委意图变成人民的意志作为工作重中之重，围绕全州经济社会发展中的重大事项，依法作出决议、决定，推动科学决策、民主决策。五年来，共作出决议决定36项，先后对全州“十三五”规划纲要、城镇体系规划、“一圈两翼”发展战略、“七五”普法工作等重大事项作出决议、决定。黔南州“十三五”规划纲要经州十三届人大六次会议审议通过，为全州未来五年发展绘制了蓝图，发挥了引领作用；《黔南州城镇规划体系2013—2030》于2015年11月获省政府批准，成为指导引领全州城镇建设具有法定约束力的重要规划；为贯彻落实州委“一江带两城”发展战略，加快城市建设步伐，常委会对都匀东部新城城市基础设施建设贷款、都匀经济开发区

匀东镇棚户区改造融资等事项作出决议决定。常委会高度重视决议决定落实情况的跟踪督察，强化问效，得到州委的充分肯定。通过行使重大事项决定权，推动了全州经济社会快速发展。

常委会坚持党管干部原则与人大依法任免相统一，严格按照干部队伍"四化"方针和德才兼备、以德为先原则，把握任免条件和程序，认真做好拟任命人员的任前法律考试、会议供职报告和向宪法宣誓等工作，确保了州委人事意图的实现。

四、坚持代表主体地位，人大工作基础全面夯实

常委会坚持把充分发挥代表作用作为密切联系群众的主要渠道，不断拓宽代表工作思路，努力提高代表工作水平。

（一）加强同州人大代表的联系。建立州人大常委会组成人员联系代表、代表联系人民群众制度，采取多种方式听取代表对常委会工作的意见建议，邀请代表列席常委会会议，扩大代表对立法、执法检查、专题询问、工作评议等活动的参与。五年来，170多名代表应邀列席常委会会议，230多名代表参加立法调研、执法检查、专题询问等活动。定期组织州人大代表视察，并做好省人大代表集中视察的服务保障。

（二）扎实抓好代表履职平台建设。常委会制定了进一步加强全州人大代表联络站（室）建设工作的指导意见和工作办法，强劲推进代表联络站（室）建设工作，全州已建代表联络站127个，代表联络室306个，率先在全省实现乡镇（街道）、社区、行政村代表联络站（室）建设全覆盖。2015年9月，省人大常委会在平塘县召开全省人大代表履职平台建设现场观摩会，推广我州经验。创新开展"万名代表听千案"活动，全州11122名各级人大代表旁听了人民法院对1436件案件庭审，在全省人大和法院系统中产生积极影响，得到最高人民法院和省高级人民法院肯定。"万名代表走消防、看执法"活动扎实推进，取得明显成效。积极探索州人大代表述职活动方式，自觉接受群众监督。加强代表履职能力建设，共培训508人次基层一线州人大代表。定期向代表寄送《中国人大》《人大论坛》《黔南人大》等报刊资料，为代表依法履职提供服务。

（三）认真办理代表议案和建议。五年来，共收到代表议案9件，建议1070件。常委会高度重视，及时对议案进行处理。其中，州十三届人大六次会议收到17名代表提出的《关于将水书申报世界记忆遗产名录的议案》后，常委会组织调研组深入都匀、三都、荔波等县市调研，形成常委会决议决定，交由州人民政府办理，有力地推进了水书申遗工作。为不断提高建议办理实效，制定了《代表建议、批评和意见督办工作流程》，每年由主任会议成员牵头，对重点建议进行跟踪督办，做好示范。州人大各专委会强化与承办单位的协调沟通，推动代表建议办理工作扎实有效开展。对于办理"不满意"或"基本满意"的，州人大常委会组织代表约见州级相关国家机关负责人，询问原因，责成重办，跟踪到底，使代表建议得到较好落实，落实率逐年提高，2016年满意度达100%。

（四）依法推进人大换届选举。常委会坚决贯彻中央、省委、州委对做好州、县、乡三级人大换届选举工作的要求，注重强化指导和上下沟通联系，起草并报请州委转发了《关于做好州县乡人民代表大会换届选举工作的意见》《黔南州州县乡三级人大换届选举工作方案》，举办州县乡人大换届选举培训会，加强警示教育，为确保州县乡换届选举工作的有序推进发挥了积极作用。

五、坚持创新发展，自身建设得到加强

常委会高度重视自身建设，坚持创新发展，采取切实有效措施，不断提高依法履职能力和水平。

（一）切实加强政治思想建设。常委会坚持将政治思想建设放在首位，按照中央、省委和州委统一部署，认真开展党的群众路线教育实践活动、"三严三实"专题教育、"两学一做"学习教育，坚持用邓小平理论、"三个代表"重要思想、科学发展观和习近平总书记系列重要讲话精神武装头脑、指导实践、推动工作。常委会领导带头讲党课、带头自我剖析、带头交流发言、带头专题研

讨，教育党员干部增强党性修养，坚定理想信念，牢固树立政治意识、大局意识、核心意识、看齐意识，严守党的政治纪律和政治规矩，不断增强常委会的政治定力。

（二）切实加强干部队伍建设。常委会始终把提高干部能力素质作为组织建设的重要工作抓紧抓好，不断加强对党的路线方针政策、人民代表大会制度理论、法律法规和人大业务知识的学习。五年来，常委会机关共举办各类专题讲座50多次，选派机关干部150多人次参加省、州各类专题学习培训，提高干部政治业务素质和服务水平。提拔交流机关干部40余人，遴选15名年轻干部充实到机关，机关干部平均年龄从5年前的54岁下降到42岁。选派多名干部赴县乡开展同步小康驻村和党建扶贫工作，助推农村脱贫攻坚。组织举办五届全州人大系统运动会暨书画摄影展活动，常委会机关凝聚力和战斗力不断增强。

（三）切实加强制度建设。先后修改完善了常委会议事规则、听取和审议州“一府两院”工作报告办法、督察办法等68个制度和规定，加大制度执行的督促检查，执行力和落实力不断增强。持续在机关开展“四不四要”活动，服务水平和工作质量进一步提高。

（四）切实加强宣传工作。常委会始终注重人大宣传工作，加强宣传平台打造，努力提高宣传质量，认真办好常委会门户网站、《黔南人大》期刊、《人大工作动态》和黔南日报“人民之声”专栏等，在黔南广播电视台定期播放人大代表履职风采和地方人大工作电视专题片，积极向各级报刊报送优秀稿件，组织优秀稿件参加中国人大好新闻和贵州人大好新闻评选，有25件获表彰奖励，广泛宣传我州人大工作新经验、新进展、新成就，提高了我州地方人大工作知名度和影响力。

五年来的主要工作体会

五年来，州人大常委会围绕中心，服务大局，依法履职，在坚持人民代表大会制度，推进地方人大工作完善发展方面做了大量扎实有效的工作。实践中，我们深切体会到：人大工作必须坚持党的领导，必须坚定制度自信，必须强化工作创新。

一、必须坚持党的领导，切实增强政治定力。州人大常委会始终坚持州委的领导，牢固树立政治意识、大局意识、核心意识、看齐意识，在思想上政治上行动上同以习近平同志为核心的党中央保持高度一致，自觉向党的理论、路线方针政策看齐，向党中央的决策部署看齐。在行使各项职权时，始终把坚持党的领导、人民当家作主、依法治国有机统一起来，把对党负责和对人民负责有机结合起来，努力实现党的领导和依法办事的统一，党的主张与国家意志的统一，在思想上行动上保证州委决策部署的贯彻落实。坚持重大问题、重要事项及时向州委请示报告，使常委会工作始终沿着正确的政治方向前进，获得州委的大力支持。五年来，州委先后出台了《关于加强全州人大工作的意见》《关于加强乡镇（街道）人大工作的意见》等重要文件，州委主要领导同志多次在州人大常委会报送的报告、简报上作出重要批示，充分肯定了州人大常委会的工作。

二、必须坚定制度自信，切实增强工作自觉。人民代表大会制度是我国的根本政治制度。在州委的领导下做好州人大常委会工作是全州人大代表的重托，是全州420多万各族人民的期盼，是我们牢记宗旨、不忘初心的根本要求。人大工作责任重大，大有可为。五年来，常委会始终将州委工作的重点、州政府工作的难点、人民群众关注的热点作为州人大常委会工作的切入点，听取和审议州“一府两院”专项工作报告均实行“两审议、两测评”，保证了审议报告的质量；对常委会作出的决议、决定全部进行督察督办，保证决议、决定和审议意见的落实。坚守发展和生态两条底线，制定实施六部条例，开创了我州人大常委会立法工作的新局面，尤其是黔南州促进茶产业发展条例、古树名木保护条例和500米口径球面射电望远镜环境保护条例等立法的针对性、实效性得到省人大常委会的肯定。

三、必须强化工作创新，切实增强工作动力。创新是进步的灵魂，是发展的动力。五年来，州人大常委会在地方人大工作和建设方面做了大量创新性工作。立法工作方面，健全了立法起草、论证、协调、审议机制，建立了基层立法联系点制度，认真开展地方立法工作。监督工作方面，启动了专题询问工作，使常委会的监督工作从柔性监督向刚性监督转变；两次组织州人大代表约见州级国家机关负责人，强化了代表法定职权的行使。常委会设立预算审查工作委员会，制定预算审查监督暂行办法和审计查出突出问题整改情况向常委会报告办法，并在全省人大系统中率先开展财政预算在线联网监督管理模式，预算审查监督更规范、更具体、更有效。代表工作方面，常委会设立了代表服务中心，大力推进代表履职平台建设，为代表依法履职提供优质高效服务。

各位代表，过去五年，州人大常委会工作取得的成绩，是中共黔南州委坚强领导的结果，是全州各级人大代表和人大工作者辛勤工作、共同努力的结果，是州“一府两院”积极协作、密切配合的结果，是广大人民群众、社会各界充分信任、积极参与、大力支持的结果。在此，我代表州十三届人大常委会向所有关心支持人大工作的同志们、朋友们表示衷心的感谢和崇高的敬意！

州十三届人大常委会虽然做了大量工作并取得了一定成绩，但各项工作离党和人民的要求还有一定差距，主要是面对奋发赶超、脱贫攻坚、同步小康和奋力打造民族地区创新发展先行示范区，人大工作的助推发展能力需要进一步提升；立法工作还不完全适应发展要求；执法检查还需更细更实；监督工作方式需进一步改进，监督实效有待进一步增强；代表工作、自身建设、对县乡人大工作的指导需要进一步加强等。对于这些差距和不足，希望在新一届人大常委会的工作中高度重视，采取措施，加以改进。

对今后五年及2017年工作的建议

今后五年，是我州与全国全省同步全面建成小康社会的决胜阶段，也是唱响“好花红”民族绚歌、奋力打造民族地区创新发展先行示范区的关键时期。决战脱贫攻坚、决胜同步小康，全面开启基本现代化建设新征程，对州人大及其常委会的工作提出了新的更高的要求。新一届州人大常委会要在中共黔南州委领导下，高举中国特色社会主义伟大旗帜，以邓小平理论、“三个代表”重要思想、科学发展观为指导，深入贯彻习近平总书记系列重要讲话精神和治国理政新理念新思想新战略，认真学习贯彻落实党的十八大、十九大和省第十二次、州第十一次党代会精神，统筹推进“五位一体”总体布局，协调推进“四个全面”战略布局，以“守底线、走新路、奔小康”为总纲，以“强创新、占高地、作示范”为主题，认真践行五大发展理念，深入实施“3366”发展战略，坚持党的领导、人民当家作主、依法治州有机统一，认真履行宪法和法律赋予的各项职权，努力开创人大工作新局面。

一、进一步加强立法工作。紧紧围绕中心，加强经济领域、生态文明建设和社会领域立法，健全完善党委领导、人大主导、政府协调、社会参与的立法机制，扎实推进民族法规和地方性法规的制定。坚持科学立法、民主立法，注重突出民族自治地方特色，增强立法的针对性和可操作性，不断提高立法质量，为推动自治州经济社会快速健康发展提供法制保障。坚持“立、改、废”并举，在加强“立”的同时，进一步加强“废、改”工作，使立法工作更加适应改革发展要求。

二、进一步加强监督工作。通过听取和审议计划、预算、脱贫攻坚、生态文明建设等专项工作报告，开展执法检查、视察调研、专题询问、工作评议、约见国家机关负责人、督察决议决定及审议意见的落实等途径和方式，特别是加强对自治州制定的自治条例和单行条例认真开展执法检查，适时开展对这些条例的实施评估工作。加强对审计查出突出问题整改情况的追踪问效，深化对州“一府两院”的监督，促进依法行政、公正司法。

三、进一步加强重大事项决定和人事任免。坚持党委决策和人大决定相统一，抓住经济社会发展的重大问题，特别是涉及决战脱贫攻坚、决胜同步小康及“十三五”规划实施的重要问题，及时作出决议决定；坚持党管干部原则和人大依法选举任免相统一，健全完善人事任免各项制度，认真做好人事任免工作，确保党委推荐的人选依法成为国家机关领导人员。同时，要把干部任后监督作为重要方面来抓，促进选举任免的国家机关工作人员忠于职守，廉政勤政。

四、进一步加强代表工作。牢固树立代表主体地位，建立健全代表工作制度，努力创造条件，加强代表履职保障，支持代表依法履职，不断展示代表风采。继续邀请代表列席常委会会议，定期或不定期组织代表开展视察调研，参与立法、监督等活动。巩固和发展代表履职平台建设成果，进一步增强代表责任感、使命感。

五、进一步加强自身建设。增强政治意识、大局意识、核心意识、看齐意识，在思想上政治上行动上同以习近平同志为核心的党中央保持高度一致。牢固树立作风建设永远在路上的思想，用制度管人，以实绩用人。巩固“两学一做”学习教育成果，认真落实党风廉政建设责任制，严守党的政治纪律和政治规矩，切实加强机关党的建设和干部队伍建设，为推动人大工作创新发展提供政治和组织保障。

2017 年，是新一届人大常委会依法履职的第一年，建议重点抓好以下工作：一是编制好新一轮的五年立法规划和年度立法计划，认真实施好年度立法计划；二是围绕打造民族地区创新发展先行示范区，加强对经济发展、生态文明建设、脱贫攻坚、同步小康、城乡协调发展等方面监督，切实增强监督力度和实效；三是在州委领导下，依法任免新一届国家机关工作人员；四是加强代表学习和培训，重点培训地方组织法、代表法、监督法等法律法规和人大相关业务知识，提高代表履职能力。丰富代表活动内容，密切代表与人民群众的联系。抓好代表议案建议办理，提高办理质量；五是加强对县乡人大工作的指导，推动县乡人大工作和建设不断创新发展；六是加强常委会自身建设，做好常委会组成人员政治理论和法律法规学习，提高履职能力，为州十四届人大常委会各项工作开好局、起好步奠定坚实基础。

各位代表、同志们，自治州加速发展催人奋进，地方人大工作大有可为。让我们紧密地团结在以习近平同志为核心的党中央周围，在中共黔南州委领导下，牢记重托，不辱使命，不忘初心，继续前进，坚持和完善人民代表大会制度，奋力开创全州人大工作新局面，为打造民族地区创新发展先行示范区、开启基本现代化建设新征程而努力奋斗！

中国人民政治协商会议 黔南布依族苗族自治州第十一届委员会 常务委员会工作报告

——在政协黔南州第十二届委员会第一次会议上

（2017 年 2 月 13 日）

黔南州政协副主席　王国太

各位委员、同志们：

我受政协黔南州第十一届委员会常务委员会委托，向大会报告过去五年的工作，请予审议；并请列席的同志提出宝贵意见和建议。

五年主要工作回顾

过去五年，在中共黔南州委的坚强领导下，十一届州政协常委会全面贯彻中共十八大、十八届三中、四中、五中、六中全会精神，深入贯彻习近平总书记系列重要讲话精神特别是对人民政协提出的系列新理念新论断新要求，围绕“五位一体”总体布局和“四个全面”战略布局，认真践行“五大新发展理念”，牢牢把握“两大主题”，务实履行“三大职能”，充分发挥“四大作用”，团结引导全州各级政协组织和广大政协委员不忘初心、跟党前行，围绕中心、服务大局，戮力同心、改革创新，勇于担当、主动作为，放大人才智库优势，立改革之论、谋发展之计、建睿智之言、献务实之策、办笃实之事，多点发力助推改革发展，群策群力加速推进“五个黔南”建设，为加快全面脱贫、同步小康、富民强州步伐作出了积极贡献。

一、识大体、顾大局，坚定方向不动摇，保持三同谋跨越

过去五年，州委书记龙长春等州委领导高度重视和更加关心人民政协事业的创新发展，多次带头参加州政协重要协商会议和重大活动，多次听取州政协工作情况汇报，多次对州政协压担子、交任务、提要求、出题目、作批示。尤其是州委坦诚纳谏，以创新之举将州政协调研或视察报告纳入州委常委会议议题，许多建设性意见和建议直接转化为决策措施。

面对新形势新任务新要求，我们全面强化“四个意识”，牢牢把握正确政治方向，严守政治纪律和政治规矩，更加自觉地服从服务于州委工作重心，始终不渝地与州委保持同心同德、同向同行、同频共振，切实把政协工作放在全州改革发展大局中谋划、落实、执行。坚持“州委命题、政府点题、政协解题”的工作原则，务实高效地完成了州委、州政府主要领导交予的加快融入贵阳及贵安新区城市经济圈；打造“红水河上游的第一大港”；促进煤电铝、煤电磷一体化发展；做强做大物流仓储行业等 10 项重大课题调研，提出意见建议 60 余条，得到了州委书记龙长春、代州长吴胜华等领导的高度重视，并作出重要批示。例如：《关于加强“三中心”建设，切实缩短服务群众最后一公里问题的专题调研报告》，州委龙长春书记批示：“州政协调研组采取多种方式进行调研，全面了解‘三中心’建设情况，既充分肯定成绩，又指出了存在问题，同时还提出了很多建设性的意见，形成了很好的《调研报告》。请明禄

同志牵头，召开专题会议认真研究，提出加强‘三中心’建设的具体方案，报州委常委会作出决定，并抓好落实，切实解决联系群众最后一公里问题。”《关于“促进瓮安、福泉煤电磷、煤电铝一体化”的专题调研报告》，龙长春书记作了“该调研报告数据详实，论点明确、论据充分，具有一定的深度，请州政府认真研究吸纳，转化为推进工作的措施”的批示，州政府明确列入督办事项，州发改、工信等相关部门分别制订了具体的工作措施；等等。

二、抓学习、重培训，多措并举强素质，提升能力谱新篇

过去五年，我们狠抓州政协委员和政协机关干部学习培训工作，通过个人自学为主、集中学习为辅，州内培训为主、外出参训为辅，专题教育为主、研讨交流为辅等方式，采取定期开展党组中心组学习、全体干部职工集中学习、各支部学习；分别与州委党校、浙江大学、延安干部培训学院等联合办班；选派委员和机关干部参加全国政协、省政协、省委党校、州直有关部门等组织的各类培训班；举办全州政协系统“贯彻落实中共十八大精神”论坛；召开全州政协系统“创新工作经验交流会”和“提案工作创新经验交流会”等措施，深入学习中共十八大、十八届三中、四中、五中、六中全会精神；深入学习习近平总书记系列重要讲话及省委、州委历次全会精神；深入学习《中国共产党廉洁自律准则》、《中国共产党纪律处分条例》、《关于新形势下党内政治生活的若干准则》和《中国共产党党内监督条例》等党纪党规；深入学习《中国共产党统一战线工作条例（暂行）》和《中共中央关于加强社会主义协商民主建设的意见》等党的统战理论、政协知识，努力实现政协委员和政协机关干部学习培训全覆盖，不断提升政治理论素养，增强“四个意识”，坚定“四个自信”，提高政治把握、调查研究、联系群众、合作共事“四大能力”。据统计，过去五年，举办形式多样、内容丰富的专题讲座、学习培训、主题论坛、经验交流等共38期（次）、参加2500余人（次）；选派政协委员和机关干部参加全国政协、省、州等各类培训班共53批、610人（次）。

三、参大政、议大事，久久为功不懈怠，资政建言助发展

（一）*政治协商多层广泛*。认真践行习近平总书记关于“懂政协、会协商、善议政”的重要思想，集中政协人才智库优势资源，充分运用协商例会多角度多层面献计出力。一是搞好整体协商。召开全体会议5次，聚焦各年度州政府工作报告及其他报告，实施“十二五”规划和编制“十三五”规划，推进创新驱动、开放带动、“一圈两翼”三大发展战略以及事关民本民生的全局性、战略性、前瞻性重大问题，精心设计联组专题协商议题25个，编发专题发言稿141篇，提出意见建议722条。其中：州委龙长春书记对州政协十一届四次会议联组专题协商的意见和建议高度重视，要求州委办、州政府办对30篇重点发言材料进行分类整理，分送相关州领导及部门参考，全面抓好督促落实。二是搞好专题协商。召开常委会议26次，协商议题40个，提出意见建议282条，其中：被州委、州政府领导批示或相关州直部门采纳156条。例如：对“黔南州农村‘三权’抵押贷款工作情况”提出的5条意见建议，州委龙长春书记作出重要批示：“请有德同志阅研，可在此基础上成立一个专班，进行再调研、再细化，提出具体的实施意见，提请州委、州政府研究。”三是搞好重点协商。召开主席会33次，协商议题173个，提出意见和建议562条。其中：针对全州发展生态休闲养生产业提出“要加强生态休闲养生产业政策支持，尽快制定出台符合州情的大健康养生产业子规划，并将其纳入黔南州‘十三五’规划”的建议，助推了我州明确把大健康大养生作为重要产业培育和发展。四是搞好对口协商。州政协各专委会与40多个州直有关部门开展了多层次的对口协商，提出意见建议300多条，有力推动了各部门工作。

（二）*民主监督渠道拓宽*。一是通过州委常委领衔督办重大提案、州政府领导领衔督办重要提案、州政协班子成员领衔和跟踪督办重点提案、州政协各专委联合督办等方式，有效提高了提案办理质量，彰显了提案在政协民主监督、促进改革发展中的重要作用。过去五年，围绕改革发展中的热点难点焦点问题，广大政协委员和政协各参加单位积极撰写提案，提交提案共1019件，经审查立案1005件，并案9件，作群众来信处理5件；办理1005件，办复率100%；先后表彰优秀集体提案19件、优秀委员提案77件和先进承办单位46个。二是推荐20多位政协委员担任组织人事、公检法司、邮政电信、工商税务、物价质监等部门的特邀监督员或行风评议员，积极开展作风建设、廉洁建设、政务公开等方面的议政监督。过去五年，参加各类民主监督活动100场次，提出意见建议100多条，为促进部门改进作风、提高行政效能、创优发展环境发挥了独特作用。三是扎实做好反映社情民意工作，收集、整理、编写社情民意信息共200多期，分别报送全国政协、省政协和州委、州政府。其中：《应重视公立县级医院改革中出现的问题》等多条信息被全国政协或省政协采用，还获得省委书记陈敏尔，省政协主席王富玉，省委常委、常务副省长秦如培等省领导批示，促进涉及人民群众切身利益的一些具体问题得到切实解决。

（三）参政议政有声有色。紧扣州委、州政府各个阶段的重大决策部署及重大民生问题，大兴求真务实之风，认真抓好视察调研，先后组织开展主席会议、常委会议、驻黔南州省政协委员、各专委会等多层次多形式的各类视察和调研活动50多次，形成专题视察或调研报告50多份，提出意见、建议400多条。其中：《关于黔南州民族文化与旅游融合发展状况的视察报告》等一批高质量、有见地的视察或调研报告，引起省政协主席王富玉和副主席孙国强、陈海峰、班程农及州委书记龙长春、代州长吴胜华等省州领导的高度重视，分别作了批示；《关于黔南州乡（镇）行政区划调整后运行状况的调研报告》等报告，被破例列入十届州委常委会议题集体研究，会后，州委办向13个县（市、区）全文转发了调研报告；等等。

四、迈实步、走前列，以点带面抓改革，与时俱进求创新

（一）政协工作改革取得新进展。认真按照州委全面深化改革领导小组的统一部署及各年度工作任务，通过深入调查研究，代州委起草了《中共黔南州委关于加强协商民主建设的实施意见》等重要文稿；经州委常委会研究，决定在州、县（市）两级政协中设立政协委员联络委员会，在乡（镇）设置统战委员兼政协联络员开展相关工作，形成了州、县（市）、乡（镇、街道）三级政协工作体系。我州这一改革创新之举，成为全省政协系统率先设置委员联络委的第一家，得到了省政协主席王富玉等领导的充分肯定。

（二）协商民主试点实现新突破。经州委同意，2013年、2014年，我们相继与贵定县、福泉市联合开展了基层协商民主试点工作。通过积极探索与实践，中共贵定县委出台了《关于发挥人民政协协商民主重要作用的实施意见》《政协协商民主工作规程》《政协提案办理协商工作规程》；中共福泉市委出台了《关于进一步加强乡（镇）协商民主建设的指导意见》《福泉市乡镇（街道）政协联络组协商工作细则》；上述“一意见两规程”和“一意见一细则”，为全州开展基层协商民主工作提供了可复制、可推广、能操作的成功经验。

（三）基层政协工作亮点纷呈。各县（市）政协在视察调研、提案办理、专题协商、民主监督等工作中，大胆探索、推陈出新，呈现各具特色、竞相发展的工作格局。例如：贵定县委首创出台了《中共贵定县委关于加强人民政协民主监督的实施意见》；福泉市政协开展“单月一题”协商活动；都匀市和荔波县政协利用现代信息手段建立了委员QQ群、微信群开展网络议政；瓮安县政协在电视台开辟了“政协之音”电视栏目；龙里县政协筹办“政协公益助学金”，募集助学金资助寒门学子；平塘县政协创办了《贵州平塘》文化期刊；独山县政协组织委员定期对敬老院老人和留守儿童等困难群体开展捐资助学和结对帮扶公益活动；长顺、惠水、罗甸和三都县政协全面承担或主抓全县各乡（镇）的目标绩效考核、征地拆迁、文化旅游、招商引资、扶贫开发等工作；等等。

五、出真招、求实效，发挥优势勤履职，唱响政协好声音

（一）脱贫攻坚展作为。坚持服务大局、改善民生，积极参与“全州扶贫攻坚大行动”，扎实开展“扶贫日”捐款捐物、遍访贫困村贫困户、“三亮一创”、党员志愿者、认领“微心愿”等活动，经常性深入党建扶贫联系点和结对社区，开展调查研究，帮助理清发展思路，引进帮扶项目资金，督促检查落实，切实解决群众生产生活困难。据统计，过去五年，协调落实项目资金3000多万元，实施了种植、养殖、农贸市场、茶叶加工、建桥修路、人畜饮水、农田灌溉、文化广场等帮扶项目，加快了贫困乡村脱贫致富步伐。

（二）智力支边突实效。充分发挥联系面广的优势，加强与各民主党派、香港慈恩基金会、古天乐慈善基金会等党派、团体、慈善机构和社会各界爱心人士的联系，多渠道开展智力支边工作，助力边远贫困乡村脱贫攻坚。据统计，过去五年，累计引进帮扶资金及捐赠物资共计1000多万元，重点实施教育、卫生等项目879个，开展技术培训55期、17000人（次），资助贫困学子1500多人。

（三）文史编纂见成果。坚持“三亲”（亲历、亲见、亲闻）特色，充分发挥人民政协的独特优势，积极组织动员相关县（市）、州直相关部门的专家学者和部分政协委员，完成了全国政协交办的《水族百年实录》、省政协交办的《抗日战争史料（黔南部分）》和《西部大开发·贵州卷》、《黔南抗战实录》等文史资料的征集、整理、编辑、出版工作，进一步丰富了政协文史资料专辑。编辑出刊了具有历史资料性质的《黔南政协》季刊共20期，编发各类文稿400多篇、图片100多幅，总计200多万字。

六、大团结、大联合，凝聚强大正能量，同舟共济干事业

（一）把握两大主题。牢牢把握团结和民主两大主题，努力增强各方面的大团结、大联合、大包容、大开放，建立与各民主党派、工商联和无党派人士工作联动机制，积极为他们搭建协商议政平台，坚持邀请他们参与政协组织的视察调研、工作会议等重要活动，支持他们参与全州重大问题的协商和监督，营造合作共事的良好氛围，凝聚改革发展的强大合力。

（二）加强纵横协作。过去五年，我们圆满完成了全国政协副主席万钢、王正伟、马飚和原副主席钱运录、李金华、陈宗兴等全国政协领导，到我州开展“左右江革命老区振兴规划”、茶产业发展、红色旅游、FAST台址大科学工程等考察调研的服务工作。热情节俭地开展了全国政协相关专委会领导、省政协领导和省内外政协同仁以及有关人士共168批（次）、3000余人（次），到我州开展考察、调研等接待工作。主动争取省政协的工作指导与帮助，累计争取专项补助资金500多万元，帮助各县（市）政协改善办公条件，创造良好工作环境。

（三）开展双向交往。扩大对外交流交往交融，加强与滇黔桂三省（区）八市（州）政协协作，共同完成了“左右江革命老区”交通基础设施互联互通、民族文化产业先行示范区建设等专题调研，推动《左右江革命老区振兴规划》深入实施。积极组织政协委员及政协机关干部带着相关课题，分赴台湾、湖北、安徽、江苏、浙江等地考察取经，拓宽视野，增长见识，大力宣传推介我州宜游宜居宜业新形象，提高了黔南的知名度和美誉度。

七、勇担当、严管理，内强素质夯基础，善作善成展新貌

（一）“三项教育”卓有成效。认真按照中央、省委、州委统一部署，严格按程序、按步骤、按任务、按标准，精心编制方案，细化落实措施，扎实开展党的群众路线教育实践活动、“三严三实”专题教育、“两学一做”学习教育。党组班子成员发挥以上率下作用，带头上专题党课，带头参加学习研讨，带头深入基层宣讲，带头抓好整改落实，营造了良好氛围，增强了机关干部职工践行群众路线、修身用权律已、“四讲四有”的思想自觉和行动自觉，在严纪律守规矩、整治“四风”、勇于担当等方面取得了明显成效。

（二）“两个责任”落地生根。切实发挥党组的领导核心作用，贯彻落实主体责任和监督责任，始终把党风廉洁建设与政协工作同部署、同检查、同落实。认真履行“一岗双责”，严格执行《中国共产党廉洁自律准则》《中国共产党纪律处分条例》《关于新形势下党内政治生活的若干准则》《中国共产党党内监督条例》等党纪党规。坚持全面从严治党，加强党内监督，严守政治纪律，严明政治规矩，锲而不舍地落实中央“八项”、省委“十项”和州委“九项”以及“十严禁”、“十不准”等规定。坚决执行“三重一大”制度，层层签订责任状，狠抓党风廉政建设和反腐败工作，卓有成效地开展党风廉政教育，结合实际制定了《关于进一步严明州政协机关工作纪律和会风会纪的规定》等系列配套措施，警钟长鸣筑牢防线，“两个责任”落地生根，“一岗双责”掷地有声。

（三）机关建设常抓不懈。强化制度创新，扎紧制度笼子，推进规章制度废、改、立，建立健全了《黔南州政协机关接待制度》《黔南州政协机关干部外出报备制度》等一批规章制度，使机关工作更加制度化、规范化、程序化。坚持正确选人用人导向，切实加大对政协机关干部的培养、交流、选拔、任用等工作力度，过去五年，通过遴选、公招、交流等方式，州政协机关推荐提拔、交流调入等各层面干部20多名，加强了干部队伍建设，激发了干部队伍活力。

各位委员、同志们，过去五年州政协工作能取得上述新突破、新业绩，主要得益于州委的坚强领导，得益于州人大、州政府和各县（市）以及各级各部门的大力支持，得益于全州各级政协组织及广大政协委员的多点发力。在此，我代表州政协十一届常委会，向重视、关心、支持州政协工作的各级领导、相关部门及社会各界，表示崇高的敬意和诚挚的感谢！

在取得成绩的同时，也还存在一些不足：一是政协工作深化改革有待进一步推进；二是委员主体作用有待进一步释放；三是专委会基础性作用有待进一步激发；四是创新创业激情有待进一步激活；五是自身建设有待进一步加强；等等，有待切实加以解决。

主要工作启示

回顾五年来的探索实践，主要有以下工作启示：

一、必须坚持党的领导，增强“四个意识”，政协工作才能坚定方向

必须坚持中国共产党的领导，是人民政协存在和发展的根本前提，也是人民政协履行职能、发挥作用的根本保证。要始终坚持正确政治方向，增强政治意识、大局意识、核心意识、看齐意识，自觉在思想上政治上行动上同以习近平同志为核心的中共中央保持高度一致。要始终把政协工作置于州委的中心任务和工作大局之中认真思考、精心谋划、周密部署，使州委的各项决策部署成为各党派、各团体和各族各界人士的共识共为，保证政协工作始终与州委思想上同心同德、目标上同心同向、行动上同心同行。实践证明，只有坚持党的领导，牢固树立“四个意识”，人民政协事业才能沿着正确的方向奋勇前进、大展作为、开拓创新、蓬勃发展。

二、必须坚持发展要务，紧扣“四个全面”，政协工作才能有为有位

必须坚持服务发展、促进发展第一要务，紧扣协调推进“四个全面”战略布局，找准政协履职与党政工作的切入点、契合点、着力点和发力点，围绕全州改革发展建真言、献良策，就经济社会发展中全局性、战略性、根本性的重大问题扎实开展专题调研、专题视察、专题议政，提出前瞻性、可行性、开创性的意见和建议；围绕州委、州政府的中心工作出实招、办实事，积极协助党委政府做好协调关系、理顺情绪、化解矛盾、增进共识、促进和谐、维护稳定的工作，较好地彰显人民政协在服务发展大局、助力改革发展、促进民生改善上的大智大慧和责任担当。实践证明，只有紧扣“四个全面”战略布局，自觉服从和服务于黔南改革发展大局，政协工作才能更好地发挥独特优势和作用，在全州改革发展洪流中勇立潮头、建功立业、有为有位。

三、必须坚持团结民主，坚定“四个自信”，政协工作才能彰显特色

必须坚持以中国共产党为领导核心，巩固和发展与各民主党派、党外人士的统一战线的团结联合，坚定中国特色社会主义道路自信、理论自信、制度自信、文化自信。坚持大团结大联合大包容大开放，始终把团结和民主贯穿于政协工作全过程，最大限度地调动一切积极因素、团结一切可以团结的力量，凝聚起共谋改革发展的强劲合力，汇聚起齐推改革发展的强大正能量。坚持与各民主党派、工商联、人民团体联合开展视察调研、协商议政等履职活动，健全联系沟通机制，搭建协商民主有效平台，营造合作共事的良好氛围，努力把思想认识聚焦到州委、州政府的决策部署上来，把聪明才智聚集到推动跨越的目标任务上来，把激情干劲聚合到做好各项工作上来。实践证明，只有坚持团结和民主两大主题，坚定“四个自信”，政协工作才能不断增强感召力和凝聚力，为“五个黔南”建设、实现同步小康提供共同政治基础。

四、必须坚持不忘初心，发挥“四个作用”，政协工作才能富有成效

必须坚持不忘初心、履职为民理念，把维护好、实现好、发展好广大人民群众的根本利益作为政协工作的出发点和落脚点，有序通过提案、视察、调研、社情民意信息、来信来访等多种形式，如实反映群众合理意愿和合法要求，努力促成涉及群众切身利益的实际问题妥善解决。牢固树立人民政协为人民的履职理念，大力引导和组织广大政协委员积极参与改革发展、脱贫攻坚、捐资助学等工作，坚持深入基层、深入群众，搭天线、接地气，重实际、察实情，讲实话、出实招，干实事、求实效。实践证明，政协工作只有坚持不忘初心、履职为民，以善始善终、善作善成赢得各族各界及广大人民群众的信任和支持，政协事业才能汇聚力量继续前进。

五、必须坚持创新驱动，提升“四个能力”，政协工作才能永葆活力

必须坚持把创新创业贯彻于政协工作各个环节，在继承中创新、在创新中发展、在发展中突破，着力提升大力推进政治把握能力、调查研究能力、联系群众能力、合作共事能力建设，不断开创政协事业新局面。以全面深化改革为契机，积极拓展履职的领域和空间，找准位置，选准角度，把握“上情”，切合“州情”，关注“下情”，相继组织开展了“人民政协协商民主试点”和“基层协商民主试点”、召开创新工作交流会等，通过一年一创新，拓展履职渠道，制定了一批新制度、成立了委员联络委和书画院等新机构，全面推进政协整体工作水平跃上新台阶。实践证明，只有以改革思维、创新理念、务实举措，大力推进履职能力建设，政协工作才能体现时代性、把握规律性、富于创造性，呈现蓬勃生机与磅礴活力。

主要工作建议

当前，我州正处在摆脱贫困的攻坚期、改革开放的机遇期、同步小康的关键期。在州委的坚强领导下，新一届州政协常委会要继续厚植人才智库优势，做全面深化改革的坚定拥护者、落实州委决策的有力推动者、同步小康大业的优秀建设者、增进人民福祉的积极促进者、创新创业引领者、开启基本现代化建设新征程的执行者和落实者。

一、以学为先，以学促能，以学促行，全面提升“四大能力”

要围绕全面提升“四大能力”，大兴学习之风，以打造学习型政协为抓手，以学为先，以学促能，以学促行，进一步端正学风、转变学风、改进学风、引领学风，深入学习习近平总书记系列重要讲话和党的方针、政策、理念及政协知识，做到学有所获、学有所悟、学有所成、学有所用，用正确的理论武装头脑、指导实践、推动工作；用广博的学识丰富思想、谋划事业、笃做善成。

二、突出重点，关注焦点，破解难点，倾情助力改革发展

要主动适应形势新变化、发展新要求、群众新期待，始终与州委同心同向、合力合拍，推动发展、走在前列。要做精做细做实视察调研，把握重点、突出难点、关注焦点，精准选题、精准把脉、精准施策、精准发力，提出中肯务实的真知灼见，为州委顶层设计提供务实可靠、切实可行的政协方案，破解改革发展难题，全力助推改革发展。

三、强化主体，明确职责，发挥作用，激发委员履职活力

突出委员主体地位，增强委员的履职意识，发挥委员主体作用。建章立制规范委员履职行为，明确委员的职责任务，使服务和管理委员工作步入规范化、制度化、程序化轨道。要帮助委员懂政协、会协商、善议政，把握正确方向，摆正自身位置，掌握基本要领，全面知晓“上情”，充分了解“内情”，深入体察“下情”，提高委员建言献策的能力和水平。加强专委会建设，发挥基础性作用，突出界别特色，聚万众之心、汇八方之智、纳各界之策、举全州之力，汇聚起决胜全面小康的磅礴力量。

四、不忘初心，勇于担当，主动作为，融入扶贫战略行动

充分发挥政协联系面广的独特优势，积极动员和组织全州各级政协组织、政协各参加单位、广大政协委员及机关干部职工，踊跃投身改革发展主战场，在打造民族地区创新发展先行示范区中建功立业，尤其在决战全面脱贫工作中主动作为，多办民生之事，多解民生之忧，多谋民生之利，群策群力补齐短板。

五、落实责任，从严管理，坚守定力，扎实推进自身建设

进一步深化和拓展群众路线、“三严三实”、“两学一做”学习教育成果，驰而不息地严格执行中央“八项”、省委“十项”和州委“九项”规定。毫不松劲地整治“四风”，严守政治纪律，严明政治规矩，肩担“两个责任”，履行“一岗双责”，全面从严治党，全面从严管理。坚持不懈地有效推进政协机关党的建设、组织建设、思想建设、廉洁建设、委员队伍和机关干部队伍建设，不断增强凝聚力、执行力、创新力，大力营造风清气正、务实担当、干事创业的良好政治生态。

各位委员、同志们，站在新长征的征途上，十二届州政协一定能够承前启后、继往开来，继续前进、大有作为，谱写更加绚丽灿烂的崭新篇章。让我们在中共黔南州委的坚强领导下，高举中国特色社会主义伟大旗帜，更加紧密地团结在以习近平同志为核心的中共中央周围，更加坚定地维护以习近平同志为核心的中共中央权威，凝心聚力、精诚团结、撸起袖子、迈开步子，争当新长征路上的时代尖兵，担当助推改革发展的时代楷模，以优异成绩迎接中共十九大胜利召开，为加快全州打造民族地区创新发展先行示范区、开启基本现代化建设新征程而奋斗！

·2016年大事记·

2016 ***NIAN DA SHI JI***

1月

1日　由州体育局、州总工会、都匀市政府、省体育彩票中心共同主办的“黔南州首届‘中国体育彩票杯’半程马拉松赛”在都匀市举行，来自国内近500名运动健儿冒雨参赛。州委副书记、州长向红琼，州委常委、都匀市委书记吴丹，州人大常委会副主任陈忆秋，副州长吴俊及都匀市四家班子领导等出席启动仪式，与5000多市民一道参加5公里体验跑。

△　贵定县举办首届中国稻雕文化艺术节。

△　三都县人民政府与美国EALOOP集团签订三都“华夏文字公园”大唐旅游小镇项目投资协议，工程总投资为1亿美元。三都县委副书记、县长潘仕进，美国EALOOP集团董事长Watson Yeh，欧洲ECCU德国分会秘书长Tony出席签约仪式。

2日　由全国红色旅游工作协调小组办公室组织的“红色景区中国万里行”摄制组一行来到荔波县开展红色旅游经典景区视频数据采集工作。这次“红色景区中国万里行”数据采集将为发展荔波红色旅游、促进荔波经济社会发展提供重要参考，所采集的素材还将制成专题片，适时在央视纪录片频道播出。建立的红色景区数据库，为推动荔波红色旅游事业发展提供有力的数据支持和服务保障。

4日　贵州省少数民族民俗钱币研讨会在都匀召开。研讨会主要探索少数民族中的水书民俗花钱、布依族民俗花钱。来自省内各地的钱币爱好者齐聚都匀，中国民俗钱币学会会长陆昕、副会长范宁出席研讨会。

5日　省残联党组成员、副理事长陈健率省残联第二考评组，到黔南州检查考评残疾人五项重点工作。州委常委、都匀市委书记吴丹出席汇报会。

10日　时值全国第30个“110”宣传日，黔南州及都匀市警方在匀开展主题宣传日活动，通过宣传，群众对短信报警产生极大兴趣，询问了许多相关问题，对“12110”公益性短信报警服务有了更多了解。

10—11日　全国政协委员、民族和宗教委员会委员马国超，原国家航天航空局总监姚卫东，海军装备部航空军代表局副局长戴连生等一行4人在省政协民宗委主任龙德方等领导的陪同下到三都调研民族宗教工作。

11日　由省委宣传部、省文化厅主办的“走基层·送欢乐——多彩贵州大舞台展演季”重点新编历史京剧《黔人端菜》在黔南上演。在猴年春节即将到来之际，丰富节日期间群众文化生活。《黔人端菜》是贵州京剧院根据清朝著名政治家李端菜为原型创作的新编历史京剧。

上旬　在贵阳召开的“南翼”规划评审会上，《黔南州“一圈两翼——南翼”区域经济发展规划》顺利通过专家组评审。州委常委、州纪委书记、“南翼”规划实施工作小组组长魏明禄主持评审会，州人大常委会副主任陈忆秋，州政协副主席李强出席。

△ 在国家农业部和国家安监总局公示的全国“平安农机”示范县候选名单中，荔波县成功获得全国“平安农机”示范县称号，也是贵州省2015年唯一获此殊荣的县（市）。

△ 中国文物保护基金会“2015第二届中国最具价值文化（遗产）旅游目的地”入选名单公示，三都水族自治县名列其中。

16日 国际旅游投资协会（ITIA）在北京王府井天伦王朝酒店，举行每年一度的中国旅游投资艾蒂亚奖颁奖典礼暨新春嘉年华活动。贵州荔波获得“中国最具投资潜力的旅游目的地奖”。“艾蒂亚奖”是中国旅游投资行业最权威的奖项，被誉为中国旅游的“奥斯卡”奖。

△ 由中国体育舞蹈联合会、健身交谊舞委员会主任顾自立带队的国家体育总局考察组，到瓮安考察申报2016年全国健身舞大赛暨第十三届全国健身交谊舞锦标赛进展情况。黔南州体育局局长刘远卓，瓮安县委常委、常务副县长张宗良，县委常委、宣传部部长、统战部部长曾薇，副县长夏吉友参加考察或座谈。

18—20日 黔南州建州60周年成就展及招商引资推介系列活动在广州市越秀区流花路流花展馆举行。贵州省人大常委会党组副书记、副主任禄智明，广州市副市长蔡朝林出席推介会。黔南州四家班子领导出席。本次活动主要内容包括：成就展开幕式、旅游资源推介、招商引资推介及项目签约、广州黔南对口帮扶座谈会、黔南名优产品展示等。此次广州成就展系列活动三都县收获甚佳，成功与深圳六缘投资管理有限公司、贵州老酒窖酒业有限公司、东方黄金矿业集团签订了石龙过江旅游山庄项目、大塘四星级酒店项目、云上水书苑休闲养生项目3个招商引资项目，签约资金总额达21.8亿元。

19—20日 美国东方黄金集团董事长Denise一行到三都水族自治县考察，并与县人民政府签订三都县加州葡萄酒庄开发建设项目和三都县高铁新城区旅游综合开发建设项目投资协议。州委副书记、州长向红琼出席签约仪式。

21日 “千年古邑红色瓮安”旅游推介会在广州国际服装展览中心举行。推介会通过文字、图片、视频等形式将瓮安独特的旅游资源和丰富多彩的文化进行展示。这次推介会由瓮安县人民政府主办、瓮安县旅游产业发展委员会承办。

△美国ORO集团董事长Denise率美国、德国部份企业家到独山县参观考察公用综合保税仓运营情况。州委副书记、州长向红琼，县委副书记、独山经开区党工委常务副书记何可刚，副县长韦方勇等陪同。

21—23日 省公路局组织对黔南州2014年县乡道改造项目进行竣工验收。本次验收项目分别为罗甸县边阳至三岔河、平塘县塘边至罗甸县深井、平塘县桃坡至田坝、贵定县贵定至新安、贵定县者用至联丰寨3个县的5个县乡道改造项目，总里程74.8公里，总投资1.8亿元。

22日 都匀市启动“上街助文明·保洁迎新春”大型环境专项整治行动。大型专项整治行动包括各办事处开展的“清洁家园”大型专项整治行动，以治理占道经营、建筑工地渣土管理、农贸市场秩序环境、交通秩序文明规范和背街小巷干净整洁五个主要内容在内的专项整治行动。

23日 全国公安文联中国公安文学精选网贵州频道揭牌上线仪式在贵阳举行。全国公安文联副秘书长盛清宪、中国法学会法制文学研究执行会会长、中国人民公安出版社文艺分社社长易孟林、贵州省公安厅政治部宣传处副处长杨佐斌、贵州省公安文联副秘书长潘天辉、全国公安文联中国公安文学精选网总裁彭国发以及贵州省优秀公安文学创作者代表100余人参加活动。在活动中，全国公安文联对贵州省公安系统文联先进集体和个人进行了表彰。瓮安公安文联被评为“全国公安文联系统先进集体”，是贵州省唯一一个被表彰的县级公安文联。瓮安县委政法委副书记、公安局政委、公安文联主席刘永州被评为“全国公安文联系统优秀个人”，贵州省仅2人获此殊荣。

24日 2016年全国春运启动日，黔南州公安局交警支队精心策划了一场以“平安春运·交警同行”为主题的“快闪”活动。交警支队这次共抽调了20名民警，加上群众演员、客车站工作人员和都匀二小“小交警”共有70余人参加活动。

25日 下午，省委书记陈敏尔，省委副书记、代理省长孙志刚等领导一行到黔南州代表团看望出席省十二届人大四次会议的黔南州代表团代表。

26日 黔南州2016年文化、科技、卫生“三下乡”集中示范活动在平塘县平舟镇京舟村农贸市场拉开序幕。州委宣传部副部长、州文联主席黄光兴，县委常委、宣传部部长杨眉出席活动，州文明办、教育、科技、司法、农委、卫计、文广、民政，县文明办、平舟镇等十多家单位有关人员参加活动。

27日 国家林业局公布了2015年批准国家湿地公园试点名单，其中平塘平舟河、惠水鱼梁河及福泉岔河名列其中，标志着黔南州国家湿地公园上升至7个。

△ 下午，出席省政协第十一届四次会议的黔南州省政协委员分别参加了政协联组讨论，就《政府工作报告》、贵州省“十三五”规划纲要草案纲要与省领导互动讨论。

△ 全州“一村一警务助理”工作推进会在都匀召开。省公安厅治安管理总队政委杜伟，州委常委、副州长刘建民出席。州公安局局长王治军主持会议。

△ 平塘县举行天坑群景区旅游开发项目签约仪式。平塘县委常委、副县长曹礼鹏代表县政府与贵州天之境旅游发展有限公司董事长余志斌签约。县政府办、投资促进局、塘边镇、旅游事业管理局相关负责人，贵州天之境旅游发展有限公司法人代表谭云松共同见证签约。

29日 为进一步贯彻落实党和国家扶贫政策，省红十字会党组书记、常务副会长尹秋莲同州、县相关人员到罗甸县开展“博爱送万家·寒冬送温暖”活动。活动共争取省红十字会、广州市红十字会及社会各界捐助物资价值120余万元，这些物资陆续发放到贫困群众手中，让大家过上一个欢乐祥和的新春佳节。

29日—2月1日 为充分展示2015年全州农业产业化经营成果，积极配合省农委组织的“2016年贵州·阿里巴巴（黔南）年货节线下展销活动”，在黔南州体育馆组织举办“2016贵州·阿里巴巴（黔南）年货节线下展销会”。此次展销会由黔南州人民政府主办，州农委及都匀市人民政府政府共同承办，以促进全州农村电子商务发展，全面推进“黔货出山”为目的。

是月 广州市人民政府与黔南州人民政府签订《广州市对口帮扶黔南州2016—2020年合作框架协议》。

2月

1日 黔南州培树道德典型工作现场交流会在贵定召开。会上，参会人员做了交流发言，总结了各县（市）在培树道德典型方面取得的经验和存在的问题，并对下阶段如何更好地创新培育选树机制，推动公民思想道德建设向纵深发展提出了想法和建议。会议结束后还举行了2015“贵定榜样”年度人物颁奖晚会。

2日 时值第20个世界湿地日，黔南州林业局围绕宣传主题——“湿地关乎我们的未来，可持续的生计”，在都匀市开展“保护湿地，实现可持续发展”的世界湿地日与相关林业法规宣传活动。活动当天，黔南州林业局制作了精美的宣传画册、海报和展板，向广大市民宣传了全州湿地资源状况和功能及林业法规知识，更多地关注湿地保护，树立生态环境的意识。

3日 下午，在新春佳节来临之际，黔南州在都匀市军分区举行2016年“双拥”迎春茶话会，共同庆祝新春佳节，共叙军民鱼水之情，共谋“双拥”工作新发展。州委书记、都匀军分区党委第一书记龙长春出席茶话会并致辞，州四大班子有关领导出席茶话会。

4日 为保障春节期间人民群众食品药品安全，防止重大食品药品安全事故发生，维护社会稳定，确保黔南州各族人民度过一个欢乐、祥和、安全的节日，副州长吴俊率州食品药品监督管理局、州农委等部门组成的检查组在都匀市开展食品药品安全突击检查活动。

4—22 日 都匀市举办“金猴闹新春·剑江欢乐游”春节文化系列活动，其中包括“猴年迎春糍粑乐”比赛、第二届桥城书法·兰花展、“金猴闹新春·龙狮争霸赛”“金谷年年唱·猴年新希望”民族山歌大赛、“灯谜”大会、迎春民俗庙会、国学讲堂等。

5 日 晚，州委书记龙长春在州委常委、都匀市委书记吴丹，副州长胡晓剑，州委秘书长瓦标龙以及都匀市相关部门负责人陪同下，就都匀市春节氛围营造情况进行调研。他强调，要高度重视并精心组织，使广大人民群众在安全平稳、欢乐祥和的氛围中，度过一个难忘的春节。

14 日 春节后上班第一天，州委、州政府以视频会议的形式召开“绿色黔南”建设三年行动计划推进大会，深入贯彻习近平总书记系列重要讲话特别是上年视察贵州时的重要讲话精神，认真落实全省造林绿化推进大会精神，安排部署下步工作。州委书记龙长春出席会议并讲话，州委副书记、州长向红琼主持会议。

中下旬 在由中国领导科学研究会主办的“全面深化改革征文活动”中，黔南州工商联常委、独山县工商联副主席、独山百汇药业责任有限公司总经理官智敏的创业先进事迹以“秉承军人作风 诚实守信创业”为题，被正式收录在《求是先锋——领导干部全面深化改革的理论与实践》丛书中。

17 日 2016 年黔桂两省（区）联建春节文体活动在独山县麻尾镇正式开幕，黔桂两省 3 县（独山县、荔波县、南丹县）11 个镇的群众将开展为期 3 天的篮球、民族山歌、拔河、跑步等项目比赛。

17—19 日 2016 年中国·荔波第一届西部城市篮球公开赛在贵州省荔波县二中体育馆开幕，荔波县人民政府副县长胡小桃主持开幕仪式。该赛事由中共荔波县委、荔波县人民政府主办，共有来自重庆、四川、湖南、广西、云南、贵州等省市的 8 支优秀西部城市队伍参赛，赛事吸引了原美国 NBA 球星 Zadrian Danidl Gibson（吉布森）、原欧洲顶级联赛中锋 Darren Michael Washington（达伦）、NCAA 联赛毕业，日本篮球联赛 MVPWillis Wallace Emanneul（威利斯·华莱士）、原 CBA 球星韩刚等大批优秀球员参赛。荔波县以“不为人知的荔波民族文化”为主题举行此次公开赛，打造出独具中国民族文化特色的篮球公开赛。

21 日 都匀市人民广场举行“黔南州 2016 年‘春风行动’都匀地区专场招聘会”，这是由黔南州人民政府、都匀市人民政府联合主办，共有 50 余家都匀本地企业参加，有招聘岗位 4500 个。为给返乡创业者提供支持，给更多的返乡务工者、困难劳动者和本地企业“牵线搭桥”。

22 日 晚，黔南州各级各部门统一开展元宵节“零点”夜查行动，共出动各类检查组 110 个，检查单位场所 218 个，发现火灾隐患 98 处，整改火灾隐患 52 处，罚款 9.7 万元，责令三停单位 3 家，拘留消防违法人员 2 人。

24—29 日 政协黔南州第十一届委员会第五次会议在都匀召开。会议出席委员 322 名，实到 266 名。会议通过了政协黔南州第十一届委员会第五次会议选举办法，会议以无记名投票的方式进行等额选举，补选产生政协黔南布依族苗族自治州第十一届委员会副主席 2 名，瓦标龙、周志龙当选。会议表决通过了《政协黔南州十一届五次会议提案审查情况的报告（草案）》和《政协黔南州十一届五次会议决议（草案）》。表彰了政协黔南州十一届四次会议以来优秀提案和承办提案先进单位。

25—29 日 黔南布依族苗族自治州第十三届人民代表大会第六次会议在都匀召开。351 名代表出席会议，出席人数符合法定人数。会议审议通过《关于〈政府工作报告〉的决议》《关于〈黔南州人民代表大会常务委员会工作报告〉的决议》《关于〈黔南州中级人民法院工作报告〉的决议》和《关于〈黔南州人民检察院工作报告〉的决议》；表决通过《关于〈黔南布依族苗族自治州立法条例（草案）〉的决议》和《关于〈黔南布依族苗族自治州古树名木保护条例（草案）〉的决议》；审查批准《关于〈黔南州国民经济和社会发展第十三个五年规划纲要〉的决议》《黔南布依族苗族自治州2015年国民经济和社会发展计划执行情况与2016年国民经济和社会发展计划〉的决议》和《关于〈黔南布依族苗族自治州2015年全州和州本级财政预算执行情况与2016年全州和州本级财政预算〉的决议》。会议选举马涛为黔南布依族苗族自治州人民检察院检察长。

会议各项议程完成后，州委书记龙长春发表了题为《实现“开门红”、决胜“十三五”，为夺取同步小康、富民强州伟大胜利而努力奋斗》的讲话。

29日 全州2016年第一批重大工程项目与全省同步集中开工，开工仪式主会场设于都匀市奥体中心项目建设施工现场，各县（市、区）设分会场。州委副书记、州长向红琼，州委常委、常务副州长罗桂荣，州委常委、副州长郭青等出席主会场开工仪式。州委办、州政府办、州发改委、州工信委等州直部门及都匀市委、市政府相关负责人参加主会场开工仪式。

3月

1日 首届“都匀毛尖·平塘甲茶”祭茶圣暨“贵州春茶第一壶”首采仪式在平塘县克度镇光明茶场举行。活动邀请到贵州省茶办基地组组长严家斌，贵州省茶叶学会理事长龙明树、秘书长郑文佳、副秘书长刘晓霞，贵州省茶文化研究会副会长兼秘书长梁正、副秘书长刘建勇，贵阳市农委茶办主任龚静、副主任刘源等来自贵阳、遵义的领导嘉宾及企业负责人出席活动。同时，邀请到中国经济网、中国新闻社、南方卫视、西安晚报、广州日报、新浪网、腾讯网、贵州电视台、当代贵州、黔南日报社、黔南广播电视台、黔南热线等20多家新闻媒体记者到场参观并作采访报道。

△由贵州省委宣传部、省文联举办的第六届贵州省文艺奖颁奖仪式在贵阳举行，黔南州有三个（类）节目获奖，由都匀市文化馆（原都匀市歌舞剧团）创作的花灯说唱《茶乡梦》获第六届贵州省文艺奖曲艺类一等奖；音乐话剧《我是杨刚》获第六届贵州省文艺奖曲戏剧类二等奖。三都县创作的音乐舞剧《水家人》获第六届贵州省文艺奖舞蹈类三等奖。

2日 黔南微联盟成立大会在都匀举行。州委常委、州委宣传部部长刘良出席成立大会。黔南微联盟是由州委宣传部倡议发起，州新闻工作者协会筹建，州、县（市、区）各级政务类、媒体类以及企业类微信运营主体有关人员组成的微传播组织。微联盟成员包括省、州媒体，州直有关部门、12县（市）宣传部及部分互联网企业30多家微信公众号运营主体组成。

3—5日 美国波多黎各安娜门德斯大学副校长胡安博士，国家天文台FAST项目副经理彭勃博士，交互设计师和新媒体艺术家李玙到黔南州访问，副州长胡晓剑参加座谈会。

7日 黔南州举办2016庆“三八”广场健身操（舞）大赛。大赛以“展巾帼风姿　建幸福黔南”为主题。由黔南州妇女联合会、黔南州体育局、黔南州总工会、共青团黔南州委共同主办。来自全州各地11支代表队参加比赛。

7—8日 中国国际茶文化研究会副会长沈立江率中国国际茶文化研究会专家组，对都匀毛尖茶产业进行了为期两天的调研。州委常委、州委宣传部部长刘良，州人大常委会副主任张仕雄，副州长陈有德，州政协副主席黎燕萍参加调研和座谈。

8日 省委统战部副部长王茂爱一行到贵定考察佛教文化遗址重建工作，县领导韦明刚、赵波等陪同调研。

13日 黔南州在都匀市人民广场举行“3·15”国际消费者权益保护日宣传活动。活动围绕“新消费，我做主”主题，宣传新《中华人民共和国消费者权益保护法》施行两周年。

14日 国务院地名普查办业务指导处处长李诗洋率领督察组到瓮安督查第二次全国地名普查工作。贵州省民政厅机关党委书记杨亚军，黔南州委常委、瓮安县委书记张文强，黔南州民政局局长廖小明，瓮安县委副书记、县长黄桂林及县领导张远军、杨昌勇、王华参加汇报会或陪同督查。

中旬　黔南州人民政府公布第一批州级文物保护单位的名单，共计6大类31处，其中有旧石器、新石器、明清时期的古遗址古建筑。至此，黔南州现有国家级文物保护单位4处（含福泉古城墙、福泉葛镜桥、惠水仙人桥洞葬、三都荔波水族墓群）；省级文物保护单位50处、州级文物保护单位31处，县级文物保护单位307处，在贵州乃至全国属于文物大州。黔南州已经建立和健全国家、省、州、县4级文物保护单位体系。

16日　贵州省经济和信息化委员会主任马宁宇率调研组到瓮安调研以磷化工为重点的化工企业生产经营情况。黔南州委常委、瓮安县委书记张文强，黔南州工业和信息化委员会主任黄淮，瓮安县委常委、副县长姜雷，副县长曾明康参加调研。

△　以“携手大旅游　共建新南翼”为主题的黔南州南翼首届旅游产业发展战略合作峰会在平塘县举行。来自三都、荔波、平塘、罗甸、独山的党政主要领导、分管旅游工作的县领导及旅游部门、景区所在镇（乡、街道）主要负责人聚集平塘，共商旅游产业发展战略合作事宜，联合打造全域旅游示范区，实现南翼旅游一体化。

17日　国家环境保护部环境工程评估中心副主任任洪岩率队到平塘，对国家重点生态功能区实行产业准入负面清单进行实地调研。

19日　“飞越多彩贵州·辉煌黔南60年”大型主题报道活动启动仪式在都匀市南沙洲举行。州委常委、州政府副州长刘建民，州委常委、州委宣传部部长刘良，州政协副主席张加春等领导出席会议。

23日　下午，黔南州民宗委调研员朱家秋走上中央民族干部学院讲台，为国家民委主办的“辽宁省民委委员单位民族工作专题班”和“第十三期地市州盟民委主任培训班（民族事务治理与卓越领导力专题）”作“民族工作社会化探索”专题讲座，这在贵州尚属首次。

24—25日　贵州省第三次全国农业普查综合试点现场会在黔南州独山县召开。省统计局党组成员、副局长、省农普办主任王文忠出席。省统计局、省农普办有关负责人，各地、州及县（市）农普办及统计系统单位有关人员参加会议。

27日　国家防汛抗旱总指挥部副秘书长、中国气象局副局长矫梅燕一行到贵定县沿山镇星溪村调研，了解基层村级气象水文防汛抗旱工作准备情况。省、州气象、水利等部门领导，县领导董永松陪同调研。

29日　猴场会议会址被省直机关工委授予“省直机关党员教育基地”。省直机关工委副书记郭焱，省直机关工委宣传部部长涂红卫，黔南州直机关工委书记张传华及瓮安县委副书记钟旻参加授牌仪式。

4月

2—3日　黔南州举办“寻找黔南山歌王”暨“热爱黔南、建设家乡”民族山歌大赛活动。本次大赛在全州筛选40队选手参赛，以山歌擂台赛的形式评选出“黔南山歌王”。

5日　在2016年中国“都匀毛尖茶”国际体育舞蹈公开赛（贵州·黔南站）暨贵州省体育舞蹈锦标赛即将在都匀市举行之际，参加锦标赛并已抵达黔南州的俄罗斯、德国、意大利、英国、丹麦、芬兰、匈牙利等10多个国家的100多名运动员、裁判员到三都县姑鲁景区，与当地200余名舞蹈演员一道，进行了一场以“相约三都·世界共舞”为主题的演出。

8日　州委常委、副州长刘建民率黔南州旅游局以及黔南州旅游协会赴中国康辉旅游集团、中国国际旅行社总社开展寻求旅游合作，分别与中国康辉旅游集团总裁石保栋，中国国际旅行社总裁助理、入境旅游部总经理张陵捷等进行座谈。双方就如何进一步深化合作，在黔南州进行旅游投资、旅游规划、景区开发运营等方面展开了积极深入的交流。

9—10日　2016年中国“都匀毛尖茶”国际

体育舞蹈公开赛暨贵州省体育舞蹈锦标赛在都匀市举行。这次活动由中国体育舞蹈联合会(CDSF)、省体育局、州政府主办,州体育局和都匀市政府承办,省体育彩票管理中心、黔南民族师范学院、三都县、州体育总会体育舞蹈协会协办。来自俄罗斯、意大利、英国、德国等12个国家运动员和国内运动员4000多人参加比赛。

12日 工业和信息化部软件与集成电路促进中心云计算研究中心主任杨东日率领的考察组一行,到平塘县就建设健康大数据项目相关事宜进行考察。州工业和信息化委员会主任黄淮,州天文局局长张智勇,县委常委、副县长曹礼鹏及相关部门主要负责人陪同。

13日 全国人大常委会法制工作委员会副主任郑淑娜率调研组一行,到三都就地方立法工作进行调研。省人大法制委副主任委员路良、州人大常委会副主任韦祖宏陪同调研。

14—15日 中国电子技术标准化研究中心高级工程师、ISO国际编码标准化组织第64次会议中国代表团团长陈壮,清华大学教授、博士生导师、西南濒危文化研究中心主任赵丽明及来自世界少数民族语言文字研究院、中国民族图书馆、贵州省古籍保护中心、黔南州档案局、贵州民族大学等单位的专家组成专家组,到三都开展水书抢救工作调研。

△ 黔南州再次举行拍卖会,对第二批101辆州级机关公务用车改革处置车进行拍卖。

20日 由州委、州政府主办的黔南州文化旅游产业招商推介活动在上海市举行。活动共签约项目13个,主要为大健康、大旅游产业项目,签约总投资46.9亿元。

21日 黔南州“扫黄打非”工作领导小组办公室开展“都匀地区2016年侵权盗版及非法出版物集中销毁活动”集中销毁大量盗版光碟、非法图书、和盗版计算机软件。

23日 在贵阳举行的第36届全国最佳邮票评选颁奖大会上,贵州省副省长慕德贵、中华全国集邮联合会会长杨利民分别手捧用国家级非物质文化遗产——平塘牙舟陶制作成的奖杯,为获奖者颁发最佳邮票奖。这次评选活动产生的最佳邮票奖、优秀邮票奖、最佳设计奖、最佳印刷奖四个大奖的奖杯均使用平塘牙舟陶制作。

24—25日 中国佛教协会副会长、江西省佛教协会会长释纯一一行到贵定县考察阳宝山佛教文化。

28日 黔南州工商联七届五次执委会暨七届九次常委会议在都匀召开。会议主持人一改过去由州工商联主席或党组书记主持的的惯例,改由两位民营副主席主持。会上,州工商联与各直属商会、各县(市)工商联签订了“百企帮百村”精准扶贫行动目标责任书。

△ 黔南州召开出席省“五一”表彰大会先进代表座谈会,欢送参加2016年全省“五一”表彰大会的17名先进集体代表和先进个人。州委副书记、州委政法委书记、都匀经济开发区党工委书记吴胜华,州人大常委会副主任、州总工会主席符晓钢,州政协副主席、党组副书记王国太出席。

△ 下午,由州委宣传部组织《贵州日报》《当代贵州》《黔南日报》、黔南广播电视台、“黔南热线”等11家省州媒体到黔南州人民医院进行调研采访。

5月

3日 经过1年多时间努力,“云上都匀”上线试运行。“云上都匀”项目总投资约3亿元,该项目分三期进行,首期主要建设大数据中心、数字扶贫、应急指挥中心、智慧政务、智慧社区、智慧交通、智慧城管;第二期主要建设智慧园区、智慧旅游、智慧教育、城市一卡通、智慧医疗、智慧环保、智慧农业、智慧平安、食品安全、全城免费Wifi等项目;第三期主要在前二期的基础上扩展和延伸应用、管理及服务,发展大数据产业。

8日 黔南州、都匀市红十字牵头在都匀市人民广场举办2016年“5·8”红十字博爱周(5月7—14日)活动启动仪式,活动成员单位有州文明办、团州委、州妇联、州残联、州中心血站、都匀市人民医院、湘君医院等，主题为“处处为人人”。

9日　第九届国际精细磷化工技术交流大会在瓮安县举行。大会宣读省委常委、副省长慕德贵的批示，并举行全国磷化工产业专家委员会成立授牌仪式。省政协副主席班程农，州委书记龙长春，省国资委党委书记、主任黄秋斌，中国化工信息中心副主任、中国化工情报信息协会理事长揭玉斌，州委常委、瓮安县委书记张文强，副州长张全毅，州政协副主席、州委秘书长瓦标龙等出席。

10日　“2016中国康辉走进贵州·黔南千人游”——醉美黔南旅游研讨会暨5·19全国旅游日活动启动仪式在都匀市茶博园举行。黔南州政协副主席张加春、中国康辉集团总裁石保栋、黔南州旅游局党组书记蒙力等领导出席启动仪式。

12日　为期5天的第十二届中国（深圳）国际文化产业博览交易会在深圳会展中心开幕。省委常委、省委宣传部部长张广智，州政协副主席、州委秘书长瓦标龙等省州领导来到黔南展区参观。文博会期间，黔南州组织了水族迎宾铜鼓舞、苗族芦笙表演、水族大歌、布依族古歌等黔南原生态歌舞到莲塘、多彩贵州非遗村、茶叶世界、古玩城巡回展演。

13日　深圳文博会期间，由贵州省委宣传部、贵州省旅游发展委员会、贵州省投资促进局主办的第12届中国（深圳）国际文化产业博览交易会多彩贵州文化旅游招商推介暨项目签约仪式，其中都匀市引资2.5亿元打造黔南老屋文化创意基地。黔南老屋文化创意基地选址在都匀市螺丝壳风景区东麓山脚，项目总投资2.5亿元，该基地将对道路、环境和建筑实体进行原貌恢复建设，建设面积2万平方米，满足300人同时创作交流。

13—15日　由贵州省体育局、黔南州人民政府主办，贵州省游泳运动管理中心、黔南州体育局、瓮安县人民政府承办的“贵州动起来”2016中国·瓮安全国六省（区）游泳邀请赛在瓮安举行。来自贵州、四川、云南、山东、广西、广东六省（区）代表队60名游泳选手齐聚瓮安参加比赛。

15日　由中央电视台纪录频道负责摄制的大型系列文献纪录片《丰碑与记忆——长征中的会议》的拍摄组一行到瓮安江界河强渡乌江战斗遗址和猴场会议会址拍摄红色文化。

16日　联合基因集团执行董事楼屹一行到黔南州龙里县考察投资环境并召开座谈会，研究开展大健康与生物产业合作事宜。州委书记龙长春，州委常委、常务副州长罗桂荣，州政协副主席、州委秘书长瓦标龙参加考察。

17日　晚8时，2016年中国·荔波国际跳绳公开赛暨全国跳绳联赛分站赛开幕式在荔波县恩铭广场开幕，国家体育总局社会体育指导中心副主任刘北剑，国家体育总局社会体育指导中心五部副主任魏勇，全国跳绳运动推广中心执行主任邱建钢，广东民宗研究院副院长、教授李筱文，黔南州委常委、副州长郭青，省体育中心副主任靖奇伟，亚跳联副主席苏珊娜·金，中共荔波县委书记尹德俊，县人大常委会主任李洪，政协荔波县委员会主席董豫黔出席开幕式。

23日　黔东南州委副书记、州长冯仕文，州委常委、副州长姜学东，桂富强率队的党政考察团一行到黔南州考察座谈，协商交通共建与产业合作事宜。黔南州委书记龙长春，州委副书记、州长向红琼，州委常委、常务副州长罗桂荣，州人大常委会副主任逄焕华，副州长张全毅，州政协副主席、州委秘书长瓦标龙出席座谈会。

25日　中国大数据产业峰会暨中国电子商务创新发展峰会分论坛在惠水县百鸟河数字小镇举行。贵州省副省长黄家培，中国科学院院士李未，中国教育扶贫研究中心主任司树杰，HTC集团董事长王雪红、陈文琦夫妇，黔南州委书记龙长春，州委副书记、州长向红琼，州委常委、副州长郭青，范勇，副州长张全毅、州政协副主席刘长江，百鸟河数字小镇专家委员会执行主任孙伟等出席论坛。

26—27日　州委书记龙长春率队赴联合基因集团上海总部考察，对接洽谈联合基因（黔南）国际健康城等项目，并签订战略合作协议。州委常委、常务副州长罗桂荣，州政协副主席、州委秘书长瓦标龙参加考察。

27日　上午，由州委宣传部、黔南日报报业传媒公司、三都水族自治县人民政府与北京十月天文化传媒股份有限公司联合拍摄的电影《山那边有匹马》在三都县人民大会堂举行首映式。电影改编自黔南本土作家山峰的小说《骑士少年的歌声》。

△　中国道教协会常务理事、江西省道教协会副会长李绍华一行到三都考察调研，调研组一行为周覃镇捐赠20万元慈善基金，用于帮助该镇贫困户发展产业。

28日　由中共黔南州委宣传部、州文明办、州教育局、团州委主办，州少工委、州青少年活动中心、都匀团市委承办的2016年“我为州庆来献礼·编织多彩青春梦”黔南州青少年语言艺术大赛（决赛）在都匀落下帷幕，经过激烈角逐，评选出三个组别一等奖各1名，二等奖各2名，三等奖各3名以及优秀奖若干名。黔南州政协党组副书记、副主席王国太出席活动并讲话。省青少年活动营地副主任刘敏，团州委副书记王波、州文广新局总工程师廖卫东、黔南广播电视台副台长刘胜参加活动。

△　都匀市举行首次公车拍卖会，涉改车辆一律公开面向社会拍卖，拍卖会所得收入扣除相关税费后将全部上缴国库，来自相关单位的50辆公车一小时内基本售罄。

30日　省委常委、省委秘书长刘奇凡率省委办公厅机关党委书记张欣，省委办公厅秘书四处处长范楚平等相关负责人，到平塘县卡蒲毛南族乡开展“两学一做”学习教育送党章、讲党课活动，指导基层党组织开展“两学一做”学习教育。

31日　省政协主席王富玉率省政协主席会议视察团到平塘县就法思特（FAST）地方配套项目建设推进工作情况进行视察。王富玉强调：要最大限度发挥好法思特（FAST）在拉动全省旅游发展中的重要作用，为地方经济服务，为当地老百姓脱贫攻坚奔小康服务。

是月　中宣部、司法部、全国普法办对全国“六五”普法先进集体、先进个人进行表彰，瓮安县获全国“六五”普法先进县。

6月

6日　副省长卢雍政到独山考察旅游发展及省十二届旅发大会筹备工作。州委副书记、州长向红琼，州委常委、副州长刘建民等州县领导陪同。

6—7日　贵州省征战全国公安特巡警实战技能比武选拔竞赛在黔南州公安局特警基地举行，来自全省70名特警队员参加这次选拔赛。

8日　平塘举行“2016年中国·平塘水龙节”活动。

9日　都匀市在三江堰举办2016中国　都匀端午文化节“水上芭蕾　激情三江堰”的系列活动。州委常委、市委书记吴丹，副州长吴俊等领导出席活动。

13日　黔南州就《黔南布依族苗族自治州500米口径球面射电望远镜设施及电磁波宁静区保护条例（草案）》召开立法论证会，对条例（草案）中的重大问题进行讨论和研究。州人大常委会副主任陈忆秋、韦祖宏，副州长胡晓剑出席会议。

15日　省人大常委会党组书记、副主任张群山率调研组到龙里县下坝金筑原生生态基地进行调研。省科技厅厅长廖飞，州委书记龙长春，州人大常委会主任罗毅，州委常委、州纪委书记魏明禄，州政协副主席、州委秘书长瓦标龙陪同调研。

△　吉林省委新长征杂志社6人一行到瓮安猴场会议会址采访红色文化，采访团成员用他们手中的相机拍摄下陈列馆、会址、毛泽东行居、红军干部团休养连许多很有历史意义的照片，并抄录下红军在瓮安留下的许多军民情谊故事。挖掘红色文化，做好纪念红军长征胜利80周年的宣传报道。

△　独山县毋敛古城项目正式开工建设。

18日　由中宣部、国家新闻出版广电总局联合指导，中央电视台负责摄制的大型文献纪录片《长征》摄制组到瓮安猴场会议会址和红军抢渡乌江战斗遗址等地取景拍摄。

19日　省委常委、常务副省长秦如培，副省长何力率领由省政府副秘书长潘小林，外宣办、发改委、科技、公安、财政、国土、住建、扶贫等省直部门相关负责人组成的调研组，到平塘县调研FAST工程项目落成启用有关工作及落成启用系列活动筹备情况，研究和对接落实相关工作。国家天文台台长严俊、副台长郑晓年，州委书记龙长春，州委副书记、州长向红琼，副州长胡晓剑，平塘县委书记臧侃和罗甸县委书记杨朝伟等领导参加调研活动。

22日　广州市中医医院与黔南州中医医院成立协作医院揭牌仪式在黔南州中医医院门诊大楼进行。广州市中医医院、省中管局、黔南州人民政府、州卫计委、黔南州中医医院有关领导及各科室负责人参加揭牌仪式。

22—23日　黔南州党政代表团到贵阳市和贵安新区考察学习、座谈交流，并分别与两地签订深化区域合作框架协议。省委常委、常务副省长、贵州贵安新区党工委第一书记秦如培，省委常委、贵阳市委书记陈刚对州委书记龙长春、州长向红琼率队的黔南党政代表团表示热烈欢迎，并分别出席座谈会。

23日　黔南布依族苗族自治州十三届人大常委会第三十二次会议通过关于《将水书申报〈世界记忆遗产名录〉的议案》的决议，其中要求水书力争2017年成功申报《世界记忆亚太地区名录》后，再申报《世界记忆遗产名录》。

23—24日　国家民政部部长李立国，国家民政部党组成员、民间组织管理局局长詹成付一行到黔南州开展社会组织管理和农村留守儿童关爱保护工作调研。副省长陈鸣明，省民政厅厅长罗宁，州委书记龙长春，州委副书记、州长向红琼，副州长杨从明，州政协副主席、州委秘书长瓦标龙等陪同调研。

24日　晚8点，“中国梦·民族情”——都匀音乐会在黔南师院大礼堂上演。黔南州布依学会副会长、布依族音乐家唐世林以18首民族风情浓郁的歌曲展现故乡黔南的诗意山水。本次音乐会由中共都匀市委、都匀市人民政府主办，中共都匀市委宣传部、都匀市文联、都匀市文旅局承办，是建州60周年系列活动之一。

27日　省人大常委会副主任傅传耀在贵阳主持召开帮扶平塘专题协调会，听取平塘县工作情况汇报，就进一步做好帮扶平塘县工作，推进大扶贫工作深入开展进行研究部署。省发改委、交通厅、农委、水利厅、扶贫办、移民局、国开行、农发行、民宗委等单位相关负责领导；平塘县委书记臧侃，县委副书记、县长莫君锋等县领导出席会议。县委办、发改、财政、水务、水库和生态移民、交通、农工、扶贫、金融办等部门主要负责人参加会议。

27—28日　中央统战部副部长、国家民委主任巴特尔到黔南州调研。副省长陈鸣明，国家民委办公厅主任张京泽，省政府副秘书长周乐职，省民宗委主任吴军，州委书记龙长春，州委副书记、州长向红琼，州委常委、都匀市委书记吴丹，副州长杨从明等陪同调研。

28日　省委常委、省委组织部部长孙永春到贵定县、龙里县，对黔南州“两学一做”学习教育、精准扶贫、农村基层党建和换届工作等进行调研。

△　州人民政府在都匀供电局举办了黔南州2016年大面积停电事件应急处置综合演练。以提升全州大面积停电应急处置能力，强化停电快速反应、现场处置和协调作战能力，有效预防和最大限度减少因停电造成的人员、财产损失和社会不良影响，服务好建州60周年庆祝大会及系列活动。

30日　为纪念中国共产党成立95周年、庆祝黔南州建州60周年，由黔南州委、州人民政府主办，州委组织部、州委宣传部、州文广新局、州文联承办、州文化馆、州音乐家协会协办的“牢记党的宗旨·讴歌幸福黔南”合唱大赛在都匀经济开发区隆重举办。全州各县（市、区）和州直有关部门共组成22支代表队参加合唱。州委书记龙长春，州委副书记、州长向红琼，州委常委魏明禄、罗桂荣、刘建民、吴丹、罗燕军、胡志峰、闫光锋、范勇，州委、州人大常委会、州政府、州政协有关领导，州法院、州检察院主要负责人，州直各部门主要负责人等观看了合唱大赛。

7 月

1 日 《黔南布依族苗族自治州古树名木保护条例》正式实行。该条例 2016 年 2 月 29 日州十三届人民代表大会第六次会议审议通过，5 月 27 日，经贵州省十二届人大常委会第二十二次会议批准。

△ 由荔波县委、县政府投资 380 万元修建的荔波“黔桂边区革命委员会”纪念塔揭幕。“黔桂边区革命委员会”旧址位于荔波捞村乡群力村洞勤寨。是日，荔波县委、县政府在这里举行“黔桂边区革命委员会”纪念塔揭幕及旧址修葺开放仪式。来自黔南州、广西及荔波等地党员干部、群众及学生，冒雨赶到现场缅怀革命英烈，接受爱国主义教育。

3 日 由中科院国家天文台主持建设，位于贵州省平塘县大窝凼洼地的世界最大单口径射电望远镜——500 米口径球面射电望远镜（Five hundred meter Aperture Spherical Telescope，简称 FAST）完成了最后一块反射面单元的吊装，标志着 FAST 工程主体工程的顺利完工。

6—7 日 省政协副主席班程农率省政协及省直有关部门负责人到三都县视察易地扶贫搬迁工作，州政协副主席王国太、解竞，县领导梁嘉庚、潘仕进、陈木林等以及州、县相关部门负责人陪同视察。

8 日 州委重大调研课题研究工作总结暨课题研究业务培训会在都匀举行。州委副书记、州委重大调研课题领导小组组长吴胜华，州委常委、州纪委书记、州委重大调研课题领导小组副组长魏明禄，州政协副主席、州委重大调研课题领导小组副组长王国太参加会议。

12 日 应邀出席第四届贵州台湾经贸交流合作恳谈会暨黔南台湾两地少数民族茶产业交流活动的台湾嘉宾到独山考察交流。

16 日 由贵州省民族民间文化保护促进会、黔南州政府、黔南州文广新局共同组织的黔南州“刺藜花红”合唱团表演的黔南绕家大歌在俄罗斯索契举办的第九届世界合唱比赛第二阶段比赛中的 c28 组有表演性民谣冠军决赛中以 88.88 高分获得金奖。这是继贵州黎平侗族大歌在 2008 年德国格拉茨参加的第五届世界合唱比赛获得金奖之后的又一次精彩的贵州“好声音”的亮相和展现。

18 日 中国民主建国会黔南州委员会平塘支部召开成立大会，正式挂牌成立。

20 日 省文物保护研究中心主任娄清，文物专家唐秀成及州文广新局、文物局等省州文物专家到三都水族自治县都江镇指导古城修复工作。

22 日 全省“文明在行动·满意在贵州”活动暨“多彩贵州文明行动”整脏治乱专项行动黔南州现场推进会召开。贵州省委宣传部副部长、省文明办主任李朝卉出席会议并讲话。黔南州委副书记、州政法委书记、州文明委主任吴胜华致辞并汇报黔南州工作开展情况。贵州省文明办专职副主任朱文东主持会议。

26 日 中国瓮安“雍江商城杯”国际男篮巅峰争霸赛在瓮安县全民健身活动中心体育馆举行。这是继 2016 中国瓮安洲际青年女篮巅峰争霸赛之后，瓮安第二次承办的国际性体育比赛。共邀请到中国国奥队、美国队、意大利队和立陶宛队四支队伍参加。这次比赛由国家体育总局篮球运动中心、中国篮球协会主办，瓮安县人民政府承办。共邀请到中国国奥队、美国队、意大利队和立陶宛队 4 支队伍参加，

26—29 日 三都县《中国水书国际编码提案》字库审定工作圆满结束。这次《中国水书国际编码提案》字库审定工作由三都县水书办、三都县民研所及荔波县档案局一起在县水书办集中办公完成。字库已上交山东潍坊北大青岛华光照排有限公司做最后校订后出版。

27 日 为切实做好荔波县捞村国家农业公园规划建设工作，根据县委、县政府安排，贵州省规划专家到瑶山乡捞村集镇就荔波县捞村国家农业公园规划进行调研。

28 日 “丝绸之路·黔茶飘香”茶文化交流暨 2016 都匀毛尖（国际）茶人会推介活动在西北丝绸之路的起点——古都西安市举办。贵州省政

协副主席陈海峰，陕西省政协副主席周卫健，黔南州副州长陈有德，州政协副主席黎燕萍等参加推介活动。

28—29日 中国共产党黔南州第十届委员会第九次全体会议在都匀举行。出席全会的有州委委员46名。全会由州委常委会主持。会议听取和讨论州委书记龙长春作的《强创新、占高地、作示范，为打造民族地区创新发展先行示范区而努力奋斗》的讲话，审议通过《中共黔南州委关于努力打造民族地区创新发展先行示范区的决定》和《中国共产党黔南布依族苗族自治州第十届委员会第九次全体会议决议》。州委副书记、州长向红琼作总结讲话。不是十届州委委员的州人大常委会、州政府、州政协领导班子成员和党组成员，其他在职副厅级以上党员领导干部；驻黔南部队主要负责人；十届州纪委委员；各县（市）党委书记、县（市）长，都匀经济开发区管委会主任；州委各部委、州级国家机关各部门主要负责人；州人大各专委会及工作机构、州政协各专委会及工作机构、各人民团体、大中专院校党员主要负责人；各民主党派主要负责人；中央和省在黔南单位党组（党委）主要负责人；州驻外联络处、办事处主要负责人；部分大中型国有企业党员主要负责人列席会议。

31日 共青团黔南州委组织开展“青年之声·黔南——青年志愿服务培训会”，来自各事业单位、各大院校乃至国外的黔南青年近300名志愿者认真听取了这次州庆礼仪培训。

月底 毛泽东嫡孙，中国人民解放军军事科学院军事战略研究部副部长毛新宇少将一行，到平塘调研FAST球面射电望远镜建设工作，感受“观天巨眼”的科技魅力。平塘县委书记臧侃，县委副书记、县长莫君锋等县领导及有关部门负责人陪同调研。

△ “2016第八届‘青春风采’中国下一代艺术人才展示暨关爱留守儿童爱心义演比赛”在北京举行，三都水族自治县水灵青年志愿者艺术团表演的水族舞蹈《骑草马》荣获大赛原创舞蹈节目金奖。

8月

1日 贵州省黔南布依族苗族自治州在郑州举办“山地公园省 多彩贵州风”主题旅游推介会，向市民及旅游界人士推介黔南浓郁的民族风情、丰富的自然山水旅游资源，诚邀市民前去畅游“生态之州”。黔南州委常委、副州长刘建民，郑州市副市长杨福平出席推介会。

△ 副省长黄家培到贵定县调研，了解基层改善农村人居环境工作开展落实情况。

4日 第二十四届亚洲攀岩锦标赛在都匀南沙州公园拉开帷幕。国家体育总局、贵州体育局及州、市相关领导出席开幕式。来自中国、中华台北、中国香港、中国澳门、日本、韩国、伊朗、菲律宾、新加坡、泰国、马来西亚、吉尔吉斯斯坦、哈萨克斯坦、印度尼西亚等国家和地区的选手参加角逐。这次亚洲攀岩锦标赛由亚洲攀岩联合会、国家体育总局批准，由亚洲攀岩委员会、中国登山协会、贵州省体育局和黔南州人民政府主办，黔南州体育局、都匀市人民政府承办。

5日 黔南州首届“尚城杯”奇石、玉石、根艺、盆景博览会在都匀召开，来自各地的奇石、玉石、根艺、盆景等珍贵精品在都匀进行为期7天展览。

6日 在黔南布依族苗族自治州建州60周年之际，由州委、州政府主办的“生态之州·幸福黔南”60年成就展，在黔南州民族博物馆展出。州委书记龙长春，州委副书记、州长向红琼，州人大常委会主任罗毅，州委副书记、州委政法委书记吴胜华，州委常委魏明禄、张文强、罗桂荣、刘建民、黄伟、吴丹、罗燕军、胡志峰、闫光锋、郭青、范勇，州政协党组副书记、副主席王国太及州人大常委会、州政府、州政协领导班子成员和党组成员，州法院院长、州检察院检察长等出席成就展开幕式。

7日 60周年州庆活动招商引资推介会暨项目签约仪式在都匀举行，这次活动共签约49个项目，签约总投资678.43亿元。州委书记龙长春，州委副书记、州长向红琼，州人大常委会主任罗毅，州委常委，州人大常委会、州政府、州政协有关领导及深圳华为集团、英国森华集团、金田阳光投资集团等 300 余家全国优强企业负责人出席推荐会并见证签约。副州长胡晓剑主持签约仪式。

△　早 9 时，首届荔波国际儿童动漫节暨绿宝石国际儿童动漫大赛在有着“世界遗产地 · 地球绿宝石”之称的美丽小城——贵州荔波恩铭广场举行。来自全世界 71 个国家和地区的 4 千多幅动漫作品汇集荔波，参加了这场动漫大赛。

8 日　黔南布依族苗族自治州建州 60 周年庆祝大会在黔南州全民健身活动中心隆重举行。全国人大常委会、国务院发来贺电，省祝贺团团长、省委书记、省人大常委会主任陈敏尔出席，中央有关部门祝贺团团长、国家民委副主任罗黎明致辞，省祝贺团团长、省委副书记、省长孙志刚宣读《省委、省人大常委会、省政府、省政协、省军区贺信》。中央有关部门祝贺团副团长、中央统战部二局副巡视员武强，副团长、国家民委办公厅副主任秦为人，副团长、国家民委经济司副司长彭泽昌出席大会，国务院办公厅、全国人大民委、国家发展改革委、教育部、工业和信息化部等祝贺团成员出席大会。省委书记、省人大常委会主任陈敏尔向黔南州第一任州长韦茂文赠送州庆纪念徽章，黔南州第一任州长韦茂文发表感言。中共黔南州委书记龙长春主持庆祝大会，中共黔南州委副书记、州人民政府州长向红琼致辞，庆祝大会还举行了以《生态之州 · 幸福黔南》为主题的大型文艺演出。是日晚，在都匀市文峰公园举行大型焰火晚会，庆祝黔南建州 60 周年。

△　下午，在黔南布依族苗族自治州成立 60 周年之际，中国科学院国家天文台和黔南州委、州政府在都匀经济开发区杉木湖中央公园举行“黔南星”纪念雕塑揭幕仪式。贵州省政协党组副书记、副主席蒙启良、省政协原党组副书记、副主席吴嘉甫、国家天文台台长严俊、黔南州州委书记龙长春、国家天文台小行星搜寻项目负责人、研究员周旭为“黔南星”雕塑揭幕。中国科学院国家天文台台长严峻颁授“黔南星”命名证书和“黔南星”轨道运行图。

9 日　中国文联文艺志愿者服务队到平塘大射电望远镜建设地开展“欢乐下基层”慰问演出。中国文联文艺志愿服务中心主任、中国文艺志愿者协会副主席兼秘书长廖悬，中国文联文艺志愿服务中心副主任、中国文艺志愿者协会副秘书长邹志军，副州长吴俊、胡晓剑，平塘县四家班子领导等出席演出活动。

△　建州 60 周年暨第七届都匀国际摄影博览会“黔南传统文化秀”展示展演活动在都匀市南沙洲公园中心广场举行。

9—10 日　主题为“循大道 · 品福泉”——古城文化与太极养生之旅”黔南州第九届旅游产业发展大会暨福泉古城文化旅游节在福泉举行。

10—13 日　由州人民政府主办，州文化广电新闻出版局、州图书馆、新华书店总店 · 图书馆报、上海阿法迪智能标签系统技术有限公司承办的“2016 年中国图书馆 + RFID 技术研讨会”在荔波县召开。研讨会以“科技、创新”为主题，100 多名来自国内知名图书馆、重点院校图书馆的负责人及专家学者参加研讨会。

中旬　在世界茶联合会第十一届国际名茶评审会上，贵州省贵定县贵雪雪芽茶厂生产的“贵雪牌”贵定云雾贡茶通过评审组专家从茶业外形、香气、汤色、滋味、叶底等五个方面的评审、打分。最终获得金奖。

17—20 日　“贵州动起来—体育彩票杯”2016 年贵州省青少年（儿童）游泳锦标赛在瓮安举办。此次赛事有来自贵阳、铜仁、遵义、毕节、六盘水、黔东南、黔西南、黔南共 8 支代表队的 235 名游泳健儿参赛，共进行 50 米和 100 米的蛙泳、仰泳、蝶泳、自由泳，200 米混合泳，400 米自由泳等项目的角逐。

19 日　由黔南州农信社（农商行）主办的“黔南农信之夜 · 亚洲巨星演唱会”，在新落成的黔南州全民健身体育中心举行。孙燕姿、孙楠、张信哲、凤凰传奇等明星现场献唱，3 万余名观众观看了演出。

21 日　中央电视台《舌尖上的中国》摄制组

一行十多人慕名登上醉美茶乡都匀市毛尖镇螺丝壳拍摄采风。

22—23日 全国易地扶贫搬迁现场会在贵州召开，中共中央政治局委员、国务院副总理、国务院扶贫开发领导小组组长汪洋到黔南州惠水县视察易地扶贫搬迁工作情况，对惠水易地扶贫搬迁的“五个三”机制给予肯定。在易地扶贫搬迁工作中，惠水县以盘活承包地、山林地和宅基地“三块地”，统筹就业、就学和就医“三大问题”，衔接低保、医保和养老保险“三类保障”，建设经营性公司、小型农场、公共服务站“三个场所”，探索集体经营、社区管理、群众动员组织“三种机制”为主要内容，创新形成了具有时代特征、惠水特点的“五个三”机制。

△ 中国民主促进会黔南布依族苗族自治州第四次代表大会在都匀召开。会议学习了习近平总书记在庆祝中国共产党成立95周年大会上的讲话精神和《中国共产党统一战线工作条例（试行）》；听取并审议了民进黔南州委第三届委员会工作报告；审议通过了民进黔南州第四次代表大会决议。省政协副主席、民进贵州省委主委左定超，州委副书记、州委政法委书记吴胜华，以及州领导刘建民、韦祖宏、王国太、黎燕萍、李强、杨俊、解竞等参加会议。

22—9月12日 由中央电视台《中华民族》栏目和黔南广播电视台联合拍摄制作的四集人文生态纪录片《喀斯特神话》，连续四周在中央电视台综合频道《中华民族》栏目播出。

24—25日 中国民主建国会黔南州第四次代表大会在都匀召开。会议学习了习近平总书记在庆祝中国共产党成立95周年大会上的讲话精神、《关于州民主党派组织中开展“三对照”专题学习教育营造风清气正良好换届环境的意见》和《贵州省民主党派换届工作纪律要求》；观看了《镜鉴——衡阳、南充违反换届纪律案件警示录》；听取并审议民建黔南州委第三届委员会工作报告。民建贵州省委副主委、省科技厅副厅长林浩，州委副书记、州委政法委书记吴胜华，州领导刘建民、韦祖宏、王国太、黎燕萍、李强、杨俊、谢竞等出席会议。

25日 黔南州组织代表团赶赴广州，参加第二十四届广州博览会暨黔南州（广州）招商推介活动。

27日 全州新型城镇化工作大会在都匀召开，州委书记龙长春出席会议并讲话。龙长春强调，要全面贯彻中央城镇化工作会议、中央城市工作会议和全省城市工作大会精神，坚定不移实施城镇化带动主战略，立足“山地”优势，做好“特色”文章，把握“新型”内涵，推进黔南山地新型城镇化持续健康发展。州委副书记、州长向红琼在会上作了讲话，州人大常委会主任罗毅，州委副书记、州委政法委书记吴胜华，州委常委魏明禄、张文强、罗桂荣、刘建民、黄伟、吴丹、胡志峰，州政协副主席王国太，州人大常委会、州政府、州政协有关领导出席会议。

29日 省委常委、省委组织部部长孙永春到龙里县醒狮镇，就党建扶贫、“两学一做”学习教育、同步小康驻村、乡镇换届等工作进行调研。州委常委、州委组织部部长胡志峰陪同调研。

△ 晚上，首届中华诵读大赛颁奖盛典在北京中国现代文学馆举行。黔南节目主持人刘俊才获优胜奖，成为贵州唯一的获奖选手。

30日 三都水族自治县人大常委会召开新闻发布会，颁布实施《三都水族自治县城镇管理条例》。

9月

1日 州社会科学院正式挂牌成立。

△ 省教育厅、省委教育工作委员会组织开展的“贵州省第四届优秀校园文化建设成果奖”评选活动揭晓。黔南民族师范学院“墨焰话剧社”等9个项目参加这次评选并获得优异成绩，获表彰。

2日 以柬埔寨高棉民族团结党中央指导委员会委员、副秘书长金格索为团长的干部考察团一行31人，到贵定县考察电子商务创业发展情况。

3日 下午，中国世贸集团主席曾智雄率队到平塘考察。省商务厅副厅长马雷，州委常委、副州长刘建民，县委副书记、县长莫君锋，县委常委、副县长曹礼鹏等领导陪同考察。

4日　省委常委、省委组织部部长孙永春带队到平塘，就“两学一做”学习教育、镇乡换届、同步小康驻村等进行调研。州委常委、州委组织部部长胡志峰，县委书记臧侃，县领导杨李林、陈以惠陪同调研。

4—5日　水利部移民局局长、水利部扶贫办主任唐传利率调研组到独山调研水利精准扶贫工作。县委副书记、县长蒋海航，副县长曾纪泽等陪同调研。

5日　广州市副市长蔡朝林率考察团到黔南州考察。其间，黔南州与广州市在匀召开广州市·黔南州对口帮扶工作座谈会，研究部署两地对口帮扶工作。州委书记龙长春，州委副书记、州委政法委书记吴胜华，副州长陈有德、胡晓剑、张全毅参加考察并出席座谈会。

△　由美国东方黄金集团建设工程部部长骆志良、美国海外市场拓展部总裁高平、东方黄金加州酒窖主席陈天卿等组成的考察团一行到三都水族自治县，就美国加州红酒酒庄项目进行考察，并召开招商引资项目洽谈会。

8日　2016中国三都水族开端大典启动仪式在三都水族风情谷万户水寨举行。数万名嘉宾和游客齐聚“神秘水乡秀秀三都”万户水寨，与水族同胞一起欢度佳节。

9日　首届中国·三都百鸽宴烹饪擂台赛在三都水族自治县举行。这次擂台赛以“食全食美·食色三都”为主题，共有黔、川、湘、粤、徽、浙、鲁、闽八大菜系方队参加比赛。分别评出一等奖4名，二等奖8名，三等奖12名。

△　独山举行电子商务推进暨农村淘宝千人启动大会，并与阿里巴巴集团签订农村电子商务合作意向协议，标志着独山县阿里巴巴农村淘宝项目全面启动。

13日　中国非物质文化遗产传承人群研修研习培训计划《都匀毛尖茶制作技艺》培训班开班。该培训计划，由国家文化部、教育部主办，由省文化厅非遗处、州文广新局承办。课程有《非物质遗产法》、茶的种植、养护、采摘、茶的制作技艺、销售等，全方面的帮助毛尖茶非遗传承人群在秉承传统的基础上，提高毛尖茶制作水平，实践创作、考察调研于一体。

上旬　州全民健身活动中心正式对外开放。该中心占地面积22.9万平方米，总建筑面积6.53万平方米，拥有足球场，室内外篮球场，乒乓球馆，羽毛球馆，游泳馆等健身场馆，与都匀经济开发区高铁东站，杉木湖中央公园，茶博园，毛尖小镇交相辉映，让都匀的市民有了一个新的休闲健身的好去处。

15日　正值中秋佳节，来自台湾、河南、湖南、湖北、广东、山东、贵州等地的书画家相聚在独山县影山镇净心谷景区翰林府，围绕儒释道三教融合主题进行笔会交流，以墨会友、共话友谊、共度中秋。

19日　由三都水族自治县打造的本土水族风情电影《风流草》在该县影院举行首映式。

19—21日　2016中国·瓮安国际山地户外运动挑战赛在贵州省黔南州瓮安县举办。这次挑战赛由国家体育总局登山运动管理中心、中国登山协会、贵州省体育局、黔南州人民政府共同主办，贵州省对外体育交流中心、贵州省登山运动协会、黔南州体育局、瓮安县人民政府共同承办。有来自新西兰、芬兰、瑞典、德国、法国、澳大利亚等国家和地区的23支运动队参赛。此前，瓮安已经连续举办了三届全国山地户外运动锦标赛，是年，比赛升级为国际A级赛事。

20—22日　在贵阳国际会议中心举行的第三届全国茶艺职业技能竞赛上，来自全国29个省区的246名选手参加了个人赛、团体赛和茶席设计赛。其中，黔南州选送的个人赛选手获得了一金一银的成绩。

23日　由贵州省人民政府、中国国际茶文化研究会、中国茶叶流通协会主办，黔南州人民政府、贵州省农业委员会、中华全国供销合作总社杭州茶叶研究院承办的2016都匀毛尖（国际）茶人会开幕式在黔南州都匀中国茶文化博览园举行。

2016都匀毛尖（国际）茶人会以“牵手茶人·拥抱世界”为主题，至24日，分别在都匀、独山、贵定、瓮安4县（市）举办系列活动。来自国内外的茶界知名专家学者、国际友人、港澳台嘉宾、世界茶叶知名企业负责人、媒体记者等2000余人云集黔南，品茗话茶，谈茶论道，为黔南茶产业发展出谋划策，共同擦亮“都匀毛尖”这块金字招牌。

24日 上午，第十届都匀毛尖茶文化节开幕式在都匀螺丝壳毛尖茶山神殿广场举行，同时一场以茶为背景的千人演唱的民俗实景茶山歌会在此唱响。

△ 2016年都匀毛尖（国际）茶人会暨中国贵州贵定阳宝山佛教圣地佛茶文化研讨会在贵定举行。第八、九、十届全国政协常委、全国政协民宗委原副主任金日光，中国农业科技创新发展工业委员会农业产业发展中心常务主任王化国等领导，山东省佛教协会副会长、龙口市南山寺方丈真龙法师等佛教界知名人士出席活动。

△ 以“传承·创新 历史·未来”为主题的独山论坛——第二届中国茶产业发展智库峰会在独山影山镇开幕。此次论坛由中国国际茶文化研究会、中国茶叶学会、中国茶叶流通协会、中华全国供销合作总社杭州茶叶研究院、贵州省农业委员会、2016都匀毛尖（国际）茶人会组委会主办，黔南州农业委员会，中共独山县委、独山县人民政府承办。

25日 国家重大科技基础设施500米口径球面射电望远镜在贵州省黔南州平塘县落成启用。中共中央总书记、国家主席、中央军委主席习近平发来贺信。中共中央政治局委员、国务院副总理刘延东出席启用仪式，并在启用仪式上宣读习近平的贺信并致辞。

△ 国家天文科普基地授牌暨天文体验旅游团首游活动在平塘县克度镇举行，中国科协正式授予贵州平塘500米口径球面射电望远镜基地（简称：FAST基地）为全国科普教育基地。中国科协党组副书记、副主席徐延豪，副省长卢雍政，中国科学院国家天文台台长严俊，州委书记龙长春，州委副书记、州长向红琼，州人大常委会副主任罗毅，中国科协科普副部长周世文，贵州广播电视台台长、贵州广电传媒集团董事长肖凯林，省科学技术厅副厅长安守海，省科学技术协会副主席钱斌，州委常委、副州长刘建民，州人大常委会副主任陈忆秋，州政协副主席王国太、张加春、瓦标龙，县委书记臧侃，县委副书记、县长莫君锋，县人大常委会主任孟玉凤，县政协主席张永锋等领导出席授牌仪式，州旅游发展委员会成员单位负责人，县各部门、各镇（乡、街道）主要领导，来自全球各地的首游客代表、旅行商代表、媒体代表参加仪式。

26—30日 IISO国际标准化组织在美国加利福尼亚州圣何塞市召开第21次全会和国际编码标准化组织第65次会议。会上，《中国水书国际编码提案》顺利通过ISO国际编码标准化组织专家组评审。

27日 中央电视台国际频道《国宝档案》栏目策划编导王德清等一行12人，到三都县都江镇怎雷村进行采风活动。县党史研究室领导杨胜超，镇干部、怎雷村包村干部、第一书记参与这次采风活动。

30日 黔南州突发性公共卫生事件应急处置演练在独山举行。省、州卫计委及相关部门领导出席；黔南州12县（市）、都匀经济开发区卫生应急系统相关单位人员到场观摩演练；独山县政府应急办、卫计局、市场监管局、教育局、公安局、疾控中心等10余个单位参加演练。

是月 从9月开始，平塘县在全省率先实施普通高中免学费、免住宿费并全面实施农村学前教育营养改善计划。

10月

9日 第二届粤桂黔高铁经济带合作联席会议暨广西园建设工作现场会在广西工业名城柳州召开。会上，黔南州签约项目13个，总投资80.2亿元。黔南州委常委、常务副州长罗桂荣，副州长张全毅以及州直相关部门负责人参加会议。

△ 山东省委常委、青岛市委书记李群率领的考察组一行，到平塘县就500米口径球面射电望远镜（FAST）项目规划建设情况进行考察。贵州省委常委、省委宣传部部长张广智，州委书记龙长春，县委书记臧侃，县委副书记、县长莫君锋等省、州、县相关领导陪同考察，FAST项目专家现场作介绍。

10日 国家发改委城市和小城镇改革发展中心发展所所长许景权、空间所所长李凌岚一行到三都县开展空间性规划“多规合一”调研座谈会。省、州发改部门相关负责人，县四家班子领导出席座谈会。县发改、环保、林业、住建、交通、文化和旅游等部门及各镇（街道）相关负责人参加座谈会。

△ 贵州省关工委2016年“关爱行动”启动暨贫困家庭学生资助金、品学兼优学生奖励金发放仪式在平塘县卡蒲毛南族中学举行。全国人大常委会委员、省关工委常务副主任龙超云等一行及省州县关工委有关领导出席仪式，省、州关工委其他相关工作人员，县离退干局、县关工委、县教育局、卡蒲毛南族乡相关负责人，卡蒲毛南族中学全体师生参加仪式。出席仪式的领导为贫困家庭学生代表和品学兼优学生代表分别发放资助金和奖励金，并一同观看卡蒲毛南族中学学生民族文艺表演。

12日 由中共贵州省委宣传部、中共黔南州委、州人民政府、贵州省茶业发展联席办公室、贵州省文学艺术联合会荣誉出品，由中共黔南州委宣传部、都匀经济开发区党工委、黔南东升发展、贵州龙阳投资、曙光控股集团、重庆飞洋宝宇公司联合拍摄，贵州夜之郎影视文化传媒、笛女阿瑞斯传媒联合出品的大型红色年代传奇剧《星火燎原之云雾街》在贵州黔南都匀经济开发区毛尖小镇举办开机仪式。

△ 由中央编委办副主任何建中率队的调研组一行到瓮安调研乡镇行政体制改革工作。贵州省编委办主任刘朝容，黔南州委常委、瓮安县委书记张文强，黔南州委常委、常务副州长罗桂荣，黔南州编委办主任朱劲松，瓮安县委副书记、县长黄桂林，县委常委、常务副县长张宗良陪同调研。

△ 联合国教科文组织驻华代表处与贵州荔波县人民政府在荔波举行“自然之道　奔驰之道　UNESCO世界遗产地运动会－2016年荔波山地自行车赛”。

14日 由求是《小康》杂志社、杭州市人民政府共同主办的2016中国（国际）休闲发展论坛在浙江杭州举行，经过专家评审，论坛授予荔波县“2016年度中国最佳投资休闲目的地”和“最佳休闲小城”2个荣誉奖项。长顺县荣获“2016年度中国最佳投资休闲目的地”荣誉奖项。

16日 全国脱贫攻坚奖表彰大会在北京举行，38人分获奋进奖、贡献奖、奉献奖和创新奖，贵州省黔南州罗甸县沫阳镇麻怀村村支书邓迎香名列“奋进奖”榜单。

19日 首届苏绣马尾绣论坛在三都水族自治县召开。北京市大兴区宗教局局长杨秀华、河北省固安县民宗局局长宛永河、江西省民宗局政策法规处处长左旭生、苏州吴江鼎盛丝绸公司副总经理何敏苏、苏绣国家级传承人姚惠芬，三都县领导李云华、叶良华、欧善闯以及近百名马尾绣传承人共同参加这次论坛。论坛会结束后，苏州吴江鼎盛丝绸有限公司与三都水族自治县凤之羽民族文化传播有限责任公司共同签订了《旅游商品开发合作框架协议》。

20日 中国·水族部落2016年古稳端坡祭祀大典在三都中和镇三洞社区古稳端坡隆重举行，来自九乡十八寨的99位寨老在水族先祖塑像前，举行盛大的祭祖仪式，以示对祖先的敬畏。水族同胞敲响铜鼓木鼓和来宾们共庆端节。

22—23日 2016第二届中国（荔波）西部全面小康论坛暨首届全国民宿旅游发展峰会在荔波举办，此次论坛以“西部民宿旅游开发与决胜小康”为主题，论坛上，《小康》杂志社向荔波颁发了“2016中国最具投资潜力民宿目的地”奖项。

23日 国家发改委城市和小城镇改革发展中心调研组刘琰一行在省发改委规划处副处长陈军等省厅领导及县有关领导陪同下，到三都县九阡镇开展空间性规划“多规合一”调研指导工作。

24日 中俄大学生“一对一”交流研习营一行到贵州三都水族文化博物馆进行参观交流。

25日 由国家文化部文化市场司副巡视员刘鲁平率队，甘肃省、江西省文化厅参加的全国文化市场管理工作联席会议办公室调研组，在省文化厅党组成员、副厅长黎盛翔等陪同下，对黔南州文化市场综合执法改革工作进行调研。黔南州文化市场综合执法改革获国家文化部肯定。

27—28日 新华社贵州分社社长李银率队到独山，就独山实施村（社区）干部职业化管理、6个城乡统筹（教育、供水、医疗卫生、交通、公共服务、区域协调发展）工作进行调研采访。

11月

1日 省政协副主席蒙启良率队到独山开展扶贫工作调研。他要求，独山要理解并用好相关扶贫政策，争取在每个村为群众找到主导产业进行发展，带动贫困群众早日脱贫致富。县领导潘志立、黄永健等及国家林业局驻紫林山村第一书记张明吉陪同。

4日 由人民日报社新媒体中心、全国红色旅游工作协调小组办公室、中央党史研究室宣传教育局共同主办的20个“我心中的长征纪念地”评选结果揭晓，瓮安突破乌江战斗遗址榜上有名，同时，猴场会议会址获提名奖。

△ 黔南州召开党风廉政建设与大数据技术运用研讨会。来自全国各地的有关专家、学者及29个自治州相关人员共同探讨党风廉政建设与大数据技术运用在推进党风廉政建设和反腐败斗争中起得的新突破和新成效。州人大常委会主任罗毅，州政协党组书记魏明禄，州委常委、州纪委书记杨光杰，州委常委、都匀市委书记吴丹，州委常委、州委组织部部长胡志峰，州检察院检察长马涛等出席研讨会。省纪委有关负责人到会指导。

8—9日 第三届中国物流（都匀）国际峰会和商贸物流博览会在黔南州举办，活动围绕对接“一带一路”擎领内陆开放的主题展开。这届活动采取“1+9+1+2”举办模式。主要由1个物流发展大会；9个活动分会；1个专场活动和2个启动仪式组成。邀请部分外国驻中国大使馆（领事馆）代表，及“共建21世纪海上丝绸之路哈川贵广—南亚国际物流大通道”合作国家代表，如澳大利亚、巴基斯坦、斯里兰卡等代表1000余人参会。这次活动由贵州省发展改革委、贵州省交通运输厅、贵州省商务厅、贵州省外事办、黔南州人民政府共同主办，黔南州发展改革委、黔南州交通运输局、黔南州商务和粮食局、黔南州政府金融办、黔南州外事侨务台港澳办、都匀市政府、贵定县政府、龙里县政府、独山县政府具体承办。

上旬 由独立第三方信用服务机构贵州中鼎资信评估有限公司完成并发布的《2015年度贵州省县级政府信用评估报告》出炉，报告以政务公开、依法行政、信用环境建设、经济履约能力、社会建设和可持续发展能力6个方面对县级政府信用进行综合评价。《报告》中，都匀市以77.76的最高分在全省88个县级政府中取得第一，并获得县级政府信用A+等级。

10—11日 国务院扶贫办政策法规司副处长李博、张小龙率调研组分别到荔波县调研脱贫攻坚工作，并到独山开展驻村帮扶调研工作。

11日 由中国国家旅游局、中国民用航空局、上海市人民政府主办的2016中国国际旅游交易会在上海新国际博览中心举行，平塘县派出旅游部门参加交易会。“中国天眼”亮相2016中国国际旅交会成贵州旅游“撒手锏”。

13日 十国驻重庆成都总领事到平塘参观考察500米口径大射电望远镜，感受“天眼”带给贵州的新风景新气象。

15日 副省长陈鸣明到平塘县大塘镇开展党的十八届六中全会精神宣讲和脱贫攻坚调研活动。省政府办公厅副秘书长樊新中，省民政厅厅长罗宁及省教育厅、交通运输厅、扶贫办、公路局相关领导参加活动。副州长杨从明，县委副书记、县长莫君锋等县领导及州县有关部门相关负责人陪同。

17 日 2016 年“中国世界自然遗产保护与发展大会（第一届）”在贵州荔波开幕。大会由住房和城乡建设部世界自然遗产保护研究中心、联合国教科文组织驻华代表处联合主办；住房和城乡建设部城市建设司、中国联合国教科文组织全国委员会秘书处进行指导；贵州省住房和城乡建设厅给予支持；中共荔波县委、荔波县人民政府承办。主管世界自然遗产的有关国家部委领导、各世界遗产地保护管理机构相关主管机构领导及遗产地负责人、住房城乡建设部世界遗产专家委员会部分专家、联合国教科文组织官员、国际自然保护联盟等国际组织代表、国内外专家学者，以及《人民日报》、新华社等多家新闻媒体代表共计 200 余人参加大会。大会以“世界遗产与精准扶贫”为主题，围绕中国世界自然遗产的发展战略，对遗产地社区经济的影响，遗产地的贫困问题与精准扶贫政策措施等议题展开讨论。

18 日 国家中医药管理局副局长闫树江到独山调研中医药产业扶贫情况。县领导潘志立、蒋海航、宋恩贵、崔从军，以及省、州、县相关部门负责人陪同。

22 日 曾任中国社会科学院数量经济与技术经济研究所所长、研究员、博士研究生导师汪同三率调研组到瓮安开展适应高速路网助推县域经济发展调研。贵州省发展改革委地区经济处处长陈勇，瓮安县委常委、常务副县长张宗良陪同调研。

△ 贵阳科普作家协会秘书长罗万雄，州委常委、副州长刘建民一行到独山考察，就《深河桥头》电影拍摄的选景、投资、聘请制片人等事宜进行商谈。独山县委副书记、县长蒋海航，县委常委、宣传部部长胡昆等陪同考察。《深河桥头》由中国作协副主席、上海市作协主席叶辛创作并改编，是一部填补中华民族共同抗战宣传空白的特色作品，剧本再现了“黔南事变”这一重大历史事实。

23 日 交通运输部调研组一行 5 人到黔南州调研城乡交通运输一体化工作，省、州交通运输部门相关领导，瓮安县领导陪同调研。

24 日 2016 中国（广州）国际茶业博览会在中国进出口商品交易会展馆 C 区盛大开幕。应组委会邀请，贵州省是年继续组团参展。这次活动由贵州省农委牵头，黔南州人民政府具体承办，设计了统一形象的贵州展馆，全省共组织了 8 家茶企参加展示展销活动。这次茶博会的主题为“贵州绿茶・秀甲天下，都匀毛尖・香满人间”，旨在通过广州茶博会这一优势平台向世界各地的茶商茶友展示贵州高海拔、原生态茶区的优质绿茶和绚丽多彩的民族文化，以都匀毛尖引领黔茶进军广州市场，并由此走向全国乃至国际舞台，让更多人认识、了解、喜爱上以都匀毛尖为代表的贵州茶。

25 日 2016 中国（荔波）书法高峰论坛在荔波开幕。峰会上，各地书法专家齐聚一堂，论道书法的现状与未来，探讨传统书法模式的现实与困境，共同探索书法与旅游的发展。贵州省书法家协会名誉主席、当代著名书法理念家姜澄清，中国书法家协会学术专业委员会副主任、中国文艺评论家协会书法篆刻艺术委员会副主任、福建师范大学美术学院教授、博士生导师、福建省书法家协会副主席朱以撒，《书法》杂志社执行主编、《大观・书画家》杂志主编、中国书法家协会学术专业委员会委员、中国艺术研究院中国书法院研究员胡传海，中国书法家协会理事、学术专业委员会委员、吉林省书法家协会副主席、吉林大学古籍研究所书法方向教授，博士生导师张金梁，浙江美术馆馆长、浙江省书法家协会副主席、国家一级美术师、中国艺术研究院中国书法院研究员期舜威，中国作家书画院常务副院长兼秘书长张瑞田，以及安徽省书法协会、《书法导报》、山西师范大学、《中国书法》、北京大学等地的书法大家出席这次论坛。贵州省文联党组成员、专职纪检员张绪晃，书法报社社长、总编辑舟恒划，贵州省书协副主席兼学术委员会主任吴鹏，黔南州委宣传部副部长、州文联党组书记、副主席黄光兴，中共荔波县委副书记、县长叶霖，县人大常委会主任李洪，县政协主席董豫黔等在家荔波县四家班子领导出席这次论坛。

28日 美国温德姆酒店集团大中华区运营总监赖泽明率队到独山县考察，并与贵州瑞茂旅游投资开发有限公司成功签约入驻独山中央城，这标志着独山县即将拥有首家白金五星级酒店。温德姆酒店集团是全球规模最大、业务最多元化的酒店集团企业，总部设于美国新泽西州帕西帕尼，在六大洲68个国家经营15个品牌，拥有约7440余家酒店60余万间客房。县委书记潘志立，县人大常委会党组副书记、酒店建设大会战指挥长何可刚，县人大常委会副主任、酒店建设大会战副指挥长陆德高出席洽谈会。

28—29日 贵州省环保厅环境监察局局长田获率省委环境保护督察组进驻瓮安县，重点督查瓮安县委、县政府贯彻落实国家和省委、省政府环境保护决策部署、解决突出环境问题、落实环境保护主体责任等情况，强化环境保护党政同责和一岗双责要求，推动瓮安县生态文明建设和环境保护工作。黔南州委常委、瓮安县委书记张文强，瓮安县委副书记、县长黄桂林参加汇报会或陪同督查。

11月 贵州黔南中国“天眼”景区“500米口径球面射电望远镜”入选“国家十大科普旅游基地”候选名单。黔南州荔波县荣获“全国休闲农业和乡村旅游示范县”称号。在2016年度“文明在行动、满意在贵州”活动暨“多彩贵州文明行动”9个市（州）综合考评中，黔南州荣获全省旅游系统考评第一的好成绩。

△ 三都水族文化博物馆建设项目全面建成并投入使用。整个水族博物馆建设项目位于都柳江畔的三都水族自治县中国水族文化风情谷——尧人山生态旅游度假区核心地段，由博物馆建筑群、休闲广场、停车场和道路交通组成，规划总占地面积31426.8平方米，其中，博物馆建筑群占地面积约7600平方米，总投资6600万元。

11月底 国务院办公厅在对全国第三次大督查发现的黔南州全力推进文化旅游发展典型经验做法通报表扬，并给予2017年黔南州大督查“免督查”奖励。

△ 由中国水文书法艺术大师王天国和贵州省牙舟古陶坊宋洪建陶艺师联合创作木火烧制的牙舟三鱼陶盘，被选为日本邮便（票）正式出版，全世界公开发行。

12月

2—4日 2016年贵州省第十五届冬泳锦标赛在瓮安举行，中国旅游信息报、西部开发报、腾讯图片社等15家国内媒体记者集结瓮安县进行采访报道。大赛分为男、女青年组，男、女中年组，男、女老年组，参赛运动员年龄为20~69岁，老中青参赛，按组别进行比赛。比赛包括蝶泳、仰泳、蛙泳、自由泳、混合泳等项目，共计14个大项56个小项。有来自省内的游泳运动员、教练员、裁判员约450人相聚瓮安。

3日 省交通运输厅与黔南州签订进一步加快黔南交通运输发展合作协议，双方在高速公路建设、国省干线和县乡道改造、水运发展建设、综合交通信息化及枢纽场站建设等方面开展合作，助力黔南快速发展和脱贫攻坚、同步小康工作。省交通运输厅党委书记、厅长王秉清，州委书记龙长春，州委副书记、代州长吴胜华，省交通运输厅副厅长韩剑波，州政协副主席、州委秘书长瓦标龙，贵州高速集团有限公司党委书记、董事长任仁等出席仪式。副州长张全毅主持仪式。

5日 省委宣讲团到州内宣讲中共十八届六中全会和省委十一届八次全会精神，省委宣讲团成员、省政府参事、省委政研室正厅级干部、研究员吴祖平系统地阐释和解读了党的十八届六中全会和省委十一届八次全会精神，重点对全面从严治党进行了讲解。州委书记龙长春出席会议并讲话，州委副书记、代州长吴胜华主持会议，州人大常委会主任罗毅，州政协党组书记魏明禄等州四家班子领导出席宣讲报告会。各县（市、区）和州直有关部门负责人，中共黔南州第十一次代表大会代表和工作人员等共500多人到会听取宣讲。

△ 国家湿地保护管理中心主任马广仁率队到独山，就拟建国家湿地公园进行考察。州委常

委、副州长闫光锋，县委常委、副县长付天恒，县人大常委会副主任王建国，副县长曾纪泽陪同考察或参加座谈会。

△ 平塘县与中国保利集团签署生态旅游产业投资意向性合作协议。

6日 晚上8时，在黔南广播电视台一楼演播大厅举行第三届“黔南骄傲”年度人物评选颁奖仪式。第三届“黔南骄傲”年度人物特别贡献奖（1名），“6·8抗洪救援群体”（贵定县、李光进、岑显禄、陈登甲、陈元坤、陈开铺、罗仁福7位抗洪救援人员），第三届“黔南骄傲”十大年度人物（10名，排名不分先后）南仁东（中国科学院国家天文台研究员、博士生导师，国家FAST项目总工程师兼首席科学家）、邓迎香（罗甸县沫阳镇麻怀村党支部书记）、龙增刚（中共瓮安县委组织部原常务副部长）、汪洋（黔南州文化广电新闻出版局副局长，国家一级编导、作曲）、徐先捍（黔南州农业科学研究所高级农艺师）、罗锦彪（惠水县濛江街道大坝社区绿化村二组群众）、王焱刚（都匀市公安局特巡警大队大队长）、唐燕（贵州盛华职业学院“唐人坊”非遗传承学院院长）、宋水仙（三都县水仙马尾绣有限公司负责人）、杨光平（平塘县通州镇科技宣教文化中心工作员）、州四大班子领导、出席州第十一次党代会的全体代表、本届受表彰的全体人员出席颁奖仪式。州领导为获奖人员颁奖。

6—7日 省人大常委会副主任傅传耀到平塘卡蒲、平舟等乡镇进行考察，看望慰问卡蒲敬老院老人和平舟镇精准扶贫户。县人大常委会主任孟玉凤，县领导曹礼鹏、刘洪、黄俊陪同考察。

6—9日 中国共产党黔南布依族苗族自治州第十一次代表大会在都匀经济开发区召开。大会应到代表340名，实到代表333名，龙长春代表中国共产党黔南州第十届委员会向大会作了题为《打造民族地区创新发展先行示范区为开启基本现代化建设新征程而奋斗》的报告。杨光杰代表中共黔南州第十届纪律检查委员会向大会作了报告。大会审议通过了中共黔南州第十届委员会工作报告的决议和中共黔南州第十届纪律检查委员会工作报告的决议。选举产生了新一届“两委”班子。

8日 由国家旅游局主办的“重走长征路”红色旅游主题采访活动走进瓮安，瓮安县政协副主席郑毅参加活动。中央电视台、《人民日报》、新华社、《光明日报》《经济日报》、新华网等主流媒体及贵州日报、贵州广播电视台、当代贵州、贵州新闻图片社、多彩贵州网、省旅发委政务网等中央、省、州近30家主流媒体记者随行采访了瓮安红色文化。

9日 下午，黔南州召开新闻发布会，正式公布《黔南布依族苗族自治州樟江保护条例》于次年1月1日起施行。2014年，在州人民政府的推动下，荔波县启动樟江流域保护前期工作，开始立法调研，详细掌握樟江流域保护第一手资料。2015年，形成《条例（草案）》初稿。2016年5月，《条例（草案）》由州人民政府提请州人大常委会审议。8月初报黔南州委审查通过。8月25日经黔南布依族苗族自治州十三届人大常委会第三十四次会议通过，2016年11月24日贵州省第十二届人民代表大会常务委员会第二十五次会议批准。《条例》的出台，是全州生态领域立法工作中继《黔南布依族苗族自治州剑江河流域保护条例》实施后的又一件大事、要事，预示着全州重点江河湖库的保护工作深入法制化轨道。

10日 中央电视台（CCTV－7）农民新春联欢会《过年了》摄制组走进都匀，在南沙洲公园拍摄了都匀少数民族过年的盛况。拍摄现场，摄制组用镜头记录了都匀少数民族独具特色的打粑粑、上刀山下火海、斗鸡、斗鸟等节目并与在场的少数民族群众一同参与了打粑粑比赛。

13日 贵定县云雾镇东坪村党支部、燕子岩村党支部、塘满村党支部、谷丰村党支部成立东丰联村党委揭牌仪式在贵定县云雾镇举行。新组建的东丰联村党委设在云雾镇东坪村，共有200余名党员，为贵州省第二家、黔南州首家联村党委。

△ 贵州省人力资源社会保障厅组织专家考察组至瓮安，到贵州金正大诺泰尔化学有限公司对2015年度“百人领军人才”“千人创新创业人才”推荐人选颜明霄进行考察。

13—15 日 为期三天的全国农村产业融合发展专题培训班在都匀举行，国家发改委副主任张勇，省委常委、常务副省长秦如培，副省长刘远坤等参与了这次活动。这次专题培训组织参观了茶叶农民专业合作社、贵天下茶业公司、都匀毛尖茶城、中国茶文化博览园等农村产业融合发展典型项目，相关领域专家针对如何推进农村产业融合发展进行了专题授课。总结会上，山东、湖南、四川、贵州四省分别作了典型发言。

14 日 州委召开常委（扩大）会议，专题听取贵定县、龙里县、惠水县、长顺县工作情况汇报，研究指导4个县经济社会发展。州委书记龙长春主持并讲话。州委副书记、代州长吴胜华，州人大常委会主任罗毅，州政协党组书记魏明禄，州委副书记、常务副州长、州委政法委书记罗桂荣，州委常委黄伟、杨光杰、吴丹、王芳、瓦标龙，州政府有关领导出席会议。州直有关部门主要负责人，贵定县、龙里县、惠水县、长顺县委、县政府领导班子成员等参加会议。

15—16 日 广州市政协党组书记、主席苏志佳一行到黔南考察，并召开广州市·黔南州对口帮扶协作工作座谈会。州委书记龙长春出席座谈会并讲话。州委副书记、代州长吴胜华，州政协党组书记魏明禄，州领导黄伟、吴丹、陈有德陪同考察并参加座谈；广州市政协副主席平欣光，广东省第一扶贫协作工作组组长李自根参加考察和座谈。广州市相关单位负责人和企业代表，黔南州直相关单位负责人参加座谈或考察。

17—18 日 由黔南州科协主办，黔南州天文局、黔南州文联、平塘县科协协办的“激发科普兴趣·成就创作梦想”暨知名作家、艺术家、媒体记者走进FAST体验活动在平塘县克度镇“中国天眼”景区举行。黔南州科协主席程世钧及黔南州知名作家、艺术家、媒体记者等30余人参加活动。

18—20 日 美国MAGNA CARTA资本有限责任公司亚洲区总裁Bazlur Rahman等3人到三都县投资考察，投资促进局领导陪同考察。

下旬 黔南布依族苗族自治州旅游景区质量等级评定委员会发布公告，黔南州都匀经济开发区中国茶文化博览园景区和杉木湖城市中央公园景区达到国家AAA级旅游景区标准的要求，批准为国家AAA级旅游景区。

20—21 日 “我们的中国梦·文化进万家”走进三都，由中国歌剧舞剧院与黔东南州歌舞团共同打造歌舞诗剧《守望》在三都县人民大会堂内展演。

21 日 国家发改委规划司副司长马强率队到独山调研城镇化和农业产业化发展工作。省发改委规划处处长张志宏，州发改委主任陈稠彪，县领导潘志立、宋恩贵、莫辉、张仁青等陪同调研。

△ 贵州省首届民族民间工艺大师颁证典礼暨贵州贵定“金海雪山”第二届稻雕艺术节在贵定音寨举行。副省长何力，省政协副主席班程农，省民族宗教事务委员会党组书记、主任向红琼，中国民协分党组成员、副秘书长张志学，州委副书记、州人民政府代州长吴胜华等省州领导出席。贵定县四家班子领导参加。

△ 2016年贵州文化产业项目观摩会走进黔南都匀经济开发区。在区党工委书记张宽，区党工委副书记、管委会主任杨东的陪同下，观摩团先后深入位于该区的毛尖影视小镇和茶博园，实地观摩文化产业项目亮点。

23 日 丹寨至都匀快速通道（丹寨段）项目通过黔东南州发改委批复。标志着全长14.5公里的都匀至丹寨快速通道项目将全面开建。黔南州和黔东南州携手规划凯里南经丹寨至都匀东客运专线项目，即规划从沪昆高铁凯里南站引出，途经丹寨县并设出口站，连接贵广高铁都匀东站，全长约65.054公里。黔南州和黔东南州成立了都匀至丹寨快速通道和凯里南经丹寨至都匀东高铁客运专线建设项目建设指挥部，加强对凯里南经丹寨至都匀东高铁客运专线和都匀至丹寨快速通道建设工作指导，此项目建成后将加快都匀至凯里、都匀至麻江、都匀与丹寨同城化，带动两地区域经济发展。

26 日 由三都县人民政府主办，黔南州汽摩协会、三都县文化和旅游局、越野E族贵州大队、越野 E 族贵州大队黔南中队承办的 2017 中国·三都“西部英雄”首届户外嘉年华新闻发布会暨全国越野文化产业高峰论坛会在贵阳召开。

28 日 州工业和信息化委员会主持召开《黔南州大数据发展规划 2016—2020 年》（以下简称《规划》）专家评审会。《黔南州大数据发展规划（2016—2020 年）》通过专家评审。省内有关专家和省大数据发展管理局、黔南州发改委、州公安局、州卫计委、州人社局、州教育局、州国土局、州信息管理中心、黔南师院、黔南职院、州工信委等有关单位负责人参加会议。

△ 荔波古镇获评国家 3A 级景区揭牌仪式在荔波举行。黔南州政协副主席刘长江，荔波县人大常委会主任李洪，县政协主席董豫黔，县委常委陈峥嵘、向宗洋、雷达等县领导和嘉宾出席揭牌仪式。

29 日 大型历史剧《霍去病》和战争剧《特种兵之深入敌后》在都匀经济开发区梦都影视文化旅游创意产业园的汉唐影视城淮南王府内举行开机仪式。省文联主席、省作协主席欧阳黔森，省文联党组成员、副主席彭治力，州委副书记、常务副州长、州委政法委书记罗桂荣，州委常委、州委宣传部部长、州委统战部部长王芳，黔南州委宣传部副部长、黔南州文联主席黄光兴等领导和双方剧组制作方、出品方、部分演职人员及有关邀请嘉宾出席开机仪式。湖南卫视、云南广电集团、长江传媒、天津津源影视以及山东、广东、山西、陕西、河南、河北、上海、贵州各电视台、都匀经济开发区等参加开机仪式。

（张永淑）

·州概况·

ZHOU GAI KUANG

基本情况

【建置沿革】 黔南州辖地历史源远流长，自古以来就是少数民族先民居住的区域。据文献资料记载，早在殷、周时期，境内就已有许多部族活动，分属牂牁、夜郎等方国，在现黔南州福泉市还保存着古夜郎国唯一的遗迹“竹王城”。秦汉时期，州境为象郡、牂牁郡所属的且兰、母敛等县。唐朝之后，中央封建王朝加强对少数民族地区的统治，唐宋元明时期，在州境内设立了羁縻府、州、县、峒、卫、所。元代黔南开始推行土司制度，境内分属八番顺元等处宣慰都元帅府、都云定云安抚司、新天葛蛮安抚司、播州宣慰司和庆云南丹安抚司，至明代贵州建省前，黔南地域主要设置了卫所军事机构，黔南分属于贵州卫、龙里卫、平越卫、都云卫、新添卫、定番州、广顺卫等。明弘治年间，贵州推行“改土归流”，部分土司统治地区改设府（县）。如都匀府、新贵县、贵定县和荔波县等。雍正四年，清政府在黔南境内强行大规模推行“改土归流”，废除土司世袭的安抚司、长官司等，代之以流官统治，撤销“卫所”等军事地域，将其并入府州厅县等行政区域，黔南地区分属于贵阳府、都匀府、独山府和平越府。民国三年，将清代的府、州、厅、县一律改称县。1935 年，国民党中央军进入贵州后，改组了省政府，改设行政督察区，黔南州地域分属于第一、第七和第十一行政督察区。1948 年，全省又重新划分为 7 个行政督察区及省直辖区。今黔南州地域内的惠水、长顺、龙里、贵定 4 县隶省直辖区；独山、平塘、罗甸、荔波、都匀、三都、平越 7 县隶第二行政督察区，专员公署驻独山；瓮安县隶第五行政督察区，专员公署驻遵义。

1949 年 11 月 15 日，中国人民解放军解放都匀县城，随即成立独山专区，专员公署设于都匀县城，辖民国时期的第二行政督察区的 12 个县，即都匀、独山、平塘、罗甸、三都、荔波、平越、麻江、丹寨、黎平、榕江、从江，当时的瓮安、贵定、龙里、惠水和长顺 5 县隶属贵阳专区。1952 年，独山专区改称都匀专区，贵阳专区改称贵定专区，专员公署移驻贵定县，撤消惠水县，改设惠水县彝族苗族自治区。1953 年 6 月，平越县改称福泉县。1954 年，惠水县彝族苗族自治区改称惠水县布依族苗族自治区，同年，罗甸县也改称罗甸布依族自治区。至黔南布依族苗族自治州成立前夕，都匀、三都、独山、平塘、荔波、福泉 6 县隶属都匀专区；贵定、龙里、瓮安、长顺、惠水、罗甸 6 县隶属贵定专区。

1956 年 8 月 8 日黔南布依族苗族自治州正式成立，同时，撤销都匀、贵定 2 专区，将原都匀专区所属望谟、册亨、安龙、贞丰 4 县，原贵定专区所属罗甸、长顺、惠水 3 县及原属安顺专区的紫云、镇宁 2 县划入黔南布依族苗族自治州，全州共辖14县。1957年1月2日，由三都县及荔波、都匀、榕江、独山等县部分地区合并设立三都水族自治县，黔南布依族苗族自治州辖13县、1个自治县。1958年，撤销都匀县，改设都匀市。自治州人民委员会驻地都匀市。将惠水县划归贵阳市，安龙、镇宁2县划归安顺专区，原属安顺专区的瓮安、贵定2县划入黔南布依族苗族自治州。撤销荔波县并入独山县；撤销平塘县并入兴仁县；撤销册亨县并入安龙县。黔南布依族苗族自治州辖1市、11县、1个自治县。1961年，恢复荔波、平塘、紫云、龙里、福泉5县。黔南布依族苗族自治州辖1市、11县、1自治县。1962年，撤销都匀市恢复都匀县。黔南布依族苗族自治州辖12县、1自治县。1963年，原属贵阳市的惠水县和原属安顺专区的贞丰、册亨、安龙3县划入黔南布依族苗族自治州，辖16县、1自治县。1965年，将贞丰、册亨、安龙、望谟4县划归兴义专区，紫云县划归安顺专区。黔南布依族苗族自治州辖11县、1个自治县。1966年，复设都匀市。黔南布依族苗族自治州人民委员会驻都匀市，辖1市、11县、1自治县。1996年，撤销福泉县设立福泉市，以原福泉县的行政区域为福泉市的行政区域。

截至2016年12月31日，黔南布依族苗族自治州辖2个县级市、9个县、1个自治县，即都匀市、福泉市和荔波、平塘、龙里、独山、瓮安、贵定、惠水、长顺、罗甸及三都水族自治县。各县（市）共计辖79个镇、19个街道、8个乡（其中4个民族乡）。

【自然地理】 黔南布依族苗族自治州位于贵州省中南部，介于东经106°12′～108°18′、北纬25°04′～27°29′之间，东与黔东南苗族侗族自治州相连，南部和西南部与广西壮族自治区河池市、百色地区为界，西与安顺市和黔西南布依族苗族自治州接壤，北面和西北面与遵义市及贵阳市为邻。全州东西长约207.6千米，南北相距249.5千米，总面积为26195平方千米，占贵州省总面积的14.90%。

黔南州处于云贵高原东南部边缘的斜坡地带，地势西北高，东南低，平均海拔997米，最高为都匀斗篷山1961米；最低为罗甸的下大弯口242米。地貌类型多样复杂，山地、丘陵、盆地和河谷相互交错。全州土地以山地和丘陵为主，山地和丘陵占全州总面积的97%以上。其中，山地面积占72.53%；丘陵面积占21.30%；平坝面积占6.17%。黔南州土壤可划分为9个土类、23个亚类和300多个土种。主要有赤红壤土类（砖红壤性红壤）、红壤土类（红泥土）、黄壤土类（黄泥巴）、红色石灰土类、石灰土类、紫色土类、潮土类、草甸土类、水稻土类。因受地域性因素的制约，地带性土壤与非地带性土壤彼此交错分布，构成了不同的土壤组合。黄壤土带分布范围最广的地区有都匀、独山、平塘、惠水、长顺、瓮安、福泉、贵定、龙里等市、县的全部及罗甸的边阳和荔波的甲良一带，总面积为19327平方千米，占全州总面积的73.78%，主要土壤类型为黄壤、石灰灰土、水稻土，次为小面积的草甸土和紫色土，适宜发展一年两熟和中亚热带经济作物。

2016年，全州各地年平均气温在14.9℃（瓮安）～20.1℃（罗甸）之间，与历年相比，偏高1.1℃～1.4℃。年最高气温38.2℃，7月31日出现在荔波，年最低气温-5.1℃，1月23日出现在瓮安。全州各地年降水量在1042.7毫米（瓮安）～1724.7毫米（都匀）之间。全州各地年日照时数在830.4（都匀）～1349.1小时（惠水）之间。灾害性天气主要有洪涝灾害、雹灾、凌冻等，对农业生产有一定影响。

2016年，全州流域面积为26193.2平方公里。其中，长江流域7586.9平方公里；珠江流域18606.3平方公里。全州水能资源理论蕴藏量为420.8万千瓦。其中，长江流域为89.9万千瓦；珠江流域330.9万千瓦。水能技术可开发量为180.5万千瓦。2016年年底，全州已建成水电站137座，装机规模78.3万千瓦，在建水电站10座，装机规模41.3万千瓦。2016年全年发电量为24亿千瓦时，全州水能资源开发利用率为66.4%。

【森林和动植物资源】 2016年，全州森林面积为1483.3千公顷，森林蓄积量为6000万立方米。森林覆盖率为62%，在全省9个市（州）中名列第二。其中，荔波、三都和平塘3县森林覆盖率分别为69.55%、69.52%和63.42%，进入全省县（市）前10名方阵。

主要树种约300多种，药用植物有1000余种，列入国家一、二、三级保护的珍稀植物有25种。全州有鸟类235种，鱼类98种，哺乳类动物72种，爬行类动物55种，动物中药用脊椎动物有112种。

【旅游资源】 黔南州是典型的喀斯特地貌发育的山区之一。山峻、水澈、石奇、洞幽、峡深、瀑伟，旅游资源丰富，品位很高。2016年，全州拥有世界自然遗产地1处—荔波锥状喀斯特峰林；国家AAAAA级旅游景区1个—黔南州荔波樟江景区；国家AAAA级旅游景区4个—平塘掌布“藏字石”景区、瓮安草塘千年古邑旅游区、龙里中铁双龙镇巫山峡谷旅游景区、黔南州福泉古城文化旅游景区；国家AAA级旅游景区22个—都匀文峰园、都匀斗篷山风景名胜区、长顺杜鹃湖、贵定金海雪山景区、独山翠泉国家森林公园、龙里龙架山森林公园、三都县姑鲁产蛋崖旅游景区、荔波瑶山古寨旅游区、惠水县涟江公园景区、瓮安朱家山景区、惠水好花红景区、平塘县平舟镇京舟康体养生乐园景区、福泉市黄丝度假景区、福泉市双谷生态体育公园、荔波古镇景区、贵定金海雪山四季花谷旅游开发度假区景区、都匀市青云湖国家森林公园、龙里县大草原景区、罗甸县天眼驿站景区、罗甸县高原千岛湖休闲度假园区、都匀经济开发区杉木湖城市中央公园景区、都匀经济开发区中国茶文化博览园；国家AA级旅游景区4个—都匀东山公园、独山县深河抗日文化园、瓮安县映山红景区、独山奎文阁景区；国家级自然保护区1个—茂兰喀斯特原始森林自然保护区；国家级文化保护单位2处—福泉古城垣、葛镜桥；国家级风景名胜区4个—荔波樟江风景名胜区、都匀斗篷山剑江风景名胜区、平塘风景名胜区、瓮安江界河风景名胜区；国家级森林公园5个—尧人山森林公园、朱家山森林公园、紫林山森林公园、龙架山森林公园、青云湖国家级森林公园；国家地质公园1个—平塘掌布。红色旅游点有猴场会议会址、邓恩铭故居、红军强渡乌江战斗遗址、深河桥抗日文化园、板寨会师旧址和黎明关战斗遗址等。

2016年，惠水县被农业部列入“全国休闲农业与乡村旅游示范县”、平塘县京舟村被农业部列入“中国美丽休闲乡村——特色民俗村”、长顺县广顺凤凰坝被省农委认定为“休闲农业与乡村旅游省级示范点”。

都匀市为国家级优秀旅游城市。

【地方特产】 2016年，全州各县（市）拥有众多的地方名产特产，代表性的有都匀市的都匀毛尖茶、红茶、蓝莓系列产品、老布依腊肉、香肠、宏牛牌牛肉干。福泉市的“万康乐”苦荞茶系列、“安运”腌制食品系列、泡制食品系列（泡制小米椒、泡姜、泡蒜等）、“荣姨妈”牌水晶松花皮蛋、保利咸蛋、剔骨鸡辣椒、冰糖黄粑、五彩风味粽子、“鼎罐”民族风味小米鲊、腊排、山乡饭、腊肉、“金狗”生态茶油。独山县的铁皮石斛及系列产品、独山“三酸”、“贵草”系列奶制品。平塘县的牙舟陶、七彩泡椒、刺梨干、豆油皮、黄金应子、刺绣品。荔波的樟江蜜柚、休闲运动鞋、祥云神虎。三都县的水族马尾绣、银饰工艺品、水书字画、水族牛角雕、九阡李、九阡酒、交梨山野水晶葡萄。瓮安的“黔渝香”牛肉干系列、柴姨妈黄粑、谭氏皮蛋、血灌粑、豆油皮、草塘绿豆粉。贵定县的云雾茶叶、“苗姑娘”牌油辣椒、“苗姑娘”牌益肝草、“苗姑娘”牌系列食品、香酥脆辣椒、贵定绿壳鸡蛋。龙里的邓氏辣子鸡、刺梨系列产品、巴江农民画、哪旁印苗刺绣、清水江腊肉、豆制品、富硒米、卧云谷茶叶。惠水县的金钱橘、“涟江牌”惠水黑糯米酒、唐人坊工艺品、枫香染、惠水优质米系列、“立克佳”姜茶、“牛头牌”牛肉干、“辣酱”辣椒制品、贵州三宝、粉丝。长顺县的绿壳鸡蛋、高钙苹果、紫王葡萄、广顺鸡辣子、马路霉豆腐、小米核桃。罗甸县的罗甸玉、信邦药品、蜜柚、血橙、脐橙、荷叶粑、艾纳香、上隆茶叶、火龙果及加工产品。

【人口　民族】　据公安部门统计，2016年年末，全州户籍人口数为417.27万人，比上年增加3.2万人，增长0.77%。全州人口自然变动情况，2016年，全州人口出生人数为6.99万人，其中，男性为3.63万人，女性为3.3万人；死亡人数2.42万人，其中，男性为1.47万人，女性为0.95万人。2016年，人口出生率13.38‰，比上年上升千分之0.74，自增率6.25‰，比上年上升0.62个千分点，符合政策生育率89.1%，比上年下降6.39个百分点。

性别构成，2016年全州常住人口中，男性人口为217.91万人，占总人口的52.22%；女性人口为199.36万人，占总人口的47.78%。性别比（女=100）为1.09。

年龄构成，2016年全州常住人口中，0~17岁人口为92.99万人，占总人口的22.28%；18岁~34岁人口为113.94万人，占总人口的27.31%；35~59岁人口为146.89万人，占总人口的35.2%；60岁及以上人口为63.44万人，占总人口的15.2%。

按城乡分，全州常住人口中，居住在城镇的人口为152.31万人，占总人口的36.5%；居住在乡村的人口为264.96万人，占总人口的63.5%。

按地区分，全州常住人口的地区分布情况是：都匀市49.31万人，占11.82%；福泉市33.38万人，占8%；荔波县17.98万人，占4.31%；贵定县29.94万人，占7.18%；瓮安县48.84万人，占11.7%；独山县35.47万人，占8.5%；平塘县33.14万人，占7.94%；罗甸县35.58万人，占8.53%；长顺县26.78万人，占6.42%；龙里县23.52万人，占5.64%；惠水县46.20万人，占11.07%；三都县37.09万人，占8.89%。

黔南州为多民族聚集地，居住着汉、布依、苗、水等43个民族。2016年，全州少数民族人口为246.41万人，占总人口的59.05%。其中，布依族人口占总人口33.45%，苗族人口占总人口13.83%，水族人口占总人口8.75%，毛难族人口占总人口0.9%。

（张永淑）

黔南州行政区划一览表

（2016年）

名称	办事处名称	镇名称	乡名称
都匀市	绿茵湖街道办事处　文峰街道办事处　沙包堡街道办事处　小围寨街道办事处　广惠街道办事处	墨冲镇　平浪镇　毛尖镇　匀东镇	归兰水族乡
福泉市	金山街道办事处　马场坪街道办事处	凤山镇　牛场镇　龙昌镇　陆坪镇　道坪镇	仙桥乡

续表

名称	办事处名称	镇名称	乡名称
荔波县	玉屏街道办事处	甲良镇 朝阳镇 佳荣镇 小七孔镇 茂兰镇	黎明关水族乡 瑶山瑶族乡
贵定县	宝山街道办事处 金南街道办事处	云雾镇 昌明镇 盘江镇 沿山镇 德新镇 新巴镇	
瓮安县	瓮水街道办事处 雍阳街道办事处	天文镇 平定营镇 银盏镇 中坪镇 玉山镇 建中镇 珠藏镇 猴场镇 永和镇 江界河镇	岚关乡
独山县		百泉镇 基长镇 玉水镇 下司镇 麻尾镇 上司镇 麻万镇 影山镇	
平塘县	金盆街道办事处	平舟镇 大塘镇 塘边镇 掌布镇 牙舟镇 者密镇 通州镇 甲茶镇 克度镇	卡蒲毛南族乡
罗甸县	斛兴街道办事处	龙坪镇 逢亭镇 红水河镇 沫阳镇 边阳镇 木引镇 茂井镇 罗悃镇	凤亭乡
长顺县	长寨街道办事处	白云山镇 鼓扬镇 摆所镇 代化镇 广顺镇	敦操乡
龙里县	冠山街道办事处	龙山镇 醒狮镇 洗马镇 湾滩河镇 谷脚镇	

续表

名称	办事处名称	镇名称	乡名称
惠水县	涟江街道办事处 濛江街道办事处	好花红镇 王佑镇 芦山镇 羡塘镇 断杉镇 雅水镇 岗度镇 摆金镇	
三都县	三合街道办事处	普安镇 中和镇 都江镇 九阡镇 大河镇 周覃镇	

国民经济和社会发展概况

【综述】 2016年，全州经受住了宏观经济持续下行的严峻考验，经济发展综合测评稳居全省第三，经济发展群众满意度全省第一。地区生产总值为1023.39亿元，同比增长12.5%。分产业看，第一产业增加值183.36亿元，增长6.4%；第二产业增加值359.47亿元，增长12.7%；第三产业增加值480.56亿元，增长14.6%，其中：交通运输、仓储和邮政业增长9.5%，批发和零售业增长8.0%，住宿和餐饮业增长6.2%。人均生产总值31472元，同比增长12.0%。规模工业增加值增长11.8%；固定资产投资增长22%；引进州外到位资金1720.6亿元；一般公共预算收入增长13.3%；金融机构存、贷款余额分别增长29.9%和32.8%；社会消费品零售总额增长13.2%；居民消费价格指数涨幅控制在2.2%以内；减少农村贫困人口15.35万人；城镇新增就业7.17万人。

【农业】 2016年，全州大力推进现代山地高效农业，认真贯彻落实惠农政策，抓农业园区提质升级，打造全省农业“接二连三”示范区，加大贫困地区产业结构调整，实现产业精准扶贫，扎实推进新农村建设。全州共建设州级以上农业园区70个，其中省级园区52个，全州农业产业化龙头企业发展到568个，2016年，入住园区龙头企业176个。全州农民专业合作社累计发展到4532个，新增带动农户数达1.7万户；完成“三品一标”无公害种植业产地认证366个，地理标志保护农产品16个。全州农业实现增加值192.2亿元，比上年增长6.4%，增速全省第一。全年粮食作物种植面积31.5万公顷（472.5万亩），下降0.5%；油料作物面积7.8万公顷（117.2万亩），增长2.9%；蔬菜种植面积12.1万公顷（182.7万亩），增长9.7%。果园面积6.2万公顷（94.4万亩），比上年增长6.3%；茶园面积9.6万公顷（144.4万亩），增长11.6%。粮食总产量与上年持平。

全州林业稳步发展。通过天然林资源保护、退耕还林、石漠化治理、植被恢复造林等国家林业工程、项目，全州完成营造林81.2万亩。完成“四旁”（零星）植树680万株。义务植树625万株。投资1230万元完成中央财政森林抚育补贴项目10.8万亩。投资2500万元完成造林补贴5万亩。绿色黔南建设三年行动计划的“六大工程”涉及建设项目298项，总面积81.25万亩，共投入全境域绿化造林资金75.36亿元，打造亮点25个。全州育苗总面积为1.61万亩，总产苗量3.87亿株，为营造林生产确保了林木种苗供给。2016年全州森林覆盖率达62%。

加大全州畜牧业防疫工作，全面推行动物防

疫工作问责制，层层签订动物防疫责任状，将重大动物疫情防控工作落实到人。

全州渔业继续保持增长。全年水产品产量52897吨，比上年增长11.5%。

全州农机总动力达311万千瓦。完成机耕面积314.5万亩，机收面积86.5万亩。

【工业和建筑业】 2016年，全州工业园区完成投资410.62亿元，新增入园企业386户，建成标准厂房74.59万平方米，新增工业就业人员22025人，新增市场主体23068户。全州规模工业企业综合能源消耗量345.49万吨标准煤，规模工业增加值能耗比上年下降17.89%。

全年工业增加值267.31亿元，比上年增长11.4%。规模以上工业总产值1338.03亿元，比上年增长14%。其中，轻工业总产值304.99亿元，增长21.9%；重工业总产值1033.04亿元，增长11.9%。规模以上工业增加值（2000万元以上）比上年增长11.8%。

主要工业行业中，酒饮料和精制茶制造业、非金属矿物制品业、非金属矿采选业、医药制造业、化学原料和化学制品制造业等行业产值增长较快，分别比上年增长39.4%、25.3%、16.6%、14.5%和14.1%。

主要工业产品产量增长较快。塑料制品、商品混凝土、精制茶、糖果、磷矿石、十种有色金属、金属切削机床、饮料酒、砖、硫酸、化学试剂分别比上年增长380.5%、72.7%、33.8%、32.3%、24.7%、23.8%、23.8%、20.1%、18.2%、16.9%、13.3%。全年规模以上工业企业产品销售率为98.92%，比上年增加0.2个百分点。

工业企业经济效益大幅提高。工业企业实现主营业务收入1071.20亿元，比上年增长13.0%。利润总额48.7亿元，比上年增长5.0%。亏损企业亏损总额6.6亿元，比上年下降16.5%。

建筑业增加值92.16亿元，比上年增长16.8%。资质内建筑企业总产值181.49亿元，增长4.0%；房屋施工面积2009.5万平方米，增长1.7%；房屋竣工面积82万平方米，增长-23%。商品房销售面积661.38万平方米，增长27.8%。商品房销售额275.79亿元，增长32.6%。

【固定资产投资】 2016年，固定资产投资1053.58亿元，增长22.0%，其中：工业投资285.60亿元，增长8.4%。全年省州重大工程和重点项目实际开工281个。州庆献礼项目累计完成投资143.37亿元。

【国内、外贸易和物价】 消费品市场保持活跃。2016年实现社会消费品零售总额247.91亿元，比上年增长13.2%。按经营地统计，城镇消费品零售额230.54亿元，增长13.8%。分行业看，批发业80.48亿元，增长0.5%；零售业146.34亿元，增长19.9%。

对外贸易增速收窄。全年完成进出口总额24025万美元，比上年下降-13.9%。其中，出口总额23895万美元，比上年下降-10.7%。

居民消费价格有所上升。受食品、医疗保健等价格上涨影响，全年居民消费价格比上年上涨1.9%。在监测的8大类商品及服务项目中，有5类上升，2类下降，1类持平。其中，食品类上升幅度最大，达5.5%。

【交通运输和邮政通信】 2016年，全州扎实推进交通基础设施建设，狠抓项目建设，不断加大农村公路养护工作力度，进一步规范运输行业管理，加强队伍建设，不断提升了交通工作的服务质量和水平。

高速公路建设继续加强。续建高速公路项目共5个，里程共258.3公里。新开工高速公路项目3个共362公里，分别为：荔榕27.8公里，都安（黔南段）224.2公里，贵阳至黄平高速黔南段110公里。全州高速公路通车里程达827公里。在建国省道改造项目18个，总里程518公里，总投资152亿元，完成县乡道改造项目166公里，建成撤并建制村通硬化路项目600公里，新增314个建制村通沥青（水泥）路，建制村通畅率达100%，提前实现“村村通”目标。深入推进农村客运建设，新增269个行政村通客运，全州行政村通客运率达96.8%。县级客运站目标建成项目5个，乡镇客运站目标建成项目9个，实现了镇镇有乡镇客运站的目标。全州15个二级及以上客运站联网售票工作已全部实施完毕，全面实现联网售票。其中，贵定、龙里两县客运站还被列入联网售票系统对接全省运政3.0系统升级改造试点。公共（电）汽车数746辆、出租汽车数3360辆。公路旅客发送量27787万人，比上年增长19.4%；货运量28520万吨，比上年增长27.5%；客运周转量302.12亿人公里，比上年增长26.8%；货运周转量392.18亿吨公里，比上年增长27.1%。

邮政电信业平稳发展。全年实现邮政业务总量2.73亿元，比上年增长9.4%。电信业务收入20.69亿元，比上年增长10.4%。互联网宽带用户38.25万户，比上年增长19.7%。年末电话用户314.31万户，比上年增长7.1%，其中：固定电话用户16.94万户，移动电话用户397.37万户。

【财政和金融】 2016年，财政总收入185.59亿元，比上年增长7.5%，其中公共财政收入110.05亿元，增长13.3%。公共财政支出328.36亿元，增长5.7%，其中，商业服务业、科学技术、城乡社区等方面的支出增长幅度较大，分别增长25.1%、23.9%、19.5%。

金融业稳步发展。存贷款规模继续扩大。年末，全州金融机构各项人民币存款余额1521.44亿元，比上年增长29.9%，其中住户存款720.46亿元，比年初增加155.30亿元；各项贷款余额1066.21亿元，比上年增长32.8%。

【教育】 2016年，全州继续实施全面改善义务教育薄弱学校基本办学条件项目工程。办学条件更加完善，各类教育协调发展，教育活力不断激发，教育公平精准发力，多项工作走在全省前列。

教育支出72.84亿元，同比增长10.3%。教育支出与2016年GDP相比为7.1%，占公共财政预算支出的22.2%。

全州教职工数45686人，专任教师数39200人，其中：幼儿园教职工10417人，专任教师6577人；小学教职工17380人，专任教师16027人；初中教职工11158人，初中专任教师10477人；普通高中教职工6510人，专任教师5070人；中等职业学校教职工1887人，专任教师1656人；特殊教育教职工数209人，专任教师192人；普通高等院校教职工2541人，专任教师2008人。

【文化、广播电视】 2016年，“文化惠民”工作取得新成效，完成了“幸福进万家—文化精品乡村行”国家公共文化示范项目验收工作。全州广播覆盖率达到92.97%，电视覆盖率达到95.46%；打造文艺精品工作部署，创作了歌舞剧《吉妮丽吉》《秀色黔南》等优秀作品，分别参加了贵广高铁经济带文艺展演暨都匀毛尖国际茶人会专场演出，继续打磨提升布依族歌舞剧《刺藜花红》参加多彩贵州文化艺术节展演，原生态唱法水族古歌多声部组合《旭皋》参加中国西南民歌大赛并获“十佳表演奖”第二名，《绕家大歌》参加第九届世界合唱比赛并获金奖；全州结合地方特色和重要节庆，开展了送戏下基层、书画摄影展览、山歌赛、民歌会、广场舞大赛等群众喜闻乐见的文化活动200余场次。继续推进公共文化免费开放工作，全州图书馆、文化馆全部向市民免费开放，图书馆书刊文献外借18余万册次，开展培训20余期，举办展览15次，共接待读者16余万人次；文化馆（站）组织文艺活动400余场次，举办展览140余次，开展各类培训近200期，参加各项活动10万余人次。圆满完成建州60年州庆大型文艺演出、踩街巡演等相关工作；命名首批州文物保护单位31个，填补了全州文物保护体系的空白。继续深入开展第一次可移动文物普查，全州完成6707件文物信息采集登录工作。以“好花红”为代表的黔南民族文化品牌集群，实施大文化战略行动扎实推进。

【卫生和体育】 公共卫生工作持续加强。全州发生1起一般突发公共卫生事件（Ⅳ级），处置率100%。法定传染病报告发病率为432.36/10万，全州儿童国家免疫规划疫苗接种率99.8%。妇幼卫生工作水平进一步提升，各项妇幼重大公共卫生服务项目得到全面实施，孕产妇死亡率为18.37/10万，婴儿死亡率为7.33‰，5岁以下儿童死亡率为9.87‰，0～6岁儿童健康管理率87.79%，3岁以下儿童系统管理率86.79%。农村合作医疗稳步推进。全州参合农民达328.34万人，参合率98.76%，筹资总额为16.75亿元。全州各级医疗巡回队免费义诊5.42万人次，发放宣传资料共计12.19万份，免费发放各类药品共计8.37万元。2016年度，全州人口出生率为13.38‰，自然增长率为6.25‰，符合政策生育率为89.1%。

2016年，全民健身活动有新亮点。全州举办的重大赛事共16个（其中：国际赛事7个、全国赛事9个）：中国“都匀毛尖茶”国际体育舞蹈公开赛（贵州·黔南站）暨贵州省体育舞蹈锦标赛、都匀CKF搏击王国际金腰带赛、荔波国际跳绳公开赛暨全国跳绳联赛分站赛、中国瓮安洲际青年女篮巅峰争霸赛、福泉古城全国山地自行车赛、中国山地自行车公开赛（龙里站）、2016中国·瓮安全国六省（区）游泳邀请赛、“贵州动起来”系列主题体育赛事启动仪式暨2016年贵定首届金海雪山全国最美花海公路赛、惠水县贵州越野e族2016春季越野联欢赛、“多彩贵州”惠水2016“龙游涟江·好花正红”全省龙舟邀请赛等。

【人民生活】　城镇居民生活水平稳步提高。2016年，全州城镇居民人均可支配收入26063元，比上年增长9.0%。城镇居民人均生活消费支出17096元。城镇居民人均居住消费支出3283元，比上年增长6.0%。城镇居民人均住房建筑面积达到44平方米。

农民人均可支配收入大幅度提高。2016年，全州农村常住居民人均可支配收入8844元，比上年增长9.9%；人均生活消费支出9126元，比上年增长16.2%。农村每百户居民家庭拥有计算机、摩托车、家用汽车、移动电话数量分别增长15.3%、－12.1%、32.7%、10.8%。农村居民人均住房建筑面积达到48.5平方米。

【就业与社会保障】　2016年全州以“民生为本、人才优先”为主线，以促进创业和充分就业、提升社保经办水平为工作重点，统筹推进人事人才、劳动关系等各项工作科学发展。全年实现城镇新增就业7.17万人，促进下岗失业人员实现再就业1.43万人，其中就业困难对象实现就业9998人，城镇登记失业率2.88%；农业富余劳动力转移就业人数11.65万人，其中有组织转移（输出）0.42万人；累计消除“零就业家庭”3616户，实现“动态清零”目标；开展就业技能培训3.78万人，创业培训完成1.09万人；社保工作扎实推进，全州城镇职工基本养老保险、城镇医疗保险、工伤保险、失业保险、生育保险、城乡居民养老保险参保人数分别达到23.56万人、57.93万人、20.24万人、16.19万人、15.76万人、200.11万人，基金征缴收入分别达到13.46亿元、10.62亿元、0.7亿元、0.98亿元、0.46亿元、1.33亿元。

【困难和问题】　一是经济总量偏小，发展方式粗放，产业层次不高，民营经济发展不足，实体经济实力不强，县域经济实力较弱，加快产业发展的任务十分艰巨；二是基础设施还需进一步完善，市场主体发育不够充分，自主创新能力不强，体制机制障碍有待消除，保持经济持续健康发展的基础还不够牢靠；三是人民群众收入水平偏低，贫困人口仍然较多，城乡发展差距还很大，脱贫攻坚任务十分繁重；四是人口资源环境对经济社会发展的约束加大，经济增长与节能降耗之间的矛盾依然突出；五是创新社会治理的基础比较薄弱，社会事业发展仍然滞后，公共服务水平偏低，就学、就业、就医、住房等关系群众切身利益的突出问题还没有得到根本解决；六是政府职能转变还没有完全到位，行政能力和行政效率亟待提高，“放管服”改革落实不够到位，政风建设还需进一步加强。

名 录

姓名后面有“＊”号的，系在2016年内因提职、调职、免职、换届、机构调整、离退休及其他等原因而去职；没有注号的，系2016年12月31日仍在职。

中共黔南州委员会

书　记　龙长春（苗）
副书记　向红琼（女，苗）＊
　　吴胜华（布依）
　　罗桂荣（布依）
常　委　魏明禄＊　罗桂荣（布依）＊
　　刘建民＊　张文强
　　黄　伟　杨光杰（苗）
　　吴　丹　刘　良＊
　　罗燕军＊　王　芳（女）
　　胡志峰　瓦标龙（回）
　　闫光锋（2015.05—2017.05，挂职）
　　郭　青（女，2015.12—2017.12，挂职）
　　范　勇（2016.03—2018.02，挂职）
秘书长　瓦标龙（回）
副秘书长　罗　丕　张　奎
　　余贤臣＊　马应忠（布依）
　　班代荣（苗）＊　曹继才（土家）
　　蔡秀娟（女）　张　立（布依）

中共黔南州委工作机构

州委办公室

主　任　罗　丕
副主任　空　缺
机关党委书记　韦志奎（水）

州督查督办局

局　长　马应忠（布依）
副局长　戴渊强（布依）　薛婷芳（女）

目标办

专职副主任　薛婷芳（女）

组织部

部　长　胡志峰
副部长　朱奉余　崔　燕（女）＊
　　严文敏（布依）
　　陈云霞（女，布依）
　　黄　怡　林　娜（女）
部务委员　王明佐（布依）＊　陈光煜
机关党委书记　潘建辉（水）＊

州委党建办

主　任　朱奉余
副主任　韦昌国（布依）　王家兴

州人才办

主　任　马登宏＊

宣传部

部　长　刘　良＊　王　芳（女）
副部长　伍强力（布依）　黄光兴（布依）
　　莫才军（布依）＊　王琳琳（女）
机关党委书记　朱　露（布依）

精神文明办公室

主　任　王琳琳（女）
副主任　雷　达（布依）＊

对外宣传办公室（州政府新闻办公室）

主　任　周德扬（布依）

州文化产业发展办公室

主　任　张文福（布依）＊

统战部

部　长　刘长江（侗）＊　王　芳（女）
副部长　陈良海（布依）　韦成波（水，兼）
　　伍晓红（女，兼）＊
　　杨　波（布依，兼）
　　吉永忠（兼）

政法委员会

书　记　吴胜华（布依）＊　罗桂荣（布依）
副书记　罗必刚（布依）　邹　涵
　　赵　鹏
政治部主任　王登华

秘书长（兼州法学会副会长和秘书长）
空　缺

维稳办公室

主　任　罗必刚（布依）
副主任　空　缺

综治办公室

主　任　邹　涵
副主任　陈加祥（布依）*

防范和处理邪教问题办公室

主　任　赵　鹏
副主任　王　懿（苗）

政策研究室

主　任　余贤臣*　曹继才（土家）
副主任　刘友平　宋祖香（女，布依，兼）

州委全面深化改革领导小组办公室

主　任　曹继才（土家，兼）
专职副主任　李灵松*
副主任　宋祖香（女，布依，兼）

州建设经济强县（市）强镇（乡）工作领导小组办公室（黔南州小康社会建设办公室）

主　任　宋祖香（女，布依，兼）

机构编制委员会办公室

主　任　朱劲松（布依）
副主任　杨李林（女，布依）
　　　　余新平（布依）

事业单位登记局

局　长　李继红（女，土家）

直属机关工作委员会

书　记　张传华（布依）
副书记　艾　力（布依）　王云生*
　　　　唐子华（苗）
纪工委书记　李莉萍（女）

州委部门管理机构

信访局（群众工作中心）（州委、州政府信访工作联合办公机构）

局　长　张　奎
副局长　金　姝（女）　石永峰（仡佬）
州群众工作中心专职副主任　空　缺

机要局

局　长　吴秀富（苗）
副局长　罗如文（布依）
总工程师　侯　昭

保密委员会办公室（州国家保密局）

主　任（局长）　赵小华

全民国防教育委员会办公室

主　任　空　缺
副主任　邓中才

离退休干部工作局

局　长　崔　燕（女）*
　　　　陈云霞（女，布依）
副局长　胡　明（女）　高顺翔
　　　　贾丽琴（女）
关工委秘书长　胡　明（女）

州委外事侨务和台港澳工作办公室（州人民政府外事侨务和台港澳事务办公室）

主　任　杨　波（布依）
副主任　严福先（布依）
　　　　朱惠兰（女，布依）
　　　　张荣周

州委直属事业单位

中共黔南州委党校

校　长　吴胜华（布依）
副校长　文　彬　胡礼贵（布依）
　　　　吴　平　程春彬（布依）*

黔南行政学院

院　长　罗桂荣（布依）
副院长　文　彬　胡礼贵（布依）
　　　　严文敏（布依）　吴　平
　　　　程春彬（布依）*
专职纪检员　杨　青（女）

黔南州社会主义学院

院　长　刘长江
副院长　文　彬　吴　平
专职纪检员　杨　青（女）

讲师团

团　长　陆　岳（女）

副团长　付秋红（女）　黄俊旗

史志编纂委员会办公室

主　任　韦武昌（水）＊　陈元贵（布依）

副主任　张慧玲（女）　喻昌富

老年大学

校　长　崔　燕（女）＊

陈云霞（女，布依）

《黔南日报》社

社　长　高　宏（苗）＊

总编辑　王华维（布依）

副社长　王华维（布依）　李荣江（布依）

中共黔南州纪律检查委员会

书　记　魏明禄＊　杨光杰（苗）

副书记　沈　川（蒙古）　吴应忠

覃　怡（布依）　刘国富＊

犹永芬（女）＊

常　委　何林海＊　骆最勇（布依）＊

田应森（苗）　杨　青（女）＊

罗晓璐（女）　王　华

瞿　健（穿青人）　吴劲松

黔南州第十三届
人民代表大会常务委员会

主　任　罗　毅（布依）

副主任　逄焕华　杨筑萍（女，苗）

陈忆秋（苗）　符晓钢

韦祖宏（水）　成祺兴（布依）

张仕雄

秘书长　黄培庄

副秘书长　帅远恩　杨盛德（苗）

韦　洪（苗）

纪检组长　蔡定朝

机关党委书记　刘青云（女）

州人大常委会工作机构

办公室

主　任　空　缺

研究室

主　任　徐小平（壮）

副主任　陈长秀（布依）

信访督察室

主　任　张加坤（布依）

副主任　胡小宁（女，布依）

法制工作委员会

主　任　空　缺

副主任　黎　兵（布依）

州人大专门委员会

内务司法委员会

主任委员　陶忠和（布依）

副主任委员　杨婉丽（女，水）

财政经济委员会（州人大常委会预算审查委员会）

主任委员　屈　程

副主任委员　邹习华（女）

预算审查委员会专职副主任

高　可（苗）

教育科学文化卫生委员会

主任委员　高勇华（女，回）

副主任委员　李筑怡（女，布依）

民族宗教侨务委员会

主任委员　杨昌齐（布依）

农业与农村经济委员会

主任委员　白松海（苗）

副主任委员　钟荣玉（女）

选举任免与代表联络委员会

主任委员　王　忠

副主任委员　朱奉余

环境资源保护委员会

主任委员　唐　军＊

副主任委员　梅中林

法制委员会

主任委员　罗运春（布依）

副主任委员　龙木义

黔南州人民政府

州　长　向红琼（女，苗）＊

　　　　吴胜华（布依）

副州长　罗桂荣（布依）　刘建民

　　　　陈有德　吴　俊

　　　　胡晓剑　张全毅（苗）

　　　　杨从明（苗）

　　　　闫光锋（2015.05—2017.05）

　　　　范　勇（2016.03—2018.02）

　　　　郭　青（女，2015.12—2017.12）

秘书长　周志龙（彝）＊　余贤臣

副秘书长　谭　夔　桑　丽（女，侗，兼）

　　　　陈　情（苗）　胡成林

　　　　谢治刚　仲成鹏

　　　　雷良兵　陈　涛（兼）

　　　　贺聚轮

州政府工作部门

黔南州人民政府办公室

党组书记　周志龙（彝）　余贤臣

主　任　空　缺

党组副书记　谭　夔

副主任　谭　夔　王文炯（布依）

　　　　梁秀峰（兼）　韦文堂（布依）

纪检组长　蒙秉富（彝）

机关党委书记　舒毓凯（侗）

黔南州人民政府法制办公室（黔南州人民政府行政复议办公室、黔南州人民政府法律顾问室）

主　任　吴文进

副主任　田　强（苗）

总法律顾问　空　缺

黔南州人民防空办公室

党组书记　程志敏（苗）＊　郭兴文（苗）

主　任　程志敏（苗）＊　郭兴文（苗）

副主任　韦崇瑞（水）

总工程师　熊必武

黔南州人民政府应急管理办公室（黔南州人民政府总值班室）

主　任　周志龙（彝）＊　余贤臣

专职副主任　韦秀丽（女，壮）

黔南州信息管理中心

主　任　罗兴尧（布依）

黔南州发展和改革委员会

党组书记　陈稠彪（苗）

主　任　陈稠彪（苗）

党组副书记　郑绍峰

副主任　张　蓉（女，兼）　郑绍峰

　　　　张启院（苗）　蒋宏成

纪检组长　张　英（布依）＊

总工程师　张　英（布依）

总经济师　空　缺

机关党委书记　秦雪飞（女，侗）

总规划师　谢小艺（侗）

黔南州物价监督管理局

局　长　王　芳（女，苗）

黔南州重大项目办公室

主　任　空　缺

副主任　空　缺

黔南州民航事业管理局

党组书记　何祝嵘＊　王　东

局长（经理）　何祝嵘＊　王　东

黔南州铁路建设办公室

主　任　空　缺

副主任　余沅阳　王　东＊

黔南州教育局

党组书记　欧开灿（侗）

局　长　欧开灿（侗）

党组副书记　韦　快（水）

副局长　韦　快（水）　侯卫东

　　　　熊家荣

政治处主任　李　霞（女）

纪检组长　张蓉芝（女）

机关党委书记　兰芳艳（女，彝）

黔南州人民政府教育督导室办公室

正县级督学　孙丽华（女，满）

黔南州招生考试管理中心

主　任　杨　洪

黔南州特殊教育学校（黔南州特殊教育中等职业学校、黔南州特殊教育中等职业学校启航学校）

校　长　空　缺

黔南州科学技术和知识产权局

党组书记　逄焕东

局　长　逄焕东

副局长　李室权　李强源

纪检组长　刘昌海（布依）＊

黔南州防震减灾局

局　长　朱　鸿

黔南州工业和信息化委员会

党组书记　黄　淮（布依）

主　任　黄　淮（布依）

党组副书记　王美华（女）

副主任　王美华（女）　吴丹萍（苗）

刘　宇

纪检组长　石冬梅（女，毛南）

总工程师　姜　雷

机关党委书记　岑　勇（布依）

总经济师　空　缺

民营经济发展局（中小企业局）局长　空缺

黔南州民族宗教事务委员会

党组书记　朱家秋（布依）＊　韦成波（水）

主　任　朱家秋（布依）＊　韦成波（水）

副主任　王　平（布依）＊

杨海燕（女，水）

叶良华　李明进（苗）

纪检组长　程国庆

黔南州公安局

党委书记　王治军（土家）

局　长　王治军（土家）

党委副书记　岑　凯（布依）

副局长　岑　凯（布依）

徐艳宏（布依）＊

杨贵生（土家，兼）＊

王友祥（布依）

付光耀（土家）

纪委书记　王国一（布依）

机关党委书记　李沧生

政治部主任　简远敏（苗）

指挥中心

主　任　白映建（水）

国内安全保卫支队

支队长　常智双

政　委　台　勇

经济犯罪侦查支队

支队长　杨　仂（布依）

政　委　李　春（女）

治安警察支队（生态环境安全保护支队）

支队长　张　勇

政　委　张　松

刑事侦查支队

支队长　周海泓＊

政　委　陆　新（布依）

技术侦查支队

支队长　空　缺

政　委　朱晓东（苗族）

禁毒工作支队

支队长　罗家贵（布依）

政　委　杨昌吉（布依）

网络安全保卫支队

支队长　王　端（布依）

政　委　韦　华（布依）

监所管理支队

支队长　郑仁义

政　委　任大贵（彝）

警卫工作支队

支队长　刘　泉

政　委　刘光建（布依）

出入境管理支队

支队长　李国成

政　委　黄成书

法制工作支队（直属公安分局）

支队长（局长）　空　缺

政　委　李金平

警务督察支队

支队长　张　勇

政　委　周建平

特警支队

支队长　空　缺

政　委　金　钟

人口管理工作支队

支队长　空　缺

政　委　胡　维（女，布依）

警察培训支队

支队长　余从荣

政　委　陈　清

反恐怖工作支队

支队长　空　缺

政　委　孟应彪

交通警察支队

支队长　李　刚

政　委　刘　建

警务保障处

处　长　艾　云

女子看守所

所　长　空　缺

教导员　空　缺

马场坪分局

局　长　张　勇

政　委　张　松

副政委　龙仁涛（苗）*

都匀经济开发区分局

局　长　黎　平（布依）

政　委　陆周翔

荔波机场分局

局　长　刘盛国（苗）

黔南州监察局（与州纪律检查委员会合署办公）

局　长　吴应忠

副局长　何林海*　骆最勇（布依）*

杨国松（布依）

黔南州民政局

党组书记　廖小明

局　长　廖小明

副局长　田　英（女）　谢正军

肖　松

纪检组长　胡　鸿（女，苗）

机关党委书记　李仕海

黔南州老龄工作委员会办公室

主　任　空　缺

副主任　张　燕（女，布依）

黔南州社会救助局

局　长　伍红强（布依）

黔南州司法局

党组书记　骆紫光

党组副书记　张跃民

局　长　骆紫光

副局长　曹志昂　潘晓军（水）

陈万祥（布依）

纪检组长　黎方文（布依）

政治部主任　杨春瑞（女）

黔南州普法依法治州领导小组办公室

专职副主任　白加龙（布依）

都匀强制隔离戒毒所

第一政委　骆紫光

政　委　何惠明

党委书记　张跃民

所　长　张跃民

党委副书记　何惠明

副所长　李　瑜

副政治委员　刘　军

纪委书记　空　缺

政治处主任　空　缺

黔南州财政局

党组书记　刘　丹

局　长　刘　丹

副局长　吴　郁（女，布依）

杨　宁（苗）*

肖　莉（女）

纪检组长　空　缺

机关党委书记　沈茂昀
总会计师　空　缺
总经济师　杨时安
州级财政国库支付中心主任（州非税收入管理局）　王　锦（女）

黔南州人力资源和社会保障局

党组书记　严文敏（布依）
局　长　严文敏（布依）
党组副书记　张太云
副局长　张太云　徐秋雁（女，土家）＊
　　　　高向东
纪检组长　张桂林
机关党委书记　高尚原（布依）
总经济师　空　缺

黔南州社会保险事业局

局　长　陆良燕（苗）

黔南州就业局

局　长　孟光晔（女，布依）

黔南州劳动人事争议仲裁院

院　长　龙　俊（苗）

黔南州国土资源局

党组书记　刘晓勇
局　长　刘晓勇
副局长　林明海（苗）　韦兴泽
　　　　罗林富（布依）　罗仁伟
纪检组长　罗大银
机关党委书记　朱晓峰（女）
总规划师　空　缺
总工程师　空　缺
国土资源执法监察支队支队长　吴　军（彝）

都匀经济开发区国土资源分局

局　长　罗仁伟

黔南州国土资源储备局

局　长　刘晓勇

黔南州环境保护局

党组书记　孙志清（满）
局　长　孙志清（满）
党组副书记　石　雄（毛南）
副局长　石　雄（毛南）　陈　强（布依）
总工程师　陈　祎（女）
纪检组长　蔡宗权（布依）
环境监察支队队长　莫　睿（布依）

黔南州城乡规划局

党组书记　陈昌远（布依）
局　长　陈昌远（布依）
副局长　林　华　尹　潘＊
总规划师　陈仕荣（女）
纪检组长　空　缺

黔南州住房和城乡建设局

党组书记　习玉跃（布依）
局　长　习玉跃（布依）
副局长　周珠绿　陆世英（女，布依）
　　　　屈　健（布依）
总工程师　王伟超
纪检组长　付　力
机关党委书记　张金科

黔南州交通运输局

党委书记　文永生
局　长　文永生
党委副书记　黄金和
副局长　黄金和　彭　江（苗，兼）
　　　　朱仕红
机关党委书记　徐晓峰
纪委书记　姜云军（侗）
总工程师　尹帮奇
总规划师　空　缺

黔南州交通建设工程质量安全监督处

处　长　空　缺

黔南州道路运输管理局

党委书记　刘　谦
局　长　吴　兴（苗）＊　黄金和
党委副书记　吴　兴（苗）＊　黄金和

黔南州公路处

处　长　朱仕红＊

黔南州地方海事局

局　长　蔡吉明＊

黔南州农业委员会

党组书记　柏林松

主　任　柏林松
党组副书记　林科军
副主任　林科军　杨克勇
　　　　李应明　敖继斌
总畜牧师　陈　虹（女）
总农艺师　鹿占黔
总经济师　李琼芬（女，苗）
纪检组长　徐明干
机关党委书记　空　缺

黔南州茶叶产业化发展管理办公室

主　任　林科军
副主任　李应祥

黔南州农业资源区划办公室

主　任　赵正隆（布依）

黔南州蔬菜果树中心

主　任　李琼芬（女，苗）

黔南州农业科学研究所

党支部书记　樊万刚
所　长　李应明

黔南州动物疫病预防控制中心

主　任　空　缺

黔南州动物卫生监督所

所　长　空　缺

黔南州水务局

党组书记　高　原（布依）
局　长　高　原（布依）
副局长　姜世鸿　王裕民
　　　　徐光信
总工程师　杨海英（女，侗）
纪检组长　白　琳（女，苗）
机关党委书记　尹绩安

大中型灌区管理局

局　长　杨　平（苗）*

黔南州骨干水源工程建设管理局（黔南州大中型灌区管理局）

州骨干水源工程建设管理局局长
杨　平（苗）
州骨干水源工程建设管理局副局长　空　缺
州大中型灌区管理局局长　空　缺

高车水库管理处

处　长　冷安辉

黔南州商务和粮食局

党组书记　权胜民*　王大庆（苗）
局　长　权胜民*　王大庆（苗）
党组副书记　贾朝军
副局长　贾朝军　王泽华
　　　　刘会军（土家）
　　　　杨贵丽（女，布依）*
纪检组长　罗　林
机关党委书记　王新贵（水）
总经济师　陆英俊（苗）

黔南州商贸物流发展办公室

主　任　空　缺
专职副主任　空　缺

黔南州文化和广电新闻出版局（州版权局、州文物局）

党组书记　莫才军（布依）*
局　长　莫才军（布依）*
副局长　王友军（兼）　汪　洋
　　　　葛明义　雷世娟（女，布依）
机关党委书记　潘明思
纪检组长　陆俊萍（女，侗）
总工程师　廖卫东（土家）

黔南州文化馆

馆　长　王阿依（女，苗）

黔南州卫生和计划生育委员会

党组书记　赵　智（女）
主　任　赵　智（女）
党组副书记　陈仁堂（苗）
副主任　陈仁堂（苗）　吴文富
　　　　杨朝启　李　俊
纪检组长　姚　作
机关党委书记　王　泓（女）

黔南州深化医药卫生体制办公室

主　任　吴文富

黔南州妇幼保健院（黔南州妇幼保健计划生育服务中心、黔南州儿童医院）

院　长　空　缺

黔南州卫生监督局

党组书记　陈仁堂（苗，兼）＊　刘胜军

局　长　陈仁堂（苗，兼）＊　刘胜军

副局长　杨昌勇（布依）　唐邦水（布依）

黔南州食品药品监督管理局

党组书记　白　新（苗）

局　长　白　新（苗）

副局长　范建和　潘鸿广（水）

兰顺锋（苗）

纪检组长　唐　静（女，布依）

机关党委书记　王　春（布依）

稽查局局长　唐余山

食品安全总监　徐　斌

药品安全总监　空　缺

黔南州食品药品检验所

所　长　杨胜文

黔南州工商行政管理局

党组书记　莫俊国（布依）

局　长　莫俊国（布依）

副局长　罗　毅＊　张海东（回）

肖　力（土家）　吴　兴（苗）

机关党委书记　邹永东（仡佬）

纪检组长　王　中

经检支队支队长　熊德森

黔南州质量技术监督局

党组书记　方　林

局　长　方　林

副局长　陆晓诺（布依）　严　平

罗　毅

纪检组长　雷白光（布依）

机关党委书记　王国光

总工程师　熊　军＊

稽查局局长　陈清华

黔南州审计局

党组书记　管跃敏（布依）＊　李先文

局　长　管跃敏（布依）＊　李先文

副局长　罗宪平　林雪洪（女）

总审计师　冯丽芳（女）

纪检组长　司文丽（女，布依）

领导干部经济责任审计联席工作会议办公室

主　任　杨爱民（女，苗）

黔南州林业局

党组书记　唐　军

局　长　唐　军

副局长　王海平（布依）＊　杨颐宗

向其红（女，布依）

陈　梅（女）

总工程师　刘言生

纪检组长　陈　琪（女）

机关党委书记　朱　西

黔南州森林公安局（州公安局森林警察支队）

局　长（支队长）　李兴旺

政　委　空　缺

黔南州体育局

党组书记　兰昌福＊

局　长　刘远卓（女）

副局长　李玉龙（布依）　徐　文

纪检组长　黄承瑞（女，彝）

黔南州安全生产监督管理局

党组书记　王泉松（苗）

局　长　王泉松（苗）

党组副书记　汪忠华（布依）

副局长　汪忠华（布依）　李代平

陈德岐　陈向东（侗，兼）

总工程师　余爱全

纪检组长　周利雄（布依）

黔南州煤炭生产安全监督管理局

局　长　陈向东（侗）

黔南州统计局

党组书记　吴定伟

局　长　吴定伟

副局长　张　飚（布依）

梅仕忠（布依）＊

总统计师　王　蔚

纪检组长　江　屹

总经济师　空　缺

黔南州统计抽样调查中心（州新经济统计中心）

主　任　空　缺

黔南州旅游发展委员会

党组书记　蒙　力（女，水）*
　　　　　王海平（布依）
主　任　王明亮（苗）
副局长　覃志雄（布依）　杨忠明（苗）
　　　　李长贵
纪检组长　张　惠
总规划师　空　缺

黔南州扶贫开发局

党组书记　欧天彪
局　长　欧天彪
副局长　莫利红（女，布依）　练宗敬（水）
纪检组长　莫利红（女，布依）*
　　　　　刘朝刚（毛南）
总经济师

黔南州国有资产监督管理局

党组书记　李先文*　钟　旻（苗）
局　长　李先文*　钟　旻（苗）
副局长　冯岳刚*　莫如兰（女，布依）
　　　　王永良（布依）
纪检组长　吴俊明
总经济师　空　缺
总会计师　空　缺

州政府直属事业单位

黔南州档案局（档案馆）

党组书记　李明珍（女，布依）*
　　　　　王利勤（女，布依）
局长（馆长）　李明珍（女，布依）*
　　　　　　　王利勤（女，布依）
副局长（副馆长）　马　英（女）
　　　　　　　　　陆春凡（布依）

黔南州水库和生态移民局

党组书记　覃克信（布依）
局　长　覃克信（布依）
副局长　苏仕勋　段重剑（布依）
纪检组长　孟显君（苗）
总工程师　莫兴海（布依）
总会计师　空　缺

黔南州投资促进局

党组书记　张　蓉（女）
局　长　张　蓉（女）
副局长　刘　强（布依）　杨光远*

黔南州招商引资项目代办服务中心

主　任　空　缺

黔南州人民政府金融工作办公室

党组书记　桑　丽（女，侗）
主　任　桑　丽（女，侗）
副主任　徐明千*　谢明元（京）
　　　　李永跃

黔南州人民政府政务服务中心

主　任　周学林*
副主任　李福锴（布依）　娄春生

黔南州公共资源交易中心

党组书记　毛全安
主　任　毛全安
副主任　龙　霜（女，侗）　张　勇

黔南州住房公积金管理中心

党组书记　王新义（布依）
主　任　王新义（布依）
副主任　袁克勤　刘　毅*
纪检组长　梁书鸿
总会计师　空　缺

州政府其他机构

供销合作社联合社

党组书记　周英明　何林海
主　任　周英明　何林海
副主任　高　跃　莫如兰（女，布依）*
　　　　宋会礼（布依）
机关党委书记　徐　雁（女）

州政府其他事业单位

黔南州机关事务管理局

党组书记　梁秀峰

局　长　梁秀峰

副局长　刘坤飞（布依）　李　华（女）

纪检组长　陈　硕

都匀军供站

站　长　冷安智

黔南广播电视台

党委书记　王友军

台　长　王友军

副台长　刘　胜（布依）　彭　翔*

黎　伟

总编辑　张　健

总工程师　王孟林

黔南州天文局

党组书记　张智勇（布依）

局　长　张智勇（布依）

副局长　罗登军（布依）

许文斌（土家）

黔南州疾病预防控制中心

党委书记　张　勋（布依）

主　任　张　勋（布依）

副主任　谷永香（女）

伍开凤（女，布依）

古明宏（布依）

黔南州中心血站

站　长　宋飞峰（布依）

州政府驻外机构

黔南州政府驻北京联络处

主　任　陈　涛

副主任

黔南州政府驻上海联络处

主　任　艾　华

黔南州政府驻广州联络处

主　任　李　玲（女）

副主任　空　缺

黔南州政府驻重庆联络处

主　任　杨凤玲（女，布依）

中央、省驻匀单位

贵州电网有限责任公司都匀供电局

党委书记　谢　兵

局　长　练　波

副局长　龙贵山　薛　毅

谭遵东

纪委书记　任建华

工会主席　龙贵山

总工程师　吴　卫

黔南州邮政管理局

党组书记　彭　江

局　长　彭　江

副　局　长　龙　华

纪检组长　龙　华

贵州省邮政公司黔南州分公司

党组书记　吴　烽

总经理　吴　烽

副总经理　岳文群（女）　张羽军（土家）

纪检组组长　张羽军（土家）

中国电信股份有限公司黔南分公司

总经理　常　青*　张艳俊（女，侗）

副总经理　陈志豪　刘红卫（布依）

李　立　罗　佳（布依）

财务总监　李　立

贵州省无线电管理局黔南分局

党支部书记　莫　兵（布依）

局　长　莫　兵（布依）

副局长　罗　滔（侗）

监测站站长　罗　滔（侗）*　陆崇秀（女）

中国移动通信集团贵州有限公司黔南分公司

党组书记　王显明

总经理　王显明

副总经理　杨建新（侗）　陈　明（布依）

赵家宁　吴键德

中国联合网络通信有限公司黔南州分公司

党委书记　江绍赞

总经理　江绍赞

副总经理　杨凌云　周　文（苗）
　　周广成

黔南州烟草专卖局（黔南州烟草分公司）

党委书记　杨秀祥（侗）
局　长　杨秀祥（侗）
经　理　杨秀祥（侗）
副经理　罗　斐（土家）　范聪贵
　　何　彬
副局长　宋泽民
纪委书记　莫天前（布依）

黔南州气象局

党组书记　杨水泉
局　长　杨水泉
副局长　从　英（女）　周治黔
纪检组长　张　开（仡佬）＊　杨　坡

黔南州国家税务局

党组书记　陈　斌
局　长　陈　斌
副局长　胡建华（女，仫佬）＊
　　李茂峰（苗）＊
　　韦朝兰（女，布依）　黄盛乡
　　高云亚
纪检组长　吴林昌＊　周红平（侗）
总经济师　黄盛乡＊　胡元华
总会计师　高云亚＊　雷江林
稽查局局长　胡元华＊

黔南州地方税务局

党组书记　方启平
局　长　方启平
副局长　方建华　赵红民
总经济师　敖少武（土家）
总会计师　曾凡元
稽查局局长　王晓林
机关党委书记　张鹏飞（布依）
纪检组长　潘明洪

黔南州国家安全局

党委书记　徐昌玉（侗）
政　委　刘建明
党委副书记　刘建明
副局长　徐昌玉（侗）　陈　斌
　　袁　玮　潘亚宾（水）
政治部主任　苏义勇
纪委书记　黄承浩（彝）

贵州省都匀公路管理局

党委书记　吕志云
局　长　张咏富
副局长　刘雨鑫　葛　军
　　李　明
纪委书记　朱光学
总工程师　许世勇（布依）
工会主席　贾青鸿

贵州省都匀高速公路管理处

党委书记　邓贵安
处　长　董　翔
党委副书记　董　翔

黔南州储备物资管理局五五０处

处　长　孔祥国（黎）
工会主席　何柳铭
副处长　陈新荣
纪委书记　吴　燕（女，布依）＊　翟　军

黔南州水文水资源局

党工委书记　罗向方（布依）
局　长　李家高（土家）
党工委副书记　李家高（土家）
　　邓　超（布依）
纪委书记　邓　超（布依）
副局长　夏传志
总工程师　李守洪

国家统计局黔南调查队

党组书记　赵顶平（畲）
队　长　赵顶平（畲）
副队长　石青明（苗）　王建强
纪检组长　韦　贞（女，壮）

贵州省地矿局104地质大队

党委书记　高　进
大队长　杨松平
副队长　赵　征　罗康生（苗）
　　韩光奎

总工程师　赵　征

中国银监会黔南监管分局

党委书记　耿晓青（女）＊　安　鹏

局　长　耿晓青（女）＊　安　鹏

副局长　刘忠明　蒙继林（布依）

纪委书记　彭建民

中国人民银行黔南州中心支行

行　长　秦少华＊

党委副书记　潘尚荣（主持工作）

副行长　潘尚荣（主持工作）　补世伟

张开宇　陈朝华

纪委书记　赵祖媛（女）

工会主席　郭华丽（女）

国家外汇管理局黔南州中心支局

副局长　潘尚荣（主持工作）　补世伟

中国工商银行黔南州分行

党委书记　吴　奇（苗）

行　长　吴　奇（苗）

副行长　桂传伟　罗腾顺（布依）

石　箭（苗）

宋聚赞　廖勇军

纪委书记　罗腾顺（布依）

工委主任　罗腾顺（布依）

中国农业发展银行黔南州分行

党委书记　张应富（回）

行　长　张应富（回）

副行长　李　晋　廖恩煌（苗）

戴　斌（侗）

纪委书记　李　晋

中国银行都匀分行

党委书记　熊学海＊　柴亚平（侗）

行　长　熊学海＊　柴亚平（侗）

纪委书记　蔡　军

副行长　窦　伟（苗）　廖　丰（土家）

黄　楠（女）

高级经理　关　涛（满）

中国建设银行黔南州分行

党委书记　姜　钧

行　长　姜　钧

副行长　陈　健（苗）　杜　梅（女）

张　卉（女）　杜　涛

纪委书记　李建军（彝）

工会主席　李建军（彝）＊　杜　梅（女）

中国农业银行黔南分行

党委书记　侯旭宏

行　长　侯旭宏

副行长　王京平（水）　苏文军

张　琦

纪委书记　王京平（水）＊　段红宇

中国邮政储蓄银行黔南分行

行　长　陈正江

副行长　田　斌（土家）＊　孟修江（布依）

贵州省农村信用社联合社黔南审计中心

副主任　况从林（主持工作）

潘荣熙（布依）

纪检组长　佘传达（仡佬）

资深经理　种朝武（布依）

贵州银行黔南分行

党委书记　王向东

行　长　王向东

行长助理　童　劲　贺　霆（苗）

交通银行股份有限公司黔南分行

党委副书记　刘大勇（主持工作）

副行长　刘大勇（主持工作）　周　游

中国人民财产保险股份有限公司黔南分公司

党委书记　张德锋

总经理　杨　林＊　张德锋

副总经理　陈　卫　陈　权

纪委书记　陈　卫

工会主席　陈　权

中国人寿财产保险股份有限公司黔南州中心支公司

党委副书记、副总经理

罗　毅（布依）（主持工作）

纪委书记、总经理助理　秦卫东

中国人寿保险股份有限公司黔南分公司

党委书记　柴朝虹

总经理　柴朝虹

副总经理　王永春　杨通银（苗）

纪委书记　王永春
总经理助理　周尔英（女）

中国太平洋人寿保险股份有限公司黔南中心支公司

副总经理　郭志峰（女，主持工作）
　　　　　申建华
总经理助理　田　凯（土家）

中国太平洋财产保险股份有限公司黔南中心支公司

党委书记　兰红兵（布依）
总经理　兰红兵（布依）
副总经理　刘庆九（苗）　王爱民

政协黔南州第十一届委员会

主　席　高金林（苗）＊
党组书记　魏明禄
副主席　王国太　韦绍凯（水）＊
　　　　黎燕萍（女，苗）　李　强
　　　　刘长江（侗）　闵路明＊
　　　　杨　俊（侗）　解　竞（女）
　　　　张加春（水）　周志龙（彝）
秘书长　胡智勇（布依）
副秘书长　吴廷红（苗）　李荣军
纪检组长　彭　年
机关党委书记　黄立波（侗）

州政协工作机构

办公室

主　任　空　缺

研究室

主　任　廖登颖

智力支边办公室

主　任　周泽祥（布依）

州政协专门委员会

提案委员会

主　任　空　缺
副主任　于永军

经济委员会

主　任　吉永忠＊
副主任　韦小平（女，壮）

教育科学文化卫生体育委员会

主　任　王可农
副主任　潘仁英（女，布依）

社会与法制委员会

主　任　吕精功
副主任　李　宏＊　陈加祥（布依）

文史资料委员会

主　任　杨　明（女）
副主任　陈　刚

人口环境资源委员会

主　任　谢大鸣
副主任　吴　锐（女，侗）

民族宗教侨务委员会

主　任　覃康健（布依）
副主任　王铁牛（布依）

委员联络委员会

主　任　徐秋雁（女，土）
副主任　李　宏

民主党派与工商联

民革黔南州委员会

主委委员　陈有德
副主任委员　赵淑英（女）＊　林　艺＊
　　　　　　罗世斌（布依）　冯发新
　　　　　　刘晓军　罗　羽（布依）

民盟黔南州工委

主委委员　张仁德
副主任委员　李忠辉　袁承东（布依）
　　　　　　田应娟（女，布依）

民建黔南州委员会

主委委员　黎燕萍（女，苗）
副主任委员　吕光强　罗晓霞（女）
　　　　　　邵其岷　王伯成（苗）＊
　　　　　　王鸿秋（女，布依）

民进黔南州委员会

主委委员　杨　俊（侗）

副主任委员　孙　雪（女）　王晓玲（女）

欧　黔　何此鸿（布依）

农工党黔南州工委

主委委员　解　竞（女）

副主任委员　陈桂萍（女）　胡春泉（苗）

邱祥智

九三学社黔南州委员会

主委委员　李　强

副主任委员　吴大鸿（苗）＊　王国祥（苗）

周天福　邓　海

杨海英（女，侗）

黔南州工商业联合会（州商会）

会长（主席）　成祺兴（布依）

党组书记　伍晓红（女）＊　吉永忠

副会长（副主席）　伍晓红（女）＊

黄　淮（布依，兼）

吴邦敏（苗）

张　蓉（女，兼）

莫俊国（布依，兼）

秘书长　杨建华

群众团体

黔南州总工会

主　席　符晓钢　张仕雄

党组书记　赵日华　莫才军（布依）

副主席　赵日华＊　莫才军（布依）

张　平（女）

女职工委员会主任　张　平（女）

经费审查委员会主任　黄　宏（布依）

共青团黔南州委员会

党组书记　杨秀和（水）

书　记　杨秀和（水）

副书记　王　波

黔南州妇女联合会

党组书记　王利勤（女，布依）＊

伍晓红（女）

主　席　王利勤（女，布依）＊

副主席　顾海燕（女，苗）

陈　梅（女）＊

石　蕾（女，毛南）

黔南州科学技术协会

党组书记　袁　明

主　席　程世钧（苗）

副主席　晏江婷（女，苗）　郭永昌（布依）

黔南州文学艺术界联合会

党组书记　黄光兴（布依）

主　席　黄光兴（布依）

副主席　曹　燕（女）　孟学祥（毛南）

王友军（兼）

潘仁英（女，布依，兼）

汪　洋（兼）

王阿依（女，苗，兼）

秘书长　孟学祥（毛南）

黔南州残疾人联合会

党组书记　胡建伟（苗）＊

蒙　力（女，水）

理　事　长　陈义龙（苗）

副理事长　何明章　韦　波（布依）

专职纪检员　张志明

黔南州归侨侨眷联合会

党组书记　严福先（布依）

主　席（主任）　严福先（布依）

副主席（副主任）　杨宣贵

秘书长　杨宣贵

黔南州红十字会

会　长　吴　俊

党组书记　王　强

专职副会长　陈明莉（女，苗）

副会长　王　强　谢正军（兼）＊

陈　情（苗，兼）＊　胡成林（兼）

吴　郁（女，布依，兼）

朱　露（布依，兼）

谢小艺（侗，兼）　熊家荣（兼）

田　英（女，兼）

朱惠兰（女，布依，兼）

吴邦敏（苗，兼） 王　波（兼）
秘书长　韦文红（水）

黔南州计划生育协会

会　长　空　缺
常务副会长　赵　智（女）
专职副会长　罗梅花（女，布依）
秘书长　玉志鹏（布依）

黔南州社会科学界联合会

主　席　刘　良＊　王　芳（女）
副主席　周保东　潘培光＊
黄　胜（土家，兼）
陈良海（布依，兼）
胡礼贵（布依，兼）
付秋红（女，兼）
党组书记　周保东
秘书长　杨胜雁（女，土家）

法院、检察院

黔南州中级人民法院

党组书记　王亮海
院　长　王亮海
副院长　田　军　袁承东（布依）
刘　锋（侗）　李雪莹（女）
政治部主任　周兴华
纪检组长　欧忠耀＊
机关党委书记　胡跃飞
执行工作局局长　姚　斌（壮）

黔南州人民检察院

党组书记　乔冀安＊　马　涛
检察长　乔冀安＊　马　涛
副检察长　金亦贱（彝）　潘凤敏（女，苗）
何可炼（布依）　刘晓军
政治部主任　刘雪红（女）
纪检组长　田茂清（土家）
机关党委书记　张越华（女）
反贪污贿赂工作局局长　杨嗣春
反渎职侵权局局长　李小宏
职务犯罪预防局局长　空　缺

驻黔南部队

都匀军分区

党委书记　杨光芒
司令员　罗燕军
政　委　杨光芒
党委副书记　罗燕军
参谋长　张　榕
政治部主任　蒲正和
后勤部部长　姚　勇
武警部队黔南州支队
支队长　赵雄斌　李　林
政　委　窦荣康　叶　红
副支队长　王学军　祝孝林＊
李高林
副政委　张成林＊　肖兴旺
参谋长　何德伦
政治处主任　肖兴旺＊
陈　勇（彝）

陆军预备役步兵师二团

党委书记　赵文平
团　长　邹德忍（仡佬）
政　委　赵文平
党委副书记　邹德忍（仡佬）
参谋长　贾宗林（苗）
政治处主任　肖正平
后勤和装备处处长　熊　锟

贵州省黔南州公安消防支队

支队长　范文健
政　委　龙胜刚（黎）
副支队长　江其能＊
石学军（布依）
副政委　邓　蓉（女）
参谋长　申　勇
政治处主任　张　快
后勤处处长　陈　政
防火处处长　陈　蒋

大中专院校、医院及县级事业单位

黔南民族师范学院

党委书记　石培新（布依）

党委副书记　石云辉（侗）　陈治松（苗）

院　长　石云辉（侗）

副院长　韦　煜（水）　吴一文（苗）

黄　胜（土家）　黄明辉（仡佬）

纪委书记　王小红（女）

黔南民族医学高等专科学校

党委书记　王振金

校　长　王永林（布依）

党委副书记　王永林（布依）

胡建山（兼）

王群兴　王启春（兼）

王　焱（布依）

副校长　胡建山（兼）　王启春（兼）

陈　明　臧贵勇

贺莉芳（女）

纪委书记　王群兴

纪委副书记　陈　刚＊

黔南民族职业技术学院

党委书记　罗　俊（布依）

院　长　饶　辉（回）

党委副书记　饶　辉（回）　张　元（苗）

韦永革（水）

副院长　金　焱　张正荣

纪委书记　张　元（苗）

黔南幼儿师范高等专科学校

党委书记　张东秀（女，苗）

校　长　刘荣鹏（侗）

党委副书记　刘荣鹏（侗）　郑　琴（女）

副校长　李　平　潘家财（布依）

纪委书记　何学华

纪委副书记　石　磊（彝）＊

贵州广播电视大学黔南分校

校　长　刘庆义（苗）

副校长　白　平（女，回）　陈正权

都匀一中

党委书记　胡立军

校　长　胡立军

副校长　殷正明　金大城

姚明富（布依）

都匀二中

党委书记　胡　晓

校　长　胡　晓

副校长　白阳龙（彝）　荆鸿辉（苗）

黔南州人民医院

党委书记　罗友军（苗）

院　长　王启春

党委副书记　王启春　卢柏云

副院长　刘三都　韦国祥

胡德馨　江显萍（女）

黔南州中医医院

党委书记　杨建平

院　长　胡建山

党委副书记　尹旺旭

纪委书记　尹旺旭

副院长　常智玲（女）　王先坤

张　海　覃家永（布依）

州管国有企业

贵州黔兴置业有限责任公司

党委书记　王　勤

董事长　王　勤

总经理　王　勤

副总经理　乐有任　鲁　彬

纪委书记　冯　欣

贵州剑江控股集团有限公司

党委书记　唐世东（布依）

党委副书记　周　毅

董事长　唐世东（布依）

副董事长　周　毅

总经理　周　毅

副总经理　周银波（土家）　宋福才

杨元江（布依）

总会计师　李晓慧（女）

贵州锦绣实业有限责任公司

党委书记　王大勇

董事长　王大勇

总经理　王大勇

副总经理　赵　军　玉可雕（布依）*

总会计师　赵家敏（女，布依）

黔南州交通运输集团有限责任公司

党委书记　席广彦

党委副书记　刘　纲（女）　何云辉（布依）

董事长　席广彦

副董事长　何云辉（布依）

总经理　何云辉（布依）

副总经理　梁海军　张亚民（女）
　　陈　成　李晓春（布依）

总会计师　白庆明

总工程师　严　军

纪委书记　刘　纲（女）

黔南州交通建设集团有限责任公司

党委书记　谈　力

董事长　谈　力

总经理　谈　力

副总经理　刘兴纯　徐明芳
　　谭志云

总会计师　李庆红（女）*

黔南州国有资本营运有限责任公司

党委书记　王　勤

董事长　王　勤

总经理　王　勤

副总经理　乐有任

黔南州投资公司

董事长　杨元江（布依）

总经理　杨元江（布依）

黔南州水务投资公司

董事长　周银波（土家）

总经理　周银波（土家）

黔南州融资担保有限责任公司

党委书记　李晓红

董事长　李晓红

总经理　李晓红

贵州鑫源投资开发有限责任公司

党委书记　黄碧勇

董事长　黄碧勇

总经理　黄碧勇

都匀市

中共都匀市委

书　记　吴　丹

副书记　刘胜军*　邓忠学
　　刘黔峰*　胡荣忠
　　文永生（2015.06—2016.06，挂职）*

纪委书记　罗朝光（布依）*　宋泽祥

常　委　罗朝光（布依）*
　　杨　艳（女，苗）
　　邱清明*　雷学良（布依）*
　　邓忠学*　罗仕凯（布依族）
　　宋泽祥　王明佐（布依族）
　　张　立（布依）*　胡荣忠*
　　张文福（布依族）　程　涛
　　朱建明（苗族）
　　谭昌武（2015.04—2016.03，挂职）*
　　尹　潘（2015.04—2016.03，挂职）*
　　刘　浩（2016.01—2018.01，挂职）
　　杜季荫（2016.04—2018.04，挂职）
　　李　霞（2016.04—2018.04，挂职）

都匀市人大常委会

主　任　郭玉山（苗）

副主任　谷　华（女，白）　程　辉
　　吴冬生　敖忠南
　　何宗武（布依）　刘才亮（苗）

都匀市人民政府

市　长　刘胜军*　邓忠学

副市长　邓忠学*　罗仕凯（布依）
　　张仁德　张　立（布依）*
　　龙　霜（女，侗）*
　　罗来华（布依）*
　　韦恩胜（水）*　龙仲芳（女）

严平亚　洪儒兵（苗）
王　琳
谭昌武（2015.04—2016.03，挂职）*
尹　潘（2015.04—2016.03，挂职）*
刘　浩（2016.01—2018.01，挂职）
杜季荫（2016.04—2018.04，挂职）
李　霞（2016.04—2018.04，挂职）

政协都匀市委员会

主　席　高越美（女）
副主席　孟宪民（苗）　卢双彦（布依）
林　艺　肖国民（布依）
李国雄（布依）
陈文庆（女，布依）
肖西原

都匀市人民法院

院　长　黄晓明

都匀市人民检察院

检察长　唐海滨

福泉市

中共福泉市委

书　记　黄　伟
副书记　杨华祥　郭兴文（苗）*
萧家明
黄　勤（2015.04—2016.03，挂职）*
陆胜康（2016.04—2018.04，挂职）
纪委书记　吴俊明（侗）*　谭必刚（布依）
常　委　吴俊明（侗）*　萧家明*
林　娜（女）*　袁　波*
田国喜（苗）　韩小忠
谭必刚（布依族）　郑绍峰*
潘建辉（水族）　熊晓龙
汪　华（女）　叶　斌（壮族）
陈　刚（2015.06—2016.06，挂职）*
王　中（2015.04—2016.03，挂职）*
路　阳（2015.11—2017.11，挂职）
韦崇瑞（2016.04—2018.04，挂职）
罗　欣（2016.12—2017.12，挂职）

福泉市人大常委会

主　任　郑昌旭
副主任　王为桃　李顺贵
赵朝林（畲）　粟良俊　彭建华
曾明祥

福泉市人民政府

市　长　杨华祥
副市长　郑绍峰*　韩小忠
杨　勇　宋会礼（布依）*
李　毅（女）　叶　斌（壮）*
熊必武*　李沛福
韦恩胜（水）　何平湘
路　阳（2015.11—2017.11，挂职）
陈　刚（2015.06—2016.06，挂职）*
王　中（2015.04—2016.03，挂职）*
路　阳（2015.11—2017.11，挂职）
牛得权（2016.01—2018.01，挂职）
韦崇瑞（2016.04—2018.04，挂职）
罗　欣（2016.12—2017.12，挂职）

政协福泉市委员会

主　席　黄建菊（女，壮）
副主席　陈敢信　杨绍荣（布依）
姚　琪（侗）　周启华
龚传海　汪　华（女）*
胡凯旋（苗）

福泉市人民法院

院　长　杨兆颋*
蒙永义（布依，代理院长）

福泉市人民检察院

检察长　孙庆阳（侗）*
岑小明（布依，代理检察长）

瓮安县

中共瓮安县委

书　记　张文强
副书记　黄桂林（布依）
钟　旻（苗）*
曾　薇（女）

纪委书记　王　华＊　陈　刚
常　委　张宗良（土家）　曾　薇（女）＊
王　华＊　孟先锋
陈　刚　屈　芳（女，布依）＊
韩小忠＊　黄　成
夏吉友　喻正斌（壮）
符清和
张　杰（2015.04—2016.03，挂职）＊
姜　雷（2015.06—2016.06，挂职）＊
杨胜雁（2015.04—2016.03，挂职）＊
吴雪嫩（2016.01—2018.01，挂职）
贾青鸿（2016.04—2018.04，挂职）
唐邦水（2016.04—2018.04，挂职）

瓮安县人大常委会

主　任　潘玉华（苗）
副主任　罗惠平　郭　豫（女）
李丰祥　金正祥
刘奉贤　张远军

瓮安县人民政府

县　长　黄桂林（布依）
副县长　张宗良（土家）　韩小忠＊
曾明康　龚传海
夏吉友＊　姚明凤（女）＊
杨昌勇　肖福勇（女）
桂国全
贾青鸿（2016.04—2018.04，挂职）
唐邦水（2016.04—2018.04，挂职）
张　杰（2015.04—2016.03，挂职）＊
吴雪嫩（2016.01—2018.01，挂职）
姜　雷（2015.06—2016.06，挂职）＊
杨胜雁（2015.04—2016.03，挂职）＊

政协瓮安县委员会

主　席　陈　博（女，土家）
副主席　郑　毅　王　华（苗）
符　合　王建军
喻　松　余　江
陈廷高

瓮安县人民法院

院　长　祝夜明（布依）＊
刘　芳（女，代理院长）

瓮安县人民检察院

检察长　谭必刚（布依）＊
曹品刚（布依，代理检察长）

贵定县

中共贵定县委

书　记　莫春开（布依）
副书记　张丽芳（女，苗）　万其恒（苗）
纪委书记　聂　军（瑶）　程春彬（布依）
常　委　郑　琴（女）＊　董　杰＊
谢　华（女）＊
杨先云　李永祥
聂　军（瑶）＊　程春彬（布依）
马登宏　岑群英（女，布依）
赵　波　刘兴海（布依）
姚　芒（2015.04—2016.03，挂职）＊
刘　毅（2015.06—2016.06，挂职）＊
何　迅（2016.01—2018.01，挂职）
闫　鑫（2016.04—2017.03，挂职）
陆曙光（2016.04—2018.04，挂职）
王铁牛（2016.04—2018.04，挂职）

贵定县人大常委会

主　任　凌　毅
副主任　顾桂琴（女，苗）　雷永吉
张贵林　朱国江
封运美　商爱平

贵定县人民政府

县　长　张丽芳（女，苗）
副县长　杨先云　王年军（布依）＊
董永松＊　岑群英（女，布依）＊
敬　鹏　周后强
张红灵（布依）　徐守丹（布依）
荣俊杰
姚　芒（2015.04—2016.03，挂职）＊
刘　毅（2015.06—2016.06，挂职）＊
吴邦敏（2015.04—2016.03，挂职）＊
何　迅（2016.01—2018.01，挂职）

闫　鑫（2016.04—2017.03，挂职）
陆曙光（2016.04—2018.04，挂职）
王铁牛（2016.04—2018.04，挂职）

政协贵定县委员会

主　席　韦明刚（布依）
副主席　梅剑萍（女）　何庆洪
　　　　黄智勇　姜同辉
　　　　赵　波*　李维庆
　　　　吕远迅

贵定县人民法院

院　长　蒙胜清（水）

贵定县人民检察院

检察长　朱启松（布依）

龙里县

中共龙里县委

书　记　刘华龙
副书记　陈　曦　吴应忠*
　　　　屈　芳（女，布依）
　　　　郝剑平（2016.04—2018.04，挂职）
纪委书记　陈光煜*　石　磊（彝）
常　委　犹永凯　王泽勇*
　　　　汪永丽（女）　罗越飞*
　　　　谢明元（京）*　陈光煜*
　　　　黎　彤（布依）　李　健
　　　　周映龙　石　磊（彝）
　　　　杨　浚
　　　　罗用频（2015.04—2016.03，挂职）*
　　　　陈　强（2015.06—2016.06，挂职）*
　　　　王永良（2015.04—2016.03，挂职）*
　　　　王　煦（2015.07—2016.07，挂职）*
　　　　周莉莉（2016.01—2017.01，挂职）
　　　　郭永昌（2016.04—2018.04，挂职）
　　　　张　超（2016.08—2017.07，挂职）

龙里县人大常委会

主　任　上官昌健*　王永坤
副主任　陈　民（布依）　徐　彬
　　　　莫　涛（布依）*　康兴西
　　　　杨　鸣　陈　俊（女）
　　　　陈远军

龙里县人民政府

县　长　陈　曦
副县长　犹永凯　谢明元（京）*
　　　　肖　红（女）*　朱　鸿*
　　　　李　健*　魏　明
　　　　杨贵丽（女，布依）　李政泉
　　　　林　刚（白）　王昌福（布依）
　　　　罗用频（2015.04—2016.03，挂职）*
　　　　陈　强（2015.06—2016.06，挂职）*
　　　　王永良（2015.04—2016.03，挂职）*
　　　　王　煦（2015.07—2016.07，挂职）*
　　　　周莉莉（2016.01—2017.01，挂职）
　　　　黄志坚（2016.01—2018.01，挂职）
　　　　郭永昌（2016.04—2018.04，挂职）
　　　　张　超（2016.08—2017.07，挂职）

政协龙里县委员会

主　席　莫　涛（布依）
副主席　张忠庆（女）　张宗毅
　　　　马晓红（女，布依）　金子成（苗）
　　　　陈金富（布依）　仝太东
　　　　李政泉*

龙里县人民法院

院　长　杨　津（苗）

龙里县人民检察院

检察长　葛永昶

惠水县

中共惠水县委

书　记　万庆华（布依）
副书记　王文旭　黄俐伶（女，苗）*
　　　　陈　宇（布依）
　　　　林　云（2015.04—2016.03，挂职）*
　　　　鲁显坤（2016.04—2018.04，挂职）
　　　　苑听雷（2016.11—2018.04，挂职）
纪委书记　雷白光（布依）*　廖　嵩
常　委　黄俐伶（女，苗）*

雷白光（布依）＊
陈　宇（布依）＊　罗国江（布依）
瞿　健（穿青人）＊　张建平＊
孙　造＊　廖　嵩
周海泓　王维孔
陈郭勇（布依）　孙　玲（女）
刘惠江
王　蔚（2015.06—2016.06，挂职）＊
蔡定朝（2015.04—2016.03，挂职）＊
龙木义（2016.04—2018.04，挂职）
马国辉（2016.04—2017.03，挂职）

惠水县人大常委会

主　任　罗兴惠（女）
副主任　邓庆国　吴金兰（女，苗）
吴平权（苗）　刘学辉
韦　松（苗）　孙　玲（女）＊

惠水县人民政府

县　长　王文旭
副县长　罗国江（布依）
陈　宇（布依）＊
赵朝阳　王晓冬（女）＊
陈郭勇（布依）＊　王维孔＊
杨光远　杨　宁（苗）
王昌茂（布依）
王龙菊（女，布依）
王　蔚（2015.06—2016.06，挂职）＊
蔡定朝（2015.04—2016.03，挂职）＊
欧纯智（2015.12—2016.12，挂职）
龙木义（2016.04—2018.04，挂职）
马国辉（2016.04—2017.03，挂职）

政协惠水县委员会

主　席　王正祥（布依）
副主席　龙兴和＊　李正忠（苗）
陈友平　罗国光（布依）
龙瑞林（苗）　杨胜英（女，布依）
陆光霞（女）

惠水县人民法院

院　长　郭丽华（女，满）＊
唐正祥（代理院长）

惠水县人民检察院

检察长　曹品刚（布依）＊
李　明（代理检察长）

长顺县

中共长顺县委

书　记　高晓昀（女）
副书记　李友军　梁玉林
涂晓华（2016.04—2018.04，挂职）
孙　平（2016.04—2018.04，挂职）
纪委书记　李　利
常　委　罗红梅（女，布依）＊
万红梅（女，布依）＊
李　利　何　成＊
杨秀和（水）＊　薛明耀（苗）＊
韦晓燕（女，布依）　冉崇永
李华祥（苗）　刘海涛
冯大洲　周贵平
朱　军（2015.04—2016.03，挂职）＊
伍红强（2015.04—2016.03，挂职）＊
张　勇（2015.06—2016.06，挂职）＊
戴忠杰（2016.01—2018.01，挂职）
谢小艺（2016.04—2018.04，挂职）
刘春晓（2016.10—2018.10，挂职）

长顺县人大常委会

主　任　邹义忠
副主任　范顺超　唐庆华
吕娅兰（女）　陈苏彝＊
郭兴建（苗）　陈光智（布依）

长顺县人民政府

县　长　李友军
副县长　罗红梅（女，布依）＊
金光锐（苗）＊
石祖建（布依）＊
刘　隽（女，布依）＊
王登福（布依）＊
李华祥（苗）＊
韦晓燕（女，布依）

冯岳刚　周兴邦
潘文政（布依）　王国峰
金兴发（苗）
朱　军（2015.04—2016.03，挂职）＊
伍红强（2015.04—2016.03，挂职）＊
张　勇（2015.06—2016.06，挂职）＊
戴忠杰（2016.01—2018.01，挂职）
谢小艺（2016.04—2018.04，挂职）
刘春晓（2016.10—2018.10，挂职）

政协长顺县委员会

主　席　陈祥斌（布依）＊
副主席　毛永兴（苗）　韦朝忠（布依）
熊　英（女，布依）＊
王国举（布依）
梅仕忠（布依）＊　张楠祥（布依）
张广华＊　潘文政（布依）＊

长顺县人民法院

院　长　蒙永义（布依）＊　郝彦海（布依，代理院长）

长顺县人民检察院

检察长　唐万千＊
罗宗邦（布依，代理检察长）

独山县

中共独山县委

书　记　潘志立
副书记　蒋海航　何可刚（布依）＊
班代荣（苗）
汪　建（2014.04—2016.03，挂职）＊
洪德边（2015.04—2016.03，挂职）＊
王琳琳（2015.06—2016.06，挂职）＊
纪委书记　石国洪（水）
常　委　钟少兰（女）＊　石国洪（水）
韦晓燕（女，布依）＊
田　斌（土家）＊
李长贵＊　李永扬＊
胡　昆　宋恩贵（布依）
李庆红（女）　刘盛高（苗）
李　超（布依）　莫正勇（布依）
王琳琳（2015.06—2016.06，挂职）＊
吴　刚（2016.01—2018.01，挂职）
章　荃（2016.04—2018.04，挂职）
潘晓军（2016.04—2018.04，挂职）
付天恒（2016.10—2019.04，挂职）

独山县人大常委会

主　任　黄永健（布依）
副主任　文龙斌（布依）　黄雅东
陆德高（布依）　王建国（苗）
周　军（布依）　张永扬（布依）

独山县人民政府

县　长　蒋海航
副县长　李长贵＊　宋恩贵（布依）
曾纪泽　韦方勇＊
胡　昆＊　谢　宁＊
刘　毅　戎华樱（女）
杨绍忠（布依）　莫　辉（布依）
吴　刚（2016.01—2018.01，挂职）
章　荃（2016.04—2018.04，挂职）
潘晓军（2016.04—2018.04，挂职）
付天恒（2016.10—2019.04，挂职）

政协独山县委员会

主　席　刘　明
副主席　韦发文（布依）＊　杨道芳
崔从军　李光祥
桑建安　张仁青（布依）
杨光湜（苗）

独山县人民法院

院　长　黄玉荣

独山县人民检察院

检察长　董贵成

三都水族自治县

中共三都县委

书　记　梁嘉庚（布依）
副书记　潘仕进（水）　艾　力（布依）＊
罗红梅（女，布依）

姜惠良（2015.04—2016.03，挂职）*
李云华（2015.11—2017.05，挂职）
纪委书记　白林贤（布依）
常　委　何　信（布依）
覃友寿（布依）*
白林贤（布依）　雷　波*
刘会军（土家）*　严　军
白绍海（水）　宋　刚（布依）
李灵松　王炳银（水）
陈正权（2015.04—2016.03，挂职）*
段重剑（2015.06—2016.06，挂职）*
王生才（2016.01—2017.12，挂职）
李　林（2016.04—2017.03，挂职）
徐少勋（2016.04—2018.04，挂职）
曾佑容（2016.04—2018.04，挂职）
叶良华（2016.04—2018.04，挂职）

三都县人大常委会

主　任　韦其贤（水）
副主任　李翠云（女）　潘启孝（水）
安国彪（布依）　潘国勘（水）
吴平昌（苗）　韦族琼（女，水）

三都县人民政府

县　长　潘仕进（水）
副县长　严　军　刘会军（土家）*
黄　俊（布依）*
白绍海（水）*
宋恩贵（布依）*　犹永全
杨昌云（女，水）　莫履鹏（布依）
欧善闯（布依）　杨忠实（水）
陈正权（2015.04—2016.03，挂职）*
李　旭（2015.04—2016.04，挂职）*
段重剑（2015.06—2016.06，挂职）*
王生才（2016.01—2017.12，挂职）
李　林（2016.04—2017.03，挂职）
杨建飞（2016.04—2018.01，挂职）
徐少勋（2016.04—2018.04，挂职）
曾佑容（2016.04—2018.04，挂职）
叶良华（2016.04—2018.04，挂职）
尹华东（2016.01—2018.01，挂职）

政协三都县委员会

主　席　陈木林（水）
副主席　李子祥（苗）　莫善亮（布依）
李海仙（女，布依）　潘和厅（水）
谭诗进（布依）　陈　宁（布依）
宋　刚（布依）*

三都县人民法院

院　长　李德林

三都县人民检察院

检察长　莫桂梅（女，壮）*
唐万千（代理检察长）

荔波县

中共荔波县委

书　记　尹德俊
副书记　叶　霖　覃　怡（布依）*
雷学良（布依）
张　惠（2014.04—2015.03，挂职）*
纪委书记　梁　健
常　委　程大远*　罗仕凯（布依）*
陈峥嵘　宋泽祥*
钟少兰（女）　梁　健
何　虎（布依）*　向宗洋（布依）
李景宽　雷　达（布依）
陈　禹（苗）
王伟超（2015.06—2016.06，挂职）*
玉可雕（2015.04—2018.04，挂职）
高　庸（2015.04—2017.04，挂职）
黄克勇（2016.04—2018.04，挂职）

荔波县人大常委会

主　任　李　洪
副主任　王永波（女，苗）　潘永会（水）
付　洪　王正奎
莫万能（布依）
罗　俊（布依）*

荔波县人民政府

县　长　叶　霖
副县长　罗仕凯（布依）*　冯发新*

莫春继（布依）* 李景宽
胡小桃（女，苗）*
玉可雕（布依）
罗来华（布依） 龙 怀
刘盛珠（女，苗） 何祖能
吴 毅（2015.04—2016.03，挂职）*
王伟超（2015.06—2016.06，挂职）*
玉可雕（2015.04—2018.04，挂职）
高 庸（2015.04—2017.04，挂职）
黄克勇（2016.04—2018.04，挂职）

政协荔波县委员会

主 席 董豫黔
副主席 韦鸿敏（布依）
朱丽琼（女）
莫永开（布依）
李荣庆（女，布依）
莫治贵（布依）
向宗洋（布依）*
胡朝阳（水）

荔波县人民法院

院 长 刘 芳（女）*
祝夜明（布依，代理院长）

荔波县人民检察院

检察长 岑小明（布依）*
唐文义（代理检察长）

平塘县

中共平塘县委

书 记 臧 侃
副书记 莫君锋 蒋小祥（苗）
王铁清（2015.04—2016.03，挂职）*
纪委书记 吴劲松* 刘昌海（布依）
常 委 蒋小祥（苗）*
杨李林（女，布依）*
杨华祥* 吴劲松*
陈宇玉（苗） 刘昌海（布依）
曹礼鹏 龙华（彝）*
杨眉（仡佬） 王登辉
黄学兰（女，苗族）
莫卫武（布依）
王先坤（2015.06—2016.06，挂职）*
许文斌（2015.04—2016.03，挂职）*
潘荣熙（2016.01—2016.09，挂职）*
冷安辉（2016.04—2018.04，挂职）
邓建华（2016.04—2018.04，挂职）
种朝武（2016.09—2018.01，挂职）

平塘县人大常委会

主 任 孟玉凤（女）
副主任 周天福 张建海（苗）
帅兴云* 刘 洪（毛南）
陈以惠（布依） 曾昭洪

平塘县人民政府

县 长 莫君锋
副县长 蒋小祥（苗） 曹礼鹏
史震海（布依） 余星进
王登辉 冉崇永
帅兴云 黄 俊（布依）
杨正海（布依） 王 波（布依）
杨 平（女，布依）
许文斌（2015.04—2016.03，挂职）*
王先坤（2015.06—2016.06，挂职）*
潘荣熙（2016.01—2016.09，挂职）*
冷安辉（2016.04—2018.04，挂职）
邓建华（2016.04—2018.04，挂职）
种朝武（2016.09—2018.01，挂职）

政协平塘县委员会

主 席 张永锋*
副主席 石如祖（毛南）
邓庆和（布依）
何代兴* 陈永华（布依）*
江玉英（女，布依） 刘吉贞
杨志其（布依） 曾昭洪*

平塘县人民法院

院长 雷文莉（女）

平塘县人民检察院

检察长 杨斌贞（布依）

罗甸县

中共罗甸县委

书　记　杨朝伟（布依）
副书记　杨兴华（苗）　陈元贵（布依）*
　　蓝康力（苗）
　　罗长虹（2016.04—2018.04，挂职）
　　佘　俊（2016.04—2018.04，挂职）
纪委书记　石家勋（布依）
常　委　蓝康力（苗）*　龙仲芳（女）*
　　杨茗翔*　石家勋（布依）
　　朱　泉（苗）　高　峰
　　宋　辉　马素芬（女）
　　陈　杰（布依）　石炳通（侗）
　　冯洪淼（2015.04—2016.03，挂职）*
　　龚　元（2015.06—2016.06，挂职）*
　　李琼芬（2015.04—2016.03，挂职）*
　　欧忠耀（2016.04—2018.04，挂职）

罗甸县人大常委会

主　任　陈邦禄（苗）
副主任　邓德宇（布依）　陈克朴（土家）
　　黎　牛（布依）　王剑武（布依）
　　班禹霞（女，布依）

罗甸县人民政府

县　长　杨兴华（苗）
副县长　蓝康力（苗）*　朱　泉（苗）
　　马素芬（女）*　贾维军
　　赵光龙　班禹霞（女，布依）
　　陈　豪　付廷兵（布依）
　　冯洪淼（2015.04—2016.03，挂职）*
　　龚　元（2015.06—2016.06，挂职）*
　　李琼芬（2015.04—2016.03，挂职）*
　　程　康（2016.01—2018.01，挂职）
　　欧忠耀（2016.04—2018.04，挂职）

政协罗甸县委员会

主　席　罗金逸（女，布依）
副主席　田儒斌（土家）　张观福
　　黄大斌（布依）
　　陈　杰（布依）*
　　张良琴（女，苗）　胡再礼

罗甸县人民法院

院　长　何腾荣（布依）

罗甸县人民检察院

检察长　罗　勇（布依）

都匀经济开发区

都匀经济开发区党工委

书　记　吴胜华（布依）　张　宽
副书记　张　宽*　王大庆（苗）*
　　杨　东（壮）　孙　造
　　刘晓勇（2014.04—2016.03，挂职）*
纪工委书记　姚　栋

都匀经济开发区管委会

主　任　张　宽*　杨　东（壮）
副主任　邵其岷　严平亚*
　　贺聚轮*　周建能（布依）*
　　朱大勇（壮）　杨加军（布依）
　　陈　刚（布依）　罗光禹（布依）
　　郭　慧（2015.12—2016.12，挂职）
　　程春彬（2015.06—2016.06，挂职）*
　　罗仁伟（2016.04—2018.04，挂职）

（杨　飞）

·中国共产党黔南州委员会·

ZHONG GUO GONG CHAN DANG QIAN NAN ZHOU WEI YUAN HUI

【概况】 2016年，在省委的坚强领导下，黔南州委全面贯彻落实党的十八大和十八届三中、四中、五中、六中全会以及习近平总书记系列重要讲话精神，按照“五位一体”总体布局和“四个全面”战略布局，团结带领全州各族干部群众坚决贯彻党中央和省委的重大决策部署，以“守底线、走新路、奔小康”为总纲，以“强创新、占高地、作示范”为主题，大力实施“两加一推”主战略，坚持全面从严治党，奋力推进黔南经济社会跨越发展，全州上下呈现出经济持续向好、社会和谐文明、生态环境优良、政治风清气正、人民安居乐业的良好局面。在全省综合测评中位列第三位，经济发展群众满意度排名全省第一，实现了“十三五”良好开局。一年来，州委在抓深入开展“两学一做”学习教育、召开州委十届八次和九次全会、服务“中国天眼”建设、举办建州60周年庆典、组织开展州县乡村四级换届、举办都匀毛尖（国际）茶人会和国际物流峰会、召开州第十一次党代会等七件大事的同时，统筹改革发展稳定各个方面，积极适应新常态、努力研究新情况、着力解决新问题，主要做了以下工作。

一、深学笃用习近平总书记系列重要讲话精神，坚决同以习近平同志为核心的党中央保持高度一致。始终怀着对党的绝对忠诚、对党中央的高度信赖、对习近平总书记的坚决拥护，始终把学习贯彻习近平总书记系列重要讲话精神作为首要政治任务和长期战略任务，作为做好各项工作的“主心骨”和“定盘星”，努力把讲话精神渗透到血脉里、贯彻到工作中、体现在行动上，切实做到真学真懂、真信真用。始终做到学在深处，坚持第一时间学、原原本本学、联系实际学、落实责任学，多次召开州委常委（扩大）会、州委中心组集中学习会，深入学习习近平总书记关于经济形势、改革创新、纪检政法、全面从严治党等系列重要讲话，以讲话精神统一思想认识，指引事业朝着正确方向前进。始终做到谋在新处，努力将学习贯彻习近平总书记系列重要讲话精神特别是对贵州工作的指示和省委决策部署的过程，转化为完善发展思路、破解发展难题、提升工作水平的过程，运用创新、协调、绿色、开放、共享五大发展理念谋划“十三五”规划纲要和各专项规划编制。始终做到干在实处，坚持学中干、干中学、知行合一，将落实习近平总书记系列重要讲话精神特别是对贵州工作的指示和省委决策部署与黔南实际结合起来，推动了经济发展、脱贫攻坚、生态环保、改革开放、民生改善、党的建设持续向好。

二、加快转变经济发展方式，全力推动经济持续健康较快发展。坚持把发展作为解决黔南一切问题的“总钥匙”。面对经济发展新常态，坚持把保总量、保速度、保位次作为主要任务，以五大新发展理念为引领、以产业发展为支撑、以改革开放为动力、以项目建设为载体，推动经济社会发展持续向好。2016年，全年完成地区生产总值1023.39亿元，同比增长12.5%；人均GDP达31472元。固定资产投资1053.58亿元，增长22%；规模工业增加值358.5亿元，增长11.8%；

一般公共预算收入110.05亿元，增长13.3%；社会消费品零售总额247.91亿元，增长13.2%；金融机构存、贷款余额分别达到1521.44亿元和1066.21亿元，增长29.9%和32.8%；城乡居民人均可支配收入分别达到26063元和8844元，增长9.0%和9.9%。地区生产总值、固定资产投资、金融机构贷款余额首次突破千亿元大关。

三、坚定不移地推进改革开放，切实增强经济发展的内生动力和活力。坚持改革开放一起抓，以开放倒逼改革、以改革促进发展，以经济体制改革为龙头，正确处理政府和市场的关系，以供给侧结构性改革为主线，在狠抓中央和省委改革任务落地见效的同时，突出黔南特色、动真碰硬、蹄疾步稳地协同推进各方面改革，重点领域和关键环节改革亮点纷呈。全州共推出118项重点改革任务，实施了125项重点改革事项。其中，福泉市中小学教育体制改革得到中央政治局委员、国务院副总理刘延东充分肯定。同时，把对外开放作为改革的主攻目标，把招商引资作为开放的第一抓手，积极营造环境、搭建平台，主动出击招商，全年引进州外到位资金1720.6亿元。

四、加快推进生态文明建设，奋力将黔南打造成为贵州生态文明试验区的先锋队。牢固树立“绿水青山就是金山银山”理念，坚守发展和生态两条底线，坚持“生态黔南拒绝污染”，以“一圈两翼”区域发展战略为引领，以大力实施生态环境提升工程为抓手，以建立健全生态文明制度体系为保障，深入贯彻落实省委《关于推动绿色发展建设生态文明的意见》，持续推进“绿色黔南”建设三年行动计划，成功举办第四届水生态文明·黔南（都匀）论坛，颁布实施《黔南古树名木保护条例》《黔南樟江流域保护条例》，深入实施大气污染防治计划，全州森林覆盖率达到62%，主要河流水质优良率达到91%，全年环境空气质量优良率达99.6%，努力实现百姓富与生态美的有机统一，为贵州生态文明试验区建设做出黔南贡献。

五、着力抓好宣传思想文化工作，扎实推进民族文化大发展大繁荣。认真落实党管意识形态工作主体责任，唱响主旋律、打好主动仗。以“文峰”理论品牌为抓手，强化科学理论武装。注重传统媒体与新媒体融合，提升“新华黔南”党政客户端和“山水黔南”微信公众号影响力，加强与人民日报、央视等主流媒体合作，借助高端平台宣传黔南。加强社会主义核心价值体系建设，大力弘扬“追赶、领先、跨越”的新时期黔南精神和“登高望远、精益求精、勇于争先”的大射电创新精神，构筑实现中国梦的强大精神支柱。以“多彩贵州文明行动”为抓手，狠抓公民道德建设，大力弘扬优秀传统文化，实施百姓宣讲“百千万工程”，开展“明礼知耻·崇德向善”“道德讲堂”“黔南骄傲”人物推荐评选、志愿者服务等活动，全州城市文明程度不断提高。培育民族文化精品，推出一批文艺精品创作，《绕家大歌》荣获第九届世界合唱比赛金奖，布依族动画片《聪明的甲金》在州庆期间播出，以茶文化为主线的大型电视连续剧《星火燎原云雾街》正在拍摄，促进民族文化在保护中开发、在开发中传承、在开放中创新。推进文化旅游发展的做法，被国务院办公厅作为全国第三次大督查发现的典型经验通报表扬。

六、坚持保障和改善民生，不断增强人民群众的获得感和幸福感。坚持把人民对美好生活的向往作为奋斗目标，把脱贫攻坚作为头等大事和第一民生工程来抓，按照“四个切实”“六个精准”“五个一批”的要求，加大工作力度，创新工作机制，大力推进大扶贫战略行动。惠水“5个3”易地扶贫搬迁模式得到国家和省的充分肯定，长顺“4+N”产业扶贫模式得到多方认可并推广应用。实现独山县及34个贫困乡镇“减贫摘帽”，216个贫困村出列、18万贫困人口脱贫目标。重点民生工程支出204.77亿元，增长23.63%；“1+7”民生工程和十件民生实事分别完成投资166亿元、105亿元。新增就业7.2万人。深入推进基本普及十五年教育。城乡居民社会养老保险实现应保尽保。建立起医疗、医保、医药“三医联动”的服务体系，推出“先诊疗后付费”方式惠及广大群众。切实加强安全生产监管，大力推进社会治理创新，严厉打击各类犯罪，“平安黔南”建设成效明显，生产安全事故起数和死亡人数实现“双降”，群众安全感满意度继续保持全省前列。

七、坚持和发展社会主义民主政治，大力营造团结和谐、开拓进取的良好氛围。坚持巩固和发挥党的政治优势，坚持党的领导、人民当家作主、依法治国有机统一，强化科学立法、严格执法、公正司法、全民守法，扎实推进依法治州进程，不断加强和完善社会主义民主政治建设。加强对人大、政府、政协、法院、检察院工作的领导，听取人大、政府、政协、法院、检察院党组工作情况汇报，充分保障了人大、政府、政协、法院、检察院依法履职。认真贯彻落实民族区域自治制度，组织召开第五次民族团结进步表彰大会。支持民主党派和工商联加强自身建设，民主党派县级组织全覆盖，“五好”工商联在全省率先实现县级全覆盖，爱国统一战线不断巩固壮大。统筹推进群团和党管武装工作，出台《关于进一步加强和改进党的群团工作的实施意见》，支持工、青、妇等群团组织依法按章开展工作，各群团组织作用得到充分发挥。坚持军民融合式发展，加强全民国防教育，国防动员和后备力量建设不断提升，双拥共建活动扎实开展，党管武装工作不断加强。

八、切实加强党的建设，着力为全州经济社会发展提供强有力的组织保障。始终坚持党要管党、从严治党，在落实“两个责任”的基础上，敢管敢治、严管严治、长管长治，不断增强了党的凝聚力、创造力和战斗力。坚持把思想建设放在管党治党首位，以深入开展“两学一做”学习教育为契机，坚持不懈抓好理论武装，不断增强广大党员的政治意识、大局意识、核心意识、看齐意识，推出了当代“女愚公”邓迎香等一批先进典型。建立健全工作目标、岗位责任、正向激励保障和负向惩戒约束“四位一体”从严管理干部机制，积极推进干部能上能下，大力整治为官不为。持续整顿软弱涣散基层党组织，深化“三亮一创”活动，扎实推进“空壳村”清零行动，抓好“三支队伍”建设，不断激发基层党组织内生发展动力。坚持不懈纠正“四风”，严防回潮反弹。坚持“无禁区、全覆盖、零容忍”惩治腐败，始终保持反腐败斗争压倒性态势。全年立案1487件、结案1513件，处分1531人（其中县处级干部33人），增幅均位居全省第三。

州委在团结带领全州各族干部群众推进经济社会发展取得丰硕成果的同时，也存在不少困难和问题，主要是：经济总量小、人均水平低、脱贫任务重、产业支撑弱、专业人才少，有的地方和干部发展理念陈旧、工作创新不足、落实能力不强等等。面对新形势新任务新要求，州委将始终高举中国特色社会主义伟大旗帜，坚决维护习近平总书记的领导核心地位，深入贯彻习近平总书记系列重要讲话精神和治国理政新理念新思想新战略，深入践行五大新发展理念，坚守发展和生态两条底线，深入实施主基调主战略，以实施大扶贫、大数据两大战略行动为重点，以抢占产业转型升级、区域开放合作、城乡统筹改革、生态文明建设“四个制高点”为引领，大力实施“3366”发展战略，加快打造民族地区创新发展先行示范区，为开启基本现代化建设新征程而奋斗。

【州委重要决议、决定、意见和通知】 2016年1月15日，州委、州人民政府印发《关于印发〈黔南州落实《中共贵州省委贵州省人民政府关于落实大扶贫战略行动坚决打赢脱贫攻坚战的意见》责任分解方案〉的通知》（黔南党发〔2016〕2号）。要求全州各级各部门围绕目标任务分解抓落实、围绕健全责任制抓落实、围绕政策宣传培训抓落实、围绕项目资金监管抓落实、围绕工作抓手和工作平台抓落实、围绕向上争取支持和向外借力抓落实、围绕绩效评估抓落实、围绕大数据管理狠抓落实、围绕选树典型抓落实、围绕强化组织人力资源抓落实。全面贯彻落实省委、省政府部署要求，坚决打赢脱贫攻坚战。

2月3日，州委、州人民政府印发《关于印发〈黔南州森林防火责任追究暂行办法〉的通知》（黔南党发〔2016〕3号）。该办法分总则，追究形式、责任认定及责任主体，责任追究的实施，附则四部分。森林防火责任追究坚持依法依规、实事求是、客观公正、科学认定、权责一致的原则，责任追究的形式：通报批评、责令公开道歉、停职检查、引咎辞职、责令辞职、免职。

2月25日，州委下发《关于进一步加强新形势下统一战线工作的实施意见》（黔南党发〔2016〕4号）。明确了做好新形势下统一战线工作的重大意义、指导思想和基本原则，从七个方面加强统战工作：坚持和完善多党合作制度，彰显政党制度优越性；切实做好非公有制经济领域统战工作；巩固社会和谐稳定，做好民族宗教工作；搭建交流平台，做好台港澳和海外统战工作；做好新的社会阶层人士领域统战工作；加强党外代表人士培养使用；切实加强党对统战工作的领导。

4月14日，州委、州人民政府下发《关于落实发展新理念着力推进山地农业现代化的实施意见》（黔南党发〔2016〕1号）。目标任务：深入贯彻落实创新、协调、绿色、开放、共享发展理念，加大创新驱动力度，着力转方式、调结构、促改革，抓扶贫、强基础、建园区，走产出高效、产品安全、资源节约、环境友好的山地现代特色农业发展之路，确保实现农业增加值增长6.5%、农村居民人均可支配收入增长12%，减少农村贫困人口18万人、实现独山县及全州34个乡镇“减贫摘帽”的既定目标。工作要求：深入贯彻落实五大发展理念，全面促进农业增效、农民增收、农村繁荣；深入实施大扶贫战略行动，切实推进精准扶贫脱贫；全面深化农业农村改革，进一步推进山地农业现代化；强化组织领导，为推进山地农业现代化提供坚强保障。

4月26日，州委印发《关于印发〈州委常委会2016年工作要点〉的通知》（黔南党发〔2016〕5号）。目标任务：确保2016年地区生产总值增长13.5%，规模工业增加值（2000万元口径）增长13.5%，固定资产投资（500万元口径）增长25%，社会消费品零售总额增长12.5%，公共财政预算收入增长13%，进出口总额增长30%，城镇、农村居民人均可支配收入分别增长11%、12%，实现“十三五”开好局、起好步。工作措施：深入贯彻党的十八届五中全会、省委十一届六次全会和习近平总书记系列重要讲话精神；全力推进脱贫攻坚，夯实全面小康基础；加快产业结构调整，推进经济转型升级；推进新型城镇化，统筹城乡协调发展；推进基础设施建设，提高发展支撑能力；促进文化繁荣发展，提升文化软实力；推进生态文明建设，打造绿色美好家园；保障和改善民生，提高群众幸福指数；全面深化改革开放，增强经济发展活力；加强民主政治建设，推进依法治州进程；全面加强党的建设，不断提高执政能力。

5月19日，州委印发《关于认真做好县乡领导班子换届工作的通知》（黔南党发〔2016〕6号）。要求各级党委（党组）准确把握换届工作总体要求；认真做好党代会代表、人大代表选举和政协委员协商提名工作；选好配强领导班子；改进完善换届考察工作；精心组织大会选举；着力营造风清气正的换届环境；切实加强对换届工作的领导和指导。

6月9日，州委印发《关于进一步加强社会主义协商民主建设的实施意见》（黔南党发〔2016〕7号）。从八个方面加强社会主义协商民主建设：准确把握加强协商民主建设的总体要求；继续加强政党协商，广泛凝聚共识和力量；积极开展人大协商，充分保障人民当家作主；扎实推进政府协商，有效推进科学民主依法决策；进一步完善政协协商，发挥好协商民主重要渠道和专门协商机构作用；努力做好人民团体协商，发挥好人民团体联系群众的桥梁和纽带作用；稳步推进基层协商，贯彻好协商于民协商为民要求；加强和完善党的领导，确保协商民主建设有序高效开展。

6月18日，州委、州人民政府印发《关于推进供给侧结构性改革的实施意见》（黔南党发〔2016〕8号）。基本原则：坚持统筹兼顾、突出重点，坚持市场主导、靶向施策，坚持双管齐下、供需平衡，坚持创新驱动、激发动能。目标任务：通过五年努力，供给侧结构性改革攻坚取得重要进展，“三去一降一补”五大任务取得明显成效，构建形成以新兴产业为引领、传统优势产业为支撑、产业园区为载体、产业融合集成配套的现代特色产业体系，加快实现发展方式从规模速度型粗放增长向质量效益型集约增长转变、发展要素从传统要素主导向创新要素主导转变、产业分工从价值链中低端向中高端转变、产品结构由单一低质低效向多样高质高效转变，使经济发展呈现结构性重大变化，发展的平衡性、包容性、可持续性全面增强，全州经济质量和效益显著提高。工作措施：加快培育新的发展动能；推动传统优势产业转型升级；加速发展开放型经济；统筹推进“三去一降一补”；强化供给侧改革要素保障；加强供给侧改革组织领导。

6月30日，州委印发《关于表彰优秀共产党员、优秀党务工作者和先进基层党组织的决定》（黔南委〔2016〕5号）。州委决定对罗贤慧等60名优秀共产党员、王秉明等60名优秀党务工作者、都匀市小围寨街道沙井街村党支部等95个先进基层党组织予以表彰，并分别授予“优秀共产党员”“优秀党务工作者”“先进基层党组织”荣誉称号。

7月5日，州委、州人民政府印发《关于印发〈黔南州国有林场改革工作方案〉的通知》（黔南党发〔2016〕9号）。基本原则：坚持生态导向、保护优先；坚持改善民生、保持稳定；坚持因地制宜、分类施策；坚持政府主导、分级负责。总体目标：到2020年，实现生态功能显著增强、管理体制更加科学、生产生活条件明显改善。改革范围：全州共有12个国有林场参改单位，涉及9个县（市），均为相关县（市）属管理，包括：11个事业性质国有林场，1个企业性质国有森工林场。改革内容：明确功能职责定位，理顺和完善管理体制，合理核定岗位编制，依法妥善安置职工和完善社会保障，妥善解决历史债务，完善国有林场可持续发展机制，加强职工队伍建设。明确了组织领导和方法步骤。工作措施：严格执行改革政策，强化工作责任，落实保障措施，强化督查问责，确保社会稳定。

7月15日，州委印发《关于转发〈中共黔南州人大常委会党组关于做好州县乡人民代表大会换届选举工作的意见〉的通知》（黔南党发〔2016〕10号）。明确了做好州县乡人大换届选举工作的总体要求和原则，要求把好代表候选人“入口关”；做好选举组织工作；确保换届选举风清气正；加强对选举工作的领导。

8月6日，州委、州人民政府印发《关于表彰民族团结进步模范集体和模范个人的决定》（黔南委〔2016〕6号）。州委、州人民政府决定授予惠水县好花红镇人民政府等50个单位“民族团结进步模范集体”荣誉称号，授予齐庆友等79人“民族团结进步模范个人”荣誉称号。

8月20日，州委、州人民政府印发《关于表彰黔南布依族苗族自治州成立60周年庆祝活动先进集体和先进个人的决定》（黔南委〔2016〕9号）。州委、州人民政府决定授予都匀市、都匀经济开发区、“生态之州·幸福黔南”大型文艺演出导演组3个单位“黔南布依族苗族自治州成立60周年庆祝活动特别贡献单位”荣誉称号，授予都匀军分区等60个单位“黔南布依族苗族自治州成立60周年庆祝活动先进集体”荣誉称号，授予汪洋等600人“黔南布依族苗族自治州成立60周年庆祝活动先进个人”荣誉称号。

8月23日，州委、州人民政府印发《关于深入推进城市管理综合执法体制改革改进城市管理工作的实施意见》（黔南党发〔2016〕11号）。主要目标：到2017年年底，实现州、县城市管理机构综合设置。推进州、县两级政府城市管理大部门制改革，在政府机构限额内设置城市管理主管部门。到2020年年底，城市管理法规和标准体系基本完善，执法体制基本理顺，机构和队伍建设明显加强，保障机制初步完善，服务管理便民高效，现代城市治理体系初步形成，城市治理效能大幅提高，人民群众满意度显著提升。工作措施：理顺管理体制，强化队伍建设；规范执法行为，提高执法水平；加强城市管理，创新治理方式；完善保障机制，加强组织领导。

8月23日，州委、州人民政府印发《关于进一步加强城市规划建设管理工作的实施意见》（黔南党发〔2016〕12号）。主要目标：到2017年年底，实现州、县城市管理机构综合设置。推进州、县两级政府城市管理大部门制改革，在政府机构限额内设置城市管理主管部门。到2020年年底，城市管理法规和标准体系基本完善，执法体制基本理顺，机构和队伍建设明显加强，保障机制初步完善，服务管理便民高效，现代城市治理体系初步形成，城市治理效能大幅提高，人民群众满意度显著提升。工作措施：理顺管理体制，强化队伍建设；规范执法行为，提高执法水平；加强城市管理，创新治理方式；完善保障机制，加强组织领导。

9月2日，州委印发《关于打造民族地区创新发展先行示范区的决定》（黔南党发〔2016〕13号）。要求：充分认识打造民族地区创新发展先行示范区的重大意义；准确把握打造民族地区创新发展先行示范区的总体要求；深入推进制度创新，优化创新发展环境；深入推进政策创新，激发创新发展活力；深入推进科技创新，催生创新发展动力；深入推进开放合作先行先试，拓展创新发展新空间；推进优势产业先行先试，打造创新发展升级版；深入推进城乡统筹改革先行先试，促进全域创新发展；深入推进基础设施建设先行示范，增强创新发展支撑能力；加强领导、担当有为，为打造民族地区创新发展先行示范区提供组织保障。

9月3日，州委、州人民政府印发《关于扎实做好易地扶贫搬迁后续扶持服务工作的实施意见》（黔南党发〔2016〕14号）。主要目标：以脱贫为目标，以“一方水土养不起一方人的地方”和集中连片特困地区（瑶山、麻山、月亮山）为重点，按照住户在50户以下、贫困发生率在50%以上、生存条件恶劣、自然灾害频发的自然村寨实行整体搬迁的要求，精准选择搬迁户。工作措施：盘活好“三地”，增加搬迁群众财产性收入；统筹好“三就”，确保搬迁群众稳定发展；衔接好“三保”，确保搬迁群众生活保障；建设好“三所”，确保搬迁群众安居乐业。保障措施：加强组织领导、强化责任落实、激发内生动力、严格督查考核、强化舆论引导。

9月18日，州委、州人民政府印发《关于深化供销合作社综合改革的实施意见》（黔南党发〔2016〕15号）。目标任务：到2020年，全州基层供销社镇（乡、街道）覆盖率达100%，经营服务网点行政村（社区）覆盖率100%；领办农民专业合作社1000家，各县（市、区）建成县级电子商务运营服务中心，镇（乡、街道）电子商务综合服务站覆盖率100%，建成1000个村级电商服务点，形成线上线下融合发展的农村电商服务体系；县级社员股金服务社和镇（乡、街道）股金服务部实现全覆盖。工作措施：积极推动“三位一体”新型合作体系建设；升级改造传统网络体系，强化供销合作社在农业社会化服务中的骨干作用；打造具有黔南特色的供销服务体系，提升供销合作社为“三农”服务的能力和水平；加大组织协调和政策扶持；加强对供销合作社综合改革的领导。

9月27日，州委印发《关于抓党建促脱贫攻坚工作的实施意见》（黔南党发〔2016〕16号）。攻坚目标：2018年实现贫困县（市、区）、贫困镇（乡、街道）全部摘帽，贫困村（社区）全部出列，现行标准下农村贫困人口基本实现全面脱贫。2019—2020年对返贫人口动态清零，全面巩固提升脱贫攻坚成果，实现全面建成小康。工作措施：健全抓党建促脱贫攻坚工作体系；建立抓党建促脱贫攻坚工作机制；夯实抓党建促脱贫攻坚工作基础；深化抓党建促脱贫攻坚创先争优。保障措施：落实领导责任，严格考核问责，营造良好氛围。

10月26日，州委印发《关于印发〈2015年度中共黔南州委常委会领导班子民[illegible]会整改落实方案〉的通知》（黔南党发〔2016〕[illegible]号）。整改目标要求：紧紧围绕严以修身、严以用[illegible]严以律己，谋事要实、创业要实、做人要实的思想要求，对方案明确的工作任务逐一进行研究，有针对性地提出整改工作措施，进一步明确具体责任人、任务书、时间表，一个一个加以整改，一项一项抓好落实；特别是对那些发生在基层、根子在上面的问题，要追根溯源、上下联动、合力解决，切实扎紧扎牢“制度笼子”，使思想认识进一步提高，作风进一步转变，党群干群关系进一步融洽，基层基础进一步夯实，推动践行“三严三实”常态化和长效化。整改任务和措施：从严从实坚定理想信念，坚持坚定正确政治方向；从严从实贯彻落实中央决策部署，加快推动黔南同步小康；从严从实践行党的宗旨，着力夯实执政基础；从严从实推进党风廉政建设和反腐败工作，努力营造风清气正、清正廉洁的政治生态。

11 月 2 日，州委、州人民政府印发《印发〈关于深化州管国有企业负责人薪酬制度改革的实施意见〉的通知》（黔南党发〔2016〕17 号）。该意见明确了改革的总体要求、适用范围，工作措施：合理确定薪酬结构和水平、建立健全考核评价办法、规范薪酬支付和管理、统筹规范福利性待遇、建立健全薪酬监督管理机制、加强组织实施。

11 月 18 日，州委印发《关于做好中国共产党黔南州第十一次代表大会代表选举工作的通知》（黔南党发〔2016〕19 号）。提出了代表的名额和构成、代表的条件、选区划分和党代表名额分配、代表产生的程序、切实加强代表选举工作的领导。代表产生的程序：代表候选人的推荐提名、代表候选人初步人选的考察、确定代表候选人初步人选名单、确定代表候选人预备人选、选举正式代表。

12 月 6 日，州委、州人民政府印发《关于表彰第三届“黔南骄傲”年度人物的决定》（黔南委〔2016〕25 号）。州委、州政府决定授予贵定“6·8抗洪救援群体”第三届“黔南骄傲”年度人物特别贡献奖，南仁东、邓迎香等 10 人第三届“黔南骄傲”年度人物称号，王友群等 10 人第三届“黔南骄傲”年度人物提名奖，马廷科等 10 人第三届“黔南骄傲”年度人物入围奖。

12 月 19 日，州委印发《关于印发〈打造民族地区创新发展先行示范区为开启基本现代化建设新征程而奋斗〉的通知》（黔南党发〔2016〕20 号）。要求全州各级党组织和广大党员把深入学习宣传和贯彻落实州第十一次党代会精神作为当前和今后一个时期十分重要而紧迫的政治任务，务必增强政治意识、大局意识、核心意识、看齐意识，高举中国特色社会主义伟大旗帜，衷心拥护、坚决维护习近平总书记的领导核心地位，坚决同以习近平为核心的党中央保持高度一致，坚定不移地把学习党代会精神与学习贯彻习近平总书记系列重要讲话精神、深入学习贯彻党的十八届六中全会和省委十一届八次全会精神相结合，高度重视、精心组织、周密部署，统筹安排好本地本部门学习宣传和贯彻落实工作，引导全州各族人民把思想和行动统一到中央、省委和州委的决策部署上来，把力量凝聚到州党代会确定的目标任务上来，使之成为全州共识；务必深入学习、深刻领会州党代会精神实质，准确把握大会确定的主题和指导思想，准确把握黔南经济社会发展取得的显著成就、积累的经验、需要注意和解决的问题，准确把握大会确定的未来五年工作的总体要求、目标任务和重大举措，使之成为全州遵循；务必狠抓工作落实，建立人人负责、层层尽责、环环相扣、行之有效的工作机制，把目标任务量化到各级各部门，制定“时间表、路线图”，努力把党代会确定的美好蓝图镌刻在黔南大地上。

12 月 21 日，州委印发《关于加强自身建设的决定》（黔南党发〔2016〕21 号）。主要措施：始终坚持对党忠诚，坚定政治立场，确保黔南各项事业沿着正确方向前行；始终坚持民主集中制，健全规章制度，切实提高领导集体的凝聚力、创造力和战斗力；始终坚持执政使命，认真履职尽责，切实提高新常态下推动经济社会发展的能力水平；始终坚持群众路线，转变工作作风，切实营造求真务实、艰苦奋斗、苦干实干的浓厚氛围；始终坚持廉洁从政，加强反腐倡廉，切实树立清正、廉洁、干净的良好形象。

12 月 21 日，州委印发《关于印发〈中共黔南州第十一届委员会工作规则〉的通知》（黔南党发〔2016〕22 号）。《规则》分为：总则、职责、议事和决策、州委中心组学习、民主生活会、公务活动与接待工作、联系基层和群众、公文审批、党风廉洁建设、附则。

12 月 27 日，州委印发《关于印发〈中共黔南州委巡察工作实施办法（试行）〉的通知》（黔南党发〔2016〕23号）。“办法”分总则、组织领导和工作规则、巡察范围和内容及时间、巡察工作方式和权限及程序、巡察纪律与责任、附则。

12月31日，州委、州人民政府印发《关于印发〈黔南州法治宣传教育第七个五年规划（2016—2020年）〉的通知》（黔南党发〔2016〕24号）。该规划提出了今后五年法治宣传教育工作的指导思想、主要目标、工作原则、主要任务、对象和要求、实施步骤、工作要求、保障措施等。主要目标：法治宣传教育机制进一步健全，法治宣传教育实效性进一步增强，基层依法治理进一步深化，全民法治观念和全体党员党章党规意识进一步提升，全社会厉行法治的积极性和主动性进一步提高，守法光荣、违法可耻的社会氛围进一步形成。主要任务：深入学习宣传习近平总书记关于全面依法治国的重要论述、深入学习宣传宪法、深入学习宣传中国特色社会主义法律体系、深入学习宣传党内法规、深入学习宣传黔南州制定的民族自治地方法规、深入推进社会主义法治文化建设、深入推进多层次多领域依法治理、深入推进法治教育与道德教育相结合。

【州委常委会议定事项】 2016年1月8日，召开十届州委常委会第153次会议。1. 审定《州委常委会2015年工作报告》；2. 研究州政府党组《关于审定2016年国民经济和社会发展主要经济指标的请示》；3. 审定《龙长春、向红琼同志在州委十届八次全会上的讲话》；4. 审定《中共黔南州委常委会班子对照检查材料》和《黔南梳理出的“不严不实”问题清单》；5. 研究州委办公室《关于审定黔南州各县（市）拟办节会活动的请示》；6. 研究州政府党组《关于落实荔波机场资产产权划转的请示》；7. 听取州委宣传部关于以都匀毛尖为题材电视剧《云雾街》拍摄有关事项的汇报。

1月15日，召开十届州委常委会第154次会议。1. 传达学习《习近平总书记在中央政治局“三严三实”专题民主生活会上的重要讲话》和中纪委《关于七起违反中央八项规定精神问题的通报》《关于六起中管干部违反中央八项规定精神问题的通报》文件精神，研究部署“三严三实”专题民主生活会有关事宜。2. 其他。

2月2日，召开十届州委常委会第155次会议。1. 传达学习中纪委六次全会和十一届省纪委五次全会精神，研究州纪委《关于召开十届州纪委六次全会的请示》；2. 传达学习省十二届人大四次会议和省政协十一届四次会议精神；3. 传达学习陈敏尔书记参加黔南代表团审议时的重要讲话精神，研究贯彻落实意见；4. 传达学习省委农村工作会议和全省农村“三变”改革试点推进会暨试验区试点县工作交流汇报会精神，研究贯彻落实意见；5. 传达学习全省宣传部长会议精神，研究贯彻落实意见；6. 传达学习全省统战部长会议精神，研究贯彻落实意见；7. 研究州政府党组《关于审定贵安新区管委会黔南州人民政府战略合作协议的请示》；8. 研究州政府党组《关于审定黔源投资开发有限责任公司组建方案的请示》；9. 研究州政府党组《关于审定黔南州“四型社区·幸福家园”建设标准的请示》；10. 研究州政府党组《关于州人民政府驻京联络处办公楼置换相关事宜的请示》；11. 听取州“两会”筹备情况汇报，研究有关事宜；12. 研究州委统战部《关于2016年建立县（市）基层民主党派组织的请示》；13. 研究《州委中心学习组集中学习会方案》。14. 其他。

2月15日，召开十届州委常委会第156次会议。1. 研究州政府党组《关于审定黔南国民经济和社会发展第十三个五年规划纲要草案的请示》；2. 研究州“两会”有关报告和文稿；3. 其他。

3月1日，召开十届州委常委会第157次会议。1. 传达《中共中央国务院关于给予中共天津市委、天津市人民政府通报批评的通知》；2. 传达学习习近平总书记在党的新闻工作座谈会上的重要讲话和陈敏尔书记在省委常委（扩大）会议上的讲话精神，研究贯彻落实意见；3. 传达学习省委政法工作会议和全省信访局长会议精神，研究贯彻落实意见；4. 传达全省组织部长会议精神，研究贯彻落实意见；5. 传达学习全省扶贫开发领导小组会议精神，研究贯彻落实意见；6. 研究

《州委常委会2016年工作要点（送审稿）》；7. 研究《中共黔南州委黔南州人民政府关于落实发展新理念推动农业现代化的实施意见（送审稿）》；8. 研究州政府党组《关于审定黔南州州级机关公务用车配备使用管理暂行办法的请示》；9. 研究州目标管理工作领导小组《关于审定2015年度全州目标考核情况的请示》。

3月18日，召开十届州委常委会第158次会议。1. 传达学习全国“两会”精神和省委领导干部会议精神，研究贯彻落实意见；2. 研究州人大常委会党组《关于审定黔南州人大常委会2016年工作要点和议题计划（草案）的请示》；3. 研究州政协党组《关于呈报〈政协黔南州委员会2016年工作要点（送审稿）〉和〈2016年度黔南州政协委员视察、调研课题计划（送审稿）〉的请示》；4. 研究州政府党组《关于审定黔南州重大工作督查问责办法（试行）的请示》；5. 研究州审计局党组《关于审定县级领导干部经济责任审计对象的请示》；6. 其他。

4月6日，召开十届州委常委会第159次会议。1. 传达《中共中央关于郭伯雄严重违纪违法案及其教训的通报》；2. 听取州四家班子主要领导及州委常委带队集中督导固定资产投资等主要经济指标情况工作汇报；3. 会议明确了郭青等工作分工；4. 其他。

4月13日，召开十届州委常委会第160次会议。1. 传达2016年全省第一次项目建设现场观摩会精神，研究贯彻落实意见；2. 传达全省“两学一做”学习教育工作部署会议精神，研究州委组织部提请审议的《关于在全州党员中开展“两学一做”学习教育实施方案》和《州四家班子党员领导干部“两学一做”学习教育上党课作示范工作安排建议方案》；3. 研究州政府党组《关于审定黔南州出租车行业改革工作方案的请示》。

4月22日，召开十届州委常委会第161次会议。1. 会议通报省委关于高金林涉嫌严重违纪接受组织调查的决定；2. 听取全省市县乡领导班子换届工作会议暨业务培训会精神汇报，研究贯彻落实意见；3. 听取州关工委工作情况汇报；4. 研究州政府党组《关于审定平塘旅游专线（试验段）建设相关事宜的请示》；5. 研究州委宣传部《关于审定黔南州“牢记党的宗旨讴歌幸福黔南”合唱大赛活动方案的请示》；6. 研究州庆执委会《州庆活动经费预算方案》及《建州60周年庆祝活动大型文艺演出经费县（市、区）统筹工作方案》。7. 听取州委外事侨务和台港澳办关于全省对台工作会议和全省外事侨务工作会议精神汇报；8. 研究州委政研室《关于审定2016年度州委重大调研课题选题的请示》。

4月29日，召开十届州委常委会第162次会议。1. 专题听取福泉市工作情况汇报，研究指导福泉市经济社会发展；2. 其他。

5月6日，召开十届州委常委会第163次会议。1. 听取瓮安县经济社会发展情况汇报；2. 研究州委组织部《关于审议做好全州优秀共产党员、优秀党务工作者、先进基层党组织推荐表彰工作方案的请示》；3. 研究州委组织部《关于审议建立健全容错机制鼓励党员干部履职担当的实施办法（试行）》的请示。

5月15日，召开十届州委常委会第164次会议。1. 传达全省旅游产业发展大会精神，研究贯彻落实意见；2. 传达孙志刚赴惠水调研指导“两学一做”学习教育时的讲话精神，研究贯彻落实意见；3. 传达《中共中央办公厅关于部分党员领导干部在谈话函询中不如实向组织说明情况典型案件及其教训的通报》；4. 审议黔南州向省委常委会汇报工作的有关材料；5. 研究州政府党组《关于审定黔南州第五次民族团结进步模范集体模范个人评选表彰工作方案的请示》；6. 研究州红十字会《关于召开第四次会员代表大会的请示》；7. 研究州委组织部《关于审议〈中共黔南州委关于认真做好县乡领导班子换届工作的通知（送审稿）〉的请示》

十届州委常委会第165次会议（略）。

5月21日，召开十届州委常委会第166次会议。1. 传达省委常委会专题研究黔南州工作会议精神，研究贯彻落实意见；2. 传达全省党建扶贫工作座谈会精神，研究贯彻落实意见；3. 研究州委政研室《关于审定〈中共黔南州委关于进一步加强社会主义协商民主建设的实施意见（送审稿）〉的请示》；4. 研究《毛泽东主席命名“都匀毛尖茶”60周年系列活动实施方案》；5. 研究州政府党组《关于审定〈黔南州2016年度因公出国（境）及赴台交流计划〉的请示》。

6月6日，召开十届州委常委会第167次会议。1. 传达学习习近平总书记关于统计工作的重要批示精神，研究贯彻落实意见；2. 传达全省大数据战略行动推进大会精神，研究贯彻落实意见；3. 传达全省城市工作大会精神，研究贯彻落实意见；4. 听取全州宣传思想文化工作情况汇报；5. 研究州委宣传部《关于审定〈黔南州严格执行时政新闻报道工作纪律的规定〉的请示》；6. 听取州委州政府大楼及附属设施维修建设改造有关情况汇报；7. 其他。

6月18日，召开十届州委常委会第168次会议。1. 传达全省第二次大扶贫战略行动推进大会精神，研究贯彻落实意见；2. 研究《2016贵州·都匀毛尖（国家）茶人会暨贵州省茶产业发展大会执行方案》；3. 研究《第七届国际摄影博览会总体活动执行方案》；4. 研究州政府党组《关于审定黔南州第九届旅游产业发展大会（福泉）工作方案的请示》；5. 其他。

6月21日，召开十届州委常委会第169次会议。1. 传达全省宣传思想文化工作座谈会精神；2. 研究州委宣传部《关于开展2016“黔南骄傲”年度人物评选表彰活动的请示》；3. 研究州委宣传部《关于成立黔南州社会科学院的请示》；4. 研究州委组织部《关于审议推荐全省、全州优秀共产党员、优秀党务工作者、先进基层党组织表彰对象及相关工作的请示》；5. 研究《关于审定〈州委统战部关于协助民主党派做好换届工作实施方案〉的请示》；6. 其他。

7月5日，召开十届州委常委会第170次会议。1. 传达学习《中共贵州省委办公厅关于认真学习贯彻〈习近平总书记在庆祝中国共产党成立95周年大会上的讲话〉的通知》；2.《中共中央办公厅关于部分人大代表、政协委员涉法涉罪问题问责情况及其教训的通报》；3. 研究州人大常委会党组《关于审查〈黔南布依族苗族自治州500米口径球面射电望远镜电磁波宁静区运行环境保护条例（草案）〉的请示》；4. 研究州人大常委会党组《关于批转〈关于做好州县乡人民代表大会换届选举工作的意见〉的请示》和《关于审定〈做好黔南州州县乡三级人大换届选举工作方案〉的报告》；5. 研究中共黔南州纪委《关于明确都匀经济开发区纪工委职能职责的请示》；6. 审定《中国共产党黔南州第十届委员会第九次全体会议工作方案》；7. 安排近期工作；8. 其他。

7月18日，召开十届州委常委会第171次会议。1. 传达学习中央民族工作经验交流会会议精神，研究贯彻落实意见；2. 传达中央纪委《关于七起落实全面从严治党主体责任不力被问责典型问题的通报》和省纪委《关于部分党员领导干部在“大约谈”中不如实向组织说明情况典型案例及其教训的通报》。

7月24日，召开十届州委常委会第172次会议。1. 传达《中共贵州省委办公厅关于传达学习习近平总书记〈关于做好当前防汛抗洪抢险救灾工作的讲话〉的通知》，研究贯彻落实意见；2. 传达学习2016年全省第三次项目建设现场观摩会精神，研究贯彻落实意见；3. 审议州委十届九次全会有关文稿；4. 研究州政府党组《关于审定〈黔南州第五次民族团结进步表彰模范集体模范个人名单〉的请示》。

十届州委常委会第173次会议（略）。

8月15日，召开十届州委第174次会议。1. 传达学习省委党的建设工作领导小组会议暨市州领导班子换届工作会议、市州领导班子换届考察工作部署会暨业务培训会议精神，研究贯彻落实意见；2. 传达学习全省科技创新大会精神，研究贯彻落实意见；3. 听取州庆执委会《关于黔南布依族苗族自治州成立60周年庆祝活动组织开展情况的报告》；4. 研究《中共黔南州委关于成立中国共产党黔南州第十一次代表大会筹备工作领导小组的通知（送审稿）》。

8月21日，召开十届州委常委会175次会议。

1. 贯彻落实全省市州领导班子换届考察工作部署会暨业务培训会议精神，并就配合省委组织部干部考察组做好州级领导班子换届考察工作提出要求；2. 传达学习罗黎明、孙志刚在黔南州建州六十周年工作汇报会上的讲话精神，研究贯彻落实意见；3. 传达学习陈敏尔、孙志刚赴黔南调研易地扶贫搬迁工作的重要指示精神，研究贯彻落实意见；4. 审议《州委常委班子述职述廉报告（送审稿）》；5. 研究州人大常委会党组《关于审查〈黔南布依族苗族自治州樟江流域保护条例（草案）〉的请示》；6. 研究州政府党组《关于审定〈省人民政府办公厅关于支持黔南加快旅游业发展文件（代拟稿）〉的请示》；7. 研究州政府党组《关于审定〈黔南州大数据推进大会有关事项〉的请示》；8. 研究州编委会《关于设立黔南州州、县两级法学会的请示》；9. 研究都匀经济开发区党工委《关于帮助解决入驻民办学校使用公办教师编制问题的请示》。

十届州委常委会第 176 次会议（略）。

9 月 1 日，召开十届州委常委会第 177 次会议。1. 传达学习省委十一届七次全会精神，研究贯彻落实意见；2. 传达《中共中央关于辽宁拉票贿选案查处情况及其教训警示的通报》；3. 传达陈敏尔、孙永春到黔南暗访调研脱贫攻坚工作有关情况；4. 传达学习全国党委秘书长会议精神，研究贯彻落实意见；5. 研究州委政研室《关于审定〈黔南州专家委员会组建方案（送审稿）〉的请示》；6. 研究州编委《关于提请审定〈关于组建州信息化和大数据发展局的方案（送审稿）〉的请示》。7、听取州编委办《关于黔南州县处级机构设置调研情况的报告》。8. 听取州委组织部《关于县（市）、都匀经济开发区以及州直单位领导班子和州管干部 2015 年年度考核情况的报告》。

十届州委常委会第 178 次会议（略）。

9 月 19 日，召开十届州委常委会第 179 次会议。1. 传达学习贵州省党政代表团赴河北、上海学习考察精神，研究贯彻落实意见；2. 传达第二届全国民族自治州全面建成小康社会经验交流现场会精神，研究贯彻落实意见；3. 传达《中共贵州省委办公厅关于深入贯彻执行中央八项规定和省委十项规定精神进一步加强和改进作风建设的通知》，听取 2016 年上半年全州贯彻中央八项规定、省委十项规定和州委九项规定精神情况的报告；4. 传达省委督查室《关于对各地进一步支持法院检察院依法独立公正行使审判权检察权的专项督查情况报告》；5. 研究州政府党组《关于审定〈黔南州农村学前教育儿童营养改善计划实施方案（试行）〉的请示》；6. 听取州委政法委《关于黔南州启航学校工作情况的汇报》；7. 听取州委组织部《关于抓党建促脱贫攻坚工作实施意见（送审稿）》起草情况的汇报；8. 听取州委组织部《关于对各县（市）党委召开党代会请示的审核办理建议的汇报》。

9 月 27 日，召开十届州委常委会第 180 次会议。1. 研究“10・1”黄金周期间大射电科普旅游景区游客接待服务工作有关问题；2. 传达《关于对换届纪律知晓率和换届风气评价第二轮电话抽查结果的通报》；3. 其他。

9 月 30 日，召开十届州委常委会第 181 次会议。省委组织部常务副部长于杰受省委委派，在会上宣布了省委关于黔南州人民政府主要领导调整的决定。

10 月 11 日，研究十届州委常委会第 182 次会议。1. 研究州委组织部《关于提请审议〈中国共产党黔南州第十一次代表大会总体方案（送审稿）〉的请示》；2. 研究州委组织部《关于提请审议〈中国共产党黔南州第十届委员会第十次全体会议建议方案〉的请示》；3. 传达省纪委监察厅有关处分决定；4. 研究州编委《关于组建航龙天文小镇管理机构建议方案的请示》；5. 研究州旅游发展改革领导小组《关于荔波旅游景区管理委员会组建方案（送审稿）的请示》；6. 其他。

10 月 13 日，召开十届州委常委会第 183 次会议。专题听取“三波罗平”（三都荔波罗甸平塘县）生态文明示范区（南翼）工作情况汇报，研究指导 4 县“十三五”时期经济社会发展。

10 月 30 日，召开十届州委常委会第 184 次会议。1. 贯彻党的十八届六中全会精神，研究贯彻落实意见；2. 传达《中共贵州省委关于认真组织学习〈胡锦涛文选〉的通知》，研究贯彻落实意见；3. 传达省委网络安全和信息化领导小组会议精神，研究贯彻落实意见；4. 传达全省党委秘书长会议精神，研究贯彻落实意见；5. 传达《省委组织部关于转发〈中共中央组织部关于杨栋梁等5起干部人事档案造假典型案例的通报〉的通知》；6. 听取州政府党组关于前三季度全州经济运行情况的报告；7. 研究州政府党组《关于全州天然气管网建设县县通工程有关事宜的请示》；8. 研究州政府党组《关于审定黔南州中医医院新院区项目建设规模及投资额度的请示》；9. 研究州政府党组《关于审定〈黔南州第十届（罗甸）旅游产业发展大会工作方案（送审稿）〉的请示》；10. 研究州纪委《关于推动构建新型政商关系的实施意见（试行）（送审稿）》；11. 听取州督查督办局《关于省委贯彻执行中央八项规定督察组督查黔南有关情况的报告》；12. 研究州委组织部、州委统战部《关于审定〈黔南州州县人民政协换届工作实施方案（送审稿）〉的请示》；13. 研究州委统战部《关于召开黔南州第七次归侨侨眷代表大会的请示》；14. 研究州委统战部《关于审定〈致公党黔南州支部成立大会方案〉的请示》；15. 研究州政府党组《关于州政府原贵阳办事处房产处置的请示》；16. 其他。

十届州委常委会第185次会议（略）。

11月7日，召开十届州委常委会第186次会议。1. 研究州第十一次党代会筹备有关事宜；2. 听取《州四家班子主要领导及州委常委带队督导相关工作情况工作方案》；3. 其他。

11月16日，召开十届州委常委会第187次会议。1. 传达学习中央宣讲团党的十八届六中全会精神报告会和省委中心组学习专题研讨会精神，研究贯彻落实意见；2. 传达学习姜仕坤先进事迹报告会精神和省委组织部有关通知要求，研究贯彻落实意见；3. 传达省委组织部《关于转发〈中共中央组织部关于赵海燕等7起违反换届纪律问题的通报〉的通知》要求；4. 研究州政府党组《关于审定黔南州州管国有企业规范管理制度办法的请示》；5. 其他。

11月25日，召开十届州委常委会第188次会议。1. 传达2016年全省第三次项目建设暨易地扶贫搬迁现场观摩督查会会议精神，研究贯彻落实意见；2. 传达全省干部监督工作推进会会议精神，观看《警钟——辽宁拉票贿选案警示录》，研究贯彻落实意见；3. 听取州第十一次党代会筹备工作情况汇报，审议州第十一次党代会有关文稿，研究有关事项；4. 研究州纪委、州委组织部关于出台《中共黔南州委巡察工作实施办法（试行）》的请示；5. 研究州委宣传部《关于审定第三届“黔南骄傲”年度人物评选结果的请示》；6. 研究州人大常委会党组《关于黔南州第十四届人民代表大会代表名额分配方案及有关问题的请示》；7. 研究州委统战部《关于贵州留学人员联谊会（贵州欧美同学会）黔南分会班子成员建议人选的请示》；8. 其他。

12月9日，召开十一届州委常委会第1次会议。1. 听取州纪委关于《中共黔南州第十一届纪律检查委员会关于加强自身建设的决定》审议情况的报告；2. 研究讨论《中共黔南州第十一届委员会关于加强自身建设的决定（送审稿）》和《中共黔南州第十一届委员会工作规则（送审稿）》；3. 研究讨论《龙长春在中共黔南州委十一届一次全会上的讲话》。

12月13日，召开十一届州委常委会第2次会议。1. 传达贯彻张春贤在贵州调研时的讲话精神；2. 传达省委《关于出席党的十九大代表选举工作的通知》《关于中国共产党贵州省第十二次代表大会代表选举工作的通知》及贵州省出席党的十九大代表和省第十二次党代会代表选举工作部署暨培训会议精神，研究贯彻落实意见；3. 听取州委组织部《关于县（市）党委换届工作的情况报告》；4. 听取州委办公室《关于中共黔南州第十一届常务委员会委员分工建议方案的汇报》；5. 研究州人大常委会党组《关于召开州十四届人大一次会议的请示》；6. 研究州政协党组《关于召开政协黔南州十二届一次会议的请示》；7. 听取州第十一次党代会筹备工作小组《关于州第十一次党代会筹办工作情况的报告》；8. 听取州督查督办局《关于州四家班子主要领导及州委常委带队督导的情况报告》；9. 研究州政府党组《关于审定黔南州城市公立医院综合补偿办法（试行）的请示》；10. 研究州政府党组《关于审定黔南州政府投资基金管理办法（暂行）的请示》；11. 听取州人大常委会党组《关于〈黔南布依族苗族自治州人民代表大会常务委员会“十三五”立法规划〉的报告》；12. 听取关于省委第三环境保护督察组进驻州内开展督察工作情况报告。

12 月 14 日，召开十一届州委常委会第 3 次会议。专题听取贵定、龙里、惠水、长顺环贵阳经济带（北翼）工作情况汇报，研究指导四县“十三五”时期经济社会发展。

十一届州委常委会第 4 次会议（略）。

12 月 28 日，召开十一届州委常委会第 5 次会议。1. 专题听取都匀市、独山县、都匀经济开发区工作情况汇报，研究指导三县（市、区）“十三五”时期经济社会发展；2. 传达学习中央经济工作会议、全省经济工作会议精神，研究州政府党组《关于审定 2016 年全州经济社会发展情况和 2017 年工作建议的请示》；3. 传达学习贵州内陆开放型经济试验区建设推进大会精神，研究贯彻落实意见；4. 研究州政府党组《关于传达贯彻全省卫生与健康大会精神的请示》；5. 研究州政府党组《关于审定黔南养老养生发展（集团）有限责任公司组建方案的请示》；6. 研究州政府党组《关于审定黔南州深入推进生态文明先行示范区建设的实施意见的请示》；7. 研究州政府党组《关于审定〈黔南州国有公司融资管理办法（试行）〉的请示》；8. 研究州政府党组《关于推进荔波县王蒙至翁昂旅游有轨电车项目规划建设有关事宜的请示》。9. 研究州政府党组《关于成立黔南州农业信贷担保有限责任公司相关事宜的请示》；10. 听取州国土资源局党组《关于将州体育馆国有建设用地使用权划拨给都匀市人民政府管理使用的报告》；11. 研究州委统战部《关于审定〈黔南州工商联（总商会）换届工作实施方案〉的请示》。

十一届州委常委会第 6 次会议（略）。

【书记陈敏尔在黔南调研】 2016 年 8 月 4 日，省委书记、省人大常委会主任陈敏尔到黔南州惠水县调研易地扶贫搬迁工作情况。他强调，要全面贯彻中央部署要求，精准聚焦易地扶贫搬迁这块“硬骨头”，统筹搬出地和迁入地资源造福移民群众，注重解决好搬迁农户的就学就业就医问题，切实做到搬得出、稳得住、有保障、能致富。省领导刘奇凡、刘远坤参加调研。

陈敏尔强调，要更加注重解决好“搬出后怎么办”的问题，做到安居与乐业并重、搬迁与脱贫同步，探索创造易地扶贫搬迁的好经验好做法。要盘活好承包地、山林地和宅基地三块地，通过“三变”改革让农户获得稳定收益，让搬出地的各类资源成为搬迁户的收入来源。要统筹好就学、就业和就医三大问题，聚焦需求侧和供给侧，精准描绘路线图，阻断贫困代际传递，拓展就业渠道，健全医疗保障，把党和政府的优惠政策落实到一家一户。要衔接好农村低保、城市医保和养老保险三类保障，整合民政、卫计、扶贫等部门资源，扎实做好后续保障和安置服务工作。要建设好经营性公司、家庭农场、公共服务站三个场所，减轻搬迁户生活开支负担，加强老人集中供养和儿童学前代管等工作，加快把安置点建设成为新型社区。

【省长孙志刚在黔南调研】 2016 年 4 月 26—27 日，省委副书记、省长孙志刚到贵阳市、黔南州重点磷化工企业调研。他强调，要深入贯彻中央和省委决策部署，认真践行五大新发展理念，牢牢守住发展和生态两条底线，紧紧抓住推进供给侧结构性改革机遇，以创新的思维、创新的举措、创新的技术推动企业转型升级，努力实现磷化工产业高端化、精细化、绿色化发展。

在瓮福集团生产总控制室和开磷矿山远程控制中心，孙志刚强调，要结合实施大数据战略行动，推动信息化和工业化深度融合，依托“工业云”推进生产管理方式创新，找准生产、流通中的关键环节，切实降低成本。要加强大数据在企业新产品研发、目标市场分析等方面应用，提高企业信息化管理水平。孙志刚深入开磷集团马路坪矿井，实地考察磷矿开采工艺，详细了解装备运行、充填采矿技术等情况，对企业通过先进技术装备实现全自动化开采给予充分肯定，叮嘱企业进一步加强技术创新，提高生产效率，保证生产安全。来到贵州天福化工公司，孙志刚对企业自主创新“煤焦掺烧”技术，建设年产30万吨合成氨、15万吨二甲醚装置，促进磷煤化工结合表示赞赏，他希望企业主动研究行业国际最先进技术，积极开展技术引进消化吸收再创新，结合实际加快推广。

孙志刚在调研中强调，推进供给侧结构性改革，实施“千企改造”工程，每家企业都要提出“十三五”时期转型升级的具体方案，省直有关部门和地方要积极研究制定促进企业转型升级的具体政策措施，切实帮助企业解决困难和问题，全力推动磷化工产业转型升级、裂变发展。

5月13日，贵州省委副书记、省长孙志刚到黔南州惠水县调研指导“两学一做”学习教育，并为基层党员干部上党课。

8月18日，贵州省委副书记、省长孙志刚到黔南布依族苗族自治州惠水县、长顺县，调研易地扶贫搬迁和产业脱贫工作。他强调，要深入学习贯彻习近平总书记系列重要讲话精神，按照中央和省委部署要求，紧盯脱贫目标，压紧压实责任，扎实推进易地扶贫搬迁，加快发展特色优势产业，确保贫困群众如期脱贫、同步小康。孙志刚还考察了贵州高矿重工（长顺）有限公司、长田国际家具产业城。

【州委召开十届八次全体会议】 2016年1月11—12日，州委召开十届八次全体会议。会议的主要任务是，全面贯彻落实中央经济工作会议、中央城市工作会议和全省经济工作会议、州委十届七次全会精神，听取和审议州委常委会工作报告，总结2015年经济工作，分析经济形势，研究部署2016年经济工作，确保“十三五”开好局、起好步。

出席全会的有州委委员46名。全会由州委常委会主持。

全会认真学习贯彻中央经济工作会议和全省经济工作会议精神，听取和讨论龙长春关于州委常委会工作的报告和讲话，审议通过《中国共产党黔南州第十届委员会第八次全体会议决议》。州委副书记、州长向红琼作总结讲话。

【州委召开十届九次全体会议】 2016年7月28—29日，州委召开十届九次全体会议。会议的主要任务是，深入学习贯彻习近平总书记系列重要讲话，特别是在庆祝中国共产党成立95周年大会上的重要讲话精神，贯彻落实省委常委会专题听取黔南工作情况汇报会精神，以“守底线、走新路、奔小康”为总纲，以“强创新、占高地、作示范”为主题，动员全州各级党组织和广大共产党员，发扬大射电创新精神、唱响好花红民族绚歌，为打造民族地区创新发展先行示范区而努力奋斗。出席全会的有州委委员46名。

全会由州委常委会主持。州委书记龙长春作重要讲话，州委副书记、州长向红琼作总结讲话。

全会对抓好下半年经济工作作了部署。一是认清当前形势，找准差距，切实增强危机感和紧迫感；二是突出重点，精准发力，确保完成全年目标任务；三是继续推进深化改革，强化保障，凝聚合力勇于争先。

【州委召开十届十次全体会议】 2016年10月12日，州委召开十届十次全体会议。全会决定，中国共产党黔南州第十一次代表大会定于2016年12月在都匀召开。州委书记龙长春出席全会并讲话。

全会审议并通过《关于召开中国共产党黔南州第十一次代表大会的决议》，并就决议向全会作了说明。

全会认为，州十一次党代会，是全州人民政治生活中的一件大事，事关全局，意义重大。开好州第十一次党代会，既是贯彻落实党的十八大和十八届三中、四中、五中和即将召开的六中全会精神，加强党组织建设的迫切需要，又是全州上下进一步统一思想行动、凝聚发展合力的现实需要，对于决胜脱贫攻坚、确保同步小康，实现黔南“十三五”目标任务意义重大。

全会强调，要立足全局、审时度势，充分认识召开州第十一次党代会的重要意义；要细致严密、突出重点，以高度的政治责任感做好党代会筹备工作；要遵规守纪、利剑高悬，坚持不懈抓好换届风气督查工作；要统筹兼顾、科学安排，努力实现换届与工作推进两不误。

全会号召，全州各级党组织和全体党员要高举中国特色社会主义伟大旗帜，以马列主义、毛泽东思想、邓小平理论、“三个代表”重要思想、科学发展观为指导，深入学习贯彻习近平总书记系列重要讲话精神，按照“五位一体”总体布局和“四个全面”战略部署，深学笃行五大新发展理念，以“守底线、走新路、奔小康”为总纲，以“强创新、占高地、作示范”为主题，大力推进“3366”发展战略，发扬大射电创新精神，唱响好花红民族绚歌，为奋力打造民族地区创新发展先行示范区，实现科学发展、后发赶超、同步小康的宏伟目标而努力奋斗！

【州委召开十届十一次全体会议】 2016 年 12 月 1 日，州委召开十届十一次全体会议。全会由州委常委会主持。州委书记龙长春作了讲话。全会深入学习贯彻党的十八届六中全会和省委十一届八次全会精神，听取和讨论了龙长春关于州委常委会 2016 年工作情况的报告和讲话，听取和讨论了州纪委 2016 年工作情况报告。出席全会的有州委委员 48 人。

全会审议通过《中共黔南州委十届十一次全会关于深入学习贯彻党的十八届六中全会和省委十一届八次全会精神的决议》；审议通过《中国共产党黔南州第十届委员会第十一次全体会议关于中国共产党黔南州第十一次代表大会召开时间的决议》，决定中国共产党黔南州第十一次代表大会于 2016 年 12 月 6 日至 12 月 9 日在都匀召开；审议通过《中国共产党黔南州第十届委员会向中国共产党黔南州第十一次代表大会的报告》《中国共产党黔南州第十届纪律检查委员会向中国共产党黔南州第十一次代表大会的报告》，决定将这两个报告向中国共产党黔南州第十一次代表大会报告，并提请大会审议；审议通过《中国共产党黔南州第十届委员会第十一次全体会议决议》。会议还酝酿了中国共产党黔南州十一届委员会委员、候补委员和州纪委委员候选人预备名单。

全会号召，全州各级党组织和全体共产党员、广大干部群众，要更加紧密地团结在以习近平同志为核心的党中央周围，高举中国特色社会主义伟大旗帜，大力实施“3366”发展战略，奋力打造民族地区创新发展先行示范区，为全面开启基本现代化建设新征程而奋斗！

【州第十一次党代会召开】 2016 年 12 月 6 日上午，中国共产党黔南布依族苗族自治州第十一次代表大会在都匀经济开发区开幕。龙长春代表中国共产党黔南州第十届委员会向大会作了题为《打造民族地区创新发展先行示范区为开启基本现代化建设新征程而奋斗》的报告。省换届指导组的干部专程到会指导。大会由吴胜华主持。这次大会应到代表 340 名，实到代表 333 名，符合规定人数。

龙长春向大会作报告。报告共分“提速转型、奋力赶超，经济社会发展取得新辉煌；满怀信心、不辱使命，奋力绘就改革发展新蓝图；咬定目标、真抓实干，推动经济社会发展实现新跨越；党要管党、从严治党，不断开创党建工作新局面”等四个部分。

报告回顾了州第十次党代会以来取得的显著成绩。在省委的坚强领导下，州委团结带领全州各族人民，深入贯彻党的十八大、十八届三中、四中、五中、六中全会和习近平总书记系列重要讲话精神，认真践行五大新发展理念，以“守底线、走新路、奔小康”为总纲，以“强创新、占高地、作示范”为主题，坚持主基调主战略不动摇，大力实施大扶贫、大数据两大战略行动，大力实施开放带动、创新驱动和“一圈两翼”三大战略，圆满完成了州第十次党代会确定的目标任务，着力办成了推动思想大解放、实施“一圈两翼”发展战略、服务“中国天眼”建设、成功举办建州60周年庆典、做强“都匀毛尖”品牌、开展乡镇行政区划调整改革、打造百鸟河数字小镇等七件独具黔南特色的大事，全州经济建设、政治建设、文化建设、社会建设以及生态文明建设和党的建设取得显著成就。过去五年，是全州综合实力提升最快、基础设施改善最大、城乡面貌变化最猛、科学发展活力最强、生态文明建设最好、人民得到实惠最多、党的建设成效最佳的五年，极大地振奋了人心、鼓舞了士气、凝聚了力量。报告总结了五年来的经验，要求倍加珍惜、始终坚持、不断发展这些宝贵经验，永葆黔南的生机与活力。报告同时指出了全州经济社会发展前进道路上存在的问题，要求高度重视，认真加以解决。

【州委召开十一届一次全体会议】 2016年12月9日，中共黔南州第十一届委员会举行第一次全体会议。全会选举产生了中共黔南州第十一届委员会常务委员和书记、副书记，龙长春（苗族）、吴胜华（布依族）、罗桂荣（布依族）、张文强、黄伟、杨光杰（苗族）、吴丹、王芳（女）、胡志峰、瓦标龙（回族）当选为州委常委，龙长春（苗族）当选为州委书记，吴胜华（布依族）、罗桂荣（布依族）当选为州委副书记。

【中国共产党黔南州第十届纪律检查委员会第六次全体会议】 2016年2月3日，州委书记龙长春出席中国共产党黔南州第十届纪律检查委员会第六次全体会议并讲话。

龙长春在充分肯定全州近年来党风廉政建设和反腐败斗争取得的成绩后指出，全州各级党组织要深刻把握反腐倡廉建设取得的重大成效，在坚定信心上自觉向党中央和省委看齐，坚信有党中央的英明决策，省委和省纪委的坚强领导，全州上下的齐心协力，人民群众的鼎力支持和历年打下的坚实基础，一定能够赢得党风廉政建设和反腐败斗争的全面胜利。要深刻把握反腐倡廉建设面临的严峻形势，在保持政治定力上自觉向中央和省委看齐，对存在的问题和不足，切实采取有效措施加以解决。要深刻把握全面从严治党的新内涵新要求，在夯实主体责任上自觉向中央和省委看齐，切实担负起全面从严治党主体责任，既做部署工作的领导者，又当直接主抓的推动者和全面落实的执行者，紧紧抓住加强纪律建设这一治本之策，使管党治党真正从宽、松、软，走向严、紧、硬。

龙长春强调，要突出重点、聚焦发力，坚定不移推进党风廉政建设和反腐败斗争。要始终把尊崇党章放在首位，严守党的政治纪律、政治规矩，坚持把纪律和规矩挺在前面，在任何情况下都要做到政治信仰不变、政治立场不移、政治方向不偏。要着力强化正风肃纪，坚持抓常、抓细、抓长，始终抓住领导干部这个“关键少数”，紧盯“四风”新形式新动向严防反弹回潮，坚定不移地整顿机关作风，把家风建设摆在重要位置，确保今年县、乡（镇）、村（社区）换届选举风清气正，不断巩固和拓展作风建设成果。要坚持有腐必反，始终保持惩治腐败的高压态势和强大震慑，坚持“老虎”“苍蝇”一起打，坚持反腐无禁区、全覆盖、零容忍，保持力度不减、节奏不变、尺度不松，继续实施“整治铸廉”行动，促进民生监督常态化，特别要紧扣大扶贫战略行动，严肃查处各类违纪违法行为，为打赢精准脱贫攻坚战提供坚强保障。要积极探索创新，打造“制度铁笼”“数据铁笼”，做到“人在干、云在算、天在看”，以民主集中制为核心完善领导班子议事规则和决策程序，健全并严格执行党内监督制度，加强对“一把手”的监督制约，推进党内政治生活正常化规范化，同级纪委也要认真履行监督责任，确保党内监督落到实处、见到实效。

龙长春强调，各级党委（党组）要加强领导、强化责任，为党风廉政建设和反腐败工作提供坚强有力保障。要全面落实党风廉政建设和反腐败斗争主体责任，牢固树立不抓党风廉政建设就是严重失职的意识，“一把手”要履行好“第一责任人”责任，班子其他成员要落实好“一岗双责”

要求，要运用好省委巡视组的巡视成果抓好整改，要坚持“一案双查”，运用好监督执纪“四种形态”。要支持纪检机关充分发挥监督职能，加强对纪检监察工作领导的同时，保证执纪办案的相对独立性和权威性，全面落实州纪委向州级机关派驻纪检机构工作，继续加大对纪检监察工作的投入，着力改善工作条件，重点保障执纪办案经费，建立健全查办案件组织协调机制。要加强纪检监察机关干部队伍建设，各级纪检监察机关要找准职责定位，坚决维护党章和其他党内法规的权威，深化“三转”不断改进工作作风；纪检监察干部要切实把监督责任落到实处，失职渎职的要严肃问责，监督责任缺失的要坚决让位或问责；要自觉接受党内监督、群众监督，坚决防止“灯下黑”；要加大对纪检监察干部培养使用力度，不断增强干部队伍的生机与活力。

州委常委、州纪委书记魏明禄在讲话中指出，全州各级党组织和纪检监察机关要迅速组织传达学习，深刻领会、准确把握龙长春的重要讲话精神，切实抓好贯彻落实。要积极适应全面从严治党新常态，全力聚焦好监督执纪问责的主责主业，深刻把握全面从严治党与党风廉政建设和反腐败斗争、“两个不变”与“四个自然”以及“树木”与“森林”的辩证关系，做到认识必须到位；在严明纪律上尺度不松、在纠“四风”上力度不减、在民生监督上节奏不变，做到措施必须到位；狠抓改革创新、宣传教育、队伍建设，做到工作必须到位，不断把党风廉政建设和反腐败工作引向深入。

【州委常委班子召开“三严三实”专题民主生活会】 根据中央和省委部署要求，2016 年 1 月 16 日，州委常委班子全天召开“三严三实”专题民主生活会，深入学习贯彻中央政治局、省委常委班子专题民主生活会精神，紧扣“三严三实”主题和工作实际，深入查摆问题，深化整改落实，巩固扩大专题教育成果。

省委常委、省委宣传部部长张广智到会指导，州委书记龙长春主持会议并讲话。

州委对开好这次民主生活会高度重视，精心做好各项准备工作。会前，州委常委深入学习习近平总书记关于践行“三严三实”的新思想新观点新要求，重点学习总书记在中央政治局“三严三实”专题民主生活会上的讲话精神，学习党章和《中国共产党廉洁自律准则》《中国共产党纪律处分条例》等规章制度；通过多种方式广泛征求意见，原原本本进行反馈，主动梳理“不严不实”问题清单；深入开展谈心谈话，认真撰写班子对照检查材料和个人发言提纲，为开好专题民主生活会打下了坚实基础。

会上，龙长春首先代表州委常委班子进行对照检查，并带头作个人对照检查发言。州委副书记、州长向红琼，州委副书记、州委政法委书记吴胜华和其他常委，逐一进行个人对照检查发言，并开展相互批评。大家在发言中围绕“三严三实”主题，深入查摆了个人存在的不严不实问题，并进行严肃深刻的剖析检查，进一步明确了努力方向和改进措施。张广智对州委常委班子专题民主生活会给予充分肯定，同时，也指出了此次民主生活会存在的一些不足和问题，要求州委常委班子继续深化整改，以“又严又实、更严更实、最严最实”的要求不断推进作风建设再上新台阶。龙长春作了总结讲话。

【州委常委（扩大）会传达学习全国“两会”精神】 2016 年 3 月 18 日，州委召开常委（扩大）会议，传达学习十二届全国人大四次会议、全国政协十二届四次会议和省委领导干部会议精神。州委书记龙长春主持会议并讲话。州委副书记、州长向红琼传达有关会议精神。

会议指出，全州各级各部门要把学习宣传贯彻全国两会精神，作为当前和今后一个时期的重要政治任务来抓，切实增强政治意识、大局意识、核心意识、看齐意识，紧紧盯住同步小康的总目标，以开局就是决战、起步就是冲刺的紧迫感和使命感，“干”字当头、“实”字托底，确保黔南同步小康、富民强州的步伐又快又稳。

会议强调，要融会贯通，修编好“十三五”

规划。做好全州“十三五”规划与国家、省“十三五”规划的衔接，各部门要认真、及时编制完善本行业专项规划，争取更多工程、更多项目列入国家和省“十三五”专项规划盘子。要突出重点，着力抓好结构性改革。立足既有总量问题又有结构性问题的州情实际，正确处理好“供给侧”与“需求侧”、“加法”与“减法”、当前与长远、力度与节奏、主要矛盾与次要矛盾、政府与市场的关系，把供给侧与需求侧统筹起来，双管齐下、双侧发力，发挥好政府和企业的主体作用，抓好结构性改革重点任务的落实，尽快研究制定好全州实施方案。要执政为民，努力保障和改善民生。坚决打好脱贫攻坚战，着力抓好就业创业、教育、医疗卫生、社会救助等民生事业，切实维护社会和谐稳定，让全州各族人民在共建共享发展中具有更多的获得感。

会议强调，各级各部门要以学习贯彻全国“两会”精神为动力，干字为先，统筹推进各项工作，确保“十三五”良好开局。要进一步加强经济运行调度，全力以赴确保实现一季度“开门红”。要统筹推进全省第一次项目现场观摩会、都匀（国际）“茶人会”、建州60周年庆典、FAST项目竣工典礼等筹备工作。要切实加强党的建设和干部队伍建设，认真开展“两学一做”学习教育，落实全面从严治党主体责任，抓好即将进行的州县乡村“四级换届”工作，确保换届选举风清气正。

【州委常委（扩大）会议学习贯彻省委常委会专题听取黔南州工作情况汇报会议精神】 2016年5月21日，州委召开常委（扩大）会议，传达学习省委常委会专题听取黔南州工作情况汇报会议精神，研究贯彻落实意见。

州委书记龙长春主持会议并讲话，州委副书记、州长向红琼传达省委常委会会议精神。州人大常委会主任罗毅，州委副书记、州委政法委书记、都匀经济开发区党工委书记吴胜华，州委常委魏明禄、吴丹、罗燕军、胡志峰、闫光锋、郭青、范勇，州人大常委会、州政府、州政协领导班子成员及党组成员，州法院、州检察院主要负责人出席会议。

会议指出，省委常委会5月20日召开会议，专题听取黔南州工作情况汇报，对黔南工作提出了许多具体意见和要求，特别是陈敏尔书记明确指出：“当前和今后一个时期，黔南州要深入贯彻习近平总书记系列重要讲话精神和对贵州工作的重要指示要求，牢固树立五大新发展理念，坚守发展和生态两条底线，大力发扬大射电创新精神，唱响好花红民族绚歌，奋力打造民族地区创新发展先行示范区”，对全州各族干部群众既是巨大的鼓舞、又是极大的鞭策、更是重大的机遇。全州上下要站在战略和全局的高度，把传达好、学习好、宣传好、贯彻好省委常委会议精神特别是陈敏尔书记重要讲话精神，作为当前和今后一个时期的重大政治任务和战略任务，坚定不移以“强创新、占高地、作示范”为主题，以强烈的责任感和使命感，切实担负起决胜“十三五”、同步奔小康的历史使命，向省委、省政府交上一份满意的答卷。

会议强调，要深刻理解和准确把握省委常委会对黔南州工作的评价，不断增强发展自信。省委常委会指出，“十二五”期间，黔南认真贯彻习近平总书记系列重要讲话精神，深入落实省委、省政府决策部署，综合实力稳步提升，产业培育有新进展，改革开放实现突破，民生保障成效明显，生态建设深入推进，涌现出了一批好典型，经济社会发展取得了显著成就。同时，黔南州“十三五”时期的工作安排思路清晰、重点突出、求真务实，体现了把中央和省委精神与黔南实际结合的思想方法和工作方法，体现了黔南只争朝夕、开拓奋进的精神状态。省委常委会的评价，既是对黔南州工作的肯定，又是给全州充电加油，全州上下决不能沾沾自喜、骄傲自满，更不能躺在历史的功劳簿上止步不前，要进一步把思想和行动统一到党中央、国务院和省委、省政府的决策部署上来，奋力推动全州经济社会发展迈上新台阶，把“十三五”美好蓝图变成现实。

会议强调，要深刻理解和准确把握重大发展

机遇，切实深化州情认识。要把思想和行动统一到省委常委会的判断和要求上来，深刻认识大射电“开眼”，将为黔南“汇聚强大的科技力量、凝聚卓越的创新精神、带来重大的发展机遇”，自觉把大射电“开眼”这一难得的重大机遇进一步放大，做好做足天文学之外的经济社会发展大文章。要高标准建设航龙天文小镇，使之与百鸟河数字小镇并驾齐驱成为“姊妹镇”。要加快向上对接汇报，千方百计地促使与大射电相关的机构、项目落户航龙天文小镇，构建天文经济和大数据发展平台。要抓好大射电与大数据的结合，让大射电为大数据带来大红利。要把大射电与大旅游结合起来，大力发展天文科普游，确保全州旅游业实现“井喷式”增长。

会议强调，要深刻理解和准确把握“好花红”的精神实质，弘扬一心向党的优良传统。要坚定不移走中国特色解决民族问题的正确道路，牢牢把握各民族“共同团结进步、共同繁荣发展”这一主题，同心协力推动黔南各项事业向前发展，使全州民族团结之花鲜艳盛开、历久弥新，更加唱响“好花红”民族绚歌。

会议强调，要深刻理解和准确把握努力方向，抢占发展制高点。要围绕“打造民族地区创新发展先行示范区”这一目标定位，充分发挥交通优势、区位优势，抢占西南内陆开放合作的制高点，抓好与贵阳贵安的开放合作，推进都匀与凯里一体化发展，加快推进贵广高铁经济带贵州园区的规划建设；要抢占产业转型升级的制高点，以供给侧结构性改革为主抓手，以创新驱动为第一动力，深入推进“185”提升工程，打造全省农业“接二连三”示范区，抢抓国家“去产能”的机遇窗口期，推进磷资源产业循环发展，加快传统冶金业整合重组和技术改造升级，加快水泥企业提级改造步伐，大力发展大数据、新型建材等新兴产业；要抢占城乡统筹发展的制高点，做好城镇带动、经营乡村、精准脱贫三篇文章，促进城乡共同繁荣、共同进步，让广大群众共享改革发展成果。

会议强调，要深刻理解和准确把握大射电创新精神，建设登高望远、精益求精、勇于争先的创新型干部队伍。要弘扬大射电精益求精的工匠精神，牢固树立细节决定成败的理念，培育专心专注、紧盯细节、扎实刻苦的工作作风，以“如切如磋，如琢如磨”的态度把工作做精、做细、做实。要弘扬大射电勇于争先的拼搏精神，强化争先意识，敢与快的比、敢向高的攀、敢与勇的争，鼓起不达目的誓不罢休的斗志，在全国30个民族自治州中瞄准标兵奋勇直追、勇往直前，努力把黔南打造成为少数民族地区创新发展先行试范区。

【州委常委（扩大）会议传达学习习近平总书记重要批示精神】 2016年6月6日，州委召开常委（扩大）会议，传达学习习近平总书记重要批示精神，州委书记龙长春主持会议并讲话。会议强调，要深刻领会习近平总书记的重要批示精神，切实把批示精神作为做好统计工作的根本遵循，在思想上行动上作风上狠抓落实，树立正确政绩观，强化优质服务意识，弘扬“马上就办”精神，自觉尊重经济规律、推动科学发展，尊重社会规律、推动和谐发展，尊重自然规律、推动绿色发展，坚决反对统计造假、弄虚作假，确保统计监测精准、高效，为全州全面建成小康社会提供科学可靠的决策依据。

【州委常委（扩大）会议学习贯彻习近平总书记在庆祝中国共产党成立95周年大会上的讲话】 2016年7月5日下午，州委召开常委（扩大）会议，传达学习省委办公厅《关于认真学习贯彻〈习近平总书记在庆祝中国共产党成立95周年大会上的讲话〉的通知》，研究贯彻落实意见。州委书记龙长春主持会议并讲话。

会议指出，习近平总书记在庆祝中国共产党成立95周年大会上的重要讲话，高度评价了中国共产党为中华民族作出的伟大历史贡献，科学概括了历史给予的深刻启示。会议强调，全州各级党组织和广大党员要认真学习习总书记的重要讲话，做到全面理解、深刻把握、知行合一、学做互促，确保把讲话精神内化于心、外化于行、转化为果。要在学习领会、提高认识上下功夫，切实把学习贯彻习总书记建党95周年重要讲话精神作为一项重大政治任务抓紧抓实抓好，准确把握“不忘初心、继续前进”的八个方面实践要求，全面领会精神实质，真正做到学而信、学而用、学而行。要在联系实际、推动发展上下功夫，把学习贯彻讲话精神与“两学一做”学习教育结合起来，与加强和改进党的建设结合起来，与各级各部门的具体实际结合起来，教育引导广大党员不断增强做合格党员的思想自觉和行动自觉，永立潮头不忘初心，勇于担当继续前进。要在强化保障、营造氛围上下功夫，切实加强对学习贯彻习总书记重要讲话精神的组织领导，及时安排部署，制定具体学习计划，采取有效措施，迅速在全州掀起学习贯彻的热潮。各级党员领导干部要发挥表率作用，带头深入学习讲话精神，精读原文，学深悟透，辅导宣讲。各级宣传部门要深化理论研究阐释，加大宣传力度，确保学习讲话精神家喻户晓、深入人心。

【州委常委（扩大）会议传达学习习近平总书记做好防汛抗洪抢险救灾工作重要讲话和全省第二次项目建设现场观摩会会议精神】 2016年7月24日下午，州委召开常委（扩大）会议，传达学习《中共贵州省委办公厅关于传达学习习近平总书记〈关于做好当前防汛抗洪抢险救灾工作的讲话〉的通知》和2016年全省第二次项目建设现场观摩会会议精神，研究全州贯彻落实意见。州委书记龙长春主持会议并讲话。

会议指出，入汛以来，全州防汛抗洪抢险救灾工作取得阶段性成效，但形势依然严峻，各级各有关部门要坚决贯彻落实习近平总书记重要讲话精神，扎实做好防汛抗洪抢险救灾工作。要进一步加强组织领导，全面落实防汛责任制，克服麻痹思想和侥幸心理，把防汛责任落实到单位、到领导、到责任人。要进一步加强部门联动，健全防汛抗洪应急管理，强化防汛抗旱指挥部成员单位之间、州县（市、区）之间的协调联动，在险情发生时，充分发挥消防、武警、公安等抢险主力军作用。要进一步加强信息发布，抓好监测预警，加强监测力量，加密监测频次，密切监视天气和汛情发展变化，及时向群众发布灾害预警信息。要进一步加大检查督查，抓好重点区域监管，抓好山洪、地质灾害防御，做好水库（水电站）、学校、尾矿库、垃圾填埋场、工业园区、旅游景区等重点场所安全度汛，抓好城镇防洪排涝。要进一步增强汛旱意识，确保防汛抗旱两不误，积极应对后期可能出现的干旱，牢牢把握抗旱工作主动权。

会议要求，全州各级各部门要认真学习领会贯彻落实会议精神，强化措施、奋力拼搏，确保圆满完成年度经济社会发展各项目标任务。

【州委常委（扩大）会议传达学习党的十八届六中全会精神】 2016年10月30日，州委召开常委（扩大）会议，传达学习党的十八届六中全会精神，研究全州贯彻落实意见。州委书记龙长春主持会议并讲话。

会议强调，全州各级党组织和广大党员干部要把学习宣传贯彻党的十八届六中全会精神，作为当前和今后一个时期的重要政治任务来抓，全面准确把握全会精神实质，切实把思想和行动统一到中央的决策部署上来，做到思想上高度重视、学习上精心组织、落实上扎实高效，为奋力打造民族地区创新发展先行示范区提供强有力的政治保证，以优异的成绩迎接党的十九大召开。

【州委中心组学习会】 2016年3月24—26日，州委中心学习组在平塘县召开集中学习会，深入学习贯彻习近平总书记系列重要讲话精神，全面贯彻落实党的十八届五中全会、全国“两会”精神，切实增强看齐意识，做政治上的明白人，做发展上的实干家。学习期间，全体学员围绕“切实增强看齐意识，做政治上的明白人、做发展上的实干家”的主题进行了个人自学、集中学习和分组讨论，部分学员结合思想实际和工作实际作了交流发言。州委书记龙长春作总结讲话时指出，这次集中学习会学出了新风、学出了思路、学出了担当，达到了学有所思、学有所悟、学有所得的目的。全州各级各部门尤其是党员领导干部，要切实增强看齐意识，做政治上的明白人，做发展上的实干家。并强调，要在思想政治上看齐，始终保持坚定敏锐的政治清醒。要在发展方向上看齐，始终保持砥砺前行的战略定力。要在担当善为上看齐，始终保持奋发进取的精神状态。要在从严治党上看齐，始终保持风清气正的政治生态。加强党的建设是确保党的事业无往而不胜的重要法宝，全州各级党组织和党员干部要着力推进党风廉政建设，严格落实党风廉政建设“两个责任”，确保广大党员干部切实做到忠诚、干净、担当，党员领导干部要在自律上看齐，争当自觉坚持原则、严于律己的表率。

【州委中心组第二次学习会暨“两学一做”学习教育专题研讨会】 2016年6月22—25日，州委中心学习组举行2016年第二次集中学习会暨“两学一做”学习教育专题研讨会。6月22日、23日，黔南州党政考察团先后到贵阳市和贵安新区考察学习，与两地对接相关工作，并签订深化区域合作框架协议。考察后，又赴惠水县举行州委中心学习组2016年第二次集中学习会暨“两学一做”学习教育专题研讨会。会上，深入学习了《中国共产党章程》等系列规章制度、习近平总书记系列重要讲话精神及省委书记陈敏尔有关讲话等，听取省纪委副书记陈再天主讲的《巡视和任务》专题讲座，并就如何贯彻落实省委常委会专题研究黔南工作会议精神进行讨论。

龙长春指出，全州各级各部门谋划发展、推动工作，必须抓住“民族地区、创新发展、先行示范”这三个关键点，以更宽广的视野、更锐意的创新、更担当的作为，奋力走在全国民族自治地区发展的更前列。龙长春强调，要抢字当先、实字托底，加快占领区域开放合作、产业转型升级、城乡统筹改革三大制高点，更好地引领经济社会跨越发展。站在新的起点上，必须充分发挥大射电精神和好花红优良传统这两大优势，为打造全国民族地区创新发展先行示范区提供有力保证和不竭动力。要发扬大射电精神，加强创新型干部队伍建设。省委书记陈敏尔指出，大射电精神，本质是创新，具体内涵是登高望远、精益求精、勇于争先。这既是黔南建州60年来取得辉煌成就的精神支柱，又是加强干部队伍建设的精神坐标，必须大力发扬大射电精神，努力建设一支登高望远、精益求精、勇于争先的创新型干部队伍。要登高望远、精益求精、勇于争先、增强看齐意识、促进共同团结进步、促进共同繁荣发展。

龙长春强调，要深刻理解《好花红》中“好久不到花坡来，朵朵鲜花遍地开”的歌词含义，与“全面实现小康，一个民族都不能少”的要求高度契合。要坚定不移地以“强创新、占高地、作示范”为主题，以脱贫攻坚为统领，做到同步小康一个领域不能少、一个区域不能少、一个民族不能少，决不拖全国、全省的后腿，奋力打造全国民族地区创新发展先行示范区，更好满足人民群众对美好生活的向往，让全州各族人民的幸福之花，朵朵鲜艳遍地开。

【州委中心组第三次学习会暨“两学一做”学习教育专题研讨会】 2016年9月28—30日，州委中心学习组以“不忘初心、继续前进，干在实处、走在前列，奋力打造民族地区创新发展先行示范区”为主题，在贵定县召开集中学习暨“两学一做”学习教育专题学习会。学习研讨会以组团赴安顺市考察观摩、个人自学、专家辅导、集中领学、交流发言等方式进行，州委书记龙长春主持学习研讨会并作讲话。省委宣传部副部长、省委网信办主任谢念就《如何提升领导干部的媒体应对能力》进行专题辅导。

会议专题学习《中国共产党章程》《党政领导干部选拔任用工作条例》《中国共产党问责条例》《习近平总书记在庆祝中国共产党成立95周年大会上的讲话》《习近平总书记在全国卫生与健康大会上的讲话》《中共中央办公厅关于部分中管干部违反中央八项规定精神问题及其教训警示的通报》《中共中央办公厅国务院办公厅印发〈关于2016

年上半年贯彻执行中央八项规定情况的报告〉的通知》《刘延东、孟建柱、陈敏尔同志在黔南调研期间的讲话和指示精神》《〈中共中央宣传部关于湖北省委严肃处理恩施州委、利川市委中心组学习突出问题的通报〉及陈敏尔同志的批示》《中共贵州省委关于印发〈中共贵州省第十一届委员会工作规则〉的通知》《中共贵州省委贵州省人民政府关于推动绿色发展建设生态文明的意见》《陈敏尔、孙志刚同志在省委十一届七次全会上的讲话及说明》《陈敏尔同志在省委中心组专题研讨会上的总结讲话》《中共贵州省委办公厅〈转发省委宣传部省委网络安全和信息化领导小组办公室关于提升领导干部运用互联网能力的指导意见〉的通知》等重要讲话、会议、文件精神和《不忘初心：中国共产党为什么能永葆朝气》《谁在导演世界》等书籍。

会议强调，近期刘延东、孟建柱、万鄂湘及陈敏尔等中央和省委领导到黔南调研，专题听取黔南州工作情况汇报，对黔南工作给予了充分肯定，提出了许多具体意见和要求，对全州各族干部群众既是巨大的鼓舞又是极大的鞭策更是重大的机遇。全州各级各部门和广大党员干部要用习近平总书记系列重要讲话精神武装头脑、指导实践、推动工作，将中央领导人及省委书记陈敏尔在黔南调研的指示要求不折不扣落到实处、干在实处，走在前列，为奋力打造民族地区创新发展先行示范区，实现同步小康、富民强州而不懈奋斗。

【州委中心组第四次学习会暨“两学一做”学习教育专题研讨会】 2016 年 12 月 21—23 日，州委中心学习组在都匀召开 2016 年第四次集中学习暨“两学一做”学习教育专题研讨会，学习会以“坚定理想信念，增强核心意识，聚焦奋斗目标，做开启基本现代化建设新征程的执行者和落实者”为主题，采取个人自学、集中领学、观看警示片、分组研讨、交流发言、重点发言等方式进行，州委书记龙长春主持学习会并作学习辅导。

会议专题学习《中国共产党章程》《党政领导干部选拔任用工作条例》《关于新形势下党内政治生活的若干准则》《中国共产党党内监督条例》《中国共产党第十八届中央委员会第六次全体会议公报》《习近平关于〈新形势下党内政治生活的若干准则〉和〈中国共产党党内监督条例〉的说明》《习近平、刘云山同志在全国国有企业党的建设工作会议上的讲话》《〈关于组织人事部门对领导干部进行提醒、函询和诫勉的实施细则〉贯彻落实情况》《中共贵州省委学习贯彻落实〈关于新形势下党内政治生活的若干准则〉和〈中国共产党党内监督条例〉的意见》《陈敏尔同志在省委十一届八次全会上的讲话》《陈敏尔同志在省委中心组学习〈胡锦涛文选〉时的讲话》《陈敏尔同志在省委中心组专题学习会上的总结讲话》《中共贵州省委组织部关于进一步严肃换届纪律的通知》《黔南州第十一次党代会州委工作报告》《黔南州纪委工作报告》《龙长春同志在州第十一次党代会闭幕式上的讲话》等重要文件、会议及讲话精神和《胡锦涛文选》《党的十八届六中全会文件学习辅导百问》等重要书籍。

会议强调，全州各级各部门和党员领导干部要把思想和行动统一到中央、省委和州委的决策部署上来，把力量凝聚到州党代会确定的目标任务上来，坚持战略定力，统一思想意志，切实把落实州第十一次党代会的决策部署作为政治责任，凡是州党代会明确和制定的战略部署、政策措施，必须不折不扣地执行，决不允许阳奉阴违、另搞一套。要坚定信心执行战略，增强百折不挠的韧劲，保持坚如磐石的定力，不断积蓄推动跨越发展的强大爆发力。

会议强调，州、县（市）各级“两会”召开在即，各县（市）要进一步严肃换届选举工作纪律，坚决防止选人用人上的不正之风，坚决防止拉票贿选，大力营造风清气正的用人环境。换届期间，各级领导干部要以平常心正确面对个人的进、退、流、转，做到思想上不散、工作上不松，坚持不懈地履行好职责，全力以赴地抓好各项工作。绝不能因为换届而影响各项工作日的推进。

会议要求，全州各级各部门要始终坚持超越

自我、追求卓越，传承好新时期黔南精神，大力弘扬大射电创新精神，努力把工作做精、做细、做实，做得更好，努力在改革发展中冲在先、走在前。要保持“心无旁骛”的专注态度，以高度的责任感，用心专注、戒骄戒躁、始终如一地把每一项工作做到位。要弘扬“精益求精”的工匠精神，努力克服久战疲劳、精神懈怠、投机取巧等消极思想，将一丝不苟、精益求精的工匠精神融入到工作中。要锤炼“争创一流”的坚强意志，思想上追求卓越，行动上争创一流，始终保持勇于争上的胆识和锐气，努力在推进经济社会发展中走前列、作示范。

会议要求，全州广大党员干部尤其是领导干部，要把学习宣传贯彻落实党的十八届六中全会、省委十一届八次全会精神和州第十一次党代会精神作为当前和今后一个时期的重要政治任务，充分发挥表率作用，自觉做落实中央、省委、州委重大决策部署的组织者、推动者、执行者。领导干部要做到以上率下、身先士卒、冲锋在前，用榜样的力量带好下级，凡是要求党员干部做到的自己首先做到，凡是要求党员干部不做的自己首先不做，以严的要求、实的作风、真的担当，带领全州广大干部深入贯彻落实好中央、省委和州委的决策部署，确保落地生根、开花结果。

会议明确，平塘县要紧紧抓住2017年全省旅发会召开的契机，抓紧上项目，加快天文科普园、交通基础设施等重大项目的建设进度；要高度重视大射电景区的建设，着力提升“中国天眼”容量；荔波县要加快推进景区景点改造升级步伐，不断提高景区基础设施条件和综合服务水平。

【州委书记龙长春率黔南党政代表团拜会广州市委、市政府】 2016年1月17日下午，州委书记龙长春率黔南党政代表团到广州市拜会广州市委、市政府，就加强对口帮扶工作、黔南建州60周年广州成就展有关事宜进行深入交流。广东省委常委、广州市委书记任学锋会见了黔南州代表团一行。

任学锋代表广州市委、市政府对黔南州党政代表团的到来表示热烈欢迎。任学锋详细介绍了广州市近年来经济社会发展情况，他说，广州正积极探索新时期科学扶贫开发新路子，下一步，将按照中央和广东省委的要求，进一步加大对口帮扶的力度，着力加强双方合作，推荐鼓励更多企业到黔南州创业发展。深化人才培养、智力帮扶，建立党政干部、科技人员、医教人员、企业管理人员等挂职交流锻炼制度，帮助黔南州举办各级各类干部、专业技术人才培训班。完善工作机制，使对口帮扶工作有序开展，实现双方合作共赢。

龙长春对广州市近年来对口帮扶黔南表示诚挚的感谢，并介绍了黔南州经济社会发展情况。希望广州一如既往关心支持黔南，进一步深化双方合作交流，重点在产业培育、人才培养及智力支持、生态建设等方面给予支持，增强黔南的发展能力，不断开创合作交流新局面。

【黔南州认真贯彻落实省委书记陈敏尔对荔波县旅游发展重要指示精神】 黔南州围绕陈敏尔书记“用一年时间打造荔波旅游升级版”重要指示精神，紧紧抓住“小七孔景区提质扩容升级”这一主要矛盾，以小七孔景区提质扩容升级带动其他景区建设，助推全州旅游井喷式增长。1. 统一思想、提高认识。牢固树立旅游“既富民又富县”思想和“旅游＋”理念，围绕旅游抓工作，围绕旅游配资源，以旅游为龙头带动一、二、三产业发展，以旅游大发展引领荔波大发展。2. 突出重点、整体推进。按照全域旅游理念，聘请知名规划设计单位进行规划。按照规划进行项目化建设，根据工程量排出工期、明确责任、清单管理、对账销号。做好景区周边配套建设，统筹推进小七孔—茂兰—县城“三点一线”、邓恩铭故居纪念馆项目建设和茂兰景区打造等工作。3. 创新体制、增强活力。探索第三方管理模式，以政府买服务的方式委托高端管理团队管理景区。抓紧组建荔波旅游景区管理委员会。4. 加强领导、改进作风。建好工作领导体制机制，确保每个项目都有领导主攻、抓总，让四家班子成员都有项目、任务。大力发扬大射电精神，抓好党风廉政建设，教育引导干部做到守土有责、守土负责、守土尽责，对不作为、不担当的干部坚决进行组织调整。

【黔南州扩大投资补短板增后劲】 2016年，黔南州扩大投资补短板增后劲。1. 聚焦基础设施扩大投资。重点推进罗甸至望谟、平塘至罗甸、三都至独山、三都至荔波等高速公路建设，加快都凯、都独、贵龙纵线二期等城市场快速干道建设，推进都匀—福泉、福泉—瓮安等快速干道前期工作，谋划大射电等一批旅游路网建设。加快荔波机场改扩建及贵南高铁、黔桂线都匀火车站外迁工程，推动都匀机场规划建设。推动罗甸港、福泉凤山大型水库和20座中小型水库开工建设。加快高速宽带网络基础设施建设。全年交通、水利、信息计划分别完成投资270亿元、41亿元和16亿元以上。2. 聚焦产业升级扩大投资。推动政府产业基金和社会资本深度融合，突出推进大数据、大旅游、大物流、大健康、大文化等战略行动计划，精准聚焦“五大新兴产业”加大投资。引导工业企业加大技改投入，支持龙头骨干企业发展，提高项目投资总量、投资强度、亩均产出。全年工业、旅游、农业计划分别完成投资310亿元、36亿元、41亿元以上。3. 聚焦民生改善扩大投资。加强城乡基本公共服务体系建设。狠抓乡镇卫生院、县级医疗机构、义务教育学校、养老、殡葬、公共足球场、乡村旅游富民工程项目开工建设，确保“十件民生实事”全年完成投资87亿元以上。

【黔南州加快开放合作拓展发展空间】 1. 加快融入环贵阳邻贵安经济带发展。推进环贵阳邻贵安经济带建设，统筹推进惠水、龙里、贵定、长顺与贵阳、贵安基础设施互联互通、基本公共服务共建共享，承接贵阳、贵安产业嫁接转移，做大做足产业配套和优势互补文章。积极融入贵阳、贵安发展平台，争取贵阳、贵安在黔南建设保税仓库。2. 加快与全国民族自治州开放合作。加强与全国其他29个自治州的开放合作，探索建立联谊协作机制，推动自治州开展一个创新发展论坛、一场民族歌舞汇演、一场体育友谊赛事、一场非物质文化遗产展演、一次民族文艺采风“五个一”活动。推动与黔东南、黔西南全方位开放合作，加快都匀机场、都凯大道、都福大道等基础设施建设，共同推动贵南客专都凯联络线建设，构建都凯经济协作区，加强南部地区与丹黎从榕的合作。3. 抢占高铁时代加快对外开放。积极融入贵广高铁经济带，加快建设粤桂黔高铁经济带合作试验区（贵州园）。对接珠江—西江经济带，加强与高铁沿线地区产业、生态、旅游等重点领域的合作。积极承接珠三角产业转移，借助珠三角融入“一带一路”。加快推进黔桂（黔南·河池）连片特困地区同步小康合作示范区建设。加强与广州在产业培育、园区建设、商贸旅游、人才培训等方面的合作。

【黔南州突出问题导向强化民生监督】 1. 解决工作精力不集中的问题。针对换届中有的干部精力不专注、工作不持续、有案不办、推诿塞责的情况，把全州105个民生监督组划分为落后型、追赶型、领先型，各县（市、区）实行月考季调度。2. 解决监督手段不丰富的问题。整合专项监督力量实行主管部门自查、实施单位倒查、职能部门审查、民生监督组专查、司法机关调查“五查”，通过见人、见项目、见资金“三见”发现问题线索；推行一周内完成线索转办、一周内完成案件初核、一周内完成案件调查、一周内完成案件审理的“一周工作法”，对问题多、腐败易发的监察项目开展“回头看”。3. 解决压力传导不深入的问题。州纪委带队对各县（市）随机暗访督查，州纪委常委带队，分6个工作组对各县（市）定期暗访督查民生监督情况。州纪委监察局主要领导对工作滞后的县（市）纪委书记约谈，县（市）纪委书记对工作滞后的民生监督组组长及所在乡镇党委书记和纪委书记约谈。截至2016年年底，全州民生监督组共立案982件，结案677件，党政纪处分685人，立案数、结案数、受党政纪处分人数均同比上升60%以上，通过“回头看”，新发现问题线索118个，立案55件，深入核查63个。

【黔南州着力做大做强都匀毛尖品牌】 1. 做大品牌规模。出台促进茶产业发展政策，引导茶农发展专业合作社，整合茶叶企业发展，鼓励茶叶企业扩大生产、规模经营。重点推广地方良种，新建茶园一律按照有机茶标准种植。2016年，全州累计茶园面积达151.5万亩，投产茶园72万亩，2016年产量2.1万吨，产值40亿元。2. 注重品牌管理。成立都匀毛尖茶品牌管理委员会，出台品牌管理相关办法，将“都匀毛尖”证明商标、地理标志产品保护及标准化体系等品牌管理事项全部由州政府统一管理。制定《都匀毛尖茶综合标准化体系》和《都匀毛尖》等25个地方标准，成功开发红茶、白茶、乌龙茶、黑茶等系列产品。3. 加强品牌宣传。统筹省州县“4个1000万”宣传资金，加强“都匀毛尖”品牌宣传。成功承办、举办系列茶活动，推进科技兴茶，提升茶叶品质，繁荣发展茶文化。“都匀毛尖”茶区域公共品牌价值已由2013年的12.9亿元增加到2016年的23.5亿元。

【黔南州PPP模式加快基础设施建设】 1. 深化合作扩大规模。上报省PPP项目储备535个，总投资3239亿元，PPP项目从原有市政领域拓展至科教文卫等社会领域。2016年，通过PPP模式签约项目13个，签约资金202.83亿元，其中撬动市场投资159.38亿元。2. 打造州级融资平台。先期与深圳金砖城市国开先导基金管理有限公司共同设立“黔南州PPP项目财政支持基金”，基金总额22.5亿元，已投入17.3亿元建设瓮马铁路、州博物馆等项目。3. 服务保障项目落地。对全州300多名项目负责人和县（市）分管领导开展PPP知识系统性培训，建立PPP项目手续办理“绿色通道”。通过“绿色通道”为13家企业办结了相关手续，对已开工的13个示范项目建立台账，实施跟踪服务。4. 权责明确可靠运营。采取政府购买服务的方式运营PPP项目，从股权投资、运营补贴、风险承担、配套投入4个方面测算财政支出责任，并纳入州级年度预算。建立风险分担机制，属于经营活动自身产生的，由投资者承担；超出投资者控制范围的，由公共部门独立承担；不可抗力等风险的由双方共同分担。

【FAST对地方发展助推效应初显】 1. 引爆旅游井喷式增长。2016年国庆期间全州共接待旅客636.76万人次，同比增长57.3%；旅游总收入44.7亿元，同比增长64.7%。其中，平塘县共接待游客79.66万人次，同比增长64.7%；旅游总收入7.8亿元，同比增长58.1%。“中国天眼”景区接待游客21.2万人次，日均接待游客3万人次。2. 推动区域发展平台构建。平塘县开工建设“航龙—未来天文小镇”，组建贵州航龙天文小镇经济开发区管委会，明确为正县级派出机构，以天文科技为核心、旅游产业为纽带、跨区域合作为平台，覆盖“三县六镇”，规划建设总面积1954平方公里，人口由1.4万人拓展到近期15万人、远期30万。3. 吸引投资带动创业就业。吸引一批企业到平塘、罗甸投资酒店、水上乐园、生态农业等。至2016年年底，正在建设项目40余个，总投资200余亿元，已带动2000余名农民工返乡创业。

【黔南州扎实推进产业园区建设】 1. 注重科学规划。结合“一圈两翼”战略布局，科学编制产业园区发展规划，对企业实行集群化培育、高端化提升，保障园区可持续性发展。2016年，全州产业园区规划总面积47422公顷，已开发9561公顷，入驻企业1641户，投产企业1229户，在建项目602个。2. 注重基础夯实。依托现有基础和优势产业，设立研发中心、孵化中心等科技创新载体，提升园区要素资源吸附能力、产业支撑能力和辐射带动能力。全州累计修建园区道路402公里，供水管网287公里，排水管网379.4公里；建成污水处理厂14个；建成标准厂房423.45万平方米，入驻企业489户，解决就业22451人。3. 注重招商引资。重点引进新能源、新医药、新建材等新型产业项目。2016年以来，开展招商活动191次，引进重大项目203个，总投资1238.59亿元。

【黔南州用好“四张名片”打造特色小镇】 1. 依托都匀毛尖品牌，做亮“毛尖小镇”。通过建设都匀“毛尖小镇”，带动中国茶博园、梦都旅游文化创意产业园、爱国主义教育暨影视文化小镇等发展，掀起茶文化、影视文化旅游热，带动贵定、瓮安、平塘等县茶产业发展。2016 年 1—11 月，全州销售都匀毛尖茶 2.15 万吨、销售额 35 亿元。2. 打造大数据产业创新区，做强“数字小镇”。加快建设惠水百鸟河世界级数字小镇，引进联想控股、HTC 等 30 余家企业，引领好花红农村电商企业迅速发展到 16 家，该县电商实现网络交易额 4 亿元，辐射带动了贵安长顺电子信息产业基地、都匀经济开发区科技产业园等大数据产业聚集区迅速发展。3. 发展天文科普文化产业，做精“天文小镇”。加快平塘国际大射电“中国天眼”景区建设，组建贵州航龙天文小镇经济开发区管委会，覆盖“三县六镇”，规划建设面积 1954 平方公里，人口远期将达 30 万。2016 年，正在建设“天文小镇”首批项目 40 余个，总投资 200 亿元。4. 开发创新自然资源，做美“旅游小镇”。打造小七孔“旅游小镇”，成立荔波风景名胜和旅游景区党工委、管委会，投资 2500 万元建设淇江寨票民宿旅游项目，引资 2.5 亿元开发清水旅游休闲度假地，带动荔波及三都、独山、平塘等县旅游发展。

【中共黔南州委办公室工作概况】 2016 年，是黔南州大事、喜事较多的一年。州委办公室立足“四最一中枢”的职能，紧紧围绕服务州委带领全州各族干部群众实现“十三五”良好开局的目标，按照州委对办公室工作提出的“争做保障州委决策落实的‘坚强前哨’，服务州委工作运转的‘巩固后院’”的要求，切实优化工作流程、创新工作方式、提升工作效率，有力推进了各项工作高效安全运转。

一、立足精致，精心做好大型会议、活动筹办工作。坚持“方案引领、方式创新、极致筹办”的原则，抓好全州大型会议、活动的筹办工作。一是突出以方案为引领。做到每次会议、每个活动、每个事项都有方案。通过制定方案实现责任分解、分工协作，打好组合拳、办出真水平。以方案为引领，确保会议、活动环环相扣、步步相联、有序推进。如：在建州 60 周年庆祝活动筹办过程中，制定方案近 100 个。在州第十一次党代会筹办过程中，制定方案 30 余个。大到建州 60 周年庆祝活动开幕式的举办，小到活动的菜谱安排、菜品摆放都制定详尽的工作方案。二是突出服务方式创新。在会议、活动筹办过程中，切实创新工作方式，采取会长负责制、定期调度制、集中统一指挥、细化分类服务、适时督促、茶水分离等方式，在落细落小落实上下足功夫，确保大型会议、活动高质量、高规格、高标准筹办。三是突出精致极致筹办。在会议、活动筹办过程中，切实树立标杆意识、精品意识，积极借鉴上级部门和其他地区筹办会议、活动的先进经验，不断优化方案，改进方式方法，将现代科技手段用于会议、活动服务中，切实提高会议、活动的服务质量和水平。如在建州 60 周年庆祝活动中，通过采用对讲机调度、设置快速安检点、飞猫摄像直播等手段确保了活动的顺畅举办。2016 年，州委办公室共牵头筹办建州 60 周年庆祝活动、2016 都匀毛尖（国际）茶人会、州第十一次党代会等大型会议、活动 50 余次，完成中央、省领导及省内外有关考察团赴黔南考察重大接待工作 20 余次，向外界展示了黔南良好形象。建州 60 周年庆祝活动得到参加活动的各级领导和来宾的一致肯定，湖北省恩施州等地组织团队专程到州内考察学习借鉴经验。

二、立足精细，细心抓好办文办会办事制度建设。坚持“有章可循、规范有序、务实管用”的原则，抓好办文办会办事制度建设。一是规范公文办理流程。出台《中共黔南州委办公室公文运转办法（试行）》《中共黔南州委办公室公文办理办法（试行）》《州委、州政府及州委办公室、州政府办公室联合行文管理办法》，采取公文分办的方式，确保公文精细化办理。2016 年，共接处各类公文 2630 件，全部规范、高效、安全办结。优化发文流程，严控发文数量，提高发文质量，规范发文规格，年度共制发州委、州委办公室文件342件，同比减少84件。二是规范会议审批。出台《关于进一步规范2016年重要会议及活动的通知》《中共黔南州委办公室全员参与政务服务工作办法》，实行无会周、会议年计划、会议预告等制度，切实减少会议召开次数，控制会议规模，推进州、县工作有机统筹开展。在会议服务中，采取茶水分离、规范印制会议材料、落实音响话筒调控责任人、全员参与服务、专人记录、加大会议议定事项督办力度等确保各类会议实现精细化服务。2016年，服务州委常委会41次，专题会28次，州四家班子秘书长联席会3次，州委秘书长办公会11次，州委秘书长办公会成员（扩大）碰头会12次，各类会议议定事项按要求落实。三是规范内部事务管理。制定印发《州委办公室财务管理办法（试行）》《州委办公室公务车辆使用管理实施细则（试行）》，实现以制度管人管事，切实增强工作纪律性和工作时效性。四是建立健全干部学习制度。出台《州委办公室每周学习例会制度》，坚持每周一学，每次学习做到主题突出、学有所获，年度共组织学习47次，极大提升了干部职工的理论水平和业务水平。

三、立足精准，悉心做好以文辅政各项工作。坚持"追求精品、讲求时效、全员参与"的原则，悉心抓好信息提炼、课题调研、领导文稿起草等服务工作，当好州委重要决策部署的参谋助手，实现以文辅政目标。一是根据"撰精品文、写精品稿"的思路，采取重大文稿起草全面深入调研、整合精锐力量撰写、组建重要文稿写作专班拟写等方式，确保文稿吃透上情、把握下情、掌握实情，体现领导意图、展现目标蓝图、呈现操作构图。年度累计撰写州委领导各类会议、活动重要文稿600余篇。二是坚持深入基层督查督办，推进州委重要决策部署精准落实。完成《黔南督查专报》62期，被省采用13篇，有力宣传了黔南的工作经验和取得的成效，督查工作考评在全省各市（州）中排名第五。三是紧扣发展第一要务，以前瞻性、战略性和对策性研究为宗旨，精准提供决策参考服务。完成州委重大问题调研课题66个，得到省委肯定批复1个，得到州委主要领导批示12个，50余项意见建议被州委纳入决策范畴。四是按照"足够的数量、较高的质量、极强的时效"的要求，突出信息工作"打翻身仗"的目标，精准发力。围绕建州60周年庆祝活动、2016都匀毛尖（国际）茶人会、FAST项目落成启用活动等州内重大活动及民生热点、难点和工作亮点加强信息提炼报送。年度向省委办公厅报送信息521篇，被采用58篇，采编《黔南信息》55期、《专报信息》10期，累计向省级门户网站上载《市州要闻》3027条。

四、立足精干，用心加强干部队伍建设。坚持"忠诚可靠、素质过硬、吃苦负重"的原则，用心加强干部队伍建设。一是着力锤炼绝对忠诚的干部队伍。突出绝对忠诚，扎实抓好"两学一做"学习教育，州委领导和州委秘书长班子成员以身作则，自觉以普通党员身份参加所在支部的学习教育，以上率下，全办干部职工不仅按要求做好学习教育的各项规定动作，认真学习了安排的学习内容，还采取学习测试、参加知识竞赛、撰写心得体会等方式增强学习成效。全年开展州委秘书长班子中心组"两学一做"集中学习研讨4次，各支部开展集中学习50余次。通过学习教育，干部队伍精神之"钙"得到补足，道路自信、理论自信、制度自信、文化自信得到强化，政治意识、大局意识、核心意识、看齐意识不断增强，党性得到极大锤炼，绝对忠诚的政治品格得以形成，为干事创业打下了坚实的思想基础。二是着力打造干净廉洁的干部队伍。采取"两个责任"落实监督网络平台监督、印发《警钟长鸣》刊物供学习警示等方式开展常态化监督，为干事创业营造风清气正的政治生态。年度专职州委秘书长班子成员和办公室干部职工无违法违纪行为发生。三是着力打造能干善干的干部队伍。采取全员参与政务服务方式，加大培训力度，鼓励有为有位，在提升干部职工理论水平的基础上，不断提升"提笔能写、开口能讲、问策能对、遇事能办"能力。2016年，组织28名干部参加了涵盖党建工作、精准扶贫、大数据等内容的培训，增强了干部职工的思想政治素质、业务工作水平和运用理论解决实际问题的能力。同时，推荐提拔正县级干部1名，提拔正科级干部2名，做好5名新进人员的岗位安排，9名任职试用期满干部的考核转正工作，树立有为有位的工作导向。

五、立足精到，诚心做好干部职工服务工作。坚持“以人为本、精到诚心、关怀激励”的原则，推进内部服务工作人本化。一是服务干部成长。制定了《中共黔南州委办公室关于鼓励在职人员攻读硕士及以上学历学位实施细则》，鼓励干部职工在职提升学历层次。二是服务跟岗锻炼。为将州委办公室好的工作作风和工作方法传承到全州各级各部门，同时学习借鉴基层干部丰富的基层工作经验，在条件艰苦的情况下，为到州委办跟岗锻炼的30名干部安排好学习岗位和食宿，确保跟岗锻炼干部安心学习，舒心工作。三是维护职工利益。认真落实干部带薪年休假和干部职工关怀激励制度，出台《州委办公室带薪休假工作机制》《州委办公室落实优化休假作息安排工作实施方案》，保障干部职工有序、有效享受法定休假。并在干部职工生病住院、婚丧嫁娶时派班子成员和干部职工按照工会慰问相关规定进行慰问，年度列支工会费开展州委办公室工会会员和离退休人员慰问33人次。四是呵护干部职工身心健康。年度组织州委办离退休人员外出考察学习2次及参加重阳节健步行活动1次。组织全办干部职工和离退休人员进行年度体检。开展州委办公室绿化、亮化、美化工作，营造良好的办公环境。充分体现州委办公室精到服务的精神。

六、立足精严，凝心抓好党的建设各项工作。坚持“纪律从严、规矩从严、制度从严”的原则，凝心聚力抓好机关党建工作。一是严肃党内政治生活。巩固党的群众路线教育实践活动和“三严三实”专题教育活动成果，通过学习测试、知识竞赛、强化指导督促等方式扎实抓好“两学一做”学习教育，推进机关党内政治生活制度化开展。二是严明“两个责任”纪律。强化机关党风廉政建设，履行党风廉政建设“主体责任”，自觉将党风廉政建设与州委办其他业务工作同研究、同部署、同检查、同落实。明确州委办机关党委书记履行党风廉政建设“监督责任”，扎紧制度笼子，加强纪律监督，实现监督常态化，确保了州委专职秘书长班子成员和办公室干部职工违法违纪行为“零发生”。三是严防“四风”反弹。在抓常、抓细、抓长上下功夫，严格执行中央八项规定、省委十项规定和州委九项规定，继续深化机关“四风”突出问题整治。开展“三亮一创”活动，打造温馨服务办公室。严守财经纪律，严控“三公”经费支出，2016年度“三公”经费支出同比下降20.09万元。四是严抓党建扶贫工作。认真抓好联系点党建脱贫工作。在充分进村入户调研的基础上，立足贫困面大、贫困程度深、返贫率高的实际，突出以生态移民搬迁、扶贫搬迁为主抓手，高标准、严要求制定了《三都县都江镇脱贫攻坚规划（2016—2018年）》和所辖村的脱贫攻坚实施方案，做到“不脱贫、不脱钩”，努力打造全州脱贫攻坚工作示范点。

七、立足精确，全心做好机要保密国教工作。坚持“业务过硬、安全有序、宣教结合”的原则，全心有为地做好机要保密和国防教育工作。一是加强训练，提升机要密码业务技术精确度。落实好主渠道网络日巡查和备用系统月测试制度，定期开展密码业务大练兵，完善密码通信网络运行维护机制，确保了州级密钥管理和电子论证基础设施稳定运行，实现省—州机要通信线路畅通率100%，州—县机要通讯线路畅通率99.9%。二是加大执法力度，提升涉密人员防范技能精确度。加强保密宣传、培训，强化涉密人员素质审查，抓细涉密网络测评，通过密集开展保密执法检查，推动涉密人员强化保密意识，掌握保密技能，打好保密隐蔽战争，年内未出现失泄密情况。三是扎实开展国防教育宣传，着力提升干部群众国防安全意识。突出党管武装重点，狠抓国防教育。开展国防教育专题培训会、户外讲座、图片展30余场次，增强全州各族干部群众的国防意识和国家安全观念。集中组织民兵封闭式训练5000人次，对20余所大中专院校、初高中学校在校学生开展军训2万人次，有效培植培育了国防后备力量。

2016年，州委办公室工作虽然取得了一定的成效，但通过反思工作中的得失、对照全国全省党委秘书长会议对党办系统所提的要求，比照州委主要领导对办公室工作的要求，州委办公室工作还存在以下几个方面的不足：一是文稿起草写作水平有待提高。二是抓落实还不够坚决、不够全面、不够有力。三是文山会海现象依然存在。四是服务州委重大决策对策建议不多。五是对领导干部外出报备制度执行不够严格。六是信息工作还存在“一般信息多、特色亮点信息少”“上报信息多、采用信息少”的情况。

（方景发）

组　织

【概况】　2016 年，贯彻落实全国、全省组织部长会议精神，紧紧围绕“守底线、走新路、奔小康”总体要求，牢固树立和贯彻落实五大发展理念，紧扣落实全面从严治党要求的主线，紧盯脱贫攻坚的目标，以“两学一做”学习教育和县乡村领导班子换届为契机，充分发挥党的政治优势、组织优势、密切联系群众优势和组织工作的政治作为、组织部门的政治担当，有力推动全州党的建设与经济社会事业同频共振、和谐发展。

【“两学一做”学习教育】　1. 加强组织领导，保障学习教育落地生根。组建工作机构，成立州“两学一做”学习教育协调小组，下设综合组、宣传组等工作组，明确 9 名县级干部担任各组组长或副组长，抽调优秀年轻干部充实各组工作力量。加强工作落实力度，制定《“两学一做”学习教育协调小组工作规则》，按期印发工作要点，召开 4 次协调小组会、工作调度会，组织召开全州述学述做会议。实施“一支部一计划”举措，全州 5289 个党支部制定学习计划。加强督促指导，组建 6 个指导组采取明查暗访、实地查看等方式开展 3 次集中督导、1 次暗访，督导 163 个基层党组织，访谈 163 名党组织书记、835 名党员。

2. 突出亮点特色，推进学习教育进家入户。科学制定学习教育方案，及时印发《黔南州“两学一做”学习教育“六定”工作制度》《黔南州“两学一做”学习教育工作任务分解表》等指导文件，统筹推进学习教有序开展。突出学习亮点，在推动实现“四个进一步”的同时，明确“八不底线”负面清单，提出了实现党支部工作“五个正常”的目标，深化“三亮一创”活动与“两学一做”学习教育相结合。创新活动载体，开展“厅级领导进镇、县级领导进村、科级领导进组、驻村干部进户，送党章党规、送讲话精神、送政策思路、送温暖关怀”为内容的“四进四送”活动，全州厅级领导联系镇（乡、街道）32 个，县级领导干部联系镇（乡、街道）74 个、联系村 1213 个，各级党员领导干部“四进四送”覆盖率均达 100%，访问群众 54 万余人，送党章 58694 本、讲党课 5800 余场次、举办培训班 115 期，实现学习教育全覆盖。

3. 广泛宣传报道，确保学习教育入脑入心。整合部门力量，通过组建宣讲团、专题培训、院坝党课、夜校党课等方式，对照身边典型事迹开展主题宣讲 1000 余场次。丰富学习方式，通过开展演讲比赛、网上测试、知识竞赛、集中培训等学习方式，让学习教育深入人心。制作《“两学一做”学习教育口袋书》《基层党组织书记讲党课摘编》等，在《中国组织人事报》《贵州日报》、人民网、新华网、贵州电视台等中央、省级媒体（网站）刊发、刊播新闻稿件 500 余篇（条、次），利用黔南党建微信平台发布动态信息 1600 余条，营造了浓厚的“学”“做”氛围。

【推进严管干部常态化】　1. 压实主体责任，强化党委领导作用。强化组织领导，成立换届工作领导机构，及时召开领导小组会议，定期听取情况汇报，研究制定换届政策文件，解决重要问题，明确时间安排和职责分工，层层压实责任。健全完善从严管理干部制度体系，出台《关于建立健全容错机制鼓励党员干部履职担当的实施办法（试行）》，树立敢担当善作为的导向。制定出台《黔南州县乡领导班子换届工作方案》《关于认真做好县乡领导班子换届工作的通知》《关于加强换届风气监督的实施方案》等文件，对阶段工作倒排工期，分解任务，明确责任。编印《黔南州县（市）党委换届工作指导手册》，加强对县（市）党委的指导和协调。强化督促指导，印发《关于做好县（市）党代表大会有关工作的通知》《县（市）党代表大会筹备与选举工作流程》，对各地代表选举、时间进度提出具体指导意见。组建12个指导组，明确州委常委及州人大、政协负责人包保联系县，党代会期间全程驻县（市）开展指导工作。注重规范程序，统筹抓好5个群团部门和4个民主党派换届工作。

2. 强化研判指导，筑牢换届工作基础。组建调研组，围绕县（市）和州直部门班子运行情况、领导干部履职情况开展专题调研，对干部进退留转进行分析研判，提出调整意见，为换届人事安排打好基础。强化综合分析研判，结合增比进位、小康建设、目标考核等统计数据和工作总结、述德述职述廉等资料，将干部一贯表现与集中研判结果相互印证，提出加强和改进领导班子和干部队伍建设的意见建议，为州委选干部、配班子提供准确依据。深入推进州直机关科级以下干部交流轮岗工作常态化，完成40名科级以下干部跨部门交流，指导开展34名科级以下干部内部轮岗定岗。制定《关于推进全州党政机关与国有企事业单位干部流动的实施意见》，科学配置干部资源，畅通流动渠道。指导做好县（市）党代表选举工作，严把代表资格、结构、程序关口，确保先进性、代表性、广泛性。组织召开专题培训会，加强党代表党性、纪律、能力培训。

3. 严格人选把关，选优配强领导班子。在省组干院举办2期换届考察员培训班，提升干部考察员精准考察识别干部的能力。严把政治关、作风关、能力关、廉洁关“四关”，全面落实“四不唯”要求，树立敢担当善作为、群众公认、重视基层“三个导向”，大力选拔口碑好、威信高、善团结的干部。统筹县（市）换届、州直部门领导班子缺额情况，选好配强州直部门领导班子，对12个单位17名州管干部任职试用期满进行考核，调整县处级干部74名，其中女干部12名、少数民族干部33名、非党干部5名，提拔任职10名、交流到县市任职21名、调省直机关任职2名，改任非领导职务11名。以县乡领导班子换届为契机，扎实推进干部能上能下，调整不胜任、不适宜担任现职干部21名，整改消化667名超职数配备干部。

4. 严肃换届纪律，营造风清气正环境。充分利用传统媒体、新媒体加强换届纪律宣传教育，营造浓厚的宣传氛围。落实“四必谈”“四必看”“四必训”要求，组织观看《镜鉴》《警钟》146515人次，学习《严肃换届纪律文件汇编》71380人次，发放“九严禁”宣传卡片和小贴纸249179份，印制《换届纪律知识宣传册》1.5万余份，签订承诺书68333份。完成1166名州管干部、218名县级后备干部个人有关事项报告集中填报、录入工作，对117名州管干部进行随机抽查核实。严格执行“凡提四必”要求，对2万余名干部档案进行审核，收集归档材料73075份。对2名县级领导干部“带病提拔”情况进行自查，倒查4名科级干部，对5名相关责任人员进行诫勉谈话，对1名领导干部进行批评教育。坚持和完善“一报告两评议”、经济责任审计、任前公示、诫勉谈话和函询制度，探索建立“凡提必考”“凡转必考”的任前党纪党规考试机制，对122名拟提拔担任州委管理的领导职务人选进行任前党纪法规考试，对87名干部进行函询。认真做好信件、电话、网络、短信“四位一体”的“12380”综合举报受理平台值守，接收并处理完成72件（次）群众来信来访来电。

5. 坚持从严从实，强化干部培训管理。坚持把理想信念教育和党性党规党纪教育作为干部教育培训的核心，围绕“大扶贫、大数据、大旅游、大物流、大健康、大文化”发展战略，推行干部在线学习制度，突出抓好少数民族干部、妇女干部、党外干部的培训。投入3083.78万元培训经费，选调、培训各级各类干部225165人次。规范公务员日常管理，完善工资审批、公务员登记、调任、出国（境）审批等流程，审批公务员登记（参公登记）590人，办理公务员调任审批270人、出国（境）备案手续146人次。贯彻落实“凡进必考”和“两个80%”原则，招录公务员253名、选调生107名，定向选调985高校优秀毕业生10名。规范调任乡科级领导干部程序，完成238名干部调任清理工作，办理104名“四类人员”到乡镇领导班子任职的审核审批。加快干部人事档案数字化建设，完成5246名干部电子档案的制作工作。

【基层组织建设】 1. 创新领域党建工作载体。2016年，深化“两带两增奔小康”活动，27668名农村党员签订承诺书，带领60786户贫困群众致富，通过党员创业带、技能传授带、推荐就业带、组织推动带、能人助力带等方式，充分发挥农村党员创业带富作用，助力脱贫攻坚。深化“双进双促构和谐”活动，35245名机关党员到驻地社区报到，认领“微心愿”57106个，完成55672个，拉近了党群、干群关系，促进了社区和谐。深化“三立三树育新人”活动，建立教师一对一帮扶机制，加强以党员教师为榜样、为示范的师德师风建设，推动教师立德树人、立教圆梦。深化“双联双助促发展”活动，选派联企（社）干部1782名，联系非公企业和社会组织2538个，帮助企业和社会组织办理审批事项2324件、办实事3095件；1157家企业和社会组织帮助村级发展产业438个，解决就业岗位42588个，解决发展建设资金6648万元。

2. 建强脱贫攻坚先锋力量。扎实开展抓党建促脱贫攻坚工作，出台《关于抓党建促脱贫攻坚工作实施意见》，实行党建脱贫“一票否决”制度，建立“四级联动”指挥体系，设州级指挥部1个、县级指挥部13个、镇级工作站106个、村级作战室1186个。加大对长顺县、罗甸县两个省级扶贫示范县指导力度，探索出长顺县“藤缠树”党建带扶贫模式，罗甸县“三引一带”产业扶贫模式，涌现出“当代女愚公”邓迎香等先进典型。积极稳妥开展村级换届，选优配强村“两委”班子。加强基层党组织书记和党员骨干力量培训，举办16期基层党组织书记培训班、培训2000余人次，举办1期党务骨干示范班、培训100人。精准选派3738名“第一书记”和驻村干部到714个重点村开展帮扶，协调项目835个，解决资金6398.028万元，办实事好事4714件，化解矛盾纠纷1594件。开展“两优一先”评选表彰，召开黔南州建党95周年表彰大会，评选出263名（个）优秀共产党员、优秀党务工作者、先进基层党组织，其中1名获全国表彰、24名获省表彰、215名获州表彰。

3. 夯实基层党建工作基础。从严从实抓好党员发展管理，规范程序发展党员3047名。认真开展党员组织关系排查，组织153494名党员填写“党员基本情况登记表”，排查出流动党员7646名，“口袋”党员348名，失联党员3917名，取得联系2951名，纳入组织管理1218名，组织处理29名，纪律处分3名。坚持一支部领导挂帅、一支部一个整顿方案，对45个软弱涣散基层党组织进行每周一报、挂图整顿，确保取得实效。强化经费保障，投入4736万元村级组织办公经费。抓实村级集体经济发展，深入推进《“空壳村”清零三年行动计划》，全州村集体经济超过5万元以上的村（社区）1242个，脱壳率达91.73%。开展“百日攻坚”提升非公和社会组织“两个覆盖”，全州1267家非公企业建立党组织，覆盖率达53.4%；421家社会组织建立党组织，覆盖率达86.3%。

【聚集优化人才，推进人才强州战略深入实施】 1. 坚持党管人才原则，完善工作机制。认真履行人才工作机构议事协调职责，州、县两级多次组织召开人才工作领导小组会议，签订年度人才工作重点目标责任书，深入推进人才强州战略实施。统筹抓好人才资源监测统计工作，统计覆盖面与数据质量实现“双提高”。深化人才机制体制改革，强化制度保障，制定出台《黔南州关于打造民族地区创新发展先行示范区的决定》《黔南州高层次和急需紧缺人才服务办法（试行）》等人才工作配套政策，政策红利叠加释放。全力做好人才服务保障，发放868万元高层次人才补贴、290万元人才住房（购房）补贴。全面建成“州、市共建”378套人才公寓小区项目，实现拎包入住。

2. 实施千才集聚工程，强化智力支撑。畅通“绿色通道”引才，集中组团赴“985”“211”高校、第四届中国贵州人博会等招才引智，引进各类高层次和急需紧缺人才1100余名，其中博士33名、硕士178名。做好“金字号”“农字号”引才引智工作，引进15名金融专业人才到黔南挂职，选派80名农业科技副职、226名科技特派员赴基层开展服务“三农”行动。深入实施“黔归人才计划”，邀请100余名黔南籍和在黔南工作过的知名专家、高层次人才参加黔南州建州60周年庆祝活动、都匀毛尖（国际）茶人会及2016第三届中国物流（都匀）国际峰会暨商贸物流博览会，以乡情为纽带，激发归黔创业热潮。

3. 围绕重点队伍建设，培育高端人才。紧扣黔南发展战略，强化专业人才培育，围绕“大数据”战略举办“重庆大学—黔南州大数据产业人才”培训班，在浙江大学举办“高层次和优秀青年人才创新能力提升”专题研修班，依托FAST项目高层次人才团队抓好“大射电＋”融合发展，开展“文化旅游创新发展”“工业与旅游融合发展”“全域旅游”等主题培训，助力地方人才培养。深入开展中青年优秀人才选拔培育工作，完成省“百千万人才”引进工程人选、省创新型人才遴选培养人选、省政府特殊津贴人选等评选工作，选拔20名黔南第三届优秀青年人才，选派23名中青年“黔南优才”、14名“甲秀之光”青年人才到省内外高校、科研院所访学研修。

4. 搭建对外沟通平台，加强交流合作。积极落实《广州市—黔南州对口帮扶科技交流合作协议》，开展“广州专家服务黔南”活动，邀请43名医疗卫生、电子商务、生物工程等领域专家到黔南开展学术讲座、现场指导、学科研讨等活动，邀请中科院、中科协、广州市教科院专家到黔南讲学调研。搭建与知名高校、人才机构等的合作平台，组织实施上海市突出贡献专家协会赴黔南交流活动，加强与北京大学、重庆大学、贵州大学等高校开展校地合作。在“大物流”领域建立与对外贸易大学、广东省物流行业协会合作关系，在“规划建设”领域邀请知名专家到黔南举办学术研讨会，不断在重点领域深化高层次智力支持。

【自身建设】 1. 加强能力建设，打造奋进组工团队。以“两学一做”学习教育为契机，突出以“认真、专业、务实”为核心的组织部门职业道德建设。研究制定《中共黔南州委组织部“两学一做”学习教育工作方案》，开展“学党章·谈体会”主题演讲活动，强化组工干部党性修养及政治理论水平。切实抓好每周例会学习，采取科长带头领学、领导专家讲学、干部职工自学等方式，不断深化“每周一讲”。组织干部参加各类专题讲座，选调部机关干部职工参加各类培训班。加强部机关“学习阵地”建设，充实丰富图书文件阅览室借阅内容，定期通报借阅情况，强化作用发挥。选派2名干部到龙里县大新村、高堡村担任“第一书记”，组织干部职工到联系村开展调研、走访慰问、遍访活动等，为挂帮村协调落实帮扶项目8个、涉及资金1176万元，提升组工干部服务基层的能力水平。

2. 营造和谐氛围，增强组工干部归属感。强化人文关怀，认真落实“三个留人”要求，努力建设“三个之家”。建立健全部机关工会运行机制，配齐配强领导班子，积极促进作用发挥。推行“亮身份”活动，部领导带头，全体组工干部统一身份标识、佩戴党徽上岗，模范抓好“三亮一创”活动。扎实开展部机关环境整治，营造温馨、干净的工作环境。着力丰富组工干部业余生活，强化篮球队、足球队、健身操队、远足队等8个兴趣小组的作用发挥，落实活动经费，积极开展各类文体活动，干部职工的精神风貌进一步转变，提振了精气神，增强了凝聚力。

3. 强化外宣调研，加强组织工作影响力。扎实开展省级课题、州委重大课题以及全州组织工作重点课题调研，组织专家对2015年度63篇重点调研课题进行评审，制定2016年重点课题调研任务分工方案，明确了54个调研课题任务，有序推进课题进度。加强外宣工作，《抓好党建促扶贫，一个民族都不能少》得到《求是》杂志采用，《强化综合研判，促进知人善任》被中组部《党建研究（内参）》采用。加强信息宣传，围绕县乡换届、"两学一做"、脱贫攻坚等主题，编发《黔南组工》10期，用稿261篇、45万字。采编《组工信息》90期，其中3期得到中组部《组工信息》采用，6期得到省委组织部《贵州组织工作动态》采用，8期被《黔南信息》采用。编发《黔南组织工作动态》13期，采编信息96条。

（杨　飞）

宣　传

【概况】　2016年，在省委宣传部的关心指导下，黔南州宣传思想工作以贯彻落实好习近平总书记系列重要讲话精神以及中央、省、州宣传部长会议精神为主线，唱响主旋律、打好主动仗，抓实理论宣传教育，理论武装工作取得新成效；着力抓实重大活动宣传，新闻宣传工作取得新成效；着力抓实机制创新，网络宣传管理工作取得新成效；着力抓实道德建设和"多彩贵州文明行动"，精神文明建设工作取得新成效；着力抓实文化产业和文艺工作，"大文化"战略行动取得新成效，加强自身建设，不断夯实工作根基。为黔南提速转型、跨越赶超、富民强州、同步小康提供强大思想舆论支撑和精神文化力量。

【理论宣传教育工作】　2016年，抓实理论宣传教育，理论武装工作取得新成效。1. 抓好中共十八届六中全会、省委十一届八次全会和州第十一次党代会精神宣讲。借助"科学理论上讲堂""党的声音进万家"宣讲、先进典型宣讲、党组织书记上讲堂宣讲、学习教育宣讲、"百姓宣讲百千万工程""宣传干部上讲堂"等载体和平台，完善工作机制，整合宣讲队伍，扎实推动全州各级理论宣讲活动持续深入开展。2. 以需求为导向，抓好各级党委（党组）中心组学习。精心制定学习计划，对全年学习工作进行安排部署，采取常委（扩大）会议学、封闭集中学、专题辅导学、参观考察学、分散自学等方式，推动学习活动深入有效开展。3. 持续打造"文峰"理论品牌。组织撰写"文峰"系列文章，对中央、省委的战略部署和州委的重大决策进一步做好理论阐释和解疑释惑工作，着力打造"文峰"理论品牌。4. 以"宣传干部上讲堂"活动为抓手，推动全州各级领导干部上讲堂。在全省"宣传干部上讲堂"展示大赛中，全州选派的4名选手分别获得处级干部组一等奖、宣传干部组一等奖、二等奖和科级干部组三等奖。

【重大活动宣传】　2016年，着力抓实重大活动宣传，新闻宣传工作取得新成效。1. 精心制作脱贫攻坚宣传资料。在脱贫攻坚主题宣传中，州委宣传部与州扶贫开发局联合投入经费13万元，设计制作精准脱贫攻坚行动宣传海报2.6万份、宣传单30万份，发放到基层村寨和农户家中。2. 重大活动聚合宣传成效明显。2016年，州委宣传部紧紧围绕建州60周年系列庆祝活动、都匀毛尖（国际）茶人会、FAST项目落成启用仪式、第三届中国物流（都匀）国际峰会等重大活动，以问题为导向，创新机制办法，找准聚合宣传的"高"点、"节"点、"融"点、"热"点和"焦"点，有效形成了上级媒体与地方媒体相结合、传统媒体与新媒体相结合、专题专版与重点报道相结合、现场直播与新闻采访相结合的聚合传播态势，重大活动宣传的影响力、传播力较之以往都有大幅提升，有效提升了黔南的知名度、美誉度。通过不断总结和探索，全州所形成的重大活动宣传"五点"发力与"四个结合"聚合传播态势已初见成效，每一次重大活动宣传的影响力、传播力较之以往都有大幅提升。建州60周年庆祝活动主流媒体发稿120余篇，刊播专版30个，新媒体发稿3500余条，影响受众超过3亿人次；茶人会场内外媒体130余家共刊发相关消息及文章400余条，影响受众超7000万人次；物流峰会主流媒体发稿86篇，新媒体发稿150余条，三网同步直播4次，影响受众超5000万人次。3. 推出重大先进典型邓迎香。经推荐，“当代女愚公”邓迎香被作为中宣部“最美基层干部”、全省3月“贵州榜样·最美人物”进行集中宣传，人民日报、新华社、中央电视台等中央级主流媒体先后3次组织集中报道。

【网络宣传管理工作】 2016年，着力抓实机制创新，网络宣传管理工作取得新成效。1. 党政高度重视，做好顶层设计。州委州政府高度重视网络宣传管理工作，多次专题研究部署网络宣传、网络舆论引导和舆情处置有关工作。先后出台了《黔南州互联网舆情监管工作规则》《黔南州应急事件舆论引导预案》《黔南州突发公共事件新闻发布工作手册》等文件。将网络舆论导控工作纳入各级党委（党组）中心组学习内容，纳入州县两级党校行政学院各主体班次培训课程。2. 依托重大活动，做亮网络宣传。全年深入开展中央、省委、州委全会精神和全国、省、州“两会”以及州第十一次党党代会等重要会议精神网络宣传。围绕脱贫攻坚，着力加强“当代女愚公”邓迎香等典型宣传。围绕“两学一做”学习教育、“一圈两翼”区域经济发展战略、州县乡换届选举和黔南自治州建州60周年、都匀毛尖首届（国际）茶人会、FAST项目竣工落成启用、物流高端论坛等重大主题、重要活动开展主题宣传、成就宣传。建州60周年庆祝活动新媒体发稿3500余条，影响受众超过3亿人次；茶人会场内外媒体130余家共刊发相关消息及文章400余条，影响受众超7000万人次；物流峰会主流媒体发稿86篇，新媒体发稿150余条，三网同步直播4次，影响受众超5000万人次。3. 创新工作机制，做新舆论导控。加强值班值守。整合力量，执行部领导轮流带班，部内全体人员轮流值班，严格实行24小时乘365天值班制度，实现网络舆情值班监测常态化，提高应急发现和预警能力，把问题解决在初始阶段。2016年，监测发现涉州负面网络信息521条，每月平均近50条，全年编报《黔南舆情信息专报》47期。健全联动机制。健全完善州委宣传部、州委网信办、州政府应急办、州公安、“两办”信息科、政法委（维稳办）、信访局等重点部门和涉事地网上网下联动处置工作机制，定期会商应对突发事件和重大网络舆情。4. 推进融合发展，做活网络阵地。黔南日报全媒体中心建成正式运营。成立黔南微联盟。通过开展培训、组织活动，年内各成员围绕重大活动开展集群传播。制定《黔南州互联网宣传管理、防范和打击联动处置规定》，组织开展“旅游网站严重违规失信”专项整治、不良信息举报摸底调研和公布不良信息举报方式、跟帖评论专项整治、网络安全现场检查评估、网上生态专项整治、网站违规刊载新闻专项核查、关键信息基础设施网络安全检查等专项整治和管理工作，进一步规范全州网络传播秩序。

【道德建设和“多彩贵州文明行动”】 2016年，着力抓实道德建设和“多彩贵州文明行动”，精神文明建设工作取得新成效。1. 加强道德建设，打造“黔南骄傲”品牌，全州人民群众的道德力量汇聚激发。以“贵州榜样”“身边好人”推荐为基础，深入挖掘各行各业道德先进典型。荣获省第五届“明礼知耻·崇德向善”道德模范称号5人、提名奖2人。开展第三届“黔南骄傲”年度人物推荐评选活动，全州各级各部门广泛参与，评选出特别贡献奖1个、十大年度人物10人、年度提名人物10人。荔波县张雁泉家庭获得“全国文明家庭”荣誉称号。推荐22人入选“贵州好人榜”，邓迎香等6人入选“中国好人榜”。积极引导全州各族人民向往和追求讲道德、尊道德、守道德的生活，形成向上向善的精神力量。2. 多办好事实事，精神文明创建活动不断深化拓展。以五大创建为载体，深入开展“文明在行动·满意在贵州”活动暨“多彩贵州文明行动”整脏治乱专项行动，健全12345“多彩贵州文明行动”信息平台，推动黔南全域开展“多彩贵州文明行动”。该项工作全省年度考核中，都匀市、惠水县分别位居一类县（市）第2、3名，长顺县位居二类县

(市)第3名，全省综合考核后10名县(市)中无黔南州县(市)。群众满意度综合评价中黔南州在9市(州)中名列第1位，全省88县(市、区)前10名黔南占6位。选送的《以12345信息平台搭建连心桥　推动黔南全域开展“多彩贵州文明行动”》一文被省文明办评为典型经验三等奖。荔波县“明码实价”、福泉市综合行政执法体制改革等试点工作取得明显成效。

【文化产业和文艺工作】　2016年，着力抓实文化产业和文艺工作，“大文化”战略行动取得新成效。1. 狠抓统计调度，扎实做好文化产业统计工作。从总体情况看，黔南州文化产业增加值2015年度达到38.18亿元，占GDP的4.23%，位列全省第一。全州2015年文化产业“四上”企业数量72家，列全省第二；“四上”企业数增速63.64%，列全省第三。2. 以项目为抓手，抓好产业发展。争取到“十三五”期间省级重点文化产业园区2个，省级重点文化旅游小镇项目2个，续建省级重点文化产业园区1个；获省文化产业扶贫试点县2个，；文化产业企业扶持贷款(文企贷)，全州上报企业35个，第一批选定企业8个，贷款金额达1790余万元。3. 文艺工作亮点纷呈。围绕黔南题材抓创作。以都匀毛尖茶发展历史为背景的大型电视连续剧《星火燎原云雾街》、大型历史剧《霍去病》、战争剧《特种兵之深入敌后》在都匀开拍；布依族民族题材动漫连续剧《聪明的甲金》制作完成24集；水族题材电影《山那边有匹马》获韩国电影“大钟奖”，并在全国院线公映，都匀绕家大歌参加俄罗斯索契参加第九届世界合唱比赛并获金奖。

【自身建设】　1. 扎实开展“两学一做”学习教育活动。认真落实中央、省、州“八九十”项规定，全方位转变文风会风，2016年精减发文30余个，减少会议40余个；实行管理制度“废、改、立”，涉及相关制度达32项；强力推进信息化办公，简化OA协同办公平台办文流程。扎实开展帮扶驻村工作。部领导班子成员和部党员干部每月排班带着问题深入基层单位或扶贫联系点，并派2名驻村干部助推基层发展。全年深入基层单位累计达30余人次，捐资和协调扶贫金、助学金200余万元，协调危房改造等问题10余项，受益群众达4000余人。2. 完善系统自身建设。开展州文产办、州精神文明创建指导中心、州互联网舆情研究中心5名干部的遴选工作。配齐配强乡镇(街道)党委专职宣传委员、宣传干事，全州共计配备乡镇(街道、社区)宣传委员106人。3. 建设学习型组织。制定年度宣传思想工作培训计划。在坚持周例会学习制度基础上，重点依托E-learning网络教学平台，加强学习情况监测管理，根据工作需要和个人需求设置相应课件，增强学习的针对性和实效性，累计投放925个课件，学习时长累计达近3000学时。完成中央、省、州宣传干部培训任务，先后派出432人参加综合、新媒体、理论等各类业务培训。

(高　扬)

精神文明建设

【概况】　2016年，全州精神文明建设工作高举中国特色社会主义伟大旗帜，全面贯彻落实中央和省委、州委有关精神文明建设的要求和部署，以邓小平理论、“三个代表”重要思想、科学发展观为指导，深入学习贯彻习近平总书记系列重要讲话精神，紧紧围绕主基调主战略和大旅游、大扶贫、大数据几大战略行动，牢固树立创新、协调、绿色、开放、共享的发展理念，发扬“追赶、领先、跨越”的新时期黔南精神，以培育和践行社会主义核心价值观为主线，广泛开展群众性精神文明创建活动，不断提升国民素质和社会文明程度，为全州守底线、走新路、奔小康提供思想保证、精神力量、道德滋养和文化条件。

【加强公民思想道德建设】　以“贵州榜样”“身边好人”推荐为基础，深入挖掘各行各业道德先进典型。积极参与省第五届“明礼知耻·崇德向善”道德模范推荐评选工作，邓迎香、陈建萍、杨颖、官智敏、谭帆江5人荣获道德模范，王友群、颜正南2人获得提名奖。在黔南日报“黔南骄傲”专栏刊登各类典型120人次，黔南文明网开设“黔南骄傲”专栏同步转载，举办“黔南骄傲”电视访谈4次，王友群等13人入选“贵州好人榜”，邓迎香等3人入选“中国好人榜”。开展第三届“黔南骄傲”年度人物推荐评选活动，评选出1个特别贡献奖，10位年度人物，10位提名人物。

【开展“文明在行动·满意在黔南”活动】 拓展“不满意问题”征集渠道，升级黔南12345信息平台，2016年受理和处置群众反映的“多彩贵州文明行动”问题3500余件，群众满意率维持在98%以上。积极承办全省“文明在行动·满意在贵州”活动暨“多彩贵州文明行动”整脏治乱专项行动现场推进会，纪念红军长征胜利80周年瓮安集中月活动。积极抓好黔南建州60周年系列庆祝活动、都匀毛尖（国际）茶人会、FAST项目落成启动暨国际射电天文论坛、2016中国物流国际峰会等各类盛会，全省项目观摩会、全州项目观摩会等重大会议（活动）的氛围营造和环境整治。在省年度考核中，一类县综合考核黔南州前10名有都匀市（第2名）、惠水县（第3名），二类县综合考核黔南州前10名有长顺县（第3名），全省综合考核后10名县（市）中无黔南州县市。群众满意度综合评价中黔南州位列9市（州）第一，全省88县（市、区）前10名黔南州占6位。

【文明创建】 认定精神文明创建活动成效明显的黔南州食品药品监督管理局等274个单位（社区）、都匀市广惠街道办事处等20个乡镇（街道）、福泉市陆坪镇松江村等79个村、贵定县社会保险事业局等134个窗口分别为黔南州2014—2015年届文明单位（社区）、文明乡镇（街道）、文明村、文明窗口；认定长顺县地方税务局等3个单位、惠水县地方税务局一分局等14个窗口分别为黔南州2014—2015年届先进单位、先进窗口。

【未成年人思想道德建设】 获批2016年度乡村学校少年宫11所，补助资金165万元，项目建设完成并投入使用；获2011—2015年度96所乡村学校少年宫项目运行补助经费345万元。获省“祖国好·家乡美”优秀组织奖单位8个，省美德少年5人，“童心向党”歌咏比赛三等奖7个；龙里县醒狮小学乡村学校少年宫获省“十佳乡村学校少年宫”称号；省乡村学校少年宫优秀校长5人；省乡村学校少年宫优秀辅导员11人。《黔南州民族文化“四进”校园助推文化传承与德育教育》一文在中央文明办《未成年人思想道德建设工作简报》发表并作为经验进行推广。

【“明礼知耻·崇德向善”】 深入拓展“明礼知耻·崇德向善”主题实践活动，持续开展“德润黔南·慈善情暖万家”活动、学雷锋志愿服务活动月、“点亮微心愿、情暖千万家”党员志愿服务、文化科技卫生“三下乡”等活动，其中“点亮微心愿、情暖千万家”党员志愿服务活动在全州引起强烈反响，得到省志愿服务联合会肯定。

【道德讲堂】 2016年，全州开展道德讲堂宣讲活动16714场，其中“宣传部长上讲堂”6632场，州级层面宣传部长上讲堂活动1000余场。

【农村精神文明建设】 2016年，获得贫困地区村级综合文化服务中心建设项目52个，省以奖代补资金1352万元，完成项目建设并验收完毕。完成独山县影山镇精神文明活动中心建设项目。

【志愿服务活动】 2016年，注册志愿服务队伍1484个，注册志愿者12.9万人。建立机关党员志愿服务总队1个，志愿者服务队支队（队）160个，组织机关党员开展义务植树活动14次，到州启航学校、州特殊学校、州敬老院开展学雷锋志愿者服务活动5次。选派130名机关党员干部到同步小康驻村开展结对帮扶“五千行动”帮扶260

户，办实事120件。长顺县交警“宝贝计划”志愿服务队、都匀市“980V”爱心车队、龙里县“爱心妈妈”巾帼志愿者服务队、都匀市南方出租车雷锋车队等一批志愿服务队伍得到支持与发展。

【爱国主义教育】　将都匀市凤凰山革命烈士陵园、都匀市文峰塔、龙里县英烈纪念碑、罗甸县凤亭乡蛮瓦支部遗址、中国茶文化博览园、罗甸县沫阳镇麻怀村等6家单位命名为黔南州第四批爱国主义教育基地。成功承办全省“我们的节日·清明”活动，纪念红军长征胜利80周年瓮安集中月活动。

（鲍　恩）

统　战

【概况】　2016年，全州统战工作突出大团结大联合主题，深入贯彻落实《中国共产党统一战线工作条例》和中央、省委统战工作会议精神，着力推动各领域统战工作，取得了明显成效。

（一）着力抓经济统战工作。出台了组织学习州委办、州政府办关于转发州纪委《关于推动构建新型政商关系的实施意见（试行）》，对党政机关工作人员特别是领导干部与非公企业人士交往要严格遵守“十个不准”，倡导非公有制企业及其负责人要守法诚信，不得为谋取非法利益从事“五种行为”，着力构建“亲”“清”政商关系。着力开展邀商招商活动。全年统一战线组织或参与到北京、杭州、广州等地开展以商招商、以商邀商活动30次，引进资金250亿元。抓好县级“五好”工商联创建工作，在全省率先实现县级“五好”工商联创建全覆盖。

（二）抓好统一战线脱贫攻坚行动。在无党派人士中启动了“扶贫牵手·大爱连心”帮扶活动；在民主党派组织中开展了“一帮一”帮扶活动；向海内外侨界发出《关于动员广大归侨侨眷和海外侨胞为实现黔南州国民经济和社会发展第十三个五年规划目标任务贡献力量的倡议书》，号召海内外侨界积极参加黔南脱贫攻坚行动；认真开展统一战线“泛海助学行动”，全州1100名贫困大学新生每人获得5000元资助。开展“同心·百企帮百村”精准脱贫攻坚行动，组织全州136家非公企业（商会）帮扶130多个贫困村，落实帮扶项目37个，帮扶资金、物资折合人民币共9800万元。

（三）抓好党外人士工作。先后在红色文化研究会井冈山培训中心、州社会主义学院、重庆社会主义学院、厦门理工学院等举办培训班，对党外后备干部、党外知识分子、党外中青年干部、民主党派干部等进行了专题培训，共250人次。抓好选拔使用，全州106个乡镇政府全部配有党外干部，每个县市范围内配有一名乡镇政府正职，实现了两个“百分之百”。

（四）抓好党外知识分子工作。加强国有企事业单位党外知识分子工作，引导发展新业态，以创业带动就业。加强思想政治教育，通过民主平等的交流讨论和深入细致的思想政治工作，引导做社会主义核心价值观的自觉传播者和践行者。加强“两新”组织党外知识分子工作，坚持充分尊重、广泛联系、加强团结、热情帮助、积极引导的方针，定期不定期开展工作，引导发挥积极作用。加强留学人员工作，成立贵州留学人员联谊会黔南州分会。坚持支持留学、鼓励回国、来去自由、发挥作用的方针，鼓励留学人员回来工作或以多种形式为黔南服务。加强新媒体代表人士工作，建立经常性联系渠道，加强线上互动、线下沟通，引导其政治观点，增进其政治认同，让他们传播社会正能量。

（五）抓好民主党派工作。深入开展“五学四比三贡献”学习实践活动，引导广大民主党派成员坚定对马克思主义的信仰、对社会主义和共产主义的信念，坚定为推进“四个全面”团结奋斗的信念和信心。支持民主党派开展政治协商，围绕州委“十三五”规划建议、州委党代会报告、政府工作报告等重要文稿开展协商。成立了致公党黔南支部，在瓮安、平塘、长顺、三都、罗甸建立了民主党派基层组织，实现了民主党派基层组织在县（市）全覆盖。坚持“三为主”方针，发展民主党派成员258名。

（六）抓好民族宗教工作。以建州60周年为契机，到北京、广州开展州庆成果展，开展招商邀商活动等，展示了黔南州民族团结进步新气象。把人口较少民族和麻山、瑶山、月亮山等民族地区作为扶贫开发重点，加大投入力度。落实2016年扶持人口较少民族率先小康项目246个，资金3亿元，重点打造民族特色村寨15个。全面贯彻党的宗教政策，召开全州宗教工作座谈会，研究和分析宗教形势，提出贯彻措施。出台《关于鼓励和规范宗教界开展服务经济社会发展活动的实施意见》，引导宗教界积极服务经济建设。进一步加大合法宗教场所和“和谐寺观教堂”建设，完成56个宗教活动场所建设工作。

（七）抓好海外统战工作。接待了瑞士联邦议会国民院议长克里斯塔．马克瓦尔德、瑞士驻华大使戴尚贤一行，在出席“生态文明贵阳国际论坛2016年会”期间，戴尚贤率团到州内惠水县好花红村考察。邀请台湾前高雄县县长杨秋兴、台湾经贸文化交流团等3批次台湾团队到黔南出席黔南台湾两地少数民族茶产业交流会、建州60周年庆典、都匀毛尖（国际）茶人会等。邀请海外华文媒体考察采访团20余人到黔南州，围绕黔南秀美山水风光、独特民族风情、民族团结进步等进行采访，共在海外华文媒体上发表宣传黔南文章20余篇，扩大了黔南影响。接待了香港九龙爱国社团考察团一行49人到州内平塘、独山、荔波等县考察等，不断扩大台港澳联谊。组团赴台交流17批111人，开展茶产业、旅游、文化等领域的交流与合作；组团参团赴港澳31批99人。

（八）抓好换届工作。做好党派换届工作，主动与省州有关民主党派加强沟通和协商，做到无缝对接。加强班子运转情况调研、班子初步人选酝酿和选举，全程参与，做到程序一个不少、环节一个不落，确保了州级民主党派班子换届工作顺利完成，实现班子“新老交替”“政治交接”。做好州政协换届工作，对新一届政协委员初步人选进行酝酿、考察，对非公经济人士中的政协委员进行综合评价。强化组织领导，严格换届程序，认真做好州天主教爱国会换届工作，选举产生新一届领导班子，新班子成员实现高票当选。做好州工商联、州侨联换届工作。

【建立县市统战工作季度交流座谈会制度】 为促进中央、省委、州委各项决策部署有效落实，促进各县（市）进一步交流工作、互通信息、借鉴经验，在全省市州中率先建立了县（市）统战工作季度交流座谈会制度。通过召开交流座谈会，谈做法、谈收获、谈体会、谈打算，为各县市搭建了交流工作、互通信息、借鉴经验的平台，达到了取长补短、相互促进的目的，彰显了统战工作活力和水平。

【修建统一战线“同心公园”】 2016年，投入35万元，在都匀杉木湖公园修建以“同心”为主题的统战文化公园——“同心公园”，公园内建有历界中央领导人语录，以及同心廊、同心亭、同心路、同心林等，实现统一战线“同心”思想的物化、外化、具体化。在同心亭内，用挂图、图文并茂的形式，介绍了孙中山、许德珩、陈其尤、黄炎培等各民主党派创始人，如何与中国共产党员风雨同舟、团结奋斗的光辉历程，让广大民主党派人士、无党派人士以及群众，进一步了解中国共产党多党合作的方针政策，了解多党合作的优良传统。同心公园成为传播社会主义先进文化的重要阵地。统一战线同心公园的修建作为全省统战优秀示范点进行了表彰。

【“微故事”传播统一战线好声音】 首次以征集统战微故事为载体，开展广泛深入的征集工作，进一步发挥典型示范引领作用，传播统一战线正能量和好声音。2016年全年共收集到微故事25个。这些事故事既有文字的精心表述，又有媒体记者采访的专题片；既有图片集中展示，又有图文并茂的结合。一个又一个生动的故事，讲述着统一战线在服务发展中的先进事迹，一幅幅感人场景和一句句朴实话语，让外界切身感受到统一战线上的正能量。《一位留在远方的贵州人》等作品被省委统战部表彰。

【开展统战工作“五进”活动】 推动统战工作进机关、进校园、进社区、进农村、进园区，把统战工作触角向基层延伸。通过开展统战工作“五进”活动，各领域统战工作网络得到建立，统战工作得到夯实。基层干部和群众进一步了解党的统一战线方针政策、统一战线法宝作用，让统战工作深入人心。

（王平德）

政 法

【概况】 2016年，全州政法机关坚持改革创新、法治引领，着力破解难题、补齐短板，全力打造安全稳定的社会环境、公平正义的法治环境和优质高效的服务环境，为黔南后发赶超、同步小康，奋力打造民族地区创新发展先行示范区提供了坚强的法治保障。一是人民群众安全感满意度稳中有升。2016年全州政法机关充分发挥职能作用，坚持矛盾纠纷化解为主线，着力解决影响社会和谐稳定的源头性、根本性、基础性问题，人民群众安全感和对政法机关满意度实现“双提升”。2016年，黔南州人民群众对政法机关满意度为98.05%，全省排名第一；安全感为97.23%，高于全省平均值0.35个百分点，全省排名第四。龙里县安全感为99.09%，全省排名第一；平塘县满意度为99.19%，全省排名第一。二是有力维护社会大局稳定。成立黔南州社会稳定风险评估指导中心，加快推进社会稳定风险评估规范化建设。深入推进“百日攻坚战”行动，及时排查化解重大矛盾纠纷和不稳定因素。继续加大重点人员、特殊群体稳控工作，确保不漏管、不失控。继续抓好重大活动和重要敏感节点期间的安全维稳工作。三是深入推进平安黔南建设。深化拓展社会治理“5531”工程，创新推出矛盾纠纷多元化解福泉“112”模式，不断健全矛盾纠纷排查调处工作体系，有效防止了44件517人的“民转刑”案件的发生。全面抓好“命案防控”工作，全年全州现行命案发案同比下降10.64%，其中“民转刑”命案发案同比下降12.5%，现行命案发案数创下历史新低，现行命案实现了“100%全破”目标。加快推进治安防控体系“六张网”建设，推进“天网工程”向村（居）延伸，以保安、治安联防、一村一警务助理为主的群防群治队伍进一步壮大。构建动态条件下打、防、管、控的“531”犯罪实时控制机制，街面犯罪大幅度下降，全州全年共实现316天“两抢”案件零发案，创历史新高。继续保持严打高压态势，坚决遏制严重刑事犯罪和多发性侵财犯罪高发势头，2016年，全州现行刑事案件发案同比下降0.14%，其中现行“八类案件”发案同比下降14.39%，破获各类刑事案件同比上升14.28%，实现“发案下降，破案上升”目标，成功侦破公安部督办的都匀经济开发区“12·29”特大电信诈骗案、“6·13”特大拐卖妇女儿童案等一批大要案件。四是加快推进社会治理信息化建设。公安机关在全省率先提出了“数据警务”理念，有效汇聚整合人社、金融、寄递、物流、水电、卫计等27类5亿多条数据，应用警务数据资源和信息化手段破案件数占破案总数的52.6%，开展大数据警务实战“一号战役”追逃专项行动，在全省率先完成“库存量下降40%”的目标任务。黔南州自主研发的“黔南州民爆物品监管服务信息系统”被中国爆破行业协会评为“民爆物品现场安全监管方法与末端管控技术研究”一等奖，黔南州代表贵州省在宜昌市全国公安机关民爆物品管理现场会上作经验交流发言。五是推进特殊人员群体服务管理“六项工程”建设，影响社会和谐稳定的特殊人员得到有效服务和管控，中共中央政治局委员、中央政法委书记孟建柱在视察黔南州启航学校时对黔南问题未成年人专门教育“育新工程”取得新突破，黔南州启航学校被评为“全国社会治理创新典型案例”优秀奖给予了充分肯定。六是发挥职能作用助推经济发展。州委政法委出台了《中共黔南州委政法委员会关于充分发挥政法机关职能作用服务保障大扶贫大数据大旅游大健康大物流大文化的实施意见》，对政法各单位的落实情况进行督导检查，确保落实到位。审判机关依法审理各类案件，制定5项服务工业强州和城镇化的司法指导意见，出台保障茶产业、物流业、民营企业发展等9项司法指导意见，服务保障经济社会发展。七是有力推进司法改革。全面推开司法体制改革试点工作，完成281名员额制法官和225名员额制检察官选任工作。户籍制度改革成效显著，黔南州农业转移人口落户城镇140065人，完成年度目标的233.44%，率先完成全年任务，户籍制度改革目标综合考评排名全省第一。八是着力加强过硬队伍建设。州委政法委印发了《全州政法机关“两学一做”学习教育和“三强三铁”主题教育实施方案》，对全州政法系统学习教育进行了统筹，同时组织开展“两学一做”学习教育和“三强三铁”主题活动专项督查，确保有力推进和取得实效。针对县、乡换届政法人员调整较大的实际，组织开展了首次全州党委政法委书记及综治办、维稳办、防范办主任培训班，邀请省委政法委专家担任授课教师，取得了良好效果。2016年，全州政法机关立功受奖共计166人，其中荣获荣誉称号37人、二等功4人，推出贵州榜样6人。都匀市公安局看守所被评为贵州省优秀公安基层单位、陈双喜被评为2011—2015年全国法治宣传教育先进工作者，谢一峰被评为2015年全国模范司法所长、黄子芹被评为贵州省优秀人民警察等。在“黔南骄傲”评选活动中，都匀市公安局民警王焱刚被评为“黔南骄傲”年度人物，黔南州人民检察院刘源获得提名奖，贵定县人民法院韩彩云获得入围奖。

【州委政法工作暨信访工作会议在都匀召开】

2016年3月1日，州委政法工作暨信访工作会议在都匀召开。州委副书记、州委政法委书记吴胜华对2016年全州政法和信访工作进行安排部署。州委书记龙长春出席会议并作重要讲话。

【黔南州矛盾纠纷多元化解福泉“112模式”获省委充分肯定】 2016年1月29日，黔南州社会治安防控体系建设暨全州矛盾纠纷多元化解福泉“112模式”现场推进会在福泉召开。州委副书记、州委政法委书记吴胜华在会上对全州社会治安防控体系建设工作作了安排部署。会后，州委办、州政府办印发了《关于推进黔南州矛盾纠纷多元化解“112”模式的实施方案》，在全州推广福泉矛盾纠纷多元化解“112”模式。

3月15日，省委副书记、省委政法委书记谌贻琴，省委副秘书长田茂松，省委政法委常务副书记彭德全等一行到福泉市调研指导矛盾纠纷多元化解工作。谌贻琴指出，要更深地提炼总结福泉市矛盾纠纷多元化调解“112”模式，并在全省推广，最终将其打造成类似“四在农家·美丽乡村”一样的全国性品牌。

3月28日，贵州省矛盾纠纷多元化解工作现场观摩会在福泉召开，省委副书记、省委政法委书记谌贻琴出席会议并作重要讲话。副省长、省公安厅厅长孙立成主持会议。省高级人民法院院长孙潮，省人民检察院检察长袁本朴，州委书记龙长春，省委副秘书长田茂松，省委政法委常务副书记彭德全出席会议。谌贻琴充分肯定了近年来全省各地在预防化解矛盾纠纷方面创造的典型经验和取得的显著成效。谌贻琴强调，做好矛盾纠纷预防化解工作，事关人民群众福祉，事关改革发展稳定大局，必须准确把握新形势下矛盾纠纷的规律特点，进一步深化认识，更加自觉地推进多元化解机制建设；必须狠抓源头治理，更加注重保障和改善民生、依法履职和依法办事、全民普法和依法治理，更加有效地预防和减少矛盾纠纷产生；必须坚持改革创新，加快推进矛盾纠纷多元化解工作平台、运行制度、力量体系和方法手段建设，更加扎实地提升矛盾纠纷预防化解整体效能；必须紧扣事要解决，千方百计解开当事人之间的“情结”“法结”和“心结”，更加精准地促进案结事了人和；必须强化统筹协调，更加严格认真地落实矛盾纠纷预防化解责任，切实维护好全省和谐稳定，为决胜“十三五”、同步奔小康做出新的更大贡献。

5月20日，省委政法委宣传处处长杨胜卫，法制日报驻贵州记者站站长王家梁一行到福泉市调研指导矛盾纠纷多元化解“112”模式。调研组一行充分肯定了福泉市在诉调对接机制建立、司法确认、交调委等行业调解委员会的成立、多元化调处中心平台建设等方面作了有益探索，取得的成绩是有目共睹，得到中央政法委、省委、省委政法委的肯定，要大力推广运用。要综合运用各种宣传手段，将矛盾纠纷多元化解福泉“112”模式向全国推介，力争打造成贵州矛盾多元化解和司法体制改革的亮点和品牌，为构建和谐社会、全面小康作出更大贡献。

【黔南州综治工作电视电话会在都匀召开】 2016年4月13日，黔南州综治工作电视电话会在都匀召开。州委副书记、州委政法委书记吴胜华通报了2015年各县（市）安全感满意度测评结果，并对2016年安全感满意度“双提升”工作进行了安排部署。州委副书记、州长、州综治委主任向红琼出席会议并作重要讲话。

【黔南州首个“旅游审判庭”在荔波挂牌成立】 2016年4月28日，黔南州首家旅游审判庭在荔波县玉屏巡回审判点成立，为化解旅游服务纠纷开辟了一条便捷的司法通道，为景区建立和完善经营管理制度，为维护旅游景区的社会经济健康发展，为景区游客提供强有力的司法保障。

【黔南州成立全国首家大数据审判庭】 2016年8月25日，全国首家大数据审判庭在惠水县百鸟河数字小镇挂牌成立。该审判庭主要受理黔南州大数据产业方面的一审民商事案件，旨在规范大数据产业市场秩序，引导和促进大数据产业在黔南州的健康发展，保障大数据企业和消费者的合法权益，保护和合理利用大数据资源。

【省委政法委常务副书记、省综治办主任彭德全到黔南州检查指导育新工程建设】 2016年7月19日，省委政法委常务副书记、省综治办主任彭德全一行到黔南州检查指导育新工程建设，州委常委、州人民政府副州长刘建民，州政府党组成员、州公安局局长王治军，州委政法委常务副书记、州维稳办主任罗必刚，州委政法委副书记、州综治办主任邹涵以及都匀市委政法委、市公安局相关领导陪同。

彭德全对黔南州启航学校给予了高度肯定，他指出，黔南州启航学校在教书育人、文化传承、安全保障、法制教育和学生的品德教育以及职业教育方面作了积极的探索，取得了很好的成效，形成了一套规范管理的模式，为社会治理创新工作提供了宝贵经验。同时，彭德全要求，一是学校要坚持把安全放在第一位，公安部门要协同做好人防、帮助指导提高物防和技防能力，确保无安全事故发生。二是学校要做到无歧视，要把每一名学生都当成普通学校的学生看待，从心灵上用心引导学生，促进学生转化。三是学校要做到无羁押，实行人性化管理，通过丰富多彩的教学内容、教学活动，使学生从心理上自觉接受学校，达到心灵净化的目的。

【省委副书记、省委政法委书记谌贻琴到黔南州调研特殊人群服务管理工作】 2016年9月18日，省委副书记、省委政法委书记谌贻琴一行到黔南州调研特殊人群服务管理工作。

谌贻琴首先前往黔南州启航学校，了解问题未成年人服务管理工作情况。黔南州启航学校建校以来，按照“四化五无”的标准和“463”办学模式，从“消除不良心理因素，提高思想道德认知，纠正不良行为习惯，提升文化素养，学习职业技能”等方面对问题未成年人进行专门教育。自2015年运行以来，共接收问题未成年人242人，通过教育帮扶，先后有4批138名学习期满表现良好的学生实现了“回归”。在观看了学校展板，查看了心理咨询室、教室、美容美发室和食用菌栽培室，听取了学校负责人的工作介绍，谌贻琴对启航学校的工作成效给予了充分肯定。谌贻琴认为，黔南州在社会治理方面敢于探索、勇于创新，在“136”工程实施中将问题青少年作为工作的重中之重，通过思想交流、行为疏导，用爱心、耐心、细心和责任心帮助问题未成年人回归社会，使得未成年人犯罪率大大降低、社会治安形势大大好转。谌贻琴要求，启航学校要在艰苦的条件下，增强责任意识、使命意识，努力践行“真情育心、规范育行、活动育德、环境育人”的办学理念；要着重技能培养，使学生们都能有一技之长，以更好地融入社会、服务社会，实现自身价值。

在特殊医院，谌贻琴采取观看展板、听取汇报的方式全面细致了解涉毒人员管理服务工作。谌贻琴与涉毒人员交谈，询问他们在阳光棒球厂的工作情况，鼓励他们坚持不懈、勇敢戒毒，争取早日回到亲人身边，重温家庭的温暖和社会的关爱。谌贻琴对特殊医院的工作给予高度赞赏，认为通过这个特殊平台能够有效地解决戒毒人员就业安置和融入社会问题。谌贻琴要求医院在管理过程中要将精细化、制度化落到实处，确保“阳光工程”有序推进、顺利实施。

州委书记龙长春，州委副书记、州委政法委书记吴胜华，州委常委、都匀市委书记吴丹，省委政法委秘书长郑国宁，州委政法委常务副书记、州维稳办主任罗必刚，州委政法委副书记、州综治办主任邹涵以及州有关部门负责人分别陪同调研。

【中央政治局委员、中央政法委书记、中央综治委主任孟建柱一行到黔南州启航学校考察工作】 2016年9月21日，中央政治局委员、中央政法委书记、中央综治委主任孟建柱一行到黔南州启航学校考察工作，对黔南州在问题青少年的教育矫正方面作出的探索和取得的成效给予了充分肯定。

考察期间，孟建柱书记详细听取了学校自建校以来的工作情况介绍，仔细查看了学校的心理辅导室、职业技能培训室以及文化墙，观看了学校学生自编自演的文艺节目，详细了解学校学生的生源情况、管理模式以及各部门在育新工程建设中职能作用发挥的情况等。得知学校自创办以来，结业学生无一人走上犯罪道路，返校率为零，孟建柱高兴地说，青少年是祖国的未来、民族的希望，对曾经走过弯路的孩子，要用关怀温暖他们的心灵，用爱帮助他们健康成长，让他们重新回到人生正轨，成为社会有用人才。

最高人民法院院长周强，最高人民检察院检察长曹建明，中央政法委秘书长汪永清，中央政法委副秘书长、中央综治办主任陈训秋，公安部党委副书记、副部长黄明，省委副书记、省委政法委书记谌贻琴，省政府党组成员、省公安厅厅长郭瑞民等领导参加视察。州领导龙长春、向红琼、吴胜华等陪同考察。

（龙文超）

机构编制

【概况】 2016年，黔南州编办机构编制管理常规工作开展有序，统计年报首次实现在线直报，全州审计系统、法院系统、检察院系统管理体制改革完成；2016年度控编减编专项督查检查通过省编办检查，开展党政群机关和事业单位统一社会信用代码工作；开展事业单位登记管理工作；完成中文域名“全覆盖”任务，推进全州乡镇权责清单编制公布工作。

【机构编制管理】 2016年共办结机构编制请示事项400余件，其中州直部门250余件，县（市）150余件；批复州直46个部门（单位）引进急需紧缺人才257名用编计划、46个部门（单位）公开招聘事业单位工作人员126名用编计划、106个部门（单位）面向基层遴选优秀年轻干部161名用编计划；审核审批12县（市）用编计划3928名。

【统计年报】 2016年机构编制统计年报在2015年度机构编制统计年报方式的基础上（2015

年由单机版＋手工报表模式，调整为手工报表＋实名制系统在线直报的模式），调整为实名制系统在线直报＋统计调查模式。截至2016年12月31日，全州行政编制19066名（含政法专项编制、下同），实有行政人员11766人（含政法专项编制人员，下同）。其中州本级行政编制2090名，实有1105人。全州机关工勤编制1931名，实有工勤人员1678人。其中州本级机关工勤编制159名，实有177人。全州事业编制97122名（含群团使用的机关其他编制432名），实有77260人（含群团使用机关其他编制人员423人）。其中州本级事业编制8159名（含群团使用机关其他编制91名），实有6593人（含群团使用机关其他编制80人）。

【审计管理体制改革】 按照中共贵州省委组织部、省编委办、省财政厅、省人社厅、省审计厅、省公务员局《关于做好省以下审计机关移交省级统一管理有关事项的通知》（黔编发〔2016〕201号）文件要求，全州审计系统机构编制和人员划转移交于2016年11月25日完成，划转行政编制162名，机关工勤编制20名，划转事业编制232名。划转行政人员138人，事业人员159人，机关工勤人员15人，退休人员97人。

【法检两院管理体制改革】 根据省编委办《关于做好省以下地方法院检察院机构编制移交省级统一管理工作的通知》（黔编办发〔2016〕215号）文件要求，按照分级管理、分级负责的原则，黔南州法院、检察院机构编制上划移交工作于2016年12月30日完成，共划转州法院、州检察院（县级法、检两院机构编制资料由县市自行报送省编办，相关统计数据不包含县级。下同）政法专项编制253名、工勤编制19名，划转事业编制28名。划转人员行政人员235名，机关工勤人员9名，事业人员15名，退休人员98名。

【控编减编专项督查】 根据《关于印发〈贵州省2016年控编减编等工作专项督查实施方案〉的通知》（黔编办字〔2016〕73号）精神，州编办印发《黔南州2016年控编减编等工作专项督查实施方案》。根据实施方案完善了基础材料，同时指导全州各县市结合实际做好控编减编工作。2016年8月底9月初，完成对6个县（市）的控编减编专项工作的抽查，2016年10月初，全州控编减编等工作通过省编办检查。

【统一社会信用代码】 2016年3月31日，州本级和12县（市）应参加法人年度报告公示的事业单位2825个（其中州本级211个）事业单位全部转换成统一社会信用代码，并换发了新版《事业单位法人证书》，完成率100%。全州机关和编委办直接管理机构编制的群众团体存量为847家，截至2016年7月30日已经完成统一社会信用代码存量转换846家，发放“统一社会信用代码证书”846本。其中州本级应办理机关、群众团体赋码换证84家，年底办理84家，均已发放“统一社会信用代码证书”。

【事业单位登记管理】 截至2016年12月31日，全州事业单位法人设立登记3059家。其中州级事业法人设立登记216家，县（市）合计2852家。

【网上名称管理】 截至2016年12月31日，全州中文域名注册总量1177个，其中州级85个。事业单位中文域名注册总量达5425个，其中州级273个。2016年州直部门的域名注册缴、续费用已经全部纳入州级财政统一预算。截至2016年12月31日，州直单位已经全部注册完毕，完成中文域名“全覆盖”任务。

【乡镇权责清单】 根据州政府办《关于做好乡镇政府权力清单和责任清单编制公布工作的通知》，州编办配合州法制办统筹推进全州权力清单和责任清单编制和公布工作。截至2016年12月20日，全州12县（市）管辖的87个乡（镇）政府权力清单和责任清单的编制公布工作已全部完成，并在县（市）政府门户网站进行公布。

（胡声立）

州直工委

【概况】 2016年，在州委的正确领导下，州直工委团结带领州直机关各级党组织和广大党员，紧紧围绕中心工作和发展大局，按照“走前列、作表率”的目标要求，以“强创新、占高地、作示范”为主题，不断夯实党建工作基础，狠抓业务和党员队伍建设，以认真细致安排部署，坚定不移抓好落实的精神，群策群力，求真务实、开拓创新，推动全州机关党的建设工作顺利开展，为全州“守底线、走新路、奔小康”提供坚强的思想保障和组织保障。

着力理清思路，全面落实从严治党责任。州直机关工委认真组织学习中央、省委、州委相关会议精神，找准工作重点，突出问题导向，理清工作思路，多次召开班子（扩大）会议，明确2016年机关党建工作思路。通过座谈会、务虚会、调研会等方式深入研讨，形成了共识：一是机关党建必须贴近州委“3366”发展思路的部署要求，贴近州直机关工作实际。二是抓严抓实“两学一做”学习教育。三是打造符合黔南机关党建规律的活动载体，扎实推进“三亮一创”（“亮身份作示范、亮承诺转作风、亮行动树形象，创党建品牌”）活动，形成品牌。四是加强对州直部门和县（市）机关党建工作的指导。制定了《州直机关2016年党的建设工作要点》，提出了20项工作任务。开展履职谈话，落实党建责任。为全面落实从严治党要求，强化党组织书记抓党建工作责任意识，健全基层党建工作述职考评制度，分3个批次对州直各党委、党总支、直属党支部91名负责人进行任履职谈话，并进行了党务知识培训和党规党纪知识测试。注重党建实效，严格目标考核。及时启动考评工作，召开全州2016年度州级通用目标考评工作培训会。同时，抽调相关人员组成5个考评小组，对83个单位及15个下辖管理党组织单位资料分别进行考评。

着力强基固本，优化机关组织建设。排查组织关系，规范党员管理。州直机关工委将96个直管党组织，454个党支部全部排查到位，做到全覆盖。共排查出32名失联党员，其中：纳入管理26名，按自行脱党处理5名，退党除名1名。按照“控制总量、优化结构、提高质量、发挥作用”的总体要求，严把新党员入口关，确保发展党员的质量。2016年，州直机关工委共发展党员96名。认真指导换届，清查党费收缴。州直机关27个党组织完成换届工作。各党组织严格按照《关于中国共产党党费收缴、管理和使用的规定》收缴、管理和使用党费相关规定，各基层党组织每半年向州直机关工委交纳党费1次。挂牌成立5个全州性社会组织联合（综合）党委。及时牵头，2016年11月9日在全省首家挂牌成立中共黔南州异地商会联合委员会、科技行业协会联合委员会、体育行业协会联合委员会、教育行业协会联合委员会、社会组织综合委员会等5个全州性社会组织联合（综合）党委，得到省直工委领导的好评。开展创先争优，打造党建品牌。开展第二届“先锋工程”评选活动，经过申报、审核、考察、评分等环节，共评选出“和谐组工、奋进团队”“食药卫士”等24个“十佳党建品牌”。

着力加强学习，提升党员干部素质。抓好学习培训，提升能力素质。组织州直机关党务干部培训5次，共8期，培训党务干部603人。举办2期党员发展对象和入党积极分子培训班，培训入党积极分子和发展对象189人。落实七项举措，开展“两学一做”。一是依托活动，送政策送温暖。“四进四送”活动开展以来，州直机关共有3000余人次党员进镇（村、组、户）讲党课，免费发放了《中国共产党章程》等“口袋书”2.4万余册，为困难党员发放慰问金60万余元。州直机关各党组织将开展“四进四送”活动与志愿服务工作、“微心愿”行动结合起来，为群众办实事、解难题，为联系社区或同步小康驻村工作点的困难党员群众、中小学学生送去温暖，完成心愿，圆梦人数达1万余人，圆梦物资达150万余元。二是创新载体，丰富学习形式。创新开展主题党课巡讲和“支部书记讲堂”。印发《关于成立州直机关“两学一做”学习教育主题党课巡讲团的通知》和《关于成立州直机关“支部书记讲堂”工作领导小组的通知》。率先在全省开展主题党课巡讲和“支部书记讲堂”活动。据统计，州直机关共开展主题党课巡讲100余次，设立“支部书记讲堂”300余个，支部书记讲党课3000余次。在全省率先制定《机关党支部工作细则（试行）》，规范党支部工作，进一步加强了党员队伍的从严管理，进一步加强了干部队伍作风，一些群众反映的问题得到有效解决。开展系列活动。举办建州60周年系列活动，与有关部门联合成功举办州直机关“两学一做”知识竞答比赛，书法比赛等。

着力创新服务，发挥党员先锋模范作用。加强志愿服务，形成长效机制。在州机关党员志愿服务总队的带领下，全州机关党员志愿服务支队、大队（队）参与志愿服务活动2100余次，参与人数达到3.3万余人次；发放宣传资料6.4万余份。全州机关党员为4.5万余名群众圆了“微心愿”，圆梦物资折合人民币680余万元。参与社区建设，提升服务水平。州委副书记吴胜华到大西门社区调研后十分关注居家养老服务体系建设，为大西门社区居家养老服务站协调资金13.8万元。服务站已经建设完成并已投入使用。加强党内关怀，注重自身建设。一是慰问工作。春节期间，州直机关开展困难党员集中慰问活动，慰问州直机关困难党员330名，发放慰问金100800元。州直机关各党组织深入扶贫点开展慰问活动，慰问农村困难党员、计生贫困户和困难群众，送去慰问金及棉被、大米等慰问品，慰问物资折合人民币20余万元。将党的关怀传递到困难群众心中。二是加强自身建设。学习贯彻《中国共产党党员领导干部廉洁从政若干准则》等各项制度规定，抓好中央“八项规定”、省委“十项规定”和州委“九项规定”等纪律规定落实。组织并督促州直机关各党组织学习换届纪律并进行知识测试等。三是外宣工作。制作黔南机关党建工作画册，“两优一先”表彰展板等。向州级、省级和中央媒体推送稿件35篇。在省州各类新闻媒体、报刊发表通讯12篇（其中省级刊物《当代贵州》1篇），消息10条（其中刊发在《黔南党建》消息7条、黔南热线2条），报刊专版2版，广播新闻4条，图片新闻5条，公益广告2幅），制作宣传展展出3场次，主办4期《黔南机关党建》季刊。充分利用互联网和户外公益广告等传播渠道，提升黔南机关党建的社会影响力。

着力服务大局，各项工作取得好成效。严守换届纪律，确保党代会圆满召开。经过前期酝酿、筛选，按照24%的差额比例，确定了39名党代表候选人初步人选报送州委。于2016年11月24日召开州直机关党员代表会议，大会出席党员代表116名，到会率达100%，大会选举产生了出席中国共产党黔南州第十一次代表大会代表31名。采取有效措施，做好扶贫工作。在州直工委的帮助和推动下，都匀市毛尖镇摆桑村注册成立了“都匀市摆桑精准扶贫劳务有限公司”，公司成立以来已组织40余户贫困户、120人次劳动力，先后参与了道路修建、水苔种植、庭院硬化绿化、水利基础设施建设等劳务服务，人均增加劳务收入8000余元，初步实现工资性扶贫的目的。5月份州直机关工委深入摆桑村开展“四进四送”活动，把“两学一做”、精准扶贫的内容传达给农村党员和群众，把党课上到最基层，与都匀市人社局前后3次到村看望10户贫困户、2户困难计生户和57名儿童，发放慰问金4000元和价值6000元物资。

（汪　雯）

政策研究

【概况】 2016年，州委政研室围绕州委中心工作和全州发展大局，聚焦主业主责，以培育政研思维、创新工作机制、提高核心竞争力为突破口，着力推进新型党委核心智库建设，完成了重要文稿起草、重大问题课题研究任务，统筹推进全面小康创建、全面深化改革、全面依法治州和决策信息服务等各项工作。

一、拟文撰稿、实现政研以文辅政

2016年，州委政研室共起草州委州政府重要文稿近70个，其中，以“黔南党发”印发7个、“黔南委办字”印发2个、《黔南办通报》印发近10个。起草的州第十一次党代会工作报告，得到州委充分肯定，获得各级各部门好评。承办的2015年省委重大问题调研课题《黔南州高铁经济发展研究》在2016年度评选中获全省优秀调研成果二等奖。完成省委重大问题调研课题《都匀毛尖品牌引领“黔茶出山”研究》，邀请省专家完成2015年度州委重大问题调研课题的组织、评选等工作。完成《中共黔南州委关于打造民族地区创新发展先行示范区的决定》《州委常委会2016年工作要点》《贵州经济形势分析与预测》（黔南州）《中共黔南州委关于进一步加强和改进民主协商工作的实施意见》《黔南州党政考察团赴省内部分地区考察方案》《黔南州党政考察团赴四川凉山等3个民族自治州考察学习方案》《州第十一次党代会宣讲稿》《关于首届“经营乡村·黔南论坛”实施情况的报告》围绕州委关注的重点、难点问题，牵头调研完成了10余个专题调研报告，获州委主要领导批示10次，《黔南州经营乡村促“三变”改革调研报告》被省委政研室《决策参考》采用，参与《黔南州防止干部“带病提拔”研究报告》获全省组织系统优秀成果三等奖。全年编发《全省各市州“十三五”发展目标举措比较分析》《惠水县“3×4”模式促易地扶贫搬迁调研报告》《矛盾纠纷多元化解福泉“112”模式的探索实践》《黔南州易地移民搬迁工作调研报告》等《决策参考》24期，其中8期得到州委主要领导批示。《贵定县构建“四级三化两评议一回访”体系创新基层矛盾化解机制调研报告》促成了贵定现场会的召开。向省委政研室报送《大生态业态及优势发挥调研综合材料》、《促进传统工业加大出力新兴工业加快成长》、“三州”支持调研材料、旅游扶贫模式专题调研典型案例、《变“长顺四宝”为“扶贫四宝”——长顺县“4+N”产业脱贫调研报告》、《龙里县永安村孝文化建设调研报告》调研材料13篇。组织协调2015年度省委、州委重大问题调研课题评审工作和成果汇编；统筹召开2016年度州委重大调研课题领导小组第一、二次会议，组织2016年度重大调研课题实施的评审和全州政研系统调研观摩会，2015年度州委重大调研课题研究总结暨2016年度课题研究业务培训会；在惠水百鸟河数字小镇组织了经营乡村·黔南论坛，得到州委主要领导的高度评价。

二、聚焦主责、统筹推进“三个全面”

2016年，全面小康创建、全面深化改革、全面依法治州工作获得州委、州政府主要领导批示28次。

全面小康创建。按照州委同步小康“543”梯次推进思路，制定《黔南州经营乡村五年行动计划（2016—2020年）》等文件，召开同步小康创建活动会商会等，精准调度“三项核心指标”“前置指标”“短板指标”健康运行，超前分析研判相关达标认定申报情况，组织完成县级政府服务群众满意度、依法治理群众满意度调查。统筹推进全州全面小康工作，全年编辑信息79期，采写上报信息2600余条，信息上报量、采用量均排全省第三位，综合评比列全省第二位。全年打造各类示范点500多个，41个单位获省“小康创建示范点”“小康创建最佳示范县乡村”认定、命名和专家推荐，总数居全省第一。实行小康创建宣传项目化、目标化管理，为唱响了同步小康创建好声音，凝聚了同步小康创建正能量，开展同步小康优秀民间歌谣征集、评选、会演和丛书编辑工作，5首作品获奖、3首作品参加全省调演。小康创建实现程度预计达93.5%，位居全省前列。

全面深化改革和全面依法治州。全州各级各部门按照州委主要领导“一把手”要亲自安排、亲自落实改革工作的要求，突出改革主体责任。狠抓力量配备，提升服务水平，为达到省委改革办提出的“市州改革办至少配编7人、县（市）改革办至少配编4人”要求，根据州委主要领导批示，采取行政配编不足事业编制补的办法，增设3名事业编制。各县（市、区）也采取相应办法调整到62人。全面贯彻中央、省委、州委关于全面深化改革的决策部署，把改革和法治纳入总台账一体部署、一体落实、一体督办，共谋划8个重点领域118项重点改革任务、4个专项工作组33项法治任务，扎实开展34个中央、省批复改革试点，筹备召开9次改革领导小组会议，1次全面依法治州领导小组会，如期完成州委主要领导点题22项特战任务。开展督察7次，重点对中央、省、州已经出台改革方案及试点推进，确保改革落地生根开花结果。开展供给侧结构性改革等调研20余次，进行改革总结提炼，全州推出57个改革典型案例，80余篇改革的好做法好经验被中央、省委重要刊物采用，其中，福泉中小学人事制度改革经验、惠水"五个三"易地扶贫搬迁模式等分别得到国务院副总理刘延东、汪洋及省委书记陈敏尔等充分肯定。全州改革信息采用及综合考核分别居全省第二、第三名。

12个专项组改革成效明显。

推进供给侧结构性改革，"三去一降一补"推出"1+5"配套举措，关闭退出煤矿33处，去产能418万吨/年，禁止核准新上水泥项目，24家铁合金产业企业兼并重组和技术改造为11家。2016年全州商品房库存去化周期为13.7个月，同比减少4.8个月，低于全省平均去化周期（16个月）警戒线2.33个月。全州131家企业参与电力直接交易，降低用电成本2.4亿元；减免企业增值税55698户次税额69034.32万元。打通金融资金和社会资本进入农村集体建设用地市场渠道，帮助65016户贫困户获得小额信贷（含"特惠贷"）30亿元。全州乡镇公办幼儿园实现全覆盖，九年义务教育巩固率达93%，超全省5.4个百分点；积极推进公立医院改革，3家城市公立医院取消药品加成、实行"零差率"销售，标志全州退出公立医院"以药补医"机制。

经济体制改革 各县（市）确定了1个乡镇为农村"三变"试点，推进形成新型农业经营主体与农户形成利益连接机制，培育农民专业合作社和休闲观光农业经营主体已分别达2986个和350个。州管国有企业混合所有制改革成立了4家混合所有制企业。制定全州大数据战略三年行动计划和大数据产业发展扶持政策，推进大数据发展局组建，启动大数据产业平台建设。推行矿产资源市场化配置交易，建立城乡建设用地"增减挂钩"指标流转交易平台。建立完善扶持小微企业发展的配套政策和落实机制，注册资本总量、新增企业数量均列全省第三，民营经济占GDP的比重达58%。在全省率先实施企业"五证合一"改革，将州工商局登记的2000户企业档案及登记管辖权限下放和委托至县（市）市场监管部门。

扶贫开发改革 推进大扶贫战略行动的实施意见、山地旅游扶贫攻坚工作方案等27个配套政策，建成12类84个大项目592个子项目库，总投资171.98亿元。精准认定保障对象20.18万人，支出特殊困难补助金5280.59万元，累计救助特殊困难群众10.59万人次。建立扶贫融资平台，12个县（市）全部建立扶贫融资平台，为20808户搬迁户融资322927万元。

民主法治改革 制定了州人大会常务委员会执法检查办法、任免国家机关工作人员办法和进一步加强社会主义协商民主建设的实施意见。

文化体制改革 推进传统媒体和新媒体改革融合，挂牌成立黔南日报社全媒体中心。启动了贵州省文交所黔南分所筹备工作，争取到省级重点文化产业园区、省级重点文化旅游小镇项目等5个项目，"四上"企业新增到72家，列全省第2位，文化产业增加值增速位列全省第一，三都、荔波成功申报文化产业改革试点县。

社会治理改革 制定促进民办教育发展实施意见，将民办教育发展纳入政府教育督导考核体系，瓮安、三都等县相继出台了扶持民办教育发展的政策。在全省率先全面启动中职学校专业布局调整，将原来13大类55个专业调整为重点扶持14个主要专业，调整率77%。全面实施县级公立医院综合改革，建立州县乡分级联动机制和医疗服务价格调整专家库，出台县级公立医院综合改革部分医疗服务价格调整方案，调整315项医务人员技术服务和28项大型设备检查价格。完善城乡居民大病保险制度，全州11238人（次）享受大病报销补偿，补偿大病基金3112.21万元。制定全面治理拖欠农民工工资问题实施意见，为2381名农民工追讨工资11386.7万元。推进社会综合治理改革，建立了实战化警务运行模式，打造瓮安户改示范样板，在瓮安召开全省户籍制度改革工作现场推进会，为全省户籍制度改革提供了借鉴，得到省委副书记谌贻琴、副省长陈鸣明的批示肯定。

生态文明改革 创新外联环保合作机制，建立与兄弟市（州）合作机制，实施乌江、清水江流域水污染防治生态补偿制度，推进生态补偿试点建设，开展乌江流域污染防治县级联动执法和穿洞河、金翠湖和老榜河流域环境执法。开展内部县域环保联动机制，完善跨县（市）环境保护工作协调和联合执法工作机制，推进瓮福地区重点领域污染防治县级联动执法，推动独山与平塘，独山与荔波，惠水与长顺等签订跨县联防联动协议，开展重点区域污染防治县级联动执法10次。试点探索建立农村环境治理长效机制，推进农村垃圾收集、转运系统建设，推进荔波、贵定卫生保洁示范县建设，启动实施53个农村环境综合整治项目。探索建立环境污染举报奖惩制度，支持开展环境污染第三方治理，推进都匀市创建国家环保模范城市。

深化党的建设和干部人事制度改革 出台党员干部容错免责机制实施办法，建立企业领导班子和领导人员考核评价机制，驻村帮扶机制，认真落实村干部“一定三有”工作保障制度，继续推进“科级干部交流”制度，在独山、福泉、三都等县（市）开展村干部职业化试点工作。积极拓展全州民营经济组织职称专项评审工作覆盖领域，178人获得民营经济专业技术职务任职资格。深化纪律检查体制机制改革，建立“互联网+”落实“两个责任”落实与监督网络平台，实现对州一级党和国家机关的全面派驻，得到《人民日报》、香港《大公报》等媒体关注。对都匀等6个县（市）纪委副书记实行任职交流得到省委常委、省纪委书记宋璇涛批示。

强化科学立法，完善人大工作机制，严格按照《黔南州立法条例》开展立法工作，起草和审议通过《黔南州500米口径球面射电望远镜电磁波宁静区环境保护条例》《黔南州樟江流域保护条例》等地方性法规。

推进严格执法，制定规范性文件清理办法和政府法制顾问工作规则，动态管理州政府权责清单和责任清单。加强基层执法队伍建，严格规范公正文明执法，深化行政执法体制改革。积极稳妥地推进福泉市、瓮安县试点改革。深入推进简政放权，进一步优化发展环境，取消行政许可项目11项，下放31项，转变管理方式10项，继续实施125项。强化对行政权力的制约和监督，健全行政机关负责人依法出庭应诉制度。

推进公正司法，全力推进司法体制改革，建立完善了行政执法与刑事司法衔接制度、立案登记制度和立案登记监督制度、建立健全法检两院司法责任制度。开展环境案件的管辖改革，健全“三调联动”矛盾纠纷化解机制，推广多元化解社会矛盾纠纷福泉“112”模式，深化“平安黔南”立体化社会治安防控体系建设，重点打造犯罪实时控制机制升级版，形成了全州动态化条件下打、防、管、控的“531”犯罪实时控制机制。

推进全民守法，出台“七五”普法工作意见、将法治教育纳入精神文明创建内容，建立完善了领导干部会前学法制度等，开展“法律七进”活动，出台“四型社区·幸福家园”建设标准文件及“三年行动计划”加强基层组织建设，推动各县（市）村（居）社区开展示范创建，结合行政村的撤并工作及时修订完善村规民约，推进村民自治。加强食药监管，实行最严格的覆盖全过程的安全监管制度，形成跨部门、跨区域的联动执法长效机制。

三、编辑党刊、及时传播党政声音

《今日黔南》编辑部紧扣州委中心工作抓好主题策划报道，在深度、广度上实现了新突破，2016年共策划“谋划十三五”“乡村让城市更向往”等主题报道12期，得到各级领导、社会各界的广泛关注和好评。坚持开门办刊，采取“编辑部+”模式，整合资源，积极搭建交流互动平台，建立合作共享机制，邀请专家、学者、通讯员参与联合采访、策划，撰写评论员文章，实行资源共享，与全国260多家城市党刊建立了及时交流沟通机制，在全国同类城市党刊中走在前列，有效提高了刊物知名度和社会影响力。不断改进办刊方式，创新办刊模式，推进党刊与新媒体融合，利用读者作者QQ群、微信公众平台等先期上传每期党刊电子版，增强了党刊宣传的及时性，扩大了党刊宣传的覆盖面。

四、创新党建、强化队伍亮点纷呈

深入开展“两学一做”学习教育，组织参加全省党委政研系统“三项基本技能”岗位练兵、“政策政研·改革法治”知识竞赛，取得了2个全省第一名的优异成绩。组织全州党委政研系统和涉及改革（法治）工作单位部分业务骨干，分批分期赴高校开展改革、法治、小康业务培训班或外出考察学习，对接到上海交通大学开展培训事宜。以重要文稿起草为平台，通过集中培训、以干代训、写作体会等形式，不断提升全室干部职工的履职能力。组织开展圆梦“微心愿”“四进四送”、访贫问苦活动20余次，送去慰问物资、慰问金近15万元，帮助50余名困难群众圆了“微心愿”，受到国家、省、州各类媒体的关注。

（冷玉珠）

外事侨务和台港澳工作

【概况】 2016年，在省委、省政府的正确领导下，在省外事办的精心指导下，黔南州认真贯彻落实中央和省委有关外事工作部署，充分履行“三个服务”职能，围绕州委、州政府中心工作，着眼新形势下外事工作特点，牢固树立“一盘棋”思想，统筹协调全州外事资源开展外事工作，有力地促进了黔南州改革开放和经济社会的发展。2016年3月30日，黔南州2016年外事侨务和台港澳工作会议在州委五楼会议厅召开。会议由州政协副主席、州委统战部部长刘长江主持，各县（市、区）党委分管负责人，州直有关部门（单位）负责人，各县（市）外事侨务和台港澳工作办公室主任参加会议，州委副书记、州委政法委书记吴胜华出席会议，并作重要讲话。会议学习传达了全国、全省外事、对台和侨务工作会议精神，分析了国际国内形势特别是台海形势，总结了2015年全州外事和台港澳工作，安排了2016年工作任务。并就如何贯彻落实好习近平总书记重要讲话精神和中央、省委的决策部署，如何做好全州外事、对台和侨务工作提出了具体要求，一是认清形势，把握机遇，增强做好外事侨务和台港澳工作的责任感和使命感；二是突出重点，狠抓落实，不断推动全州外事侨务和台港澳工作取得新突破；三是加强领导，落实责任，为做好新形势下外事侨务和台港澳工作提供坚强保障。

【大型涉外活动】 1. 借助涉外活动，展示黔南对外开放形象。2016年，州委、州政府主办或承办建州60周年州庆、都匀毛尖（国际）茶人会、FAST项目落成启用仪式暨国际射电天文论坛、第三届中国物流（都匀）国际峰会暨商贸物流博览会等大型活动，借助大型涉外活动，一是宣传黔南，增进外国对黔南的了解，提升黔南对外的影响力和知名度，提高黔南国际化水平。二是通过举办国际性活动形成的高层次的人脉圈，带来大量的人流、物流和信息流，将有力促进优势资源向黔南聚焦。三是为以后筹办大型国际会议与活动积累经验，力争将“茶人会”“物流高峰论坛”办成国际会展知名品牌。2. 国外嘉宾云集，扩大活动影响力。2016年的几次大型活动，邀请美国、德国、澳大利亚、阿根廷、厄瓜多尔、智利、比利时、新加坡、泰国、韩国、越南、缅甸等10多个国家外宾参加。出席活动的国外嘉宾中，有前政要、著名专家学者、行业代表人士以及外国驻中国领事馆官员。如在9月下旬举办的“都匀毛尖国际茶人会”，邀请到国际茶叶委员会主席马努扎·佩雷斯出席。2016年9月25日“500米口径球面射电望远镜落成启用仪式”，邀请美国诺贝尔奖得主约瑟夫·泰勒，SKA总干事菲利普·戴蒙德、美国国际射电天文台台长安东尼·比斯利，英国曼切斯特大学教授彼得·诺曼·威尔金森等国际天文学界专家到平塘出席活动。11月初举办的“第三届中国物流（都匀）国际峰会”，邀请到泰国泰中经济协会会长颇钦·蓬拉军、澳大利亚汤斯维尔市政府副市长赖斯·亚历山大·沃克、巴基斯坦瓜达尔市市长巴布·古拉勃、韩中商务协会会长洪顺姬等重要嘉宾。3. 活动主题明确，突出“国际化”特色。（1）特色鲜明，突出主题。一是在举办主题为“牵手茶人·拥抱世界”的都匀毛尖国际茶人会时，为体现其“国际化”特色，组织了中外茶界知名人士、中外知名书画家、中外知名企业、中外新闻媒体、中外茶艺表演团队等参加，将“茶人会”办成一个茶文化品牌，把以“都匀毛尖”为代表的黔茶带出贵州，走向全球。第三届物流论坛以“对接一带一路，擎领内陆开放”为主题，集中探讨发展国际物流大通道相关领域面临的发展和挑战，从物流与文化、旅游、黔南名特优商品、跨境电商等相关产业融合发展的角度寻求变革之策。二是在每次大型活动中，又分别安排不同的分会场活动。有高峰论坛、科普讲座、项目推介、协议签订、各类展览、商品展销等。活动都安排有国外专家、行业代表作主旨演讲，演讲嘉宾用新的理念结合黔南产业特点和产业优势，对黔南经济发展、经济定位等方面发表了精彩观点和真知灼见。（2）注重宣传，营造氛围。每次活动从初期开始的氛围营造到活动全面开展的宣传报道，都有国内外媒体积极参与。通过电视、广播、报刊杂志等传统宣传模式以及实时通讯、论坛、微信、微博等新兴媒体对活动宣传进行全方位覆盖，提高活动影响力和国际化水平。4. 组织安排精心，活动亮点纷呈。（1）创新活动形式。在第三届物流高峰论坛活动中，安排了两场州领导对外国重要政务嘉宾的会见，即州委书记龙长春、州委副书记、代州长吴胜华会见了澳大利亚汤斯维尔市政府副市长赖斯·亚历山大·沃克一行和巴基斯坦瓜达尔市市长巴布·古拉勃一行，这样的会见在黔南州还是第一次。为会见作了充分准备，布置会场，安排翻译，了解外宾所在国家、城市的基本情况、与中国的关系、与黔南经济的结合点等，做到会谈有内容有成果。（2）高质量的翻译服务。在所有活动中，精心准备，安排翻译服务。特别是第三届物流高峰论坛，按照国际会议形式，通过省外办联系专业的同传翻译团队，为1场主论坛、2个分论坛进行了高质量的同传翻译。同时由黔南师院外语教师承担现场翻译任务，外语学院志愿者为参加活动的外宾进行一对一服务。（3）外宾接待服务到位。确定对位外宾接待人员后，由州外事侨务和台港澳办进行外事纪律和外事礼仪培训；针对外宾参加的活动制定接待手册，对有特殊需求外宾制定专门接待方案。如为需清真餐的外宾提供清真餐服务等；按照相关规定配合有关部门做好参加活动的外宾的备案工作。由于组织得力，服务到位，在2016年开展的活动中，外事接待工作得到外宾的好评。

【外事接待】 1. 配合中央外交大局，做好外宾接待安排。2016年，除重大活动外宾接待外，黔南州配合省外事办，完成了中联部、外交部安排到黔南州的党宾和政务嘉宾考察团共5批60余人次的接待任务。工作中，按照省外事办要求，认真领会中央意图，针对外国来宾的特点，精心策划，充分准备，周密安排。重点安排考察大数据背景下黔南州农村电商的发展以及黔南州在基层党建、新农村建设、少数民族文化保护与发展、扶贫减灾等方面取得的成就。每次接待都有州领导参加，外事部门全程陪同考察，各有关单位密切配合做好服务。通过接待服务，向外宾宣传黔南州经济建设、社会发展等方面所取得的成就，全面展示黔南对外开放的新形象。2016年黔南州配合省外办接待的党务和政务嘉宾有：瑞士驻华大使戴尚全夫妇、瑞士国民院议长克里斯塔·马克瓦尔德带领的瑞士政府考察团、澳大利亚驻成都总领事郭南希一行、十四国驻重庆、成都总领事馆总领事和领事官员参观团以及柬埔寨高棉民族团结党干部考察团。黔南快速发展的经济、优美的自然环境、便利的交通网络以及黔南人民的热情好客也给外宾留下深刻印象。

2. 协调做好外宾到黔南州的商务考察。2016年8月，贸促会邀请泰国前副总理、泰中经济协会会长颇钦·蓬拉军到独山县五洲集团考察，根据外宾要求，按照有关程序，报请省外办协调，省政协副主席李汉宇会见了泰国嘉宾一行。6月，澳大利亚工党地区常务主席、澳洲联邦自贸机构主席穆帝文先生受贵州贵台红制茶科技有限公司邀请到黔南考察投资项目，州外事侨务和台港澳办在领导会见、项目洽谈、合作协议签订等方面给予协调，考察达到预期效果。

【侨资企业调研】 2016年，为全面了解黔南州侨资企业现状，掌握侨资企业基本经营的情况和遇到的问题，进一步促进侨资企业的健康发展，州侨联领导班子带队赴重点侨资企业进行实地走访调研，全州12县（市）在州侨联的统一部署下，对侨资企业基本经营情况开展调研。先后召开座谈会5次，与10多名侨商和相关部门人员座谈，走访侨资企业12家，完成全州20家侨资企业基本经营情况调研工作。全年全州正常运营的侨资企业有17家，投资总额42.50亿元人民币，从业人数约3825人；企业投资规模看，投资金额不超过10亿元的有11家，1亿元以下的有6家；从企业所属行业分，加工制造业2家，旅游酒店业3家，房地产业2家，医药业1家，观光农业2家，化工业1家，其他6家。

【侨界脱贫攻坚】 2016年，州侨联召开六届六次委员会，审议并通过黔南州侨联《关于动员广大归侨侨眷和海外侨胞为实现黔南州第十三个五年规划目标任务贡献力量的倡议书》。在全州侨界困难群众中开展扶贫专项调研，摸清全州贫困归侨侨眷困难情况和致贫原因，推进侨界脱贫攻坚工作。经统计，全州困难归侨侨眷82户200余人，申请实施侨务精准扶贫项目22户。上半年，福泉、独山、罗甸6户困难归侨侨眷开展职业技能培训，帮扶经费2.40万元，争取到国侨办划拨的华侨事业经费10.50万元，统筹安排贫困归侨侨眷生活困难补助、临时救助，做好就业培训和扶贫开发，扶持困难归侨侨眷发展产业，引导贫困归侨侨眷走出一条适合发展的新路子，拓宽增收渠道，摆脱贫困，实现同步奔小康目标。12月，广州市侨联、广州市侨办分别率帮扶组赴黔南开展对口帮扶工作，寻求对口帮扶合作的切入点，多层次、多领域、全覆盖的精准对接，不断推进对口帮扶和区域合作取得新突破。

【依法维护侨益】 发挥黔南州法律援助中心驻黔南州侨联工作站的作用，登记归侨侨眷来信来访事项，为侨权侨益服务。2016年，收到侨资企业信访件4件，会同相关部门、县（市）处理，努力协调化解。都匀市龙潭社区开展“全国社区侨务工作示范单位”创建活动中，荣获国务院侨办授予的“全国社区侨务工作示范单位”称号，获得专项工作经费2.50万元。是年全州创建都匀市广惠社区、西苑社区、龙潭社区和福泉市藜峨社区“侨法宣传角”4个，都匀市龙潭社区、广惠社区2个“全国社区侨务工作示范单位”，“全国社区侨务工作示范单位”和“侨法宣传角”创建工作走在全省侨法宣传社区创建工作前列。

【联络联谊】 （一）走出去，做好海外联谊工作。按照拓展海外工作、拓展新侨工作“两个拓展”方针，先后在德国、澳大利亚、新西兰、马来西亚、美国等10余个国家和地区相继建立了黔南州侨联海外联谊联络站，明确了负责人。建立“黔南州侨联之友”微信群，来自美国、加拿大、澳大利亚、德国的海外侨胞、留学生以及港澳同胞和国内归侨侨眷、海归40余人以实名方式加入，进一步密切海外侨胞的联络联谊。通过利用联谊联络站、微信群等工作平台，进一步凝聚海外黔南人的力量，加强双方的交流、沟通、互动及互惠互利，为黔南的对外交流合作、人才引进、经济发展拓展新的发展平台和空间。

与此同时，黔南州加大外派教师工作力度，外派教师逐年增加，2016年推荐12名优秀教师参加外派任教工作，5名老师分期前往泰国、印尼、韩国、马达加斯加等国家任教，在海外华文教育交流和宣传黔南文化、扩大黔南文化影响方面做出了贡献。

（二）请进来，推动黔南开放带动发展战略。先后接待德国、美国、加拿大、瑞士、新加坡等国家的20多个海外友好团体、慈善组织和侨商侨领200多人次。2016年以来，德国贵州商会会长、海斯菲特教育集团董事长黎杨连续4次组团到黔南州考察职业教育、足球运动及体育设施建设，在职业教育合作、足球训练基地等项目深入了解，形成了合作意向。3月16日，省侨联吕虹主席一行带领侨商15人到荔波县开展侨资企业考察调研，双方就投资兴业、共谋发展交换意见。3月下旬，SDC全球蓝丝带助残（国际）基金会考察调研组一行22人赴黔南调研。8月中旬，该基金会邀请中国眼科专家陈有信博士在中国侨联副主席乔卫、省侨联主席吕虹等领导陪同下，到黔南州开展为期两天的义诊和学术交流活动。

5月20日，邀请意大利贵州商会侨商王旭群、蒋雄心，中国侨商会侨商罗坤等海外侨商出席“三都县第三届中国资本论坛暨三都招商引资推介会”。美国角声基金会、香港华恩基金会多次到黔南州考察调研，8月与贵定县人民政府签订合作协议，在黔南州投资1000万元建设黔南角声儿童村，年内破土动工。6月21—22日，中国统一促进会组织海内外华文媒体一行20余人组成考察团，到黔南州惠水、平塘、三都等地深入考察、采访。在建州60周年大庆、2016都匀（国际）茶人会、都匀（国际）物流峰会等活动中，新加坡天地益发旅游公司市场部经理、华侨王景，美国DINGIN集团Joshua总裁、德国STIWA公司吴浩副总裁，瑞士天诺维金公司董事长黄萍，贵州以晴集团董事长周以晴及部分老归侨等到黔南品茗茶香、共叙友情、共话发展。10月25日，在省侨联主席吕虹的陪同下，马来西亚常青集团执行主席丹斯里拿督张晓卿爵士率领常青集团中高层专程赴平塘参观“中国天眼”——平塘大射电望远镜，感受和体验天眼工程建设的震撼。

2016年，到四川看望美国侨眷、退休老领导邓元铭，接待美国国家药典委员会工作员蒙育景女士、美国摩托罗拉公司韦元军博士一行8人，派员赴新西兰拜访侨领、新西兰基督城中华协会会长张宏寰女士，邀请她适时访问黔南。

【公益发展】　2016年3月3日第17个全国“爱耳日”期间，利用澳大利亚魏基成“天籁列车”捐赠的助听器，与州残联、医疗部门一起上街，为耳障患者验配助听器，受益上百人。全年，香港慈恩基金会、香港陈登基金会、马来西亚祝福文化、澳门汇才慈善会、美国天使儿童基金会、浙江新华爱心教育基金会等20多个海外和港澳台慈善组织在黔南州教育、卫生、文化体育和扶贫济困等领域捐赠资金达996多万元。“珍珠班”高考也喜获大丰收，都匀三中“珍珠班”二本上线率100%，一本上线率88%。贵定中学“珍珠班”二本上线率100%，一本上线率54%。全年新增瓮安中学“珍珠班”50人1个班。

【对台宣传】　加大对台宣传工作力度，全面展示黔南州对外开放的良好形象，提升黔南在台知名度。一是面对面宣传。充分利用台胞、台商到家乡探亲、旅游、观光、祭祖的时机，面对面宣传黔南经济社会等家乡的巨大发展变化，鼓励其回乡交流、投资。同时积极发挥贵州同乡会、台湾贵州经济文化交流协会作用，通过赠送黔南宣传资料，扩大黔南在台的知名度和影响力。二是重大活动宣传。借助在黔南州内举办的第四届贵州与台湾经贸恳谈会暨黔南台湾两地少数民族茶产业交流活动、建州60周年庆祝活动、2016都匀毛尖（国际）茶人会、FAST天文科普峰会、国际物流高峰会等重大活动，向前来赴会的台商、台胞、台属大力宣传，全面展示黔南美丽的自然风光、独特的民族文化、经济建设的成就、便利的交通优势和优越的投资环境等。吸引更多的台商、台胞到黔南考察投资，助推黔南经济社会发展。三是新闻媒体宣传。在通过传统手段宣传的同时，积极利用微信、微博等新媒体，全方位、多角度地广泛宣传黔南对台工作。2016年，黔南州对台办共撰写宣传稿件260余篇（幅），其中《中国台湾网》采用20余篇幅，《贵州与台湾网》采用245篇（幅），黔南州对台办一名干部评为《贵州与台湾》网2015年度优秀通讯员，撰写的《黔南州当好“三员”为台资企业服务》荣获《贵州与台湾》网2015年度优秀稿件奖，黔南对台宣传工作走在全省前列。

【对台交流】　一是策划申报中央台办全国重点交流项目。2016年年初，黔南州对台办策划申报的《黔南台湾两地少数民族茶产业交流活动》被中央台办列为2016年度全国重点交流项目，同时被省政府举办第四届贵州·台湾经贸交流合作恳谈会列为黔南分会交流活动。是年7月，在州政府主办的“第四届贵州·台湾经贸交流合作恳谈会暨黔南台湾两地少数民族茶产业交流活动”中，邀请27名台湾茶界台商、专家、教授代表到黔南，开启两地茶产业交流的新序幕，对黔南茶产业的发展起到有力的推动和促进作用，同时也开启了黔南台湾两地同胞亲情融洽渠道。二是搭建基层交流平台。指导惠水县成功举办“中华一家亲·2016年海峡两岸各民族欢度三月三暨贵州·惠水好花红节”活动，邀请来自台湾的30多位台商参加活动，惠水好花红镇与台湾台东延平乡缔结了“海峡两岸·友好乡镇”，搭建了黔南与台湾基层交流平台，也是全省第一家与台基层交流平台。三是申报搭建海峡两岸青年交流平台。按照国台办副主任叶克冬2015年9月26日到惠水百鸟河数字小镇河和贵州盛华职业学院调研时的指示精神，积极打造申报以贵州盛华职业学院和惠水百鸟河数字小镇为基础的海峡两岸青年交流基地，吸引众多的台湾大学生到黔南来学习和创业，加强黔台两地青少年的交流交往。2016年，将盛华职业学院和百鸟河数字小镇联合申报国家级海峡两岸青年创业基地论证报告和发展规划上报省台办和国台办审批。8月22日，中央政治局委员、国务院副总理汪洋到贵州盛华学院调研时，肯定黔南台湾两地青年交流工作。四是搭建协会交流平台。按照上级部门赴台交流的指示精神，2016年4月，黔南州对台办申请成立黔南州海峡两岸交流协会，搭建全州各部门、各系统、各县市领导干部因公赴台交流的平台。通过搭建三大平台，促进黔南与台湾交流交往。2016年全年走出去的情况是：全州开展因公赴台交流17批111人，其中厅级干部2人、县处级干部51人、科级以下干部及学生58人。在赴台交流的17批中，州内自组团7批96人，分别开展基层交流、茶产业交流合作、农业交流合作、旅游文化交流合作等；参加上级部门组团10批15人；组团赴港澳1批3人，参团赴港澳30批96人。慕名来的情况是：接待赴黔南交流考察台商10批次120余人次，如：3月，台湾蓝宝集团副总理、台湾博聚科技股份有限公司总经理黄正燕等一行3人赴黔南进行交流考察；又如：台湾昆山信瑞光电有限公司董事长蔡颖昌赴惠水县交流考察。请进来的情况是：以州内举办的重大活动为契机，邀请在台知名人士和有影响力人物出席，如，7月，邀请台湾前彰化县立法委林仓敏先生等一行28人出席第四届贵州台湾经贸交流合作恳谈会暨黔南台湾两地少数民族茶产业交流会；8月，邀请台湾高雄县前县长杨秋兴及夫人一行4人出席黔南建州60周年庆典活动；9月，邀请台湾贵州经贸文教交流协会会长申玉玲女士、台湾中国科技大学教授赵伯良、台湾大学教授博士陈右人先生及夫人阮素芬教授等一行29人出席2016都匀毛尖（国际）茶人会，陈右人教授还出席规格最高、阵容最大的以“促进茶产业供给侧改革，助推黔茶出山”为主题的茶产业峰会，并在会上作论坛发言，受到与会领导、专家、学者的一致好评。邀请广州台商协会王治中总会长一行到黔南考察，达成台商投资广州产业园意向。

【对台服务】　一是营造良好投资环境。以开展“走访台企　助推发展”活动为契机，结合实际研究制订活动方案，联合15家州直部门，多次深入台企进行调研，帮助台资企业协调解决在发展中遇到的困难和问题，2016年以来共走访台资企业100余人次，解决困难问题5个。如2016年3月，联合交通、金融等部门到独山县台企贵州青龙有限责任公司召开现场会，解决了该企业融资和道路建设问题，促进台企不断发展壮大，受到了台商的高度赞扬，同时在省台办领导调研黔南台企时，给予了高度评价。二是切实维护台商台胞正当合法权益。成功协调处理了台商郑克婕和王志成与三都台商工业园的经济纠纷问题；积极帮助帮泰公司协调税务问题，优质的服务，良好的投资环境，吸引了不少台商前来考察、调研、投资，2016 年，黔南州各单位、各部门、各县（市）与台商签订框架合作协议 20 项，总投资 50 多亿元，部分台资企业已开始落户入驻，如：2016 年 3 月，总投资 11 亿元的台企贵州升皇兴国国际贸易有限公司在独山开发区举行了开工典礼仪式；总投资 5 亿元的台企贵州广保利医药用品有限公司在都匀经济开发区落地开工建设；总投资 25 亿元的都匀茶农旅项目已完成投资计划等。2016 年，全州在册台资企业 35 家，总投资 50 多亿元，实际利用台资 20 多亿元。

【涉台港澳调研】 为做好黔南州涉台港澳调研工作，黔南州对台办做到：一是认真研究制定调研方案。结合实际制定《黔南州外事侨务和台港澳办年度调研工作方案》，并报上级业务主管部门，将全年调研任务发文下达到全州各县（市）外事侨务和台港澳办，要求州办领导带头，办各科室、各县（市）外事侨务和台港澳办要完成一篇以上的调研文章。二是做好每年的调研文章评比工作。在省台办每年组织的调研文章评比工作中，黔南州对台办的对台调研文章均获得优秀奖项以上，如：2015 年度调研文章《黔南州基层对台工作面临的问题及对策》评为全省优秀奖，同时也获得州委统战部颁发的三等奖。三是抓好赴台交流团的调研指导工作。对每个交流团赴台前行前培训时就撰写考察调研报告作出安排，提出具体要求。2016 年，州人大办、州政协办、都匀市、龙里县、荔波县等赴台，对台湾农业发展、文化旅游业发展等情况进行了学习考察，撰写《台湾茶产业考察调研报告》《龙里县赴台农业考察报告》《荔波县赴台湾文化旅游考察报告》等 14 篇高质量考察情况报告。其中，州委书记龙长春对州政协赴台开展基层交流活动的情况报告作出批示：此次考察准备充分、针对性强、收获颇丰，要在认真总结经验的基础上，更加注重考察学习实效，提高考察学习质量，真做到学有所悟、学有所得、学有所用。特别是政协要充分发挥位置超脱的优势，坚持一个中国的原则，加强与台湾所有认同两岸同属一个中国的政党和团体接触交流，维护两岸共同政治基础，促进两岸经济融合发展，推动两岸产业合作，增进两岸同胞福祉；州委副书记、代州长吴胜华作出批示：抓好长春书记指示的落实。

（郭　俊）

史志编纂工作

【概况】 2016 年，在州委、州政府的领导下，在上级业务部门的指导下，全州史志工作围绕州委、州政府的中心，以扎实开展“两学一做”学习教育为契机，以习近平总书记关于党史国史工作的重要讲话精神为统领，认真学习贯彻《中央党史研究室 2016 年至 2020 年工作规划》《贵州省 2016 年至 2020 年党工作规划》《全国地方志事业发展规划纲要（2015—2020）》《贵州省贯彻落实〈全国地方志事业发展规划纲要（2015—2020）〉实施方案》，贯彻落实全省年鉴工作推进会精神，深化党史编研，强力推进州、县二轮志书编纂，统筹推进州、县两级综合年鉴全覆盖工作，有效推进年鉴量的扩张和质的提升。党史工作有新亮点，方志工作有新推进，年鉴工作有新突破，“存史、资政、育人”功能得到进一步发挥。

（喻昌富）

【党史工作规划研究和文本起草】 为了贯彻落实中央和省委党史工作部署，做好 2016 年至 2020 年全州党工作，州史志办于 2016 年初组织了专门的写作班子，在对各县（市）进行调研的基础上，起草了《黔南州2016年至2020年党史工作规划》（征求意见稿）文本。在经过反复修改后，于12月14日组织各县（市）党史部门负责人会议，对文本进行集中讨论修改。

【党史资料编研】 1. 完成中央党史研究室“滇黔桂边区游击队（黔南部分）革命斗争史料”征集课题资料的收集整理工作，开展党史资料丛书《黔桂边区游击队革命斗争黔南部分专题资料》的编写。通过前往广西、云南及省内相关地区开展调研、征集补充资料，分“黔桂边委及边区游击队在黔南革命斗争概述、红色历史档案文献、图片和专题资料、革命回忆录、大事记”五大板块形成了《黔桂边区游击队革命斗争黔南部分专题资料》（30余万字）并上报省委党研室，完成了《红七军暨滇黔桂边革命游击队在黔南》一书的编写出版（40余万字）。

2. 加强对县级党史部门工作的业务指导。指导罗甸对《中共罗甸县历史（第一卷）》进行再修改。荔波、瓮安、福泉、龙里、瓮安等县（市）编写出版了《厚重荔波》《中共瓮安县委执政纪要》《福泉英烈传》《龙里英烈》《冷少农传》《舒葆初烈士》《怀念苗族红军陈靖文集》《风火黎明关》等党史丛书。贵定县党史正本编写工作年内基本完成资料的收集。

3. 组织全州党史系统干部深入进行党的历史研究，积极动手撰写学术论文参加省内外学术交流，共有《红军长征四过黔南》《坚定信念创新观念谱写党史研究新篇章》等7篇论文作者分别被邀请参加省内外党史学术研讨会，论文被收录入研讨会文集。

【党史宣传教育】 1. 根据州委宣传部的安排，州史志办接到了接受新华社记者关于“黔南事变”采访的任务。受访人员从“黔南事变”前后全国抗日战场概况，日军为打通大陆交通线的“一号作战”命令及作战纲要，“黔南事变”的发生，黔南爱国军民奋起抵抗打响了贵州武装抗战的第一枪，“黔南事变”给黔南人民造成的重大损失等方面，系统讲述了“黔南事变”的全过程，并就有关党史专家明确黔南在抗战中地位的“北有卢沟桥、南有深河桥”的提法进行了解释，同时回答了相关提问。这次采访宣传了黔南为中国人民抗日战争胜利作出的牺牲和贡献。

2. 组织纪念红军长征胜利80周年理论研讨会、党史知识竞赛、纪念座谈会共6场；制作和协助中央、省及兄弟省（市）制作影视音像制品5部。

3. 为加强革命遗址的保护利用，切实把党史遗址的保护与爱国主义教育和发展红色旅游结合起来，充分运用党史资源促进革命老区的建设和发展，完成了对全州党史、革命史纪念场馆布展内容和修缮、兴建情况的自查和抽查工作。福泉市委、市政府专门出台加强革命遗址保护的意见。

【全省党史系统学习贯彻党的十八届六中全会精神理论研讨会在瓮安召开】 2016年12月13日，由中共贵州省委党史研究室主办，中共瓮安县委、黔南州史志办、省委党史研究室科研管理与地方工作处承办，中共瓮安县委办公室、中共瓮安县委党史研究室承办的全省党史系统学习贯彻党的十八届六中全会精神理论研讨会在瓮安召开。省委党史研究室主任杜丹，副主任余雄、覃爱华，州委常委、瓮安县委书记张文强及县委有关领导，省委党史研究室相关处室负责人以及各市州、贵安新区党史部门负责人、党史专家出席会议。研讨会上，与会领导、专家和代表紧紧围绕习近平总书记在党的十八届六中全会上的重要讲话和全会审议通过的《关于新形势下党内政治生活的若干准则》和《中国共产党党内监督条例》，从深刻认识党的十八届六中全会、省委十一届八次全会的重大意义、坚定不移推进全面从严治党、全面加强和规范党内政治生活、全面落实党内监督责任、突出抓好领导干部等方面积极交流、深入探讨。

（喻昌富）

【贯彻落实《全国地方志事业发展纲要（2015—2020）》】 2016年，全州地方志工作部门按照《全国地方志事业发展规划纲要（2015—2020）》《贵州省贯彻落实〈全国地方志事业发展规划纲要（2015—2020）〉实施方案》，以2018年前全面完成州、县二轮地方志书编纂为重点，扎实推进地方志编纂工作。

组织学习和贯彻落实《全国地方志事业发展纲要（2015—2020）》，并向省志办上报学习情况。根据《纲要》和贵州省的贯彻实施意见，向州政府呈报了《关于建设黔南州地方志馆的请示》，州政府州长向红琼批示，将黔南州地方志馆建设列入建设计划。罗甸县档案局利用档案馆场地设施建立方志库。

【地方志宣传】 2016年3月—5月，以省志办举办全省地方志成果展览为契机，开展《地方志工作条例》颁布10周年纪念活动。在活动中，将《地方志工作条例》《贵州省地方志工作规定》合订本发送到资料长编编写工作相对滞后的州直单位，组织全州出版的志书和展板参加全省地方志成果展览。

【州志编纂】 2016年，建立“黔南州地方志编研专家库”，聘请地方志系统及州内各领域的专家41人为专家库成员。

2016年4月27日，在地方志编研专家聘书颁发暨业务培训会上，州委常委、副州长刘建民到会讲话并为专家颁发聘书。

根据二轮《黔南州志》编纂进度安排，从“黔南州地方志编研专家库”中选聘10人承担二轮《黔南州志》分纂任务，州志编写工作全部分解落实到人。并对“黔南州地方志编研专家库”的人员进行集中培训2次。至10月底，完成300万字初稿（全志总字数控制在400万字以内）。

【县市志编纂】 2016年，州史志办先后到8个县（市）检查指导修志工作。全州12部二轮县级志书中，《福泉市志》《瓮安县志》已经出版发行；《三都水族自治县志》《贵定县志》已通过省志办验收，正在印刷出版；《荔波县志》《独山县志》已通过省级终审；《龙里县志》《长顺县志》《平塘县志》已进行州级复审；《罗甸县志》已完成初稿编纂工作；《都匀市志》完成资料长编收集工作；《惠水县志》正在编纂初稿。都匀、长顺、罗甸等县（市）将地方志工作列入年度目标任务进行考核，推进二轮志书编纂工作。

【部门（乡镇）志编纂】 2016年，州级部门志中，《黔南布依族苗族自治州工商业联合会（商会）志》印刷出版；《黔南布依族苗族自治州卫生志（1991—2014）》《黔南布依族苗族自治州扶贫开发志》通过州级终审验收；《黔南布依族苗族自治州司法行政志（1991—2014）》完成初稿编纂。乡镇志中，荔波县的《佳荣镇志》正式出版。年内，在州史志办的同步小康村联系点三都县普安镇高硐村开展村志编写试点工作。

按照《贵州省地方志编纂委员会办公室关于〈贵州省志·名乡名镇〉的通知》要求，组织各县（市）向省志办推荐名乡名镇，全州列入《贵州省志·名乡名镇》的乡镇共38个，各县（市）已按照省志办的要求完成稿件编写上报任务。

（王素琴）

【《黔南年鉴（2016）》编纂工作】 强化年鉴组稿工作力度。2016年年初，元旦一过，即开展组稿工作，下发征稿通知，并通过协同网，QQ工作群等方式下发征稿通知，通过网上、电话、上门等催稿方式，积极与各单位各部门联系，加强与撰稿人的沟通，工作做到早安排。紧紧围绕州委、州政府的中心工作，不断优化框架结构，充实内容，忠实反映全州经济社会等各方面发展的新情况、新成就、新经验。扩大年鉴反映全州改革发展的广度与深度。在增设“茶产业”等内容的基础上，增设了“民营企业家对口帮扶”等内容。加强年鉴时效性，年内全面完成《黔南年鉴》（2016）卷组稿、编辑工作，《黔南年鉴（2016）》全书100万余字，实现了年内出版。

【《贵州年鉴（2016）》之黔南部分组稿、编辑工作】 做好《贵州年鉴》（黔南部分）的州级、县市级概况、名录组稿编辑工作，认真做好与各县（市）及供稿单位的对接，按时完成2016年州级及12县（市）稿件组稿编辑审核汇总上报工作，共计约10万余字。协助省志办发行《贵州年鉴（2015）》。

【《中国年鉴（2016）》（黔南彩页部分）组稿、编辑工作】 2016年，完成《中国年鉴（2016）》（黔南专版）文字撰写、图片收集，组稿并编辑上报。约2万余字，10幅彩图，通过中国年鉴社验收回复。

【指导督促县级综合年鉴编纂工作】 2016年，全面贯彻落实《贵州省贯彻落实〈全国地方志事业发展规划纲要（2015—2020）〉实施方案》，贯彻落实全省年鉴工作推进会精神，围绕地方志条例，统筹推进综合年鉴全覆盖工作，实施分级评审和审查验收制度，严把政治关、史实关、体例关、保密关、出版关。不断加大对县级年鉴编纂工作的指导力度。加强业务培训，提高年鉴编纂水平。先后到福泉、平塘、龙里、罗甸4县（市）举办了4期年鉴业务培训会，4县（市）共计500余人参加了业务培训，为4县（市）年鉴工作顺利开展打下扎实理论基础。完成了对《福泉年鉴》《都匀年鉴》《平塘年鉴》《贵定年鉴》《罗甸年鉴》等县级年鉴2016卷的州级审查工作。

（张永淑）

州委讲师团工作

【概况】 2016年，州委讲师团在州委、州委宣传部的领导下，在省委讲师团的指导下，按照中央、省、州决策部署，深化宣传宣讲的职责理念，围绕中心，服务大局，主动作为，以“百姓宣讲百千万工程”为载体，依托“宣传干部上讲堂”“道德讲堂”“百姓宣讲团”“同步小康驻村干部宣讲团”等宣讲平台，开拓创新宣讲工作渠道，全面完成了各项工作任务，为全州后发赶超、脱贫攻坚、决胜小康提供了思想保证和舆论支持。

【理论宣讲】 一是依托“宣传干部上讲堂”“道德讲堂”“百姓宣讲团”“同步小康驻村干部宣讲团”等平台，加大宣讲力度，积极开展多形式、多角度、深层次的理论宣讲和形势政策教育工作。截至2016年年底，全团围绕习近平总书记系列讲话精神、十八届五中、六中全会，省委十一届八次全会，州委十一次党代会精神等开展宣讲100多场次，听众1万余人次。全年全州开展各类宣讲1.9万多场次，听众50多万人次。二是深入实施“百姓宣讲百千万工程”，不断扩大宣讲覆盖面，全州12个县（市、区）都建立了百姓宣讲团，并延伸到乡镇及村级，基本实现了基层全覆盖。各单位系统也正在组建自己的行业宣讲团。州、县、镇、村四级各单位均设立有道德讲堂，并有稳定的德师队伍，2016年，在库百姓宣讲员3225名，其中德师2022名，正式聘任德师313名，州直单位同步小康驻村工作宣讲队员245名，全州大宣讲格局基本构建。已经具备了重大宣讲任务在短时间内覆盖全州的宣讲能力。三是与县（市）和州直有关部门合力开展宣讲，服务全州工作大局。2016年4月，根据州委宣传部、州委组织部、州党建办的安排，牵头组建当代“女愚公”邓迎香先进事迹巡回宣讲团，在全州各县（市）、高校等开展巡回宣讲19场，并应省委组织部邀请，赴全省“两学一做”学习教育示范培训班开展2场宣讲，受到好评。2016年6月，围绕“两学一做”学习教育暨科学理论上讲堂、建州60周年等组建宣讲团，在全州开展宣传活动。2016年下半年，配合州委宣传部，组织力量参与省“共筑中国梦·同步奔小康”和“宣传干部上讲堂”风采展示大赛，取得较好比赛成绩。2016年11月，根据州委办的安排，撰写宣讲稿件，制作示范课件，开展宣讲培训，按照“七进”要求，协调州纪委、州委政研室、州发改委、州党史办等联合开展州十一次党代会的宣讲，各县（市）的宣讲已经基本结束。四是按照州委党建办要求，2016 年上半年积极参与州级同步小康驻村干部及第一书记岗前培训，让驻村干部深入领会各级决策部署，了解精准扶贫精准脱贫政策，提升驻村工作实效。为精准脱贫、同步小康提供了精神动力。

【理论研究】 完成省委讲师团大扶贫调研课题《黔南州精准扶贫精准脱贫调研报告》。在 2016 年 9 月召开的全省讲师团系统理论研讨会上，州委讲师团调研报告《黔南州精准扶贫精准脱贫政策措施研究》荣获三等奖，网络教育科副科长王贵的宣讲稿件《风口上的贵州——大数据助力大扶贫》被评为 2016 年全省“科学理论上讲堂优秀宣讲稿件”，受到省委宣传部省委讲师团的联合表彰。

【理论信息】 本着求新、求活、求精、求广的办刊导向，从各大网站和日常读书中收集与党的路线、方针、政策紧密相关的、对工作有参考价值的一些观点、热点、焦点及理论文章，进行分类整理、重新编辑后每月定期印发《黔南理论信息》报送州四大班子领导及相关州直部门相关领导、县（市、区）党委政府领导等，2016 年，全年共刊发 12 期 1560 份，信息内容得到一致好评。

【网络宣传】 加强理论宣讲网站建设。通过“四个强化”，加强对“中共黔南州委讲师团网站”的建设。一是强化网站制度建设。制定并完善了《州委讲师团网络教育管理制度》，对科室职责、分工及管理制度进行了进一步明析，使网站建设有章可循。二是强化宣讲信息收集。及时跟进团里开展的各项宣传宣讲活动，适时收集宣讲信息，同步上传到州讲师团门户网站，使线上线下宣传同步展开，进一步扩大宣传面，增强宣传影响力。三是强化理论宣传教育。在网站上增设新栏目，除了每个月及时把《黔南理论信息》上挂网站外，相应添加视频教学课件，丰富网站内容，为广大党员干部提供更多学习资料和学习平台。四是强化时政精神解读。对党的十八届六中全会、省委十一届八次全会、州第十一次党代会精神等及时收集媒体、专家和领导的观点进行解读，确保精神解读的及时、有效、准确。

借助新媒体手段，开拓理论宣传信息化平台。一是加强“文峰微理论”公众微信平台建设。开辟了“政策要闻”“理论热点”“黔南声音”“课件下载”等栏目，各栏目内容逐步充实。同时，围绕宣讲工作热点，依托新媒体手段，利用网站、微信等方式拓宽理论宣讲覆盖面，成功与《黔南热线》合作，推出了“黔南州学习党的十八届六中全、省委十一届八次全会和州第十一次党代会精神网上知识竞赛”。二是强化全州宣传文化系统干部云学习平台建设。2016 年，全州宣传文化系统共设立账号 323 个，基本囊括了全州宣传文化系统所有干部，推送课件 450 个。

【党建工作】 扎实开展“两学一做”学习教育。按照州委的相关要求，按时启动“两学一做”学习教育，团主要领导带头上党课，团领导班子成员也分别上了党课。认真制定了《中共黔南州委讲师团“两学一做”学习教育工作方案》，并按照方案组织实施。根据州委关于同步小康驻村工作要求，2016 年，州委讲师团的联系点为平塘县卡蒲毛南族乡摆卡村、新关村。为使同步小康驻村工作取得实效，讲师团选派了两名政治素质高、基层工作经验丰富的干部长期蹲点平塘，深入开展调查研究，为乡、村两级经济发展、扎实推进同步小康进程出谋划策、牵线搭桥。经过长期深入走访调研及多次与村两委班子座谈商议，讲师团驻村队员基本掌握了两个村的基本情况、贫困原因、发展方向，积极通过各种关系为两个村联系公共基础设施项目以及村集体经济发展项目等。另外，“六一”儿童节期间，团主要领导到摆卡小学和新小学开展儿童节慰问，为贫困学生送去价值2000余元的慰问金及学习用品，让留守儿童们感受到社会的温暖。“七一”前夕，讲师团还组织策划了支部联谊活动，通过重温入党誓词、村支书宣讲PK、党史知识问答、向困难党员发放慰问金等形式，让3个党支部近百名党员体验了一次非同寻常、印象深刻的支部活动。此外，团里还从业务经费中挤出17000元帮助摆卡村和新关村购买会议室桌椅。带领村干部及致富能手到三都县参观葡萄种植。

【州委中心组学习服务】 2016年，州委中心组以学习宣传贯彻中共十八大、十八届三中、四中、五中、六中全会，省委十一届七次、八次全会，州委十一次党代会为主线，结合“两学一做”学习教育，狠抓学风建设，大兴求真务实之风，通过深入学习、实地考察、分组讨论、集思广益、民主决策，就关系全州发展的一系列全局性、战略性、前瞻性问题统一了思想，形成了把跨越发展争比进位作为检验一切工作和干部作风的根本标准。以求真务实破除官僚主义、形式主义，坚定不移地推进项目建设，努力实现黔南主要经济社会指标在全省整体排位靠前工作思路。州委讲师团切实履行好学习秘书组的职责，认真归类编排学习档案，提供学习服务，积极总结学习经验，得到上级部门好评。

【廉政建设】 切实加强勤政廉政教育，扎实抓好党风廉政建设，认真履行党风廉政建设承诺制。2016年初，按照州委与团里签定的《廉政承诺书》要求，将州委党风廉政建设责任制结合单位实际进行了分解，量化到人，层层签订了《廉政承诺书》，实行逐级负责制，切实做到廉政承诺全覆盖。州委讲师团领导班子及成员带头履行落实党风廉政建设责任制的各项制度措施，严格执行《廉政准则》和领导干部廉洁自律的各项规定，以身作则，全团未发生违法违纪现象。

【其他工作】 一是成立县（市）委讲师团，理顺工作机制，服务基层宣讲需要。通过努力，2016年6月，在各县（市）委宣传部增设讲师团纳入州委常委会议程，按照州委常委会的要求，截至2016年10月底，各县（市）先后挂牌成立了县（市）委讲师团，分别由各县（市）委常委、宣传部部长兼任讲师团团长，明确了3~5名编制，并配置了人员，为进一步推进“百姓宣讲百千万工程”打下扎实的基础。成为全省第一个各县（市）均设有讲师团的市（州）。密切了讲师团同各县（市）委宣传部的联系，解决了讲师团长期以来基层无腿的问题，为构建大宣讲格局搭建了平台。二是凝聚专家学者力量，优势互补，探索校地合作宣讲模式。为进一步发挥专家学者对地方社会发展的作用、提高讲师团干部职工的理论水平，2016年6月州委讲师团与黔南师院马列部签订了《协同创建协议书》，从构建重大宣讲协作机制、人才交流合作共享机制、重大课题调研合作机制等3个主要方面开展校地合作。根据协议，州委在开展重大时事政策宣讲、黔南州道德讲堂建设以及州级德师评聘、推荐、培训等工作时，黔南师院马列部选派教师参与，在学术课题及调研课题上双方加强沟通协作；同时，讲师团干部职工参与马列部教学工作，围绕州情及州委相关政策开展宣传解读。2016年，黔南师院共派出6名教授参与全州性宣传宣讲工作，州委讲师团共选派3名宣讲骨干到黔南师院授课，完成了黔南师院政经系、物理系、旅游管理专业大三学生《形势与政策》课36学时的授课任务。在全省各市（州）委讲师团中开了先河。三是克服困难，加快宣讲骨干培训步伐，储备基层宣讲人才。在对内培训上，一是坚持开展岗位练兵活动。因各种原因，讲师团现有干部职工并非在进入讲师团之前都熟悉胜任宣讲工作，讲师团领导班子达成共识：不能改变现实，但能优化现状。为此讲师团坚持每周四下午开展岗位练兵活动。要求每位干部在规范的会场，面对全团干部进行新课题带课件试讲，全团评教。2016年完成了23场自主选题宣讲练兵活动。走在了全省讲师团系统履职能力建设的前列；二是积极向省委讲师团争取，选派人员参加高水平培训，2016年共选派4人参加中央党校高级师资班的培训，为提高宣讲人员的素质和宣讲水平做了积极的努力。在对外培训上，一是与县（市）联合，探索开展宣讲骨干轮训工作，加快宣讲队伍建设，2016 年共完成了 9 个县（市）百姓宣讲员的培训工作；二是克服困难，积极争取协调，2016 年 10 月与山东大学哲学和社会发展学院联合举办了百姓宣讲骨干暨德师培训班（黔南班，学员 53 人），针对德师的特殊要求，在培训内容上着重以中国传统文化为主，强化德的教育，要求德师做到率先垂范、以身作则，同时结合基层干部队伍的特点，坚持理论和实践相结合，让学员学有所得，得有所用，增强培训的实效性。四是开展道德讲堂评级工作，强化道德讲堂管理，拓宽宣讲平台。根据州委宣传部 2016 年工作安排，牵头组织开展道德讲堂建设情况摸底调查，对全州各县（市、开发区）、乡（镇）、村（社区）和州直单位道德讲堂地址、面积、设备、德师、管理员等情况进行摸底，并建立工作台账。同时将全州道德讲堂分为乡镇、农村、机关、企业、社区、军队 6 个系统制定评级晋级标准，将各领域道德讲堂分为 3 个等级，一级讲堂最优，二、三级讲堂达到一定条件可晋级为更高级讲堂，2016 年已完成县级道德讲堂的评级工作，评定结果按时上报州委宣传部。

（柴天祥）

2016 年 6 月 1 日，当代“女愚公”邓迎香先进事迹报告团在全省“两学一做”学习教育示范培训班开展宣讲

2016 年 11 月 7 日，州委讲师团举行中共十八届六中全会精神专题学习会

党校·行政学院

【概况】 2016 年，中共黔南州委党校、黔南行政学院全面贯彻中共十八大和十八届三中、四中、五中、六中全会精神，深入贯彻学习习近平总书记系列讲话和全国党校工作会议精神，紧紧围绕州委州政府的中心工作，充分发挥培训干部主阵地、主渠道的作用。全年共举办主体班 10 期，其中，中青班 4 期、民干班 4 期、科局长班 2 期，共计培训 500 人。对外培训短训班次 40 期，培训人数 1544 人次。全校共有副厅级领导 1 人，正县级领导 3 人，副县级领导 4 人；教师 36 人，其中高级职称 14 人，中级职称 17 人，初级职称 5 人；具有博士研究生学历 1 人，硕士研究生学历 22 人（硕士学位 19 人），本科学历 13 人。

【加强领导班子和干部队伍建设】 以“两学一做”学习教育为着力点，不断加强领导班子和干部队伍建设。“两学一做”学习教育活动丰富，效果明显。一是与州直机关工委联合开展“两学一做”演讲比赛、知识竞赛等形式，在全州党校系统和主体班中开展学习教育，使全体党员深刻理解和掌握了开展学习教育的重要意义，充分调动了全体党员的学习自觉。二是认真组织开展

“手抄党章100天”活动。全体党员通过手抄党章、学习资料的形式对“两学一做”有了更加深入的理解，也对如何做好一名合格的共产党员有了更深刻的认识。三是切实开展“四进四送”活动。校委班子成员分别带领县级、科级干部到贵定县金南街道新良田村和沿山镇春光村，为当地党员送去党章、系列讲话等资料，在村级支部开展了党员座谈、上党课和慰问困难党员等活动，使基层党员对学习教育活动的理解更加深入。四是认真开展“支部书记上讲台”活动。各支部书记结合学习教育与党的建设、学校发展向所属支部党员上了内容翔实、活泼生动的党课。

【干部培训】 2016年春季以来，根据培训班次和形势发展需要，对主体班学制进行了调整，其中：中青班、民干班学制为2个月、科局长干部培训班学制为1个月，较好地保证了学员充分学习时间。同时，在中青班、民干班开展为期一周的异地教学培训，切实增强了学习效果。2016年主体班共举办10期，其中，中青班4期、民干班4期、科局长班2期，共计培训500人。

与州委组织部、州委统战部、州人社局等20余个单位联合办学，共培训新录用公务员培训班、州教育系统“两学一做”党员干部培训班、党外中青年干部培训班、小城镇规划建设培训班等共40期短训班次，培训人数为1544人次。内容涵盖黔南州录用机关、事业单位新进人员的初任培训；党务干部、入党积极分子；执法人员的业务培训等方面。

学员们都把学习培训作为自己理论与实践结合的一次重要锻炼机会，并努力掌握行之有效的方法和技能，不断提高自身的综合素质和能力，学有所获、研有所得，学以致用。达到了预期的培训效果。

【强化教学改革】 全国、全省党校工作会议召开后，州委党校行政学院切实按照党校工作会议精神要求，牢牢抓住党校主业主课不放松，采取多形式多举措抓好理论教育和党性教育。

一是以抓好理论教育为核心内容，突出党校主业主课地位，抓牢理论教育不放松。主要开设马列主义基本问题、毛泽东思想、邓小平理论、“三个代表”重要思想、“四个全面”战略理论、《共产党宣言》等经典著作解读，深入学习习近平系列重要讲话精神，切实增强了理论教育这个主业主课的重要地位，使理论学习在党校蔚然成风。二是在党性教育方面，既注重党性教育专题教学，又注重党性教育现场教学，组织主体班学员到瓮安开展红色文化现场教学，组织学员到麻怀村开展现场教学，学习“女愚公”邓迎香精神，激发党员干部干事创业，坚决打赢脱贫攻坚战的信心和决心。三是依托黔南自身资源开发特色课程。形成了以瓮安猴场会议、独山抗日文化为主的红色文化，以三都水族文化、平塘毛南族文化为主的少数民族文化，以都匀毛尖为主的茶文化等学科、多方面的特色课程。同时，在龙里中铁生态城、惠水百鸟河数字小镇、福泉黄丝、贵定音寨、罗甸麻怀村等全州12县（市）建立了20余个特色教学实践基地，极大地丰富了党校教学内容和形式。

【科研建设】 州委党校、行政学院紧紧围绕党委政府中心工作，采取有力措施推动教师积极开展科研工作，鼓励学员围绕工作实际开展调研，撰写好调研报告，使党校科研决策咨询能力和水平得到较好提高。2016年，全校共有5项课题获得立项，其中，申报获得州委重大决策调研课题2项。全年教师发表论文20余篇。学员按照黔南州“一圈两翼”发展战略，围绕地区部门工作实际，有针对性选择1～2个课题开展调研，形成调研报告提交学校，并选取质量较好、有参考价值、对决策咨询有促进作用的调研报告发表到州委党校学报上。

【人才队伍建设】 州委党校作为干部教育培训的主阵地、主渠道，始终高度重视人才队伍建设，在引进人才的同时，严把进人关，保证人才质量，为实现科学发展打下良好基础。2016年，全校共遴选2名管理人员，引进硕士研究生6名。在遴选管理人员、引进高层次人才工作中，着重把好资格审查关、考试关（面谈关、试讲关）、考察公示关。

为掌握了解全校干部队伍的情况，对全校干部队伍建设情况进行了调研，通过调研，掌握了解了一批优秀年轻干部。经州委组织部同意，并严格按照程序，推荐考察任用了4名科级干部。在干部考核中，始终坚持公正、公平、公开的原则，并制定严密的考核考察程序，坚持任人唯贤，对有能力、群众公认的干部，予以任用。

【同步小康驻村工作】 2016年，州委党校共派2位干部分别到贵定县金南办事处新良田村、沿山镇春光村开展同步小康驻村工作，帮扶群众解决生产生活困难。全年共帮扶物资资金近19万元。其中，由州委党校牵头组织图书爱心捐赠，中央电视台资深记者俞萍女士及家人一行专程赶赴贵定县金南街道新良田村虎场小学，捐赠图书6045册，共1300多种书籍，折合人民币16万元，分赠到3个偏远山区学校。此外，计生专项帮扶款2万元，帮扶生活困难的独生子女户、计生贫困户。帮助特困户等解决生产生活困难，帮扶物资、资金近万元。

（罗 慧）

老干部工作

【概况】 2016年，全州共有离退休干部31661人。其中离休干部384人（其中，机关193人，事业单位77人，企业114人）；退休干部31277人（其中，机关11341人，事业单位16551人，企业3385人）；全州离退休干部党支部271个，离退休党员13693人（其中，离休党员319人，退休党员13374人）。

2016年，中共黔南州委离退休干部工作局在州委、州政府的正确领导下，在省委老干部局的精心指导下，深入贯彻中共十八大和十八届三中、四中、五中、六中全会以及习近平总书记系列重要讲话精神，按照“五位一体”总体布局和“四个全面”战略布局，牢固树立五大发展理念，认真落实全国老干部工作会议和全省老干部局长会议的要求，把握大局大势，以贯彻落实中办发〔2016〕3号文件精神为重点，以“两学一做”学习教育为契机，全力抓好老干部政治、生活待遇落实，扎实推进离退休干部思想政治建设和党组织建设，积极组织引导离退休干部为党的事业增添正能量，在促进社会和谐、助力同步小康方面做出了积极贡献。

一、做好国发3号《关于进一步加强和改进离退休干部工作的意见》（简称《意见》）的学习和宣传。

州委离退休干部局始终把《意见》的学习宣传当做重要政治任务贯穿于老干部工作始终。

1. 抓好学习宣传，让《意见》精神入心入脑。针对广大离退休干部特点，结合老干部工作实际，按照分级负责方式，以组织集中学习、举办专题讲座、开展形势报告会、中心组学习研讨等形式开展了《意见》精神“主题宣传月”活动，在老干部工作者和离退休干部中广泛开展《意见》的学习宣传，推动学习研讨不断向基层延伸、向各个领域延伸，形成了“结合实际学、指导实践用”的良好格局。全州共举办专题讲座60余次、中心组理论学习90余次、实地宣讲120余场、专题研讨50余次、征集老干部学习体会50余篇、工作网发布信息120余篇。

2. 抓好调查研究，为落实《意见》精神夯实基础。研究制定了《黔南州“我看从严治党新气象”调研工作方案》，成立由州委离退休干部工作局主要领导任组长、班子成员任副组长、各县（市）离退休干部工作局局长和局相关科室负责人为成员的调研工作小组，采取以点带面方式上门访谈、问卷调查、召开座谈会深入16家州直单位和12个县（市、区）开展专题调研，召开座谈会11场，发放问卷表410份，听取13位老领导和6位涉老部门工作者的意见和建议，收集整理意见建议110余条，为全州下一步制定《意见》具体贯彻落实措施打下了良好基础。同时，还收到36位离退休干部撰写的“我看从严治党新气象”26篇，“我看十八大以来组织工作变化”5篇，诗词4篇，布依山歌1篇。

二、扎实开展离退休干部“两学一做”学习教育活动。

1. 加强组织领导，精心谋篇布局。按照省、州统一要求和部署，根据离退休干部的实际，成立了离退休干部党员“两学一做”学习教育领导小组，制定了《关于在全州离退休干部党员中开展“两学一做”学习教育的实施方案》，提出以“七个一”活动为载体（即：讲授一堂专题党课、重温一次入党誓词、举办一次形势报告会、开展一次知识竞答、组织一次座谈交流、签订一份志愿承诺书、选树一批先进典型），引导离退休干部党员坚守：损党言论不传播、党纪国法不触碰、党内活动不缺席、党费缴纳不拖延、社会公德不违背、歪风邪气不沾染、脱贫攻坚不旁观、群众面前不落后的“八不底线”，争做“四讲四有”合格党员和弘扬正气、传播正能量的“银发模范”。据统计，全州共组织142名离退休干部为8263名在职党员上专题党课；8362名离退休党员到革命教育基地重温入党誓词；形势报告会和专题讲座87场次，参与的离退休干部4358人次；座谈交流会135场次，参与的离退休干部1987名。全州共有6981名离退休干部签订“争当‘四讲四有’党员志愿承诺书”。在“两学一做”学习教育中，《黔南州“三个立足”引导离退休干部党员开展“两学一做”学习教育》被省委老干部局主办的《贵州老干部工作交流》采用。

2. 坚持分类实施，确保学习教育效果。依托离退休干部党支部，采取集中学习、送学上门、电话互学等形式，达到学习教育全员覆盖。一是集中学习。组织身体健康的离退休党员集中学习《章程》《准则》《党规》和《习近平总书记系列重要讲话读本》等党的知识，加强党内政治生活，增强离退休党员“四个意识”，促进党组织建设，强化“离岗不离党、退休不退志”的政治思想教育。二是送学上门。根据年龄较大、身体不便的老同志实际情况，采取“送学上门”形式为他们送去党的相关书籍，鼓励引导这一部分老同志通过自学参与“两学一做”学习教育。三是电话互学。对易地安置或异地居住的离退休干部，通过电话交流学习方式，共同学习提高。四是对照先进学。对照赖兆铭等优秀离退休干部党员，查找差距自我提高，争做合格党员。

3. 强化学习培训，发挥支部引领作用。全州各级离退休干部工作部门采取离退休干部党支部书记培训班、老干部进党校等方式，对离退休干部党支部书记进行执政能力、服务管理、党性修养等方面进行有针对性的培训，不断提高离退休干部党支部自我管理、自我服务的能力和水平，提升离退休干部党支部的凝聚力、战斗力、号召力。如：2016年9月13至14日，州委离退干局与福泉市委离退干局在福泉市委党校举办2016年度州直单位离退休干部党支部培训班，邀请了州委讲师团原团长夏平作《“两学一做”学习教育专题讲座》，讲座从离退休干部的心理、生理特点出发，以一名退休干部的角度全面阐述如何开展好“两学一做”学习教育，收到良好效果。龙里县结合老干部进党校开展“两学一做”学习培训，并组织离退休干部党支部书记实地参观考察了白龙乡离退休干部党支部，为离退休干部党支部书记提供了学习先进典型的机会，通过学习交流提升了大家对离退休干部党支部工作的深度和广度的认识。

三、全面贯彻落实离退休干部“两项待遇”。

落实好离退休干部政治待遇和生活待遇的是做好老干部工作基础，为此州委离退休干部工作局始终坚持抓住这个重要环节，让老干部们共享黔南经济社会发展成果。

（一）政治待遇。

1. 坚持重大节日走访慰问制度。为及时把党和政府的关怀和温暖送到老干部的心坎上，2016年来，州县两级离退休干部工作部门充分利用春节、“七一”、老年节等重大节日到来之际，走访慰问离退休干部及遗孀3130余人次，投入慰问金227万元。2016年春节，州四大班子主要领导深入韦茂文、罗平义、潘希武、胡品荣等老干部家中，为他们送去组织的关怀。

2. 坚持看望易地安置老干部制度。为做细做实老干部工作，传达党委政府的关怀与问候，感谢为黔南经济社会建设和发展奉献青春、做出贡献的易地安置的离休干部，州县两级离退休干部工作部门分别选派人员到北京、山东、江苏、广东、重庆等地看望易地安置离休干部。全年全州共探望易地安置离休干部20余人次。

3. 坚持情况通报会议制度。全州各级党委、政府始终把向老干部通报情况作为与老干部沟通思想、交流感情、听取意见的重要载体，坚持1年2次的情况通报会。2016年，州委共召集副地级以上老干部情况通报会3次。会上，州委书记龙长春通报了高金林有关问题查处情况；州委副书记、州长向红琼通报“十二五”以来全州经济社会发展情况和上半年全州经济社会发展情况；州委副书记、州委政法委书记、都匀经济开发区党工委书记吴胜华通报了庆祝建州60周年活动筹备工作情况；州委常委、州纪委书记魏明禄通报上半年党风廉政建设工作情况。

4. 坚持老干部外出参观考察制度。全州各级老干部工作部门始终坚持组织老干部就地就近或赴先进、发达地区参观考察，为老干部建言献策积极搭建平台。2016年3月、4月，局里分别组织副厅级以上离退休干部到福泉、贵定、罗甸等县（市）参观考察，观摩了重大建设项目、民生工程、重点工程等建设情况，了解了黔南经济社会的整体发展情况，让老干部在分享经济社会发展成果的同时也拥有了观发展、谈感受、谏良言的政治平台。2016年，全州各县（市）共组织老干部参观考察30余次，离退休干部向党委政府献计献策共293条，被采纳使用37条。

5. 坚持重大节日、重要活动邀请老干部参加制度。全州各级党委、政府始终坚持重大节日、重要会议、重大活动（如党代会、“两会”、干部任免等）均邀请离退休干部代表参加，为他们参政议政、建言献策搭建平台。从建州60周年庆典到茶博会，从国际物流峰会到州十一次党代会，州委、州政府都邀请老干部参加，征求老干部的意见和建议，安排专人、专车接送老干部，实行一对一全方位服务。原老州长韦茂文在州庆庆典上受邀发言，并由省委书记陈敏尔颁发纪念章。

（二）生活待遇。

1. 强化“三个机制”。为解决好关系老干部切身利益的“最后一公里”问题，州委离退休干部工作局积极主动与州财政局、州人社局等相关部门对接，确保了全州离休干部离休费、护理费按时足额发放，医疗费按规定实报实销，退休干部医疗费按比例报销。长顺、三都等县还结合地方实际开通了老干部就医“绿色通道”、老干部医疗费“快审快报窗口”，福泉等县（市）还积极协调，为异地居住老干部就地就医与相关医院签订了《老干部就医协议》。

2. 完善特殊困难离退休干部帮扶机制。州和12县（市）不断完善困难离退休干部帮扶机制，拓宽工作思路，按照应帮尽帮的原则，采取重大节日帮扶与日常帮扶相结合方式，把困难帮扶与做好信访维稳工作结合起来，适时对有特殊困难的离退休干部进行一次性帮扶。如：2016年8月，针对州木材公司离休干部王兴杰遗孀的信访问题和面临的实际困难，一次性投入5000元帮扶基金进行慰问，既解决了他们的实际困难，又有效的化解了矛盾。据统计，全年全州共帮扶困难老干部及遗孀278人次，投入帮扶资金55.3万元。

3. 落实老干部健康体检制度。为使离退休干部能有“身体健康，心态阳光”的幸福晚年，州县两级离退休干部工作部门积极组织老干部进行一年一次的健康体检，做到早预防、早治疗，为老干部安享晚年创造条件。2016年，全州共组织离退休干部2000余人进行健康体检，投入经费60余万元。

四、积极组织老干部开展正能量活动。

各级离退休干部工作部门始终坚持把开展为党的事业增添正能量活动作为价值取向，当做老干部工作的“一号工程”，积极搭建平台，创新载体引导老干部开展正能量活动。

1. 利用网络发声增添正能量。开展“体验美好生活、畅谈发展变化”网络宣传活动，制定印发《关于在离退休干部中开展为党的事业增添正能量活动方案》《老干部网络宣传员、网络协助员职责》，引导老干部利用网络积极发声，对他们撰写的时政论点、博文、记载人生感悟、回忆录等文章和老干部开展正能量的文字图片，通过“黔南州老干部工作网站”“黔南老干部之窗”微信公众号等新媒体平台进行刊登推送，反映老干部工作动态。

2. 组织撰写征文增添正能量。结合庆祝建党95周年、红军长征胜利80周年，在全州离退休干部中开展以“传递好声音、凝聚正能量”为主题的征文活动，共有37名老干部以他们的独特视角和亲身经历，撰写歌颂党的建设新的伟大成就，建设幸福美好黔南的征文37篇。

3. 举办各种展出传递正能量。结合纪念建党95周年，建州60周年时间节点，分别举办全州老年书画展和摄影展，共展出书画作品178件，摄影作品400幅，既弘扬了中国传统文化，又丰富了群众的文化生活，凝聚了好声音、传递了正能量。贵定县组织58名老干部党员为主的书法爱好者用行、草、隶、篆、楷、汉简等书体，完整书写了中国共产党章程，制成147米长卷，于“七一”期间在县老干活动中心广场和贵定中学等展出，为建党95周年献礼，得到县委主要领导的肯定和群众的好评。

4. 举办各种活动传递正能量。10月9日，组织2000余名离退休老干部开展以“金秋十月映重阳、健步行走乐健康”为主题的离退休老干部健步行暨猜谜活动，活动发放纪念品2325份。惠水局在老年节到来之际，对108名老干部进行了走访慰问。罗甸局组织开展门球、乒乓球、气排球等趣味体育活动，参赛老干部达200人。瓮安县“雍江之声”老年合唱团举办了“弘扬爱国精神，践行爱国理想”纪念“一二·九”运动文艺会演，老干部们用唱红歌方式诠释了爱国情怀，弘扬了革命传统，传递了正能量。

五、大力实施“百千万”帮扶行动。

根据省委老干部局《关于印发〈在全省离退休干部中实施助推同步小康“百千万”帮扶行动工作方案〉的通知》精神，下发了《黔南州实施助推同步小康“百千万”帮扶行动工作方案》，成立了“百千万”帮扶工作领导小组，对全州离退休干部开展“百千万”帮扶行动工作进行督促指导。

一是精心安排部署，强化责任落实。要求各县（市）、州直各部门根据“两学一做”学习教育、精准扶贫、精准脱贫等相关工作要求，结合老干部特点和专长，组织离退休干部深入农村、学校、社区、项目建设现场等开展调查研究，引导老干部在项目建设上积极建言献策、牵线搭桥，为当地的社会建设、经济发展、民生工程建设、精准扶贫、精准脱贫工作拿脉号诊，争做党委、政府的政策宣传员；矛盾纠纷的调解员，“四在农家·美丽乡村”建设的监督员，为地方党委政府贯彻落实“四个全面”战略布局、黔南“3366”战略提出意见建议，为黔南实现“十三五”经济社会发展良好开局助力，带动群众积极投身到扶贫攻坚的大局中来。

二是搭建平台载体，夯实活动基础。以关工委、经促会为平台，大力整合资源，组织引导离退休干部根据自身的优势和特长组建调研组（服务团），通过组（团）方式参与助推同步小康“百千万”帮扶行动，为贫困村、贫困户提供技术指导和政策咨询，为攻坚扶贫工作开方子、出点子、找路子，为弱势群体送文化、送温暖，让他们憧憬共圆小康梦的美好未来。如：荔波县老干部志愿者服务队整合农业、电力、工信、发改、城建、招商引资等部门退休老干部的资源，为特困的尧花村贫困群众走脱贫致富路引入了黔庄生态山鸡养殖专业合作社，并为合作社长足发展筹集资金100万余元，建成养殖场8450平米，为尧花村实现同步小康提供了强有力的经济保障。独山县农业部门老干部开展农业实用技术咨询42次，受益人数708人；开展技能培训（茶叶、烤烟、果树、药材种植，养牛、养猪等）13期，参训人数1689人。

2016年，全州共组建调研组（服务团）33个，协调项目56个、协调资金1536.64万元、捐款（物）价值达57.59万元、走访群众3942人次、化解矛盾纠纷201件，受益人数达10万余人。

三是开展结对帮扶，助力精准扶贫。2016年，全州离退休干部中已有681名老干部与1962人困难群众、留守儿童或空巢老人结成对子，离退休干部党支部结对帮扶基层党组织已达255个，帮扶党员数559人。离退休干部通过这种点对点、面对面的帮扶方式，为留守儿童和空巢老人送温暖、送健康，为困难群众、农村基层党组织开方引路。如：长顺县罗恒益、艾应祥、武振东等老干部率先行动，捐款6000元帮助长寨街道办事处冗雷村修小康路，“全国离退休干部先进个人”赖兆铭个人捐款5000元资助教育。龙里县湾滩河镇离退休干部党支部结对帮扶新龙村支委会提出“公司+合作社+农户”的发展模式，通过注册，形成品牌，让黔货出山，有效增加了村集体和农户的收入。同时，还协助新龙村成立了1家公司、1家种养殖专业合作社；协助申报长约1000米，宽约3.5米的新龙村地坝寨至甲定村青平公路，多方筹集资金5万余元，解决了村民出行难的问题。

六、加强班子和老干部工作者队伍建设

2016年，全州老干系统紧紧围绕全州工作大局，以“让党委放心，让老干部满意”为目标，坚持“政治上尊重、生活上关心、精神上关怀老干部的原则，不断提升老干部工作者的能力和服务水平，努力建设一支党性强、业务精、作风实的老干部工作队伍，不断推进离退休干部工作科学发展。

1. 内强素质，外树形象，做好老干部服务管理工作。一年来，各县（市）、州直各单位（部门）离退休干部工作部门紧紧围绕党委、政府的中心工作，以开展“两学一做”学习教育为契机，不断创新工作理念，强化岗位练兵提高7种工作能力，即：精通老干部政策，解决老干部工作实际问题的能力；熟悉老干部心理，与老干部沟通交流的能力；勤于思考积累，具有较强文字表达能力；主动组织协调，调动各方齐抓共管老干部工作的能力；深入调查研究，为领导当好参谋助手的能力；勇于探索创新，创造性地开展老干部工作的能力；自觉学习新技能，熟练使用现代办公手段的能力，努力成为老干部工作的行家里手，全州上下形成了增比进位的良好势头，全州离退休干部工作做得有声有色、亮点突出，得到了各级党委政府领导的充分肯定，获得了老干部的一致好评。正如老领导罗平义评价的那样：州委离退休干部工作局的工作是“六心换一心”，即：老干部工作者的真心、爱心、孝心、热心、细心、耐心换来了党委、政府和老干部的放心。

2. 围绕中心，服务大局，提升服务管理工作质量。州县两级离退休干部工作部门紧紧围绕党委、政府的中心工作，以“转变观念，创新模式”为重点，通过抓班子带队伍强化自身建设、推动自我完善，提升服务管理工作质量。一年来，全州老干部工作者在各县（市）离退休干部工作局、州直各单位（部门）领导班子的带领下，深入开展“两学一做”学习教育，争做“四讲四有”合格党员和老干部先进工作者切实为老干部办实事、做好事、解难事。2016年7月，结合高龄失能老干部的实际，开展了“进高龄老干部家门、进失能老干部家门，送学习资料、送爱心轮椅”的“两进两送”活动，为10名高龄失能离退休老干部送去学习资料和爱心轮椅，受到老干部的一致好评。

3. 积极探索，创新方式，不断加大老干部工作的宣传力度。随着“互联网+”的运用和发展，微信正越来越深入地影响着包括老干部在内的社会上每个人的生活。为拓宽离退休干部工作宣传的深度和广度，扩展老干部正能量活动开展的时间和空间，提升老干部工作的社会影响力，努力营造尊老、敬老、爱老的良好社会氛围，州委离退干局与在全国中老年期刊中享有一定知名度和影响力的《晚晴》杂志社合作，创办了“黔南老干之窗”微信公众号，突出围绕中心服务大局这一根本任务，以“展示阳光心态、体验美好生活、畅谈发展变化”开展为党的事业增添正能量活动为出发点，以传递党和国家的方针政策路线、加强老干部工作交流，提升老干部工作品质为落脚

点，分别开设了时政要闻、工作动态、养生保健、好文赏析、史海沉钩等栏目，内容涵盖中央、省、州的重要会议、重大活动、重要决策和换届纪律、人事任免、反腐败工作以及影响老干部生活的节气变化等等，最大限度满足老干部不同层次、不同领域、不同角度的需要。自 2016 年 8 月 1 日运行以来，“黔南老干之窗”微信公众号采取每个工作日推送一期信息方式进行推广。截至 12 月 10 日，“黔南老干之窗”微信公众号共推送 78 期 306 篇信息，9536 人次阅读，被分享转发 585 篇次，使黔南的老干部工作在新媒体舆论领域占有一席之地。

【老干部政治待遇】 2016 年全年共组织 3000 余人次老干部学习了国发 3 号《关于进一步加强和改进离退休干部工作的意见》和专题讲座 60 余次、中心组学习 90 余次、宣讲 120 余场、专题调研 50 余次、征集老干部学习体会 50 余篇、工作网发布信息 120 余篇。组织离退休老干部开展“两学一做”学习教育。全州共组织 142 名老党员为 8263 名在职党员上专题党课；8362 名离退休党员到革命教育基地重温入党誓词；形势报告会、专题讲座 87 场次，参与老干部 4358 人次；座谈交流 135 场次，参与老干部 1987 名；全州共有 6981 名老干部签订“争当‘四讲四有’党员志愿承诺书”。组织老干部到周边县（市）参观考察 3 次，参加重大会议 6 次，听取州委主要领导对黔南经济社会发展情况的通报会 3 次，同时，还组织 50 余人次的老干部参加新春茶话会和建州 60 周年庆典活动。到北京、山东、江苏、广东、重庆等地走访慰问了跨省易地安置的离休老干部 21 人，向他们转达了州委州政府和县委县政府的关心和问候，介绍了全州近年来的发展和变化，详细了解了老干部的生活情况和健康状况，听取了他们对做好老干部工作的意见和建议。老干部们谈到感谢组织没有忘记他们，深情表达了对第二故乡的眷恋之情。

【老干部生活待遇】 2016 年，进一步加强重大节日走访慰问制度。春节、“七一”，走访慰问离退休干部及遗孀 3130 人，共发放慰问金 227 万元；对困难离退休老干部及遗孀 278 人进行了帮扶慰问，慰问金 55.3 万元。对中华人民共和国成立初期参加革命工作现在困难企业退休的 17 名人员进行了走访慰问，每人发放慰问金 500 元，共计 8500 元。坚持入院、生日探望制度。一年共探望慰问离退休干部 50 余人，折合慰问金共计 9600 余元，先后探望生日离退休副地级以上老干部 46 人，共计慰问金 2.3 元。全面落实老干部健康体检制度。积极组织老干部进行一年一次的健康体检，2016 年，全州共组织离退休干部 2000 余人进行健康体检，投入经费 60 余万元。

（王爱民）

老年大学

【概况】 2016 年，在州委州政府的坚强领导和省老年大学、省老教办的关心指导下，黔南州老年大学紧紧围绕州委州政府工作大局，按照省、州老年教育工作会议要求，以贯彻落实《黔南州老年教育发展“十三五”规划》为核心，以完善老年教育的体制机制为重点，以创建省级老年大学示范校为抓手，真抓实干，改革创新，努力改善办学条件，改进教学方式，不断提高办学水平，全州老年教育工作取得了新的成绩，丰富了老年人精神文化生活，为黔南经济社会和谐发展做出了积极的贡献。2016 年全州共有老年大学（学校）240 所，其中：州级老年大学 1 所，县（市）老年大学 12 所，乡镇老年学校 101 所，村（社区）老年学校 125 所，敬老院老年学校 1 所，在校学员 29599 人。福泉市、瓮安县、惠水县、三都县、罗甸县 5 所老年大学，创建并获得“省级老年示范校”称号。

【党建工作】 坚持以“两学一做”为抓手，结合党建品牌创建，深入开展“四进四送”“双联双促”等活动，加强党员教育管理，强化支部建设，进一步统一思想行动，凝聚力量，不断加强和推动学校党建工作。

1. 抓好“两学一做”学习教育，增强凝聚力。认真制定“两学一做”学习教育实施方案，丰富学习内容，改进学习方式，通过组织党员手抄党章、上党课、举办知识抢答赛和到黎平会议会址开展革命传统教育等方式，深化全体党员对党章党规和系列讲话的学习教育，让学习教育内化于心，外化于行。同时，在全体党员中开展做“四讲四有”合格党员志愿承诺活动，并与平塘县老干局和老年大学共同组织召开专题组织生活会，通过剖析自身存在问题，找准问题根源，边学边做边改，引导全体干部职工立足岗位创先争优，做一名合格党员。

2. 争创党建品牌，提高战斗力。认真开展“绽夕阳风采、为党旗增辉”品牌创建工作，制定工作方案，突出品牌特色，抓实品牌展示厅硬件和软件建设。结合老年教育工作实际，在老年人队伍中认真宣传党的方针政策，积极引导老干部为党的事业增添正能量，广泛参与党支部党建品牌创建工作，被评为黔南州直机关“十佳党建品牌”。坚持“三会一课”制度，认真开展民主评议党员工作，严格执行发展党员的基本原则，加强对1名入党积极分子的考察和培养，保证发展党员工作规范化和制度化。

3. 抓实党建扶贫，助力脱贫奔小康。深入开展“双联双促”活动，组织全体党员深入同步小康村联系点——龙里县洗马镇水尾村、平坡村、猫寨村开展“四进四送”“圆梦微心愿”等结对帮扶活动，与精准扶贫户、低保户困难群众交心谈心，详细了解生产生活情况，帮助困难户出点子、谋发展。共计走访慰问农村困难户60余户，30余名留守儿童和孤寡老人，发放慰问金和物资共计3万余元。同时，组织党员干部多次到都匀市环东社区慰问孤寡老人、残疾人等困难群众，送去棉被、米油等食品和慰问金。

【黔南州在全省率先完成老年教育发展“十三五”规划的制定工作】 2016年，切实贯彻落实《贵州省老年教育发展“十三五”规划》，结合黔南实际，对全州老年教育发展“十二五”规划执行情况进行总结评估，并围绕全州十三五期间老年教育发展的目标任务、工作措施等内容，深入县（市）开展专题调研，广泛听取县市老年大学和基层老年学校意见，草拟了《黔南州老年教育发展“十三五”规划（征求意见稿）》，经自上而下、自下而上反复修改和征求意见后，于2016年5月，报请州委印发了《黔南州老年教育发展“十三五”规划》，同年7月，12县（市）全部制定出台了老年教育发展“十三五”规划。黔南州在全省率先完成老年教育发展“十三五”规划的制定工作。

【基础设施建设】 以省级老年大学示范校创建为抓手，推动老年大学建设。根据省老教办关于进一步抓好省级老年大学示范创建工作要求，认真研究制定方案，加强工作指导，按照成熟一所申报一所、创建一所巩固一所的工作原则，有序开展省级老年大学示范校创建工作。2016年，全州共有福泉市、瓮安县、惠水县、三都县、罗甸县5所县（市）老年大学获得“省级老年大学示范校”称号。2016年，全州各级老年大学（学校）校舍面积达到53674平方米（含室外场地），投入老年教育经费186.94万元，开设时事政治、卫生保健、文学、书法、绘画、音乐、舞蹈、太极拳、乒乓球、门球、柔力球、摄影、京剧、电脑、二胡、电子琴等专业班，在校学员2.96万人。其中：州老年大学春季主修学员615名，秋季主修学员674名，全年合计1289名，注册人数较2015年度增加了175人。开设12专业、20个班级。

【教学管理】 注重学员思想政治教育，坚持开设时事政治课，定期开展校风校纪学习，打造良好的校风班风。福泉、瓮安和三都等县（市）老年大学，积极探索，在学员中成立了临时党支部，充分发挥党组织的引领作用和党员的标杆作用。加强校园文化建设，通过设置学校宣传栏窗口、创办班级板报等形式，展示学校工作动态和师生书画作品，美化校园环境，营造良好的校园文化。加强制度建设，制定出台了《电脑、电子琴、摄影提高班考勤制度》和《电脑室管理规定》等一系列规章制度。加强班委会建设和学员学籍管理，强化班级日常管理工作，充分发挥学员自我管理、自我服务的作用。加强与教师沟通联系，定期召开校务工作会议听取教师和班委意见建议，科学制定教学计划。开展教师备课情况检查和教学质量满意度调查，努力提高教师教学水平，使学员学得懂、学得会、学得乐。定期举办学习成果汇报演出，展示学员风采，营造比、学、赶、超的学习气氛。

【拓展第二课堂】 积极引导，助推教学成果转化。拓展第二课堂，组织学员结合所学专业，开展丰富多彩的课外活动。鼓励班级、校际间进行双向或多向的合作与交流，丰富老离退休干部及人员业余生活。2016 年，全州各级老年大学积极围绕庆祝建党 95 周年，组织学员开展“我看十八以来新变化”“扶贫攻坚我参与”“展示学习成果、快乐开心大家谈”等活动，共组织开展课外活动 200 多场次。通过活动，学员们不仅展示各专业学习的成果，还进一步加强了沟通和交流，增进了友谊，学校、班级的凝聚力不断加强。积极组织学员参加重大活动，向社会传递正能量。2016 年 7 月至 8 月，州老年大学联合多家单位举办了庆祝建党 95 周年、喜迎建州 60 周年摄影联展、老年书画展等系列活动，展出作品近千幅。州老年大学星光合唱艺术团在 2016 中国香港“国际中老年艺术大赛”中荣获金奖和组织金奖。

【探索推动老年教育创新发展】 2016 年，积极探索老年教育新模式，加强指导，整合资源，抓好社区和远程老年教育。扩大社区老年学校覆盖面，将社区老年教育活动场所与社区文化活动室、党员活动室等融为一体，解决场所问题，实现资源共享。2016 年，全州共有社区老年学校 41 所，学员 10198 名。其中：瓮安县雍阳街道办事处河滨社区老年学校申报创建省级社区老年学校。认真贯彻《中国老年大学协会远程教育工作委员会 2016 年工作意见》，积极协调有关部门，利用党员远程教育网络站点资源，建设老年远程教育示范点，扩大了远程老年教育发展空间。2016 年，全州共有远程老年教育站（点）30 个，学员 2000 多名。积极参加全省创新大赛，根据省老教办关于开展全省首届老年教育工作创新大赛工作要求，组织动员全州各级老年大学（学校）参加比赛，围绕学员管理、社区老年教育、老年远程教育、校园文化建设等方面进行系统总结和深入研究。通过努力，全州共组织上报参加全省老年教育工作创新大赛材料 14 篇。其中，州老年大学 1 篇，县（市）老年大学 13 篇。经过角逐，全州获得“三等奖”1 个、“优秀奖”1 个、“组织奖”1 个。注重理论调研工作，将老年教育理论研究作为一项重要工作列入州、县（市）级老年大学每年年度工作计划。2016 年，全州共形成理论调研文章 19 篇，其中：州级 2 篇，县（市）18 篇。

【自身建设】 1. 加强思想政治建设。注重思想政治教育，强化理论武装。2016 年组织党员集中学习 26 次，上党课 7 次，认真学习中共十八大、十八届四中、五中、六中全会和习近平总结书记系列讲话精神，进一步提高政治理论水平，坚定理想信念。强化革命传统和警示教育，先后组织干部职工学习纪委和组织部门有关违反中央八项规定、民生腐败问题案件和违反换届纪律等问题的通报文件。组织党员干部到黎平会议会址开展爱国主义教育和革命传统教育，增强党员干部职工的党性观念和纪律意识，加强自我约束，提高遵纪守法自觉性。

2. 加强能力建设。根据省老教办统一安排，组织州、县（市）老年大学校长 13 人到山东老年大学参加贵州省老年大学举办的业务培训。州老教办还组织平塘等县（市）老年教育系统干部职工赴毕节市参观学习创建省级老年大学示范校先进经验。通过遴选和跟班学习方式，分别调入两名干部到州老年大学工作，同时安排新干部参加州级有关部门组织的相关培训，尽快进入角色，较好地适应所承担的工作。

【对外宣传】 州、县（市）老年大学通过黔南老年教育网、党政信息网、出简报、办校刊等多种形式，宣传党和国家有关老年教育工作的方针政策和全州老年教育工作活动的开展情况。截至2016年12月中旬，全州共报送工作信息简报899篇，其中：州老年大学和州老教办64篇，县（市）835篇。出版《黔南老年教育》校刊两期。

（雷 艳）

关心下一代工作

【概况】 2016年，黔南州关心下一代工作认真落实党关于关心下一代工作的各项方针政策，坚持以中共十八大精神为指导，以全面贯彻落实习近平总书记对关心下一代工作重要指示和全国表彰大会精神为主线，以团结教育广大青少年听党话跟党走为价值取向，以尽力为青少年办实事做好事为抓手，精准聚焦，切准着力，为黔南守底线、走新路、奔小康培养合格建设者和可靠接班人，为黔南经济社会跨越发展做出贡献。

一、学习习近平总书记系列讲话和十八大精神，增强做好关心下一代工作的使命感和责任感

习近平总书记系列重要讲话和对关心下一代工作的重要指示，为关心下一代工作指明了方向，是工作的行动指南。全州各级关工委一是坚持每月一次政治、业务学习，及时学习贯彻中央、省、州关于下一代工作的指示精神，不断提高关心下一代工作责任感、使命感，增强做好工作的信心和决心。二是认真学习中国关工委、省关工委相关会议精神，按照要求精心安排、周密部署，使工作有序开展。三是积极投入“两学一做”学习教育活动，努力争做讲政治、有信念，讲规矩、有纪律，讲道德、有品行，讲奉献、有作为的“四讲四有”合格党员，着力关心下一代工作创新发展。

二、党政重视、部门支持、齐抓共管

2016年，州委办转发了《黔南州关心下一代工作委员会2016年工作要点》，全州各级关工委及时召开会议、认真部署，结合本地实际，积极开展工作。2016年4月22日，州委召开十届州委常委（扩大）会第161次会议，专题听取州关工委工作情况汇报，州委充分肯定了近年来“全州各级关工委在关心、培养、教育青少年等方面做了大量卓有成效的工作，为黔南州的提速转型、跨越赶超、同步小康作出了积极贡献。要求全州上下要进一步增强做好关心下一代工作的责任感和使命感，把关心下一代工作摆上重要议事日程，坚持问题导向、需求导向，更加注重青少年的思想道德建设，加强青少年法治宣传教育，强化组织保障，积极帮助青少年健康成长、顺利成才，不断开创关心下一代工作新局面”。会议议定：“从2016年起，由州财政整合各类资源，每年安排不少于100万元的“关爱行动”专项经费，重点用于留守儿童和困境儿童的关爱工作。“各县（市、区）要严格按照每年不低于10万元的标准，将关工委工作经费纳入本级财政预算；按照每一位‘五老’网吧监督员每年不少于1500元的经费补助列入财政预算。”充分体现了州委、州政府对关心下一代工作的重视和支持，对留守儿童、困境儿童的关爱和关心。为了更好地关心关爱留守儿童、困难儿童的成长，州民政局、州卫计委每年都支持关爱专项资金各10万元，使关爱工作更有保障。州政府办、科技局、茶叶办支持培训经费9万元，这些支持为进一步做好关心下一代工作增强了责任感和紧迫感。2016年，全州各县（市）关工委工作经费不少于10万元，“五老”网吧监督员补助每人每年不少于1500元。上半年，长顺、独山两县还对关心下一代工作先进集体、先进个人进行表彰。

三、创新载体，切实加强青少年思想道德教育

全州各级关工委紧紧围绕培育和践行社会主义核心价值观，开展“祖国好·家乡美”“学雷锋 心向党 讲道德 见行动”“三爱一践行”等主题教育活动。2016年年初州文明办、关工委、教育局等单位联合下发了在全州开展“祖国好·家乡美”系列主题活动文件，使主题教育活动广泛深入地在全州各中、小学校开展。为加强青少年的思想道德教育，各级关工委组织宣讲团到学校、乡村、社区开展宣讲活动。州关工委思想道德宣讲团先后到都匀、福泉、瓮安、贵定、长顺、三都、罗甸等县（市）和黔南师院开展“党史、国史”“中国梦·我的梦”等内容宣讲12场次，受教育师生6000人次，通过宣讲让学生们了解中国艰难而辉煌的发展历程和中国共产党的伟大、光荣、正确。宣讲团还走进机关单位为干部职工、离退休干部和州直机关离退休干部党支部书记开展以《培育核心价值观　凝聚共识正能量》、“两学一做”为主要内容的专题讲座。长顺县关工委赖兆铭（全国离退休干部先进个人），用自己的亲身经历、深动的事迹到中小学校开展“明礼知耻·崇德向善”主题宣讲10场次，让高尚道德理念在学生学习生活中内化于心、外化于行。福泉市在全市中小学校开展以“学习雷峰精神、创建文明校园”为主题的“八个一”活动，让同学们都知道只要人人都献出一点爱，世界将变成美好人间。龙里县在全县中小学校开展“新三好”学生评选活动，对评选出100名德、智、体、美全面发展的“新三好”学生进行表彰。为了更好地传承和发展地方民族文化，州关工委深入少数民族聚集县调研，确定将贵定县鸟王民族小学（苗族）、罗甸县罗悃民族小学（布依族）、三都县中和民族小学（水族）、荔波县瑶麓民族小学（瑶族）、平塘县卡浦毛南族中学（毛南族）作为工作联系点，加强指导关工委工作的开展。争取省民宗委5万元民族文化进校园培训经费帮助开展地方民族文化的传承和弘扬宣传教育活动。福泉市关工委组织开展“我的文化我传承　古城文化进校园”活动，提高全市中小学生民族文化修养和素质，促进校园精神文明和物质文明建设。据统计，全州各级关工委216个宣讲团在清明节、“五四”青年节、“六一”节等重大节假日开展思想道德宣讲活动794场次，受教育师生达46.3万人次。

四、积极开展法治宣传教育和帮教活动，参与社会治理

加强青少年法治宣传教育和帮教失足青少年是关工委工作的重要内容。2016年，全州各级关工委开展形式多样的法治宣传教育和帮教活动。按照“关爱明天·普法先行”活动安排，州关工委联合州司法局、教育局从2016年4月至6月对全州13个县（市、区）“关爱明天　普法先行”活动情况进行全面督查指导，对活动开展得好的县（市）给予了充分的肯定，对于存在的不足提出了意见和建议。“关爱明天·普法先行”活动在全州中小学校深入开展，效果凸显。州关工委法治宣讲团先后到瓮安县平定营中学、荔波二中、都匀二中、黔南民族师范学院附中开展法治宣讲报告4场，5000余名师生受教育。瓮安县关工委为推进“关爱明天·普法先行”活动的开展，在瓮安县第四中学举行了第三届“关爱明天·普法先行”活动启动会，对100名法制副校长进行培训。都匀市关工委联合有关部门在市区17所中小学校开展“与法同行·关爱护航”活动，进一步推动“七五”普法活动的开展，助推“平安都匀”“平安校园”建设。荔波县政法委、司法局、工会等单位挤出5万元经费保障“关爱明天·普法先行”活动有序开展。三都县联合政法等部门组织“五老”、干警开展法治教育宣讲活动142场次，受教育学生达68622人次；联合县武装部、武警中队、消防大队到各学校开展国防教育、消防教育、安全自救演习等活动92场次，受教育青少年达76560人次；开展宣传禁毒知识、青少年犯罪问题等教育活动52场次，受教育师生、家长达46500人次。三是为了更好地帮助问题青少年和失足青少年早日回归社会，3月29日州关工委帮助黔南州启航学校建立了关工委组织，支持1万元的工作经费，使州关工委工作延伸到失足青少年中。2016年，州关工委先后4次到黔南州启航学校和都匀桐州监狱调研，了解失足青少年的学习、生活和改造情况，有针对性地开展帮教工作。福泉、瓮安、贵定、罗甸、龙里等县（市）关工委到监狱开展帮教、关爱工作。据统计，全州中小学校都配有法制副校长，做到了“四落实”，共有法治宣讲团253个，开展法治宣讲活动1020场次，受教育达66.3万人次；建立有帮教小组293个，有1005名“五老”参加帮教工作，828名失足青少年和问题学生得到关爱和帮助。四是暑假期间州关工委组织“五老”网吧监督员两次到都匀市城区10家网

吧开展工作，重点监督网吧接纳未成年人上网、超时经营等。发现问题及时与店主沟通，限时整改。“五老”网吧监督员认真履职，根据《互联网上网服务营业场所管理条例》《贵州省“五老”网吧监督员的职责》收集社会各界对网吧管理的意见和建议，及时向执法管理部门反馈，协助搞好网吧监督和管理，为广大的网民提供一个规范、安全、文明的上网环境，深受社会、学校、家长欢迎。2016 年，全州共聘请 295 名“五老”网吧监督员按照中央、省、州的要求对 213 个网吧进行了定期和不定期检查。

五、切实抓好农村青年的科技培训工作

2016 年 3 月 16 日、17 日与省关工委到都匀、福泉两市开展农村科技培训工作情况调研。为切实抓好全州农村青年科技培训工作，州关工委争取省关工委 12 万元经费支持，8 月、9 月、10 月先后在都匀、福泉、瓮安 3 县（市）举办蔬菜种植技术、林下养鸡和养猪技术培训，390 名农村青年参加培训。争取州政府办 5 万元和州茶办、州科技局各 2 万元培训经费，州关工委安排 5 万元，共计 14 万元，分别于 10 月、11 月在荔波县举办旅游服务志愿者和消防安全志愿者知识 2 期培训，278 人参训；在贵定、龙里、荔波 3 县举办云雾茶、刺梨栽培技术、农家乐培训，368 人参训。2016 年 6 月、9 月分别组织瓮安县 10 名茶农和长顺县 12 名农村青年蔬菜种植专业户、科技二传手、致富带头人到安顺市、兴义市参加省关工委举办的茶叶栽培技术和蔬菜种植技术培训。8 月，罗甸县关工委联合科协共同举办青年农民水产养殖专业技术培训。9 月，惠水县关工委与县民宗局联合在王佑镇举办了 3 期农村妇女民族传统手工技能培训暨传统手工技能比赛，200 余名妇女参训。通过培训，拓宽了增收就业渠道，解决了农村富余劳动力问题，对转变群众旧有观念，调整农业产业结构，激发群众实现增产增收的信心和决心起到了积极的促进作用。2016 年 4 月 1 日州关工委到独山县影山镇开展培训追踪问效调研，该镇翁奇村村民通过 2012 年 12 月的茶叶栽培技术培训，2016 年，90% 的农户拥有茶园，茶叶纯收入户均 1 万元以上，茶叶产业已成为当地农民致富的支柱产业。加强农村青年农民的科技培训，增强他们的致富意识和能力是各级关工委的工作内容之一，通过举办各类技能培训班，能充分发挥农村科技二传手成功创业发展和示范带动作用，还能较好地解决农村留守儿童问题，为精准扶贫，脱贫致富奔小康夯实基础。据统计，2016 年全州各级关工委主办和协办各类农技培训班 337 期，投入培训经费 110.58 万元，组织 28922 名农村青年参训。

六、积极开展送温暖、献爱心活动，为青少年做好事、办实事。

全州各级关工委把关爱青少年，为他们做好事、办实事、解难事作为义不容辞的责任。2016 年 3 月 4 日州关工委在罗甸县第四小学举办“留守儿童家长”培训班，邀请国家二级咨询师、家庭教育指导师为 300 余名留守儿童家长作“做个留守儿童好家长”专题培训，以“留守儿童忆亲情　成长不忘记养育恩”为主题对全校 3000 多名师生和家长作专题讲座，效果很好，得到了全校师生和家长的点赞。州关工委争取香港恩慈基金会的资助，为全州 12 县（市、区）65 所山区小学的 2145 名学生发放奖学金 425600 元。2016 年 10 月 10 日省关工委常务副主任龙超云一行到平塘县卡蒲毛楠族中学举行 2016 年“关爱行动”启动仪式，与州关工委联合在都匀、瓮安、龙里、长顺、独山、平塘、贵定、罗甸、荔波、三都等县（市）开展“关爱行动”。共为 610 名学生发放奖学金、助学金 21 万元，送去学习用品、体育器材等物资 2.5 万元。为助推“四在学校·幸福校园”活动的开展，2016 年年初，州关工委对实施春苗营养厨房项目的学校设备使用情况进行检查；11 月 2 至 4 日在龙里县对 107 所实施“春苗营养厨房”项目的中、小学校厨房管理人员、厨师进行专业培训，提高他们的管理能力和水平。在 2016 年寒暑假期间，州关工委“五老”乒乓球辅导团举办“老少牵手·国球乒乓”助力青少年健康的假期义务辅导培训，对青少年学生开展乒乓球技义务辅导 2768 人次，丰富了孩子们的假期生活。瓮安县关工委老科技专家团与贵阳中医学院到该县木老坪中学开展留守儿童慰问活动，为218名留守儿童免费体检，为学校有疾病的师生开展了义诊活动。平塘县关工委组织开展对留守儿童情况调查走访活动，了解他们学习、生活和心理健康情况，与县教育局共同组织开展“关爱留守儿童 我们在行动”系列活动。10月下旬，独山县关工委与县疾控中心在县职校联合开展“防艾知识进校园”活动，向学生普及防艾知识。据统计，全州各级关工委为留守儿童和困难学生倾情倾力，做了不少的好事、实事，共投入47.44万元，举办留守儿童家长（代理家长）培训班163期次，11343名家长（代理家长）参加培训；建立留守儿童之家355个，开展留守儿童心理辅导17065人次；筹措资金、物资6733.7万元帮扶贫困学生47682人，其中：留守儿童23466人。

七、加强自身建设

全州各级关工委按照建设学习型、创新型、服务型、发展型的要求加强自身建设。一是把学习和提高干部综合素质和业务能力放在首位，认真学习习近平等中央领导人对关工委工作的批示，学习中央、省、州有关关心下一代工作的方针、政策、法律法规。组织州和县（市）关工委13人参加省关工委举办的业务培训。二是及时调整班子结构，选配好班子带头人，将能干事、会干事、干成事、相对年轻的干部充实到领导班子中。三是加大调研督查力度。2016年州关工委根据工作需要先后5次深入基层开展“党建带关建”“关爱明天·普法先行”“四在学校·幸福校园”“民族文化进校园”“农村青年科技培训”等内容的调研，对开展工作情况给予指导，发现问题及时提出意见和建议，对典型经验及时总结推广。四是州关工委按照分工合作原则，各个工作组按工作要点的安排各施其职、各负其责，积极开展工作，州关工委办公室共编写工作简报等材料40余篇。五是继续深入推进“五好”基层关工委创建。州关工委对荣获全国表彰的基层关工委进行回访调研，指导县（市）巩固创建成果，提升工作和活动辐射的影响力。在创建活动中，瓮安县委把乡镇、部门关心下一代工作纳入党建考核内容作为年终目标考核，促进了全县“党建带关建”工作的推进，“五好”基层关工委达标率为90%。2016年11月10日，省关工委在遵义市湄潭县召开的全省关工委“党建带关建”工作推进会上瓮安县关工委作经验交流发言。据统计，全州有1531个基层关工委开展“五好”创建活动，达标的有1071个，占总数的70%。

【“祖国好·家乡美”演讲比赛】 2016年，在庆祝中国共产党成立95周年和黔南州建州60周年之际，州关工委、文明办、教育局于7月20日联合举办全州中小学生“祖国好·家乡美”演讲比赛。选手们围绕十八大以来祖国的富强、家乡的发展变化，以身边的好人好事、校园故事，成长点滴为题材进行演讲，内容丰富、具体、生动感人，体现了当代中小学生积极进取的思想精神风貌，效果良好，社会反响大。通过比赛，激发了全州青少年学生爱学习、爱劳动、爱祖国、爱家乡的热情和奋发向上的斗志。

（杨国庆）

纪检·监察

【概况】 2016年，州纪委监察局深入贯彻中央纪委、省纪委和州委的部署要求，聚焦全面从严治党，履行主业主责，严格监督执纪问责，不断推进纪律检查工作取得新成效。2016年全省党风廉政建设社会民意抽样调查显示，黔南州反腐败工作满意度、党员干部作风满意度等4项指标中，3项指标位居全省9个市州第一，1项第二。

抓实党的纪律建设。扎实开展“两学一做”学习教育，学习十八届六中全会和习近平总书记系列重要讲话精神，学习党章党纪党规知识。深入宣讲全会精神，解读党纪党规，参与指导县市换届，组织5000余名党员干部到警示教育基地学习参观，出台《州管干部任前党纪党规考试工作实施意见（试行）》，全年164名拟提拔的州管干部参加“任前考廉”；办好州纪委监察局网站，编撰《黔南风纪》4期，加大主流媒体信息宣传力度，外网信息排名全省第一。严肃查处扶贫领域腐败、安全事故、森林火灾等突出问题，问责158人（党纪政纪处分36人）。加强换届风气督查，清理处置换届问题线索2388件，严查诬告、拉票等违纪案件，核实回复1267名县级干部和68个县级单位廉洁自律情况。

持续纠治“四风”顽症。组织1050名县处级和1万余名乡科级领导干部开展廉洁过节公开承诺，组织490人次开展5轮明察暗访、专项检查，及时发现和核查“四风”问题线索。盯重点人群，主抓党员领导干部违反“四风”的问题，全年因“四风”问题处理231人，其中县处级干部12人、乡科级219人；盯重点领域，严查公车私用、公款吃喝、公款送礼、公款旅游、违规发放津补贴、收送礼品礼金等问题，全年查处违反中央八项规定精神问题173个。对新出现的“四风”问题及时查处点名通报曝光，释放越往后执纪越严强烈信号。全年查处违反中央八项规定精神并给予党政纪处分190人，增长95.8%，曝光典型案例47批，问题135个195人次。

深入推进民生监督。构建“州—县—乡—村”四级民生监督网络，1682名民生监督员参与专项监察1872人次，发现问题1870个。建成105个乡镇教育谈话室，使用541人次。在省级统一开展的信贷扶贫、农村饮水安全和财政扶贫（发展）项目资金专项监察基础上，继续按照“3+X”模式实施专项监察，及时启动“访村寨、重监督、助攻坚”专项行动。全年民生监督发现问题2969个，立案1251件，结案1239件，党政纪处分1260人。

保持反腐高压态势。2016年全年立案1487件，结案1513件，处理1531人（县处级33人），同比分别增长46.1%、51%、43.9%，移送司法机关36人，“两规”“两指”30人。坚持挺纪在前、抓早抓小，把约谈常态化作为实践“四种形态”的有力抓手，制定《关于深入落实“两个责任”推进干部约谈常态化实施办法》，综合考虑节点、性质、态度、口碑等因素，依纪依规、宽严相济作出处理。全州共约谈13392人，给予党政纪轻处分989人，重处分354人，252名党员干部主动向组织说清问题。

积极探索纪律检查体制改革。构建责任“数据铁笼”。在全省率先创建并在全州推广“两个责任”落实与监督网络平台，举办全国性党风廉政建设与大数据技术运用研讨会。全州35人因“两个责任”落实不力被责任追究，党政纪处分25人，其中县级干部4人。打破用人“地域限制”。在全省率先建立县市纪委分管纪律审查的副书记异地交流任职机制，从纪检系统内外考察选任首批6名领导干部到6县市担任纪委副书记，推动上述县市案件数大幅增长，省纪委宋璇涛书记予以批示肯定，并推广到市州纪委换届工作中。

强化队伍自身建设。完成州纪委及12个县（市）纪委换届，优化调整县级纪委班子成员33名，完成都匀经济开发区纪工委机构编制和人员配备，审议通过了《中共黔南州第十一届纪律检查委员会关于加强自身建设的决定》。选派55人参加综合知识和业务知识培训班，率先对新当选的106名新一届乡镇纪委书记进行集中培训，分期分批抽调52名基层纪检干部到省州纪委跟班学习，选派2名干部到罗甸县开展驻村工作。建立重点工作督查督办制度、班子成员每周工作报告制度，定期调度重点工作和部室工作；开展班子成员走访纪检干部家属活动，推进廉洁家风建设；认真落实“三严守九严禁”，严防“灯下黑”，全州处理纪检监察干部14人，其中党政纪处分12人。

【深入推进常态约谈】 坚持挺纪在前、抓早抓小，把约谈常态化作为实践“四种形态”的有力抓手，制定《关于深入落实“两个责任”推进干部约谈常态化实施办法》，综合考虑节点、性质、态度、口碑等因素，依纪依规、宽严相济作出处理。2016年，全州共约谈13392人，给予党政纪轻处分989人，重处分354人，252名党员干部主动向组织说清问题。

【构建责任“数据铁笼”】 紧扣明责、履责、问责，在全省率先创建并在全州推广“两个责任”落实与监督网络平台，于2016年11月4日举办全国性党风廉政建设与大数据技术运用研讨会，获有关专家、学者好评。全州96家单位全部上线运行，764名领导干部通过平台报送了责任落实情况。

【建立县市纪委分管纪律审查副书记异地交流机制】 在全省率先建立县市纪委分管纪律审查的副书记异地交流任职机制，2016年，从纪检系统内外考察选任首批6名领导干部，分别到荔波、长顺、三都等6县市担任纪委副书记，推动上述县市案件数大幅增长，省纪委书记宋璇涛予以批示肯定，并推广到市州纪委换届工作中。

【建立州管干部任前考廉机制】 出台《黔南州州管干部任前党纪党规考试工作实施意见（试行）》，从2016年起，凡是拟提拔的州管干部，任前必须参加党纪党规考试，考试不合格的，一律取消任用资格，达到以考促学、以考促廉的目的，形成主动学廉、提前学廉的良好氛围。2016年，全州已有164名新提拔的州管干部参加了任前党纪党规任前考试。

【完成州县纪委班子换届】 2016年12月初，在州第十一次党代会上，选举产生了十一届黔南州纪律检查委员会班子，杨光杰、沈川、吴应忠、覃怡、田应森、罗晓璐、王华、瞿健、吴劲松当选为州纪委常委，杨光杰当选为州纪委书记，沈川、吴应忠、覃怡当选为州纪委副书记。

（舒振华）

·黔南州人民代表大会及其常务委员会·

QIAN NAN ZHOU REN MIN DAI BIAO DA HUI JI QI CHANG WU WEI YUAN HUI

【概况】 2016年，州十三届人大常委在中共黔南州委领导下，认真贯彻落实党的十八大和十八届三中、四中、五中、六中全会精神，深入贯彻落实习近平总书记系列重要讲话和视察贵州时的重要讲话精神，坚持党的领导、人民当家作主、依法治州有机统一，认真履行宪法和法律赋予的职责，组织召开了黔南州第十三届人民代表大会第6次会议，召开9次常委会会议，17次主任会议，听取和审议专项工作报告41个，专题询问2项，开展执法检查2项，对2个部门开展工作评议，制定单行条例2件、地方性法规2件，开展规范性文件备案审查60件，作出决议决定7个，依法任免国家机关工作人员76人次，全面完成了州十三届人大6次会议提出的目标任务，为推动全州经济社会后发赶超、同步小康做出了新的贡献。

【州十三届人大六次会议】 2016年2月25—29日，州十三届人大六次会议在都匀召开。

会议听取和审议州人民政府州长向红琼所作的《政府工作报告》，审查了州人民政府提出的《黔南布依族苗族自治州2015年国民经济和社会发展计划执行情况与2016年计划草案的报告》《黔南布依族苗族自治州2015年全州和州本级预算执行情况及2016年全州和州本级预算草案的报告》，听取和审议了罗毅主任受州十三届人大常委会委托所作的州人大常委会工作报告，州中级人民法院院长王亮海所作的州中级人民法院工作报告，州人民检察院代理检察长马涛所作的州人民检察院工作报告。会议经过认真审议，同意批准6个报告，分别作出了相应的决议。会议审议通过了《黔南州国民经济和社会发展第十三个五年规划纲要》《黔南布依族苗族自治州立法条例》《黔南布依族苗族自治州古树名木保护条例》，并作出相应的决议。2月29日，据大会通过的选举办法，依法选举马涛为黔南州人民检察院检察长，并按相关法律规定报省人民代表大会常务委员会批准。会议结束时，州委书记龙长春作了重要讲话。

【州十三届人大常委会第二十九次至第三十七次会议】 2016年1月10日，州十三届人大常委会第二十九次会议在都匀召开。会议举行了一次全体会议，由罗毅主任主持。会议依法补选刘福成为黔南州出席贵州省第十二届人民代表大会代表。

2月4日，州十三届人大常委会第三十次会议在都匀召开。会议举行了二次全体会议，分别由主任罗毅、副主任张仕雄主持。会议听取和审议了州人民政府副州长罗桂荣所作的对《关于2015年上半年国民经济和社会发展计划执行情况报告的审议意见》办理情况的报告、对《关于2015年上半年财政预算执行情况报告的审议意见》办理情况的报告和对《关于州十三届人大五次会议代表建议、批评和意见办理工作情况报告的审议意见》办理情况的报告，听取和审议了州民政局局长廖小明、州旅游局副局长覃志雄分别受州人民政府委托所作的对《关于2012年以来城乡低保工作情况报告的审议意见》办理情况的报告、对《关于全州旅游业发展情况报告的审议意见》办理情况的报告；听取了州人大常委会秘书长黄培庄所作的关于州十三届人大六次会议筹备工作情况的报告，州人大选任联委主任委员、州人大常委会代表资格审查委员会副主任委员王忠所作的州人大常委会代表资格审查委员会关于个别代表的代表资格审查报告，书面传达了省十二届人大四次会议精神；审议通过了州人大常委会工作报告和州十三届人大六次会议主席团和秘书长名单、列席人员名单，表决通过了有关人事任免事项。会议对州人民政府5个工作报告进行了表决，5个工作报告均予以通过。会议结束后，州人大常委会首次举行了任职人员向宪法宣誓仪式。州人民政府副州长郭青，州人民检察院代理检察长马涛，州民宗委主任韦成波，州人大常委会法工委副主任委员黎兵、州人大民宗侨委副主任委员喻枫5人进行了宣誓。

4月26—27日，州十三届人大常委会第三十一次会议在都匀召开。会议举行了二次全体会议，分别由主任罗毅、副主任陈忆秋主持。会议听取和审议了州人民政府副州长张全毅所作的关于平塘500米口径球面射电望远镜项目建设情况的报告、对《关于〈中华人民共和国文物保护法〉和〈贵州省文物保护条例〉贯彻实施情况报告的审议意见》办理情况的报告；听取和审议了州水务局局长高原、州安监局常务副局长汪忠华分别受州人民政府委托所作的对《关于全州水利建设“三大会战”工作情况报告的审议意见》办理情况的报告、对《关于全州安全生产工作情况报告的审议意见》办理情况的报告，听取和审议了州教育局局长欧开灿、州工商局局长莫俊国分别所作的对《关于全州2014年以来教育工作情况报告的审议意见》办理情况的报告、对《关于全州2014年以来工商行政管理工作情况报告的审议意见》办理情况的报告；听取和审议了州中级人民法院院长王亮海所作的对《关于2012年以来减刑、假释工作情况报告的审议意见》办理情况的报告；会议审议通过了州人大常委会2016年工作要点，作出了关于对州科学技术和知识产权局、州扶贫开发局开展工作评议的决定、关于废止《黔南布依族苗族自治州立法办法》的决定，表决通过了有关人事任免事项。会议对州人民政府、州中级人民法院专项工作报告及审议意见办理情况报告进行了表决，7个工作报告均予以通过。

6月21～23日，州十三届人大常委会第三十二次会议在都匀召开。会议举行了三次全体会议，分别由主任罗毅、副主任符晓钢、副主任韦祖宏主持。会议听取和审议了州人民政府副州长陈有德、张全毅分别所作的关于《黔南布依族苗族自治州促进茶产业发展条例》贯彻实施情况的报告、关于《黔南布依族苗族自治州樟江河流域保护条例（草案）》的说明和关于《黔南布依族苗族自治州500米口径球面射电望远镜电磁波宁静区保护条例（草案）》的说明；听取和审议了州财政局局长刘丹、州审计局局长管跃敏、州交通运输局局长文永生、州卫计委主任赵智、州国土资源局局长刘晓勇分别受州人民政府委托所作的关于2015年全州和州本级财政决算（草案）的报告、关于2015年州本级预算执行和其他财政收支情况的审计工作报告、关于2012年以来全州农村公路建设及管护工作情况的报告、对《关于全州卫生计生资源整合情况报告的审议意见》办理情况的报告、对《关于“十二五”以来全州建设用地审批及利用情况报告的审议意见》办理情况的报告；听取和审议了州人大常委会副主任杨筑萍所作的州人大常委会执法检查组关于检查《黔南布依族苗族自治州促进茶产业发展条例》实施情况的报告，州人大常委会秘书长黄培庄所作的州人大常委会办公室关于《黔南布依族苗族自治州人民代表大会常务委员会任免国家机关工作人员办法（草案）》的说明，州人大财经委主任委员屈程所作的关于黔南州2015年州本级财政决算（草案）的审查结果报告，州人大环资委主任委员唐军所作的关于《黔南布依族苗族自治州荔波樟江河流域保护条例（草案）》和关于《黔南布依族苗族自治州500米口径球面射电望远镜电磁波宁静区保护条例（草案）》的初审报告，州人大教科文卫委主任委员高勇华所作的关于《将水书申报〈世界记忆遗产名录〉的议案》审议结果的报告；听取了州人大常委会委员、州人大常委会代表资格审查委员会委员吴大鸿所作的州人大常委会代表资格审查委员会关于个别代表的代表资格审查报告；对《黔南布依族苗族自治州樟江流域保护条例（草案）》、《黔南布依族苗族自治州500米口径球面射电望远镜电磁波宁静区保护条例（草案）》进行了初审；审查批准了2015年州本级财政决算，审议通过了《黔南布依族苗族自治州人民代表大会常务委员会任免国家机关工作人员办法》，作出了《关于将水书申报〈世界记忆遗产名录〉的议案》的决议，作出了关于将《黔南布依族苗族自治州500米口径球面射电望远镜电磁波宁静区保护条例（草案）》列入黔南州人大常委会2016年度立法计划的决定。会议对州人民政府工作报告进行了表决，6个工作报告均予以通过。会议还表决通过了有关人事任免事项。会议期间于6月23日上午，举行联组会议对全州农村公路建设及管护工作开展了专题询问。会上，唐军、朱奉余、白松海、高勇华、韦其贤等委员以及列席会议的州人大代表、公民、记者共提出了15个问题，州人民政府副州长张全毅率相关部门主要负责人到会认真进行了回答，通过一问一答，找准了工作中存在的问题和不足，明确了下步工作措施和整改方向，必将推进全州农村公路建设及管护工作深入开展。

7月6日，州十三届人大常委会第三十三次会议在都匀召开。会议举行了两次全体会议，由罗毅主任主持，会议听取和州人大法制委主任委员罗运春所作的州人大法制委关于《黔南布依族苗族自治州500米口径球面射电望远镜电磁波宁静区运行环境保护条例（草案）》修改情况的报告，对《黔南布依族苗族自治州500米口径球面射电望远镜电磁波宁静区环境保护条例（草案）》进行了审议，表决通过了州人大法制委关于《黔南布依族苗族自治州500米口径球面射电望远镜电磁波宁静区环境保护条例（草案）》审议结果的报告，作出了关于《黔南布依族苗族自治州500米口径球面射电望远镜电磁波宁静区环境保护条例（草案）》的决议。

8月24—25日，州十三届人大常委会第三十四次会议在都匀召开。会议举行了二次全体会议，分别由主任罗毅、副主任韦祖宏主持。会议听取和审议了州人民政府秘书长周志龙所作的关于州十三届人大六次会议代表建议、批评和意见办理工作情况的报告，州发改委主任陈稠彪、州财政局局长刘丹、州司法局局长骆紫光分别受州人民政府委托所作的关于2016年上半年国民经济和社会发展计划执行情况的报告、关于2016年上半年财政预算执行情况的报告、关于“六五”普法开展及“七五”普法安排工作情况的报告；听取和审议了州人大选任联委主任委员王忠所作的州人大选任联委关于州十三届人大六次会议代表建议、批评和意见督办工作情况的报告，州人大农委主任委员白松海所作的州人大农委对州十三届人大六次会议主席团交付的《关于制定〈黔南州森林防火条例〉的议案》审议结果的报告，州人大内司委副主任委员杨婉丽所作的州人大内司委对州十三届人大六次会议主席团交付的对《关于制定〈黔南州电动车管理办法（条例）〉的议案》《关于尽快颁布〈黔南州村（居）务公开民主管理条例〉的议案》《关于出台〈黔南布依族苗族自治州城乡社区建设条例〉的议案》审议结果的报告；听取和审议了州人大法制委主任委员罗运春所作的州人大法制委关于《黔南布依族苗族自治州樟江流域保护条例（草案）》修改情况的报告，州人大常委会研究室主任徐小平所作的州人大常委会研究室关于《黔南布依族苗族自治州人民代表大会常务委员会执法检查办法（草案）》起草情况的说明；会议对州人民政府专项工作报告进行了表决，4个工作报告均予以通过；会议表决通过了州人大内司委对《关于制定〈黔南州电动车管理办法（条例）〉的议案》《关于出台〈黔南布依族苗族自治州城乡社区建设条例〉的议案》《关于尽快颁布黔南州村（居）务公开民主管理条例（草案）的议案》审议结果的报告，州人大农委对《关于制定黔南州森林防火条例的议案》审议结果的报告，州人大法制委对关于《黔南布依族苗族自治州樟江流域保护条例（草案）》审议结果的报告以及《黔南布依族苗族自治州人民代表大会常务委员会执法检查办法》；会议作出关于《黔南布依族苗族自治州樟江流域保护条例（草案）》的决议和关于开展第七个五年法治宣传教育的决议；表决通过了有关人事任免事项。

10 月 20—21 日，州十三届人大常委会第三十五次会议在都匀召开。会议举行了二次全体会议，分别由主任罗毅、副主任张仕雄主持。会议听取和审议了州人民政府副州长范勇所作的关于《黔南布依族苗族自治州剑江河流域保护条例》贯彻实施情况的报告；听取和审议了州民族宗教事务委员会主任韦成波、州天文局局长张智勇分别受州人民政府委托所作的关于全州宗教工作情况的报告、对《关于平塘 500 米口径球面射电望远镜项目建设情况报告的审议意见》办理情况的报告；听取和审议了州扶贫开发局局长欧天彪、州科技产权局局长逄焕东分别所作的关于 2014 年以来全州扶贫开发工作情况的报告、关于 2014 年以来全州科学技术和知识产权工作情况的报告；听取和审议了州人大常委会副主任韦祖宏所作的州人大常委会执法检查组关于《黔南布依族苗族自治州剑江河流域保护条例》执法检查情况的报告；听取和审议了州人大农委主任委员、州人大常委会工作评议组副组长白松海，州人大教科委主任委员、州人大常委会工作评议组副组长高勇华分别所作的关于对州扶贫开发局开展工作评议情况的报告、关于对州科学技术和知识产权局开展工作评议情况的报告，州人大财经委主任委员屈程所作的关于《黔南布依族苗族自治州人民代表大会常务委员会关于审计查出突出问题整改情况向州人大常委会报告办法（草案）》的说明，州人大常委会法工委副主任黎兵所作的关于《黔南州人大常委会“十三五”立法规划（草案）》的说明，州人大选任联委主任委员、州人大常委会代表资格审查委员会副主任委员王忠所作的关于个别代表的代表资格审查报告；审议通过《黔南布依族苗族自治州人民代表大会常务委员会关于审计查出突出问题整改情况向州人大常委会报告办法》和《黔南州人大常委会“十三五”立法规划》，表决通过州人民政府 3 个工作报告和州扶贫开发局、州科学技术和知识产权局工作报告；会议还表决通过有关人事任免事项。

11 月 3 日，州十三届人大常委会第三十六次会议在都匀召开。会议举行了一次全体会议，由罗毅主任主持。会议依法补选吴军为黔南州出席贵州省第十二届人民代表大会代表。

12 月 20—22 日，州十三届人大常委会第三十七次会议在都匀召开。会议举行了二次全体会议，分别由主任罗毅、副主任陈忆秋主持。会议听取和审议了州人民政府副州长张全毅所作的关于全州电子商务工作情况的报告和关于将罗甸至望谟高速公路项目资本金纳入财政预算的议案、关于将州投资公司停车场运营管理补贴纳入州级财政预算的议案的说明；听取和审议了州教育局局长欧开灿、州审计局局长李先文、州农委主任柏林松、州交通运输局局长文永生分别受州人民政府委托所作的关于义务教育均衡发展情况的报告、对《关于 2015 年州本级及其他财政收支审计工作情况报告的审议意见》办理情况的报告、对《关于〈黔南布依族苗族自治州促进茶产业发展条例〉贯彻实施情况报告的审议意见》办理情况的报告、对《关于 2012 年以来全州农村公路建设及管护工作情况报告的审议意见》办理情况的报告；听取和审议了州人民检察院检察长马涛关于 2014 年以来督促起诉及生态环境保护专项行动工作情况的报告；听取和审议了州人大常委会秘书长黄培庄所作的关于召开州十四届人大一次会议的议案的说明，州人大选任联委主任委员、州人大常委会代表资格审查委员会副主任王忠所作的州人大常委会代表资格审查委员会关于个别代表的代表资格审查报告；作出了关于将罗甸至望谟高速公路项目资本金、州投资公司停车场运营管理补贴纳入州级财政预算的决议和关于召开州十四届人大一次会议的决定；表决通过了州人民政府 5 个工作报告和州人民检察院 1 个工作报告；会议还表决通过有关人事任免事项。会议期间，于 12 月 21 日下午 3：00，举行联组会议对全州电子商务工作进行了专题询问。会上，杨昌齐、屈程、白松海等委员和列席会议的州人大代表、新闻记者、旁听公民对如何贯彻落实扶持优惠政策、如何推进农特产品质量体系建设、怎样将电子商务与精准扶贫有机结合等12个方面的问题进行了询问，州人民政府副州长杨从明率州直有关部门主要负责人对这些问题认真进行了回答，通过“一问一答”，既发现了工作中存在的问题和不足，又提出了下步工作努力方向，有力地推动全州电子商务工作不断深入开展。

【立法工作】 《黔南布依族苗族自治州立法条例》于2016年2月29日黔南布依族苗族自治州第十三届人民代表大会第六次会议通过，2016年3月31日贵州省第十二届人民代表大会常务委员会第二十一次会议批准，自2016年4月27日起施行。

《黔南布依族苗族自治州古树名木保护条例》于2016年2月29日黔南布依族苗族自治州第十三届人民代表大会第六次会议通过，2016年5月27日贵州省第十二届人民代表大会常务委员会第二十二次会议批准，自2016年7月1日起施行。

《黔南布依族苗族自治州500米口径球面射电望远镜电磁波宁静区环境保护条例》于2016年7月6日黔南布依族苗族自治州第十三届人大常委会第三十三次会议通过，2016年7月29日贵州省第十二届人民代表大会常务委员会第二十三次会议批准，自2016年9月25日起施行。

《黔南布依族苗族自治州樟江流域保护条例》于2016年8月25日黔南布依族苗族自治州十三届人大常委会第三十四次会议通过，2016年11月24日贵州省第十二届人民代表大会常务委员会第二十五次会议批准，自2017年1月1日起施行。

【执法检查】 2016年5月5—15日，为了促进《黔南布依族苗族自治州促进茶产业发展条例》（以下简称《条例》）在全州的贯彻实施，推动全州茶产业健康快速发展，州人大常委会组成4个执法检查组，分别由常委会副主任及秘书长带队，分赴全州12个县（市），对《条例》贯彻实施情况开展执法检查。执法检查组采取实地察看、召开座谈会、听取汇报等方式，实地检查了46个茶叶基地（茶园）、茶叶加工厂、茶文化园、茶叶专业协会及茶叶销售电子商务中心等，认真听取了12县（市）人民政府及其相关部门对《条例》贯彻实施情况的汇报，广泛听取了乡镇、村及茶企、茶农代表的意见和建议。通过执法检查，对《条例》贯彻实施情况有了更全面的了解和掌握，找准了存在的问题，有利于促进《条例》得到更好的贯彻实施。

9月下旬，州人大常委会组成4个执法检查组，对州人民政府、都匀市人民政府和都匀经济开发区管委会贯彻实施《黔南布依族苗族自治州剑江河流域保护条例》（以下简称《条例》）的情况开展全面检查。此次执法检查，采取实地检查、随机抽查、查阅资料、走访、召开座谈会等方式，重点检查了都匀市5个社区、1个乡镇、1个工业园区和都匀经济开发区，实地查看了1个集中式饮用水源保护区、10座水库、3个污水处理厂、8条支流和城区剑江河干流的保护、建设、管理、治理情况，执法检查组还分别听取都匀市政府和都匀经济开发区管委会的情况汇报，就《条例》贯彻实施取得的成效作了充分肯定，检查发现的不足和问题及时进行了反馈，并提出整改完善的意见建议，使执法检查工作达到了预期的目的和效果。

【州人大常委会召开的重要会议】 2016年2月29日，为了认真贯彻落实《中共中央转发〈中共全国人大常委会党组关于加强县乡人大工作和建设的若干意见〉的通知》《中共贵州省委关于加强人大工作和建设的决定》，以及全省县乡人大工作和建设会议精神，进一步推进县乡人大工作和建设取得新成绩，州委在都匀召开了全州县乡人大工作和建设会议。州委书记龙长春出席会议并作重要讲话，州人大常委会主任罗毅主持会议，州委副书记、州政府州长向红琼，州委常委、州纪委书记魏明禄，州委常委、瓮安县委书记张文强，州委常委、州政府常务副州长罗桂荣，州委常委、州政府副州长刘建民，州委常委、福泉市委书记黄伟，州委常委、州委宣传部部长刘良，州委常委、州委组织部部长胡志峰，州委常委、州政府副州长闫光锋，州人大常委会副主任逄焕华、杨筑萍、陈忆秋、符晓钢、韦祖宏、成祺兴、张仕雄，州政协副主席、州委秘书长瓦标龙，州中级人民法院院长王亮海，州人民检察院代理检察长马涛以及各县（市）党委、人大常委会、政府主要负责人，州人大各专委会、常委会各工作机构主要负责人参加会议。

3月21日，州人大常委会与州人民政府、州中级人民法院、州人民检察院联席会议在州人大常委会主任会议室召开。州人大常委会副主任逄焕华主持会议并讲话，州政协副主席、州政府秘书长周志龙，州法院院长王亮海，州检察院检察长马涛参加会议并作表态发言，州人大常委会有关工作机构负责人列席会议。

4月7—8日，州人大常委会党组举行了中心组集中学习，集中学习由州人大常委会党组书记、主任罗毅主持，州人大常委会党组副书记、副主任逄焕华，党组成员、副主任杨筑萍、陈忆秋、韦祖宏、张仕雄，党组成员、秘书长黄培庄参加学习会，党组成员、副主任符晓钢因参加全省人大内司委工作会议请假。州人大常委会副主任成祺兴，机关副县级以上干部共39人列席学习会议。集中学习采取个人自学、集中学习、重点交流发言等方式，围绕“两学一做、增强看齐意识”主题，原文学习了《中国共产党章程》、1月29日中央政治局会议主要精神、《人民日报》评论员文章（全党要向党中央看齐），传达了中共中央关于郭伯雄严重违纪违法案及其教训的通报；韦祖宏、张仕雄两人围绕学习主题，联系思想、工作和生活实际作了重点发言，集中学习会结束时主任罗毅作了重要讲话。

4月20日，全州人大环资委工作座谈会在都匀召开，州人大常委会副主任陈忆秋到会指导并作了讲话，州人大环资委委员、环资委联系部门负责人，各县（市）人大常委会分管领导和城建环资工委负责人参加会议。

5月19日，全州人大民族宗教侨务工作座谈会在都匀召开，州人大民宗侨委委员、各县（市）人大常委会分管民族宗教侨务工作副主任和民宗侨工委的负责人以及州人大民宗侨委联系部门负责人参加了会议。州人大常委会副主任成祺兴到会指导并作讲话。

5月30日，中共黔南州人大常委会党组召开中心组集中学习（扩大）会议。州人大常委会党组书记、主任罗毅主持会议，州人大常委会党组副书记、副主任逄焕华，党组成员、副主任杨筑萍、陈忆秋、符晓钢、韦祖宏、张仕雄，党组成员、秘书长黄培庄出席会议，州人大常委会副主任成祺兴以及机关副县级以上干部共37人列席会议。会上，集中学习了《习近平总书记系列重要讲话》——实现中华民族伟大复兴的必由之路章节，书记陈敏尔、省长孙志刚在省委常委会议专题研究黔南州工作时的重要讲话，省委常委会议专题研究黔南州工作会议精神传达提纲，州委书记龙长春在全州领导干部大会上的重要讲话。主任罗毅在会议结束时作了总结讲话。

6月3日，州人大常委会副主任杨筑萍组织召开扶贫开发工作评议安排部署会，州人大常委会评议组、州扶贫开发局班子成员及其办公室负责人参加会议。

6月17日，州人大常委会评议组赴州科技产权局召开评议工作动员会。州人大常委会副主任张仕雄及州人大常委会工作评议组成员、州人民政府副州长吴俊、州科技产权局全体干部职工、12县（市）科技产权局负责人、部分离退休干部等参加会议。

7月19日，为认真贯彻落实习近平总书记重要指示以及中央、省委和州委有关换届选举文件精神，切实做好州县乡三级人大换届选举工作，州人大常委会会同州委组织部、州委宣传部在都匀举办黔南州州县乡三级人大换届选举工作学习培训会。州人大常委会党组书记、主任罗毅，州委常委、州委组织部部长胡志峰出席会议并作讲话。州委组织部、州委宣传部、州人大常委会办公室、州人大选任联委有关负责人，各县（市）人大常委会分管副主任、选任联委（代工委）负责人，都匀经济开发区党工委、党群工作部负责人，各县（市）党委组织部、宣传部分管副部长和新闻中心负责人，全州各乡镇人大主席参加学习培训会。

7月22日，黔南州人大常委会召开“十三五”立法规划项目建议征集工作座谈会，对“十三五”立法规划项目建议征集工作进行再安排再部署，并征集参会单位对“十三五”立法规划项目的建议。州人大常委会副主任韦祖宏出席会议并讲话，州中级人民法院、州人民检察院、州人民政府工作部门、州人大专委会、州人大常委会工作机构负责人参加会议，并邀请州委政法委负责人，部分州人大常委会立法咨询专家、州人大代表以及黔南民族师范学院教师参加会议。

8月10~11日，黔南州人大代表联络站（室）建设和人大代表工作现场会在长顺县和罗甸县召开。州人大常委会副主任韦祖宏出席会议，州人大选联委主要负责人、12县（市）人大常委会分管代表工作的副主任及选联委（代工委）负责人参加会议。

8月26日，为进一步提高州人大常委会基层立法联系点人员的履职能力和工作水平，推动基层立法联系点工作顺利开展，州人大常委会在都匀召开基层立法联系点培训会，省人大法制委主任委员张卫华、省人大常委会法工委副主任杜胜军到会指导，州人大常委会副主任韦祖宏出席会议，33个基层立法联系点、州人大各专委会及常委会各工作机构和州直有关单位相关人员参加培训会。

11月2日，为传达和贯彻落实全省人大学习贯彻十二届全国人大常委会第二十三次会议精神，深刻认识辽宁拉票贿选案的严重性和危害性，营造风清气正的换届环境，全州人大学习贯彻十二届全国人大常委会第二十三次会议精神座谈会在都匀召开，州人大常委会主任罗毅、副主任韦祖宏出席会议并讲话。州人大换届选举工作组成员、州人大常委会办公室、研究室负责人，各县（市）人大常委会主任、分管换届选举工作的副主任及各县（市）人大选任联委（代工委）负责人参加会议。

11月3日，中共黔南州人大常委会党组召开中心组学习（扩大）会议，学习贯彻党的十八届六中全会精神。州人大常委会党组书记、主任罗毅主持学习会，党组成员、副主任杨筑萍、符晓钢、韦祖宏、张仕雄出席会议，机关副县级以上干部共32人列席会议。

11月15日，州人大常委会举办电子商务专题询问培训会，会议由州人大常委会副主任符晓钢主持，州人大常委会主任罗毅，副主任杨筑萍、韦祖宏，专题询问调研组全体成员、州人大机关常委会全体干部职工、州电子商务工作领导小组成员单位负责人参加会议。

12月15日，州人大常委会党组召开扩大会议，传达学习中共黔南州第十一次党代会精神，对贯彻落实州十一次党代会精神进行安排部署。州人大常委会党组书记、主任罗毅主持会议并作重要讲话，党组副书记、副主任逄焕华，党组成员、副主任杨筑萍、陈忆秋、韦祖宏，党组成员、秘书长黄培庄出席会议，机关副县级以上干部共25人列席会议。

【全国人大常委会副委员长万鄂湘到惠水县开展调研】 2016年9月22日，全国人大常委会副委员长、民革中央主席万鄂湘率全国政协常委、港澳台侨委员会副主任、民革中央副主席刘凡，民革中央秘书长李惠东等组成的民革中央脱贫攻坚民主监督调研组到惠水县就易地扶贫搬迁、农村电商扶贫及乡村旅游扶贫等工作进行实地调研，并召开座谈汇报会，分别听取全省及黔南州脱贫攻坚工作情况汇报。省人大常委会副主任李岷，省政府副省长刘远坤，州委书记龙长春，州委副书记、州长向红琼，州人大常委会主任罗毅，州政府副州长陈有德，州政协副主席刘长江等陪同调研或参加座谈会。

【上级人大调研】 2016年3月15日，省人大常委会副主任周忠良率领由省人大法制委、省人大常委会法工委相关人员组成的调研组，赴平塘县开展《贵州省乡镇人民代表大会工作条例

（草案）》立法调研。州人大常委会主任罗毅、副主任韦祖宏，平塘县委、县人大常委会主要领导及有关乡镇负责人参加调研。

5 月 16—17 日，十二届全国人大常委会委员、全国人大民族委员会主任委员李景田率调研组到黔南州都匀、三都、荔波 3 县市对贯彻实施中华人民共和国民族区域自治法配套法规的情况进行专题调研。州委书记龙长春，州委副书记、州人民政府州长向红琼，州人大常委会主任罗毅，州委常委、副州长郭青，州人大常委会副主任成祺兴陪同调研。

5 月 19—20 日，省人大常委会调研组一行 11 人，由省人大教科文卫委员会主任委员王建富带队到黔南州开展扶贫开发工作专题调研。州人大常委会副主任杨筑萍，州人大农委，州政府副秘书长雷良兵及相关部门负责人，独山、平塘两县人大常委会主任、政府分管副县长及县直相关部门负责人陪同调研。

6 月 6 日，省人大常委会委员、省人大教科文卫委主任委员王建富率队到龙里开展《贵州省信息基础设施条例》执法检查及《贵州省发展中医药条例》执行情况调研，州人大常委会主任罗毅，副主任逄焕华，张仕雄，州政府副州长张全毅，县领导陈曦、王永坤等陪同。

8 月 24 日，省人大常委会副主任袁周率省人大常委会调研组一行到福泉市、都匀市、都匀经济开发区开展水资源保护工作专题调研，州委书记龙长春，州人大常委会主任罗毅，州委常委、福泉市委书记黄伟，州委常委、都匀市委书记吴丹，州人大常委会副主任陈忆秋，州政府副州长陈有德等陪同调研。

10 月 19—21 日，省人大常委会副主任袁周率调研组到黔南州开展为期 3 天的“生态优先　绿色乌江”2016 年贵州环保行活动，州委书记龙长春、州人大常委会主任罗毅、副主任陈忆秋，州政府副州长胡晓剑及州环保局、水务局、林业局等相关单位负责人陪同调研。

12 月 20 日，省人大常委会研究室主任盛荣率队到黔南州召开省人大常委会 2016 年工作报告征求意见座谈会，州人大常委会副主任符晓钢、秘书长黄培庄，州人大常委会研究室，都匀、瓮安、贵定、惠水、独山、三都水族自治县人大常委会负责人及部分县（市）、乡（镇）人大代表、人大主席参加座谈会。

【州人大常委会组织全州选举的省十二届人大代表到惠水、长顺、平塘、罗甸开展集中视察】

2016 年 12 月 22—24 日，按照省人大常委会安排，州人大常委会组织省人大常委会原副主任林明达，省人大农委原主任委员吴坤凤，省民宗委主任吴军，州人大常委会主任罗毅，州委常委、秘书长瓦标龙等黔南州选举的 35 名省人大代表，到惠水、长顺、平塘、罗甸 4 县对脱贫攻坚、重大项目建设以及经济社会发展情况开展集中视察，并在罗甸县召开座谈汇报会。州委常委、副州长刘建明，州人大常委会副主任韦祖宏，州中级人民法院院长王亮海，州人民检察院检察长马涛，惠水、长顺、平塘、罗甸 4 县党委、人大常委会、政府主要领导陪同视察。

（温成华）

·黔南州人民政府·

QIAN NAN ZHOU REN MIN ZHENG FU

【概况】 2016年，在州委的坚强领导和州人大、州政协的监督支持下，州政府深入贯彻习近平总书记系列重要讲话精神，按照省委、省政府的部署，以五大新发展理念为引领，以“守底线、走新路、奔小康”为总纲，以“强创新、占高地、作示范”为主题，坚持主基调主战略不动摇，大力实施开放带动、创新驱动和“一圈两翼”三大战略，紧紧依靠全州各族干部群众，励精图治，砥砺前行。促成“中国天眼”落成启用，成功举办建州60周年庆典、都匀毛尖（国际）茶人会、中国物流（都匀）国际峰会，经济发展综合测评稳居全省第三，经济总量在全国30个自治州排列第五，全面小康实现程度达93.5%，经济发展群众满意度全省第一，“十三五”实现良好开局。

全州地区生产总值突破千亿大关，达到1023.39亿元，增长12.5%；固定资产投资突破千亿大关，达1053.58亿元，增长22%；一般公共预算收入110.05亿元，增长13.3%；金融机构存、贷款余额分别达1521.44亿元、1066.21亿元，增长29.9%和32.8%。城镇和农村常住居民人均可支配收入分别达26063元和8844元，减少农村贫困人口15.35万人，城镇新增就业7.17万人。

【州政府常务会议】 2016年1月6日，召开第一次常务会议。一、研究荔波机场资产产权划转事宜，提出政府建议报州委审定。二、研究州国资监管局《关于马鞍山棚户区改造征收州级国有资产几个具体问题的请示》，议定都匀市马鞍山棚户区改造征拆面积、过渡费及补偿事宜。三、研究2016年经济社会发展指标，建议确定2016年GDP总量目标为突破1000亿元，增速工作目标为13%，奋斗目标为13.5%，并相应调整城乡居民人均可支配收入增长目标、新增城镇就业人口数量及城镇化率。四、研究都匀滨江小马路工程项目投融建事宜，确定项目招投标、施工和审计监理等相关工作。

2016年1月23日，召开第二次常务会议。一、研究北京联络处《关于办公楼置换相关事宜的请示》，建议确定按照实测面积1：1比例还建置换。二、审查通过2016年政府工作报告。三、审查通过《黔南州国民经济和社会发展“十三五”规划纲要（草案）》四、审查通过《黔南州2015年国民经济和社会发展计划执行情况与2016年国民经济和社会发展计划草案的报告》和《都匀经济开发区2015年国民经济和社会发展计划执行情况与2016年国民经济和社会发展计划草案的报告》五、审查通过《黔南州2016年州本级财政预算编制方案的情况报告》和《都匀经济开发区关于2016年财政预算编制方案情况的报告》。

2016年1月29日，召开第三次常务会议。一、研究州交通运输局《关于审定黔南交通运输旅游发展有限公司组建方案和黔南交通运输旅游发展有限公司章程的请示》，建议成立黔南交通运输旅游发展公司组建工作组，开展黔南交通运输旅游发展有限公司组建工作。二、研究州督查督办局《关于审定〈黔南州重大工作督查问责办法

（试行）〉的请示》，提出审定建议。三、研究州天文局《关于呈请审定FAST竣工活动方案的请示》，进一步修改完善《FAST竣工活动方案》，建议尽快测算FAST竣工活动经费。四、研究州旅游局《关于审定平塘县筹备省第十二届旅游产业发展大会建设项目清单的请示》，建议通过项目清单，对规划、统筹及吸引外资等方面做进一步安排。五、研究州文化广电新闻出版局《关于公布黔南州第一批州级文物保护单位的请示》，通过黔南州第一批州级文物保护单位名单，安排文物的宣传、保护、开发与利用工作。

2016年4月11日，召开第四次常务会议。一、研究州监察局《关于白绍海、犹永全二位同志行政处分的请示》，决定给予白绍海、犹永全两人行政警告处分。二、研究州监察局《关于给予周学林开除公职处分的请示》，决定给予周学林开除公职处分。三、研究州纪委《关于对李应祥同志暂停职务的建议》，决定暂停李应祥黔南州茶产业发展办公室副主任职务。深化政府系统党风廉政工作，要求要心存敬畏、手握戒尺，廉洁从政、从严治家，筑牢拒腐防变的纪律底线、法律底线、政策底线、道德底线。四、研究州政府金融办《关于设立黔南州脱贫攻坚基金的请示》，建议设立“黔南州脱贫攻坚基金”，基金规模100亿元，首期募集10亿元，期限为7~10年，并成立脱贫攻坚基金项目申报及评审领导小组。五、研究州文广新局《关于融资解决博物馆建设经费的请示》及州财政局、州政府金融办意见，确定州博物馆建设缺口资金由州级平台公司采取融资方式进行筹集，为60周年州庆成就展布展保驾护航。六、研究州外事侨务和台港澳事务办《关于报送黔南州2016年因公出国（境）、赴台交流计划的请示》，原则通过计划。七、研究州水务局《关于审批贵州省黔南州水资源综合规划报告的请示》，建议通过规划报告，提出了衔接“十三五”规划及相关子规划的要求，做足黔南“水”文章，把城市湖泊、湿地公园建设融入规划报告。八、研究荔波县人民政府《关于审定荔波机场2016年航线规划的请示》，通过航线规划。九、研究州交通运输局《关于审定黔南州出租汽车行业改革工作方案的请示》，建议通过改革工作方案，以“先行先试”的方法推进改革工作。十、研究州档案局、州文广新局《关于尽快解决黔南州档案图书馆建设项目有关问题的请示》，安排项目融资、设计、拆迁补偿、建设相关工作。十一、研究州旅游轨道交通领导小组办公室（州交通运输局）《关于平塘旅游专线（试验段）项目工作情况的报告》、州政府金融办《关于州政府与中海外基础设施开发有限公司轨道交通项目融资合作方案的请示》，建议以“投、融、建、营”模式开展有轨电车项目合作。十二、听取州政府法制工作汇报，研究取消和调整州级行政许可事项有关事宜，同意取消州级行政许可事项11项、下放行政许可事项31项、转变管理方式行政许可事项10项、继续实施行政许可事项125项。十三、研究州民族宗教委《关于黔南州第五次民族团结进步表彰大会有关事项的请示》，建议同意第五次民族团结进步模范集体模范个人评选表彰工作方案》，并研究表彰经费事宜。十四、研究州公安局分解落实30万农业转移人口落户城镇工作，同意分解落实方案，将农业转移人口落户城镇工作纳入对各县（市、开发区）政府（管委会）的目标绩效管理考核。

2016年5月12日，召开第五次常务会议。一、研究州监察局《关于解除董永松同志警告处分的请示》《关于解除韦方勇同志警告处分的请示》，决定按期解除韦方勇、董永松警告处分。二、研究州民族宗教委《关于拨给“生态之州·幸福黔南”黔南州建州60周年展览布展经费的请示》，同意按照“长短结合，科技支撑，厉行节约，留有成果”的原则进行建州60周年成就展系列布展，确定州财政局做好资金调度安排，确保布展工作需要。三、研究州民族宗教委、州文化广电新闻出版局《关于拨给黔南州博物馆基础装修经费的请示》，同意在满足建州60周年系列展览需要的前提下，对博物馆进行基础装修。四、研究州发展改革委《关于核定黔南州产品质量检验检测中心项目建设规模和投资的请示》，同意按照“整合资源、统一规划、集约用地”的原则在都匀经济开发区匀东新区新建黔南州产品质量检验检测中心。五、研究州国土资源储备局《关于国土资源储备资产挂牌处置的请示》，同意对贵州开磷剑江化肥有限责任公司原厂区资产进行公开挂牌处置。六、研究州政府法制办《关于州政府聘请法律顾问的请示》，同意继续聘请彭良华、刘海、刘鹏举、沈振洪4位律师作为州人民政府法律顾问；新聘请贵州法治时代律师事务所主任、省人民政府法律顾问王军武律师作为州人民政府法律顾问。七、研究州公共资源交易中心《关于审定黔南州县级公共资源交易平台整合工作方案的请示》，同意平台整合工作方案。八、研究州国资监管局《关于审定黔南州州管国有企业监事会暂行办法的请示》，建议同意暂行办法。九、研究通过州国资监管局《黔南州州管国有企业资产损失责任追究办法（试行）》和《黔南州州管国有企业重大事项报告制度（试行）》。

2016年6月14日，召开第六次常务会议。一、研究《黔南布依族苗族自治州500米口径球面射电望远镜电磁波宁静区保护条例（草案）》，确定保护条例（草案）并报州人大常委会审议。二、研究州监察局关于给予张广华开除公职处分的请示，决定给予张广华开除公职处分，对其涉嫌构成犯罪问题，移送司法机关依法处理。三、审定通过《瓮安县开展相对集中行政许可权试点工作方案》。四、审定通过《黔南州州级行政复议委员会议事规则》。五、审定通过《中共贵州省委贵州省人民政府关于支持第十二届贵州旅游产业发展大会承办地黔南州加快旅游业发展的意见（代拟搞）》。六、审议通过《黔南州第九届（福泉）旅游产业发展大会工作方案（送审稿）》。七、研究州旅发改办关于审定第十一届和第十二届黔南州旅游产业发展大会承办地的请示，建议确定由独山县于2017年上半年承办黔南州第十一届旅发大会，长顺县于2017年下半年承办黔南州第十二届旅发大会。八、研究州旅发改办关于第十二届全省旅游产业发展大会举办地补助资金安排的请示，确定将其中2500万元划拨平塘县用于补助全省旅发大会筹办工作，剩余500万元作为州级统筹使用资金用于旅游规划及评审等工作。九、研究州法院关于申请尽快落实审判法庭弱电系统建设资金的请示及州财政、发改、审计等部门综合意见，同意项目立项。十、研究都匀市政府关于小围寨卫生计生服务中心建设用地的请示及州国土资源储备局建议，同意将原剑江化肥厂招待所2088平方米土地交由都匀市政府建设小围寨卫生计生服务中心。十一、研究同意《黔南州标准化地名标志设置暨门楼牌编制安装工作方案》，安排部署督促落实工作。十二、审定通过《黔南州“做强县城、做特乡镇、做美乡村”三年行动计划实施方案》。十三、研究州政府金融办关于设立黔南州扶贫投资发展基金的请示，同意基金设立方案，基金规模30亿元，期限为5+5年，并安排部署基金申请工作。

2016年6月18日，召开第七次常务会议。一、审定通过《黔南州规范性文件清理办法》。二、研究《黔南州旅游管理体制改革实施方案（送审稿）》，对进一步修改完善提出意见。三、审定通过《黔南州与贵阳、贵安新区深化区域合作框架协议》。

2016年6月30日，召开第八次常务会议。一、研究州城乡规划局关于“天文小镇”规划有关事项的请示，确定采取“邀请招标”方式采购规划编制单位，项目业主单位明确为州城乡规划局。二、审定通过《中共黔南州委黔南州人民政府关于深入推进城市执法体制改革改进城市管理工作的实施方案》。三、研究同意《黔南州州级单位目标考核办法》《黔南州县（市）及都匀经济开发区目标绩效考核办法》。四、讨论《中共贵州省委贵州省人民政府关于支持民族自治州加快发展的意见（征求意见稿）》及下放行政管理事项有关事宜，对进一步修改完善提出建议。

2016年7月13日，召开第九次常务会议。一、审定通过《黔南州人民政府关于进一步做好残疾人同步小康工作的实施意见》。二、审定《黔南州养老养生（集团）有限责任公司组建方案》，同意组建养老养生公司，要求进一步修改完善公司组建方案后提交州政府党组会议研究并报州委审定。三、听取州国土资源储备局关于都匀市区纬一路建设用地处理建议的报告。四、通报州住房城乡建设局关于签订《棚户区改造项目三方合作协议》情况，同意由黔南州政府、国开行贵州省分行、贵州剑江集团签订《棚户区改造项目三方合作协议》。五、审定通过《进一步加强城市规划建设管理工作的实施方案》。六、审定通过《黔南州政府法律顾问管理办法》。七、审定通过《黔南州组团参加丝绸之路·黔茶飘香活动方案》。八、审定通过《全州大数据战略行动推进大会方案》。

2016 年 8 月 16 日，召开第十次常务会议。一、研究州监察局关于给予罗国江警告处分的请示，决定给予罗国江警告处分。二、研究州监察局关于给予潘仕进警告处分的请示，决定给予潘仕进警告处分。三、研究州监察局关于给予石幸本行政撤职处分的请示，决定给予石幸本行政撤职处分，撤销其三都县交梨工业园区管委会常务副主任职务。四、研究州中级人民法院原审判法庭拆迁补偿有关问题，确定原审判法庭拆迁补偿按 3550 元/平方米标准执行。五、审议通过《黔南州航线航班开发培育基金管理办法（试行）》。六、传达全省审计机关人财物管理改革动员部署视频会议精神，研究贯彻意见，确定成立“黔南州审计机关人财物管理改革试点协调工作领导小组”。七、审议通过《中共黔南州委黔南州人民政府关于推进农村产权制度改革的意见》。八、审议《2016 年黔南州民营经济跨越发展促进大会方案（送审稿）》，建议确定在 2016 年 10 月份召开“2016 年黔南州民营经济跨越发展促进大会”。九、审议通过《关于促进贵州惠水百鸟河数字小镇大数据服务产业实验区发展的扶持政策》。

2016 年 8 月 17 日，召开第十一次常务会议。一、审议通过《黔南州交通运输“十三五”发展规划（送审稿）》。二、审议通过《黔南州“十三五”安全生产规划》。三、研究州交通运输局关于签订平塘至罗甸、罗甸至望谟高速公路专项建设基金转借协议书的请示，同意州交通运输局草拟的《平塘至罗甸高速公路平塘段专项基金转借协议书》《平塘至罗甸高速公路罗甸段专项基金转借协议书》《罗甸至望谟高速公路罗甸段专项基金转借协议书》。四、听取州环境保护局关于 2016 年上半年全省环境保护工作形势分析调度会议精神及黔南州存在问题和下步工作安排的情况汇报，对环保监管、督查及能力建设提出建议。五、研究州环境保护局关于开展独山麻尾工业园区及周边环境调查评估有关事项的紧急请示及州财政局意见。六、审议通过《黔南州自然灾害救助办法》。七、审议通过《黔南州完善医疗救助制度全面开展重特大疾病救助工作实施方案》。

2016 年 9 月 1 日，召开第十二次常务会议。一、研究州监察局关于解除杨勇记大过处分的请示，决定解除杨勇记大过处分。二、研究州监察局关于给予王平行政撤职处分的请示，决定给予王平行政撤职处分，职务层次由正县级降为科员。三、研究州政府与中国能源建设集团广西水电工程局有限公司签订城市基础设施项目建设投资合作框架协议书有关事宜，同意协议。四、研究州政府与中国建设基础设施有限公司签订战略合作框架协议有关事宜，同意协议。五、研究州机关事务局关于购置调研接待用中型客车改装经费预算的请示。六、审议通过《黔南州电子商务发展三年行动计划（2016—2018 年）》。七、研究州政府金融办、州财政局关于扶贫、文化旅游、基础设施基金组建的请示，同意扶贫、文化旅游、基础设施领域等 12 支基金的组建方案。

2016 年 9 月 2 日，召开第十三次常务会议。审议通过《黔南州易地扶贫搬迁后期扶持发展的指导意见》。

2016 年 9 月 26 日，召开第十四次常务会议。一、研究州监察局关于给予张学玖开除公职处分的请示，决定给予张学玖开除公职处分。二、研究贵州剑江控股集团有限公司关于州政府贵阳办事处用房处置的请示及财政局建议，建议将黔南州人民政府 2010 年在贵阳所购住房及车位以政府间资产划转方式，按原购买价 19093816. 00 元处置给独山县人民政府。三、审议《黔南州第十届旅游产业发展大会（罗甸）方案》，建议同意大会方案，并提出相关意见。四、审议通过《黔南州城镇贫困人口脱贫攻坚试行办法》。五、研究州城乡规划局《关于支付“天文小镇”系列规划方案深化工作设计补偿费》的请示，由州级财政分别支付上海同济城市规划设计研究院和南京规划设计研究院各20万元（共计40万元），作为“天文小镇”系列规划方案深化工作设计补偿费。

2016年10月28日，召开第十五次常务会议。一、审议通过《黔南州实施“千企改造”工程促进工业全面转型升级方案》。二、听取州安委办关于全州安全生产工作情况报告。三、听取州环境保护局关于近期省委省人大常委会省政府环境保护会议及活动情况的汇报，组织学习《贵州省各级党委、政府及相关职能部门生态环境保护责任划分规定（试行）》。四、研究州发展改革委关于呈请审定黔南州中医医院新院区项目建设规模及投资额度的请示，建议同意黔南州中医医院新院区按规划设置床位1480张（含骨科中心300张、民族医院300张）、总建筑面积28.86万平方米进行建设。其中地上建筑面积21.56万平方米，地下建筑面积7.3万平方米，停车位2200个。项目包含黔南州中医医院、骨科中心、民族医院（水苗族医院）、技术工程制药中心、全科医生临床培训基地5个子项目。原则同意黔南州中医医院新院区项目按照总投资16.7亿元建设。原则同意黔南州中医医院新院项目按绿色三星标准建设，所需增加投资控制在原投资的2.5%～3.5%之间。五、研究州发展改革委关于确定全州天然气“县县通”投资主体企业的请示，建议同意《黔南州天然气“县县通”实施方案》。六、审议通过《关于黔南州旅游产业开发战略合作框架协议书》。七、研究都匀军供站关于州政府招待所职工安置方案的请示，同意安置方案。八、听取全省宗教工作会议精神汇报提纲，研究贯彻落实意见。十、传达学习推进全省旅游业供给侧结构性改革电视电话会议精神。

2016年11月11日，召开第十六次常务会议。一、审定通过《黔南州关于加强长江黄金水道环境污染防控治理工作方案》，确定将研究建立长江流域环境协同保护治理机制。二、审议通过《黔南州经营乡村五年行动计划（2016—2020年）》的请示。三、审定通过《黔南州城乡公交一体化改革实施意见》。四、研究州国土资源储备局关于解决土地储备项目融资利息问题的请示及州财政局意见，确定建立完善贷款偿还的长效机制。五、研究州住房城乡建设局、州国土资源局关于解决黔南州属困难企业职工经济适用房项目历史遗留问题的请示及都匀市政府意见。六、研究州国土资源局关于州国有资本营运公司土地变更登记的请示，同意州国有资本营运公司位于剑江中路富强巷42号第二层146.61平方米房产过户到州国有资本营运公司。七、审定通过《黔南州新增耕地指标和城乡建设用地增减挂钩结余指标专项资金管理意见》。八、研究州发展改革委《关于黔南州中级人民法院审判法庭弱电系统工程概算审核结果意见的报告》，研究项目总投资概算和后期维护事宜。九、研究州目标管理工作领导小组关于兑现2015年度州级目标（绩效）考评奖余下奖金的请示，建议同意并报州委审定。十、研究荔波机场改扩建有关事宜，进一步研究落实工作。十一、审定通过《黔南州政府投资基金管理暂行办法》。十二、研究州机关事务局关于购置调研接待用车的请示，同意州机关事务局购置2辆17座考斯特、2辆9座面包车，作为州接待调研用车。十三、研究州公安消防支队关于解决2016年目标责任车辆装备购置经费的请示及州财政局意见，确定州财政追加经费663.48万元，用于解决州消防支队购置A类泡沫消防车和模块化物资储备装备；高新技术装备费111.5万元在州财政预算安排的州消防支队的工作经费中解决。十四、研究州政府法制办关于公布规范性文件清理结果有关事项的请示，确定以州政府名义向社会公布2010—2015年全州规范性文件清理结果。十五、研究州监察局《关于给予韦方勇开除公职处分》的请示，决定给予韦方勇开除公职处分。

2016年11月28日，召开第十七次常务会议。一、研究州发展改革委关于黔南州委党校（行政学院）关于校园整体搬迁建设项目有关事项的请示。同意州委党校（行政学院）校园整体搬迁建设项目（以下简称“州委党校整体搬迁项目”）调整后总建筑面积39069.52平方米，估算总投资31322.56万元。二、审议通过《关于深入推进生态文明先行示范区建设的实施意见》。三、审议通过《黔南州“十三五”新型城镇化发展规划》。四、研究同意《黔南州城市公立医院综合补偿办法》，州医院、州中医医院离退休人员经费从2017年起由州级财政全额保障。五、研究州铁路建设办公室关于推进荔波县王蒙至翁昂旅游有轨电车项目规划建设有关事宜的请示。建议荔波县王蒙至翁昂旅游有轨电车项目参照瓮马铁路建设模式，采用PPP模式建设。六、研究贵州锦绣实业有限责任公司关于利用国开专项建设基金入股贵州省瓮安县深安燃气有限责任公司的请示。七、研究州财政局关于成立黔南州农业信贷担保有限责任公司相关事宜的请示，建议设立黔南州农业信贷担保有限责任公司。八、研究贵州黔兴置业（集团）有限责任公司关于发债的请示。九、审定《黔南州行政机关负责人出庭应诉办法（试行）》。十、传达贯彻国务院大督查有关文件精神。

2016年12月19日，召开第十八次常务会议。一、听取州发展改革委关于2016年全州经济社会发展情况和2017年工作建议，研究部署当前及下一步工作。二、研究州投资促进局关于签订四个战略合作框架协议的请示，同意签订相关领域战略合作框架协议。三、传达全省卫生与健康大会精神，研究贯彻落实意见。四、研究州发展改革委关于黔南州老年养护楼项目建设规模及投资额度的请示，进一步确定老年养护楼项目建设规模和投资额度。五、研究州商务粮食局关于对黔南州粮油储备库老库区资产进行处置的请示，同意将州粮油储备库原老库区资产评估报告书及土地使用、房产证等相关资料移交都匀市政府挂牌出让。六、审议通过《黔南州国有公司融资管理办法（试行）》。七、研究州安全监管局关于取消2016年度依法治州专项第29项任务“出台黔南州重大危险源监控制度”的请示。八、审议通过《黔南州州以下法院检察院经费资产由州级统一管理实施方案》。九、研究州交通运输局关于批准罗甸至望谟高速公路项目资本金列入年度财政预算并报州人大常委会审议的请示。同意将罗甸至望谟高速公路项目资本金分3年纳入州级财政预算，并提请州人大常委会审议。

【应急管理工作】 2016年，全州共发生自然灾害28次，因灾死亡5人，失踪0人，伤病3人，直接经济损失4亿元；发生事故灾难1132起、死亡373人、伤1376人，经济损失577万元；发生公共卫生事件共报告发病数42例，死亡1例；发生社会安全事件13923起，其中刑事案件破4508起，同比上年，立案数上升0.4%，破案数下降1.2%。

（一）加强领导提高认识。坚持从讲政治、讲大局和维护社会稳定的高度，以对党、对人民高度负责的态度，要求各级政府要把应急管理工作切实摆上重要位置，落实领导责任，同时将应急管理工作纳入年终目标考核。另外，还完善气象灾害多部门研判机制，在汛期期间或灾害性天气时，根据气象部门的报告，及时启动多部门研判会；完善重大灾害预警信息发布制度，根据气象部门监测和预报情况建议，协调三家通信营运商对公众无偿发布重大灾害预警信息。

（二）狠抓应急队伍建设。州政府应急办通过向社会公招、人才引进等方式加强州办队伍，先后向社会招考1人、人才引进1人，给州办应急队伍增添新鲜血液。指导各县市参照州办做法，成立值守应急中心，采取增加应急办事业编制、抽调跟班学习人员等方式，充实应急队伍力量。要求州应急委成员单位明确应急负责人、联系科室，做到应急工作有人抓、有人管。

（三）通过演练检验预案。根据省政府有关文件要求，2016年年初印发《黔南州人民政府办公室关于开展2016年应急演练的通知》，安排应急演练项目，并先后在独山县开展旅游景区突发森林火灾应急演练、在都匀市开展防汛抗洪抢险暨后勤保障应急演练和特种设备（电梯）应急救援联合演练、在瓮安县开展高速公路交通事故暨后勤保障应急演练。为确保8月份黔南州建州60周年活动供电突发事件应对处置，全州又增加开展了都匀地区大面积停电事件应急处置综合演练。同时，各县（市）和部门根据工作需要，还开展了专项应急演练。通过演练进一步检验预案的实用性、可用性、可靠性，提高群众避免事故、防止事故、抵抗事故的能力。

（四）信息报送及时规范。严格按照《黔南州突发事件信息报告工作规定和流程及紧急重大信息报送标准》文件的要求，进一步规范全州突发事件信息报告内容、程序和标准，确保了应急信息及时、准确报送，一年来未发生突发事件信息迟报、漏报、误报、瞒报等情况发生。2016年，共接报各类突发事件信息142条，编辑《值班快报》246期、《州政府领导一周工作动态》52期、《突发事件信息报告及重要工作情况刊用通报》12期、《黔南应急管理》12期，报省重要工作信息738余条（省刊用157条）；共处理省、州领导批示84余条，省政府领导督办通知19件，并及时反馈了落实情况。

（五）积极协调突发事件。突发事件发生后，按照“以人为本、减少危害”原则，及时协调公安、安监、交警、卫生等部门领导和相关应急救援队伍到事故现场开展应急救援工作。全年共积极协调处置贵惠高速“2·28”交通事故、三都县工地挡土墙垮塌事故、贵龙大道“3·27”交通事故、“11·1”G75高速都匀境内交通事故等9起较大突发事件和20余起一般突发事件，汛期期间还多次到州气象局现场指挥调度防汛抗洪抢险工作，最大限度减少灾害造成的损失，保障人民生命财产安全。

（六）应急平台稳步推进。按照《省人民政府办公厅关于加快推进贵州省应急平台体系建设工作的通知》（黔府办函〔2014〕103号）要求，全州积极推进应急平台建设工作，多次主动向省州汇报全州应急平台建设开展情况，并邀请省政府应急办领导及相关专家多次到州内调研指导相关工作。2016年底，全州应急平台建设经费、建设场所等已落实，建设方案正等待省级审批。

（七）应急管理规范化建设全面推开。按照省相关文件要求，积极抓好基层应急管理示范点建设并组织相关人员到黔东南、安顺等地观摩学习。全州基层应急管理规范化建设工作已全面推开，福泉市马场坪街道黄丝村等3个示范点被命名为贵州省基层应急管理规范化建设示范单位。

（八）精心办理扶贫专线。2016年共接听办理扶贫专线转办签101件，涉及农村低保、生活困难救助、养殖补助、农村危房改造等，办理结果满意93件、不满意8件。充分发挥扶贫专线密切联系群众、服务群众、了解民情、传递信息、排忧解难的作用。

2016年黔南州人民政府发布的重要文件目录

序号	文号	文件名称
1	黔南府发〔2016〕1号	黔南州人民政府关于推进林权抵押贷款的实施意见
2	黔南府发〔2016〕2号	黔南州人民政府关于开展好黔南州第三次全国农业普查的通知
3	黔南府发〔2016〕3号	黔南州人民政府关于印发黔南州政府投资项目管理办法（试行）的通知
4	黔南府发〔2016〕4号	黔南州人民政府关于印发黔南州州级国有融资平台公司转型发展方案的通知
5	黔南府发〔2016〕5号	黔南州人民政府关于公布第一批州级文物保护单位的通知
6	黔南府发〔2016〕6号	黔南州人民政府关于印发黔南布依族苗族自治州促进茶产业发展条例实施方案的通知
7	黔南府发〔2016〕7号	黔南州人民政府关于印发政府工作报告及其决议的通知
8	黔南府发〔2016〕8号	黔南州人民政府关于做好当前地质灾害防治工作的意见
9	黔南府发〔2016〕9号	黔南州人民政府关于印发黔南州扶持人口数量较少民族贫困村脱贫工作方案的通知

续表

序号	文号	文件名称
10	黔南府发〔2016〕10 号	黔南州人民政府关于印发黔南州城镇居民大病保险实施办法的通知
11	黔南府发〔2016〕11 号	黔南州人民政府关于印发黔南州 2016 年依法行政工作要点的通知
12	黔南府发〔2016〕12 号	黔南州人民政府关于进一步做好残疾人同步小康工作的实施意见
13	黔南府发〔2016〕13 号	黔南州人民政府关于印发黔南州 2016 年推进简政放权放管结合优化服务改革工作要点的通知
14	黔南府发〔2016〕14 号	黔南州人民政府关于进一步促进房地产业健康发展的指导意见
15	黔南府发〔2016〕15 号	黔南州人民政府关于进一步深化流域环境保护河长制工作的意见
16	黔南府发〔2016〕16 号	黔南州人民政府关于加强和改进新形势下统计工作的意见
17	黔南府发〔2016〕17 号	黔南州人民政府关于进一步加强文物工作的通知
18	黔南府发〔2016〕18 号	黔南州人民政府关于保留修改废止和宣布失效部分州政府规范性文件的决定
19	黔南府发〔2016〕19 号	黔南州人民政府关于改革完善食品药品检验检测体系的实施意见
20	黔南府发〔2016〕20 号	黔南州人民政府关于印发黔南州全民健身实施计划（2016—2020 年）的通知

（陆柏嶙）

信 访

【概况】 （一）信访趋势总体向好。全州群众来信来访呈现总量持平、来访下降、来信上升、网访上升的“一平一降两升”良好趋势。2016 年，州、县两级运用信访信息系统登记受理人民群众反映信访事项 6996 件次 10456 人次，同比基本持平。其中：来访总量同比下降 16.19%，来信总量同比上升 29.48%，网上信访总量同比上升 11.47%。通过推行阳光信访，群众选择写信和通过网络渠道反映诉求件次超过走访件次有效减轻了走访压力；通过推进依法逐级走访，许多信访事项在县一级反映、在县一级解决。

（二）案件办理及时依法。2016 年，共收到群众各类诉求信访事项 15923 件，经甄别受理 14004 件，其中：上级转交办案件 1531 件，三轮次的“百日攻坚战”排查化解办理 374 件，本级受理转交办案件 12099 件，均全部按期办理完毕，按期办结率 100%。

（三）集体上访“四个下降”。在维护正常信访秩序方面，赴省集体访批次和人次、到州集体访批次和人次取得“四个下降”的良好成效。赴省集体访批次、人次同比分别下降 4.26% 和 8.54%，到州集体访批次、人次，同比分别下降 54% 和 59.3%。通过开展信访秩序治理，以多造势、抱团蓄势的形势逐步得到扭转。

（四）专项任务圆满完成。共组织开展“两会”、60 年州庆等 28 次重大活动期间信访维稳专项工作，专项工作时间累计 183 天，胜利完成了各次专项工作目标。2016 年 8 月，州委书记龙长春在州信访局上报的建州 60 周年庆祝活动信访维稳工作总结报告上批示“州庆信访维稳实现‘四个零’目标来之不易，希望各级各部门认真总结经验，把功夫下在平时，确保社会长期稳定”；州委副书记吴胜华批示“州庆信访维稳工作很有成效，希望发扬成绩，针对存在的不足，在下步工作中切实整改到位”。

（五）创新成果突出有效。积极创建县域信访管理新模式，县级以上党政领导到各级群众工作中心坐班接访形成常态，州级领导共有 223 人次坐班接访群众 158 批次 205 人次，县级领导累计共有 3452 人次坐班接访群众 918 批次 2257 人次；各级联合接访大厅建设规模超过 6000 平方米，共 208

个单位进驻窗口接访；全国网上信访信息系统和州12345民心热线投诉受理平台已横向联通州直部门73家、纵向连通县（市）直单位876个、乡（镇、街道）105个。福泉市建立矛盾纠纷多元化解“112”模式、贵定县探索实施“四级三化两评议一回访”矛盾纠纷化解机制两项创新改革成果入选全省全面深化改革优秀案例投票目录，民生领域“四子一体”信访工作法得到省委副书记谌贻琴、省政府副省长陈鸣明和州委书记龙长春、副书记吴胜华等州领导的批示肯定。湖北省恩施州、毕节市组织信访系统到州内考察交流信访工作制度创新改革做法。

（六）信访宣传形式多样。加强信访法治宣传，开通“黔南群众工作”微信公众号、“黔南群众工作”今日头条号，信访宣传渠道进一步拓宽，通过《黔南群众工作》向省报送信息近80期150余条，多条被国家和省信访局采用；利用5月法治宣传月活动参与场天集中宣传，发放宣传资料、宣传品3万余份。

【黔南州召开会议推广贵定县“四级三化两评议一回访”经验】 经州委同意，2016年7月21日，黔南州在贵定县召开现场会，推广“四级三化两评议一回访”矛盾化解机制经验。州领导吴胜华、刘建民、符晓钢、王国太、马涛出席会议，省群众工作中心副主任、省信访联席办副主任、省信访局副局长谢晓东到会作指导。

上午，与会人员集中乘车到贵定县新巴镇乐邦村现场观摩了受到国家信访局《今日头条》、《贵州日报》、多彩贵州网、省群众工作中心微信公众号、《黔南日报》等多家媒体关注并得到省委副秘书长、省信访局局长张仕福批示的化解信访积案“新巴经验”形成过程；下午，在贵定县政府会议室召开经验交流会，观看了贵定县“四级三化两评议一回访”机制视频，贵定县作了经验交流发言。经验交流会由州政协副主席王国太主持，州委副书记、州委政法委书记、州委群众工作委员会书记、州信访联席会议召集人吴胜华，省群众工作中心副主任、省信访联席办副主任、省信访局副局长谢晓东就创新群众（信访）工作、推广贵定县“四级三化两评议一回访”机制作讲话。

州信访联席会议成员单位、州综治工作领导小组成员单位、州维稳工作领导小组成员单位负责人，各县（市、区）党委（党工委）或政府分管信访、综治、维稳工作的干部，各县（市、区）宣传、综治、维稳、信访、公安部门的负责人，贵定县有关单位、部门的主要负责人参加大会。

【省州领导纷纷点赞黔南州民生领域“四子一体”信访工作法】 黔南州总结提炼了题为《黔南州推行民生领域“四子一体”信访工作法积极回应群众正当诉求》的经验材料在贵州省人民政府办公厅《政务信息》刊发后，省委、省政府及州委、州政府领导纷纷批示肯定。

2016年7月18日，省人民政府副省长陈鸣明批示：“黔南州在民生领域推行“四子一体”信访工作法积极回应群众正当诉求，具有重要示范作用。请省信访局在深入调研的基础上，认真总结推广黔南的好经验、好做法，引导各地创新信访工作机制，努力化解信访突出问题，主动回应群众正当诉求，切实提高信访工作水平，为一省社会经济发展营造和谐稳定的社会环境。”

7月22日，州政协副主席、州政府秘书长周志龙批示：转州民政局、州信访局研阅，进一步协作配合，完善相关工作，努力将此项工作打造成全省亮点。

7月22日，州政府副州长杨从明批示：认真总结，宣传推广，建议在州政府有关会议传达。

7月24日，州委常委、州政府副州长刘建民批示：同拟。

7月27日，州委吴胜华副书记批示：请州信访局按照长春书记指示要求，认真总结、大力宣传和推广“四子一体”信访工作法，使之成为黔南经验。

7月27日，州委书记龙长春批示：请州信访局要认真总结、大力推广“四子一体”信访工作法，并加大宣传力度，使之成为黔南经验，避免

"召回制度"等类似问题发生。

12月29日，省委副书记、省委政法委书记谌贻琴批示：黔州信访工作"四子一体"工作法应宣传推广。

民生领域"四子一体"信访工作法，即总结搭建工作"作业台子"、设立工作"问题靶子"、寻找工作"治理方子"、实施工作"监督法子"。

（罗继锋）

民 政

【概况】 2016年，全州民政事业坚持以深化民政改革为统领，以加强民政法制建设为抓手，以强化民生保障为主线，坚持以发展导向、目标任务导向、问题导向，认真履行保障民生、促进和谐、服务发展的职责，围绕州委、州政府的决策部署，结合实际，突出重点、强化措施、狠抓落实，有序推进各项重点工作任务的完成，为"十三五"期间民政工作开好局、起好步打下了坚实基础。

城乡社会救助工作 全州共有城乡低保对象11.78万户26.84万人，其中城市1.77万户2.97万人、农村低保10.01万户23.87万人。1—11月累计发放低保资金54828.88万元，其中累计发放城市低保金12101.79万元（补发1—3月提标差额资金333.36万元）、累计发放农村低保金42727.09万元（补发1—3月提标差额资金2449.7万元）。全州共有农村"五保"供养对象8802户9491人，其中集中供养"五保"4440户4598人（集中供养率48.4%）、分散供养对象4362户4893人。1—11月全州累计发放五保供养金3093.67万元，其中发放集中供养资金1778.55万元、分散供养资金1315.12万元。全州共有敬老院82所（含在建），已建成投入使用的敬老院56所共有床位5373张，建成未投入使用9所共1824张床位；全州敬老院共入住有5365名供养、服务对象（其中"五保"对象4576人），集中供养率为48.4%，床位利用率85.17%．医疗救助12380人次、资助参合参保165706人），共支出城乡医疗救助资金4788.95万元，共支出临时救助资金952.83万元，救助3734户困难家庭；支出急难救助资金212.298万元，救助130人。

防灾减灾救灾工作 一是切实做好灾害应急救助及灾情核查统计工作。2016年，全州共遭受各类自然灾害28次，受灾人口59万人次，因灾死亡5人、伤病3人，农作物受灾2.63万公顷，绝收2659公顷；因灾倒塌房屋51户151间，严重损房797户2814间，一般损房9532户2.81万间；灾害造成全州直接经济损失达4亿元。二是及时做好受灾人员转移安置及应急救助工作。全州共紧急转移安置3.92万人，紧急救助8326人；救助灾民8960人，发放救助资金500余万元；确定灾害保险赔付受灾农房共计4393户，赔付金额468万元。三是及时下拨发放灾害救助和冬春救助资金和物资。共计下拨发放冬春期间受灾人员生活救助及新灾救助资金7876.07万元，及时下拨救灾粮食4065吨，衣被10.05万件/床和帐篷等解决受灾群众生产生活困难。

优抚安置工作 2016年，全州共有优抚对象24845人。其中：伤残人员1139人；"三属"人员270人；在乡老复员军人2794人；带病回乡退伍军人1337人；"两参"人员8794人；60岁以上农村籍退役人员10487人；烈士子女24人，享受抚恤补助优抚对象身份证扫描认证率已达99.13%。在乡老复员军人定期补助最低发放标准为9996元/年/人，最高为23500元/年/人，与上年度相比，平均增长率为33.21%。全州享受低保的复退军人3197户，纳入精准扶贫范围4454人；复退军人4034户纳入农村危房改造范围，通过公租房实物配租（售）、住房租赁补贴解决278户困难复退伍军人家庭住房问题；帮助复退军人子女1238人次解决就学困难问题；对165名复退军人落实社会保险补贴；对440名生活困难的复退军人给予临时救助106.29万元；通过公益性岗位安置复退军人432人，本地企业吸纳复退军人1721人，对242名复退军人开展创业培训，发放创业贷款183户

2464万元，扶持复退军人创办微型企业30家，带动就业573人。全州复退军人领办合作社29个，扶持资金202万元，兴办家庭农场11个，扶持资金15万元，已落实21户复退军人享受“3个15万”扶持政策。共组织开展巡诊150余人次，为8300余优抚对象进行了体检；举办复退军人短期疗养班15期，组织550名优抚对象参加疗养。春节期间，累计慰问部队81支，慰问重点优抚对象32000余人，发放慰问金821.5万余元。“八一”期间，全州共举办双拥文艺汇演5场次、召开军地座谈会6场，发放慰问金175.6万元，慰问物资价值19万元。

基层政权和社区建设工作 一是积极推进同步小康城乡社区基层民主自治建设完善率达标创建工作。贵定、独山、长顺各“2项”、平塘“1项”指标顺利通过省级评估验收，平塘有“1项”、三都“2项”指标将于2017年上半年接受省级评估验收。二是开展城乡社区试点协商自查工作，指导各县（市）对村规民约进行清理、完善。三是创新城乡社区建设，着力打造社区建设“升级版”。四是积极推进第十届村（居）委会换届选举工作。

社会组织管理工作 一是全面实施社会组织管理信息系统的应用、实现网上登记、网上变更、网上年检工作和实施“三证合一”、统一换发登记证书代码工作。同时利用州内主流媒体宣传社会组织公告年检换证等工作。全州实现网上年检140个，完成统一信用代码换证164个，新增社会组织20个。二是稳步开展脱钩试点工作。组织实施《黔南州行业协会、商会与行政机关脱钩工作方案》并起草、征求、制定《黔南州行业协会商会负责人任职管理办法》，按照兼顾不同类型，筛选第一批全州性行业协会商会与行政机关脱钩试点10个，启动全州性行业协会商会第一比脱钩试点工作。三是进一步完善了严格规范审查、受理社会组织申请登记成立审批程序，制定出台《黔南州民政局关于社会组织成立时同步开展党建工作实施方案》等文件，认真开展州级社会组织党组织集中组建“百日攻坚”行动。四是出台《社会组织承接政府转移职能和购买服务推荐性目录编制管理办法》，开展中央及省级财政资金支持社会组织参与社会服务项目申报工作。五是引导社会组织积极开展“社会组织帮百村”精准扶贫行动。2016年5月27日，贵州省“社会组织帮百村”精准扶贫行动启动仪式在州内长顺县广顺镇石板村凤凰坝举行，标志着社会组织力量参与精准扶贫行动正式拉开了序幕。

区划地名工作 一是加大地名文化保护清理整治不规范地名工作。2016年6月21日，在龙里县召开全州地名文化保护清理整治不规范地名暨地名普查推进会，进一步推动地名数据库建设，继续完善地名标准化、地名标志设置、数据更新和维护工作，推进地名公共服务体系建设。二是集中精力做好全国第二次地名普查工作，各县（市）完成自查并报告州级核查。州级核查组按照核查计划和国家标准，分别赴12县（市）进行实地核查，对存在的问题和薄弱环节提出了明确的要求。各县（市）地名普查工作信息和成果按时序提交省级验收。三是巩固乡镇行政区划改革成果，做好乡镇行政区划改革后的边界管理工作，建立健全界线管理、信息沟通长效机制。

殡葬服务和管理工作 一是殡葬改革力度进一步加大，全州基本实现“集中治丧、遗体火化、生态安葬”目标。2016年9月28日，平塘县正式启用殡仪馆（火化场），开始实施遗体火化工作；10月22日，长顺县殡仪馆启用。1—11月，全州累计火化遗体达6248具，同比增加125%。二是巩固殡葬管理服务成果，开展“生态黔南、绿色殡葬”系列宣传报道活动，研究制定出台了全州关于贯彻落实民政部等9部委《关于推行节地生态安葬的指导意见》的实施意见》（黔南民发〔2016〕40）文件。3月30日，省民政厅、州人民政府联合在龙里县举办了贵州省节地生态安葬活动。全州实施生态节地安葬204例。

社会福利及专项社会事务管理工作 一是加强流浪乞讨人员救助管理工作，全面开展“寒冬送温暖”专项行动，设立临时救助点，实行24小时值班制度，对街头发现的老、弱、病、残、幼流浪人员19741人次进行了主动救助和关爱保护服务。二是切实做好孤儿、残疾人基本生活兜底保障服务。按照动态管理原则，及时录入和更新孤儿信息2886人次，按月足额发放孤儿基本生活费（集中供养每人每月1050元、分散供养每人每月630元）。三是规范开展婚姻登记和儿童收养登记服务。组织开展婚姻登记工作检查，切实加强婚姻登记业务指导，巩固基层婚姻登记下放乡镇改革成果。四是发展残疾人福利事业。州级出台了“困难残疾人双补贴制度”，福泉、长顺等县（市）已经兑现落实。指导州、县精神病医院加强内部管理，完善后勤服务，提升医疗服务水平，切实加强肇事肇祸、危重精神病人的管控治疗。五是弘扬孝老爱亲传统，积极发展老年人社会福利事业。全州初步实现县县有福利院、光荣院，镇（乡）有片区敬老院（养老服务中心）；符合标准的日间照料中心、老年人活动中心等服务设施覆盖所有城市社区，90%以上的乡（镇）和60%以上的农村社区建立包括养老服务在内的社区综合服务设施和站点的目标。六是扎实开展农村留守儿童关爱保护工作。全州现有留守儿童8.7万余人（其中：16周岁以下7.1万人），为确保留守儿童困境儿童关爱救助保护工作各项措施落到实处，建立健全信息管理机制，健全完善政府、家庭、社会“三位一体”，关爱服务救助保护体系，整合“两免一补”、希望工程、专项基金等相关扶助资金，积极鼓励社会捐赠和社会投资，建立多元化、多方位的关爱救助投入机制，积极开展“合力监护、相伴成长”专项行动。

【深圳市先科公司向黔南州捐赠净水机及安装启动仪式在州福利院举行】 根据省民政厅、省慈善总会工作安排，黔南州民政局、黔南州慈善总会积极对接，深圳市先科集团投资管理有限公司向黔南州捐赠800台价值342.4万元净水机，用于改善全州社会福利院、农村敬老院、养老机构、居家养老服务站、日间照料中心、老年人协会、留守儿童之家等福利机构的饮水条件。

为宣传企业慈善扶贫济困的精神，做好净水机接收、发放、管理工作，2016年1月13日下午3时，净水机捐赠暨安装启动仪式在州福利院举行，仪式由州民政局副局长谢正军主持，州人民政府副秘书长胡成林出席会议并讲话，州慈善总会会长胡品荣接受捐赠，并向先科公司赠送捐赠证书。

【国家民政部领导到惠水调研】 2016年1月8日下午，国家民政部基层政权和社区建设司副司长汤晋苏、农村社区建设（综合）处主任科员等14人，在省民政厅副厅长张惠明、基层政权和社区建设司农村社区建设处处长赵卫东的陪同下，到惠水县好花红镇开展社区建设工作调研。

调研组先后参观考察了好花红镇政府“群务e线通”（即：村、社区、镇三级电子政务）、好花红电子商务村、好花红村社区建设。随后，在好花红村村委会议室举行好花红社区建设工作座谈会，惠水县委书记万庆华参加了会议。会上，调研组听取惠水社区建设工作情况汇报，调研组队对惠水社区建设取得的成绩给予高度评价，民政部全国城乡社区建设专家委员会基层民主专项工作委员会召集人、华东师范大学政治学研究院教授陈伟东等专家学者针对好花红村社区建设提出了宝贵意见，建议村与大学合作开展“记忆社”，传承保护好花红人文历史文化等建议。最后，汤晋苏用“高、全、大、远”（即起点高、工作全、规模大、规划远）四个字高度评价好花红社区建设，希望惠水今后在社区建设中加强人文历史文化传承保护，建成好花处处红的美丽乡村。

【2016年全州民政工作会议在都匀召开】 2016年3月3日，全州民政工作会议在都匀召开。会议的主要任务是，贯彻落实全省民政工作会议、全州经济工作会议和全州扶贫开发工作会议等重要会议精神，总结“十二五”时期民政工作，对“十三五”民政事业发展暨2016年重点民政工作任务进行安排、部署。

州人民政府副州长杨从明出席会议并讲话。会议由州人民政府办公室副主任王文炯主持。会议通报了2015年度各县（市、区）政府（管委会）民政工作目标完成情况和民政部门工作绩效目标管理考核情况。都匀、福泉、平塘、荔波等8县（市）政府及民政部门负责人分别就全州民政工作的特色和亮点作了交流发言。州人民政府与各县（市、区）人民政府（管委会）签定了2016年民政工作责任书。会上，黔南州民政局党组书记、局长廖小明作了题为《全力服务同步小康加快推动民政事业发展》的工作报告。副州长杨从明在讲话中指出：“十二五”以来，全州民政系统围绕中心、服务大局，认真落实州委、州政府各项决策部署，不断创新思路、强化举措、真抓实干，圆满完成“十二五”各项目标任务，民政事业六大体系建设取得可喜成绩，为全州经济社会发展做出了积极贡献。

【国务院地名普查办领导到黔南州检查地名普查工作】 2016年3月14日，国务院地名普查办业务指导处处长李诗洋率领督察组到黔南州瓮安县检查第二次全国地名普查工作。贵州省民政厅党组成员、机关党委书记杨亚军，省民政厅区划地名处处长陈洪刚，副处长高虹，黔南州委常委、瓮安县委书记张文强，黔南州人民政府办公室副主任王文炯，黔南州民政局党组书记、局长廖小明，黔南州地名普查办主任、民政局副局长谢正军，瓮安县委副书记、县长黄桂林参加汇报会。督察组一行通过查看资料和听取汇报的方式对黔南州第二次全国地名普查作了全方位的了解，对全州地名普查前阶段工作予以充分肯定。

【中国殡葬协会、《中国殡葬》新闻周刊编委会到瓮安开展“绿色殡葬基层调研——贵州行”活动】 2016年3月15日，中国殡葬协会、《中国殡葬》新闻周刊编委会常务副主任王光华，《公益时报·中国殡葬》周刊主编程新明，贵州省殡葬协会副秘书长、办公室主任简金凤一行到瓮安开展“绿色殡葬基层调研——贵州行”活动。调研组首先对瓮安县太平山殡仪馆和杜仲河九龙园公墓进行了现场调研，随后到猴场镇进行调研，实地观看了猴场镇下司社区龙宝山农村公益性公墓、猴场镇集中治丧点。

【民政部基政司领导到龙里县开展乡镇服务型政府建设专题调研】 2016年5月4日，国家民政部基层政权和社区建设司基层政权处处长郝海波、副处长王晓安、调研员贺更行一行到龙里开展乡镇服务型政府建设专题调研。调研组一行深入冠山街道办事处，实地参观“民情一点通”综合信息平台运行情况，听取扶贫便民服务情况介绍。调研组对冠山街道运用“民情一点通”扶贫办理大数据，开展民政灾情核查、精准扶贫、网上审批、工作督办等便民取得的成效给予肯定。

在随后召开的镇（街道）、村（社区）以及相关部门负责人参加的座谈会上，与会人员纷纷就基层队伍建设、基层干部待遇、基层组织权责以及基层权力下放等方面提出了意见和建议，调研组一行表示，与会人员对加强乡镇服务型政府建设的发言很有针对性，要将此次调研所收集到的问题、意见和建议带回民政部，为草拟推进乡镇服务型政府建设文件提供决策参考。

【黔南州州委书记龙长春带队到民政福利机构调研】 2016年5月12日，州委书记龙长春带队到州社会福利院、州精神病医院、州救助站等民政福利机构实地调研，现场办公指导项目建设工作。州委常委、都匀市委书记吴丹，州政府副州长杨从明，州民政局、财政局、国土局主要领导等陪同调研。

龙长春在调研中指出，州民政局和都匀市政府要加强配合协作，抓好州社会福利院、州精神病医院、州救助管理站院区绿化、美化和污水处理设施建设，切实解决工作中存在的突出问题，确保在建州60周年之前保质保量完成项目建设。

【省民政厅副厅长杨春兴、省残联领导到福泉市调研指导民政工作】 2016年5月16日，省民政厅副厅长杨春兴及社会福利和慈善事业促进处长许家豪、省残联社会保障部调研员李海玉等一行到福泉市调研指导民政工作。

调研组一行首先来到马场坪黄丝社区，听取了福泉市关于残疾人两项补贴制度工作开展情况汇报。福泉市是全省率先出台贯彻落实“两项补贴”实施方案的县市。在实际工作中，福泉市与精准扶贫社会保障兜底扶贫脱贫相结合，将两项补贴与低保提标核查同步进行，做到同时入户、同时调查、同时建档，残疾人救助工作得到了调研组充分肯定。随后，调研组一行到福泉市社会福利苑实地查看民政项目建设推进情况，对福泉市探索出一条民政项目统一规划、集中管理的“园区化”模式给予高度评价。在实地参观福泉市流浪乞讨人员救助管理站和未成年人保护中心后，调研组领导充分肯定了福泉市流浪乞讨人员救助管理服务标准化，制度建设规范化工作。督察组一行还来到福泉市太平殡葬服务有限公司，查看了殡仪馆建设和运营情况，指出福泉市在强化殡葬管理和殡仪设施建设方面为全省做出了示范，下步殡葬改革工作要继续以回应群众关切、维护群众利益、改进工作作风、提升服务水平为出发点和落脚点，推进全省殡葬改革工作顺利开展。

【全省社区建设现场推进会在黔南州召开】 2016 年 7 月 4 日，全省城乡社区建设现场推进会在黔南州福泉市召开。副省长陈鸣明出席会议并讲话，州委副书记、州长向红琼在会上致辞。

陈鸣明充分肯定了近年来全省各地在城乡社区建设方面创造了典型经验，取得了显著成效。向红琼代表州委州政府和全州各族人民向参加会议代表表示热烈欢迎，她简要向客人介绍了全州基本情况。会上，省民政厅厅长罗宁对全省城乡社区建设工作进展情况作了简要的回顾并对民政部门下步工作提出要求。副州长杨从明代表黔南向会议作经验分享。福泉市、贵阳市乌当区、六盘水市盘县、遵义市湄潭县、安顺市西秀区 5 市（县、区）在会上做经验交流发言。

【黔南与广州签订民政“十三五”帮扶意向书】 2016 年 7 月 14—15 日，受州长向红琼的委托，副州长杨从明率州民政局相关负责人到广州市民政局考察学习，并就对口帮扶相关事宜签订了 2016—2020 年帮扶意向书。

根据《2016—2020 年广州市、黔南州对口帮扶合作框架协议书》精神，双方签订《广州市民政局黔南州民政局帮扶意向书》。内容涉及民政人才培养，资金筹措和民生、慈善项目的推荐以及社会组织孵化基地的建设帮扶等。双方希望利用较短时间，在黔南州打造出一批示范项目、示范单位，以点带面全面提升黔南民政干部队伍的服务能力和服务水平；通过 5 年时间的帮扶，不断改善和提升困难群众的生活条件、生活水平，实现与全国同步奔小康。

【黔南州出台深化户籍制度改革做好城市最低生活保障工作配套措施】 2016 年，黔南州人民政府办公室下发《关于深化户籍制度改革做好城市最低生活保障工作的通知》（黔南府办函〔2016〕76 号），具体明确深化户籍制度改革涉及城市低保工作的有关配套政策措施。

【金利来集团向黔南州捐赠价值 1980 万元港币衣物】 经广州市民政局牵线搭桥，金利来集团通过贵州省慈善总会向黔南州困难群众捐赠价值 1980 万元港币的 60669 件新衣物。2016 年 8 月 7 日，捐赠仪式在长顺县广顺镇举行。

【民政部社会救助司到长顺开展调研活动】 2016 年 9 月 12—14 日，民政部社会救助司党支部监察处党小组周萍一行来到长顺县，结合“两学一做”学习教育开展“走百村、访千户、知民情、惠民生”调研实践活动。

民政部社会救助司监察处党小组先后到长寨街道办永增村、广顺镇石板村、摆所镇热水村，走访了部分村组干部群众，通过召开座谈会、访谈、问卷调查等形式，调查了解当地经济社会发展、各项民生保障政策落实和群众生产生活情况，认真分析了长顺县民政工作存在的问题，帮助民政干部理清工作思路，找准工作方向。周萍在座谈会上对长顺县的社会救助工作给予了肯定。

【州民政局为都匀毛尖国际茶人会参会的百名长寿老人服务】 2016年9月23日，由贵州省人民政府、中国国际茶文化研究会、中国茶叶流通协会主办，州人民政府、省农委、中华全国供销合作总社杭州茶叶研究院承办的首届都匀毛尖国际茶人会在都匀经济开发区中国茶文化博览园举行。这次大会最大的特色是“6个100”参会，即100名茶界知名人士、100名书画家、100家茶叶企业、100家新闻媒体、100名饮茶长寿老人、100支茶艺表演队，是一次名副其实的茶人盛会。其中，最引人瞩目的是这100名饮茶长寿老人。老人们的到来是这次盛会的重头压轴，也起到画龙点睛作用，更凝聚着黔南州民政系统的心血和努力。

为切实做好这些长寿老人的邀请和参加茶人会的品茶、话茶等相关活动，根据部门职责和茶人会执委会的统一安排，州民政局发挥自身优势、主动作为。专门制订了工作方案，成立了领导小组。党组书记、局长廖小明担任组长，所有党组成员及调研员任副组长，局机关（老龄办）、各科（室）、局属事业单位负责人为领导小组成员。领导小组下设协调、嘉宾邀请服务、活动举办、后勤保障和督察5各小组，将工作层层落实，做到人人有事做、事事有人做，绝不留空档、不留死角。

【福泉市召开荣获全国双拥模范城“八连冠”总结表彰暨创建“九连冠”安排部署会】 2016年9月26日，黔南州福泉市召开荣获全国双拥模范城“八连冠”总结表彰暨创建“九连冠”安排部署会，动员各级各部门和全市军民不忘初心，继续前进，以更加坚定的信心、更加昂扬的斗志、更加扎实的措施，不断续写福泉双拥工作新篇章，努力争创全国双拥模范城“九连冠”。

会议总结了全市“八连冠”创建工作，对创建“九连冠”双拥工作进行安排部署。会议还授予市委办等40个单位“爱国拥军模范单位”荣誉称号，授予罗飞等35人“爱国拥军模范个人”荣誉称号，授予市人武部等7支驻泉部队“拥军爱民模范单位”荣誉称号，授予韦铎等10人“拥政爱民模范”荣誉称号，授予杨颖等8名复退军人“创业之星”荣誉称号。

【黔南州举行革命烈士公祭日纪念活动】 2016年9月30日，黔南州在都匀市烈士陵园和贵定县烈士陵园举行烈士公祭日纪念活动。缅怀革命先烈的丰功伟绩，弘扬先烈的崇高精神，寄托哀思，告慰英灵。在都匀市烈士陵园，礼兵在《献花曲》的伴奏下，正步走向纪念碑，向革命烈士敬献花篮。雄壮的国歌响彻山谷，全体人员向革命烈士默哀，之后少先队员献唱《我们是共产主义接班人》，州市四家班子领导、都匀军分区领导移步纪念碑前整理花篮挽联。

州委书记龙长春，州委常委黄伟、吴丹、罗燕军，州人大常委会、州政府、州政协领导班子成员，都匀军分区班子成员及都匀市、贵定县、都匀经济开发区党工委班子成员参加活动。

【省督察组到福泉市督察减灾安居工作】 2016年11月30日，由省国土资源厅地质环境处处长高玉平、省民政厅救灾处处长杨济铭等组成的省灾后恢复重建督察组到福泉市督查减灾安居建设工作。首先，督察组一行到牛场镇集中安置点、道坪镇团坡组现场详细了解了集中重建点及搬迁点工作开展情况；随后到龙昌镇长冲村和龙井村查看了村民危房改造的具体建设情况，到福泉市社会福利苑检查全国综合减灾避难场所建议项目选址情况。最后，召开了减灾安居工程专项督察汇报会。会上，督察组一行首先对福泉市委、市政府在减灾安居工作中的措施及成效给予了高度评价，指出福泉市减灾安居工程有效做到“有思路、有动作、有亮点”，同时也总结了福泉市减灾安居工程的实施进度和存在的问题，并给予政策意见指导。

【黔南州召开州级行业协会商会与行政机关脱钩（第一批试点）启动会议】 为加快转变政府

职能，实现行业协会商会与行政机关脱钩，促进行业协会商会规范发展，2016 年 12 月 8 日，黔南州州级行业协会商会与行政机关脱钩（第一批试点）启动会议在州民政局 15 楼会议室召开。

会议指出，行业协会商会与行政机关脱钩是转变政府职能，激发市场活力的需要，是行业协会商会自我完善、自我发展的需要，是行业协会商会构建政社分开、责权明确、依法自治的现代社会组织体制的需要。要把思想统一到中央、省的决策部署上来，认真抓好贯彻落实，切实增强做好脱钩工作的责任感、紧迫感和使命感，按照中央、省和州的实施方案要求，积极稳妥的推进脱钩试点工作。

会议强调，脱钩的重点任务一是机构分离，规范综合监管关系；二是职能分离，规范行政委托和职责分工关系；三是资产财务分离，规范财产关系；四是人员管理分离，规范用人关系；五是党建、外事等事项分离，规范管理关系。通过“五分离”，切断行业协会商会与行政机关之间直接利益联系；通过“五规范”，理顺行业协会商会的内部治理结构和外部监管体系，促进行业协会商会成为依法设立、自主办会、服务为本、治理规范、行为自律的社会组织。

会议要求，要注重把握关键环节，把加强党建工作作为脱钩改革的重中之重，把加强综合监管作为脱钩的重要举措，把落实支持发展政策作为推进脱钩的有力保障，把做好思想政治工作，确保队伍稳定作为脱钩的重要前提。要精心组织，扎实推进行业协会脱钩试点工作；加强组织领导，明确工作责任；要把握政策要求，了解掌握情况，做到底数清、情况明、资料齐、立卷归档规范；要细化实施方案，稳步推进脱钩，做到“一会一策”；找准工作定位，创新体制机制；要严把时限，按程序保证动员部署、调查摸底、脱钩实施和检查落实阶段各阶段的任务按期优质完成，确保第一批脱钩试点工作在 2017 年 2 月底前全面完成。

【黔南州召开“十三五”民政事业发展规划评审会】 2016 年 12 月 15 日，黔南州组织召开《黔南州“十三五”民政事业发展规划》（以下简称《规划》）评审会。省民政厅副厅长刘忠平、黔南州人民政府副州长杨从明等领导和黔南师院、发改、财政、人社、教育、公安、住建、编委、妇联、团委等相关部门代表及民政局班子成员、各科（室）及局属单位负责人共 50 余人参加会议。会议由州政府办公室副主任王文炯主持。

专家组认为，《黔南州“十三五“民政事业发展规划》认真贯彻党中央提出的“四个全面”战略布局和“创新、协调、绿色、开放、共享”的发展理念。准确把握黔南州民政事业发展面临的新形势和新要求，明确了黔南州“十三五”民政事业的发展基础、问题与机遇、指导思想和基本原则、发展目标、重点任务、重点项目及保障措施等关键问题。《规划》符合省、州上位规划的总体要求，符合黔南州民政事业发展的实际，整体结构完整，重点突出、要素齐全、思路清晰、目标明确，具有较强的指导意义和针对性、实效性。评审组一致同意《规划》通过评审，同时还提出进一步完善《规划》的意见和建议。

【省民政厅副厅长邹志强到黔南州指导困难复员退伍军人帮扶工作】 2016 年 12 月 16 日，黔南州困难复员退伍军人帮扶工作推进会在荔波召开。黔南州相关部门领导、各县（市、区）民政局局长、分管局长，州民政局各科室负责人参加会议。省民政厅副厅长邹志强到会指导工作。

参会人员先后参观了文朝荣式好支书——甲良镇甲良村支部书记罗光毅和村主任李玉翔等复员退伍军人创办的退伍军人产业园；由复员退伍军人赵军华创办的碧华园食品开发投资管理有限公司的养殖场及生产车间；荔波籍退伍军人 1992 年合力创办的雷霆保安公司。副厅长邹志强指出：复员退伍军人是党和国家的财富，他们曾经为国家和人民流血流汗做出贡献，不能忘记那段历史。民政部门要带着感情和责任全力以赴做好服务，用足用好政策切实维护复员退伍军人和权益。

【中民养老规划院院长王来柱到黔南调研大健康养老产业发展】 2016年12月28日，民政部社会福利和慈善事业司巡视员、中民养老规划院院长王来柱和普天信息技术有限公司一行20人到黔南调研大健康养老产业发展相关工作。

王来柱在了解黔南健康养老产业现状和发展规划的情况后，希望黔南州依托区域优势、生态优势、气候优势、旅游优势等有利条件，加强规划引领、做好产业布局、抢抓政策机遇、抓好项目建设，大力发展健康养老服务产业，培育发展一批基地型生态健康养老养生项目，把黔南州打造成全国叫得响的生态健康养老基地。

【广州市民政局组织品牌社工机构代表团考察黔南州】 2016年12月28—30日，广州市民政局社会工作处处长杨海清率广州品牌社工机构代表团一行13人到贵州省黔南州考察，并召开广州市民政局品牌社工对口帮扶活动座谈会。会上，杨海清处长特别向与会人员介绍了广州社工近十年发展的经验模式“政府主导、社会协同、项目运作、专业服务”，此外，与会人员就如何培育社工机构、如何发挥社工机构在承接政府职能转移的作用等问题展开讨论。考察团就顶层设计、人才培养、项目开发、政府购买服务费用设计及项目监管评估等方面提出经验意见。最后，会议初步达成《2016—2020广州市·黔南州对口帮扶合作框架协议》，双方合作共建黔南州民政示范单位。

考察期间，广州市民政局品牌社工机构代表团一行先后实地参观考察黔南州社会福利院、黔南州救助站、黔南州精神病医院、都匀市联众力社会工作服务中心，以及黔南州社会组织孵化基地（在建）。

（罗科勇）

档案

【概况】 2016年，黔南州档案局（档案馆）围绕州委、州政府中心工作，按照省档案局制定的业务目标，以提升全州档案工作水平为综合目标，以档案信息化、数字化为抓手，以馆库建设、精准扶贫档案、档案资源建设为重点，以档案服务利用为载体，以机关党建及党风廉政建设为保障，积极做好重点工作，完成各项任务。

一、编制档案事业发展“十三五”规划。 编制了《黔南州档案事业发展“十三五”规划（2016—2020）》。提出“十三五”全州档案事业发展的总体目标是：到2020年，建成与全州全面建成小康社会奋斗目标相适应的、全面有效、服务和支撑富民强州的档案工作体系，开创全州档案事业发展新局面。主要目标是：依法治档能力显著提升、档案资源建设丰富多元、利用服务便捷、管理信息化水平显著提高、安全保障水平显著增强、部门自身建设切实加强。为抓好“十三五”规划的落实，提出了3条保障措施：一要把握大局，突出重点。明确档案工作在经济建设中的地位、作用和优势，主动与全州中心任务联系起来，突出重点任务、主攻方向，加快推进档案事业科学发展发挥更大作用。二要加强领导，加大投入。争取各级党委和政府对档案工作的关心和支持，加强对人、财、物的投入，将档案事业经费列入财政预算，并建立合理增长机制。三要改革创新，统筹协调。围绕全州档案事业发展需要，有针对性地加强对机关、企事业单位档案以及涉农、社区、重点工程、科技等领域的档案工作，加强对非公企业档案工作的引导和服务，开展新领域档案工作的探索和实践。

二、档案宣传和依法治档。 全州各级档案部门围绕“6·9”国际档案日“档案与民生”宣传主题，采取新闻报道、标语滚动播放、发送手机短信、悬挂宣传标语、发放宣传资料等方式，发放宣传资料2万余份，接待咨询3200余人次。同时加强外宣工作，分别在新华网、中国档案资讯网、民族宗教网、多彩贵州网、贵州档案方志网、《黔南日报》、黔南热线等新闻媒介报道信息动态63条，其中央级媒体用稿10条、省级媒体用稿43条、州级媒体10条。开展档案执法检查，强化了档案法治与安全意识，确保了全州档案的完整和安全。加强机关、企事业单位文件材料完整归档和规范整理。全面推进依法行政，深化行政审批制度改革，按照“法定职责必须为、法无授权不可为”和权责法定、权责匹配、简政放权原则，编制了档案部门的9项权力清单和责任清单，其中行政强制1项、行政检查1项、行政奖励1项、其他项目6项，厘清权责关系。

三、档案馆建设。州档案馆新馆建设项目与州图书馆合建，选址于都匀经济开发区匀东镇杉木湖，于2016年4月15日获州发改委正式批复可研报告。项目总占地17658平方米，总建筑面积28531.6平方米，其中州档案馆14140.2平方米（地上部分2层、3层、4层10060.7平方米、地下4079.5平方米）。总投资估算为1.39亿元，其中州档案馆7025.8万元。于2016年5月30日开工建设，预计2017年6月前主体工程完工。2016年度获得中央财政支持县级综合档案馆项目有福泉市和贵定县档案馆。福泉市新档案馆总建筑规模4000平方米，资金总投入900万元，已竣工验收。贵定县档案馆2016年10月底完成主体工程，建筑规模2963平方米，概算投资584万元。列入“十三五”规划未获得中央财政支持的瓮安县档案馆已竣工；长顺、惠水、三都县档案馆初设和可研报告县发改局已审批；荔波县档案馆正在选址；龙里县新档案馆投入使用；都匀市新档案馆已竣工但设计规范不符合国家有关标准，采取相关措施进行整改。

四、接收查阅利用。2016年度全州各级档案馆共接收档案49851卷、305148件、实物档案555件、照片5119张、光盘146张，其中州档案馆接收文书档案308卷、82426件，会计档案859卷，实物43件，照片157张，光盘5张，新征集布依傩书20册。三都档案馆征集水书1291册、汉文古籍45册、布依傩书52册、水族文化藏品99件。长顺县档案馆抢救整理2205卷剿匪档案。平塘县档案馆征集大射电天文望远镜照片125张。继续抓好国家档案局第8、9、10号令的贯彻落实，通过电话咨询、互联网远程指导及上门服务形式指导相关部门（单位）做好重大活动、重点建设项目、重点工作档案资料的收集、整理。完成2016年文化产业统计工作和2015年档案年报统计工作，全州808个单位的档案年报统计（其中州直机关133家，比2015年报送单位多48家）。全州对社保就业、卫生计生、住房教育等民生档案做到优先鉴定、及时开放，提供查阅利用档案14723人次、34790卷次、49367件次，其中州档案馆提供查阅利用982人次、3478卷次、937件次。政府信息公开查阅利用42人次、32件次。内容涉及干部任免、职级职位变动、企业改组改制、工龄认定、婚姻状况、退伍老兵享受战补优抚有关规定、农村山林水事、土地确权、权属纠纷、国家建设土地征用等事项，查档满意度为100%。

五、水书申遗和编研工作。2016年6月23日黔南州第十三届人民代表大会第23次常务会议上表决通过了三都县代表团所提“水书申遗工作议案”的决议。按照州委、州政府部署，州水书申报《世界记忆遗产名录》领导小组办公室邀请省内外专家、学者到黔南州对水书申报《世界记忆遗产名录》工作进行调研把脉，根据专家组的意见和建议，制定了《黔南州水书申报〈世界记忆遗产名录〉工作实施方案（初稿）》呈请州政府审定。2015年10月在日本松江召开的国际编码标准化组织第64次会议上，《中国水书编码提案》正式列入该组织委员会受理名单，在2016年9月26—30日在美国圣何塞召开国际编码标准化组织第65次会议上顺利通过专家评审。档案编研工作成效显著，福泉市档案馆编辑出版《古城故事》《福泉英烈》，龙里县档案馆出版《龙里县英烈谱》，平塘县档案馆出版《图说平塘大射电》画册，州档案馆启动了黔南州抗战老兵资料抢救征集工作，完成90名人员（含已病逝）的信息采集和66名健在人员的口述档案摄像。全州档案馆收集整理了全州知青档案及上海援助黔南医疗队情况资料、黔南建州以来特别是近10年来全州各项建设成就文字数据资料送州60周年成就展览办公室，州局先后抽调两名干部到州成就展办公室参加黔南建州60周年成就展系列活动，同时做好建州60周年活动展览组和2016都匀毛尖（国际）茶人会等重大活动的档案资料征集。

六、服务民生工作。贯彻落实贵州省推进精准扶贫、农村土地确权登记颁证档案工作系列重要文件精神，全面加强精准扶贫档案、农村土地确权登记颁证档案和传统村落的建档和档案室建设工作。省级精准扶贫档案工作示范点平塘县平舟镇已清理整理2014年、2015年的精准扶贫综合管理类文件材料15盒513件、项目管理类档案19卷，完成2个村精准脱贫类的立卷归档工作。2016年9月28～29日，州档案局与州扶贫开发局在平塘县平舟镇召开精准扶贫档案工作现场会，推进全州精准扶贫档案工作。州级农村土地确权档案工作示范点长顺县摆所镇土地确权工作已完成部分外延资料的编制和打印，土地确权资料分为纸质版和电子版、图纸、照片等，内容较为全面，待与农户签字等手续办理完成、各种土地确权资料收集齐全后，即可开展土地确权档案整理工作。三都、荔波、平塘县和都匀经济开发传统村落建档工作也在有序推进中。

七、信息化建设和安全管理。州档案馆接收州直单位31个全宗档案目录数据共93325万余条，合计刻录光盘13张（一式两份）、数据52GB。与黔南广播电视台签订了电子档案备份协议，接收各类视频档案约1767GB。档案目录数据案卷级录入80108条、文件级录入362496条、全文扫描1575003幅。其中，州档案馆完成文件级档案目录数据录入15064条，全文扫描254516幅。州县（市）档案馆认真落实库房管理的“八防”措施，严格执行各项安全保管制度。定期检查库内各种设备，发现故障，及时维修，确保设备的正常运转并做好记录。全州各级档案馆未发生火灾、水浸、泄密失窃及受损等安全事故。

八、干部队伍建设。深入开展“两学一做”学习教育，组织党员干部学习《党章》《中国共产党廉洁自律准则》《中国共产党纪律处分条例》《习近平谈治国理政》等内容，进行专题研讨。开展“手抄党章100天”活动，坚持问题导向，切实抓好整改提高，增强党员干部的政治意识、大局意识、核心意识和看齐意识。持续开展“三亮一创”“圆梦微心愿”“双联双促”“四进四送”和庆“七一”等系列活动，成功申报“党建强，档案美”为州直机关“十佳党建品牌”。加大业务知识培训，全州举办或参加各类业务培训班，参训近2000人次，其中，州档案局和州委组织部2016年5月至6月在四川省档案学校（雅安）举办一期业务培训班，培训学员101人。

（陈明亮）

保密工作

【概况】 2016年，黔南州国家保密局坚持州委保密委领导和省国家保密局业务指导，组织全州保密行政管理部门深入贯彻中央和省委加强和改进保密工作重大决策部署，着力加强领导、落实责任、突出检查、注重监管，保密工作取得了新成效、迈出了新步伐。在全省保密工作综合考评中，黔南从2015年度的全省第6名跃升到全省第2名。在全国、全省保密重大案例查处通报中没有黔南案例。全州保密工作经验和方法，连续两年在全省保密工作大会上作交流发言。全州保密自查自评的工作经验，在全国保密工作大会上作书面交流。州委书记龙长春、州长吴胜华和州委、州政府相关领导对全州保密工作分别批示给予了充分肯定。

【机构编制】 2016年，根据黔南州机构编制委员会办公室《关于增加黔南州保密技术检查服务中心职能职责等有关事项的批复》，黔南州国家保密局增设1名总工程师领导职数（正科长级），配强了领导班子。黔南州保密技术检查服务中心新增事业编制2名，增加保密销毁工作职能。

【发展规划】 2016年，全年组织深入县（市）保密委和州委保密委成员单位调研座谈；听取一线保密干部的建议、要求、想法和呼声，吸纳一线工作经验、方法和举措。草拟了州委关于加强和改进保密工作的实施意见、黔南州“十三五”时期保密事业发展规划、保密工作应急预案、“七五”保密普法宣传规划，经州委保密委研究报州委常委研究后印发执行，为全州“十三五”时期加强和改进保密工作完善了总体部署和规划。

【宣传培训】 2016年，全州两次组织上下协作、部门联合的保密宣传活动，通过展出展板、短信提醒、保密观微信学习，通过广场发放资料、播放警示片、配送保密宣传用品，通过学刊用刊、现场接受咨询等方式，着力增强干部群众的保密意识。全年组织初任干部培训、自查自评培训、涉密人员培训和“三员”培训，组织州县保密领导干部赴广州市国家保密局参观学习，组织州县保密局干部在南京大学国家保密学院举办“黔南州保密干部专题培训班”，组织州县保密干部赴青岛参加全国保密技术交流大会。有序有效培训增强了广大干部“两识教育”，外出学习交流拓宽了保密干部的认知视野，转变了工作思路，激发了创新精神。

【执法检查】 2016年，重点抓好保密人员和网络建设，发放涉密信息系统管理人员保密培训合格证175个，颁发涉密信息系统使用许可证15个，夯实涉密网络安全管理基础。开展全州政法系统专项检查、门户网站保密检查、涉密资质单位审查、州及骨干网络保密检查，对信访、统战、编办、教育、水务、地税等部门和单位进行突击对执法检查。政法系统保密大检查获州委、州政府领导批示肯定。全年通报保密违规查处情况10起。

【自查自评】 2016年，认真开展培训、部署、推进、落实自查自评工作，有效发挥了各单位保密工作的主体责任。在工作中重点解决四个关键：一是组织现场培训解决“不会查”的问题；二是配备检查工具解决“用什么查”的问题；三是分组明确职责任务和推进时间解决“如何查”的问题；四是及时针对检查中发现的问题督促整改和查处相关人员，解决“查了管用”的问题。全州自查自评部署面100%、自查面100%、自评面100%，起到宣传教育、技术培训、责任落实的效果，解决了单位保密工作无人抓、缺技术等问题，通过设置评比表彰先进单位和先进个人，促进了单位学习和借鉴。全州保密自查自评的工作经验，印发全国保密工作大会作书面交流。

（庭永智）

·中国人民政治协商会议黔南州委员会·

ZHONG GUO REN MIN ZHENG ZHI XIE SHANG HUI YI QIAN NAN ZHOU WEI YUAN HUI

【概况】 2016年，在州委的坚强领导和高度重视下，州政协坚决贯彻落实中共十八大和十八届三中、四中、五中、六中全会及中央统战工作会议、州第十一次党代会议等对政协工作作出的重大战略部署，认真按照习近平总书记提出的“懂政协、会协商、善议政”新要求，在坚持正确政治方向、推进同步小康大业、促进团结和谐、加强建设性监督和提升自身能力素质上凝聚和传递正能量，做全面深化改革的坚定拥护者、落实州委决策的有力推动者、同步小康大业的优秀建设者、增进人民福祉的积极促进者和政协良好形象的忠实维护者，切实加强“四大能力”建设，全州人民政协事业呈现出团结奋进、民主和谐、创新发展的良好局面。

抓学习、重培训，多措并举强素质，提升能力谱新篇。一是精心组织党组中心学习组和干部职工的学习教育，举办形式多样、内容丰富的专题讲座、辅导报告、“两学一做”学习教育、道德讲堂等学习活动，深入学习中共十八大、十八届三中、四中、五中、六中全会精神；深入学习习近平总书记系列重要讲话及省委、州委历次全会精神；深入学习《中国共产党廉洁自律准则》《中国共产党纪律处分条例》《关于新形势下党内政治生活的若干准则》和《中国共产党党内监督条例》等党纪党规；深入学习《中国共产党统一战线工作条例（暂行）》和《中共中央关于加强社会主义协商民主建设的意见》等党的统战理论、政协知识，努力实现政协委员和政协机关干部学习培训全覆盖，不断提升政治理论素养，增强“四个意识”，坚定“四个自信”，提高政治把握、调查研究、联系群众、合作共事“四大能力”。二是积极参加各级各类培训学习。先后选派17名县级和6名科级干部分别参加了全国政协、中央党校、省政协、省委党校和州直相关部门举办的各类培训班学习。三是选派部分机关干部及相关委员赴内蒙古、台湾、厦门等地学习考察。

迈实步、走前列，以点带面抓改革，与时俱进求创新。一是政协工作改革取得新进展。认真按照州委全面深化改革领导小组的统一部署及目标任务，进一步加强与州委办、州委统战部等相关部门的沟通与协作，共同开展调查研究，广泛征求意见，全面收集资料，拟写了《中共黔南州委关于加强社会主义协商民主建设的实施意见（政协部分章节）》初稿，并由州委正式印发执行，使政协工作改革向纵深迈进。二是在全州政协系统中全面推广2015年在福泉市乡（镇）协商民主建设“一意见一细则”的成功做法和经验，有效发挥各县（市）乡（镇）政协联络组专门协商机构的一线作用，着力推进基层民主协商。三是基层政协工作亮点纷呈。各县（市）政协在视察调研、提案办理、专题协商、民主监督等工作中，大胆探索、推陈出新，呈现各具特色、竞相发展的工作格局。2016年11月18日，召开了“全州政协系统创新工作经验交流会”，会上，各县（市）政协、州级各民主党派、州工商联等政协各参加单位分别从突出履职重点、基层协商民主、文史资料编纂、视察调研、提案征集办理等各方面，认真总结交流了所采取的有效措施和积累的成功经验，从各方面综合体现了5年来全州政协系统的工作新作为、新进展、新成果，进一步推动了全州人民政协事业继往开来、创新发展。

认真履行政治协商、民主监督、参政议政职能，提升资政建言“含金量”。一是全力完成州委布置的重大调研任务。按期完成了州委安排的“关于设立‘长惠新区’和‘黔南国际天文地质旅游经济区’”两个重大课题的调研工作，调研报告得到州委的充分肯定。二是深入开展视察调研，参政议政见实效。围绕黔南州旅游产业井喷式增长、商贸物流的发展、各县（市）特色支柱产业发展状况、民营经济发展现状、法制文化建设、全州县、乡两级公共文化设施建设、户外体育运动发展状况、生态补偿机制建立健全及落实情况、全州贯彻落实残疾人保障条例、各县（市）政协委员联络工作机构组建及工作开展情况等开展专题视察、调研，精准把脉、精准施策、精准发力推动相关工作落实，所提建议很多被州委、州政府采纳。有的视察、调研报告引起了州领导的高度重视，多次作出了有高度、有深度、有广度、有力度的重要批示。其中，州委书记龙长春对上报的《州政协常委会议视察团关于黔南州各县（市）特色支柱产业发展状况的视察报告》作出批示：“请政府各位副州长阅研，并积极吸纳建议意见，使之尽快转化为政策措施。”州政府各位副州长均作批示，要求州工信委、州农委、州林业局、州扶贫局、州供销社等部门提出贯彻落实意见，并召开专题会议研究，进一步吸纳意见和建议。

全力参与精准扶贫，积极服务大局改善民生。一是切实践行人民政协为人民，全面融入精准脱贫。认真贯彻落实习近平总书记在视察贵州工作时关于精准扶贫的重要指示、中央扶贫开发工作会议和省、州扶贫开发大会精神，主动参与扶贫开发各项工作。紧紧围绕脱贫攻坚补齐短板，充分运用专题协商、视察调研、反映社情民意等形式对推进全州脱贫攻坚战各项工作积极建言献策。积极开展“全州扶贫攻坚大行动”捐赠和机关党员干部“三亮一创”等活动，主席会议成员带头捐款赠物，并多次深入帮扶县（市）、乡（镇）、村、组、户，协商落实项目和资金，有力助推了当地脱贫致富各项工作。二是扎实推进驻村帮扶工作，推进精准扶贫到户工程。有序推进遍访贫困村贫困户、党员自愿者、认领微心愿等活动，切实协助社区、村寨理清发展思路、引进茶叶加工、村寨道路硬化等发展项目，解决群众生产生活中的实际困难。三是大力推进智力支边工作。引进资金600多万元，针对教育、卫生、水利、交通、社会保障等重大民生问题扶危济困，积极改善边远贫困山区的生产生活条件。

勇担当、严管理，内强素质夯基础，善作善成展新貌。一是“两学一做”学习教育卓有成效。认真按照中央、省委、州委统一部署，严格按程序、按步骤、按任务、按标准，精心编制方案，细化落实措施，扎实开展“两学一做”学习教育。党组班子成员发挥以上率下作用，带头上专题党课，带头参加学习研讨，带头深入基层宣讲，带头抓好整改落实，营造了良好氛围，增强了机关干部职工践行群众路线、修身用权律己、“四讲四有”的思想自觉和行动自觉，在严纪律守规矩、整治“四风”、勇于担当等方面取得成效。二是“两个责任”落地生根。切实发挥党组的领导核心作用，贯彻落实主体责任和监督责任，始终把党风廉洁建设与政协工作同部署、同检查、同落实。认真履行“一岗双责”，严格执行《中国共产党廉洁自律准则》《中国共产党纪律处分条例》《关于新形势下党内政治生活的若干准则》《中国共产党党内监督条例》等党纪党规。坚持全面从严治党，加强党内监督，严守政治纪律，严明政治规矩，锲而不舍地落实中央“八项”、省委“十项”和州委“九项”以及“十严禁”、“十不准”等规定。坚决执行“三重一大”制度，层层签订责任状，狠抓党风廉政建设和反腐败工作，扎实开展党风廉政教育，结合实际制定了《关于进一步严明州政协机关工作纪律和会风会纪的规定》等系列配套措施，警钟长鸣筑牢防线，“两个责任”落地生根。三是机关建设常抓不懈。强化制度创新，扎紧制度笼子，推进规章制度废、改、立，健全了《黔南州政协机关接待制度》《黔南州政协机关干部外出报备制度》等一批规章制度，使机关工作更加制度化、规范化、程序化。坚持正确选人用人导向，切实加大对政协机关干部的培养、交流、选拔、任用等工作力度，加强了干部队伍建设，激发了干部队伍活力。

【提案工作】 2016年，州政协常委会团结带领广大政协委员、政协各参加单位和州政协各专门委员会，积极通过提案建言献策，使政协提案在推动全州经济社会各项建设事业中发挥了重要作用。截至2016年9月，共征集到提案185件，其中，经审查立案182件，并案2件，不予立案1件。185件提案中，委员提案155件，占83.8%；党派、团体、政协各专门委员会及联组提案30件，占16.2%。截至2016年11月，所有提案已全部办复。从办理落实的情况看，所提问题已经或基本解决属于"A"类的提案95件，占总数的51.4%；所提问题正在解决或正逐步解决属总数的85.8%；所提问题因条件限制等原因需待以后解决属于"C"类、"B"类的提案62件，占总数的33.5%；上述两类提案占立案"D"类的提案28件，占总数的15.1%。

——经济建设类93件，占提案总数的51.2%。其中农业类21件、财经类9件、交通类22件、工业类10件、城建类22件、旅游类9件。

——政治建设类15件，占提案总数的8.2%。其中政法类14件、政协统战类1件。

——文化建设类25件，占提案总数的13.7%。其中文化宣传类8件、教育类15件、科技类1件、体育类1件。

——社会建设类42件，占提案总数的23.1%。其中人力资源和社会保障类11件、民政类10件、卫生类15件、其他类6件。

——生态文明类7件，占提案总数的3.8%。国土、环保类7件。

【委员视察工作】 2016年，州政协采取主席会议视察团视察、常委会议视察团视察和驻黔南州省政协委员视察团视察等多种形式扎实开展视察工作，视察团成员以委员为主体，邀请州级各民主党派、工商联、州级相关职能部门、相关专家和技术人员以及县（市）领导和有关部门人员参加视察活动。一是驻黔南州省政协委员视察团分两个视察分团，分赴都匀、独山、三都、荔波、平塘、罗甸6县（市），实地视察了6县（市）的部分旅游景区景点及旅游重点项目建设情况，形成了《驻黔南州省政协委员视察团关于推动旅游业实现井喷式增长的视察报告》分别报送省政协及州委、州政府。该报告提出了"加强顶层设计、注重协调发展、延伸产业链、理顺监管体制、整合营销方式、加大改革创新"等方面的24条工作措施建议和意见。所提的部分意见和建议得到了省政协、州委、州政府以及相关州直部门的重视，有的已被吸收和采纳，视察成果转化为实实在在的工作措施。二是州政协常委会议视察团实地视察了福泉、瓮安、贵定、龙里、惠水、长顺6县（市）的部分特色产业项目和重点企业，听取6县（市）政府关于本县（市）特色产业发展相关工作情况介绍，并与县（市）党委、政府及有关部门的负责人、驻县（市）的州政协委员代表、部分企业代表座谈。形成了《州政协常委会议视察团关于黔南州各县（市）特色支柱产业发展状况的视察报告》，提出了"强化规划引领，夯实全州产业发展基础；构建新型农业经营主体；继续壮大主导工业，培育发展新兴产业和特色轻工业；加快服务业繁荣发展，促进第三产业的快速增长；积极推动环境综合治理，加大对县（市）"工业转型升级"支持力度；坚持以人为本的经济发展战略"等5个方面共19条意见和建议。州委书记龙长春阅后批示："请政府各位副州长阅研，并积极吸纳建议意见，使之尽快转化政策措施。"州政府各位副州长均作批示，要求州工信委、州农委、州林业局、州扶贫局、州供销社等部门提出贯彻落实意见，并召开专题会议研究，进一步吸纳意见和建议。三是组织州政协主席会议视察团分赴都匀、福泉、贵定、龙里、惠水、独山等6县（市），就黔南州商贸物流业发展现状进行专题视察。撰写了《黔南州政协主席会议视察团关于全州商贸物流业发展状况的视察报告》，提出了“加快行政体制改革步伐，强机构抓督察落实；加快商贸物流项目建设，发展大商贸大物流；加快现代物流体系建设，构建开放服务体系；加快物流信息技术建设，提升科技应用水平；加快特色产业做强做大，夯实物流产业基础；加快推进基础设施建设，完善内外联通体系；加快物流人才队伍建设，激发人才创新活力”等7个方面的意见建议供州委州政府决策参考。

【委员调研工作】　2016年，州政协认真按照州委点题与政协选题等相结合的方式，着眼注重质量、力求精品、多出力作的目标，以州委安排的“关于设立‘长惠新区’和‘黔南国际天文地质旅游经济区’”两个重大课题和州政协精心选择确定的“民营经济发展现状”“法制文化建设”“全州县、乡两级公共文化设施建设”“黔南州户外体育运动发展状况”“黔南州生态补偿机制建立健全及落实情况”“黔南州贯彻落实残疾人保障条例”“黔南州各县（市）政协委员联络工作机构组建及工作开展”等7个调研课题，认真组织州政协及各专门委员会专题调研组开展了9次调研活动，撰写了调研报告9份，提出意见建议100余条，部分意见和建议已被党政部门吸纳转化为实实在在的工作措施，为助推全州提速转型、跨越赶超、富民强州、同步小康提供了有益的智力支持，充分展示了人民政协的建言献策质量和水平。

【驻村帮扶工作】　一是有序推进遍访贫困村贫困户、党员自愿者、认领微心愿等活动，切实协助社区、村寨理清发展思路、引进茶叶加工、村道路硬化等发展项目，解决群众生产生活中的实际困难。二是派出州政协机关党员干部进驻贵定县云雾镇抱管村蹲点开展同步小康推进工作，多次组织机关干部职工到挂帮点开展捐赠活动，竭力为群众办实事好事。其中：工作队员走访农户、贫困户、联系户150余户，了解他们的生产生活和致贫的原因，给他们想办法、出点子。帮助摆城村部分村民及部分返乡创业青年共同注资60万在都匀市建立了“黔南州成晟绿色农业发展有限公司”。通过申报贵定县2016年财政支持千村集体经济试点工程项目，在谷丰村投资133.1万元建设发展生猪养殖项目。积极寻找爱心公司对村道路硬化项目进行捐助，已落实建设完成谷丰村3组（猪落洞）道路硬化项目，该道路宽3.5米，长760米，广场300平方米，通户硬化路面250米，联系州团委、茅台集团助学扶贫基金会，为谷丰村、摆城村的贫困5名大学生争取得到每人5000元补助。

【智力支边工作】　一是制定下发《黔南州2016年智力支边工作计划》和《黔南州2016年智力支边工作要点》；二是召开全州智力支边工作会议，对全年工作进行安排部署；三是完成荔波翁昂、洞塘两个卫生院建设项目，已竣工投入使用，并对实施项目进行监督检查；四是积极对接省智力支边办、各民主党派、基金会、企业集团、爱心人士等，完成帮扶项目68个，帮扶资金折合人民币600多万元。

【“两学一做”专题教育】　严格按照中央、省委、州委的统一部署，扎实开展州政协机关“两学一做”专题教育。州政协党组班子及其成员认真对照“学党章党规，学习近平总书记一系列重要讲话精神，做合格党员”的要求，列出问题清单，查找问题，及时加强整改，切实增强践行“两学一做”要求的思想自觉和行动自觉。班子成员带头给机关干部上专题党课，带头到相关县（市）宣讲中共十八届六中全会精神，带头参加专题学习研讨，带头参加专题民主生活会和组织生活会，切实发挥了党组的领导核心作用。通过认真学习教育、撰写专题讨论会发言提纲、查找梳理问题清单、开好专题民主生活会、制定落实整改措施等，在严纪律守规矩、践行“两学一做”上见实效，在深化“四风”整治、整改落实上见实效，在勇于担当、推动改革发展上见实效。

【宣传工作】　州政协高度重视宣传工作，积极利用新闻媒体开展多渠道、多层次、多方位的宣传工作，充分展示了黔南政协风采，扩大政协社会影响。加大与贵州政协报、黔南日报和黔南电视台等新闻媒体的合作与沟通。在《贵州政协报》《黔南日报》和黔南电视台上发表稿件（新闻报道）60余件。2016年，全年共收集、整理、编写社情民意信息60期，分别呈报全国政协、省政协和州委、州政府。其中，4期被全国政协信息专报采用，2期被省政协信息采用。2016年9月，全国政协在重庆沙坪坝区召开了信息联系点工作座谈会，会上，州政协作了《着力“四个坚持”反映社情民意》为题的经验交流发言，受到了全国政协及各地政协的广泛关注和普遍好评。

（赵明红）

·民主党派·工商联·

MIN ZHU DANG PAI　GONG SHANG LIAN

中国国民党革命委员会黔南州委员会

【概况】　2016年，在民革贵州省委、中共黔南州委的领导和州委统战部的指导下，民革黔南州委团结带领全州民革党员，高举中国特色社会主义伟大旗帜，以邓小平理论、“三个代表”重要思想、科学发展观为指导，深入学习贯彻中共十八大、十八届三中、四中、五中、六中全会和州十一次党代会精神，着重加强自身建设，提高履职能力，民革州委以“组织建设年”活动为抓手，不断提高政治把握能力、参政议政能力、组织领导能力、合作共事能力、解决自身问题能力，圆满地完成了州委会的换届工作，实现了组织的新老交替和政治交接。

紧紧围绕中共黔南州委、州政府提出的开放带动、创新驱动和“一圈两翼”发展三大战略，充分发挥优势，积极有效履行参政党职能，为建设“生态之州·幸福黔南”做出了新贡献。

【思想建设】　加强思想建设，以适应新形势对参政党的新要求，夯实思想基础，不断增强党员政治意识。思想建设是民革的根本性建设，加强思想建设，是巩固多党合作事业的需要，是建设中国特色社会主义事业的需要。

一是把学习时政作为全委会、主委会的重要内容。着重学习中共十八大、十八届三中、四中、五中、六中全会和州第十一次党代会精神以及习近平总书记系列重要讲话精神，学习中央统战工作会议精神。学习《中国共产党统一战线工作条例（试行)》《中共中央关于加强社会主义协商民主建设的意见》《中共中央关于加强政党协商的实施意见》等文件精神。学习民革章程及中共党史，不断强化党员参政党意识、多党合作意识和走中国特色社会主义道路意识。进一步增强对中国特色社会主义政治道路的思想认同、政治认同和情感认同，切实把思想和行动同中共中央保持一致，把智慧和力量凝聚到实现全面建成小康社会的宏伟目标上来。2016年举办一期骨干党员培训班，50余名党员参加培训。全年共选派民革党员40余人次参加省、州有关部门举办培训学习。通过学习培训，坚定了民革党员坚持中国共产党领导，走中国特色社会主义发展道路的信心，加深了民革党员对民主党派性质、地位、作用和履职工作要求的认识。

二是继续开展坚持和发展中国特色社会主义学习实践“五学四比三贡献”活动。在党员中深入开展学习中共中央、省委、州委的大政方针、社会主义核心价值观、统一战线和多党合作理论、学习老一辈优良传统、学习先进典型，比学习、比业绩、比服务、比作风。大力宣传党员在岗位建功立业。通过学习实践活动，进一步增强了党员的道路自信、理论自信、制度自信、文化自信，展现了更为饱满的精神风貌，巩固了更为坚实的政治共识，提高了合作共事的能力。

【队伍建设】 加强能力建设，是新形势下坚持中国共产党领导，走多党合作之路的必然要求，是开展协商民主的客观需要。民革州委以“组织建设年”活动为抓手，不断提高政治把握能力、参政议政能力、组织领导能力、合作共事能力、解决自身问题能力，圆满地完成了州委会的换届工作，实现了组织的新老交替和政治交接。

民革黔南州委始终坚持注重质量、保持特色，有计划地稳步发展党员，把高素质、高品质人才吸引到组织中来。党员发展前，作为联系人士阶段，要求他们积极参加支部活动，通过活动加深对民革组织的了解，明确、严肃自己的政治选择。全年发展了27名新党员，成立了民革黔南民族师范学院支部，为黔南民革增添了新活力。

【机关建设】 坚持把机关建设成为高质、高效的承上启下的工作枢纽和温馨的党员之家。2016年，民革州委在圆满完成上级部门的工作部署的同时在履行机关职责方面也做了大量工作：1. 受主委委托，专职副主委带队春节前慰问老党员及困难党员。2. 圆满完成了基层支部换届工作和州委会换届工作。3. 完成贵州民革成立60周年的征稿工作。4. 认真做好州委会机关组织的各项外出考察，交流，学习等活动的协调、沟通、服务工作。5. 利用新媒体促进党员间联系与沟通，州委会建立了微信群、QQ群。6. 组织编写黔南民革工作简报58期，及时反映民革工作动态，为增强组织凝聚力、扩大民革知名度和社会影响起到重要作用。

【参政议政】 参政议政是民革组织的基本职能。围绕中共黔南州市委、州政府的中心工作和百姓关注的热点、难点问题提出切实可行的意见、建议，是民主党派履行参政职能的重要体现。每年的“两会”是民主党派参政的重要平台，也是民革参政能力和水平的集中体现。

2016年2月的州政协会议上，民革州委《关于对2013年以来黔南州简政放权工作进行督查评估的建议》作为大会联组发言，受到州委书记的高度评价，并作为中共黔南州委常委、纪委书记重点督办。政协委员杨京海、蒙泽敏提交的个人提案《关于进一步解决黔南州农村义务教育均衡发展的几点建议》《关于修缮硬化成都空军云堆驻军道路的建议》分别被列为中共黔南州委常委领衔督办的提案；政协委员赵淑英提交的个人提案《关于治理农村“酒后驾驶”的建议》被列为黔南州政协主席会议重点督办提案。创下了民革黔南州委政协委员提案荣登重点提案榜的新记录，也标志着民革黔南州委参政议政工作达到了新的较高的水平。成都空军某部驻军道路硬化工程由西部战区和中央财政共同出资650万余元建设，2016年竣工。

民革都匀市委会、民革荔波县支部、民革独山县支部，在市（县）人大、政协“两会”期间，认真组织党员的人大代表和政协委员撰写人大建议和政协提案，共提交了人大建议和政协提案撰写政协提案20件，其中集体提案5件。提案受到市（县）政府及承办部门的高度重视，建议和提案均得到办理或回音。

【调研活动】 邀请党员参加各种形式的调研视察活动，尽可能给党员提供更多的知情参政平台，使参政更能做到有的放矢。动员广大党员深入群众，了解民情，通过专门渠道向有关部门反映情况，提出意见，是民主党派进行民主监督的一种形式。2016年，共向民革省委和中共黔南州委统战部报关社情民意10条。

2016年3月，民革州委组织黔南职院支部党员前往都匀毛尖镇高寨水库茶场，就2016年重大调研课题“黔南州有机茶产区精准脱贫的有效途径”开展实地调研。

2016年4月为配合民革中央调研工作，民革州委与有关部门合作开展了农产品供给侧结构性改革与农产品质量安全问题的调研工作，并撰写了《黔南州推进农产品供给侧结构性改革与农产品质量安全问题的调研报告》。

2016年2—9月，民革州委组织党员多次在州内和分别到安顺、遵义对农民专业合作社进行调研，撰写了《关于大力发展农民专业合作社联合社的建议和思考》。

2016年3—11月，民革州委组织党员多次到有关县开展对农村“三权”抵押贷款工作进行调查了解，完成了中共黔南州委重大课题的调研，撰写了《黔南农村“三权”抵押贷款改革创新调查》。

2016年7月，为完成民革省委“委员与省长对话”材料的撰写，民革州委与有关部门配合开展对黔南州脱贫攻坚工作的调研，形成了《坚持以三大片区为主战场，突出以特困山区为主攻方向，坚决打赢脱贫攻坚战》的“委员与省长对话”材料。

2016年，民革都匀市委成立调研组，先后到市教育局、各幼教集团总园、部分民办幼儿园、乡镇幼儿园及市内培训机构等对幼儿教育进行了解，撰写《关于加快发展学前教育，提升学前教育质量的调研报告》。

2016年，民革荔波支部围绕荔波“全域旅游”发展战略，积极参政、议政。组织支部党员对打造荔波旅游升级版进行了调研，撰写了《荔波《民宿建设要突显荔波民族元素的建议》《关于荔波县茶产业发展的思考与建议》等调研报告。

【社会服务】 发挥自身优势，服务政府经济工作，关注社会、关爱百姓是民革的一项重要工作，也是民革树立社会形象的重要抓手。1. 凝聚力量，精准帮扶贫困农户脱贫攻坚，精准扶贫，精准脱贫，全面建成小康是国家战略。民革黔南州委积极响应中共黔南州委、州政府动员全社会力量开展脱贫攻坚的号召，主动压担子，动员民革党员、企业家结对帮扶30户贫困农户。为了真实了解帮扶户的基本情况，2016年7月3日，副州长、民革黔南州主委陈有德带领民革黔南州委精准扶贫工作队赴惠水县断杉镇，对该镇翁址村、木兴村、蛮纳村精准对口扶贫户开展帮扶摸底调查。随后，各支部根据自身优势，进行不同形式的帮扶。

2. 博爱牵手，积极开展社会爱心慈善活动

（1）2016年1月25日，民革荔波支部携手荔波黔源生态农业开展有限公司向蜜柚种植专业村—荔波县玉屏镇拉岜村捐赠有机肥料8.8吨，价值2万余元。

（2）民革黔南经济支部主委刘和平，致富后不忘返哺乡亲，回报社会，多次为改变家乡面貌和建设发展捐资献策，做出贡献。每年春节前走访慰问家乡孤寡困难群众是刘和平的常规活动，2016年春节前，他慰问20多户乡邻孤寡困难户，慰问资金达11800元。

（3）民革党员、都匀契正律师事务所主任伍涵致力于公益事业已经十余年，不仅在契正律师事务所设立公益基金，支助困境儿童，个人还长期帮扶困难群众。2016年春节前到社区、到福利院看望孤残儿童，慰问资金达10800元；5月30日与民革都匀市委会到杨柳街中学开展“六一”儿童节慰问，捐资5000元购买电脑2台给学校留守儿童之家；9月14日下午到黔南州福利院慰问孤残儿童及工作人员，捐赠了10900元现金，为孩子们购买了价值200元的牛奶等食品；10月20日下午与民革都匀市委专职副主委吴偃军一道，前往王司新平村原新平完小的临时安置点看望了受火灾群众，送去1万元的慰问金。

（4）春节前夕独山支部携手爱心企业家筹集3.5万余元慰问资金，看望慰问60户空巢老人、留守儿童、特困家庭及驻地部队官兵。

（5）2016年4月24日，民革荔波支部携手县人民医院到荔波县朝阳镇开展义诊活动。

（6）2016年5月23日，由贵州省仁爱助学公益协会、贵州省电视台“9·16”音乐台主办，民革荔波支部承办的“温暖贵州”五月季荔波佳荣小学助学公益活动在荔波佳荣小学举行。

（7）2016年5月29日下午，民革州委机关与民革州直三支部部分党员一行6人带着支部全体党员的情谊和集体捐赠的物资，到黔南州儿童福利院，为这里的孤残儿童开展“六一”儿童节慰问捐赠活动。

（8）2016 年 11 月 24 日，民革州委直属三支部到黔南州强制戒毒所，开展爱心捐书活动，并与强戒所达成建立社会帮扶联系点的协议；到都匀市五中开展“同心关爱”助学活动，对该校初二年级的品学兼优、家庭困难的学生徐秋月进行资助，送 1800 元的生活补助款，并达成协议，只要徐秋月的父亲让其读书，该支部党员将按月资助生活补助，直到徐秋月大学毕业。

（9）民革党员王欣、陶长伟、叶俊山结对帮扶独山高级中学、独山三中 5 名贫困学生，每月资助 300 至 500 元直到大学毕业。

（10）民革独山支部利用自身优势开展丰富多彩的文化活动。2016 年 8 月开展的首届“醉美独山”山峰杯全国征文大赛颁奖活动；9 月举办的独山首届“双恒杯”民族民间山歌赛；11 月开展“文化进校园”，向独山县三中、独山高级中学、独山一中捐赠书籍 1200 册，价值 3.6 万余元。民革党员蒙泽敏分别在独山高级中学、独山一中，进行文学创作专题讲座。

把祖国和平统一事业作为工作的重点，充分发挥民革的特点和优势，通过各种形式、渠道增进同台、桥胞和其他各界人士的联系和接触，为促进和平统一祖国，做出应有的贡献。祖统联谊工委经常走访台属，了解他们生活、工作情况和他们在台亲人的生活、工作情况，并对台属们在生活中出现的困难和问题给予及时帮助。

（黄晓红）

中国民主同盟黔南州工作委员会

【概况】 2016 年，民盟黔南州工委在民盟贵州省委和中共黔南州委的领导下，在州委统战部的指导帮助下，认真贯彻执行中共中央关于统一战线的各项方针政策，切实加强自身建设，开展学习培训，认真履行参政党职能，参政议政，积极围绕党的中心和重点工作，认真组织实施调研，发挥优势创新服务形式，发挥民盟优势推进医疗扶贫，联合多方力量促进教育发展。为推动全州经济社会建设服务，为维护安定团结的政治局面服务。

【组织建设】 2016 年上半年，在三都县发展 15 名盟员，并于 6 月成立民盟黔南州工委三都县支部，召开支部成立大会。7 月发展 11 名盟员，9 月发展 8 名盟员。2016 年，民盟州工委共有基层支部 7 个，盟员 158 人，平均年龄 44 岁，其中高级职称 34 人，中级职称 43 人，州政协委员 8 人，州人大代表 1 人，县（市）政协委员 6 人，县（市）人大代表 3 人。

【学习培训】 2016 年 4 月，选派 2 名盟员参加盟省委组织的盟务骨干培训班，到江西考察学习。5 月，选派 1 名盟员参加黔南州委统战部组织的重庆民主党派传统文化教育培训班；选派 3 名盟员参加盟省委组织的盟务骨干培训班，到宁夏考察学习；组织 43 名盟员赴重庆进行民主党派传统文化教育。组织部分盟员参加 3 期中共黔南州委统战部举办的统战大讲堂。8 月，选派 3 名基层组织盟务骨干参加省委统战部组织的社会主义学院培训班。是年，选派 1 名盟员参加中央统战部和香港培华教育基金会联合举办的“第 51 期少数民族县级干部经济管理培训班”，选派 8 名盟员赴重庆参加州委统战部举行的民主党派培训班。另外，召开专题会传达学习中共十八届六中全会精神和中共黔南州十一次党代会精神。

【参政议政】 一是提案切实有效。2016 年，精心组织力量，深入调查，集思广益，在政协黔南州十一届五次会议上提出 8 个集体提案和 1 个中心组发言。8 个集体提案分别是：《就如何利用民间闲置资本助推黔南州经济发展的建议》《关于实现黔南职业教育可持续性发展的对策与建议》《关于提升农村教师心理健康教育能力的建议》《都匀市乡村教育发育发展趋势宜走城镇化之路》《关于建立家庭经济状况核查系统，促进精准扶贫，精准救助，精准兜底的建议》《关于将黔南州公共卫生服务纳入医联体范畴的建议》《关于黔南州农业转移人口市民化的建议》《关于建立黔南州物质文化遗产展示馆的建议》，《加大城市建设中的自身文化挖掘积淀城市文化底蕴》在政协黔南州十一届五次联组协商会上做了中心发言，受到州委、州政府的高度重视和好评。另外，还提交3篇个人提案，分别是：《贵南高速铁路黔南州沿线停靠站设计应赋有民族元素》《请给东山上的树木“理理发”还“东山晓日”景观》《关于制定黔南州行政机关依法出庭应诉办法的建议》。

二是调研成果丰硕。积极围绕党的中心和重点工作，认真组织实施调研，撰写了3篇调研报告。完成了省盟下达的关于农村寄宿制学校的调研课题，形成了《贵州省寄宿制学校十余年间“吃、住、学、医、娱、心、安、管、师”等九方面的变化和存在问题及其对策研究——以黔南为例》的调研报告；参加经济论坛，提交了《推进一带一路，黔南州的五大优势、五大问题》的调研报告；参加教育论坛，提交了《民族地区农村教师发展研究——协同论的视角》的调研报告。

三是社情民意畅通。2016年，共上传社情民意18篇，《就如何利用民间资本助推经济发展的建议》《关于实现职业教育可持续发展的意见建议》2篇被选送到民盟中央和省政协；有4篇被选送到省政协，分别是《关于当前精准扶贫的几点建议》《关于建立家庭经济状况核查系统的建议》《关于农业人口转移市民化的建议》《关于整合资源，建立家庭综合服务中心的建议》，其中《关于农业转移人口市民化的建议》，得到了副省长陈鸣明的批示。

【社会服务】 发挥优势创新服务形式。2016年年初，对社会服务工作作了认真思考，讨论制定了工作计划。并立足自身优势，充分调动和发挥盟员的积极性，参与到社会服务中来。

（一）策划文艺活动助力地方经济

1. 2016年1月10日，精心组织文艺节目，为贵定县送去了“民盟——走进稻雕艺术节”文艺会演，助力贵定乡村旅游发展，深受当地政府和群众欢迎。

2. 4月29日，举办“民盟——走进棚户区”大型主题活动，组织全体盟员参观都匀市棚户区改造成果，了解都匀市城市建设发展情况。晚上，为棚户区农民工及被征收群众献上一台精美的庆祝“青云湖”开园大型文艺晚会，深受群众欢迎。这样的活动，增强了被征收群众的大局意识，提升了建设企业的社会责任感，和谐了关系，推进了工作。

（二）发挥民盟优势推进医疗扶贫

1. 2016年1月13日，在民盟贵州省委的关心与支持下，争取到天行健价值502万元的12台脑卒中治疗仪，捐赠给黔南州9家医疗机构，并举行了捐赠仪式。

2. 4月14日，由民盟牵线搭桥，促成贵州医科大学第三附属医院与贵定县医疗卫生系统达成对口帮扶协议，确立了贵定县医院、贵定县中医院、贵定县好医生医院和7个乡镇卫生院作为对口帮扶单位，进行人力、智力及资源上的对口帮扶。并在贵定开展民医大讲堂活动，对贵定县卫生系统工作人员进行培训。第一期由贵州医科大学第三附院院长（盟员）李龙博士开讲，受到广大医疗卫生人员的欢迎，产生了很好的影响。

3. 7月，联系上海交大医学院博士专家到黔南开展“三下乡”活动，与黔南州医院和贵州医科大学第三附属医院开展医学交流，并到三都县九阡镇三洞社区开展大型义诊活动。

（三）联合多方力量促进教育发展

1. 2016年5月29日，与黔南州工商联联合举办“爱心义拍送温暖”南州国际青少年书画慈善活动，面向都匀二小、四小征集书画作品60余件，筹集善款105200元，用于精准扶贫都匀市归兰水族乡、荔波县黎明关乡贫困学生，支持贫困地区教育发展。

2. 6月1日在都匀市举办“南州国际中国梦·圆梦贫困生捐赠仪式”，对100名贫困生进行捐助。

3. 6月1日，与黔南州教育局、黔南州文化广电新闻出版局在三都县九阡镇共同主办黔南州第一届“水书”书法大赛暨水族文化展演活动，对获奖作品进行颁奖和拍卖，共拍得善款1.1万元，并捐赠了价值1万元的图书，都用于资助九阡镇贫困儿童。这次活动，大部分善款是由州民盟盟员出资。

（四）丰富活动形式，深化“两带”活动。

“黄丝带”服刑人员帮教活动。2016年8月，黔南师院心理学博士辛均庚为桐州监狱服刑人员作心理辅导；9月在桐州监狱举行了民盟“黄丝带”服刑人员帮教暨读书活动，12月在都匀监狱举行“黄丝带”帮教活动，为服刑人员送去一台精彩的文艺节目。

“红丝带”艾滋病防治宣传。2016年12月，民盟州工委联合黔南州卫计委、黔南州教育局、黔南州疾控中心组织开展了首届黔南州大中专院校艾滋病防治知识竞赛。

（五）精准着力开展扶贫攻坚。

1. 在民盟贵州省委的领导下积极参与精准扶贫，采取一对一帮扶的形式，对都匀、三都、贵定3个县的30户贫困户进行对口帮扶。2. 2016年4月，通过与民盟东莞市委取得联系，对方组织莞盟企业家来黔考察，初步达成协议在黔南建一个民盟“烛光行动”助学点，计划建在都匀市毛尖镇，进行教育扶持。3. 9月，联合都匀市政府、贵州医科大学第三附属医院开展精准医疗扶贫，已签署了三方合作协议，正在制定一系列惠民政策。4. 都匀市小围寨办事处荣堡社区举行义诊，捐赠水泥10吨用于基础设施建设。5. 12月，在都匀市绕河村举行文化扶贫活动，捐赠1万元用于绕家大歌非物质文化遗产保护与传承。

【宣传工作】 2016年，民盟黔南州工委向民盟贵州省委提交了48篇盟务信息，并出版了3期《黔南盟讯》。

【奖励表彰】 2016年，民盟黔南州工委被民盟中央评为“社会服务先进集体”，民盟黔南州工委贵定县支部被民盟贵州省委评为先进支部。

（周　文）

中国民主建国会黔南州委员会

【概况】 2016年，在民建贵州省委、中共黔南州委的领导下，在中共黔南州委统战部的指导下，民建黔南州委团结带领全州民建会员，积极履行参政议政、民主监督、政治协商职能和服务社会职责，着力加强自身建设，黔南民建各级组织把学习贯彻习近平总书记系列讲话，作为重要政治任务之一。不断加强思想建设，提高政治把握能力、参政议政能力、组织领导能力、合作共事能力、解决自身问题能力。努力将黔南民建打造成为一支有凝聚力、有所作为的重要力量，为同步小康和民建事业的可持续发展贡献力量。

【政治思想教育】 2016年，黔南民建各级组织把学习贯彻习近平总书记系列讲话，作为重要政治任务之一。习近平总书记重申“两个毫不动摇”和“三个没有变”，指明了促进非公有制经济健康发展、非公有制经济人士健康成长的努力方向，也为参政党加强自身建设、提高履职能力提供了指南。民建作为与中国共产党肝胆相照、荣辱与共的亲密友党之一，不断加强思想建设，提高政治把握能力、参政议政能力、组织领导能力、合作共事能力、解决自身问题能力。进一步增强政党意识、政治意识，努力把智慧和力量凝聚到中共中央的重大决策部署上来，不断巩固团结合作的思想政治基础，毫不动摇地坚持中国共产党的领导，在实践中团结所有会员共同奋斗，巩固共同思想政治基础。

黔南民建各级组织通过开展各种形式的学习会章、会史和其他活动，引导会员认清形势、明确方向，切实把思想和行动统一到中共中央、中共贵州省委、中共黔南州委决策部署上来，引导会员牢固树立“创新、协调、绿色、开放、共享”五大发展理念，创造性地开展工作，在各自的工作岗位上为黔南“十三五”规划目标任务的实现而竭诚努力，做中国特色社会主义事业亲历者、实践者、维护者和捍卫者。引导会员继承和弘扬民建优良传统，坚持中国共产党的领导，坚定不移走中国特色社会主义政治发展道路。

2016 年 12 月 16 日，民建黔南州委、民建都匀市委联合举行中国民主建国会成立 71 周年暨民建黔南州委员会成立 14 周年、民建都匀市委成立 29 周年纪念活动。以纪念活动为契机，不断夯实思想政治基础。认真总结践行民建 71 年来建设发展历程中培育起来的共同价值理念，不断增强中国特色社会主义道路自信、理论自信、制度自信、文化自信。

【换届工作】 2016 年是各民主党派的换届年，黔南民建的换届工作分成三段进行。

（一）第一阶段是各基层支部换届。2016 年 5 月初，民建黔南州委下发了《民建黔南州委关于做好州直支部换届选举工作的通知》，指导基层支部换届工作。对换届时间、支部委员的组成、人选条件、产生过程提出了要求。通过广泛征求意见和考察，大批政治素质高、热心会内工作、参政议政能力强、文化程度高、年轻的会员被推举到支部工作。

（二）民建都匀市委员会在换届前期组织学习选举换届工作纪律，观看了湖南衡阳和四川南充贿选拉票案换届警示教育片，组织学习中共中央、省《关于加强换届风气监督的实施方案》《各民主党派省委关于做好市（州）级组织换届工作座谈会纪要》等相关文件和会议精神。签订了《严格遵守换届纪律承诺书》，向中共都匀市委统战部递交了自己严格遵守换届纪律的承诺，确保做到换届工作期间风清气正。民建都匀市委会的换届工作于 7 月 19 日结束，选举产生了民建都匀市第七届委员会主任委员、副主任委员和 9 名委员。

（三）民建黔南州委会于 2016 年 5 月开始筹备换届事宜，先后多次召开主委会、全委会并进行班子的述德述职述廉，组织学习《中共中央纪委机关、中共中央组织部关于加强换届风气监督的通知》（中组发［2016］1 号和民建贵州省委《关于转发《民建中央监督委员会关于严肃换届纪律保证换届清风气正的通知》的通知》（黔建办［2016］7 号）等文件精神，《中共贵州省委统战部印发〈关于在民主党派各级组织中开展“三对照”专题学习教育营造风清气正良好换届环境的意见〉的通知》、贵州省民主党派换届工作纪律要求；签订了“严肃换届纪律承诺书”。审核通过民建黔南州第三届委员会工作报告等系列会议文件资料；讨论了第四届州委委员建议名单。做到教育在先、警示在先、预防在先，严守“九严禁”换届纪律，服从组织安排，正确对待进退留转，营造风清气正的换届环境，确保民建黔南州委换届工作健康顺利进行。8 月 25 日选举产生了 21 名州委委员和新一届领导班子。主任委员：黎燕萍（女、苗族）。副主任委员：罗晓霞（女）、吕光强、邵其岷、王鸿秋（女，布依族）。

（四）在民建贵州省委、中共黔南州委统战部、中共平塘县委、中共平塘县委统战部的关心支持下，经各方的共同努力，2016 年 7 月 18 日，民建黔南州委平塘县支部正式挂牌成立，李祖俭当选为主委，这是在县级成立的第二个基层支部。

【教育培训】 2016 年，民建黔南州委共派出 5 批次 21 名会员参加省、州脱产培训。近 50 名会员参加中共黔南州委统战部举行的“统战大讲堂”活动；近百名人次参加了民建法律讲堂培训。编写了会章、会史的学习读本，会内以基层支部为单位，多次举行会章、会史的学习、培训活动，并结合学习进行大讨论。参加培训的会员结合本职工作撰写了培训收获和感言。为鼓励会员进一步增强党派意识，加强自身建设和履行参政党职能服务，开展了手抄会章活动，参选作品主题鲜明，重点突出，感染力强、社会效果好。

各支部组织会员深入学习贯彻中共十八届六中全会、省委十一届八次全会、州委十一次党代会精神。以实施好党代会提出的目标和任务为重点，积极建言献策，认真履行参政党职能。努力适应新常态、把握新常态，立足与经济界密切联系的特色，发挥界别和整体优势，把握重点领域和主攻目标，围绕“四个全面”战略布局，围绕创新、协调、绿色、开放、共享五大发展理念，围绕黔南州“十三五”规划的实施，深入调查研究，积极履行参政议政、民主监督、政治协商职能，积极服务社会。通过培训学习，不断夯实广大会员的思想政治基础，引导会员继承和弘扬民建优良传统，坚持中国共产党的领导，坚定不移走中国特色社会主义政治发展道路。

【宣传信息工作】 2016年，换届后调整充实了宣传信息联络员，开通了黔南民建公众微信号，出版了4期《黔南民建》会刊。民建黔南州委获民建省委2016年度宣传信息工作一等奖，理论研究成果优秀组织奖；获全州统一战线宣传信息工作优秀奖，创新成果奖。赵发扬撰写的《不忘初心继续同行　风雨同舟共谋蓝图——学习习近平总书记在庆祝中国共产党成立95周年大会上的精神有感》获优秀作品奖；王继咏撰写的《民建要在中国共产党领导的政党协商中发挥积极作用》、宋玲玉撰写的《民主党派如何在中国共产党领导的政党协商中更好地发挥作用》获民建省委理论研究优秀成果一等奖；耿文福撰写的《创新不是简单地加入新元素》获民建中央“发掘与传承中国工匠精神”学术研讨会优秀论文。裴育、广秀春获优秀信息员奖。

【调研工作】 各基层支部在2016年年初均制定了调研计划，州直一支部组织会员赴重庆参观调研，写出了《不忘民建历史　继续砥砺前进》的调研报告。9月29日，州委会组织各基层支部主委和部分会员对都匀经济开发区进行了调研，参观了位于都匀经济开发区的杉木湖中央公园、全民健身活动中心等重点工程，通过参观互动，调研组一行对都匀经济开发区紧紧围绕州委、州政府制定的“一圈两翼”发展思路，建设“大都匀”及“一江带两城”、以城为主、产业支撑、产城互动的发展理念，突出工业化和城镇化两个重点，全力打造都匀东部城区，培养全州新的经济增长极，努力建设成为黔南州政治、经济、文化中心有了更深刻的认识，参会人员提出了一些很好的意见和建议。

【提案工作】 2016年，在“两会”中共提交集体提案4件，个人提案和建议9件。共编发社情民意专报8期，涵盖房地产市场金融防控风险、校园周边环境整治、汇文桥的改造建议等。撰写了《科学战略定位，推进黔南州小微企业的健康发展》《防控房地产金融风险》的调研报告。多次参加党委、政府、政协有关协商工作，为旅游发展、城市建设、创新工作方面建言献策。为做好下年的提案调研工作，民建州委会于2016年11月下文，要求各基层组织注意收集整理提炼提案和社情民意为2017年的“两会”做准备，就如何收集和撰写提案、社情民意信息、调研课题提出了要求。温长明和罗晓霞的建议发表在《黔南政协》2016年3期、4期。罗晓霞、胡春宇在2016年州政协十二届五次会议上作联组发言。

【社会服务】 一是开展“同心牵手未来之星公益助学活动”，为打造品牌，专门设计了LOGO标识。“六一”儿童节前，会员们均到定点“同心学校”开展助学和“微心愿”活动，送去助学款、书籍和学习用品。通过省委会争取到思源基金会对州内荔波、龙里、贵定、独山、平塘等二甲医院医疗信息系统的资助，为黔南大健康建设助一臂之力。新成立的平塘支部到边远的掌布镇开展捐资助学活动。积极参与“扶贫慈善日”捐款，当日共募得善款近2万元。

二是主要领导多次带队到扶贫点惠水县王佑镇昌明村调研，对96户贫困户的情况进行了摸底排查细化，分类制定帮扶计划。根据调研摸底情况，因地制宜，谋划产业发展思路，把扶贫开发的重点放在产业培育上，作为群众的主要增收渠道。具体做法是：一是每个贫困户家庭在房前屋后种植两棵花椒树、两笼佛手瓜、养一到两巢蜜蜂，打造庭院景观经济，用于解决群众临时性收入和消费需求；二是每个贫困户家庭种植1~2亩刺梨树，拓宽群众增收渠道，解决长期的收入问题。三是进行智力扶贫，昌明村基本上每户都有一到二名在校大学生，确保每户在外上学的子女能够安心学习，从教育系统方面进行帮扶。四是争取资金30万元用于购买发展产业的种苗和后期维护及蜂种。

三是搭建社会服务新平台。为集中会内力量，有效利用社会资源，切实提高社会服务成效，不断探索社会服务工作新路子，2016年11月，成立了“企业委员会”，由领导班子成员中的非公经济人士负责，组织、指导各基层单位、会员企业家、会员个人开展社会服务活动；调整充实了法制委员会并根据工作需要重新调整了成员，开办“同心 民建法律讲堂”，开展交通法规和知识产权讲座，设计了LOGO标识，邀请省内外知名法律专家为民建会员提供法律法规讲座并提供义务法律咨询和法律帮助。

（裴　育）

中国民主促进会黔南州委员会

【概况】 2016年，民进黔南州委在民进贵州省委和中共黔南州委的领导下，坚持以邓小平理论、“三个代表”重要思想、科学发展观和习近平总书记系列重要讲话精神为指导，坚持和发展中国特色社会主义不动摇，认真贯彻落实中共十八大，十八届三中、四中、五中、六中全会精神，以“五学四比三贡献”活动为平台，秉持会中央提出的“有思有行、集智聚力、顺势而为、开拓创新”的工作方针，紧紧围绕“四个全面”布局战略，深学笃用五大新发展理念，紧紧抓住黔南州“十三五”时期大力实施“3366”发展战略，奋力打造民族地区创新发展先行示范区这一核心目标，积极履行参政党的职能职责，突出民进在教育文化出版的优势，积极开展参政议政、建言献策、民主监督、社会服务、捐资助学等工作，各项工作取得可喜的成绩。

【思想建设】 2016年，民进黔南州委通过开展多形式学习实践活动，引领全州各级组织长抓不懈抓好学习教育，将全委学习教育活动推向正规化、常态化。不断深化会员对中国特色社会主义参政党的认识，巩固会员对中国特色社会主义道路的认同、对全面建成小康社会目标的认同和对社会主义核心价值的认同。

坚持定期学习制度。2016年，民进黔南州委按照一月一次主委会、一季度一次全委会的安排，召开主委会12次，全委会4次，中心组学习会6次，组织州委委员、各支部主委、骨干会员等集中学习，将中共十八大和十八届三中、四中、五中、六中全会精神，习近平总书记系列重要讲话精神，作为学习实践活动的核心内容，引导会员深刻认识在全面建成小康社会进程中全面深化改革和全面推进依法治国的重要意义，进一步增强全会坚持接受中国共产党的领导、坚持走中国特色社会主义道路的决心和信念。中共十八届六中全会召开以后，及时召开全委扩大会议，组织州委委员和骨干会员进行学习，并按照民进中央的部署，在全委上下启动了“不忘合作初心、继续携手前进”主题教育活动，确保将中共十八届六中全会精神传达到每个会员，将六中全会精神用于指导各项工作。

围绕“参政议政年”活动主题，坚持学习与实践活动相结合。围绕2016年民进中央确定的参政议政主题，积极开展参政议政教育培训活动，通过采取集中学习、以会代训等方式，对全州30余名骨干会员从参政议政的目的意义、重点和内容、方法和手段等进行教育培训。利用教师节、重大节假日召开“参政有为助推黔南教育发展暨2016年教师节表彰大会”、“五学四比三贡献”助推黔南教育发展座谈会等活动，近200余名会员参加会议，会员代表围绕参政议政主题积极发言、交流经验，提出对黔南教育发展的建议，获得参会中共黔南州委统战部、黔南州教育局领导的好评和肯定。

积极参加省、州组织的培训学习教育活动。2016年以来，按照民进中央、民进省委和中共黔南州委统战部的要求，选派骨干会员20余人，参加新任主委培训班、骨干基层支部主任培训班、骨干会员培训班等培训活动。组织会员9名，参加民进省委组织的“跟共产党走、在正道上行”歌唱比赛，分别获得个人组和合唱组第三名的好成绩。

【组织建设】 2016年，民进黔南州委在组织建设上取得了重大的突破，新入会会员达到81名，会员总人数突破400人大关。4月22日，瓮安支部正式成立，标志着民进黔南州委基层组织工作又掀开了新的一页，民进黔南州委基层组织数达到11个（基层支部10个，县级委员会1个），让民进在黔南参政议政事业有了更加广阔的舞台。

加强领导班子建设。根据民进州委组织建设和干部队伍建设的需要，民进黔南州委进一步加强领导班子建设，重点在职责分工、学习机制、带头参政议政、调研帮扶等方面狠下功夫，努力提高民进黔南州委的领导力、团结力和凝聚力。2016年8月22～23日，民进黔南州第四次代表大会顺利召开，选举产生了21名委员，较上届委员会增加了6名，领导班子进一步实现年轻化、专业化，“70后”会员成为班子主力，两名“80后”会员干部进入州委班子，为民进为黔南经济社会及各项事业的发展打下了坚实的基础。

加强制度建设。制度建设是一个参政党参政议政能力的重要保证。在严格执行会章规定的组织制度基础上，民进黔南州委进一步制定并落实发展会员和考察培养制度，加强对发展对象的考察、培养和审批程序；制定了机关工作制度，规范机关行为，促进机关工作的有序开展；建立良好的激励机制，激发广大会员干事创业的热情。在全州11个基层组织中，开展了基层支部标准化建设，要求各支部力争有30平方米以上的固定活动场所，办公设备完备，制定有支部管理制度并上墙，深入开展“三个一”支部建设，确保基层支部在制度建设、会员发展、活动开展等方面的规范化，制度化。顺利完成了州属8个支部的换届工作，选拔了一批热心会务，年富力强的会员充实了基层组织。

发展高素质会员。参政党作用的大小不在于成员的数量，而在于会员的政治素质、参政议政和服务社会的能力。为吸收和发展高素质会员入会，民进黔南州委严格入会程序、严把入口关，对条件不成熟，认识不到位、立场不坚定的申请者，一律不批准入会。2016年，民进黔南州委共新增博士会员2名，副科级以上干部6名，企业家会员5名，会员呈现出高学历、年轻化的特点，改善了会员的界别和结构。为开展参政议政和社会服务工作提供了强有力的人才支撑。积极鼓励会员“双岗立业、双岗建功”，会员翁昌艳被命名为”黔南州优秀青年人才”，兰开军被评为“黔南州民族进步模范个人”。

积极开展会员活动。2016年，民进黔南州委利用春节、教师节和重阳节等节假日，开展了丰富多彩的会员活动，表彰优秀会员16名。成功举办了以“参政议政”助推黔南教育发展等多项主题活动，民进在黔南的影响力、美誉度得到明显提升，使新入会会员人数大幅度的增长。

【参政议政】 2016年是黔南州“十三五”规划的开局之年，也是全面建成小康社会一年，同时也是民进中央安排的参政议政主题年活动。面对新的历史任务，民进黔南州委认真履行参政党职能职责，讲政治、顾大局，把坚持和发展中国特色社会主义作为履职的目标和方向，紧紧围绕全州深化改革、经济社会发展等重点工作，多次召开研讨座谈会，发挥集体智慧和力量，加大调研力度，认真履行参政党职能，为促进全州社会和谐和经济社会发展做出了积极贡献。2015年，民进黔南州委有3个提案被黔南州政协表彰为优秀提案，2016年5月被民进中央表彰为“参政议政先进集体”。

积极参政议政。在“两会”召开期间，民进黔南州委提交了《关于加快推动黔南州公共文化服务社会化的建议》大会发言材料1份；基层支部提交大会发言材料3份；会员中政协委员个人还提交了提案20余件，其中：《关于都匀市实行公交车电子牌的建议》《关于整治都匀市城区学校门前随意停车现象的建议》《关于大力实施大旅游战略行动、加速提升黔南州旅游产品影响力的建议》《关于加强义务教育阶段薄弱学科建设的建议》等提案得到党委政府领导重视。会议期间，会员中的政协委员积极参加全体会议、常委会议、专题协商会议和讨论会，带着调研发现的问题、带着思考形成的建议，抓住各种机会为全州“一圈两翼”“5531”“十三五”规划制定和2016年经济社会发展积极建言献计出力。

围绕社会热点难点工作开展调查研究。民进黔南州委围绕大扶贫、大数据两大重点，积极开展调查研究。杨俊主委带队，班子成员和骨干会员参加，多次赴罗甸县边阳镇巴沙村、瓮定村、龙里县谷脚镇高新村、贵定县云雾镇茶山村等贫困村进村入户调查研究，深入了解贫困户家庭的生产生活困难问题，根据民进实际情况，开展精准扶贫工作。围绕大数据工作，申报《在大数据背景下黔南发展电商产业对策研究》中共黔南州委重大调研课1个，围绕该课题，组织课题成员到贵阳大数据中心、惠水县百鸟河数字小镇、中进微交易中心、阿里巴巴黔南服务中心、淘宝遵义地方特色馆等地开展调研，提出促进黔南电商产业的意见和建议。

围绕中心工作，积极建言献策。民进黔南州委通过参加州委、州政府组织召开的各类征求意见会、党外人士座谈会，以及以建言直通车的方式向州委、州政府建言献策，在经济、政治、文化、教育、社会、生态建设等各个方面提出建议10余件，为州委、州政府决策科学化、民主化作出应有贡献。

【社会服务】　社会服务是参政党参与和谐社会建设和促进自身建设的有效途径和实践舞台。在社会服务中民进黔南州委坚持讲政治大局、讲特色优势、讲群众观念、讲爱的奉献。坚持社会服务品牌项目和微公益并重，团结引导各级组织和广大会员广泛参与社会实践，为和谐社会建设做出贡献。

充分发挥会员的特长优势，积极开展送文化、送医药下乡活动。在春节前夕，民进黔南州委按照民进中央的部署，在瓮安县、龙里县、都匀市开展“春联进万家活动”，组织会员书画家20余名，深入一线、社区、学校为群众送春联3000余副，得到群众的好评。职院支部、二中支部、都匀市委会等基层组织针对贫困地区基础教育等薄弱环节，深入基层开展支教活动10余次，积极帮助边远地区提高教育质量。医卫文化支部结合自身实际，积极开展送医药下乡，免费议诊等活动，得到当地群众的拥护。

深入开展“聚力扶贫攻坚行动”工作。紧紧围绕2020年全面建成小康社会的目标，发挥民进黔南州委的资源优势，将脱贫攻坚作为今后五年社会服务工作的重中之重，动员全委的力量，集智聚力，积极开展结对帮扶贫困村、贫困户做好精准扶贫工作。建立“一对一”帮扶机制，民进黔南州委主委、副主委各帮扶1户贫困户，各支部以及骨干会员帮扶1户贫困户，共帮扶30余户精准扶贫户，确保顺利完成扶贫任务。同时，根据中共黔南州委统战部的安排，在人少事多的情况下，安排工作人员龙立海脱产两年到贵定县云雾镇茶山村担任精准扶贫第一书记，全力帮助该村做好扶贫工作。切实开展好智力支边扶贫。整合资金集中力量帮助扶贫。整合主席基金、捐助资金以及其他资金，建立引导性资金，集中力量帮助扶贫村、扶贫对象改善基础设施条件，改善生产生活环境，让有限的资金发挥出最大的作用，合力扶贫。2016年，筹集资金20万元，支助龙里县谷脚镇高新村“五彩粮仓”项目，用于机耕道建设。支助贵定县云雾镇茶山村5万元、经济支部会员集资5000元共5.5万元用于改善农村基础设施条件。发起了爱心图书捐助活动，师院支部、都匀二中支部、综合支部、经济科技支部会员捐助儿童图书2000余册，在罗甸县边阳镇翁定村、巴沙村小学建立“开明图书室”，150余名学生受益。会员集资6000元，在巴沙村小学设立“开明奖学金”，资助成绩优异的贫困学生。同时，还协调资金18万元，其中：巴沙村13万元、翁定村5

万元，用于帮扶当地改善基础设施建设。经济支部企业家会员采取自愿方式，共帮扶贫困户 5 户。企业家会员侯万辉利用企业资源，招聘贫困大学生近 50 名；企业家会员刘培元也利用自身优势，积极帮助贫困家庭就业，捐款4000 元。

【开明画院】　民进黔南开明画院是全省最早建设的开明画院之一，随着近年来的不断建设，民进黔南开明画院这一社会服务品牌的社会影响不断扩大。

启动了“开明画院”的搬迁工作。按照中共黔南州委的安排部署，民进黔南州委在望江楼启动了民进开明画院的建设，2016 年，装修工作已经全部完成。充分发挥黔南开明画院文化阵地的优势，积极为全州重大活动出力献策。成功承办了全美华人教授艺术家协会黔南采风活动，邀请 40 余名美籍华人教授到黔南开展采风写生。在州庆期间，圆满完成中共黔南州委、州人民政府安排的艺术创作、会议布展等工作。积极参加 2016 年都匀毛尖（国际）茶人会活动，积极协助有关部门完成 100 名书画家的邀请工作；成功承办中国国家画院杨长槐、张志民导师工作室中国画作品展等系列活动。积极开展采风写生，组织会内书画家到平塘、独山开展采风写生活动。

（王继东）

中国农工民主党黔南州工作委员会

【概况】　2016 年，农工党黔南州工委牢固树立“创新、协调、绿色、开放、共享”五大发展理念，主动适应新常态，把坚持和发展中国特色社会主义“五学四比三贡献”学习实践活动、自身建设和履行参政党职能相结合，为实现“十三五”良好开局积极贡献智慧和力量。

【思想政治教育】　主动学习中共十八届三中、四中、五中、六中全精神及习总书记系列重要讲话精神；学习落实农工党中央、省委重要工作部署。参与农工党省委在都匀共同举办了“2016 年农工党贵州省委走进基层、贴近党员，培育和践行社会主义核心价值观主题宣讲”新党员培训，增强了全体党员对中国特色社会主义的道路自信、理论自信和制度自信。

【组织建设】　2014 年 5 月 28 日在原农工党贵州省委直属都匀支部的基础上，经过农工党贵州省委、中共黔南州委、中共黔南州委统战部多年努力，以及相关部门的大力支持，正式挂牌成立了“中国农工民主党黔南布依族苗族自治州工作委员会”（简称：农工党黔南州工委）。下设 6 个支部，即黔南州人民医院支部、黔南医专支部、黔南州综合支部、都匀市支部、瓮安县支部、罗甸县支部。2016 年，州农工委共有党员 163，其中副厅级以上干部 1 人，副处级以下部 6 人，高级职称 51 人，占 32.3%；中级职称 63 人，占 38.7%；医卫界 107 人，占 65.6%，教育界 12 人，占 7.4%，其他界别 44 人，占 27.0%。党员结构开始向多元方向发展，后备干部培养有了新的起色，完成了州委统战部安排的民主党派后备干部民主推荐工作。

1. 切实推进农工党贵州省基层组织建设工作，提高基层组织工作者水平，工委各支部遵照《中国农工民主党章程》的规定及按照省委“达标争优”活动考核内容要求，以“人人为发展出份力”为中心思想，充分发挥基层党员的参与性和能动性，认真开展基层组织的组织生活。

2. 按照农工党贵州省委和中共黔南州委统战部年初的工作部署，在中共罗甸县委统战部的全力支持和帮助下，依据《中国农工民主党章程》《基层组织工作条例》的有关规定，于 2016 年 7 月 12 日成立了中国农工民主党黔南州工作委员会罗甸县支部，农工党贵州省委办公室主任汤力，黔南州政协副主席、农工党黔南州工委主委解竞，中共黔南州委统战部常务副部长陈良海，副主委陈桂萍、胡春泉、邱祥智，中共罗甸县委书记杨朝伟，罗甸县政协主席罗金逸等出席大会。

3. 着力发展新党员，保证组织常有源头活水。根据新形势发展的要求，工委尽量把一些能干事、干好事，有参政议政能力的优秀人才吸收到组织中来，提高农工党的参政议政水平。全年工委发展了46名新党员，实现32%增速。

【调查研究　参政议政】　1. 在2016年召开的省、州、市政协会议上，工委提交了提案18件，其中提交省政协提案4件，提交州政协提案13件。其中《关于扶持民营医院发展的建议》和《关于推进都匀市乡村旅游可持续发展战略的建议》为联组专题协商发言材料；提交瓮安县政协提案1件。具体提案为：集体提案《关于推进都匀市乡村旅游可持续发展战略的建议》《黔南州民营医院发展状况及建议》；解竞提案《科学规划，改善和完善水资源管理保护制度》《关于加大乡镇污水及生活垃圾处理设施建设的建议》《关于由省级融资平台统筹解决高速公路建设资本金的建议》《关于由省级统筹解决农村公路建设配套资金的建议》；陈桂萍提案《关于贵定县荷花生态园道路建设的建议》《关于缓解都匀市区停车难的建议》《黔南州妇幼保健机构体系和服务能力建设亟待加强的建议》；覃建锋《关于加强农村文化建设的建议》《关于开展黔南州青少年学生心理健康咨询的建议》，唐仕兴《关于对黔南州职业教育发展规划的建议（教育）》《关于加强黔南州留守儿童工作的几点的建议（留守）》《关于加强夏季防溺水工作的建议（溺水）》《关于制定《黔南州高技能人才评选奖励暂行办法》的建议》；余炼《关于对黔南州民营医院临床用血工作的建议》；赵明镜《建立城乡一体的医保制度，促进城乡医保健康发展》等。

2. 根据农工党中央健康扶贫调研工作方案要求，2016年4月21日，工委开展了健康扶贫专题调研工作，并形成调研报告。

3. 陪同农工党省委张光奇副主委牵头的经济专委会开展贵州省基层乡镇卫生院人员待遇情况和的专题调研工作和黔南州茶产业发展情况专题调研工作。

4. 参与陪同农工党山东省委到瓮安县开展“新常态下传统煤炭企业发展困境与出路”专题调研工作。

【社会服务】　2016年4月21日，在黔南州政协副主席、农工党黔南州工委主委解竞的带领下，农工党黔南州工委分两个调研组赴都匀市和瓮安县开展医疗健康扶贫专题调研。此次调研主要围绕黔南州“健康扶贫”专题协商调研课题，采取召开座谈会和深入贫困村、贫困户实地走访，填写调查问卷材料等方式进行。座谈会上，调研组详细听取卫计、民政、扶贫等相关部门负责人关于医疗健康扶贫工作基本情况、存在的主要问题和困难等方面情况汇报，并现场征求各相关部门对推进医疗健康扶贫工作的意见和建议。调研组通过深入实地，对健康扶贫工作的主要做法及成效、存在的突出问题和主要困难收集第一手资料，将整理出调研报告并上报农工党贵州省委，为进一步做好健康扶贫工作、打好脱贫攻坚战提出具体建议。

2016年6月13日，在（第九届）中国环境与健康宣传周暨“五学四比三贡献”活动中，工委在都匀市归兰水族乡义诊，为当地水族群众进行免费就诊看病及健康体检咨询，并送去价值2000余元的常用药品，义诊活动在农工党黔南州工委副主委陈桂萍、邱祥智带领下，由州医院支部主办，市支部及综合部协办，并得到了乡党委政府的大力支持。

2016年8月8日，为庆祝黔南州建州60周年，农工党黔南州工委罗甸县支部党员企业——西南生态农业发展有限公司在罗甸县边阳镇举办首届音乐啤酒美食节，罗甸县委副书记陈元贵、常务副县长蓝康力，县政协副主席、农工党罗甸县支部主委张良琴等领导参加了此次活动，活动从8月8日到10日连续三晚，本次活动邀请了参加过星光大道、中国达人秀等央视知名栏目的表演嘉宾。此次活动中该企业还为边阳镇30名应届高考贫困考生发放助学金3万元。慰问“6·15”抗洪救灾民兵2万元，展现了企业担当和具有社会责任的博爱精神。

2016年8月25日，由农工党黔南州工委罗甸县支部组织，罗甸县扶贫办、科技局、沫阳镇人民政府承办的中国农工民主党罗甸支部“聚力扶贫攻坚行动”中药材（桔梗）产业科技培训会在罗甸县沫阳镇平岩社区开班，此次培训邀请了贵州大学中药材研究所刘红昌、罗夫来两位博导课堂授课，并到田间地头做示范，参加此次培训的群众达112名。

2016年9月9日，农工党贵州省委、农工党黔南州工委、中华民族团结进步协会医药卫生工作委员会和首都医科大学附属北京同仁医院，在罗甸启动了“第九届健康边疆行系列活动——儿童先天性心脏病义诊筛查活动”。农工党贵州省委副巡视员、社会服务处处长宋秋星，农工党黔南州工委专职副主委陈桂萍，农工党黔南州工委副主委胡春泉，罗甸县政协副主席、农工党罗甸支部主委张良琴参加启动仪式。活动中对30余名病患儿进行筛查，确定了6名适合手术的患儿。2016年9月10日在瓮安县启动“第九届健康边疆行系列活动——儿童先天性心脏病义诊筛查活动”，瓮安县委常委、宣传部部长、统战部部长曾薇，农工党省委宣传处副处长曹旸，农工党黔南州工委专职副主委陈桂萍，瓮安县副县长、农工党瓮安县支部主委曾明康参加了启动仪式，活动中对31名病患儿进行筛查，确定了7名适合手术的患儿。对确诊儿童安排前往北京同仁医院接受免费手术。为贫困山区患儿家庭解决了经济困难，为患儿带来了福音。

2016年10月26日，由工委副主委邱祥智带队，参加了2016年黔南州民主党派第三季度联席会议，并代表农工党就加强学习，夯实思想政治基础；认真履行参政党职能；开展社会服务、聚力脱贫攻坚；积极推进组织建设工作等4个方面的内容作了交流发言。

2016年11月2日，农工党山东省委赴黔南州瓮安县开展“新常态下传统煤炭企业发展困境与出路”专题调研，调研组一行认真听取了瓮安煤矿、宏达矿业、龙腾焦化3家企业对贵州煤炭企业发展的情况和政策导向的汇报，充分了解了制约当前贵州煤炭企业发展的共性和个性问题。在调研中山东省政协常委、农工党山东省委秘书长王军就结合去产能去库存和“十三五”期间煤炭行业转型发展的思路与各企业负责人和煤炭企业主管部门领导进行了充分的交流讨论，提出了很好的建议。农工党贵州省委秘书长蒙爱军、农工党贵州省委调研处副处长徐安群、农工党黔南州工委专职副主委陈桂萍陪同参加了此次调研。

2016年11月9日，农工党黔南州工委专职副主委陈桂萍、农工党都匀市支部主委柏时远一行在归兰乡党委副书记韦鑫和副乡长江南的陪同下赴都匀市归兰乡奉合村和合心村对开展“结对子精准扶贫”活动，以奉合村和合心村两个为试点，各挑选5户贫困户，通过挑选帮扶责任人和“结对子”帮扶在资金项目申报、技能技术培训、信息资源咨询等方面给予贫困户支持和帮扶，帮助两村贫困户和困难户发展科技养猪饲养产业。

2016年11月12日，第二十八届中国“国际和平周”期间，工委在黔南州罗甸县逢亭镇开展义诊活动，为当地群众身体进行免费义诊和健康咨询，并送去1万余元的常用药品，罗甸县政协副主席、罗甸县支部主委张良琴，罗甸县工商联秘书长、副主委罗建粉，罗甸县卫计局副局长、县疾控中心主任叶街胜，罗甸县逢亭镇副镇长罗友杨等领导参加了此次义诊。并对罗甸县先天性心脏病手术患儿冯丽梅进行了回访。

2016年，工委制定了《农工党黔南州工委“聚力脱贫攻坚行动”活动方案》，在黔南州政协副主席、工委主委解竞的主持下，到都匀市归兰乡奉合村和合心村开展“结对子精准扶贫”活动，下拨帮扶资金20余万元。2016年12月5日，农工党黔南州工委都匀市支部主委柏时远带队，由农工党黔南州工委组织的“聚力脱贫攻坚行动”猪仔养殖协议签订和猪仔发放仪式在归兰乡奉合村都匀市同心畜牧养殖有限公司举行，农工党黔南州工委与归兰乡政府、同心养殖场专业户吴应均3方签订了帮扶协议，吴应均与奉合村5户贫困户签订了猪仔养殖协议，并发放猪仔15头，共价值2000余元的猪仔。

（邱祥智）

九三学社黔南州委员会

【概况】 2016年，九三学社黔南州委认真学习贯彻中共十八届三中、四中、五中、六中全会精神、中央统战工作会议精神，按照中共黔南州委和九三省委的工作要求，以政治交接为工作重点，以“五学四比三贡献”为载体，认真履行职能，强化社员思想建设，夯实共同思想政治基础，抓组织建设，打牢履职基础，圆满完成支社和社州委换届任务。积极开展课题调研，参政议政，履行参政党职能，抓好提案、建议和社情民意上报。增强责任意识，开展社会服务，积极参与脱贫攻坚工作。开展送医、送药、送健康下乡、进村、进社区服务。各项工作有序开展，成效良好。

【思想建设】 强化社员思想建设，夯实共同思想政治基础，建设不忘初心、政治坚定的参政党队伍。2016年，一是坚持抓好政治理论学习。多形式组织社员学习政治理论及时事政治，利用主委会、委员扩大会、支社（委）组织生活，组织社员学习中共十八大以来系列会议精神，学习习近平总书记系列重要讲话精神以及中央、省、州会议精神。编印学习资料，通过黔南九三qq群、微信群和邮箱，以及组织生活等方式发放给社员，组织广大社员学习。中共十八届六中全会召开后，及时召开全委扩大会认真学习，并发出通知，要求各支社组织全体社员学习。二是抓好社员培训工作。积极选派、组织社员参加省、州各类培训，2016年共选派65名社员参加省、州组织的各类培训。其中：选派1名副主委参加州委统战部组织的重庆考察学习；1人参加全省党外代表人士学习全国“两会”精神专题研讨班；积极争取名额（原分配的名额是2名）选派6名社员参加省委统战部在社会主义学院举办的全省民主党派基层骨干传统文化研讨班；3名社员参加了九三省委组织的“井冈山开展革命教育学习活动”；3名社员参加社省委在复旦大学组织的骨干社员及社务工作者培训班；1名副主委参加省委统战部在复旦大学组织的干部培训班；2名支社委领导参加社省委在浙江大学组织的参政议政和社情民意信息工作研修班；选派11名社员参加州委统战部在重庆社会主义学院组织的民主党派骨干成员培训班；14名社员参加州委统战部组织的统战大讲堂第一讲——“阳明文化讲座”；12名社员参加州委统战部组织的“统战大讲堂第二讲——信仰人民”；11名社员参加州委统战部组织的“统战大讲堂第三讲——学习中共十八届六中全会、省委十一届八次全会、州委十一次党代会精神”。三是积极开展理论研究。组织鼓励社员就统战、政治理论研究，积极撰写理论文章。选派邓海、董滨、金白杨、王国祥参加社省委组织的思想理论建设研讨会；2016年5位社员撰写了6篇理论文章，上报社省委、州委统战部，得到了上级部门的肯定和赞誉；同时5篇文章被《贵州政协报》采用发表。四是积极参加州委统战部组织的各项活动，切实践行“同心工程”。选派6名社员参加“建州60周年庆典活动”，2名社员参加一对一接待服务；选派1名社员参加“全州统战会议服务”。

【组织建设】 2016年，一是圆满完成了支社和社州委换届任务。在中共黔南州委和社省委的正确领导下，在州委统战部的大力帮助下，在全体社员的共同努力下，选举产生了社州委领导班子和支社（委）领导班子，平稳、顺利实现政治交接，新老交替，为九三学社州委会的发展和履职奠定了坚实的基础。特别是社州委换届大会的会风、会纪和资料，受到了与会领导的称赞。二是新增了一个县级的基层组织和一个直属支社。2016年7月26日成立了九三学社长顺县支社，11月15日成立了贵州省内贸学校支社；2016年，共有委员会2个，支社9个，社员376人。三是积极发展高素质人才入社。全年共发展新社员59人，其中研究生9人，高级职称18人，科级以上干部10人。四是加强干部队伍建设。社州委高度重视后备队伍建设，2016年重点是加强对干部队伍培训，建立后备干部动态人才库，选派骨干社员参加省委统战部、社省委、州委统战部组织的民主党派骨干培训等。五是开展丰富多彩的组织生活。各支社根据自身结构特点，开展形式多样的组织生活，增强了社的凝聚力。如综二支社社员个人捐资到惠水县学校开展资助贫困学生活动，并与惠水县支社开展新农村建设调研、交流活动。六是关心爱护社员。社州委各级组织对社员的工作、生活各方面都非常关心，对他们在工作生活中遇到的问题和困难，均尽力帮助解决，如为因病致贫的肖德芳社员争取到了3万元王选关怀基金；对生病的社员支社均组织前往看望，对去世的社员，社州委领导要前往吊唁；三八妇女节、老年节社州委组织社员开展集体活动；对80岁以上的老社员进行了慰问等。组织建设工作不断加强，履职基础不断增强，履职能力不断提高。

【参政议政】　一是积极抓好课题调研。根据黔南州委和社省委安排，2016年年初，九三学社州委会召开主委扩大会，研究部署全年的调研课题，确定了3个调研课题，明确课题负责人。《茶产业发展供给侧改革研究》课题分别被社省委和黔南州委明确为重大调研课题；课题已按时全部完成，并提交了《茶产业发展供给侧改革研究》《深入推进我省“新型农村合作医疗”健康发展》《关于住宅小区物业管理情况的调研报告》等3篇调研成果；其中由社员邓燔撰写的《茶产业发展供给侧改革研究》获得了社省委2016年度重大课题调研二等奖。二是积极抓好提案、建议和社情民意上报。在2016年“两会”期间，九三学社州委会政协委员和人大代表共提交政协提案及人大建议23件（条），其中集体提案5件、个人提案15件、人大建议3条；1条建议列为州人大常委会主任督办，1条列为人大专委会督办；1件提案州委领导督办，1件政协主席督办，1件政协专委会督办。九三学社州委会集体提案《关于进一步促进黔南州民办教育的建议》、社员宋萍的个人提案《关于加强乡镇卫生院卫生队伍建设的建议》、社员邓海的个人提案《关于加强电动自行车及电动货三轮车管理的建议》3个提案均荣获优秀提案表彰。2016年上报社情民意9条，被采用3条。三是积极参与协商、民主监督。社州委主要领导参加了中办调查调研组赴黔南州督查调研“两个条例”贯彻落实情况；参与了“打造民族地区创新发展先行示范区”“中共黔南州委十届常委会报告”“州政府促进大数据发展三年行动计划”的协商；所提建议大多数得到采纳。九三界别州人大代表、州政协委员积极参加人大、政协平台的协商、调研及监督。

【社会服务】　一是积极参与脱贫攻坚工作。2016年，社州委多方筹资支持惠水县高坪村20万元修建小水池31个，项目正在实施中；筹资10万元帮扶惠水县兴摆村、白水河村20户贫困户发展养猪及给两村112名学生发放春秋校服1套；同时联系贵州省重庆商会向两村112名学生捐助了价值近2万元的冬季羽绒服，九三社员、商会会长余治清带领商会人员到场发放。联系黔南州金力塑胶有限责任公司、黔南华晟汽车驾驶培训学校、黔南州联华商业贸易有限公司、都匀市华联灯饰商场4家爱心企业对惠水县鸭戎中学20名来自单亲或父母双亡家庭的优秀学子进行助学捐助，资助每人每年1000元，2016年共捐助2万元；州综合二支社组织社员捐资近3000元向惠水县涟江社区高坪村小学30名贫困学生发放书包、文具；三支社继续捐助荔波贫困儿童（2016年只有1人捐助800元；其他3人已上高中未再资助）。此外，“扶贫日”组织社员捐款13400元。在2016年扶贫工作中，惠水县支社全程参与州委会的扶贫点各项工作。二是继续做好上海九三帮扶黔南的联系工作。4月接待了九三上海市委及教育支边单位回访团，对上海15年的帮扶进行了总结、交流，并促成了九三上海师范大学委员会与九三黔南民族师范学院委员会签署了帮扶协议，促成了师院4名教师到上海的大学免费进修。三是积极开展送医、送药、送健康下乡、进村、进社区服务。社州委委员、卫生支社主委黄桂军于4月带领社内14名医疗、护理专家前往平塘县城开展送医送药下乡义诊活动，诊疗患者100余人，发放价值1000多元的药品；此外，组织社内医学专家到福泉市中医院、瓮安县人民医院、荔波县中医院多次做医疗技术指导帮扶工作及义诊活动。州医院支社主任医师黄燕参加了中共中央统战部等在黎平组织的“共铸中国心、重走长征路”大型公益活动；吴大鸿参加了州卫生计生委在长顺组织的义诊活动。继续打造医疗服务进社区示范点，州、市联合在都匀市文峰社区、小围寨社区开展了2期健康讲座进社区服务。

【宣传工作】 开展宣传工作提升九三学社影响力。2016年，在宣传工作中，一是利用黔南九三QQ群、微信群发布群分享信息200多条；群发短信20余条1000多人次。努力搭建社员知情、知政、交流平台，传播正能量，提高社员爱社、参与社务工作的积极性。二是积极编发上报信息。2016年，编发信息80期。三是利用报刊、网站大力宣传九三学社工作。据不完全统计，在《贵州政协报》发表理论文章3篇，发表工作信息6篇；在《黔南日报》发表诗歌、文章2篇（由职院支社戴渊志撰写的纪念“七·一”党旗飘飘和由二支社陈金荣撰写的“走进告汝山峡谷”），发表工作信息2篇；在《九三黔讯》社发表文章、信息6篇；在社中央网站发布信息9篇；在九三贵州省委网站发布信息38篇。

此外，2016年师院委员会、综三支社、综二支社分别制作了《扎根西部、服务地方——记归国博士、九三社员邓燔博士》和《学高为师、身正为范——记九三社员罗会亮》《爱如甘水——九三综三支社荔波永康捐助活动报告》《有你们》等4篇微信宣传故事。黔南师院委员会2015年制作的微信宣传作品《凝心聚力同心发展》被省委统战部评为贵州统一战线微信宣传作品三等奖，同时被中共黔南州委统战部评选为二等奖；社州委办公室被州委统战部评为信息工作先进集体，王国祥被评为信息工作先进个人。

【机关建设】 2016年，强化机关建设工作，抓机关建设，营造社员之家。积极搞好上传下达、社员联系交流及宣传等服务工作，主动向州委统战部通报工作开展情况，积极为社员搞好服务，使机关真正成为社员之家。

一是按时完成资料、文件的编发、报送，尤其是长顺县支社、内贸学校支社成立的各项资料的准备，以及对新社员进行政审考察；二是按档案局要求资料归档了2015年档案，以及社员档案；三是认真抓好年度考核各项工作；四是完成了州委会2015年度的史志、年鉴编写；五是完成换届总结及各项资料的编写，以及上级交代的各项任务等；六是健全和完善了九三学社州委会各级领导班子信息资料，及社员的个人基本信息资料；七是圆满完成了调研、义诊、会议等各项工作的协调服务工作；八是对社员提出的问题、建议及困难，及时向上反馈，并积极加以解决。

【社员荣誉榜】 2016年，卫生支社主委黄桂军主任医师、州医院支社主委黄燕主任医师因工作成绩突出，分别任贵州省中西医结合学会男科专业委员会常务委员、贵州省医学会中西医结合妇产科分会常务委员。社员邓燔被被指定为2016年都匀毛尖（国际）茶人会开幕式的英语同声翻译，同时在“牵手茶人会·香飘四海——都匀毛尖与世界对话”的茶高端论坛中为参会的外宾担任翻译，得到了与会者的一致好评。

（王国祥）

黔南州工商业联合会（总商会）

【概况】 2016年，全州工商联系统在州委的坚强领导和州政府的大力支持下，在省工商联、州委统战部的具体指导下，以习近平总书记3月4日看望参加全国政协十二届四次会议的民建、工商联委员时的重要讲话精神为引领，全面贯彻落实中央、省、州相关会议精神，深入开展以“守法诚信、增强发展信心”为重点的理想信念教育实践活动，牢牢把握“两个健康”主题，紧紧围绕全州中心工作和省联2016年工作要点，充分发挥工商联工作职能，凝心聚力、真抓实干，强力助推了全州民营经济的高速、稳定发展，为促使全州民营经济占地区生产总值比重由2015年的54.98%提高到58%做出了应有的贡献。

【政治思想建设】 2016年，通过各类会议、专题讲座、举办培训班等多种形式，在全州工商联系统范围内掀起学习习总书记3月4日重要讲话、中共十八届六中全会等会议和文件精神热潮，在各级商会和非公企业中深入开展以“守法诚信、增强发展信心”为重点的理想信念教育实践活动，举办非公有制经济人士“同心跟党走·共筑中国梦”主题演讲比赛，引导非公有制经济人士在政治上更自信、发展上更自强、守法上更自觉，不断增强企业家的社会正义感、责任感和使命感，做优秀的中国特色社会主义事业建设者。

【开展“两学一做”学习教育活动】 一是分别制定了州工商联在职党员和离退休干部党员学习教育活动实施方案，明确学习目标、学习计划、工作措施等事项，把“两学一做”学习教育融入党组织经常性活动和党员日常管理教育中。二是原原本本学习《中国共产党党章》《中国共产党廉洁自律准则》《中国共产党纪律处分条例》等读本内容，编制印发“‘两学一做’应知应会手册”，组织全体党员2次参加州委统战部组织的“统战大讲堂”讲座及参加“手抄党章100天”“两学一做”书法比赛，与州委统战部联合组队，参加州直机关“两学一做”知识竞赛活动。同时挂牌成立黔南州工商联“支部书记讲堂”，党组书记和支部书记分别上党课，并组织党员开展专题讨论。通过形式多样的学习活动，引导党员全面理解党的纲领，牢记入党誓词，坚定理想信念。三是开展“四进四送”活动，与下乡调研、检查工作等工作相结合，坚持“四个必讲”“三个到一线”等原则，采取多种形式积极宣传“两学一做”活动和各项惠民政策，将学习教育与脱贫攻坚、遍访贫困村贫困户等重点工作相结合，实现了党建扶贫点联村访户全覆盖的目标。圆满完成学习教育活动各阶段工作学习任务，使全体党员干部学习贯彻习近平总书记系列重要讲话精神入脑入心，推动全面从严治党向基层延伸，党的群众路线教育实践活动和“三严三实”专题教育成果得到巩固拓展，进一步解决了党员队伍在思想、组织、作风、纪律等方面存在的问题，保持了全体党员的先进性和纯洁性。

【发挥桥梁作用，搭建参政平台】 一是认真开展调查研究，推动改善发展环境。2016年，州工商联多次深入基层商会、异地商会和会员企业，围绕“优化民营经济发展环境、促进民间投资”、农村电商发展、“开门红”、上规模民营企业等内容开展了6次专题调研，完成了一批高质量的调研报告，其中“促进非公经济两个健康工作创新研究”调研文章被州委政研室评为三等奖。通过调研，为州委州政府及省工商联、全国工商联出台促进民营经济发展政策措施提供了参考，为助推全州民营经济健康发展做出了积极贡献。同时，各县（市）也积极开展调查研究工作，促进县域经济发展。全州各级工商联全年共开展各项调研90余次，拟写调研报告50余篇。

二是积极建言献策、参政议政。围绕党委、政府中心工作，2016年州工商联提交团体提案7件，其中“制定十三五民营经济发展规划的建议”被列为州长督办提案。全州各级工商联界别政协委员在“两会”上共提交提案103件。内容涉及城镇发展、园区建设、社会治理、精准扶贫等各行各业和社会建设方面。工商联界别委员提交提案数、经查立案数、立案率、被列为县（市）重点督办提案数较往年均有明显增加，进一步强化了工商联和民营经济人士参政议政、民主监督的职能。

【开展融资引资活动，助推民营经济发展】 一是通过组织企业及商会与银行对接座谈、投资洽谈等方式，积极助企融资。2016年全州各级工商联共开展融资活动30余次，帮助50余家民营企业融资2.63亿元。其中州工商联与州人行、州工信委组织召开融资座谈会1次，与企业商会开展融资服务3次，到县（市）开展融资座谈会5次，帮助都匀义乌小商品市场融资3000万元；帮助贵州银行开展“政企通”融资座谈会，在荔波县搭建了“政企通”融资平台。各县（市）也纷纷利用工商联资源优势，帮助企业解决融资难题，其中福泉市帮助民营企业融资项目74笔，融资资金达2.08亿元。二是在州政府的统一领导下，牵头开展“2016中国·贵州中小企业跨境投资与贸易合作对接会”系列活动，充分发挥桥梁纽带作用，帮助全州企业与来自美国、英国等24个国家和地区的海外客商进行洽谈合作。全州12家企业与国外企业签订合作备忘录，27家企业达成合作意向，2家企业签约成功，涉及资金28亿元。所获成果进入九个地（州、市）的第一方阵。

2016年，全州各级工商联共开展各级各类邀商引资活动30余次，引进项目46个，引资总额250.13亿元，落实资金5.5亿元。

【开展交流活动，增强友好互信】 一是发挥商会在两地经济交流的优势，增进商会之间友好合作，先后与唐山市工商联、凉山州市工商联、西藏自治区贵州商会、太原市工商联贵州商会等开展考察交流活动，并签约缔结为友好商会，签订了框架合作协议；二是利用黔南建州60周年庆祝活动为契机，邀请黔南州工商联对口帮扶商会和友好合作商会、省内兄弟地（州、市）商会及州直异地（行业）商会共33个商会参加州庆活动，加强与州内外、省内外商会交流合作，增进友谊，促进横向抱团，共同发力，助推区域经济发展；三是5月6～12日，由州工商联组织，部分县（市）工商联及州直属商会负责人（非公经济代表人士）一行10人先后到四川省重庆商会、凉山州工商联（总商会）、云南省贵州商会考察学习，学习他们发展非公有制经济的先进经验和创新工商联工作，以及商会组织建设的成功做法，并就探索提升新形势下工商联工作水平，促进异地商会发展、企业发展战略、经营管理和企业文化建设等方面与工商联同仁、异地商会领导、民营企业家进行了探讨和交流座谈。

【加强基层组织建设，推进商会发展】 指导完成全州商会换届工作和黔南州装饰建材行业协会“协会改商会”工作，成立黔南州装饰建材商会；指导开展黔南州江西商会筹备工作，并于2016年12月12日召开第一次会员代表大会暨成立庆典大会。全年全州各级工商联新增商（协）会13个，其中，州级异地商会1个，县级商（协）会12个。

【拓展服务机制，提高服务能力和水平】 联手推进服务民营经济协作机制。积极发挥统战性、经济性、民间性优势，协调公、检、法、司等政法部门和税务、金融等机构共同构建服务民营经济协作机制，倾力打造银企对接、政企交流、法企对话、税企沟通、企企互动、民营企业“走出去”等“六大平台”，着力构建“亲”“清”新型政商关系，为黔南非公经济健康发展保驾护航。争取州直机关工委批复成立黔南州异地商会联合党委，州工商联党组书记为联合党委书记，依托州工商联进行管理。以建立商会党组织为突破口，以扩大党的工作覆盖面为着力点，努力实现全州商会党组织“两个覆盖”工作。

【着力推进民营企业法律维权工作】 积极争取州中级人民法院、省高级人民法院的大力支持，帮助贵州科之杰新材料有限公司追回上千万元的欠款资金；协调州中级人民法院解决州四川商会张利明副会长的水利工程纠纷案，挽回经济损失200余万元；帮助贵州灵智集团、州湖南商会会员企业紫薇置业开发有限公司协调解决供配电设施建设问题；联合都匀市公安局共同协调解决州福建商会副会长企业紫金皇朝被勒令停止营业案，教育和引导企业加强对员工的法制宣传和培训，确保企业依法合规经营。全州各级工商联共开展依法维权50余件，挽回经济缺失2500万元。

【加强宣传教育培训，推进“两支队伍”建设】 一是积极组织基层商会、民营企业参加省委统战部、省工商联组织的“优秀企业家成长计划”等各类培训班学习12期，培训300人次；二是与国税、中行等部门联合，举办“2016中国·贵州中小企业跨境投资与贸易合作洽谈会黔南州培训会”等3期培训班，培训350人次。瓮安、福泉、龙里等县（市）也利用自身优势，开展形式多样、内容丰富的培训班，培训600余人次，为提高县域经济管理和发展注入新理念、新知识和新动力。三是加强宣传报道力度，充分发挥《中华工商时报》、贵商视讯、《黔南日报》，以及省、州工商联网站、微信工作交流群、公众微信号等新媒体作用，把非公有制企业中的“好声音”“好故事”传播出去，为促进民营经济快速健康发展营造良好社会舆论氛围。2016年共编写简报150条（篇）、党建简报30条（篇），编发工商联信息50期。创建“五好”县级工商联成功后，巧借外力展示“五好创建成就”、讲好“五好创建故事”、提炼“黔南模式”。6月中旬，由《中华工商时报》《民营经济内参》《中国工商》《中国民商》等4家全国性媒体组成的采访组专赴黔南深入采访，刊发了《走进贵州黔南基层商会》《解码“五好”工商联创建的黔南模式》等“五好”创建系列报道，上级和外界反响较好。四是树立典型、示范带动。在2016年12月6日举行的第三届“黔南骄傲”年度人物颁奖仪式上，三都县民营经济人士水仙马尾绣有限公司董事长宋水仙荣获“黔南骄傲”十大年度人物，州女企业家商会副会长、黔南国际标准舞蹈学校负责人张新葑荣获“黔南骄傲”十大年度人物入围奖。五是瓮安、龙里、三都、独山、贵定、荔波等县（市）纷纷召开民营经济表彰大会，在全社会进一步营造了尊重民营企业、尊重民营企业家的社会氛围，进一步激发了广大民营经济人士投身改革、创新发展的热情。

【巩固“五好”创建成果，提升县级工商联整体水平】 2016年3月，全州第二批9个“五好”县级工商联创建县（市）顺利通过省考核组验收，成为全省首家省级“五好”县级工商联全覆盖的地州，比全国工商联规划时间提前2年完成，此项工作被写入黔南州第十一次党代会工作报告。其中福泉市、独山县、龙里县被确认为2015年度全国“五好”县级工商联。为发挥示范引领作用，2016年6月底在独山县召开全州巩固和完善创建“五好”县级工商联成果观摩总结会，营造比学赶超的工作氛围。11月中旬接待黑龙江省工商联对黔南州创建工作检查，圆满完成全国工商联“五好”县级工商联互查工作。

积极促成全省“五好”县级工商联建设工作推进会在福泉市召开，黔南“五好”创建成效得到全国工商联、省委统战部及省工商联的高度肯定。福泉市、独山县、龙里县3个县（市）五好创建工作入选全省十大亮点工作并获得省联授牌。同时，黔南州工商联、独山县荣获“2016年度‘创新中国’工商联（商会）工作特别奖”荣誉称号。

【紧扣州委州政府重点工作，全力推进“百企帮百村”精准扶贫行动和积极开展光彩事业活动】 2016年，全州参加“百企帮百村”村企结对签约民营企业和民间商会共136家，互动走访94次；召开动员会和推进会共50余次，签订责任书260份。结对帮扶项目37个，投资总额9896.6万元，实际到位资金6537.85万元；企业意向捐赠帮扶款项目47个，捐款捐物415万余元；在贫困村投资项目安置就业总人数1867人，年度发放工资2470.2万元；异地招工人数574人，年度发放工资174.8万元；开展采茶、养殖、种植等项目培训人数达3264人次。黔南州龙缘盛豆业公司董事长谭华等10名民营企业家被省委统战部、省工商联授予“荣誉村主任”的称号。州工商联副主席王跃章被推荐为“百企帮百村”精准扶贫先进人物。

全年全州各级工商联积极开展光彩事业主题活动，引导会员和民营企业家致富思源、回报社会，自觉履行社会责任。全年全州各级工商联、商会和民营企业家共捐赠各类资金近1170.5余万元。

（吴邦敏）

·群众团体·

QUN ZHONG TUAN TI

黔南州总工会

【概况】 2016 年为“十三五”开局之年，黔南州总工会切实贯彻中央、省、州党的群团工作等会议精神，按照《中共中央关于加强和改进党的群团工作的意见》《中共贵州省委关于加强和改进党的群团工作的实施意见》《中共黔南州委关于加强和改进党的群团工作的实施意见》，围绕黔南“3366”发展思路和“富民强州、同步小康”总目标，以工会“五做”为主抓手，通过工作调研，结合县乡工作实际，整合政策资源，采取州县乡联动共同商洽创先争优工作机制，形成组织体系和服务体系共同推进的工作格局，努力发挥工会作用，引导广大职工听党话、跟党走，切实履行工作职责，积极作为，推动建设国家生态文明试验区建设工作。通过开展“两学一做”学习教育，全面推进工会“五大行动”的深入开展，重点打造工会特色和亮点工作，狠抓各项工作的落实，州委、省总工会下达的各项工作任务全面完成或超额完成。

2016 年，一是通过召开“黔南州总工会十届七次全委会”，对全州工会工作进行安排部署，与各县（市、区）工会签订了目标管理责任书，把省总各项目标任务、考核指标进行细化分解到县（市、区）和州直基层工会；二是把县市重视工会工作、工会班子建设、基层工会规范化建设等工作列入工会目标考核重点内容，继续深化州县乡三级联动工作成果；形成州总工会按季度调研督查、州县两级工会班子沟通会商的工作机制，整体推进工作。三是重点抓好会员教育与职工服务工作，分类指导，形成以县市为主体，乡镇园区为枢纽，基层组织为主角，广大会员职工为对象，工会为纽带，抱团打造的工作格局。

【劳动竞赛深化拓展】 广泛开展“当先锋、创新业、立新功”“当好主力军、建功十三五　创新促发展”等主题劳动竞赛；围绕全州重点工程、重大项目建设，扎实开展建功立业竞赛活动，组队参加贵州省第五届手工制茶技能大赛，各类竞赛参与人数较 2015 年有较大幅度增长。龙里、都匀等县（市）形成地方劳动模范和先进人物的培育和选树机制。结合地方特色和会员驿站建设选树工匠共 340 人，其中农民工匠 266 人，涵盖农技（种养殖）、旅游、餐饮、工艺品制作、工程技术等 20 多个领域。大力弘扬劳模精神。通过各类劳动竞赛，推荐上报全国五一劳动奖章 1 名，全国工人先锋号 1 个，省五一劳动奖状 2 个，省工人先锋号 5 个，省五一劳动奖章 6 名。努力在各类网络、报刊、新兴媒体宣传和弘扬劳模与工匠精神，劳模进讲堂、进企业等活动广泛开展。

【和谐企业持续创建】 2016 年，联合州委统战部、工商联下发《关于进一步加强非公有制企业组建工会工作的通知》，在都匀经开区、惠水县工业园等农民工相对集中的园区开展农民工集中入会行动。企业工会组建率动态保持90%以上。协调人社、工商联等部门联合下发《关于开展工资集体协商集中要约行动的通知》和《关于开展专项聘请工资集体协商指导员的通知》，每县（市）配备1~2名工资集体协商指导员，并实行月考评和年考核，在龙里等县开展了集中指导工资集体协商要约行动。已建工会企业工资集体协商建制率动态保持在90%以上，百人以上已建工会企业工资协商建制率保持在95%以上。牵头协调组织、人社等5部门联合下发《黔南州厂务公开民主管理联席会议制度》，强化对厂务公开民主管理工作的领导和协调，有力推动了全州厂务公开民主管理工作深入开展，确保建会企业厂务公开、职代会建制率动态保持90%以上。结合会员普惠服务，加强工会服务大健康工作的调研，加强与州卫计、教育、人社、财政、扶贫、都匀市医院等单位的协作，积极探索工会服务大健康工作。在荔波小七孔、金海雪山、四季花谷、龙架山等景区景点和贵定天福高速服务区等女职工集中的企业、单位建成“母婴温馨小屋”16家（其中省级14家），为女职工及婴幼儿提供了服务8000余人次，得到新华网等多家主流媒体报道。

【维权帮扶扎实推进】 2016年共筹集“两节”送温暖慰问资金566万元，慰问劳模、困难职工（农民工）8409人，结合精准扶贫和基层党建抓好党建扶贫工作，“六一”期间开展关爱留守儿童“微心愿”走访慰问。全州工会协同人社、妇联、团委成功举办2016春季“春风行动”大型系列专场招聘会32场次，帮助2143名下岗职工（农民工）和社会无业人员达成就业、再就业意向。扎实开展“保障农民工工资支付专项行动”，帮助成功化解农民工欠薪投诉18起，8157名农民工追讨欠薪7723.2万余元。通过“12351”职工维权咨询热线及来信、来访360余人次，全州没有发生过职工群体性集中上访事件和恶性上访事件。以女职工维权行动月活动为载体，助推各项活动开展。“雁归圆梦”百千万行动，共培育14家返乡农民工创业示范企业（惠工贷），选树“创业之星”117家。投入202.74万元开展助学活动，资助926名学子“梦园金秋”，启动职工医疗健康互助工作。

【职工素质全面提升】 2016年，大力开展职工培训工作，选调40多名干部参加省总工会和全国总工会调训，与州委组织部、州人社局和州委党校合作办班，开展工会知识进党校，培训工会干部100人，相关单位主要领导出席并授课。广泛开展“劳动模范和先进人物上讲堂”、弘扬黔南精神系列活动，全州开展劳模和先进人物宣讲200余场次。加强职工文化阵地建设，申报省级职工书屋16家。举办“2016年都匀地区‘五一’迎州庆职工健身徒步活动”等大型活动，万名职工群众参与。选拔、组队参加省职工羽毛球决赛。深入开展“女职工素质提升工程”读书活动。组织开展换届知识及年终目标考核业务培训班、基层工会干部业务培训班、工会办公室与统计业务培训班、经审财务培训班等，培训学员300人次。

【绿色发展聚力参与迈出新步伐】 围绕生态文明体制改革，切实贯彻省总工会十三届五次全委会议精神，推动绿色发展、建设生态工会文明，在荔波县召开州县乡工会三级联动弘扬工匠精神推动生态黔南建设誓师大会，广泛深入开展以“绿色、低碳、环保”为主题的节能减排达标竞赛和“我为节能减排做贡献”活动，积极加强与环保、发改等部门的协作，参与各类节能减排宣传和主题活动，不断创新活动的新途径、新载体，各项指标比2015年同期有所增长。引领广大职工群众坚持发展优先、生态优先、民生优先，实施大扶贫、大数据、大健康、大旅游、大物流、大文化“六大战略行动”和农业“185”、生态环境、改革开放、创业创新、基础设施、民生福祉“六大提升工程”，为建设活力、和谐、生态、包容、幸福“五个黔南”而不懈努力。

【工会自身建设和创新工作】　一是通过打造职工教育基地和会员服务基地创建活动推动会员普惠服务。为践行创新、协调、绿色、开放、共享五大发展理念，深刻领会建设活力黔南、和谐黔南、生态黔南、包容黔南、幸福黔南的实践意义，深化工会“五大行动”，引导职工听党话、跟党走，全面提高会员职工的工作技能和综合素质，加强职工群众思想教育，让广大会员职工共享改革和发展成果，让会员享受到普惠政策和优先优惠服务。上年州总工会对条件比较成熟的既能提供职工教育实践又能提供会员普服务的荔波全域旅游景区和都匀茶产业基地等首批单位进行了授牌，县市结合各地资源自行打造、申报，一批优质的职工教育与实践基地（服务驿站、点）应运而生，州、县、乡加基地（站点）的网络化会员服务体系基本形成。全州工会会员服务卡已发行11万张，全州志愿为工会会员提供优先优惠服务的商家单位达210余家。结合会员普惠服务推动规范基层工会会费使用，按照州“两办”关于规范机关事业单位职工福利精神，指导全州机关事业单位工会福利发放工作。通过一系列的促进、推动，基层工会主动建立、换届，融入工会工作活动成为一种新常态，地方总工会影响力和凝聚力不断增强。

二是通过建立女工技能培训基地，搭建女职工再就业平台。州总工会女工委以帮助下岗女职工、女农民工提高技能为重点，积极为女职工搭建实现再就业的平台。2016年年初，对全州家政市场和家政企业进行调研，就如何组织生源、拓展市场、获取政策支持等问题为家政公司提出指导意见，组织州内家政公司职工参加全省家政技能大赛，将“匀妹子”家政公司作为黔南工会首家女工培训基地。2016年，工会共与该公司联合培训班举办12期，418名下岗女职工、女农民工顺利结业，成为深受市场欢迎的“月嫂”“护老”和“家保”（家政服务）人员。全总、省总对此项工作给予了充分肯定。

通过一系列工作的推动，2016年各类机关、企事业单位积极主动地开展工会组建、换届、工会专用账户开建等工作，基层工会经费使用逐步规范，地方工会经费财政计拨水平逐步提高。基层活、会员动，基层工会从被动性参与或“被参与”工会活动，到自觉开展工会工作和职工活动成为一种新常态，基层反响良好，党政关心重视、部门协同配合，工会在团结动员广大职工听党话、跟党走，实践党的理念、建设“五个黔南”方面迈开了新的步伐，工会工作呈现出良好发展态势，工会的影响力和凝聚力达到了新的高度。

（罗光卫）

中国共产主义青年团黔南州委员会

【概况】　2016年，共青团黔南州委在州委、州政府和团省委的正确领导下，深入学习贯彻中共十八届六中全会、习近平总书记系列重要讲话和省委十一届八次全会、团十七届五中全会、州第十一次党代会、团省十三届五次全会精神，围绕实施大扶贫、大数据两大战略行动，黔南“3366”发展战略和加快打造民族地区创新发展先行示范区的要求，落实共青团改革要求，深入推进各项重点工作，不断提高共青团工作和建设的科学化水平，充分发挥共青团组织的政治优势、组织优势、人才优势和网络优势，努力推动黔南共青团工作实现新发展。

【青少年思想政治教育工作】　2016年，青少年思想政治教育工作，一是开展纪念五四运动97周年主题活动、“铭记历史·不忘初心·奋勇向前”纪念“一二·九”运动81周年系列活动、“我为州庆来献礼·编织多彩青春梦”语言艺术大赛、圆爱工程——关爱留守儿童系列行动等全州主题教育活动60余场次，参与青少年10万余人次。二是开展“五四”优秀典型评选表彰，全州136名团员、114名团干部、67个团委（团总支、团支部）荣获州级优秀共青团员和团干部、五四红旗团委和团支部表彰。经申报推荐，全州5名团员、2名团干部、10个团委（团总支、团支部）荣获全省优秀共青团员、团干部、五四红旗团委和团支部表彰。

【突出抓新媒体阵地建设工作】 2016年，一是组建州级、县级、高校共青团微博、微信公共平台36个，每日信息推送量120余条。二是与电视台、报社、黔南热线建立宣传合作伙伴关系。编发共青团信息简报64期，编发移动手机报7期，发送信息200余条。三是推进网络文明志愿行动，着力构建“清朗网络”空间。组建153人的青年网络宣传员队伍，组建黔南州网络宣传员微信群，组织参与“网络文明志愿宣言”“我为核心价值观代言”“纪念长征胜利80周年”等网络文明志愿活动17次。四是推进“青年之声”互动社交平台建设，加强与青年沟通联系。全州12个县（市）开通青年之声，并配备人员负责。2016年新增4个高校“青年之声”平台。平台专家数达1512名，提问数11270条、回答数16172条。单个问题最高回复数达675条。

【“两学一做”学习教育】 2016年，深入贯彻习近平总书记系列重要讲话特别是对青年和共青团工作、视察贵州时的重要讲话精神，推动全面从严治党、从严治团向基层延伸。开辟“两学一做”学习教育宣传专栏，编发活动简报，开展学习交流，展示活动成果，营造学习氛围。开展“两学一做”主题党课巡讲。由团州委主要负责人带队，到团州委党支部帮扶村荔波县尧古村等开展巡讲，扎实开展“四进四送”活动和微心愿进校园活动。制定下发《关于在全州共青团开展“团干部如何健康成长”大讨论活动的实施方案》，举行州级团干部和青年干部如何健康成长座谈会。开展团的机关干部深入基层服务工作，要求全州各级团的机关干部每周至少1个工作日到青年数量较多的企业、农村、机关、街道社区直接指导帮助基层团组织开展工作。

【基层组织建设】 2016年，新建州直州属单位团组织5个。整合微笑小屋、留守儿童自立自强中心、党员之家等阵地建立青年之家平台，共建州级平台1个，县级平台12个，街道平台10个，乡镇平台22个。扎实推进团干部直接联系青年“1+100”工作。“‘1+100’数据库”共录入团干部信息164名，联系青年数23547人。新建非公团组织51个，超额完成省下达目标任务。是年，召开全州中职共青团“强基固本”工程推进会，并对中学共青团工作提出具体要求。组织各县（市）和州直州属单位的60名青年骨干到广州市团校进行助力脱贫攻坚团干部培训班。

【服务青年就业创业工作】 2016年服务青年就业创业工作，一是利用春节在外务工人员返乡高峰期，开展圆爱工程—返乡农民工千场宣讲活动130场次，将宣传活动与“大众创业，万众创新”结合起来，鼓励动员返乡农民工到农村创业就业，营造了良好的创新创业氛围。二是联合安监部门在全州创建青年安全生产示范岗35个。三是深化“多彩贵州创在乡土”青春扶贫行动，开展2016“盐商杯”多彩贵州创在乡土大赛黔南预赛，推选出3组优秀意向创业组和3组优秀正式创业组代表黔南州参加省级评选。

【拓展春晖行动】 2016年，一是开展“春晖扶贫——我与家乡共话发展”春节系列活动186场次，礼聘“春晖使者”280名，筹集春晖助学资金33.9万元。二是开展“春晖梁才助学计划”招生和春晖云校智慧教育云平台项目申报工作，全州12所学校获得价值405.6万元的资助。三是开展“春晖行动—致公教育”助学活动，全州5名农村小升初贫困学生免费到北大实验附中就读。四是在全州各大中专院校开展春晖感恩系列教育活动共6场。

【深化山区希望工程】 2016年，一是新建惠水县中华联合希望小学、平塘县巍巍希望小学等3所希望小学。二是开展“小习酒义卖”公益创业实践活动，受助学生200余人。三是开展“习酒·我的大学”“国酒茅台·国之栋梁”、新世纪女大学生教育基金等爱心助学活动，助学资金636.98万元，受助学生1732人。四是开展“第三届TCL”乡村优秀教师评选表彰等活动，18名教师获得省级表彰，获得9.6万元的奖励。五是开展青年之声“关爱留守儿童·与爱一起成长”圆爱工程图书捐赠活动，共募集捐助金735074元，捐助图书37315册。六是开展“圆爱工程—关爱留守儿童物资捐赠活动”，募集价值12万元的冬衣冬鞋，发放到400名留守儿童手中。

【强化青年志愿者行动”】 2016年，组织动员上千名青年志愿者，在州庆60周年、都匀毛尖（国际）茶人会、第三届中国物流（都匀）国际峰会暨商贸物流博览会等重大活动中，提供嘉宾接送、会场礼仪、文艺演出、后勤服务等志愿行动。开展服务春运“暖冬行动”“学雷锋”“保护母亲河·美丽中国梦”等志愿服务活动。组织参加首届贵州省首草“自强少年”评选活动，共31名优秀青少年获赠1.7万元助学基金。开展以“圆梦行动·爱心助考”为主题的“爱心车队送考”“高考爱心驿站”“服务高考安静工程”等志愿服务活动。

【强化维权和预青工作】 2016年，召开全州预青工作会，在全州组织开展“花季护航—法治精神进校园”“轻松备考·12355与你同行——考前减压讲座”阳光行动等活动20余次。围绕“雨露工程”新建留守儿童自立自强中心项目7个。组织青年志愿者在全州31个留守儿童自立自强中心开展亲情陪护、课业辅导、心理疏导等服务，覆盖留守儿童1150人。

（陆 杨）

黔南州妇女联合会

【概况】 2016年，州妇女联合会认真贯彻落实中共十八大和十八大六中全会、省委十一届八次、州委十届七次全会精神以及中央、省、州党的群团工作会议精神，以深入开展“两学一做”学习教育活动为契机，紧紧围绕“守底线、走新路、奔小康”战略目标，立足于“一手抓维权，一手抓发展”的工作方针，以创新、协调、绿色、开放、共享五大发展理念为指引，以保持和增强政治性、先进性、群众性为目标，以联系和服务广大妇女群众为根本，聚焦“巾帼脱贫行动”，坚持面向基层，服务妇女，开展妇女干部培训，在维护妇女儿童权益，妇女创业就业，关爱妇女儿童（留守儿童）工作等方面做了大量工作，促进全州妇女儿童事业的发展。

一、妇女干部培训

2016年，妇女干部培训，一是与州委组织部联合举办1期妇女干部培训班。6月13—22日，与州委组织部在上海复旦大学联合举办了为期10天的全州妇女干部能力提升培训班，培训学员来自州直有关部门、三八红旗手、妇联执委、各县（市）分管联系领导、妇联主席、业务骨干等共68人。二是举办《反家暴法》和《农村妇女土地确权登记》培训。来自全州13个县（市、区）60多名妇联干部参加了此次培训。三是开展电商培训工作，促进妇女就业创业。州妇联于9月组织50名农村妇女在省内贸学校开展了为期5天的电商培训。培训中采取理论和实际相结合的方式，以实际操作为主，重点培养动手实战能力，让农村妇女能通过培训自建网店，销售产品。四是认真贯彻落实政府工作报告，完成培训绣娘1000人任务。2016年，共争取各类项目资金154万元，完成绣娘培训19期1572人，圆满完成州政府安排的工作任务。

二、维护妇女儿童权益

2016年，开展“三八”维权周大型宣传活动。牵头组织州司法局、州公安局等13个单位，50余名法制宣传巾帼志愿者在都匀市举行“建设法治贵州，黔南在行动——维权服务进社区、进家庭、到身边”为主题的维权宣传活动，发放各类宣传资料近2万份（册），为群众提供免费咨询近800人次，开展义诊500余人。

举办《反家暴法》和《农村妇女土地确权登记》培训。来自全州13个县（市、区）60多名妇联干部参加了此次培训。

做好来信来电来访工作。2016年全州妇联组织共接待上访案件269件（其中婚姻家庭权益230件，劳动和社会保障权益17件，人身权益6件，财产权益5件，文化教育权益6件，其他综合权益5件），处理率97.9%；其中州妇联接待上访案件11件（其中家庭暴力1件，家庭纠纷3件，离婚投诉案件4件，配偶有外遇1件），办结率100%。

继续深化“平安家庭”“流动妇女平安之家”、基层维权岗的品牌作用，切实维护妇女儿童合法权益。深入开展“爱心妈妈”结对帮扶等关爱留守妇女、留守儿童活动，多举措维护妇女儿童合法权益。2016年，全州爱心妈妈参加活动5600余人次，爱心捐款捐物约30多万元。联合州公安局反拐大队和“宝贝回家志愿者协会”开展“大爱黔南.宝贝回家”寻亲活动，共收集整理100个黔南州被拐孩子寻找家人的信息在广场大屏幕进行滚动宣传，并为失去孩子的父母进行网上寻亲登记。

三、妇女创业就业

以“百万妇女创新业”活动为载体，加大巾帼示范基地创建工作力度。2016年共创建申报全国巾帼脱贫示范基地9个，省巾帼脱贫示范基地4个，基地分别开展了农村实用技能培训，共培训了9093名农村妇女，解决了1300名建档立卡贫困妇女就业问题。如，独山县鑫蕊水苔种销农民专业合作社解决361名贫困妇女就业；福泉市黄丝江边精品水果种植基地，解决150余名妇女就地就近务工，增收致富；都匀市“匀妹子家政服务公司”，培训待业、失业、贫困妇女223人，有97名已从事家政服务、月嫂、育婴、陪护等工作。

积极抓好报锦绣计划项目申报、培训。2016年向省妇联推荐上报绣计划培训项目10个、创意设计项目6个、第三批合作创新创业基金项目培训项目3个，共获省补助资金资金66万元（含绣娘大赛补助经费6万元）。2016年各级妇联共争取各类项目资金154万元，完成绣娘培训19期1572人。

着力打造一批妇女手工骨干企业，推动妇女手工企业的发展。如：三都县凤之羽民族文化传播有限责任公司、三都县水仙马尾绣有限公司、贵州亘蓝母图民族布艺腊染开发有限公司、贵州唐人坊文化创意有限公司”、都匀市苗艺民族工艺有限责任公司、贵定县弘盛黔民族文化贸易有限公司等具有带头引领导作用的妇女手工企业。贵定县弘盛黔民族文化贸易有限公司2016年带动从业人员150人，年产值达500万元，实现年利润150万元。

稳步推进妇女小贷工作。2016年全州共发放妇女小贷916户，7953万元，带动9700余名妇女创业就业。

2016年，组织100名绣娘开展“巾帼脱贫、锦绣圆梦”——黔南绣娘喜迎建州60周年成果展暨第二届妇女特色手工技能大赛，评选出一等奖3名，二等奖9名，三等奖18名。并积极组织10名绣娘、3名腊染能手，参加省“巧手脱贫锦绣圆梦”妇女手工技能大赛，并取得特等奖1名、二等奖1名、三等奖2名、优秀奖9名的好成绩。

开展“春风送岗”服务。2016年的“春风行动”专场招聘会共有82家州内外企业、单位参会，提供5392个岗位，吸引近万人进场，其中：达成就业意向4073人。其间，各县（市）均与有关单位联合举办了2016年“春风送岗”现场招聘会，据统计全州“春风送岗”活动共成功为3934妇女提供就业岗位。

四、关爱妇女儿童（留守儿童）工作

一是积极牵头调研，代政府草拟了《黔南州进一步做好农村留守妇女关爱服务工作的实施方案》，并促成州委出台文件，积极组织开展关爱留守妇女的系列活动。二是“三八”节期间组织开展“巾帼在行动，旗袍丽人行”系列公益活动启幕仪式，活动现场向平塘县掌布乡留守儿童之家捐赠“心禾”阅览室；同时举行了“让妈妈回家、让留守儿童不再留守”的绣娘工坊签约仪式，让平塘县掌布乡留守妇女实现在家门口创业的梦想。三是“六一”国际儿童节期间，由四家班子带队，州妇联、州妇儿工委办牵头组织，相关部门参与的5个“六一”慰问组对全州各县（市）部分学校、幼儿园以及贫困儿童家庭、留守儿童、特殊困境儿童等进行走访慰问。开展2016年黔南州庆祝建州60周年六一国际儿童节大型文艺演出暨“共沐温暖阳光·让爱留守”三年关爱行动启动仪式，撬动社会力量开展对特殊困境儿童的三年关爱行动；为都匀市十三小留守儿童学校建心理咨询室1个，捐赠1万元的设备，聘请心理咨询师7人，且每个星期五到学校开展义务心理辅导；同时，促成妇儿工委成员单位、“国际标准舞学校”、企业等到留守儿童学校、特殊学校等开展为期3年的建设帮助、艺术支教、为全州孤儿免费配眼镜等，并为都匀市第三中学牵线到爱心人士帮助支助12名贫困学生完成3年学业等关怀帮扶活动。在龙里县湾滩河镇新龙村（社区），实施“儿童快乐家园”公益项目。四是开展了“生态之州欢迎你·我是文明小导游”风采大赛，全州48名中小学生参加了比赛。同时组织代表到贵阳参加省级决赛并获得小学组二等奖两名，中学组一等奖、三等奖各一名。五是开展“蒲公英”助学关爱行动，争取省妇女儿童基金会助学资金帮助16名考上大学的学生，资助每人5000元。六是认真实施春蕾计划。争取省妇联儿童部助学资金资助都匀一中、二中、三中女童共150名，每人1200元生活补助，共计18万元。七是开展“我爱我家·同悦书香”亲子阅读活动。下发《关于开展黔南州2016年“我爱我家·同悦书香亲子阅读活动的通知》；八是组织小学生参加全省“共享阳光”围棋比赛；5月28日，组织参加“共享阳光，快乐成长”贵州省第五届小学生围棋比赛，并获得三等奖和优秀组织奖；九是认真贯彻落实州委常委会工作要点，发挥妇联桥梁纽带作用，开展“孤儿夏令营”活动。7月19—25日，与黔南州财政局共同举办“爱心启航·圆梦北京”关爱孤儿夏令营活动。来自黔南州13个县（市、区）的35名孤儿参加了此项活动；7月21—24日，组织平塘县、惠水县、黔南州特殊学校、都匀市特殊学校、黔南州启航学校的40名留守儿童、特殊儿童到广州市开展了为期4天的“共享阳光·圆梦广州”——2016年第三期关爱留守流动儿童夏令营活动。十是认真做好“两癌”筛查工作。2015年黔南州共争取到了全国妇联“贫困母亲‘两癌’救助专项基金”64万元，救助“两癌”的贫困妇女64名，2016年网上填报363名需救助“两癌”的贫困妇女。

【“明礼知耻　崇德向善在家庭”主题实践活动】 2016年，开展“明礼知耻　崇德向善在家庭”主题实践活动。一是3月8日，在州委五楼会议室召开纪念“三八”国际劳动妇女节106周年表彰大会，州四家班子分管领导、全州各族各界妇女代表共180人出席大会。会议对在2015年“明礼知耻·崇德向善在家庭”主题活动中涌现出的先进集体和先进个人进行表彰。其中：24户家庭获“最美家庭”荣誉称号，10人获“十佳慈母”称号，10人获“十佳贤妻”称号，10人获“十佳孝女”称号。二是3月7日黔南州妇联牵头相关部门在铁路俱乐部开展庆“三八”健身操（舞）比赛；开展“旗袍中国　印象黔南——巾帼在行动　旗袍丽人行”公益系列活动。三是在建党95周年、建州60周年来临之际，为弘扬社会新风尚，传承家庭美德，6月29日下午由黔南州委宣传部、州妇联、州文明办、州妇儿工委办共同举办的以“展巾帼风采·爱在行动”为主题的《黔南骄傲——明理知耻·崇德向善》第三期电视人物访谈在黔南电视台录播大厅进行。本期专访通过对乐于助人，见义勇为，倡导社会正能量的勇敢大妈——王友群；对特殊群体，开展特殊教育，奉献无尽关爱的州特殊学校副校长钟晓蓉、启航学校校长刘源以及罗甸四小校长汪付珍以及奋战在医疗救护一线岗位上的白衣天使李玫、姚静、王华平等7位女嘉宾的访谈，传播社会正能量，弘扬中华民族女性传统美德，展示巾帼新风采。三是州妇联到平塘、福泉等地开展“2016年新春慰问活动暨明礼知耻·崇德向善在家庭主题实践活动启动仪式”，并走访慰问留守儿童、留守妇女。2016年3—5月，全州各级妇联在群众推荐、评议的基础上，共推荐“最美家庭”51户、“慈母（父）”10人、“贤妻（夫）”

10人、“孝女（子）”10人，经会同州文明办共同研究，共评选出30户州级“最美家庭”，向省妇联推荐“最美家庭”3户参加全国“最美家庭”评选。积极向省妇联推荐上报全省城乡妇女岗位建功先进集体（个人），其中，长顺县妇幼保健院、州财政局两家单位获评巾帼文明岗，宋文英、杨婕、钟小蓉等3位获得巾帼建功标兵，黔南州启航学校、贵定县泉水鸭蛋养殖农民专业合作社、惠水县奇峰种植农民专业合作社获评贵州农村岗位建功先进集体，张清乐、陈青、姜帮琴获得农村科技致富女能手称号。

【组织工作】 2016年，一是出台了《黔南州妇联关于扩大基层组织成员工作的实施方案》，并与黔南州民政局联合下发《关于在全州第十届村（居）民委员会换届选举中妇女参选参政的通知》，分别在黔南州北部和南部选取福泉和荔波两个具有代表性的县（市）作为全州试点。其中，福泉市8个乡镇（街道）均设主席、副主席、常委、执委，为确保有人干事，能干事，干成事，妇联主席均由副科级女干部担任，并设一名专职副主席。在全省率先完成扩大基层妇联组织成员中村级妇联选举工作，76个村（社区）妇代会全部更名为妇联，设主席、副主席、执委，并实现村（社区）妇联主席全部进入村“两委”班子成员，夯实了基层妇联组织力量。在实现全州妇联组织网络全覆盖、吸纳优秀人才，优化妇联队伍结构、夯实队伍基础，提升妇联能力水平等方面取得了一定的成绩。二是与文明办、民政、团委部门联合下发《黔南州妇联关于开展2016年星级示范妇女之家创建活动的通知》；全州各县（市、区）分别成立了县（市、区）、乡镇（办事处）、社区（村）三个层面妇女之家建设领导小组。全州在已创建的1375个“妇女之家”基础上，2016年指导创建申报省级星级“妇女之家”5个，创建州级星级“妇女之家”18个。将都匀市广惠办事处平桥社区、福泉市龙昌镇龙昌社区等6家妇女之家为州级“五星级示范妇女之家”；荔波县玉屏街道城东社区、长顺县八妹农副产品有限公司等12家妇女之家为州级“四星级示范妇女之家”。同时将都匀市广惠办事处平桥社区妇女之家、福泉市龙昌镇龙昌社区2家妇女之家，贵州盛华职业学院民族文化传承中心贵州唐人坊文化创意有限公司、贵州电网有限责任公司都匀供电局、黔南州国家税务局2家妇女之家分别作为创建省级五星级、四星级“妇女之家”示范点。并通过创办“微笑小屋”“妇女健身学堂”等特色项目，把“妇女之家”打造为深受妇女、儿童欢迎的关爱之家、成长之家和文明和谐之家，创建成效显著。

【宣传工作】 2016年，宣传工作一是以黔南建州60周年契机，从各县（市）精选了12个各类具有代表性的妇女创业脱贫典型，通过《黔南日报》在建州日（8月8日）进行了一个版面的报道。二是在《当代贵州》2016第29期第43页刊登了“凝聚巾帼力量、共建和谐黔南”文章。三是在中央传媒报道黔南州妇女工作30篇，在省级传媒报道33篇。四是通过微信公众号、微博以及“今日头条”对黔南州妇女工作宣传报道，共发布信息500余条，在全州范围内成立网宣员、网评员队伍共计320余人。

【推动规划实施】 2016年，根据州妇儿工委的安排，州妇儿工委办积极牵头组织召开了《黔南州妇女儿童发展规划（2011—2015年）》终期评估报告专家评审及工作推进会议共3次，及时下发《关于做好“两规”终期评估验收及新规划编制督查督导的通知》，全州组成5个州级督察督导组对全州开展了为期10天的督察督导工作。并联合州妇儿工委有关成员单位积极开展助推“两规”实施的相关活动。“十三五”妇女儿童发展规划已编制完成。

（杨昌静）

黔南州科学技术协会

【概况】 2016年，在州委、州政府的正确领导和省科协的关心指导下，黔南州科协紧紧围绕州委创新驱动、发展带动、“一圈两翼”战略部署，认真履行“三服务一加强”工作职能，团结带领全州科协组织和广大科技工作者，在服务经济社会发展、提高全民科学素质、提升学会服务能力、增强企业自主创新能力、推进科技成果转化、深化科技人才服务工作等方面发挥了积极作用。

【开展科普宣传】 组织科协干部、科普志愿者参与2016年度“三下乡”、科技活动周、天文科普活动日等主题活动，举办科普宣传20余场，制作纸杯、环保袋、笔等科普宣传品，结合科普活动向群众免费发放。邀请中国科学院武向平、张景中、陈润生等院士专家到黔南举办科普报告会、科普讲座6场，协助中国科协“流动科技馆”到罗甸、独山等县进行巡展，协助贵州省科协在惠水县举行“贵州省2016年全国科普日活动启动仪式”。全年，发放科普宣传资料1万余份册，在都匀新建3个LCD科普宣传橱窗。为贵定、瓮安等县（市）获省科协资助建设“科普中国农村e站”12个，相关县（市）匹配建设10个。

【科普项目申报】 2016年，全州有6个协会、1个科普示范基地、2个农村科普带头人获中国科协和财政部项目“基层科普行动计划”项目表彰，获奖补资金170万元。贵定县、惠水县获省科协科技扶贫项目，龙里县、长顺县、三都县、瓮安县获省科协科技致富“二传手”培训工程项目，龙里县第三中学、荔波县茂兰中学获得中国科协农村中学科技馆公益项目资助。

【开展学术活动】 2016年，围绕州委、州政府中心工作主办“创新创业知识公益讲座”“互联网新电商营运沙龙”“黔南州新型城镇化与城乡统筹发展学术交流”等学术活动11场。州级学会举办学术活动36场，州消防协会、州麻风病防治协会、州药学会、州医学会等学会参与行业宣传活动50余场。

【青少年科技教育】 2016年，举办“黔南州第13届青少年科技创新大赛”，征集参赛作品786幅（件）。选送172幅（件）作品参加省第31届青少年创新大赛，90件作品获奖，都匀市科协获省科协表彰的优秀组织奖。组织都匀、贵定、福泉等7个县（市）1004名学生参加2016年全国中学生生物学联赛初赛，推荐120名学生参加省级复赛，获一等奖2名、二等奖16名、三等奖37名。组织开展贵州省第三届青少年科普知识竞赛，有4750人报名参赛。选拔20名优秀中学生参加在中科院昆明分院举办的“高校科学营活动”。

【表彰申报】 推荐1人获中国科协等部门颁发的《全民科学素质行动计划》“十二五”实施工作先进个人称号，推荐5个集体和9个个人获贵州省第五届科普工作先进集体和先进个人表彰，申报2家单位获得第三批贵州省科普教育基地创建单位。申报平塘500米口径球面射电望远镜基地增补为第二批贵州省科普示范基地，入选2015—2019年度全国科普教育基地。福泉市、荔波县获中国科协命名的首批2016—2020年度全国科普示范县（市、区）称号。黔南州科协和龙里县科协获中国科协全国科普日特色活动优秀单位表彰。

【组织开展“百万公众网络学习”工程活动】 整合州内电商站点资源，以资金、设备补贴的形式在独山县、平塘县、罗甸县新建10个免费网络学习站点，拨付经费补助12县（市）开展成效测试活动。2016年10月28日，在三都县举办“第三届黔南州全民科学素质知识大赛”，15支代表队参赛，龙里县代表队获得一等奖。11月12日，组织人员参加“第三届贵州省全民科学素质知识电视大赛”，黔南州获二等奖。2016年，全州有168566人参加网上答题成效测试，开展网上答题306781次。

【创建“黔南州科技信息服务站”】 联合州科技局、工信委建立黔南州科技信息服务站，组织州内105家企业注册加入专利信息资源库网络平台。2016年8月25日，举办“黔南州科技信息服务站”授牌仪式暨企业专利应用工程师培训会，省科协巡视员路贵到会授牌，邀请原中国科协咨询中心主任盛小列及中国科协企业创新服务中心处长刘倩对已注册的企业专利应用工程师进行培训。根据注册企业需求，组建由州内中级以上职称专家30人组成的专家技术服务团，对州内重点企业开展专利信息应用服务，培育企业专利信息应用典型案例10例。

（林　萌）

黔南州社会科学界联合会

【概况】 2016年，黔南州社科联紧紧围绕州委、州政府中心工作和发展大局，在省社科联、州委宣传部的指导下，全面推进社科工作。一是整合社科资源，完成“贵州省2016年创新理论课题”申报工作、多形式开展“社科理论走基层”“社科普及周”活动。二是发挥社科职能，扎实开展各项工作。参加“三下乡”活动、“进茶园”活动，举办2016年贵州省社会科学学术年会等活动。三是走访重点学会、协会、研究会，制定了走访计划，深入重点学会、协会、研究会，了解学会工作开展情况。四是扎实开展同步小康驻村工作，安排了1名干部挂任瓮安县岚关乡章阁村驻村干部。

【开展创新理论课题申报工作】 2016年3月至9月，根据贵州省社科联《关于申报2016年“贵州省社科联理论创新课题”的通知》文件精神，黔南州社科联制定并下发了《关于申报2016年“贵州省社科联理论创新课题”的通知》，成立了组织机构，一是成立以州社科联党组书记、副主席周保东为组长，潘培光副主席为副组长、社科联兼职副主席及部份常委为成员的领导小组，下设办公室，潘培光为办公室主任，负责申报工作具体事务。二是成立黔南州课题评审评审组，组长由黔南民族师范学院党委书记石培新但任，副组长由社科联党组书记、副主席周保东担任，成员为黔南民族职院院长饶辉，黔南民族师范学院副院长、教育学教授、博士、州社科联兼职副主席黄胜，中共黔南州党校副校长、州社科联副主席胡礼贵。

申报和评审工作，按照省要求，在认真审读成果和民主评议的基础上，进行无记名投票表决，确定推荐成果。推荐的成果必须获得到会评委二分之一以上赞成票方为有效，并按名额从高到底确定入选成果。4月7日，经过集中评审讨论，评选出来的四项创新课题为州社科联编辑部副部长李小罗的《农村生活垃圾治理最优化路径研究——以黔南州为例》、黔南民族师范学院讲师王曼君的《利用民族音乐提升黔南民众幸福指数的研究》、中共平塘县委党校讲师王福帅的《民族地区“空巢村”治理与区域农业可持续发展研究》、中共黔南州委党校讲师曹斐琳的《“黔货出山”发展策略研究——以黔南惠水“好花红电子商务第一村”为例》四项课题向省申报。经省社科联学术委员会评审，州委常委、州宣传部部长刘良的《高铁经济视域下黔南旅游文化建设对策研究》、黔南民族职业技术学院副教授葛永安的《关于构建贫困地区农业产业化人才开发利用体系的研究——以黔南州为例》获省社科联立项，并于2016年9月结题。

【开展社科理论进基层和“百姓讲坛”活动】 2016年4月下旬至6月下旬，根据中共贵州省委宣传部、省社科联《关于在全省组织开展2016年“社科理论进基层”活动的通知》文件精神，中共黔南州委宣传部、黔南州社科联在全州范围内组织开展“社科理论走基层”活动。

活动内容一是配合省委宣传部、省社科联“社科理论进基层”活动，做好赴黔南州2场活动的组织对接工作；二是组织黔南州“社科理论走基层”系列活动。

2016年的“社科理论走基层”工作，领导高度重视、加强各县（市）委宣传部积极协调，统筹安排，针对不同对象、不同领域采取不同方式开展活动，充分调动和吸引干部群众参与，取得良好社会效果。各县（市）委宣传部组织有关媒体加强对活动的宣传报道，结合活动特点进行特色宣传，扩大活动的社会效应和影响力。整个活动在两个层面开展：一是配合省社科联“社科理论走基层”宣讲组，完成了2场赴黔南州专题宣讲活动。贵州师范大学地理与环境科学院教授但文红、贵州省民族研究院副研究员范波分别就旅游文化发展、留念乡愁，贵州民族村寨保护两个主题在黔南民族师范学院、都匀经济开发区做专题报告。黔南电视台、《黔南日报》、黔南热线对活动做了及时报道。二是组织黔南州“社科理论走基层”宣讲团，深入高校、县（市）开展10场宣讲活动。

【开展“三下乡”活动】 2016年1月27日，按照中共黔南州委宣传部《关于深入开展“文化科技卫生‘三下乡’”活动的通知》文件精神，州社科联参加全州在平塘县平舟镇举行的2016年文化卫生科技“三下乡”活动。在活动主会场搭建简易宣传平台，拉上“黔南州社科联”横幅，发放准备好的社科及其他资料，这次活动，发放定制宣传袋2000个，编写并发放《新农村实用小手册》1000本，购买发放农村实用日用品，价值2000余元。

【同步小康驻村工作】 2016年，州社科联明确谢黔宗作为驻村工作队员，挂任瓮安县岚关乡章阁村。一年来，经驻村队员的努力，一是整合土地资源，利用有限的土地资源，协助章阁村村民搞好茶叶、刺梨、核桃等农产品种植，增加了收入来源。二是结合“两学一做”学习教育工作的开展，向基层党员开展上党课系列活动，调动他们的积极性，充分发挥基层党员在扶贫攻坚中的带头作用。三是配合乡党委政府工作安排，积极推进精准扶贫工作。大力宣传“特惠贷”政策，为包保户释疑解难，动员符合条件的包保户办理了“特惠贷”。四是结合章阁村的实际情况、因地制宜，在章阁村麻秧洞组，种植核桃300余亩。五是加强村级矛盾调处组织建设，提高了村级矛盾调处组织的战斗力，充分发挥矛盾调处中心作用，更好地为集体组织经济服务。

【开展社会科学宣传普及周活动】 按照省委宣传部、省社科联关于2016年在全省开展“社科普及周”活动的总体安排部署，州委宣传部、州社科联联合下发了《关于开展2016年黔南州社会科学宣传普及周活动的通知》，明确以“实施大扶贫、同步奔小康”为主题。9月20日在黔南民族师范学院举行启动仪式，省社科联党组书记包御琨出席，黔南师范学院党组书记石培新致辞，州社科联党组书记周保东宣布黔南州社会科学宣传普及周活动启动。

10月12日，在黔南民族师范学院举办社会科学宣传普及周启动仪式暨主题报告会。主办单位是中共黔南州委宣传部、黔南州社科联。协办单位是黔南民族师范学院、黔南日报社、黔南电视台。活动中，首先，黔南民族师范学院副院长韦煜致欢迎词，州社科联副主席潘培光介绍黔南州2016年社科普及周活动安排，黔南州社科联向黔南民族师范学院赠书，黔南州社科联党组书记宣布启动2016年黔南州社科宣传普及周活动并作了《践行社会主义核心价值观，助推大学生成人成才之路》的报告。参加人员有组委会领导及成员单位负责人、主协办方单位负责人，各社会团体、高校、党校领导，社科界专家、学者、部分市民、大学生。

2016年10月12—29日，举办“黔南州2016年社科宣传普及网络行”活动。活动内容是在黔南州社科联网站上开辟“社科普及网络行”栏目，采用网络方式集中进行展示。举办系列社会科学宣传普及讲座。主办单位是中共黔南州委宣传部、黔南州社科联、黔南热线。同时，各县（市）委宣传部，州内各有关学会、协会、研究会发挥自身职能优势，开展形式多样的人文社会科学普及宣传、讲座、问答、展示、咨询等活动。

【承办2016年贵州省首届哲学社会科学智库名家贵州学术年会黔南分会场】 根据省社科联《关于申办2016年贵州省社会科学学术年会分会

场及学术专场的通知》文件要求，州社科联申请承办了2016年贵州省首届哲学社会科学智库名家贵州学术年会黔南分会场，制定了《2016年贵州省社会科学学术年会黔南州分会场专题座谈会实施方案》，明确分会场主题为“智力引领、党建助推，打赢脱贫攻坚战”，组织州扶贫局、州移民局、州党建办、州小康办、州科协相关单位领导、州国税局驻村第一书记及扶贫方面的专家学者共30余人参加会议，州级部分学会、协会参与了座谈。会后，推荐了8篇大扶贫研究方面的论文报省社科联，经评审后，收录到了省社科联2016年理论成果集。

【学会管理工作】 2016年，州社科联按照《学会管理办法》，对全州50多个社科类学会进行了进一步的清理，并对学会信息进行了收集，加强对学会的日常管理，组织指导了部分学会的换届工作，将唯一县级公益组织瓮安县拾柴微公益协会纳入了州社科联管理体系。同时，依照国家社团管理相关规定，批复了黔南至德文化研究会、都匀正德学堂两个学会的成立申请。5月，州社科联组织州级部分学会、协会、研究会赴瓮安县与瓮安县拾柴微公益促进会开展学会工作交流座谈，通过走访到瓮安县拾柴微公益促进会办公地、解决吸毒人员就业工厂、爱心农场等地实地调研，了解该会的管理模式、管理理念及工作开展情况并进行了学会管理方面的探讨，进一步促进了州级学会、协会、研究会的规范管理。

【开展“两学一做”学习教育】 2016年，黔南州社科联扎实开展“两学一做”学习教育，坚持把学习教育贯穿始终，精心制定实施方案，组织学习中国特色社会主义理论体系，深入研读习近平总书记系列重要讲话精神。认真查摆问题明晰改进方向，做到了带着问题学习、带着问题研讨、带着问题整改。

【编印《黔南宣传》杂志】 2016年，按照州委宣传部安排，州社科联承办《黔南宣传》编印工作。工作中州社科联围绕全州经济发展、理论宣传、意识形态建设等各个方面积极采稿，严格用稿质量，努力扩大稿源，不断改善刊物装帧，保证刊物质量。全年共出版《黔南宣传》4期。

【意识形态工作调研】 2016年，按照州委宣传部的部署，州委宣传部、州社科联等有关部门组织了对黔南师院、黔南职院、黔南医专、黔南幼专等高校及州级部分学会、协会、研究会的意识形态工作进行了调研。

【各县（市）成立社科联】 按照省社科联有关安排，州社科联经与组织、编制有关部门沟通协调，深入到各县（市）进行实地调研，推动了全州县级社科联建设工作。2016年，已明确在各县（市）党委宣传部加挂县（市）社科联牌子，专人负责社科工作。

【黔南州社会科学院正式成立】 按照州委相关工作部署，州委宣传部、州社科联牵头策划成立黔南州社科院，经积极与有关部门的沟通协调，2016年9月1日，黔南州社会科学院正式挂牌成立，省社科院党组书记金安江，州委副书记吴胜华，州委常委、纪委书记魏明禄出席挂牌仪式。黔南州社科院为事业编制4人，设1个下属研究机构。

（曹志才）

黔南州归侨眷联合会

【概况】 2016年，在州委、州政府的领导下，在省侨联和州委统战部的具体指导下，州侨联深入学习贯彻中共十八大和十八届六中全会精神，学习贯彻习近平总书记系列重要讲话精神，学习省委十一届八次全会和州十一次党代会精神，认真开展“两学一做”学习教育。紧紧围绕“打造民族地区创新发展先行示范区，为开启基本现代化建设新征程而奋斗”这一主题，发出了《关于动员广大归侨侨眷和海外侨胞为实现黔南州第十三个五年规划目标任务贡献力量的倡议书》，坚持国内海外工作并重、老侨新侨工作并重，积极拓展海外工作和新侨工作，认真履行参政议政、维护侨益、海外联谊、群众工作职能，广泛团结归侨侨眷和海外侨胞，以侨为本，为侨服务，完成了全年目标工作任务。

一、开展调研，落实扶贫政策，维护侨权侨益。一是开展侨资企业基本经营情况调研。二是精准扶贫、精准施策，推进侨界脱贫攻坚。三是深入贯彻侨法，依法维护侨益。

二、多层次开展联络联谊，提高涵养侨源水平。一是走出去，做好海外联谊工作。二是请进来，推动黔南开放带动发展战略。三是服务公益发展，提升侨界扶贫济困能力。

三、加强自身建设，提升为侨服务能力。一是筹备做好省、州侨代会的前期工作。二是积极参与筹建致公党黔南州支部。三是积极开展侨界“送温暖”活动。四是慰问同步小康帮扶村贫困群众、困难党员。五是扎实开展“两学一做”学习教育。

【德国海斯菲特教育集团考察投资黔南州】 2016年1月7日，德国贵州商会会长、德国海斯菲特董事长黎杨率团到黔南州投资考察。州委副书记、州委政法委书记、都匀经济开发区党工委书记吴胜华，州政府副州长吴俊会见德国客人并参加座谈会。

德国海斯菲特教育集团考察投资座谈会

座谈会上，德国埃尔福特培训中心驻华代表伍沃.海博博士作了“德国工业4.0与中国制造2025”讲座。并针对在黔南投资中德职业技术教育培训中心、开展大健康、医疗医护等项目展开讨论，形成了在黔南州合作建设中德职业技术教育培训基地的共识。

1月8日，考察团考察参观了都匀经济开发区规划馆、都匀茶博园、贵州省电子信息技师学院等。

3月17日，德国海斯菲特教育集团考察团一行10人再次赴黔南投资考察。就足球教育发展在茶博园座谈会上与黔南州进行座谈交流。州委副书记、州委政法委书记、都匀经济开发区党工委书记吴胜华，副州长吴俊参加座谈。“没想到在贵州能有这么一个能达到国际水平的体育场，如果能在体育场馆周边再增设一些高端的休息区和训练区，我们有信心把德甲部分俱乐部的训练场地放在都匀。”马克思·斯东夫如是说。希望能够与黔南州达成合作意向，尽快取得实质性进展。

吴胜华当即表示，考察团提出的问题完全没有障碍，并责成相关部门会后立即与考察团加强对接，按国际标准在全民健身中心周边增设高品质的休息区和训练场，建设一个符合足球训练基地的场馆，努力将都匀打造成为全国有名的足球城市，成为亚洲著名的足球训练基地之一。

考察团先后实地考察了州体育馆、都匀一中、都匀三中、都匀三小、全民健身活动中心等，对黔南州足球教育发展进行考察调研。在州体育馆，观看了都匀一中和凯里一中的足球对抗赛。在都匀一中、都匀三中、都匀三小，观看学生在足球场踢球。马克思·斯东夫和阿信·科尔夫曼走进足球场，与同学们互动射门，深受同学们欢迎。

【节日慰问侨界群众及侨资企业】 根据《黔南州侨界2016年春节期间走访慰问工作的实施方案》，州侨联开展了对全州归侨侨眷、侨资企业走访慰问等活动。此次春节慰问活动全州共走访慰问困难归侨17人，侨联退休人员10人，归侨15人，侨界重点人士80人，困难侨眷42人，重点侨资企业12户，慰问金12万元。

【省侨联副主席郑茂学春节到黔南慰问归侨侨眷】 2016年1月13日，省侨联副主席郑茂学到黔南慰问归侨侨眷。

在黔南州医院，郑茂学看望生病住院的州侨联退休老干部李曼云，了解身体、生活状况，叮嘱对方保重身体、早日康复，安享晚年生活。

省侨联副主席郑茂学看望印尼侨眷杨崇贵

郑茂学一行驱车前往薛家堡看望了印尼侨眷杨崇贵一家。现年80岁的杨崇贵非常激动说，多年来，省、州侨联的领导帮助解决了很多困难，现在家庭条件逐渐好了，儿女孝顺，自己得到很多实惠，很感谢党和政府以及侨联领导们的关心。

省侨联副主席郑茂学看望泰国归侨遗孀吕翠梅

在彩虹桥西苑社区，郑茂学看望了泰国归侨遗孀吕翠梅。当了解到其子在州侨联帮扶下，在都匀石板街开了一家古玩店，生活得到改善，非常高兴。希望各级侨联多帮助弱势、贫困群体，帮助解决他们的生产、生活困难。

州委统战部副部长、州外事侨务和台港澳办公室主任杨波，州侨联党组书记、主席严福先，州侨联副主席兼秘书长杨宣贵陪同慰问。

【开展暖冬圆梦微心愿活动】 2016年春节前夕，州侨联机关干部，在副主席杨宣贵的带领下，到独山县麻尾镇黄后村开展暖冬圆梦微心愿活动。自筹资金2万元，组织25公斤大米、5公斤菜油各100份发放到100户困难群众中。并为该村困难群众发放澳大利亚慈善家魏基成夫妇御寒冬衣100件，实现困难群众微心愿。

同时，副主席杨宣贵还到都匀市广惠办事处平桥社区看望慰问困难群众50人，给每人发放1件过冬棉衣。

【传达学习省侨联七届五次全会精神】 2016年2月17日，州侨联召开学习会，主席严福先传达学习省侨联七届五次全会精神。

严福先要求，州侨联要结合黔南工作实际，做好2016年的工作。在州委、州政府领导下，在省侨联和州委统战部的指导下，认真谋划、扎实工作，围绕为经济社会发展、为侨服务，认真拓展海外和新侨工作，凝聚侨心、汇聚侨智、发挥侨力，夯实引资引智平台，促进黔南侨联工作再上台阶。

会议还传达学习了中央书记处对侨联工作的几点意见及李源潮讲话精神。

（杨宣贵）

【开展爱耳日帮扶活动】 2016年3月3日是第17次全国“爱耳日”。州侨联会同州、市残联、州中医院、贵医附三医院，组织干部职工走上都匀市步行街，开展爱耳日“关注儿童听力健康”帮扶活动，耳科专家对听障人士开展听力检测、听力残疾预防与康复意识教育，现场验配儿童、成人助听器，验配发放助听器100个。

为开展好这次爱耳日帮扶活动，州侨联在省侨联帮助下，得到澳大利亚慈善家魏基成夫妇的支助，在黔南州开展“天籁列车”助听器验配发放。在3月3日爱耳日帮扶活动中，州侨联发放助听器50个，州残联发放儿童助听器50个，医务人员现场就诊患者、咨询300人。

【香港慈恩基金会到黔南开展爱心捐赠活动】 2016年3月14—16日，香港慈恩基金会陆莹佩、王协庄一行8人，分别到都匀市、瓮安县、独山县、荔波县向品学兼优的贫困学生发放助学金。

在荔波县侨办的陪同下，王协庄一行到荔波县甲良镇金华小学、茂兰镇瑶埃小学看望慰问110名留守儿童，捐赠价值2万元的衣服、鞋子、帽子和丝巾等。此次共向都匀三中、瓮安二中、独山高级中学、荔波高级中学的325名高中生发放了46.8万元助学金。

香港慈恩基金会与受赠学生合影

3月28日，香港慈恩基金会赵炯辉、郭锦超、邱丽丝一行代表香港陈登基金会及香港友好爱心人士到龙里中学向30名品学兼优的贫困学生发放助学金3万元。

4月13日，香港陈登基金会王协庄、胡兰华、莫力锋到荔波民族中学开展捐资助学活动，为20名优秀贫困高中生发放助学金2万元。

8月10—13日，香港慈恩基金会陆莹佩一行5人代表香港陈登基金会及香港友好爱心人士，到都匀、瓮安、惠水3县（市）向品学兼优的贫困高中生、大学生开展捐资助学活动，为160名学生发放助学金60万元。

8月20日，香港慈恩基金会王协庄一行5人到荔波民族中学，继续向品学兼优的贫困高中生、新考入大学的学生开展捐资助学活动，为27名学生发放助学金5.4万元。

8月23日，香港华恩基金会主席原树华、总干事陈佩恩及助学教师一行5人，到都匀一中、二中，为高考成绩600分以上的学生颁奖，以鼓励受助学生继续努力学习。

原树华、陈佩恩到都匀一中为高考成绩600分以上的学生颁奖

都匀一中、二中有关负责人、老师及部分高一、高二受助学生参加颁奖活动。

【海外侨商考察团到荔波考察调研】 2016年3月16日，在省侨联主席吕虹、州侨联主席严福先的陪同下，贵州省侨联海外侨商考察团一行15人到荔波县开展侨资企业调研座谈会，积极引导侨资回归，助推当地经济发展。

贵州省侨联海外侨商考察团赴荔波县调研

会议由州侨联主席严福先主持。县委常委、县政府常务副县长罗仕凯对荔波县情、资源环境

等方面重点工作进行了交流沟通。副县长李景宽就招商引资环境及推介项目规划做了详细的介绍。县委常委、组织部部长、统战部部长宋泽祥与侨商就加强交流与合作，寻找合作商机，实现共赢方面进行交谈。与会海外侨商积极发言，寻求企业与政府合力点，克服当前困难，寻找合作商机，实现共赢。德国贵州商会会长黎杨希望荔波走出去，推介荔波，诚邀荔波赴德国考察交流。吕虹希望海外侨商坚定投资信心，参与地方经济建设。

座谈会后，考察团对当地重点侨资企业（美嘉公司）进行了实地考察。

【SDC蓝丝带青少年助残（国际）基金会赴黔南调研】 2016年3月21—22日，SDC蓝丝带助残（国际）基金会主席王钦，中国侨联青委会副会长、中国华侨公益基金会蓝丝带基金会主席庞燕一行22人在省侨联副主席陈新伦的陪同下赴黔南对残疾青少年情况进行调研。

在黔南州特殊教育学校会议室召开座谈会

21日，在黔南州特殊教育学校，基金会观看学生上课、舞蹈排练、牙舟陶艺手工制作、手工编织及社会教学等课程，并与学生亲密交谈互动。座谈中，建议学校开展亲子活动，让家长和孩子多些沟通，经常交流和拥抱，达到一种心灵的启迪作用。

22日，基金会来到瓮安县特殊学校，观看了学生上课、舞蹈排练，与学生真诚互动，在同学们的共同努力下，完成了绘画、舞蹈表演的相关节目，让每个学生意识到自己的社会价值，树立自强的信念。

在瓮安县特殊教育学校合影

8月16日，中国华侨公益基金会“蓝丝带爱心义诊”团一行17人，在中国侨联副主席、中国华侨公益基金会理事长乔卫带领下，在贵州省侨联主席吕虹的陪同下，前往黔南州人民医院为当地盲童学校学生、老归侨侨眷和眼疾群众开展眼疾检查、公益扶助活动。州委副书记、州长向红琼，州政府副州长杨从明，州政协副主席、州委统战部部长刘长江参加义诊活动并会见乔卫副主席、吕虹主席一行。

陈有信博士在黔南州人民医院为眼疾儿童义诊

此次“蓝丝带爱心义诊”活动由SDC蓝丝带助残基金会和中国华侨公益基金会“蓝丝带助残基金”倡导并主办，得到北京协和医院眼科的大力支持，邀请到北京协和医院眼科教授、博士生导师、中国医师协会眼科分会副会长陈有信博士专程赴黔南州参加义诊活动，为34名盲童、归侨侨眷和眼疾群众进行详细的检查，为患者答疑解惑。

8月17日上午，陈有信博士在州人民医院开展SDC蓝丝带爱心义诊（贵州）专家讲坛，与当地医生进行一小时学术交流。

【侨联工作会议暨六届六次全委会】 2016年4月11日，黔南州侨联六届六次全委会暨全州侨联工作会议在都匀市召开。州侨联六届委员、侨联小组长，各县（市）分管侨联工作领导参加会议。州委统战部常务副部长陈良海出席会议并讲话。

黔南州侨联六届六次全委会暨全州侨联工作会议

陈良海指出，过去的一年，州侨联在州委、州政府领导下，围绕中心服务大局，以活动为载体、以品牌为抓手，着力创新工作方法和工作思路，发挥侨联优势，凝聚侨界力量做了大量富有成效的工作。他强调，在今后的工作当中，侨联组织作为爱国统一战线的重要力量，是党的群团组织的重要组成部分。要紧紧围绕全州“十三五”总体规划部署，深刻理解、找准定位、主动谋划、积极参与，协调推进“四个全面”战略布局和“守底线、走新路、奔小康”，树立和落实“创新、协调、绿色、开放、共享”五大发展理念，进一步汇聚侨界力量融入黔南州大扶贫、大数据、大健康、大旅游、大物流和大文化“六大战略”行动，为黔南州实现守底线、走新路、奔小康做出新贡献。

会议部署了2016年州侨联工作要点，通过了州侨联六届六次工作报告和《关于动员广大归侨侨眷和海外侨胞为实现黔南州第十三个五年规划目标任务贡献力量的倡议书》。表彰了2015年度全州侨联信息工作先进单位。

【美籍华人蒙育景到荔波考察调研】 2016年4月15日，美籍华人、美国国家药典委员会蒙育景女士，美国摩托罗拉公司韦元军博士一行8人到荔波考察调研。荔波县委书记尹德俊，县委常委、组织部部长、统战部部长宋泽祥陪同调研。

在座谈会上，宋泽祥部长介绍了荔波经济社会及旅游发展情况。考察团就荔波丰富旅游资源提出实施全域旅游发展战略建议，做好独具特色建筑风格规划，坚持一个蓝图绘到底；多组团“走出去”开阔眼界，借鉴国外好的经验和做法，把荔波建设成为“世界知名、国内一流”旅游、休闲度假胜地。县委书记尹德俊对蒙育景女士一行长期以来关注家乡、情系家乡表示感谢，希望他们在外宣传、推介家乡，同时经常“回家”看看，为荔波发展建言献策。

【“两学一做”学习教育活动】 2016年4月21日，州侨联召开“两学一做”学习教育动员会。党组书记、主席严福先传达了州委“两学一做”学习教育动员会精神，并作《认真开展“两学一做”学习教育，做合格党员》专题辅导党课。

严福先说，开展“两学一做”学习教育是增强党员意识，增强理想信念的需要，是增强纪律意识，从严管理队伍的需要，是增强政治意识，巩固执政地位的需要，是增强看齐意识，推进改革发展的需要。全州侨联组织和共产党员要巩固拓展党的群众路线教育实践活动和“三严三实”专题教育成果，把“三会一课”等党内政治生活制度更加巩固和完善起来，发挥党员先锋模范作用，在州委领导下，更广泛地凝聚广大归侨侨眷和海外侨胞的智慧和力量，共同为黔南经济社会加速发展做出新贡献。

严福先要求，侨联组织要把开展“两学一做”学习教育与侨联工作实际相结合，进一步谋划思路、完善措施和推进工作，不断开创侨联新局面。一是加强每位党员学习教育的督促、检查和指导，及时了解学习教育情况，扎实做好服务侨界群众和维护侨益工作。坚持两手抓、两促进，推动广大党员协调推进“四个全面”战略布局、贯彻落实五大发展理念，提升侨联工作能力和水平。二是细化《黔南州2016年侨联工作要点》各项工作任务，提出工作具体措施，明确工作要求，确保任务到事到人。三是抓好党建扶贫。继续做好遍访贫困村贫困户工作，向全州归侨侨眷和海外侨胞发出《为实现黔南州第十三个五年规划目标任务贡献力量的倡议书》，凝聚侨心、汇聚侨力，为全州同步建成小康社会做出贡献。

会议还宣读了中共黔南州侨联党组关于印发《关于在全体党员中开展“学党章党规、学系列讲话，做合格党员”学习教育实施方案》的通知，州侨联班子成员及全体党员参加了会议。

【外派教师工作】 2016年4月20日，黔南州组织12名优秀教师赴贵阳，参加由国务院侨办批准、贵州省侨办承办的“2016国侨办外派教师行前培训班”学习。

此次外派教师行前培训班是贵州省第一次举办，得到了国侨办文化司的大力支持，副司长汤翠英专程到黔南指导培训工作，并与参加培训的教师进行面对面交流，就如何更好地开展海外华文教育工作对老师进行指导。汤翠英进行了海外侨情、华文教育等内容丰富的讲座，向在场的外派教师们详细介绍了重点外派国家的文化、侨情及当前华文教育，使外派教师们更加了解海外华文教育的性质及身上肩负的文化传播的使命。

省侨办侨务工作处从外事纪律、涉外礼仪礼节、海外侨情、跨文化交际、海外华文教学方法、外派教师管理及注意事项等内容进行了授课，还安排了外派回国的教师们介绍了教学经验并与即将派出的教师们进行经验交流。

至7月7日，2016年推荐的12名优秀教师，已有7名老师分期前往泰国、印度尼西亚、韩国、马达加斯加等国家任教。

【州人大民族宗教侨务工作座谈会】 2016年5月19日，黔南州人大在都匀召开全州人大民族宗教侨务工作座谈会。州人大常委会副主任成祺兴到会并作讲话。

座谈会上，州侨联主席严福先介绍了全州侨务工作情况，并就认真履行人大法定职责，做好新形势下民族宗教侨务工作，促进经济社会发展；自觉接受人大监督，支持人大工作等方面进行交流发言。

【州侨联领导看望慰问新西兰华人】 2016年5月23日，在“六一”国际儿童节到来之际，州侨联主席严福先、副主席杨宣贵到州侨联原主席郭建军家中，看望慰问他从新西兰回家省亲的女儿、华人郭颖菁女士及年幼的3个小孩。

新西兰华人郭颖菁女士及孩子回国探亲

在家中，州侨联领导详细了解郭颖菁女士及家人在新西兰的生活、工作情况，向她介绍侨联工作现状。并给3个小孩送去慰问礼物，祝愿3个小朋友节日快乐、健康成长，当晚宴请了郭颖菁女士一家人。

【开展“微心愿”进校园活动】 2016年5月26日，在州侨联副主席兼秘书长杨宣贵带领下，州侨联领导干部走进独山县第五小学，开展2016年第二季圆梦“微心愿”进校园主题活动。

杨宣贵到独山第五小学开展圆梦“微心愿”进校园主题活动

在“微心愿”进校园活动中，州侨联共慰问12名留守儿童和家庭生活困难的学生，为他们送去了篮球、羽毛球、兵乓球等“微心愿”，慰问物资折合人民币2500元。

【黔南角声华恩儿童村工作】 2016年5月27日，省外侨办巡视员孔金星、副巡视员谭桦到贵定县，对拟在黔南投资建设的黔南角声儿童村进行选址调研。

在贵定县昌明经济开发区，贵定县委常委、统战部部长岑群英，县政协副主席赵波介绍了选址工作情况。昌明具有距机场半小时、高速、高铁、普铁等交通优势，医疗、教育等综合服务配套齐全，建议将儿童村建设项目落户贵定昌明。

省外侨办巡视员孔金星赴贵定对投资建设黔南角声儿童村进行选址调研

省外侨办孔金星巡视员介绍，这次选址调研，是为美国角声基金会投资捐建儿童村作准备。

7月19日，美国角声基金会中国儿童村总监胡嘉翼，香港华恩基金会总干事陈佩恩一行3人到贵定县考察儿童村选址项目。

7月20日，在贵定县政府召开座谈会，就儿童村选址与有关部门进行商讨，并与贵州省人民政府侨务办公室、黔南州民政局、贵定县人民政府签订四方合作意向协议书。

美国角声基金会香港华恩基金会赴贵定考察捐建儿童村选址座谈会

座谈会上，州人民政府副州长杨从明对美国角声基金会、香港华恩基金会捐建儿童村项目表示感谢。他希望州、县各级各部门要积极参与协助做好儿童村的捐建工作。

8月23日，黔南州角声华恩儿童村项目签约仪式在贵定县政府举行。美国角声基金会副总监胡嘉骥、香港华恩基金会主席原树华、总干事陈佩恩，省侨办巡视员孔金星、副巡视员谭桦，州外侨办、州民政局、州侨联等有关部门负责人，贵定县委书记莫春开及县政府有关领导出席签约仪式。

黔南州角声华恩儿童村项目签约仪式

10月24日，美国角声基金会、香港华恩基金会总干事陈佩恩女士一行5人赴贵定就“儿童村”项目建设具体事宜与贵定县政府进行磋商。

12月13日，香港华恩基金会总干事陈佩恩女士一行，在省外侨办孔金星巡视员，州外侨台办杨波主任和州侨联主席严福先，贵定县委常委、统战部部长岑群英及有关部门负责人陪同下，再次到贵定昌明经济开发区“黔南角声华恩儿童村”选址实地考察。14日，在贵定县政府召开“黔南角声华恩儿童村”项目推进沟通协调会。

【归侨侨眷扶贫帮扶工作】 2016年，为强化归侨侨眷扶贫帮扶工作，国务院侨务办公室划拨华侨事业经费10.5万元，用于对全州困难归侨侨眷的资助和帮扶工作。一是统筹安排发放贫困归侨侨眷生活困难补助和临时救助。二是做好就业培训和扶贫开发，实施小额项目贷款，扶持困难归侨侨眷发展产业。三是通过开展节日慰问和访贫问苦活动等形式，帮助特困老归侨解决实际困难。

【赴蜀看望退休老领导】 2016年6月13日，州侨联权益保障科科长张玉琼赴四川学习结束时，前往成都郫县看望原州政协副巡视员、原州侨联主席邓元铭。

邓元铭历任黔南州侨联副主席、主席，黔南州政协副主席，2009年退休，现居住成都郫县古城镇中平村银杏康乐园。在邓元铭家中，张玉琼与她拉家常，详细询问她现在的生活起居和身体状况，并向她汇报了近期州侨联的工作开展情况及侨联工作的重点，希望她继续关心黔南侨联事业。邓元铭老领导对州侨联上门看望慰问十分感动，由衷感谢州侨联的关心惦记。

【海内外华文媒体走进惠水布依特色古寨】 2016年6月21—22日，中国统一促进会组织海内外华文媒体一行20人组成考察采访团，在中国统一促进会副秘书长郑琴、德国《欧洲新报》总编范轩团长的带领下，到黔南的惠水县、平塘县、三都县进行考察采访。贵州统一促进会秘书长杨辉、副秘书长华庭凯，州委统战部常务副部长陈良海以及相关县领导陪同考察。

21日上午，考察采访团来到了距离惠水县城约15公里的好花布依特色古寨参观采访。还未进寨门，就在好花红村的风雨桥畔，考察采访团感受到了浓浓的布依风情，热情好客的布依族村民用最高的礼仪迎接采访团一行，在挂上红蛋、骑着木马、听着山歌并喝上爽爽拦门酒后，大家沿着村寨外围的涟江河道步行参观，一路拍照、一路采访。在参观了古墓、工艺之家、歌舞之家、中华布依第一堂屋观、观看了“八音坐唱”展演，还与当地的少数民族群众进行了歌舞互动后，考察采访团一行深深地被黔南布依族民俗文化吸引。在听取惠水县领导、好花红镇领导的介绍并随机采访了当地村民后，他们真切感受到了当地布依族同胞的生活在政府的带领发生的巨大变化。

21日下午，考察采访团一行赶往平塘县牙舟镇，来到了中国十大名陶之一的牙舟陶生产基地，采访了牙舟陶的传承人张禄麒，并在他的引导下，近距离参观了牙舟陶的民族古法制作工艺和流程。在成品展示区，大家纷纷被各型各色、栩栩如生、独树一帜、饱含布依族风情的牙舟陶成品吸引，拿在手上认真观察，仔细把玩，久久不愿放下，纷纷感叹黔南少数民族的多才多艺和历史文化传承。

22日上午，考察采访团一行更是不顾疲惫，乘车在崎岖的山道上颠簸了近3个小时候，来到了位于平塘县克度镇的世界最大的射电望远镜基地，在步行了一段山路并登上了800级的台阶后，大家来到了观景台，瞬时，刚才登山的一切疲惫和艰辛均被眼前的壮观景色抛在脑后，兴致勃勃地拍照留恋，在了解到该射电望远镜是世界最大的，技术领先世界20多年后，他们兴奋不已，感叹在黔南州不仅有怡人的自然风光、多元的民族风情，更有领先世界的高科技。

22傍晚，考察采访团一行不辞辛劳，来到位于三都水族自治县的三都县水族文化传承保护基地，在基地创始人王家琼的引导和介绍下，对三都县入选国家级非物质文化遗产的水书、水族端节、水族马尾绣等民族文化及技艺进行参观采访。在水书书法展览厅中，大家对现在水族还在使用类甲骨文的文字所震撼，并由此感叹中华民族文化历史的博大浑厚与精深，在亲眼目睹水族绣娘马制作水族马尾绣时，他们感到惊奇不已。

【同步小康村考察调研】 2016年6月16—17日，主席严福先带队到独山县挂帮扶贫点麻万镇麻万社区开展挂帮扶贫调研。2016年年初，独山县委党建办调整州侨联同步小康挂帮村为麻万社区。

在考察调研中，主席严福先建议麻万社区下步应抓好以下几个方面工作：一是加强社区干部的职业化管理，改进工作作风，提高工作办事效率和服务水平，提高班子综合素质和整体水平。二是积极摸索推动农业转型，发展产业化、多元化，把人力资源转移到二、三产业去，加大农民工技能培训力度，推动就业、创业。三是扩张居委会经济增长亮点，加大集体经济积累，整合各种产业协会，做大做强现有产业，推动群众就地就业、创业增收。

在独山考察期间，严福先还走访了侨资企业和归侨侨眷，了解侨务精准扶贫项目的落实情况。

【看望赴黔南投资考察侨商】 2016年6月20日，主席严福先到平塘县看望拜访意大利侨商周民强一行。周民强于6月19日赴平塘县考察投资项目。

在平塘期间，县委、县政府领导会见了周民强，并交换发展的意见和建议。周民强热情邀请州侨联和平塘县领导，组团赴意大利考察调研，宣传黔南的山水人文和多彩的民族风情、世界最大天文望远镜，推动黔南走向世界，让世界了解黔南。

【开展“四进四送”活动】 2016年6月24日，副主席杨宣贵带领机关干部赴同步小康村独山县麻万社区开展“四进四送”和“七一”走访慰问活动，慰问7名困难党员，发放慰问金2100元。

在麻万社区党支部书记蒋道勇的陪同下，杨宣贵前往“七一”文体活动的场地独山县第三小学参观，并了解支部活动筹备情况。对社区通过开展“七一”文体活动，丰富群众业余文化生活，拉近党员与群众之间的距离表示支持，决定资助麻万社区2000元开展“七一”文体活动。

随后，杨宣贵率领支部党员来到独山县深河桥抗日文化园接受革命传统教育，开展以缅怀革命先烈、瞻仰革命遗址遗物、重温入党誓词为主题的教育活动，帮助党员干部坚定理想信念、激发爱国热情，以更好的状态投入到党的建设各项事业中来。

在深河桥抗战陈列馆，州侨联党支部党员重温了入党誓词。通过参观学习，党员干部们纷纷表示，要以开展“两学一做”学习教育为新动力，新起点，在工作中坚定理想信念，继承发扬和传承革命先辈的艰苦朴素、不畏艰辛的崇高品格和光荣传统，在工作中继承革命先烈的遗志，牢记宗旨、服务群众，发挥党员的先锋模范带头作用，以实际行动推动侨联工作不断前进。

6月28日，州侨联党支部与侨资企业黔南中国旅行社党支部联合组织党员开展庆“七一”活动。

在黔南中国旅行社会议室集中学习《中国共产党章程》《中国共产党廉洁自律准则》《中国共产党纪律处分条例》，学习习近平总书记关于“两学一做”重要讲话，学习省委书记陈敏尔、州委书记龙长春关于深入开展“两学一做”、贯彻习近平总书记视察贵州时讲话的工作安排，坚定党员守底线、走新路、奔小康，推动黔南经济社会加速发展的信心。

州侨联党组书记、主席严福先参加活动并给黔南中旅党支部送去了党章等学习资料。

9月8日，主席严福先，副主席杨宣贵带领党员前往都匀市广惠街道办事处平桥社区，与社区两委就“两学一做”活动的经验和做法开展座谈交流。

九九重阳节，州侨联资助3000元，帮助平桥社区开展重阳节活动，帮助困难家庭、孤寡老人欢度节日。

【澳门汇才慈善会捐资助学活动】 2016年8月25日，澳门汇才教育慈善会赴平塘民族中学开展2016年秋季捐资助学活动，捐资54.88万元，资助贫困高中生180人。

9月30日，澳门汇才教育慈善会与澳门写作促进会对马场、金桥等10所小学捐赠价值10余万元的图书。

【州侨联主席严福先会见德国侨商吴浩一行】 2016年9月4日，主席严福先在都匀市会见到访的德国STIWA国际公司副总裁、欧中联合商务理事会德国分会会长吴浩。

餐叙中，严福先向客人介绍了黔南州60周年庆典盛况及经济社会发展的新成就。通报了2016都匀毛尖（国际）茶人会即将举办，诚邀国内外茶人友人相约生态黔南，以茶会友，谈茶论道，展开一场都匀毛尖与世界的对话。吴浩表示，将邀请海外国际知名茶人一起到黔南，品茗话茶，谈茶论道，为黔南茶产业发展出谋划策，共同擦亮“都匀毛尖”这块金字招牌。

【瓮安新华珍珠班开班】 2016年9月2日，2016级“新华珍珠班”在瓮安中学举办开学仪式。副主席杨宣贵参加“珍珠班”开学仪式。瓮安县委统战部常务副部长、县侨办主任杜向阳主持开学仪式。

瓮安中学新华珍珠班开班仪式

开学仪式上，杨宣贵向全体学生表示亲切的问候，并鼓励家庭贫困的学生，在新华爱心教育基金会的帮助下，珍惜来之不易的学习机会，克服困难、奋力拼博，胸怀远大人生理想，以国家的发展、民族的振兴为己任，学好知识本领，努力成为德才兼备的人才，成为对国家和社会有用的人才，在建设国家、造福社会的同时，更好地实现自己的人生价值。

瓮安中学余家品校长代表学校对杨宣贵到瓮安中学表示热烈的欢迎，并简要介绍了学校的昨天、今天和明天，通报了2016级“新华珍珠班”的申请、招生、班级组建和师资配备情况，承诺学校将严格执行《珍珠班施行细则》的要求，希望同学们不畏困难，不惧挫折，做迎难而上的开拓者，做敢攀高峰的志气者，做勇往直前的执着者，做实现理想的成功者，用实际行动回报新华爱心教育基金会对贫困学生的关爱。

【美国天使儿童基金会到独山助学】

美国天使儿童基金会赴独山高级中学发放助学金

2016年9月3日，美国天使儿童基金会一行5人，到独山高级中学对2016届考入大学的6名贫困生进行资助，每人资助助学金2800元。

美国天使儿童基金会是独山籍清华留美生、纽约市华尔街量子对冲基金公司部门经理黄晓红女士创办，2006年至2009年，对独山县民族中学、二中、麻中、塘立中学和甲里五和小学等570余人次的家庭经济困难的学生开展资助，资金36

万元。2009 年后，基金会因故暂停资助工作。2016 年，基金会董事会研究决定继续对独山县高级中学每年考取大学的特困生开展资助，帮助他们顺利完成学业。

【海外侨胞国际友人相邀都匀牵手茶人】 2016 年 9 月 22—25 日，应黔南州“都匀毛尖（国际）茶人会”组委会邀请，部分海外侨商代表、国际友人代表相聚都匀，共话茶道、品茗茶香，饱览都匀新貌、展望合作未来。

“茶人会”期间，客人们先后参加了都匀毛尖（国际）茶人会开幕式、茶高端论坛、茶文化专场演出、2016 兴文强茶联盟年会、万人品茗及表演、茶山歌会、国际名茶展示展销等活动。

在接受新闻媒体采访中，美国加利福尼亚州汉茶文化协会名誉会长、美国 OROE 集团副主席约瑟华称道都匀毛尖形色细腻迷人、口味清香、甘甜可口，做绿茶技压群芳、红茶一枝独秀，走出黔南、走向世界前景辉煌。他表示今后一定找机会做做这方面的工作，愿意为都匀毛尖走进欧美、实现双赢献计出力。贵州侨商会副会长、以晴集团董事长周以晴认为，黔茶因其高海拔、低纬度、多云雾、少日照、无污染兼具的高原茶区，独具香、鲜、嫩、浓、醇的品质特点，尤其是以都匀毛尖茶为代表品种优良、品质卓越、品牌响亮，发展潜力巨大。这次茶人会为世界茶人提供了一个以茶会友、以茶论道、以茶促发展的活动平台。希望以后继续多举办这样的活动、提供这样的平台，同时，也希望黔南茶界的朋友也能走出去，学人之长、补己之短，开放发展、共谋繁荣。

州委副书记吴胜华会见海外华人华侨

9 月 23 日晚，州委副书记吴胜华在都匀匀东贵州饭店会见参加茶人会的海外侨胞、国际友人，并陪同客人们夜游杉木湖，欣赏国茶之都的美丽夜景。

【马来西亚常青集团赴平塘县考察】 2016 年 10 月 25 日，在省侨联主席吕虹的陪同下，马来西亚常青集团执行主席丹斯里拿督张晓卿一行 20 人赴黔南州平塘县大射电望远镜参观考察。

张晓卿一行赴平塘大射电望远镜景区考察

常青集团一行参观天文体验馆，观看了天象厅、射电体验厅、天文科普厅，天文 5D 视频厅等，并现场互动体验区感受跳跃太空舱、月球漫步等模拟体验区，通过声、光、电等特效技术配合，将听觉、触觉、嗅觉及动感完美的融为一体，让体验者亲身体验到一段无与伦比的奇妙旅程。

在 500 米口径球面射电望远镜观景台，嘉宾们零距离俯瞰天眼全景，了解和目击 FAST 的工作原理，感受天眼工程建设的震撼。

黔南州侨联、平塘县委统战部相关领导陪同考察。

【阿根廷华人严云祥到黔南考察】 2016 年 11 月 7—9 日，阿根廷华人华侨联合总会副主席、阿根廷月亮（Luna）连锁超市董事长严云祥、阿根廷华人企业家协会常务理事蔡志强一行 5 人，应邀参加 2016 第三届中国物流（都匀）国际峰会暨商贸物流博览会，受到黔南州委书记龙长春、代州长吴胜华等州领导接见。

在黔南期间，严云祥一行参加了商贸物流博览会开幕式、第三届中国物流（都匀）国际峰会开幕式、合作协议签约仪式、“一带一路”与内陆开放分会和黔货（名特优产品）出山对接采购会。

州侨联主席严福先、副主席杨宣贵会见并与严云祥一行开展餐叙活动。

【香港吴星可慈善基金会捐赠活动】 2016年11月18日，香港吴星可基金会吴芬仪一行4人到独山、平塘两县开展捐赠残疾人轮椅活动。省侨联副主席陈新伦、州侨联主席严福先等领导全程陪同，独山、平塘县委统战部领导及外事侨务和台港澳办公室、县残联负责人参加捐助活动。

在捐助仪式上，省侨联副主席陈新伦就侨爱工程的实施和业务办理等进行了详细的讲解，对香港吴星可慈善基金会的善举给予高度的评价。香港吴星可基金会理事吴婉仪表示，希望以他们的实际行动来唤起全社会对残疾人的关心、对公益事业的支持，同时以捐赠活动这种方式，唤起残疾人对生活的信心。

本次活动，香港吴星可慈善基金会为独山、平塘两县各捐助150套残疾人轮椅，共300辆；捐助生活困难的残疾人160名每人100元，共16000元。

【马来西亚祝福文化基金会助学捐赠活动】 2016年12月8日下午，受马来西亚祝福文化基金会委托，州侨联副主席杨宣贵一行4人到三都民族中学开展助学捐赠活动。为100名贫困学生每人发放爱心助学金700元。

发放仪式上，杨宣贵对马来西亚祝福文化基金会表示感谢的同时，勉励受助贫困学生，以良好的表现、优异的成绩报效祖国，报答社会的关爱。

12月14日，罗甸县委统战部副部长罗孔理、县侨务办主任姚萍，受马来西亚祝福文化基金会和州侨联的委托，为罗甸县第一中学高二年级100名贫困学生每人发放爱心助学金700元。

【广州侨联对口帮扶黔南侨联】 2016年12月12日，广州市侨联副主席吴少姬一行5人赴黔南州侨联开展对口帮扶工作。与黔南州侨联召开座谈会，交流探讨精准对口帮扶合作工作。

广州市侨联赴黔南州侨联对口帮扶座谈会

座谈会上，黔南州侨联汇报了侨联工作情况以及近年广州市侨联对口帮扶黔南取得的成绩。随后，州投资促进局、都匀经济开发区投促局汇报了招商引资情况，提出了对口帮扶的意见。

听取汇报后，广州市侨联对黔南州侨联工作以及脱贫攻坚工作有了更深层次的了解，吴少姬在讲话中指出，希望通过此次调研考察，能够找准对口帮扶合作的切入点，策划一批对口帮扶项目，扩大延伸帮扶合作范围，完善帮扶合作机制，进一步实现多层次、多领域、全覆盖的精准对接，不断推进对口帮扶和区域合作取得新突破。

主席严福先对吴少姬到黔南考察调研表示感谢。希望广州侨联通过此次调研找准精准对口帮扶突破口，使黔南尽早摆脱贫困地区面貌，为黔南经济发展驶入快车道注入了强大的活力和动力。

12月13日，广州市侨联副主席吴少姬一行还到都匀经济开发区规划展馆、广州工业园（黔南）等地进行了实地调研考察。

【为同心·侨资（属）企业挂牌】 为进一步加大黔南州“统一战线同心工程”建设力度，更好地服务和引导侨资（属）企业健康发展，州侨联对贵州建溢房地产有限公司等企业授予“同心·侨资（属）企业”称号。2016年12月22日，州侨联党组书记、主席严福先到都匀市经粮餐饮管理有限公司开展“统一战线同心工程同心·侨资（属）企业”授牌仪式活动。

授予都匀市经粮餐饮管理有限公司“统一战线同心工程同心·侨资（属）企业”

通过“统一战线同心工程”授牌，州侨联希望企业在发展壮大的同时，强化诚信经营理念，履行社会责任，为黔南经济社会发展凝聚力量。同时，以挂牌服务活动为契机，努力促进侨务部门为侨资企业发展服务经常化、制度化，形成为侨资企业服务新机制。

【扶贫日募捐活动】 2016年10月17日，在黔南州“扶贫日—慈善一日捐”爱心捐赠活动中，州侨联组织捐款3600元。

【邀请嘉宾出席建州60周年庆祝活动】 在建州60周年大庆活动中，邀请新加坡天地益发旅游公司市场部经理华侨王景，缅甸归侨黎真祥参加州庆系列活动。州侨联副主席杨宣贵一对一接待了新加坡华侨王景，并陪同王景考察了荔波小七孔景区。

【邀请嘉宾出席都匀国际茶人会活动】 在2016都匀（国际）茶人会活动中，邀请美国DINGIN集团Joshua总裁、德国STIWA公司吴浩副总裁，德国贵州商会会长、德国海斯菲特董事长黎杨，瑞士天诺维金公司董事长黄萍，贵州以晴集团董事长周以晴到黔南品茗茶香、共叙友情、共话发展。副主席杨宣贵陪同嘉宾出席了都匀毛尖（国际）茶人会开幕式、茶高端论坛、茶文化专场演出等活动。

【海外侨胞港澳台同胞捐赠】 2016年，全州引进港澳台同胞及海外侨胞捐赠资金996万元，资助州内贫困学生4980人次、困难群众460人次。

香港慈恩基金会、香港陈登基金会、马来西亚祝福文化、澳门汇才慈善会、美国天使儿童基金会、浙江新华爱心教育基金会等海外和港澳台慈善组织在黔南进行了捐赠。

都匀三中“珍珠班”二本上线率100%，一本上线率88%。贵定中学“珍珠班”二本上线率100%，一本上线率54%。2016年秋季，新增瓮安中学“珍珠班”1个班50人。

【光荣榜】 2016年6月28日，黔南州召开州直机关纪念建党95周年表彰大会。州侨联王前莉、张玉琼分别被表彰为优秀共产党员和优秀党务工作者。

（杨宣贵）

黔南州残疾人联合会

【概况】 2016年，在州委、州政府的坚强领导下，在省残联的正确指导和社会各界的大力支持下，全州各级残联紧紧围绕州委、州政府中心工作，紧盯残疾人同步小康目标，聚焦残疾人社会保障和权益维护，牢固树立纪律意识和规矩意识，深化改革，扎实工作，大力实施残疾人同步小康行动计划，全面完成了年度工作任务。

【州残工委全体会议暨州残联第六届主席团五次会议在都匀召开】 2016年3月9日，黔南州人民政府残疾人工作委员会全体会议和黔南州残联第六届主席团第五次会议暨2016年全州残疾人工作会议在都匀召开。州政府副州长、州残联主席团主席杨从明出席会议并作重要讲话。州政府残工委各成员单位领导、各县（市、区）残工委主任、州残联主席团全体委员和各县市残联理事长、特校校长参加了会议。会议总结回顾了2014年残疾人情况工作，安排部署2015年残疾人工作任务。

【2016年州人民政府残工委第二次全体会议在都匀召开】 2016年3月31日，黔南州人民政府在都匀召开了州残疾人工作委员会2016年第二次全体会议。会议就《黔南州促进残疾人同步小康进程部门工作职责任务分解》《黔南州残疾人扶助规定（征求意见稿）》进行了讨论，并安排部署相关工作。州政府办公室副主任王文炯主持会议，州残工委各成员单位负责人、州有关单位负责人参加会议。

【全州残疾人精准扶贫会议在都匀召开】 2016年9月28日，黔南州人民政府召开了全州残疾人精准扶贫工作会议。州政府副州长、州残联主席团主席杨从明出席会议，州发展改革委、州财政局、州扶贫开发局、州残联等24个单位及部门分管领导以及13个县（市、区）残联理事长参加会议。会议对《黔南"十三五"残疾人脱贫攻坚实施意见（征求意见稿）》《黔南州贫困残疾人脱贫攻坚实施方案（2016年—2020年）（征求意见稿）》进行了讨论研究，并提出了修改意见。

【深入开展"两学一做"学习教育】 建立了以党组书记为组长的组织领导机构，制定实施方案，并于2016年4月8日召开动员大会，对学习教育进行动员部署。通过集中学习、个人自学、召开专题会议、上党课、参加培训等多种形式，深入系统地学习党章和中央、省委、州委有关会议精神，特别是认真学习了习近平总书记系列重要讲话精神。开展手抄党章100天活动，按时召开民主生活会、专题组织生活会、民主评议党员活动等。

【贯彻执行党建工作责任制】 建立党的建设工作领导机构，党组书记认真履行第一责任人责任，5次主持召开会议，听取支部汇报，研究党建工作，落实人、财、物等方面的保障机制。党组班子成员分工负责，以普通党员的身份，积极参加专题组织生活会、民主评议党员、党员大会以及党员集中学习等组织活动，带头落实好支部安排的工作任务，按时足额缴纳党费，并以对党绝对忠诚的态度向州委报告个人事项。

【落实"两个责任"】 2016年，认真履行党组主体责任，2次召开会议专题研究党风廉洁建设工作。梳理和明确党组及班子成员"两个责任"清单和职责范围。落实"签字背书制度"，与班子成员、部（室、中心）和干部职工签订了《党风廉洁建设工作责任书》《廉洁自律承诺书》。将党风廉洁建设列入对各县（市、区）残联的目标管理内容，与残疾人工作同部署、同落实、同监督、同考评。建立《廉洁谈话工作制度》，2次对科级及以下干部进行提醒谈话。专职纪检员认真履行监督责任，经常性地对干部职工遵守政治纪律和政治规矩、遵守单位规章制度等情况进行检查；2次带队赴13县（市、区），对党风廉洁建设、残疾人项目资金进行了专项检查。严格执行中央"八项规定"，加强公务用车、公务接待管理，"三公"经费较2015年下降了27%。

【开展三项服务活动】 2016年，建立"党建品牌展示厅"，积极开展创建"十佳党建品牌"活动。开展"双进双送"活动，联系党员7户、群众13户，慰问群众7户，发放慰问金、生活物资价值共计3000元。领导干部带头开展"微心愿"活动，为14户贫困家庭送去价值5000元的粮、油等物资；两节期间班子成员下基层走访慰问贫困残疾群众50余户，发放慰问金2.5万元；组建志愿服务队参加了"绿色黔南建设三年行动"等活动。

【推进"同步小康驻村"工作】 2016年，选派1名正科级干部驻村担任都匀市墨冲镇白头村

“第一书记”开展“同步小康驻村”工作。投入2万元购买泥鳅苗，帮助驻村点发展集体经济。投入1.2万元为该村101名残疾人代缴新农合个人缴费部分。为白头村小学赠送了价值3000多元的图书，并协调州体育局为该校装配乒乓球桌2张。“七一”前夕，协调组织贵医三附院、都匀市残联上门为残疾群众现场办证47本；春节期间，走访慰问10户特困残疾人家庭，发放慰问金5000元。

【康复工作】 组织有关医生和专家深入13个县（市、区）开展康复筛查，共筛查康复对象500余人。简政放权，将辅具采购下放到县级残联实施，提前完成了2015年度残疾人辅助器具采购发放任务。大力实施免费康复项目，共安装假肢87例、儿童矫形器41例，为32名6周岁以下聋儿、28名14岁以下自闭症儿童提供10个月康复训练，为26名聋儿验配助听器，实施肢残儿童矫治手术13例，对100名智障儿童和55名脑瘫儿童开展10个月康复训练。为76名残疾儿童和127名贫困残疾人发放辅助器具。验配助视器600多例，为135名精神病患者提供住院治疗、服药等救助。为51名州直单位离退休老同志适配价值近7万元的轮椅和助听器。

【实施特教提升计划】 2016年，州残联、州教育局联合下发《黔南州义务教育阶段未入学残疾儿童少年特殊教育安置方案》，对全州未入学残疾儿童教育安置工作作出制度性安排。各县（市、区）采取集中安置、集中办学、随班就读、送教上门等措施，使全州三残儿童入学率达到90%以上。黔南州推荐的1名优秀残疾大学生和1名特校教师获2016年度“交通银行残疾大学生励志奖”和“交通银行特教园丁奖”。投入22.3万元，对43名残疾儿童、47名残疾大学新生给予了就学补助。

【实施创业就业行动】 2016年，一是开展就业援助月活动，全年完成新增残疾人就业1289名。二是规范残疾人创业就业示范点创建工作，通过自查评分和实地评估，分类进行扶持，并引入了退出机制。甄选8个项目向省残联申报，其中3个被确定为省级残疾人创业就业示范点，2个得到省资金的扶持，共获扶持资金56.5万元。投入资金98万元，创建州级残疾人创业就业示范点11个、县级示范点13个。投入78.5万元，扶持家庭创业156户。三是加强培训工作，举办了一期初级盲人按摩培训班，培训盲人34名。对2760名残疾人进行了职业技能培训、农村实用技术培训和其他创业培训。四是对1400名就业年龄段智力、精神残疾人居家托养进行补助，发放资金70万元。五是推动残疾人精准扶贫工作。州残工委出台了《黔南州贫困残疾人脱贫攻坚和极贫乡一类乡贫困残疾人脱贫攻坚实施方案》。通过核查，全州纳入精准扶贫对象的残疾人为27829人，脱贫3620人，完成了2016年度减贫计划。

【实施“两项补贴”政策】 2016年，州、县均出台了《困难残疾人生活和重度残疾人护理补贴实施方案》，为符合条件的40086名残疾人发放补贴资金1944余万元。对1.7万名符合条件的贫困残疾人给予城乡最低生活保障。将残疾人纳入城乡医疗和养老保障范围，实施了代缴部分个人缴费、提高医疗报销比例等惠残政策。

【贯彻落实《贵州省残疾人保障条例》】 黔南州政协于2016年9月26日—10月8日，组织部分政协委员、州有关部门赴都匀、福泉、龙里、荔波等县（市）对《贵州省残疾人保障条例》贯彻落实情况进行专题调研，并向州政协第十一届第31次主席会议上作了专题报告。州及各县（市）制定或修改了残疾人优惠政策。开通“12385”残疾人热线，开展社会矛盾纠纷和信访积案排查化解工作，维护了社会稳定。投资53.5万元，对107户残疾人家庭实施无障碍改造。为2141名残疾人发放机动车燃油补贴55.6万元。举办培训班，对120余名残联干部、县级以上医疗机构残疾评定医师进行了残疾人残疾分类和分级培训。全年共核发二代残疾人证96757本，办证率达42.4%，较上年提高7个百分点。

【开展第二十六次全国助残日活动】 2016年，州政府副州长杨从明、州政协副主席解竞分别带领州残工委成员单位赴州康复训练机构、儿童福利院和部分县市特校开展走访慰问活动。其间，各级各部门领导带头走访特校、残疾人康复机构和贫困残疾人家庭，共入户走访残疾人250户，发放慰问金、物资价值共8万余元。助残日当天，各地集中开展了咨询、义诊、办证、康复对象筛查等现场活动。

【开展残疾人文化体育活动】 2016年，继续与黔南电视台开办手语节目，与黔南广播电台开办残疾人专题访谈节目。州残联分别与州教育局、州妇联等部门联合举办了“特殊教育宣传周”“共浴温暖阳光、让爱留守”专场文艺演出。选送的1幅绘画作品获全国残障儿童和平海报作品征集活动优秀奖。选派5名干部参加省残联举办的残疾人健身指导员培训班学习，各县（市、区）在助残日、特奥日、残疾人健身周期间，举办了象棋、跳棋、钓鱼、猜谜、盲人摸“福”、飞镖、踩气球等群众性体育活动。协助省残联、省体育局在瓮安县成功举办了2016年全省残疾人游泳锦标赛，黔南州代表队获得21金5银7铜的好成绩，名列全省第一。惠水县残疾人运动员罗锦彪在2016年里约残奥会上获游泳项目第五名的好成绩。

【先进典型】 2016年，瓮安县残联付勤建被国务院残工委评为“全国残疾人工作先进个人”；惠水县残疾人罗锦彪荣获“2016年度黔南骄傲人物”。

【项目建设】 2016年，州级托养、康复、综合服务中心项目建设主体工程已完工，正在进行室内外装修；2014年第一期获批的县级托养中心项目建设已全面完工；2015年第二期获批的县级托养中心项目正在建设中，其中：罗甸县已完工，三都、独山、长顺、都匀的项目建设主体已封顶，瓮安县正在进行施工前的各项准备工作。龙里县托养中心整合卫计、民政等部门的惠残政策，在全省率先以“公建民营”的模式投入运营。州残联、州发改委共同向国家申报县级残疾人康复中心项目12个、残疾人托养中心项目1个。其中福泉市残疾人康复中心已获国家批准。

【开展“千名残干入万户”活动】 2016年5月初，在全州残联系统开展了以“走访调查、宣讲政策、兴办实事、自愿助残”为主要内容的“千名残干入万户”活动。全州共有1537名各级残联干部、残疾人专职委员走访了10923户残疾人家庭，对残疾人生产生活现状、精准扶贫措施落实状况和生活救助、社会保障、康复服务、教育培训、就业扶持、托养服务、住房保障等方面的需求进行了深入调查，向他们宣讲了习近平总书记系列重要讲话精神，重点宣传了残疾人“两项补贴”制度等惠残政策。各级残联帮助解决残疾人最迫切、反映最强烈的困难和问题1241个（件），共发放物资价值、资金共106.11万元。

【实施“千名残疾人就业行动计划”】 深化工作改革，州残联与州人社局在福泉市、瓮安县、龙里县实施“千名残疾人就业行动计划”试点工作，2016年共投入残保金33万余元，通过对新安置残疾人就业的企业进行扶持奖励，进一步激发了企业安置残疾人就业的积极性，解决了92名残疾人的就业问题。

（彭　江）

黔南州红十字会

【概况】 2016年，黔南州红十字会围绕“三救三献”工作职责，重点抓好备灾救灾体系建设、款物募集、人体器官（组织）捐献等工作。各项工作成效明显，人体器官和细胞组织捐献工作进入全省前列，款物募集总额超过历年水平。成功召开了黔南州红十字会第四次会员代表大会，选举成立了黔南州红十字会第四届理事会，完成了领导班子换届，并审议通过《黔南州红十字会2016—2020年发展规划纲要（草案）》。

【黔南州红十字第四次会员代表大会召开】2016年6月21日，黔南州红十字会召开第四次会员代表大会，选举产生了第四届理事会，并在四届一次理事会议上，选举27人为黔南州红十字会第四届理事会常务理事；选举吴俊为黔南州红十字会第四届理事会会长；陈明莉为黔南州红十字会第四届理事会专职副会长；选举王强、胡成林、朱露、谢小艺、熊家荣、田英、吴郁、李俊、朱惠兰、王波、吴邦敏为黔南州红十字会第四届理事会副会长。根据会长提名，经出席黔南州红十字会第四届理事会第一次全体会议的理事表决，决定韦文红任黔南州红十字会第四届理事会秘书长。

【基层组织建设】 至2016年，建立基层红十字会组织155个，其中都匀市完成了全市乡（镇、街道）基层红会组织全覆盖。

【发展规划】 《黔南州红十字会2016—2020年发展规划纲要（草案）》于2016年6月21日在黔南州红十字会第四次会员代表大会上审议通过。

【应急救援】 以推进备灾救灾中心项目建设和应急救援队伍建设为重点，全力抓好备灾工作和灾害救援。一是黔南州红十字会备灾救灾中心项目于2016年2月6日正式开工建设；二是2016年8月成立了黔南州红十字应急救援队，队员共27人；三是开展应急救援队培训。9月10～14日，应急救援队参加了贵州省红十字应急救援队培训及演练。10月22～23日，应急救援队到惠水参加了都匀军分区、惠水县武装部举行的军地抢险救援联合演练；四是组织在校学生2300人参加了全国红十字防灾避险知识竞赛活动；五是在上半年雨季期间，调拨大米1.4吨、家庭包37个、衣服800余件、贝因美奶粉120罐用于黔南州各县（市）救灾工作。

【人道救助】 2016年春节前，黔南州得到贵州省红十字会、广州市红十字会及社会各界大力支持，共筹集价值80余万元的大米、奶粉、棉衣、棉被、家庭包等物资用于开展“博爱送万家”活动，对贫困群众进行慰问。全年完成9例0～14周岁白血病患儿申报“小天使基金”项目资助，年内获资助7人。完成18例0～14周岁先天性心脏病患儿申报“天使阳光基金”项目资助，年内获资助11人。黔南州社会福利院、贵定县社会福利中心获得中国红十字基金会捐赠的功能床、制氧机、健康器材等物资共计40余万元。

【应急救护】 2016年9月12日在黔南师范学院为150名中国贵州都匀毛尖（国际）茶人会志愿者开展了应急救护知识培训。12月28日到黔南州委党校、黔南行政学院为中青班、民干班100多名学员开展应急救护知识培训。积极推广红十字急救掌上学堂APP程序，制作了安装掌上学堂的宣传资料，其中贵定县红十字会采取发文件的方式，要求公务人员安装红十字急救掌上学堂APP，全县1000多名国家工作人员均安装了红十字急救掌上学堂APP程序。贵州省红十字会救护培训指导中心为黔南州配送复苏人模具15套，其中12套分别配送至12县（市）红十字会。

全年全州共开展应急救护培训28107人次，其中公益培训24674人次、持证培训3433人次。

【无偿献血和捐献造血干细胞】 持续开展无偿献血宣传和造血干细胞志愿者招募工作，全州全年开展无偿献血宣传20230人次，献血量6246400毫升，招募造血干细胞捐献志愿者116人。瓮福集团职工张元海、杨通海成功捐献造血干细胞。

【捐献人体器官与细胞组织工作】 2016年5月8—6月8日开展了“人体器官捐献宣传月”活动。至年底，黔南州成功登记人体器官捐献志愿者73人。

全年全州成功捐献人体器官（组织）4例，分别为6月13日独山县第二幼儿园金大双捐献眼角膜，9月17日独山县杨丽红捐献眼角膜，11月25日三都县白明元捐献心脏、两个肾脏和一只眼角膜，12月27日荔波县马应飞捐献眼角膜。其中白明元是黔南州开展人体器官捐献工作以来，捐献全部人体器官的首位捐赠者。

【项目工作】 2016年，向中国红十字基金会申报独山、荔波、罗甸、三都、长顺县不完全小学2所、1~6年级完全小学5所、九年一贯制学校2所实施“六个核桃·读书慧公益金书库”项目，每所学校获基本型书库1万元~2万元（含码洋2万元~3万元的书籍、专用书架2~4个）。

向中国红十字会扶贫开发服务中心少儿帮扶办公室申报惠水县、平塘县、贵定县共65个幼儿园配置安全接送系统（每园获得捐建价值1万余元的“智慧树”安全接送系统、“幼儿家长必看的家庭教育卡”项目）。

向贵州省红十字会申报惠水县涟江街道司濛村、龙里县龙山镇龙山社区、三都县三合街道姑挂村实施“博爱家园”项目。

成功申报荔波樟江风景区实施“幸福天使红十字救护站”项目，于2016年2月与中国红十字基金会、贵州省红十字会签订援建协议书，获中国红十字基金会30万元资助。

向中国红十字总会事业发展中心申报黔南州社会福利院、平塘通州五保供养中心、荔波甲良中心敬老院、贵定县社会福利中心实施“支持失能老人养老服务项目”，10月8~12日，黔南州社会福利院、贵定县社会福利中心院长参加了中国红十字总会事业发展中心耀阳养老院长培训班学习。

【款物募集】 2016年，加强款物募集工作。上半年向贵州省财政厅申报公益性捐赠税前扣除资格，于年底获得批复。协调移民扶助基金20万元，完成三都县周覃镇新仰村道路建设及路灯安装。利用互联网开展募捐筹资工作，其中龙里县红十字会利用网络开展“博爱龙里”活动，向社会筹集款物达140万余元。据统计，全年全州共筹集款物769.59万元（不包括上级红十字会调拨款物）。

【对外联络工作】 2016年，经黔南州红十字会牵线搭桥，国中联盟控股有限公司贵州分公司为三都县人民医院捐赠价值71.6万元医疗设备。香港善施基金会为惠水县、龙里县残疾人分别捐赠价值20余万元的轮椅、拐杖、棉衣等物资。

【对口帮扶工作】 继续推动落实《2013—2020年对口帮扶合作框架协议》，加强与广东省红十字会、广州市红十字会交流与合作。

2016年春节期间，广州市红十字会向黔南州红十字会捐赠棉被、学生衣裤等物资价值10万余元，用于开展“博爱送万家”活动。2016年9月7日，黔南州红十字会专职副会长陈明莉陪同广东省红十字会项目回访团一行3人到长顺县代化镇代化社区司头组回访广东省红十字会援建的“绿色家园健康新村”项目。

（李应陆）

黔南州计划生育协会

【概况】 黔南州计划生育协会于1985年成立，2009年明确为州委领导下的群众团体，同年省委组织部将黔南州计划生育协会列入参公管理的事业单位。2011年，州编办对黔南州计划生育协会进行“三定”，内设办公室和业务部2个机构，编制6名，设会长1名（兼），专职副会长1名（正县级），秘书长1名（副县级）；正副部长（主任）2名（正副科级）。全州有计生协会机构116个，编制人数552人，实有人员506人。2015年，州计划生育协会经费列入财政一级预算，实现财务单列。2015年州委、州政府将州计划生育协会列入一级单位进行综合绩效考核，并在全州综合绩效考评中获得州直群团工作部门类一等奖第二名。2016年，州计生协会工作经费208.5万元。

【幸福微笑”活动助力医疗精准扶贫】 2016年4月19—23日，黔南州第三次与杭州微笑行动慈善医院合作开展“幸福微笑”大型公益活动。活动共有109名患儿参加筛查，83名唇腭裂患者实施整形修复手术，39名患儿接受语音矫正训练。杭州微笑行动慈善医院对黔南州唇腭裂患儿家庭给予每户300元的交通补助和每名患者600元的术前筛查费用。州计生协会积极争取到州民政局、州慈善总会600元/人的困难生活救助，并通过新农合定额补助实施整形修复手术的患者2000元住院费，让贫困家庭的唇腭裂患儿不花一分钱享受到国内最优质的医疗服务，为患者家庭免除上百万元费用，实现了医疗救助到家庭，实惠精准到个人的有效帮扶模式。

【“幸福人生”活动关爱计生特殊家庭】 2016年，省计生协、省人口福利基金会在黔南州试点开展“幸福人生·关爱计生特殊家庭”公益活动，由省人口福利基金会投入50万元，州卫计委同等匹配50万元活动经费。通过组建和培训志愿者服务队伍开展计生特殊家庭基线调查工作，建立黔南州计生特殊家庭信息数据库，记录全州584户计生特殊家庭的详细信息。对191户困难计生特殊家庭实施紧急救助，其中一类困难家庭56户、每户救助7000元，二类困难家庭135户，每户救助3000元，共计发放救助金79.7万元，做到对计生特殊家庭精准扶助、精细关怀，进一步提高黔南州计生特殊家庭扶助关怀工作的针对性和有效性。

【家庭服务中心创建活动初显成效】 2016年，按照“五有六服务”创建标准，州计生协会投入10万元在平塘县平舟镇京舟村创建州级家庭服务中心示范点。通过有效整合资源，全州新建家庭服务中心35个，面积达1.1万平方米，投入资金717万余元，全年开展矛盾调处服务713次、便民惠民服务4642次、宣传倡导服务737次、医疗保健服务9717人次、生育关怀服务1472人次、红白喜事服务1755户，为计生家庭和会员群众提供多元化、个性化的服务。

【计生协产业发展合作社蓬勃发展】 2016年，州计生协会投入10万元在三都县创建州级计生协产业发展合作社示范点，注册成立了“三都水族自治县杨柳水族马尾绣产业发展农民专业合作社”，由三都县协调4间门面无偿提供给合作社使用，建立马尾绣技术培训基地开展刺绣培训，吸纳务工人员675人，累计收入10万余元。全年新建计生协产业合作社12个，共计投入资金899.6万元，吸纳务工人员1336人。

【“人口福利·生育关怀基金”稳步壮大】 2016年，全州县级生育关怀基金募集金额380.4万元，总额达2000多万元。建立村级生育关怀基金1116个，筹集总额达775万元，村级生育关怀基金覆盖面达84%，福泉市、瓮安县、惠水县、荔波县村级生育关怀基金实现全覆盖。

【计生基层群众自治工作扎实推进】 2016年，州计生协会投入10万元在福泉市开展创建州级计生基层群众自治示范市活动。12月15日州计生协组织评估小组对福泉市计生基层群众自治创建工作进行了评估验收，福泉市有48个村（居）达到计生基层群众自治示范村标准，占村（居）总数的63.16%，顺利通过评估验收，成功创建计生基层群众自治示范市。

【“青春健康”项目影响力不断扩大】 2016年，州计生协会投入3万元在黔南民族师范学院创建省级“青春健康俱乐部”项目示范点，同时投入3万元在黔南民族医专创建州级“青春健康俱乐部”项目示范点。9月13日，省计生协会在盘县召开全省青春健康工作现场推进会，黔南州在会上作经验交流发言。11月1~3日，全省青春健康师资培训班在黔南州举办，全州各县（市、区）、黔南民族师范学院、黔南民族医专共40余名教师参加培训，为全州“青春健康”项目工作培养专业化的师资队伍。

【“幸福守望”活动惠及贫困家庭留守儿童】 2016年，州计生协会投入1.5万元在留守儿童比较集中的都匀市第十三完全小学创建州级“幸福守望”乐园示范点，帮助都匀市第十三完全小学建设舞蹈室。8月4～9日，州计生协会组织5名贫困计生家庭留守儿童到北京参加“幸福守望——留守儿童夏令营”活动；8月7～12日，州计生协会组织8名留守儿童到龙里参加省计生协组织的“快乐健康全能拓展夏令营”活动。9月25日，省计划生育协会“生育关怀——黔边行”义诊暨关爱留守儿童慰问活动在长顺县广顺镇举办，共计为41名计生家庭留守儿童每人送去500元慰问金及学习用品。

【创先争优取得的成效】 2016年，黔南州计划生育协会获省人力资源和社会保障厅、省计划生育协会“全省计划生育协会工作先进集体”表彰；在省卫计委、省计生协会举办的“医疗惠万家民生故事会”讲述比赛中获一等奖；被州委、州政府授予“民族团结进步模范集体”荣誉称号，成为获得此荣誉的6家州直部门之一；被州妇联、州妇儿工委办授予“巾帼志愿行动单位”称号。

（潘　娜）

·军　　事·

JUN SHI

都匀军分区

【概况】　2016年，在省军区党委和州委、州政府的正确领导下，军分区党委团结带领全区官兵，围绕深入学习贯彻习主席系列重要讲话精神这条主线，着眼服从服务军队体制编制调整改革这个大局，按照军委国防动员部赋予省军区系统的“五部”职能使命，各项任务圆满完成。

一、用习主席系列重要讲话精神统领思想、强固军魂，确保了部队集中统一和纯洁巩固。坚持以学习贯彻习主席系列重要讲话精神为统揽，深入贯彻落实中共十八届三中、四中、五中、六中全会精神，扎实开展“改革强军”主题教育、“两学一做”专题教育和每季度党委中心组带机关理论学习，认真组织“新体制新职能新使命”和“政治工作发挥生命线作用”大讨论，严格落实“每月一课”法治教育。积极开展“军营微课”创作展示活动，选送5个类别9项作品到省军区参评，其中6项被省军区评选为优胜作品（政治部微动漫、微广播、微讲堂，长顺微电影，独山微动漫，惠山微讲堂），政治部参与制作的微动漫、微广播、微讲堂被省军区推荐到军委国动部参加评选。结合纪念长征胜利80周年，广泛开展“长征读书月”、“重走长征路、献身强军梦”战备拉练、“强军杯”篮球赛等活动。扎实开展全面肃清工作，认真传达学习中央关于郭伯雄、徐才厚案件情况通报，3次召开常委会研究部署，2次组织集中清理，常委带头对照检查，深层次挖根除弊，坚决肃清郭徐流毒影响。认真抓好新闻宣传工作，全区共在中央级媒体用稿260条，其中解放军报15条，《中国国防报》28条，在《解放军报》头版推出了《依靠人民，不断攻克前进路上新“天险”》，在《中国国防报》、中央人民广播电台等中央级媒体重要版面推出了《走进猴场镇重温伟大转折的前夜》《不忘初心再长征：飞架南北桥，突破乌江天险》等重要报道。在省军区要讯上稿90条，名列省军区10个师级单位第一。

二、聚焦能打胜仗推进战斗力建设，部队实战化能力和水平得到进一步加强。结合指挥关系转隶，严格规范作战值班秩序。“神十一”任务备勤期间，先后50余次接受上级视频、电话抽查，各类值班人员在位，确保了备勤任务圆满完成。全年共组织战备演练20余次，累计动用兵力5万余人次，完成森林灭火、抗洪抢险、节庆安保、火箭残骸回收等任务163起，完成民兵3496人训练。指导都匀、独山、平塘、罗甸4家联考联评参考人武部参加省联考联评，取得总评三个单位优秀、一个单位良好的成绩。10月，参加省农运会民兵军事三项比武竞赛，取得团体第二、射击团体第一、射击男子第一、第二名、射击女子个人第三的好成绩。进一步加大整组工作力度，全州共编基干民兵1.2万人，建立国防动员专业保障队伍18个专业共5760人，企业民兵数量占全县基干民兵的比例提升到67%，有效改善了民兵的结构成分。积极推进民兵“四新”工作，在都匀、长顺、独山、惠水、福泉人武部筹划组建了军分区无人机分队，在惠水县组织了2016军地联合抢险救援演练现场会；突出抓好惠水县好花红村试行互联网+动员、福泉江边寨新型农村建设试点，圆满完成了省军区赋予的观摩点建设任务。扎实抓好年度征兵工作，高质量完成1046名新兵的征集任务。

三、紧贴打赢需求扎实做好后装工作，综合服务保障效能明显提升。严格财经制度落实，积极推进经费、给养、油料、医疗等日常供应保障社会化，全年行政消耗性开支同比下降28%，公务用车同比下降25%，油料消耗同比下降12%。组织对军分区本级2012年以来经济运行情况进行自查自纠，对执纪督导检查中指出的问题及时抓好整改，共收缴清退资金174953元。抓好全面停止有偿服务工作落实，军分区各级共关停空余房地产租赁项目41个，清退公寓住房4套。圆满完成军分区民兵武器装备仓库搬迁、民兵弹药对外调运和报废弹药销毁任务。

四、积极深化拓展军民融合深度发展成果，参建参治工作取得新的进步。认真贯彻习主席“全面消除贫困人口”和“守住两条底线”的指示要求，按照省委“大扶贫、大数据”战略部署，以省军区“四项工作”为抓手，主动参与贵州“33668”脱贫攻坚行动计划，按照“军分区、人武部包干一个村”的要求，重点推进“六项工程”，军分区本级重点帮扶三都县都江镇复兴村和都匀市平浪镇朵罗村。2016年，军分区、人武部先后100余次深入村寨调研，梳理汇总基层党组织建设、基础设施建设、特殊产业等20余项数据信息。通过宣讲积极转变思想观念增强信心，扶持退役军人创业发展项目产业示范带动，协调相关援建基础设施改善民生，帮建医疗教育基础扶持贫困地区，参与植树造林发展生态等方式，结对帮扶16个村，累计出动官兵1300余人次，投入经费200余万元，协调经费300余万元为黔南地区小康建设提供了有力支持。

【省委常委、省军区司令员王盛槐出席黔南州建州60周年庆典活动】 2016年，省委常委、省军区司令员王盛槐出席黔南州建州60周年庆典活动，听取了黔南州工作汇报，参观了州博物馆建州60周年成就展和国防文化展，参加了州四家班子的欢迎晚宴，观看了“生态之州·幸福黔南”主题文艺演出。王盛槐充分肯定了黔南州在经济社会和国防后备力量建设上取得的成就，并代表省军区党委、全区官兵职工和广大民兵预备役人员向黔南州各族各界干部群众致以节日的祝贺和诚挚的问候。

【省军区司令员王盛槐和参谋长洪晓荣、政治部主任魏文波分别率观摩团到惠水县、福泉市检查观摩“四新”建设成果】 2016年，省军区司令员王盛槐和参谋长洪晓荣、政治部主任魏文波分别率观摩团到惠水县、福泉市检查观摩“四新”建设成果。实地查看了惠水县民兵网络舆情分队、金晨公司退伍军人创业致富点、中国农业云大数据惠水云中心和瓮福集团基层武装部、黄丝江边复退军人创业示范基地等“四新”建设观摩点，观看了“惠水县兵员动员信息系统”软件操作演示和瓮福公司防化救援演练，听取了“四新”建设相关情况汇报。省军区观摩组充分肯定了惠水、福泉“四新”建设中的特色亮点和取得的成绩。省军区首长指出，此次观摩活动是对基层武装工作的督促检查指导，以活动引导大家共同努力，互相创新、互相比较、互相学习，提高国防动员后备力量建设新格局。

【省军区参谋长洪晓荣指导都匀军分区召开党委常委民主生活会】 对军分区民主生活会筹备和联考联评、“四新”建设、“三严三实”教育整顿“回头看”、两项重大教育等情况进行实地检查调研，为军分区官兵作了“两项重大教育”授课辅导，与常委逐一谈心谈话，严格审核了正副书记对照检查材料，全程指导党委班子及个人对照检查。洪晓荣参谋长对军分区党委班子和部队建设给予了充分肯定，认为此次民主生活会党委重视、主题鲜明、会风务实，党委班子政治上清醒坚定、职能使命意识强、整风整改成效好、参建参治作为大、团结共事氛围浓。就围绕如何践行“三严三实”要求、加强党委班子建设提出了四点意见：一是要进一步在看齐追随、维护核心上从严从实；二是要进一步在主责主业、应急应战上从严从实；三是要进一步在建强班子、发挥作用上从严从实；四是要进一步在改进作风、深化整改上从严从实。

【省军区政治部副主任李嵩到省军区扶贫联系点三都县都江镇坝辉村调研精准扶贫工作】

2016年，省军区政治部副主任李嵩到省军区扶贫联系点三都县都江镇坝辉村调研精准扶贫工作，实地查看了坝辉村钢架桥和村卫生室扩建两个精准扶贫项目，与村支两委进行座谈，详细了解帮扶点具体情况和项目开展可能存在的问题和瓶颈；走访慰问了两户贫困户，为他们送去慰问金和慰问物品。李嵩指出，精准扶贫工作组要克服一切困难，加快进度，力争年底前完成项目建设，早日让老百姓受益；困难群众要克服困难，鼓足干劲，想办法，找路子、不等不靠，把日子过好，尽快脱贫，早日实现小康生活。

【黔南州召开联考联评暨“四新”建设任务部署军地联席会议】 2016年，黔南州召开联考联评暨“四新”建设任务部署军地联席会议。全州12个县（市）主要（分管）领导及人武部参加会议。会议对联考联评工作提出三点要求：一要提高认识，充分认清联考联评的重要意义；二要加强领导，重点抓好联考联评的关键环节；三要搞好督导，扎实抓好联考联评的末端落实。对“四新”建设明确了三个方向：一要深化军民融合，坚持在经济社会发展中借力；二要着眼任务需求，坚持在富民强兵工作中发力；三要推动实践创新，坚持在健全基层组织中着力。

【黔南州三项举措推进预征工作】 一是明确任务指标，州征兵办下发《关于加强网上预征工作的通知》，要求参加联考联评的4家单位，网上确定预征对象数不得少于2015年征集任务数的3倍；所有单位网上确定预征对象不得少于2015年征集任务的4倍；各单位大学生预征对象比例不得低于30%。二是定期检查抽查，按照《关于认真搞好预征对象身体初检和病史调查工作的通知》，定期对各单位网上预征对象进行抽点核查，随机选取预征对象核对报名信息，了解基层政策宣传、跟踪教育和初检初审工作开展情况，督促提高预征质量。三是加大宣传投入，投入5万余元为全州各镇（乡、街道）统一购买宣传资料，为5个高校武装部分别划拨5000元办公经费，确保基层宣传工作末端落实。

【黔南州“四项举措”确保兵役登记落实】

一是健全组织。逐级成立专门的组织协调机构，区分任务，明确分工，落实责任，加强兵役登记工作的组织领导。二是掌握底数。各县（市）征兵办协调公安部门，从公民户籍系统查询调出18周岁男性公民的户籍身份信息，向各乡镇、街道分解兵役登记任务。各乡镇、街道分别与所在地派出所进行查询，并组织登记。三是多法并用。县（市）征兵办牵头，采取现场登记、协助代登、上门登记、个人自登等多种方法，一人不漏进行登记。四是落实责任。州征兵办每周对全区兵役登记情况进行排名通报，并报州政府绩效部门备案，对完不成任务的严格追究责任。

【都匀军分区深入开展“老干部学、学老干部”活动】 都匀军分区干休所结合纪念建党95周年，在“两学一做”学习教育中深入开展“老干部学、学老干部”活动。针对老干部党员年迈体弱、行动不便、视听困难等特点，采取化整为零、有统有分的形式，每周五支部集中学习，平时以分散自学为主；将党章党规和习总书记系列重要讲话要点印成大字体，确保老干部党员人手一份；对视力不好的老干部党员，工作人员上门念诵、导读；老干部与官兵们座谈，讲革命年代的战斗故事，讲一心为民的感人事迹，在互帮互学中共勉共进步。

【黔南州委、州政府、都匀军分区在福泉市组织迎八一系列活动】 2016年，庆祝中国人民解放军建军89周年暨福泉市荣获“全国双拥模范城”八连冠。州、市领导与驻黔南部队官兵欢聚一堂，过“军事日”活动，召开“双拥”座谈会，观看“双拥”晚会，共叙军民鱼水深情，共促军民融合发展。州委、州政府充分肯定了驻黔南部队在国防建设和地方经济社会建设，特别是在抢险救灾、维护社会稳定等急难险重任务中做出的重要贡献，并勉励官兵在改革强军新征程中奋发有为再立新功。官兵们纷纷表示，不忘忠诚初心，在“永远跟党走”上继续前进；不忘使命初心，在“聚焦实战谋打赢”上继续前进；不忘本色初心，在“全心全意为人民服务”上继续前进，为黔南发展做出新的更大贡献，回报黔南人民对子弟兵的关心和厚爱。

【中国人民解放军军衔军服功勋实物精品博览馆在都匀开馆】 为庆祝建军89周年和黔南州建州60周年，2016年8月6日，中国人民解放军军衔军服功勋实物精品博览馆在都匀开馆。展出以中国人民解放军军衔军服和功勋奖章等实物为主体，结合黔南厚重的红色文化，配合图文影像和声光模拟形式，通过展现人民军队军服的发展变化，集中反映了80多年来，人民军队在党的领导下，由小变大、由弱变强的辉煌历程；突出展现了当代军人矢志强军、爱军兴武、渴望荣光的家国情怀和为实现中国梦强军梦而不懈奋斗的壮志豪情。

【都匀军分区“四个一”模式推进精准扶贫工作】 一是谋划一套精准扶贫工作方案。深入贯彻习主席系列重要讲话精神，按照军委国防动员部和省军区决策部署，扭住精准扶贫主要抓手，推动扶贫资源动员规范化、配置精准化和使用专业化。二是探索一项精准扶贫工作机制。成立由军分区党委正副书记亲自挂帅、党委常委任副手、机关相关业务口负责人为成员的精准扶贫工作领导小组，下设精准扶贫工作办公室，建立健全组织运行机制。三是制定一套精准扶贫工作措施。通过与村支两委座谈、入户调研的方式，精准掌握贫困户家庭收入、生活生产状况、人员构成、致贫原因等基本情况，本着“群众所需、部队所能”的原则，量身制定具体帮扶措施，做到“一户一个脱贫计划、一户一套扶贫措施”，确保精准扶贫工作有力有序展开。四是架通一条部队与农户之间的“连心桥”。建立常态化走访慰问机制，将“大走访”变为“常走访”，适时开展“送温暖、献爱心”活动，坚持与挂钩扶贫村每半年共同谋划一次主题活动，营造军民同呼吸、共命运、心连心的浓厚氛围。

（汤　伟）

武警黔南州支队

【概况】 中国人民武装武装警察部队黔南布依族苗族自治州支队于1950年由中国人民解放军51师整编改建为中国人民公安部队都匀县公安局保卫队。部队编制体制及名称先后历经都匀专区人民警察大队、黔南州公安局人民武装警察大队、黔南州人民武装警察支队等10次变迁，1982年11月正式成立为中国人民武装警察部队黔南布依族苗族自治州支队。下辖4个大队、1个教导队、21个中队。主要担负1个国家战备油库守卫、3所监狱看押、13个看守所看守勤务，有17个固定执勤目标、24个执勤点、90个哨位，常年看押、看守犯人和犯罪嫌疑人7500余人、守卫战备成品油30余万吨。

2016年，支队党委始终聚焦强军目标，认真学习贯彻中共中央军委主席习近平系列重要讲话精神，紧跟总部总队党委总体思路和决策部署，以“六个第一”的历史荣誉为动力，按照“全面固基、加速提能”的既定工作思路，坚持转变思想观念，加强工作研究，狠抓末端落实，筑牢安全底线，部队建设呈现出团结心齐、尽责思为、奋勇争先的良好发展态势。

一、着眼四个意识，扭住政治建军扎实铸牢忠诚。2016 年是实施改革强军战略的关键之年，部队面临的最大考验是政治考验，支队始终把树牢“四个意识”作为首要政治责任，努力把思想政治建设抓得更加科学扎实有效。一是强化教育推动。按照“四有”（营造氛围有声势、配套活动有亮点、解决问题有实招、教育效果有保证）要求，深入推进两项重大教育，夯实思想根基。政工网开设专栏，建立“五个一”学习制度（党员每天自学一小时、党支部每周组织一次集中学习、每月讲一次微党课、每两月组织一次专题讨论、每季度开展一次学习成效测试），为全体干部购买《没有任何借口》《细节决定成败》等书籍，提升干部思维层次和理论水平；开展“十项配套活动”（创建党员示范岗哨、重温入党誓词、填写党员承诺书、手抄党章、观看红色影片、参观爱国主义教育基地、佩戴党徽、民主评议党员、领导干部讲党课、心得体会展评），做到两学入“心”、一做见“行”。坚持领导带头，6 名常委分别集中为部队上主题教育大课，基层则以“八个起来”（标语打起来、板报办起来、口号喊起来、网络用起来、警营广播响起来、文化活动搞起来、英模典型学起来、“三好”读书读起来）为抓手，唱响主旋律、激发正能量，较好的实现了教育破题落地、思想扎根的问题。总队转发了支队二季度党委议教情况。在总队组织的“四会”评比竞赛中，一名指导员获得第二名。二是强化思想管控。紧跟互联网进军营时代步伐，建好中队“微信群”，充分发挥“网情员”舆论引导和教育管控作用，激发官兵网络正能量。深入开展“深知兵、真爱兵”活动，不断提升内部关系和谐度。持续深化“双查”成果，针对“十类人员”，采取“五步法”（了解基本情况、观察现实表现、摸清真实想法、真情解难帮困、回看是否有效），落实“包保”责任制，过细做实一人一事思想工作。三是强化文化熏陶。充分发挥强军文化励志育人功能，在潜移默化中熏陶感染官兵。严密组织“八一”杯篮球比赛，激发官兵拼搏竞争精神；举办“庆国庆·迎新兵”文艺晚会，营造温暖浓厚的迎新氛围；结合“两项重大教育活动”，组织“纪念红军长征胜利八十周年”主题演讲比赛和“党史国史军史警史”知识竞赛，回顾革命前辈光辉历史，激发官兵自觉投身改革强军的信心动力。四是强化任务检验。充分发挥政治工作服务保证作用和直接作战功能，在部队参与“卫士—16 演习”、州庆 60 周年系列活动安保和“8·10”等 3 起大型押解任务中，用活“八种基本方法”，坚持“八个到现场”，确保任务部队官兵纯洁可靠，任务完成圆满。支队参加州庆 60 周年安保活动中的政治工作做法被总队转发。

二、着眼维稳大事，聚焦练兵备战扎实履行使命。立足形势任务的严峻挑战，以“多能一体、有效维稳”为牵引，当好“稳定属地、执勤处突”的主力军。一是筑牢执勤阵地。深入学习贯彻“广西”“辽宁”会议精神，拟制上报支队《“一室两站”“一室三库”和指挥训练中心建设方案》，规划投资 494 万元。按照总队首长“两快一慢”指示和总队六个方面的批复要求，扎实推进建设。扎实抓好执勤优化改革，对“九个不变，九个可变”进行充分论证。广泛开展“执勤岗位大练兵”活动，推广罗甸中队抓中心“五勤”（干部无缝查勤、骨干‘六小’组勤、党员示范带勤、哨兵正规执勤、警地联合备勤）做法，执勤秩序更加正规。全年成功处置执勤险情 7 起。执勤带新、第二季度党委议中心和“8·10”武装押解经验做法分别被总队转发。二是保持常态备战。落实“一句话命令加补充指示”指挥流程，规范“编携配装用”。完善机关战备方案预案，投入经费 250 余万元，补充特战装备 93 件，改装“以车代库”车辆 18 台，接入“天网”及灾情预警信息系统。采取带背景、带课题、背靠背的方式，常态组织成建制“考比拉”和特勤排、应急班、应急小组网上抽查，全面摔打部队，提高战备水平。先后完成生态文明贵阳国际论坛年会龙里、惠水分会场、物流国际峰会、黔南州庆 60 周年、“茶人会”“酒博会”“天眼”启动仪式等安保任务和“8·10”

大型押解勤务。在联勤巡逻任务中成功抓获3名网上追逃对象，帮助4名走失儿童寻找家人。三是补齐短板强训。瞄准教练员培养和训练场地建设“两个短板”，投入经费100余万元，建好基层训练场，部队基本训练场地配套率达到95%。以“卫士—16”演习为契机，组织首长机关开展“五练”（练指挥、练谋略、练战法、练协同、练保障），着力解决“五个不会、一个不知道”问题。紧盯训练“八落实”，严密组织4期教练员集训、3期勤训轮换、3期特勤排“魔鬼周”极限训练、1期特战预备队员集训和1期预提指挥士官培训，12月4—6日，以总队训练预备期指示精神为指导，组织干部骨干预备期“大练基本功”竞赛活动，并组织大中队军事主官和应急班班长对应急班拉练进行业务培训。参加总队特战干部骨干及教练员集训分获一、二名，接受总队军事训练监察考核成绩排名靠前。

三、着眼安全稳定，强化综合施策扎实固牢底线。坚持多措并举抓管理促正规，全力以赴抓安全保稳定。一是突出法治思维培育。着眼实现“三个根本性”转变，针对机关依法指导“随意”、部队按纲抓建“随流”、官兵依法履职“随性”等问题，常态开展“学法规、用法规、守法规”活动，把法治教育纳入经常性教育、把培育法治精神纳入强军文化、把法治行为纳入部队行动，维护法规制度权威。让按《纲要》建、按《条令》管、按《大纲》训、按制度办成为自觉习惯。二是突出正规化水平提升。巩固转化总队正规化试点成果，着力在库室设施规范化、一日生活条令化、日常管理精细化、官兵养成经常化、内务设置标准化上下功夫。全面推广罗甸中队内务设置“六条线六统一”、长顺中队营区环境“武化”、平塘中队精细化管理经验做法，有力解决了正规化建设“回潮”问题。以基层风气专项整治为契机，深入开展“五个调研”（手机网络使用管理调研、官兵沉迷灰色文化调研、中高级士官婚恋情况调研、训练伤和骨膜炎现象调研、官兵正确对待压力情况调研），推进“五项治理”，不断提高部队正规化建设水平。三是突出安全隐患治理。针对年初安全稳定上出现的苗头，采取“主官跑面检查、常委蹲点指导、机关现场办公”等形式，分十二个波次进行安全大排查、大整顿，全面整治各类安全隐患，堵塞安全漏洞。9月，支队代表总队接受了总部安全工作组检查，安全工作受到了总部工作组的充分肯定。严密组织秋季补选退工作，209名士官初选无反映，187名老兵退役返乡无差错。经过三轮建设，支队所有单位安防设施实现全覆盖、无死角，安全防护屏障进一步增强。

四、着眼大抓基层，坚持固本强基扎实建队底蕴。认真贯彻武警党委1号文件和总部总队基层工作会议精神，按照“四个突出”（软硬并举、突出软件，统一规划、突出打赢，注重基础、突出特色，整体推进、突出重点）的基本思路和“四个有利于”（有利于能打胜仗的率先建、有利于安全稳定的突出建、有利于官兵成长成才的重点建、有利于积蓄内涵底蕴的经常建）的基本原则坚持不懈抓基层打基础。一是坚持把《纲要》作为基本遵循。坚持学好、用好《纲要》这本经，牢固树立基层按纲抓建，机关按纲指导的理念，克服抓工作的盲目性和随意性。拟制《纲要》培训计划，采取“三加一”模式（每月3个周三抓《纲要》培训，1个周五讲党课），利用三级网贯穿全年抓好干部能力培训，变集中训为经常训，将培训贯穿全年。按照《纲要》对21个基层中队实施分类排队，运用“一队一策”分类指导、精准帮建。支队第三季度讲评会在罗甸中队召开，现地观摩学习标兵中队按纲抓建经验，让“酵母”发挥作用，进一步促进了基层按纲抓建质量。二是坚持把建强一线作为重要抓手。严格落实“党委常委包片、股室包队”的党委机关挂钩帮建责任制，坚持沉到一线抓基层，把“三个一线”搞坚强。针对基层存在问题，以提高支部“三个能力”为重点，突出帮思想、帮干部、带作风。紧盯干部能力素质提升，依托“警官之家”，围绕“想明白、干明白、说明白”，开展“学思讲、教管训、统抓合”岗位练兵，实行岗位互换和轮岗锻炼，强化能力互补。发挥大队“传帮带教学干督”七个职能，强化能级管理，“前沿指挥所”作用发挥明显。三是坚持把解决难题作为重要突破。针对干部队伍活力不足的问题，持续开展“四个正确对待”教育，建立健全家属委员会干部休假（轮休）、特困干部救济、干部子女教育定点等措施，促进各级干部更好的履职尽责。针对工作末端落实不好的问题，运用行政督察，周交班会通报，网上检查等形式纠治问题，确保上级决策指示在基层落实见底。针对官兵家庭实际困难多、思想压力大问题，支队在强化人文关怀，解决官兵具体困难上使劲用力。先后为11名干部和5名老党员、困难党员发放困难补助6.5万元，协调地方为65名战士办理公民身份证，为2名随军家属办理工作调动，为22名干部解决子女入学入托，5名干部转业安置得到妥善解决，官兵幸福指数不断提升。

五、着眼集约高效，贴近任务需求扎实搞好保障。坚持以保基层、保中心、保生活为方向，狠抓后勤规范化建设和管理，不断提升后勤保障水平。一是坚持问题导向严格理财。认真学习上级有关财经管理重要指示精神，把严格财经纪律、扎紧制度笼子上升到政治高度来看待，强化向党中央、习主席看齐追随的决心。针对前期总队经费使用管理核查工作组指出问题，及时召开党委常委会，剖析问题原因、制定对策措施，成立领导专班抓好问题整改。二是真练实备保中心。抓好后勤分队“新大纲”试训论证和“一组五队”训练演练。组织各类专业兵业务培训复训141人。立足现有条件充实完善后勤装备，投入经费11万元，对战备物资仓库、军械仓库、警用装备库进行调整、扩容，对“一组五队”车辆进行改造，为基层单位配备单兵野战食品5400份。严格督促基层落实“1126”和“6211”配餐要求，把“伙食精细管理年”推向深入。扎实开展车辆交通隐患大排查，着力纠治责任区分不到位、制度落实不到位、隐患纠治不到位等问题，做到车辆性能有保证，交通安全有保障，驾驶技术有提升，保障能力明显提升。三是大事大抓搞建设。在总队党委首长的关心下，支队新机关建设有了实质性进展，主体工程于2016年7月21日正式开工。基层中队营房迁建方面，八中队、龙里、独山县中队、四大队部主体营房已完工，进入装修阶段；平塘、罗甸、九中队新营房建设场地平整已经完成；五、六中队营区基础设施改造工程竣工；七中队添建工程已启动，年底正进行地勘和设计；三大队部、都匀、贵定、惠水、瓮安、福泉中队营房新址也已确定。

六、着眼看齐追随，突出班子建设强化核心领导。支队党委班子始终围绕先进性和纯洁性建设这条主线，着力在提升“四个能力”（把方向统大事的能力，解决自身问题能力，带领官兵遂行各项任务的能力，带领部队全面建设的能力）上下功夫，大力加强党委班子建设，党委核心领导作用不断凸显。一是用强军目标凝聚共识。支队围绕改革强军这个主轴，结合“两学一做”学习教育，通过“集体研学、个人自学，办班精学、专家导学，研究促学、参观见学”等方法，以习主席系列重要讲话和十八届六中全会精神为重点，突出学好《准则》《条例》，严肃党内政治生活，“一班人”的政治敏锐性和贯彻执行力不断增强。在认真学习领会总部、总队党委扩大会议精神基础上，认真分析新一届党委班子面临的抓建形势，提出了保持“强基固本、加速提能”的基本思路不变，规划了三个阶段性目标（短期目标：实现班子平稳过渡、工作平稳交接、部队平稳发展；中期目标：推动支队向上向好发展；长期目标：努力再创先进）。二是坚持用根本制度提升领导水平。始终把贯彻民主集中制作为加强班子建设的关键。认真组织学习毛主席《关于党委会的工作方法》，及时修订完善《党委会议事规则》和《首长办公会议议事规则》，细化党委首长议事内容，规范决策程序，坚持议事先议政，做到“三个不议”（与政策规定不符合的不议，调查论证不深入的不议，个别酝酿不充分的不议）。事关部队建设全局的选人用人、工程建设、物资采购等都能事先征求意见、事中依法决策、事后及时公开，不搞个人说了算。半年，支队还召开党委民主生活会，坚持刀口向内、畅所欲言，保持了原则基础上的团结和党性基础上的感情，班子凝聚力不断增强，领导决策水平不断提高。三是坚持用以上率下正风肃纪。班子的作风引领部队作风。支队党委始终把“真抓实干、稳扎稳打”作为抓建理念，坚持心往下沉、身往下走，面对面搞帮带，手把手带基层，以扎实、务实、踏实的作风引领部队建设。面对政治巡视、财务审计、严格问责的“新常态”，党委“一班人”始终保持思想上的深刻警醒，从自身做起，彻底扭转惯性思维和“七个不算事”和“九个无所谓”的错误观念，自觉担起“新官要理旧账”的责任，对总队工作组指出具体问题照单全收、全部认领、扎实整改，得到了广大官兵的理解认同。

【武警部队政治工作部主任颜晓东少将到支队检查调研】 2016年6月14日，武警部队政治工作部主任颜晓东在贵州总队政委韩云鹏少将、政治部主任王亚东大校的陪同下，到黔南支队检查调研。

【武警部队部队管理局局长丁福建大校到支队检查调研】 9月23日，武警部队部队管理局局长丁福建率总部安全工作检查组到长顺县中进行检查指导工作，贵州总队副司令员郭游文、副参谋长李沛，支队长李林全程陪同。

【贵州省总队司令员高国成少将到支队指导党委民主生活会】 7月3日，总队司令员高国成率副参谋长李沛、政治部宣传处副处长李小东全程指导黔南支队党委民主生活会。

【贵州省总队司令员华荣林大校到支队检查调研】 9月2日，总队司令员华荣林率工作组一行，到黔南支队检查调研，看望慰问官兵。

【贵州省总队政委韩云鹏少将到支队检查指导】 4月20—21日，总队政委韩云鹏率后勤部副部长赵雄斌、副处长李拥政、副处长李波、干事陈鹏到黔南支队荔波县中队、平塘县中队、独山县中队检查指导工作，了解年度工作推进情况，指导“两查”活动开展，检查经常性基础性工作落实，看望并慰问官兵。

【贵州省总队副司令员郭游文大校到支队检查指导】 9月19日，贵州省总队副司令员郭游文率工作组一行到支队三都县中队，对中队各项工作开展情况进行检查指导。12月13日，郭游文到瓮安县中队检查指导工作。

【贵州省总队政治部主任王亚东大校到支队检查指导】 3月31日，总队政治部主任王亚东到支队检查指导工作。在支队期间，王亚东先后视察了一大队四中队、一大队三中队和荔波县中队。11月2—3日，王亚东率干部处处长赵建平、干事陈亚军，到黔南支队进行干部队伍建设情况检查调研，对支队在加强干部队伍建设方面采取的一系列措施和取得的成效予以了充分肯定。

【贵州省总队副参谋长李文胜大校到支队检查指导】 1月21日，总队副参谋长李文胜与省监狱管理局赵局长共同出席项目验收协调会，对福泉监狱进行项目验收。12月15—27日，总队副参谋长李文胜率工作组到黔南支队督查应急班冬季野营拉练，到一大队二中队对安全工作进行了实地考察，并重点对都匀监狱扩建问题作出了重要指示。

【贵州省总队副参谋长李沛大校到支队检查指导】 3月29—4月4日，总队副参谋长李沛带工作组一行到支队进行蹲点检查指导。期间，工作组一行先后跑面检查了支队所有中队。6月22—30日，李沛率政治部宣传处副处长李小东、后勤部军需处助理杨能攀到支队蹲点帮建，跑面检查了支队所有中队，并分别到五中队、长顺县中队蹲连住班，指导开展半年工作总结。

【贵州省总队副参谋长陈松兵大校到支队检查考核】 7月14日，总队副参谋长陈松兵率工作组到支队进行半年军事训练考核。9月5日，副参谋长陈松兵率工作组到支队新训大队检查考核新训准备工作。

【贵州省总队政治部副主任韩建华大校到支队检查指导】 10月20日，总队政治部副主任韩建华率保卫处干事刘基勇、训练基地教员王成到新训大队检查指导新兵教育训练工作。

【支队党委召开一届十一次全会】 3月10日上午，黔南支队隆重召开党委一届十一次全体（扩大）会议，认真传达学习军委扩大会议、武警党委二届八次全会和总队党委四届八次全体（扩大）会议精神，总结分析2015年部队建设形势，研究部署2016年工作任务。支队党委委员出席，支队机关干部、基层中队主官和各中队官兵通过电视会议参加。

【贵州总队举行“武警部队基层建设标兵中队”罗甸县中队授牌仪式】 3月18日，贵州总队以电视会议的形式在黔南州罗甸县公安局举行“武警部队基层建设标兵中队”罗甸县中队授牌仪式。总队政治部主任王亚东，黔南州委副书记、政法委书记吴胜华，总队政治部组织处处长黄夷，罗甸县“四大班子”主要领导参加。仪式由黔南支队支队长赵雄斌主持，政委窦荣康致辞。支队部分机关干部、罗甸县中队全体官兵、罗甸县部分政法干警、县直机关代表在主会场，基层中队官兵在分会场参加仪式。

【支队圆满完成“数博会”惠水分会场安保勤务】 5月24—29日，中国大数据产业峰会暨中国电子商务创新发展峰会在贵州贵阳举行，在惠水县白鸟河数字化小镇设分会场，支队圆满完成分会场安保勤务。

【支队召开财务大清查“回头看”暨全面清查2015年度经费使用管理情况阶段性讲评会】 为落实总队财务专项检查的指示和要求，把支队财务大清查“回头看”暨全面清查2015年度经费使用管理清查工作引向深入，6月21日，支队组织召开财务大清查“回头看”暨全面清查2015年度经费使用管理情况阶段性讲评会。领导小组成员和基层大、中队主官、司务长94人参加会议。

【支队圆满完成“惠水好花红民歌会”安全保卫任务】 7月9日，黔南支队圆满完成了2016“惠水好花红民歌会”安全保卫任务。

【支队隆重举行机关迁建项目主体工程开工仪式】 7月21日，支队举行机关迁建项目主体工程开工仪式。仪式由政委叶红主持，支队长李林致辞，副州长刘建民讲话并宣布开工。

【支队举行“八一强军杯”篮球赛】 为庆祝建军89周年，从7月25～27日，支队举行庆八一“强军杯”篮球比赛活动，勤务中队、一大队联队、机关分队分别获得冠、亚、季军。

【支队圆满完成黔南州建州60周年系列庆祝活动安保勤务】 8月6日，支队举行黔南州建州60周年州庆系列活动安保誓师大会。8月6—9日，黔南州建州60周年系列庆祝活动在都匀市举行，支队圆满完成了黔南州建州60周年庆祝系列活动的升旗、现场警戒、联勤巡逻、机动备勤等多项任务。

【支队圆满完成三起大型武装押解勤务】 8月10—11日，支队圆满完成了押解贵州省田沟监狱数百名犯人到贵州省福泉监狱、瓮安监狱、北斗山监狱的三起大型武装押解勤务。

【支队成功抓捕2名网上追逃对象】 8月31日，黔南支队一大队四中队协助黔南州女子看守所成功抓获网上追逃对象2名。

【支队圆满完成“酒博会”安保联勤巡逻和“环黔”设卡任务】 9月9—12日，“第六届中国（贵州）国际酒类博览会”举行，支队圆满完成了“环黔安保圈”独山麻尾收费站武装设卡和都匀市区联勤巡逻任务。

【支队圆满完成“A6211”“A6212”机动备勤任务】 9月19—21日，中央政治局委员、中央政法委书记孟建柱到贵阳贵安新区和黔南都匀、瓮安考察；9月24~9月25日，中央政治局委员、国务院副总理刘延东到贵阳、黔南平塘考察FAST项目落成启用仪式，省、州主要领导全程陪同。根据总部、总队“A6211”“A6212”勤务部署，黔南支队担负机动备勤任务。执勤中，支队官兵精神昂扬、履职尽责，充分展示了武警部队良好形象，圆满完成任务。

【支队召开两起二级加强警卫勤务和两项活动安保部署会】 9月20日，黔南支队召开两起二级加强警卫勤务和两项活动安保部署会。会议由参谋长何伦德主持，支队长李林、政委叶红，支队在家党委常委、机关业务股室负责人、任务分队干部参加。

【支队圆满完成“茶人会”现场备勤勤务】 9月23日，黔南支队圆满完成2016都匀毛尖（国际）茶人会现场备勤勤务。

【支队组织官兵参加黔南州“扶贫日——慈善一日捐”现场募捐仪式】 10月17日，是第24个国际消除贫困日和中国第3个“扶贫日”，黔南州州委、州政府主办的全州脱贫·慈善工作成就展暨“扶贫日——慈善一日捐”现场募捐仪式在都匀市南沙洲公园隆重举行，支队组织官兵参加，扎实开展扶贫助民活动。

【支队成功抓获3名网上在逃嫌疑犯】 10月25日，黔南支队一大队一中队汽车站执勤官兵成功抓获3名网上在逃嫌疑犯，有力震慑了车站各类违法犯罪行为，确保了广大旅客的生命财产安全。

【支队举行纪念红军长征胜利80周年党史、国史、军史、警史知识竞赛暨改革强军主题演讲比赛】 10月28日，黔南支队隆重举行纪念红军长征胜利80周年党史、国史、军史、警史知识竞赛暨改革强军主题演讲比赛。4个大队和机关直属队代表队同台亮相，公平竞争。经过激烈角逐，新训大队、机关直属队、一大队代表队分别获得了知识竞赛的一、二、三等奖；演讲比赛，平塘县中队董玉东获得第一名，新训大队李海东、罗甸县中队邓晓俊获得第二名，七中队邓仲舒、福泉市中队卯明检、新训大队贺珑轩获得第三名。

【支队圆满完成物流国际峰会联勤巡逻勤务及备勤任务】 11月7—8日，支队圆满完成2016第三届中国物流（都匀）国际峰会武装联勤巡逻勤务及备勤任务。

（桂连学）

人民防空　战备

【概况】 2016年，在州委、州政府、都匀军分区的领导和省人防办的精心指导及各县（市）人防办干部职工的共同努力下，深入贯彻落实习近平总书记系列重要讲话精神，按照《中华人民共和国人民防空法》赋予的使命任务，抓住军事斗争人防准备的重要方面，以中发〔2014〕15号、黔党发〔2016〕20号文件为契机，紧贴基于信息化条件下局部战争防空袭核心能力，把握人防建设全面融入经济社会发展体系主线，结合全州实际统筹推进人防全领域、全要素、全系统建设协调发展，主动适应新常态，为提升“十三五”时期履行战时防空、平时服务、应急支援使命任务的能力奠定坚实基础。州人防办被国家人防办授予“全国人民防空先进单位”、《贵州省人防与交通战备》一刊一网通讯报道“先进单位”；瓮安县被省表彰为“人民防空先进城市”，都匀市人防办、黔南州城乡规划局、龙里县人防办被省国动委表彰为“先进单位”；都匀市人民防空办公室粟宝鸾（女，布依族）被人力资源社会保障部、中央军委国防动员部授予“全国人民防空先进工作者”荣誉称号；龙里县人民政府常务副县犹永凯、州人防办信息保障中心工作员王尔华被省国动委表彰为“先进个人”。

工程建设：2016 年，全州审批各类人防工程事项 92 件，其中防空地下室报建项目 38 件，易地建设项目 54 件。办结防空地下室竣工验收备案 4 件，开发利用人防工程 64 个，面积 7.02 万平方米，人防部门自身平战结合收入 55.39 万元、为社会提供就业岗位 266 人、创产值营业额 650 万元。完成 137 个早期人防工程普查、59 个在建防空地下室、22 个已建成投入使用的防空地下室的质量检查。

宣传教育：全州人防系统向国家《人民防空》《贵州人防与交通战备》刊物和网站上报人防宣传稿件 99 件、图片 160 幅，被刊用文章 5 篇、简讯 65 条、图片 15 幅，被刊用稿件名列全省人防系统第一。

指挥通信：2016 年，全面完成都匀城区、瓮安县人防音响警报器发放控制设备和短波超短波通信网频率升级改造和州人防办人民防空视频会议系统建设，并投入使用。完成国防潜力调查和专业队伍的编组。按州国动委《关于认真做好 2016 年国防潜力调查工作的通知》（黔南国动〔2016〕24 号）通知要求，完成国防潜力数据调查和 2016 年度专业保障队伍编组工作。圆满完成“9·18”防空警报试鸣演练工作，州人防办会同都匀市结合试鸣工作组织开展人防法律法规防空防灾知识宣传活动，州人大、州政府和都匀军分区有关领导到场指导。地面信息指挥中心建设工作，完成州人防应急指挥中心信息系统项目可行性研究报告、项目初、详设计经省、国家人防办审批实施。指挥通信训（演）练工作中，按年度训练计划，2016 年 5 月完成瓮安县、平塘县 2016 年校园地震暨防空应急疏散演练活动、与省人防办和其他州（市）开展联动演练，6 月 16 日在高铁都匀东站与省人防办、六盘水市人防办、都匀军供站开展指挥通信跨区域联动应急演练和后勤饮食应急保障训练，11 月 17 日，参加州政府在瓮安县开展的高速公路凝冻天气道路交通安全事故应急处置演练。

行政执法：一是加强人防执法队伍建设。全州人防系统 18 人参加贵州省行政执法证件申领培训考试合格获得行政执法证。二是认真开展行政执法和监督检查。全州开展行政执法 182 人次，下发整改通知书 8 件，追缴人防易地建设费 1174.27 万元。三是指导福泉市行政执法体制改革试点工作。将人防行政执法纳入市综合行政执法局。着力解决行政执法工作管理体制不顺、职责边界不清、程序规则不全、管理方式不优等问题，实现行政执法规划化。四是认真开展权力清单和责任清单清理。根据《行政强制法》和《国务院关于第二批取消 152 项中央指定地方实施行政审批事项的决定》（国发〔2016〕9 号）规定，增加了人防行政强制措施处罚证据登记保存和行政强制执行加处罚款行政权力，取消了本级中型及以下单建人防工程、防空地下室施工图设计文件审批。五是认真开展行政执法案卷评查。对全州 2016 年 1 月 1 日至 2016 年 11 月 30 日期间的行政审批和行政处罚案卷进行评查，通过评查自查，全州行政许可案卷均符合主体合法、行政许可项目合法、适用法律依据合法、程序合法、审批工作规范，全州未发生行政复议和行政诉讼案件。六是行政审批权力下放。将都匀市区内人防音响警报器的行政审批权和维护管理权限下放给都匀市人防办，并与都匀市人防办完成音响警报器管理的移交。

机关重点工作：一是制定出台政策文件。根据黔党发〔2016〕20 号文件，代州委、州政府、都匀军分区完成《关于加快推进黔南山地特色人民防空建设的实施意见》起草并经州委、州政府、都匀军分区审核通过。二是州本级人防基本指挥所建设。邀请总参三所和省办有关专家、领导对州级人防基本指挥所项目进行初步选址技术论证并提出评审意见、实施南京地下工程建筑设计院现场踏勘，完成《黔南州州级人防基本指挥所项目建议书》并列入省级人防重点建设项目储备库，福泉市人防基本指挥所建设经市发改部门批复立项。三是完成人防建设“十三五”规划编制。结合全州国民经济和社会发展“十三五”规划纲要和贵州省人民防空建设“十三五”规划，成立“十三五”规划编制工作领导小组和编制工作组，组织完成州人防建设发展第十三个五年规划编制。四是《人民防空袭方案》的修订。按省人民政府办公厅、省军区司令部《关于制定（修订）人民防空袭方案的通知》要求，采取招投标的方式，由中标单位河北远东通讯系统工程有限公司完成州本级人民防空袭方案的修订工作。五是贯彻落实上级人防会议精神。认真组织学习并贯彻落实第七次全国人民防空会议精神和全省人防工作电话电话会议精神，完成召开全州人防工作会议筹备工作；五是接待服务工作。完成庆祝建州60周年、2016都匀毛尖（国际）茶人会、第三届中国物流（都匀）国际峰会暨商贸物流博览会的嘉宾对位接待服务相关服务工作，组织编印《黔南州人防辉煌60年》画册5000余册印发全州党政机关。

机关党建工作：一是严格按照全州“三严三实”专题教育活动要求，按时召开“三严三实”专题民主生活会和组织生活会。二是深入学习中共十八届六中全会精神，不断增强干部职工的政治意识、大局意识、核心意识和看齐意识。三是扎实开展“两学一做”学习教育活动，拟定学习计划，有条不紊开展各阶段性工作。为“微心愿”对象送去价值2500元的物资。四是深入村、户开展遍访、慰问和党建帮扶活动。“春节”“七·一”前夕分别走访慰问困难党员、贫困群众、产业带头人，遍访和回访了贫困户，共送去3.1万元的慰问金和物资。2016年11月初，给福泉市翁巴村送去帮扶资金1万元。五是开展在职党员和退休党员组织关系集中排查工作。六是拟制2016年度党风廉政建设工作计划，部署年度党风廉政建设工作，层层签订党风廉政建设责任书，组织全州人防系统干部职工参观廉政教育基地，召开党风廉政建设专题会议，做到反腐警钟长鸣。七是制定《黔南州人民防空办公室日常工作规则》，为规范干部职工言行提供了根本遵循。八是开展晒责任、晒承诺、晒成效，争做业务标兵的“三晒一争”机关效能建设活动，进一步明确干部职工岗位职责，建立工作台账，定期开展督查，落实跟踪销账制度。九是利用每周例会，大力推进干部上讲堂活动，不断提升全体干部职工的综合能力和水平；加强办公室及办公区的环境治理，为干部职工提供良好的工作环境。十是严格遵守保密相关规定，对涉密电脑、涉密文件、资料等实行集中统一管理，深入学习保密法律法规知识，做好保密有关工作。

（梁光强）

【州检察院州人防召开联席会议】 2016年2月24日下午，黔南州检察院、州人防办在州人防应急指挥中心四楼会议室召开预防人防工程建设领域渎职犯罪工作联席会议。黔南州发展改革委、州住房城乡建设局、州城乡规划局和都匀市检察院、市人防办、都匀经济开发区等部门和单位参加会议。联席会议的召开，进一步维护人民防空法律法规的权威和政策的严肃性，增强人防系统干部职工对人防工作的使命感和责任感，提高拒腐防变的意识和依法行政的水平。同时，加强了人防与检察部门及其他职能部门工作的沟通协作，形成工作合力，为全州人防领域预防职务犯罪增强信心和决心，为净化人防发展环境和促进全州人防事业健康有序发展起到积极推动作用。

（马德富）

【勒紧廉洁弦，树立好形象】 2016年春节前夕，为深入贯彻落实中央八项规定精神，持之以恒纠正“四风”，树立干部廉洁奉公的良好形象，州人防办三举措勒紧廉洁文明过节弦。一是开展廉政集中学习。以办党组即将召开的“三严三实”专题民主生活会为契机，组织全办干部职工集中学习《中国共产党廉洁自律准则》和《中国共产党纪律处分条例》以及州纪委“两节”期间下发的相关文件，进一步引导干部职工坚定理想信念，筑牢思想防线。二是签订廉洁过节承诺。于1月25日召开大会全体干部职工向办党组递交了书面廉洁过节公开承诺书，并向社会公布举报电话和网络举报邮箱，自觉接受和发动群众开展广泛监督。三是发送廉政短信提醒。充分利用电子政务内网短信功能向干部职工发送“把好廉关，过好年关”“新春佳节请牢记廉政准则，节俭文明廉洁过节”等廉政优质短信，向干部职工及早提醒、敲响警钟，时刻保持清醒头脑，廉洁文明过节。

（潘洪章）

【送节日关怀，献建设良策】 2016年2月2—3日，黔南州人防办分两个慰问组逐户走入办离退休干部和困难职工家中，开展春节集中走访慰问活动。在走访期间，慰问组与他们促膝交谈，嘘寒问暖，关切地询问他们的健康状况、居住环境及家庭情况，向这些曾经为人防发展和建设作出身心贡献的前辈致以新春问候和良好祝福，同时认真倾听老干部对人防工作的意见和建议并表示感谢。希望老干部们在安度晚年的同时，继续关注黔南人防的发展，一如既往地支持人防的工作，多提宝贵意见建议，为全州人防建设发挥余热。据统计，此次春节慰问活动共慰问离退休干部、遗孀、困难职工共计28户，发放慰问金16700元。

（潘洪章）

【上门服务、实地指导工程建设】 2016年2月26日上午，黔南州人防办党组成员、总工程师熊必武率人防工程科人员对州黔南移动公司生产调度楼防空地下室和“宏际·风情园”防空地下室建设情况进行了实地察看指导。每到一处工地，熊必武一行都要详细察看人防工程建设质量及工程进展情况，主动询问有什么需要州人防办服务或协调的事项。在察看指导黔南移动公司生产调度楼防空地下室建设项目时，人防工程科技术人员就防空地下室建设下步工序需要把握的重点作了指导，并要求工程科主动跟踪工程建设进度，主动服务到位，为建设方提供便利条件。

（尹　超）

【对早期人防工程使用管理情况开展突击性检查】 2016年2月26日下午，州人防办党组成员、总工程师熊必武，人防办工程科科长顾俊友，都匀市人防办副主任郭钊对都匀市步行街单建式人防工程安全使用情况进行了突击性检查。

为掌握实情，在不通知管理单位的情况下对都匀市步行街单建式人防工程安全使用情况进行突击性检查，对商场管理混乱、商户摆放货物占用消防应急通道、消防设备设施被物品遮掩覆盖、灭火器压力不足等问题提出整改要求。

（尹　超）

【州政府领导对人防建设开展调研】 2016年3月1日上午，州人民政府副州长胡晓剑对黔南移动公司生产调度楼和州公安局业务技术用房防空地下室建设情况进行实地检查调研。州政府党组成员、州公安局局长王治军，州公安局常务副局长岑凯，州人防办主任程志敏，州人防办总工程师熊必武，州移动公司总经理王显明等相关人员陪同。副州长胡晓剑每到一处防空地下室，都详细查看工程建设质量和内部构造，询问了解人防工程平战转换方案的制定情况等，对全州近年来人防工作取得的成绩，特别是结建人防工程建设面积大幅增长方面给予了充分肯定，也对下步人防工作开展提出了具体要求。

（尹　超）

【“三八”妇女节开展登山健身活动】 2016年3月8日，为庆祝“三八”国际劳动妇女节，丰富和活跃业余文化生活，展现昂扬奋进的精神风貌，黔南州人民防空办公室组织全办在职、退休女职工登青云湖森林公园，庆“三八”妇女节，开展登山健身活动。此次登山活动，即搭建了在职、退休女职工沟通、交流平台，又充实了职工的活动内容、活跃了文化生活，大家纷纷表示，将把这种团结友爱、勇于挑战精神状态投入工作之中，为促进人防工作的全面发展做贡献。

（吴　健）

【上级业务部门指导在建工程项目】 2016年3月10日，省人防办人防工程质量监督站、人防工程科研设计所所长（高级工程师）涂莉，总工程师（高级工程师）杜茂军一行到匀对都匀市剑锋小区二期建设项目1、2、3号楼修建防空地下室进行技术交底。州（市）人防办主要领导及相关人员陪同参加。交底会由项目建设单位主持召开，相关参建单位出席。省人防办质监站质量监督员郭兵首先对该项目新建民用建筑修建防空地下室的基本建设程序、各环节注意事项及新的质量监督要求作了详细交底。科研设计所从建筑、结构、通风电气设备、给排水及防空地下室施工细节上深化了要求，建设单位及各参建单位对防空地下室设计图纸、现场施工条件和施工组织安排、监理安排等方面分别发言，并对部分需要设计变更的地方作了咨询和明确。

（尹　超）

【全州人防办主任会议召开】 2016年3月23日下午至24日上午，全州人防办公室主任工作会议在州人防应急指挥中心召开。会议由州人防办副主任韦崇瑞主持，各县（市）人防办主任、都匀经开区人防工作领导小组办公室主任、州办各科（中心）负责人及以上人员参加会议。会上，各县（市、区）人防办主任就本辖区的“十二五”期间人防建设及2015年重点工作完成情况和“十三五”人防建设规划及2016年度工作打算依次作了汇报发言，同时也对制约全州人防发展重难点问题开展交流讨论并提出意见建议。

（潘洪章）

【开展警示教育，筑牢廉洁自律防线】 2016年3月30日下午，为深入贯彻落实中央“八项规定”精神和防止“四风”反弹，进一步严明纪律和规矩，促进作风建设，保持党员干部廉洁自律，在清明节到来前，黔南州人防办召开全体干部职工会议，集中学习《中国共产党廉洁自律准则》《中国共产党纪律处分条例》和《中共黔南州纪委关于8起违反中央“八项规定”精神和“四风”典型问题的通报》等党内法规、文件，筑牢廉洁自律防线，确保清明节期间风清气正。

（潘洪章）

【开展保密教育，筑牢思想防线】 2016年4月20日，为不断提高全办干部职工保密意识，黔南州人防办利用周例会组织全体人员认真学习《中华人民共和国保密法》《中华人民共和国保密法实施条例》等和典型失泄密案例，同时签订保密承诺书。

（潘洪章）

【开展国务院政府工作报告在线专题学习答题活动】 根据州政府办《关于组织开展2016年国务院政府工作报告在线专题学习答题活动的紧急通知》要求，2016年4月底至5月中旬，州人防办组织开展国务院政府工作报告在线专题学习答题活动，一名分管领导专人主抓该项工作，及时将2016年国务院政府工作报告提供给大家学习，并给每位干部职工的手机安装了答题系统，及时提醒答题，确保了活动的顺利进行。此次答题活动，全办干部职工体现出了高度的积极性和主动性，干部职工还辐射带动家人、身边的朋友积极参与答题。在编在岗职工18人，全员参与在线答题活动，参与率100%。

（潘洪章）

【召开防汛抗旱工作专题部署会】 2016年5月6日，黔南州防汛抗旱工作会暨第二次成员单位会议召开，州人防办总工程师熊必武参加会议。会议结束后，熊必武第一时间向党组汇报会议精神。5月10日上午，州人防办及时召开专题会对防汛抗旱有关工作作出具体安排部署，使全体干部职工进一步认识到2016年全州防汛抗旱的形势，明确了防汛抗旱工作思路，切实增强了防汛抗旱工作的紧迫感和责任感，及时杜绝侥幸心理和懈怠情绪，为扎实做好防汛抗旱各项工作和全力以赴打赢防汛抗旱攻坚战奠定良好基础。

（潘洪章）

【防灾减灾日宣传活动】 2016年5月12日是全国第八个防灾减灾日，黔南州防灾减灾委员会组织各成员单位在都匀市步行街围绕“减少灾害风险 建设安全城市”主题开展宣传活动，黔南州人防办、都匀市人防办积极组织人员参与此次活动，发放《人民防空基本防护知识宣传手册》《应急应知应会知识手册》2000余册，及时为广大市民、干部、群众普及人民防空、灾害应急避险等防空防灾减灾基本常识，同时也让广大群众知道在今后防空防灾应急工作中，自己不仅是被救护对象，亦是自救、互救的主体。通过宣传进一步增强广大市民群众防空防灾减灾意识和应对突发事件的能力，对促进人民防空起到积极的推动作用。

（王 梅）

【黔南州人防办荣获全国人民防空先进单位殊荣】 2016年 5月13～14日在北京召开的第七次全国人民防空会议上，黔南州人民防空办公室被国家人民防空办公室授予“全国人民防空先进单位”荣誉称号；都匀市人民防空办公室粟宝鸾（女，布依族）被人力资源和社会保障部、中央军委国防动员部授予“全国人民防空先进工作者”荣誉称号。

（王 梅）

【州级人防基本指挥所选址通过专家评审】 2016年5月22日，黔南州人防办组织召开州级人防基本指挥所选址评审会议，会议由州人防办总工程师熊必武主持，总参工程兵科研三所、省人防办相关专家受邀参加会议。会议采取现场查看、听取介绍、会议讨论、专家评议等方式进行。上午，在以总参工程兵科研三所博士、研究员李欢秋为评审委员会主任的带领下，专家组到都匀城区原有的早期人防工程现场察看和查阅相关工程资料。下午，专家组在州人防应急指挥中心听取州人防办人防指挥工程前期准备工作的情况介绍，并结合现场察看情况，最后将原“113”早期人防工程作为州级人防指挥工程优选对象。

（尹 超）

【都匀城区人防音响警报器升级改造安装工程顺利通过验收】 2016年5月30日，州人防办特邀请贵州省无线电管理局黔南分局资深专家、技术人员和工程中标方郑州欧丽信大电子股份有限公司负责人，由州人防办党组成员、副主任韦崇瑞带队，在人防信保中心工作人员和工程建设方专业技术人员的陪同下，对都匀地区的警报控制系统中央站、中转站、电动、电声警报控制终端、电台进行升级改造情况进行验收。人防音响警报器升级改造安装工程的完成和顺利验收，既实现人防音响警报器的统一管理、统一控制、统一发放，又确保警报器无线统控发出最优信道发放信号，为充分发挥全州人防指挥信息系统的作用提供了保障。

（王尔华）

【践行“两学一做”，圆儿童心愿梦】 2016年5月30日，在“六一”国际儿童节来临之际，为了更好的在生活和学习上帮助联系社区贫困儿童，关注贫困儿童这个弱势群体的成长，州人防办党支部组织委员马德富、纪检委员梁光强等一行4人代表干部职工到平桥社区开展“微心愿”圆梦活动，为他们送去了节日的问候和书包、文具、衣服等价值1800元的慰问品，帮助7名贫困孩子点亮“微心愿”，实现他们的期望和心愿，鼓励孩子们播种梦想、点燃梦想，使他们充分感受到节日的快乐和社会对他们的关爱。“微心愿”活动的开展，实现孩子们的“微心愿”，教育孩子们珍惜美好幸福生活，积极乐观向上，学会感恩他人。推进机关党员志愿服务活动和“微心愿行动”工作的有序开展，也是开展“两学一做”学习教育的具体表现，促进机关作风建设制度化、常态化、长效化。

（潘洪章）

【州人防办开展“两学一做”暨保密知识竞答活动】 2016年6月13日下午，为做好保密自查自评工作和深入推进“两学一做”学习教育，丰富学习形式和内容，提高干部职工“两学一做”

学习教育的思想、行动自觉和安全保密意识，引导全体党员做讲政治、有信念，讲规矩、有纪律，讲道德、有品行，讲奉献、有作为的“四讲四有”合格党员，州人防办开展“两学一做”暨保密知识竞答活动，竞答活动作为开展“两学一做”学习教育和保密知识学习的重要内容，作为加强党风廉政建设的有效形式，作为检验学习成果的有效途径，题目涵盖了党章党规、党的理论、党纪党史、系列讲话、廉政建设、安全保密等方面。单位领导班子带头参与，党员干部职工积极响应，答题精力集中，反应敏捷，竞赛氛围紧张激烈、正确率高，充分展示出了人防党员干部一段时间以来通过学习取得的效果，同时极大增强了广大干部遵规守纪、安全保密意识，激发干部学习热情，提高党员党性修养，促进干部职工明规慎行、以赛促学、以赛促干、以知促行。

（潘洪章）

【深入开展遍访和“七·一”慰问活动】 6月24日、27日，根据“两学一做”学习教育工作部署，黔南州人防办组织人员先后到到福泉市牛场镇翁巴村、金山街道办事处坪山村的困难党员中开展遍访、“七·一”走访慰问活动。每到一处，办领导都与他们促膝交谈，详细了解他们家庭收入、饮食、出行、身体状况等情况，并听取他们对基层党组织建设和民生建设、精准扶贫等方面意见建议。

（潘洪章）

【州人防机关传达学习全省人民防空（交通战备）半年工作调度会会议精神】 2016年7月6日，黔南州人防办在人防应急指挥中心4楼会议室组织召开干部职工会议，传达学习第七次全国人民防空会议精神和全省人民防空（交通战备）半年工作调度会会议精神，认真分析人防改革建设发展面临的新形势、新任务、新困难、新问题，结合全州人防工作实际，部署了下一步工作。

（潘洪章）

【黔南州人防办组织召开半年工作调度会】 2016年7月22日，黔南州人防办组织召开2016年下半年工作调度会，全州13个县（市、区）人防办主任及相关人员参加。会上，各县（市、区）人防办及州人防办各科（中心）对半年来工作情况及下步打算作了交流发言，并就人防工作中存在的一些突出问题进行了深入探讨；分管领导对交流发言情况作点评并安排部署人防工程建设规划、行政审批、易地建设费征收使用管理等11项具体工作；讨论修改了《中共贵州省委贵州省人民政府贵州省军区关于加快推进山地特色城市人民防空建设意见（讨论稿）》。

（潘洪章）

【黔南州人防办认真学习贯彻陈鸣明副省长重要批示精神】 2016年7月18日，副省长陈鸣明在《贵州省人民防空办公室关于报送全省人民防空、交通战备半年工作总结的报告》上作出重要批示，根据省人防办《关于印发陈鸣明副省长重要批示的通知》（黔人防通〔2016〕46号）要求，黔南州人防办于8月2日组织全体干部职工认真学习副省长陈鸣明的重要批示精神。办领导指出，陈鸣明副省长的讲话对全省下步人防工作的开展具有很强的指导意义，大家务必要学习领会好，贯彻落实好，用以指导推进工作。

（王　梅）

【黔南州人防办到龙里县双龙镇观摩见学】 2016年8月10日，应中国电信黔南分公司的邀请，州人防办到龙里县双龙镇观摩中国电信西南区“天翼神剑出鞘·云上贵州多彩”应急通信演练。这次演练以贵州某地突发特大自自然灾害导致通信阻断为背景，中国电信西南区应急保障队伍启动应急通信预案，保障队伍迅速赶赴灾区，恢复中国电信通信网络，保障党政军及重要客户、公众客户的通信顺畅进行科目演练，全力减小对社会危害和经济损失。通过观摩见学，进一步了解通信应急灾情上报，为受灾现场提供图传服务、恢复受损基站，搭建现场指挥通信，为党、政、军、重要客户提供应急通信，恢复灾区公众通信的处置程序和方法，为今后人防机动指挥所联动应急演练、机动指挥所紧急开设、地面应急指挥中心联通、信息采集车及单兵演练、机动指挥所撤收演练提供参考。

（马德富）

【州人防办机关开展“两节”前平战结合人防工程安全检查】 2016年9月14日上午，在中秋、国庆前夕，黔南州人防办党组成员、总工程师熊必武率领州人防工程科人员、都匀市人防办副主任郭钊、工作人员李传均对都匀市百子桥、广惠路步行街、石板街坡脚的平战结合人防工程的消防设施进行安全检查。检查结束后，熊必武对安全责任主体单位和监管单位进行点评，对存在问题提出整改意见。

（顾俊友）

【黔南州圆满完成“9·18”警报试鸣暨人防法规知识宣传教育活动】 2016年9月18日，为纪念“9·18事变”和抗日战争胜利85周年纪念日，全州开展防空警报试鸣演练和宣传教育活动。此次宣传活动全州共摆放人防宣传展板61块、悬挂标语34条、置放人防教育图版49幅、发放宣传资料近2万册、设现场咨询台15处、解答人防法规知识1700人次、开展消防演练8场，用LED电子屏幕播放历年人防综合演练情况开展宣传，营造了良好的人防宣传氛围，取得了显著成效。通过活动开展，再次提醒长期处于和平时期的人们要永远铭记那段用鲜血和抗争写就的历史，时刻缅怀在战争中死难的同胞和为战争胜利献出生命的革命先烈，警示今人要警钟长鸣，勿忘国耻，居安思危，奋进自强。州人大常委会副主任符晓钢，都匀军分区后勤部部长姚勇及都匀市人大、政府、人武部相关领导到都匀市城区现场参加宣传活动。

（王 梅）

【州人防办组织干部职工参加脱贫攻坚·慈善工作成就展暨“扶贫日”现场募捐活动】 2016年10月17日，在全国第三个“扶贫日”，州人防办全体干部职工在都匀市南沙洲民族文化广场为慈善扶贫捐款3500元。募捐活动结束后，参观了“十二五”以来全州脱贫攻坚·慈善工作成就展。通过募捐活动筹集扶贫帮困资金，用于帮助贫困群众、留守儿童、留守老人、留守妇女排忧解困，为全州贫困地区和贫困群众雪中送炭、纾困解难，提高贫困群众脱贫致富能力，让贫困地区和贫困人口共享改革发展成果，让贫困群众感受到党和政府的温暖关怀，感受到社会大家庭的友善爱心，助推精准扶贫、精准脱贫，助力脱贫攻坚、同步小康。

（梁光强）

【黔南州人防办党支部赴瓮安县猴场会议会址开展红色革命主题教育活动】 2016年10月14日，为纪念建党95周年，黔南州人防办全体在职及退休党员干部职工赴瓮安县猴场会议会址开展“弘扬长征精神，坚定理想信念”的红色革命传统主题教育活动。此次红色革命主题教育活动是要让党员干部更加坚定不移地践行群众路线，一定要以“两学一做”学习教育为契机，争做合格党员，牢记党的历史，为党的事业奋斗终身。

（王 梅）

【黔南州直机关第一保密协作组到州人防办检查指导保密工作】 2016年10月27日，黔南州直机关第一保密协作组到州人防办检查指导保密工作。检查组采取查阅资料、实地检查的方式，重点对州人防办涉密与非涉密计算机、载体使用、保密承诺书签订、涉密文件传阅和保管等情况进行检查。检查组高度评价州人防办保密工作，认为州人防办认真履行保密工作主体责任，积极贯彻中央、省、州关于保密工作的决策部署，工作开展扎实有效、细致深入，保密资料齐全完整，台账清楚明晰，保密教育有序开展，技术防护到位，保密工作总体情况良好。检查组希望继续保持成绩、发挥优势，以即将进行的电子政务内网分级保护测评和改造工作为契机，进一步做好网络保密工作，特别是加强互联网保密管理，争取保密工作再上新的台阶。

（潘洪章）

【党建帮扶调研】 2016年11月8日，为进一步拓展机关党组织联系农村、服务群众，促进城乡基层党组织互帮互助工作深入开展，确保联系点工作取得实效，在州人防办党组书记、主任郭兴文的带领下，黔南州人防办到福泉市翁巴村开展党建帮扶活动，对村支两委今后的发展、规划提出了意见和建议，并实地察看了急需改造的人畜饮水工程、在建的通组公路和村级酒厂，并送去了帮扶资金10000元，走访慰问了低保户张忠耀等困难群众，并送去床单、被褥及生活用品。

（吴　健）

【参加全省人防现代空袭与防护视频讲座】 2016年11月24日下午，黔南州人防办组织全体干部职工和都匀市人防办主要领导参加全省人防现代空袭与防护视频讲座。会上，省人防办调研员尹为波从发生在近代的海湾战争、利比亚战争、科索沃战争等几场重大战争深入分析了当今空袭战争具有的隐蔽性、突然性、持续性、精确性、高技术性等特点。全体干部职工一致认为，目前中国正面临复杂严峻的国际形势，必须要在总体国家安全观统领下，推进山地特色人防建设，立足工业强州、城镇化带动和“一圈两翼”三大主战略，以做好新时期人民防空军事斗争为牵引，以提高城市综合防护能力为核心，以全面深化人民防空改革为主线，大力弘扬大射电精神，以“百尺竿头更进一步”的意识，以全力以赴再创辉煌的决心，真抓实干，为建设活力黔南、和谐黔南、生态黔南、包容黔南做出积极贡献。

（王　梅）

【黔南州人防办参与黔南州2016年高速公路凝冻天气道路交通安全事故应急处置演练】 2016年11月17日上午，为进一步检验高速公路凝冻天气突发事件应急预案的针对性和实用性，提高应对突发事件的能力，黔南州人民政府应急办、瓮安县人民政府应急办在瓮安县高速公路东服务区，以高速公路凝冻天气引发的连环车祸为背景，组织开展疏散车辆、医疗救护、疏散乘客、环境监测、防化防疫、公路清障、野战热食保障等科目开展高速公路凝冻天气道路交通安全事故应急处置演练活动。演练中，州委常委、州政府副州长刘建民，州政府副秘书长陈情，州政府应急办专职副主任韦秀丽、州人防办主任郭兴文，瓮安县人民政府级，州、县公安局相关领导在州人防机动指挥车上，利用州人防办指挥车的卫星通信、单兵图传、指挥车视屏，组织指挥调度了整个演练活动的全过程。通过开展演练活动，各参演单位明确了各自的工作职责和流程，参演人员明确了各自岗位的操作流程，准确把握应急救援预案的各个环节，有效提升了应急救援队伍的综合实战的处置能力。同时，对州、县应急处置方案、州人防机动指挥设备设施性能得到了一次较好的检验。

（王尔华）

【全州应急避难场所有序落实】 2016年各县（市）人防办积极与本级人民政府应急办、民政局沟通对接，认真落实本级城市应急避难场所建设工作。都匀市、福泉市、瓮安县、贵定县、龙里县、惠水县、平塘县、荔波县和罗甸县城市规划区内已建成的应急避难场所设立应急避难标识和疏散导引标识，并配套有相关物资设备。

（王尔华）

【开展行政执法检查】 2016年，为认真贯彻落实《中华人民共和国人民防空法》《贵州省人民防空条例》《贵州省防空地下室建设标准和易地建设费征收管理的通知》，坚持全面依法行政，认真履行本级行政执法主体资格，按照办党组的工作安排，对都匀经济开发区建设项目开展拉网式的人防行政执法检查。对4家建设项目单位进行了行政执法调查、询问和现场勘验；对贵州鸿申置业有限公司不按规定修建防空地下室的违法行为给予警告，并责令限期补建防空地下室；对6家城市新建民用建筑建设项目开工未办理人防手续的建设单位下发《关于依法办理人防“结建”手续的通知》和《城市新建民用建筑修建防空地下室（易地建设）审批所需资料的通知》。这次执法，本着实事求是、客观全面、注重实效的原则依法依规进行，引起了建设单位对贯彻执行人民防空法的重视和认识。

（马德富）

【黔南州人防办组织召开全州人防办主任工作座谈会】 2016年12月20日，黔南州人防办组织召开全州人防办主任工作座谈会。会议传达学习了全省人民防空工作电视电话会议精神；通报全州2016年人防工作完成情况，安排部署2017年度全州人民防空重点工作；各县（市、区）互相交流2016年人防工作开展情况和2017年工作思路打算；就《黔南州人民防空建设发展“十三五”规划》（征求意见稿）和《中共黔南州委黔南州人民政府都匀军分区关于加快推进黔南山地特色人民防空建设实施意见（代拟稿）》（征求意见稿）进行深入讨论并提出了合理性意见和建议。州人防办领导班子成员、都匀军分区司令部兼职州人防办副主任、各县（市）人防办主任、都匀经开区人防领导小组办公室主任、州人防办全体干部职工参加会议。

（潘洪章）

黔南州公安消防支队

【概况】 2016年，以中共十八大和十八届三中、四中、五中全会精神和习近平总书记系列重要讲话精神为指导，以党在新形势下的强军目标为引领，牢固树立和贯彻落实“创新、协调、绿色、开放、共享”五大发展理念，坚持依法从严治警，不断打造法治军营。坚持战略导向、目标导向、问题导向，统筹做好一个融合（信息化运用），按照“665533”发展思路（聚焦“六项任务”、狠抓“六大防控”、规范“五项工作”、夯实“五个基础”、打造“三大工程”、抓实“三大板块”），着力构建六大体系（政治保证、火灾防控、正规化建设、作战训练、指挥防控、战勤保障），全力确保火灾形势和部队管理“双稳定”，坚持“在领先中争先，在跨越中超越”，努力为建设生态之州、幸福黔南创造优质的消防安全环境。连续3年被省厅、总队评为“先进党委班子”、目标绩效管理工作“先进支队”，执法质量考评连续两年被总队评为“先进支队”，政治部被总队评为“先进政治机关”，法制科被评为“优秀法治部门”。支队主官被评为“一对好主官”，副支队长石学军、副政委张快被省厅评为“优秀团职领导干部”，此外，还有11个基层单位、11名个人受到不同形式的表彰。成功承办了全省消防执法规范化暨政府专职队建设推进会，经验在全省推广；自主研发的便携式泡沫液输转装置获得国家科学实用新型专利，半自动水带卷盘机获2016年公安部消防改革创新大赛最佳技术研发奖。2016年，先后有16个集体、26名个人受到省级以上表彰，17人荣立个人三等功。

【队伍建设向好】 着力强化“五型”班子建设，精准实施“党委一线工作法”，严格执行“三帮、三互”一条线，形成了“全州一盘棋”“上下一条心”的良好局面；扎实开展改革强警主题教育和“两学一做”学习教育，狠抓铸魂育人，筑牢了官兵思想根基；坚持依法从严治警，规范部队管理，严格落实“准则条例”、狠抓“正风肃纪严守底线”专项教育，认真开展全领域“廉政风险排查”和执法领域腐败问题专项整治，整肃了部队纪律作风；加大从优待警力度，投入226.66万元，为全州官兵统一购买人身意外伤亡保险、办理医疗保障卡，建立和完善官兵法律援助机制，组织“多彩警营杯”系列警营文化活动，全面架起官兵沟通桥梁，部队上下心齐思齐，合力合拍。

【火灾形势稳定】 深入推进火灾防控“六大

体系”建设，建立健全了“一考一查一督一议”四项机制，狠抓消防工作责任落实，大力开展了“夏季严打”“易燃易爆场所”等系列专项整治，2016年全年累计检查社会单位23933家，发现违法行为或火灾隐患36460处，临时查封单位131家，责令“三停”159家，行政拘留82人，罚款437余万元。通过强有力的措施，有效改善了全州消防安全环境，实现了两年未发生较大以上火灾事故。

【打赢能力提升】 建立了“带、促、推、逼”的练兵机制，抓实了练兵工作；开展了“讲、研、摆、练”活动，提升了基层指挥员的能力素质；扎实开展了随车器材“回头看”和特种车驾驶员培训等活动，提升了装备器材作战效能；积极推进指挥中心体系建设，强化消防安全保障能力。2016年全年共接警出动648次，成功承办了总队2016年跨区域危化品实战拉动演练，圆满完成了各类重大节会安保和急难险重任务，得到了省州领导的高度肯定和人民群众的一致赞誉。

【后勤保障给力】 坚持向保障要战斗力，继续深入贯彻落实“财防330号”和“黔南府办发”〔2012〕118号文件精神，全面落实经费保障机制；投入专项装备建设经费，完成高层建筑火灾、危化品事故、灾害事故处置3个模块化装备建设；2个单位完成营房建设，通过新建和政府公租房保障等多种形式，部队公寓保障率逐步提升。同时，训练基地建设有条不紊推进。

【部队建设发展】 2016年，按照“一年整体提升，两年成效明显，三年全面过硬”的正规化建设三年规划目标，在上年正规化建设成果基础上开展了“回头看”活动，制定出台了《军队基层建设纲要》99项责任清单，开展了正规化建设现场观摩会，提升部队正规化管理水平，全面推动基层建设发展，确保部队高度安全稳定。

（罗映章）

·法　治·

FA ZHI

政府法制工作

【概况】　2016年，黔南州人民政府法制办以中共十八大和十八届二中、三中、四中、五中、六中全会精神为指导，在州委、州政府的领导和省政府法制办的指导下，深入贯彻习近平总书记系列重要讲话精神，围绕建设中国特色社会主义法治体系、建设社会主义法治国家的全面推进依法治国总目标，深入推进依法行政，加快建设法治政府，推进国家治理体系和治理能力现代化，各项工作都取得了新成效。

一、深化行政审批制度改革，政府转变职能。

1. 牵头对州政府32个工作部门和州气象局权力清单和责任清单进行动态调整。根据《中共黔南州委全面依法治州工作领导小组工作要点》和《黔南州2016年推进简政放权放管结合优化服务改革工作要点》要求，结合法律法规规章的“立、改、废”情况，由州政府法制办和州编委办牵头，组织州政府工作部门对各单位的权力清单和责任清单进行了动态调整。截至12月15日，州直各单位已全部报送了权力清单和责任清单动态调整情况和承诺书，州政府法制办和州编委办再次对州直各单位报送的权力清单和责任清单进行了审核。经统计，州政府32个工作部门和州气象局共有行政权力2445项，其中，行政许可135项，行政处罚1832项，行政给付10项，行政检查105项，行政奖励24项，行政裁决4项，行政强制169项，行政征收7项，行政确认19项，其他类行政权力140项。将调整后的州政府32个工作部门和州气象局的权力清单和责任清单报州政府审定。

2. 动态管理州直部门行政职权运行流程图。2016年8月，州直各单位根据2016年8月以后国务院、省政府和州政府关于调整和取消行政许可项目的决定以及法律法规的立、改、废情况对本单位（部门）的权力清单和责任清单认真进行修改和调整，同时，根据权力清单和责任清单的调整情况，编制修改本部门的行政职权运行流程图（行政许可、行政处罚、行政强制、行政收费等每一个种类的行政职权各编制一张行政职权运行流程图），报送州政府法制办汇总，由州政府法制办和州编委办进行审核后报州政府审定。

3. 继续清理行政许可项目，全面取消非行政许可审批事项。州政府法制办组织州直部门对州直机关实施的行政许可项目进行了清理，分别于2013年10月13日以《州人民政府关于2013年度取消和调整行政许可项目的决定》（州政府令第24号）和2016年6月21日《黔南州人民政府关于取消和调整一批行政许可项目的决定》（州政府令第27号）向社会公布取消、下放和调整情况。经统计，累计取消行政审批事项26项，累计下放行政审批事项102项，转变管理方式24项，州直机关实施的行政许可项目由193项减少至125项（125项中包括承接国务院下放4项，省政府下放56项）。全面取消非行政许可审批项目，州直机关实施的非行政许可审批项目在2013年简政放权前为83项，2015年已按照国务院的要求全部取消。

4. 扎实推进瓮安县相对集中行政许可权改革试点工作。为深化行政审批制度改革，提高行政审批效率，进一步激发市场和社会活力，2015年3月27日，中央编办、国务院法制办印发了《相对集中行政许可权试点工作方案》（中央编办发〔2015〕16号），黔南州紧紧抓住中央在贵州试点的机遇，通过积极争取，瓮安县被列为贵州省首批开展相对集中行政许可权改革试点县。2015年8月7日，瓮安县向州政府呈报了《关于开展相对集中行政许可权试点工作的请示》（瓮府呈〔2015〕67号）。9月26日，经州政府审查并提出修改意见后，瓮安县及时修改完善《工作方案》于10月21日第二次向州政府呈报了《关于开展相对集中行政许可权试点工作的请示》（瓮府呈〔2015〕97号）。11月17日，中央编办、国务院法制办和省州编办、政府法制办到瓮安县调研相对集中行政许可权改革试点工作开展情况，结合中央编办、国务院法制办和省编办、政府法制办的意见，瓮安县对原《工作方案》进行了修改调整，并于2016年1月12日第三次向州政府呈报了《关于开展相对集中行政许可权试点工作的请示》（瓮府呈〔2016〕1号）。2016年2月5日，瓮安县根据《黔南州人民政府办公室关于瓮安县开展相对集中行政许可权试点工作方案的审查意见问题的批示》及《黔南州人民政府法制办公室关于瓮安县开展相对集中行政许可权试点工作方案的审查意见》，再次对《瓮安县开展相对集中行政许可权试点工作方案》及附件2、附件3进行了修改完善，并于4月8日向州政府呈报了《瓮安县开展相对集中行政许可权试点工作方案》（瓮府呈〔2016〕27号），6月14日，该方案已经州政府第66次常务会议通过，州政府已按程序报省政府审批。2016年9月30日，省政府第88次常务会议原则同意《瓮安县开展相对集中行政许可权试点工作方案》，提请省委审定。

二、加强规范性文件制定和监督管理，提高制度建设质量。

根据《贵州省规范性文件制定程序和监督管理规定》（省政府令152号）和《贵州省人民政府法制办公室关于印发规范性文件登记编号格式的通知》（黔府法函〔2014〕6号）的要求，强化对规范性文件的合法性审查和备案审查，切实做到“有件必备、有备必审”。2016年，办理规范性文件审查34件，合同审查57件，规范性文件备案审查32件，向省政府及州人大报备规范性文件4件，地方立法及各类规范性文件征求反馈意见89件（其中反馈省立法及其他文件的征求意见51件，反馈州本级立法及其他文件征求意见38件），完成《樟江流域保护条例》与《500米口径大射电望远镜宁静区环境保护条例》等地方性法规调研、起草和论证2件，起草《黔南州规章制定程序规定》1件，起草《黔南州规范性文件清理办法》《黔南州政府法律顾问管理办法》等内部规范性文件2件，参加出租车行业改革、城市管理立法、政府法律顾问等工作事项调研3件，报州政府规章立法项目建议、规范性文件清理等报告3件，其他事项10件。

三、规范行政执法行为，加大政府执法监督力度。

1. 加强对行政执法人员资格管理。2016年，州政府法制办组织在全州范围内再次对违规持有贵州省行政执法证情况进行全面清理，经清理，州直行政执法部门未发现违规持有贵州省行政执法证情况；部分县（市）存在违规持有贵州省行政执法证情况，如龙里县、三都县、都匀市、都匀经济开发区管委会。其余县（市）未发现违规持有贵州省行政执法证情况。对违规持有的贵州省行政执法证，按照《贵州省行政执法证管理办法》的规定，予以收缴后彻底销毁，并引以为戒，加强对行政执法人员的培训，规范行政执法行为，坚决杜绝违规持证情况发生。

2. 依法申领和换发行政执法证和行政执法监督证。2016年，州政府法制办与州住建局、州农委等相关等位联合举办了2期申领行政执法证培训班，培训行政执法人员400余人次。

3. 开展对各县（市）行政执法案卷评查的检查工作。为进一步提高行政执法能力和水平，严格规范公正文明执法，全面推进依法行政，于2016年11月6日下发了《黔南州人民政府法制办公室关于开展2016年度行政执法案卷评查工作的通知》（黔南府法发〔2016〕6号），组织各县（市、区）开展行政执法案卷评查工作。

四、充分运用行政复议，有效防范和化解社会矛盾。

1. 依法办理行政复议案件。2016年州法制办收到行政复议案件142件（其中：立案受理112件、不予受理7件，11件转其他部门处理，12件经说服撤回申请）。在受理112件中，审结89件（其中：维持28件，撤销18件，终止30件，和解协议4件，责令履行4件，驳回5件），未结23件（结转到2017年）。同比增长137%。按要求整理和装订了案件卷宗。

2. 依法办理出庭应诉案件。2016年州政府应诉102件（一审70件，二审32件）。一审70件，审结50件（其中：驳回诉讼请求24件、当事人撤回申请7件、履行法定职责3件、确认违法或无效9件、赔偿2件、撤诉3件、其他5件），未审结20件。二审32件，审结25件（驳回起诉维持原判14件，撤销7件，其他4件），未结7件。同比增长410%。

3. 积极做好群众来信来访工作。1至11月，全州政府法制机构共接待来信来访1815人次，为广大人民群众提供法律、政策咨询服务，有效化解矛盾纠纷，促进社会和谐稳定。

4. 继续深化行政复议委员会试点工作，建立相应制度。根据《省人民政府办公厅关于进一步深化行政复议委员会试点工作的通知》（黔府办发〔2015〕28号），自2015年9月起全省全面推开行政复议委员会试点，黔南州州级和12县（市）均列入全省行政复议委员会试点范围。2016年，州县两级政府均结合本地区的工作需要，制定了相应的工作方案。按照《州级行政复议委员会试点工作方案》的安排，全州州级行政复议委员会试点采取分阶段进行：第一阶段是2015年11月1日至2016年10月31日，州复议办和州政府各部门受理的行政复议案件实行统一登记、编号。第二阶段是2016年11朋1日以后，根据人员配备情况，在总结试点工作经验的基础上，有计划、有步骤地逐步推行统一受理、统一审理、统一作出决定的行政复议工作机制和案件审理机制。2016年4月15日经州行政复议委员会同意，制定出台了《行政复议配套制度（试行）》，该制度包含了接待、权利义务告知、立案、审理等9个制度。为规范州级行政复议委员会试点工作的开展，充分发挥复议委员会的作用，2016年6月29日经州政府同意，印发了《黔南州州级行政复议委员会议事规则》。

五、进一步创新工作方法，提高工作效能。

1. 印发《黔南州政府法律顾问管理办法》，进一步明确了黔南州政府法律顾问的值班和培训、考核与奖惩等工作制度，它的颁行标志着全州政府法律顾问工作迈向一个新的台阶，也是全省各级政府中第一个出台管理办法对政府法律顾问进行规范管理的市（州）。积极推行法律顾问制度和公职律师制度，扩大探索设立总法律顾问制度。探索设立总法律顾问工作超前谋划，得到中央、省的肯定，属于全省创新工作亮点。

2. 在全省率先建立规范性文件有效期制度，印发《黔南州规范性文件清理办法》，对规范性文件有效期做了明确规定：自本办法正式执行之日起，各级行政机关制定公布的规范性文件适用期不得超过3年。今后，有效期满又未重新发布的规范性文件，一律自动失效。

3. 在省政府对各市（州）政府依法行政考核，黔南州连续两年荣获一等次。黔南州省政府法制办在省人民政府法制信息网上公布了《省政府法制办关于2016年度全省依法行政考核结果的通报》，黔南州与贵阳市、遵义市、毕节市、铜仁市、黔东南州在市州政府、贵安新区管委会、省直管县考核结果中并列荣获一等次。

（田 园）

审 判

【概况】 2016年，全州法院始终坚持司法为民、公正司法工作主线，忠实履行宪法和法律赋予的职责。全年全州法院共受理各类案件43904件，办结42820件，同比分别上升20.73%和26.57%，结案率为97.53%；在全国30个自治州法院中收结案总数位列第二，结案率位列第一。其中，州法院共受理各类案件8006件，办结7854件，同比上升9.46%和9.60%，结案率98.10%，连续两年位居全省中级法院第一。一年来，全州法院注重党的建设、队伍建设，深入开展“三严三实”“两学一做”等教育活动，增强“四个意识”。全体干警按照习近平总书记提出的“努力让人民群众在每一个司法案件中感受到公平正义”要求，坚守岗位，兢兢业业，涌现出了一批先进典型，州法院办公室被评选为“全国法院联络工作集体”，贵定县人民法院被评选为“全国法院党建工作先进集体”，刘国红被评选为全国优秀法官，陆梅被评选为全国法院先进个人。全州有13个集体和18名干警获得省级表彰。各类先进典型的集中涌现，使得全州法院形成了团结向上，积极干事创业的精神风貌。

【刑事审判】 严格贯彻刑事司法政策，2016年，全州法院共受理一审刑事案件2589件，审结2549件，同比基本持平。二审案件收案287件，结案285件，结案率为99.30%。严惩涉众侵财型犯罪。审理涉及数千人的瓮安乐思乐拍电子商务有限公司组织、领导传销，都匀聚鑫行、汇信行非法吸收公众存款等重大犯罪401件，为群众挽回经济损失3000余万元。

【民事审判】 2016年，全年受理一审民事案件24297件，审结23901件，同比分别上升41.43%和44.14%，二审案件收案2300件，结案2298件，结案率为99.91%。创新多元化纠纷解决机制，以司法确认为切入点，多元化解矛盾纠纷1213件，福泉“112”模式经验在全省推开。

【行政审判】 2016年，以行政案件集中管辖改革为契机，集中受理一审行政诉讼案件792件，审结699件，同比增长217.74%和196.75%，加大诉前协调，一审服判息诉率明显提升。妥善处理重大疑难行政案件。福泉法院审理的锦屏县检察院诉该县环保局行政不作为案，入选最高法院2016年环境保护十大典型案例、贵州省2016年十大法治新闻事件。

【执行工作】 多措并举，落实好最高人民法院院长周强“用两到三年时间基本解决执行难”的庄严承诺和省法院的工作要求。强化强制执行措施，实施“老赖”名单库“应纳即纳”、罚款“应罚即罚”、拘留“应拘即拘”、抗拒执行“应诉即诉”的四个“应”字决。2016年，共纳入被执行人名单库2840人，拘留323人，罚款6人次，办结全省首件拒执罪自诉案件，共办理拒执罪自诉案件1案2人，公诉案件4案6人。全州法院执行累计收案8718件，累计执结8171件，执结率93.72%，执结金额114405.0513万元。

【员额制法官】 以司法责任制为核心，纵深推进司法体制改革。按照省法院的工作部署，全州法院顺利完成员额制法官遴选工作。2016年10月30日，经省法官遴选委员会任命，全州共任命300名员额法官。与此同时，两级法院强化司法责任制，优化审判资源，建立新型审判团队履行办案职责，以“六谁”责任制，落实“让审理者裁判，由裁判者担责”。

【审判组织架构改革】 2016年初开始，在全州法院推进审判组织架构改革，一是成立家事、医患、交通、物管等专业审判庭，促进审判组织专业化。二是打破庭室架构，重组审判团队，促进审判管理扁平化。三是优化司法权能配置，完成员额法官遴选，组建“员额法官＋法官助理＋其他辅助人员”的办案单元，促进审判队伍正规化。

【速裁机制改革】 2016年，速裁机制改革在12个基层法院得到推广。一是实行刑事案件轻刑快审，共审结轻刑案件267件，案件庭审平均用时22分钟。二是实现民事案件繁简分流，通过调判分离、小额速裁、裁判文书简化制作，做到繁案精审，简案快审。民事案件平均审理天数比改革前减少43天。

【大数据审判庭】 2016年8月25日，经省法院批准，在惠水县百鸟数字小镇挂牌成立全国首家大数据审判庭，集中受理全州关于数据所有权、数据交易、数据侵权、互联网＋营销等一审民商事案件。

【党建工作】 2016年，全州法院深入贯彻中共十八大和十八届三中、四中、五中、六中全会精神，深入学习中国特色社会主义理论体系和习近平总书记系列重要讲话精神，深入开展“党的群众路线”“三严三实”“两学一做”等专题教育和社会主义核心价值观教育，坚定理想信念，增强“四个意识”，塑造忠诚品质，保持正确方向。同时，大力加强机关党建和系统党建工作，开展驻村帮扶、“三亮一创”等党建活动和以“公正司法、党旗争辉”“天平先锋”为主题的党建品牌创建活动。

【队伍建设】 2016年，全州法院强化司法能力建设，全年选派79名法官到西南政法大学参加审判业务能力提升培训，81名干警到浙江大学参加领导干部管理能力提升培训，127名法官到江西干部学院参加党性修养、传统教育培训，稳步实施法院队伍正规化、专业化、职业化改革，为执法办案提供有力组织保障。开展全州司法警察技能大比武。在全国法院第二十八届学术论文大赛上荣获3项大奖。

【监督联络工作】 认真办理代表意见建议。整改率、答复率、满意率100%。积极走访联络人大代表2322人次，主动邀请代表视察法院工作23次，呈送《法院工作动态》《手机报》等材料5320份。2016年，为期3年的“万名代表听千案庭审”活动圆满完成，自2014年2月24日至2016年12月31日，全州共有11122名人大代表旁听评议两级法院审理的1436件案件，除此外，还有2957名政协委员、1632名公众代表参与了活动。

（蒙丽华）

检 察

【概况】 2016年，黔南州人民检察院共有一级机构18个，政法专项编制107人，实有93人；事业编制10人，实有5人；工勤编制9人，实有9人。

全州检察机关共立案查办职务犯罪81件107人，其中，贪污贿赂案件65件91人，渎职侵权案件16件16人。共立案侦查职务犯罪大案59件82人，其中贪污贿赂大案46件69人，大案率为70.77%；渎职侵权大案13件13人，大案率为81.25%。

依法批准逮捕各类刑事案件1277件1769人，提起公诉1852件2382人。其中，批准逮捕“两抢一盗”等多发性侵财犯罪和故意杀人、故意伤害等严重暴力犯罪案件869件1197人，提起公诉1012件1431人；批捕金融犯罪12件18人，提起公诉13件27人。依法不逮捕603件995人，不起诉188件268人。

对侦查活动中出现的违法情况，提出书面纠正意见92件次，追加逮捕57人，追加起诉18人。纠正审判活动违法3件次，对认为确有错误的刑事裁判提出抗诉8件19人，向人民法院提出量刑建议并得到采纳1529人。提前介入侦查案件101件175人，公诉部门提前介入侦查案件38件49人。

收到不服法院生效裁判申请监督案件103件，其中州院抗诉1件，向省检察院提请抗诉案件5件。不支持监督申请案件68件，对于不支持监督申请的，认真做好当事人的服判息讼工作。依法办理民事裁判执行监督案件17件，采纳15件。办理督促起诉案件221件，采纳196件，挽回经济损失596.66万余元。审查提请减刑、假释、暂予监外执行案件3691件，纠正执行不当或违法64件，纠正违法监管行为64件次。强化社区矫正监督工作，开展脱管、漏管、虚管专项检察，纠正违法情况36人次。认真开展羁押必要性审查，提出释放或变更强制措施建议80人，有关机关采纳建议80人，采纳率为100%。

推动适用刑事和解48件55人。办理群众控告、申诉、举报680件，受理不服检察机关处理决定申诉案件15件，受理不服法院生效刑事裁判申诉案件7件，受理刑事赔偿案件9件，开展司法救助20人，发放救助金57000元。先后4次在全州范围内开展了涉法涉诉信访大排查工作，及时完成第十八个“举报宣传周”“指尖上的检察院”等宣传活动，制定了《黔南州人民检察院关于律师参与化解和代理涉法涉诉信访案件的工作办法（试行）》，推进律师参与化解和代理涉法涉诉信访案件47余件次。

针对民生资金重点领域、环节、岗位及规章制度开展预防调查72件，分析案例46个，提出预防建议78件，开展预防职务犯罪“进机关、进企业、进乡村、进社区、进学校”警示教育2119次，参加人数2万余人，开展行贿犯罪档案查询10527次，形成惩治和预防职务犯罪年度工作报告13份，得到了党委、人大主要领导批示30次。

采取网络培训、专题培训、外出培训等方式，培训领导干部和业务骨干1000余人次。2016年，全州检察机关采取“走出去”的方式，与中国政法大学联合举办全州检察机关领导干部能力和素质提升培训班，共培训领导干部160人。积极开展创先争优活动，全州检察机关共有29个集体和116名个人受到各级各类表彰，如平塘县院被高检院评为未成年人检察工作“先进集体”称号，一名干警获“先进个人”称号；瓮安县院获高检院授予“全国先进基层检察院”荣誉称号，为全省6个获此荣誉的基层院之一；州院拍摄微电影《交锋》票数入围全国前30强，列全省第一；在全省十佳微信公众号投票中，州院《黔南检察》微信公众号入选全省十佳微信，为获此荣誉的两个地级院之一。

【围绕中心服务大局，保障经济平稳健康发展】 2016年，紧紧围绕州委、州政府重大决策部署，谋划和推进检察工作，为全州经济发展和生态文明建设提供有力司法保障。

一是开展民生资金保护专项工作，服务大扶贫战略。在全省率先开展民生资金保护专项工作，与相关部门召开联席会议37次，建立协作机制82个，主动介入“罗望高速”“都市杨柳生态移民”等53个重大民生工程，开展预防1256次，为224多亿元民生资金安全提供司法保障。实施民生志愿者工程，发展村级民生预防志愿者830人。创新开展“百院千警，保民促廉”活动。设立民生检察室30个。全力保障民生资金安全，铁腕惩治危害民生犯罪，查办民生资金领域贪污贿赂犯罪65件91人，渎职侵权犯罪16件16人，通过办案挽回直接经济损失630余万元。

二是加强环境司法保护，服务美丽黔南生态建设。批捕滥伐林木、污染环境等破坏生态环境资源犯罪60件67人、起诉123件152人，查办职务犯罪37件51人。开展破坏环境资源犯罪专项立案监督，监督行政执法机关移送立案9件，监督公安机关立案8件。对生态环保监管中的违法履职、怠于履职行为发出检察建议175件，已采纳纠正163件。加强受损生态司法修复，在全省率先探索形成“补植复绿”经验做法，得到省检察院充分肯定并向全省推广。督促补植树木20.8万株，修复生态1529亩。

三是加强经济保护，服务经济发展新常态。出台了《保障和促进非公有制经济健康发展的实施意见》《关于充分发挥检察职能服务保障民族地区创新发展先行示范区的实施意见》《关于充分发挥检察职能服务保障大扶贫大数据大旅游的实施意见》等机制，出台服务非公经济发展措施38条。与州工商联同心聚力，同56家民营企业建立检企协作机制，构建“亲”“清”新型政商关系。与370家民营企业开展座谈，召开“两长座谈会”27场，为企业提供法律服务200余次，得到省检察院的肯定。

【围绕全面从严治党，推进反腐倡廉建设】 2016年，坚决贯彻中央、省委、州委严惩腐败的决策部署，坚持标本兼治、惩防并举，促进惩治和预防腐败体系建设。

严肃查办贪污贿赂犯罪。立案查办贪污贿赂犯罪65件91人，成功查办六盘水市人大常委会原副主任高玉林受贿案（副厅级）、省农委原总畜牧师瓦庆荣受贿案（副厅级）和几名县处级干部要案，多起案件被省检评为精品案件。

依法惩治渎职侵权犯罪。查办失职渎职犯罪16件16人，大案13件13人，大案率为81.25%。

强化职务犯罪源头预防。开展预防职务犯罪“进机关、进企业、进乡村、进社区、进学校”警示教育活动2119次，受教育人数2万余人。开展行贿犯罪档案查询，促进社会诚信体系建设，向社会提供查询10527次。形成惩治和预防职务犯罪年度工作报告13份，得到各级领导批示30次。

【围绕平安黔南建设，全力维护社会和谐稳定】 2016年，坚持以人民群众平安需求为导向，充分发挥批捕起诉职能，全力惩治各类刑事犯罪，努力遏制刑事犯罪高发态势。

严厉打击各类严重刑事犯罪。批捕“两抢一盗”、杀人、伤害等犯罪869件1197人，起诉1012件1431人。严厉打击金融诈骗、破坏金融管理秩序等犯罪，批捕12件18人，起诉13件27人。

严惩危害食品药品安全等犯罪。批捕14人，起诉16人。查办职务犯罪9人，切实保障人民群众“舌尖上的安全”。

促进社会治理法治化，切实化解社会矛盾。在该严则严的同时，做到当宽则宽。采取检调对接、刑事和解等方式处理案件48件。受理涉法涉诉信访680件，均进行妥善处理，矛盾化解率100%。出台了《关于律师参与化解和代理涉法涉诉信访案件的工作办法（试行）》，邀请律师参与化解信访案件58件次。推行三级联合视频接访，方便群众表达诉求，依法妥善处理群众信访82件次。

切实保障未成年人权益。加强对未成年人司法保护，助力“雨露工程”和“育新工程”，积极参与防治校园欺凌事件。落实未成年人犯罪案件分案起诉、亲情会见、犯罪记录封存等制度，依法对24名涉罪未成年人附条件不起诉，帮助改过自新、回归社会。通过“检校共建”等形式加强青少年犯罪预防，全州有6个县（市）检察院荣获全省优秀“青少年维权岗”称号。

【围绕法治黔南建设，维护社会公平正义】 2016年，始终坚守防止冤假错案底线，加大对诉讼活动法律监督和人权保障力度。

坚守防止冤假错案底线。严格落实罪刑法定、疑罪从无等法律原则，对不应当立案而立案的，监督撤案9件。对不构成犯罪或证据不足的，决定不批捕995人，不起诉268人。监督纠正违法侦查活动92件次。

加强提前介入引导侦查。在都匀经济开发区特大诈骗案发后，检察机关迅速组织精干力量提前介入“12·29”专案，引导侦查取证，为此案捕得了、诉得出、判得下奠定了坚实基础。

强化司法权益保护。加强民事行政诉讼监督。对确有错误的民事和行政生效裁判提出或提请抗诉6件。注重结合办案维护国家、集体和第三人利益，办理督促起诉案件221件，采纳196件，挽回经济损失596.66万余元。

全力维护司法公正。强化刑事立案和侦查活动监督，对应当立案而不立案的监督立案25件，追加逮捕57人，追加起诉18人。强化刑事审判活动监督，共纠正审判活动违法3件次，对认为确有错误的刑事裁判提出抗诉8件。强化刑罚执行和监管活动监督。坚决防止"以权赎身""提钱出狱"等问题，审查提请减刑、假释、暂予监外执行案件3691件，纠正执行不当或违法64件。开展了判处实刑未收监执行和财产刑执行专项清理活动。

【围绕全面依法治国，推进司法体制改革】2016年，以健全司法办案组织为基础、以落实司法责任制为核心，科学界定内部司法办案权限，完善司法办案责任体系，努力创造可学习、可复制、可推广的检察改革"黔南经验"。

高标准选任员额内检察官，突出检察官主体地位。按照"择优入额、清单授权、扁平增效、全程留痕、终身负责"二十字方针，坚持公平公正、好中选优。全州遴选员额内检察官225名，建立独任检察官或者检察官办案组等专业化的办案组织并按照新的模式办理案件，保证检察官依法行使职权、承担责任。

全面实行检察官办案责任制，构建新的司法办案权责体系。认真落实"谁办案谁负责、谁决定谁负责"的要求，制定了黔南检察机关《完善司法责任制的实施意见》和州县两级院、各层次、各岗位权力清单，在给检察官放权的同时，制定了检察官对所办案件终身负责的责任清单，着力从根本上解决行政化办案模式导致的司法责任分散、虚化和难以落实的问题。

探索开展内设机构"大部制"改革，努力实现扁平增效。按照省委、省检院的要求，强力推进内设机构"大部制"改革。2016年，全州12个基层院的机构改革均已完成，将原有的11个业务部门整合合并为5个。通过内设机构大部制改革，整合办案力量，合理划分职责，强化内部监督，进一步实现专业化管理。

试点院执法办案质量和效率得到提升，司法行为进一步规范。贵定县院作为首批司改试点院以来，执法办案质量和效率不断提升。审查批捕案件平均办案时限由5.8天下降为4.1天，同比下降29.31%；审查起诉案件结案率同比提升11.35%，平均时限由35天减少到15天，同比下降57.14%。该院在全省率先推行的第三方评查机制经验得到省委改革办的转发。

【围绕"五个过硬"总要求，加强检察队伍建设】2016年，始终坚持把队伍建设作为根本，坚持不懈加强教育、管理、监督，努力建设一支铁一般忠诚、铁一般法纪、铁一般担当的检察队伍。

队伍正规化建设不断深化。扎实开展"两学一做""三强三铁"学习教育，全面实施创先争优工程。共有29个集体和116名个人受到各级各类表彰，如：1个县级院被高检院评为未成年人检察工作"先进集体"称号；1个县级院被高检院授予"全国先进基层检察院"荣誉称号；1名干警被高检院表彰为"先进个人"称号。黔南州人民检察院《黔南检察》微信公众号入选"全省十佳微信"荣誉称号。

从严治检不断强化。坚决落实全面从严治党主体责任，认真践行监督执纪"四种形态"。对12个基层院开展专项督察，约谈检察干部635人，不断推进党风廉洁建设。

（杨　涛）

公　安

【概况】　2016年，全州公安机关在省公安厅和州委、州政府的领导下，贯彻中共十八大、十八届三中、四中、五中、六中全会精神，深学笃用习近平总书记系列重要讲话特别是关于政法公安工作的重要指示精神，紧紧围绕"四项建设"总要求，紧扣省公安厅"十大攻坚战""九个深入推进"的决策部署，紧跟州委、州政府"3366"发展主战略，围绕中心、服务大局，以"1351"工作思路为遵循，以"数据警务"为载体，以"十大警务运行机制"为抓手，始终将维护国家安全、政权安全、政治安全和社会稳定作为首要政治任务，坚决粉碎境内外敌对势力、敌对分子的渗透破坏活动，有效应对敏感案事件。始终将打击锋芒和整治重点对准人民群众反映强烈的犯罪活动，坚持力度不减、劲头不松，严打犯罪效果明显。把源头防范摆在突出位置，强力推进“五张网”建设，构建具有黔南特色的立体化社会治安防控体系。以资源整合、实战研判和机制创新为突破，全面推进数据警务建设应用，坚持将改革创新作为推动工作的不竭动力，将执法管理的成果更多、更直接地体现在服务民生、促进发展上。户籍制度改革成效显著，在全省率先全面完成省政府下达的户籍制度改革三项目标任务。社会治理根基逐步筑牢，执法规范化不断加强，牢牢把握“五个过硬”总要求，努力建设一支信念坚定、执法为民、敢于担当、清正廉洁的公安队伍。为全州经济社会发展营造了安全稳定的社会环境、公平正义的法治环境和优质高效的服务环境。

【维护国家政权稳定稳固】 始终将维护国家安全、政权安全、政治安全和社会稳定作为首要政治任务，坚决粉碎境内外敌对势力、敌对分子的渗透破坏活动，有效应对敏感案事件。深入开展矛盾纠纷排查化解，搜集掌握各类涉稳情报信息，向上级公安机关研判推送情报产品，及时排查化解涉稳矛盾纠纷和信访问题，及时处置各类不稳定因素，从源头上预防和减少了赴省进京非访事件和群体性事件。强化网上阵地控制，严格落实24小时网上巡查，及时搜报互联网情报信息和突发敏感事件舆情监测信息，成功处置各类重大舆情，开展舆情引导，未发生失控、漏控和重大负面炒作。

【犯罪发破案有效控制】 2016年，始终将打击锋芒和整治重点对准人民群众反映强烈的犯罪活动，坚持力度不减、劲头不松，严打犯罪效果明显。打击犯罪质效实行“三降三升”，全州共立现行刑事案件数、“八类案件”数、多发性侵财案件数同比分别下降0.17%、13.61%和9.95%；破获各类刑事案件数、破多发性侵财犯罪案件数、打掉各类犯罪团伙数同比分别上升12.21%、31.8%和39.44%。成功侦破公安部督办的“12·29”特大电信诈骗案、“6·13”特大拐卖妇女系列案等一批在全国、全省有重大影响的案件。收缴假币631万余元，打击假币犯罪专项行动考核全省第一，被公安部评为全国打击假币犯罪先进集体。全州共发生现行命案42起并全部侦破，发案数创下历史新低。快速侦破了平塘县“4·08”系列入室盗窃杀人案等一批恶性案件，及时消除了社会影响。有效整治区域性突出治安问题，坚持源头治理、重点治理、系统治理，扎实开展惠水盗窃摩托车、摆金籍盗窃地域性职业犯罪、三都农村地区偷牛盗马等专项整治行动，整治区域盗窃摩托车发案同比下降66.7%，破案同比上升117%。严厉惩治“黄赌毒”乱象。共查破涉赌案件374起，收缴赌博游戏机153台，收缴赌资160余万元；查破卖淫等涉黄案件168起；破获毒品刑事案件284起，缴获各类毒品26.94公斤。深入推进禁毒人民战争，荔波县被评为全国禁种铲毒工作先进县，“红丝带”工程病残特殊吸毒人员收治工作经验得到全省推广。

【黔南“五张网”逐步构建】 把源头防范摆在突出位置，强力推进“五张网”建设，构建具有黔南特色的立体化社会治安防控体系。社会面警务联控网方面，建成全州“情指一体化”实战指挥平台，完成州、县两级“天网”平台的升级改造，构建特警、交警、武警“三警联勤”，步巡、车巡、天眼巡、犬巡“四巡合一”，圈、块、格、点、线“五层封控”的“345”巡防工作模式。单位行业场所防控网方面，将重点单位行业场所、重点物品等社会公共安全要素纳入信息化监控范畴，全面推进“民爆物品监管服务信息系统”建设，社会视频资源信息正式接入“天网”平台，在全州行业场所推进动态实名信息采集系统安装。虚拟社会防控网方面，初步完成了电信、移动网络互联网节点侦控系统建设，利用智能终端采集各类重点人员信息；依托“无线上网安全管控系统”建设，采集各类移动终端MAC日志，通过网吧管理系统采集绑定身份信息的手机号码。

信息技术防控网方面，“天网工程”建设稳步推进，按计划建设视频监控点，整合社会视频监控资源，汇聚治安监控联网摄像头，通过省厅互联网边界搭建了“黔南公安社会资源采集平台”。情报信息搜集研判网方面，依托实战化指挥平台、重大事件预警防范系统、重点人员动态管控系统的实战应用，形成案件研判报告，推送案件线索，提供案件联动手段支撑，运用信息化手段侦破案件占破案总数的52.6%。

【数据警务建设不断夯实】 以资源整合、实战研判和机制创新为突破，全面推进数据警务建设应用，在提升警务实战效能、创新社会治理工作、拓展为民服务空间上产生了裂变反应。数据基础进一步夯实，黔南公安数据警务中心建设有序推进，强化基础信息采集，配备单兵移动警务采集终端，实现通过手机APP采集并核录动态实名信息。大数据警务实战“一号战役”追逃专项行动中，利用数据警务资源和信息化手段，抓获一大批库存逃犯，网上在逃人员存量下降率达到51.23%，下降率居全省第一，得到了厅领导的批示肯定，赢得社会各界和人民群众的高度赞誉。警务管理触角进一步延伸，自主研发优化“黔南州民爆物品监管服务信息系统”，实现民爆业务管理、预警、监督、巡查“一网通”，工作经验在全国公安机关民爆物品管理现场会上推广；成功研发“黔南州寄递业监管服务信息系统”，寄递从业单位、人员、物品全部纳入系统管控；试点推广“公路立体化治安防控云平台”，实现数据“从云到端”的实战应用。强力推进“物联网社会单位消防安全管理平台”建设，消防安全管理信息化水平显著提升。

【警务改革创新】 坚持将改革创新作为推动工作的不竭动力，将执法管理的成果更多、更直接地体现在服务民生、促进发展上。户籍制度改革成效显著，2016年，在全省率先全面完成省政府下达的户籍制度改革三项目标任务，农业转移人口落户城镇完成年度目标任务的331.3%；流动人口落户城镇完成年度目标任务的213.3%；户籍人口城镇化率完成年度目标的152.74%，户改目标综合考评排名全省第一，经验做法得到全省推广。“双联中心”建设全面推广，试点建立“社会应急联动指挥中心”和“社会治安动态防控联勤指挥中心”，整合政府应急、医疗救护、城市管理、民政救助等政府职能部门资源，建立应急勤务指挥体系，妥善处置各类非警务事项和突发事件。试点工作拉近了政府部门与人民群众的距离，解决了长期困扰基层的难题，得到公安部、省公安厅高度评价。全警护航脱贫攻坚行动，出台公安机关服务和保障大扶贫战略行动十九条意见，实施公安机关领导干部精准帮扶到户的捆绑机制，将保障脱贫攻坚、参与结对帮扶等工作实绩与干部选拔任用等工作挂钩，793名民警参与结对帮扶，帮扶贫困户974户。便民利民举措革新求变，创新推出了“网上户籍室”“网上车管所”“网上出入境”等便民利民措施，通过网上预约、咨询，及时帮助群众办理户口、身份证、居住证、网上驾考、护照、港澳通行证等，真正做到了“让数据多跑路、让群众少跑腿”。

【社会治理根基逐步筑牢】 始终把基层基础视为公安工作的源头活水，持之以恒推进派出所建设三年攻坚战、村级警务助理、重点人员管控等事关长远发展的基础工作。派出所三年攻坚战取得阶段性成果，全州投入1.5亿元新建和改扩建派出所，投入1271余万元购买一批警车和警用摩托车等装备，98个派出所主要领导进入乡、镇、街道办事处党委政府班子，全州派出所总警力占县（市）局总警力的43.63%，专职社区民警数占派出所民警数比例均达到40%以上。警务助理模式提档升级，制定出台《关于进一步加强警务助理工作的“九必”措施》，警务助理经费全部列入当地财政年度预算，全州1540个村居共配备警务助理1768人，建设完成村级警务室（警民联系点）1203个。在全州推行警务助理手机APP系统，采集各类基础信息25.4万条，采集总量排全省第二，黔南警务助理工作信息化模式已被全省推广应用。重点人员管控有力有效，落实对涉稳人员、刑释解戒人员和易肇事肇祸精神病人等重点人的动态管控，深化社会治理“六项工程”，全州妥善安置和救治一大批刑释解戒人员、吸毒人员、违法艾滋病患者、肇事肇祸精神病人、失辍学流浪问题儿童，有效减少了“发案源头”。

【执法规范化不断加强】 面对全面依法治国新要求和人民群众对公平正义的新期待，持之以恒抓执法规范化建设。制定规范化标准细则，出台《黔南州公安机关执法记录仪音视频管理规定》，细化执法记录仪使用范围、操作程序等内容，部署建设音视频管理信息系统；规范执法记录仪使用管理、涉案财物管理及未破案件管理，落实受立案制度改革工作，推动基层一线执法执勤民警100%配备执法记录仪。打造高水平执法队伍，针对接处警、现场勘查、证据收集、讯问犯罪嫌疑人、案件定性分析等侦查办案环节和执法实践难题，组织开展视频演示、业务培训、执法巡讲、网上考试、实地训练等多形式的规范执法专题培训，全警依法履职能力得到明显提升。构建全流程监督模式，州县两级累计投入3095万元，完成规范化执法办案场所和涉案财物管理中心建设，安装高清监控器材3000余套。完善民警执法档案，落实执法过错责任追究和冤假错案责任终身追究制度，定期对执法问题进行通报，对责任人员进行约谈。进一步加强执法考评，科学设立考核标准，落实动态考评机制，全州案件执法质量考评排名全省第一。

【队伍建设】 牢牢把握“五个过硬”总要求，努力建设一支信念坚定、执法为民、敢于担当、清正廉洁的公安队伍。政治建警筑牢忠诚警魂，深入开展“两学一做”“三强三铁”“五抓五促”等活动，切实增强“四个意识”，坚持把纪律和规矩挺在前面，在思想上、政治上、行动上同党中央保持高度一致，把对党忠诚、听党指挥的政治本色镌刻进脑海里，融入到血液中。素质强警提升履职能力，针对在执法执勤和实战中存在的不足和短板，深入推进“提升依法使用武器警械攻坚年”活动，推行“四互一训”新训练模式，有序组织开展各类教育训练，参加上级公安机关培训，外派民警到浙江、上海等地参加素质强警学习培训，接收山东、四川到黔南工作交流民警。从严治警着力正风肃纪，积极探索队伍分析研判工作机制，严格落实“平时考核”，全面客观评价民警工作实绩。从优待警激发队伍活力，为76名因公牺牲民警遗属、公安功模、特困民警发放慰问金43.3万元，为20名公安民警申请风险救助金和特别抚恤金36.85万元，为35名患重病、病故、伤残、特困等民警及家庭发放风险救助金43.3万元。强化先进典型培育引领，评选命名35个州级“文明示范窗口”、62个州级“文明服务标兵”，1名民警获评“黔南骄傲”，全州共有72集体和661名个人先后获中央、省、州表彰。

（陈 诚）

司法行政

【概况】 2016年，在州委、州政府的领导下，在省厅的关心指导下，全州司法行政系统深入贯彻中共十八大、十八届三中、四中、五中、六中全会和习近平总书记系列重要讲话精神，认真践行新发展理念，坚持主基调主战略不动摇，认真落实中央和省、州关于政法工作的各项决策部署，全力服务州委、州政府大力实施开放带动、创新驱动和“一圈两翼”三大战略，充分履职，为全州和谐稳定做出了积极的贡献。

普法宣传工作。2016年各类法治宣传活动182场次，展出展板700余块，发放各种宣传资料30余万份，解答法律咨询6600余人次，悬挂宣传横幅160余条。

“七五”普法启动工作。黔南州法治宣传教育工作领导小组及办公室，编制了《黔南州法治宣传教育第七个五年规划（2016—2020年）》黔南党发〔2016〕24号文件。出台了《黔南州法治宣传教育工作联动实施意见》。2016年8月25日州十三届人大常委会第三十四次会议审议通过并作出了《关于开展第七个五年法治宣传教育的决议》。

司法考试工作。2016年黔南州报名参加国家司法考试考生为844人，较上年增加19%，实际参加考试考生480人，成绩合格考生71人，其中A证25人，C证46人。

法律援助工作。2016年，全州共受理各类法律援助案件4175件，其中，民事案件3608件，刑事案件547件，行政案件20件，法律咨询14315人次，12348咨询2466人次。

律师管理工作。2016年，全州律师和律师事务所共担任法律顾问364家，办理刑事辩护案件及代理364件，代理民商事诉讼案件2107件，代理行政诉讼案件121件，代理非诉讼法律事务49件，办理法律援助案件539件，律师参与公益事业和社会活动168次，为当事人提供咨询和代写法律文书11205件。

公证管理工作。2016年，全州共办理各类公证事项7695件。其中民事5883件，经济1324件，涉外428件，涉港澳台60件；接待来访15438人次。

基层法律服务。2016年，全州共办理各类公证事项7695件。其中民事5883件，经济1324件，涉外428件，涉港澳台60件；接待来访15438人次。

人民调解工作。2016年，全州各级各类人民调解组织开展矛盾纠纷排查5507次、预防纠纷4698件，调解纠纷21869件、调处成功21470件，涉及当事人59240人、达成人民调解协议涉及金额达27037.10万元。调解率、调解成功率分别为100%和98.2%。通过矛盾纠纷的及时有效化解防止民间纠纷转化为刑事案件45件524人，防止群体性上访81件2045人，防止群体性械斗8件134人。

社区矫正工作。截至2016年12月底，全州在册社区服刑人员1862人，发现重新犯罪人员3人。2016年，全州共接收社区矫正人员1523人，解除社区矫正1547人。

安置帮教工作。截至2016年12月底，全州共接收刑满释放人员3531人，帮教3531人，重新犯罪0人。

司法鉴定管理工作。2016年，全州共办理各类公证事项7695件。其中民事5883件，经济1324件，涉外428件，涉港澳台60件；接待来访15438人次。

公共法律服务体系建设。2016年黔南州构建覆盖“四级”公共法律服务体系。已建成州、县（市）级公共法律服务中心13个，乡（镇、街道）和村（居、社区）公共法律服务站（点）116个，基本形成“城镇半小时、农村一小时”公共法律服务圈。

【黔南州司法行法治微电影拍摄工作】 2016年通过与贵州六和悦影视文化传媒有限公司合作拍摄完成了都匀强戒所《角色》、都匀市《守护者》、瓮安县《一路同行》、罗甸县《背影》、长顺县《重生》、福泉市《破晓》、荔波县《间隔年》、独山县《山的那边》、平塘县《归途》、龙里县《保护伞》、三都县《单歌悠扬》、贵定县《关键八小时》、惠水县《归途》13部法治微电影。

【司法行政暨人民调解工作会议】 2016年3月9日，全州司法行政暨人民调解工作会在都匀召开。

【黔南州成立中小学生税法普及教育基地】 2016年4月15日，由黔南州国家税务局、州教育局、州司法局联合筹建的“黔南州中小学生税法普及教育基地”在都匀正式挂牌成立。

【“黔南律师协会律师林”植树公益活动】 2016年4月7日，黔南州司法局、黔南州律师协会共同举行了“黔南律师协会律师林”植树公益活动。

【省司法厅党委书记、厅长吴跃到黔南调研指导公共法律服务体系建设工作】 2016年8月8

日，省司法厅党委书记、厅长吴跃一行到黔南州调研公共法律服务体系建设工作，指导黔南群众工作中心、公共法律服务中心、矛盾纠纷多元化调处中心“三中心合一”平台建设。

【黔南、广州两地律师协作发展座谈会】 2016 年 10 月 14 日，广州市司法局调研员孟庆平，广州市律师协会副会长官选芸等一行到都匀就两地律师事业发展进行座谈。

【省检查组到黔南检查考核民主法治示范村（社区）创建工作】 2016 年 10 月 26 日，由省民政厅基政处调研员古丽亚为组长的贵州省第三批“省级民主法治示范村（社区）”第二考核组一行到黔南州检查考核 35 个省级民主法治示范村（社区）创建情况。

【省司法厅“司法行政基层行”宣传调研】 2016 年 11 月 23—26 日，贵州省司法厅办公室主任吴雪峰携手厅新闻办、《法制日报》、《法治生活报》和多彩贵州网记者到黔南开展“司法行政基层行”系列宣传报道工作调研。

【“12·4”国家宪法日暨全国法治宣传日活动】 2016 年 12 月 2 日，由州司法局、州法宣办、都匀市司法局、市法宣办牵头，州、市法宣成员单位共 40 余家单位在都匀市人民广场集中开展都匀地区 2016 年“12·4”国家宪法日暨全国法治宣传日活动。

【“六五”普法期间黔南州获得全国普法办及司法部表彰】 2016 年 5 月 31 日，中央宣传部、司法部在北京召开第八次全国法治宣传教育工作会议，会议贯彻落实《关于在公民中开展法治宣传教育的第七个五年规划（2016—2020 年）》，总结“六五”普法工作，对“七五”普法工作作出安排部署，全面启动“七五”普法工作。会议对全国“六五”普法期间，法治宣传教育工作作出突出成绩的先进集体和先进个人进行表彰，黔南州 4 个先进集体和 4 名先进个人荣获表彰。其中获先进县（市）：惠水县、瓮安县。先进单位：黔南布依族苗族自治州工商局。先进普法办：龙里县普法办。先进个人：都匀市委书记吴丹、平塘县司法局科员杨培健、长顺县法院代化法庭庭长黄卫平。先进工作者：都匀市普法依法治市办公室主任王双喜。

【黔南州都匀市文峰办事处龙潭社区等 35 个社区获得“省级民主法治示范村（社区）”表彰】
2016 年，都匀市文峰办事处龙潭社区、都匀市沙包堡办事处龙昌社区、都匀市小围寨办事处沙井街村、福泉市马场坪街道办事处黄丝村、福泉市金山街道办事处双谷村、福泉市龙昌镇仓盈湾村、瓮安县玉山镇深溪村、瓮安县雍阳办事处河滨社区、瓮安县瓮水办事处中心社区、龙里县冠山街道水桥社区、龙里县湾滩河镇园区村、龙里县醒狮镇大岩村、贵定县宝山街道东方社区、贵定县昌明镇文江村、贵定县新巴镇乐邦村、惠水县涟江街道凤山社区、惠水县涟江街道排楼村、惠水县雅水镇雅水村、长顺县白云山镇凉水村、长顺县广顺镇石板村、长顺县长寨街道办事处长兴社区、罗甸县罗悃镇布沙村、罗甸县沫阳镇麻怀村、罗甸县逢亭镇祥脚村、平塘县甲茶镇摆河村、平塘县金盆街道回龙村、平塘县通州镇荷花社区、独山县百泉镇百泉湖村、独山县基长镇秀峰村、独山县麻万镇麻万社区、三都水族自治县三合街道尧人山社区、三都水族自治县大河镇尧吕村、三都水族自治县普安镇重阳村、荔波县小七孔镇联山湾村、荔波县玉屏街道办事处樟江园社区计 35 个社区荣获第三批“省级民主法治示范村（社区）”称号。

【都匀市物业管理纠纷人民调解委员会挂牌成立】 2016 年 12 月 1 日，都匀市司法局牵头，该市相关部门支持配合成立了“都匀市物业管理纠纷人民调解委员会”，该委员会负责全面调处都匀市小区物业管理中的各类矛盾纠纷。

【安顺市、黔西南州司法局参观指导矛盾纠纷多元化解福泉“112”模式】 2016年6月17日，安顺市、黔西南州司法局一行30余人到福泉市参观指导矛盾纠纷多元化解福泉“112”模式和司法所规范化建设。

【瓮安县举办全县领导干部法治讲座】 2016年6月1日，瓮安县邀请贵州省司法厅党委书记、厅长吴跃为全县领导干部开展法治专题讲座，全县各部门领导干部700余人参加讲座。

【贵定县成立妇女儿童权益纠纷人民调解委员会】 2016年9月22日，贵定县司法局与县妇联筹备的“贵定妇女儿童权益纠纷人民调解委员”在县妇联成立。

【龙里县司法局打造“4321”法律服务网络平台】 龙里县司法局融合建设集“公共法律服务、普法、司法行政、矛盾纠纷多元化解”功能为一体的便民网站。建立公共法律服务公众办事APP终端系统，司法行政内部管理APP终端系统，完善社区矫正信息化监管LBS终端系统。

【平塘县司法局建设“便民服务公示栏”】 2016年5月，平塘县司法局正式着手安装“便民服务公示栏”，截至2016年年底，安装工作基本结束，实现了司法行政便民服务全覆盖。在全县122个村（居）委会、住宅小区、集市等人口聚集地安装了178块“便民服务公示栏”。

【罗甸县司法局开展“党员在身边·暖冬行动”活动】

2016年12月15日，罗甸县司法局党支部14名党员在罗悃镇沟亭社区布乃村、冗响村、布沙村开展“党员在身边·暖冬行动”活动。

【长顺县司法局开展社区矫正执法人员职务犯罪预防教育】 2016年4月12日，为预防社区矫正工作中的职务犯罪发生，长顺县司法局特邀县检察院预防职务犯罪局局长钟连生为全县从事社区矫正的工作人员开展预防社区矫正职务犯罪专题讲座。

【三都县举办“崇德尚法，律动校园”“平安消防，雏鹰行动”演讲比赛】 2016年10月11日，三都县司法局、教育局、公安消防大队联合举办“崇德尚法，律动校园”“平安消防，雏鹰行动”主题演讲比赛。

【荔波县召开司法信访改革工作启动仪式暨“三中心合一”揭牌】 2016年7月27日上午，荔波县司法信访改革工作启动仪式暨公共法律服务中心、矛盾纠纷多元化调处中心、群众工作中心“三中心合一”揭牌仪式在荔波县司法局举行。

【独山县司法局开展与接边地区法律援助宣传活动】 2016年11月24日，贵州省独山县麻尾法律援助站与广西南丹县司法局党支部组织党员干部联合在尾麻镇开展法律援助宣传活动。

【惠水县司法局创办“惠水县法律e家”网站】 2016年8月，惠水县司法局充分响应中央关于开展“互联网+”行动号召，创办了“惠水县法律e家”网站，网站包含了司法行政各项主要业务，极大方便了人民群众法律需求。

（赵　森）

都匀强制隔离戒毒所

【概况】 都匀强制隔离戒毒所，机构为正县级，人员编制78人，其中政法干警编制70人，行政工勤编制8人。内设12个科（室、处、大队）。都匀强制隔离戒毒所贯彻执行《中华人民共和国禁毒法》及有关方针政策和法律法规，依法实施对强制隔离戒毒人员的收治、管理、教育、戒毒康复治疗等工作，承办州委、州政府、州委政法委、州司法局及上级业务部门交办的其他事项，承担全州12县（市）收治戒毒人员的任务，2016年收戒600余名戒毒人员。

2016年，都匀强制隔离戒毒所在州委州政府、州司法局和省戒毒管理局的正确领导下，认真学习贯彻中共十八大和十八届三中、四中、五中、六中全会精神以及习近平总书记系列重要讲话精神，扎实开展“两学一做”专题学习教育，切实加强安全隐患排查，不断完善场所安全设施建设，推进规范化管理，创新矫治手段，教育矫治质量不断提高，入所、出所教育合格率均达到100%，场所连续15年实现“六无”工作目标，安全生产连续22年无事故。

【队伍建设】 2016年都匀强制隔离戒毒所通过强化政治理论学习，特别是结合“两学一做”专题学习教育、“三强三铁”专题教育，认真学习贯彻中共十八大和十八届三中、四中、五中、六中全会精神以及习近平总书记系列重要讲话精神，进一步增强了民警职工的政治意识、大局意识、核心意识、看齐意识，同时也强化了民警队伍的作风建设，提高了民警的工作责任心；强化红线意识、纪律意识、规矩意识教育，严格落实“两个责任”主体，认真贯彻落实中央八项规定、省委十项规定和州委九项规定，落实“三重一大”制度，大宗物质采购按程序经采购领导小组研究，并报所党委集体研究决定，“三公”经费与2015年同期相比下降11.63%；强化从优待警，开展提升队伍技能的“一月一培训”活动，组织参加省、州各类培训26人次，8名民警职务得到晋升，筹集资金3万元组织实施了民警职工年度体检，落实了95%以上民警职工带薪休假，节假日开展慰问22人次，增强了民警职工队伍的职业认同感、归属感和自豪感，干事创业的良好氛围进一步提升；先后被省戒毒管理局推荐为受司法部和人力资源社会保障局联合表彰的先进集体，被州司法局推荐为受省司法厅表彰的先进集体，党建工作荣获黔南州“双七增辉”示范点和州直工委“基层先进党组织”荣誉称号，1人被评为黔南州“优秀党务工作者”，1人被州直机关工委评为“优秀共产党员”。

【维护场所安全稳定】 在组织全方面研判场所安全稳定工作面临形势和任务的同时，结合实际出台了2016年所政管理工作计划，把加强民警队伍安全教育和加大场所隐患排查整治纳入计划的重要内容，切实抓好场所安全各项管理工作的落实，场所安全管理连续15年实现了“六无”目标。推进了“三三四”戒毒模式试点工作和落实了“5+1”教育矫治措施。构建了所领导、行政值班、警务督察、基层援助、监控中心、警戒护卫、基层一线全员值班的安全防控体系。深化了“四会合一”场所安全稳定工作研判机制。强化了信息化技防建设进程，投入400万元，建设集视频监控、智能监仓、门禁报警、职能探访管理等为一体的安防系统并于2016年5月正式投入使用。

【教育矫治工作】 2016年教育矫治工作通过继续推进“全员教育”模式，认真落实“五定位”管理和“三包”措施，强化思想动态研判；积极借助社会帮教力量，开办法律援助、法律咨询、亲情规劝、社会团体帮教，以及向亲属、社会反馈戒毒人员现实表现等，形成了社会、家庭和戒治场所共同化解矛盾、做好戒毒人员教育矫治的工作格局；加快所区文化建设步伐。投入50万元在管教区建设了文化墙，使戒毒人员通过文化墙的耳濡目染中提升文化素质，在潜移默化中树立孝德理念，端正戒毒态度，增强戒断康复回归社会的信心；强化矫治创新。为切实解决戒毒人员的困难和合理诉求，帮助戒毒人员戒除毒瘾，开展“实现微心愿、架起连心桥”为主题的“微心愿”活动，并把“微心愿”活动向社区延伸，结合工作实际制定了《都匀强制隔离戒毒所矫治延伸工作实施方案》，为解戒人员后续管控夯实了基础。

【安全生产工作】 2016年，按照“党政同责、一岗双责、失职追责”和“绝不放过一个漏洞、不丢掉一个盲点、不留下一个隐患”的要求，始终把安全生产工作放在第一位，层层签订安全生产责任状和消防安全责任状；开展新入所戒毒人员上岗安全培训331人，习艺岗位变动教育培训

65 人次；开展防洪安全检查 32 次，整改防汛安全隐患 2 项；开展消防安全检查 16 次，投入资金 1055 元，新配置灭火器 5 个，充装灭火器 6 个，开展消防应急演练和应对自然灾害演练 2 次；开展日常安全检查 31 次，对检查发现影响场所安全的水、电、房屋、设施、设备隐患及时进行整改；连续 22 年实现了安全生产事故“零”指标。

【戒毒医疗和生活卫生服务保障工作】 强化监督，管好用好戒毒人员生活经费。做好大宗生活物资的集中竞价采购工作和落实零星物资双人采购制度，抓好生活物资、生活服务部商品计划采购，实现戒毒所大宗生活物资采购低于市场批发价，有效降低采购成本，2016 年，全年生活费实际支出 108 万余元；严格按照以人为本、科学戒治的工作原则，认真开展入所体检 307 人、门诊就诊 726 人次、日常巡诊 624 人次、急危重病排查 62 人次、门诊监护 36 人次，加强对患病人员的救治和管理，保证了每个患病戒毒人员能够得到及时有效的医疗救治；实行“医疗社会化”工作模式，积极与黔南州中医院和贵阳医学院第三附属医院合作，建立了戒毒人员急病救治“绿色通道”；认真落实卫生防疫制度，开展消毒防疫 24 次、卫生检查 26 次；开展艾滋病及各类季节性疾病、传染病预防宣传教育 12 人次，宣传覆盖率达 100%；开展艾滋病筛查 336 人，未发现艾滋病携带者及重大疫情和流行性传染疫病发生，杜绝了医疗事故和所内死亡事故发生。

【“微心愿”活动】 为切实解决戒毒人员的困难和合理诉求，帮助戒毒人员戒除毒瘾，2016 年开展了“实现微心愿、架起连心桥”为主题的“微心愿”活动，通过民警与戒毒人员及其家属的互动，深入了解戒毒人员实际情况，化解思想包袱及家庭矛盾，让其安心戒毒，促进教育矫治质量不断提升。活动中结合工作实际，逐步健立和完善工作机制，搭建起戒毒人员与民警沟通交流绿色通道，戒毒人员家属参与的帮教平台。多措并举，全年共收集和帮助完成戒毒人员心愿 500 余条，单位、民警筹资捐款 2600 余元，走访探望戒毒人员贫困户 16 户，帮助解决“三无人员”基本生活保障 22 人，修复戒毒人员与亲属情感裂痕 68 人，建立了“期盼回归”微信群，特邀 46 名戒毒人员亲属加入微信群，互通戒毒人员与亲属的期盼。同时，针对大部分戒毒人员“普遍担忧回归社会容易走上复吸”的问题，积极适应戒毒工作形势变化，不断探索戒治工作创新，按照“整合社会资源、发挥专业特长、实施后续监管”的工作思路，主动承担社会责任，把“微心愿”活动向社区延伸，积极加强与戒毒人员所在县（市）公安、司法行政机关、社区服务中心及戒毒人员亲属的联系，协商后续监管措施，贴合实际制定了《都匀强制隔离戒毒所矫治延伸工作实施方案》，建立了独山县城关镇后续监管工作站，尝试对解戒人员尤其是“无谋生手段、无经济来源、无固定职业、无社会保障”对像进行跟踪帮扶，再送一程、再帮一把，补齐社会后续监管不力的短板，形成了“所内科学戒毒、出所有效衔接、所外持续监管”的工作机制，增进了社会、戒毒人员、民警之间的互信，搭起了戒毒场所、社会、戒毒人员、戒毒人员亲属之间的心灵桥梁，为后续管控夯实了基础。

【贵州省司法行政戒毒系统反恐防暴（公共卫生类）应急处置演练暨现场观摩会在都匀强制隔离戒毒所举行】 2016 年 10 月 28 日，贵州省司法行政戒毒系统反恐防暴（公共卫生类）应急处置演练暨现场观摩会在贵州省都匀强制隔离戒毒所举行。主要检验了所里反恐防暴应急处置预案、现场救助、指导处置、警戒巡查、政策宣传和舆情应对、生活设施保障维护、协调保障、事故调查等各组之间的协调配合以及与医院、疾控和公安、消防等相关单位联防联动，共同应对突发事件的能力。

（潘盛辉）

·民族·宗教·

MIN ZU　ZONG JIAO

民族工作

【概况】　2016年，黔南州民族宗教事务委员会认真贯彻落实中共十八届三、四、五中、六中全会和中央、全省、全州民族工作及全国、全省宗教工作会议精神，围绕省委“加速发展、加快转型、推动跨越”主基调和州委“3366”发展战略，牢牢把握各民族“共同团结奋斗、共同繁荣发展”的主题，继续推进民贸民品优惠政策的落实，抓好人口较少民族扶持发展和少数民族特色村镇建设工作，促进民族地区经济和社会事业发展。不断巩固和发展平等、团结、互助、和谐的社会主义民族关系，为各民族共同团结奋斗、共同繁荣发展作出了积极努力。

贯彻落实省政府第四次民族工作联席会议精神　州政府于4月21日召开全州民族工作联席会议，传达学习省政府第四次民族工作联席会议精神，总结全州人口较少民族扶持发展工作，安排部署全州17个人口数量较少民族贫困村2016年整体脱贫工作。州民族宗教委员制单位负责人，独山县、福泉市等5个县（市）政府主要领导、民宗局局长，独山县相关部门、乡镇负责人等共70人参加会议。州长向红琼出席会议并讲话。在充分摸底调研的基础上，5月24日，州政府出台了《黔南州扶持人口数量较少民族贫困村脱贫工作方案》，重点对支撑17个贫困村整体脱贫的项目和资金进行细化安排，采取派单方式，各级各相关部门2016年共需落实项目66个，计划投入资金2.46亿元，并实行州人民政府班子成员和州民宗委班子成员包保制度，确保17个贫困村2016年实现整体脱贫。9月20日，再次召开人口数量较少民族贫困村脱贫工作推进会，督察调度《脱贫方案》涉及的项目、资金落实情况，评估脱贫程度，分析存在问题，明确下步任务。

建州60周年州庆工作　根据建州60周年工作总体方案和州委、州政府的安排，州民宗委承担建州60周年成就展，全州第五次民族团结进步表彰大会，对接中央有关部委祝贺团、省祝贺团、全国29个自治州及有关地市的邀请和接待等工作。按照“细致、精致、极致”的工作要求，州民宗委举全委之力，主动作为，努力抓好各项工作落实。黔南布依族苗族自治州成立60周年成就展在州博物馆如期成功布展。从布展至2016年年底，共接待中央有关部门祝贺团、省政协、省军区、省委统战部、省内外市（州）祝贺团及广大干部群众等1万多人次；完成黔南州第五次民族团结进步表彰大会的筹备和会务工作。8月6日上午，州委、州政府召开了黔南州第五次民族团结进步表彰大会，对惠水县好花红镇人民政府等50个模范单位和罗海香等79名模范个人进行了表彰，完成嘉宾邀请任务。经积极对接，除中央有关部委祝贺团、省祝贺团外，共邀请到自治州及有关地市祝贺团29个，为历届州庆之最，未能前来祝贺的自治州均发来贺信，圆满完成了嘉宾邀请和接待等工作。

积极争取各级各类民族资金项目 积极争取并投入各级各类资金6653万元，比2015年增长30%。重点围绕经济和社会发展相对落后的民族地区，以及少数民族人口相对集中的散杂居地区，帮助其发展经济，改善生产生活等方面条件；向省民宗委申请2016年民族教育经费94万元，扶持黔南民族师范学院、独山县民族小学、都匀市第十中学等24所学校开展民族文化进校园、民族双语教育示范等；抓好民族体育工作，加强民族体育传承。争取经费38万元，帮助建设平塘县龙舟训练基地和荔波县陀螺训练基地，支持和协助荔波县开展全国陀螺邀请赛，惠水县开展全国“民体杯”2016年全国独竹漂邀请赛，并选拔了优秀运动员组建黔南州代表队参赛，取得了较好成绩，推动了黔南州少数民族体育事业不断发展；扶持少数民族节庆活动。争取省级民族经费30万元，扶持了三都水族自治县的水族卯节和长顺县、惠水县布依族“六月六”民族节庆等，打造了黔南州少数民族特色节庆品牌，丰富少数民族群众节日生活，促进黔南州民族团结进步；加强博物馆建设，保护优秀少数民族传统文化。争取省级民族经费47万元，帮助黔南民族师范学院博物馆建设，州民族博物馆、福泉市三丰主题文化馆等进行文物征集，使少数民族文物得到有效保护。

民贸民品优惠政策落实 制订2016年度民贸民品企业扶持工作计划，提出2016年新增30亿元民贸民品优惠贷款的目标，并将目标任务分解到各县（市）；完成“十二五”民品企业发展情况分析和“十三五”民品企业摸底汇总；对黔南州扶持民贸民品企业以来工作情况进行分析评估总结，完成了《2015黔南州民贸企业扶持效益分析总结报告》；对“十二五”期间民贸企业进行清理，积极向省级申报2016年民贸企业，截至2016年年底，黔南州有国家批准认定的民品企业8家，省级认定的民贸企业442家。全州共有326家民贸民品企业办理流动资金优惠贷款累计173.41亿元，其中，2016年新增优惠贷款59.67亿元，超额完成年初制定目标近200%，全年实现中央财政贴息资金1.5亿元，占全省总数的50%以上。

少数民族特色村寨建设 完成编制2016年度少数民族特色村镇建设工作计划和《黔南州“十三五”少数民族特色村镇保护与发展规划》。组织各县（市、区）再次开展普查工作，经认真审查、筛选、汇总，上报636个村寨；安排2016年少数民族特色村镇专项资金880万元，重点抓好黔南州2016年重点打造的15个特色村寨和2个特色小镇的建设工作，完成提前下达资金项目的备案审查工作；按时完成第二批中国少数民族特色村寨命名挂牌推荐工作和第一批省级少数民族特色村寨命名挂牌推荐工作，黔南州共有30个村寨获贵州省首批少数民族民族特色村寨命名并挂牌；继续探索民族村寨建设董事化运作模式。指导和推进惠水县好花红镇好花红村和荔波县瑶山乡拉片等村寨探索董事化运作模式工作，并逐步扩大试点村范围。

民族传统手工艺传承保护 制订《黔南州2016年度少数民族传统手工艺——苗绣领军人才培训方案》，在贵定县举办“黔南州2016年度少数民族传统手工艺—苗绣领军人才培训班”；组织少数民族传统手工艺企业参加各类商品展览，提升产品知名度；完成2016年少数民族传统手工艺资金项目安排工作；与州妇联共同举办黔南绣娘喜迎建州60周年成果展暨第二届妇女特色手工技能大赛；抓好全省少数民族传统手工艺传习所命名挂牌工作。

民族语言文字 制订2016年少数民族语言文字工作计划。认真做好双语测试员推荐工作。完成黔南州测试人员的调查摸底和推荐上报工作，共有6人获省民宗委批准；积极申报双语和谐示范项目。完成黔南州三个“贵州省双语和谐环境建设示范项目”的上报工作；选派7人参加省古籍办在贵州民族大学举办的“全省双语和谐环境建设培训班”。与教育部门做好黔南州参加苗（西部方言）汉双语培训班学员名单的上报并组织按时参加培训。

民族古籍普查 按照省民宗委的工作要求，

完成全州民宗系统古籍工作分管人员和业务人员信息名单的材料上报；完成民族古籍政策和第二次少数民族古籍普查相关文件等的学习；下发绩效目标管理任务，做好与各县（市、区）民宗局、社会事务局的对接工作，并要求抓好民族古籍政策和全省第二次少数民族古籍普查相关文件的学习。

【2015 年项目资金安排和使用产效益】 2015 年，共安排各级、各类民族宗教资金 5150 万元，项目 494 个。其中，中央少数民族发展资金 3693 万元，省级少数民族发展资金 491 万元，省级少数民族建房补助资金 40 万元，省级民族工作经费 296 万元，民贸网点建设和民品生产补助资金 255 万元，省级少数民族教育专项资金 40 万元，省级宗教工作专项经费 35 万元，州级少数民族发展资金 300 万元。项目内容涉及民族地区基础设施、产业发展、特色民族村寨、少数民族群众危房改造、民族民间文化、民族教育、民族团结进步创建、少数民族人才培训、民族古籍、双语和谐等方面。

改善民族地区生产生活条件。投入资金 150 万元，新建改建通村通组公路、串户路及硬化 201987 平方米，泥结石路、砂石路 84034 平方米，机耕道 3000 米，解决了 31216 人的出行困难、运输困难；投入资金 118 万元，新建改建蓄水池 17 个，铺设管道、沟渠 14654 米，解决了 7940 人饮水困难，解决了 210 亩耕地灌溉困难；投入资金 161 万元，补助 140 户住房困难户建房或危房改造；投入资金 1242 万元，帮助安装路灯 560 盏，新建垃圾池 225 座，绿化广场 29055 平方米，改厕、改圈 150 户，解决了 25812 人照明问题，改善 43730 人的居住环境。通过人饮、道路、水利、危房改造等基础设施建设项目的实施，大大改善了少数民族和民族地区的生产生活条件，有效解决了少数民族群众出行难、运输难、饮水难、灌溉难、住房难等问题。

加快了民族地区特色经济发展。投入资金 564 万元，扶持发展蔬菜 6675 亩、茶叶 300 亩、水果 1165 亩、经济林 470 亩、花卉 215 亩，帮助 3497 户增加收入 3661 万元；投入资金 165 万元，扶持发展养殖生猪 731 头、牛 40 头、羊 497 只、鸡鸭 100800 只、鱼鳅 510000 尾，帮助 1688 户增加收入 224 万元；投入资金 400 万元，扶持企业 67 个，解决 18138 人就业，企业创收 16383 万元；投入资金 152 万元，举办各类农村实用技术培训 27 期，培训 12580 人次。通过特色种植业、养殖业的以及实用技术培训等项目的实施，不仅提高了农村人口综合素质，带动了民族地区农村产业结构调整升级，促进产业化水平提高，也拓宽了农民增收途径。

促进了民族地区社会事业发展。投入资金 305 万元，支持民族地区建设 2 个民族博物馆、陈列室，修建 10 个民族文化长廊、活动场地；投入资金 53 万元，扶持民族地区开展民族节日节庆活动 44 次；投入资金 15 万元，支持民族地区举办民族寄宿制民族班、开展“双语”教学、民族文化进校园活动，挖掘、收集、保护民族古籍，积极帮助少数民族地区发展教育、体育、文化等事业，受益人数达 166998 人。通过民族教育、民族文化等项目的实施，改善了民族地区中小学办学条件，传承和弘扬了优秀传统民族文化，也丰富了群众精神生活，社会事业明显进步。

巩固了民族团结和谐局面。投入资金 95 万元，支持基层开展民族团结进步宣传和创建活动，充分利用民族节庆和民族团结进步宣传教育活动月等时机，多渠道、多形式开展民族理论政策、法律法规宣传，组织宣传活动 72 次，发放宣传资料 30200 册；印制、翻译民族法律法规政策理论宣传资料 40 余万份，单行本 6000 册，开设电视、报纸专栏 1500 余期；举办了“民族团结一家亲、同心共筑中国梦”等民族团结进步宣传主题活动；开展了改革开放 30 周年成果展、“最具魅力民族村寨”、民族团结进步六进活动等一系列评选活动，命名民族团结进步先进单位 5 个，先进个人 20 人。通过民族团结进步宣传和创建活动项目的实施，使党的民族政策、民族法律法规得到较好宣传，推进了民族团结宣传教育活动和创建活动深入开展，促进了社会稳定，民族团结和谐。

【召开2015年度目标绩效考评会】 2016年1月27日，州民宗委召开2015年度全州民宗系统目标绩效考评会，总结2015年度全州民族宗教工作各项目标任务完成情况和亮点工作，就2016年工作打算进行座谈讨论。会议认为，2015年全州民族宗教工作亮点多、工作实、成效好，圆满完成了年初签订的各项工作任务，被国家人社部和国家民委评为全国民委系统先进集体，实现了“十二五”民族宗教工作的圆满收官。会议要求，要在“十二五”工作的基础上，认真贯彻落实习近平总书记等党和国家领导人对全国自治州同步建成小康和中央、全省及全州民族会议精神，超前谋划好“十三五”规划和2016年的开局工作，各县（市区）要结合自身实际，做到工作有特色，有新路子。

【国家民委专题听取黔南州建州60周年庆祝活动筹备工作情况汇报】 2016年3月15日上午，州委副书记、州人民政府州长向红琼率队到国家民委汇报建州60周年庆祝活动筹备工作情况。国家民委党组副书记、副主任李昭，国家民委办公厅巡视员、副主任普永生，副巡视员杨永发，文化宣传司副司长钟廷雄等领导听取了汇报。

州长向红琼代表州委、州政府感谢国家民委长期以来对黔南经济社会发展和民族团结进步事业的关心支持，详细汇报了黔南州建州60周年庆祝活动筹备工作情况，并请求国家民委帮助协调组建国家有关部委祝贺团、协调中央民族歌舞团到黔南州进行慰问演出、协调国家发改委落实州庆项目建设经费、国家民委给予州庆活动经费补助、协调中央媒体加强宣传报道等事项。李昭副主任对黔南州建州60周年来取得的成就和庆祝活动筹备工作给予了充分肯定，并对黔南报告请求协调帮助办理的事项表示支持。

【黔南州人民政府召开民族宗教工作会】 2016年3月24日上午，黔南州人民政府召开民族宗教工作会。会议强调，一要紧紧围绕全民共享建州成果、高效推进建州60周年庆祝行动工作开展，充分展示黔南各民族团结进步繁荣发展大好局面，讴歌党和国家民族区域自治政策在黔南成功实践60年来所取得的辉煌成就；二要紧盯2017年率先建成小康目标不放松，扎实开展扶持人口较少民族发展工作；三要紧扣民族团结进步创建、进一步掀起示范区建设热潮，做好规划，出台方案，努力开创民族团结进步事业新局面；四要精心谋划、彰显特色、抓好少数民族特色村寨建设工作；五要用好用活国家民贸民品优惠政策、助推全州经济社会快速发展工作；六要强化责任、精准施策、全力支持三都水族自治县同步建成小康步伐帮扶工作；七要加强民族团结和睦指数监测、促进全州少数民族群众全面小康社会建设工作；八要创新民族文化发展思路，打造民族文化精细品牌工作；九要依法开展宗教工作、突出问题治理、积极引导宗教与黔南州经济社会发展相适应，做好保护合法、治理非法、积极引导，发挥宗教正能量；十要警钟长鸣抓好民族宗教工作领域党风廉政建设工作。

【召开全州民宗局长会暨党风政建设工作会议】 2016年3月24日下午，召开全州民宗局长会暨党风廉政建设工作会议，传达贯彻全省民宗委主任会暨党风廉政建设工作会议精神，总结2015年民族宗教工作，安排部署2016年全州民族宗教工作重点。

【黔南州人民政府召开民族工作联席会】 2016年4月21日，黔南州人民政府召开民族工作联席会议，传达学习省第十二届人民政府第四次民族工作联席会议精神，安排部署黔南州17个人口数量较少民族贫困村2016年整体脱贫工作。州委副书记、州长向红琼在讲话中要求：一是提高认识，增强信心。要把思想统一到孙志刚省长的讲话要求和省州委、省州政府的决策部署上来，紧紧抓住国家重点扶持人口较少民族和省、州重点扶持人口数量较少民族发展的重大战略机遇，增强信心，千方百计加快发展，坚决打赢脱贫攻坚战，确保黔南州人口数量较少民族2016年实现整体脱贫；二是整合资源，集团作战。要按照省委、省政府《贵州省扶持人口较少民族贫困村整体脱贫实施方案》和黔南州即将出台的《黔南州扶持人口数量较少民族贫困村脱贫工作方案》，结合本地本部门实际，细化工作措施，以17个贫困村2016年整体脱贫为目标，按照“五个一批”，以基础设施建设、产业结构调整、教育、就业、低保和生态环境保护为着力点，不断改善贫困村生产生活条件，确保2016年17个贫困村整体脱贫；三是加强领导，落实责任。高度重视人口数量较少民族整体脱贫工作，将对17个村整体脱贫实行州长、副州长包保机制，州民族宗教委、平塘、独山、荔波3县及17个贫困村所在的乡（镇）村，要切实加强组织领导，分别成立领导小组，强化落实措施，加大资金投入，压实工作责任；委员制成员单位要结合脱贫目标做好脱贫相关工作，紧密结合方案，思考怎么把本单位本部门本县本乡（镇）村工作放到州委、州政府的扶贫战略行动中。州人民政府采取派单方式，明确各单位包保责任，逐一加以解决。各县要象抓经济调度一样，狠抓本县人口数量较少民族贫困村脱贫攻坚精准调度，确保全州17个贫困村2016年整体脱贫。

【全国人大民委到黔南州调研】 2016年5月16—17日，由十二届全国人大常委会委员、全国人大民族委员会主任委员李景田，十二届全国人大常委会委员、全国人大民族委员会委员苏晓云，中国伊斯兰教协会副会长洪长有等组成的调研组到黔南州就贯彻实施中华人民共和国民族区域自治法配套法规的情况进行专题调研。

州委副书记、州长向红琼向调研组一行汇报了黔南州贯彻实施中华人民共和国民族区域自治法配套法规的情况。黔南自治州始终把贯彻实施“一法一规定”作为自觉行动，采取强有力措施，推动“一法一规定”落细落实，狠抓法规配套，推动民族区域自治法落地生根；狠抓普法宣传，推动民族区域自治深入人心；狠抓执法检查，推动民族区域自治法开花结果。通过法规配套、普法宣传、执法检查等有效措施，使“一法一规定”在黔南落地生根、开花结果，成为助推黔南经济社会加快发展的强大动力源泉，各项工作取得了显著成效。特别是近几年来，黔南州针对城市民族工作特点，深入宣传和贯彻落实党的民族政策，巩固和发展平等、和谐的民族关系，切实维护民族团结和社会稳定的良好局面。

【黔南州召开建州60周年庆祝活动誓师大会】 2016年6月18日，召开黔南布依族苗族自治州成立60周年庆祝活动誓师大会，会议通报了建州60周年庆祝活动各项筹备工作开展情况，州民族宗教事务委员会代表州直部门在会上作表态发言。州委副书记、州政府州长向红琼主持会议，州委书记龙长春出席会议并讲话。

龙长春指出，在距州庆仅有50天的关键时刻，州委、州政府决定召开此次誓师大会，旨在进一步动员和组织全州上下全力以赴做好做实州庆各项筹备工作，确保州庆活动成功、精彩、圆满。自筹备工作启动以来，全州各级各部门各司其职、密切配合，心往一处想、智往一处谋、劲往一处使，确保各项筹备工作取得了阶段性成果。在肯定成绩的同时也要清醒地看到，州庆筹备工作中仍然存在一些不容忽视的问题，务必引起高度重视，切实采取过硬举措加以解决。

龙长春强调，建州60年的光辉历程，充分证明了民族区域自治制度是最适合中国国情的基本政治制度，是民族地区经济社会发展的根本保证。要通过举办建州60周年庆祝活动，教育引导全州各族人民弘扬好花红“一心向党”的优良传统，始终不渝地坚持党的领导，始终不渝地坚持中国特色社会主义道路，始终不渝地走中国特色解决民族问题的正确道路，巩固发展好平等、团结、互助、和谐的社会主义民族关系，努力开创黔南各民族共同团结奋斗、共同繁荣发展的新局面。全州上下要切实增强使命感、责任感和紧迫感，大力发扬大射电创新精神，唱响好花红民族绚歌，全力以赴做好做实州庆各项筹备工作，确保州庆活动成功、精彩、圆满，最大程度地汇聚建成全国民族地区创新发展先行示范区的正能量，书写好中国梦的黔南篇章。

【国家民委主任巴特尔到黔南调研】 2016年6月27—28日，中央统战部副部长、国家民委主任巴特尔，国家民委办公厅主任张京泽一行，在省人民政府副省长陈鸣明等的陪同下，到黔南州就贯彻落实中央民族工作会议精神情况进行调研。

27日下午至28日上午，巴特尔主任一行先后到都匀市墨冲布依小镇易地移民搬迁点、小围寨包阳民族特色村寨，民品企业龙里县瑞和制药有限公司调研，了解移民搬迁、民族特色村寨建设和民品企业生产销售情况。

巴特尔在调研中强调，黔南州要贯彻落实好中央民族工作会议精神，坚定不移守底线、走新路、奔小康，切实抓好民贸民品优惠政策落实工作，助推全州脱贫攻坚和地方经济发展再上新台阶。

【省评估验收组到黔南开展评估验收工作】 2016年7月6—9日，省民宗委副主任徐飞率省人口较少民族聚居村率先小康评估验收组，到黔南州平塘县、独山县、福泉市，对2014年、2015年扶持人口较少民族聚居村率先小康工作情况进行评估验收。省评估验收组对黔南州扶持人口较少民族发展工作给予了充分的肯定。针对率先小康中还存在的困难和问题，省验收组提出：一是充分认识人口较少民族率先小康的重要意义，精准施策，补齐短板，确保完成阶段性目标任务，为34个人口较少民族聚居村2017年率先实现全面小康总体目标奠定坚实基础，提供坚强保障；二是对低于90%的指标需要引起重视，查缺补漏，对达标的村还需继续支持；三是做好村级发展规划；四是人口较少民族独特文化元素的流失、消亡问题要引起高度重视，要注重民族文化的保护和培育；五是要认真总结精准扶贫的经验，人口较少民族示范村形成的经验可向其他民族、向全州进行推广；六是要关注“十三五”政策变化，特别是涉农资金整合划拨，要做好统筹规划。

【黔南州第五次民族团结进步表彰大会在都匀召开】 2016年8月6日上午，黔南州第五次民族团结进步表彰大会在都匀召开，中共黔南州委书记龙长春出席会议并讲话，州委副书记、州人民政府州长向红琼主持会议，省民宗委副主任吴建民出席会议。会议对50个民族团结进步模范集体和79名模范个人进行了表彰。

会议认为，建州60年来，在党中央、国务院的亲切关怀下，在省委、省政府的坚强领导下，历届州委、州政府团结带领全州各族人民，共同谱写了各族人民共同团结进步、共同繁荣发展的壮丽篇章，共同奏响了科学发展、后发赶超的时代强音，民族团结进步得到显著增强、民族繁荣发展得到显著提升、民生福祉得到显著改善。会议强调，全州上下要全面贯彻落实中共十八大和十八届三中、四中、五中全会精神，深入学习贯彻习近平总书记关于民族工作的一系列新思想、新论断、新决策、新部署、新要求，坚定不移走中国特色解决民族问题的正确道路，全面贯彻落实党的民族政策，着力推进经济社会又好又快发展，着力推进各民族交往交流交融，着力推进民族事务管理法治化进程，着力推进民族地区脱贫攻坚，不断开创各民族共同团结进步、共同繁荣发展的新局面。

【黔南州举行建州60周年庆祝大会】 2016年8月8日，黔南布依族苗族自治州成立60周年庆祝大会在都匀经济开发区全民健身活动中心举行。全国人大常委会、国务院发来贺电，中央有关部委祝贺团团长、国家民委副主任罗黎明率团出席庆祝大会并致辞；省祝贺团副团长、省委书记、省人大常委会主任陈敏尔出席，省祝贺团团长、省委副书记、省长孙志刚宣读省委、省人大常委会、省政府、省政协、省军区贺信。

全国人大常委会、国务院贺电指出，60年来，黔南布依族苗族自治州经济发展，民族团结，社会稳定，人民生活不断改善，各项事业全面推进，取得了巨大成就。希望黔南州紧密团结在以习近平为总书记的党中央周围，高举中国特色社会主义伟大旗帜，全面贯彻落实党的十八大、十八届三中、四中、五中全会以及中央民族工作会议精神，以邓小平理论、“三个代表”重要思想、科学发展观为指导，深入学习贯彻习近平总书记系列重要讲话精神，进一步贯彻落实党中央、国务院支持贵州经济社会又好又快发展的一系列政策措施，坚持各民族共同团结奋斗、共同繁荣发展，以自治州成立60周年为新的起点，解放思想，改革开放，凝聚力量，攻坚克难，为全面建成小康社会、实现中华民族伟大复兴中国梦作出更大贡献。

罗黎明在致辞中说，60年来，在党中央、国务院的亲切关怀下，在党的民族政策的光辉照耀下，在贵州省委、省政府的正确领导下，历届黔南州领导班子团结带领全州各族人民，沿着民族区域自治的正确道路，艰苦创业，奋发图强，开拓进取，在政治、经济、文化、社会、生态等各方面实现了一次又一次跨越，取得了前所未有的辉煌业绩。面向未来，我们必须要始终不渝地坚持中国共产党的领导，这是我们发展进步的根本政治保障；必须要始终不渝地坚持中国特色解决民族问题的正确道路，这是我们发展进步的唯一正确选择；必须要始终不渝地坚持民族区域自治制度，这是我们发展进步的重要制度保证；必须要始终不渝地树立“中华民族一家亲、同心共筑中国梦”的豪情壮志，这是我们民族工作的目标任务。

孙志刚在宣读贺信中要求，希望黔南州深入贯彻习近平总书记系列重要讲话精神和对贵州工作的重要指示要求，认真落实五大新发展理念，牢牢守住发展和生态两条底线，深入推进大扶贫、大数据两大战略行动，发扬大射电创新精神，唱响好花红民族绚歌，奋力打造民族地区创新发展先行示范区，为建设活力、和谐、生态、包容、幸福的黔南而努力奋斗。

【州人民政府召开扶持人口数量较少民族贫困村脱贫工作推进会】 2016年9月20日下午，黔南州人民政府召开扶持人口数量较少民族贫困村脱贫工作推进会。

会议通报了全州人口数量较少民族贫困村脱贫工作督查情况，听取独山县、荔波县、平塘县人民政府关于本县人口数量较少民族贫困村脱贫工作开展情况汇报，州发改委、州农委、州扶贫局等州直部门对全州人口数量较少民族贫困村扶持工作情况汇报。会议强调，要深刻认识人口数量较少民族扶持工作的重要性和紧迫性，做到规划引领、长短结合、调整思路、聚焦精准、集团作战、合力攻坚。坚决率先打好人口数量较少民族贫困村建档立卡贫困户脱贫攻坚战，打好产业脱贫攻坚战，打好基础设施脱贫攻坚战，打好易地扶贫搬迁攻坚战，打好强补公共服务扶贫攻坚战。

【省民宗委领导专题听取黔南州民族宗教工作汇报】 2016年10月18日下午，省民宗委党组书记向红琼、副巡视员郭定高及相关处室负责人专题听取黔南州民族宗教工作情况汇报。

会上，州民宗委党组书记、主任韦成波汇报了2016年黔南州民族宗教工作完成情况、存在的主要问题和2017年工作打算。向红琼在听取汇报后，对黔南州民族宗教工作取得的成绩给予了充分肯定，她说，黔南州民宗委这几年做了大量工作，特别是建州60周年成就展在北京、广州和州庆期间展出，得到了广泛的好评，通过这些活动，也锻炼了这支队伍。她强调，民宗部门一是要进一步增强做好民族宗教工作的使命感、责任感和自豪感；二是要内强素质，外塑形象，振奋精神，加强学习，搭建平台，突出特色，打造亮点；三是整合资源，借力发展，提升软实力，打造硬形象。对做好下步工作，她要求，一是高度重视民族地区特别是人口较少民族和“三山地区”脱贫奔小康工作；二是突出精准，落实到户到人；三是民族特色村寨打造，要与观光体验、与旅游相结合；四是要落实好省委的指示要求，多向其他自治州学习，进一步理清思路，唱响好花红民族绚歌，努力打造民族地区创新发展先行示范区。

（罗　林）

宗教事务

【概况】 2016年，认真学习贯彻全国宗教工作会议精神，全面深化宗教事务治理体系改革，注重引导宗教与社会主义社会相适应，注重依法管理宗教事务，注重解决宗教领域突出问题，注重调动广大信教群众的积极性，全面推进宗教关系和谐示范区建设，积极引导宗教与社会主义社会相适应，维护宗教领域的和谐和顺。

贯彻落实全国、全省宗教工作会议精神 全国、全省宗教工作会议召开后，州委常委会、州政府常务会及时对会议精神进行传达学习；州、县（市、区）民宗部门采取多种形式进行了深入学习。2016年9月14日，州人民政府又召开了有各县（市）委统战部、民宗局负责人，全州五大宗教代表，公安、国安等州直相关部门负责人参加的全州宗教工作座谈会。会议再次传达了全国、全省宗教工作会议精神，分析研究了全州宗教工作形势，对做好下步工作提出了明确要求；2016年10月20日，州十三届人大常委会第三十五次会议听取和审议《全州宗教工作情况报告》后，州民宗委从解决宗教事务执法主体资格、成立州佛教、道教和基督教3个协会、加大宗教活动场所修缮力度、解决都匀市清真寺餐饮接待条件差等方面向州政府呈报了《关于申请解决宗教工作有关问题的请示》，其中关于成立3个协会，州政府已批复财政、编委办提出意见；草拟《黔南州关于加强和改进新形势下宗教工作的责任分解方案》报州委办、州政府办把关审定。

创建宗教关系和谐示范区 根据《省民宗委创建宗教关系和谐示范区总体方案》要求，出台了《黔南州宗教关系和谐示范区创建工作实施方案》至各县，各县也拟定方案创建一个以上和谐示范点，在县（市）示范点中确定州级重点打造的示范点。2016年，已对确定长顺县威远社区、惠水县涟江街道办事处凤山社区、黔南州天主教爱国会、独山县佛教协会、长顺县威远天主教堂、惠水县基督教堂为重点创建单位，每个单位安排1万元经费进行打造，各县（市）民宗局对完成任务的经上报工作完成情况后验收挂牌。

推进佛道教领域突出问题治理 下发了《黔南州民族宗教事务委员会关于全面开展佛道教“两乱一化”乱象治理工作指导意见》，对各县（市）乱建佛道教寺观和乱塑大型露天宗教造像及佛道教活动场所商业化情况进行全面摸底调查，并提出处理意见和具体措施，按照“三个一批”的原则进行治理；对照涉及佛道教领域的乱象问题，根据据国务院、贵州省《宗教事务条例》和国家宗教局等10部委通知要求，提出处理意见，坚决制止各种乱象的蔓延；与和谐寺观教堂创建活动相结合，加强佛道教自身建设，规范宗教活动场所管理，纯洁佛道教队伍，提高自我防范能力，促进佛道教健康发展。共查处了福泉市3处违规设置功德箱、长顺县违规建设佛教大型露天宗教造像、平塘县3处乱建庙宇违规问题。其余县（市）没有发现佛道教乱象问题。除长顺县违规建设佛教大型露天宗教造像还未处理完毕外，其他违规现象已处理完毕。

推进基督教领域突出问题治理和天主教民主办教 下发了《黔南州民族宗教事务委员会关于开展基督教私设聚会点治理指导意见》，按照“疏堵结合、区别对待、分类处理、纳入管理”的要求开展相关工作；团结广大信教群众，把依法治理工作做成团结群众、争取民心的工作；加强对宗教干部的培训力度，提高化解矛盾、维护稳定的能力；加强与省基督教“两会”的对接，充分发挥“两会”组织的作用。2016年，各县（市）按照实施方案全面开展依法治理基督教私设聚会点工作，在全州范围内开展依法治理基督教私设聚会点工作，认定为家庭聚会点2个，制定为临时活动点4个，协定为教堂代管点1个，决定为取缔点2个；全面推进天主教民主办教工作。下发了《黔南州民族宗教事务委员会关于开展天主教民主办教指导意见》，涉及天主教教堂的县（市）7个，天主教堂11处，教职人员2人，相关县

（市）按指导意见有序推进。惠水县天主教堂、长顺威远天主教堂、都匀市天主教堂已全面完成此项工作。通过全面推进天主教民主办教工作，树立一切依靠群众的思想，强化宣传引导，动员广大信教群众关心民主办教、理解民主办教、支持民主办教，为民主办教缔结坚实的群众基础。

推进民间信仰事务管理 拟定下发了《黔南州民族宗教事务委员会关于开展民间信仰事务管理指导意见》，各县（市）均按指导意见制定了适合本地工作开展的实施方案，2016 年，黔南州民间信仰达到“五有”标准场所的共有 10 处，其中福泉 3 处，长顺 1 处，贵定 1 处，罗甸 2 处，龙里 1 处，独山 1 处，三都 1 处。登记的有龙里县 1 处，长顺县 1 处，三都县 1 处。

维护伊斯兰教领域和谐稳定 全州有回族人口 1700 余人，部分回族群众信仰伊斯兰教，主要集中在都匀市。近年有来自新疆的在各县（市）城关流动烤羊肉串的维吾尔族群众，统计人数有 26 人。全州只有都匀市有一座清真寺，且还在异地搬迁建设中，由于资金的缺乏，建设趋于停滞。经排查，全州没有乱建清真寺现象。出台《黔南州民族宗教事务委员会关于做好全州流动穆斯林工作的方案》，加强对流动穆斯林的管理，各县（市）均对本地流动穆斯林人员进行了排查，并登记在册。全年没有发生突发事件。

依法治理“六非” 按要求每季度上报省民宗委《“两员”奖励经费使用情况统计表》《“两员”举报“六非”线索统计表》《宗教执法机构编制使用情况统计表》《宗教领域“六非”统计表》，并结合近年开展的工作上报了一起典型案例。针对全州依法治理“六非”（非法宗教组织、非法宗教场所、非法宗教教职人员、非法宗教活动、非法宗教院校、非法网络宗教）工作，维护宗教领域和谐稳定，全州各级均制定了宗教领域维护稳定应急预案并上报省民宗委。为规范宗教执法管理，全州还开展了宗教执法档案规范管理工作，各县（市）宗教执法队在执法档案管理上均用档案盒分类存放宗教执法相关档案，贴上分类标签，根据要求，已经全部拍照上报省民宗委。

【国家宗教局局长王作安带队到三都调研】 2016 年 6 月 26—28 日，国家宗教局局长王作安带领副局长张彦通，政法司司长韩松、人事司司长俞滨，中国佛协会会长学诚、中国道协副会长黄信阳、中国伊协副会长兼秘书长郭承真、中国天主教爱国会副主席兼秘书长刘元龙、中国基督教三自爱国运动委员会主席傅先伟等到三都县开展脱贫攻坚调研工作。

调研期间，王作安局长一行先后到三都县三合街道办事处拉揽社区来楼村四组、拉揽卫生院、水都传说民族文化传承保护基地、周覃镇移民安置点、周覃镇洞揽村桃子种植基地、生态鸽养殖总基地、普安镇交梨社区“十分里葡萄长廊”、普安镇生态养老中心等地调研。通过调研，国家宗教事务局、各全国性宗教团体与三都县政府签署了定点帮扶脱贫攻坚协议，协议确定将实施一批扶贫项目，涉及产业发展、基础设施、民生保障、助学助困等领域，总计投入 2009 万元。并举行“全国宗教界公益慈善实践基地”揭牌仪式。

省委常委、省委统战部部长刘晓凯，省民宗委副主任吴建民，州委书记龙长春，州人民政府州长向红琼，副州长杨从明等领导陪同调研。

【州委书记龙长春到贵定调研佛教遗址阳宝山恢复重建情况】 2016 年 6 月 6 日，黔南州委书记龙长春到贵定县调研了解佛教遗址阳宝山恢复重建情况。

龙长春实地查看了阳宝山遗址大门、服务区、上山步道、玻璃栈道、山门、莲花寺、大雄宝殿、钟鼓楼、天王殿、观音殿、方丈院、藏经阁、千佛阁等建设项目进展情况，听取施工方关于建设的情况汇报。

龙长春指出：恢复重建工作目前推进有序，各级各部门要进一步加强项目建设的跟踪服务，要强化质量和安全意识，精细管理、科学调度，提高工作效率，攻坚克难，加快项目建设进度，确保项目顺利完工。

【贵定县阳宝山举行佛教文化论坛】 2016 年

9月25日，贵定县阳宝山举行佛教文化论坛。来自全国各地的专家学者60余人出席这次论坛，论坛紧扣阳宝山佛教文化主题进行深入交流。贵州省政协副主席班程农，全国人大常委会委员、中国社科院学部委员、中国宗教学会会长、中国社科院世界宗教研究所所长卓新平等领导出席活动。

这次论坛的举行，为贵定阳宝山打造成为“国际知名的禅修、清修，养生、养心度假圣地”，进一步挖掘弘扬贵定历史文化、佛教文化、禅茶文化等，搭建了一个汇智聚才、借力高端的宝贵平台；对进一步挖掘、研究、整合贵定佛教文化资源，继承弘扬佛教文化精神，深化阳宝山文化遗产资源的价值认知，科学进行阳宝山文化遗产资源的价值保全，加速推进阳宝山文化遗产资源的价值再生具有重要意义。

【全州宗教工作座谈会召开】 2016年10月14日，召开全州宗教工作座谈会，黔南州政协副主席、统战部部长刘长江主持会议，州政府副州长杨从明出席会议并讲话。州政协、州委统战部、州民宗委、各县（市）委统战部、民宗局、州直相关部门等主要领导参加会议。

会议传达学习了全国、全省宗教工作会议精神，州民族宗教事务委员会主任韦成波对全州宗教工作开展情况进行了通报，各县（市）民宗局和州直相关部门进行了交流发言。

会议强调，全州要以习近平总书记在全国宗教工作会议上的讲话精神和陈敏尔书记在全省宗教工作会议上的讲话精神为指导，同时要以国家宗教局在黔南州三都县开展扶贫工作为契机，切实抓好贯彻和落实。要提高认识，加强组织领导，加大在人、财、力等方面的支持力度；要努力提高对宗教工作的引导、管理、服务水平，建立健全工作体制机制，着力巩固党同宗教界的爱国统一战线，加强宗教团体自身建设，不断夯实基层基础工作；要从实际出发，认真分析和研究全州宗教工作面临的形势和任务，牢牢把握宗教中国化方向，坚持党和政府积极引导与宗教界主动作为相结合，齐心协力，合力营造和谐宗教助力推动扶贫攻坚工作进程，促进全州的社会稳定和经济发展。

【州十三届人大常委会第三十五次会议审议全州宗教工作情况】 2016年10月20日，受州人民政府委托，州民族宗教事务委员会主任韦成波向州十三届人大常委会第三十五次会议作《黔南州人民政府关于全州宗教政工作情况的报告》。

报告指出，近年来，在中共黔南州委的坚强领导下，在各级党委、政府的高度重视下，在相关部门的共同努力下，黔南州宗教工作取得了显著成绩。构建了管理有方、引导有力、服务有效的宗教事务治理体系，宗教工作走上了法治化轨道，并在全省率先成立宗教事务执法队伍，狠抓乱建寺观教堂、非法宗教活动乱象治理，宗教领域突出问题得到稳妥处理，有效抵御境外利用宗教进行渗透，宗教活动平稳有序，切实维护了社会稳定；党同宗教界的爱国统一战线不断巩固，宗教团体和宗教界代表人士队伍建设得到加强；各宗教坚持走与社会主义社会相适应道路，积极开展“五助人间，五教同行”宗教慈善周等活动，在推进全州经济社会发展中发挥了积极作用。

（罗　林）

·经济管理与监督·

JING JI GUAN LI YU JIAN DU

宏观经济管理

【固定资产投资总量平稳增长　投资增速逆势上升】　2016年全州固定资产投资稳中有进、进中有好，呈现出总量平稳递增、增速逐月向好、结构日趋优化的发展态势，全年固定资产投资完成1053.58亿元，同比增长22%，有力地保障了全州经济社会平稳健康发展。

【全州重大项目量大质高推进快】　2016年，省州重大工程和重点项目521个，年度计划投资1115亿元，累计完成投资1171.12亿元，完成投资占年度目标任务的105.03%，其中：246个省重大工程和重点项目累计完成投资785.73亿元，占年度计划的100.48%。全州重大项目为黔南州在全省增比进位中实现升位提供了作为投资主要载体的有力支撑。

【项目管理信息化】　运用大数据等先进技术对项目建设精细管理、精准调度、精确分析，实现项目管理信息化。实施贵州省发改云一期工程（项目云），建成州级项目云调度平台，已进入试运行阶段，指导13县（市、区）开展项目云调度平台的建设；投资项目在线审批监管平台共受理项目81个，其中同意办理并赋码项目59个；依托国家重大建设项目库，抓好中央预算内项目资金申报、中央预算内项目月调度，2017年中央预算内投资计划编制、专项建设基金项目申报等工作，全年调度中央预算内项目400余个，2017年中央预算内投资计划草案共申报项目707个，总投资625.67亿元，拟申请中央预算内投资379.13亿元。

【项目融资手段多元化】　在始终坚持上争、内聚基础上，做好“十三五”项目储备及前期工作，积极争取国家专项建设基金、中央预算内资金及省预算等各类资金，实现融资手段多元化。2016年通过发改渠道共获得上级补助项目492个，总投资68.43亿元，上级补助资金16.82亿元；全州共获得国家专项建设基金七批次支持148.77亿元，除省统筹项目外，由州主导实施的项目294个，排全省第一位，获得基金支持108.92亿元；银行直接贷款、产业基金、企业债券等融资方式不断注入到项目建设中。

【投融资体制改革取得新突破】　紧盯国家出台的《关于深化投融资体制改革的意见》《企业投资项目核准和备案条例》《政府投资条例》，结合省实施意见和办法分别制定黔南州贯彻落实具体措施，完成《黔南州政府投资项目管理办法》的制定，并通过黔南府发〔2016〕3号文件正式下发；完成《黔南州投融资体制改革探索与创新》调研报告，总结了黔南州投融资体制改革方面好的做法和经验，对下一步投资领域的简政放权协同、到位，政府投融资管理体系投资撬动社会资本等方面提出了探索和建议。

（王开媛）

【供给侧结构性改革】 2016年，在州委、州政府的领导下，全州各级各部门齐心协力，按照中央、省对供给侧结构性改革的工作部署和要求，全力落实“三去一降一补”五大任务。供给侧改革“1+5”政策体系初步形成，制定出台了《中共黔南州委黔南州人民政府关于推进供给侧结构性改革的实施意见》，农业、金融、旅游、房地产4个专项领域改革方案经州委全面深化改革领导小组会议研究通过。落实“三去一降一补”五大任务成效初现，关闭煤矿24处，化解煤炭过剩产能240万吨/年，全州商品房库存去化周期缩短为17.66个月，通过推行营改增、电力直接交易、降低职工养老保险企业缴纳比例等措施为企业减负担、增活力，出台了《黔南州金融支持实体经济发展的实施方案》，着力补齐脱贫攻坚、基础设施、教育卫生事业等短板，建成普通国省道341公里、县乡道80公里、通村沥青（水泥）路3164公里、撤并建制村油路590公里，都匀、福泉、瓮安等6县（市）行政村幼儿园覆盖率达到50%以上，将原13个大类55个职校专业调整为重点扶持的14个主要专业，着力消除“以药补医”机制，3家城市公立医院取消药品加成、实行“零差率”销售。

（龙开君）

【规划与区域合作工作】 2016年规划与区域合作工作主要完成了以下重大事项：1. 完成黔南州“十三五”发展规划纲要编制。2. 完成黔南州一圈两翼－北翼区域经济发展规划编制。3. 完成黔南州一圈两翼－南翼区域经济发展规划编制。4. 完成《黔南州打造民族地区创新发展先行示范区总体方案》编制。5. 与贵阳、贵安地区签订框架合作协议。

（潘海德）

【水利建设】 黔南州一批大中型骨干水利工程进入《全国水利改革发展“十三五”规划》。在积极推进骨干水利工程前期工作基础上，在省有关方面支持下，经州县（市）有关方面积极争取黔南凤山、都匀石龙和独山甲摆等3座大型水库和23座中型水库进入《全国水利改革发展“十三五”规划》，2016年凤山和石龙水库已经在国家水利部水利水电规划设计总院经过技术咨询。

【退牧还草】 黔南州首度开展退牧还草项目建设：经发改和农业部门积极争取，2016年7月省下达黔南州平塘、独山两县退牧还草项目工程建设任务8万亩，安排中央专项建设资金1305万元，项目县级实施方案已经批复并启动实施，这是黔南州首次纳入退牧还草岩溶地区草地治理实施范围，实施草地治理项目。

【农村产业融合发展】 黔南州成功举办全国农村产业融合发展专题培训班及经验交流会议。通过大力推动农村一二三产业融合发展，紧抓“百县千乡万村”示范创建契机，黔南州农村产业融合发展取得较好成绩，都匀市毛尖茶产业链延伸模式列入国家级农村一二三产业融合发展“百县千乡万村”试点示范工程，成为137个国家农村产业融合发展试点示范县之一。全国农村产业融合发展专题培训班及经验交流会议于2016年12月14—15日在黔南州成功举办，国家发改委副主任张勇到黔南调研并在会上作了重要讲话，国家发改委农经司发布了2017年全国农村产业融合发展及农村供给侧改革的系列政策，会议取得圆满成功。

（王　翔）

【污染防治】 2016年11月8日，启动编制《黔南州“十三五”流域综合治理方案》和《黔南州“十三五”流域重点治理区域水环境综合治理方案》。

（潘海德）

【农网改造】 2016年9月5日，州人民政府在都匀供电局会议室组织召开了全州新一轮农网改造升级工作推进会，州直相关部门、各县（市）人民政府、发改局、供电局负责人参加会议。州委常委、副州长郭青出席并作重要讲话，此次会议的召开，标志着黔南州新一轮农网改造升级拉开序幕。

（史艳芳）

【公路建设】 2016年，完成公路建设固定资产投资366亿元。全州高速公路里程达838公里。荔波至榕江高速公路开工建设，平塘至罗甸、罗甸至望谟、三都至独山、三都至荔波4条在建高速公路快速推进；贵阳至黄平等7条高速公路567公里新增纳入《贵州省高速公路网规划（加密规划）》。建成普通国省道341公里、县乡道80公里、通村沥青（水泥）路3164公里、撤并建制村油路590公里，提前一年完成“建制村村通油路”目标。

【机场建设】 荔波机场改扩建工程已列入国家“十三五”改扩建机场规划，并启动建设。新建都匀机场、罗甸机场已纳入国家“十三五”规划纲要的国家民用运输机场规划布局示意图（2030年）中的规划新增运输机场，罗甸机场还列入国务院“十三五”脱贫攻坚规划（国发〔2016〕64号），两个机场的选址报告均已报到国家民航局、国家发改委。惠水县通用机场选址报告已经编制完成报省发改委，独山县通用机场选址报告已经编制完成。全州已完成建设直升机起降点7个。

【航运建设】 2016年，完成水运建设投资1.3亿元，同比增长271%。荔波樟江航运建设项目完成朝阳钢坝工程主体，复建朝阳大桥、板卖大桥，罗甸罗妥港区莪坝旅游码头开工建设、罗甸便民码头基本完工。完善《瓮安港总体规划编制》，启动洛北河、平舟河、霸王河等一批旅游航运项目前期工作。

（肖剑锋）

【就业创业、社会保障成效显著】 2016年，深入实施“双百工程”，全面落实促进大学生、返乡农民工等重点群体就业创业政策措施，荔波县获得国家第二批结合新型城镇化开展支持农民工等人员返乡创业试点县。城镇登记失业率2.88%，控制在目标任务4.2%以内，城镇新增就业90253人，转移农村劳动力116514人，开展职业技能培训37808人，创业培训完成10946人。全州城乡居民基本养老保险参保人数达200万人，基金征缴收入为14366万元。全州基本社会保险覆盖率为96%，其中基本养老保险覆盖率100%，基本医疗保险覆盖率92.87%。

【教育能力全面提高】 2016年，学前三年入园（班）率达90.2%，九年义务教育巩固率达94%，高中阶段毛入学率达87%，新建、改扩建幼儿园94所、城镇义务教育学校5所、教师周转宿舍734套、“全面改薄”寄宿制学校152所、“农村留守儿童之家”110个福泉、独山县域义务教育基本均衡发展通过国家验收认定。黔南医专新校区建成投入使用，黔南职院校园二期项目如期竣工，都匀一中新校区进展迅速，州委党校整体搬迁项目单体工程全部封顶。

【医疗卫生服务能力不断提升】 全面实施健康贵州工程，加快推进17个“百院大战”项目建设、76所乡镇卫生院标准化建设、50个村卫生室。深入推进“五个全覆盖”工作，全州农村中小学配置校医1225人，县级以上公立医院远程医疗以实现全覆盖，完成远程医疗615例，大病保险补偿11238人次3112.21万元。基本建成两所州级全科医生临床培训基地，加快推进州医院、州中医院新院区、州公共卫生中心等项目建设。

【社会服务水平显著增强】 2016年，全州投入民政专项资金14.17亿元，用于城乡社会救助、救灾救济、抚恤优待、孤儿养育、救助管理以及民政项目建设，资金投入量较上年增长10.2%。全州养老床位数1.76万张，新增养老床位数1600张，每千人床位数达30张，建成县级老年养护楼4个，探索发展“医养结合”、社区养老等新模式。

【文化体育旅游事业加快发展】 建成州博物馆，启动州图书馆建设，实施多彩贵州“广电云”村村通工程，完成全州新建乡镇至未通达的1065个行政村的通村光缆干线总里程6956.46公里。《绕家大歌》《刺藜花红》等优秀作品荣获世界级、国家级大奖，全州文化产业增加值占GDP比重全省第一。建成州全民健身活动中心，积极推进3个生态体育公园、166个农村体育工程、100公里自行车道和100公里健身栈道的建设。全州旅游收入603.04亿元，增幅42.7%，旅游接待人数6708.98万人次，增幅40.8%。成功推出中国天眼、福泉古城、四季花谷等20个景区景点，新增4A级景区2个，3A景区13个。

【大健康医药产业蓬勃发展】 全州53个“6个50”重点工程总投资424.5亿元，开工47个，完成投资82亿元。荔波森林氧吧产业园被评为省级大健康养生示范基地。依托贵州大健康医药产业博览会，全面宣传推荐“泛云雾山”大健康示范区、“天人合一”太极养生、FAST科普养生文化园等大健康产业。打造开发了福泉道家文化康养城、荔波茂兰自然保护区、惠水“好花红”“百鸟河”山水田园养生地、罗甸长寿之乡养生地、龙里太阳谷高端养生示范区。

（敖宏平）

国土资源管理

【概况】 黔南州国土资源局属州人民政府工作部门，加挂黔南州测绘地理信息局牌子，主要贯彻执行国家、省有关土地、矿产资源、测绘管理的法律、法规和方针、政策，履行优化配置国土资源、保护耕地和地质环境、规范国土资源市场秩序和权属管理、监督管理矿产资源开发利用和测绘地理信息等职责，落实国土资源行政主管部门领导干部双重管理体制。局机关设办公室、人事教育科、政策法规科、行政审批服务科、规划与耕地保护科、土地利用与地籍管理科、矿产资源与地质环境科7个内设机构；纪检组和监察室分别由州纪委和州监察局派驻；派出机构1个（都匀经济开发区国土资源分局），局属事业单位6个（国土资源执法监察支队、国土资源储备局、地质灾害应急中心、国土资源勘测规划院、不动产登记事务中心和土地开发中心）。2016年，在州委、州政府和省国土资源厅厅党组的坚强领导下，全州国土资源系统紧紧围绕实施工业强州、城镇化带动和“一圈两翼”三大主战略，以“保发展、保民生、保红线、保资源”为工作重心，以国土资源大扶贫、大数据两大战略行动为统领，以国土资源管理改革、耕地保护质量提升、国土资源节约集约利用、地质找矿突破战略、地质灾害综合防治、测绘地理信息保障能力提升、国土资源督查等“七大行动”为工作主抓手，积极主动服务，严格规范管理，深化改革创新，认真做好国土资源各项工作，全面完成了全年各项目标任务，为全州“十三五”良好开局做出了积极贡献。

【资源保护力度明显增强】 一是耕地保护责任进一步强化。黔南州首次将国土资源保护工作纳入各县（市、区）的年度绩效考核指标，按季度实行动态监测考评。二是耕地红线坚守有力。省下达黔南州耕地保有量任务694万亩、基本农田保护任务595.35万亩。2016年年底，全州耕地面积732.0135万亩，比省下达目标任务多38.0135万亩；全州永久基本农田划定方案已通过省级论证，划定面积595.5259万亩（其中五千亩以上坝区、城镇周边永久基本农田75.7万亩），超过省下达任务0.1759万亩，保护率达85.78%。三是耕地占补平衡有了新突破。严格落实非农建设占用耕地先补后占、占一补一、占优补优，全州新增耕地2.1554万亩，实现了耕地占补平衡有余。

四是国土资源开发利用秩序得到持续维护。组织开展国土资源动态巡查1.2万余次，立案查处土地违法案件125宗，没收、拆除违法建筑物分别为85.38、27.56万平方米，收缴罚没款2658.05万元，移送纪检监察机关依法追究了36人的行政责任；发现非法采矿点356个，清理、炸封、取缔216个，立案查处31宗，均已结案，收缴罚没款1048.04万元。五是矿山地质环境保护力度不断加大。州级以上颁证矿山企业缴存环境恢复治理保证金1.08亿元，余额达4.13亿元；按规定批准动用（或退还）保证金1.12亿元用于矿山环境恢复治理；组织实施矿山复绿项目22个，治理恢复面积659.7亩。

【发展支撑能力显著提升】 一是土地利用总体规划调整完善工作顺利推进。全州获准核减耕地保有量27万亩、基本农田38万亩，新增建设用地规模3.7万亩，州、县两级土地利用总体规划调整完善方案初稿编制工作已完成。二是建设用地保障有力。获批建设用地2.61万亩；供应土地2.48万亩，其中出让9778亩，占39.28%，总价款达53.27亿元。三是地质找矿突破战略行动有新举措。2016年7月，州人民政府与省地矿局签订了战略合作框架协议，重点围绕全州优势矿产勘查、基础性地质调查、地热水和优质矿泉水开发利用等方面广泛开展合作。四是重要矿产资源配置有所突破。推进“两水”（地热水和矿泉水）开发利用，已报请省将龙里县龙山镇双江口地热、龙里县冠山街道办事处黄土坎矿泉水矿、龙里县谷脚镇高枧矿泉水矿、都匀市墨冲镇地热、贵定县昌明镇冷水寨矿泉水矿、贵定县甘溪矿泉水矿、都匀经济开发区高铁社区阳安地热、都匀市经济开发区平寨——绕河地热等8个项目列入第三轮矿产资源规划。五是测绘地理信息工作得到进一步加强。完成全州“十三五”基础测绘规划编制；建成“数字都匀”项目并向“智慧都匀”转型升级，获2016中国地理信息产业优秀工程金奖；“数字瓮安”完成“一城四区”1∶1000高精度航摄工作。成功争取省同意在全州设立北斗导航位置服务分中心，负责黔南及周边地区的北斗导航位置服务。2016年度测绘地理信息工作目标考核名列全省第一。六是旅游资源大普查为旅游业“井喷式”增长奠定基础。全面完成旅游资源大普查外业调查和数据入库工作，调查旅游资源单体7724个，其中新发现4733个（优良级363个）。发现天坑70处、地热33处、延伸5公里以上的溶洞24个。获评优质旅游资源13个，占全省的14%。

【资源利用更加节约集约】 组织抓好新形势下的土地收储工作，全州收储土地14667.05亩（其中存量土地3370.79亩）；着力破解闲置低效用地难题，盘活存量土地3943.4亩。组织十二县（市）开展“国土资源节约集约模范县”创建工作，福泉市和荔波县获国土资源部授予“国土资源节约集约模范县”称号。将开采回采率、选矿回收率、综合利用率新“三率”指标和技术标准纳入矿产资源开发利用方案，推进节约与综合利用。

【地质灾害防治措施有力】 2016年，全年共发生地质灾害7起（同比减少16起），直接经济损失约5万元（同比降低2533万元），成功避让1起，未发生因自然因素引发地质灾害造成人员伤亡的情况，切实了保障人民群众的生命财产安全。一是地质灾害防治体系日趋完善。修订印发了《黔南州“十三五”地质灾害防治规划》，明确了全州“十三五”期间地质灾害防治工作总目标。13县（市、区）均设立了地质灾害应急中心，并根据本行政区域隐患点分布情况明确了防灾责任人和监测人员。二是积极采取措施提升防灾避险能力。强化宣传、培训，充分利用报纸、杂志、电视、广播、专题培训、“5·12”防灾减灾主题宣传活动等，大力普及地质灾害防治知识。完成地质灾害应急演练全覆盖，组织开展多部门协同的州级演练1次、县（市、区）级演练12次，各乡（镇、街道）还根据区域实际，开展了乡级、村级等覆盖所有登记在册隐患点的演练。不断加强汛前排查、汛中巡查和汛后复查工作，及时发布地质灾害防治预警信息，提醒各有关单位和个人做好灾害防范。积极组织开展地质灾害应急调查，落实防灾避险措施。三是治理项目工程建设不断推进。按照全省开展“地质灾害三年综合治理行动计划（2015—2017）”的决策部署，认真抓好隐患治理工作，2015年度治理项目已完工12个，2016年度治理项目已完成招投标3个。按程序核销地质灾害隐患点71处，新增12处，全州地质灾害隐患点从1222处减少至1163处。

【脱贫攻坚突显部门优势】 一是土地整治有效服务精准扶贫。重点围绕“为1.1万就地脱贫人口人均整治1亩优质耕地”抓好精准扶贫工作，竣工土地整治项目41个共14.28万亩，惠及就地脱贫人口12994人，村集体农田基础设施资产价值1.87亿元，项目区贫困人口通过土地整治人均获优质耕地1.32亩、劳务收入1996元。二是增减挂钩服务易地扶贫搬迁。争取增减挂钩周转指标9850亩，项目实施规划全部批复实施，瓮安县2000亩已验收并流转，收益达3.6亿元，为易地扶贫搬迁筹集了更多资金。三是精准扶贫地理信息数据支撑短板逐渐补齐。精准扶贫“一张图”采集入库贫困户坐标信息26.21万户、房屋信息17.71万户，已完成系统平台建设。系统试运行状态良好，有力推进精准扶贫实现“人在干，天在看，云在算”。

【征地补偿标准调整实现平稳过渡】 全州被征地农民社会保障资金提取标准、征地统一年产值标准和征地区片综合低价调整方案自2016年1月1日起实施，征地补偿标准和社保资金缴存标准均有大幅提高。实行实行统一年产值的地区，征地补偿标准平均提高了65.29%；实施区片综合地价的地区，征地补偿标准平均提高了50.52%；社保资金缴存比例按征地补偿标准增幅相应提高。按月调度土地征收补偿新标准实施工作，实现了新旧征地补偿标准的平稳过渡。

【国土资源领域改革有序推进】 一是深化矿产资源配置改革。对州内颁证矿业权审批，探索从适当降低地质勘查工作要求、下调首期价款数额和增加分期缴纳期数、调整环境恢复治理保证金缴存使用方式等方面进行改革。起草了《关于进一步深化矿产资源配置市场化改革促进矿产资源节约集约利用有关问题的通知》，已经州人民政府审定并印发实施。二是不动产统一登记落地实施。组织完成了登记机构和人员的整合，州、县两级不动产登记机构核定编制225人，已到位159人。全州颁发不动产权证书、证明2.9万余本。以都匀经济开发区匀东镇绕河村为试点，开展了土地承包经营权、小型水利设施产权、林权、农村房屋产权、宅基地使用权等“五权”统一登记颁证。三是继续深化以村组为主体实施的土地整治试点工作。已实施的22个项目共节约招投标、监理费用237万元，全部用于工程建设；业主管理费238万元全部归村集体使用，助推22个“空壳村”“脱壳”。

【干部队伍建设不断加强】 一是坚持“知行合一”推进“两学一做”。着力解决“为何学”“怎么学”，力促学深学透；牢牢把握“做”的关键，以开展“群众最贴心的国土资源干部”评选活动为载体，提振干部“精、气、神”，转变工作作风，提高服务水平。二是制度建设得到加强。制定出台了局党组集体领导下的分工负责制度，做到分权于众，框权于制。严格落实国土资源重大事项集体决策制度，所有重大事项均通过党组会、局长办公会、局务会集体研究决定。三是领导班子和队伍建设有了新活力。州局增设了机关党委书记、常务副局长和3个调研员（副调研员）职数。协调打通了干部交流任职通道，在全省国土资源系统率先完成了乡科级干部调任和公务员登记工作。主动与各县（市、区）党委沟通，交流进本系统任职7人，交流或提拔到地方任职13人，系统内交流8人，改任非领导职务6人，调整和充实了县（市、区）局（分局）领导班子，建立了乡科级干部后备库，初步形成干部能进能出、能上能下的良性机制。四是党风廉政建设常抓不懈。党风廉政建设做到了年初有安排、季度有暗访、半年有推进、常年有监督、违纪严惩处。通过暗访发现问题4个，已全部责令整改落实。本系统查处科级干部3人，股级及以下干部18人。

（蒙本昌）

水文水资源管理

【概况】 2016年，在水利厅党组、省局党委的领导下，在黔南州委、州政府和各级部门的支持下，贵州省黔南州水文水资源局认真贯彻落实党的十八大、党的十八届五中、六中全会和省委十一届六次、七次、八次全会精神，紧紧围绕全国、全省水文工作会议精神，始终坚持“围绕中心抓党建，做好党建促发展”原则，不断加强干部职工的思想政治与业务能力学习，围绕“三严三实”“两学一做”等活动积极开展各类学习教育。始终坚持以中小河流建设为中心，切实加强水文管理，拓宽服务领域，努力推进和提高黔南水文的工作水平和服务能力。为黔南州地方经济社会发展、生态文明建设、水利建设、实施最严格的水资源管理制度、防汛抗旱减灾等搞好优质的水文服务。

【监测站网建设】 州水文水资源局现已建成了“都匀市绿荫湖、茶园水库群洪水自动化调度系统”“都匀土壤墒情旱情监测系统”“贵州省防汛指挥系统一期工程（黔南部分）”“三峡梯调水情遥测系统”和“贵州省中小河流洪水易发区水文监测系统一期工程（黔南部分）”“贵州省中小河流水文监测系统（黔南部分）”，共计30个水文监测站、32个水位站、248个雨量遥测站、5个土壤墒情监测站和23个水质监测断面的站网布局，在全州布设各类水文监测站点近400个，对水体在时空上的分布规律进行有效监测，更好服务地方经济建设和民生。站网布局基本合理，基本覆盖全州境内，监测系统实时更新，有效地提高测报要求及准确率。硬件设施方面，不断引进多普勒流速剖面测流仪（ADCP）、在线式ADCP、手持式流量测验设备（ADV）、全站仪、实时动态差分法测量仪（RTK）等测验和测量仪器。围绕已建的“贵州省中小河流水文监测系统（黔南部分）”作为当前和今后一个时期的全局中心工作，在局领导的带领下全局职工扎实推进各项建设任务。同时，该局根据《水利部印发关于深化水文监测改革指导意见的通知》和省水文水资源局水文测验工作会议精神，组建了巡测工作队伍，实施水文巡测等一系列内容的水文测验改革，从而提高工作效率和水文服务水平。2017年1月1日正式启动巡测工作的开展。

【为防汛工作提供精准水情预警预报】 为做好防汛抗旱工作，州水文水资源局各测报系统从采集、传输、处理、存储、管理到服务实现了自动化、计算机化，为地方经济建设提供优质可靠的水文测、报服务。2016年度该局共向省内外73个单位提供水情服务，共发报8223余份，汛中通过政府公网平台向州政府、防汛办、人大等10多个单位发布《水情简报》15期、《水情快报》9期、《洪水预报》13期、《旱情简报》3期。年内报汛设施运行正常，报汛质量总体满足管理要求。汛期以来值班人员每天对全州各主要监测河段作日常化洪水预报，并作好相应记录，通过对比逐步优化预报参数，遇特殊雨情时与贵州省水文水资源局会商作滚动预报，并及时向社会发布预报信息。

【增强水资源能力建设】 水环境监测工作中，负责全州境内23个监测断面的贵州省水环境监测中心黔南分中心，配备了离子色谱仪、红外测油仪、原子吸收仪等一批先进设备，使分中心在全州进行水质监测具有项目全、精度高的特点，为掌握全州影响经济建设发展的各主要水体水质特性提供了保障。2016年，对全州12个县级以上集中式供水水源地进行每月一次的常规监测；圆满完成了25个水功能区、省界水体的水质监测与评价任务，为水资源管理保护和可持续利用提供了可靠的技术支撑。同时，该局还组建了水质化验应急监测队伍，配备了水质监测车辆、设备。全面开展黔南州县级以上供水水源地、水功能区、省界断面、常规河段、入河排污口和突发性水污染事件的水质监测，为落实最严格的水资源管理制度、城乡饮水安全、水环境保护、水生态修复等提供优质服务。

【开展党建扶贫，助力新农村建设】　州水文水资源局积极响应州委、州政府精准扶贫号召，积极投身地方同步小康驻村帮扶工作。自2006年起，该局先后派出6人进驻全州11个帮扶乡镇的15个一类贫困村，带着单位领导要为民务实的重托，与群众一道奋斗在扶贫攻坚战中，取得了看得见的成效。2016年年初，该局派出一名干部担任单位帮扶点贵定县沿山镇石板村担任第一书记，经过单位对该村全力帮扶和干部群众的不懈努力，该村发生了翻天覆地的变化。2016年该村被中国生态文化协会授予“全国生态文化村”称号（贵州获评6家，黔南仅此一家），并作为贵定县水利改革工作示范点，开发建设摆龙河湿地公园。该局通过出力加出智的方式开展精准帮扶，使群众得到了实惠，干部也得到了教育。

【拓展水资源对外技术咨询】　长期以来，州水文水资源局利用不断提升的技术优势和收集的系列水文数据，为州内各县（市）、相关单位、企业等部门和涉水工程建设相关领域进行防洪论证、水文分析计算、水资源评价、水质建档、饮水安全监测等技术服务，取得一定社会效益。2016年，该局承担了《黔南州水资源保护规划》《黔南州重要江河水功能区纳污能力分析报告》等的编制工作，并依托水文对外服务，把水文日常业务融入黔南州水资源管理、保护、考核工作当中。

（杨　松）

统　计

【概况】　2016年全州统计工作紧紧围绕“3366”总体部署，服务全州经济社会发展大局，坚持主基调主战略不动摇，奋力践行“做好、做优、做实、做强”统计“四轮驱动”的全省统计工作理念，按照“夯基础、突重点、强服务、严管理”的工作思路，着力夯实全州统计基层基础，努力提高统计数据质量和统计服务水平，充分发挥了统计监督、统计分析和统计智库作用，较好地完成了各项统计工作任务。全州地区生产总值首破千亿大关，全省经济发展综合测评中黔南州获得了第3名的好成绩，连续四年居全省第一方阵。全州12个县中有7个县位列本方阵前三名。

【统计监测】　全州统计工作紧紧围绕全州经济发展中心工作，充分发挥了统计的职能作用。全省综合测评工作频率半年一次，州统计局按月进行综合测评分县监测，及时发现问题，提前预判预警；每月5日，及时报送上月主要指标完成情况分析，使州委州政府领导能在第一时间掌握了全州经济最新情况，为全州经济调控提供及时的统计信息支撑。同时，州统计局创新开展县市经济运行监测分析，及时为县市提供统计分析指导，得到常务副省长秦如培批示肯定；以季度为频率收集全州12县市相关指标情况并在《黔南经济要情续编》发布，便于全州各县（市）掌握本县（市）小康指标完成情况及工作进程，及时了解小康工作存在的问题。同时，撰写年度黔南州小康社会统计监测报告，为全州小康进程监测提供参考。

【统计服务种类增加】　除传统《统计年鉴》《数据黔南》《领导干部手册》《经济要情》《经济要情续编》等产品以外，为展示黔南民族自治州的60年成就，编印了《黔南数据60年》；为使社会各界了解黔南州“十二五”的成就，编印了《黔南州经济社会发展主要指标数据（2011 年—2015 年）》小册子；为使州县党委政府和相关部门了解本领域内联网直报调查单位情况，按月编印了《全州联网直报调查单位月度增减变动情况》小册子。各县（市）统计局也积极创新，编印了适应不同需要的统计新产品。如都匀市从较长时间跨度，对全市经济发展情况做好一套统计图，荔波县编印统计折页等。

【统计分析和信息数量增长较快】 2016 年州局共撰写各类分析 217 篇，是 2015 年的 3 倍。其中专业分析 161 篇，增比进位分析 8 篇，小康分析 6 篇，统计专报 39 篇。全年共对外发送经济信息 141 篇。各县（市）统计局全年撰写各类统计分析共计 909 篇。

【统计产品质量提高较大】 2016 年，根据统计分析性质不同，提供了阶段性全州综述分析、月度监测分析、分县季度分析；根据报送渠道的不同又有普发性分析（向社会公开）和统计专报分析（只提供特定的领导或部门）。这些都为党委、政府和各部门科学决策提供了统计参考，得到了上级领导的肯定。

【设立黔南州统计数据资料管理中心】 州编办下文设立黔南州统计数据资料管理中心，为州统计局管理的公益一类事业单位，设在州统计计算站，正科级规格，加挂州统计计算站牌子，实行“两块牌子、一套人员”管理。职责是：参与“贵州云”计算、云存储和宽带资源平台的建设工作；收集全州统计调查数据，统一管理统计调查资料和文件；负责统计数据库的加载和维护；承担相关统计资料的整理编印；负责相关统计资料的提供和查询；承担相关统计专业技术性工作。增加事业编制 5 名（编制由原来的 4 名增至 9 名），均为管理人员。领导职数：主任（站长）1 名，副主任（副站长）2 名。统计机构和人员不断增加，统计力量进一步充实。

【统计培训】 州统计局积极组织州县统计职工参加国家统计局、省统计局和州委组织部举办的各类统计业务培训班、在职 MBA 硕士研究生班、大数据培训班培训；全力办好全州统计系统各专业业务培训工作，有效地提升了全州统计人员的业务水平和工作能力。瓮安县组织基层统计工作人员到省外开展统计知识培训。荔波县、三都县搭建“统计干部讲坛”，提升干部业务素质。

【统计管理】 州统计局以目标绩效考核为抓手，改进内部效能管理，充分调动专业人员钻研业务积极性。福泉市在统计局内部实施目标量化和双向择岗工作，充分调动职工的工作积极性和主动性。贵定县按照《贵州省乡（镇、街道）统计工作规范》的标准，对全县 6 镇 2 街道进行了巡查，督促、帮助全县各乡镇和街道规范各项统计工作。

【统计信息化建设】 2016 实现了州县业务专网网络提速，省、州、县三级视频会议系统已经建设完成并投入使用，省、州、县三级文件办公系统正在规范实施中。独山县已实现省、州、县、乡镇四级联网。全州统计系统信息化基础已初具规模。州统计局全力开展政府宏观经济数据库建设工作。为贯彻落实《贵州政府数据“聚通用”攻坚会战实施方案》的有关精神，州统计局举全局之力做好黔南州政府宏观经济数据的开发应用工作，努力提升黔南州政府统计数据共享开放的规范性和实用性，至 2016 年年底全州综合统计数据库已基本整理完成。统计信息社会服务得到加强，积极推动统计信息网络公开化建设，州政府门户网站全年共公布统计有关信息 22 篇（其中统计数据 11 篇，统计分析 11 篇）。罗甸县县政府网站首页设立了罗甸统计信息专栏，把为领导服务和为公众服务结合起来，推动服务创新。

【数据评审】 2016 年，严格按照《黔南州部分主要经济指标统计管理工作方案》，结合省统计局评估市州采用的方法来评估各县主要经济指标，并每季度向各县（市）公布主要指标的县市匹配支撑和统计评审情况，确保县（市）数据评审的客观性和真实性，保障了统计数据质量和公信力。

【统计执法】　2016年，推广“双随机”抽查，惩教结合，严格查处统计违法情况。按照国家统计局和省统计局的相关文件和规定，对全州各县（市）固定资产投资、规模工业、商贸和服务业等重点领域开展了基层数据质量专项执法检查，积极推动统计法制建设，有效地提高了统计数据质量；落实“统计法律法规入党校”，着力提高广大干部的法治意识。认真落实“将统计法律法规纳入各级党校、行政学院等领导干部和公务员培训课程”要求，邀请省统计局专家在黔南州委党校举办统计法专题讲座，在全省率先将统计普法教育引入党校。瓮安县和罗甸县县委党校将《中华人民共和国统计法》列入干部培训学习内容；建立统计执法名录库，不断提高统计执法水平。按照“双随机”的工作要求，及时建立全州统计执法骨干人才库和异常数据企业名录库，为今后统计执法人才和统计执法对象的管理打下基础，切实提高统计执法的规范化水平。

【全州第三次农业普查工作】　在州委州政府的重视和领导下，按照全省统一部署，黔南州农普各项准备工作有序推进。2016年，完成了州、县、乡普查机构的组建，落实了人员和经费，开展了州级综合试点工作，完成了“两员”选聘和培训，广泛开展宣传活动，认真做好普查小区划分和清查摸底，正式入户登记有序开展。

【新经济统计调查工作取得阶段性成果】　为及时反映新产业、新业态、新商业模式（简称“三新”）的发展情况，根据全省统一部署，在全州范围内开展新经济统计调查，2016年如期完成试点调查、摸排、录表及报送工作。

【开展大数据产业统计工作】　在对全州“联网直报”平台企业和政府、科研机构进行认真梳理前提下，组织开展黔南州大数据产业统计工作。2016年全州大数据企业主营业务收入24.51亿元，居全省第三位。

【大扶贫战略行动监测评价工作】　州统计局作为此项工作的牵头部门，及时向州委、政府做好汇报，召开部门布置会议，做好上报平台的运行监测，组织协调各有关部门及乡镇按时完成了全省大扶贫战略行动监测评价数据和材料上报工作，为全省扶贫工作绩效考核、扶贫政策和工作措施的优化调整提供科学依据。

【文化产业统计工作】　文化产业增加值占GDP的比重是小康统计监测的一个重要指标。通过强化组织模式、调查方式、统计标准、录入程序等有关业务的培训，努力做好文化产业统计工作，2016年，全州实现文化产业增加值38.18亿元，占全州GDP的比重为4.2%，居全省第一位。

【非公有制经济领域人才资源统计工作】
2016年，全州人才总量为19.73万人，同比增长36.0%。通过调查，进一步摸清了人才家底，全面、准确地掌握全州非公人才资源发展的状况，为党委、政府和相关部门进一步掌握人才队伍提供数据支撑和决策参考。

【“两学一做”学习教育】　2016年，深入学习党章党规和习近平总书记系列重要讲话精神，进一步解决党员队伍在思想、组织、作风、纪律等方面存在的问题。创建党建品牌，以党建保障行风。通过创建“阳光统计、数情先锋”党建品牌活动，把“三会一课”等党内政治生活制度更加巩固和完善起来，把党组织对党员的服务、教育和管理更加紧密和严格起来，把党员先锋模范作用更加体现出来，树立良好的统计行风，为全州经济发展提供有力的统计保证；加强党风廉政建设。继续强化“两个责任”的落实。进一步落实局机关各项管理制度，加强检查督促，抓好各项工作落实，加强职工作风建设，不断提高工作效率。紧紧围绕人、财、物、数查找党风廉政建设风险点，进一步健全完善廉政风险防控机制，坚决查处统计系统腐败问题，发现一起、查处一起，着力形成“不敢腐”的高压态势，促进全州统计系统思想、作风、工作的“三个转变”。

（李嘉明）

审 计

【概况】 2016 年，州审计局人员编制 49 人，在编 37 人。设有办公室、法规科、财政金融审计科、社保与行政事业审计科、农业与资源环保审计科、经济责任审计科、经贸外资审计科、固定资产投资审计科，下设固定资产投资审计服务中心。

2016 年，完成审计项目 1193 个（其中完成政府交办事项 649 个）。查出主要问题金额 70.07 亿元，其中违规金额 19.98 亿元、损失浪费金额 378 万元、管理不规范金额 50.05 亿元；损益（收支）不实金额 2 亿元；审计处理处罚金额 28.7 亿元，其中应上缴财政 3.22 亿元、应减少财政拨款或补贴 3.12 亿元、应归还原渠道资金 14.46 亿元、应调账处理金额 2.05 亿元；审计发现非金额计量问题 282 个；审计促进整改落实有关问题金额 9.68 亿元，其中增收节支 8.72 亿元、已调账处理金额 2423 万元；审计促进拨付资金到位 9080 万元；审计后挽回（避免）损失 6.44 亿元。移送司法机关、纪检监察机关和有关部门处理事项 30 件，涉及 36 人，金额 6396 万元。出具审计报告和专项审计调查报告 544 篇，被批示、采用 130 篇；提交审计信息 345 篇，被批示、采用 212 篇。提出审计建议 748 条，被采纳 638 条；推动完善规章制度 3 项。向社会公告审计结果 4 篇。2016 年度，黔南州审计局荣获贵州省审计机关年度目标考核一等奖（第 3 名），获黔南州州级单位目标考评优秀奖（最高奖）。对平塘县 2012—2014 年领导干部自然资源资产责任审计项目被贵州省审计厅评为优秀项目，荔波县审计局对县卫生和食品药品监督管理局局长任期经济责任审计项目被贵州省审计厅评为表彰项目。

【国家重大政策措施贯彻落实跟踪审计】 2016 年，共组织全州开展 9 次稳增长政策落实跟踪审计，重点审查易地扶贫搬迁、扶贫生态移民、财政专项扶贫、以工代赈等政策执行情况。审计揭示工程建设方面存在工程进度缓慢、未按规定招投标、未批先建、未严格执行基本建设程序；资金管理使用上存在配套资金不到位、资金报账率低、结余资金过大未能发挥效益；政策执行方面存在精准识别不够、建档立卡户占比较低等问题。审计促进整改问题 85 项涉及资金 3.6 亿元。审计结果得到黔南州政府高度重视，州政府主要领导批示要求各县（市）政府务必高度重视审计指出的问题，切实抓好整改，特别要举一反三，总结经验教训，建立长效机制，杜绝类似问题重复出现。

【财政审计】 2016 年，共完成 40 个预算执行类审计项目和 2 个专项审计调查，审计查出主要问题金额 24.6 亿元。黔南州审计局审计了州财政、地税、国库、移民局等单位的预算执行和财务收支情况，同时开展了州本级财政“三公经费”安排使用情况审计。6 月 21 日向黔南州人大常委会报告的《黔南州人民政府关于 2015 年州本级财政预算执行和其他财政收支情况的审计工作报告》获得满票通过。

【经济责任审计】 2016 年，全年共完成对 43 名领导干部的经济责任审计，其中党委 11 人，政府 10 人，党委工作部门 1 人，政府工作部门 16 人，事业单位 4 人，国有企业 1 人。其中 6 名县处级领导干部、20 名乡科级领导干部。审计查出主要问题金额 28.68 亿元，其中违规金额 14.08 亿元，管理不规范金额 14.6 亿元。

根据贵州省审计厅，黔南州委、州政府交办的全面深化改革任务，州审计局对三都、惠水两县开展自然资源资产责任审计试点。通过审计，取得了五方面成效：一是基本摸清了三都、惠水两县自然资源资产情况，对自然资源资产数量和质量进行了评价。二是揭示了自然资源资产开发、利用、保护存在的违法违规问题。三是查找了影响自然资源资产保护利用等方面的制度漏洞，从加强管理和完善体制机制等方面提出审计建议。四是严肃生态环境保护政策法规。五是促进自然资源资产专项资金规范管理和有效运用。

【固定资产投资审计】 2016年，全州审计机关进一步加强对政府投资建设项目的预算、在建、竣工决算全过程跟踪审计。完成投资审计项目和交办项目649个，审计项目完成投资额24.25亿元，核减投资额9.56亿元。州审计局定期向州委州政府报送重大项目跟踪审计工作动态，对建设单位管理不到位、工程材料计价不规范、隐蔽工程签证不完整、工程资料编制不规范等问题，及时提出审计意见和建议，要求及时整改、完善，促进了项目健康有序建设。

【民生资金（项目）审计】 按照国家审计署、省审计厅的统一部署，组织对州本级和13县（市、区）保障性安居工程进行了跟踪审计，审计揭示了保障性安居工程任务完成、政策落实、资金管理和使用、住房保障分配管理、运营管理、质量管理等方面的问题。

【专项资金审计】 2016年，全州共审计专项资金类项目27个，审计资金总额7.15亿元，查出主要问题金额2.52亿元。主要完成价调基金管理使用情况审计和易地扶贫搬迁工程跟踪审计等。揭示了基金安排使用不当和挪用等问题，以及易地扶贫搬迁工程配套资金不到位、资金报账和支付率低、工程进度缓慢、未严格招投标、未批先建、边设计边施工、超面积建房等问题。审计提出规范管理的意见和建议，各县（市）政府及有关部门积极进行了整改。

【机关作风建设】 2016年，黔南州审计局结合系统党建和党建品牌创建，认真践行“三严三实”，深入开展“两学一做”，着力打造审计铁军，达到内强素质，外树形象。围绕庆祝建党95周年，安排了“八个一”系列活动（一次进村访贫问苦、一次专题党课、一次审计系统知识竞赛、一次实现留守儿童“微心愿”活动、一次接受传统革命再教育、一次“支部书记上党课”、一次全州审计系统先进基层党组织和优秀共产党员评选表彰、一次专题报告会）。州审计局党支部被黔南州委和黔南州直机关工委分别表彰为先进基层党组织，并被黔南州直机关工委授予“十佳党建品牌”荣誉称号。

【认真抓好党风廉政建设“两个责任”落实】 州审计局党组与12县（市）审计局签订《党建工作签字背书目标责任》和《党风廉政建设签字背书目标责任》，要求县（市）审计机关党组书记切实履行好第一责任人职责，把从严治党和党风廉政建设目标责任与审计业务的目标责任同部署、同落实、同检查、同考核。开展了1次内部执行财经纪律检查，加强了对县级领导班子履行党风廉政建设情况、执行党的政治纪律情况的监督检查，按照权责一致要求，全面厘清本单位职责权限，健全和公布权力清单和责任清单。同时，加强内部管理规范化，促进中央八项规定落地生根，有效防止“四风”反弹。

（王继咏）

质量技术监督

【概况】 2016年，州质监局认真贯彻落实中央、省和州委、州政府系列重大决策部署，适应新常态，引领新常态，以开展“三严三实”专题教育为契机，围绕中心，服从大局，服务发展，找准工作的切入点和结合点，积极推动质量发展，保障质量安全，不断夯实质量基础，用创新的精神、服务的理念、务实的作风，积极提升质量供给水平，创造性地开展各项工作，全面完成了州委、州政府和省质监局部署安排的各项工作任务，实现了“十三五”质监事业改革发展的良好开局。

【质量发展】 完成省政府质量工作组到黔南州进行实地核查工作，得到考核组的肯定；完成对全州 13 个县（市、区）的质量工作考核实地核查，评出 A 等次 3 家，B 等次 10 家。组织开展贵州省名牌评价工作。印发了《黔南州质量兴州工作领导小组办公室关于组织开展 2016 年贵州省名牌产品和贵州省服务业名牌评价工作的通知》（黔南质兴办函〔2016〕2 号），2016 年 5 月 9 日召开贵州省名牌产品培训会，制定《黔南州质量技术监督局 2016 年名牌培育计划》，将 76 家企业的 90 余个产品作为重点对象进行培育。共推荐 33 家企业 39 个产品参与贵州省名牌产品评比，有 20 家企业的 22 个产品获得贵州省名牌产品称号，黔南州名牌产品数继续稳居全省前列。完成编制黔南州“十三五”质量发展规划。

【标准服务经济发展】 协助州茶办制定并发布了《都匀乌龙茶》《都匀乌龙茶加工技术规程》两项黔南州地方标准；协助州旅游局制定了《乡村民俗旅舍等级划分与评定》《乡村旅游服务质量通用规范》和《茶园旅游景区等级划分与评定》三项地方标准。协助都匀市国土资源局制定了《数字都匀地理空间框架 专题数据入库规程》等 11 个黔南州地方标准，经挂网征求意见，已经正式发布实施。配合州茶办完成都匀红茶、白茶实物标样的制作，并组织专家对实物标样进行评审，精确指导企业生产。加强与州茶办的协调配合，组建了“黔南州级茶叶标准化委员会”。龙里社会养老服务标准化试点和荔波铁皮石斛农业标准化示范区等 6 个项目获省质监局批准立项，列入贵州省 2016 年第一批标准化项目。同时要求在建的项目积极收集相关标准推广应用的材料和图片、过程控制、示范效果评估和总结等，推动项目的整体实施。2016 年，罗甸县火龙果示范项目等四个项目已通过专家现场考核验收。在全州 13 个县（市、区）全面推行企业产品和服务自我声明公开和监督工作，进一步深化企业标准管理改革，释放创新活力。

【计量认证监管】 加强计量监管，深入推进民生计量工作、加强检验检测机构监管、强制性产品认证监管等相关工作，确保各项工作得到进一步推进。加强计量惠民宣传，紧紧围绕“5·20 世界计量日”主题宣传活动，指导福泉市市场监管局完成水表计量建标并取得证书，与贵州电信黔南分公司协作，在 5 月 20 日，向黔南广大电信手机用户发送“计量提质增效新优势、转型升级新动能”公益短信 35 万余条。认真贯彻落实《检验检测机构资质认定管理办法》，强化监督管理，提升服务质量。对机动车保有量多，反映问题较多的机动车检测机构和重点实验室进行督查。督促辖区内 53 家符合要求检测机构完成全面自查工作，并抽取 8 家检测进行现场查验；认真做好有机产品认证，通过调查摸底掌握辖区内有机产品认证发展情况，有序推进黔南州有机产业发展。

【特种设备安全监察】 与县级监管部门签订了 2016 年目标责任书，进一步强化部门监管职责，落实企业主体责任。定期召开特种设备安全监察工作例会，分析总结特种设备安全监察情况。进一步强化“特种设备安全监管平台”的运用，截至 2016 年年底，全州在用电梯 3451 台，已纳入应急平台 3398 台，纳入率 98.46%。不断提高登记率、检验率，使全州特种设备隐患率大幅下降。抓好重大节日和重要活动的安全检查。对元旦、春节、60 周年州庆期间特种设备安全检查工作提出了具体要求，制定专门工作方案，确保春节、建州 60 周年、国际茶人会、全州旅发大会重要节日和重要活动特种设备安全；按时完成州安委会交给的安全生产工作综合督查工作，在州安委会对各部门 2016 年安全生产工作考核中，黔南州质监局考核等次获得第一名。

【都匀毛尖茶国家地理标志产品保护示范区建设】 2016年1月，州人民政府印发了《黔南州创建都匀毛尖茶国家地理标志产品保护示范区实施方案》，该实施方案明确了工作任务。制定了创建工作计划和《创建工作时序安排》，对总体目标进行了分解，确定了阶段目标、实施步骤。4月15日举行了黔南州创建都匀毛尖茶国家地理标志产品保护示范区现场答辩会。通过答辩较好地陈述了黔南州各单位在创建示范区工作的总体情况，找准了存在的问题，明确了工作措施和任务，对加快示范区创建工作进度具有极大的推动作用。培育推荐地理标志保护产品成效显著，龙里县刺梨干、三都马尾绣已被国家质检总局公告实施保护。2016年12月12日，在北京召开的“2016年中国品牌价值评价信息发布暨论坛”会上，都匀毛尖茶以211.49亿元的品牌价值，名列茶叶类品牌价值前列，比2015年上升30.49亿元。

【执法打假】 认真贯彻全省质监系统执法打假工作会议精神，紧紧围绕保障民生和消费安全，组织开展了“质检利剑”“双打”等专项行动，主动出击农资流通领域的打假工作，组织、指导县（市）市场监管部门的稽查人员对农资产品的各大销售点进行检查。充分利用和维护好特种设备监管平台，对平台中显示的未经检验使用、检验超期使用、检验不合格使用以及无维保使用等违法行为的企业进行执法检查，督促消除隐患。严格依法行政，推进“法治质监”建设。2016年，黔南州质监局紧紧围绕“有法必依、执法必严”这一宗旨，加大依法行政，加强对全州质监（市场监管）系统办理行政案件的监督力度，对所办理的行政执法案件，严格按照法律程序进行，要求所办案件事实清楚、程序合法、证据充分、适用法律法规准确。没有出现立案不经集体审议而擅自作出处罚决定的情况，没有发生一起行政复议、诉讼、赔偿案件。

2016年，全州系统共办理行政案件600件，查获违法产品涉案货值金额393.5万元，罚没款303.21万元，罚没到位302.21万元；查获大要案件4件。全部案件中，已办结案件194件，办结率93%，其余案件正在办理中。全州共接到省局12365投诉举报中心交办事项29项，比2015年同期增加了23件，增长了383%。受理并办结黔南州“12345”民心热线投诉1件。

【行政许可改革】 大幅度压缩行政审批时限，各项许可办理时限比法定时限压缩50%以上，办理的审批事项压缩后的承诺办结时限提前办结率为30%以上，以缩短审批时限、简化审批流程来提升服务效能。严格执行“一次性告知制”“服务承诺制”“AB岗工作制”“岗位责任制”“限时办结制”“首问责任制”和行政审批“五严禁”等工作制度。将所有审批项目的名称、设定依据、申报材料、办理方式、办结时限、收费依据及标准进行公开。2016年12月，黔南州质监局将特种设备作业人员证年审权限下放各县（市、区）局，并组织开展了承接工作培训。

【技术机构建设】 积极依托全省目前唯一的茶叶省检中心，力争申报筹建国家级茶检中心，为黔南州茶产业的发展提供强有力的技术支撑。不断加大项目资金投入，大力培养和引进人才，着力提升检验检测能力和水平。选派7名技术骨干到中国计量大学参加中国计量高级研修班学习。组织专业技术人员到常州、杭州等地参观学习先进管理经验和技术。对报名参加绿色通道引进的人才进行面试、考察，对符合条件的3人按照程序办理了入职手续。加强对电梯、检验员安全阀校验、锅炉水质处理等技术人员的培训考核，不断强化技术人员能力提升，为州特检所复评考核换证奠定坚实基础。加强日常检验检测业务的综合调度，做好产品检验检测和特种设备检验等工作，较好地完成了业务目标任务。

【党风廉政建设及党建】 按照中央和省、州委的统一部署和要求，强化党对意识形态的领导和责任担当，在全体党员中开展“两学一做”学习教育，扎实抓好同步小康驻村工作，积极开展

“四进四送”活动，全面完成党建目标工作任务。认真抓好党风廉政建设工作，抓好主体责任和监督责任的落实，加强对项目建设、行政许可、行政执法、检验检测等重要环节和重点领域的监管，坚决整治“四风”问题，大力治理庸政、懒政、怠政，强化监督、执纪、问责，强化教育和管理，确保了干部队伍安全。

（罗政长）

食品药品监督

【概况】 2016 年，全州各级食品药品监管部门以深入开展“两学一做”学习教育活动为契机，紧紧围绕确保公众饮食用药安全这个根本任务，以开展食品药品示范创建和全州食品药品监管队伍能力提升为重点，深化食品药品监管体制改革；以“抓常规、突重点、树示范、聚焦点、全链条、保安全”为工作思路，落实好“四个最严”和“四有两责”工作要求，不断提高全州食品药品安全保障水平，守住了不发生重大食品药品安全事故的底线。

【强化规划引领和制度建设】 在黔南州食品药品监督管理局及州食安委有关成员单位、贵州商学院规划编制组的共同努力下，通过对全州“十三五”时期食品药品监管重大任务、重大项目、工作措施进行深入分析与研究，最终完成了评审稿。2016 年 12 月 20 日，州人民政府下发《关于黔南州“十三五”食品药品安全规划的批复》（黔南府函〔2016〕238 号），批准通过《黔南州“十三五”食品药品安全规划》。2016 年 3 月，制定了《黔南州食品药品行政处罚裁量适用规则（试行）》《黔南州食品药品行政处罚裁量基准（试行）》等相关规章制度，《裁量基准》共梳理食品、药品、医疗器械和化妆品法律法规和规章 31 部，细化食品药品行政处罚事项 144 项，其中食品 39 项、药品 59 项、医疗器械 26 项、化妆品 20 项，共划分出 600 余项裁量阶次，每个阶次对应一种具体行政处罚情形，使执法人员在执法过程中能够做到处罚有依据、裁量视情形、处罚分阶次。

根据《全面推进依法治州重点工作任务分解方案》通知要求，制定了《2016 年加强黔南州食品药品安全体系建设专项工作任务分解方案》，方案明确了州直有关责任单位的工作职责，真正建立起适合黔南州实际，预防为主、全程覆盖、责任明晰、协同高效、保障有力的食品药品安全体系。

【完善监管体制机制，落实全覆盖监管体系】 2016 年，首次将食品药品安全纳入州政府对县（市、区）政府目标考核体系，并与各县（市）政府、都匀经济开发区管委会、州直有关部门、各县（市）市场监管局签订《食品安全责任书》《食品药品监管目标责任书》，同时要求各县（市、区）参照州政府模式，明确有关部门工作职责，完善考核问责制度。针对食品药品监管工作中存在的风险隐患和突出问题，修定了全州食品药品安全事故应急预案，建立了统一指挥、处置高效的应对机制，实施食品药品重大信息报告制度，切实守住了不发生重大食品药品安全事故的底线。在全州建立的州、县、乡镇（办事处）、村（社区）四级食品药品安全监管网格基础上，要求全州各级食品药品监管执法人员实行规范化、痕迹化的监督管理，不断提升全州食品药品安全监管的效能和水平，筑牢监管“网底”。

【加强日常监管，提升食品药品监管效能】 结合黔南食品药品监督管理局工作职能，积极贯彻落实中央、省、州关于“供给侧”改革的工作要求，积极做好行政审批制度改革，实行“三集中三到位”审批，将食品生产企业许可期限由原来的 3 年变为 5 年，取消了食品生产许可检验机构指定、审查收费，并将办理期限由原来的 20 个工作日压缩到 10 个工作日。2016 年，黔南州食品药品监督管理局共受理食品、药品、医疗器械等行政审批服务事项893件，接受各类许可和服务咨询1021件次，深入企业指导、验收881户次，按时办结率和群众满意率均达到100%。在食品生产环节，落实食品生产企业产品出厂检验检测报告制度；开展了对获证企业的证后监管抽查；在全州食用植物油、乳制品获证企业推行质量安全追溯制度；严格对食品生产小作坊进行备案登记，实现对小作坊的动态监管。在食品流通环节，按期完成元旦、春节、端午、中秋、国庆等节假日及农村食品督查检查，开展冻肉及制品（猪牛肉）、活禽市场、酒类市场、食用农产品等专项检查，确保经营企业经营的食品来源合法、质量可靠、去向可循。通过重点监管制度落实情况、公示牌建立情况、食品从业人员健康培训情况、索证索票及台账登记等环节，努力降低餐饮服务食品安全风险；以“文明在行动，满意在黔南”食之放心行动为重点，推进量化分级管理，全州持证餐饮服务单位9958家，已实施量化分级管理7497家，量化分级管理率达到97.5%；圆满完成建州“60周年庆祝活动”、第三届中国物流（都匀）国际峰会暨商贸物流博览会、平塘500米口径球面射电望远镜工程落成启用系列活动等269次重大活动和重大接待食品安全保障任务，未发生食品安全事故。在药品监管方面，监督检查了辖区内药品生产企业20家、批发企业15家，GMP跟踪检查生产企业13家，全州共完成药品零售企业GSP认证跟踪检查404家，责令改正42家；积极推进“万家药店进乡村，安全用药到农户”精准扶贫工作，已完成全州11个县（市）的精准扶贫药店（药柜）布点工作。在医疗器械监管方面，对全州生产企业开展了6次日常监督检查、3次约谈、3次专项检查，覆盖率达100%，州局及相关县（市）市场监管局均建立了医疗器械生产企业监管档案。印发了《关于加强保健食品化妆品日常监管的通知》，从四个环节开展保健食品、化妆品生产经营单位的日常监管工作。同时，在全省率先大规模推进保健食品经营许可工作，督促辖区内的保健食品销售企业（含个体工商户）办理食品经营许可。截至2016年年底，已督促725户保健食品经营户办理食品经营许可证，办证率达到91%。

【坚持从严治理，筑牢食品药品安全防线】

将食品药品安全从“事后监督”向“事前预防”转变，重点选取公众消费量大和监管工作中发现问题较多、隐患较大、涉及非法添加的品种和项目以及区域性特色品种开展抽检工作。通过积极制定抽检计划，加大抽检力度，增加抽检频次，扩大抽检覆盖面，尽早发现和控制食品药品安全风险，提高监管的科学性、针对性、合理性和有效性。抽检食品430批次，合格419批次，抽检合格率为97.4%；抽检药品600批次，合格588批次，抽检合格率为98%；抽检医疗器械40批次，化妆品38批次，全部合格；对抽检不合格的单位，及时开展了后处理工作。

在食品监管方面，以食品生产环节为重点，开展了肉制品、乳制品、食用植物油为重点品种的专项整治；以校园及周边为重点，开展了学校食堂、小食杂店等重点区域专项整治；以规范经营行为，强化索证索票为重点，开展了农村食品市场“扫雷行动”；以食品原料采购贮存、食品添加剂使用、凉拌菜加工制作、餐饮具消毒为重点，开展了餐饮环节食品安全专项整治。对潜在的食品安全隐患做到早发现、早预防、早治理。在药械保化监管方面，以中药、特殊药品、非法疫苗为重点，开展了药品专项整治；以注射用透明质酸钠、无菌和植入性医疗器械为重点，开展了医疗器械专项整治；以规范保健食品经营秩序为重点，开展了保健食品化妆品专项整治。全州各类专项整治行动共出动食品药品执法人员25935人次，检查食品生产经营户19776户，检查药械保化生产经营使用单位3939家。坚持以保障辖区食品药品安全为目标，通过“部门联动打、追根溯源打、行刑衔接打”等方式，加强稽查执法与刑事司法的衔接，分级分类开展执法大检查，始终保持对食品药品违法犯罪行为的高压严打态势，有力地震慑了食品药品制假贩假违法犯罪分子。2016年，全州按一般程序立案查处违法案件332件

（州级38件），结案291件（州级35件），收缴罚没款472.5万元（州级189.9万元），其中，查处货值金额20万元以上案件3件。

黔南州食品药品检验所加大了实验室规范化管理建设力度，编纂完成第四版《质量手册》并获得新的检验检测机构资质证书。2016年，共完成食品抽检40批次，全部合格；完成药品抽检670批次，全检303批次，全检率50.5%，不合格12批次。黔南州药品不良反应监测与评价中心采取强化工作督导，加大培训力度，按季度通报工作情况等措施，调动基层工作的积极性、创造性，全州药械不良反应报告数量和质量较去年同期均有较大幅度增长。累计上报药品不良反应报告10606例，其中严重（新发生）报告2148例；医疗器械不良事件报告1541例，其中严重（新发生）报告107例；药物滥用调查报告426份；化妆品不良反应报告177份；处理药品不良反应预警事件60起，未发现群体性药品安全风险。

【开展示范创建，全业态打造食药安全放心工程】 为有效落实食品药品生产经营者应承担的食品药品安全首要责任，规范和提升基层食品药品安全监管，扎实推进食品药品安全监管重心下移，黔南州食品药品监督管理局按照“树立典型、示范带动、以点带面、注重实效”的工作思路，深入开展了食品药品安全示范创建活动，制定出台了《黔南州食品药品监督管理局2016年食品药品监管能力提升和示范创建实施方案》，在全州范围内开展创建食品安全示范街、示范园区、食品药品安全示范企业和示范店活动，并就示范创建标准及要求组织基层监管人员和企业从业人员分别开展了培训。截至2016年12月31日，全州38家食品生产安全示范企业、60家食品经营安全示范店、12家食品经营安全示范超市、1家示范农贸市场、108家药品安全示范店、15家保健食品安全示范店、12家化妆品安全示范店、6条餐饮服务食品安全示范街和165家餐饮服务食品安全示范单位已全部完成评审验收工作。通过树立诚实守信经营的行为示范，进一步提升了全州食品安全监管服务水平，夯实了食品安全诚信体系建设基础。

【快检支撑，改善基层食药监管基础薄弱现状】 为有效解决基层食品安全监管手段落后的问题，2016年黔南州食品药品监督管理局自加压力，州、县两级累计投入资金500余万元，在全州所有104个县（市）市场监管局分局建成了食品快速检测实验室。为确保食品安全快速检测室建设工作顺利开展，积极争取将该项目的推进纳入政府工作报告督查督办内容，并被列入全州2016年“十大民生工程”实施项目中。制定下发了《黔南州乡镇食品快速检测室建设标准》，统一建立食品快检规章制度，明确了分局食品快速检测室应具备的检测能力及应配备的设备试剂清单，快检室所配备的设施可以检测农药残留、吊白块、硼砂、硝酸盐、二氧化硫、孔雀石绿等项目，基本覆盖民众的菜篮子、米袋子，所有检测结果均可通过食品安全智慧监管系统实现数据上传，全州分析共享。2016年年底，104个食品快速检测室全部建成并投入使用，实现了全州食品安全风险早发现、早预警、早处置，为保障全州食品安全奠定了坚实的基础。

【智慧监管，食品安全信息化建设取得突破】 为进一步落实国家、省、州大数据产业发展战略，对生产、流通、消费领域的食品安全实施全过程信息化监管，黔南州建立了覆盖州、县（市、区）、乡（镇、街道）的食品安全智慧监管系统，2016年年底一期工程已经实现全州所有乡镇能够实时自动上传食品快检数据并由系统自动进行风险评估，能够运用数据模型展现全州食品安全动态，提前预警食品安全风险，科学确定食品监管的高危品种、重点领域和关键时段。2017年该系统还将实现行政执法数据、稽查办案数据上传、汇总、分析等功能，实时掌握全州食品安全动态，科学调动全州食品安全监管力量，有序安排食品安全日常监督、专项检查，快速高效处理食品安全事故。以市场化模式推行生鲜食品二维码追溯系统，制定了《黔南州生鲜食品二维码追溯试点项目实施方案》，投入资金46万元与武汉矽感科技有限公司开展合作，2016年年底已在全州12个县（市）21家超市实施，实现了对超市内销售的面点、糕点、熟食、卤制品、肉类、蔬菜、鸡蛋、米面、水果等产品的质量信息追溯。

【强化宣传引导，实现食药安全社会共治】 突出多形式科普教育活动抓宣传，2016年以来在全州开展了“食品宣传周”“安全用药月”“3·15食品药品安全宣传活动”“5·25爱肤日化妆品知识宣传活动”等食品药品安全宣传活动活动。投入资金40余万元与黔南电视台、黔南广播电台等州内外主流媒体开展宣传合作，在《黔南日报·大美黔南》专刊开设专栏宣传食品药品安全知识，与当代贵州合作发布了确保群众舌尖上的安全的宣传文章，积极营造全社会关心理解食品药品监管工作的浓厚氛围。在食品药品监管局门户网站，公开发布文件信息392条，其中工作文件197期、《食品药品监管工作信息》100篇、各类公示公告70余期、案件公示15期、抽检信息10期。

【加大业务培训力度，提升基层监管能力】 2016年，黔南州食品药品监督管理局先后了举办食品流通及餐饮服务食品安全监管人员培训、药械监管行政执法培训、食品药品稽查知识培训、药品不良反应监测培训、医疗器械和保健食品安全监管及行政许可能力提升等食品药品相关业务知识培训，同时，通过组织全州各县（市）食品药品安全监管业务骨干赴广西河池开展食品药品示范创建观摩学习创新培训形式，充分调动参训人员的积极性和主动性，切实提升培训效果。全年，共举办各类培训班15期，累计培训人员913人次。

（苏　迪）

工商行政管理

【概况】 2016年，黔南州工商和市场监管部门认真按照州委州政府和省工商局的决策部署，深化落实商事制度改革，强化市场监管执法，提升消费维权效能，推动“放管服”和供给侧结构性改革取得新成效，为营造全州发展新优势提供了强力支撑，实现了“十三五”工商和市场监管工作的良好开局。

【深入推进工商登记制度改革】 围绕降低市场准入门槛、提高市场准入的便捷性，继续先行先试，探索实践，深化改革。进一步下放登记权限，对股份公司、外商投资企业及其分支机构（含常驻代表机构）委托登记管理事项进行规范。2016年4月，以荔波县为试点，实施个体工商户“两证整合”改革，颁发全省首张“两证合一、一照两码”营业执照；6月，以福泉市为试点，实施企业“五证合一”改革，颁发全省首张“五证合一、一照一码”营业执照，分别比国务院规定时间提前了8个月和3个月，获得了省工商局的充分肯定。在此基础上，全州全面铺开“两证整合”和“五证合一”改革。截至年底，全州已有12021家企业、1674户个体工商户领取载有统一社会信用代码的营业执照。2016年，新登记各类市场主体30045户，同比增长32.2%；新增注册资本（金）833.5亿元，同比增长62.7%。全州实有各类市场主体185730户，同比增长23.4%；注册资本（金）3307.6亿元，同比增长67.3%。

【加强事中事后监管】 以信用监管为核心，认真做好年报公示工作，落实经营异常名录制度及“双随机一公开”工作要求。全州企业年报公示率为88.74%，位列全省第一，超过规定任务标准2.72个百分点。对883家企业进行了即时信息抽查，对898家企业、5412户个体工商户进行了年报公示信息抽查，抽查结果全部及时在企业信用信息公示系统上进行了公示。严格推行经营异常名录管理，将4717家企业、347户农民专业合作社列入经营异常名录，对9735户个体工商户进行了经营异常标记。同时，根据市场主体申请，办理移出经营异常名录管理企业676家967条，农民专业合作社28户

29条，个体工商户444户。制定完善全州工商系统"双随机、一公开"实施细则、随机抽查事项清单及随机抽查工作计划。组织开展"双随机"抽查检查工作，全面完成"两库一单一细则"建设工作，全州系统按检查事项清单共抽查检查企业570家，实现市场监管事项100%覆盖。

【服务创业创新】 认真履行"3个15万元"扶持微型企业发展牵头职能，积极对接财政部门，定向拨付州级财政补助资金627万元。争取省工商局支持，在惠水县百鸟河数字小镇设立"贵州省扶持微型企业成长示范基地"。2016年，全年新扶持发展微型企业1926户，带动就业10315人，提前半月超额完成省、州预定目标。大力实施"商标兴州"工程，积极引导"都匀毛尖""味莼园"等地方品牌开展驰名商标申请。全州新增注册商标815件，新增驰名商标1件，推荐上报省著名商标32件，获认定28件。积极支持动产抵押登记，办理动产抵押登记41份，抵押登记金额3.36亿元。加大"守重"企业培育力度，新推荐公示省、州级"守重"企业215家。扶持电子商务发展，创建以百鸟河数字小镇为代表的"网络市场监管与服务示范区"，打造全州"创新监管模式、创新服务方式"的改革先行地。

【加大竞争政策实施力度】 开展集中整治公用企业限制竞争专项执法行动，查办福泉市某供排水有限公司涉嫌滥收费用案，缴收罚金15万元。强化网络监管，依托贵州省网监平台，巡查重点商品领域网站网店5000户次。探索线上线下一体化监管新模式，创造性地提出并实践"统一市场、对称权属、三权分置、多元协同"（简称"统分协同"）监管新思路，得到工商总局的肯定。完善广告监管工作机制，利用国家工商总局广告监管平台，加大重点媒体监控力度，推动行政约谈常态化。全年查处各类违法广告案件19件，罚款10.27万元，全州违法广告率明显下降，尤其是主流媒体的广告违法率持续降低。加强商标专用权保护，组织开展了维护"雪花""中国黄金及图""维维"等注册商标专用权执法行动，立案查处商标侵权案件66件，罚款36.82万元。

【开展重点领域专项整治工作】 2016年，开展成品油市场专项整治，查获侵权加油站9个，无证照流动加油车1辆。责令限期整改2个，立案查处案件8件，案值427万元，罚没款15.3万元。突出农资生产重点监管，抽检化肥、农药50批次，立案查处农资案件12件，案值12.278万元，罚没款3.7万元。强化合同监管，清理排除消费者解释权的印刷品广告465份，查处合同类案件4件，罚没款2.6万元。深入开展打传工作，全州共侦破传销案件10件，抓获犯罪嫌疑人10人，解救涉传人员7.4万余人，涉案金额21.9亿余元。先后组织开展整治旅游市场、白酒市场、非法集资、非法卫星电视接收设备等多个专项整治工作，依法查处扰乱市场秩序的行为。

【推进依法行政权责公开】 修订完善州局权力清单，清理确定各类行政权力35项。编制州局责任清单，厘清工商部门职责边界。在部门网站公示权力清单和责任清单，接受群众监督。扎实做好行政处罚信息公示工作，促进执法办案公开，在企业信用信息公示系统中公示案件信息700条，公示率、及时率、准确率均位居全省第一方阵。严格行政执法人员资格管理，建立名录库，并健全动态管理机制。制定行政处罚案件核审办法，核审案件15件（其中复审2件），提出修改、补正等核审建议和意见160余条。加强法治宣传教育，有效提升法治建设水平，州局被评为"2011—2015年度全国法治宣传教育先进单位"。2016年度全州系统共办结一般程序案件860件，罚没款561.08万元，同比分别增长13%、90%，办案数连续两年位居全省系统第三位。

【加大流通领域消费维权力度】 2016年，以消费投诉集中的商品为重点，开展市场检查和质量抽查。配合上级局对流通领域插座、开关、手机、建材、铝材、贵金属饰品等24个品种、254

个批次的商品进行抽检。组织开展全州首批流通领域商品抽检工作，对流通领域儿童服装、手机、灯具3个品种、33个批次的商品进行抽检，合格率为51.5%。全州对抽检不合格商品立案查处84件，已结案66件，罚没款33.18万元。以流通领域儿童用品、电器附件商品、基础教育装备产品、进口红酒等为整治重点，依法查处销售假冒伪劣和不合格商品违法行为，检查经营主体3545户次，立案查处案件9件。

【加强消费维权网络体系建设】 面向社会招聘2名接线人员，强化专业培训，提高“12315”投诉举报受理处置水平。切实做好节假日期间“12315”投诉举报工作，安排专人每天定时处理热线投诉，对旅游投诉、重大紧急投诉、群体投诉等进行“快接快处”。拓宽消费投诉渠道，利用微信扫码功能方便公众进行网络投诉，在开展“五进”工作中共建“消费维权服务站”63个，建成“一会两站”1891个，纳入“12315”消费纠纷快速解决绿色通道成员单位19个。2016年，“12315”投诉举报中心受理各类投诉、举报和咨询共6650件，成功调解354件投诉案件，为消费者挽回经济损失130.6万元。

【开展消费维权宣传教育】 加强消费指导，2016年，向公众发放宣传资料13.5万份，发送消费维权公益短信100万条次，发布消费警示84次，通过电视、广播和报纸发表宣传稿件10余篇。开展“新消费，我做主”年主题宣传纪念活动，接受媒体采访，公布2015年消费典型案例及热点分析。联合农委、质监和食药监等部门设点宣传法律法规，受理消费者投诉咨询。销毁一批假冒伪劣商品，价值353.26万元。

（高　瑞）

物价管理

【市场价格监测】 2016年要求监测的商品和服务价格有9大类：全州重要商品及服务价格、城市居民食品零售价格、城市居民服务价格、贵州省重要商品价格、成品粮零售价格、药品价格、钢材价格、黔南州生猪价格应急监测、城乡居民服务价格和春节、国庆及低温冰冻期间部分商品价格等。

保质保量地完成了黔南州粮油副食品、生猪、蔬菜、成品油、农资、药品、民用煤炭、钢材等重要商品价格监测的日报、周报、旬报和月、季报工作，特别是在春节和黄金周等节假日期间强化对市场价格进行巡查和监测工作（期间均实行日报制度）。为保证数据的完整性和连续性，定点对都匀市4家超市、4个农贸市场监测点，每日通过电话询价或不定期采价、巡价等方式进行价格监测，另外，还对瑞星、苏宁两个家电超市及其他商品专卖店服装、农资、煤炭、钢材监测点进行询价，完成了各类数据的采集、汇总及上报工作。全年共收集存查各种报表2500余份。编写上报市场价格动态分析、每月药品市场采集情况及监测等相关信息共156余篇（其中市场价格调研报告2篇），为政府价格决策工作提供了翔实价格信息。

2016年，全年居民消费价格指数（CPI）同比上涨1.9%，在全省中排第5位（全国102.0、贵州101.4），涨幅与2015年同期比回落0.3个百分点，全年实现了CPI涨幅明显低于3%左右的调控目标，顺利完成了价格调控任务。

从同比看，全年CPI分别上涨1.8%、2.8%、2.2%、2.6%、2.5%、2.5%、1.9%、1.9%、1.3%、0.6%、1.0%和1.7%，呈相对稳定的态势。环比看全年有6个月上涨，6个月下跌，准确反映了各月CPI总体比较平稳的运行态势。

对210个商品及服务价格的监测显示，2016年同比40个品种上涨（占19%）、77个品种下降（占36.7%）、93个品种持平（占44.3%）。

农副产品价格：猪肉和蔬菜价格分别上涨11.5%和16.8%，鸡蛋和白糖价格分别回落9.3%和16.7%，其他品种价格总体相对稳定。

从具体品种看，年平均价格大米和面粉都是

2.50元/500克，同比持平，菜籽油10.00元/500克、花生油139.00元/5升、金龙鱼大豆调和油48.00元/5升，同比持平，鲜猪肉（肥瘦肉）15.39元/500克，同比上涨15.6%；鲜牛肉35.00元/500克，同比持平；活鸡（肉鸡）7.50元/500克，同比回落11.7%；鸡肉10.00元/500克，同比持平；鸡蛋5.30元/500克，同比回落8.6%；带鱼10.00元/500克，同比持平；鲤鱼7.30元/500克，同比回落4.6%；黄瓜3.57元/500克，同比上涨21.4%；西红柿3.14元/500克，同比上涨10%；大白菜2.30元/500克，同比上涨5%；青椒3.65元/500克，同比上涨5%；圆白菜2.20元/500克，同比上涨30%；苹果7.28元/500克，同比回落19%；香蕉2.72元/500克，同比回落14.5%；白砂糖3.00元/500克，同比回落16.7%；酱油7.00元/500克、醋6.00元/500克，同比持平。

重要商品价格：污水处理费、香烟和城市服务价格中的出租车起步价同比分别上涨58%、14.4%和40%，钢材、水泥、燃料和成品油类价格同比分别回落10%、8.4%、7.7%和4.6%，其他品种价格相对稳定。液化石油气135.00元/罐(14.5kg)，同比持平；无烟煤1194.00元/吨，同比回落6.9%；圆钢（16mmQ235）3733.00元/吨，同比回落4.2%，12#螺纹钢3086.00元/吨，同比上涨3.5%；6.5#线材3086.00元/吨，同比上涨5.7%，尿素1877.00元/吨，同比回落5%；93#汽油5.86元/升，同比回落4.5%；0#柴油5.45元/升，同比回落4.7%；水泥价格295元/吨，同比回落7.8%。

黔南州发改委获国家发改委表彰为全国价格监测工作先进单位。

【价格收费管理】 严格按照省发改委要求在规定的时间和范围内及时组织实施政府定价、政府指导价或价格调整方案，未发生越权定价的行为，对政府定价、政府指导价的调价项目均进行了成本监审。严格贯彻执行省放开的32项政府定价项目、下放权限的13项定价项目，加快推进价格简政放权工作。及时调整了黔南州成品油价格；开展了景区门票价格专项整治等工作。

稳妥推进资源性产品价格改革。全面完成县城阶梯水价制度、县城及重点建制镇污水处理费制定和调整工作；指导都匀市完成管道天然气阶梯价格动态调整机制和阶梯气量动态调整机制制定工作；全面完成县城和城市公立医院医疗服务价格改革。

【价格监督检查】 围绕群众关心，社会反映强烈的价格热点、难点问题，强化价格监督检查，有针对性的对元旦、春节、“五一”、中秋、国庆期间的市场进行了检查；开展涉企收费专项检查、涉农价格与收费专项检查、景区门票价格专项检查、商品房销售明码标价专项检查等。充分运用召开提醒会、告诫会以及公告、发倡议书、告诫书等方法，及时提醒经营者，变事后应对为事前防范，提高监管的前瞻性。积极推进明码实价工作，打造荔波旅游景区明码实价试点县。加强宣传，充分发挥“12358”价格举报投诉电话作用，努力扩大价格举报工作社会影响力。

一、节假日期间市场价格检查。对部分超市明码标价及价格执行情况、农贸市场物资供应及价格情况、客运站票价、驾培学校收费放开后运行情况等明码标价和价费公示落实情况检查和巡查。全州共出动检查人员500余人次，组成52个检查组，检查大型超市120余家、宾馆100余家、药店50余家、客运站（点）37个、旅游景区（点）36个、农贸市场32个、出租车等客运车辆95辆（次），发放《价格欺诈表现方式及案例选编》宣传资料5000余份，发放《价格提醒告诫书》1000余份。

二、开展专项检查工作。组织开展了开展涉企收费专项检查、涉农价格与收费专项检查、景区门票价格专项检查、商品房销售明码标价专项检查等专项检查。2016年，全州共查处各类价格违法案件15件，经济制裁总金额3600万余元，其中：退还用户金额200余万元，没收违法所得3400万余元，罚款5万余元。

三、积极推进明码实价工作，努力打造荔波县为“明码实价旅游景区”。截至2016年年底，共有364家经营单位参与明码实价试点工作，试点单位充分发挥了明码实价的示范带动作用，一年来，荔波共接待游客881.28万人次，旅游总收入77.93亿元，全年，景区内实现了价格“零投诉”。

四、认真受理价格举报。2016年，全州共受理价格举报案件463件，其中咨询401件、投诉50件、举报12件，结案463件，结案率100%。价格举报查处情况：退还用户78886.2元，罚款450元，经济制裁总额为79336.2元。

黔南州价格监督检查工作在总体工作、信息报送、案卷制作及管理、价格举报等方面受到了省发改委通报表扬。全州价格举报工作连续两年得到了省发改委通报表扬。

【成本调查工作】 认真组织开展农产品成本调查工作，完成各项成本调查上报工作；严格按照成本监审的环节、程序进行成本监审，2016年共完成成本监审项目36个，核减不合理成本约2亿元。

【价格认定工作】 围绕“服务司法、服务政府、服务社会、服务系统”的要求，发挥价格认定工作“提供公共服务，维护公共利益，保障纪检监察、司法和行政工作顺利进行”的职能作用。根据发改价格〔2015〕2251号，发改价证办〔2016〕84号文件精神，组织召开价格认定工作培训会，指导全州各县市按价格认定新规定和新要求开展价格认定工作，截至2016年11月底，全州共办理各类价格认定案件1313件，标的额4097.85万元。2016年，黔南州价格认证中心获得全国价格认定机构先进单位荣誉称号。

【价调基金工作】 根据财政部及国家发改委相关文件精神，从2016年2月1日起，暂停征收价格调节基金，清退重复缴纳的价调基金。并根据财政部暂停向社会征收价格调节基金后，价格调控工作不能停的精神，对价格调节基金停征后的相关工作向州政府请示，妥善做好价格调节基金停止征收后的后续工作，并继续加强对已实施和正在实施的价调基金扶持项目的监管。

（邱　霞）

安全生产监督管理

【概况】 2016年，黔南州安全生产监督管理局在州委、州政府的坚强领导下，认真贯彻落实习近平总书记、李克强总理等中央领导和省委省政府、州委州政府领导指示批示精神，牢固树立安全红线意识，围绕年度安全生产工作要点和目标任务，开展系统深入、全面彻底安全生产大检查和重点行业领域专项整治，强化安全生产监管执法，严厉打击整治安全生产非法违法生产经营建设行为，全面加强安全生产工作，有效遏制一般事故和防范重特大事故，黔南州安全生产形势持续稳定向好。

2016年，全州共发生生产安全事故100起、死亡98人。其中，建筑业事故7起、死亡9人；交通运输事故91起、死亡88人；铁路运输事故2起、死亡1人。发生较大事故2起，死亡7人。其中，建筑施工较大事故1起，死亡3人，交通运输较大事故1起，死亡4人。煤矿、非煤矿山、危险化学品和易燃易爆物品等高危重点行业领域继续保持“零事故、零死亡”。全州没有发生重大及以上生产安全事故。

【改革创新安全监管体制】 开展安全生产“分类分级监管”试点工作，印发《黔南州推进县级安全生产分类分级监管和监管检查标准化信息化的实施意见》，并在福泉市、瓮安县推行安全生产“分类分级监管”试点工作。

推行安全生产隐患排查标准化信息化建设，黔南州安全监管综合信息平台于2016年7月建成并投入使用，黔南州安全监管综合信息平台的投入使用为督促安全生产主体责任和监管责任的进一步落实发挥了积极作用。

建立安全生产约谈制度，在煤矿、非煤矿山、危险化学品和易燃易爆物品、冶金工贸八大行业、道路交通、建筑施工等重点行业领域严格执行工作约谈制度，对安全监管问题突出、安全生产责任落实不力的县市政府、行业监管部门和企业进行约谈，2016年共约谈3个县市政府分管负责人、13个行业监管部门、60余家生产经营单位。

坚持和完善高危行业“定期安全确认”制度，对高危行业盯紧看牢。“定期安全确认”制度是在煤矿、非煤矿山、危险化学品、烟花爆竹、燃爆粉尘等高危重点行业强制推行的一项安全监管措施，是筑牢安全生产防线的创新举措。2016年3月，针对黔南州煤矿、非煤矿山（尾矿库）、危险化学品和易燃易爆物品安全确认存在的问题，印发了《关于进一步规范煤矿非煤矿山危险化学品易燃易爆物品和冶金涉爆粉尘有限空间行业安全确认工作的通知》，明确了煤矿、非煤矿山、尾矿库、露天矿山、烟花爆竹生产、批发和危化企业、涉燃爆性粉尘、冶金等高危行业“定期安全确认”的标准和频次，加强工作调度，确保定期安全确认制度严格执行。2016年，黔南州52对生产建设煤矿完成2476次安全确认，35家非煤井工矿山完成407次安全确认，33座尾矿库完成376次安全确认，303家露天矿山完成1212次安全确认，24家烟花爆竹生产企业完成288次安全确认，26家烟花爆竹批发企业完成104次安全确认，35家危化企业完成136次安全确认，33家涉燃爆性粉尘企业完成143次安全确认，28家冶金企业完成118次安全确认。

建立安全生产“黑名单”制度，将重大违法违规行为和发生较大以上生产安全事故的生产经营单位列入“黑名单”。2016年，全州被列入“黑名单”的企业共23家，其中，被列入州级“黑名单”企业1家，被列入县级“黑名单”企业22家。

【安全文化示范创建】　开展安全文化示范创建教育宣传，鼓励企业积极主动申报，成立评审小组，对安全文化示范创建申报单位进行资料审查，并深入实地查访核验，切实开展安全文化示范创建评审工作。2016年，共有24家企业获得“安全文化示范创建单位”命名，其中，州级8家，县级16家。

【实施本质安全提升工程，夯实安全生产基础】　推动安全标准化创建。2016年，全州52处生产煤矿矿井安全质量标准化建设100%达标，其中二级质量标准化矿井25处，三级质量标准化矿井27处。非煤小型矿山100%达三级标准化，大中型露天矿山及井工开采矿山80%达到二级标准化。其他行业规模企业100%达到三级以上标准化。

推进煤矿机械化采掘工作。2016年全州生产矿井70%煤矿实施机械化改造升级，全部生产矿井实现机械化运送人员和机械化运输。瓮安新井煤矿、夹山煤矿、福泉太平煤矿、哈麻冲煤矿、长顺杜鹃煤矿等一批煤矿采掘机械化已通过省级验收。

【安全生产监管执法】　每季度组织开展一次全覆盖安全生产大检查，2016年，全州共组织检查54741次，参加检查152908人次，查出一般隐患69227条，完成整改69227条，重大隐患92条，其中，实行省级挂牌4条，州级挂牌88条，2016年年底已完成整改91条，剩余的1条正督促相关县市和单位按照“五落实”要求在规定时限内抓紧整改。打击非法违法生产经营建设行为1805起，处罚金额1126.43万元（其中，州级处罚217.2万元），责令停产停业122起，取缔关闭47起。

【安全宣传教育工作】　2016年，黔南州安全生产监督管理局在安全生产法律法规宣传教育主要做了几个方面的工作：

1. 开展“安全生产月”活动和“安康杯”竞赛。在“安全生产月”期间，州安委办组织州安委会成员单位集中开展“安全生产咨询日”活动，设立咨询台，制作宣传展板，发放宣传资料（用品)，播放影像制品，悬挂宣传标语。“安全生产月”活动期间，全州各县（市、区）共出动宣传车2300多台（次），张贴、悬挂安全生产标语3.3万余条，摆设宣传教育展板1.2万余块，发放宣传资料15.4万余份，现场接待咨询群众3.5万余人。

2. 在煤矿、非煤矿山、危险化学品和易燃易爆物品、烟花爆竹、冶金、涉氨、涉燃爆性粉尘、受限空间、建筑施工、“两客一危”、水上交通、人员密集场所等重点行业领域开展安全文化“三个一”（一套安全管理制度、一面安全文化墙、每天一次安全打招呼）。

3. 利用黔南州安全生产手机信息平台、黔南广播电视台、《黔南日报》等多点面宣传安全生产工作，2016年发送安全生产手机短信2.5万余条，播报安全生产视频文件300余篇，刊登安全生产工作信息、通讯250多篇。

（宋琦霞）

招商引资

【概况】 2016年，黔南州投资促进工作在州委、州政府的领导下，在省投资促进局的关心支持和帮助下，认真贯彻习近平总书记系列重要讲话精神，牢牢守住“两条底线”，围绕大数据、大扶贫、大生态“三大战略”行动，大力实施工业强州、城镇化带动和“一圈两翼”发展战略，充分发挥有效投资对稳增长调结构的关键作用，不断创新工作思路和工作方法，有力推进产业招商、招大引强和项目落地。全州投资促进工作持续稳定发展，取得明显成效。

到位资金稳步增长。2016年，全年引进州外到位资金1720.6亿元，完成州下达年度目标1700亿元的101.21%，其中引进投资规模3000万元以上省外境外项目到位资金789.21亿元，完成省下达年度目标780亿元的101.18%，绝对值排全省第五位。

引进项目数量多、体量大。全年引进省外投资项目500个，新增合同投资额1230.91亿元。其中，投资规模1亿元以上项目273个，5亿元以上项目75个，10亿元以上项目24个，20亿元以上项目8个。与2015年高速增长相比，2016年受整体经济下行持续影响，全州新引进项目数和合同投资额增速放缓，

新兴产业发展态势强劲。全年引进大数据产业项目17个，康体养生大健康项目21个，农旅观光、生态养殖等高效农业项目46个，民族文化、景区开发等文旅项目70个，绿色、环保材料生产加工等新型建材项目42个，五大新兴产业项目数和投资额分别占新引进项目的44%和43.5%，呈现出外来投资向主导产业、第三产业、战略性新兴产业集聚的强劲态势。

招大引强持续推进。全州实施“百企引进”工程，按照“目标锁定精准、专案策划精准、项目配对精准、对接推介精准”的“四精准”开展招商工作，成功引进首次入黔500强企业4家，其中，世界500强1家、中国500强2家、民营500强1家，提前完成省下达的全年目标任务。截至2016年年底，全州已累计引进500强企业37家，为全州结构调整和产业升级注入新的活力和动力，成为新的经济增长极。

项目建设明显加快。围绕开展“百千万”工程和“大服务年”活动，狠抓在建项目协调服务和新签约项目落地推进，不断提速增效。全州新增开工项目511个，其中，新引进项目开工486个，存量项目开工25个，新引进项目开工率97.2%，存量项目开工率96.23%。新增投产项目370个，其中，新引进项目投产180个，存量项目投产190个，存量项目投产率62.43%，新引进项目投产率36%。

投资环境稳步向好。大力开展投资环境整治，认真组织投资环境考评，加大项目建设协调服务力度和代办服务力度，2016年，在全省投资环境测评中排名第二，连续四年投资环境考评位列全省前三名。

主要措施：

一是坚持高位推动，积极开展领导干部带头

招商。州委、州政府高度重视招商引资工作，始终坚持把招商引资作为“一把手”工程和扩大开放的第一抓手。州、县党政主要领导率先垂范，亲自参与项目推介、考察、洽谈活动286次，全年引进项目84个，合同引资总额253.93亿元。相继引进落地都匀经济开发区毛尖小镇、汉唐影视文化创意园、巨升影视旅游小镇、罗甸火龙果深加工、贵定老干妈油辣椒产业园、荔波冰雪世界主题乐园、长顺杭萧钢构、福泉古城翰林文化苑、国际陆港物流、黄丝旅游度假酒店等一批重大投资项目。州委、州政府主要领导和分管领导还亲自率队到上海联合基因集团、中粮集团、中国海外控股集团、美国东方黄金集团、天旺集团、惠普中国有限公司、闻康集团、澳大利亚资源矿山公司、上海绿地集团、北京不油瑞飞公司、江西金正莱等国内外优强企业考察洽谈。

二是坚持招大引强，全力开展精准招商。按照全省招商引资“百企引进”行动计划，州政府出台了《关于500强企业招商工作的指导意见》，围绕产业招商提升工程，大力实施招大引强。各县（市、区）分别建立招商目标企业信息库，精准策划招商项目，精准制定招商专案，精准开展招商推介活动，全年面向优强企业开展精准招商活动16次，与23家500强企业进行26个配对项目的洽谈对接，成功引进广州海运（集团）有限公司投资0.4亿元建设龙里县海员宾馆项目、北京大北农科技集团股份有限公司投资20亿元建设独山县优质肉猪暨种养循环生态农业旅游观光项目、江西正邦集团有限公司投资18亿元建设三都县养殖项目、曙光控股集团有限公司投资6.5亿元建设都匀经济开发区都匀毛尖小镇项目。

三是坚持产业招商，大力助推脱贫攻坚。围绕现代山地高效农业、大健康、大旅游、农村电商、农产品精深加工等产业，大力推进产业招商，助推脱贫攻坚。全年引进农业种养殖及加工、乡村旅游、农村电商等项目100个，合同投资总额289.13亿元。有效促进农村土地集约发展和农民就近务工，加快农产口“黔货出山”。同时，发挥国家对贫困地区企业上市扶持政策的作用和优势，积极参加省政府在北京、上海、深圳等地举办的资本助推扶贫攻坚专题招商活动，签约项目6个，签约引资45.4亿元，为贫困地区注入新的发展资本。如罗甸县引资帮助贵州信邦制药股份有限公司开发中药材种植基地3万余亩，带动罗甸县当地1.73万户农民脱贫致富；惠水县引进贵州康润香茗茶业有限公司投资5亿元，以“种植+加工+连锁经营”的模式带动摆金镇贫困户致富；三都县、独山县引进民营500强企业江西正邦公司、北京大北农公司分别实施“福猪计划”，大兴规模养殖和创业扶贫；龙里县引资推行“企业+基地+农户”模式，建成2万亩供粤澳蔬菜产业带，成为农民增收致富的新引擎；都匀市引资加快现代高效茶叶产业示范园区建设，建成茶园面积16.5万亩，涉茶农户7567户30254人，年产值达7.23亿元；惠水县引进农村电商，推进“互联网惠民增收”，全县发展乡村电商、微商900多户，直接从事电商人员2800多人。

四是坚持督查问效，加快项目落地建设。以举办3次全州重大项目集中开工仪式为契机，督促推进项目建设，全年新增投产项目370个。以开展项目观摩会为契机，通过“晒进度、比成效”，督促推进项目建设，全年新增投产5亿元以上项目42个、10亿元以上项目11个，投产率达66.5%。以开展专项督查为突破口，强化协调服务，加快项目建设进度，全年以州委、州政府主要领导和分管领导带队开展专项督查15次，投促系统组织开展专项督查3次，通过现场办公、挂牌整治、开展投资环境考评等措施，有力解决项目建设过程中遇到的困难和投资环境中存在的突出问题。2016年，在全省投资环境测评中排名第二，连续四年投资环境考评位列全省前三位。

【美国 EALOOP 集团赴黔南州考察并签约】

2016年1月2—3日，美国EALOOP集团董事长Watson Yeh一行在黔南州投促局、金融办等单位负责人陪同下，赴惠水县和长顺县开展项目投资考察，并在惠水县举行项目合作签约仪式，与惠水县签订物联网学院、“中德产业园”项目合作协议，与黔南州政府签订大数据产业项目战略合作框架协议。黔南州政府聘请 Watson Yeh 为大数据产业发展顾问，聘请 Tony 为招商引资顾问。中共黔南州委副书记、州政府州长向红琼出席签约仪式。

【中国港中旅集团赴平塘县投资考察】 2016 年 1 月 11 日，中国港中旅集团贵州分公司考察组一行到平塘县开展投资考察。考察组实地考察了克度镇国际射电天文科普旅游文化园、大射电建设地、塘边镇天坑群，并现场听取天坑—大射电景区现阶段开发情况及平塘旅游产业发展介绍。考察组对平塘县丰富的旅游资源，迷人的自然景观赞不绝口，认为平塘的旅游资源不仅丰富，而且具有浓郁的自然特色，特别是天坑群的自然资源和大射电景区的天文资源待开发程度高。考察组表示，将对平塘天坑——大射电景区项目进行认真、深入的分析研究和全方位评估，做出开发方案，力争将“黄果树—荔波—平塘天坑”打造成一条自然奇观旅游带，并积极参与到平塘旅游产业发展中来，深度开发平塘旅游资源，努力实现互利共赢、共同发展。

【美国东方黄金集团赴黔南州投资考察】 2016 年 1 月 19—21 日，美国东方黄金集团董事长 Denise 率团到黔南州都匀市、都匀经济开发区、三都县、荔波县、独山县考察。中共黔南州委副书记、州政府州长向红琼及州直相关部门负责人陪同。考察团先后在三都县和都匀市召开座谈会，与三都县签定“加州葡萄酒庄开发建设项目”和“高铁新城区旅游综合开发建设项目”投资协议，并希望能在旅游开发、五星级酒店建设等方面与相关县市实现宽领域合作。

【黔南州在广州举行招商引资推介会暨项目签约仪式】 2016 年 1 月 18 日下午，由中共黔南州委、黔南州人民政府主办的“黔南州建州 60 周年成就展招商引资推介会”在广州市越秀区流花馆举行。州领导龙长春、向红琼、罗毅等出席推介会。广州市政府副市长蔡朝林，广州市协作办党委书记、主任刘磊应邀出席。推介会上，黔南州政府州长向红琼、广州市政府副市长蔡朝林分别致辞。黔南州政府副州长胡晓剑作投资环境推介。黔南州工信委、州投资促进局、福泉市、瓮安县、贵定县分别作大数据、大健康产业以及重点招商引资项目推介。35 个项目现场签约，签约引资总额 285.7 亿元。签约项目涉及大数据、大健康、装备制造、农业综合开发、旅游文化产业等。

贵州黔南（广州）招商引资推介暨项目签约仪式

【中国供销农产品批发市场控股有限公司和珠海港控股集团有限公司联合组团赴黔南开展投资考察】 2016 年 2 月 22—23 日，中国供销农产品批发市场控股有限公司与珠海港控股集团有限公司联合组团到贵定县考察贵州（昌明）国际陆港项目。黔南州政府副州长杨从明及贵定县委、县政府主要领导陪同考察。考察结束后在州政府一会议室召开座谈会。通过座谈协商，中国供销农产品批发市场控股有限公司初步拟定在贵定县投资建设农产品基地建设项目和农产品冷链物流项目。该企业入驻黔南，将有助于黔南搞活农产品流通，强化农产品的产销分离格局，解决长距离、大范围、短时限、多品种的流通难题，将有力推进现代农业、电商产业及生产制造业等的全方位整合发展。

【黔南州2016年第一批重大项目集中开工】 2016年2月29日，黔南州与全省同步举行2016年第一批重大工程项目集中开工仪式，为掀起新一轮的项目建设高潮奠定了坚实基础。开工仪式主会场设于都匀市奥体中心项目建设施工现场，各县（市、区）设分会场。

开工仪式现场

中共黔南州委副书记、州长向红琼，州委常委、常务副州长罗桂荣，州委常委、副州长郭青等出席主会场开工仪式。

本次集体开工项目42个，总投资167.3亿元，年度计划投资84.5亿元。其中：新型城镇化和美丽乡村建设项目10个，总投资42.4亿元；社会事业和公共服务体系建设项目6个，总投资20.2亿元；现代基础设施网络体系建设项目6个，总投资14.1亿元；现代服务业发展重大项目6个，总投资22.4亿元；资源型产业和特色产业升级重大项目4个，总投资10.5亿元；转型发展"五大新兴产业"项目4个，总投资13.8亿元；生态环境建设重大项目2个，总投资7.8亿元；开放型经济发展重大项目3个，总投资34.5亿元；科技创新能力提升建设项目1个，总投资1.6亿元。项目覆盖全州13个县（市、区），其中：福泉市7个，瓮安县6个，罗甸县4个，龙里县和惠水县各5个，都匀市和独山县各3个，荔波县、平塘县和都匀经济开发区各2个，贵定县、长顺县、三都县各1个。

【黔南州在京举行大数据产业招商推介会暨项目签约仪式】 2016年3月2日下午，黔南州在京举行大数据产业招商推介会暨项目签约仪式。会上，中共黔南州委副书记、州政府州长向红琼致辞并作投资环境推介。黔南州工信委、惠水县、龙里县、荔波县分别作大数据产业及重点招商项目推介。38个大数据项目现场集中签约，签约引资总额96.4亿元。应邀参加本次活动的大数据优强企业130余家。北京航天航空大学软件学院、中兴软创科技股份有限公司、绿金在线电子商务有限公司、印孚瑟斯（中国）技术有限公司、联想控股有限公司、广州奇科码科技有限公司、中油瑞飞信息技术有限公司等20余家企业就黔南投资优势、大数据应用、人才保障等方面提出了宝贵意见和建议。中油瑞飞、清电商创业园、美中经济贸易促进会等表达了赴黔南州投资的强烈愿望，并希望能尽快实现项目合作。黔南州投资促进局、州工信委、州金融办、州政府驻京办等单位负责人及各县（市、区）政府分管领导、投资促进部门负责人参加了推介会。

【广东企业家投资考察团赴贵定投资考察】 2016年3月31日，受黔南州人民政府邀请，由广东商业联合会组织广东企业家到贵定开展投资考察，实地考察了贵广高铁广场、工业园区、昌明国际陆港项目点、老干妈油制辣椒产业园等重点项目。并在昌明经济开发区管委会座谈。黔南州政府副州长杨从明及贵定县有关领导及相关部门负责人陪同考察并参加座谈。通过考察和座谈交流，广东企业家纷纷表达了浓厚的投资兴趣。贵州省广东总商会名誉会长许诚嘉表示，昌明经济开发区区位优势明显，是贵州未来的"珠三角"，发展前景广阔，产业配套能力强，下一步将继续深入考察，希望能够借此机会，将昌明的资源、区位、劳动力优势与广东的资金、市场、技术优势有机地结合起来，真正实现优势互补、要素重组、携手合作、共赢发展。杨从明副州长希望广东客商能进一步增进对黔南的了解，加强与黔南的商贸合作，力争在更高水平、更宽领域实现互利共赢。

【黔南州文化旅游产业招商推介活动走进上海】 2016年4月20日，由中共黔南州委、黔南州人民政府主办的黔南州文化旅游产业招商推介会在上海西郊假日酒店隆重举行。上海市青浦区副区长倪向军，贵州省驻沪办事处副主任杨春富，黔南州委常委、州政府副州长刘建民，南南国际贸易中心主席耿弘，华东师范大学副校长范军，中央电视台微电影频道副总编辑胡适之等领导和嘉宾出席。上海青浦区旅游局、黔南州投资促进局、旅游局、文化广电新闻出版局、黔南州政府驻上海办事处负责人，黔南州13个县（市、区）党委或政府分管领导，中国新闻社、时代报、上海热线等十余家新闻媒体记者，来自长三角地区的中国500强企业代表等共计200余人参加了本次活动。推介会上，黔南州旅游局、州投资促进局、州文广新局和荔波县分别作旅游产业和招商项目推介。现场13个大旅游、大健康产业项目集中签约，签约引资总额46.9亿元。

【黔南州政府副州长胡晓剑率队考察北京中油瑞飞信息技术有限责任公司】 2016年4月23日，黔南州人民政府副州长胡晓剑率州投资促进局、工信委、州住建局和部分县市政府分管领导、投资促进部门负责人赴北京中油瑞飞信息技术有限责任公司考察。考察团实地考察中国石油昌平数据中心机房和能源中心，听取了商维庆博士、廖邦富教授针对黔南实际设计的“智慧黔南”“智慧旅游”“智慧医疗”“智慧城市运营指挥中心”和“智慧城市综合管理平台”等个案的讲解，双方就合作建设智慧黔南项目初步达成共识。

【广东省贵州商会联盟赴黔南州考察】 2016年4月28—29日，广东省贵州商会联盟主席刘晓松率团赴黔南州考察。中共黔南州委副书记吴胜华、州政府副州长胡晓剑，州政府副秘书长仲成鹏，州投资促进局、州旅游局、州林业局、州茶办、州文产办、州政府驻广州办事处等部门负责人陪同考察。考察团先后考察了都匀经济开发区茶博园、清水江湿地公园、都匀市高寨茶园水库、贵定县四季花海、龙里县3537养生产业园、三元河生态旅游休闲区、三元耕读小镇、双龙镇旅游小镇等项目，并在黔南州委五楼会议厅座谈，就感兴趣的茶产业、林业、旅游开发等项目进行咨询和对接，表示将充分利用黔南正在大力发展的机遇和条件，在茶产业基地建设、市场运作，旅游景区开发，林业项目升级打造等方面加强投资合作。

【黔南州组团参加深圳文博会】 深圳文博会期间，由贵州省委宣传部、贵州省旅游发展委员会、贵州省投资促进局主办的第十二届中国（深圳）国际文化产业博览交易会多彩贵州文化旅游招商推介暨项目签约仪式，于2016年5月13日在深圳会展中心举行，黔南州两个文化旅游发展项目参加现场集中签约，签约金额4.5亿元。文博会期间，黔南州还组织了水族迎宾铜鼓舞、苗族芦笙表演、水族大歌、布依族古歌等黔南原生态歌舞到莲塘、多彩贵州非遗村、茶叶世界、古玩城等地巡回展演。

【黔南州组团参加第十九届“渝洽会”】 2016年5月19—22日，第十九届中国（重庆）国际投资暨全球采购会（简称“渝洽会”）在重庆举办，中共黔南州委常委、州人民政府副州长郭青率黔南经贸代表团出席。其间，黔南经贸代表团出席了“2016年贵州·重庆企业项目对接会”，发放招商项目宣传资料100余份，并就旅游、休闲康体、污水处理、机械制造、医药、城市建设、物流园建设等方面项目与重庆金点园林股份有限公司、重庆万虎机电有限公司、重庆智邦集团、申乙文创集团等10多家企业开展对接洽谈。同时，针对重庆地区优强企业开展登门招商活动，分别与中船重工（重庆）海装风电设备有限公司达成平塘县风电场开发项目、福泉市风电项目投资合作意向；与重庆耐德工业股份有限公司达成都匀市循环产业园项目、福泉环境设备制造项目、平塘县垃圾处理项目投资合作意向；与重庆渝科商贸发展有限公司达成惠水乡村旅游开发、休闲康体项目和平塘县钢材产业建设项目投资合作意向。

【黔南州举办“数博会”招商引资推介会暨项目洽谈签约活动】 2016年5月26日，贵州省“数博会”在贵阳举行，其间，黔南州举办“数博会”招商引资推介会暨项目洽谈签约活动，推介会上，黔南州政府副州长胡晓剑致辞并作投资环境和大数据招商项目推介。现场与成都华腾诚康商贸、北京京东世纪贸易、乌镇旅游股份公司、北京网库等52家重点目标企业对接洽谈，集中签约大数据项目14个，包括电子商务、智慧物流、智慧城市、智能制造等，签约引资总额52.23亿元。

【黔南州组团赴昆明参加“山地公园省·多彩贵州风”旅游推介会】 2016年6月12日，“山地公园省·多彩贵州风”旅游推介会在昆明举行。中共黔南州委常委、州政府副州长刘建民率团出席。三都县中国水族部落旅游度假区开发项目参加现场集中签约，该项目总投资20亿元，由深圳观点文化传播有限公司投资建设。项目集休闲度假、户外运动、农家乐、现代农业观光等于一体。

【黔南州与联合基因集团签订战略合作协议】 应联合基因集团邀请，2016年5月26—27日，中共黔南州委书记龙长春率团赴该集团上海总部考察，对接洽谈联合基因（黔南）国际健康城等项目，并签订战略合作协议。黔南州委常委、黔南州政府常务副州长罗桂荣，黔南州政协副主席、黔南州委秘书长瓦标龙，黔南州发改委及都匀市、龙里县、都匀经济开发区等单位负责人参加考察。

联合基因集团创立于1997年，拥有世界最大的黄种人疾病易感性基因数据库、国内最大规模的基因技术平台、30多家企业和3800多项专利技术。此前，集团精英团队曾到黔南州考察，表达了与黔南州携手发展大健康产业的合作意向。

在沪期间，龙长春一行先后考察了上海联吉医学检验所、复旦大学生命科学院专家课题组和重点实验室，对生命科学、基因技术、遗传学、健康管理及大健康产业发展进行了详细了解。联合基因集团总裁谢毅表示，大健康产业是21世纪最具活力的产业，已成为各国经济发展中的“朝阳产业”。黔南拥有发展大健康产业得天独厚的条件，希望尽快与黔南开展实质性的合作，实现优势互补、合作共赢。

双方本着“优势互补、共谋发展、互惠互利、实现共赢”的原则，提出了合作打造黔南联合基因国际健康城、建立全国基因检测示范中心和申报建设基因样本及数据战略备份中心的美好愿景，并签订《战略合作协议》。

结束在沪的考察后，龙长春一行还赴浙江德清考察了裸心谷、下渚湖国家级湿地公园等旅游开发模式，并与复星集团就加快推进合作项目进行了磋商。

【黔南州召开建州60周年招商引资拟签约项目评审会】 2016年7月14日，黔南州召开建州60周年招商引资拟签约项目评审会。黔南州投促局、州发改委、州工信委、州国土资源局、州环保局、州城乡规划局、州农委、州商务粮食局、州卫计委、州食药监局、州林业局、州旅游局、州水务局等单位负责人参加评审会。会上，各县（市、区）分别介绍了拟签约项目的建设内容、建设周期、开工时间、效益分析、可行性条件等基本情况。与会人员就项目的产业准入、环保、选址、用地、规划等进行论证，对项目的经济效益、社会效益和生态效益等方面进行了交流讨论。本次评审通过43个拟签约项目，总投资506.31亿元。

【贵州（昌明）国际陆港项目正式开工】 2016年8月7日，贵州国际陆港项目在贵定县昌明镇举行开工仪式。贵州国际陆港项目从2015年11月28日正式启动，规划用地规模3800亩，其中一期工程800亩，设有甩挂配送区、展示交易区等八个主体功能区。项目建成后，将成为21世纪海上丝绸之路的重要物流枢纽，可提供跨省、跨国商贸的综合服务平台，对推动黔中城市群及大西南地区的经济、文化全面发展具有重要意义。

【黔南州举行建州60周年招商引资推介会暨项目签约仪式】 2016年8月7日下午，黔南州在都匀举行建州60周年招商引资推介会暨项目签约仪式。黔南州领导龙长春、向红琼、罗毅出席了会议，贵州省投资促进局副局长龚大权应邀出席会议。深圳华为集团、英国森华集团、金田阳光投资集团、天下山水（北京）文化旅游开发有限公司、希望集团等350余家全国优强企业负责人出席推介会。推介会上，黔南州委副书记、州政府州长向红琼从交通区位、气候、生态、能源、资源、环境等六大优势向参会嘉宾介绍了黔南大数据、大旅游、大健康、大物流四大合作方向。都匀市、惠水县和平塘县分别在会上作重点项目推介。北京中油瑞飞信息技术有限公司智慧城市首席科学家商维庆博士、贵州大学教授张万萍、陕西旅游股份有限公司总经理陈江分别作主旨演讲。中国龙里生命科技城、金筑现代山地特色高效循环农业示范园、龙里县数码音乐小镇、都匀云上溪谷生态农业科技园、福泉市矿山整合及整体开发、贵定县花谷小镇等49个项目现场集中签约，签约引资总额678.43亿元，项目涉及大健康、装备制造、高效特色农业、旅游文化产业等。

【黔南州跨境电商发展启动会暨签约仪式在龙里举行】 2016年8月8日，黔南州跨境电商发展启动会暨签约仪式在龙里举行。龙里·东方宏基与香港、澳门、韩国、日本等国内外知名商会、知名企业共同签订跨境电商发展协议，标志着龙里·东方宏基O2O跨境电商产业园正式成立。龙里·东方宏基O2O电商产业园是东方宏基公司倾力打造的中国西部第一个跨境电商批发市场。该产业园的成立将为黔南州和龙里县跨境电商产业发展注入活力。

【贵州苗姑娘控股集团入围贵州民营企业100强】 2016年8月25日，“2016贵州企业100强、贵州民营企业100强”发布暨全省第十七届企业管理创新成果表彰会在贵阳召开。贵州苗姑娘控股集团以在坚持改革创新、调整产业结构、提升企业效益、促进就业、助推同步小康中发挥的积极作用，取得的显著的经济效益及突出的社会贡献入围“贵州民营企业100强”。

【黔南州在广州举办招商推介会暨项目签约仪式】 值第二十四届广州博览会期间，围绕广博会“合作、发展”的主题，2016年8月26日，黔南组织有关部门和县市（区）赴广州举办黔南州（广州）招商推介会暨项目签约仪式，进一步向珠三角地区各界人士展示了黔南山地高效农业与旅游业结合发展的比较优势和后发优势，展示了黔南开放开发、奋力赶超的诚意和风采，表明了黔南州与珠三角企业合作发展的真诚态度和迫切愿望，让更多的珠三角企业家关注黔南、了解黔南、投资黔南，有力助推了黔南州与珠三角地区的深度合作。当日现场签约项目28个，涉及农业、旅游、工业等领域，签约引进资金99.63亿元。

【中国世贸集团考察组到黔南考察】 2016年9月3—4日，由中国世贸集团主席曾智雄带队，中国世贸集团考察组先后到黔南州惠水县、平塘县、独山县、荔波县实地考察。贵州省商务厅副厅长马雷，中共黔南州委常委、州政府副州长刘建民及省、州、县相关人员陪同考察。刘建民对曾智雄一行表示热烈欢迎，真诚希望考察组利用自身优势为黔南经济发展会诊把脉，黔南将强化一切有利于推进发展的措施，构筑一切有利于创业的平台，拓展一切有利于双赢的空间，全力搞好招商引资服务，让投资者在黔南舒心生活、安心创业、开心发展。在听取了相关介绍和实地考察后，考察组对黔南州经济社会取得的飞速发展表示赞叹，对黔南的投资环境优势看好，希望通过更加深入的考察和调研，谋求合适的投资项目，与黔南开展互利合作，并通过双方的努力实现共赢。

【黔南州在第二届粤桂黔高铁经济带合作联席会议上签约项目13个】 2016年10月9日上午，第二届粤桂黔高铁经济带合作联席会议暨广西园建设工作现场会在广西柳州召开。会议在创新、协调、绿化、开放、共享五大理念引领下，立足于高铁经济，以“合作、互动、共赢”为主题，携手奋进，再接再厉，共同掀起粤桂黔高铁经济带建设新高潮，谱写区域合作新篇章。

粤桂黔三省（区）领导，南广、贵广高铁沿线的广东省广州市、佛山市、肇庆市、云浮市，广西壮族自治区南宁市、柳州市、桂林市、梧州市、贵港市、贺州市，贵州省贵阳市、黔南州、黔东南州等13市（州）有关领导及500多名各界嘉宾出席会议。黔南州委常委、常务副州长罗桂荣，副州长张全毅以及州直相关部门负责人参加会议。

会上举行了产业项目签约仪式，共达成粤桂黔高铁经济带合作项目80个，总投资额超过1523亿元。涵盖了工业与高新技术、金融合作、基础设施建设、房地产、旅游文化、农业开发及商贸流通领域。其中，全州成功签约荔波冰雪水世界开发项目等13个项目，总投资额80.2亿元。签署了《高铁经济带沿线城市共同建设粤桂黔高铁经济带合作行动计划》。计划提出，13个城市合力实施“八大行动”，共同完善“六项机制”，将粤桂黔高铁经济带建设成为国家“一带一路”战略的重要衔接地带和泛珠三角区域合作的重要载体，将粤桂黔高铁经济带合作试验区打造为国家“一带一路”重大战略的重要节点。计划到2020年，高铁经济合作机制全面健全完善，连接“一带一路”和泛珠合作通道更为通畅，区域产业经贸合作及政府民间往来更为密切，成为新常态下创新发展、转型发展的新兴经济体，成为中国高铁经济带合作发展的示范区和泛珠区域合作新高地。

【黔南州赴沪参加资本市场助推贵州脱贫攻坚招商推介会】 2016年10月27日，贵州省人民政府在上海举行资本市场助推贵州脱贫攻坚招商推介会。本次推介会以金融扶贫为抓手，围绕贵州省委、省政府把脱贫攻坚作为头等大事和第一民生工程，确立大扶贫、大数据两大战略行动，突出展示贵州前所未有的发展机遇与潜力。来自长三角的金融家、企业家齐聚上海，聚焦贵州脱贫攻坚事业，共谋合作发展，助力贵州66个贫困县与全国同步实现全面小康。黔南州人民政府副州长胡晓剑率全州10个贫困县政府分管领导及州县投资促进部门负责人参加了推介会。推介会上，黔南州发布推介资产重组、股权融资、债券融资、基金等金融产业项目15个，计划融资金额77.1亿元。荔波县、三都县、龙里县共3个项目在会上参加集中签约，签约引资总额40.52亿元。

【黔南州赴深参加资本市场助推贵州脱贫攻坚招商推介会】 2016年10月31日，贵州省人民政府在深圳举办资本市场助推贵州脱贫攻坚招商推介会。本次活动旨在借力珠三角金融、产业、人才三大资源聚集的优势，抢抓金融扶贫政策机遇，加大招商引资力度，引进更多更好的金融资源和优质企业助推贵州脱贫攻坚、巩固“贵州发展速度”的惯性、延续“贵州发展速度”的周期、实现同步小康。来自珠三角的金融家、企业家齐聚深圳，聚焦贵州脱贫攻坚事业，共谋合作发展，助力贵州66个贫困县与全国同步实现全面小康。深圳证券交易所创业企业培训中心主任、深圳前海1号钱庄金融信息服务有限公司负责人等分别在会上发言，就资本市场助推贵州脱贫攻坚建言献策。中共黔南州人民政府党组成员刘延学率全州10个贫困县政府分管领导及州县投资促进部门负责人参加了推介会。惠水县、长顺县、独山县共3个项目在会上参加集中签约，签约引资总额5.9亿元。

【黔南州赴蓉城参加贵州省面向500强企业投资说明会】 值第十六届中国西部国际博览会隆

重开幕之际，2016年11月4日，贵州省在成都举办面向500强企业投资说明会。中共黔南州委常委、州人民政府副州长刘建民率瓮安县、贵定县、都匀市政府分管领导及州（县、市）投资促进部门负责人出席，与四川蜀裕集团、蓝剑化工集团责任有限公司、上水环保科技有限公司、重庆耐德机械设备有限公司及重庆峻岭能源股份有限公司等优强企业对接洽谈，初步达成项目投资合作意向。此外，黔南代表团还出席了3日举行的第九届中国西部国际投资说明会暨经济合作项目签约仪式，瓮安县政府与四川蜀裕集团共同签订了新型磷化工循环经济产业园合作项目协议，项目协议总投资额71亿元。

【出彩物流人——物流项目路演暨招商推介会在都匀举行】 借助2016第三届中国物流（都匀）国际峰会暨商贸物流博览会召开之际，2016年11月8日下午，“出彩物流人——物流项目路演暨招商推介会”在都匀经济开发区毛尖酒店举行。联合国工业发展组织中国投资促进处首席代表胡援东，中共黔南州委副书记、州人民政府代州长吴胜华，副州长杨从明，州政协副主席李强出席本次活动。活动由中央电视台节目主持人曹震主持。

推介会上，吴胜华从交通区位、气候、生态、能源、资源、政策环境、生产要素等向参会嘉宾介绍了黔南大物流的合作优势，真诚邀请各位企业家前来投资兴业，共享黔南发展新机遇，在黔南开放发展中实现共赢。独山县、瓮安县、罗甸县和贵定县分别在会上作投资环境和物流产业项目推介。贵州领略农产品大数据有限责任公司董事长黄亚欣、龙里县贵州快递物流集聚区管委会主任黄国学、福泉市大恩国际汽车城有限公司董事长赖主恩、贵州西南五州物流港集团有限公司总经理彭国桂分别作主旨演讲。新加坡丰树集团（龙里）综合物流产业园、广州聚联物流产业扶贫智能生态冷链保鲜物流园、福泉市安捷物流铁路物流等16个商贸物流项目现场签约，签约引资总额74.7亿元。

此次盛会邀请到金田阳光投资集团、新加坡丰树集团、中众合有限公司、成都铁路局、广州奇码科技有限公司、中广核（深圳）有限公司、兰州国际港多式联运公司、贵州省物流行业协会等200余家商贸物流企业负责人参加。同时参加会议的还有黔南州投资促进局、州商务粮食局负责人及各县（市、区）政府（管委会）领导、投资促进局、商务（工信）局负责人。

【黔南州组织参加2016中国·贵州跨境投资贸易洽谈会】 2016年11月10日，黔南州组织参加2016中国·贵州内陆开放型经济试验区跨境投资与贸易合作洽谈会。中共黔南州委常委、常务副州长罗桂荣，州委常委、副州长郭青率州直有关部门负责人及州内79家企业代表参加了本次活动。活动期间，黔南州企业与美国、英国、俄罗斯、德国、法国、加拿大等24个国家和地区的客商进行合作洽谈，12家企业与国外企业签订合作备忘录，27家企业达成合作意向，2家企业项目成功签约，引进资金28亿元。

【于鸿君率北大考察团赴黔南州调研】 2016年11月11—12日，北京大学党委常务副书记、纪委书记、马克思主义学院院长于鸿君率北京大学考察团赴黔南州调研。中共黔南州委书记龙长春全程陪同，并与考察团一行就北大助力黔南州脱贫攻坚同步小康战略合作、校地合作、地企合作、筹备世界反贫困大会等进行交流座谈。考察团由北大专家学者、国家开发银行、北大资源集团、中信信托、中信医疗集团、中国智慧城市产业联盟、中国国际经济咨询等知名企业负责人和知名北大校友组成。考察团先后赴龙里县、贵定县、都匀市、都匀经济开发区考察调研，实地考察了龙里高新产业园区、昌明经济开发区、绿茵湖产业园区、清水江湿地公园、茶博园等地项目规划和州委党校建设情况。座谈中，双方就加强科技人才合作、教育实训合作、发展平台合作达成了共识。与会企业家充分表达了在产业发展和园区建设等方面的合作意向。

【龙长春率队赴江西金达莱公司考察】 2016年11月21—22日，应江西金达莱环保股份有限公司邀请，中共黔南州委书记龙长春率考察团赴赣进行为期2天的考察，就该公司拟在黔南建设西南基地事宜进行商洽。黔南州政府副州长胡晓剑，州政协副主席、州委秘书长瓦标龙参加考察。考察团先后考察了高安市八景镇污水处理项目、樟树市经济开发区污水处理项目和位于南昌市的金达莱园区，听取了公司运营情况介绍。座谈会上，龙长春简要介绍了黔南州情和经济社会发展的良好势头，重点介绍了生态、气候、区位、交通等比较优势和优质的投资环境，热忱欢迎公司到黔南投资兴业，努力实现优势互补、合作共赢。金达莱公司负责人表示将深入推进与黔南的合作，共同推进金达莱环保西南基地在黔南落地营运，有效助推黔南生态文明建设和环境保护工作再上新台阶。在热烈友好的气氛中，黔南州政府与金达莱公司签署了《金达莱环保西南基地建设合作协议》。

【黔南州组团参加粤桂黔高铁经济带促进民间投资大会】 2016年12月23日，粤桂黔高铁经济带促进民间投资大会在广东省佛山市南海区举行。贵广、南广高铁沿线13个市（州）政府相关部门、金融机构、商会及行业协会代表出席大会，共同挖掘粤桂黔高铁经济新动能，推动粤桂黔三省（区）跨区域合作，促进高铁经济带民间投资。

中共黔南州委副书记、常务副州长、州委政法委书记罗桂荣率黔南代表团出席会议并见证签约。

大会期间，粤桂黔高铁经济带农业产业合作联盟、中小企业综合征信联盟、旅游产业联盟、民间资本联盟、陶瓷技术联盟、铝型材供应链联盟、家具采购联盟等7个联盟正式成立。各联盟将根据各自的资源优势，开展全方位合作。同时，粤桂黔农业产业信息发布中心、中小企业综合征信中心建设启动。《粤桂黔高铁旅游手册》《粤桂黔高铁旅游地图》与粤桂黔旅游合作南海先行——南海旅游市场激励与公共安全措施正式发布，粤桂黔高铁旅游资讯app也正式上线。

同日，主题为“‘味’力粤桂黔，绿色新生活”的第二届粤桂黔名优农产品食品展示博览会在佛山南海罗村南信大厦开幕，并在南信大厦挂牌成立了“粤桂黔农产品流通中心”。本届农博会将持续至12月25日，展区总面积近2万平方米，分为优“粤”农产品食品展示区、珍“桂”农产品食品展示区、美“黔”农产品食品展示区三大展区。博览会将集中展示粤桂黔高铁沿线13个市（州），共300多家参展商带来的数百种名优安全农产品食品。品类涵盖果蔬、畜禽产品、水产品、粮油、茶叶、酒、野生菌和其他农副产品等，是三地规模最大、影响力最广、区域联动最紧密的一次名优安全食品集中展示。

（李兴国）

·财政·税务·

CAI ZHENG SHUI WU

财 政

【概况】 2016年，全州财政工作在州委、州政府的领导和上级财政部门的指导下，贯彻落实党的十八届五中全会、省委十一届六次全会和州委十届七次全会精神，以守底线、走新路、奔小康为总揽，围绕建好“活力、和谐、生态、包容、幸福”五个黔南目标，扎实推进稳增长、调结构、促改革、惠民生、防风险等各项工作，财政服务发展水平、公共财政保障水平、财政管理水平再上新台阶，财政收支规模实现历史性突破，实现“十二五”圆满收官。2016年，全州财政总收入累计完成185.59亿元，同比增加12.90亿元，增长7.47%。一般公共预算收入累计完成110.05亿元，同比增加12.91亿元，增长13.29%。全州一般公共预算支出累计完成328.36亿元，同比增加17.67亿元，增长5.69%。从总体上看，2016年顺利完成全州财政预算任务和财政工作取得了一定成绩，同时也面临不少困难和矛盾：一是受全国经济下行压力、政策性减收等影响，全州财税收入乏力。二是在组织收入上，部门之间的协调配合还不够到位，税收征管措施的执行力和落实力还有待进一步提高。三是财政收入潜在增长率下降，财政支出刚性增长的趋势没有改观，财政收支矛盾呈加剧之势，平衡收支压力较大。四是财政改革创新还需加强。实行省直管县财政改革以后，对于如何定位州级财政工作，针对出台相关配套政策，如何更加科学合理地分配与管理财政资金、提高财政资金使用绩效，有待进一步研究探索。

【财政收入】 2016年，全州财政总收入累计完成185.59亿元，同比增加12.90亿元，增长7.47%。一般公共预算收入累计完成110.05亿元，同比增加12.91亿元，增长13.29%，非税占比27.53%，全州非税收入占公共财政收入的比重更趋合理，财政收入质量进一步提高。

【财政支出】 2016年，全州一般公共预算支出累计完成328.36亿元，同比增加17.67亿元，增长5.69%。其中：九大民生支出（公共安全、教育、科技、文体与传媒、社保和就业、医疗与计生、节能环保、农林水、住房保障）185.15亿元，同比增加43.9亿元，增长31.11%。2016年，压缩州直行政及参公单位行政经费503万元，增加93.37万元，用于支持教育精准扶贫；2016年新型农村合作医疗和城镇居民基本医疗保险政府补助标准已由每人每年380元提高到420元，与州卫计委联合出台《黔南州“先诊疗，后付费”便民服务设施方案》，该方案的实施为病人开通了“绿色通道”，确保病人在第一时间内安全有效的治疗；拨付城乡最低生活保障资金51869万元；共拨付上级养老保险补助专项资金33800万元，促进全民

“老有所养”的惠民目标的实现。预决算公开步伐偏慢，公开程度不够。存在政府和部门预决算及“三公”经费预决算内容公开不完整、公开细化程度不足、公开不及时、网站散乱及部分单位未公开“三公”经费预决算等问题，在深度、广度和及时性上还有差距。

【深化财政改革】 始终抓好财政改革这个重点，财政机制更加完善。强力推进供给侧结构性改革，围绕降低税费成本，促进黔南州财政管理体制改革。一是2016年5月1日起，将建筑业、房地产业、金融业和生活服务业全面实施“营改增”，2016年年底正按各时间节点有序推进，确保试点纳税人行业税负只减不增、纳税服务水平只升不降。截至2016年年底，全州四大行业营业税及改征增值税收入完成7.94亿元。二是进一步建立和完善乡（镇）财政管理体制。2014年，黔南州启动乡镇财政管理体制改革工作以来，州、县两级财政部门做了大量工作，全州13县（市、区）除都匀经济开发区实行“区镇合一”管理模式暂不具备实行改革工作外，其余12县（市）均已启动实施改革工作，极大地调动了乡镇发展经济和抓财源建设的积极性。三是财政省直管县取得实质性成果。自2016年1月1日黔南州的福泉市、瓮安县、贵定县、龙里县、惠水县5县正式纳入了财政省直管县管理改革范围后，黔南州除州府所在地都匀市外的其他县市全部纳入了财政省直管县范围。四是探索开展财政绩效评价试点，及时印发了《黔南州州级部门预算绩效目标管理暂行办法》，在预算部门自评的基础上，按照年度绩效评价工作计划，选择部分重大项目和重点部门开展绩效评价，评价结果作为以后年度安排预算资金的重要参考依据。按照省“1+N+X”模式，完善细化内控制度，着力构建财政“大监督”格局。五是政府与社会资本合作模式改革取得阶段性成效。设立“PPP项目财政支持基金”，黔南州PPP财政支持基金是全省乃至全国率先成立的PPP项目财政支持基金。该基金总额度22.5亿元，目前已到位资金18.76亿元，已投入17.30亿元建设翁马铁路、州博物馆等州级PPP项目，极大地缓解黔南州项目资金紧缺压力。六是“一事一议”财政奖补项目建设亮点纷呈。2016年度全州共实施一事一议项目（普惠）1097个，财政奖补总投资1.9亿元，已全部实施完毕，惠及575个行政村、829个村民组。2016年省下达黔南州小康寨行动计划工作任务为年度项目总投资（包含村以下道路投资）57885万元，截至2016年年底，各县（市）累计完成投资59368.6万元，占年度任务总投资的102.56%。

【财政监督管理】 始终抓好财政管理这个源头，理财能力明显提升。注重提高资金效益，重点对地方财政存量资金进行清理，2016年，全州累计收回财政存量资金46508万元，收回的财政存量资金调整用于保民生、补短板。注重财政预决算信息公开，2016年州本级公开预算的部门增加到163个，基本实现“全覆盖”。率先在州政府门户网设立“黔南州财政资金信息”专栏，从2016年开始州级部门预决算首次实现统一平台集中公开。注重财政国库管理，继续扩大财政国库直接支付范围，截至2016年年底，办理直接支付业务总计33516笔，实现拨付金额总计34.1亿元，同比支付数和拨付金额分别增加了18.5%和28.6%。注重政府采购管理，全州政府采购项目预算资金60.5亿元，实际采购59.35亿元，节约率1.9%。注重创新财政投入方式，成立政策性融资担保公司，积极推广“贵园信贷通”“电商贷”“3个15万元”等融资政策产品和政府购买服务，破解民营企业融资难题。

【支持经济发展工作】 抓住重点抓支出，支持经济发展不断增强。大力支持“一圈两翼”和工业强州、城镇化带动战略深入实施；加快推进大扶贫、大数据、大健康、大旅游、大物流、大文化“六大战略行动”建设；重点支持州庆献礼项目、FAST工程等省州重大项目建设；加大对“十亿、百亿”重大产业项目、“5个20”工程和基础设施建设、“四在农家·美丽乡村”六项行动计划、“185”工程等重点项目和重点产业的支持力度。2016年共安排州各类扶贫专项资金2亿元，主要用于扶贫“五个一批”。共向上争取到农口补助资金28.5亿元，积极争取省级扶贫基金份额，并筹集州级扶贫基金100亿元，为扶贫攻坚提供资金保障。同时采取融资方式补充财力，计划融资6亿元用于黔南州水利三大会战、融资5亿元用于小康寨建设。加大资金整合力度，整合全州6大类93项36亿元涉农专项资金，由贫困县统筹使用。由于出色完成农业综合项目开发，黔南州荣获全省2015年度农业综合开发统计优秀单位。支持县域经济加速发展壮大，一大批经济强县快速崛起，不断增强黔南州转型发展、后发赶超的内生动力。

【党风廉政建设工作】 以落实中央八项规定和党风廉政建设责任制为重点，以“两学一做”学习教育为契机，齐心协力狠抓党建工作。及时制定了学习教育实施方案及学习计划，并将学习教育内容进行分解和细化，明确时间节点和阶段任务。成功举办了“理财为民，聚财强州”演讲比赛，举办全州财政系统“两学一做”党章党规党纪专题培训班，并邀请有关领导和专家授课，促使党规党纪入脑入心，着力营造了风气正、作风硬、工作实、效率高的干事氛围，思干、思上、思学在该局蔚然成风。结合扶贫驻村工作，2016年局选派了4名业务能力强、思想素质高的优秀干部，到帮扶点开展驻村帮扶工作，促使学习教育达到学以致用、知行合一。通过开展专题学习讨论、听党课上党课主体活动，开展局领导班子专题民主生活会和组织生活会，扎实推进“两学一做”学习教育，巩固好群众路线教育活动和“三严三实”成果，为推进各项财政事业发展提供坚强保障。

（蒙炳万）

国家税务

【概况】 黔南布依族苗族自治州国家税务局辖13个县（市、区）局，2016年，全系统在职干部职工819人，其中公务员792人（行政编制缺87名），事业干部4人，机关工人23人，（事业编制为67名，系统事业编制缺40人）；男性干部职工489人、女性干部职工330人；少数民族320人；大专以上804人，占98.17%，其中研究生31人，占3.79%。2016年，既是“十三五”开局之年，又是改革攻坚之年，也是质量提升之年。这一年，在省国税局和黔南州委、州政府的领导下，全州国税系统按照省局“十三五”时期工作思路，众志成城，奋勇前行，精益求精，圆满完成了全年各项工作任务。

【国税税收收入增长增收】 2016年，累计完成税收收入75.15亿元，同比增收15.37亿元、增长25.71%，快于全省国税平均增速3.4个百分点，快于全省国税平均增速3.4个百分点。全年减免退各项税收15.5亿元，其中减免税13.2亿元，退税（含出口）2.3亿元，

【“营改增”圆满收官】 2016年，州四大行业2.4万户试点纳税人累计入库增值税14.47亿元，减税3.1亿元，助推了黔南经济结构转型升级，得到了国家税务总局、省国税局和地方党委政府的高度肯定。

【国地税合作出新彩】 建立了国地税“1+4+N”深度合作模式，以政府为主导，通过“服务互融、征管互助、信息互享、经验互鉴”，打造“便民办税、协作治税、信息管税、互惠兴税”4个“共同体”，实现N个合作事项再延伸，累计确定基础合作事项37项、创新合作事项9项，得到了省国税局、州委州政府多次批示肯定。福泉市被确定为省级国地税合作示范区，都匀市、龙里县、瓮安县分别被确定为州级国地税合作示范区，进一步彰显了黔南国地税合作成效，提升了知名度。

【纳税服务水平领跑全省】 按照省国税局纳税服务提升年工作要求，各地认真开展“便民办

税春风行动”，运用“互联网+税务”思维打造智能办税新途径，瓮安县局利用增值税发票网上申购系统受理领用发票申请；开发区局开展电话预约领票；都匀市局开展发票“闪送”业务；龙里县局开展网上审批试点。构建“七统一”办税服务新模式，国地税窗口实现“一人一机一窗一POS双系统”联合办税，有效提高办税效率。2016年，在国家税务总局纳税人满意度调查中，全州纳税人满意度在全省国税系统中综合排名第1位。

【黔南国税法治税务形象建设】 与司法、教育等部门联合建立中小学生税收普法教育基地，开展税收普法征文、税收宣传月“快闪”、营改增知识竞赛等普法宣传活动；创新建立税收共治机制、依法决策机制和矛盾化解机制，开展了“法治税官”“法治税户”“法治社区”“法治家庭”等评选活动，提炼具有地方特色的法治税务文化；健全法律顾问制度，试点实施总法律顾问制度，得到国家税务总局肯定。州国税局作为全省国税系统唯一推荐单位申报创建全国普法教育示范基地，福泉市国税局获评“全国税务系统法治基地”，荔波县国税局获评“全省国税系统法治税务示范基地”，黔南国税法治税务形象进一步树立。

【绩效管理】 念好“融”“统”“进”三字诀，建立主要领导挂帅、分管领导主抓、职能部门组织实施、全员积极参与的领导体制和工作机制，配足专兼职人员，建立人才库，层层签订责任书，围绕重点工作开展督查督办，按季开展绩效讲评，以考评结果综合评价业绩，营造了人人讲绩效的工作氛围，构建了处处求绩效的运行格局，形成了事事用绩效的考评机制，发挥了工作靠绩效的保障作用。州国税局在2016年全省国税系统绩效管理考评中再次位列第一方阵，这也是州国税局连续九年获得全省国税系统绩效考核特等奖。

【“两学一做”】 党组带头、以上率下开展“两学一做”学习教育，明确6大类、21项学习教育任务，举办手抄党章硬笔书法比赛和科级干部“两学一做”综合知识测试，州国税局机关在全州直属机关“两学一做”知识竞赛中荣获一等奖，都匀、福泉、平塘等县（市）国税局也在各地组织的“两学一做”知识竞赛中获得优异成绩。瓮安县国税局被评为“全国税务系统先进集体”“全省先进基层党组织”，州国税局、都匀市国税局、福泉市国税局、瓮安县国税局机关党委及长顺县国税局党总支被评为“全省国税系统先进基层党组织”。

【税收征收管理工作】 试点开展“互联网+身份识别”实名办税，探索开发“税收共治信息管理平台”，提升行业涉税指标信息化采集水平；联合地税部门建立房地产、建筑行业项目登记制度，实行“四位一体”税收管理；探索实行企业所得税“互联网+团队化管理”模式，研发“企业所得税管理工作平台”，实现企业所得税管理信息化应用；运用政策服务民族特色文化产业，累计纳入民族特色试点的纳税人239户，新增211户，带动就业2443人；联合地税部门出台《大企业税收服务与管理合作方案》，与共管户签订《税收服务与遵从协议》，共同加强税收风险管理。

【队伍建设】 抓好干部教育培养，分步组织落实各类培训，全年共举办培训29期，开展“岗位大练兵 业务大比武”活动，53名干部入选州局“岗位能手”，其中2人被纳入国家税务总局“素质提升‘115’工程-专业骨干项目”、10人被纳入总局“素质提升‘115’工程-岗位能手项目”；大力强化干部选拔任用，建立干部动态管理、优胜劣汰、定期调整、有进有出的管理机制，共调整任用科级领导干部51名；扎实开展数字人事推行工作，干部队伍管理日趋规范，干部职工工作积极性日益提高。2016年，全州国税系统有1人获“贵州省五一劳动奖章”、1人获“贵州省第三届行业道德标兵提名奖”、4人被评为“全省国税系统最佳纳税服务之星”、10人被评为“全省国税系统纳税服务之星”。

【党风廉政建设】 加强党风廉政建设，分别对茶产业征收管理、发票代开及管理等8个事项开展立项监察；强化纪检监察案件查办力度，全年共经济惩戒7人次、廉政提醒约谈47人次、批评教育10人次、通报批评14人次、责令书面检查4人次，在全省国税系统上半年重点工作推进会上，州国税局以廉政建设为主题做了专题发言。积极配合省国税局开展好对州局的巡视工作，对省国税局巡视组提出的8大类31个问题52项整改内容进行了逐条讨论和剖析，制定了整改方案和台账，拟定了80条整改措施，逐项明确整改内容、时限、责任人及要求，确保整改工作取得实效。

（刘　辛）

地方税务

【概况】　2016年，黔南州地方税务局在贵州省地税局党组和州委、州政府的领导下，牢记为国聚财、为民收税的神圣使命，以开展“两学一做”学习教育为契机，以“改革驱动，激发活力，高效治税”为工作主线，以“依法治税，信息强税，人才兴税，绩效促税，服务优税”为工作重点，继续巩固“三严三实”专题教育活动及“转作风、优服务、创一流”主题活动的成果，进一步转变工作作风，提高工作效能，依法组织收入，推进依法行政，加强税收征管，优化纳税服务，狠抓队伍建设和党风廉政建设，强化督查内审工作，绩效管理提“绩”增“效”，各项工作取得显著成绩。

【依法组织收入】　2016年，全州地税系统认真贯彻落实全省地税局长工作会议和全州经济工作会议精神，坚持以组织收入为中心，深入挖掘税收潜力，抓好对组织收入工作的督促、检查和考核，强化组织收入工作的指挥调度，督促各项税收及时缴库，确保了地方税收的稳定增长。2016年，全州地税共组织税收收入79.61亿元，不含营业税税收收入62.98亿元，完成营改增后省地税局调整不含营业税全年确保目标50.7亿元的124.22%，奋斗目标54亿元的116.63%，同比增收7.19亿元，增长12.89%。公共财政预算收入64.46亿元，占全州公共财政预算收入110.04亿元的58.58%，同口径同比增收10.69亿元，增长19.88%。税收总量列全省第6位，增速为12.89%，快于全省9.87个百分点，列全省地税系统第1位，为全州经济社会的持续、稳定发展做出了积极的贡献。因成绩突出，黔南州委书记龙长春对州地税局工作给予肯定批示：2016年，地税系统在经济下行压力持续加大、“营改增”全面实施的情况下，自我加压、负重奋进，全面完成了年初确定的税收任务，为全州经济发展做出应有的贡献。成绩包含着艰辛，数据充满着智慧。希望地税系统的全体同志，既要看到成绩、以厉再战，又要看到困难、保持定力，在新的长征路上砥砺前行。特别是2017年，全州地税系统要在省局的坚强领导下，主动适应新常态，“围绕中心、组织收入，深化改革、服务大局，加强督察、依法行政，建强素质、提升能力”，奋力推动全州税收工作再上新台阶。

【强化依法治税】　全面深入推进依法行政、依法治税工作，规范税收执法行为，强化税收执法监督，不断提高地税干部依法行政的能力和水平，防范风险，化解矛盾。以“提升效能、改善服务”为目标，不断创新税务行政审批工作机制和管理。通过采取“三个一”积极服务供给侧改革：创建“一个基地”。深入开展“法治税务示范基地”创建工作，发挥示范作用，促进规范执法。厘清“一批事项”。厘清各级税收权力，公开权力目录，划分责任边界，编制权力运行流程图，推行税收执法权力清单化管理，切实增强税收执法规范性和透明度。落实“一些政策”。严格执行各项税收优惠政策，充分发挥税收政策的导向作用，加大税收扶持的力度；对供给侧结构性改革进程中的“营改增”运行情况、资源税改革等做好跟踪调研；认真办理、答复和反馈人大代表建议、政协委员提案及企业来询，做好相关政策解释。

坚持“三步走”：“完善机制步”“严格审理步”“监督问效步”，深入推进重大税务案件审理。推进法律顾问制度，建立法律顾问工作制度，帮助防范和化解税收执法风险。抓早抓实制定案卷评查工作方案，扎实做好税务行政复议工作，连续6年未发生一起行政复议、应诉案件，营造了良好的税收环境。强化税务稽查和税收执法，进一步整顿和规范税收秩序。精心组织“雪豹行动”行动专项整治工作，加强涉税举报案件管理。突出重点着力查处稽查大案要案，严厉打击发票违法犯罪活动。加强案件曝光和稽查宣传工作，充分体现出黔南地税稽查的“亮剑精神”。依法组织稽查案件听证工作，充分体现了稽查在“刚性”执法中的“柔性”服务。认真做好稽查案件出庭应诉工作，并一审胜诉。不断创新税警协作机制，与公安、国税等部门密切协作，做到“三共”，即共建机制、共定目标、共查案件，通过“信息联享、案件联查、执法联动、会议联席”等协作办案机制，黔南州税警双方联手打击发票违法犯罪活动和偷、逃、骗、抗税等涉税违法行为，成效显著。2016年，黔南州地税局稽查局共立案20起，结案23起，其中查处千万元以上案件1起，百万元以上案件7起，累计实现查补收入合计11，053万元，已入库税收收入合计10，501万元，查补收入创近年来历史新高。

【深化税收改革】 认真落实国家税务总局对税制改革的部署，积极做好“营改增”扩围工作，确保了全面推开营改增试点工作平稳进行，接连顺利闯过了5月1日首日开票的“大关”、5月3日及后续二手房交易开票缴税的“难关”，打赢了全面推开营改增试点攻坚战，实现了税制平稳顺利转换。稳步推进深化税收征管改革进程，加强国地税合作做到了以下“四个一”：建立一批合作县级示范区，落实一些基本合作事项，创建一个“1+4+N”深度合作模式，探索一种个体定期定额户合署办公运作方式，得到国家税务总局征管科技发展司的充分肯定。全面推广《全国税收征管规范（1.1版)》的应用，强化征管质量监控管理，加强征管数据管理，有计划地实施税收风险管理，进一步强化了纳税评估工作。有序开展资源税从价计征改革工作，加强对矿产资源收费基金的调查清理，认真开展税率测算、数据采集工作，8月1日黔南州首张金额为119，982.24元的“资源税从价计征”税票在福泉市地税局成功开具，为促进全州地税系统资源税改革工作的顺利开展起到了积极地作用。进一步深化商事制度改革，从“三证合一”到“五证合一、一照一码”，再到“两证整合”，实现工商、税务部门数据信息实时共享，由以前的“外循环”变成了工商、税务的“内循环”，大大减轻了纳税人的负担和地税机关办税服务厅的工作量，有效降低了税收征收成本。加强涉外税收征收管理，涉外税收管理逐步规范化。2016年，黔南州地税局对罗甸县的贵州信邦制药股份有限公司收购由多家中外企业控股的中肽生化有限公司百分之百的股权，进行了非居居企业所得税源泉扣缴工作的督促和指导，共计征收非居民企业所得税10，193万元，顺利实现了黔南州地税史上第一笔非居民企业所得税源泉扣缴，且扣缴额度突破亿元大关。

【优化纳税服务】 深入开展“便民办税春风行动”，推出10类26项便民措施。认真落实《全国税务机关纳税服务规范（2.3版)》，做到了“五心”：首问责任让纳税人省心、限时办结让纳税人放心、延时服务让纳税人舒心、预约服务让纳税人暖心、加强需求管理让纳税人贴心，推进各项便民办税服务制度的有效落实。认真做好“营改增”纳税服务工作，加强与国税协作，深化办税服务厅联合办税的模式。2016年，全州13个办税服务厅全部实现“一人一窗一机双系统”的办税模式，“一窗受理、内部流转、限时办结、窗口出件”的税务行政审批制度得到有效的落实，切实解决了纳税人“来回跑、重复报”的现状，真正实现了纳税人进一个厅、到一个窗、办两家事，有效缩短办税时限和提高工作质效。强化宣传引导，依托“互联网+税务”不断拓展纳税服务平台。积极推行“二维码”一次性告知制度，极大地方便了纳税人获取所需办税事项相关信息，使纳税人办税真正做到了一目了然。全面推广网上申报纳税，全州企业纳税人网上申报签约率达到90%以上。多渠道解决纳税人的合理诉求，建立纳税服务QQ群、微信公众平台，常态为纳税人解决网上申报、报表下载、涉税软件使用、政策咨询、纳税提醒等服务。完善“纳税人学堂”教学机制，全州国地税联合开展了142期培训，共联合培训纳税人17890人次，进一步满足纳税人的培训需求。加强国地税协作，开展纳税信用等级评价。在依法、公正、公开、公平原则下顺利完成了2015年度纳税信用等级评定工作，全州纳税人税法遵从度有了很大提高。积极推进“税易贷”和“税贷通”项目的开展，对纳税信用为A、B级的纳税人提供信用贷款，对助力小微企业持续发展、扩大生产、扶持产业升级、守信联合激励起到了积极的促进作用。

【严管铸强队伍】 2016年，黔南州地税局整合“税收+”发展理念，把扎实开展“两学一做”学习教育与组织收入、创建党建品牌和精准扶贫工作结合起来，不断总结党建工作经验，进一步深化了“党旗辉映·税徽红”系列党建品牌创建活动，荣获州直机关工委颁发的首批黔南州直机关“十佳党建品牌”“双七增辉示范单位”“优秀志愿服务队”等奖项，黔南州地税局机关党委被评为2016年度州直机关先进基层党组织。创新地税文化理念，创建黔南地税“走廊文化”，加强精神文明建设，展现黔南地税新风貌、新形象。切实加强全州地税系统干部职工的教育培训，实施人才兴税战略，扎实推进骨干人才建设，多渠道、多层次加大干部教育培训。分别组织干部参加国家税务总局、省地税局举办的处级干部、人事干部、党务干部、纪检监察干部培训班，共培训305人次；组织开展全州地税科级干部、人事档案、绩效管理、办公室文秘、电子政务等培训，共培训998人次。通过各级各类培训，进一步提高了各级各类人员的业务素质和综合素质，努力打造一支政治坚定、业务精通、执法文明、管理严格、清正廉洁的税务干部队伍。坚持把班子建设放在突出位置，抓班子带队伍。认真落实班子建设的各项制度规定，不断提高班子的凝聚力战斗力。认真做好干部的选拔任用等工作。按照《党政领导干部选拔任用工作条例》的有关规定和工作需要，在州、县地税局对32名试用期满的正、副科级领导干部试用期情况进行了考核并办理了正式任职手续；在全州地税系统部分县（市）地税局和州地税局开展了拟提拔6名正科级领导干部、1名主任科员民主推荐、重点考察、任职前公示、办理任免职手续等工作；交流、轮岗正科级领导干部11人，2名县地税局“一把手”改任同级非领导职务；轮岗交流副科级领导干部14人，充实县（市、区）局领导班子成员、州地税局机关各部门的领导力量，确保州地税局和县（市、区）局工作正常开展打下了基础。全面落实党风廉政建设责任制，强化责任担当，狠抓“两个责任”的落实。层层签订党风廉政责任书，层层落实“两个责任”，认真落实“一岗双责”相关要求。强调“三个务必”纪律要求，要求各县（市、区）地税局务必严格执行省局组织收入“五条禁令”、务必坚定不移落实依法征税原则、务必将组织收入工作落实到位，切实把握好关键时间节点，坚持依法依规组织收入，坚决贯彻组织收入原则，规范税收征管行为，及时足额组织税收收入，切实保证税收收入质量。突出抓好八项规定精神落实情况检查，深入纠正“四风”。进一步加强廉政教育和警示教育，认真落实廉洁自律各项规定，使地税系统政风行风建设取得新的成效。

【强化内部管理】 进一步加强绩效管理工作，切实将绩效管理工作纳入“一把手”工程抓紧抓实，强化机考工作的应对，从源头上着力规范和强化有关业务操作，从组织绩效、个人绩效、机关考核、区县考核、考评运用等方面对现有绩效考核制度进行了完善和补充，强化了管理。加强督查内审工作，开展税收执法督察回头看、税收执法督察、内部审计工作，建立全州督察内审人才库，提高全州督察内审工作的质量和水平，充分发挥督察内审职能作用。加强公文运转管理和政务信息工作，公文和信息质量稳中有升；加强督查督办，较好地促进了各项工作的落实。抓好政务公开工作，进一步加强和规范了网站的管理，保证网站安全、有效、可靠地运行，充分发挥其服务功能。加强对机关内部管理情况的监督检查，确保各项管理制度落实到位。进一步加强和完善财务管理制度和内部监督制约机制。严格按照经费核算制度，确保各项税务经费的支出符合有关财务规定。继续加强固定资产管理，进一步完善了相关管理制度。加强机关保密和安全管理，抓好整脏治乱，有效杜绝了各类事故的发生。认真落实值班和重大紧急情况报告制度，安排好节假日值班，确保内部安全。加强维稳和信访工作，切实化解矛盾纠纷，确保系统内部和谐稳定。

（叶黔峰）

·金　融·

JIN RONG

政府金融工作

【概况】　黔南州人民政府金融工作办公室为参照公务员法管理的正县级机构。设主任1名、副主任2名。内设4个科室，即综合科、银行保险科、发展规划科和资本市场科。核定事业编制16名（其中：经批准列入参公管理15名，工勤人员1名）。

【金融机构存贷款情况】　截至2016年12月末，全州银行业金融机构人民币各项存款余额1521.4亿元，比年初增加350.1亿元，同比增长29.9%，低于2015年同期5.1个百分点，增速位列全省第五；人民币各项贷款余额1066.2亿元，比年初增加263.5亿元，同比增长32.8%，与2015年同期持平，增速位列全省第一。根据《贵州省市州和县域经济发展综合测评办法》（2016版），金融机构人民币各项存款和贷款余额分别的增长速度合并为金融机构人民币各项存贷款余额增长速度，按照新的计算口径，全州金融机构人民币各项存贷款余额增长速度为31.1%，位列全省第二。

【组织开展企业上市培训】　2016年3月16日，组织州内拟上市挂牌企业、县（市、区）分管金融工作领导及金融办负责人、州直有关部门、州级平台公司等参加“新三板”挂牌业务培训会。培训会使具备一定上市条件的企业和县市负责人进一步了解和掌握“新三板”的市场功能定位、制度框架、最新政策及具体操作流程，进一步提升相关人员思想认识和专业水平。

【开展非法集资风险专项排查】　州金融办以P2P、网络借贷、小额贷款公司及非法集资高发行业为重点开展非法集资风险专项排查活动，及时将非法集资态势防控在萌芽状态，并对排查出的6家涉嫌非法集资的公司交由公安机关进行立案侦察。

【组织举办金融系统“两学一做”知识竞赛】2016年4月22日，州金融办组织召开金融系统“两学一做”知识竞赛。银行业金融系统、保险业金融系统、州融资担保公司、投资平台公司共21支队伍参加了竞赛，经预赛决赛，共6支队伍分获一、二、三等奖。比赛促进了交流，增强了友谊，对学习《党章》《党规》及系列讲话起到了带动作用，取得了预期效果。

【举办政银企对接洽谈签约会】　2016年8月18日，黔南州政银企对接洽谈签约会在都匀毛尖酒店会议中心召开。签约会上，共有300余家企业、15家金融机构、4家保险公司、1家担保公司参加，融资需求334.42亿元。现场签约企业30家，签约资金112.91亿元。

【举办现代物流与金融创新论坛】 2016 年 11 月 8 日，由州政府金融办承办的现代物流与金融创新论坛在都匀隆重举办。黔南州委常委、副州长郭青，黔南州委常委、副州长范勇，黔南州州长助理赵院，黔南州政府副秘书长、州金融办主任桑丽等出席并参加会议。论坛解读了国家物流金融最新政策，探讨了物流、金融如何深度融合，为黔南州物流业与金融业搭建了一个沟通交流的平台。

【到深圳开展金融调研】 为了加强与发达地区金融工作部门的合作交流，学习先进金融发展理念，2016 年 12 月 15—17 日，州金融办主任桑丽带领州内贫困县金融办负责人及部分拟上市企业代表赴深圳开展金融工作调研。

【签订《开发性金融合作备忘录》】 州金融办加大与国开行贵州省分行对接力度，以脱贫攻坚为首要任务，从交通、水利、林业、电力基础设施和易地扶贫搬迁等项目签订开发性合作备忘录，支持黔南州政府和相关投融资主体多渠道融资，合理控制融资成本，从源头上促进资金和其他资源的合理配置，以实现黔南州“十三五”时期金融、经济社会可持续发展目标。

【设立脱贫攻坚基金】 州金融办积极与国开行贵州省分行对接，争取国开行在全省的第一支“专项脱贫攻坚基金”落户黔南。已将《黔南州脱贫攻坚基金设立方案》《黔南州脱贫攻坚基金管理有限公司组建工作方案》报省发展改革委审批。该基金总额度 100 亿元，首期募集资金 10 亿元。将投向大型基础设施、山地特色新型城镇化及配套服务设施、园区建设项目、生态移民搬迁、文化旅游、特色产业发展、教育、医疗卫生和健康养老等扶贫开发建设领域。

【制定《黔南州金融支持实体经济发展实施方案》】 方案已经州委全面深化改革领导小组第十四次会议审议通过。从金融供给主体改革、发挥财政资金作用、加强信贷产品推介、创新金融产品和服务方式及建立和完善工作机制等五方面统筹开展促进实体经济发展工作，并为黔南州实体经济发展提供政策依据。

【推动金融机构“五个全覆盖”工程】 政策性担保机构已实现全覆盖。贵州银行、贵阳银行均已实现县域支行全覆盖；8 家农信社改建为农商行。实现了全州 1480 个行政村助农取款服务点全覆盖。全州 104 个乡镇共安装 ATM 机 532 台。

（赵二彪）

中国银监会黔南监管分局

【概况】 2016 年，黔南银监分局贯彻落实贵州银监局和州委、州政府的各项决策部署，改革、发展和监管各项工作取得新成效，实现了银行业“十三五”良好开局。截至 2016 年年末，全州银行业金融机构共包括 1 家政策性银行，1 家邮政储蓄银行，5 家国有商业银行，2 家城商行，8 家农商行，4 家农村信用合作联社，5 家村镇银行，经营网点共计 539 个。各项资产总额 1666.36 亿元，同比增长 32.51%，其中：贷款余额 1066.21 亿元，同比增长 32.83%，增幅位列全省第一；负债总额 1598.02 亿元，同比增长 31.73%，其中：各项存款余额 1466.72 亿元，同比增长 29.29%，增速位列全省第四；实现本年利润 22.44 亿元，同比增长 43.02%；不良贷款率为 1.63%，同比下降 0.38 个百分点。

【服务实体经济质效提升】 2016 年，紧紧围绕州委州政府“一圈两翼”发展战略及产业政策，积极督促引导辖区银行业找准切入点和着力点，积极盘活存量，用好增量，加大对重大基础设施、民生工程等重点领域重点项目及小微企业、“三农”等薄弱领域的信贷支持力度，促进经济结构转型升级，为推动地方经济发展做出了积极贡献。

截至2016年年底，全州银行业金融机构各项贷款余额比年初增长32.83%，高于全省贷款平均增速14.05个百分点；支持“五个20”工程贷款余额145.4亿元，五大战略新兴产业贷款余额27.17亿元，保障性安居工程贷款余额12.64亿元。认真贯彻落实小微企业金融服务监管政策，按月监测、按季通报考核，加强与地方政府部门的信息沟通交流，推动“银税互动”、有效降低融资成本，积极推进和改善小微企业金融服务。定期对金融服务“村村通”自助机具的管理和运行情况进行巡查，按季监测通报，制定下发《黔南农信社实施扶贫攻坚金融服务行动方案》，大力推进精准扶贫工作。截至2016年年底，全州银行业金融机构小微企业（含个人经营性）贷款余额363.98亿元，同比增加117.01亿元，增长47.38%，高于同期贷款增速14.54个百分点，实现银监会提出的“三个不低于目标”；全州银行业涉农贷款余额713.92亿元，同比增加157.09亿元，增长28.21%；推动金融精准扶贫攻坚行动，完成建档立卡贫困户20.12万户，评级16.99万户，授信16.63万户、金额达57.06亿元。

【银行业风险管控有效】 一是与各机构主要负责人签订“双线”风险防控和案件防控目标责任书，组织开展案防督查、现场检查、案防工作评估，督促各机构健全完善案防工作长效机制，持续保持案防高压态势，严控案件风险。二是持续强化不良贷款监测分析和预警，督促各机构积极盘活存量，严控增量，多举措防化信用风险。2016年年底不良贷款率较年初下降0.38个百分点。三是严格落实平台贷款各项监管要求，从严从实管控平台贷款风险。落实名单制管理，实施全口径风险监测，动态掌握相关信息，强化重点机构、重点区域平台贷款风险管控，平台贷款风险总体可控。四是加强监管政策传导，及时提示风险和预警，增强了风险管控的前瞻性、针对性和有效性。2016年，共组织召开审慎监管会谈21次，发出风险提示47份、各类通报20余份，约见高管告诫谈话4次。五是认真组织开展“两个加强 两个遏制”回头看专项检查，坚决遏制违法违规行为。

【银行业改革稳步推进】 贵州银行、贵阳银行实现全州县域支行全覆盖；农商行改制总数达8家，已覆盖75%的县域，1家（三都县联社）已获批筹；村镇银行总数达5家，现已覆盖42%的县域，独山、长顺、罗甸村镇银行经银监会备案同意，分别由浙江温州鹿城农商行和贵州花溪农商行发起设立，已完成筹建行政许可准入初审上报。

（刘献国）

中国人民银行黔南州中心支行

【概况】 中国人民银行黔南州中心支行是中国人民银行的派出机构，内设16个职能科室，下辖11个县市支行。截至2016年12月31日，有正式在职干部职工332人，聘用制职工30人，离退休干部职工134人，共产党员289人。

2016年，中国人民银行黔南州中心支行在成都分行和贵阳中心支行党委的正确领导下，认真贯彻落实稳健的货币政策，坚持稳中求进工作总基调，紧密结合地方实际和州委、州政府的决策部署，切实履行基层人民银行职责，有力支持地方经济社会发展。截至2016年12月31日，全州银行业金融机构人民币各项存款余额1521.4亿元，比年初增加350.1亿元，同比增长29.9%，增速位列全省第五；人民币各项贷款余额1066.2亿元，比年初增加263.5亿元，同比增长32.8%，增速位列全省第一。

【金融支持地方经济社会发展力度加大】 一是根据中央经济工作会议精神及人民银行的信贷政策导向，紧密结合地方实际，加强窗口指导，引导金融机构加快信贷结构优化调整及将信贷资源向重点领域和薄弱环节倾斜。同时，认真落实县域法人金融机构将新增存款主要用于当地发放贷款的考核机制和下调 1 个百分点的奖励政策。二是继续推进民贸民品优惠利率政策落实，引导金融资源更好地服务实体经济，2016 年全年全州共计 210 家企业享受民贸民品贷款利率优惠，贷款余额 38.94 亿元，贴息金额 1.25 亿元。

【金融扶贫工作成效明显】 一是围绕特色致富产业实现金融助推脱贫。结合州委州政府特色产业规划，安排 2.5 亿元支农再贷款作为支持茶产业发展专项资金，通过政策和资金倾斜，引导金融机构新增茶产业贷款近 6 亿元，支持茶叶种植面积 23.47 万亩，带动贫困农户就业 10065 户。二是利用支农再贷款等货币政策推动金融扶贫。将 25 亿元支农再贷款全部转为扶贫再贷款，同时，降低发放给地方法人金融机构的再贷款利率，并对地方法人金融机构发放给贫困农户以及涉农企业的贷款利率实行上线控制，大力推动农商行、农信社向建档立卡贫困户发放“特惠贷”25.52 亿元，其中利用扶贫再贷款投放 14.8 亿元，受惠建档立卡贫困户 5.52 万户。三是扎实开展百名央行行长对村帮扶“五个一行动”。人民银行黔南州中心支行及辖内县市支行班子成员选定帮扶点 39 个，开展金融扶贫调研 432 次，走访贫困农户 2901 户，协调解决贫困问题 27 个，推动金融机构发放贷款 2.66 亿元，4616 户贫困户受益。

【区域金融平稳运行】 认真做好存款保险工作，制作《2016 年存款保险评级问答手册》，进一步提升评级效率和评级质量。加强金融风险监测，建立金融风险定点监测和保险业监测机制，率先在全省开展证券业现场评估，较好地维护了辖区金融稳定，区域金融运行平稳有序。

【反洗钱监管工作效果明显】 积极督促指导金融机构自觉履行反洗钱工作义务，加强对辖内反洗钱工作的非现场监管，对 34 家州级金融机构开展了反洗钱考核评级，对 51 家金融机构开展了监管走访，14 家金融机构被约谈。建立反洗钱巡查工作机制，对辖内 11 个县（市）支行开展两轮巡查辅导，不断提升工作人员依法、合规、有效履职能力。

【外汇管理取得实效】 采取多项措施促进投资便利化，遏制异常跨境资金流出，维护外汇市场稳定，黔南州涉外收支与结售汇实现“双顺差”。截至 12 月末，地区涉外收支顺差 11003.33 万美元，结售汇顺差 6139 万美元。

【经理国库职能有效发挥】 2016 年，全辖各级国库办理各项业务 145 万笔，金额 1180 亿元。继续加大财税库银横向联网推广力度，全年全辖电子扣税率达到 91.2%，电子税票笔数和金额占比分别位列全省第一和第三。加强对国库统计数据的分析研究，有 5 个支行报送的国库统计分析获当地政府好评。创新国债巡查工作方式，推动国债发行工作规范化开展。探索解决国库税收返还数据核对难、差错查找难、参数设置难问题，得到国库贵州省分库的充分认可并于 2016 年 10 月 1 日起在全省推广。

【金融统计和信息调研水平稳步提升】 建立常态化的统计监测分析和考核制度，促进统计数据质量明显提升。加大走访样本企业以及特色行业频度，提高制度性调查质量和水平。进一步加强调查研究和信息反馈，注重捕捉热点、难点问题，上报的信息专报被人民银行总行采用 5 篇，其中 2 篇获总行领导批示。

【支付结算服务功能不断扩展】 参加联网取现金融机构达到 61 家，联网方式办理现金支取业务实现全覆盖，全年共办理联网取现 1750 笔，累计金额 81.76 亿元。进一步强化农村支付服务环境建设，指导承办机构撤销支付服务点 78 个、调整 127 个、新增 11 个，实现服务网点从“规模扩张”向“提质增效”转变。全辖服务网点全年发生交易笔数 319 万笔、金额 39.8 亿元，同比分别增长 148% 和 178%。积极配合政府相关部门严厉打击非法集资和电信诈骗，协助公安机关成功破获涉案金额高达1.17亿元的都匀“12·29”特大电信诈骗案。

【科技服务能力进一步增强】 积极推动移动金融在城市领域的应用，在都匀市100辆出租车上安装“出租车智能终端”系统，是全省地市中首个持金融IC卡或移动电话付费乘坐出租车的城市。

【货币发行和管理水平逐步提升】 科学投放发行基金，确保流通中现金总量满足、结构合理。加快全额清分和冠字号码记录存储查询工作进度，认真组织小面额残损人民币回收复点和销毁，保障流通现金的整洁度。加强农村地区反假货币宣传，提升农村群众假币辨识能力。规范纪念币发行管理，顺利完成贺岁生肖和孙中山普通纪念币的发行兑换工作。

【征信服务水平进一步增强】 在查询服务窗口安装了信用报告自助查询机，提高了查询效率，2016年全年共接待信用报告查询48754万笔，发放机构信用代码证7018户，更新1006户。与1所大学、两家行政单位、12家金融机构合作共建“征信教育基地”，将《现代征信学》纳入黔南师范学院选修课程。全年共对公职人员、金融机构从业人员和大学生开展征信知识培训3次。成立了以分管金融的副州长为组长的应收账款融资服务平台推广应用工作领导小组，全年共注册企业136户，成交73笔，成交金额103.43亿元，并突破性地建立1个核心企业带动10个交易主体的活跃供应链。积极推动诚信政府建设，都匀市政府信用等级在全省第三方信用评级中获全省第一。

（陈明辉）

中国工商银行都匀分行

【概况】 2016年，中国工商银行都匀分行在黔南州委、州政府的领导下，认真贯彻执行总行、省分行党委战略规划和工作部署，以从严治行、稳中求进为总基调，以大力支持地方经济建设为己任，紧紧围绕黔南经济建设重点和发展规划，主动适应新常态、积极应对新挑战，攻坚克难、主动作为，较好地发挥了大型商业银行对地方经济建设的促进和推动作用，为都匀分行在“十三五”时期健康可持续发展建立了良好开局。

截至2016年年末，全部存款余额204.27亿元，较年初增加39.94亿元；各项贷款余额168.13亿元，较年初增加29.08亿元；各项不良贷款余额5192万元，比年初减少1548万元，不良率为0.31%，比年初减少0.17个百分点，继续实现双降，且是全省唯一实现双降的二级分行。

继续晋级工总行2016年度境内分行经营绩效和业务发展考核30强，排名第16名，较上年度上升11个位次，创造了贵州分行二级分行在总行考核排名中历史最优成绩。

【加大信贷投放，支持地方经济发展】 工行都匀分行紧跟黔南地方经济发展战略和部署，积极响应黔南各级政府号召，充分发挥自身金融服务优势，不断创新服务模式，进一步拓宽信贷投入领域，在继续保持对基础设施建设、文化旅游产业、民生领域等板块的信贷支持力度的同时，加大对政府重点推动建设项目的信贷支持力度。2016年全年累计投放贷款168亿元，贷款时点及日均、增量均保持四大行之首。围绕“一区一链一市场”战略部署，将小微金融业务“做小、做专、做实”，充分利用“贵园信贷通”“文企贷”等新型信贷产品支持小微企业发展，小微企业贷款余额24.49亿元（监管口径），贷款余额继续保持全省工行系统第一。着力服务居民生活消费需求，不断加大个人贷款的投放力度，2016年全年累计投放商业贷款14亿元、公积金贷款8.8亿元，切实为黔南地方经济社会发展做出了积极贡献。

【提升服务质效，营造良好金融环境】 工行都匀分行始终秉承“以客户为中心”的服务理念，在各项服务软硬件细节上狠下功夫，加强渠道统筹规划和研究，2016 年全年完成 1 个物理网点迁址改造和 3 个离行式自助银行建设，完成 15 个网点智能化改造，投产 65 台智能设备，完成 1 个网点轻型化改和 15 个网点布局优化，进一步拓宽客户服务渠道。以落实“网点靓化工程”为出发点，从整治“脏乱差”做起，改变全辖服务面貌。开展“服务大讨论“活动，深入查找思想观念、作风状态、机制流程、客户服务等方面存在的问题，研究整改措施，服务质量有效提升。辖属瓮安支行荣获中国银行业“文明规范服务千佳示范单位”、总行“服务管理百佳网点”先进集体、“服务五星级网点”称号；辖属 1 个网点获省分行“优质文明服务十佳网点”称号，4 个网点获省分行四星级称号，整体服务质效得到较大提升。积极推进“银医一卡通”“校园一卡通”“银社通系统”“居民健康卡”“安康卡”等民生项目落地实施，为广大市民提供更加便捷的服务。

【坚持从严治行，提高基础管理水平】 工行都匀分行狠抓“两个责任”，认真履行“一岗双责”，党委班子切实担负起主体责任。坚持从严治党与从严治行相结合，扎实开展“两学一做”学习教育，认真贯彻落实中央“八项规定”和党风廉政建设各项制度，加强廉政案防教育。切实落实内控合规“基础强化年”活动要求，深入开展“两加强、两遏制”回头看，加强“飞行检查”及整改问责力度，从严抓好风险防范治理，内控评价等级保持一级，实现了全年无内外部经济案件、无廉洁案件、无安全责任事故的“三无”目标。抓管理，建平台，大胆进行人事改革，开展了科级管理岗位及团队长岗位全员竞聘，将一批优秀青年骨干选派到管理岗位，选优配强县域支行班子结构，进一步挖掘中年员工发展潜力，不断激发队伍活力。不断深化学习型银行建设，以道德讲堂、职工夜校等方式组织员工学习业务知识、服务理念及理论知识，增强员工业务技能，提升队伍综合素质，不断提高基础管理水平。

【深化文明建设，提升工行品牌形象】 工行都匀分行在大力拓展业务的同时，持续投身社会公益事业，积极履行社会责任。组织开展“金融消费者宣传”“送金融知识下乡”“普及金融知识万里行”“金融知识进万家”等系列宣传活动，不间断进学校、进企业、进社区、进村镇等开办金融知识讲座、发放金融知识宣传资料，向全社会普及相关金融知识；先后开展特殊学校联谊、公益捐书、为山区孩子送书等“志愿工行、与爱同行”系列学雷锋主题活动，积极参加黔南州“扶贫一日捐”捐赠、“关爱留守儿童·与爱一起成长”圆梦工程等公益活动，持续为社会奉献爱心；选派人员参与地方政府党建扶贫工作，支持参与黔南州第三届“黔南骄傲”系列活动，展现了责任银行良好形象；组织开展“媒体记者进工行”服务体验活动，彰显工行高效的金融服务和良好的品牌形象。

【坚持以人为本，促进家园文化建设】 工行都匀分行坚持创先争优，以先进的企业文化凝聚力量，深化文明单位创建。积极开展“我身边的工匠精神”大讨论和“十大工匠”评选活动，传递身边正能量；组织开展迎新春联欢晚会、“三八”女员工文体活动、迎五一“最美劳动者”诗歌朗诵比赛等活动，参加都匀地区“庆五一、迎州庆，万人健康徒步行”活动，营造了“快乐工作、健康生活”的良好工作氛围；坚持开展节日慰问、特困员工救助慰问，坚持“送温暖”“送清凉”工程和带薪休假制度，组织优秀员工参加疗休养，召开重阳节茶话会，关爱离退休员工生活，持续打造“职工之家”，为员工提供良好的生活、工作环境；积极参与“凝聚工行”企业文化建设先进集体评选，被评为贵州分行先进集体；认真开展“悦读阅精彩”主题读书活动，在贵州分行“悦读阅精彩”主题读书活动成果展示大赛中荣获二等奖。通过积极构建和谐的家园文化，不断夯实文明单位基础。

（凃松　莫想愿）

中国建设银行黔南州分行

【概况】 中国建设银行股份有限公司黔南州分行辖有17个机构，其中：行政县支行8个；都匀城区支行8个；瓮福网点支行1个。内设12个部门，在岗员工379人。

2016年，在州委、州政府的领导下，州建设银行秉承“与客户同发展，与黔南共繁荣”的理念，紧紧围绕州委、州政府“提速转型、跨越赶超、富民强州”和着力实施创新驱动、开放带动以及“一圈两翼”三大发展战略。始终以坚持服务黔南地方经济建设为己任，不断创新金融服务，为黔南经济发展提供有力的金融支持。全年累计投放各类企业贷款16.7亿元，个人类贷款较年初新增投放5.8亿元。

【支持基础设施建设、民生领域发展】 州建设银行充分发挥建设银行作为国有大型商业银行的集团优势和创新优势。一是积极运用多种金融产品服务，重点加大对教育、卫生等民生领域支持力度。着力从融资租赁业务、理财产品等寻求突破，2016年，在上级行的支持协助下，成功办理三都县职校1亿元融资租赁业务，投放福泉市水务投资有限公司3.5亿元理财产品。二是积极组建内部银团贷款，大力支持建设贵广铁路、沪昆铁路客运专线、安江高速公路等累计投放交通建设66.6亿元银团贷款。

【支持小微企业发展】 积极贯彻执行国家及地方政府支持中小企业的政策导向，结合黔南区域资源优势，以15个重点发展产业、“5个100工程”中的100个产业园区、100个农业示范园区为营销区域，在农业产业化、地方特色优势产业、新兴产业、制造业等行业中营销符合州建设银行小企业信贷政策的优质小企业客户。同时结合小微企业经营特点，大力推出“助保贷”“速贷通”“成长之路”“黔旅通”“贵园信贷通”“七贷一透”等融资产品，满足不同行业的小微企业融资需求，打破微型企业普遍缺乏抵押的瓶颈，为黔南农业产业化、地方特色优势产业、新兴产业、制造业等行业的小企业提供强有力的信贷支持，着力支持黔南实体经济建设发展。2016年，州建设银行小微企业贷款累计新投放小企业贷款3050万元（其中办理税易贷5户，金额330万元，办理小企业大数据产品投放18户、金额980万元）。

【盘活不良资产】 2016年，州建设银行加大清收处置不良贷款力度。不良贷款余额1856万元，较年初减少3219万元，不良贷款率0.25%，较年初下降0.41个百分点。不良额和不良率均实现双降，资产质量稳固提高。

【开展金融消费者权益保护工作】 州建设银行认真贯彻落实总行、省分行关于消费者权益保护文件精神。一是积极参加银监、人民银行组织的消费者权益保护宣传活动；二是在营销业务产品和服务过程中，向客户进行“风险提示”等；三是对客户诉求及投诉及时进行处理，切实保护消费者的金融合法权益。

【强化“一岗双责”、筑牢内控防线】 严格履行“一岗双责”，坚持一手抓管理，一手抓发展，始终把“内控促发展、合规创价值”作为铁打的经营理念。重点强化风险事前分析、预警预控。通过学、测、考的方式，持续引导全行员工对党章党规党纪以及各项规章制度的学习掌握，进一步提高全行党员领导干部、党员、员工的合规意识；持续加强“三类案件”的防控工作，合理运用“四种形态”把握风控工作的主动性和技术性；认真组织开展内部自查，加强对关键岗位和关键人员的风险管控；以“合规管理深化年”活动为契机，通过开展“三赛”“三学”等多种形式的活动提升内控合规意识，正确引导全行员工知边界、明底线、守规矩，强化党员领导干部、员工的思想自觉和行为自律，全行全年实现了无案件发生。

【党风廉政建设】 一是结合“两学一做”学习教育，以问题为导向，多措并举，狠抓学习和监督检查，把教育、管理、监督有机结合起来，不断健全反腐倡廉宣传教育长效机制。通过邀请法院、检察院专家上课，党委书记、党委委员和特派员上党课上讲堂等多种方式，有针对性开展反腐败典型案例、违纪违规案例警示教育，全辖坚守党风廉政建设意识更加牢固；二是加强问题分类指导，以早警示、早教育、早提醒为措施，对周末和法定节假日建立提醒制度，逐步将党风廉政建设进行深化、固化。2016 年全年先后在全行开展案例、党纪、新“188”条警示和合规教育 65 场次。

【做实扶贫工作、履行社会责任】 2016 年，为贯彻落实好中央、总行、省分行党委关于扶贫攻坚的安排部署以及中共黔南州委、州政府有关要求，年初，州建设银行党委高度重视并专题研究抽调州分行部门人员派驻到福泉市马场坪街道办事处沙坪村担任第一书记驻村工作，其他行政县支行派人参加到地方政府扶贫工作。积极组织“关爱留守儿童、心系空巢老人、助力精准扶贫”扶贫主题活动，将建行的党建工作思路、优势、资源与当地实际情况较好结合，有力推动扶贫工作的开展。年末，在总行、省分行两级党委的关心支持下，专项拨款捐赠 26.5 万元用于对定点扶贫的福泉市马场坪街道办事处沙坪村路灯建设和中心小学校舍门窗维修。不仅改善驻村基础设施，更重要的是解决当地群众出行不便的困难，以实际行动积极响应和支持扶贫工作，体现建设银行良好的社会形象。

至 2016 年年末，按人行统计口径，州建设银行金融扶贫信贷业务余额 222076 万元，较年初增加 46570 万元，投放领域主要有教育、铁路等，有效支持了当地扶贫攻坚事业的发展。

（施川平）

中国农业银行黔南分行

【概况】 2016 年，中国农业银行黔南分行认真贯彻落实上级行各项决策部署，坚持“两个从严”，抓实“两个责任”，紧紧围绕黔南经济社会发展金融服务需求，抓机遇、求创新、谋发展、促转型，加大对全州重大工程、重点项目、三农、个人与城乡发展的服务支持力度，取得良好成效，主要业务指标创历史新高，全行各项工作实现了稳健、较快、较好发展，全年实现平安经营。

2016 年年末，全行各项存款时点余额 170.31 亿元，较年初增加 20.02 亿元，增幅为 13.32%，各项存款日均余额 155.22 亿元，较年初增加 32.61 亿元，同比多增 21.1 亿元，增速 26.59%；各项贷款余额 130.21 亿元，较年初增加 22.45 亿元，增速 20.82%；实现中间业务收入 1.1 亿元，同比多增 3056 万元，增幅 38.27% 排同业第一，增量排全省农行第二；总资产回报率 1.15%，排系统第一。在全省农行业务经营绩效考评中，连续四个季度获得第二名，全年取得第二名，成为全省农行系统进步最快的二级分行。

【稳中求质　价值创造有效提升】 2016 年，农行黔南分行以有效发展为目标，坚持稳中求质，提升价值创造水平。一是盈利能力大幅提升。全年实现拨备前利润 4.65 亿元，同比多增 1.51 亿元；实现拨备后利润 4.19 亿元，同比多增 2.07 亿元；创造经济增加值 2.28 亿元，同比多增 1.43 亿元。二是资产结构持续优化。“A+”级以上客户贷款余额 81.93 亿元，较年初增加 17.87 亿元，占比 88.15%。按行业限额要求，分别压降批发行业、水泥行业贷款 8394 万元、1.5 亿元，信用类经济资本限额配置较计划少占用 1.72 亿元，经济资本回报率 39.84%，优于全行 15.76 个百分点。三是不良贷款清收成效突出。全年现金清收自营不良贷款本息、审批入账呆账核销金额、收回已核销贷款本息均超额完成上级行全年计划，不良贷款余额、生成率控制控制在省分行年度计划以内。资产减值损失余额同比减少5619万元，风险成本有效降低，为全行价值创造做出了积极的贡献。

【稳中求快　发展能力不断增强】　2016年，农业银行黔南分行抢抓机遇，加快业务有效发展。一是营销储备一批重点项目和核心客户。结合黔南州“一圈两翼”发展战略，精准发力，成功营销了平塘大射电旅游、惠罗高速公路、匀东高铁城客运枢纽等社会关注度较高的大项目。平罗高速、三荔高速、都安高速公路和瓮马铁路等已入储备之列。成功营销都匀燃气公司代理业务，与荔波县政府成功签订了60亿元战略合作协议，客户基础和资产业务持续加强，发展能力有效提升。全年累计发放对公贷款53.55亿元，同比多投6亿元。二是服务创新能力有效提高。推动与黔南州财政局和金砖公司共同建立22.5亿元PPP项目财政支持基金，支持全州各类项目建设11个，全部落地基金11.85亿元；借助地方政府征信机制合作协议平台，与黔南州担保公司签订担保合作协议，成功发放“贵园信贷通”产品共计2200万元，有效解决了小微企业、“三农”业务担保、融资难的问题。三是客户基础持续加强。全行2016年年末贵宾客户数27111户，较年初增加4045户，完成率全省排名第二；贵宾客户产品覆盖度较年初提升10.77%。紧密结合“互联网+”发展新趋势，依托“E商管家”、第三方交易平台，着力夯实自助金融、移动金融、电商金融、移动支付“四位一体”的电子银行业务发展基础。完成了19个网点标准化管理导入、9个6S管理导入、34个网点一点一策方案全面实施、4个网点瘦身工作和4个自助服务点立项建设等方面工作。

【稳中求新　服务三农稳妥推进】　2016年，农业银行黔南分行积极落实国家精准扶贫政策和上级行服务三农各项工作要求，加快推进农村普惠金融工作，打造服务三农新亮点。全年累计发放中、小、微型企业贷款21.63亿元，三农个人贷款2.23亿元，新增惠农卡有效客户1.01万张，惠农通交易量增长10%，打造惠农通示范点120个，新型农业经营主体营销407户，农户贷款核销644万元。有效结合黔南农村特色产业，不断创新服务三农方式和产品，以“美丽乡村贷”为抓手，以“惠农通”网点为依托，支持农村基础设施建设，改善农村金融服务环境，打造了惠水“好花红”、荔波樟江等一批“美丽乡村”示范点。同时，为黔南茶产业“黔茶出山”专门量身打造创新产品“毛尖贷”，首笔贷款“毛尖贷”于12月在都匀市支行成功落地。紧扣黔南社会经济发展主旋律，在发扬大射电创新精神、唱响“好花红”民族绚歌、“把都匀毛尖品牌打出去”等方面进行了积极而有益的金融服务创新，体现了大行责任担当，提升了农行良好的社会形象。

【稳中求优　基础管理持续向好】　2016年，农业银行黔南分行强基固本，风险防控水平稳步提高。一是合规文化建设扎实推进。深化内部监督体系，推进“三道防线”建设，持续推动以宣传教育为核心的合规文化建设“六个一”活动，完善“六位一体”合规文化建设长效机制。积极配合“两违”检查、风险审计，组织开展“两加强、两遏制”“回头看”检查，监督检查杜绝“零”底稿，全年整改各类录入问题223个。二级分行班子成员带头组织开展“行长讲合规”活动，层层强化合规意识。二是安全运营基础持续强化。按计划、按步骤地开展“三化三达标”建创，优秀率逐年攀升，实现了3年提升15%；创建“三化三铁”单位39个，惠水支行、荔波支行分别申报了总行级、省行级基础管理先进单位。三是风险控制水平不断提高。充分利用CMS、风险预警信息处置等在线监测系统加大对逾期、到期贷款的收回情况、贷后管理执行情况和影响风险水平评价、经济资本占用等指标常态化监测，全面风险管理能力不断提高，资产质量不断得到优化，年度风险管理评价类别为A类行。全年未发生重大风险事件、声誉事件、重大安全事故及信息系统安全事件，实现了平安经营。

【两个责任 严格执行八项规定】 2016年，农业银行黔南分行加强党风廉政建设，狠抓廉洁自律。一是落实“两个责任”。根据党廉建设工作制度和各项工作管理，落实州分行党委、支行党委（党总支）、党委班子成员，州分行机关各党支部党廉建设责任，明确州分行党委班子成员党风廉政建设“两个责任”联系点，制订“党风廉政建设责任制党委班子成员责任考核清单、支行和机关部室责任制考核方案，并按年进行考核通报，保障按质按量及时完成“两个责任”各项工作，有效推动各级党组织及时全面落实党委主体责任和纪委监督责任。二是确保“八项规定”执行常态化。将“两个从严”与持续抓好“八项规定”执行相结合、“三严三实”与持续反对“四风”相结合，通过总结党的群众路线教育实践活动成果，汲取内外部各项检查发现问题的教训，完善全行费用管理办法，加强财务核算与费用管控，制订公务车辆、会议管理、公务接待等实施方案并严格执行，确保公务活动、财务开支有章可遁，有规可依。规范大宗物品的集中采购和精细化管理，按规定做好办公桌椅、电梯、空调、会议室音响等采购、食堂装修、驾驶、保洁及餐饮外包服务等工作，全年接待费、宣传费等同比实现大幅下降。加强公务活动关键环节、重要节假日等关键节点、时点的检查力度，按照规定要求开展交流干部周转房、公务用车、履职待遇等方面的检查和清理。年度没有发生因违反“八项规定”、和“四风”受到处理的事件。

【两个从严 党建工作扎实推进】 2016年，农业银行黔南分行始终坚持“两个从严”，从严管党治行，充分发挥党建把方向、管大局、保落实的领导核心作用，扎实推进党建工作。一是深入开展“两学一做”教育实践活动。制定下发《黔南分行“两学一做”学习教育督导工作方案》，明确活动落实工作措施、责任分工与工作要求，层层抓好辖内各级党组织学习教育活动。同时，将教育实践活动与业务发展“比学赶超”、与全行“进位升级、价值创造”的目标、与全行的评先选优相结合，推进了教育实践活动的有效开展。一人当选总行级先进党务工作者，平塘县支行荣获黔南州第五次民族团结进步模范集体，惠水县支行被评为省分行“两学一做”先进集体，龙里支行一人获全省唯一的党建老干工作先进个人。二是加强干部队伍建设。先后开展副科级干部竞聘和正科级领导人员推荐选拔，新提任正副科级干部11名，调整机关中层干部、一级支行负责人等43人次，进一步优化各行领导班子结构，干部队伍整体合力得到明显提高。同时，选拔群众公认度高、工作能力强、综合素质好的年轻干部员工，积极建立干部队伍储备库，为全行可持续发展提供人才支撑。三是开展党、团、工联建联创。全行高度重视党、团、群工组织推动作用，在网点服务窗口设立党员示范岗，组织开展各类服务宣传活动，成立徒步、骑行、读书等多个业余文体活动小组，组织开展徒步健身活动、干部员工军训拓展，参加省行干部员工风采比赛，多形式培育全行干部员工团队精神和健康向上的生活方式。

【人文关怀 文化生活丰富多彩】 2016年，农业银行黔南分行坚持“服务大局、服务基层、服务员工”的工作方针，紧紧围绕全行中心工作，开展丰富多彩的文化活动。一是深入开展劳动竞赛活动。有针对性地开展金钥匙春天行动竞赛活动、信用卡与电子银行业务专项营销竞赛活动、营业网点个人存款pk赛等劳动竞赛活动。二是加强“人文关怀”。完善爱心基金制度、帮扶流程和困难职工档案，元旦、春节期间各级行领导带队慰问困难职工，发放慰问金，及时把党组织的关怀送到职工中去。开展“准妈妈关爱行动”，各级行按照《女职工劳动保护特别规定》，落实劳动保护措施和慰问工作。全面落实上级行“职工之家”设施建设实施方案要求，对各行“职工之家”设施进行维护和管理，打造温暖和谐的“家园文化”。三是开展多层次文体活动。举办客户答谢会、联谊会、产品营销推荐会，进行公益、帮扶、宣传等行动，组织开展全州农行文艺汇演、纪念

"三八"妇女节活动、参加州政府举办的2016年都匀地区庆"五一"迎州庆职工健身徒步活动、"六一"儿童节慰问活动、"七一"促党建活动、国庆期间安全检查及慰问活动，为全行发展提供文化氛围。

（佘永军　潘崇卿）

中国农业发展银行黔南州分行

【概况】　中国农业发展银行黔南州分行下辖独山、平塘、三都、长顺、罗甸、龙里、福泉7个县级支行，其余县域农业政策性金融业务由临近支行兼管，都匀市及都匀经济开发区业务由州分行本部负责。截至2016年12月末，全辖在岗职工128人，其中党员81人，占63%，大专学历以上122人，占95%。全年累放各项支农贷款48.73亿元，同比多放2.12亿元，贷款规模首次迈入"百亿行"行列，不良贷款保持零余额，经营绩效考评较上年提升一个名次，进入"第二方阵"。

【贷款规模突破百亿】　2016年，全年月均投放贷款4.06亿元，贷款规模在8月末首次突破一百亿元大关，年末各项贷款余额105.75亿元，比年初增加34.55亿元，增长48.53%。全年累放粮油贷款1.81亿元，同比多放1.38亿元，积极支持各级国有企业入市收购，保障各级粮油储备、轮换顺利开展。累放政策性中长期贷款46.92亿元，占贷款投放总额的96.29%，同比多投0.74亿元，重点支持了全州12个县市易地扶贫搬迁、农村土地整治、农民集中住房建设、水利建设等项目46个。

年末政策性中长期贷款余额达98.93亿元，占全部贷款的93.55%。全行已批未放项目30个、贷款金额70.72亿元（不含易地项目）。年末在交通、水利、棚户区改造、林业等领域储备项目28个、申贷金额76.21亿元，初步形成申报一批、储备一批的近期和中期结合的发展格局。

全年投放农发重点建设基金项目60个、金额26.26亿元，实现支付14.17亿元，支付率53.95%，有效解决了地方棚户区改造、水利、扶贫等重点民生项目资本金缺口，彰显了政策性银行的托底功能和引导作用。

【各项业务同步推进，经营绩效水平明显提升】　依托信贷加速投放和开办基金投资业务的有利条件，大力实施"存贷一体化营销"，2016年末各项存款余额67.16亿元，较年初增加10.73亿元，增长19.02%；企事业及财政日均存款68.26亿元，较年初增加44.83亿元，增长191.37%，该类存款稳定性较强，成为该行业务发展的一个显著亮点。得益于存款业务的快速发展，该行存贷比全年保持在70%以上，最高值达80.13%。年末日均存贷比74.13%，位居全省系统前列。全年实现中间业务收入286万元，同比增加105万元、增长58%。账面盈利同比大幅增加，完成上级行下达利润计划的143%，盈利水平居于同业前列，经营绩效考核较上年提升一个名次，顺利进入"第二方阵"。

【落实全面从严治行要求，加强干部队伍建设】　以开展"两学一做"学习教育作为从严管党治行的重要抓手，坚持领导带头、坚持问题导向、坚持统筹兼顾，将学习教育与推进业务发展、加强内部管理、提高队伍整体素质紧密结合，确保了学习教育取得实效。立落实"两个责任"的制度机制，逐级签订责任状，层层传导压力。创新监督执纪方式，推行领导干部任前承诺、述职述责述廉制度。围绕全行重点任务、重点工作、执行中央八项规定等，组织开展执法监察、效能监察，加大监督执纪力度。扎实开展风险和案件线索排查，加强案件防控工作，及时发现和化解风险隐患。2016年党风廉政建设责任制量化考核系统内考核为优秀。

按照上级行要求，4月中旬前完成了纪检监察等部门职能调整，6月，对州县行内设机构进行了调整，州分行本部由8个部室调整为9个，相关部室职能进行了适当调整，及时完成了工作交接，确保了工作的连续性。县级支行统一设置办公室、信贷业务部、会计结算部三个部室。10 月，组织开展了州分行机关员工“双向选择、竞争上岗”改革试点工作，通过公开演讲、民主测评、部室主管选人等程序，38 名机关员工分别竞聘到相应业务岗位，无一人落聘；组织开展了机关员工选调工作，从县支行选调 4 人到州分行机关工作，充实了州分行业务部门力量，同时拓展了年轻员工的职业发展通道。组织开展州、县行空缺管理岗位竞聘，5 名业务骨干得到职务晋升，配齐配强了县级支行领导班子，至 2016 年年底县支行领导班子大学本科学历占 85.7%；组织开展业务岗位公开竞聘，按照政策着力员工职业发展通道。切实做好领导干部个人事项申报，加强干部教育培训力度，积极推荐中高级管理人员、优秀中青年干部参加上级行组织的行校培训，开拓视野；抓好员工“年考”，考试通过率 100%。

【多措并举抓党建】 印发《关于进一步加强党建工作的通知》，围绕“从严管党治行”这一指导思想，引导党员自觉加强对理论的学习，推进县级支行党建工作稳步向前开展。认真制定学习计划，组织开展近 40 次集中学习、4 次研讨活动、1 次专题辅导讲座、举办 1 期专题理论学习班，在全州建立“党建学习教育”微信群，覆盖全体党员及入党积极分子，传播党建信息，交流学习心得；开展“读一本好书，写一篇心得”活动，辖内 6 人获省分行征文表彰。结合纪念建党 95 周年，州分行机关党支部与支行联合开展“缅怀先烈情怀，重温入党誓词”主题活动，增强党员理想信念；带头给党员讲党课，以上率下，各支部书记上党课均 1 次以上。州分行班子成员利用党建微信平台，向广大党员推送“微党课”“短信党课”，共同分享党建信息。引导党员创优争先，学习身边先进、树立身边典型，在广大党员和员工当中逐步形成了比学赶超的良好氛围，辖内 1 名党员被省分行党委表彰为优秀共产党员。

【稳步推进内部改革】 按照省分行要求，2016 年 4 月中旬前完成了纪检监察等部门职能调整，监察室承担的安全保卫职能调整到办公室，监察室承担的牵头案防工作职能调整到信贷与风险管理部。安全保卫职能调整后，相关人员按“人随业务走”的原则进行调整，牵头案防工作职能只调整业务，不调整人员。6 月，根据省分行《关于调整分支行内设机构的通知》要求，对州县行内设机构进行了调整，州分行机关由 8 个部室增加至 10 个部室，资金计划部与政策性业务部合署办公。内设机构相关职能也作了调整，企业文化工作由人力资源部调整至办公室，案防和法律合规工作由信贷与风险管理部调整至内部审计部。县级支行统一设置办公室、信贷业务部和会计结算部。

【全力支持脱贫攻坚】 充分运用农发行总行推出的“改善农村人居环境建设贷款”“棚户区改造贷款”等新的贷款品种，主动作为，积极营销，加大对州内 10 个贫困县的信贷支持力度，2016 年全年累放投放政策性中长期贷款 46.92 亿元，占贷款投放总额的 96.29%，同比多投 0.74 亿元，重点支持全州 12 个县市易地扶贫搬迁、农村土地整治、农民集中住房建设、水利建设等项目 46 个。信贷投放重点突出，累计支持国定贫困县项目 36 个，发放贷款 36.4 亿元，占贷款投放总额的 77.58%。

【深入推进企业文化建设】 定期开展“送温暖”活动，坚持按季开展工会活动，开展每日广播体操活动，在全辖推广健步走运动，倡导“走近绿色，走出健康，快乐工作，愉悦生活”的理念，努力创造让员工工作好、身体好、心情好的环境，增强全行的凝聚力和向心力。辖内 1 人获农发行总行存款组织“百日竞赛”活动先进个人表彰；2 人分别获系统内“优秀共产党员”“优秀共青团员”表彰。

（李乐平）

中国银行都匀分行

【概况】 2016年，是中国银行都匀分行新三年发展规划的开局之年。在新一届领导班子带领下，全行员工统一思想，以服务黔南经济发展为己任，紧紧围绕实现“担当社会责任，做最好的银行”的战略目标，将省分行2016年工作会议精神落实到具体工作中，坚持以“创新、转型、化解、管控”为重点，坚持“拓客户、促转型、加快发展；控风险、化不良、严守底线；建机制、带队伍、打牢根基”三条主线，严格控制风险，大力发展资产、负债及中间业务，取得了良好业绩，在全省中行系统年度地区分行考核中位居第二。

截至2016年12月末，各货币汇总折人民币资产总额464190.79万元，较年初增加108007.66万元，增长30.32%；各货币汇总折人民币负债总额456365.62万元，较年初增加102359.89万元，增长28.91%。

（一）存款

1. 人民币存款余额449608万元，较上年末增加102523万元，增长30%。其中：公司存款余额264617万元，较上年末增加76520万元，增长41%。个人存款余额184991万元，较上年末增加26003万元，增长16%。

2. 金融机构存款余额409.18万元，较年初减少278.06万元。

3. 各外币汇总折美元存款余额514万美元，较年初增加235万美元。

4. 2016年存款市场份额（四大行口径）为7.71%，较年初增长0.52个百分点。其中：公司存款占比7.43%，较年初增长0.74个百分点；储蓄存款占比8.14%，较年初增长0.25个百分点。

（二）授信

1. 人民币各项授信余额194841万元，较上年末增加12423万元，增长7%。其中：公司贷款余额120484万元，较年初增加9809万元，增长9%；零售贷款余额64574万元，较年初增加9768万元，增长18%。

2. 票据融资余额282万元，较年初减少7825万元，减少97%。

3. 银行卡分期及透支余额9501万元，较年初增长671万元，增长8%。

4. 贴现和转贴现余额281.92万元，较年初下降7825.07万元。

5. 委托贷款余额15817.88万元，较年初下降11627.99万元。

6. 承兑汇票余额420.13万元，较年初下降6751.01万元。

（三）主要财务指标

1. 实现计费收入13661万元，同比增加1886万元，增长16%，完成省分行下达年度计划的102%。

2. 实现拔备前利润8948万元，同比增加1751万元，增长24%，完成省分行下达年度计划的109%。

3. 实现净利润7750万元，同比增加2344万元，增长43%，完成省分行下达年度计划的141%。

（四）资产质量

不良贷款余额532.27万元（公司0万元、零售贷款257.19万元、信用卡透支产生的不良275.08万元），比年初减少768.19万元；不良贷款占比为0.27%，与年初相比下降0.44个百分点。不良贷款余额与新增额均在省行下达的管控目标内。

【明确全年工作思路，采取相应工作措施】 围绕总行2016年年初工作会议提出的“以‘创新、转型、化解、管控’为重点推进各项工作”总体要求，认真实施省分行“紧紧抓住贵州后发赶超的历史机遇，发挥比较优势，助推贵州发展”战略，结合黔南州实际，确定都匀中行全年工作思路，即：落实总行、省分行工作部署，围绕“担当社会责任，做最好的银行”的战略目标，坚持“拓客户、促转型、加快发展；控风险、化不良、严守底线；建机制、带队伍、打牢根基”三条主线，坚持以“创新、转型、化解、管控”为重点推进各项工作的有序开展。

抓住“开门红”活动有利时机，开展个人存款争霸赛，全行员工将又好又快发展的信念付诸于行动，凝心聚力发展业务。举办贵金属销售招标会、“百年中行，感恩有您”为主题的迎新春中高端客户答谢会，搭建与客户交流的平台，与客户建立良好的业务关系。分行对在活动中取得优异成绩的机构和个人给予奖励，激励大家争先进位、勇创佳绩。一季度末，人民币各项存款新增51450.46万元，顺利完成省行下达计划，实现了存款业务开门红。

【加大公司授信力度，支持黔南州重大项目建设】 都匀分行高度重视公司授信业务发展，积极与黔南州政府对接，梳理州政府重大项目。省分行行长李民率队到匀拜访州委、州政府领导，就黔南州在交通、水利、城建、民生等多个领域与州领导达成合作共识，建立了双方定期沟通机制。都匀分行行长柴亚平多次率领相关部门拜访州市党委、政府，积极营销相关职能部门，为都匀分行与当地党委、政府的深入合作打下了坚实基础。为加大工作力度，都匀分行从业务部门抽调人员成立“黔南州项目推进工作小组”，对黔南州政府重大项目择优叙做，与黔南州政府同步推进。按照省分行战略导向，调整都匀分行授信行业结构，重点叙做旅游、现代服务业、基础设施等行业项目。

叙做资产业务，及时授信投放。在省分行风险管理部大力支持下，都匀分行申报的国电都匀发电有限公司、黔南州交通局、黔南州公积金中心等6个项目先后获批，获批金额共计14.08亿元，累计实现投放电都匀发电有限公司、黔南州交通局、黔南州中医院等单位约4.04亿元，已经获批复等待放款的黔南州中医院、贵州平塘三天旅游发展有限责任公司、碧桂园等公司授信储备项目共计约8.36亿元。叙做及跟踪营销的项目4个，金额5.46亿元。截至2016年12月末，都匀分行公司授信余额12.05亿元，较年初新增0.98亿元，在全省中行八家二级分行中贷款新增排名第三。

积极营销，拓展负债业务，提高存款规模。选准行政事业单位突破口，以行政事业单位、政府平台为重点，积极开展对交通、黔南东升等重点客户的营销。通过叙做州交通局1.5亿元授信业务，成功开立都匀市交通局等账户；通过叙做黔南州质监局4000万元授信业务，成功开立州质监局、州特检所等6个行政事业单位账户。与此同时，加大授信下游客户对资金的承接，尽可能实现中行体内循环。积极拓展专户的开立，先后为国土、12县市扶贫基金、12县市交通建设等单位开立了专户。截至2016年12月末，都匀分行公司日均存款新增23.32亿元，完成全年日均存款任务2.02亿元的183%；时点存款余额26.46亿元，较年初时点增长7.65亿元，在黔南州四大行市场份额占比为9.62%，较年初市场份额提升2.93%。

以“中国·贵州内陆开放型经济试验区跨境投资贸易洽谈会”为契机，提供全方位金融服务，助推黔南州内企业发展。这次洽谈会由贵州省中行发起，贵州省政府牵头，为贵州省内企业与中国银行在海外分支机构的客户进行跨境投资贸易洽谈搭建平台，让海外资金流向贵州、贵州产品出口海外。为做好前期准备工作，2016年3月起，都匀分行开始进行跨境撮合业务的客户招募及账户开户工作。为推动跨境撮合业务，提升中小企业开户率，拓展中小企业授信客户，都匀分行先后联合黔南州工商联、福泉市工商联、瓮安县工商联，三次召开培训座谈会，介绍中行金融产品、授信政策、业务流程及相关优势，鼓励企业把握好“贵恰会”的机时，引领“黔货出山”到“黔货出境”。11月10日，“贵洽会”在贵阳贵安新区如期召开。都匀分行邀请黔南州79家企业参加，有73家企业参会，其中2家签约，12家签订合作备忘录，27家达成合作意向。通过跨境撮合业务，黔南州内参会企业累计开立账户26户。此次活动的成功开展，得到了州委、州政府领导的好评，提高了中国银行在当地的知名度。

进口信用证业务成功破冰。2016年8月初，贵州一大行国际贸易有限公司向都匀分行提出开立进口信用证的业务需求，都匀分行公司业务部在省行贸易金融部的大力指导及帮助下，历尽坎坷，最终于8月15日成功开立都匀分行本年度首笔进口信用证，金额23.60万美元。11月初，再次为客户开立信用证金额31.2万美元。都匀分行办理的两笔进口信用证业务，丰富了都匀分行国际贸易结算条线产品，满足了客户多样化的金融需求，为今后与客户的深入合作奠定了坚实基础。

【以代发为服务手段，实现个人存款增长；突出重点，实现个人贷款业务突破】 都匀分行秉承“拓客户促转型加快发展”的经营理念，积极抢占个人客户市场，扩大基础客户群，优化客户结构。2016年年初起，抓住一季度个人金融业务“开门红”时机，分解量化计划任务，加大资源配置和奖惩措施，个人金融部分片包干到营业网点帮扶督促，提出具体措施，锁定目标客户。针对黔南州开发力度大、拆迁项目多的实际情况，都匀分行加强与政府联系，争抢拆迁代发机会。以批量代发为手段，积极为拆迁户提供拆迁补偿代发。通过努力，先后取得都匀经开区、福泉金山棚户区拆迁、瓮安生态移民等重大项目的拆迁补偿代发。截至12月末，已代发13.59亿余元，带来了2.44亿余元的资金沉淀，留存率17.94%。都匀分行个人存款时点新增，全年一直在全省中行系统排名靠前，尤其是日均存款新增的计划数和绝对数从年初以来一直排在首位，表现突出。

开展“激战金秋”拓户活动。个人金融部和各营业网点走进校园，拓展学生客户和教师客户。通过厅堂营销及精准营销，促进客户晋级，新增中高端客户完成率在全省中行系统排名第一。

个人贷款业务取得重点突破。面对经济持续下行、公司授信遭遇困境的现实，都匀分行党委认真研究发展趋势，把握市场规律，及时调整业务发展战略，明确将个人贷款业务作为全行工作的重中之重，集全行之力争抢个人贷款的市场份额。找准业务切入点，与全国地产十强之一的碧桂园地产开展全面深入的合作。行领导带头倾力营销，多次率队走访碧桂园在瓮安、都匀、惠水、龙里的项目，双方签订了《战略合作协议》，其中都匀项目还明确了都匀中行与碧桂园合作的个人按揭贷款采取封闭式运作模式，有效地将碧桂园客户的按揭业务承接至都匀中行。分行党委从各支行、职能部门抽调精兵强将组成个人贷款业务工作小组，为碧桂园开发的楼盘提供专业的服务。一方面整合资源，专案推动，人员灵活调配、轮流职守、驻点收单，确保有效、高效地完成贷款投放；另一方面，向上借力，项目在审批上得到了省行个贷中心的全力支持。

【清收不良资产，严格控制风险】 在发展资产业务的同时，严格控制风险。狠抓资产质量，制定不良资产“百日攻坚”清收方案，采取清收、核销等手段，做到应收尽收、应核尽核，化解不良。将贵州都匀优加加生物科技有限公司500万不良贷款，划转资产管理公司；核销黔南州建高能源有限公司坏账322.50万元；对信用卡透支、车贷、房贷逾期客户，通过上门催收、法律诉讼，累计收回现金89.59万元。经过清收，共处置不良贷款912.09万元，不良贷款占比较年初下降0.44个百分点，不良贷款余额与新增额均在省行下达的管控目标内。

【会计运营管理】 财务管理条线坚持以效益为中心，贯彻落实总行全额FTP模式，加强经营分析指导。组织各机构学习新存贷款定价政策带来的变化，清晰掌握对新做叙做的存贷款业务所带来的收益，有的放矢组织存贷款工作。

制定《中国银行都匀分行2016年网点分类管理实施方案》。通过科学、客观、公正地综合评价网点的经营能力和效益水平，从业务角度对网点进行科学分类，实施专业化、差别化动态管理，对业务发展能力强、贡献率高的网点进行政策、资源等方面的重点支持，促进网点最大限度地运用自身资源禀赋，在各自的区域内做大做强。

5 月 1 日起，全力做好“营改增”各项工作，确保税制转换平稳过渡。在全行开展“小金库”专项清理。在规定时间前完成“小金库”的自查，未发现分行各部、支行存在小金库的问题。通过此次专项治理活动，规范了各部、支行的实物管理及台账登记。

开展 ATM 清机加钞操作业务、银企对账、重要空白凭证及出纳业务风险排查工作，进一步完善了操作流程。落实派驻业务经理及柜员管理制度，围绕运行监控、集中授权、国内外跨行汇入汇款直入账率、银企对账、柜员管理等进行检查，提出工作要求。在系统从 P601 至 P606 升级过程中，做好业务指导、培训、演练工作，保障了系统顺利投产。

科技条线。坚持抓好安全生产，全年进行四次专项检查，覆盖面 100%，确保安全无事故。完成 ETC 系统的安装、1#网核心网络设备更换、2#网络扩容，及时解决软、硬件故障，有力支撑了业务系统安全运行。

【基层管理队伍建设】　分行党委将基层管理队伍建设作为一项长远性的工作来抓，关心青年员工成长，提供发展平台，激励和留住人才。为网点负责人职位培养选拔专业素质优、管理潜质好的后备人才，形成都匀分行管理人员队伍的合理梯次结构。2016 年 5 月从支行推荐和个人报名的人员中筛选出 12 名表现优异的员工，建立了都匀分行第一批后备人才库，当年任用见习副行长（副主任）人员 10 名，其中报经省行审批同意破格提拔 1 名。

【党建工作】　分行党委在全体党员中开展“两学一做”活动，认真贯彻落实从严治党方针，全面加强党员干部思想政治建设。结合都匀分行现有党员分布情况，将原来的 6 个党支部调整为 10 个党支部，进一步完善了基层党组织设置。基层网点党支部从 1 个增到 9 个，覆盖率达到 100%。党建工作中做到“三个强化”，一是强化党组织主体责任，充分发挥党组织和党员队伍“两个作用”；二是强化基层党组织战斗堡垒作用，对做好各项工作、发展业务切实起到了引领作用；三是强化党内组织生活制度。分行党委两次召开专题民主生活会，深刻剖析了工作中问题产生的根源，明确了改进作风、提升能力、联系群众的努力方向和具体举措，让群众看到党委班子的活力。

支部建设工作继续向基层网点倾斜，加大党建工作对网点帮扶力度。把好党员入口关，坚持标准、严格程序，保证新发展党员质量，发展党员计划进一步向基层一线倾斜；重点培养基层网点负责人和业务骨干，不断提升基层负责人是党员、网点党员覆盖的占比。截至 2016 年 12 月，完成了发展 4 名党员计划任务，其中 3 人为基层网点负责人。

党建宣传效果明显。都匀分行积极利用微信群、宣传栏等多形式开展党建宣传工作。至 2016 年年底，都匀分行已建成了分行党员之家（即党员学习活动室），设置了“两学一做”学习材料主题书架，建立了都匀分行共产党员微信群、7 个基层党支部微信群，完成了“两学一做”党建主题宣传栏 10 期。

【企业文化建设】　1. 文明优质服务。落实总行文明优质服务工作要求，规范员工服务行为、服务礼仪。分行文明优质服务督察组加强对各网点的检查，督促各网点认真做好文明优质服务，发现问题立即进行督促整改。建立完善了各网点的文明优质服务档案，及时记载和反映各网点文明优质服务情况。由于坚持不懈开展文明优质服务工作，使营业网点保持良好的服务水平，顾客多次在意见簿上提出表扬。

2. 创建活动。开展“岗位创建、服务创先、业务创新”、巾帼文明示范岗申报、优质高效网点达标验收推荐上报等系列活动，将巾帼创建等工作与业务发展相结合，有力地促进了工作业务。剑江支行开展“创千佳网点”创建，2016 年获得总行认定。

3. 慰问困难党员、困难职工。春节来临之际，行领导带队对分行困难党员和困难职工一一进行走访、慰问，使每一位困难党员、困难职工感受到了组织的关怀、温暖。员工生病住院、员工家属病故等，工会都会组织慰问，送去组织的关心和祝福。近年来，新入行员工多且多来至外地，分行挤出费用改造单身宿舍，改善单身员工住宿环境。改善食堂伙食，提高支行员工的伙食补助标准。

4. 开展技能练兵和比武。通过技能练兵，有效提升了员工服务技能，加强服务规范和员工技能培训，使网点服务质量得到大幅提高。

5. 开展健康有益文体活动。组织全行女员工开展“春日暖流·活力巾帼”迎“三八”主题趣味活动；工会、团支部与黔南州交通局共同举办主题为“弘扬五四精神，展我青春活力”的户外素质拓展活动，组队参加“黔南州牢记党的宗旨·讴歌幸福黔南合唱大赛”；与黔南州中医院青年员工开展汽排球友谊赛等。活动的开展，丰富了员工业余生活，增强了企业凝聚力和向心力，激励了员工自尊、自立、自信、自强的精神。

【加强党风廉政建设，落实中央各项禁令】
2016年，省分行在巡视中指出都匀分行存在党风廉政建设和执行廉洁自律、党风廉政建设“两个责任”存在落实不到位等问题。分行党委以巡视问题整改为党风廉政建设工作主线，坚决落实整改要求，抓实问题整改，建立了长效机制，狠抓八项规定三十二条禁令贯彻落实。紧盯年假节期，逐个节点做好提示警示，抓好领导干部对中央八项规定精神的落实。三季度，对上半年整改情况进行了“回头看”自查。通过抓党风廉政建设，继续保持了良好的思想和工作作风。

（张　杰）

黔南州农村信用社

【概况】　2016年，黔南州农村信用社辖4家县级联社、8家农村商业银行，各项存款余额542.07亿元，比年初新增111.37亿元，增长25.86%；各项贷款余额425.86亿元，比年初新增105.36亿元，增长32.88%。存贷款增速、增量分别位居全省农信地州市第一位和第二位，综合考核排名全省农信地州市第二名，跃居全省农信第一方阵。2016年，黔南农信社始终坚持面向“三农”、面向社区、面向中小微企业的市场定位，围绕全州主基调和主战略，创新金融服务，拓展服务功能，在服务“三农”和地方经济发展中实现了综合竞争实力、规范管理水平和对地方经济社会贡献的全面提升。全州12县市共设营业网点361个（含66个便民网点），从业人员3141人，是全州业务规模最大、支农支小力度最强、金融服务最广、从业人员最多、地方贡献最大的金融机构。

贵州省农村信用社联合社黔南审计中心（简称省联社黔南审计中心）作为贵州省农村信用社联合社的派出机构，对黔南州农村信用社行使“审计、监督、评价、指导”职能，省联社黔南审计中心成立于2014年8月，2016年有干部职工15人，下设综合管理部、现场审计部、非现场审计部3个职能部门。

【强化资金组织管理，经营规模取得突破】
为促进各行社牢固树立存款立社、兴社理念，千方百计组织资金，审计中心提出存贷款规模、网点争一、精准扶贫、信用工程建设实现突破的工作思路，并加大对行社的考核力度，促进全州存贷款规模取得突破。组织开展“双春”金融服务行动，广泛宣传支农惠农政策、金融服务产品，加强企事业单位、返乡农民工、个体工商户等重点客户走访，有效促进各类资金归集，实现首季存款增加27.1亿元，通过全面推进信用工程建设和农民工金融服务，不断拓展城乡金融市场，促进各项存款稳定增长，为支持实体经济发展提供了充裕资金保障。

【坚持支农支小定位，着力增强实体服务能力】　强化支农支小服务管理，注重服务创新，强化考核调度，引导信贷资金向支农支小倾斜，增强支农支小服务实效。全年累计发放各类贷款336.54亿元，同比增加147亿元。涉农贷款余额378亿元，占全部贷款的88.69%，较年初增加82亿元，增长21.69%。小微企业贷款余额195亿元，较年初增加60.29亿元，增速44.77%，高于各项贷款增速11.89个百分点；小微企业贷款户数31007户，较年初增加4612户；申贷获得率99.97%，较年初上升0.92个百分点。

【大力开展“黔微贷”投放】 全年发放“黔微贷”贷款4.96亿元，完成3.6亿目标计划的137.78%，贷款余额达到5.48亿元，惠及小微企业2886户。实现了小微企业贷款“三个不低于”目标。推进个体工商户建档全覆盖工作，实现乡镇个体商户建档面100%。

【开展“两权”抵押贷款试点工作】 积极开展“两权”抵押贷款试点工作，独山、荔波、贵定等行社试点农民财产权抵押贷款，发放贷款89笔3080万元；荔波农商银行试点土地承包经营权抵押贷款2笔共1500万元，有力地支持农业龙头企业发展；都匀、独山、平塘、荔波、三都、福泉、瓮安、贵定和罗甸等9家行社开办“林权”抵押贷款，累计发放贷款2.85亿元，支持88户农户及四大新型农业经营主体的发展。

【支持现代山地特色高效农业发展】 2016年，发放56.52亿元贷款支持现代山地特色高效农业发展；落实省州三次项目签约对接会精神，投放贷款11.69亿元，支持实体经济发展。

【贯彻大扶贫政策，凸显金融扶贫主力军作用】 落实省联社金融扶贫政策，层层设立扶贫事业部，加强精准扶贫考核力度，实现金融精准扶贫工作取得突破。2016年全年为全州建档立卡贫困户建档201234户，建档面为96.7%，为166346户贫困户授信57亿元，获得人行扶贫再贷款21.99亿元，累计发放“特惠贷”26.46亿元，完成计划的155.05%，支持55308户贫困户创业。

【创新开展助农脱贫流动服务站获全省推广】 为创新扶贫服务方式，贵定联社创新“助农脱贫流动服务站”模式，将柜台服务延伸到村寨，直接到群众家门口开展金融服务，这一做法得到省联社的肯定，并在全省大力进行推广。截至2016年12月末全州建立“助农脱贫流动服务站”37个，进村服务134次，办理业务9421笔，方便群众办理业务。进一步加强农民工金融服务，落实金融服务供给侧结构性改革要求，试点推动产业链金融服务工作，全面促进大扶贫工作的推进。

【加强信用工程建设，信用县创建取得新进展】 为促进信用县（市）创建取得突破，全州农信社积极推进以信用县（市）、信用乡（镇）为载体的农村信用工程建设。截至2016年12月末，全州已建档农户717883户，占总农户数的87.29%，已评级农户715165户，成功创建三都农村金融信用县，新增信用乡（镇）12个，信用县已达3个，占比为25%，信用乡镇已达70个，占比为67.31%，信用村达1080个，信用组为11970个，福泉已申报信用市验收，独山、荔波、长顺已达到创建农村金融信用县的基本条件。为扎实推进信用工程建设，各行社按照省联社要求，完成718248户信用农户电子信息录入，录入率为98.45%。各行社在开展农村信用工程建设的同时，积极开展信用单位、信用社区、信用园区、信用商圈的建设，全面开展行政事业单位职工评级授信工作，丰富了农村信用工程建设的内涵和外延，进一步夯实城乡市场的发展基础。

【依托信息科技平台，着力提升电子银行业务】 根据省联社统一部署，各行社全面完成了新一代核心业务系统（GRBC）上线工作。依托省联社信息科技平台，各行社加大电子银行业务的推广工作，全年新增网上银行用户3.86万户，新增手机银行用户12.61万户，电子渠道替代率62.79%，比上年度提升13.81个百分点。大力推广信合公务卡业务，发行公务卡5516张。都匀等6家行社积极开办“社保卡”代理业务，除惠水农商行外其余11家行社积极开办“居民健康卡”代理业务，各项工作正在推进中。

【加强对外宣传，着力提高金融知识普及力度】 对外全力唱好“贵州农信·百姓银行”好声音，2016年成功举办第二届“全民健身”职工运动会，以黔南建州60周年为契机成功举办“黔南农信之夜——亚洲巨星演唱会”，观众达3.5万人。全年编发宣传信息2412篇，被人民日报、金融时报、中国经济时报、贵州日报、当代贵州等媒体采用稿件共936篇次。

【加大金融夜校宣传，提升贫困群众融资融智能力】 各行社继续开展金融夜校宣传，全年在城乡开展金融夜校9099场次，培训群众达24.3万人次，现场向参训群众解决问题15235个，发放宣传资料56.86万份。为顺应精准扶贫工作的推进，行社在开展金融夜校宣传时，主动协调政府扶贫、农业农技等部门参与，现场为群众讲解地方产业发展政策和扶贫、惠农政策，增强农民群众发展产业的信心，收到了金融夜校“融资融智”的效果。

（蔡荣江）

中国人寿保险股份有限公司黔南分公司

【概况】 2016年，中国人寿黔南分公司在省分公司党委、总经理室的领导下，全州系统广大干部员工以“争创贵州一流公司”为目标，紧紧围绕“跨越发展、聚焦个险、强势对标、队伍为本”的经营思路，坚持“高目标、严要求、大突破”的发展定位，聚焦“双领先”，对标升级，狠抓落实。截至2016年12月30日，总保费达3.97亿元，同比增长73.7%，首年新单保费2.68亿元，同比增长128%，长期险首年标保2318万元，同比增长34%，首年期交保费6133万元，同比增长99%，短险保费6650万元，同比增长21%。个险渠道首年期交保费及10年期以上保费均超额完成全年预算目标。其中：首年期交达5561万元，同比增长114%，完成预算123.5%；10年期及以上保费2924万元，同比增长101%，完成预算112.4%。互动业务保费1641万，完成预算的136.7%，排名系统第二，高于省公司平均达成率46个百分点。团险渠道短险保费达6181.69万元，同比增长17.66%。银保渠道实现首年保费6508万元，同比增长75%，完成预算105%，10年期及以上保费125万元，同比增长250%，完成预算125%。

【标杆公司破历史纪录】 龙里支公司首年期交达1073万元（其中个险期交1002万元），成为黔南国寿历史第一家期交过千万的县支公司，同时都匀城区支公司个险首年期交突破1800万元，成功筹建都匀城区收展和瓮安收展团队，两支团队首年期交分别均突破200万元；瓮安、平塘支公司短险均突破千万元，为全州系统各支公司放大格局、做强队伍、做大业务树立了榜样。

【健康保险有序推进】 2016年年初，中国人寿黔南分公司通过黔南州人民政府公开竞标成为黔南州新型农村合作医疗大病保险业务唯一经办单位，共计服务约328.34万新农合参保人口，管理大病保险基金8372.76万元。中国人寿黔南分公司积极健全并完善相关大病保险业务服务工作，合署办公人员实现州内全覆盖，进驻各县市合医办或政务中心，满足州外就医“一站式”需求。目前，在黔南辖区实行“一站式”服务的市、县、乡、镇定点医院达91家，全年大病保险赔款支出17256人次（11173人）共4504.16万元。

【强化落实风险管控工作】 运用内部控制和监督检查机制，加强风险预警督导工作，关注和降低公司经营风险。如通过综合治理销售误导、“诚信我为先”、内控知识竞赛、反腐倡廉等专题活动，在干部员工中形成了较为浓厚的风险意识。贯彻中国保监会“两个加强，两个遏制”回头看自查、反洗钱检查、单证检查、印章检查、资金安全等检查工作，及时发现风险，排除陷患。通过《员工违规违纪处理规定》《案件责任追究实施细则》《单证管理责任追究实施细则》《印章管理责任追究实施细则》等的学习，做到学制度、懂制度、守制度。有效地预防和化解了媒体危机及群体性事件的发生，守住了不发生区域性、系统性风险的底线。

【强化落实党建工作】 严格执行中央“八项规定”，加强党风廉政建设，与各支公司签订党风廉政主体责任书，深入推进治本抓源头责任制，加强考核和责任追究。狠抓“两个责任”落实，全辖管理干部工作作风进一步转变，服务发展、服务基层、服务客户的意识和能力逐步得到提高。以“两学一做”学习教育活动为契机，加强全体党员的理想信念教育和思想道德建设，同时根据省分公司下发“两学一做”工作中对2008年4月以来党员交纳党费情况按标准进行重新计算，并完成了全州在职党员党费的补缴工作。对全州党员情况进行梳理，将原9个基层党支部调整为10个，其中独立党支部占比50%，接收2名营销员党员，接收6名预备党员，其中县支公司班子党员占比73.91%，达到省分公司党建工作“两个占比”年度考核要求。

（王兴海）

中国人民财产保险股份有限公司黔南分公司

【概况】 2016年是中国人民保险“十三五”开局之年。中国人民财产保险股份有限公司（简称人保财险）黔南分公司在省公司和州委、州政府的领导下，围绕上级公司提出的工作目标，履行国有企业的经济责任、政治责任和社会责任，服务经济社会发展的能力不断提升，实现了经济效益和社会效益的相互促进。

【保险业务稳健发展】 2016年，人保财险黔南分公司实收保费实现45358万元，同比上升7544万元，增幅19.95%，上缴国家税收10295万元，代收车船税2563万元，为服务地方经济社会发展作出了积极努力。

【服务水平进一步提升】 以“打造保险第一服务品牌”为目标，深化服务标准化，内强素质、外树形象，服务效能和客户满意度有所提升。分公司荣获总公司授予的2016年地市级分公司经营业绩50强、金牌服务标兵地市奖；全省系统“综合经营管理奖”一等奖；利润率优胜奖；应收保费管理奖等荣誉。

【政策性农业保险扎实开展】 2016年在州委、州政府的领导下，在相关职能部门的大力推动下，人保财险黔南分公司以“三农保险 服务三农”为宗旨，通过充分发挥公司在农村的网络优势，不断提高服务能力，为全州农业发展保驾护航。公司服务区域覆盖全州13个县（市、区），已设立5个农村保险服务部，173个农村保险服务站。2016年开办政策性农业保险品种7个，地方特色农险1个，水稻保险达到“应保尽保”，公益林保险覆盖率达90%，为全州农业提供90.48亿元风险保障，全年共处理政策性农业保险赔案535笔，赔偿农户7.86万户，累计赔款金额3209.97万元。创新开展特色农业保险，将长顺县1446亩高钙苹果纳入保险保障范围，收取保费20.2万元，赔款41万元，为全州开展特色农业保险积累了一定经验。公司将农业保险与精准扶贫相结合，将政策性农险承保作为政府民生工程项目推动，有效提高了贫困地区农业、农户抵御自然灾害的能力，为精准扶贫搭建起一道人工屏障。

【民生保险大力推动】 在"政府补助保费保基本、农户自愿参保保增量"的基本原则下，人保财险黔南分公司2016年为全州农村住房提供合计88.23亿元的风险保障。除政府补助保基本以外，还新增农户自愿参保部分，为81440户农户提供9.72亿元的风险保障。

人保财险黔南分公司作为医疗责任险统保项目首席承保单位，2016年1月黔南州率先在全省完成二级以上医院的投保工作，全辖25所二级以上公立医院、基层公立医疗机构稳步推进，乡镇卫生院、社区服务中心及妇幼保健院（所）等基层公立医疗机构全部按时投保，覆盖率达100%，同时为26家民营医院提供保险服务。在发生医患矛盾、产生医患纠纷以后，第一时间介入，发挥社会"稳定器"作用缓解医患矛盾，黔南区域实现理赔时效最快、出现案件理赔完成率最高、医责险经营绩效最好的成绩赢得了院方、患方的好评，医责险专业团队在全国、全省会议上作先进经验交流，对建立健全医疗机构风险防范体系、完善医患纠纷预防调处机制、建立和谐的医患关系、促进医疗卫生事业健康发展，为构建"平安黔南"具有十分重要的意义。

【理赔质量不断提升】 人保财险黔南分公司公开承诺"诚信至上　真情服务"，以抓好"万元快赔升级活动""车未修，钱到账"等服务以及非车险理赔服务承诺等系列服务举措为重心，全面提升客户理赔体验，严格执行客户投诉责任追究制度，着力解决保险"理赔难"问题，加强售前、售中、售后各环节的协作配合，让客户买得放心、理赔省心、服务贴心，切实维护保险消费者的合法权益，2016年全年共支付保险赔款20120万元，同比增加3435万元，增幅20.59%。理赔质量和服务水平不断提升，在黔南州保险行业协会组织的理赔现场查勘测评中获第一名。

【党风廉政建设】 2016年，人保财险黔南分公司党委班子成员认真履行党风廉政建设"第一责任人"和"一岗双责"的政治责任，层层落实，强化监督。坚持党员领导干部报告个人重大事项、述职述廉、民主评议、任前廉政谈话。深入开展宣传教育，抓好廉洁文化建设工作，认真贯彻落实中央"八项规定"、总公司"八不准""32条规定"，组织学习《中国共产党问责条例》及警示案例，大力营造反腐倡廉的舆论氛围，做到警钟常鸣。以贯彻民主集中制为重点，建立健全集体决策机制和议事规则，严格执行"三重一大"决策制度。此外紧密结合党员队伍实际，深入开展"两学一做"主题活动，通过中心组学习、组织参加"两学一做"测试等多种形式把此次活动作为一项重大政治任务，切实巩固教育实践活动、"三严三实"专题教育成果，不断深化广大干部员工的政治意识、责任意识、担当意识、服务意识，以全面加强党的建设为核心，努力为公司年度发展任务圆满完成提供强大动力。

（唐思怡）

太平洋财产保险公司黔南支公司

【概况】 太保产险黔南中心支公司下辖10家县支公司，员工总人数100人，自进入黔南开展业务以来，在州委州政府的领导下，在各有关部门及社会各届的关心、支持与帮助下，公司经营管理稳步推进，各项业务得到迅速发展。截至2016年年底，整体保费收入28134.44万元，增幅14.61%。其中车险保费收入23930.5万元，增幅13.41%；非车险保费收入3563.91万元，增幅22.35%，农险保费收入640.02万元，增幅20.14%。市场份额24.48%，在黔南州保险市场位列第二。

【创新思路、强化管理、适时调整，确保公司各项工作的贯彻落实】 2016年因受到黔南当地经济下行影响，保险客户群体消费理念逐步趋向理性，黔南当地经济增速放缓，特别是受当地新车销售市场、营运货车市场持续低迷、车险市场竞争靠费用拼抢出现白热化现状等因素影响，是黔南中支面临形式较为复杂、经受考验较多的一年。黔南中支总经理室创新观念、改变过去的传统观念和理念，从 2016 年年初，黔南中支党委、总经理室按照太保产险贵州省公司的工作会议精神和要求及各阶段的经营目标要求，把握业务发展节奏，统筹规模、效益协调发展。

一是根据黔南当地产险业的竞争特点，黔南中支主动把握业务发展节奏，通过多维预算牵引和逐级分解，加快开门红及上半年业务发展速度，为品质提升、结构调整赢得时间，从而达到规模和效益的协调发展。

二是根据太保产险贵州省公司经营思路每年 3 季度末，黔南中支在调整业务结构的同时，就着手准备来年“开门红”工作，配套资源投放、劳动竞赛方案激励等方式，确保开门红业务的全面达成。

三是进一步转变思想、转变观念，牢固树立“优化业务结构，紧紧围绕综合成本率优化，转变增长方式，强化车险精细化管理和加快非车险业务拓展”的经营思路，不断完善和创新公司的各项考核办法和管理措施。在经营考核上重新制定以市场对标为导向、综合成本率、市场份额、综合赔付率、应收保费率、优质车险续保率等挂钩考核的《2016 年黔南中支销售系列考核方案》。

【加强执行力建设，实施会议经营以会代训】 黔南中支在 2016 年经营过程中实施会议经营模式，月度召开月度经营分析会，季度召开季度分析会，通过市场对标经营分析和内部销售、管理经验分享，查找自身短板，分条线提出月度、季度和年度经营对策，动态调整资源配置政策，安排下阶段重点工作。这种以会代训的方式，快速统一各级干部思想认识、理清思路、提升能力和落实举措，充分发挥干部的主观能动性，转变工作作风，推动全辖工作按照既定目标稳步推进。

【实施专业化销售团队建设，提升团队综合实力】 黔南中支认真按照上级公司“以客户需求为导向，促转型，增效益，求发展”的要求，结合黔南中支的实际，探索合规、转型发展之路，建立健全了“营销”“渠道”“重拓”三个业务管理发展中心架构及责任，并完善建立健全相应的岗位职责和 KPI 考核指标，明晰了各部门、各团队、各岗位和每个专员、每一个销售条线员工的责、权、利以及发展方向、发展目标。初步达到了“业务来源渠道化、销售员工专员化、业务拓展专业化、经营管理条线化”的转型要求。部门、团队目标任务明晰，岗位员工职责分明，有效的调动了干部、员工的积极性，有力地推动了公司各项工作的顺利开展，使公司基本实现了今年既定的经营管理目标，并达到了上级公司的基本考核要求。

【围绕经营目标，持续优化资源配置和考核机制】 资源配置向一线倾斜，严格执行以投产比为核心的费用投放导向。一是坚持“资源配置向业务一线倾斜，按业务价值贡献分别采取领先、持平、贴近市场等策略，根据市场变化动态调整”的资源配置策略。二是考核、激励双管齐下。根据制定的 2016 年年度考核办法，在关注规模、速度、份额的同时，高度重视效益与质量的要求，完善对县级机构的结构、质量和效益考评。三是根据当地市场发采用差异化的营销策略进一步拓展了市场，刺激业务的发展，增强公司整体挂续发展能力。并根据业务发展情况及市场对标情况，适时制订一些相关的激励措施和方案，促进业务的进一步增长。

（熊　伟）

·农 业·

NONG YE

综述

【概况】 2016年，全州农业工作遵循党中央、国务院有关决策部署，按照省、州党委、政府关于大力推进现代山地高效农业发展的目标任务，以创新、协调、绿色、开放、共享五大新发展理念为引领，以推进农业供给侧结构性改革为主线，以建设现代农业园区、继续打造“185”工程升级版为载体，以农业“接二连三”融合发展为方向，以确粮食安全为基础，围绕种养业结构调整，突出做大做强生态茶叶、生态蔬菜、生态畜牧、生态刺梨四大特色优势主导产业和做优做精特色中药材，特色精品果品、特色食粮、特色水产四类优势地方产业；围绕改善农业农村生产生活条件，扎实推进新农村建设，加快农业基础设施发展；围绕农业产业化经营，加大培育新型农业经营主体，开拓农产品加工营销，加强品牌创建，加速发展休闲农业、乡村旅游和农村电商产业，推进“黔货出山”；围绕建设无公害绿色有机农产品大州，完善加强农产品质量安全监管、监测、执法体系，推进标准化生产；围绕农村脱贫攻坚，突出抓好“三山”为重点的农业特色优势产业精准扶贫；围绕深化农村改革，侧重抓好农村土地、集体产权等制度改革和“三变”改革，推进农地“三权分置”；围绕农业科技创新，推进农技推广体系改革，探索农技服务新机制，加强农业技术培训，加快科技成果转化和应用，确保了农业总体上持续较大发展，实现“十三五”开局良好。

2016年，全州农业主要经济指标和生产指标总体上全面完成，稳中有升。农业总增加值192.2亿元，比上年（未扣价）增长21.4%，增速全省第一，其中非粮增加值占农业总增加值比重89.5%，畜牧业产值占农业总产值42.1%；农村常住居民人均可支配收入8844元，保持全省第三，同比增长9.9%；农业产业扶贫人口7.37万人；粮食总产稳定增长，茶叶、蔬菜、水果面积、产量和畜牧、水产养殖产量保持较大幅度增长。农机总动力达到314万千瓦，同比增长6.9%。

【粮油生产总体稳定】 2016年，据部门业务统计，全州粮油生产面积略减，亩产有升。粮食播种面积472.2万亩，同比减0.48%，总产量129.1万吨，同比增1.3%，其中水稻面积163.1万亩，同比减0.9%，玉米面积125.2万亩，同比增0.4%，马铃薯面积72.6万亩，同比增1.7%；稻谷产量65.3万吨，玉米产量36.9万吨，马铃薯产量（折）15.5万吨，同比分别增长1.0%、1.9%、3.7%，小麦面积、产量略减。平均亩产水稻400.2公斤、小麦104.3公斤、马铃薯（折）213.5公斤，同比分别增1.9%、1.6%、0.7%，玉米亩产294.7公斤，同比减1.4%；油菜播种面积109.1万亩、产量10.87万吨，同比分别减

2.2%、0.7%，亩产99.6公斤，同比增1.4%；“三杂”面积、比重、产量有增有减，杂交水稻面积160.6万亩，同比减1.6%，占水稻总面积97.2%，亩产471.4公斤，同比分别增2.73%、2.27%；杂交玉米面积117.4万亩，占玉米面积94.2%，亩产352.8公斤，同比分别减4.95%、增7.55%、减3.2%，杂交油菜面积93.3万亩、占油菜面积85.5%、亩产106.9公斤，同比均有增长，渝香等优质稻面积104.1万亩、平均亩产467.5公斤，同比面积减少，亩产增幅1.27%；杂交玉米生产中，耐密型玉米面积43.8万亩，特用玉米面积28.7万亩；杂交油菜生产中双低油菜面积75.8万亩。

【茶叶生产持续强势发展】 2016年，全州继续贯彻落实习近平总书记“对于都匀毛尖茶希望你们把品牌打出去”的重要指示，积极实施省、州“茶产业三年行动计划”，促进茶叶生产强势发展，茶园总面积达到161.8万亩，同比增23.1%，其中，认证的无公害茶园43.5万亩、有机茶园5万亩，高标准示范茶园25万亩，共有投产茶园74.23万亩；干茶产量2.6万吨，同比增19.8%，茶叶产品销售量超过2万吨。

【蔬果生产持续增长】 2016年，全州蔬菜、水果生产持续稳定增长，产品销售良好。部门业务统计蔬菜累计种植面积331万亩、产量（鲜）585万吨，同比分别增2.4%、4.5%，以茄果类、瓜豆类和叶菜类为主；水果果园面积111万亩、鲜果产量60万吨（投产面积62万亩），同比分别增5.7%、13.0%，以柑橘、葡萄、火龙果、苹果等面积较大；此外，食用菌生产680万袋、产量0.5万吨，西瓜甜瓜和草莓等果用瓜果面积3万亩、产量6万吨，同比均有增长。当年蔬果产品外销总量447万吨，同比增6.0%，占当年总产量的68.7%。

【畜禽生产较大增长】 2016年，全州畜禽养殖生产保持较大幅度增长。部门业务统计，猪牛羊禽肉用出栏分别达到428.6万头、24.8万头、70.4万只、4938.7万羽，同比分别增12.5%、5.3%、11.4%、22.3%，其中绿壳蛋鸡存栏1654.3万只，同比增39.5%；肉类总产量47.7万吨，同比增8.4%，其中猪肉35.5万吨，占肉类总产量74.4%；禽蛋产量7.0万吨，同比增14.6%，牛奶产量4.0万吨，同比增2.6%。

【水产品生产有序发展】 2016年、全州有序推行水域滩涂养殖证制度、深化渔政护渔和禁渔期制度、开展网箱设置清理，稳定发展养殖面积，实现水产生产全面丰收。部门业务统计，水域养殖面积10.9万亩（含池塘、水库、河沟等）、稻田养殖21.1万亩，同比分别增6.9%、5.1%。其中河流库区网箱养殖2333.9亩，同比增30.7%；水产品产量5.3万吨，同比增10.4%，其中养殖产量占95.9%，同比增13.3%，捕捞产量及占比继续呈下降。

【农产品加工业快速发展】 2016年，全州年产值超过100万元的各类农产品加工企业达到331家（含园区加工企业265家；省级及以上龙头企业75家、州级151家），同比增34.0%。主营业务收入139.4亿元、总产值169.8亿元，同比增31.6%，利税总额12.9亿元，同比增11.2%，平均从业人员2.5万人。

【休闲农业与乡村旅游品质提升】 2016年，全州休闲农业与乡村旅游经营主体达到417个（含农家乐342个、休闲农庄41个、休闲农业园区26个，民俗村8个），从业人员8000余人，带动农户3万余户、接待约900万人次，营业收入5.37亿元，同比增53.4%。休闲观光农业的品质品牌有所提升，新增惠水县被农业部列入“全国休闲农业与乡村旅游示范县”、平塘县京舟村被农业部列入“中国美丽休闲乡村——特色民俗村”、长顺县广顺凤凰坝被省农委认定为“休闲农业与乡村旅游省级示范点”，当年累计被农业部认定的国家级示范点1个、最具魅力休闲乡村1个，中国美丽休闲乡村2个、中国美丽田园6个；被省级认定的示范点11个。当年经州农委、州旅游局联合首批认定12个州级休闲农业与乡村旅游示范点；按照州政府的部署，全州（州级10部门联合组成评委会）初步评出（待批）“星级乡村旅馆”123家（四星级14家、三星级36家、三星级以下73家）、“百佳乡村旅馆”50家。

【农业产业精准扶贫见成效】 2016年，州农委产业扶贫领导小组设立产业脱贫工作办公室，制定“产业精准扶贫规划”，出台“农业产业扶贫工作目标任务”工作方案，与县市农工局签订责任书，细化和分解具体任务，做到脱贫工作精准到产业，责任到人头，开展专项督查推进，确保产业扶贫不走形、不走样。全年以“三山”为重点区域集中项目、捆绑资金、倾斜服务，完成农业产业扶贫带动脱贫人口7.37万人，扶持的重点产业规模有种植业23.3万亩（含茶叶9.1万亩、蔬菜9.2万亩、水果5.0万亩，带动脱贫3.45万人；养殖业的养殖量787.67万头只，其中猪牛羊6.37万头只家禽779.71万只，其他含水产品1.59万只尾），带动脱贫3.92万人。在产业扶贫中，扶持培育贫困村的家庭农场15个、农产品加工企业10个、农民专业合作社635个。开展农业技能培训5.39万人，其中培育新型职业农民0.38万人，实用技术培训5.01万人。

【长顺联富合作社扶贫出新招】 长顺县鼓扬镇联富绿壳蛋鸡养殖农民专业合作社由建社的5户发展壮大至今的218户，其中贫困户141户，针对贫困户子女上学难的实际，合作社集体决定从销售的蛋品中每枚提取5分钱设立爱心蛋基金，并在每个蛋盒中附上爱心联系卡，引导社会力量共同帮扶。至2016年，累计帮扶贫困户学生102人，扶持资金物资达5万余元，爱心蛋基金累积5231.6元。合作社经营和社员分红、务工工资逐年发展。

【农业示范园区提质升级】 2016年，全州在继续完善已建70个（省级52个，排全省第三；州级18个）高效农业示范园区基础配套设施等建设项目的基础上，按照“以镇建园”的思路，狠抓园区调度管理，突出“星级”“双十”园区评选，推进“农业园区”向“农业公园”的转型升级。当年完成园区续建投资230亿元（排全省第一），招商引资签约资金294亿元，到位58.68亿元（均排全省第一）；完成涉惠水、长顺、福泉、荔波4县市跨乡镇区域5个园区的拆分；完成对申报达标的6个园区的考核认定（州政府审定后将享受副县级待遇）；完成州级“十强”农业园区和“十佳”休闲农业园区的评选，有20个园区获此殊荣；启动“星级农业园区（3、4、5星）”评选和“农业公园”评定标准和办法的制定。全部农业园区实现总产值346亿元，均大幅超额完成省下达的任务，完成值排全省第一。

【实施惠农补贴专项项目】 2016年，全州继续落实各级政府惠农政策，实施畜禽良种、农机购置、粮增工程、植保、土肥及农业产业化等专项补贴项目，累计使用补贴资金总额18486万元（中央专项7525万元，省级专项8202万元，州级配套2759万元），补贴农机购机25887台（套），受益农户（合作社）2.5万户（个）；兑现肉牛基础母牛扩群增量的新增犊牛2258头、良种种猪补贴3万头；实施水稻、玉米增产增效技术示范推广17.97万亩（超计划8.9%），小麦、水稻等农作物专业化统防统治和绿色防控98.5万亩，农地测土配方施肥技术应用面积465.15万亩次等等，为促进全州现代高效农业发展起到重要的示范推广作用。

【扎实推进新农村建设】 2016年，全州新农村建设在抓好2015年度省级“四在农家·美丽乡村”示范点建设竣工验收工作（10县市10个点，省级投资共470万元）的同时，积极组织申报2016年度省级示范点的申报、创建，按时完成项目申报书和实施方案的编制、评审，当年7月获省级批复新建13个示范点（涉10个县市，省级投资

420万元），立即下达并启动实施，总体进展良好，大部份示范点年底已完成建设任务。此外，按省的要求，全州筛选推出22个“美丽乡村‘百村大战’示范点”上报，有14个点（独山2个点，其余县市区各1个）入选全省“百村大战”示范点创建。

【实施农村能源环保建设项目】 2016年，全州农村能源环保工作以支持农业结构调整、新农村和农业园区建设为重点，继续实施多类项目。累计争取各级财政专项资金3762万元（中央2688万元、省级1016万元、州县配套58万元；另受益单位自筹48万元），建成都匀、荔波、龙里3个点的大中型农村沼气集中供气工程1600立方米，独山、平塘、荔波3个点的农村环境生活污水综合治理工程，三都、长顺、都匀经济开发区3个点、示范面积1000亩、带动面积2000亩的“三沼”综合利用示范基地，贵定、惠水、瓮安3个不同类型的农业面源污染监测点，全年采样48批次计土壤、植株、径流水、污水共585个样品送检，全州巩固退耕还林成果推广省柴节煤炉9152个、太阳能热水器6143台。

【农产品质量安全监管工作综述】 2016年，全州农产品质量安全监管工作围绕打造无公害绿色有机农产品大州，一是狠抓属地管理责任的落实，按照“四个最严”要求，把农产品质量安全监管目标任务纳入各级政府绩效考核内容，落实相关部门和企业主体责任，层层签订责任书；二是狠抓监管体系检验检测体系和执法体系建设，完善机构、健全队伍、提高工作能力和水平；三是狠抓标准化体系建设，推进“三品一标”认定认证及后续管理，加快农产品标准的制定实施，规范农业投入品的使用、经营，建立和完善农产品质量安全监控系统和追溯系统，确保农产品质量安全监管全面推进，取得成效。全州“三品一标”认证率较大提升，超额完成省级下达的农业投入品（农药、兽药、肥料、饲料及兽药残留等）抽检监测任务和主要农产品（菜、果、茶、食用菌、粮和肉、蛋、奶、水产品等）定量检测任务，建立省级农产品质量安全电子监控点34个、省级农产品质量安全追溯系统36家、省级茶叶质量安全去追溯系统25家，罗甸县荣获“国家农产品质量安全县”授牌，长顺县、龙里县分获国家、省级第二批农产品质量安全县创建项目，并率先建立放心农资信息平台26家。

【农产品“三品一标”认定登记加快】 2016年，全州农产品品牌创建的“三品一标”认定登记进度加快、规模加大。累计“三品一标”认定登记719家，同比增38.8%，其中无公害种植业产品产地认定366家（产品认证123个）、面积265.55万亩（覆盖率35.66%），无公害牧渔业产品产地认定237家（产品认证76个），养殖规模904.42万头只（占规模养殖场的72.04%）；绿色食品产地认定12家，有机食品产地认定32家，地理标志保护产品登记16家。当年农产品推荐申报“贵州省名牌产品”29个，获认定15个，州内开展黔南十大农特产品评选，企业申报44个，经初审推荐34个产品进入网络票选。

【全面完成农业投入品抽检监测任务】 2016年，州级农产品检测中心完成省下达农业投入品质量安全抽查监测201批次、占任务100%，其中农药26批次，合格率（农药标签排查326个、合格率100%；肥料样品40个、合格率80.0%；饲料90批次、合格率100%（另完成全国统检33批次，合格率90.9%）。

【超额完成农产品定量检测任务】 2016年，州级农产品检测中心完成省级下达农产品质量安全定量检测样品642个，超任务16.7%，其中种植产品336个、畜禽产品246个、水产品60个，合格率均为100%；完成省农委安排的种养基地产品监督抽查交叉检测的送遵义检测样品220个（合格率99.6%），送省检茶叶样品30个、水产品样品30个、畜禽产品样品43个（合格均为100%）；州级承检毕节、贵阳样品分别为190、

200个（合格率均为100%）。此外，州统一安排8县市的31个茶企采集夏秋茶的红茶绿茶样品39个送省级（出入境检验检疫中心）作55项参数的检测。

【县级农产品质检站开展检测工作】 2016年，全州11县市（除都匀）农产品质检站先后投建，建成投产9个实验室（6个获资质认定，3个在申请中），省农委开始下达检测任务。县级质检站全年累计完成定量检测农产品样品2301个，超任务25.1%，其中种植产品1511个、畜禽产品640个、水产品150个，合格率均为100%。全年完成乡镇农产品农药残留快速检测样品24063个，超任务17.96%。合格率99.88%；完成种植业产品电子监控检测7400个（监控数据14954个）、水产品监控监测132个，分别超任务102.1%、332.02%、合格率分别为99.61%、100%。

【农业经营主体培育加快前行】 2016年，全州农业产业化组织特别是新型经营主体的培育加快前行。各级农业重点龙头企业达到626个，同比净增10.2%，新增154个各级龙头企业中，省级27个，州级41个，县级86个（入驻农业园区406个，同比增23.0%）。全州龙头企业固定资产总额90亿元以上，年销售收入90余亿元、利润13亿元，同比分别增8.0%、25%、15.0%（其中年销售收入1亿元以上的10个，0.1~1.0亿元的150个，省外境外企业133个）；各类农民专业合作社达到4532个（国家级26个、省级17个、州级225个），同比增34.5%，当年州级审核推荐申报国家级示范社6个（待批）、推送1个合作社为“全国百个合作社百个农产品品牌”候选名单（待批）；家庭农场达到926个（州级51个），同比增23.1%；专业大户达到13153户，同比增1.9%；农村经纪人5259个，农业行业协会37个。

【多平台推介农产品品牌】 2016年，全州以举办节会、办展参展、广告宣示等多平台、多形式推介推销特色优势农产品，提升品牌知名度和影响力，提高产品市场营销竞争力。最具代表性的是都匀毛尖茶品牌，州内先后主办或承办都匀毛尖（国际）茶人会、“丝绸之路·黔茶飘香”、毛泽东主席命名都匀毛尖茶立碑纪念等高规格茶事活动和贵州阿里巴巴（黔南）年货节线下展销活动；组织茶叶企业和产品参加在北京、西安、信阳、长春、昆明、杭州、厦门、广州、佛山、贵阳等地举办的茶业博览会、展销会、品茗会；都匀毛尖茶广告继续在中央电视台和京沪、京广高铁及厦蓉、贵新高速公路沿线投放；以都匀毛尖为题材的大型电视剧《云雾街》已在毛尖小镇开拍，与省茶文化研究会合作拍摄《贵州茶旅》—都匀毛尖篇—集宣传片也已杀青。都匀毛尖在全国设有专卖店263个、销售点3939个，入驻电商平台35个，产品还销往俄罗斯、日本、欧盟及东南亚、远东等国家。当年产品销量2万吨、销售额40亿元。都匀毛尖区域公共品牌价值达23.54亿元（列全国同类品牌第12位），都匀毛尖地理标志品牌价值181亿元（列全国同类品牌第二位），连续两年被评为中国“最具品牌发展力品牌”，是省内唯一入选全国前20强的茶叶品牌。

【超额完成农业招商任务】 2016年，农业招商引资继续纳入考核的目标任务，以园区、企业项目为重点，以争取州外资本为方向，全州全年完成农业招商签约项目229个，签约资金213.23亿元（超州政府下达的目标任务77.7%），到位资金145亿元（到位率68%）。其中园区（含园区企业）签约项目200余个，到位资金64.8亿元；州内引进省外境外企业累计达到133个、引资100亿元。

【启动农村“三变”改革试点】 2016年，州委、州政府建立由党政分管领导为召集人，由州直15个单位负责人为成员的农村资源变资产、资金变股金、农民变股东（即“三变”）改革联席会议制度（下设办公室在州农委），负责组织领导工作，以试点开路，推进“三变”改革。2016年，全州除荔波、瓮安纳入省级试点县，其余县（市）

各选一个试点，至年底有 18 个乡镇、36 个行政村开展“三变”试点，承接经营主体 178 个（农业企业 27 个，第三产业 43 个，农民专业合作社 58 个，专业大户 35 户，其他经营主体 15 个），试点取保初步成效，土地入股 4385 亩，整合可变资金 6700 余万元，农民变股东 5700 余人，其中资源折价入股变股东 1155 人，资金入股变股东 3278 人，技术入股变股东 3 人。

【推进农村土地确权登记颁证】 2016 年，全州农村土地承包经营权确登记颁证稳步推进。在招标落实各县（市）农村土地确权登记颁证技术服务单位（共 11 个）、完成整县市土地航摄工作的基础上，强化组织领导，加强指导督查，加快确权登记颁证工作进度。开展的全部乡镇（办事处）105 个、行政村 1442 个（占 99.8%），完成权属调查 1281 个村（占 88.7%）、78 万户（占 86.6%），完成实测面积 609.5 万亩（占国土二调面积 84.5%），2017 年 3 月可望全面完成登记确权全部工作。确权登记颁证工作到位各级财政专项补助资金 14391.1 万元（中央 4481.3 万元，省级 2768.8 万元，州级 721 万元，县级配套 6420 万元），其中预拨县市技术服务单位 2010 万元。

【农村土地流转有所增加】 2016 年，随着全州农村体制和农业经营制度改革的推进，进一步加快了农村土地流转，促进土地资源优化配置。全年农村土地流转总面积 215.15 万亩（承包耕地占 47.8%，非耕地占 52.2%），同比增 6.2%，超目标任务 7.6%。其中流转农业园区的面积 77.14 万亩，占流转总面积 35.9%。

【农业部到黔南验收调研农民减负工作】 2016 年 4 月，农业部“减负”办负责人一行到三都检查验收农民负担综合治理县（事后下发通过考核验收通知），并对三都、荔波两个国家级贫困县农民负担监管工作进行调研、听取州“减负”办全州农民负担监管工作汇报，农业部调研组对州县“减负”治理、整改监管工作及未发现涉农乱收费等情况给予肯定。

【开展农村“一村一品”调查工作】 2016 年，根据省农业产业化经营联席会议办公室的统一安排，州农委组织各县（市、区）对 2015 年“一村一品”发展进行统计调查。全州“一村一品”有一定规模和产业特色的专业村 154 个、专业镇 4 个。同时组织申报第六批全国“一村一品”示范村镇，当年经县市推荐、州农委审核研究，申报长顺县鼓场镇鼓场村为“一村一品”示范村（待批）。

【完成 2015 年农村经营统计汇总】 2016 年，州农委完成 2015 年农村经营管理统计年报汇总，全州农村经济总收入 348.82 亿元，比上年增 10.87%，农村居民人均纯收入 7512.14 元，同比增 10.25%，农民外出劳务收入 86.30 亿元，同比增 12.36%，外出劳务收入占可分配净收入的 28.66%，同比提高 0.35 个百分点。

【农村电子商务加快发展】 2016 年，全州农村电子商进一步加快发展，县级农村电商运营服务中心达到 12 个，农村电商站点达到 798 个，其中贵农网站点 175 个、纳斯商城站点 177 个、农村淘宝站点 230 个、邮乐网站点 94 个，其他 122 个。入驻贵州电商云企业 145 家，创新金融服务与电商平台相结合建成农经网服务站点 35 家。当年，惠水、独山、荔波三县获列国家电子商务进农村综合示范县；获批省级电子商务进农村示范培育点 32 个。涉农企业自行开展电子商务的达 100 余家。

【农资打假进入常态】 2016 年，全州农业行政执法系统采取综合执法与专业执法相结合、定期巡查与日常检查相结合，常态化开展农资市场监管，净化农资市场，规范经营行为。全年累计检查农资经营的种子店 821 家次，肥料店 362 家次、农药店 1023 家次、饲料店 485 家次、兽药店 424 家次，查获一批假劣农资，立案查处案件 159 起，结案 149 起，其中一般程序案件 64 起，简易程序案件结案85起，共罚没款11万元。当年，会同有关部门开展百草枯水剂专项整治活动，检查经营门市618家次，没收禁用百草枯水剂59.9公斤，立案查处5起案件，其余库存一律封存未流入市场。

【农业安全生产形势向好】 2016年，州农委以开展“安全生产月”活动为抓手，进一步落实安全生产管理机制，强化安全隐患排查，推进安全生产检查常态化、制度化，确保农业安全生产形势持续向好。一是开办安全生产法律法规讲座和测试活动，举办“争做安全发展忠诚卫士”演讲比赛和先进事迹交流，开展市场、街头“安全生产”宣传咨询日等活动，提高群体安全生产意识；二是以农机、渔业、饲料加工等行业及生产旺季、重要节会、汛期等关键环节为重点，开展安全生产大检查，全年检查企事业单位88家，重点企业检查覆盖率100%，排查安全隐患40条，整改率100%，监管企自查自纠覆盖率100%；三是开展农机、渔业安全应急救援演练，提高应急处理能力，其中2016年10月由省政府主办的全省渔船应急处理演练在罗甸县库区举办并获得圆满成功。2016年全州未发生农机、渔船、饲料加工等安全事故。

【完成农业发展“十三五”规划编制】 2016年，州农委根据州委、州政府统一部署，按照州级重点专项规划编制要求，组织力量在广泛调研编写14年子规划的基础上几经修改完善，完成《黔南州“十三五”现代山地特色高效农业发展规划》编制。5月20日由省农委、州规划办及州直有关部门专家、领导会审通过。

【实施水稻玉米绿色增产增效项目】 2016年，由州农技站牵头实施的粮油作物绿色增产增效技术示范推广项目全面完成，取得成效。完成水稻、玉米面积分别为11.45、6.52万亩，分别超任务9.1%、8.7%；实施范围分别为15乡镇3.1万农户和10乡镇2.3万农户；核心技术和配套技术的良种、规范化栽培技术、无公害栽培技术、绿色防控技术、配方施肥覆盖率均达100%，直播栽培覆盖率分别达23.3%、49.7%，机械化耕种的覆盖率分别达74.1%、58.0%，水稻纺布育秧覆盖率52.2%，均完成计划任务；项目平均亩产分别达613.7、633.8公斤，分别比非项目区常规栽培单产提高18.35%、35.10%。

【农作物病虫害监测种类增多】 2016年，全州农作物病虫害监测作物种类由6种主要粮油作物扩增到特色粮油、菜、果、茶等多种作物，重点监测100多种病虫害，系统监测60余种病虫害。州、县、乡三级监测点136个，实行3~10月每周一报主要粮油作物重大病虫害监测数据和防治信息，并进入全省、全国相关的监测预警系统。发布病虫情报250期，病虫害预报准确率95%以上。

【农作物病虫害防治工作加重】 2016年，州内气温偏高，雨量偏多，病虫害发生种类面积有所增加，农作物主要病虫害为中等偏重发生，加大了防治工作压力，但防控效果较好。据部门业务统计，全州粮、油、果、菜、茶病虫害发生总面积942.66万亩次，占种植总面积91.9%，防治总面积939.28万亩次，占发生面积99.65%，挽回损失粮食（小麦、水稻、玉米、马铃薯）5.76万吨、蔬菜15.49万吨、水果2.54万吨，油菜籽0.3万吨。

【实施植保绿色防控和专业化统防统治】 2016年，州内在中央和省级专项财政资金1036.3万元的支持下，建立全国农作物病虫害绿色防控和专业化统防统治融合示范基地5个，并在全州推广应用。采用太阳能杀虫灯、果实套袋、黄板诱杀、性诱杀及生物农药等综合配套技术，以产业园区和规模基地为重点，建立示范区170个，推广绿色防控总面积170.36亩，其中水稻等粮食作物67.05万亩、蔬菜34.29万亩、果树33.46万亩、茶树30.89万亩，其他作物4.67万亩；以产业园区和重大病虫重发区为重点，推广专业化统防统治面积167.02万亩（水稻等粮作83.20万亩、菜34.48万亩、果18.61万亩、茶24.86万亩、其他5.87万亩），参与统防统治的机防队或专业合作组织192个，防治示范面积31.08万亩。

【植物检疫正常开展】 2016年，全州植物产地检疫、调运检疫及市场检疫正常开展。产地检疫面积14.02万亩次，含种子产地0.13万亩、苗木4609.5万株，植物产品（烟叶、茶叶、中药材、花卉、苗木等）产地0.29万亩，发放检疫证32份；调运检疫1197批次，其中种子调运885批次182.66万公斤、苗木调运122批次906.26万株、植物产品（“两杂”种子及粮、烟、果、茶、菜、药等）调运231批次1835.38万公斤、发放检疫证明1700份；市场检疫检查89次、208个市场46个种苗企业、1198个摊点。罗甸县查处一起重庆市佳倩苗木种植场调运携带溃疡病柑橘苗一案，销毁带病苗木7.1万株。

【加强有害生物发生的应对】 2016年，按照全省的统一部署，全州加大检疫性、危险性有害生物的调查、监测和防控，对红火蚁、果蔬实蝇等10多种危险性生物开展109次普查，涉及全部乡镇（办事处）的农经作物面积214.9万亩、发生检疫性有害生物主要有稻水象甲（7县市20个乡镇63个村发生，普查161.19万亩，防治15.42万亩、防治有效率85%以上）、菜豆象（6县市31乡镇205村发生疫情，检查市场豆类18.75万公斤，染疫率9.76%、销毁1.25万公斤）、柑橘溃疡病（3县发生，发病面积1059亩，建防控示范区3个、监测点3个）。没有发现红火蚁疫情（普查全部乡镇的1260个村，作物面积6.59万亩及公园36个、商业小区279个、绿化带289个、广场153个、苗圃101个），开展了果蔬实蝇的监测防控（6县市实施，建防柑橘、苹果、火龙果实蝇防控示范区60个，示范面积1.26万亩，带动面积19.76万亩，防控效果率平均81.3%）。

【建立马铃薯晚疫病数字化监测预警系统】 2016年，州级及都匀、三都、荔波、龙里、平塘5县市建成农业部测报处重点推广的“马铃薯晚疫病数字化监测预警系统”，对晚疫病菌侵染过程进行自动、实时监测，并自动传输，实现对该病由见病防治转变为无病预防，测报准确率提高到96%以上，减少农药施用量和次数，有效维护农田生态，促进产业优质、高产、高效和可持续发展。当年龙里监测圃1个（示范种植5亩）亩产比对照提高11.9%。

【巩固测土配方施肥技术推广成果】 2016年，在农业部调整测土配方施肥技术推广项目的情况下，全州坚持巩固测土配方施肥推广成果，加大宣传培训，组织肥料经销，提高农民的自觉性和积极性，继续推进主要农经作物测土配方施肥技术的推广应用。全年推广覆盖面积达到465.15万亩次，同比增2.94%，其中水稻120.2万亩次、玉米85.15万亩次、马铃薯34.13万亩次，油菜75.15万亩次、蔬菜62.32万亩次、水果21.12万亩次，其他67.08万亩次。

【示范推广耕地保与质量提升三大技术】 2016年，州内以办示范为引导、加快推广秸秆腐熟还田、绿肥种植、增施有机肥三大技术，推进耕地保护与质量提升。全年创建秸秆腐熟还田技术示范点15个（示范面积7536亩），推广总面积250.24万亩次；创建绿肥种植技术示范点18个（示范面积8073亩），推广总面积40.44万亩，其中稻田绿肥14.75万亩，旱地绿肥12.41万亩，其他13.28万亩；创建增施有机肥技术示范点9个（示范面积1860亩，建立5个典型地块土壤有机质定位监测点），推广总面积5.31万亩。

【开展农业化肥减量增效试点】 2016年，按照部、省关于“十三五”实现化肥使用零增长的目标要求，全州12县市积极行动，开展化肥减量增效试点，在农业产业园区和规模种植基地，针对蔬菜、茶叶、果树选择28个示范点，试验示范新型高效肥料和水肥一体化技术，试点取得初步成效，说明农产品生产不是不用化肥，而是控制化肥使用，选择新型高效产品，改进施用方式以提质增效，持续发展。

【“三杂”种子备案种源充足】 2016年，全州“三杂”种子经营备案工作超前部署，种源充足，满足需求。种子经营企业50家、销售网点1898个，共发放备案登记证明8332份，全年备案杂交水稻种子98.88公斤，销售77.76万公斤（同比减12.5%），可供种植97.2万亩；备案杂交玉米种子187.1万公斤、销售141.5万公斤（同比减10.0%），可供种植94.3万亩；备案杂交油菜种子0.68万公斤、销售0.63万公斤（同比减37%）。当年全州“三杂”种植面积减幅小于“三杂”备案种子销售减幅，主要原因是种植技术提高，加上有的种植经营者自辟种源。

【继续开展新品种试验工作】 2016年，州内有8个县市承担新品种试验，其中都匀承担贵州省水稻、玉米生产试验、特色稻区域试验和国家水稻新品种展示示范；长顺承担贵州省水稻（早熟组）区域试验；龙里承担贵州省水稻、玉米生产试验；平塘承担贵州省玉米（4个组）、高粱区域试验；独山承担贵州省玉米（L组）区域试验；荔波、罗甸承担贵州省玉米（低熟组）区域、生产试验；三都承担贵州省马铃薯种薯田间种植鉴定。经检查，除独山试点因灾报废外，其余均按方案完成试验。

【推广畜禽品种改良】 2016年，全州继续扎实推广畜禽“三改一推”（牛改、猪改、羊改和推广良种禽），提升良种覆盖率。当年，设牛杂交改良点98个（冻配点91个、本交点7个），配备牛改输配员133人（技干55人、农民78人），输配母牛22196头，超省任务11%，受胎14344头、产犊14426头。选育本地牛6367头，其中种公牛226头，选配母牛6101头；设猪杂交改良点1065个（人工授精点287个），输配母猪27.11万头（人工授精占88.9%），超任务6.04%，推广杂交猪219.88万头，超省任务9.38%，其中三元杂交猪161.56万头，超省任务7.71%；设羊杂交改良点299个，改良本地山羊4.9万只，超省任务64.7%；推广良种禽1131.38万只，超省任务88.56%。

【畜禽产地、屠宰检疫全面开展】 2016年，全州畜禽产地、屠宰检疫全面开展，完成畜禽产地检疫341.84万头只，其中检疫猪69.95万头、牛10.47万头、羊41.93万只、禽219.17万只、马0.32万匹，乡村开展覆盖面达到100%；完成畜禽屠宰检疫162.54万头只（猪66.84万头、牛4.68万头、羊4.87万只、禽86.13万只、马0.02万匹），检出病害猪1729头、禽637只（均作无害化处理），22个屠宰场点实现100%屠宰检疫。

【屠宰监测“瘦肉精”无阳性】 2016年，全州22个屠宰场点安排87名官方兽医驻场监督企业按批自检与兽医按量抽检相结合，开展生猪“瘦肉精”监管监测，全州采样抽检19964头份（抽检率2.99%，含“瘦肉精”抽查的盐酸克伦特罗7041头份，莱克多巴胺6522头份、沙丁胺醇6401头份，超省任务143.5%），无一例阳性。

【重大动物疫病免疫率达100%】 2016年，全州全年重大动物免疫接种口蹄疫疫苗429.98万头（猪267.96万头、牛98.93万头，羊63.09万只），高效病性禽流感疫苗1886万只、高效病性猪蓝耳病疫苗268.22万头、猪瘟疫苗270.86万头、鸡新城疫苗1506.08万只，免疫率（占当时应免存栏数）均达100%，免疫、抗体合格率保持在70%以上。此外其他常规疫苗免疫接种（小反刍兽疫、狂犬病、山羊病、禽霍乱、仔副、猪母毒、猪肺疫、炭疽、牛出败等）194.18万头只，畜禽寄生虫驱虫（猪牛羊禽马兔等）1034.52万头只。

【畜禽死亡率保持低于国家标准】 2016年，据全州13个县（市、区）97个乡镇880个行政村

34.91 万农户饲养猪 114.79 万头、牛 36.2 万头、羊 24.23 万只、禽 217.06 万只的定点调查，猪牛羊禽死亡率分别为 1.70%、0.33%、1.40%、3.90%，保持低于国家标准。

【超额完成动物疫病监测任务】 2016 年，全州认真落实全省动物疫病防控“红线预警”的要求，加大强制性免疫病种、人畜共患病的免疫抗体、病原学监测检测。全年共监测畜禽血清 37965 份，超任务 105.2%，病原学样品 11964 份，超任务 241.8%。其中监测 H5 亚型禽流感、口蹄疫、猪瘟、新城疫、猪繁殖与呼吸综合征、小反刍兽疫等免疫抗体血清的免疫抗体合格率 92.9% ~ 82.2%，病原学样品均为阴性；监测 H7 亚型禽流感、布病、非洲猪瘟等非免血清的非免疫抗体阳性率除布病 1.5% 外，其余均为零。

【开展兽医实验室能力提升年活动】 2016 年，州农委组织全州开展兽医实验室能力提升年活动，采取多种形式提高动物疫病监测、诊断技术水平。一是委托贵州大学动物疫病研究所为州内举办“细菌学检测技术”为主的培训班 2 期，州、县两级兽医实验室技术骨干 38 人参训，培训后技物配套开展检测诊断工作；二是州级及瓮安、荔波、贵定、罗甸等县兽医实验室参加省级举办的实验室比对试验（禽流感、口蹄疫病原学检测，布病试管凝集试验，ELISA，血凝及血凝抑制试验等），检测结果与省中心盲样全部符合；全州组织全部县市兽医实验室参加同样的比对试验，结果均基本符合；三是举办黔南州第二届兽医实验室技能比武活动，12 县市 36 名选手参赛（包括理论考试和技能操作），有 6 个代表队获团体奖、9 名同志获个人奖；四是开展动物疫病“飞行检查”，各县市共采样和实验室检测畜禽血清 1007 份，监测结果及时通报。

【创建动物防疫专业合作社】 为探索适应新形势的动物防疫体系建设和创新防疫机制，州农委于 2015 年出台了推进“动物防疫专业合作社”发展的指导意见，各县市乡镇积极组织发动、试点扶持，至 2016 年年底、动物防疫专业合作社已发展到 91 个，其中总社 6 个，分社 85 个。

【动物防疫和瑶山鸡地方标准发布】 2016 年，《黔南州重大动物疫情应急处置规程》和《荔波瑶山鸡》地方标准体系的 5 个标准，9 月 1 日由州质量技术监督局正式发布，并明确分别于 2016 年 9 月 15 日和 12 月 1 日起实施。

【有效处置四起重大动物疫情】 2016 年，州内发生的三起重大动物疫情（均为国家参考实验室确诊）和一起州内监测阳性疫情，均按照相关规程，封锁疫点疫区，扑杀和无害化处理畜禽，消毒、紧急免疫等至解除封锁。由于处置及时、有效，没有造成疫情扩散和蔓延。2 月 22 日，都匀经济开发区坝固镇兴鑫蛋鸡养殖公司发生 H5N6 禽流感疫情，疫点疫区扑杀和无害化处理家禽 3.7 万余只，消毒面积 18.7 万余平方米，销毁饲料 24.66 吨、鸡蛋 24 箱，紧急免疫 2.44 万只等，3 月 18 日解除封锁；5 月 3 日都匀小围寨办事处河阳大草原养殖合作社新购牛犊发生 O 型口蹄疫疫情，购进的 48 头牛犊全部扑杀并作无害化处理，疫区内消毒 11.2 万平方米，紧急免疫猪牛 200 余头；5 月 9 日龙里县醒狮镇元宝村晴川农业科技公司发生小反刍兽疫疫情，扑杀处理山羊 282 只并排查周边 13 公里内易感动物动态，进行紧急免疫；10 月 26 日，独山兽医实验室对采集的岑氏孔雀养殖场 8 份孔雀双棉子拭子进行 H5 亚型禽流感病原学监测时有 4 份显示阳性，再赴场采集（临床证状不明显）复检后（省中心复检结果亦为阳性），对该场周边 4 村 18 组 310 户家禽散养户及 3 个规模场近 13 万只（鸡）进行紧急免疫。

【超额完成饲草饲料技术推广任务】 2016 年，全州推广人工草地建植 11.9 万亩，超省任务 13.37%（其中人工种草 7.62 万亩、改良草地 4.28 万亩，分别超省任务 8.86%、22.40%）；冬闲田土种草 22.65 万亩，超省任务 2.95%；秸秆饲料化处理37.98万吨，超省任务15.1%；10个饲料工业企业生产饲料及添加剂36.14万吨（各类常规饲料1.52万吨、饲料添加剂34.62万吨）；835个饲料经营企业（门市）推广工业饲料11.81万吨，超省任务18.14%。

【造点开展草原监理工作】 2016年，州内按照省的统一安排开展草原监测工作，在福泉、独山、荔波三县开展草地生态调查，完成4种草地类型（暖性草丛、暖性灌草丛，热性草丛、热性灌草丛）15个样地37个样方野外监测及20户草食畜补饲调查，并将有关数据的汇总分析录入“中国草原网”系统；龙里被列为贵州省草地植被长势情况定点监测县后，选择原哪嗙乡后头坪草场开展草原返青、生长及枯黄3个时期草层高度、盖度、产量等指标的监测，并将相关数据、图像及时录入农业部草原监测地面数据采集系统。

【推行水域滩涂养殖证制度】 2016年，州内继续推行旨在保护水域、滩涂生态环境、有序发展渔业养殖的养殖证制度。累计办证204个，涉及水域、滩涂面积17.25万亩（同比增2.9%），以罗甸面积最大（13.53万亩）、瓮安其次（2.78万亩）、长顺居第三（0.84万亩），另有平塘、都匀、惠水，但办证少、规模小。

【开展重点水域网箱清理工作】 2016年，州内针对网箱养殖重点水域，按照县级水域养殖规划的网箱设置比例（投饵网箱按水域千分之一设置，不投饵网箱按水域的百分之一设置）和办理养殖证与否，对重点水域的网箱设置进行清理。州内网箱养殖集中在罗甸、瓮安等县，网箱设置均未超标。对存在的未办养殖证和部分区域网箱过度集中等问题进行了清理整治。罗甸库区红水河羊里至罗妥水域的网箱过度集中，由县财政垫资1366万元，拆除投饵网箱44931平方米，搬迁改造51472平方米，拆除不投饵网箱153322平方米；瓮安库区5个连片水域网箱（未超规划比例，且持证养殖）无需拆除，但对沿江农户私设（未办证）网箱2500余口（9万余平方米）的超标养殖提出了整改意见。

【坚持一年一度的“两江”禁渔期制度】 2016年，州内坚持执行长江、珠江流域禁渔期制度（禁渔期分别为3月1日零时至6月30日24时、4月1日12时至6月1日12时），其间广泛开展禁渔宣传宣讲，发布禁渔文告，组织渔政执法检查141次，发放宣传资料1.1万余份，查处案件4起，整治违规渔具11具，禁渔期违法违规现象总体减少。

【大水面渔船渔民有所增加】 2016年，州内龙滩水库罗甸库区、构皮滩水库瓮安库区、大花水库福泉库区等大水面渔业生产逐步发展，已有渔船442艘，专业渔民804人，全部建有一船一档的纸质和电子档案，并实行一年一检验。此外，这些大水面的渔政单位相继配备有执法船（艇、趸船）11艘和相关装备，罗甸库区的监控设备已投入使用。

【农业卫星遥感系统升级开发】 2016年，作为省内和西南地区首家建成的市、州级“黔南州农业资源生态环境卫星遥感调查及地理信息系统”，在成果应用推广取得成效和调整优化系统功能的基础上，实时跟踪并完成全州乡镇行政区划相关数据的更新和都匀经济开发区兰文化博览园基础图建制作，并与贵州师范大学喀斯特研究院合作，为更好服务于全州农业资源区划、农业园区规划和农特产品布局规划等工作，对该系统进行升级开发，全年完成升级项目计划的80%。

【超额完成农机化作业任务】 2016年，全州投入各类农机具12.46万台套次，出动农机技术操作人员3.56万人次，完成机耕作业面积314.52万亩，超任务4.8%（同比增1.9%）；机械化播种作业面积17.61万亩，超任务17.4%；机械化插秧作业面积13.22万亩，超任务1.7%；机械化收获作业面积86.51万亩，超任务8.1%（同比增

13.3%)；推广节能减排农业机械2163台套，超任务13.8%（同比增9.6%）。

【加大力度落实农机购置补贴政策】 2016年，全州各地针对近年农机购机补贴过程变化较大的新情况，采取加大宣传，加强组织、强化督查，出台购机补贴方案，严格购机补贴纪律和规范操作等措施，促进农机购置补贴政策的进一步落实。全年共使用农机补贴资金2389.99万元（含上年剩余资金1728.97万元），比上年增39.75%，补助购置农机共25887台（套），比上年增74.1%，受益农户及农民合作社25051户（个），比上年增70.95%。

【开展重要农时农机具检修】 2016年，全州以春耕、三秋和抗灾救灾等重要农时为节点，组织开展农机具检查、维修、保养，严防带病作业，提高农机具技术状态。全年设维修网点88个，培训维修人员518人次，投入维修技术人员1333人次，于检修各类重点农机具2470台，其中大中型拖拉机812台，大中型拖拉机配套机具528台，小型拖拉机295台，小型拖拉机配套机具425台，机动插秧机27台，稻麦联合收割机59台，其他机具324台。

（曾贵湘）

茶产业

【概况】 2016年，黔南州新增茶园面积30.8万亩，茶园总面积达161.8万亩；投产茶园面积发展到74.23万亩，实现茶叶总产量2.4万吨，产值42.59亿元，综合产值74.47亿元。全州茶园面积达30万亩以上的县有1个（都匀），20万~30万亩以上县2个（贵定、瓮安）。黔南州共有涉茶企业（合作社）1300家，县级龙头企业43家，州级龙头企业33家，省级龙头企业22家。黔南州建成省级茶叶园区9个、州级茶业园区10个；茶产业从业人员45.66万人。2016年度都匀毛尖地理标志品牌价值达211.49亿元，都匀毛尖区域公共品牌价值达23.54亿元，位列全国12位，连续两年被评为中国“最具发展力品牌”。

在扶持政策方面，一是制定出台《黔南布依族苗族自治州促进茶产业发展条例》实施方案〉，实施方案从目标任务、保障机制、政策措施等方面对《条例》进行补充；二是制定出台《关于加快推进都匀毛尖茶叶企业整合的指导意见》（黔南党办发〔2016〕2号），为都匀毛尖茶产业健康发展提供政策支持。

在广告宣传方面，一是继续在中央电视CCTV-1套晚间天气预报贵阳板块的景观广告栏目投放“都匀毛尖　香满人间”宣传广告。二是继续在“京沪高铁”“京广高铁”线路的每天954趟高铁上投放时长18秒的都匀毛尖宣传片，每日播出3114频次，投放时间自2016年2月1日至2017年1月31日。三是维护管理都匀毛尖高速路沿线户外广告牌，根据州政府安排，更换广告画面，确保都匀毛尖广告牌的正常使用，进一步加大对都匀毛尖品牌的宣传力度。四是与《茗边头条》合作签订合作协议，加大对都匀毛尖品牌的宣传力度。五是与《当代贵州》签订合作协议，投放硬广告，加大对都匀毛尖品牌的宣传力度。六是与贵州省茶文化研究会签订合作协议，拍摄1集都匀毛尖纪录片在《贵州茶旅》上播放，进一步加大对都匀毛尖品牌的宣传力度。

在茶事活动方面，一是组织茶企参加2016年北京玉渊潭公园“品黔茶·赏樱花”万人品茗活动、第二十四届信阳国际茶文化节暨国际茶业博览会、2016年中国·贵阳国际特色农产品交易会、2016贵州绿色博览会．大健康产业博览会、2016年中国（海南）国际热带农产品冬季交易会、第十三届中国（深圳）国际茶产业博览会；二是在“五一”和“十一”期间在都匀市最美茶乡——摆忙乡、平塘县救星石、荔波县小七孔、瓮安县猴场会议会址等旅游景点开展万人品茗活动；三是承办参加2016中国·贵州国际茶文化节暨茶产业博览会、“丝绸之路·黔茶飘香推介活动”西安站推介活动、2016中国（广州）国际茶业博览会展会贵州馆活动；四是在2016都匀毛尖（国际）茶人会上承办兴文强茶联盟年会、茶馆业态与发展研讨会暨百家茶企对接交流会、第二届中华茶文化培训班研讨会暨中华优秀茶教师颁奖典礼；五是举办了黔南州第三届都匀毛尖茶斗茶大赛、2016年贵州省茶艺职业技能大赛黔南预赛暨黔南州第五届“贵台红杯”青年茶艺大赛；六是开展“黔南十大最美茶山”评选工作。

【黔南州茶产业发展现场观摩会在瓮安召开】 2016年3月2—3日，2016年度黔南州茶产业发展现场会在瓮安召开。12县（市）茶办主任、部分茶企先后参观了瓮安桐木万亩茶园管护基地、建中镇易子寨茶叶基地、鑫产园茶叶公司万亩白茶及黄金芽基地、苗岭雾海生态茶叶公司茶旅休闲观光带及年产3000吨茶叶机械化、清洁化加工厂房、幼龄茶园管护示范基地及金正大集团复合肥厂区。3月3日上午，在瓮安县农工局召开座谈会。会上，县市茶办主任就各县茶产业发展现状及工作计划进行交流，并对有效推进各县茶叶发展措施进行了探讨。本次会议系统总结了2015年度茶产业发展工作经验，并对2016年黔南州茶产业发展及中国贵州都匀毛尖（国际）茶人会等有关工作进行安排部署。

【都匀毛尖品牌价值达23.54亿连续两年被评为中国“最具品牌发展力品牌”】 2016年4月12日，全国茶叶区域公共品牌价值评估工作在浙江新昌落下帷幕，都匀毛尖以23.54亿元的品牌价值荣膺中国茶叶区域公用品牌价值第12名，连续两年被评为中国“最具品牌发展力品牌”，成为2016年度最具品牌发展力的三大品牌之一，是贵州省唯一连续两年入选中国前20强的茶叶品牌。都匀毛尖品牌价值较上一年20.71亿元，增长2.83亿元，增幅为13.67%，排名由2015年的第13位提升到第12位，综合排名较上一年提升了1个位次，这是黔南州茶产业发展史上新的突破。本次评估是由中国农业品牌研究中心联合中国茶叶研究所《中国茶叶》杂志、浙江大学茶叶研究所等权威机构，筛选全国108个茶叶区域公用品牌，采用科学、系统、量化的方法，经过对品牌持有单位调查、消费者评价调查、专家意见咨询、海量数据分析，最后形成相关评估结果。每年的茶叶品牌价值评估活动及结果，已经成为各地检阅品牌建设成效的重要参考，也已成为中国茶业发展的风向标。

【都匀毛尖获2015中国农产品区域公用品牌网络声誉50强】 2016年4月12—13日，首届中国农产品电子商务峰会在云南弥勒开展，在此次峰会上，对“中国农产品区域公用品牌网络声誉50强”和“中国农产品企业品牌网络声誉50强”进行了发布暨颁奖。此次发布由阿里研究院和浙江大学CARD农业品牌研究中心、浙江大学CARD农村电商研究中心联合进行。都匀毛尖、普洱茶、西湖龙井、安溪铁观音、信阳毛尖等入选“中国农产品区域公用品牌网络声誉50强”。互联网颠覆了传统品牌的内涵，也延伸了品牌的外延，借助电子商务和社交平台，传统品牌转型为线上品牌，地标产品则演化为区域公用品牌。

【黔南州成功举办第三届都匀毛尖茶斗茶大赛】 2016年5月12日上午，黔南州第三届都匀毛尖斗茶大赛在都匀举行。来自黔南州各县（市）的61家茶叶企业选送的93支茶样参加角逐，将评出绿茶类、红茶类金、银、铜奖和白茶类的金、银奖。本次斗茶大赛的评委由华南农业大学茶学系主任、博士生导师黄亚辉，国家茶叶质量监督检验中心感官检验室主任、研究员邹新武，省级专家都匀毛尖现代工艺创始人徐全福，贵州省茶叶协会高级评茶师王亚兰，贵州省茶叶科学研究所高级评茶师刘晓霞担任。大赛还特别邀请了3名公证员进行全程监督，各参赛县（市）茶办、部分茶企业到现场观摩和监督。专家评审以都匀毛尖茶地方标准、都匀红茶地方标准、都匀白茶地方标准为依据，按照外形25%、香气25%、汤色10%、滋味30%、叶底10%的比例，对五大因子进行综合评审，由高到低依次排序确定名次。专家感官评审出名次后，还须将茶样送专业检测机构进行理化指标和农残检验，如果理化指标不合格或农残超标，将取消获奖资格。

【黔南州举办 2016 年贵州省茶艺职业技能大赛（黔南预赛）暨黔南州第五届青年茶艺技能大赛】　2016 年 6 月 2 日，贵州省茶艺职业技能大赛（黔南预赛）暨黔南州第五届青年茶艺大赛在黔南民族师范学院拉开序幕，来自州内及贵州大学代表队、安徽农业大学代表队的 41 支参赛队伍将经过两天的激烈角逐，最后评选出团体赛、个人赛的一、二、三等奖各 6 名，团体赛优秀奖 4 名，优秀组织奖 6 名。

【2016 都匀毛尖（国际）茶人会成功举办】

由贵州省人民政府、中国国际茶文化研究会、中国茶叶流通协会联合主办的 2016 都匀毛尖（国际）茶人会于 9 月 22—25 日在贵州都匀成功举办。来自国内外的茶界知名专家学者、国际友人、港澳台嘉宾、世界茶叶知名企业负责人、媒体记者等 2000 余人云集黔南，品茗话茶，谈茶论道，为黔南茶产业发展出谋划策。开幕式上，来自美国、哈萨克斯坦、韩国、柬埔寨、津巴布韦、马来西亚、老挝等 7 个国家的 10 支外籍茶艺表演队，以及来自国内的 25 支茶艺表演队和省内 65 支茶艺表演队组成百支中外茶艺表演队现场表演；国内外著名的百名书画家现场创作书画以及百名长寿老人品茶话茶。茶人会还同期举办文化专场演出、茶高端论坛、2016 兴文强茶联盟年会、文化活茶·茶心之旅等活动。国际茶叶委员会（ITC）首席执行官马努扎·佩雷斯在开幕式上致辞：茶叶是中国献给全人类的宝贝，中国是最早发现和利用茶叶的地区，云贵高原则是茶树的发源地和优质核心区，贵州省茶园面积在中国是面积最大的，生产的贵州茶具有“香高、鲜、嫩、浓、醇”等品质特点。希望贵州省持续加快茶产业发展，与全球茶人携手，为世界提供更多优质的贵州茶产品。

【贵州省茶叶技工技术培训在黔南州举行】

2016 年 5 月 21 日下午，来自黔南、黔东南、铜仁、遵义等市州的茶叶企业、合作社、家庭农场的茶叶加工技术员，以及茶叶专管部门技术干部在都匀市政府七楼会议室参加 2016 年贵州省茶叶加工技术培训。本次培训活动由贵州省茶办主办，黔南州茶办承办。主讲人是业界知名的专家“大腕”，分别为研究员、国家茶叶产业技术体系红茶加工岗位专家、中茶所副所长江用文，副研究员、国家茶叶产业技术体系红茶加工岗位团队成员、中茶所加工专家邓余良，研究员、国家茶叶产业技术体系遵义综合试验站站长、贵州茶科所茶树栽培创新团队首席专家王家伦。3 位专家分别讲授了《贵州绿茶、红茶加工技术》《贵州茶叶加工常见问题及解决措施》和《贵州茶叶品牌标准实施中需要注意的问题》。专家们深入浅出的讲解，丰富有趣的语言传授了茶叶加工技术“秘笈”，解答技术人员在生产中遇到的一个个难题，内容丰富，针对性、指导性和可操作性强。

【黔南州春茶质量安全抽检合格率达 100%】

为进一步加强茶叶质量安全监管，充分发挥监督抽检的研判预警作用，促进茶产业健康、稳定发展，2016 年 6 月，黔南州农委（茶办）联合州食药监局在黔南州范围内开展了春茶质量安全风险监测工作。本次抽检随机抽查了黔南州内 45 家茶叶企业和专业合作社，共抽查了 48 个茶样，其中绿茶样 44 个、红茶样 4 个。茶叶检测项目包括茶叶中农药残留、重金属及主要理化指标，共计 52 项。年底相关检测工作已经完成，未检出农药残留及重金属问题，48 个茶样均符合国家标准，52 项指标全部合格，合格率为 100%。

【三都都江镇发现上千亩古茶树居群】　2016 年 6 月，三都县发现新的古茶树居群。此次新发现的古茶树居群分布在以铜马山为中心的原始森林中，海拔 1200～1300 米，总面积约 2000 亩，树体较大，数量众多，是黔南州迄今为止发现的最大面积的古茶树居群。初步调查显示，这片古茶树居群茶树基部干围从20厘米到160厘米不等，最高的茶树树高接近15米，大部分树干的皮已经脱落，但树枝上仍长有茂密的新叶子，主干上布满青苔，长势良好。

截至2016年年底，黔南州境内已在三都、平塘、惠水、长顺、独山等地发现大面积连片古茶树居群，这些丰富的茶树种质资源不但对黔南州茶叶种植史提供了有力考证，同时也具有很强的开发利用价值。古茶树种质资源不但含有丰富的遗传物质，特别是野生型古茶树是遗传多样性最丰富、最具保存价值和研究价值的初级茶树种质资源，其所含的遗传物质一旦毁灭将不可恢复，同时古茶树种质资源可能含有的如抗旱、抗寒、抗病虫害等各种优质基因，对茶树良种选育及品种改良具有重要的现实意义。

（孙晓姝）

林　业

【概况】　2016年，在州委、州政府的坚强领导下，全州林业按照“守底线、走新路、奔小康”的要求，认真贯彻落实中央、省、州工作部署，主动适应经济发展新常态，抢抓机遇，积极履行生态建设、森林保护和森林资源利用职责，林业改革发展取得了较好成绩，为“十三五”林业发展开局奠定了良好的基础。全州争取到造林任务92.05万、林业建设资金7.17亿元，全州林业总产值达203.56亿元、全州森林覆盖率达59%。黔南州“林业生态建设保护和发展综合指数”排名在全省市州增比进位考核中居第四位，州林业局获州委、州政府2016年度目标绩效考核一等奖（连续五年第一），局机关党委被贵州省委、黔南州委评为“全省县级基层党组织”“全州先进基层党组织”。

【造林绿化】　2016年，全州以“绿色黔南”建设三年行动计划为抓手，大力开展造林绿化工作。完成绿化美化总面积81.25万亩、造林92.05万亩、森林抚育10.8万亩、育苗5237.4亩、产苗量13464.05万株，全州森林覆盖率达59%。

【林业产业快速发展】　2016年，全州大力发展茶叶、刺梨、核桃、板栗、葡萄、柚子、油茶等为主的特色经果林，推进林产品加工、森林旅游等林业产业健康发展。刺梨累计种植面积达60万亩，投产面积20多万亩，刺梨鲜果产量达10多万吨，规模（2000吨）以上刺梨加工企业13家，全州刺梨鲜果加工能力已达20万吨，刺梨综合产值15亿元。全州新增茶叶、刺梨、精品水果、花卉苗木、无患子为主的林业产业特色种植基地120万亩，总面积达520万亩；新增大鲵、野猪、竹鼠、野鸡、梅花鹿等野生动物训养10万头（只、条），总数达60余万只；新增木材加工、茶叶、刺梨等林副产品加工企业151家，总数达359家；以龙里黔中家具板材产业园、惠水长天家具产业园代表林产园区基本建成，取得了以“中国刺梨之乡”为代表等10余个农林国家级保护的品牌和地理标志，全州共建成瓮安朱家山等为代表的6个国家级森林公园、4个省级森林公园、7个湿地公园。生态美、百姓富的林业产业发展格局正在形成，全年全州林业总产值达到203.56亿元，林业在农民人均纯收入中的贡献率约为40%。

【资源保护】　2016年，资源保护工作不断加强，进一步维护资源安全。一是严格林地占用征收管理审核审批。全州完成罗甸至望谟高速公路和龙里县大竹芒水库工程等183个项目使用林地审核工作，审核使用林地面积2249.13公顷，完成征收森林植被恢复费上缴1.76亿元。二是严格森林采伐限额管理。全州核发林木采伐许可证共计1482份，采伐面积1646.68公顷，采伐蓄积91401立方米，占年森林采伐限额的7.6%，严格控制在省规定的限额范围之内。三是严格木材运输管理审批，全州共办理省内木材运输28003立方米、出省运输20724立方米。全州木材检查站共验证放行2482车次，查验木材18676立方米，查处违法运输木材98车次、没收木材362立方米、罚款74373元，有效地打击和遏制了违法木材运输行为，规范了木材流通秩序。四是加强森林防火工作。全州森林防火认真贯彻执行《贵州省森林防火条例》和“双线”目标责任制。州委、州政府印发了《黔南州森林防火责任追究暂行办法》和《黔南州推进森林防火“村为主”工作的实施意见的通知》，在全州全面推进森林防火“村为主”工作模式，纪委监察部门对去冬今春发生的森林火灾108名因森林防火工作履行职责不够的干部进行了问责，森林防火工作得到进一步加强，全州森林火灾受害率为0.035‰，控制在省指标内。五是加强林业有害生物防控。全州以松材线虫病防治为重点，开展红火蚁、紫茎泽兰和刺梨病虫等病害监测防治，全面实行目标管理，阻隔病菌从外地传入，全州松材线虫病监测率100%、林业有害生物成灾率为0、无公害防治率99.97%、测报准确率98.47%、种苗产地检疫率100%。六是加强森林管护，全州天保工程落实森林管护面积692.2万亩，管护人员722名。落实2016年度国家公益林面积725.21万亩，管护补偿基金10568.59万元，地方公益林面积638.25万亩，省级配套管护补偿基金2042.4万元、州级配套管护补偿基金1531.8万元。向国家林业局争取到全州贫困护林员指标6234名，全部签约到位上岗。七是加强自然保护区、湿地公园和森林公园基础设施建设。完成了《黔南州重要湿地保护与恢复建设“十三五”专项规划（2016—2020年）》的编制。整合1.5亿元资金加快推进罗甸蒙江等7个国家级湿地公园建设试点和都柳江源省级湿地自然保护区建设。八是加强林业站建设和野生动物管理及疫源疫病监测。全州基层林业站建设共投入资金95万元，其中瓮安县永和镇林业站完成国家标准化林业站建设，投入资金20万元。州内17家野生动物驯养繁殖单位做好野生动物疫源疫病监测工作，全州没有发生野生动物疫源疫病现象和异常死亡情况。九是认真做好第四次森林资源普查。全州安排19名专职技术指导人员驻县（市、区、场）开展技术指导工作，开展8次200人次的督查和指导检查。外业共完成系统样地调查9531个，完成小班区划调查面积172.2万公顷，占任务量的96.5%。

【依法治林】 一是加大了古树名木保护宣传力度。《黔南布依族苗族自治州古树名木保护条例》于2016年7月1日正式颁布实施，这是贵州省第一部古树名木保护的地方性法规，全州对6409棵名木古树进行了挂牌保护。组织编制古树名木保护“三个一”宣传（编写黔南古树名木一本故事传说、拍摄《古树名木秀黔南》宣传片、编制《黔南古树名木》画册）。福泉市黄丝镇李家湾古银杏王获中国林学会授予中国“十大最美古银杏”称号。二是深入开展森林保护“六个严禁”执法专项行动。全州“六个严禁”执法专项行动摸排各类涉林案件2156起（立刑事案件629起，立行政案件1527起），查结案件1953起，查结率90.6%，其中：查结行政案件1527起，行政案件查结率为100%；查结刑事案件426起，刑事案件查结率为67.7%；林业部门向公安机关移送涉林刑事案件629起，刑事案件移送率为100%；共查处案件2156起，查处率为100%。专项行动共计罚款2260万元，补种树木3.2万株，行政处罚755人，刑事处罚183人，行政问责108人，有效扼制了破坏森林资源的违法犯罪行为。三是森林公安保持高压态势打击破坏森林资源违法犯罪活动。年内受理各类森林案件1232起，侦破查处1163起，查处率94.4%，其中林业刑事案件立案304起（全省排名第二）、破案250起（全省排名第二），全年目标任务完成率160.26%，全省排名第一。

【林业改革】 一是国有林场改革扎实推进。在全省的统一部署指导下，黔南州积极开展国有林场改革工作的调研，2016年，拟定并提请州委、州政府出台印发《黔南州国有林场改革方案》（黔南党发〔2016〕9号），成立了以州长为组长的工作领导小组，加强对国有林场改革工作的领导，各县（市）认真编制了改革实施方案并积极开展工作。12月8日，经省人民政府同意，省林业厅、省发展改革委、省编委办、省财政厅、省人力资源社会保障厅联合下发《关于全省国有林场改革实施方案的批复》（黔林营复〔2016〕203号），正式批复各县（市）国有林场改革实施方案，黔南州国有林场改革进入实施阶段。2017年6月底前，全州12个国有林场改革后将全部转为公益一类事业单位，其中1个为副处级、6个为正科级、5个为副科级管理单位。通过国有林场改革，将建立管理科学规范、政策保障有力的国有林场管理新机制，保障国有林场森林资源总量和质量稳步提升，确保生态功能稳步增强、职工生活稳步改善。二是集体林权制度改革成效显著。先后出台《黔南州人民政府推进林权抵押贷款的实施意见》《黔南州森林资源资产评估管理暂行办法》《黔南州林权抵押贷款指导意见》，“政府引导，部门协作”的林权抵押贷款推进机制已基本形成，有效解决了林权抵押贷款推进中存在的抵押物受限及森林资源资产评估难等问题。全州累计确权集体林地面积2214.91万亩，发证面积2169.50万亩，确权发证率97.94%；累计林权抵押贷款面积20.03万亩，贷款金额60450万元，林权流转面积93.12万亩，2016年新增贷款面积6.55万亩，新增贷款金额20705万元，新增林权流转面积1.85万亩；累计组建林业专业合作组织613个，林业专业合作社494个。2016年，新增林业专业合作社138个，新增国家级林业专业合作示范社2个（平塘县掌布果蔬种植专业合作社、独山县贵丰茶叶产销农民专业合作社联合社）；2016年全州林下经济总产值达6.2亿元，共建立39个县级林下经济示范点，产值达8209.9万元，荔波县、贵州省黔南州独山县绿健神农公司分别获国家林业局批准的“服务精准扶贫国家林下经济及绿色产业示范基地”称号；全州森林资源投保面积1257.69万亩，其中公益林1237.35万亩，商品林20.34万亩，获理赔金额846.59万元；及时办理来信来访及涉林案件共49起，进一步维护了林区社会稳定。

【支撑保障不断提升】 一是林业建设投入不断加大。2016年全州多渠道争取到各级林业建设资金7.17亿元，比上年增长0.56%。招商引资完成签约资金85.53亿元。二是林业发展基础更加夯实。完成了《黔南州“十三五”生态建设规划》《黔南州“十三五”林业发展规划》《黔南州“十三五”林业产业发展规划》及24个林业专项发展规划的编制，“十三五”期间全州规划重大项目共43类（个），总投资达206.49亿元。三是林业科学研究进一步加强。2016年黔南州承担的《濒危名贵药材——八角莲种质源收集收集保存及培育技术研究》《木本药材半枫荷驯化栽培技术研究》《桢楠优树选择及人工林培育技术研究》《贵州乡土优质阔叶用材树种培育与示范》《桢楠优良繁殖材料收集及人工培育技术研究》以及广州对口帮扶的《黔南州林业科技能力建设》等项目课题顺利通过省林业厅的评估验收。四是林业科技示范推广力度进一步加大。2016年完成了“贵定县刺梨良种标准化示范园区建设”“贵州野生珍贵树种栽培技术推广示范”“贵州省无患子栽培示范推广”“新品种玫瑰繁育及高效栽培技术推广示范”“林下天麻种植高效栽培技术推广示范”和“彩虹桃良种高效栽培技术示范推广”等省州科技项目的编制和申报工作，全州获中央财政林业科技推广示范项目3个，省林业厅科技示范户项目1个，贵州“三区”林业科技特派员项目1个，项目资金投入307万元，项目申报全省第一。

【林业扶贫】 2016年，按照生态补偿脱贫一批的工作要求，结合林业实际，制定了《黔南州生态补偿脱贫工作方案》，主动作为，积极争取落实上级各项林业生态补偿资金，让贫困群众从生态建设中得到了实实在在的好处，促进增收致富脱贫，为实现同步小康做出了积极贡献。通过退耕还林工程兑现退耕还林补助资金1537.6万元，全州28379个贫困户101239贫困人口受益；向国家林业局争取到贫困护林员指标6234名，通过积极争取生态管护资金，将贫困人口聘用为生态护林员，落实工资补助7100万元，全州7100名贫困人口受益；通过公益林补偿资金兑现12490万元，全州48022个贫困户175256名贫困人口受益。

【国家天保中心领导到黔南州调研天保工作】

2016年1月16—18日，国家天保中心陈学军、赵鹏、郝晋文等领导到黔南州龙里、都匀、荔波、独山等县（市）进行天保工作调研。省林业厅黄以黔、杨健等领导及黔南州副州长闫光锋，州林业局副局长王海平等陪同调研。

【国家林业局党组书记、局长张建龙一行到黔南州调研林业精准扶贫工作】 2016年4月17—18日，由国家林业局党组书记、局长张建龙，国家林业局计财司司长闫振、人事司副司长郝育军及国家林业局有关部门负责人组成的调研组深入到黔南州荔波、独山两县，就精准扶贫、生态脱贫、绿色产业脱贫等工作进行实地调研。省政府副秘书长项长权，省林业厅党组书记、厅长金小麒，黔南州委副书记、州长向红琼，州委常委、副州长闫光锋等领导陪同调研。

【国家天保中心孙国吉、任韩到罗甸调研】

2016年5月23—26日，国家林业局天保中心孙国吉、任韩等领导到黔南州罗甸等地进行工作调研，省林业厅副厅长沈晓春，黔南州政府副州长闫光锋、陈有德，州林业局副局长王海平，机关党委书记朱西等领导陪同。

【全省林木种苗工作会议在惠水召开】 2016年6月13日，全省林木种苗工作会议在惠水召开，各市（州）分管局长、种苗站站长以及20个花卉苗木产业发展重点县分管局长共60余人参加会议。省林业厅副厅长沈晓春出席会议，并对惠水县花卉苗木产业发展给予了高度评价和肯定，要求各地学习推广惠水成功经验和做法。

【国有林场改革实施方案编制培训在三都开班】 2016年6月15日，全州国有林场改革实施方案编制培训班在三都开班，州林业局副局长王海平参加培训会。全州相关县（市）林业局局长、分管局长、林场场长等人员参加培训，省营林总站张乃春及温煜到会指导。都匀市马鞍山林场国家重点马尾松良种基地顺利通过省考核。

【全省国家重点林木良种基地会在都匀召开】

2016年7月21日，全省国家重点林木良种基地会在都匀市召开，全省7个国家级林木良种基地专家、负责人到马鞍山林场国家级马尾松良种基地观摩，州林业局机关党委书记朱西参加会议，基地负责人谢维斌作基地经营管理经验交流发言。

【荔波获全国森林旅游示范县荣誉称号】

2016年9月24日，荔波县以优良的森林旅游发展态势、突出的资源品位、前景广阔的市场、有效带动扶贫作用等明显优势获得中国林业产业联合会授予“全国森林旅游示范县”称号。

【州委州政府召开全州森林防火暨退耕还林工作推进电视电话会议】 2016年11月15日，州委、州政府组织召开全州森林防火暨退耕还林工作推进电视电话会议。州领导吴胜华、陈有德、黎燕萍以及州森林防火指挥部、退耕还林还草领导小组成员单位主要负责人在都匀主会场参加会议，各县（市、区）政府主要负责人、森林防火指挥部、退耕还林还草领导小组成员单位主要负责人、各乡（镇）政府（街道办事处）主要领导、分管领导和林业站负责人在个县（市、区）分会场参加会议。会议对全州森林防火和退耕还林重点工作进行全面安排部署。

【国家林业局退耕还林办到黔南开展调研为精准扶贫助力】 2016年11月21—22日，以国家林业局退耕还林办公室副主任李青松（正司级、兼中国林业文联常务副主席）为组长的退耕还林调研组到长顺县长寨街道办事处新民村调研退耕还林工程为精准扶贫助力实施情况。省林业厅副厅长向守，省退耕中心主任李宗，副主任周军，州委常委、副州长闫光锋，州林业局局长唐军，副局长陈梅及长顺县委、县政府、县林业局有关负责人陪同调研。

【省森林公安到平塘县调研督导大射电望远镜项目区森林防火及林区治安防控工作】 2016年11月29日，贵州省森林公安局局长徐宁，政委单祯厚、省森林防火中心副调研员陈波一行赴平塘县调研调研督导大射电望远镜项目区森林防火及林区治安防控工作。州林业局局长唐军，副局长杨颐宗，州森林公安局局长李兴旺以及平塘县委常委、副县长冷安辉，副县长黄俊，县林业局局长王劲榆等领导陪同调研。

【州林业局召开“六个严禁”专项行动涉林案件查办推进会】

2016年12月3日，州林业局召开全州“六个严禁”专项行动涉林案件查办推进会。州林业局班子成员、各县（市、区）林业局长、分管局长等50余人参会议。省林业厅森林资源管理处处长夏忠胜到会指导。州林业局局长唐军就切实推进“六个严禁”专项行动提出了六点工作要求。

【贵州省正式批复国有林场改革实施方案】

2016年12月8日，经省人民政府同意，省林业厅、省发展改革委、省编委办、省财政厅、省人力资源社会保障厅联合下发了《关于全省国有林场改革实施方案的批复》（黔林营复〔2016〕203号），正式批复各县（市）国有林场改革实施方案，黔南州国有林场改革进入实施阶段。

【全州刺梨产业发展专题会在龙里召开】

2016年12月18日，州人民政府在龙里县召开黔南州刺梨产业发展专题会。龙里、贵定、长顺、平塘、都匀、独山、瓮安、福泉、惠水9个县（市）政府分管领导、林业局局长、州有关部门和单位负责人参加会议，省林业厅机关党委书记黄永昌到会指导。州人民政府副州长陈有德出席会议并作讲话。

【全州林业有害生物普查成果汇报会在都匀召开】 2016年12月27日，全州林业有害生物普查成果汇报会在州林业局12楼会议室召开，全州12县（市）林业局副局长、检疫站站长参加会议。州林业局副局长陈梅、机关党委书记朱西出席会议。

（钟平杰）

水　务

【概况】 2016年，州水务局内设6个科室：办公室、水资源管理科、规划计划科、水利建设科（水利管理科）、供排水管理科、防汛抗旱办公室。纪检监察机构：州纪委派驻州水务局纪检组、州监察局派驻州水务局监察室。监察室主任或副主任由同级干部兼任。人员编制和领导职数：局机关行政编制22名。其中：局长1名，副局长3名；纪检组长1名，总工程师1名；正副科长（主任）8名。机关工勤人员编制3名，由财政全额预算管理。

2016年，州水务局加大跑省进京力度，争取项目计划投资。扩大建设总量，水利投资全面完成积极谋划项目储备，累计入库项目139个（其中：2016年新增项目80个），累计完成水利水电水务固定资产投资50亿元，占省目标44亿元的114%、州目标41亿元的122%，同比增长25%。固定资产投资再创历史新高，水利服务发展总量不断壮大，推进改革创新的动力不断增强。

始终坚持抓经济就是抓发展第一要务，强力推进项目工程建设，项目建设全面提速。2016年全年水利项目建设呈现加速快、推进稳、成效实的良好态势。一是前期工作进展顺利。73座骨干水源工程完成前期工作55座。福泉凤山、都匀石龙大型水库建设方案通过水利部水规总院审查。16座中型水库11座初设批复，5座完成可研批复。二是骨干水源工程建设稳步推进。水利建设“三大会战”骨干水源工程累计完工6座、续建23座、2016年新开工21座。全面完成开年度开工建设任务。三是中小河流治理推进加快。新开工河道治理项目20个，综合治理河长56公里。

【强化开拓创新，全面推进水利改革】 水务一体化、山区现代水利、农业综合水价、小型水利工程产权制度等专项改革成效位列全省前列。完成全州水务一体化改革，初步实现全州城乡水务一体化管理，有力推动水务产业发展。扎实推进小型水利工程产权制度改革，2016 年共计完成小型水利工程调查摸底 30208 处，纳入改革 27641 处，颁发各类权证 22110 个。按期完成省级试点贵定、州级试点都匀和平塘等 3 县（市）改革任务，其他 10 个县（市、区）改革工作正在全面推进。积极探索建立水利工程“建管养用”一体化机制，开展惠水涟江、贵定云雾、龙里湾滩河、罗甸高效节水等 4 个山区现代水利示范区建设。有效推进基层水利服务体系建设，6 个县市实现乡镇基层水利服务机构全覆盖。2016 年 8 月荣获省水利厅“2015 年度水利改革发展先进单位”称号。

【突出民生优先，全面推进“大扶贫”】 以服务民生为出发点和落脚点，围绕“守底线、走新路、奔小康”要求，全面贯彻落实脱贫攻坚、大扶贫战略，全力推进民生水利建设，群众关心的饮水、灌溉、水土流失等“最后一公里”问题不同程度解决。2016 年，实施农村饮水巩固提升项目 212 个，改善 40 万农村人口（其中：覆盖 18 万贫困人口）饮水安全问题，占年度目标任务的 100%。完成 25 个小型农田水利重点县（项目县）建设任务，新开工 13 个小型农田水利项目，发展耕地灌溉面积 17 万亩，灌溉面积率达到 41.8%（贫困地区 34%），占年度目标任务的 113%。新增水电装机 13.34 万千瓦，年发电量 23 亿千瓦时，分别占年度目标任务的 103% 和 144%。治理水土流失面积 180 平方公里，占年度目标任务的 100%。9 处抗旱引调水、22 处水毁修复项目全面完成。治理河道 20 条总长 56 公里，占年度目标任务的 100%。供水保障能力进一步提升，防灾减灾能力明显提高，水利基础设施得到显著改善。17 个城镇污水处理项目主体工程完工，新建污水收集管网 80 公里、供水管网 50 公里，城镇污水处理能力进一步提升，水环境明显改善。

【坚持生态治水，全面推进“大旅游”】 以水生态文明为统领，强化水资源顶层设计，《黔南州水资源综合规划》获州政府批复。加快推进水生态文明城市建设试点，全州各县（市）启动县级水生态试点实施方案编制工作，其中都匀、瓮安、贵定、龙里和惠水县已编制完成。成功举办第四届“水生态文明·黔南（都匀）论坛”。完成全州水利风景区的调整摸底，编制完成《黔南州水利风景区建设发展规划（2016 年—2025 年）》，规划建设一批水利风景区，打造水景观，助推“大旅游”。2016 年，共成功申报了 5 个国家级和 7 个省级水利风景区。积极推进水生态项目实施，共开展试点建设项目 30 个（总投资 60.3 亿元），完成投资 26.8 亿元。其中，以都匀剑江河城镇水系为重点，雨花湖、杉木湖、173 活水公园、三江堰、两河汇、东湖、鸳鸯湖、七星湖、绿荫湖以及剑江河滨水景观等 10 余个水生态项目工程陆续开工或建成，在改善区域环境的同时，提高了城市生态宜居度，“河畅、水清、岸绿、景美”的生态环境格局基本形成。

【防汛抗旱工作】 防汛抗旱工作以防汛为主。2016 年，受“厄尔尼诺事件”影响，气候异常，极端天气频发，16 次暴雨过程引发灾情，12 个县（市）70 个乡镇不同程度受灾，因灾转移人口 2.44 万人，直接经济损失 3.02 亿元。面对极为严峻的防汛形势，州县各级党委政府高度重视，各有关部门密切配合、通力合作、应对及时，防洪抗洪抢险各项工作组织有序，召开防汛会议 22 次，视频会商成功处置 6.14 边阳水库险情，精准研判雨情果断下令冷水沟水库下闸错锋泄洪，成功控制三都县柳江河段警戒水位，最大限度减轻了人民群众生命财产损失，因灾损失房屋、农作物同比减少 80.4% 和 58%，直接经济损失同比减少 67.2%。

（周 显 莫开方）

气　象

【概况】　2016年，全州各地年平均气温偏高，年降水量偏多，年日照时数正常。总的气候特点是：1月为低温湿冷天气，寒冷时段出现在1月下旬到2月初，出现降雪天气，3月到5月雷电、冰雹、大风天气较多，5月到8月多频繁暴雨，洪涝灾害重，10月到11月冷空气势力较强，出现寒潮和强降温天气。

气温：2016年，全州各地年平均气温在14.9℃（瓮安）~20.1℃（罗甸）之间，与历年相比，偏高1.1℃~1.4℃。年最高气温38.2℃，7月31日出现在荔波，年最低气温-5.1℃，1月23日出现在瓮安。

降水：2016年，全州各地年降水量在1042.7毫米（瓮安）~1724.7毫米（都匀）之间，与历年同期相比，正常。

日照：全州各地年日照时数在830.4（都匀）~1349.1小时（惠水）之间，与历年同期相比，瓮安县、长顺县、惠水县、荔波县、三都县正常略多，其余地区正常略少。

【重大天气、气候事件及其影响】

（一）暴雨洪涝　2016年暴雨天气主要集中在5月到8月。共有5次较大的暴雨过程。即：6月30日夜间到7月4日、6月14日夜间到15日、7月16日到17日、8月2日到5日、10月18日到20日。

其中，在6月14日到15日这次暴雨过程中，罗甸县边阳镇出现特大暴雨，日降雨量达275.9毫米，造成该县边阳镇街道积水，低洼处的商铺被水淹到1~2米，边阳水库水位告急，紧急转移人口10000余人。

（二）降雪及凝冻　年内出现6次降雪天气，分别出现在1月22日、1月23日，2月1日、2月3日、2月25日、3月10日。

（三）倒春寒　3月下旬，全州出现倒春寒天气。其中瓮安持续出现8天，都匀持续出现7天，均为重级倒春寒。福泉和独山出现5~6天，为中级倒春寒。贵定和龙里出现4天，为轻级倒春寒。

（四）强降温及寒潮　全年出现5次强降温（寒潮）天气，分别出现在2月和3月、10月和11月两个时段。即：2月13—15日、3月9—11日、10月27—29日、11月7—9日、11月22—25日。

（五）冰雹　2016年，州内共出现11次冰雹天气。即：3月9日、3月10日、3月20日、4月2日、4月3日、4月6日、4月9日、4月12日、4月14日、4月16日、8月7日。

其中，在3月10日的冰雹天气过程中，瓮安县岚关乡遭受大风冰雹袭击，一栋风雨楼（5间）被大风吹跨，损坏民房23间，损坏路灯电线杆2根，受灾人口92人，无人员伤亡。

（六）大风　年内出现6次大风天气。4月6日，都匀出现瞬时大风27.7米/秒。4月16日夜间，都匀出现瞬时大风17.8米/秒。4月19日下午，罗甸县红河镇出现大风，造成鱼棚侧翻，3人失踪。8月1日下午，三都水族自治县中和镇庙良村3组发生大风灾害，11人受灾，因灾死亡4人，2人受伤，严重损坏房屋1栋4间，经济损失约12万元。8月7日，独山县出现瞬时大风（21.1米/秒）。8月14日，都匀出现20.1米/秒大风，平塘出现19.1米/秒大风。

（七）高温　年内高温天气主要出现在罗甸、三都、荔波，极端最高气温为38.2℃，7月31日出现在荔波县。

（八）秋绵雨　年内出现两段秋绵雨天气。一段是10月28日到11月3日，出现在瓮安、都匀、福泉，为5~7天轻级秋绵雨，另一段是11月23日到30日，出现在瓮安，为8天轻级秋绵雨。

【气候对农业生产的影响】　2016年1月下旬大部地区气温较低，有利于冻死越冬的病虫。春季3月到4月频繁冰雹，砸死砸伤部分农作物。汛期的暴雨天气，冲刷、淹没农作物，各地出现不同程度的损失。

【气象探测业务】 2016年1月1日，瓮安、三都、龙里、长顺、平塘5个国家一般气象站升级新型自动气象站正式切换，投入业务运行。贵定、长顺两个国家一般气象站作为拟搬迁台站，于2015年12月31日20时起开始为期1年的新址气象资料对比观测工作。

2016年8月底，完成全州10个乡镇“五要素”（温度、湿度、雨量、风向、风速五个要素）自动气象站的选址和安装工作，并投入业务运行。12月9日，完成34套“六要素”（气压、温度、湿度、风向、风速、雨量）区域骨干自动气象站安装，并投入业务运行。

都匀机场气象观测站于2016年12月28日全面建成，从2016年12月31日20时开始正式气象观测。

【雷电灾害和防雷技术服务】 2016年3月22日，贵州烟叶复烤公司黔南复烤厂因直击雷造成厂区内消防报警系统瘫痪，室外监控摄像头（2台）损坏，造成直接经济损失1万元。

4月3日下午16时左右，黔南州反腐倡廉教育基地办公楼因感应雷造成室外监控摄像头（11台）损坏，室内监控摄像头（2台）损坏，值班室内照明灯损坏，区域内监控系统瘫痪。造成直接经济损失2万元。

4月6日晚21时左右，都匀市匀东镇坝固社区服务中心办公楼因感应雷造成室内计算机（7台）不同程度的损坏，监控摄像头专用电源（1台）损坏，总配电箱（1台）烧坏，交换机（1台）击坏。造成直接经济损失3万元。

州气象局全年对408个单位（项目）防雷装置进行了检测，其中新建项目135个，常规年检项目150个，易燃易爆场所123个。对194个项目防雷装置设计开展防雷装置设计技术鉴定及评价。防雷工程施工16个。

【人工影响天气工作】 2016年全年共有11次冰雹天气过程，其中4月最多。以4月9日冰雹天气较为严重，平塘、惠水、荔波部分乡镇均因冰雹天气而造成农作物和农房受损。

2016年，全州投入高炮46门、火箭17台开展人工增雨防雹工作，高炮共作业347炮（次），用弹5115发，火箭作业8次，用弹22枚。高炮作业和火箭作业的次数和用弹量都是2015年的1倍。

【平塘大射电天文望远镜配套人影炮站项目建设】 为保护平塘500米口径大射电天文望远镜不受冰雹危害，在平塘县克度、航龙、塘边设置3个人工防雹炮站，到2016年年底，完成3个炮站设计施工图。

【精神文明建设】 2016年，黔南州气象局党总支获中共黔南州直属机关工作委员会表彰为2016年度州直机关先进基层党组织。

（林廷友）

·扶贫开发·

FU PIN KAI FA

扶贫开发工作

【概况】 2016年，在州委、州政府的领导下，在省扶贫办的业务指导下，黔南州扶贫开发局深入学习习近平总书记视察贵州时重要讲话精神，贯彻落实全省扶贫开发大会精神与省委十一届六中全会精神，紧紧围绕稳定实现扶贫对象“两不愁、三保障”的目标任务，以贫困识别建档立卡工作为基础，大力推进精准扶贫，不断创新扶贫开发机制，加大脱贫攻坚力度，着力构建专项扶贫、行业扶贫和社会扶贫“三位一体”大扶贫格局，努力推进小康目标建设，顺利完成了各项工作任务。2016年，全州减少农村贫困人口15.35万人，占计划的106.8%，农村贫困人口发生率下降至12.79%，下降了3.67个百分点；独山县与12个贫困乡镇按省定标准实现了“减贫摘帽”，90个贫困村按国定标准退出，区域贫困状况有效缓解；农村居民人均可支配收入8844元，较2015年增长了9.9%；4次接受了中央、省的考核评估，评价较好。

【政策出台】 2016年，编制了《黔南州“十三五”脱贫攻坚规划》《黔南州中药材产业（种植）发展规划（2016—2020）》，制定了《黔南州关于推进大扶贫战略行动的实施意见》《黔南州一类贫困乡（镇）脱贫攻坚实施意见》等30个政策配套措施，进一步规范了精准扶贫、精准脱贫的各项要求、任务和措施；制定出台了《关于规范“四级联动”脱贫攻坚指挥体系建设的实施方案》，从制度设计、人员配备、资金保障及挂图作战等，进一步强化和规范了州、县、乡、村四级脱贫目标任务、推进路线、工作职责、脱贫路径。

【责任落实】 2016年，建立完善了“双组长”脱贫攻坚领导小组，先后召开12次全州扶贫工作调度会、推进会等，传达贯彻中央、省委省政府会议精神，安排部署全州脱贫攻坚工作，聚焦了扶贫攻坚力量；按照“五主”“五包”的要求，围绕目标任务，制定工作方案，列出责任清单，分解落实到县、乡、村三级，并层层签订责任书，逐级立下“军令状”，共签订责任书1412份；动员1万余名驻村干部，按照“两公示一公告”程序，采取包组联户的方式，有计划、有步骤、有组织地在全州开展贫困识别建档立卡工作，完成了1533个村贫困户的入户核查工作；按照贫困户退出“两公示一公告”的程序，实行贫困户信息动态管理，组织开展3次“回头看”、4次专项督查、2次系统清理，对2014年、2015年脱贫人口和2016年计划脱贫户再次开展核对和清理工作，全州识别贫困户25.04万户，共计87.41万人在册，共筛查、监测指标90项、3501万条数据，贫困识别准确率从2014年度的70%左右提高到98%以上。

【产业扶贫】 全州建成了12类84个扶贫大项目592个子项目库，总投资171.98亿元，覆盖农户97.72万户（贫困户60.71万户）；建立了产业扶贫基金项目库，扶贫系统牵头的产业扶贫基金项目库总投资近50亿元；按照“33112”资金投向原则，全州共投入财政扶贫资金种养业项目396个，资金24494.86万元，项目共扶持农户65103户239401人，其中贫困户56980户221102人。加大了龙头企业培育力度，全州共有农业企业521家，其中组织评定州级以上扶贫龙头企业171家；各类农民专业合作社3959个，入社会员8.3万余人，带动就业农户21万余人；开展了54场企业招聘会，提供稳定就业岗位3.8万个，季节性就业岗位2万个，实现就业4.8万人；狠抓农旅、林旅、茶旅融合，全州共建设乡村旅游扶贫示范村14个、乡村旅游重点村寨92个，贫困户可就地就近就业，拓宽了就业和增收致富的渠道。2016年4月，黔南州成功筹备全省产业扶贫黔南州现场观摩会，黔南扶贫产业发展模式得到省委省政府有关领导的高度评价和充分肯定。

【资金监管】 出台了《黔南州财政专项扶贫资金（发展资金）管理办法（暂行）》，县级相应制定了资金管理、监管、使用及报账拨款等相关制度，规范了财政专项扶贫资金备案、使用、报账等工作。2016年，全州项目备案资金64256.84万元，备案率93.56%；拨付资金70947.5万元，占到县资金的100%；报账资金29701.11万元，报账率42.05%。同时，严格资金管理，确保资金安全，建立“一月一调度、一季一督查”制度，加大对各县（市、区）督促检查工作，对发现的问题及时整改，全州未发现和发生大的违纪违规问题。

【帮扶工作】 建立州、县、乡三级包保扶贫贫困村责任制，全州贫困村836个，落实并开展具体帮扶工作贫困村836个，贫困村帮扶实现全覆盖；开展“百企帮百村”活动，落实州内31家国有企业帮扶“三山”地区19个贫困乡镇，倡导6个民主党派帮扶12个贫困村；扎实推进广州帮扶及国投帮扶项目的落实，争取广州帮扶资金9600万元，与国开行贵州分行共同建立了规模为100亿元的脱贫攻坚基金，首期募集资金10亿元；积极开展“扶贫日”宣传活动，2015年以来共收到社会各界款物2306.5余万元；开展精准扶贫“9+1”试点工作，中国互联网发展基金会为6个县517户贫困户发红包46.53万元。

【队伍建设】 印发了《关于县乡扶贫开发机构和队伍建设意见》，全州13个县（市、区）扶贫开发局在编人员244人，较2015年增加了40人；每个乡镇设立了扶贫工作站，专职扶贫工作人员383人，较2015年增加了251人；采取专家授课，与组织、人社等部门联合开班等方式，加大扶贫干部教育培训，全年共投入干部专项教育培训经费439.672万元，培训干部4976人（次），编印了脱贫攻坚“明白卡”、扶贫政策文件汇编共32余万册（份）；同时2次专题召开财政扶贫资金管理使用廉政工作会议，邀请州纪委有关领导作专题讲课，并组织全体与会人员到监狱听取犯人现身说法，增强全州扶贫系统干部的廉政意识、大局意识、担当意识。

【督查考评问责机制】 建立健全督查考评工作机制，实行“一月一调度一推进、一季一督查一通报”制度，加强对工作的跟踪调度、督查督办，2016年，全年组织15次督察暗访，共发现和纠正在贫困户建档立卡、扶贫项目管理、扶贫资金管理中的问题262件，4次下达专项通报、5次下达《整改通知》；建立扶贫工作的跟踪、督察和问责机制，建立了专门的督察小组，常态化开展对各县（市、区）扶贫工作的督察考评问责工作。

【改革亮点】 长顺县“藤缠树”产业扶贫模式，通过“龙头引领、农户参与、抱团取暖、共同发展”方式，育强新型农业经营主体这个“树”，培壮贫困农户这根“藤”，创新利益联结机制做优“缠”，探索出了科学治贫、精准扶贫、有效脱贫的新路子，被中国扶贫开发协会、《小康》杂志评为“2016年中国十大民生决策”，成为西部地区唯一获此殊荣的县市。此外，各县（市）创新扶贫模式均取得很好的成效。如，都匀市“先就业、后搬迁”模式和“2253”安置机制；荔波县的“迁旅结合”发展全域旅游做法；瓮安县推进土地增减挂钩、实施农民市民化转移脱贫；罗甸县深化拓展“四带”内涵，把“四带”目标定为带动贫困村发展；龙里县开发“扶贫伴侣”软件系统，对扶贫工作全程监控，实行脱贫帮扶打擂比拼等等，得到省有关领导的充分肯定。

（龙　麟）

水库和生态移民

【概况】　2016年，黔南州水库和生态移民局在职干部职工22名，其中：局长1名，副局长2名，纪检组长1名，总工程师1名，副调研员1名，正副科长（主任）8名，主任科员2名，副主任科员4名，科员1名，工勤人员1名。

【易地扶贫搬迁】　2015年12月全省启动了新一轮易地扶贫搬迁工作。完成“两个50”台账的摸底工作，全州共摸排出50户以下、贫困发生率在50%以上的村组（寨）1069个、27946户、115711人。确定搬迁5.38万户、23.66万人，其中，建档立卡贫困人口4.64万户、18.58万人，占全州贫困人口的30%以上，整体搬迁1217个村（组）2.15万户、8.91万人，占全州搬迁总人口40%以上；搬迁“三山”地区0.6万户、3.6万人，占“三山”地区贫困人口50%以上，达到“345”搬迁目标。按照“631”模式，以岗定搬，组织做好2016年度易地扶贫搬迁工作，把“一方水土养不起一方人”的地方实行“整体搬迁”，共争取到两批项目，搬迁安置14676户62279人，占全省45万人搬迁任务的13.84%，总投资超过40亿元。第一批项目43个安置点11211户47661人已于12月底基本入住，实现“首战告捷”的目标。按照非均衡推进的原则，围绕旅游结合型、园区结合型和城镇结合型，指导抓好全州60个左右精品安置点的打造。做好2016年5月下旬全州易地扶贫搬迁观摩检查、2016年8月全国易地扶贫搬迁现场会观摩和2016年11月全省易地扶贫搬迁督查观摩的筹备工作，特别是推动落实了惠水“五个三”模式，抓好2012—2015年度扶贫生态移民项目存在问题的调查摸底和整改工作，抓好2017年易地扶贫搬迁项目前期工作，共申报安置点31个21072户83953人。

【水库移民】　2016年全州共完成中小型水库移民搬迁安置461人，占年度计划的187%。全年完成三都鸭寨、拉古纳，罗甸抗村，长顺板丛等21个水库移民安置规划和实物调查细则审查，完成惠水龙骨坡、罗甸丛里、福泉官阳冲、土库槽等8个水库的移民安置协议签订；完成都匀大河、贵定花甲等10个水库移民综合监理招标并进场开展工作。及时组织完成罗甸冗各水电站、都匀平省水库下闸蓄水阶段移民安置工作州级终验，以及长顺龙井、干桥，瓮安胜土等13座水库围堰截流阶段移民验收。积极协调平塘擦耳岩、都匀大河、福泉凤山等跨县（市）水库移民工作。及时组织平塘、都匀、独山完成擦耳岩社会风险稳定评估报告审查。完成福泉凤山水库实物调查细则的上报审查并启动实物调查工作。完成构皮滩水电站瓮安库区调概成果的编制和上报，完成黔中水利长顺干渠调概清理，对三都冷水沟水库资金清理和遗留问题进行协调。

【水库移民后期扶持】　2016年，黔南州获得省批复和下达各类后扶项目资金6604.68万元。全州共实施2015—2016年度项目243个8433.8万元，其中：生产发展项目83个4082.9万元，占总投资的48.4%；基础设施项目160个4350.9元，占总投资的51.6%。会同州财政局、州发改委研究制定《关于进一步加强黔南州水库移民后期扶持项目管理的指导意见》（黔南移发〔2016〕33

号)，下放了黔南州水库移民后期扶持项目实施方案审批权限，对推进后期扶持项目民主化建设管理、项目库建设以及项目监督管理提出了指导意见。同时，结合后期扶持“十三五”规划的编制，强化项目效益，探索推进异地建设项目。经核实，黔南州大中型水库建档立卡精准贫困移民人口共计3559人。2016年10月省级下达黔南州罗甸、三都两县200人以上9个建档立卡贫困移民村补助资金792万元（每村88万元），州水库移民局对两县项目进行实地考察、调研，并指导两县对部分项目进行调整、完善，重点帮助罗甸县7个村用扶持资金购置商业门面。着力抓好后扶项目信息化建设，全州完成了3.6万多人的水库移民信息和项目录入。

【移民资金使用和管理】 2016年，共收到40个库区移民安置补偿资金10389.29万元，依照各库区工作进度拨付资金共10090万元，拨出资金占总拨入资金的97.2%。重点对都匀市、三都县、龙里县、贵定县等县（市）移民资金使用管理情况进行了专项检查，对检查中发现的问题提出了整改要求。同时，8月委托黔元会计师事务所对冷水沟水库资金使用情况进行内部审计。完成全州43个库区财政基本户和工会经费账户的核算，完成2015年度36个库区补偿补助资金决算及与县（市）会计报表合并；完成5个省辖库区投资概算清理工作；完成财政资金决算和固定资产决算。总的来看，全州移民资金总体运行良好，全部实行专户管理、专户核算，资金核算采取电算化方式，未发现截留、滞留、挤占、挪用等情况。

【移民维稳工作】 2016年，除一名相对固定的科级领导干部固定每周二到州接访窗口接访外，其余各科（室）也承担窗口接访任务。为进一步做好移民信访接待工作，明确专人负责移民信访接待、信访件接收，并按照信访事项归口明确了责任科室和责任人做好调查、核实、回复等工作，形成了抓移民信访工作的合力。完成省转办76件移民信访案件的办理工作。坚持在重要会议和节日前夕，州、县（市）移民局开展移民矛盾纠纷大排查，对有可能出现移民上访的矛盾隐患，建立了工作台账，落实化解和防控措施，特别是强化对构皮滩电站库区调概未及时兑现导致瓮安移民有集体越级上访隐患案件的处置和稳控。2016年，全州共接待移民群众来信来访188件（次），州水库移民局共接待移民群众来信来访7件次，其中：来访1件次，来信2件次，转办2件次，网上信访2件（人）次，回复7件次，回复率100%。受理复查（复核）答复6件。

【自身建设】 制定活动方案，启动局“两学一做”学习教育，按规定开展党章、党规、讲话精神的学习。全年党组中心组集中学习14次，党员干部集中学习12次，并以“十个一”为载体，开展了手抄党章、上党课、党员民主评议、“四进四送”等活动，推动了“两学一做”学习教育的深入开展。健全完善“一把手负总责，分管领导各负其责，班子成员齐抓共管，驻局纪检组监察室组织协调”的领导体制和工作机制，坚持民主集中制，把党风廉政建设与业务工作同部署、同检查、同落实、同考核。支持驻局纪检监察工作实现“三转”，定期开展各科（室）及个人的本职工作完成情况，及工作措施不力、影响全局工作开展的检查督办，促进工作落实。制定《干部约谈工作实施方案》，明确要求局班子成员每年至少对分管科（室）约谈一次，每季度集中约谈不少于一次。全年共开展预防提醒谈话8次。按州纪委要求，完成“两个责任”在监督网络平台上传工作。根据新时期党规党纪和“三严三实”的要求，结合机构改革后州水库移民局职能职责，健全完善并以党组文件印发了局党组会议制度、党员干部“十不准”规定、廉政风险防控机制、廉洁承诺制度等29项管理制度，将机关各项制度与问责追究相结合，用制度切实保障作风建设效果。2016年，州水库移民局按照州委要求组织做好1名科级干部跨部门交流工作，配备了1名专职监察室主任，按照《干部选拔任用条例》选拔任用3名正科级领导干部。坚持按月收集各科（室）和县

（市）存在的问题，并按月通报。一年来，共出督查督办情况通报 11 期。按照州委要求选派 2 名干部参加全州同步小康驻村工作，通过进村入户调查摸底，驻村干部结合各村实际，认真制定了同步小康驻村帮扶计划，通过开展遍访贫困户、走访慰问困难户等，结合帮扶户实际，制定了脱贫计划，落实了资金以及项目帮扶措施。扎实做好保密、档案、综治及消防工作，2014 年未发生违法违纪案件和消防责任事故。

（旷华霞）

·工 业·

GONG YE

综 述

【概况】 2016年，全州工信系统在州委、州政府的领导下，按照州委经济工作会议和州委、州政府的总体工作部署和要求，围绕“去产能、降成本、补短板”，适应经济发展新常态，以五大新发展理念为引领，坚持稳中求进、调优结构、提高效益；全力做好稳增长、增后劲、促改革、调结构等各项工作，保持全州工业经济中高速增长，实现“十三五”工业和信息化工作的良好开局。

从综合实力看：总量有突破，增速居前列，投资上台阶。继2015年首次突破千亿元大关后，工业总产值今年突破1300亿元，达到1338亿元，增长14%。新增规模工业企业99家，企业总量达到726家。规模以上工业增加值完成358.5亿元，超年度计划23.5亿元，同比增长11.7%，实现中高速增长，增速位列全省第一方阵。预计工业投资完成311亿元，同比增长16.7%，其中技改投资完成82亿元。

从内部结构看：产业培育有亮点，转型升级有效果，民营占比有提升。8个主要行业中，有6个产值超过100亿元，其中建材最高230亿元。大数据发展风生水起，业务总量70亿元，全省排第三位，增长19.5%。新兴产业完成增加值40.9亿元，分别增长13.2%，高于全州平均水平1.7个百分点；高技术产业（制造业）完成增加值22.2亿元，占规模工业增加值的比重6.2%，位列全省第三。民营经济增加值完成582亿元，占全州GDP的比重为57%，较上年提高2个百分点。

从发展质量看：产业集聚效应更加明显，可持续发展能力不断增强，企业效益水平向好。工业园区完成规模工业总产值1180亿元，同比增长12.5%，占全州规模企业总产值的88.2%；新建标准厂房74.6万平方米，累计建成468.56万平方米。园区资产负债率同比下降10个百分点；单位工业增加值能耗下17.8%（截至11月底），超额完成省下达下降4%的工作目标。规模以上工业企业利润总额增长15.4%，提高2个百分点。营业收入增长12.7%，税金总额增长9.3%。全年59家企业经营亏损，同比减少4.8%，亏损总额下降15.4%。特别是冶金行业仅有1家企业亏损，为近些年最好。

【深化体制改】 2016年，在州委全面深化改革领导小组的指导下，州工信委非公经济体制改革工作稳步推进。推进黔南州大数据管理体制改革，成立大数据机构，制定好机构三定方案，制定黔南州大数据提升政府治理能力行动计划和大数据发展两年行动计划。建立健全服务民营企业长效机制，完善中小企业公共服务平台网络，优化民营经济发展环境。推进“网络扶贫”行动计划，4G网络基本覆盖农村地区。鼓励和支持民间资本进入通信领域，扶持宽带业务、电商发展。探索建立资源循环利用制度，推进资源循环高效利用。

起草了《黔南州工业供给侧结构性改革促进企业提质增效实施方案》，全面落实“三去一降一补”，培育壮大新的发展动能，改造提升传统动能，为提高全要素生产率谋篇布局。起草了《黔南州深入推进〈中国制造2025〉实施方案》，指导黔南州智能制造业快速发展。加快推进电力市场化、财政资金使用等专项改革。全州130家重点用电企业参与电力市场化交易，为铁合金、黄磷企业在困难形势下能够坚持生产发挥了积极作用。通过改革财政资金使用方式，变直接补助为“杠杆”资金。对没有抵押物、不符合传统贷款条件的企业，进行信用融资，改善部分企业流动资金紧张状况，降低了融资成本。

【大力推进平台建设】 通过“百千万”工程和“民营经济服务年”平台，全州解决企业各类困难问题490个。全年627家存量企业完成工业增加值341亿元，同比增长9.6%。重点企业中，金正大、芭田、信邦分别完成总产值36.9亿元、19.5亿元、1.5亿元，增长65%、13.8%、114.8%。同时变“强调要素保障”为“着力降低要素成本”，重点抓了电力市场化交易和“贵园信贷通”，降低企业生产成本2亿元以上，有效化解经济运行风险。9—12月完成电煤40.8万吨，完成省下达的40万吨目标任务。协调福泉电厂复产，增加电力供应，保障电网安全运行。在用电形势紧张的情况下，黔南州高载能企业没有一户因为缺电停工停产。

工业经济运行

【全力推进工业“千企改造”】 完成了《黔南州实施“千企改造”工程方案》及《州级千企改造资金管理办法（试行）》等配套文件，明确了工作目标、任务和措施；建立了“千企改造”项目库，144个项目进入目录，其中38个项目列入省级重点。10个项目获得省级专项资金1000万元支持，39个项目获得州级专项资金1200万元支持。

【资源采选行业（2000万元口径）】 2016年，全州共有资源采选企业65家，全年实现产值148.0亿元，同比增长16.9%。实现增加值46.6亿元，同比增长14.3%。全州大型资源采选企业有瓮安县磷化有限责任公司、贵州省福泉磷矿、贵州中盟磷业有限公司等等。

【食品行业（2000万元口径）】 2016年，全州共有食品企业92家，全年实现产值125.1亿元，同比增长21.1%。实现增加值58.1亿元，同比增长8.7%。全州大型食品企业有都匀市酒厂有限责任公司、华润雪花啤酒（黔南）有限公司、荔波南华糖业等等。

【烟草行业（2000万元口径）】 2016年，全州烟草行业实现产值27.1亿元，同比下滑9.6%。实现增加值22.8亿元，同比下滑8.0%。全州大型烟草企业有贵州省烟草公司黔南分公司烟叶复烤厂、中烟公司贵定卷烟厂2家。

【煤炭行业（2000万元口径）】 2016年，全州共有煤炭企业30户。全年实现产值59.4亿元，同比下滑6.8%。实现增加值23.8亿元，同比下滑4.4%。全州大型煤炭企业有贵州省瓮安煤矿有限公司、贵州省瓮安县龙腾焦化有限责任公司、贵州金谷矿业有限公司等等。

【冶金行业（2000万元口径）】 2016年，全州共有冶金企业39家。全年实现产值58.7亿元，同比下滑17.6%。实现增加值11.2亿元，同比下滑10.9%。全州大型冶金企业有邦泰（贵州）铁合金有限公司、贵州精钻高合金材料有限责任公司，独山金孟锰业有限公司等等。

【化工行业（2000万元口径）】 2016年，全州共有化工企业68家，实现产值194.5亿元，同比增长14.0%。实现增加值42.6亿元，同比增长17.0%。全州大型化工企业有瓮福（集团）有限责任公司、贵州金正大生态工程有限公司，贵州天福化工有限责任公司，贵州川恒化工有限责任公司等等。

【电力行业（2000万元口径）】 2016年，全州共有电力企业29家，其中：发电企业（包括水电、火电、风电）共有15家，供电企业14家，全年实现产值99.0亿元，同比增长0.7%。实现增加值22.8亿元，同比增长5.0%。大型发电企业有中广核贵州龙里风力发电有限公司、国电都匀发电有限公司等。大型供电企业有都匀供电局、瓮安县供电局等。

【建材行业（2000万元口径）】 2016年，全州共有建材企业129家。全年实现产值230.3亿元，同比增长25.9%。实现增加值54.1亿元，同比增长20.6%。全州大型建材企业有中铁十五局集团都匀桥梁工程有限公司、龙里县红狮水泥有限公司、荔波工业园区投资开发有限责任公司等等。

【医药行业（2000万元口径）】 2016年，全州共有医药企业18家。全年实现产值65.5亿元，同比增长14.5%。实现增加值19.5亿元，同比增长12.5%。全州大型医药企业有贵州信邦制药股份有限公司、贵州神奇药业股份有限公司龙里分厂、金桥药业有限公司等等。

【机械行业（2000万元口径）】 2016年，全州共有机械企业75家。全年实现产值147.1亿元，同比增长17.9%。实现增加值32.9亿元，同比增长15.4%。全州大型机械企业有贵州云河山地汽车有限公司、贵州高矿重工（长顺）有限公司、贵州万盛矿用电缆有限公司等等。

工业园区

【概况】 2016年，在经济下行、投资疲缓的市场环境下，黔南州产业园区全体上下攻坚克难、千方百计推进园区建设，14个产业园区得到了平稳发展、各项指标稳步推进，园区基础设施不断完善，落地和投产项目数量快速递增，园区规模不断扩大，总量不断提升，经济增长极的效应逐步显现。

2016年，全州产业园区各项主要经济指标稳步推进，全州产业园区规划总面积47422公顷，已开发面积9677公顷，入驻企业共1801家，建成投产企业1354家，达产企业701家，规模企业638户，解决就业12.56万人。完成工业总产值1220亿元，同比增长12.4%，其中，完成规模工业总产值1180亿元，同比增长12.5%，完成全年目标的104.4%，占全州规模企业总产值（1338.03亿元）的88.2%；完成主导产业产值878.4亿元，占全州园区产值的72%；完成税收89.31亿元，较2015年增加16.13亿元，同比增长22%，完成全年目标的107.6%，新增就业22025人，同比增长20.9%，完成全年目标的125.9%；园区整体资产达到285.6亿元，资产负债率88.4%，较2015年同期下降10个百分点。瓮福千亿级园区完成产值424亿元，龙里工业园区、惠水工业园区、昌明工业园区产值超过百亿元，独山经济开发区、绿茵湖产业园区、长顺威远工业园区、麻尾工业园区产值突破50亿元。

【基础设施和标准化厂房建设】 2016年，全州14个产业园区累计在建项目765个，项目总投资2408亿元，完成工业投资410.62亿元，完成全年投资计划任务的108.1%；其中基础设施完成投资115.27亿元。签约项目落地开工377个，落地率达95%，新增落地项目完成投资277.1亿元；新增投产项目219个。新增建成标准厂房62万平方米，标准厂房入住率97%；新增建成污水处理厂9个；建成园区道路139公里，供水管网123公里，排水管网201公里；14个园区通宽带网络，11个通有线电视，14个园区通讯全部覆盖，两个园区核心区基本达到了八通一平，7个园区核心区基本达到了七通一平，5个园区核心区基本达到了五通一平。

【产业项目建设】 全州14个产业园区累计在建项目765个，项目总投资2408亿元，其中产业项目568个，基础设施项目197个；拟建产业项目55个，拟建基础设施项目29个，完成工业投资410.62亿元，完成全年投资计划任务的108.1%；其中基础设施完成投资115.27亿元。签约项目落地开工377个，落地率达95%，新增落地项目完成投资277.1亿元；新增投产项目219个。

民营经济

【概况】 2016年，全州完成民营经济增加值582亿元，占GDP比重为56.87%，较上年提高2个百分点，同比增长17.2%；民营经济新增市场主体2.3068万户，累计市场主体达17.9万户；民营经济注册资本完成1450亿元，同比增长57.56%；民营经济新增就业6.3万人，同比增长25.5%；全州完成民间投资707.2亿元，同比增长14.62%；全州民营经济税收贡献82.6亿元。其中国税贡献28.23亿元，占比37.6%；地税贡献54.42亿元，占比68.36%。2016年三个“15万”共支持1900个小微企业和工商户发展。

【星光培训工程】 根据国家“银行培训工程”和贵州省“星光培训工程”计划，2016年，通过并拔付资金支持的有8个项目，实际获批培训资金96万元。各县（市）的培训项目在经过规范的审批程序后，全部于11～12月初举办完成，共计培训人员1300余人次。全州中小微企业管理水平、业务能力得到进一步提高。

【中小企业加强对外交流工作】 2016年，组织企业参加APEC展会、中国（贵州）民族民间文化旅游产品博览会、十三届国际中小企业博览会、铜仁水博会、香港中博会等展会；组织黔南州优秀民族民间艺人参加民博会能工巧匠选拔大赛、工艺品设计大赛，黔南州共9名手工艺人获得殊荣。通过系列工作的支持，在一定程度上为黔南州民营企业打开了市场，提供舞台展示企业特色，促进了销售。全年共向上争取扶持资金1098万元，支持44个企业的项目建设。其中，民族民间工艺品销售网点支持项目8个，扶持资金130万元；企业生产线改造支持25个项目，扶持资金825万元。

【民营经济组织职称评审工作】 为进一步加强黔南州民营企业人才队伍建设，与人社局做好2016年民营经济组织职称评审工作。组织全州68人申报了经济、统计、工艺美术系列民营经济组织初、中级专业技术职称，经过初步的政策性审查，有30人审定通过，其中经济系列共16人（初级6人，中级10人），工艺美术系列共13人（初级2人，中级11人），统计系列共1人（初级1人）。

信息化建设

【概况】 以推进大数据战略行动和国家大数据（贵州）综合试验区建设为行动指南，以深入实施供给侧结构性改革为主线，以大数据“互联网+”改造提升实体经济为核心，牢固树立“创新、协调、绿色、开放、共享”的发展理念，坚持守住生态和发展两条底线，坚持创新引领，强化制度保障，加强基础支撑，深入推进大数据应用发展。总体上看，黔南州在贯彻落实贵州省大数据战略行动中呈现出以大数据为引领的电子信息产业快速成长、政府大数据应用不断扩大、信息基础设施加快改善、发展优势持续巩固的良好态势，为引领和推动全州经济社会更好更快发展发挥了良好作用。

【推进大数据发展管理体制改革】 2016 年，黔南州成立了以州委书记龙长春为组长的黔南州实施大数据战略行动工作领导小组，强化统筹领导；组建以张全毅副州长为组长的大数据战略行动专家组，研究指导全州大数据产业发展方向。拟建黔南州大数据发展管理局，负责组织实施黔南州大数据战略行动计划，推动全州大数据产业发展。

【研究出台大数据产业发展政策】 2016 年 8 月，州委、州政府在惠水县百鸟河数字小镇召开大数据战略行动推进大会，将大数据战略行动与国家大数据综合试验区建设统筹部署，出台了《黔南州大数据战略三年行动计划》等“1+3”文件，制定黔南州大数据战略三年行动计划路线图和时间表及重点任务分解表，实行挂图作战、挂牌督办。加大对大数据重点项目在电力、网络、用地、财税、融资、人才引进等方面的支持力度，以促进大数据产业发展。

【强化规划引领，做好大数据顶层设计】 认真贯彻落实省委、省政府大数据产业发展战略，根据《贵州省大数据产业发展规划纲要 2014—2020 年》精神，结合黔南州实际，编制了《黔南州大数据产业发展规划（2016—2020 年）》，明确黔南州在“十三五”期间大数据发展的总体要求、发展理念、基本原则、目标任务、总体框架、重大任务、实施步骤、保障机制，推动全州大数据产业快速、健康发展。

【大力推进政府数据集聚共享，打好“聚通用”攻坚会战】 认真贯彻落实省人民政府“聚通用”攻坚会战动员会议工作部署，推进黔南州智慧政务大数据公共服务平台数据中心建设。制定《黔南州政府数据“聚通用”攻坚会战实施方案》，开展政府数据“聚通用”攻坚会战工作。截止 12 月，黔南州已完成 28 套应用系统汇聚“云上贵州”，全面完成省政府下达的按照时间节点迁云工作要求。

【大力发展大数据三类业态】 2016 年 3 月，借助“云上贵州”（北京）招商引智再出发活动，各县（市、区）政府积极开展面向京津冀环渤海、长三角、珠三角、中西部，国外集中面向美国、韩国、印度等国家大数据优强企业开展专题招商推介对接活动，积极促成一批大数据核心业态、关联业态、衍生业态项目落户黔南，成功签约项目 23 个，拟投资总额 48.2 亿元，至 2016 年年底开工项目 21 个，累计到位资金 29 亿元。大数据三类业态产业链加快构建，据不完成统计，全州从事大数据企业达到近 200 家，列入统计数据库有 172 家，其中：重点调度企业有 54 户（关联业态企业 38 家、衍生业态企业 16 家）。截至 12 月，全州大数据电子信息产业实现业务规模总量 151.38 亿元，同比增长 42.8%，其中：电子信息制造业实现工业产值 45.36 亿元，软件和信息服务业实现业务收入 3.38 亿元，电信和广电业务总量完成 66.58 亿元，电子商务业务量完成 7 亿元。

【大力提升信息基础设施保障能力】 持续推进信息基础设施建设三年会战，建立政府与通信行业工作调度联席会议机制，强化会战“月调度、季总结、年督查”调度运行机制。加快推进“光网黔南”“满格黔南”“宽带乡村”工程建设，有效解决城区、高速、高铁等重点区域移动信号盲点盲区问题，全力推动网络覆盖上台阶，服务质量上水平。截至 2016 年 12 月，全州信息基础设施建设完成投资 13.5 亿元，全面完成省政府下达的各项任务目标。在“光网黔南”方面，新增带宽扩容 470Gbps，出口带宽达到 650Gbps。铺设光缆 1.36 万公里，达到 11.56 万公里。主要城区光纤覆盖率达到 80% 以上，城市家庭宽带接入能力达到 50M，行政村宽带接入能力达到 12M；在“满格黔南”方面，新建3G/LTE基站数3637个，达到1.37万个。黔南境内高速公路（818公里路段）、高速铁路（227公里路段）沿线实现2G/3G/4G移动网络全覆盖。查找移动网络盲点、盲区和弱覆盖区域731个，累计消除盲区、盲点和弱覆盖点706个，消除率达到96.5%，基本消除乡镇以上城镇建成区移动网络盲点盲区；在“宽带乡村”方面，一是“小康讯”累计投资1239万元，圆满完成龙里、惠水、罗甸、长顺、三都、荔波、平塘等7县全省建档立卡的17个贫困村寨20个站点移动通讯覆盖质量提升工程。二是多彩贵州“广电云”村村通工程投资1.79亿元，完成1065个行政村通有线电视，建成通村光缆干线达到6956.46公里。

【两化融合】 深入实施《贵州省信息化和工业化深度融合专项行动实施方案》，推进黔南州企业两化融合发展进程，围绕“千企改造”工程大数据专项行动，深入推动大数据等新一代信息技术与制造业的融合发展，宣贯两化融合管理体系标准，指导企业开展两化融合评估，推动贵州工业云广泛应用。组织全州具有代表性强的80多家重点企业，通过贵州省两化融合评估服务平台，完成了两化融合评估诊断和对标引导工作。通过开展评估工作，为参评企业提供基于全国、省企业数据对比分析的两化融合评估诊断报告，全面了解本企业在各行业两化融合总体发展水平和所处阶段、各项关键指标与全国同行业、同规模企业的对标情况等，形成黔南州两化融合数据地图，推动形成以数据为核心的精准施策新模式，建立全面协同推进两化融合工作的新机制。

产业建设

【淘汰落后产能】 2016年，开展2015年淘汰落后产能检查验收工作。对5个项目的拆除进行现场验收，对峨眉山金成炉料公司封存进行现场验收。

【高技术产业（制造业）提质增效】 积极推进“接二连三”，推进艾纳香、刺梨等品种种植，推动神奇、信邦等一批骨干医药企业加快发展。2016年，新启动了5个医药制造项目建设；全州28户高技术产业（制造业）完成工业总产值68.8亿元，同比增长14.8%，增速较全州平均增速高出0.8个百分点。

【推进产业整合升级】 推动独山恒鑫、通润、兴枫霖、金孟集团公司组建工作，企业总数由原来的18家整合为5家，总装机容量51万千伏安，产能超过100万吨/年。积极培育有特色、有优势、有潜力的医药企业做大做强。至2016年年底以信邦、神奇为龙头的新医药企业发展蒸蒸日上。

（李 阳）

烟 草

【概况】 黔南州烟草专卖局（公司）下辖12个县级局（分公司），其中，两烟县市9个，分别是都匀市、瓮安县、福泉市、贵定县、龙里县、独山县、平塘县、惠水县、长顺县（市）烟草专卖局（分公司），纯卷烟县3个，分别是三都县、荔波县、罗甸县烟草专卖局（分公司），及1个控股公司（金福公司）。州局（公司）机关下设20个职能部门（含卷烟营销、烟叶营销、物流配送三个中心）。全州烟草系统在册在岗职工1672人，退休人员572人。2016年实现税利13.23亿元，同比增长5.3%；实现税收9.43亿元（含所得税），同比增加1.31亿元，增长16.13%。实现主营业务收入53.05亿元（含税），同比增加0.3亿元，增长0.57%。

【烟叶工作】 在种植规模大幅下滑的严峻形势下，确立“以质量求生存、以质量谋发展”的工作思路，大力推进烟叶产业转型提质，实现突破性发展。全省起垄备耕、烘烤、收购三次现场会在黔南召开（过去10年未开过一次），黔南创建的“151”精准收购模式得到国家局高度评价，在2016年11月30日全国烟叶工作电视电话会上作交流发言（历史首次）。

运用大数据思维，试点“数字”烟草，全面推行智能化收购，坚持靠改革创新提升管理水平，将烟叶站点整合了近一半，节省资金1000余万元，单点平均收购量提升率达77.1%，平均收购周期减少17天，全省第一家完成收购任务。全州收购烟叶34.34万担，完成计划101.6%；担均价1190.23元，同比增加52.89元，排全省第4位；上等烟比例47.82%，同比提升6.96%，排名全省第4位；烟农户均收入8.19万元，同比增加0.83万元，高于全省平均值1.5万元；等级合格率74.1%，同比提高14.1个百分点；等级纯度95.4%，同比提高4.8个百分点。

全面推行“165”工作措施，各项生产关键技术高标准落地，得到贵州中烟等工业厂家的高度认可，中国烟叶公司生产管理部副主任黄晓东评价“贵州山地中棵烟就要做成黔南瓮安这个样子”“中棵烟长势十年来第一次显现”。全州烟草商业职工面对困境，迎难而上，制约烟叶质量的移栽密度、烟叶成熟度、样品与收购“两张皮”等瓶颈问题取得突破性进展，中国烟叶公司副总经理刘建利评价：“黔南贵定生态烟成熟度的控制与巴西和津巴布韦上部烟成熟度的控制基本一致。”同时，全州等级纯度达95.4%，同比提高8.6%，在全国收购检查中混青杂比例为0.18%，同比下降4.2%。第三方调查的工业满意度提高了12.59%。

扶贫工作成效显著，亩均用工成本降低100元，全州减工降本共计1480万元，引导合作社和烟农开展多元化经营，产值1400余万元，通过计划倾斜、技术指导、生产帮扶等，189户贫困烟农成功脱贫108户，户均种烟收入4.5万元，人均收入10382元，远远超出脱贫标准。

基础设施建管并重，持续投入2300万元推进常规基础设施建设，烟基常规项目连续三个年度一次性通过国家局复查验收。全年筹集管护资金747万元，开展管护示范项目11个、烤房设施设备更换456座。烟草援建水源工程有序推进，截至2016年，国家局批复援建水源工程5个，占全省数量的16%，烟草行业投资5.05亿元，占全省批复资金规模的18%。

【卷烟营销】 2016年，全年销售卷烟13.37万箱，完成计划的100.11%，同比增加447箱，增幅排全省第四位，单箱均价29230元（调增前29250元），同比增加327元，增长1.13%，增幅排全省第三，卷烟毛利9.88亿元，同比增长8.4%，连续7年占毛利总额的70%左右；都匀销量增幅排名全省88个县（市）第十位；平塘、龙里及长顺单箱均价增幅排名全省前十位；网上订货率100%，网上配货率全省第一。积极探索非烟物流配送，实现非烟物流收入10.22万元。

【专卖管理】 专卖打假打私工作排名全省第二，查获案件总数、五万元案件数、查获非法卷烟数量及案值数均创历年新高。全州共查获各类涉烟案件689起，五万元以上案件76起，网络案件11起，其中“国标”7起，“省标”4起，“双30”真品卷烟案件7起，查获烟叶179.61吨，同比增长415%，案值852.87万元，翻了4番；查获非法卷烟1348.219万支，同比增长136%，案值831.83万元，同比增长65%；拘留28人，逮捕26人，判刑3人。以“千店万铺无假烟”活动为抓手，充分发挥社会监督作用，规范卷烟市场经营秩序，维护消费者的合法利益；真烟非法流通实现“一降一增”，流出真烟数量同比下降60%；查获流入真烟数量同比增加150%。2016年10月，黔南州烟草专卖局被国家局授予2015年度全国烟草行业打假先进集体荣誉称号。

【党建工作】 以“5551”党建模式和“情系万家·好花红遍”四型党建品牌为载体，深入开展两学一做教育。党建工作得到省局（公司）和地方党委的高度肯定，获得黔南州“十佳党建品牌”称号，被评为“黔南州2013—2017年第一轮州级‘五好’基层党组织”。黔南烟草驻村干部荣获“贵定榜样”年度人物奖，黔南州局被授予锦旗。坚持从严加强党风廉政建设，签订党风廉政建设责任书、承诺书共计69份；党委主要领导及班子成员深入基层单位进行党性党风党纪教育5次，参加人数409人次；坚持有案必查、有腐必惩，州、县两级纪检监察机构共给予党纪、政纪处分7人。同时，认真落实专项巡视整改工作，核实清退超标准乘坐交通工具费用2.2万元、超标准公务接待费17.68万元。清理补缴2008年以来的党费430.678万元。组建成立了州局（公司）机关党委，选举产生了5名党委委员，配置一名专职党委副书记，在县级建立了4个党总支、32个党支部，配备党务工作者125名。2016年开展了第三届“金叶杯”职工运动会及第六届“金叶杯”职工书画摄影展，得到了各级领导的充分肯定和好评，开创了黔南烟草党建工作的新局面。

【完善机制】 突出干事导向，公平、公正、不拘一格选用干部32名，最小的29岁，最大的51岁。组织全州1075名干部职工举荐身边优秀人才，推进干部职工异地交流任职，异地交流科级干部19人，挂职3人，员工异地交流任职7人。2016年聘任各领域专业人员23名，聘用专业烘烤师881名（有职工也有烟农），给予相应补贴。

以“干多干少不一样、干好干坏不一样、干快干慢不一样”分配原则为主，以小红旗、工作积分等措施为辅，调动积极性，增加正能量，主动干事、积极做事成为主流，作风转变和工作状态，得到省局（公司）、地方政府、工业厂家的普遍赞誉，为黔南烟草争得了荣誉、赢得了口碑。

坚持以财务管理为核心，推行无纸化办公和“三个一点”会议模式，业务招待费、会议费、差旅费分别同比下降30.88%、14.50%、6.6%；创建“123”资金管理方式，资金收益1095万元，超出目标值95万元；积极推动“营改增”，节约资金近100万元；坚持向“管理、改革、项目、流程、信息化”要成本，实现降本增效9032万元，超额完成2182万元的年度目标。

坚持安全生产“一岗双责”，全年安全事故零发生，安全工作在州政府安全生产考评中蝉联第一名。

全州烟草商业系统掀起积极探索改革创新的新高潮，自主研发“烟叶打包赋码机”，用“小机器”彻底解决混级打包、错级成包的“大问题”，计数定量精准施肥器、背负式施肥器、便捷式编烟机、采收比色环、烤房“取电卡”“三脸矩阵库存管理”“十字坐标库存陈列”等基层自发的小改、小革、小创新此起彼伏，创新氛围初步形成。瓮安县和独山县探索的“126.21”烟叶采烤一体化模式，两次在全国烟农合作社建设培训班上开展交流培训。刘盛普被评为全国卷烟打假工作成绩突出个人；张刚领获得全国烟草行业职业技能竞赛“国手”称号；在全省第三届专卖岗位技能竞赛中，邬小荷、夏顺毫两位分别取得了全省第二和第八的优异成绩；在国家局举办的“中华杯”第三届烟草行业职工书画大赛中，获软笔书法一等奖；在全省烟草行业第一届书画摄影比赛中，荣获软笔书法一、二、三等奖，摄影一等奖、绘画二等奖的好成绩。州局（公司）获得全省烟草商业“诚信守法示范企业”称号，长顺县局获得“依法行政示范单位”称号。

州直机关工工委书记委张传华携福泉市直机关工委一行到黔南烟草“好花红”党建展厅调研

2016年7月27日，省局（公司）公司副总经理沈宏到黔南瓮安调研，图为沈宏现场操作烟叶烘烤产量监测系统

黔南州福泉市局（分公司）陆坪工作站党支部党员服务示范区

2016年黔南州局（公司）使用自动装卸机实现机械化装卸烟包，达到减工降本的同时，保证了装卸工人身安全

航拍黔南州瓮安县马场坪坪上烤烟标准化生产示范点（局部）

摆图水库是国家烟草总公司援建贵州的第一批水源性工程，位于黔南州平塘县通州镇，库容849万立方米，总投入2.42亿元，国家援建资金2.1亿元，于2012年12月29日开工，2015年8月19日下闸试蓄水

航拍黔南州瓮安县马场坪坪上烤烟标准化生产示范点（全景），面积1603亩，连片率100%，涉及烟农21户，户均种植76.3亩，种植品种为云烟87。该示范点2016年实现总产值482.7万元，亩产值3011元，户均收入22.98万元

起垄机工作现场，2016年黔南烟草机械化作业比例大幅提升，其中，机械化起垄比例从2015年的65%提高到2016年的90%

2016年6月30日，黔南州局（公司）举行庆祝建党95周年“两学一做”知识竞赛

2016年5月4日，黔南州局（公司）举办“青春成长”青年员工讲坛活动

2016年黔南州局（公司）全面推行智能化收购，图为烟农交烟现场

福泉市烟草专卖局开展专卖联合执法行动

（刘羽瑶）

电　力

【概况】　2016年，都匀供电局贯彻落实南方电网公司和贵州电网公司工作部署，围绕“两精两优、国际一流”的发展战略和“185611”的战略目标，树立“三种意识”，以提高安全、质量、效率、效益为中心，着力保安全、稳增长、促改革、抓管理、强党建，狠抓落实，各项工作成绩显著，实现了“十三五”良好开局。

2016年，在贵州电网公司对地区供电局的12项组织绩效指标考核得分77.605分，评价得分率110.86%排名全省第一。其中，安全管理评价得分率100%，生产设备管理评价得分率99.7%，调度业务评价得分率95%，科技创新评价得分率97.8%，计划发展综合评价得分率98.7%，固定资产投资转固工作评价得分率100%，基建管理综合评价得分率93%，物资综合管理评价得分率92.2%。

售电量完成71.24亿千瓦时，同比增长12.83%，创5年以来最高增速；当年期电费回收率100%，创历史最好成绩；综合线损率4.93%，同比下降0.17%；有损线损率10.14%，同比下降1.41%；固定资产投资完成5.267亿元；客户满意度77分；客户年平均停电时间19.03小时/户；综合电压合格率97.4%；供电可靠率99.8335%；全员劳动生产率38.2万元/人·年。

【安全生产】 坚持党政同责、一岗双责、齐抓共管，构建了横向全覆盖、纵向全贯通的安全生产责任体系。持续强化安全风险体系建设及深度应用，全面加强风险动态闭环管控，安全风险体系运转质量持续提升，通过南方电网公司“四钻”审核认证并授牌。加强电网风险管控，制定并落实防范电网五大运行风险的7类18项重点工作、63项措施，降低了17项三级及以上事故（事件）风险等级。加强作业风险管控，深入开展“反违章”活动，现场纠察3085次，年平均违章率0.5%，同比下降0.8%。强化设备风险管控，深入开展差异化运维和规范化检修，发现并处理重大、紧急设备缺陷469项，治理输电线路与电气化铁路、高速公路等交叉跨越104处。强化应急保供电管理，成功承办“黔南州2016年大面积停电事件应急处置综合演练”，圆满完成FAST落成启动、茶人会、黔南州60年州庆等重大保供电任务。大力建设“团队互助”安全文化，团队安全联保互保机制日趋完善，138个安全团队各尽其责，员工安全“互助意识、责任意识、风险意识、规矩意识”和安全能力显著提升。

【提质增效】 大力开拓市场成效显著。与广西河池、南丹签订三方交易合同，累计外送电量4.54亿千瓦时，扭转了一二季度电量负增长的颓势。精准扩销内增有力。“一厂一策”助力黄磷、化工等企业复工生产，持续抓好第三产业和居民用电等基础负荷增长，12.83%的增长率创5年来新高。千方百计做好电费回收。采取预购电费制、划小缴费周期、拓展非现金缴费等方式降低欠费风险，电费回收率再创历史新高；“一户一策”追缴陈欠电费，完成了1900万元的陈欠电费和城市附加费的核销工作。加强成本管控。“五项费用”同比下降3.66%；全力吸纳水电，购销水电1.17亿元。注重增收节支。加强法律案件管理，办理诉讼案件11宗，挽回经济损失306.62万元；开展内稽外查查处营销差错7028件，挽回经济损失361.38万元。

【服务意识和能力持续提升】 强化市场化环境下的客户全方位服务体系建设，加强过程管控，有效提高了客户粘性和满意度，2016年第三方满意度测评得分77分。加强客户投诉管理，找准客户抱怨根源，针对性细化整改措施，全年处理客户投诉45起，客户回访满意率100%。加强停电管理。严控重复停电和延时复电，提高故障抢修响应速度，通过配网调整方式等节约客户平均停电时间12.66时/户，有力提升了客户感知。精简业扩流程。持续开展业扩报装专项治理，高低压客户装表接电平均时间降至6.83个工作日，确保客户受电工程早投产、早用电，2016年全年新增用电容量115.23万千伏安，增供电量10.27亿千瓦时。推行“互联网+电力服务”，大力推广统一服务平台，拓展缴费渠道，非现金缴费比例达85.74%，同比提升23.74%。

【电网规划建设】 至2016年年底，黔南州境内共有500千伏变电站3座：福泉变、独山变和醒狮变，主变5台，变电站容量375万千伏安；220千伏变电站14座，主变22座，变电容量414万千伏安，220千伏线路920.715千米。以3座500千伏变电站为支撑，黔南州形成了北部、中部、南部和西部电网供电格局。

2016年年底，黔南州电网10千伏线路721条，线路长20066.51公里，配变17825台配电容量192.9325万千伏安。

2016年，完成固定资产投资5.267亿元，完成率102.44%。

【创新一体化】 持续推进战略实施。强化8项创先核心指标目标及162项重点任务过程管控，及时督促、限期纠偏，有效促进指标提升。持续完善一体化作业标准体系，组织各县局本地化修编业务指导书184项，作业指导书32项，实现地县两级业务全面覆盖。CSGII实用化成效显著，全面实现CSGII系统单轨运行，系统数据质量显著提升，各业务域数据质量水平均达95%以上，“站线变户”一致性、帐卡物一致性、项目信息一致性等

21个协同指标均达到了贵州电网公司年度目标要求。扎实推进供电所规范化建设，完成了供电所优化设置，投入282.8万元改善供电所办公环境。大力推进技术创新，举办“科技创新论坛”7期，实施科技项目7项，职工创新项目9项，获专利授权12项（发明专利1项，实用新型专利11项）。

【深化改革】 积极实施市场化交易，推动大用户直购电，2016年全年完成市场化交易电量34.89亿千瓦时。积极开展客户资产接收，完成了4个居民小区和13个配套项目资产接收工作，转固定资产2700万元。落实贵州电网公司按行政区划调整县级供电企业管理关系要求，完成龙里、惠水、长顺、罗甸4家县局的接收和丹寨供电局的移交工作。至此，都匀供电局有县局13家，供电所75个，员工总数4414人（局本部771人），供电服务区域2.62万平方公里，用电客户123万户，供电人口420万人，35千伏及以上变电站160座，变电容量10182兆伏安；35千伏及以上输电线路4301千米，固定资产原值84.3亿元。落实公司小水电资产重组要求，7座小水电站平稳划转黔能公司运营管理。完成了6家县局职工持股企业的股权清退工作，以产权公有为平台，开展以福泉局为试点的职工持股企业股权收购工作。以都匀市郊局、开发区局为试点的财务共享服务中心已正式运转。

【干部人才队伍建设】 落实好干部标准。强化领导干部政治意识、规矩意识、责任意识，领导班子考核连续三年位列贵州电网公司第2名。严格执行干部选人用人程序，建立科学的干部评价体系，2016年选拔调整干部7人，选人用人工作满意率98.95%。加强技术技能人才培养，拓宽核心业务人员职业发展通道，优化落实“培养、选拔、使用”循环机制，2016年年底有网公司高级技能专家1名；省公司助理技能专家10名、助理技术专家8名；局级专业技术、技能带头人12名。持续优化人力资源配置。结构性缺员治理成效明显，完成地、县两级“定员、定编、定岗、定责”工作，整体缺员率降至10.35%，用工总量和管制业务劳动合同制员工同比“负增长”。率先在贵州电网系统面向全局开展全员绩效管理，局本部14个职能部门、9个二级生产单位及班组，10家县局及其51个供电所，全面推广应用“工作计划+过程管控+绩效积分”的绩效管理模式，奖勤罚懒，提升了工作质量和工作效率。严格技能岗位资格准入管理，一线技能人员持证率达到95%。完善培训基地建设，举办各类培训班42期，培训1660人次。

（张光宇）

·商　务·

SHANG WU

商务·粮食

【国内贸易】　1. 努力完成目标任务，加快市场建设夯实流通基础。2016年年初将社会消费品零售总额指标分解到各县（市、区）要求商务主管部门加强限额以上企业的培育，对达到条件企业实时跟踪服务，及时指导帮助申报入库，做到报送数据应统尽统。2016年，全州新增限额以上批零、住餐企业164户，超年初计划数64户。是年完成社会消费品零售总额247.91亿元，同比增长13.2%，总量全省第六，增速全省三。营商环境评价指数73.03，全省第二。积极争取项目资金推进市场建设。2016年全州共新建或改扩建农贸市场8个，其中省级示范性农贸市场项目3个、社区生鲜直销店项目1个、冷链物流综合示范项目1个，共获项目资金120万元。按照职能要求加强成品油市场监管。除对全州现有189座加油站的日常监管之外，2016年批复70座已批未建的加油站延期建设。编制完成《黔南州“十三五”成品油分销体系发展实施方案》。组织展销会活动扩内需保增长。先后组织企业参加建州60周年系列成就展、贵州年货节暨特色商品（北京）展示交易会、阿里巴巴·贵州年货节展、贵州省第六届酒博会等活动；举办黔南州第三届烹饪大赛、建州60周年都匀汽车展销会暨名优商品展销会。做好商贸流通业统计监测。定期督促62家监测样本企业按时完成重点生产资料监测系统、重点商贸流通企业监测系统、生产资料企业监测系统等平台数据的上报。全年采取集中或抽查形式加强市场安全和行业安全专项检查，坚持安全生产警钟长鸣，常抓不懈，确保不发生安全生产责任事故。

2. 商贸物流业发展向好。一是项目建设加快推进。贵州（昌明）国际陆港于2016年8月已正式动工建设，昌明千万吨级铁路物流基地项目已获成都铁路局批准。龙里快递物流园有16家企业入驻，8家企业建成投入运营；龙里双龙物流园一期水果批发市场、福泉国际汽车城一期工程、都匀西南特产城红星美凯龙商贸城等建成开业，其中龙里快递物流园2015年实现产值30多亿元；双龙商贸城日批发水果近2000吨，销售收入近2000万元。都匀绿茵湖铁路物流园、黔南州粮油仓储产业园、龙里龙铁物流园、东方宏基电商产业园、贵定粮食仓储产业园、福泉马场坪国际陆港、独山五洲物流港、瓮安中港物流城等建设进度加快，全州累计已建和在建的商贸物流项目76个。黔南州被纳入国家级农产品冷链物流标准化试点城市；龙里快递物流园被评为商务部智慧示范物流园区；福泉贵州省丰茂运输公司被评为4A级物流企业，是目前黔南唯一一家A级物流企业；龙里西部药都被省商务厅和省质监局评为贵州省物流标准化示范基地。二是招商引资取得成效。中农批、广州港、新加坡淡马锡旗下丰树集团等先后到黔南考察项目投资与业务合作。丰树集团物流地产、中农批冷链物流、货车帮物流信息产业园等项目将签约落地。三是跨区域合作得到深化。2016年1月，黔南与四川遂宁、广东珠海和广东省物流行业协会共同签订了《共建21世纪海上丝绸之路川贵广—南亚国际物流大通道战略合作框架协议》，建立了三地四方协调推进川贵广——南亚国际物流通道建设工作机制。四是编制了《黔南州“十三五”现代物流发展规划》，“十三五”期间，将建设以昌明为核心的“一核一轴一带两港三节点”的开放型现代物流服务体系，成为“一带一路”的重要物流枢纽和西南地区与长三角、珠三角、北部湾经济区连接的区域商贸物流中心。五是成功举办第三届中国物流（都匀）国际峰会暨商贸物流博览会，搭建了国内国际学习交流与交往合作平台，其间签订了8个国际国内合作协议，16个商贸物流招商引资项目和19个名特优商品订货协议，取得了良好效果，得到了省州领导、与会嘉宾的一致好评，省委书记陈敏尔圈阅“峰会总结材料”，州委书记龙长春和州长吴胜华对峰会作出肯定和批示。

3. 电子商务蓄势待发。一是强化顶层设计。先后出台《黔南州人民政府办公室关于推动电子商务健康快速发展的意见》《黔南州关于促进电子商务发展实施意见》《黔南州电子商务发展三年行动计划》等文件。召开了全州电子商务发展大会，州委、州政府主要领导就抓好和发展电子商务工作作出批示。二是抓好支撑平台建设。创建了“云起龙驿”“领略中国”“品长顺”“好花红”等区域电子商务公共品牌，省内的贵农网、农经网、邮乐购、华纳斯等平台纷纷进驻各县（市），携手农村电子商务的发展。全州建成县级电子商务运营服务中心12个、乡镇服务站157个、村级电子商务站点1083个；邮政系统农村电商普及店303个，贵农网站点338个，纳斯商城站点177个，农村淘宝站点230个，农经网站点35个；入驻贵州电子商务云企业145家。全州从事电子商务的企业主体和网店3700余家。三是抓好示范建设。龙里、惠水、荔波、独山4县获国家级电子商务进农村综述示范县，先期获4000万元国家专项扶持资金；三都、瓮安、平塘3县获省级电子商务进农村综述示范县，先期获750万元省专项扶持资金；2家企业分别被确定为贵州省电子商务示范企业和贵州省电子商务示范基地，12家网店被确定为贵州电子商务百佳特色网店。四是创新“互联网+展会”模式。在建州60周年北京成就展上，黔南州名特优产品展示展销厅使用“互联网+全展厅扫码购物”，成为北京民族文化宫展会历史上的首创，此举获得时任全国政协副主席、国家民委主任王正伟的高度评价；在建州60周年广州成就展上，展会五天时间扫码销量突破百万大关；在第三届中国物流（都匀）国际峰会暨商贸物流博览会上，以扫码方式宣传、销售黔南名优特产，两天时间交易量1210单。领略中国大数据显示：峰会期间的客户中，有78.4%为新客户，许多产品一扫而空，好评如潮。通过扎实有效的工作，全州电子商务销售逐年上升，2016年，完成电子商务交易额71.29亿元、全省第三；网络零售交易额为19.76亿元，全省第六；网络零售额1.62亿元，全省第七；上行物流包裹发送818.31万件，同比增长117.74%，下行物流包裹共计4347.89万件，同比增长207.4%。

4. 开发区建设扎实推进。一是体制机制进一步创新。按照“区镇合一、镇园合一”管理模式进行体制机制创新，大力推行“两块牌子一套班子”模式，建立健全“精简、统一、高效”的行政管理体制。二是基础设施不断加强，配套设施逐步完善。积极探索多元化、多渠道的投资建设及运营模式，大力推进区内道路、供水、供电、通信、宽带网络、污水处理厂等基础设施建设，综合承载和配套能力进一步增强。新建成标准厂房75.01万平方米，累计已建442.51万平方米。三是组织申报2016年省级开放型经济发展专项资金（开发区部分）项目，获省商务厅拨付专项资金146万元。四是加快培育发展，促进开发区转型升级。7个省级开发区悉数列入《贵州省重点开发区“十三五”规划》纳入贵州省千百亿级培育计划。2016年，全州7个省级经济开发区实现工业总产值1399.57亿元，同比增长23.81%；规模工业增加值 301.37 亿元，占全州的 84.06%；固定资产投资 961.97 亿元，同比增长 11.73%；招商引资到位资金 1136.54 亿元，同比增长 28.46%；财政总收入 101.73 亿元，同比增长 6.08%。

【对外贸易】 2016 年对外贸易稳中有升。一是做好对外贸易经营权备案登记工作。全年新增备案登记企业 65 家，组织企业参加国外展销会、商务考察活动，鼓励支持信息化建设、认证等项目申报，下放并指导都匀、独山、龙里、瓮安、贵定、荔波等县（市）开展对外贸易经营者备案登记工作。二是做好中央外经贸发展专项资金申报及管理。拨付 28 家企业 2015 年度国际市场开拓资金 70.17 万元；对符合 2016 年度中央外经贸发展专项资金申报条件的 12 家企业进行审核上报，其中 7 家企业获省商务厅 21 万元补助；3 家外商投资企业（鼓励类）分两批次获省商务厅补助资金 117 万元。三是组织企业参加北京、昆明、哈尔滨、厦门等地举办的“年货节”、进出口商品交易会、国际经济贸易洽谈会、国际投资贸易洽谈会、中国—亚欧博览会、中国·贵州内陆开放型经济试验区跨境投资贸易洽谈会等。四是积极为进出口企业搭建平台。促成黔南州人民政府与贵州出入境检验检疫局签署《关于建立合作机制备忘录》，并促成贵州出入境检验检疫局“黔南服务窗口”正式挂牌。积极对接贵阳海关在全州设置海关服务窗口相关工作。争取将独山保税仓库升级成为保税物流中心，并纳入《贵州省保税物流中心（B 型）布局规划（2016—2020）》。做好荔波机场申报临时口岸调研等工作。五是在完成《黔南州“十三五”开放型经济发展规划》的基础上，启动黔南州内陆开放型经济试验区建设规划编制工作。全年外贸进出口总额完成 24025 万美元，总量排全省第五，增速排第四位。

【利用外资实现突破】 一是积极上报招商引资项目。上报涉及韩国、越南、柬埔寨、法国、瑞士等国招商引资项目 166 个。二是做好外商投资企业联合年检。会同国税、地税、财政、统计等部门完成 2016 年度外商投资企业联合年检。三是开展常态化走访调研，及时协调解决企业存在的困难和问题。2016 年，全州新设立外商投资企业 11 家，同比增长 83.33%；实际利用外资 30251.67 万美元，同比增长 49.35%，总量列全省第四，增速位列第二。

【粮食工作】 2016 年全州粮食工作稳步推进。一是完善粮食安全保障、保供稳价和应急管理工作机制。出台黔南州粮食安全责任制考核办法（试行）、2016 年度粮食安全工作责任制考核评分评价细则，保质保量完成省粮食局下达的粮食储备 7.45 万吨和食用植物油储备 5000 吨目标任务。下达粮食订单种植收购计划 55 万亩，完成 55.3 万亩。二是加强粮油质检工作。先后两次集中对全州 12 县（市）5.5 万吨粮食、3200 吨食用油的库存进行质量检测，共计完成扦样检测样品 163 份，出具检验报告 161 份。三是推进粮食流通基础设施建设。争取到上级项目建设补助资金 1000 余万元，维修改造仓容 5.67 万吨、仓房 51 栋，新增仓容 12.7 万吨。州粮油仓储商贸物流园建设进一步推进。四是做好军粮供应工作。州军供站建成大米分装车间，完成 500 吨州级小包装动态储备，创建“贵州军粮”和“军匀”等品牌大米和菜油，确保军供粮油高质量的同时，建设和完善“平价生鲜农产品店”，更好为社会提供优质服务，积极促进军地融洽发展。五是抓好放心粮油工程建设。协调全州建成放心粮油店 201 个、放心粮油配送中心 14 个、粮油应急加工企业（点）286 个，成功申报 3 家省级示范性放心粮店和 2 家省级示范性加工企业，指导协调惠水“茫耶谷”牌大米成功申报为贵州省名牌产品，州军粮站军匀公司旱谷 2016 年 12 月获得国家有机大米认证。

【加强党的建设】 一是深入开展“两学一做”学习教育活动。扎实开展党建扶贫工作，协助帮扶村独山县基长镇水岩村（原水岩乡）抓好党的组织建设，帮助协调解决贷款、落实项目资金安排项目建设实施，促进产业发展。二是认真落实《中国共产党党组工作条例（试行）》，严格执行“三重一大”党组议事制度。坚持德才兼备调整充实干部队伍。引进研究生1名、本科生1名，调入干部1名，组织实施面向全州遴选4名干部的报名、面试、考察等相关工作。三是规范行政执法行为。将省商务厅下放（委托）给市（州）商务主管部门的汽车加气站行政审批权全部下放（委托）到各县（市、区）商务主管部门，以此为工作切入点进一步清理规范行政许可执法行为增强履职责任，强化问责，以期为人民群众提供优质高效率服务。

（黄元刚）

盐 业

【概况】 2016年是“十三五”规划的开局之年，是以“加强合作、加大改革、加速转型、加快发展”为工作主题的“加强合作年”，同时也是盐业政策形势更为明朗化的一年。贵盐集团黔南公司以党的十八届六中全会精神和省委十一届八次全会精神为指导，认真贯彻全省盐业工作会议精神，以小袋盐销售及结构调整为核心，以捍卫食盐专营为己任，以改革创新为动力，围绕与集团公司签订的目标任务，全体干部职工团结一致、开拓创新、锐意进取、奋力拼搏，各项工作取得一定成绩。

【党务】 1. 扎实开展“两学一做”学习教育活动。

2016年“两学一做”学习教育活动是党在新形势下加强党的思想政治建设的一项重大部署，也是新时期推动全面从严治党向基层延伸的一项重大举措。按照集团党委、黔南州委相关工作要求，公司党委认真制定《贵州盐业（集团）黔南有限责任公司党委“两学一做”学习教育实施方案》，成立学习教育领导小组，狠抓落实，学习教育活动取得良好效果。（1）进一步完善党委中心组学习制度，定期召开党委中心组学习会，学习了《党章》《中国共产党廉洁自律准则》《中国共产党纪律处分条例》《习近平系列讲话》《习近平谈治国理政》等重点学习内容，认真做好学习笔记；（2）按照“两学一做”实施方案要求，向每位党员发放《党章》《习近平总书记系列重要讲话读本》和学习笔记，明确学习要求，要求每位党员按照学习计划安排坚持个人自学和集中学习相结合方式。（3）开展“手抄党章100天”活动，要求党员学习党章要做到逐条逐句通读，全面理解党的纲领，牢记入党誓词，牢记党的宗旨，牢记党员义务和权利。（4）建立县级公司班子成员、州公司中层干部及党员业务骨干的微信平台，党委班子通过微信平台发布一些政策及警示教育的学习资料。在认真学习的基础上，结合实际向广大党员上党课，并要求各支部书记所学与所用结合，上党课。

2. 认真开展党组织关系集中排查工作。按照集团党委、黔南州直机关党工委关于《关于对党员组织关系开展梳理排查工作的通知》要求，召开黔南各县公司支部书记《党员组织关系集中排查》专题培训会，对全州80名党员组织关系进行了全面的梳理自查，要求各党支部对所属党员组织关系进行一次全面的梳理排查，主要核实党员身份、入党时间、转正时间、入党资料是否齐全以及流动党员的去向等信息，确保党员信息资料准确、完整，及时对在党员组织关系排查中有问题的党员情况进行汇报并到集团组织部进行调查取证，做到不遗不漏不重。

3. 规范和加强党费收缴工作。按照黔南州委组织部下发《中共黔南州委组织部关于在“两学一做”学习教育中开展党费收缴工作专项检查的通知》文件精神，公司党委高度重视这项工作，召开专题会议做部署，要求各党支部对自2008年4月以来交纳党费情况进行自查自纠，党支部书记要切实承担起责任，认真组织党员学习党章要求和党费收缴有关规定，对党员的基本情况和交纳党费的具体情况认真进行摸排登记。自查工作已基本结束，全州九个支部80名党员，清查补缴党费 3.3 万元。

4. 加强党风廉政建设。2016 年，贵盐集团黔南公司党委与各支部签订了《贵州盐业（集团）黔南有限责任公司 2016 年度党风廉政建设责任书》，对反腐倡廉工作任务进行分解及分工，同时抓好党风廉政责任的分解、落实情况的检查及考核。深入开展党风党纪和廉洁自律教育，一是利用微信平台发布警示教育筑防线；二是推进作风建设和廉洁自律，将厉行节约的规定融入日常管理，形成改进作风的常态机制。做好“违规收送礼金礼券购物卡专项治理工作”等的督促、检查，对党员干部身上的问题做到早发现、早提醒、早纠正。三是加强制度执行力，进一步修订和完善了考勤管理制度，要求干部职工严格遵守工作纪律和机关管理制度，着力整治了自由散漫、衣冠不整、迟到早退、上班时间擅自离开工作岗位、服务态度不好等问题，坚持靠制度管好人、靠制度办好事，注重从源头上防止腐败。四是重视“三重一大”工作，加强对全州现有重点工程建设、公司重大事项等任务落实情况的监督。进一步规范各项招投标活动，加强工程项目质量安全的监管，确保实现工程建设安全，干部廉政安全。

5. 党建主题活动。（1）开展走访慰问送温暖活动，对系统内老同志、老党员、困难职工及家属进行走访慰问，同时积极参加社区“微心愿”圆梦行动，为社区困难群众送上大米和食用油等慰问品，尽其所能为困难群众的心愿圆梦，以此增强党员干部与群众的“血肉”关系。（2）公司党委组织青年志愿者参加“绿色黔南”建设三年行动计划义务植树活动，进一步增强党组织与地方政府、地方部门、社区的紧密联系，努力构建和谐社会、和谐社区、和谐企业。（3）为了逐步优化党员队伍结构，加强党员队伍先进性建设，把此项工作列入重要议事日程。分别于 2016 年 6 月和 11 月，严格按照《贵州省党员发展规程》吸收一名优秀业务骨干为预备党员和计划发展对象。（4）“七．一”前夕，公司党委向集团党委及州直机关工委推荐同意并表彰 1 个先进基层党组织、2 名先进党务工作者、2 名优秀共产党员，鼓励全体党员以他们为标杆，进一步增强党性观念和宗旨意识，再接再厉，争创佳绩，为企业发展发挥带头模范作用。（5）7 月 1 日，公司党委组织各支部党员骨干到瓮安猴场革命遗址进行参观，并接受革命教育。（6）9 月，贵盐集团黔南公司选派一名年轻党员参加集团公司党委开展的“两学一做”看行动提质增效当先锋演讲比赛。选手紧紧围绕演讲主题，阐述了自己对“两学一做”学习教育的深刻理解，并在这次比赛中获优秀奖。

【销售】 始终把食盐销售尤其是小袋盐销售作为工作核心，在力保总量的前提下致力于销售结构调整，以渠道建设为契机，对经营户的存量进行登记，根据经营户实力和所处区域实际，在推销基础盐的同时，引导经营户销售中高端盐品，丰富食盐品种，满足不同的消费需求，并形成价格标杆。加大对高端盐品的宣传力度，引导广大消费者自觉选购，并力求培育成熟的消费群体。针对经营户不愿批量存盐的实际，及时转变配送方式，将配送对象拓展到零星小户，州公司和部分县公司增加了配送车辆，转变了服务态度，提高了服务能力，对经营户的破包漏包等问题及时解决，维护好客群关系。在抓好食盐销售的同时兼顾食盐市场监管工作，贵盐集团黔南公司不定期分别深入南北两线县份食盐市场进行访销检查调研。主要针对食盐批发部、食盐经营网点的储存场所库存量和购盐渠道进行实地查看和了解。针对偏远乡镇私盐时有倾销的实际，检查人员还前往部分边境市场进行检查监管工作。

【渠道建设】 贵盐集团黔南公司以销售经理制为主要形式，从规范盐品陈列入手，在实践中不断对方案进行补充完善。2016 年 5 月，邀请集团营销中心就渠道建设的相关问题进行培训，切实提高对市场化经营机制的理解和对现代化商业领域运营模式的认知，为渠道建设工作的深入推进起到了实践指导作用。9 月，贵盐集团黔南公司顺利通过渠道建设考核工作。

【内部基础管理】　始终重视公司的基础管理工作，将之当成工作效率能否提高的根本保证。在各项会议上和各项工作安排中，都将基础管理工作作为一项基本要求来强调，逐步提高全体干部职工对基础工作重要性的认识。认真贯彻集团标准化建设工作要求，加强对集团标准化手册和制度的学习，提高基础工作技能。对公司各项基础工作进行认真梳理，对一些工作流程进行了再造，同时结合公司实际补充完善了相关制度。致力于形成按规范的流程操作和操作中确保流程规范的工作格局，杜绝工作差错和损失的发生。在提高执行力上下功夫，对不规范的工作行为进行严格的处罚。

【项目建设】　州公司本部“盐业大厦”一层商场铺面的招租问题，在实体铺面租赁价格面临较大下行压力的情况下，通过严格规范的市场询价调查和民主规范的招租工作流程，实现了该处资产出租收益不降反增；三都、福泉荣和宾馆资产整体出租工作，通过制定相对合理的招租工作方案，规范工作流程，实行民主决策管理，现场开展公开竞租，收到理想效果，创造了系统内租赁收入水平的新标杆；全面彻底完成了三都公司与广都农资、独山公司与帮力达农资、福泉、瓮安两公司与福泉红星农资公司在农资规模经营终止后，切实把住所有外投资金和收益等权益回归关口，做到无一分资产流失，确保国有资产的安全；做好贵定、瓮安等存在“拆还建”问题的县级公司在“大拆迁协议”主要条款具体落实上的全时跟踪，督查、指导和推进工作，取得成效。荔波宗地、黔南公司有偿取得的独山麻尾开发区等项目在新班子的倾力管理下有进展。

【盐政管理】　2016年，黔南盐务分局根据工作安排，每个月分局均组织盐政执法人员全面对省际边界、重点市场、生产用盐厂家、车站、机关学校食堂等生产加工用盐户及副食品经营点进行全面走访和检查，加大盐业法制宣传力度，分局及各支局高度重视盐业宣传工作，进一步提高了行业知名度和社会影响力，赢得了各级政府及相关部门对食盐专营工作的重视和社会各界的理解与支持，增强了黔南州盐业干部职工的荣誉感和责任感。在“两节”期间的市场整治行动之后，按省局要求在全州范围内开展了饲料添加剂氯化钠的专项整治行动。积极配合公安、检察院对2016年“8·05”案件的进一步外围取证工作，扩大证据链，力争办成铁案，让涉盐违法经营人员受到严惩。“3·15”消费者权益保护日，分局及各支局积极配合当地工商管理部门开展相应的宣传、咨询活动。“5·15”碘缺乏病宣传日，各支局都按照主题宣传活动进行了周密部署、精心安排，以不同形式进行了丰富多彩宣传，2016年6月16日上午，黔南州2016年全国食品安全宣传周启动仪式在都匀市人民广场举行，分局班子成员、全体盐政执法人员以及青年团员参加了这次宣传活动，活动现场，通过发放宣传资料、展板摆放等形式宣传食盐相关知识问题。

按照省工商局和省盐务局的要求，在6月开展了食盐安全专项整治行动，在行动中对盐改方案向广大经营户和百姓进行广泛宣传，让大家知道盐业体制改革是“以确保食盐质量安全和供应安全为核心，在坚持食盐专营制度基础上推进供给侧结构性改革”。

【安全管理】　组织、指导各单位每月按时组织安全检查，并做好检查记录。在安全生产工作上，一是坚持元旦、春节、“五一”“十一”前开展安全生产大检查，加强节假日值班制度，对办公、宿舍、营业仓储区进行巡回检查。二是做好仓库防火、防盗、防污染工作，强化安全生产意识，完善工作措施。三是做好“安全生产月”活动及汛期安全工作，全面清理库区排水渠道，疏通地下主排洪道，并于汛期来临前检修翻盖经营仓区屋面，彻底消除了最大的安全隐患。四是全面摸清排查全州上下重大危险源数量和分布状况，明确责任、限期整改，对不易及时排除的部位实施重点防范。五是建立抗凝救灾、汛期预防救助和自救机制，完善凝冻、汛期食盐供应保障制度，确保全州存盐充裕、配送及时、足量有序、社会稳定、民心稳定。六是加强机动车辆的安全监管，预防带病车辆上路，提高对车辆的安全技术质量等级的检验要求。在全州范围内全面完善各类资产、车辆、劳务用工的保险手续，规避企业经营风险。全年未发生重大安全责任事故。在综治工作上，同社区街道办密切协作，做好辖区“整脏治乱”和社会治安综合治理，全年未发生任何治安案件。

（宋晏玮）

供销合作社

【概况】 2016年，黔南州供销社在州委、州政府的领导和省供销社的指导下，贯彻落实中发〔2015〕11号、黔党发〔2016〕5号文件和全省供销合作社综合改革大会精神，按照黔南奋力打造民族地区创新发展先行示范区的战略布局，团结带领全系统干部职工坚决贯彻执行省供销社和州委、州政府的重大决策部署，以深化综合改革为总纲，以为农服务和壮大社有资产为宗旨，大力建设“三位一体”新型基层供销合作社＋“贵农网”精准扶贫体系，主要经济指标连续三年保持两位数以上的增长，成功举办全州深化供销综合改革暨“贵农网”建设现场观摩会，承办黔南州电子商务发展大会、协办黔南州国际物流峰会。牵头承办《关于加快农村电子商务发展的建议》等人大建议和政协提案，提升了供销社社会知名度和美誉度。2016年，黔南州供销社在全省供销合作社系统综合业绩考核中获得综合业绩考核特等奖，位居全省第三名；在黔南州综合绩效考评中获得优秀奖，“服务三农·党旗添辉”系统党建品牌被评为州级“十佳党建品牌”，黔南州供销社机关党委被州直机关工委评为“先进基层党组织”。

【商品经营实现购销两旺】 2016年，黔南州供销社系统商品购进总值完成155292万元，同比增长8.9%（其中：农副产品购进完成24692万元，同比增长81.2%；农业生产资料购进完成56402万元，同比增长24.4%；消费品零售完成95378万元，同比增长26.2%）。从全州12县（市）商品购进总值完成情况来看，都匀同比增长54.6%、福泉同比增长25.7%、瓮安同比增长85.3%、贵定同比增长6.1%、惠水同比增长21.1%、长顺同比增长72.9%、平塘同比增长5.8%、三都同比增长1.2%、荔波同比增长23.6%、罗甸同比增长24.5%，龙里同比下降18.4%、独山同比下降41.7%。黔南州供销社系统商品销售总值完成181322万元，同比增长33.1%。从全州12县（市）商品销售总值完成情况来看，都匀同比增长50.6%、福泉同比增长22.5%、瓮安同比增长77.6%、贵定同比增长23.8%、龙里同比增长103.2%、惠水同比增长26.2%、长顺同比增长49.1%、独山同比增长38.2%、平塘同比增长30.2%、三都同比增长21.9%、荔波同比增长3.5%、罗甸同比增长3%。

【化肥供应平稳有序】 2016年，黔南州供销社系统购进各种化肥279119吨，同比增长25.7%（其中：氮肥165990吨，同比增长28.2%；尿素124180吨，同比增长15.9%；磷肥20872吨，同比增长98.2%；钾肥3109吨，同比增长31.6%；复合肥86764吨，同比增长8.8%）。黔南州供销社系统销售各种化肥257872吨，同比增长12.1%（其中：氮肥148933吨，同比增长13.5%；尿素115335吨，同比增长14.2%；磷肥22909吨，同比增长82.7%；钾肥2908吨，同比增长23.5%；复合肥81079吨，同比下降3.4%）。

截至2016年12月末，黔南州供销社系统化肥库存总量为36953吨，比2015年同月末下降21.4%（其中：氮肥19666吨，同比下降27.6%；尿素13672吨，同比下降41.1%；磷肥5031吨，同比增长79.1%；钾肥974吨，同比增长85.2%；复合肥11269吨，同比下降31.8%）

【主要经济指标保持两位数增长】 2016年，黔南州供销社系统汇总实现利润1909万元，同比增长48.1%；所有者权益达28968万元，同比增长25.0%；资产总额达97599万元，同比增长17.5%。

【全面出台深化供销合作社综合改革实施意见】 2016年，中共黔南州委将“深化供销合作社综合改革”纳入2016年全面深化改革工作要点，作出具体部署。6月21日，州委书记、州委全面深化改革领导小组组长龙长春在州委常委会议室主持召开中共黔南州委全面深化改革领导小组第十五次会议，审议《黔南州关于深化供销合作社综合改革的实施意见》，会议指出，供销合作社是促进农村经济社会发展的重要力量，在促进农业农村发展、保障商品供给、服务城乡群众等方面具有重要作用。要紧紧围绕全州“三农”工作大局，以密切与农民利益联结为核心，以提升为农服务能力为根本，以强化基层社和创新联合社治理机制为重点，按照政事分开、社企分开的原则，深化供销合作社综合改革，推进供销合作社转型升级，加快建成适应社会主义市场经济需要、适应城乡发展一体化需要、适应农业现代化需要的组织体系和服务机制，助推全面深化农村改革，加快推进农业现代化，更好地服务脱贫攻坚。会议议定，原则同意《黔南州关于深化供销合作社综合改革的实施意见》，由州供销合作社根据会议精神修改完善后按程序送审，以州委、州政府文件印发。

9月18日，经修改完善，《中共黔南州委 黔南州人民政府关于深化供销合作社综合改革的实施意见》（黔南党发〔2016〕15号）正式印发。

12月1日，黔南州督查督办局下发《关于对深化供销合作社综合改革情况专项督查的通知》（黔南督办字〔2016〕100号），就贯彻落实《中共黔南州委 黔南州人民政府关于深化供销合作社综合改革的实施意见》（黔南党发〔2016〕15号）文件精神情况开展专项督查。截至12月28日，全州12县（市）均出台深化供销合作社综合改革的实施意见或方案。

【加快“贵农网”农村电子商务体系建设】 黔南州供销社系统抢抓电子商务发展新机遇，把发展农村电商作为供销社服务“三农”，升级改造供销网络和转变经营模式的新途径。2016月3日，黔南州商务和粮食局、黔南州供销社承办的黔南州电子商务发展大会在龙里召开。8月24日，黔南州机构编制委员会办公室印发《关于调整黔南州供销合作社内设机构等事项的批复》（黔南编办复〔2016〕170号），同意将原资产管理科更名为电商办，同时将原资产管理科职能职责与财务审计科进行整合，科级领导职数维持不变。9月18日，《中共黔南州委 黔南州人民政府关于深化供销合作社综合改革的实施意见》（黔南党发〔2016〕15号）明确“加大财政支持力度，州级财政预算每年安排500万元用于支持‘贵农网’+‘互联网+精准扶贫’电子商务发展，并视财力每年有所增加。县级财政每年至少安排200万元用于扶持电子商务发展”。

2016年，黔南州供销社系统建成农村电商服务运营中心8个、贵农网农村电商服务站点633个，农村电商销售额达15047万元（农村电商占销售总额比重达8.3%）。全年开展电商培训35期，培训电商从业人员2929人，其中农民人数1798人，形成了荔波蜜柚、罗甸火龙果、长顺四宝等一大批网上知名畅销品牌。

2016年12月5日，中央政治局委员、中央党的建设工作领导小组副组长张春贤在长顺县石板桥凤凰坝“贵农网”电商服务站调研时，对供销社打造“贵农网”，把城市和农村连起来，扎根农村、服务农民，将农产品从“山货”打造成“网货”卖成“俏货”的做法给予了肯定。

【培育“三位一体”新型基层供销合作社】 2016年9月18日，《中共黔南州委 黔南州人民政府关于深化供销合作社综合改革的实施意见》（黔南党发〔2016〕15号）明确培育生产合作、供销合作、信用合作“三位一体”新型供销合作社是各级供销合作社的改革方向，是“资源变资产、资金变股金、农民变股东”的重要载体。8月18日，黔南州扶贫开发局、黔南州农委、黔南州供销社联合下发《关于联合推进“三位一体”新型合作社+贵农网精准扶贫工作的实施意见》（黔南扶贫〔2016〕41号），明确到县扶贫资金用于支持贵农网县级运营仓配中心、网点建设和电商人才培训的补助范围和标准。

2016年，黔南州供销社系统新培育“三位一体”新型基层供销合作社6个，吸纳股金6505万元、调剂金额9073万元，实现销售收入达19880万元，带动贫困户1143户，助农增收1361万元。福泉市黄丝供销社、瓮安县草塘供销社、长顺县长寨供销社被评为省级“三位一体”新型基层供销合作社示范社。新组建县级农民（村）合作经济组织联合会1个，新建农民合作社联合社12个，新领办农民专业合作社36个，新建庄稼医院17个，基层社营业收入增长率达63.3%、基层社利润总额增长率达85.2%、基层社资产总额增长率达26.6%。

2016年11月11日，中共中央委员、全国供销合作总社党组书记、理事会主任王侠在福泉市黄丝江边寨高效农业产业园区调研时，对福泉市供销社发展现代山地高效农业，打造集农业产业园区、乡村旅游景区和农村服务社区“三区合一”的新型农村综合体的改革实践给予了高度评价。

【创建“服务三农·党旗添辉”系统党建品牌】 2016年1月22日，黔南州供销社系统党建工作暨创建党建品牌启动仪式在都匀召开，印发《黔南州供销社关于加强全州供销系统机关党建工作的指导意见》《黔南州供销社关于开展全州供销系统创建党建品牌活动的实施方案》，就加强系统党建工作、创建党建品牌作出具体部署。4月14日，黔南州供销社系统党建工作会在都匀召开，印发《中共黔南州供销社党组关于开展黔南供销“321工程”建设的实施意见》《中共黔南州供销社机关委员会关于成立黔南州供销社农村电商党员志愿服务队的通知》，以开展系统党建为抓手，组建“农村电商党员志愿服务队”，建设黔南供销“321工程”（三进万家：农村电商进万家、放心农资进万家、便民服务进万家；二个精准：精准志愿服务、精准双联双促；一个目标：实现全州供销系统党建规范化建设），传承发扬“扁担精神”，推动组织优势转化为改革优势和发展优势。7月1日，黔南州供销社系统庆祝建党95周年纪念大会在平塘召开，对全州供销社系统先进基层党组织、优秀共产党员、优秀党务工作者进行了表彰。2016年6月，黔南州供销社机关党委被黔南州直机关工委表彰为全州“先进基层党组织”。“服务三农·党旗添辉”系统党建品牌被评为州级“十佳党建品牌”。

（李　涛）

中国石化贵州黔南石油分公司

【概况】 2016年，中国石化贵州黔南石油分公司在上级公司的正确领导和地方党委、政府及相关部门的支持帮助下，积极应对市场挑战，坚定年初确立的“以市场为导向、客户为中心，创新管理模式，推进市场化、专业化发展进程”的总体目标和各项经营管理目标不动摇，以“强化县区公司管理年”活动为抓手，团结依靠全体员工继续以“见红旗就扛、有第一就争”的精神，奋力拼搏，努力完成上级公司下达的各项经营管理任务。

【成品油市场】 2016年，面对成品油价格涨跌频繁、非标油异军突起冲击市场等不利因素，黔南石油分公司始终坚定年初确定的总体目标不动摇。以“强化县区公司管理年”活动为抓手，建立“10+1”支撑体系，经营与管理分块并行，积极应对市场挑战，基本完成了全年的经营目标任务。全年销售各类成品油56.75万吨，较上年同期增幅5.9%。在成品油零售方面，重新搭建组织架构，管理上以“学标对标、建最美油站”活动为抓手，夯实加油站基础管理，提升加油站管理水平。以巩固“推标杆建家园”工作成果，在全州系统加油站推广标杆站点优秀管理经验，深入开展学标对标，全力打造“形象美、管理佳、服务优”的最美油站。经营上组建大客户经理队伍，以客户为中心，围绕“以站为点、以卡为线、以送扩面”的“点、线、面”结合的零售工作思路，整合人脉、资源、品牌等优势，强化合作，进一步做好客户的巩固、维护与开发等工作，全力推进黔南石油分公司零售工作做大、做强。全年累计完成零售量46.39万吨，同比增幅4%。在成品油直分销方面，管理上启用加油站、县（市）公司、商业客户部三级联动信息收集机制，确保信息收集无死角。对各县（市）公司进行一对一的技能培训，以提升个人沟通能力、业务技能水平，切实为客户提供优质的服务，提升走访成功率。经营上通过划分责任区域，专职客户经理负责维护总体市场，县（市）公司兼职客户经理维护区域市场，责任到人，做到项目有人盯、客户有人管。同时加强对市场的研判，细分客户群体及需求，延续开展“客户需求在心中”主题活动，有效提升直分销市场占有率。全年直分销累计完成10.36万吨，同比增幅15.2%。

【非油品业务】 在管理体制上进行了创新改革，成立采购组、销售组、设备及库存管理组、督导传授组4个线条管理组，各组之间既各司其责，又数据相扣，紧密合作完成各项工作。规范的制度运营，有效解决了有货卖、卖好货、有人卖、有人管、有人查的问题。同时通过加强基础管理，大力打造运行新兴业务，开展油非互促及各类专项销售竞赛等，较好地完成了全年目标任务。2016年非油品业务累计完成1.2亿元，同比增幅30.4%。

【安全管理】 黔南石油分公司全面贯彻“一岗双责、党政同责”“谁主管、谁负责”和“管生产必须管安全”的原则，进一步明确了各岗位的安全职责，实行全员安全管理工作责任制，做到安全工作人人有责，有岗必有责。通过进一步明确安全管理工作思路、目标及措施，层层细化责任清单，加强跟踪考核，切实强化各级执行力。预案演练方面。一是制定下发应急演练计划，通过现场抽查及视频监控等方式督促库站开展应急演练。2016年全年共开展演练2381次，其中利用临期灭火器开展灭火实战演习14次，参与演习247人。二是制定下发《黔南石油分公重特大事件应急处置操作手册》，明晰各类突发事件应急处置流程及处置要点，发布应急联络信息，确保重特大事件发生时的正确有序处置。三是不断修订完善预案内容，简化库站现场处置方案，并精选了5个加油站发生可能性较大的预案进行视频拍摄形成教材，制作成光盘下发各县（市）公司学习，以全面提升各加油站的应急处理能力。职业健康方面。一是组织在岗一线员工共计778人进行了职业健康体检，未发现有职业病患者及职业病禁忌症者。各库站、县（市）公司及分公司层层建立健全了员工职业健康档案，时时跟踪员工身体健康状况。二是为在岗一线员工配发劳动防护用品，并委托具有资质的中介机构完成了98座加油站和1座油库作业场所职业危害因素检测，均检测合格。三是全面完成陶瓷纤维灭火毯替换工作，并做好库站职业危害告知牌、职业危害因素检测告知牌及警示标识牌的设置，设置率达100%。隐患治理方面。全年共计完成96座站静电接地整改、配电系统整改；39座站307个紧急切断阀整改；71座站78台卸油口及罐区照明灯具的安装。

【油品质量管理】 2016年，黔南石油分公司从制度建设入手，加强商品损耗管理和数质量设备设施管理，严把油品“三关”，确保油品数质量100%合格。一是严把油品检验关监管。对每批次油品入库、出库及抽样检验率均达100%，出库油品必须100%合格。二是严把油品运输关。运用信息手段加强对运输环节的监管，严格做到配送车辆专车专用，防范油品数质量风险。三是严把加油站油品接卸、储存与销售关。2016年黔南石油分公司对所辖每座加油站配置了专用取样箱和取样瓶，严格按照每月油品抽样计划对加油站进行抽样，确保了加油站在国家抽检和地方抽检中，抽检合格率达100%。2016年，黔南石油分公司共抽检加油站216站次，共抽检油样587个（其中国五326个），抽检覆盖率达100%，确保了销售油品100%合格。

【内部控制管理】　2016年，黔南石油分公司紧紧围绕财务核算管理工作重点，在资金、资产、费用、发票、内控工作等方面，按照会计制度、内控制度等要求实行了规范核算、管理。一是做好资金安全督查，从严管理防范资金风险。每月组织网点资金安全检查工作，将资金检查工作常态化。督促网点员工规范投币流程，加强资金安全宣传，增强员工安全意识。二是提高财务人员对上门收款工作的监管能力，加强对上门工作的考核，截至年底，上门收款加油站100座，收款率100%。三是全面铺开POS机刷卡网点，减少网点现金流。四是坚决贯彻“零赊销”，保证资金回笼。在资产管理方面，一是规范商品管理，加大对存货特别是非油商品的监督盘点；二是对实物资产清查建档，规范管理、盘活资产，提高资产收益水平。在费用管理方面，一是做好费用预算，按照优先保证经营需要、合理控制管理支出的原则安排，发挥财务资源的最大效用；二是严格费用报销制度，规范开支标准，加强对各项费用特别是重点费用的管理和支付监控力度；三是配合人力资源部门做好HR系统搭接工作，做到全面、规范核算人工成本费用。内控工作方面，一是年初完成内控系统测试人员的维护、替换工作；二是对各部门报账人员和县（市）公司财务代表进行了费用填报培训，对费用归口管理部门归口费用的事前申请、标准、填报要求等逐一进行了讲解；三是拟修订《贵州黔南石油分公司费用管理细则》。发票管理方面，多次开展发票自查工作，对各开票网点存在的问题进行梳理及整改，规范网点发票开具。

【“强化县区公司管理年”活动】　2016年，黔南石油分公司在全省系统开展的“强化县区公司管理年”活动中，以提高分公司支撑力、县（市）公司执行力，全面实现经营、管理水平双提升，促进企业目标与员工收入目标双实现为主要工作目标，以创新破题、示范引领、全面推进为工作思路，通过对各项工作流程的理顺、责任管理体系的完善，精准查找短板，针对性地开展专项活动解决难点问题等措施，有效提升了分公司对县（市）公司的支撑力和县（市）公司的执行力，各岗位人员责任心及县（市）公司管理团队的凝聚力得到增强。同时，黔南石油分公司还作为活动典型在全省系统“强化县区公司管理年”现场会上作交流发言，“不逃避，不放弃”的“福泉精神”在全省系统得到认可。

【企业文化建设】　2016年，黔南石油分公司继续在上级公司企业文化总体框架下，把员工的发展与企业的发展紧密结合起来，积极营造“快乐工作、健康生活”的工作氛围，积极打造“树立正气、争创一流”的工作作风。一方面，在继续深入推进分三个区域打造“家文化”的基础上，以员工收入目标的实现带动企业目标的实际，为各层次员工规划好“十三五”期间的收入目标值等工作，激发起“我的收入我作主、自己在为自己干”的工作热情。另一方面，不断丰富企业文化的载体和平台，相继组织开展了“迎新春”活动、“我身边的感动故事”、“六一亲子”活动、才艺达人秀、红诗比赛等，在全省系统开展的党规党纪知识竞赛、全省系统第二届安康杯体育运动会中，黔南石油分公司均取得了全省第一的好成绩，充分展现出公司“敢于拼搏、敢争第一”的精神状态。同时还通过为各类获奖人员召开庆功会等形式，促进他们把竞赛场上的拼搏精神带到工作中去，有效带动全员奋力拼搏的精气神的形成。

【“三个平台”建设】　2016年，黔南石油分公司根据人员变动情况对公司过程监控小组进行了调整。把敢于管理、敢于担当、工作热情高、对经营管理较为熟悉的年轻人员充实到过程监控小组中来，给予他们更多的鼓励和肯定，给予他们在监督管理上更多的支持，真正发挥出在过程监控小组发现和培养中层管理队伍后备人才，将中层管理队伍后备人才放在过程监控小组进行进一步培养和锻炼的作用。

【信访维稳工作】 2016年，黔南石油分公司在认真落实好省公司关于信访稳定工作各项安排部署的基础上，落实“以人为本”工作，认真抓好涉及员工切身利益制度的审议工作和全面推进“四必访五必谈”活动，落实好原协议解除劳动合同人员的困难帮扶工作。不仅确保在第一时间内及时处理和化解不稳定的因素，而且持续不断地化解老旧矛盾。同时落实好人文关怀，预防新矛盾的产生。在各个敏感时期，采取“内紧外松”的方式全力做好信访稳定工作。对外，加强与地方党委政府的沟通协解，及时向上级公司和地方党委汇报存在的不稳定因素和采取的防范措施，坚持每日上报信访稳定工作信息，保持信息的畅通；对内，加强对在岗人员、离退休人员、协议解除劳动人员思想动态的了解，认真摸底、排查、分析，对一切可能出现的不稳定因素进行严密监控，发现异常及时处理，把不稳定因素消灭在萌芽状态。

【党建思想政治工作】 2016年，在上级公司党委和州直机关工委的正确领导下，在全体党员和干部员工的大力支持下，黔南石油分公司党委在加强自身建设、不断提升政治核心作用发挥的基础上，以问题为导向，将党建工作与经营管理深度融合。一是通过党员组织关系排查工作，加快党员发展工作，全年共发展7名党员，完成6名人员的党组织关系接收工作，使基层党员队伍不断壮大。二是通过“十佳”党建品牌创建，增强了党建工作的硬条件和软实力，在硬件上，黔南石油分公司在完成分公司党建成果展示厅建设、支部讲堂建设、道德讲堂建设等建设的同时，完成了都匀油库、福泉分公司等支部的阵地建设；在软件上，通过对近年来开展的党建工作认真进行总结、提炼和完善，形成了“党建家文化、油站践承诺”的党建品牌，提升了公司党建在地方各直属单位和在上级公司的影响力。三是通过“两学一做”的深入开展，不断增强党员的宗旨意识，相继推进了党建线条“八有”闭环式管理、党员“一单三卡”工作法、组建党团员志愿者服务队等创新管理模式，促进党员主动认领经营管理工作中的问题和难点，使党建与经营管理深度融合，增强了党建工作的实效性。四是通过分公司党委的换届选举，不仅促进党建工作的规范化管理，也通过全面总结和分析，为下一步的党建工作明晰了方向。

（王中子）

中国石油天然气股份有限公司贵州黔南销售分公司

【概况】 中国石油天然气股份有限公司贵州黔南销售分公司是中国石油贵州销售公司在贵州省黔南州的成品油销售企业。分公司组织机构为4个部门，员工186人，其中机关员工34人，加油站员工152人，具有大学本科学历27人，大专学历33人。公司投运加油站1座，销售网络遍布全州10个县、市的主要城市、高速公路、国道、省道。

【主要经营指标】 2016年，总销售油品16.54万吨，完成全年计划的107.41%，其中纯枪零售完成10.09万吨，直销完成6.45万吨，同比分别增加0.39万吨和0.92万吨；非油销售收入1406.82万元，完成全年计划的102.69%，同比增加344.73万元；考核利润完成3025.42万元，完成全年预算的113.55%；分公司安全环保生产事故为零。

【市场营销】 做好“油卡非润一体化”营销，助推销售能力全面提升。一是通过组织开展客户开发竞赛、“保半年目标、争销售先锋”劳动竞赛、客户大排查、大开发活动，抓住各工程、厂矿开工的有利时机，充分利用公司昆仑卡的优惠政策、“一客一策”、“以站代库”等政策成功开发了“一客一策”客户41名、跨省物流车队2个、客货运车队客户10家，利用“以站代库”政策销售油品2146吨，相当于增加了一座日均销量6.43吨的加油站。二是给3名客户经理划分区域，紧盯重点项目开发，成功开发直销客户162家，增量3.39万吨，新增客户贡献量占直销总量的54.9%，提前73天完成直销年度任务目标。三是每月根据非油、卡指标完成情况对站经理进行开口营销竞赛考核，各加油站也对班组和个人销售情况进行考核、评比，营造开口营销氛围，激发员工销售积极性。6月组织开展员工服务技能大赛，参赛员工69人，占加油站员工总数的44.52%，在全公司掀起比服务、强开口的氛围。四是积极组织开展“包装饮料”销售竞赛活动，每月进行评比、奖励，促使销售收入、同比增幅等均获得大幅增长，取得了省公司竞赛二等奖的好成绩。

【加油站管理】 以（6+1）S管理为抓手，持续推动基础管理提升。一是制定下发分公司《2016年（6+1）S管理方案》，持续开展标杆站打造工作，新增庆丰和金南两座加油站的打造，到拟打造的加油站进行帮扶和指导，按进度逐步提升。公交和甘塘站已基本达到了标杆站标准，从现场环境、员工现场服务、内务管理均已形成了（6+1）S管理常态化，起到了标杆示范作用。二是加大对各加油站的检查、考核力度，每月到所属加油站进行检查、指导，全年共检查165站次，对基础工作不扎实、整改力度不高的加油站经理进行处罚30站次，推动加油站基础管理的提升。

【非油品销售】 强基础、重开口，推非油发展。一是做好商品进货计划申报，特别是为应对高速公路春节、清明等节假日期间车流人流增加，提前配足非油商品，避免出现缺货现象，抓住有利时机促进非油销售提升。二是积极组织各加油站大力开展“贺岁迎春”“踏青出行”柴油换购等促销活动，提前对重点加油站配置非油促销商品，加大现场宣传和开口推介力度，以持昆仑加油卡消费便利店商品打九折吸引顾客消费。三是开展服务示范队到站培训、员工服务技能大赛、开口营销竞赛、包装饮料竞赛等方式，促进员工开口推销。四是梳理非油商品盘点和日常管理流程，机关人员到站进行非油盘点35站次，及时发现和处理各项非油问题，同时开展了一期便利店主管和后备人员的业务培训工作，提升便利店管理人员的业务能力，夯实非油基础工作，推进非油有秩发展。

【投资管理】 做好“十三五”规划，持续推进网络发展。分公司通过走访调查13县（市、区）加油站网络布局情况，结合分公司未来发展需要，认真分析编制了“十三五”加油站网络规划，并形成文件报送至当地相关部门，为“十三五”网络发展筑牢基础。完成了龙塔加油站拆迁相关工作，对拟收购的独山城南加油站进行评估，与业主进行收购谈判并按程序上报了相关评审资料。七星站通过政府各职能部门验收，于年底正式营业。

【HSE体系建设】 强合规、识风险、演预案，夯实安全环保基础。一是狠抓安全基础管理，不断夯实安全基础，分公司2016年全年共开展体系审核7次，查出问题1081条，督促整改完成1045条。二是大力推进HSE标准化示范站建设，8座示范站全部通过省公司验收。三是严格遵守两法，有效规避了合规经营风险。4座加油站完成排污许可证新证办理，4座站顺利完成排污许可证换证工作。积极协调完善2012年后建成的10座加油站职业卫生“三同时”手续补办，并全部通过了安监部门验收。四是强化风险管控和隐患整改，全年共整改重大隐患8处，开展实战演练212余站次，成功处置贵定、都匀、独山、金南等站罐区进水事件。五是强化施工安全管理，对有施工作业的加油站安排分公司管理人员到场监护，落实旁站制度，实行分公司、加油站和施工队三级监管，确保施工安全。

【队伍建设】 强化队伍建设，提升员工队伍素质。一是根据贵州公司2016年培训工作要求和分公司生产经营工作要求制定了分公司2016年年度培训计划，全年共开展培训22次，608人次参加培训，培训完成率为100%。二是严格用人标准，强化干部管理。分公司按照《中国石油贵州销售公司中层干部管理办法（试行）》（贵销字〔2013〕185号文）的规定，对分公司空缺的管理岗位一律实施公开竞聘上岗，按要求发布竞聘启事，明确竞聘岗位、任职资格及条件等，在分公司范围内进行公开竞聘。在选人用人工作中，分公司坚持德才兼备标准，坚持“群众公认，注重实绩”的原则，2016年通过竞聘提拔任用机关部门主任一名、副主任一名、助理主办一名。三是扎实开展职业技能鉴定及站经理资格认证工作。2016年参加技能鉴人数为33人，考试人数中24人合格，合格率为72.7%，略高于贵州公司平均水平（70.4%）。参加2016年站经理资格认证的有17人，有16人理论考试合格，合格率为94.12%，高于贵州公司平均水平（77.44%）。2016年全年平均用工数为187人/月，人均纯枪零售量为539吨/人，与2015年同期相比，增加4人/月，增加9吨/人；吨油人工成本90.58元/吨，比2015年同期相比减少3.06元/吨。

【基层组织建设】 强化党群工作，为生产经营保驾护航。一是明确党总支的主体责任和监督责任。认真落实党风廉政建设责任，逐级分解签订责任书和承诺书。二是严格执行公司“三重一大”决策实施细则，防范违规决策议事。三是加强合规经营监督力度，在日常监督检查中加强油、卡、非业务管理效能监察，不断规范了加油站关键环节业务运作。四是强化反腐倡廉宣传教育力度。分公司每季度开展一次廉洁文化专题学习。每半年组织关键岗位人员、加油站经理、一线员工开展一次警示教育。五是开展领导干部作风建设工作，制定实施方案，并按照时间节点有序的推进工作，组织召开座谈会，撰写下站帮扶心得体会，查摆问题，并建立问题整改台账。六是扎实开展“两学一做”学习教育。各支部通过集中理论学习、专题学习研讨会、领导班子到基层党支部讲专题党课等活动形式，认真落实党内各项制度，促使全体党员党性党规守纪意识不断增强。

（于阳阳）

·交通运输·邮电·

JIAO TONG YUN SHU　YOU DIAN

铁　路

【概况】　2016年，全州已有龙里、贵定、福泉、都匀、独山、三都、荔波、都匀经济开发区等8个县（市、区）通铁路，铁路覆盖率达62%，铁路通车里程541公里，其中高铁227公里；贵阳至南宁客专年底开工建设，瓮马铁路建设顺利推进。荔波王蒙至翁昂旅游有轨电车项目前期工作正在加快推进。有序推进贵阳至兴义铁路、都匀至凯里城际铁路、兴义经独山至永州至郴州至赣州铁路、瓮马铁路南北延伸工程等项目前期工作。

（肖剑锋）

【营运里程】　截至2016年12月，黔南州铁路运营里程达到541公里，其中高速铁路228公里。都匀、福泉、独山、龙里、贵定、三都、荔波、都匀经济开发区等8县（市、区）通铁路，铁路网密度为206.5公里/万平方公里，高于全省及全国同期水平。

【路网规划】　2016年，经会同省级相关部门及相关市（州）共同争取，贵阳至兴义铁路、兴义经独山至永州—郴州—赣州铁路路等项目已纳入国家《中长期铁路网规划（2015—2030年）》初稿，遵义—瓮安—福泉—都匀铁路、都匀—凯里—黔江铁路将纳入《国家中长期铁路网规划》支线铁路。编制完成《黔南州铁路网规划》，共规划10个铁路项目，规划铁路里程达到1707公里，其中，高速铁路495公里。

【编撰工作】　编撰完成《黔南铁路》一书及《多彩黔南铁路》画册各一本。《黔南铁路》全书约10万字，《多彩黔南铁路》收录图片近400余幅，回顾总结了黔南州从1942年以来74年间铁路建设从无到有，从火车没汽车快到西南第一速的建设历程。

【前期工作】　2016年，按照工作部署，大力推动贵阳至南宁铁路客运专线、贵阳至兴义铁路、兴义至永州铁路、都匀至凯里城际铁路及黔桂线都匀站外迁工程，瓮安至遵义、马场坪至都匀铁路（以下简称瓮马铁路南北延伸）等项目前期工作。2016年12月29日，贵阳至南宁客专开工建设，贵阳至兴义铁路铁路工可已审查待批复，兴义至永州铁路、都匀至凯里城际铁路，瓮马铁路南北延伸等项目正编制预可研。黔桂线都匀站外迁工程待中国铁路总公司批复项目可研后即可开工建设。

【在建项目】　瓮马铁路是贵州省第一条采取PPP模式建设的地方铁路，全长72公里（其中正线长64.8公里），总投资50亿元，工期3.5年。工程于2015年9月底开工建设，截至2016年12月30日，共完成征地4467亩，房屋拆迁90280平方米，共兑现征地拆迁资金3.8亿元；工程进展情况，完成区间土石方挖方量564万立方米，开工建设桥梁15座，隧道进尺6260米，累计完成产值6.4亿元，占年度任务8.36亿元的77%。

【贵阳至南宁铁路客运专线】 贵南客运专线从贵广高铁龙里北站引出，经昌明、都匀、独山、至荔波后跨漳江进入广西，终于南宁。全线长483公里，在贵州省里程长200公里（全在黔南州境内），全线设14个车站，黔南州境内设龙里北、贵定、都匀东、独山东、基长、荔波6个站，为双线电气化客运专线，时速350公里，建设工期6年，投资总预估算757亿元。项目可研评审会已于2016年5月23—26日在贵阳召开，设计时速350公里。2016年9月6日中国铁路总公司鉴定中心在北京审查了先期开工段朝阳隧道初步设计，9月14日国家发改委批复贵南客专可行性研究报告（发改基础〔2016〕1980号），9月28日，沪昆公司组织相关部门研究贵南线（贵州段）先期开工工点招标范围等相关事宜。初步设计于12月27日在北京进行审查，12月29日中国铁路总公司、贵州省人民政府、广西区人民政府在广西都安县澄江镇澄江河特大桥举行开工典礼，同时，开工建设控制性工程荔波县朝阳隧道。

【瓮安至遵义、马场坪至都匀铁路（以下简称瓮马铁路南北延伸）】 2016年，省、州相关单位及铁路建设专家一致认为，将瓮安铁路南北延伸与国家既有铁路主干道隆黄铁路和沪昆铁路（株六复线）连接起来能进一步提升瓮马铁路的运输功能，将发挥较大的社会经济效益，为此，省、州、县等相关部门协作努力，共同推进了瓮安至遵义、马场坪至都匀铁路（瓮马铁路南北延伸）前期工作。州铁建办积极协调福泉市、瓮安县等相关部门配合设计院开展了瓮安至遵义、马场坪至都匀铁路预可行性研究的编制工作。

5月17—19日，中国铁路总公司鉴定中心组省发改委（省铁建办）、省直其他有关部门专家、黔南州铁建办和各县市人民政府相关负责人对瓮安至遵义，马场坪至都匀铁路开展预可研现场踏勘，于20—23日对中铁四院编制的瓮安至遵义铁路、大桥设计院编制的马场坪至都匀铁路进行预可研评审。7月12日，中国铁路总公司鉴定中心在北京对项目预可研进行了评审，现预可研报告已基本完成，近期黔南州、黔东南州、遵义市发改委将与贵州铁路投资公司联合呈文报省发改委批复。

【都匀至凯里城际铁路】 黔南州、黔东南州借助贵南高铁建设之机，拟在贵广高铁、贵南客专共站建设的都匀东站和沪昆客专凯里南站新建一条高铁联络线，黔南州人民政府、黔东南州人民政府已联合呈文报省人民政府，争取将都匀至凯里城际铁路按高铁联络线建设，以减轻地方资金压力。通过努力，该铁路已进入了国家中长期铁路网规划。正在开展前期工作，2016年9月15日，黔南州铁建办、黔东南轨道办共同委托设计单位中铁二院编制预可研报告，项目设计时速350公里，线路长约65公里，投资预估算约70亿元。

【兴义经独山至永州铁路】 兴义—永州铁路是兴义至永州至郴州至赣州铁路（简称兴永彬赣铁路）中一段，是一条横贯国内东西向的货运通道，经黔南州罗甸县、平塘县、独山县、三都县，在黔南州境内约200公里。通过贵州、湖南、江西3省共同努力，该铁路已进入国家中长期铁路网规划。为加快该铁路建设进程，共同推进项目前期工作，分别委托中铁二院和中铁四院对该铁路进行预可研编制，2016年6月27日至6月29日，中铁二院专家组到黔南州罗甸、平塘、三都、独山进行现场踏勘，预可研报告近期将编制完成。2016年9月20—28日，中铁四院专家组对兴永郴赣铁路贵州段进行预可研现场踏勘，并着手编制预可研报告。2016年9月26日，贵州、湖南、江西省发改委，铁建办在湖南长沙召开兴永郴赣铁路工作推进会，为争取国家支持将兴永郴赣铁路列入“十三五”规划，做好相关工作布置。

【黔南州铁路网规划】 1.《贵州省铁路建设

大会战实施方案》涉及黔南州的项目有：黔桂铁路增二线工程，贵阳至兴义铁路（2015 年开工），兴义至永州铁路（2017 年开工），贵阳至郑州客运专线、都匀至凯里城际铁路。2.《国家中长期铁路网规划》及国家“十三五”规划并开工建设涉及黔南州的项目：贵阳至兴义铁路、兴义—永州铁路（兴永郴赣铁路）、黔桂线增建二线、都匀至凯里城际铁路（贵广高铁沪昆客专联络线）已进入国家中长期铁路规划中。为加快铁路建设进程，黔南州加大走上力度，积极争取将贵阳至兴义铁路、兴义—永州铁路、都匀至凯里城际铁路纳入国家“十三五”铁路网规划建设。2016 年年底，贵兴铁路已作为国家“十三五”计划开工项目《国务院关于印发“十三五”脱贫攻坚规划的通知》（国发〔2016〕64 号）。3.《国家中长期铁路网规划》（2016—2030 年）：遵义—瓮安—福泉—都匀铁路已列入《国家中长期铁路网规划》支线铁路。

【《战略合作框架协议》铁路建设项目】 1. 都匀绿荫湖物流中心建设情况项目新增建设用地总面积 752 亩，货运规模一期按 300 万吨建设，二期按 500 万吨建设。一期工程于 2014 年 6 月开工建设，总投资 3.98 亿元，截至 2016 年 11 月底累计完成投资 3.25 亿元，将于 2017 年年底前建成投入运营。2. 黔桂铁路都匀火车站外迁工程项目建议书已于 2014 年 5 月 25 日获得中国铁路总公司和贵州省人民政府批复《铁总计统函〔2014〕649 号》并列入成都铁路局 2016 年开工建设项目。至 2016 年年底，该项目环评、水保、用地等可研支撑要件已全部获批，可研报告已报中国铁路总公司待批复。近来成都铁路局按照铁路总公司要求与黔南州就项目建设管理、既有资产处置、土地供给等进行了磋商，双方基本达成共识，已签署相关协议。2016 年 8 月 18—20 日铁路总公司组织专家组对初步设计进行了审查。待铁路总公司批复项目可研后开工建设。

【黔南州轨道交通工作】 为适应黔南州发展的需要，抓好以国铁为基础，都匀为中心辐射到全州 12 县市的轨道交通建设，州铁建办委托中铁二院编制黔南州轨道交通线网规划，经过多次的研究讨论，中铁二院已经完成了黔南州轨道交通线网规划。2016 年 12 月 19 日州人民政府委托第三方资质单位组织相关专家对该规划进行评审，经专家组认真分析、讨论，同意该规划。

在启动黔南州轨道交通线网规划的同时，积极寻找战略伙伴，启动条件成熟的景区先期启动轨道交通建设，年底中铁二院已完成荔波大小七孔景区轨道交通规划，2016 年 10 月以来中铁二十局同黔南州铁建办、荔波县人民政府多次洽谈荔波大小七孔景区轨道交通建设事宜，已确定合作协议，因该轨道交通线路走向经过世界自然遗产地缓冲区和国家级樟江风景名胜区，存在环境敏感点，设计单位正在进一步优化线路走向和站位设置，并修改可研文本。另外，黔南州也正在同中交集团公司洽谈贵定县金海雪山至昌明轨道交通建设相关事宜。

（宋 宇）

公 路

【概况】 2016 年黔南州交通运输局全年完成固定资产投资 318 亿元，占年度目标任务的 118%，同比增长 20%，成为全省交通固定资产投资唯一突破 300 亿元的市（州）；完成公路运输总周转量 425 万万吨公里，同比增长 27%；完成水路运输总周转量 989 万吨公里，与上年基本持平；筹融资实现重大突破，全年共争取中央资金 23 亿元、建设基金 23.37 亿元、银行贷款 32.05 亿元。各项指标完成较好，实现“十三五”开门红，为稳增长扩内需做出了积极贡献。

【高速公路】 2016 年，高速公路建设攻坚决战开局良好，银白国家高速公路罗甸至红水河特大桥段（广西界）建设完成（7 公里），实现银白国家高速公路贵州境路段全线通车，花安高速黔南段（16公里）建成通车，平塘至罗甸、罗甸至望谟、三都至独山、三都至荔波4条高速公路快速推进，荔波至榕江高速开工建设。都香国高都匀至安顺段、贵阳至黄平高速公路完成前期工作。

【国省道建设】 2016年，国省干线和农村公路建设加速推进，建成普通国省道343公里，灾毁恢复重建项目7个74公里，全面完成年度目标。

【农村公路建设】 完成县乡道166公里、通村油路3164公里、撤并建制村油路1000公里、窄路面公路拓宽242公里，分别超目标任务256公里、104公里、1674公里、730公里、162公里；完成油路大修项目7个35公里，提前一年完成“村通油路”目标，在全省及3个民族自治州中走在前列，为同步小康和脱贫攻坚做出积极贡献。

【农村公路管养】 2016年，全州农村公路完成县道沥青（水泥）路中等路率达65.4%、乡道沥青（水泥）路中等路率达61.3%，无铺装路面县、乡道和村道好路率达78%，分别超计划任务7.4、7.3、14个百分点，全面完成省下达的管养目标任务；危桥改造项目2座155米、安保工程项目27个230公里。农村公路小修保养资金到位5342万元，到位率达256%，超额完成年度目标任务；实现公路养护脱贫岗位精准到人，解决2363名贫困群众就业，带动7089名群众脱贫。

【水运建设】 荔波樟江航运建设项目提前启动朝阳钢坝工程和朝阳大桥、板麦大桥复建。罗甸罗妥港区项目调整为“一港四区”布局，启动莪坝旅游码头和罗妥便民码头建设，完成便民码头建设和乡镇渡口建设6个；积极培育水路运输市场，建成一艘500吨级LNG双燃料动力船舶；瓮安云中港区项目完成总体规划初稿编制。

【质量安全监督】 2016年，全年监督交通建设项目222个/2658公里，组织项目验收228个，总体抽检合格率为96.2%。

【道路运输及管理】 2016年，全州2363个建制村客运通达率达95.6%，超额完成93%的目标任务；如期完成全州二级以上客运站联网售票建设，贵定、龙里两县客运站作为全省运政3.0系统升级改造试点；交通“一卡通”推进顺利，都匀市公共交通总公司顺利接入部省信息平台；全州3415辆“两客一危”车辆顺利实现重点营运车辆联网联控工作；全面启动货车非法改装和超限超载治理工作，实现公路货车超限超载率控制在2%以内目标。

【安全生产】 全面落实安全生产责任制、行业监管主体责任及“一岗双责”制度，深入开展“防大事故、除大隐患”“六打六治”专项行动，2016年组织全州交通运输系统400余人开展安全知识培训，共查处各类违规、违法行为400余起，清理入网“两客一危”、重型货物及半挂牵引车380余辆，排查治理一般隐患1700余项，治理公路重大安全隐患路段6处，道路运输未发生重特大交通安全责任事故，连续11年较大以上无安全事故发生，安全生产保持稳中趋好态势。

【党风廉政建设】 黔南州交通运输局与各县（市、区）交通运输局、局直各单位签订了《中共黔南州交通运输局委员会党风廉政建设主体责任书》《中共黔南州交通运输局纪律检查委员会党风廉政建设监督责任书》和《廉政建设承诺书》。

党风廉政“两个责任”全面落实。以党风廉政建设突出问题集中专项整治为载体，以作风为突破、以教育为基础、以制度为保障、以监督为关键、以纠风为重点，全面加强党风廉政建设。将党风廉政建设与反腐败工作纳入交通运输中心工作，局党委会10次对党风廉政建设工作进行安排部署。坚持抓作风提效能，坚决消除“不管不问等靠要”的思想，对各项既定工作定职责、定任务、定时限、定标准，狠抓督查，严格考核，严明奖惩，特别对重点项目、重点工程月督查通报，形成令行禁止、雷厉风行、争分夺秒、一抓到底的工作氛围；坚持以落实“两个责任”为抓手，精准把握运用监督执纪“四种形态”。开展全系统重大交通建设项目管理专项督察，着力推进“干部约谈常态化”工作。全年共约谈州县交通运输局班子成员87人，其中预防提醒谈话84人，询问示警约谈1人，纠错诫勉约谈2人，系统政治生态得到有效净化。机关党建工作有声有色。完成局系统的基层支部建设和换届选举工作，夯实了基层基础。同步小康驻村和党建扶贫工作成效明显，全州交通扶贫暨同步小康现场推进会在龙里县召开，为全州扶贫工作做出了示范。相继组织开展“两学一做”专题教育、“四进四送”“手抄党章100天·微信交流颂党恩”、庆祝建党95周年表彰、党建品牌创建等活动，为机关党建的开展提供了强有力的载体支撑。行业精神文明建设成效明显。通过交通基础设施建设大会战、高速公路“双创”、生态文明示范路、文明班线、交通行业文明标兵等创建活动，建设文明交通，全面提升行业文明水平，力促全省“文明在行动·满意在贵州”活动暨“多彩贵州文明行动”整脏治乱专项行动现场推进会在黔南召开，获交通运输部局表彰为“全国交通运输行业2014—2015年度文明单位”称号。

（尹玉基）

邮　政

【概况】　2016年，面对邮政行业改革发展稳定各项任务，黔南州邮政管理局在国家邮政局、贵州省邮政管理局及黔南州委、州政府的领导下，紧紧围绕“抓改革、促发展、惠民生、保稳定”的工作主线，坚持“稳中求进”的总基调，坚持改革创新和依法治邮，更加注重行业安全监管和风险防控，更加注重行业结构调整和提质增效，突出重点、真抓实干，全力推动黔南州邮政行业科学发展。

黔南州邮政管理局于2012年11月29日完成组建工作并正式挂牌运行，为副县级行政机构，行政编制数10名，设正、副局长各1名，设办公室、普遍服务（机要通信）科、市场监管科3个内设机构（均为正科级）。2016年人员到位8人，其中正、副局长各1名，科长2名，科员4名。主要职责是：贯彻执行国家邮政法律法规、方针政策和邮政服务标准，研究拟订本地区邮政发展规划，监督管理本地区邮政市场以及邮政普遍服务和机要通信等特殊服务的实施，负责行业安全生产监管、统计等工作，保障邮政通信与信息安全，承办上级邮政管理部门和地方政府交办的其他事项。

2016年，局党支部被评为州直机关党建目标管理先进单位荣获一等奖，局党支部“邮惠万家微服务”党员志愿服务队被授予“州直机关第一批党员特色志愿服务队”荣誉称号。

2016年1—12月，全州邮政行业业务总量累计4.09亿元，同比增长32.13%，总量为全省的9.57%，增速排全省第1位和总量排全省第3位。圆满完成了州委、州政府年初下达的30%增长年度目标任务，创下了历年最好成绩。

全州实现了“乡乡设所”，100%乡镇网点全覆盖目标，农村地区普遍服务能力和水平显著提高，农村地区通邮情况得到全面改善。截至2016年，全州共有邮政普遍服务网点274个（其中：城市网点48个、农村自办226个），村邮站128个，三农服务站70个，便民服务站达到805处，覆盖全州三分之二的行政村；邮政综合服务平台711个，邮政农村电商服务行政村覆盖率达到49.17%。全州共有21家品牌快递企业，具有独立法人资格的快递企业53家，全州快递网点259个，其中乡镇快递网点122个，乡镇覆盖率达80%。全州快递从业人员达到3000多人。

【黔南州快递业务量突破800万件】　2016年，在全国快递业高速发展的大背景下，黔南州快递业也实现了突破性发展，全州快递服务企业业务量完成818.31万件，同比增长117.74%；业务收入2.28亿元，同比增长210.66%。全州快递业务收入占邮政行业业务收入45%。731.11万件，同比增长113.81%，业务收入完成1.98亿元，同比增长 199.07%。

【推进“小康讯”（邮政部分）行动计划】 2016年，通过加大督导力度、加强沟通协调、争取地方支持等举措，多措并举扎实推进全州“小康讯”建设工作，实施邮政网点整修、翻修工程，邮政车辆更新工程，总投资227万元，全年完成投资120万元，占年度投资52.9%。继续加快推进“快递下乡”工程，2016年，黔南州“快递下乡”任务数为56个，年度实际完成69个，占全年任务的123%。

【为行业发展争取地方扶持政策】 国务院《关于促进快递业发展的若干意见》出台后，黔南州邮政管理局积极主动与州政府相关部门对接，推动地方政府对邮政快递业的政策支持，2016年7月黔南州人民政府印发了《黔南州促进快递业加快发展的实施方案》，文件的出台为加快推进全州邮政快递业发展奠定了坚实基础。

【助推行业协调健康快速发展】 为深入贯彻落实九部委联合下发的100%“收寄验视+实名收寄+过机安检”三项制度，黔南州邮政管理局统一印制了《黔南州寄递企业实名制登记薄》6000余册发放给黔南州邮政分公司和州内快递企业，并在日常检查中加强对实名制登记落实情况的督查，有效推进落实实名登记制度。同时，为提高广大用户对“收寄验视+实名收寄”两项制度的认识，确保全州寄递渠道的安全畅通，黔南州邮政管理局联合黔南州公安局制作铭牌向全州274个邮政局（所）、20个快递品牌、51家具有独立法人资格的快递企业、244个快递网点、1200名快递从业人员发放了实名登记工作铭牌和提示牌。

联合黔南州公安局推行“黔南州寄递业监管服务信息系统”的应用，加强全州寄递业监管信息化建设。已先行在都匀、福泉、贵定、罗甸4个县（市）开展应用试点。寄递业监管服务信息系统运用为有效落实“收寄验视+实名登记”提供了技术支撑。

充分利用邮政普遍服务网点资源，积极推动邮政综合服务平台建设。2016年，全州共建成邮政综合服务平台645个，其中，自办138个（城市地区自办60个、农村地区自78个）；代办507个（城市代办289个；农村代办218个）乡镇网点覆盖率100%。有效打开快递服务向下发展渠道，为更多群众享受邮政快递服务提供便利。

实施运邮合作，试行乡镇客运站“一站多用”式改造，打造农村邮政快递综合服务平台，切实解决快递服务“最后一公里”问题，让“网货下乡、黔货出山”。联合黔南州道路运输管理局、黔南州客运公司等部门召开“黔南州运邮合作工作座谈会”，拟定《运邮合作开展小件快运业务助推农村客运与农村物流加速发展的指导意见（讨论稿）》。

为贯彻落实电子商务发展和精准扶贫相关工作要求，积极推动邮政企业充分发挥资源优势，利用“邮乐网”“邮政微店”等电商平台，助推农产品进城，促进农民致富增收。2016年，邮政企业先后完成罗甸县、福泉市、荔波县3县（市）农产品电商脱贫项目，帮助农户销售农产品42000公斤，实现销售收入17.5万元。

【依法行政】 2016年，黔南州邮政管理局督导企业建立健全安全生产各项规章制度，不断完善收寄验视制度、实名登记制度、突发事件应急预案和专项预案备案制度等。一年来，克服人手紧张的困难，持续保持邮政市场监督检查的高压态势，加强行政执法，全年共出检853人次；对未按规定办理备案手续和未按规定办理变更手续的2家企业进行了立案查处，罚款1万元；下达责令改正通知书33份；检查通报2份；约谈3次，涉及25家企业。在执法检查过程中不断探索改进工作流程，做到目标方案明确，检查事项清楚，整改落实到位，切实提高检查工作的针对性。对检查中发现的问题，当场责令整改，加强跟踪复查，实施闭环管理，对重大问题和整改落实不到位的予以立案查处。

【保障行业安全平稳运行】 2016年，全国安全事故频发，寄递渠道安全生产形势严峻。为保障黔南州寄递渠道安全，根据国家局、省局统一部署，结合地方实际，黔南州邮政管理局积极开展落实“收寄验视 + 实名收寄 + 过机安检”三项制度、邮政机要通信专项检查、快递市场清理整顿、“扫黄打非”、重大活动期间和特殊时期寄递渠道安全保障等专项检查活动。多措并举，采取与公安、国安、工商等部门联合执法、召开邮路安全监管工作联席会议等多种形式，形成齐抓共管局面。通过各项工作的开展，有效确保了全州邮政行业安全平稳有序运行，全年无重大安全事故。

【安排部署重大活动期间和特殊时期寄递渠道安全保障工作】 在2016年世界园艺博览会、2016中国大数据产业峰会暨中国电子商务创新发展峰会、二十国集团领导人第十一次峰会、4—6月汛期多发和极端天气等期间，为做好重大活动期间和特殊时期寄递渠道安全保障工作，黔南州邮政管理局结合实际制定出台了相应的工作方案，成立了相应组织机构，向黔南州邮政分公司和州内各快递企业下发了相关通知，提出要求，完善突发事件应急预案，落实24小时应急值守制度，加强信息反馈，确保寄递渠道安全。

【加强对外交流学习】 2016年6月1日，由邢台市服务业工作领导小组办公室牵头，邢台市发改委、邢台市邮政管理局等部门组成的考察组到黔南州考察贵州省龙里快递物流园区及快递末端综合服务平台建设情况。

6月12—19日，黔南州邮政管理局局长彭江随同黔南州人大赴广东省、浙江省学习考察电子商务工作。

7月29日，由德州市委政法委、德州市邮政管理局等部门组成的考察组到黔南州考察学习贵州省龙里快递物流园区及行业安全管理方面的工作经验。

9月10日，国家邮政局组织全国邮政管理局局长至位于黔南州的贵州省龙里快递物流园区考察学习。

9月29日，由南宁市发改委、南宁市规划局、南宁市商务局、南宁市交通局、南宁市邮政管理局等部门组成的考察组到位于黔南州的贵州省龙里快递物流园区参观学习。

11月1日，泰安市快递协会到位于黔南州的贵州省龙里快递物流园区考察学习。

【加强邮政行业从业人员管理与培训】 针对邮政、快递行业从业人员流动性大，人员素质较低等情况，黔南州邮政管理局利用会议和到县市开展检查工作时，对各县（市）邮政企业和快递企业负责人（或统计员）进行邮政行业相关政策法规培训和宣传。2016年，联合黔南州国家安全局、黔南州公安局组织了2次对邮政行业从业人员的培训，共培训200余人次，培训内容涉及安全生产、统计知识、法律法规等。为进一步提高邮政企业机要通信安全管理及保密安全意识，联合黔南州国家保密局、黔南州邮政分公司开展全州邮政机要通信工作培训会，培训机要通信从业人员40余人次。同时，为提高企业安全生产意识，强化企业安全管理能力，防范行业安全风险，确保行业安全生产，与州公安、州国安、州工商等部门联合对邮政、快递企业负责人及安全管理员开展邮政行业安全生产工作培训，2016年内共开展各类培训6次，培训共计500余人次。

【创新方式讲党课】 黔南州邮政管理局党支部深入到帮扶挂点村——都匀经济开发区匀东镇王司社区新场村，局党支部书记为新场村50余名党员作专题党课学习，从“两学一做”学习教育基本知识、村党支部如何开展“两学一做”学习教育和农村党员在“两学一做”学习教育中该如何做等三个方面进行了深入浅出的讲解，为基层党员如何开展“两学一做”学习教育活动指明了方向。

【建立微信公众号，推进行业信息宣传】 建立“黔南州邮政管理局”微信公众号，充分利用微信公众号宣传行业法律法规、行业安全、工作动态信息，进一步提高社会对邮政管理部门职能的了解，提升社会对邮政行业工作的满意度。2016年9月微信公众号上线后，黔南州邮政管理局及时召开行业信息宣传专题会议，与邮政、快递企业达成行业信息共享机制，由邮政、快递企业及时报送行业正能量信息，通过该局微信公众平台、官方网站从政府层面进行宣传报道，提高行业宣传影响力。

（魏颖娜）

电　信

【概况】　2016年，在州委、州政府的领导下，中国电信黔南分公司认真贯彻深入贯彻落实中共十八届五中、六中全会和州两会精神，充分发挥信息化先导优势，深化企业转型，不断改善服务质量，增强企业发展合力，实现了企业有效益的规模发展，为促进黔南州经济社会的发展做出积极贡献。黔南电信始终秉承“用户至上，用心服务”的运营理念，恪守诚信经营的原则，追求企业价值与客户价值的共同成长，致力于为用户提供便捷丰富、高品质的综合信息服务，以精细而微的服务铸就行业领先的服务品质。

【“两学一做”强党建】　公司党委定期召开党委中心组会议认真贯彻落实中央和省、州委及集团、省公司各项重大决策部署，深入贯彻落实党的十八大和十八届五中、六中全会精神和全国国有企业党建工作会议精神，全面践行科学发展观，深入学习传达习近平总书记系列重要讲话精神及中央重大会议精神，以创建“五型企业”为载体，以开展“两学一做”专题教育活动为契机，全面贯彻落实党和国家方针、政策，围绕企业中心任务以发展型服务型党组织建设为统领，创新推进企业党建工作。2016年，全年公司党委中心组学习12次，党委书记上党课3次、基层党组织书记上党课40余次，开展党员手抄党章100天、党课学习8000余人次，并在公司设立“两学一做”学习专栏。

加强党的思想、组织、作风、制度和反腐倡廉建设。公司党委及时传达上级会议精神和中央部署要求，学习贯彻《关于新形势下党内政治生活的若干准则》《中国共产党党内监督条例》等内容，牢牢把握正确的政治方向，严守政治纪律和政治规矩，严守组织纪律和宣传纪律，坚决维护党中央权威，在思想上政治行动上同党中央保持高度一致，为公司业务发展，完成生产经营各项目标任务提供了坚强的政治思想保证。

积极履行政治及社会责任。2016年，全年共组建了14支党员特色志愿服务队，制定了志愿者服务实施方案和计划，并积极开展志愿服务活动100人次左右。其中4个单位及3位党员分别获地方党委的表彰，充分发挥了基层党组织战斗堡垒作用和党员先锋模范作用。

【经营情况】　2016年，黔南分公司经营收入超额完成目标，实现年度预算的100.9%。黔南电信秉承“市场要发展、网络需先行”的理念，加快黔南信息网络建设、持续优化网络结构，服务黔南地方经济。通过开展两次4G大规模建设，实现全州乡镇以上4G信号全覆盖。通过实施宽带零拒绝建设，全年新增光网端口容量超5万余口，新增覆盖光网用户超8万户。聚焦重点业务支撑、推进大数据建设、提升信息服务能力建设，全年完成平塘大射电、“云上贵州”政务云等项目建设支撑，同时推进互联网+教育、互联网+医疗、互联网+农业、互联网+交通等民生行业建设力度，服务民生经济，持续提升全州社会运行信息化程度。

【安全生产】　2016年，黔南电信认真贯彻落实《消防法》，坚持“预防为主，防消结合”的方针和以人为本、科学发展、安全发展的理念，牢固树立“安全自查、隐患自改、责任自负”的主体意识，制定完善消防安全规章制度和操作规程，认真落实消防安全责任制度，层层落实到每个岗位和个人，并加大火灾隐患自查自纠，加强员工消防安全培训和火灾疏散逃生演练等。一系列的措施及举措，使得公司全体员工的自防自救能力得以不断提高，保证了企业长久稳定的运转。全年实现无因工伤亡、无火灾、无通信、无工程质量等责任事故的“四无”目标，并在2016年度消防工作会议上荣获州政府颁发的“消防工作先进单位”称号。

【加强基础管理】 2016年，黔南电信进一步加强信访维稳工作，分工协作积极应对，保障社会稳定的环境。认真组织开展保密宣传与保密工作检查，全年未发生泄密事件。转变网络维护观念，狠抓基础管理，强化制度落实，扎实开展各项网络维护工作。全年完成省公司各项网络考核指标，网络整体运行稳定，未发生重大通信故障；传输干线运行稳定，无重大障碍发生；顺利完成州庆等重大节假日、重要活动、汛期、雷雨季等各项重要通信保障。

【提升服务创新水平】 黔南电信坚持把学习和创新作为第一要务，大力支撑企业的业务转型需求，不断强化以效益为目标的经营理念，继续加大业务创新、服务创新和管理创新，夯实服务管理。2016年月均投诉量下降15.68%、24小时装移移修及时率提升56.47%，全年未发生“三强”问题和群体性申诉。公司通过强化对基层一线的倒三角支撑服务，有效提升服务界面的客户感知，同时聚焦客户感知，积极开展专项提升、装宽带打10000号、新媒体客服推广、积分互联网化等工作，提升客户感知。

（张孙付）

移动通信

【概况】 2016年是中国移动4G客户进一步大规模发展的重要阶段，在中国移动贵州公司的正确领导及州委州政府等上级部门的关心和支持下，中国移动贵州公司黔南分公司（以下简称“黔南移动”）公司加快4G业务发展，深化流量经营，推动宽带发展提速增效，拓展数字化服务，坚持秉承“网络质量是通信企业生命线”的理念，全力推进信息基础设施建设，打造以4G为核心的卓越品质网络，全面创新提升信息消费服务水平，持续抓好质量、服务和管理提升，加强党的领导和党风廉政建设，各项生产经营业绩保持了稳健增长，实现了“十三五”时期持续健康发展的良好开局，为全州经济社会发展做出了积极的贡献。

【打造优质的网络质量】 2016年，黔南移动网络建设发展遵循长远规划、统筹发展、效益优先的原则，以客户需求为导向、客户感知为重点，统筹推进实施4G网络四期建设工程、光网城市工程、宽带乡村示范工程，为全州信息化建设提供了良好支撑。顺利完成了4G网络四期和宽带乡村工程建设，持续完善辖区内高速公路、高速铁路、重要航段沿线同步覆盖GSM、TD－LTE信号，高速公路LTE覆盖公里数达到905公里，高速公路隧道LTE覆盖总数达到39个，高速铁路3LTE覆盖里程数达315公里。全州城区、乡镇4G网络覆盖率达到97.21%，尤其是宽带乡村工程的实施有效解决了农村区域4G网络覆盖不足的问题，满足了农村区域用户宽带接入需求，大大缩小了城乡数字鸿沟，加快了黔南信息化进程。积极推进全光网城市建设，新建住宅100%同步实现光纤到户，全力推进老旧城区光纤到户改造，家庭宽带覆盖用户数达到73万户。同时，通过VOLTE大会战活动全面提升VOLTE网络质量，VOLTE全程呼叫接通率提升到99.18%，掉话率降至0.81%。

【提升农村地区信息化进程】 深入推进农村医疗信息化建设，2016年，黔南移动完成了新农合州、县、乡、村四级医疗机构全覆盖，完成了全州562个村级卫生室更换4G终端，确保各网点卫生室快速、稳定地进行补偿录入。为全州参合群众报销补偿提供一站式结算服务，为全州70万参合农户提供免费补偿提醒服务；为全州合医办提供智能审核服务，通过信息化手段提升新农合资金监管能力，结合合理用药前段提醒，协助管理机构逐步规范医疗机构医疗行为。其中与瓮安县合医局共同打造的基层医疗信息化新模式——“瓮安模式”，得到了省、州卫计委的认可。

大力推动全州教育行业信息化进程。从2015年开始，黔南移动累计完成了60多所留守儿童亲情关爱室建设（利用和校园等信息化收入为学校、家长、儿童搭建了信息化的沟通平台），完成200多所中小学教育机构和学校的信息化行业支撑，并为黔南中高等院校提供完备的教育信息化综合解决方案。同时，从学习辅导、兴趣培养、家庭教育、安全管理四个维度，持续引入丰富多样的信息化业务产品，构建教育行业信息化支撑产品体系，为全州教育行业的发展提供了有力的信息化保障手段。

大力推进惠水百鸟河数字小镇建设，完成了百鸟河数据小镇营销村的10G互联网专线、体验厅、2/4G无线网络覆盖，A区WLAN和宽带覆盖，为百鸟河数字小镇提供优质的信息化网络服务。

【推动提速降费】 积极落实国务院宽带提速降费指导意见，通过实施固定宽带提速不提价、下调移动流量资费等系列措施，推出定向流量优惠、当月流量不清零、流量转赠、节日流量包等业务，2016年黔南公司固定宽带资费下降35%，手机流量上网资费下降50%。同时，中国移动于2015年5月17日起陆续推出八大惠民举措，包括“夜间流量套餐、假日流量套餐、4G流量卡、套外安心服务、流量促销计划、话音短信不限量套餐、国际漫游包天套餐，流量共享、流量不清零与流量交易”。话音短信不限量套餐于2015年5月17日推出，国际漫游包天套餐和假日流量套餐已于6月推出，夜间流量套餐、套外安心服务、流量促销已于7月推出，4G流量卡于8月推出。

【提升客户满意度】 在业务创新上，公司依托高速便捷的4G移动宽带网络，以及2G和有线宽带、WLAN网络的系统运营，不断创新业务服务，给用户带来了全新体验。面向大众客户，通过流量套餐、流量不清零、流量共享等业务模式，充分满足客户多层次的流量业务需求。面向年青客户，推出咪咕客户端与和聚会客户端等移动互联网产品，满足类客户的数字化业务需求。面向家庭客户，通过家庭套餐、家庭宽带、互联网电视、魔百合的渗透，融合发展4G和家庭互联网产品；面向集团客户，大力拓展专线、IMS业务、集团彩铃、集团V网、集团号簿、短彩信等集团信息化应用，提供了一揽子信息化解决方案。

在服务提升上，公司始终坚持贯彻“客户为根、服务为本”的理念，围绕“诚信、便捷、透明”的服务品质，不断增强服务人员的服务意识和责任感，致力于为客户打造最优质的网络、提供最优质的服务，使客户服务能力和水平得到了全面提升，客户满意度不断增强。针对，充分利用“3·15”“5·17”等节日做好服务举措、透明消费、业务资费宣传，收集并解决用户关心关注的问题。在服务品质管理上，完善品质闭环管理体系，更加关注客户端到端的业务体验感知，确保质量提升。在行风建设上，全面落实省通管局、州纠风办的工作安排，切实规范服务营销行为，努力提升窗口服务水平，维护客户权益。

【全面从严治党，营造良好的企业文化氛围】

着力抓好“两学一做”学习教育。以“两学一做”学习教育为抓手，从严管理党员干部队伍。制作“两个责任”清单台历、设置《中国共产党廉洁自律准则》的廉政教育警示牌。扎实开展“两学一做”专题党课和“党章党规党纪测试100天”活动，党员参与率达95%。推进学习型党组织建设，组织基层支部围绕“党章党规党纪”及习近平总书记系列讲话精神开展学习讨论，并撰写学习心得。

大力抓好党风廉政建设。严格贯彻落实中央八项规定精神及进一步深化作风建设有关规定，抓好纠正“四风”工作，坚决防止“四风”反弹回潮。认真落实“两个责任”，完善监督体制，严格实践监督执纪“四种形态”。深入开展反腐倡廉教育活动，加强对党员干部和敏感岗位的监督，开展多种形式的廉政警示教育。

大力推进团建、工会及员工关爱工程的开展。持续开展青年文明号创建、青年志愿服务、青年素质提升等活动，激励青年员工与企业共奋进。通过标准化团支部建设，提升基层团组织的凝聚力。围绕“桥文化”主题，全面推动“桥文化”落地建设。持续开展送温暖活动，切实关爱职工及困难职工家庭，全面完成了“暖心工程”及“五小”建设。举办有益于员工身心健康提升活动，丰富了员工文体活动形式。大力推动 EAP 项目实施，引导员工正确认识和缓解压力。

【提升综合管理能力，增强安全风险防范】 深入贯彻落实中央“八项规定”，降低公司运营成本。全力推进嵌入式廉洁风险防控机制建设，建立各重点领域嵌入式廉洁风险防控机制，形成了全面覆盖、分工明确、协同配合、制约有力的监督体系。加强不良信息、垃圾短信端口和伪基站的治理，安全管理信息化水平和安全关口前移工作得到进一步提升，2016 年，全年配合公安机关打击伪基站两起，伪基站的投诉举报量相比去年大幅减少。加大电话用户真实身份信息登记工作的执行力度与监管力度，实名制实名率达 98.87%，存量实名率排名全省第一。持续加强安全投入和安全管理，全年没有发生严重安全生产和车辆安全事故。

【积极履行企业社会责任，推动共同发展】 认真贯彻落实《省通信管理局关于实施 2016 年度“网络扶贫”攻坚工程的通知》（黔通发展〔2016〕36 号）文件精神，共投资 400 万元对黔南州目前未完成网络覆盖的 20 个村进行电话和宽带网络覆盖。其中电话覆盖工程针对不同站点具体的地形地貌、覆盖要求、配套条件，灵活选择宏蜂窝大区广覆盖方案和 BBU + RRU 分布式基站方案，降低建站成本；宽带覆盖工程，利用 TD - LTE（4G）技术，灵活地为用户提供高速共享的无线宽带接入能力，用户可使手机、个人电脑等个人终端进行接入，在投资最大限度保护的情况下，快速解决农村宽带接入问题。通过对村通程的实施，增加了农村电话信号的覆盖和宽带的接入能力，解决了部分山区的弱覆盖问题，使得农村通信质量更加稳定，服务质量显著提高，无线信道接通率、掉话率等多项指标方面得到进一步改善。

积极推进共建共享及驻地网工作开展，有效节约了建设成本。2016 年，黔南移动共建共享全部达标，杆路共建率为 30%、管道共建率为 40.49%、室内分布共建率为 37.04%，杆路和管道共享率为 100%。驻地网工作成效显著，黔南州联建办要求房开商自行建设小区户线共 14.32 万户，其中验收合格的小区户线共计 7.89 万户。

圆满完成各项应急通信保障工作。2016 年，黔南移动共计开展各类应急保障 27 次，出动车辆通信工程车辆 865 车次，应急车 29 车次，应急车人员 868 人次，高效圆满的完成了黔南州 60 年州庆系列活动、黔南州第九届旅游产业发展大会等全州各项重大政治经济活动、自然灾害及重特大事故的应急通信保障工作。

（罗付全）

联通通信

【概况】 2016 年，中国联通黔南州分公司贯彻落实省分公司“双轮驱动、创新发展”战略，积极适应经济发展和行业竞争新常态，持续深化改革、加快推进转型、全力聚焦发展，公司经营持续保持平稳健康的良好态势。全年累计主营收入预算完成率为 104.82%，全省排名第二位，获得“2016 年度中国联通贵州省分公司先进集体”称号。

2016 年，黔南联通全面开展“两学一做”学习教育，结合“三个一切”要求，组织开展“践行两学一做、勇当五个先锋”和“攻坚克难、党员先行”主题活动。完善并执行“三重一大”决策机制。严肃党内政治生活，严格落实“三会一课”、民主生活会和组织生活会、民主评议党员制度。开展党组织书记述职考评，推动筑牢责任意识。密切联系群众，公司党委班子深入基层调研27次、解决问题38个，其中进行党建专题调研10次。开展党支部规范和创优建设，县域独立支部由2015年的41%提升至67%。2016年获得由黔南州机关工委颁发的“2016年度先进基层党组织”及“十佳党建品牌”称号。

是年，黔南联通深化纪检监察体制改革，落实“两个责任”，通过强化宣教监督、推动“两责”向基层延伸、深入开展专项检查、规范运用“四种形态”及时抓早抓小等工作，初步形成纪检监察工作体系。认真做好“四风”回头看整改任务和中央巡视组反馈问题整改，共细化出台了17个规章制度。紧盯关键人和关键领域，全年共约谈各级负责人74人次、关键岗位32人次，开展重点领域专项合规性审查3项次。突出对主要领导人员的监督，注重抓早抓小，严格监督执纪，全年诫勉谈话2人，提醒约谈10人次，通报批评10人，函询6人。常态化做好警示教育和遵纪提醒，每周发送廉洁短信（全年共计5766人次），每月转发省分公司《关口前移》（全年共计1472人次），每季印发简报（全年共4期），提高公司整体纪律意识与责任意识，提升监督执纪问责工作成效和综合能力。

是年，黔南联通健全工会财务制度、加强工会自身建设，发挥工会在构建和谐企业进程中的积极作用。全面解决职工“就餐难”问题，及时配备食堂设施。加强职工文体活动设施建设，积极开展群众性文体活动，丰富员工精神文化生活。

是年，黔南联通推进4G经营模式转型，4G业务渗透率逐月提升。坚持以视频和融合拉动宽带业务发展，突出“4K+4G+百兆”融合主题。强化流量引导，逐步完成流量产品转型，推出“流量王100”套餐，全年流量收入同比增长12%。加大创新业务拓展力度，聚焦旅游、交通、智能家居大数据等优势业务，持续推进ICT、云计算、物联网等大数据业务发展。

是年，黔南联通累计完成投资9300万元，新增4G基站141个、3G基站101个、室分覆盖楼宇109栋、宽带端口2.4万个、IP城域网出口带宽40G、县至互联网出口带宽扩容90G，光缆新建350公里。推进与贵州电信深度合作，在高铁、基站、室分、杆路、管道、光缆等不同场景开展共建共享，全年累计节省投资2500万元。配合省分公司深化运维体制改革，推进维护和网优集约化，全年未发生重大通信事故或通信故障、无重大用户网络投诉与群体投诉产生，重要网络运行指标持续改善。

是年，黔南联通继续深化激发基层责任单元活力改革，推进集客线一体化改革和机构优化，加大人工成本及生产工具向基层下沉。加强用工规划管理，盘活用工存量，全州劳务派遣用工占比3.77%，达到法定比例要求。落实员工发展双通道，组织实施首次激励晋升工作，晋升比例为52.63%。推进核心队伍建设，持续提升员工业务能力，培养年轻员工综合素质和整体能力，相继出台新员工培养、激励，新提拔干部培养，员工轮岗等管理办法。认真开展规章制度清查梳理优化工作，共清理公司文件1880个、部门函3406个，筛选出属于制度类型有424条，废止和失效规章制度181条，保留各类规章制度241条。做好安全生产、保密工作，杜绝责任安全事故和失泄密事件发生。

是年，黔南联通积极履行企业社会责任，认真落实国家“提速降费”要求，手机流量单价累计下降60%，固网宽带资费累计下降67%。健全实名制工作长效管理机制，实名率达到100%。落实防范和打击通讯信息诈骗专项工作，面向广大用户推出防欺诈提醒公益服务。主动参与政府扶贫攻坚工作，持续加快农村信息基础设施建设，着力塑造联通品牌形象。加强应急处置和重要通信保障，落实防汛抗灾保通信工作，顺利完成黔南建州60周年庆典活动、茶人会、平塘大射电启动峰会、物流商贸会等27次重要活动通信保障，得到社会各界及用户点赞认可，并荣获贵州省“信息动员暨应急通信”先进集体。

（陈　煜）

·建设·环保·

JIAN SHE　HUAN BAO

住房和城乡建设

【概况】　2016年，州住房和城乡建设局在州委、州政府的领导下，在省住房和城乡建设厅的大力指导帮助下，深入贯彻中央城市工作会议和全省城市工作大会、全州新型城镇化工作大会精神，大力实施新型城镇化带动战略，加快推进具有黔南特色的山地新型城镇化，全州城乡建设提速推进，城镇化水平快速提升，城乡面貌焕然一新。2016年，全州常住人口城镇化率达49.04%，全州城镇建成区面积达194平方公里。

【城镇建设】　2016年，州委、州政府召开全州新型城镇化工作大会，进一步明确了推进“十三五”时期黔南州山地特色新型城镇化工作思路和方法。继都匀市后，独山县、三都县获得第三批国家新型城镇化试点县。按照“做强都匀、做优县城、做特乡镇、做美村寨”的思路，以规划为引领，以城市路网建设、新城区建设、同城化发展、棚户区改造、示范小城镇建设、“四在农家、美丽乡村”建设等重大项目为抓手，城乡建设快速推进、迅猛发展。加快推进户籍制度改革，各县市均出台鼓励农民进城落户政策措施，大力推进农民市民化。以庆祝建州60周年为契机，全州各县市加大建设力度，建成区面积迅速扩张，城镇功能和品质不断提升。都匀市紧紧抓住国家新型城镇化综合试点机遇，与都匀经济开发区携手并进，建成了环西大道、黔南大道等一批城市主次干道和青云湖、杉木湖、三江堰等一批城市生态公园，城市建成区面积由24.8平方公里拓展延伸为48.6平方公里，“一江带两城”的“大都匀”城市格局基本形成，都匀首位度迅速提升，辐射带动能力不断增强。打好“城镇建设三年行动计划”收官战，大力实施城镇市政基础设施和公共服务设施项目建设。全州共实施都凯大道、都独大道、红牛大道、贵定县城至昌明同城化干道、惠水县惠广大道惠水段、广顺至凯佐大道、龙里龙溪大道、荔波月亮湖湿地公园等一批城镇基础设施建设项目，建成都匀西山大桥改造项目、黔南州全民健身活动中心、州博物馆、福泉古城、平塘天文科普园等一批城镇市政公用及公共服务设施项目，全州共实施城镇建设项目643个，总投资1390亿元，完成投资398亿元，占省目标任务的331%，占州目标任务的110%。全州城镇建成区面积增加10平方公里，已达194平方公里；常住人口城镇化率达49.04%，比上年同期提升了1.24个百分点。以“大都匀”为龙头、县城为骨架、建制镇为支撑、乡所在地人口聚集村为补充的黔南山地新型城镇化体系和层次分明、结构合理、互动并进的城乡一体发展新格局基本形成。

【镇村建设】　2016年，全州20个示范小城镇较快发展，17个镇列入全省100个示范小城镇重点发展，龙里、贵定、福泉被列为全省小城镇整县推进示范县。通过积极争取，成功获得2017年第七届全省小城镇建设发展大会承办权。加快实施“8+X”项目建设，小城镇污水处理、垃圾处理等一批基础设施项目得到完善。20个示范小城镇完成建设投资81.7亿元，占年度目标任务的136%。其中，共实施“8+X”项目340个，完成投资53亿元。招商引资签约项目200个，到位资金39.8亿元。融资到位资金18亿元，各级财政到位资金8.5亿元。新增城镇人口9541人，新增城镇就业人口9657人。围绕精准扶贫发力，大力实施农村危房改造和“四在农家、美丽乡村”小康房建设。采取“定对象、定政策、定措施、定责任、定目标”措施，统筹推进农村危房改造与易地扶贫搬迁建设相结合，对列入建档立卡贫困户的，划为农村危房改造贫困户对象，加大资金补助力度，优先安排进行改造。全州改造农危房31604户，完成投资15.17亿元；实施小康房2859户，完成投资7.43亿元。加大传统村落保护与建设，2016年又有20个村落进入中国传统村落名录，全州列入中国传统村落名录的村已达36个，并有16个村规划编制通过国家部委审查，获得保护资金支持3379万元。积极开展农村人居环境治理工作，出台了《黔南州农村生活垃圾治理实施方案（2016—2020年）》。通过积极争取，龙里、贵定、福泉、惠水、长顺5县（市）24个村成功列入省政府2016年农村人居环境示范点，得到省政府项目、资金支持，极大改善黔南州农村人居环境。各县（市）大力开展城乡生活垃圾一体化收运处理设施建设，贵定县已率先完成全县镇级收运系统建设。福泉市牛场镇、三都县周覃镇被省住建厅列为环卫保洁试点镇。加大农村垃圾处理设施建设，按照“减量化、资源化、无害化”的原则，各地结合实际，因地制宜地开展了收集、转运、小型焚烧炉处理等垃圾治理措施，有效提高了农村垃圾收运、处理能力。完成300个行政村农村垃圾治理工作，通过建设垃圾收集站、设置分类垃圾箱、垃圾桶，添置环卫车辆、收运车辆，张贴宣传广告牌，组建保洁队伍等，农村环境有效改善。2016年全州城乡垃圾无害化处理率达75.66%。

【住房建设】 大力推进供给侧结构性改革，加大房地产去库存力度，房地产销售额、销售面积呈现增长，房地产市场保持持续健康发展。州委、州政府出台了《关于进一步加快房地产业健康发展的指导意见》，进一步落实中央和省关于促进房地产业发展的政策措施，健全完善黔南州相关配套措施，拓宽了黔南州房地产去库存渠道。2016年，全年实施房地产项目153个，完成房地产投资203亿元，占省年度目标任务135%。商品房销售面积661万平方米，同比增长27.78%，销售金额275亿元，同比增长32.56%，商品房去化周期11.43个月。大力实施城镇保障性安居工程建设，棚户区改造签订征收补偿协议32246户。其中，货币化安置13459户，占已签订协议的41.43%，实物安置18787户。棚户区改造开工量为32310户。全州公租房、棚户区基本建成33649套，完成目标任务的168%，除去棚户区改造货币化安置部分，实物建成量为20190套。完成公租房、棚户区安置房分配18299套，占目标任务的114%。全州公租房（含廉租房）历年累计开工建设86391套，已竣工分配52102套，累计分配率为60.3%。发放租赁补贴4382户，发放金额695.4万元。

【建筑业发展】 积极应对“营改增”税收改革，州政府及时召开全州建筑建材业工作推进会，建筑业支柱产业地位得到进一步巩固和加强。2016年，成功申报1家一级建筑总承包企业，全州建筑企业达302家，比2015年增加119家。其中，一级总承包企业2家，二级总承包企业59家，三级总承包企业79家；专业承包企业89家（商混企业60家）；劳务分包企业73家。全州在建工程324个，建设面积1035万平方米；实现建筑业总产值181.49亿元，同比增长4%；建筑业增加值92.16亿元，增长16.8%。进一步强化安全生产红线意识，加强建筑领域安全生产工作。召开安全生产联络员会议4次，每季度开展1次建设行业安全生产大检查，注重加强“节假日、两会、节后复工、汛期”等特殊时段的综合督查，适时开展不定期安全生产大检查，共排查一般隐患786条，重大隐患7条，州局挂牌督办项目7个，打击非法违法生产经营建设行为9起，安全隐患整改完成率达100%，有效预防了建筑安全责任事故发生。全年共有在建项目452个，竣工验收项目98个，一次性竣工通过率100%。深入开展老楼危楼安全隐患排查整治工作，共组织排查和复查房屋98177栋，面积1235万平方米，涉及住户101866户。经整改，全州已整改比例达93.65%。办理施工图审查项目183项，审查合格140项。加快新型墙体材料革新，积极做好新型墙体材料专项基金征收使用管理工作。引导建筑用工方式改革，加强劳务管理，积极推行劳务用工实名制，培训劳务用工1126人，考核合格844人。

【城镇管理】 深入推进城市综合执法体制改革，州委、州政府出台了《关于深入推进城市执法体制改革改进城市管理工作的实施方案》，推动州县两级政府城市管理领域大部制改革。福泉市作为全国综合行政执法体制改革试点县市，经过1年多探索实践，在机构设置、执法权限整合等方面取得突破，有效提高了城市管治水平，为全州城市综合执法体制改革提供了借鉴。深入开展“多彩贵州文明行动”“文明在行动、满意在黔南”等活动，环卫部门加大对洒水车、道路清扫车等大型机械设备的投入力度，加强日常保洁，狠抓公厕、集市等设施建设，清扫保洁工作实行了“网格化”管理，各县市市容市貌有了极大改观，卫生环境不断改善。加快县城无害化垃圾处理场等级评定，长顺、罗甸等8个县城垃圾处理填埋场通过省住建厅评定。

【风景名胜区和遗产地保护和管理】 编制完成《中国南方喀斯特世界遗产地保护管理规划》和《荔波世界自然遗产保护管理规划》。通过积极争取，成功举办了“中国世界自然遗产保护与发展大会（第一届）”，世界遗产相关国际组织代表、国内外世界遗产专家等共200余人参加大会，就保护地社区建设与精准扶贫、世界自然遗产空间监测与可持续发展等议题达成共识。深入开展《荔波世界自然遗产保护条例》立法调研等工作，完成《条例》修订第六稿，并通过专家评估论证。加强遗产地保护管理，加大日常巡查、生物多样性保护监测、防火宣传等工作，加强水环境保护，遗产地保护和管理得到加强。加强风景名胜区总体规划编制及修编工作，完成《惠水好花红——燕子洞风景名胜区总体规划》《都匀斗篷山——剑江风景名胜区总体规划》《长顺杜鹃湖——白云山风景名胜区总体规划》《龙里猴子沟风景名胜区总体规划》，启动《荔波樟江风景名胜区总体规划》修编工作。深入开展风景名胜区安全监管工作，每季度开展一次安全大检查，重点排查游览步道、漂流河道、栈道、吊（索）桥、护栏、码头等基础设施和游乐设施以及游览景区内车辆、游船、缆车、索道等交通工具，对检查出的隐患和薄弱环节，按照整改、责任、资金、限时、预案“五到位”的要求，限期整改。加强风景名胜区建设项目选址审查，严格管控建设项目对风景区的影响。

（覃 波）

城乡规划

【概况】 2016年，全州规划管理工作以中共十八届四中、五中、六中全会精神为指导，深入贯彻落实全国住房城乡建设工作会、全省城市工作大会和全州城镇化工作大会精神。全州规划系统干部职工在州委、州政府的坚强领导下和省住建厅的有力指导下，紧紧围绕中心工作，齐心协力、创新工作方法，进一步强化了规划的龙头地位和统筹作用，坚持深化改革、依法行政，强化城乡规划管理，扎实推进城乡规划各项工作。

2016年，20个综合体建设完成投资约33亿元，累计完成施工建筑面积约75万平方米；全州共办理《建设项目选址意见书》975件，《建设用地规划许可证》1600件，《建设工程规划许可证》及附件1870件，办理《建设工程竣工规划验收认可证》524件。其中州级共核发重大项目选址意见书35份；开展规划执法工作，共检查项目128个，建筑总面积950.97万平方米。

【州域城镇体系规划宣传贯彻工作】《黔南州城镇体系规划（2015—2030）》获批实施后，2016年通过组织培训、全州性重大会议、赴县（市）组织宣贯培训、现代媒体平台（规划展馆、微信公众号）以及印发《规划》文本等形式多样方式，将《黔南州城镇体系规划》在全州范围内进行宣贯，取得了良好的宣贯效果。截至12月，在全州范围内共组织学习培训7次，发放规划宣传文本500余册。

【全面推行城乡规划管理“五项制度”】按照《黔南州人民政府办公室关于全面推行城乡规划管理“五项制度”的通知》（黔南府办函〔2016〕38号）要求，2016年在总结“城乡规划执法年活动”经验的基础上，修订下发了规划管理“五项制度”实施样本，全面推行规划管理“五项制度”，全年开展了“五项制度”执行情况的现场指导、年中检查和年底督查考评等工作。共检查项目128个，建筑总面积950.97万平方米。通过全年努力，城乡规划管理“五项制度”已实现常态化管理，并已向乡、镇及街道办事处全面延伸，在打非治违中发挥重要作用。

【20个城市综合体项目建设】2016年，代州人民政府草拟了《黔南州促进20个城市综合体健康发展2016年工作方案》，报州人民政府审定下发各县（市、区）执行，全面指导全州城市综合体项目建设。根据省联席办中期评估要求，对全州20个城市综合体项目进行了中期评估，经过评估，全州20个城市综合体计划总投资调整为133亿元，总建筑面积调整为318万平方米。省级综合体调整为14个，州级综合体调整为6个。通过行政推动、强化监督管理，2016年全州20个城市综合体累计完成投资约33亿元，完成年度投资计划的132%；完成施工建筑面积约75万平方米，完成年度计划的125%，超额完成目标任务。

【城乡规划督察】按照省住建厅《关于开展2016年全省城乡规划督察工作的通知》（黔建规字〔2016〕105号）要求，全面落实规划督察工作，制定下发了《黔南州城乡规划局关于实行州局领导包片干部驻县（市）开展规划督察的通知》，向县（市、区）下派督察员，对接各地规划督察联络员。同时组成3个督察组分别对13县（市、区）开展规划巡查工作，对查出的问题制定整改方案，形成督察整改台账上报省住建厅，并督促问题县（市、区）加强整改，通过上下联动进一步加强了规划督察力度。

【统筹指导规划编制和管理】完善《都匀市城市总体规划（2016—2030年）》修编工作，按照程序上报省人民政府审查待批；组织编制完成《三线文化保护与利用规划》，并报州人民政府审批印发实施。按照省政府2016年6月19日平塘专题会议要求和州委州政府工作要求，牵头开展“天文小镇”系列规划的编制工作。指导福泉市、贵定县、龙里县完成《县（市）域乡村建设规划》编制试点工作。对全州电力电信等专项规划进行专项规划协调。积极参与配合滨江小马路、州一中、州中医院、州电大等重大项目的规划推进工作。

【加强跨区域协作，促进城乡规划有效衔接】一是为抓好落实2016年6月22日黔南州与贵阳市协同发展党政座谈会议精神，12月20日，组织环贵阳6个县规划部门与贵阳市城乡规划部门在都匀召开两地城乡规划协同发展对接联络会议，就两地城乡规划工作开展情况进行交流学习，同时对两地规划衔接有关问题进行专题研究，共同提出解决方案及下步工作思路。二是按照州委州政府工作部署，为抓好都匀与凯里规划衔接有关工作，2016 年 12 月 13 日组织州内有关县（市、区）规划管理部门赴黔东南州专题协调对接，建立两地规划联席会议制度，形成常态化沟通协调机制，确保了两地城乡规划和跨区域项目的有效衔接，同时启动了都凯同城化研究等相关工作。

【加强项目管理，主导重大项目选址】 结合实际，采取实地踏勘、多部门征求意见、组织专家论证等多种方式，特别是对涉及环境敏感区、生态安全、生产安全的项目进行了认真论证和审查，通过加强分级管理和分类指导开展项目规划选址工作，保证了项目选址的科学性、可行性。2016 年，州局共核发项目选址意见书 43 件，其中，省级项目 23 件，州级项目 20 件，出具初审意见 16 件。同时，统领好全州 “一书四证”发放和管理，督促各县市及时做好证书领取和发放的管理台账工作，全年全州共发放项目选址意见书 657 份、建设用地规划许可证 980 份、建设工程规划许可证 1021 份、建设工程竣工规划认可证 297 份、乡村规划许可证 231 份。

【开展城乡规划馆布展】 主动参与州庆重大项目建设，为州庆增光添彩。按照州委、州政府“将州博物馆二楼作为黔南州城乡规划展厅，为州庆系列展览的重要组成部分，并于 2016 年 8 月 6 日在州庆前完成布展工作对外开放”的工作要求，经过 60 天的紧张建设，确保了城乡规划馆于州庆前顺利建成开馆。

【党建扶贫】 结合规划行业特点提出了“紧扣时政、秉承上位、服务大局、改善民生，静得下心、沉得下去、拿得下来、落得下地”的“双十六”的工作要求，抓党建、带队伍、促发展。2016 年申报创建“新常态 新规划 新黔南”的党建品牌，荣获黔南州直机关“十佳党建品牌”的光荣称号。结合同步小康驻村工作，深入开展党建帮扶工作，为社区、驻村点解决帮扶资金共计 12 万元。利用专业优势，开展党员义务服务活动，先后免费为长顺县敦操乡编制了《长顺县敦操县裸心天堂旅游规划及摆东休闲农庄详细规划》、为罗甸县访里村编制了《罗甸县磨洋镇访里村四在农家美丽乡村规划》等工作量值 100 万元左右的各类规划。全年党建工作在迎接中组部的实地检查中，得到了检查组的充分肯定。

（罗加建）

环境保护

【概况】 2016 年是“十三五”开局之年，黔南州环境保护工作以“守底线、走新路、奔小康”为总纲，以改善环境质量为核心，以“治水、治气、治渣”为重点，坚持在“治、建、改、管”上下功夫，着力解决影响科学发展和损害群众健康的突出环境问题，牢牢守住发展和保护两条底线，全州环境保护工作取得成效。全州环境空气质量均达到二级标准，达标率为 99.6%；集中式饮用水达标率为 100%，在全省排名保持第一方阵。8 个国控地表水监测断面，优良率为 87.5%；19 个省控地表水监测断面，优良率为 89.5%。

【配合省委环保督察组完成督察任务】 2016 年 11 月 15 日—12 月 7 日，省委环保督察组对黔南州开展环保督察。黔南州认真贯彻落实省委环保督察工作电视电话会议精神，黔南州委、州政府在一个月内连续召开 7 次迎检安排部署工作会。成立了以州党政“一把手”为双组长的黔南州协调保障工作领导小组，下设 7 个工作组、1 个办公室，积极主动配合开展迎检准备工作，完成 2013 年以来 10 个方面内容总计 21468 份材料的资料收集。省委环保督察期间，及时办理省委督察组转办信访案件，对督办提出的问题，坚持边察边改，立即整改，不等不拖，均在第一时间及时报告，督察各县（市）抓好整改落实。较好的完成省委环保督察组交办的各项任务，得到省委环保督察组的一致好评。在督察结束后，州委州政府连续 3 次召开高规格会议专题研究整改工作。

【水污染治理】 认真贯彻执行《水污染防治行动计划》，出台了相关工作实施方案等重要文件，与13个县（市、区）和重点污染企业签订了水污染防治目标责任书。取缔了10家“十小”企业，建成34家煤矿废水处理设施。完成重安江发财洞三期工程建设，开展瓮安河流域环境综合整治攻坚行动，对流域内29家涉磷企业按“五个一批”全面实施分类整治；推进都柳江流域锑污染综合防治，完成独山东峰锑矿渣场治理等重点工程，重点流域水质得到改善，清水江重安江大桥断面总磷浓度提前达到水污染防治目标责任书要求。全面开展千人以上集中式饮用水源地整治工作。推进重点流域生态文明制度改革。全面实施流域环境保护“河长制”，推进实施乌江、清水江流域水污染防治生态补偿，开展水污染防治项目储备及项目实施工作。建成“水十条”目标任务14个污水处理项目中的11个，占任务数的78.6%，新增污水处理能力1.51万吨/天，新增污水收集管网195公里。完成13县（市、区）黑臭水体排查。划定畜禽禁养殖区2009.98平方公里，建成26个规模化畜禽养殖场污染治理设施，完成12个养殖水域规划，全面推行养殖证制度。完成55个村农村环境综合整治项目。

【大气污染治理】 制定印发了《黔南州2016年大气污染防治年度实施方案》，建立了“黔南州大气污染防治行动计划联席会议制度”，与各县（市、区）签订了大气污染防治目标责任书。完成10家企业强制性清洁生产审核。淘汰6台27.45蒸吨燃煤小锅炉；组织开展化工等重点行业挥发性有机物治理工作。严控城市扬尘，制定了相关治理行动方案和管理规定，重点对都匀市空气质量下降进行整治。完成淘汰黄标车和老旧车辆年度任务的117.6%。启动大气环境应急管理，印发了《黔南州重污染天气应急预案》，积极推进重污染天气监测预警应急体系建设，完成了全州大气污染源清单调查登记工作。

【土壤污染治理】 制定了《黔南州土壤污染防治工作方案》，积极推进土壤修复和重金属污染治理，建立了土壤污染防治项目储备库。2015年度3个重金属污染治理项目中，已完成2个，1个在建；2016年度土壤污染防治4个项目实施方案已通过省审批，正在开展招标工作。定期开展危险废物例行督察工作，危险废物产生和经营单位规范化管理例行督察合格率达98%以上。

【坚持服务科学发展，推动保护和发展相协调】 坚守发展和生态两条底线，在服务及指导项目快速落地的同时，严把建设项目审批关，严格执行环境影响评价制度和“三同时”制度，从源头控制新污染源的产生。2016年，全州共审批环评文件441个（报告书85个、报告表356个），其中州环保局审批报告书29个，报告表20个。全州“三同时”环保设施竣工验收150个，为20个项目办理了试运行备案。制定了《黔南州建设项目环境影响评价文件分级管理目录（2016年本）》。全面落实最严格的环境影响评价制度，强化建设项目事中、事后监管，对“四个一体化”“涉自然保护区”“涉危涉重”等重大建设项目环评和“三同时”制度落实情况、污染物排放状况等进行检查。完成对“独山东峰锑矿冶炼厂”等共10个重大建设项目的环评和“三同时”制度落实情况的核查。全面清理出违法违规建设项目共144个项目，其中“未批先建”项目139个，“批建不符”项目3个，“未验先投”项目2个。已完成138个项目环评审批或整改工作，完成率为95.8%。

【打击环境违法行为】 2016年，组织开展环保执法“风暴”行动，全州共出动环境监察执法人员7110人次，共检查企业2815家次，下达执法文书548份，立案查处环境违法企业200家，罚款金额569.9393万元，同比增长90%；实施按日计罚1家、限产停产17家、查封扣押8家、关停取缔23家、移送司法机关12起，同比增长300%，实施环境违法挂牌督办32家，同比增长400%，其中州级联合挂牌督办6家、县（市）级挂牌督办26家。企业投入环保整改资金1亿多元。“五个一批”取得成效。

【提升污染防治能力】 强力推进污染治理设施三年行动计划和环境保护攻坚行动工作方案的建设项目实施。建设完成污染治理设施三年行动计划项目18项，完成率达83.3%；环境保护攻坚行动工作方案建设项目已建设完成83项，完成率达完成率98.8%。

（吴弘毅）

·教育·科学技术·

JIAO YU　KE XUE JI SHU

教　育

【概况】　2016年，全州有幼儿园713所，比上年增加138所；在园幼儿数143173人，比上年增加20031人。小学校数1086所（教学点458个），比上年减少110所；在校生290651人，比上年增加10655人。初中校数167所（九年一贯制学校30所），比上年减少15所；在校生151308人，比上年减少6908人。普通高（完）中学校31所，比上年减少2所；在校生81948人，比上年减少1184人。中等职业学校18所，在校生63371人，比上年增加4882人。特殊教育学校10所，在校生1775人，比上年增加347人。高等院校7所（其中本科院校2所，专科院校5所），比上年增加1所。

2016年，全州学前三年入园（班）率达90.2%，比上年提升3个百分点，组建了38个幼教集团。小学辍学率0.012%，较上年降低0.036%；初中辍学率0.85%，较上年降低0.32%；九年义务教育巩固率达94%，较上年提升1个百分点。全州82%的学校（含教学点）接入互联网，670余所学校全部班级配备了“班班通”多媒体设备，40%的学校建有校园网，35%的学校建有网站。高中阶段毛入学率达87%，较上年提升0.5个百分点。全州一本上线4353人，比上年增加1268人，上线率达15.52%，超全省平均1.06个百分点；二本及以上上线14144人，比上年增加4248人，上线率为50.42%，超全省2.83个百分点。600分以上的考生502人，是2015年的2.7倍。福泉市在全省率先实施免除高中学费，平塘县免除高中学费和住宿费。2016年全州中职毕业生就业率达到97.5%，比2015年增长5.04%。广州市先后向全州捐赠了数控车床、汽修装备、投影仪等价值3000余万元的实训设施和教学设备。全州有5所学校被评为全省“民族特色示范校”，获省财政补助150万元。

【黔南州深化中小学人事制度改革推进会在福泉召开】　2016年1月15日，黔南州深化中小学人事制度改革推进大会在福泉召开。州委组织部、州编办、州财政局、州人社局等单位负责人，州属中小学校校长，各县（市）分管教育局副县长、组织部分管副部长、编办主任、人社局局长、教育局局长、财政局局长及都匀经济开发区管委涉教部门，州委常委、福泉市委书记黄伟，黔南州深化中小学人事制度改革工作领导小组副组长、副州长吴俊，州教育局局长欧开灿参加大会，会议由州政府副秘书长胡成林主持。

【州教育局举办“互联网+教育”专题讲座】　2016年3月26日下午，州教育局邀请了贵州大学副校长向淑文教授到黔南州进行了“互联网+教育”专题讲座。讲座由州教育局常务副局长韦快主持，州政府副秘书长胡成林，州教育局及都匀市教育局全体干部职工、各县（市）教育局分管领导、全体电教人员、城区中小学校长、教导主任、在匀高校部分师生共500余人聆听了讲座。

【贵州省省长、省政协主席走进罗甸四小】 2016年4月7日，省委副书记、省长孙志刚，省政协主席王富玉率领的2016年全省第一次项目建设现场观摩组走进罗甸县第四小学，观摩学习该校在留守儿童教育管理方面的经验。省委常委、遵义市委书记王晓光，省人大常委会副主任袁周，副省长黄家培，省政协副主席陈敏等出席观摩会。黔南州委书记龙长春、副州长陈有德，省教育厅副厅长王碧海及第二观摩组、有关市（州）委书记、市长，省直有关部门负责人，有关县（市、区）委书记、县长参加观摩活动。

【水族乡马尾绣工作坊代表贵州参加全国中小学生艺术展演活动】 2016年4月11—16日，全国第五届中小学生艺术展演活动在青岛举行。在省教育厅的关心支持下，黔南州三都县中和小学的国家非物质文化遗产——水族马尾绣，代表贵州省校园艺术工作坊，与全国40个学生艺术实践工作坊一起荣耀参展。

【黔南州参加贵州省第九届优秀自制教具评选获团体第一】 2016年4月10日，贵州省教育厅办公室下发了《省教育厅关于第九届贵州省优秀自制教具评选活动结果的通报》，黔南州获得全省团体第一和组织奖。全州选送的教师作品获一等奖5件（全省11件）、二等奖9件（全省45件）、三等奖4件，学生作品一等奖1件（全省1件）、二等奖1件（全省7件）、3名教师获“贵州省自制教具能手”奖（全省共12名）。

【黔南州召开留守儿童关爱救助现场推进会】 2016年4月22日，全州留守儿童关爱救助保护工作推进会在罗甸县召开。参会人员考察了罗甸县沫阳镇民族小学、龙坪镇五星村、罗甸县第四小学，听取了当地关于留守儿童关爱救助、“留守儿童之家”建设工作情况介绍；州教育局、民政局主要负责人在会上作了关于做好留守儿童关爱救助工作的安排部署；罗甸县、平塘县、龙里县、福泉市等县市（区）负责人作了交流发言。各县（市）政府、都匀经济开发区管委会分管领导、各县（市）区民政局局长、教育局局长及部分中小学校长、村（社区）主任参加了会议。

【黔南州举办初高中生物、物理教师技能大赛】 为全面提高教师综合素质，促进教师专业化成长，进一步深化课堂教学改革，促进课改内涵发展，2016年4月10—23日，州教育局在龙里三中、龙里中学举办了初、高中生物、物理教师技能大赛。来自全州13个县市（区）及州属学校的268位教师参加了比赛。通过评委公平、公正、公开的评选，评出综合一等奖53名，二、三等奖若干名；为展示教师个性风采，大赛活动还设置了单项奖即每个环节前三名，评出单项奖39名。

【黔南州教育学会第四届会员代表大会暨换届选举大会召开】 黔南州教育学会第四届会员代表大会暨换届选举大会于2016年5月10日在黔南州教育局五楼会议室顺利召开。会上，第三届理事会分别作工作报告和财务工作报告。接着大会审议通过修改后的《黔南州教育学会章程》。何喜贵当选黔南州教育学会会长，张以航、王荣方、周崇启当选黔南州教育学会副会长；第四届常务理事会聘请了梁光华、王圣强、韦廷锋三位教育专家担任黔南州教育学会名誉会长。

【教育部在黔南召开留守儿童教育暨义务教育调研工作会】 2016年5月26—27日，教育部在黔南州福泉市召开农村留守儿童教育关爱暨义务教育阶段控辍保学工作调研工作会，教育部基础教育一司司长吕玉刚、副司长杜柯伟，贵州省教育厅党组成员、副厅长级督学潘建，州委常委、福泉市委书记黄伟，省教育厅基教处处长步岚、州教育局局长欧开灿出席会议，杜柯伟副司长主持会议。来自河南、湖北、四川、云南、陕西、贵州6省教育厅基教处处长以及河北、安徽、江西、重庆、甘肃、贵州等10个“教育部留守儿童教育关爱观测联系点”相关县（市）教育局负责人参加会议。

【《撑起一片蓝天——黔南州60年教育回眸与展望》正式出版】 在黔南布依族苗族自治州成立60年之际，由黔南州教育局组织编写的《撑起一片蓝天——黔南州60年教育回眸与展望》一书，2016年8月5日由贵州出版集团贵州教育出版社正式出版发行。该书以图文并茂的方式总结回顾了建州以来，在党的民族政策光辉照耀下，在历届州委州政府的领导下，黔南教育从无到有、从小到大、从弱到强、从普及到提高、从数量到质量、从外延到内涵的沧桑巨变，总结回顾了黔南教育发展的艰辛历程和取得的辉煌成就。

【省委教育工委书记，教育厅党组书记、厅长王凤友到黔南调研】 2016年8月7—9日，省委教育工委书记、教育厅党组书记、厅长王凤友，在省教育厅规划处处长吴作然和省教育厅办公室张权的陪同下在黔南开展工作调研。调研期间，王凤友一行深入都匀一中新校区、黔南医专、黔南师院、贵州省应用技术职业学院、福泉中学、福泉二中，龙里职中、龙里四小、龙里三中了解学校建设和办学情况。听取了黔南师院、黔南医专、黔南州教育局、都匀一中、福泉市教育工作汇报，与福泉市党政主要领导进行了工作交流。

黔南州委常委、福泉市委书记黄伟，黔南州政府副秘书长胡成林，黔南州教育局党组书记、局长欧开灿，黔南师院、医专、都匀一中、福泉市、龙里县政府及有关县（市）教育局主要负责人陪同调研。

【邹联克督学到黔南调研职业教育发展情况】 2016年9月1日，贵州省教育厅党组成员、副厅长级督学、省教育工委委员邹联克，职成处调研员胡晓、职成处王翔西老师一行到黔南州福泉市、黔南民族职业技术学院进行营养餐改善、职业教育发展情况及开学情况进行调研。州教育局局长欧开灿、福泉市政府副市长李毅、黔南民族职业技术学院院长饶辉等陪同调研。邹联克一行在福泉先后考察了福泉市中等职业学校汽修实训车间、福泉二中食堂、贵州应用技术学院实训楼和学生宿舍，亲切地询问学生们学习和生活情况。

【黔南州新增三所省级示范性普通高中】 根据《省教育厅办公室关于对2015年下半年创建省级示范性普通高中学校暨升类复查进行第二次评估的通知》要求，省教育厅组织专家组于2016年6月19—30日对黔南州惠水民族中学、平塘民族中学和瓮安县第二中学申报省级示范性普通高中进行了第二次评估。通过评估，3所学校成功创建省级示范性普通高中。截至2016年9月，黔南州有省级示范性普通高中11所。

【贵州省优秀校园文化建设奖黔南州成绩优异】 2016年9月1日，贵州省教育厅、省委教育工作委员会组织开展的“贵州省第四届优秀校园文化建设成果奖”评选活动揭晓。全州共获省厅表彰奖励项目9个，奖励经费4.8万元。其中黔南师范学院“墨焰话剧社”获得“贵州省优秀校园文艺团队”称号，黔南医专“大学生模拟招聘大赛”、罗甸逢亭中学“弟子规”、惠水实验小学“关爱留守儿童文体活动”获“贵州省优秀文化活动”二等奖，黔南师范学院“少数民族文化艺术节”、平塘卡蒲中学“毛南民族文化进校园活动”、平塘二中“中学生创新科技活动”、瓮安实验学校“中华武术超”、独山第四幼儿园“礼仪教育”获“贵州省优秀文化活动”三等奖。

【黔南州30所中小学获全国校园足球和全国学校体育工作校称号】 2016年，黔南州有20所中小学校被教育部认定命名为全国青少年校园足球特色学校，分别是：龙里中学、龙里谷脚小学、平塘民族中学、平塘县第三中学、平塘县平舟实验小学、都匀经济开发区王司中学、匀东镇第三小学（白泥田中心校）、都匀市第三中学、都匀市第六中学、贵州省田家炳中学（都匀二中）、都匀市第二完全小学、都匀市第三完全小学、惠水县第四中学、福泉市陆坪中心小学、荔波县第三中学、贵定县第二小学、瓮安县第四中学、独山县为民中学、罗甸县第一中学、三都民族中学。黔南州有10所中小学被认定命名为全国学校体育工作示范校，分别是罗甸县第四小学、龙里县第四小学、福泉市牛场小学、惠水县濛江实验小学、都匀市第八小学、荔波县水尧小学、都匀市第六中学、福泉市龙昌中学、荔波县第二中学、都匀一中。

【广州市教育局到黔南调研对口帮扶工作】2016年11月16—18日，广州市教育局党委副书记、副局长沈子鸣率有关处室负责人一行6人到黔南进行对口帮扶调研和座谈，广州市对口帮扶驻黔南工作组成员周旋、州教育局局长欧开灿、副局长熊家荣、各相关科室负责人参加了座谈会，州教育局常务副局长韦快、龙里县副县长杨贵丽陪同调研。

【全州初、高中课堂教学改革经验交流在罗甸一中召开】为进一步深化课堂教学改革，促进教学方式和学习方式的根本变革，让教师乐教、会教，让学生乐学、会学，促进师生共同成长，促进课改内涵发展，2016年11月17—19日，黔南州教育局在罗甸一中组织召开了初、高中新课程课堂教学改革（语、数、外）经验交流展示会。本次活动为语、数、外学科教师搭建了展示交流课堂教学改革经验，分享课堂教学改革心得，展示提升自我的平台。

【全州六县（市）“基本普十五”暨“两项督导”通过省级验收】2016年12月4—14日，以贵州省教育厅巡视员周宝英、省教育厅正厅级纪检员罗润生和省教育厅副巡视员何秀黔为分团长的省政府教育督导验收分团分别对黔南州龙里县、瓮安县和都匀市、平塘县、独山县、福泉市“基本普及十五年教育”暨县级人民政府教育工作和县级党政主要领导教育工作进行评估考核验收，通过验收合格。

（周崇启）

2016年黔南州教育事业发展情况相关统计数据

单位：所、人

	学校数	在校生数	招生数	毕业生数	教职工数	专任教师
一、普通高等学校	6	39222	17412	7837	2541	2008
二、中等职业学校	23	58156	24420	19056	1887	1656
1. 调整后中等职业学校	0	0	0	0	0	0
2. 普通中专学校	7	18369	6868	4328	619	551
3. 职业高级中学	10	31636	10673	9894	1268	1105
4. 其他机构附设	6	8151	3670	2014	0	0
三、普通中学	240	233256	76864	82587	17668	16392
1. 高级（完全）中学	43	81948	28348	27916	6510	6029
2. 初级（一贯制）中学	197	151308	48516	54671	11158	10363
四、职业初中	0	0	0	0	0	0

续表

	学校数	在校生数	招生数	毕业生数	教职工数	专任教师
五、小学	1086	290651	54382	47552	17380	16027
六、幼儿园	713	143173	73945	54375	10417	6577
七、特殊教育	10	1775	371	160	209	192
八、技工学校	0	0	0	0	0	0
以上各类学校合计	2078	766233	247394	211567	50102	42852

2016 年黔南州各类学校学生入学率

单位:%

	小学学龄儿童入学率	小学毕业生升学率	初中阶段毛入学率	高中阶段毛入学率	高等教育毛入学率
合计	99.99%	103.91%	92.34%	87%	88.91%
都匀市	99.68%	115.42%	96.86%	90.70%	
福泉市	99.22%	95.13%	95.19%	90.06%	
荔波县	94.22%	92.36%	86.15%	86.60%	
贵定县	99.82%	102.97%	98.48%	92.20%	
瓮安县	99.11%	98.51%	92.18%	90.52%	
独山县	99.23%	109.55%	90.16%	91.89%	
平塘县	99.95%	101.76%	90.69%	88.53%	
罗甸县	95.94%	100.21%	83.29%	86.10%	
长顺县	99.35%	116.54%	95.44%	89.20%	
龙里县	99.77%	99.00%	77.77%	87.56%	
惠水县	99.89%	115.92%	97.06%	87.10%	
三都县	99.70%	97.24%	98.51%	86.50%	

2016 年黔南州县市幼儿园（班）基本情况表

单位：人

	幼儿园（所）	班数（个）	其中：学前班	入园（班）人数	其中：学前班	在园（班）人数	其中：学前班	离园（班）人数	其中：学前班	教职工数	其中：园长
合计	713	4010	549	73945	13176	143173	16370	54375	13931	10417	634
都匀市	100	430	34	6267	572	15301	753	4999	1381	1579	121
福泉市	88	447	73	14832	2438	15111	2513	7137	2287	1276	93
荔波县	28	175	41	4216	997	6875	997	2294	763	330	21
贵定县	73	316	32	4621	586	11366	895	4185	666	769	60
瓮安县	81	519	27	6471	317	17680	504	5808	405	1279	93
独山县	51	265	51	5255	866	9857	1027	3918	927	836	62

续表

	幼儿园（所）	班数（个）	其中：学前班	入园（班）人数	其中：学前班	在园（班）人数	其中：学前班	离园（班）人数	其中：学前班	教职工数	其中：园长
平塘县	48	246	55	4119	1608	10205	1926	3882	1131	529	22
罗甸县	56	327	60	7960	1499	12669	1945	5947	1152	698	51
长顺县	44	241	39	3666	599	9424	1214	2532	852	611	40
龙里县	40	240	26	4130	542	8818	1026	3254	1108	718	24
惠水县	48	404	0	5354	0	13846	0	4588	0	994	10
三都县	56	400	111	7054	3152	12021	3570	5831	3259	798	37

2016 年黔南州小学基本情况表

单位：人

	学校数（所）	教学点（个）	毕业生数	招生数	在校生数	教职工数	适龄儿童入学率	专任教师	其中：女生
合计	628	458	47552	54382	290651	17380	16027	0.9999	0.9950
都匀市	39	88	5086	5523	29439	1863	1834	0.9968	1.0267
福泉市	62	34	2887	4945	22628	1353	1256	0.9922	0.9955
荔波县	39	38	2039	2311	12634	827	770	0.9422	0.9580
贵定县	61	29	3212	3788	19514	1298	1213	0.9982	0.9984
瓮安县	51	28	4999	6677	34999	1667	1551	0.9911	1.0067
独山县	24	34	2718	3778	20809	1354	1219	0.9923	1.0354
平塘县	80	24	4471	3742	23278	1312	1194	0.9995	1.0013
罗甸县	70	9	4809	4805	27389	1506	1430	0.9594	0.9430
长顺县	60	11	3218	3408	17245	1240	1128	0.9935	0.9996
龙里县	25	44	2557	3398	17456	1209	1171	0.9977	0.9971
惠水县	59	54	5660	6284	33129	2319	1843	0.9989	0.9980
三都县	58	65	5896	5723	32131	1432	1418	0.9970	0.9752

2016 年黔南州普通中学基本情况表

单位：所、人

	学校数					毕业生数		招生数		在校生数		教职工数			
												教职工数		专任教师	
	合计	完中	高中	初中	一贯制	初中	高中	初中	高中	初中	高中	初中	高中	初中	高中
合计	1550	12	31	167	30	54671	27916	48516	28348	151308	81948	11158	6510	10477	5070
都匀市	168	6	11	16	3	5624	4275	5226	4449	15450	12724	929	1449	1334	770
福泉市	166	2	3	12	2	3682	2484	2890	1649	9188	5764	619	610	668	389

续表

	学校数					毕业生数		招生数		在校生数		教职工数			
												教职工数		专任教师	
	合计	完中	高中	初中	一贯制	初中	高中	初中	高中	初中	高中	初中	高中	初中	高中
荔波县	74	0	1	6	0	2540	1475	2092	1462	6562	4360	488	296	445	250
贵定县	150	1	2	13	1	3901	1433	3153	1688	9718	4689	692	426	728	314
瓮安县	156	1	3	20	4	5772	3911	5171	3606	15717	10532	1485	659	1146	583
独山县	83	0	2	5	0	3897	2300	3018	2122	9732	6327	790	493	719	447
平塘县	145	0	1	15	0	4382	2061	4390	2121	13554	6356	913	408	831	397
罗甸县	147	1	2	17	8	5042	2245	4860	2504	15779	6474	1077	538	987	417
长顺县	119	0	1	14	1	3729	1485	3170	1665	10519	4263	809	277	748	269
龙里县	74	0	1	8	0	2968	887	2587	1082	7943	3286	619	221	593	202
惠水县	130	0	1	21	5	7448	2956	6051	3420	19334	10021	1637	604	1303	592
三都县	138	1	3	20	6	5686	2404	5908	2580	17812	7152	1100	529	975	440

2016 年黔南州中、高等院校基本情况表

单位：人

	学校数（所）	毕业生数	招生数	在校生数	教职工数	专任教师	正副教授
一、普通高等学校	6	7837	15127	37153	2541	2008	789
硕士研究生		37	50	97	31	31	31
普通本专科		7559	14987	35944			
成人本专科		241	90	1112	5		
1. 黔南民族师范学院	1	4358	3937	14904	893	749	375
硕士研究生		37	50	97	31	31	31
普通本专科		4145	3836	13903			
其中：本科		3034	3285	12300			
专科		1111	551	1603			
成人本专科		176	51	904			
其中：本科		135	51	448			
专科		41	456				
2. 黔南民族职业技术学院	1	359	2588	5282	313	232	79
普通专科		359	2588	5282			
成人专科							
3. 黔南民族医学高等专科学校	1	2767	4118	9823	659	545	199
普通专科		2702	4084	9620			

续表

	学校数（所）	毕业生数	招生数	在校生数	教职工数	专任教师	正副教授
成人专科		65	34	203	5		
4. 黔南民族幼专高等专科学校	1		1838	4498	263	233	132
普通专科			1833	4493			
成人专科			5	5			
5. 贵州盛华职业学院	1	353	1411	1411	215	120	
普通专科		353	1411	1411			
成人专科							
6. 贵州应用职业技术学校	1		1235	1235	198	129	4
普通专科			1235	1235			
成人专科							
二、中等职业学校							
1. 其他机构附设	6	2014	3760	8151	489	489	
黔南民族师范学院	1	571					
黔南民族医学高等专科学校	1	195	240	1076	158	158	
黔南民族职业技术学院	1	395	921	2562	142	142	
黔南幼儿高等专科学校	1	820	964	2600	78	78	
贵州盛华职业学院	1	33	90	368	22	22	
贵州应用职业技术学校	1		1545	1545	89	89	
2. 普通中专类	17	17042	20660	55220	1887	1656	224
黔南中等职业技术学校	1	48	100	219	51	47	6
都匀市工商管理学校	1		39	69	16	13	3
黔南州特殊教育中等职业学校	1	16		20	15	15	5
黔南民族卫生学校	1	323	686	1551	168	158	20
都匀市中等职业技术学校	1	302	253	3398	52	48	9
贵州省内贸学校	1	1625	2030	4961	146	125	13
贵州省福泉市职业高级中学	1	1970	574	3035	53	51	7
荔波县中等职业学校	1	1340	1104	3332	156	154	30
贵定县职业技术学校	1	838	1134	3020	73	57	4
贵州省瓮安中等职业技术学校	1	1692	2478	6113	189	168	19
独山县中等职业学校	1	1513	1373	4317	81	73	13
平塘县职业高中	1	543	983	2321	57	51	4
贵州省罗甸中等职业学校	1	1114	2213	4822	135	130	25
长顺县中等职业技术学校	1	1419	1981	5106	171	145	2
贵州省龙里中等职业学校	1	1255	1637	4515	285	189	44
惠水县中等职业学校	1	1134	1341	3911	103	102	12
三都水族自治县民族中等职业学校	1	1910	2734	4510	136	130	8

2016 年黔南州中、高等院校少数民族基本情况表

单位：人

	在校少数民族学生数	少数民族教职工数		备注
		总计	少数民族专任教师数	
一、普通高等学校	19467	896	708	
硕士研究生	30			
普通本专科	18743			
成人本专科	694			
1. 黔南民族师范学院	8428	324	269	
硕士研究生	30			
普通本专科	7841			
其中：本科	6953			
专科	888			
成人本专科	557			
其中：本科	301			
专科	256			
2. 黔南民族职业技术学院	2707	124	110	
普通专科	2707			
成人专科				
3. 黔南民族医学高等专科学校	4176	228	186	
普通专科	4043			
成人专科	133			
4. 黔南民族幼专高等专科学校	2278	83	76	
普通专科	2274			
成人专科	4			
5. 贵州盛华职业学院	1421	80	43	
普通专科	1421			
成人专科				
6. 贵州应用职业技术学校	457	57	24	
普通专科	457			
成人专科				
二、中等职业学校				
1. 其他机构附设	5259			
黔南民族师范学院				
黔南民族医学高等专科学校	391			
黔南民族职业技术学院	2167			

续表

	在校少数民族学生数	少数民族教职工数		备注
		总计	少数民族专任教师数	
黔南幼儿高等专科学校	1800			
贵州盛华职业学院	166			
贵州应用职业技术学校	735			
2. 普通中专类	29463	781	709	
黔南中等职业技术学校	183	26	24	
都匀市工商管理学校	49	16	13	
黔南州特殊教育中等职业学校	11	7	7	
黔南民族卫生学校	924	98	95	
都匀市中等职业技术学校	2357	26	25	
贵州省内贸学校	3683	72	63	
贵州省福泉市职业高级中学	385	13	13	
荔波县中等职业学校	3006			
贵定县职业技术学校	2110	28	28	
贵州省瓮安中等职业技术学校	128	14	10	
独山县中等职业学校	3486	61	58	
平塘县职业高中		39	32	
贵州省罗甸中等职业学校	3470	110	109	
长顺县中等职业技术学校	3035	128	101	
贵州省龙里中等职业学校	2243	82	70	
惠水县中等职业学校	2456	61	61	
三都水族自治县民族中等职业学校	1937			

2016 年黔南州普通中小学少数民族基本情况表

单位：所、人

	普通中学					职业初中			小学			
	独立设置少数民族学校	在校少数民族学生数		少数民族教职工数	在校少数民族学生数	少数民族教职工数	独立设置少数民族学校	在校少数民族学生数	少数民族教职工数	少数民族专任教师数	少数民族专任教师数	少数民族专任教师数
		初中	高中									
合计	24	100443	51141	9923				9332	32	189021	10837	10027
都匀市	3	12460	9577	1404	1310				1	23358	1470	1450
福泉市	1	3301	1615	329	317				2	7590	412	389
荔波县	6165	4147	661	581				4	11961	780	726	
贵定县	5959	2806	475	465				2	12308	739	696	

续表

	普通中学					职业初中			小学			
	独立设置少数民族学校	在校少数民族学生数		少数民族教职工数	在校少数民族学生数	少数民族教职工数	独立设置少数民族学校	在校少数民族学生数	少数民族教职工数	少数民族专任教师数	少数民族专任教师数	少数民族专任教师数
		初中	高中									
瓮安县	1293	958	228	220					3385	137	130	
独山县	8664	5466	964	884				1	18270	1165	1048	
平塘县	8414	4249	877	825				3	14541	885	816	
罗甸县	1	11523	4377	1203	1168				5	20262	1101	1053
长顺县	2	7563	3007	726	703				2	12476	803	727
龙里县	4	4162	1528	322	303				3	9302	452	436
惠水县	3	13478	6373	1313	1185				3	23988	1491	1168
三都县	10	17461	7038	1421	1371				6	31580	1402	1388

科学技术

【概况】 2016年年末，黔南州科学技术和知识产权局（简称黔南州科技产权局）共有干部职工27人。州、县（市）两级科技管理机构13个，地方财政科学技术支出65729万元，其中科学技术管理事务7478万元，应用研究316万元，技术研究与开发34287万元，科技条件与服务3794万元，社会科学83万元，科学技术普及3483万元，科技交流与合作480万元，其他科学技术支出15808万元。

全州共有州属科学研究与技术开发机构3家，即：州林业科学研究所、州农业科学研究所、州农业机械研究所。3所共有职工62人，其中从事科技活动人员39人（中级以上职称29人）。3所全年经费总收入2755.82万元，总支出1889.6万元。2016年安排应用技术研究与开发资金300万元。

2016年9月，以被誉为“中国天眼”的500米口径球面射电望远镜（FAST）为载体，获批全国第一个国家科普示范基地。

【社会发展科技】 2016年，全州列入省级科学技术基金等科技项目11项，获经费支持343万元。州级社会发展科技项目立项46项，安排项目经费27万元。

贵州省全面启动2015年度科技进步统计监测工作，黔南州科技进步统计监测工作经过数据收集、上报及省内专家测算、评估，2015年度监测结果为44.57%，居全省第4位。

2016年12月16日州政府召开《黔南州“十三五”科技创新发展规划》专题会，12月20日州政府批复同意实施。

【高新技术产业发展】 2016年，全州列入省级工业科技项目50项，获经费支持1019万元。州级工业科技项目立项23项，安排项目经费143万元。

2016年，全州以黔南（国家）磷煤化工高新技术产业化基地为龙头的高新技术工业产值实现311.42亿元，居全省第3位。

2016年，组织7家企业申报国家高新技术企业，贵州实德门窗建筑装饰工程有限公司、贵州祥宇泵阀制造有限公司、贵州晟扬管道科技有限公司、贵州省迦太利华信息科技有限公司4家企业被认定为国家高新技术企业，全州高新技术企业达20家。

2016年，黔南州新增7家省级科技型种子企业、16家科技型小巨人成长企业、3家科技型小巨人企业、1家大学生创业企业，511家企业通过省级科技型企业备案。

2016年，全州登记技术合同153份，其中技术开发合同38份，技术转让合同5份，技术咨询合同3份，技术服务合同107份；合同成交总金额4156.96万元，其中技术交易额为3928.29万元。全年有31家企业的技术合同获得省科技厅发放的科技创新券共计520万元。

【农业科技】 组织三都县等9县（市）申报省级农业科技园区，荔波樟江精品水果农业科技示范园区等8个农业科技示范园区被认定为省级农业科技示范园区。2016年，全州有国家级农业科技园区1个，省级农业科技园区13个。

2016年，全州列入省级农业科技项目13项，获经费支持975万元。州级农业科技项目立项21项，安排项目经费143万元。

2016年，省科技厅选派108名“三区”科技人才在黔南开展科技服务工作，下拨工作经费216万元。

【知识产权】 2016年，全州专利申请2801件，其中发明专利申请1652件、实用新型专利申请1038件、外观设计专利申请111件；专利授权692件，其中发明专利授权88件、实用新型专利授权517件、外观设计专利授权87件；全州有效发明专利260件。

2016年，牵头并组织工商、版权、财政、金融办、人民银行、银监局研究知识产权质押融资工作，联合出台了《关于加快推进黔南州知识产权质押融资工作的实施意见》。当年贵定县金象实业总公司等4家企业运用18项专利，实现专利权质押贷款4950万元。

贵定县列为全省第三批县域经济知识产权战略推进工程，“长顺绿壳鸡蛋”地理标志产品列入全省第七批地理标志产品产业化促进工程项目。

贵州瑞和制药有限公司的发明专利“一种治疗肝病的注射液及其生产工艺”荣获2016年贵州省专利金奖。

建立“茶产业专利数据库”，共收录1万多条专利文件，基本囊括国内所有茶产业专利的数据资料。

2016年，全州列入省级知识产权项目4项，获经费支持100万元。州级知识产权项目立项21项，安排项目经费57.09万元。

【综合执法】 州县联合开展“4月26日世界知识产权日专利执法检查专项行动”“省、州、县联合专利行政执法检查专项行动”等执法检查。

2016年，全州共查处专利案件1645件，其中：查处假冒专利案件1580件，专利侵权纠纷案件33件，查处电子商务假冒专利案件32件，结案率100%。

【体制改革】 2016年，出台《黔南州关于加快科技服务业发展的实施方案》和《黔南州企业重点实验室管理办法》，草拟《黔南州深化州级财政科技计划管理改革方案（草案）》，提交《黔南州重大科研基础设施和大型科研仪器向社会开放的实施方案（送审稿）》。

制定《黔南州州级众创空间认定管理办法（试行）》，大力推进大众创业，万众创新。州级立项支持腾飞地带创客空间、水苔与苔藓生态产业众创空间、贵州独山经济开发区联合众创空间、都匀双创空间、三都水族自治县水都传说众创空间和龙里东方宏基众创空间6家众创空间建设。瓮安县围绕返乡农民工创业建设的“安青创业社”通过科技部认定为国家级众创空间，惠水县百鸟河数字小镇（联想之星）众创空间、惠水好花红“双创”众创空间通过认定为省级众创空间。至2016年年底，全州在建及已建成的众创空间达12家。

【宣传】 2016年4月24日，组织开展“黔南州2016年知识产权宣传周”广场宣传活动，发放各类知识产权宣传材料1万余份，接受群众咨询

100多人次。

5月21日，组织开展“2016年黔南州科技活动周”广场集中宣传活动，发放各类科技知识宣传资料3000余份，宣传群众1000余人。

12月20日，参加由州委宣传部组织的以“重温长征历史弘扬长征精神”为主题的大型文化科技卫生“三下乡”集中示范活动，黔南州科技产权局发放各类宣传资料2500余份，接受现场咨询100余次。

【合作与交流】 2016年，积极拓展与州外高校的科技合作，与广州财经大学经济贸易学院、华南农业大学林学与风景园林学院签署《合作框架协议》，双方将在科技推广与咨询服务、人才培养合作等方面开展多渠道、多形式、多层次的交流与合作。

持续推进与西南民族大学校地合作工作开展，积极推荐校地合作科研项目3个。玫瑰精油提取关键技术及副产品研发项目纳入该校2016年“服务民族地区发展专项”，项目经费10万元。

组织企业参加第十九届中国北京国际科技产业博览会和重庆高交会，积极对外展示和宣传黔南高新技术企业和产业发展。

加强与广州市科创委科技合作，推荐14个项目作为2017年度科技帮扶备选项目，2016年确定2个项目作为2017年度科技帮扶项目列入广州市科创委项目申报指南。

主动争取、积极对接，与佛山市达成科技交流合作意向，2016年，征集到科技交流合作项目和技术需求29项。

【成果及人才】 黔南州荣获2016年度贵州省科学技术奖进步奖二等奖1项、三等奖2项、科技成果转化二等奖4项。

2016年6月19—25日，在广州仲恺农业工程学院举办了黔南州现代农业科技管理培训班，参训人员为各县（市）科技局局长或副局长、农业科技管理业务骨干、农业科技特派员、农业龙头企业及合作社负责人或高级管理人员等，共计50人参训。

8月，举办第五届中国创新创业大赛贵州赛区（复赛）暨首届中国（瓮安）创新创业大赛，来自黔南州、黔东南州的20支参赛队伍参加比赛。

2016年推荐黔南州高层次创新型人才培养对象1人作为贵州省“千”层次创新型人才人选，通过省级评审入选；推荐18人作为贵州省“千”层次创新型人才人选，有16人通过省级评审入选。

【科技情报】 推进贵州省科技文献共享服务平台黔南网络体系建设，黔南州科技产权局被评为2016年度省科技文献“三级”服务体系优秀分中心，王代林、王玮被评为2016年度省科技文献“三级”服务体系先进个人。

【防震减灾】 2016年，完成黔南州2个地震基准台、8个基本台、5个一般台站的场址宏观堪选、上报和实地勘测选址工作。

开展防震减灾应急疏散演练及宣传活动，在全州范围内组织开展地震应急疏散演练10次，开展防震减灾系列宣传活动，发放宣传读本4000余本。

黔南州防震减灾局被评为2016年度全省防震减灾工作保障单项先进单位，李军被评为2016年度全省防震减灾先进个人。

（韦川英）

·文化·艺术·

WEN HUA　YI SHU

文　化

【概况】　2016年，黔南州文化广电新闻出版局紧紧围绕州委、州政府中心工作，深入开展“两学一做”专题教育，主动作为，务实奋进，扎扎实实抓好工作落实，顺利完成了州委州政府交办各项工作和年初确定的目标任务。2016年，获得免费开放专项经费、中央补助地方文化体育与传媒事业发展专项资金、中央补助地方农村文化建设专项资金、中央补助地方公共文化体系建设专项资金等资金4020.15万元；全州有文化企业4755家，较2015年年底增加90家，累计实现文化产业收入72.4亿元；申报到位上级非物质文化遗产保护专项资金304万元，其中，省级专项保护资金144万元，中央专项资金160万元。

【公共文化服务】　启动州图书馆新建项目主体建设，截至2016年年底已完成工程量70%；争取到社区文化活动室设备购置项目6个（平塘、三都、瓮安、惠水各1个，福泉2个）。完成“幸福进万家—文化精品乡村行”国家公共文化示范项目创建，并通过国家文化部验收。该项目实施3年来，全面推进文化惠民工程在黔南州铺开，在探索“政府采购、群众参与、社会联动、文化惠民”方面取得了很好的成效。继续推进公共文化免费开放工作。全州图书馆、文化馆全部向市民免费开放，图书馆书刊文献外借40余万册次，开展培训30余期，举办展览10余次，共接待读者40余万人次；文化馆（站）组织文艺活动1000余场次，举办展览80余次，开展各类培训近100期，参加各项活动50万余人次。深入推进“书香黔南”系列阅读活动，重点开展送书下乡、数字阅读推广、读书小状元、特色讲坛等活动，进一步提高全州各族人民的文化素质，营造全民阅读的良好社会氛围，全年开展送书下乡活动20余次，开设各类特色讲坛5个，开展读书小状元活动10余次。制定了《黔南州构建现代公共文化服务体系实施方案》，推进三都县、平塘县作为全省公共文化服务试点县工作，启动了瓮安县作为全省文化馆无缝连接阵地建设试点的相关工作。

【文艺创作生产】　2016年，继续抓好文艺精品创作扶持，积极组织优秀文艺作品参加各种赛事。根据州委、州政府关于创作“一台戏”，打造文艺精品工作部署，创作了歌舞剧《吉妮丽吉》《秀色黔南》等优秀作品，分别参加了贵广高铁经济带文艺展演暨都匀毛尖国际茶人会专场演出，继续打磨提升布依族歌舞剧《刺藜花红》参加多彩贵州文化艺术节展演。在参加各种比赛中，都匀市文化馆的《绕家大歌》获第九届世界合唱比赛金奖，花灯说唱《茶乡梦》获第六届贵州省文艺奖曲艺类一等奖，音乐话剧《我是杨刚》获第六届贵州省文艺奖曲戏剧类二等奖，曲艺《改路》

获牡丹奖入围奖；州文化馆选送的原生态唱法水族古歌多声部组合《旭皋》参加中国西南民歌大赛荣获“十佳表演奖”第二名；三都县创作的音乐舞剧《水家人》获第六届贵州省文艺奖舞蹈类三等奖。圆满完成建州60年州庆大型文艺演出、踩街巡演、茶人会开幕式文艺表演及专场文艺演出等相关工作，深受各界好评；指导平塘县卡蒲乡配套旅游开发成功打造毛南族歌舞剧《雾娘传奇》；编辑出版《山水黔南》黔南本土音乐VCD配谱专集。

【文化对外交流】　为促进黔南文化对外交流，先后组织州文化馆及各县（市）文化部门到州外参加文化交流和展示。组织州文化馆、三都县文化旅游局、州非遗中心到广州参加黔南州建州60周年成就展开幕式及成就展期间文艺展演；根据省委宣传部、省文化厅要求，组织都匀市文化馆赴凯里、从江参加“走基层·送欢乐——多彩贵州大舞台展演季”展演，演出布依族歌舞剧《刺藜花红》4场；根据州政府关于与粤桂黔高铁经济带合作试验区建设启动系列活动中开展文艺展演的要求，组织州文化馆到柳州市参加展演，演出音舞诗画《吉妮丽吉》2场，充分展示黔南州丰富多彩的民族文化资源，向外全面推介黔南丰富的优秀民族文化；支持帮助都匀市策划导演全国物流峰会专场文艺晚会《流光溢彩》；组织专业队参加州赴杭州等地的旅游推介展演活动，为提升黔南民族文化品牌知名度和影响力做出了积极的努力。

【文物保护管理】　2016年，与州公安局联合印发了关于贯彻落实文物建筑消防安全管理十项规划的通知，并抽查了贵定、独山、都匀和福泉有关文物保护单位消防安全措施落实情况，接受了国家联合检查组督查；申请省文物部门组织对贵定县阳宝山古建筑群进行考古发掘，对原都匀电厂毛主席塑像进行现场勘察并提出保护方案报州政府审定，开展都匀机场建设项目选址前期文物调查工作；命名首批州文物保护单位31个，填补了黔南州文物保护体系的空白；继续深入开展第一次可移动文物普查，全州共完成15133件/套文物登录和审核工作，完成进度为100%。组织开展“5·18”国际博物馆日、“文化遗产日”等宣传活动，对第三次全国文物普查成果和第一次可移动文物普查成果进行宣传展示；完成州博物馆主体工程建设，并在州庆期间成功举办了建州成就展、城市规划展、国防美术展，为州庆60周年交上了一份合格的答卷，献上了一份隆重的厚礼；全州开展文物安全检查845次，检查单位1350处，发现隐患21处，整改20处；文物行政执法巡查302次，巡查各级文物保护单位1259处，发现文物行政违法案件2起，积极配合省文物部门对福泉城墙维修和独山龙家民居非法拆毁进行调查处理。成功组织“中国古代西南丝绸之路”考察活动，黔南州被初步认定为“中国古代西南丝绸之路”中段的重要组成部分，拟定了贵州段的《都匀宣言》，为黔南州融入国家“一带一路”提供了重要的历史文化支撑。抓好黔南“三线”历史文化的挖掘整理。与贵州电视台6频道合作拍摄16集“黔南三线”大型专题片；出版了《神秘代号背后的建设人生——黔南三线人口述史》专著，为黔南州乃至全省的“三线”历史文化发掘研究做出了贡献，得到了上级领导的认可及广大“三线”人的好评。

【非物质文化遗产保护】　完成全州2015年29个国家级、省级项目数字化建设资料的整理采集和后期补漏工作，并基本完成2016年数字化建设任务；完成第三批省级非物质文化遗产生产性保护示范基地推荐工作，黔南州推荐3个项目参加评审；开展非遗传承人群研修研习培训工作，推荐黔南民族职业技术学院成为省文化厅的省级传承人群培训基地，并与黔南民族职业技术学院合作举办了两期国家级项目《都匀毛尖茶制作技艺》传承人群培训班，共培训毛尖茶技艺传承人120名；完成《布依女人》电视剧在黔南州取景拍摄的有关协调工作；开展了“水书进校园”，挖掘整理包装布依族“八音弹唱”“九腔十八调”等系列文化遗产传承保护活动；在州庆期间成功举办了

《黔南传统文化秀》大型非遗展示活动，茶人会期间组织100支茶艺表演队伍进行茶艺展演工作。

【文化产业发展】 编制完成《黔南州“十三五”文化事业和文化产业发展规划》，明确了“十三五”发展目标、方向和重点任务，确立了以“好花红”为代表的黔南民族文化品牌集群，规划项目182个项目，总投资705.21亿元，积极推进大文化战略行动目标的实现；编制完成《黔南州文化产业精品项目库》，收录项目44个，规划总投资757.23亿元，项目涵盖文化旅游、演出业、工艺美术业、节庆业、休闲娱乐业、文化艺术创意设计、演艺业等领域。组织赴上海、西安、北京等地开展文化旅游招商推介活动，推介成熟文化产业项目5个；初步建立黔南州文化产业新的统计系统，截至2016年，全州有文化企业4755家，较2015年年底增加90家，累计实现文化产业收入72.4亿元；重点服务业文化、体育和娱乐业企业营业收入增速完成情况良好。2016年，完成收入24526.1万元，同比增长121.2%；组织申报2016年中央文产资金项目，黔南报业动漫开发制作项目和独山县影山镇茶文化创意园建设项目入围。组织申报2016年文化“三个一工程项目”，平塘县者密镇和平村获文化产业示范村称号、平塘县禄麒牙舟古陶文化节有限公司、都匀市摆忙十里茶香茶叶专业合作社获特色文化产品称号。成功举办都匀（国际）茶人会茶高端论坛，国内20多家主流媒体报道，转发信息3万多条，极大地宣传和推广了都匀毛尖茶文化，有效推动茶文化产业发展。启动首届“黔南州文化产业创意设计大赛”前期筹划工作和文化产业园区和基地建设的工作。

【文化市场综合执法】 2016年，全州共出动执法人员19822人次、检查经营单位7691家次。其中，检查游戏娱乐场所284家次、歌舞娱乐场所1390家次、印刷经营单位945家次、书报刊经营单位986家次、音像（电子）出版物经营单位533家次、互联网上网服务营业场所2856家次、其他697家次；受理举报20件（互联网上网服务12件），其他途径举报2件（互联网上网服务1件），立案调查27件（互联网上网服务25件），办结案件23件（互联网上网服务19件），责令改正92家次，罚款65500元，保持了全州文化市场平稳良好发展态势。

（田文杰）

文学艺术

【概况】 2016年，全州文联系统认真学习总书记习近平在全国在文艺工作座谈会上的系列讲话精神，总书记习近平讲话中关于文化、文艺、文学的论述形成关于中国社会主义文艺发展的系统性思想，这是新的历史条件下，中国社会主义文艺繁荣发展的根本指针，也是中国化的马克思主义的最新成果，总书记习近平在座谈会上强调文艺事业是党和人民的重要事业，文艺战线是党和人民的重要战线。文化是民族生存和发展的重要力量。对于认识新时期下黔南州的文艺、文学等提供了强大的思想武器。黔南州文联按照总书记习近平的讲话精神，与贵州省作协承办“重走长征路（第一方面军）”创作采风活动；配合州委、州政府成功组织开展“庆祝中国共产党成立95周年合唱大赛”，唱响好花红民族绚歌。在贵定音寨举办首届中国稻雕文化艺术节，促进民族文化与旅游产业的融合；组织百名摄影家走进黔南暨2016年贵州省摄影家协会摄影工作会，启动第十二届贵州省摄影艺术展及中国摄影报影友擂台赛；举办了“热爱黔南·建设家乡”黔南州2016年“雨花湖”杯寻找黔南山歌王民族山歌大赛和建州60年经典诗词朗诵比赛等活动。认真组织开展“送欢乐下基层”“文艺中巴车”“书法进万家”“四进四送”暨文艺家“深入生活·扎根人民”主题实践等活动，在全州开展以义务写春联、送全家福、送欢乐等为主要内容的惠民活动，共为群众义务书写春联1万余幅，拍摄全家福1000余张，派出演出人员500余人次，演出40余场。

积极响应中宣部等五部委联合发起的“深入生活、扎根人民”主题实践活动的号召，黔南州文联组织800余名文艺家、支教老师加入志愿服务队伍，全年开展文艺志愿服务活动90余次，服务群众2万余人。全年共有46名文艺支教志愿者在黔南州23所项目乡村学校从事文艺支教工作。授课时数为7550课时，受益学生9793人。5月20日，全州12个县（市）先后开展全国第二个文艺志愿服务日活动。

积极参与由中国文联、中国文艺志愿者协会、中共贵州省委宣传部共同主办，中国文联文艺志愿服务中心、贵州省文联、中共黔南州委、黔南州人民政府承办的“纪念红军长征胜利80周年、庆祝黔南布依族苗族自治州建州60周年—中国文联文艺志愿服务团‘送欢乐下基层’”慰问演出走进黔南活动。中国文联党组成员、副主席李前光，中国文联副主席刘兰芳，贵州省副省长陈鸣明，中国文联文艺志愿服务中心主任、中国文艺志愿者协会副主席兼秘书长廖恳，中共黔南州委书记龙长春，州长向红琼，州人大常委会主任罗毅，以及贵州省文联、黔南州有关领导和牛群、刘和刚、陈思思等27位著名艺术家赴黔南开展州庆文艺演出。央视13套《新闻直播间》和《朝闻天下》栏目分别报道在都匀和平塘举行的演出活动。11月30—12月4日，中国文联第十次、中国作家协会第九次全国代表大会在北京举行，黔南州文联副主席、秘书长孟学祥作为全国代表出席了此次会议。

承办州庆书法展、美术展、奇石展、收藏展4项展览。牵头编辑出版《求索之路》报告文学集、《风雅黔南》书法集、《山水黔南》歌曲集、《诗咏黔南》诗词集、《州庆美术写生集》等5套州庆文艺专辑。

组织100名中外知名书画家参与“2016都匀毛尖（国际）茶人会”的活动及“2016第八届都匀国际摄影博览会”筹备工作及活动。州文联办公室通过短信平台的方式每天对活动进行宣传报道。

联系中国文联文艺志愿者服务队在全国政协委员、中国文艺志愿者协会副主席、中国书法家协会顾问赵长青的带领下，走进贵州省三都县水族自治县开展“到人民中去”文艺扶贫主题活动。

是年，为了弘扬水族文化，传承水书技艺，黔南州举办第一届全国水书书法大赛，并面向全国征稿。

【黔南州文联连续4年获全省文联系统先进集体表彰】 2016年，根据贵州省文联《关于表彰2016年度全省文联系统先进集体的决定》，黔南州文联作为受表彰的4个市（州）文联之一，连续第四年获得此殊荣。在过去几年中，黔南州文艺界紧紧围绕州委州政府中心工作，在举办大型文艺活动、文艺志愿服务工作、打造文艺精品等方面取得了突出成绩，黔南文艺工作在中央电视台、《中国文艺报》、人民网、新华网等主流媒体相继报道，扩大了黔南的对外影响力，为讲好黔南故事、唱响黔南声音、塑好黔南形象积极贡献智慧和力量，工作成绩得到中国文联和省文联的肯定。

【黔南州文联传达学习十八届六中全会精神】 2016年10月31日，黔南州文联召开干部职工会议集中传达学习十八届六中全会精神。州文联副主席、秘书长孟学祥组织学习了总书记习近平的重要讲话。州委宣传部副部长、州文联党组书记、主席黄光兴强调，全州文联系统广大文艺工作者要学习好、理解好、宣传好十八届六中全会精神，明确任务要求，指导工作实践。每一位党员干部特别是领导干部，要始终加强自身建设，认真贯彻中央八项规定，从严要求，带好队伍；要充分发挥主流意识形态的文艺引导功能，把好思想观念和社会风向标；要迅速做好宣传贯彻全会精神工作，用心、用力、用劲，引导广大文艺工作者把思想和行动统一到全会精神上来，统一到中央和省委、州委的重大决策部署上来。

【黔南州委常委、州委宣传部部长、统战部部长王芳调研宣传文化工作】 2016年11月3日下午，州委常委、州委宣传部部长、统战部部长王芳到州委讲师团、州文联、州社科联调研并召开座谈会，州委宣传部常务副部长伍强力主持会议。会上，3 个单位主要负责人汇报了 2016 年工作开展情况。王芳部长对近年来黔南州宣传文化工作给予了充分肯定，对下一步工作提出了具体的要求。她强调，全州宣传思想文化系统干部要把学习好、领会好、贯彻好党的十八届六中全会精神作为当前和今后一段时期重要工作任务来抓，及时将党的声音传递到千家万户。州第十一次党代会不久将召开，全州宣传思想文化系统要扎实做好相关工作，围绕州委、州政府工业强州、城镇化带动和“一圈两翼”三大主战略，做文章、树品牌、走新路，服务好民生、服务好发展、服务好大局。

【《夜郎文学》首届重点青年作家改稿班在荔波成功举办】 2016 年 11 月 4—6 日，由中共黔南州委宣传部、黔南州文学艺术界联合会、中共荔波县委宣传部主办，《夜郎文学》编辑部和荔波县文联承办的《夜郎文学》首届重点青年作家改稿班在荔波举办。州委宣传部副部长、州文联党组书记、主席黄光兴，州文联副主席、秘书长孟学祥，荔波县委副书记雷学良出席改稿班开班仪式，李灿、夏立楠、吴天威等 10 余名 70、80、90 后重点青年作家受邀参加活动。活动期间，作家们现场进行散文、诗歌、小说改稿，并考察了荔波县玉屏街道水浦和瑶山瑶族文化、生态保护，以实际行动深入生活、扎根人民，实地采风创作。

【黔南州 2 名作家获“乌江文学奖”】 2016 年 10 月 29 日，由贵州省文联、中国报纸副刊研究会、贵州省作家协会等主办的贵州省第五届“乌江文学奖”颁奖典礼在思南县隆重举行。本届乌江文学奖评奖共收到参评作品 70 余部，最终评出获奖作品 12 部，黔南州作家孟学祥的小说集《惊慌失措》和覃志钦的诗集《栅栏外的月光》2 部作品喜获该奖。两年一度的乌江文学奖，代表着贵州独具特色的乌江文化新标尺，已成为省内乃至全国的一个重要文学“奖牌”。

【黔南州文联系统传达贯彻第十次全国文代会及州第十一次党代会精神】 2016 年 12 月 12 日，黔南州文联召开会议传达贯彻第十次全国文代会及州第十一次党代会精神，州文联机关干部职工、州直各文艺家协会负责人参加学习会。会上，全国文代会代表、州文联副主席、秘书长孟学祥重点传达总书记习近平在第十次全国文代会上所作的重要讲话精神，分享参会的所见所闻和感受。州委宣传部副部长、州文联党组书记、主席黄光兴强调，全州文艺界要全面领会会议精神，继续深入生活、扎根人民，讲好黔南故事、唱响黔南声音、塑好黔南形象，努力开创黔南文艺发展新局面。随后，黄光兴重点传达州委书记龙长春在州十一次党代会上的讲话精神，对弘扬三种精神、遵守三大纪律、做好三项工作等内容进行了详细传达。

【中共黔南州委宣传部、州文联党组书记、主席黄光兴带队到平塘县新寨村党建扶贫点开展文艺帮扶活动】 2016 年 6 月 15 日，中共黔南州委宣传部、州文联党组书记、主席黄光兴带队，组织黔南州、平塘县文艺家一行 20 余人到平塘县新寨村党建扶贫点开展文艺帮扶活动。

活动中，文艺家们深入新寨村桃园基地采风，召开党建扶贫座谈会，与金盆街道领导、新寨村“两委”班子、各村民小组组长座谈，了解村情，为发展村级经济出谋划策。都匀市文联主席邱祥彬就新寨村下一步进行新农村规划和发展农业观光旅游产业谈了看法和提出了很好的建议，州舞蹈家协会常务理事黄薇，州戏剧曲艺影视家协会副主席、秘书长张莉辅导该村文艺队，州美术家协会常务理事兰开军指导该村工艺美术雕刻，州文联副主席、秘书长，州作协副主席孟学祥到金盆街道办事处对来自办事处、辖区各村组 20 余名工作人员进行了公文写作培训。

【黔南州文联积极参加黔南州 2017 文化科技卫生“三下乡”集中示范活动】 为迎接新年的到来，为广大群众送祝福、送温暖、送欢乐，2016

年12月19日，由州委宣传部、州文明办牵头，州直10多家单位共同参与的“重温长征历史·弘扬长征精神”文化科技卫生“三下乡”集中示范活动在福泉市举行，活动包括歌舞表演、科普宣传、免费体检、政策宣讲等，州文联组织了义务写春联、照全家福活动。州委宣传部副部长、州文联党组书记、主席黄光兴在活动启动仪式上讲话并热情地为群众书写春联30多幅。

【大型电视连续剧《云雾街》研讨会在都匀召开】 2016年7月18日，贵州省文联主席、省作协主席欧阳黔森，州领导龙长春、向红琼、陈有德、瓦标龙，著名演员刘小峰以及红十月影视传媒、宇麟文化传媒、曙光集团、向前进公司等负责人参加会议，省文联副主席彭治力主持会议。

会上，欧阳黔森主席介绍《云雾街》筹拍情况。与会领导和专家一致认为，作为省委宣传部2016年重点剧目，以都匀毛尖茶历史为背景的电视剧《云雾街》，对于宣传贵州茶历史、传承贵州茶文化、发展贵州茶产业将起到积极的推动作用。州委书记龙长春发表重要讲话，对电视剧《云雾街》的剧本创作和筹拍给予充分肯定和高度重视，相关部门将认真配合做好拍摄工作。

【“到人民中去”贵州省文联下基层文艺慰问演出在瓮安县举行】 2016年5月20—21日，在第2个中国文艺志愿者服务日之际。贵州省文联在红军长征途经之地瓮安县开展百名文艺志愿者“深入生活·扎根人民”文艺培训、采风创作活动。活动由贵州省文联党组成员、副主席汪信山率队，省、州文联文艺工作者一行19人赴红军长征途经之地瓮安县开展百名文艺志愿者“深入生活·扎根人民”文艺培训、采风创作活动。

5月20日下午，在瓮安县会展中心5号会议室举行了“到人民中去”——贵州省文联赴瓮安开展文艺培训开班仪式，来自瓮安县书法、摄影、音乐、舞蹈等领域的文艺爱好者300余人参加开班仪式。瓮安县政协副主席喻松代表县四家班子对长期关注和支持瓮安文艺事业发展的省、州文联领导表示衷心感谢，要求参训人员以“5·23”中国文艺志愿者服务日为契机，“走进课堂向文艺大家学，丰富知识、提高本领；深入生活向社会实践学，增长见识、求取真知；亲近自然向世间万物学，开阔视野、博大胸怀”。

同时，贵州省文联党组成员、副主席汪信山等5人驱车前往瓮安县文联的帮扶点永和镇白水河村悦来小学进行走访慰问，向悦来小学一至四年级的学生赠送了学习用品及玩具200余件及个人捐款。

【中国戏剧家协会分党组书记、副主席季国平一行到福泉考察谷龙阳戏】 2016年5月10日，中国戏剧家协会分党组书记、副主席季国平一行到福泉古城墙实地考察，道坪镇谷龙村阳戏队在小西门水墙上进行了阳戏表演。表演结束，作为阳戏第十七代传人的周昌志为兴致勃勃的考察组专家们介绍了阳戏文化的基本情况和特点。谷龙阳戏是傩戏的一种，和古城墙一样，有着六百多年的历史。传说是被移居贵州的屯军为保留家乡的祭祀习俗和思念故土而产生的。此次考察活动，是谷龙的阳戏文化走出贵州走向全国的一个契机，更为阳戏申报国家级非物质文化遗产打下了坚实的基础。

【黔南州作协跨界联合在广州举办2016南方年代诗歌峰会】 2016年于9月16—18日，中国南方年代诗歌峰会在广州图南生活美学酒店隆重举行。本届诗歌节由温州市文联、温州市瓯海区文联、坡度诗社、广东省浙江温州商会、广州温州商会主办，由泥人（广州）品牌策划有限公司、广州花神诗歌节组委会、广州市云娜舞蹈团、广州韦编文化传播机构、黔南州作协等联合承办。吴治由、吴英文、覃志钦等青年诗人作为黔南州作协的代表参加了此次活动。

2016南方年代诗歌峰会以“坡度诗社”发起，以坡度第四届诗歌节为源，在广东省浙江温州商会、广州市温州商会的强力推动下，由温州、广州、深圳、中山、贵州黔南州五区域跨界联合举办，以诗歌写作的地理和年代谱系为轴，打造2016年度中国诗歌的前沿交以诗歌写作的地理和年代谱系为轴，打造2016年度中国诗歌的前沿交锋。峰会主题以“年代”为关键词，“80后诗歌”及“80后诗人”成为峰会中心，围绕“80后诗歌”，诗人们进行了激烈争辩和讨论。

峰会期间，州作协代表还就如何推动黔南诗歌创作和跨地区联合与参会四地达成相关意向。

【黔南3名作家加入中国作协】 2016年7月18日，从中国作家协会公报获悉，黔南州青年作家吴治由（1982年，苗族）、潘光繁（笔名潘鹤，1981年，水族）、段存东（笔名晴了，1975年，汉族），经中国作家协会书记处会议审议批准加入中国作家协会。此次，贵州获批入会作家共10人，其中黔南为3人。

【著名作家叶辛文学创作报告会在都匀举行】 2016年8月12日，由中共黔南州委宣传部主办，黔南州文学艺术界联合会、黔南州文广新局、贵州向黔进集团承办的“毛尖香·贵州情”全国著名作家叶辛文学创作报告会在都匀举行。叶辛是国内著名作家，因创作《蹉跎岁月》《孽债》而名扬海内外，本次报告会旨在宣传黔南文化，提高黔南文学骨干队伍素质，共有400多名黔南文学爱好者和知青代表参加了报告会。

【黔南州书协2名会员入展《中国书画杂志社》书法邀请展】 2016年11月20日，海岳风华——《中国书画杂志社》2016书法邀请展开幕式在中国书画杂志美术馆、中国画美术馆隆重举行。此展在全国共邀请153位著名书法家参展，黔南州书法家协会会员黄仁龙、徐明春二人的书法作品受邀入展。

【2016中国（荔波）书法高峰论坛在荔波举行】 2016年11月25日，中国（荔波）书法高峰论坛在荔波举行，各地书法家共同探索书法与旅游的发展。论坛分3场举行，其间还开展慈善笔会和“江苏连云港、安徽马鞍山、贵州黔南书法联展”。贵州省书法家协会名誉主席姜澄清，中国书法家协会学术专业委员会副主任朱以撒，《书法》杂志社执行主编胡传海以及吉林省书协、浙江省书协、安徽省书协、《书法导报》、山西师范大学、《中国书法》、北京大学等地的书法家出席论坛。贵州省文联党组成员、专职纪检员张绪晃，书法报社社长、总编辑舟恒划，贵州省书协副主席兼学术委员会主任吴鹏等领导出席论坛。

【《同一首歌》走进龙里】 2016年11月18日晚，“精准扶贫·不忘初心——《同一首歌》情满龙里”主题演唱激情上演。王宏伟、臧天朔、邓玉华、李光曦等众多明星登台献唱。本次演唱会响应“精准扶贫”号召，以公益众筹的方式邀请爱心人士一起扶贫献爱心，演唱会共筹集捐款3万余元。

【瓮安整理本地调《茅草调》《茶山调》】 2016年，瓮安县文联主动出击、精心谋划、统筹安排，紧紧围绕瓮安县委、县政府“文旅大融合”目标，“深入生活，扎根人民”，对瓮安本地调《茅草调》《茶山调》等进行收集整理。

【著名词作家陈涛到平塘采风创作“天眼”歌曲】 2016年11月15—16日，为落实省委宣传部领导指示，创作一首以平塘大射电天文望远镜“天眼”为主题的歌曲，进一步推动黔南旅游文化发展，省音乐家协会组织国内著名词作家陈涛等一行到平塘进行采风创作。

【瓮安县成立第一家乡镇文联】 2016年12月23日上午，瓮安县猴场镇文联成立暨第一次代表大会隆重举行，来自猴场镇文艺界代表、瓮安县文联及下属9个文艺家协会、瓮安公安文联、瓮安县老年书画摄影研究会代表及猴场镇党政机关代表100余人参加会议，猴场镇文联是瓮安县第一家成立的乡镇文联。会议选举产生了镇文联领导班子，下设书法美术家协会、作家协会、音乐舞蹈家协会、民间文艺家协会、摄影家协会5个协会。

【大型历史剧《霍去病》、大型战争剧《特种兵》举行开机仪式】 2016年12月29日上午，大型历史剧《霍去病》、大型战争剧《特种兵》在都匀汉唐影视基地举行盛大的开机仪式，州委副书记、常务副州长罗桂荣出席开机仪式并致辞，省文联主席、省作协主席欧阳黔森，省文联副主席彭治力，州委常委、宣传部部长、统战部部长王芳等领导出席开机仪式。据悉，为保证100集历史剧《霍去病》历时2年完成、40集战争剧《特种兵》半年完成，2000名演职人员将入住汉唐影视城。

【“福泉城市形象歌曲”征集比赛圆满结束】 2016年，福泉城市形象歌曲征集比赛终评在福泉市黄丝江边举行，省政府参事、省音协名誉主席、著名曲作家崔文玉，省文联党组成员、副主席、歌唱家汪信山，省音协副主席、秘书长、曲作家柴永兴参加评审，中共福泉市委常委、宣传部部长、统战部部长田国喜到场指导，历时8个月的歌曲征集活动圆满结束。

本次征集活动共征集到歌词146首，词曲成品310首，其中有小样的作品252首。专家们反复对比、论证，最后从入围作品中评选出15首获奖歌曲：一等奖1首：《幸福在福泉》（黎强词　张夏林曲）；二等奖2首：《幸福福泉》（傅丽祯词　溪流曲），《把福带回家》（陈维东词　刘明扬曲）；三等奖3首：《我的母亲，我的家乡》（段鸿词曲），《福泉，幸福之泉》（阮居平词　潘国强曲），《灵山秀水福运来》（阮居平词　杜兴成、溪流曲）；优秀奖9首：《美丽福泉欢迎你》（宋世琼词　季洛夫曲），《福泉步步高》（阮居平词　丁先红曲），《共创福泉美好明天》（潘甫词　熊生祥曲），《福歌声声唱福泉》（鲍方词　陈世强曲），《山水家园》（陈晓明词　张志辉曲），《美丽的江边寨》（阮居平词　李锋曲），《福泉有福气》（田景安词　周明仁曲），《美丽的蛤蚌河》（罗国霖词曲），《幸福之泉》（柏泉、李映春词　董天庆曲）。

【荔波县文联举办中小学书法教师培训班】 2016年7月18日，由县文联、县教育局主办，县书法家协会协办，为期7天的“2016年荔波县中小学书法教师培训班”在荔波一小开班。本次培训主要针对全县中小学校40名教师展开，荔波书法家协会的3位书法家对参训学员开展理论授课和现场指导。

【北京电影学院与瓮安、平塘共建摄影实训基地并开展党支部共建暨采风创作活动】 2016年，在黔南州文联的牵线及配合下，北京电影学院摄影学院于7月22—25日分别与瓮安、平塘就共建实训基地进行了授牌仪式，并开展党支部共建暨采风活动。

22日，北京电影学院党委书记侯光明教授一行5人在黔南州委宣传部副部长、州文联党组书记、主席黄光兴，州文联副主席曹燕，州文联副主席、秘书长孟学祥及相关工作人员和瓮安县委宣传部副部长、县文联主席杨劲松的陪同下，在瓮安县大金星村村委会议室商讨共建党支部活动事宜。北京电影学院把写有“摄影实训基地”的牌匾授予了大金星村。23日，北京电影学院一行在州、县文联领导和相关工作人员陪同下分别参观了猴场会议会址，并到江界河进行了采风活动。

24日，北京电影学院一行在平塘县委常委、县委宣传部部长杨眉，县政府副县长王登辉的陪同下，在平舟镇京舟村乡愁记忆馆举行授牌仪式，当地领导接受了北京电影学院“摄影实训基地”的牌匾。25日，北京电影学院一行到都匀格多苗寨采风，进一步了解了当地苗族文化及生活习俗。

【黔南州和都匀市摄影家协会赴美国采风】 2016年5月20—6月3日，由黔南州和都匀市摄影家协会组织的摄影创作团一行17人到美国摄影采风。创作团先后参观了洛杉矶、好莱坞、圣地亚哥军港、科罗拉多大峡谷国家公园、华盛顿的白宫、国会山庄，纽约曼哈顿华尔街、联合国总部、时代广场及纽约的象征——自由女神像等地，拍摄了大量的各类图片。美国之旅，让创作团感受到东西方之间虽有文化的差异，但开拓了视野，丰富创作源泉。

【第二届“黔之爱”中国书画名家作品公益活动举行义卖】 2016年6月21日下午，黔南州书法家协会与黔南广播电视台在都匀远丰酒店举行第二届“黔之爱”中国书画名家作品公益活动首场义卖义拍活动，义拍18件书画作品。共得义卖善款6万元。

【黔南书协会员书法篆刻作品入展“溪山翰迹”贵阳·绍兴展】 2016年7月2日，黔南书协会员会员黄仁龙、徐明春书法篆刻作品入展在贵阳孔学堂举行的《王羲之的故事“溪山翰迹”贵阳·绍兴书法展》。该活动是贵阳孔学堂与绍兴博物馆和贵州省书协共同主办的。

【《悠悠独山情》书系之《悠悠独山》出版印刷】 2016年2月，由独山县文联组织编写的《悠悠独山情》书系之《悠悠独山》已完成采风、撰写、收集、编辑、校对等工作，内部出版印刷800册。该书共计58篇，11万字，每篇文章1500字以内，标题字数统一为7字，以彩色实景配图96幅。成书成品尺寸为205毫米×140毫米，采用250克铜版纸，全彩印，磨边，锁线胶装印刷，达到国家一流出版物标准。

【平塘举办“我的舞台舞蹈梦”庆祝建州60年“水之韵”专场文艺演出】 2016年8月12日晚，由平塘文联、县文化和旅游局主办，县文化馆、县音舞协会承办的“我的舞台舞蹈梦”庆祝建州60年“水之韵”专场文艺演出在县行政中心广场举行，来自“水之韵”艺术培训中心、新星艺术培训中心的学员和教师参加了此次演出。

【平塘县文联选送的舞蹈《毛南族猴鼓舞》获“2016年多彩贵州文艺术节优秀少儿节目展演”二等奖】 2016年8月17日晚，由贵州省文化馆承办的“2016年多彩贵州文化艺术节优秀少儿节目展演”，在贵阳市世纪星光剧场举行，平塘县文联选送的舞蹈《毛南族猴鼓舞》获“2016年多彩贵州文化艺术节优秀少儿节目展演”二等奖。

【独山文联组织首届山峰杯征文大赛】 2016年8月19日，由独山县文联组织的首届“醉美独山”山峰杯征文大赛颁奖仪式在独山县举行，此次征文大赛是为纪念中国共产党成立95周年、黔南州建州60周年，推动独山“旅游建设年”工作开展，共评选出30篇获奖作品。县委常委、县委宣传部部长钟少兰，县政协副主席崔从军出席仪式。

大赛开始征文以来，得到了全国各地文学爱好者的大力支持和积极参与，共收到北京、浙江、广东、新疆、贵州等投稿作品189篇。有贵州省写作学会专家组对文稿进行无名评审，选出优秀作品30篇，一等奖由独山二小老师李德萍所创作的《奎文阁的记忆》获得。

【三都县文联组办书法摄影作品展】 2016年9月8—9日，正值贵州三都2016年水族开端大典来临之际，由三都县文联牵头，县水家协会、书法协会、摄影协会等单位及书画、摄影爱好者，在水族风情谷（青春谷）举办了以“水族开端大典”为主题的书法摄影展。此次书法摄影展共展出书法摄影作品200件，展品展现了三都水族人民良好的自然风貌和优秀的人文风俗。

【2016第八届都匀国际摄影博览会筹备会在都匀召开】 2016年10月21日，第八届都匀国际摄影博览会筹备会在都匀召开。州委常委、州纪委书记魏明禄，州委常委、州政府常务副州长罗桂荣，省摄协副主席、秘书长孙蓓红，副主席卢现艺等领导参加会议。会议对2016第七届都匀国际摄影博览会进行了认真总结并商讨2017第八届都匀国际摄影博览会筹备事宜。

【罗甸县文联组织县第二小学少年宫合唱团参加第三届中国民歌合唱比赛获铜奖】 2016年6月19日，由罗甸县文联组织的罗甸县第二小学少年宫合唱团48名团员及8名随行人员赴黔东南州凯里市参加第三届中国民歌合唱比赛。荣获“第三届中国民歌合唱节”铜奖。

【罗甸县成立首个乡镇文联】 2016年12月21日，罗甸县成立了首个乡镇文联——边阳镇文联，县文联为边阳镇文联现场授牌。县文联主席杨桦对边阳镇文联的成立表示祝贺，并要求边阳镇文联要凝聚边阳镇文艺爱好者，提高文学艺术的创作水平，为宣传古镇边阳做出贡献。

【独山县文联在下司小学开展器乐培训】 2016年5月23日，全国文艺志愿服务日期间，独山县文联组织县音乐家协会并联合县教育局青少年活动中心，邀请县文化馆退休干部杨达等到下司小学等学校开展器乐培训文艺扶贫志愿活动，内容为二胡、笛子培训，引导广大中小学生热爱音乐，传承独山独特花灯文化，并将活动长期化开展。

【荔波县文联开展“书法进校园”文艺志愿服务活动】 2016年5月24日下午，在全国第二个文艺志愿服务日之际，荔波县文联秘书长带队，组织县文联和县书法家协会部分会员到水尧小学开展“书法进校园”活动。

“书法进校园”活动，是县文联“四进”活动（进机关、进社区、进乡镇、进校园）之一，其主要目的是弘扬传统文化，普及书画艺术，繁荣荔波文艺。活动中，文联秘书长、县书协主席用生动浅显、通俗易懂的语言向水尧小学在场的50多名师生讲解了汉字的演变、学习书法的要领和意义，以及字帖的选用，并对书法临帖辅导、书法创作辅导等方面做了深入浅出的讲解。并代表县联和县书协向水尧小学赠送了书法作品。

【庆祝建党95周年“红色经典记忆　最美荔波风采”书法摄影展在邓恩铭故居开展】 2016年7月1日上午，为喜迎中国共产党成立95周年，以及建州60周年，更加有效地宣传荔波县在全面小康建设过程中产生的新变化、取得的丰硕成果，由县县委组织部、宣传部主办、县文联承办的“红色经典记忆·最美荔波风采”书画摄影展在邓恩铭故居隆重开幕。本次书画摄影展共征集到作品200余幅。展出作品60幅，其中书法、绘画、摄影作品各20幅，主题突出、内容丰富、风格迥异，进一步展现荔波县文化建设的新成果和干部群众的良好精神风貌。

【黔南州5名乡村音乐教师参加“爱因有你——百名乡村音乐教师北京行”活动】 2016年6月10—16日，由甘肃省乡村教师培训志愿者协会主办的“爱因有你——百名乡村音乐教师北京行”活动在北京首都师范大学附属中学举行。中国文艺志愿者协会为此项活动的支持单位，贵州省有10个参加名额，在省文联的关心下，黔南州共获5个名额，她们是瓮安中学的钟兴云、三都县城关小学的江声梅、荔波二中的黄静、平塘县平湖中心学校的熊都梅和福泉市牛场中心小学的罗祖丽。活动期间进行了舞蹈、声乐等培训，并参观北京大学等名校，聆听名家讲座，进行现场交流、观看高水平的文艺演出。

（张　文）

·新闻出版·广播电视·

XIN WEN CHU BAN　GUANG BO DIAN SHI

黔南日报社工作

【概况】　《黔南日报》是中共黔南州委机关报，2016年黔南日报社有人员编制48人，内设机构9个，实际在编43人。管理人员14人：其中县级以上干部2人，科级干部8人，科员、办事员4人；专业技术人员27人：副高以上4人；中级6人；初级17人（其中已聘9人，未聘8人）；工勤人员2人。

2016年，黔南日报社在州委、州政府的领导和州委宣传部的业务指导下，以中共十八大和十八届五中、六中全会以及习近平总书记系列重要讲话精神为指导，紧紧围绕“四个全面”战略布局，认真学习贯彻省委十一届七次、八次和州委十届九次、十次全会和十一次党代会精神，牢牢把握正确的舆论导向，牢固树立政治意识、大局意识、核心意识、看齐意识，解放思想、真抓实干，主动适应新常态，圆满完成了各项工作目标任务。

【围绕中心做大做强重大主题和重大活动报道】　2016年，黔南日报社结合省、州项目观摩暨易地扶贫搬迁现场观摩会，黔南建州60周年系列活动，都匀毛尖（国际）茶人会，FAST落成启用，第三届中国物流（都匀）国际峰会，第三届黔南骄傲年度人物评选等推出了一批专刊专题，开设“辉煌黔南60年”“乘高铁、品毛尖、看黔南”“都匀毛尖、国茶出山”“脱贫攻坚同步小康”“开展两学一做　决战脱贫攻坚”“寻红色印迹　走发展新路——纪念红军长征胜利80周年”“找准新定位　谱写新篇章”“喜迎州十一次党代会”等一批重点栏目，同时，深入开展“走转改”活动，先后推出了都匀创模、贵定巧用六尺巷典故化解群众纠纷、荔波全域旅游、惠水百鸟河数字小镇、罗甸“四带”创业扶贫模式、长顺“藤缠树”扶贫模式、龙里贵阳同城化发展、福泉中小学人事制度改革、独山区镇合一改革模式、瓮安农民市民化、平塘大射电、三都水族文化、都匀经济开发区打造影视、旅游、文化、体育开放式乐园以及全州交通城建发展、水生态建设、农业接二连三、医疗卫生改革、茶产业、物流业、旅游业等一大批有深度、有温度、有力度的专题报道、系列报道，宣传州委历次全会和十一次党代会确定的发展战略、奋斗目标和具体措施，反映全州经济社会发展的良好态势和各地各部门加速发展、推动跨越、同步小康的新思路、新举措、新经验。

【创新版面设计提升《黔南日报》视觉冲击力】　精心设计、制作了“黔南州两会特别报道”“黔南州建州60周年大庆特别报道”“茶人会特别报道”“物流高峰论坛特别报道”“黔南州第十一次党代会特别报道”“热点关注”“视点”“视觉新闻”等系列版式，大胆创新，使用大尺寸精美图片，版式新颖、灵活多变，其中“黔南州两会特别报道”“黔南州建州60周年大庆特别报道”“黔南州第十一次党代会特别报道”中采用了图解政府工作报告和全会精神的形式，直观、明了，“茶人会特别报道”中按版面内容，设计的中国风系列版面，精美细致，深受广大读者喜爱。在图片处理制作环节，积极向《贵州日报》等学习，严把质量关，不断提升图片质量，使得版面上的图片更加精美、清晰。栏图制作时，力求新颖现代，相继续制作的“两学一做”“黔南骄傲系列”“喜迎州第十一次党代会”“创业故事”等主题鲜明、设计新颖的栏图。

【加大优秀干部的推荐选拔力度】 根据工作需要，推荐1名干部到州委办跟班学习，交流1名干部到黔南州反腐倡廉教育基地管理中心工作，同时还通过面向社会公开招聘的方式选拔了2名专业技术采编人员。4月，在州委组织部和州委宣传部的指导下，通过采取竞争上岗方式选拔任命了7名副科级干部，不断充实中层干部队伍，有效激发干部队伍工作活力。

【着力提高干部队伍专业素质】 2016年以来，报社领导班子共参加省、州组织的各类培训25次。为进一步提高广大干部职工对黔南发展大数据的认识，以及“云上贵州”的实际应用，6月，报社邀请黔南民族师范学院计算机学院院长、教授王观玉到报社作大数据专业知识培训。在邀请省、州媒体专家到报社培训的基础上，为进一步适应现代新闻传媒发展对新闻从业人员的需要，努力提高本报编辑记者的业务能力和政策理论水平，充分发挥黔南日报“大讲堂”的作用，组织本报编辑记者进行新闻理论业务技能培训。12月，报社组织采编人员到省新闻出版广电局参加新闻采编资格专业培训及记者证考试。还选派新媒体的采编人员到广州、深圳、上海、甘肃等地学习新媒体发展经验，选派新提拔的科级干部到州委党校参加党性学习锻炼。全年共培训干部职工1000余人次。

【深化新老媒体融合发展，推进全媒体建设】 深入贯彻落实习近平总书记“8·19”重要讲话精神，积极深化改革，努力加大媒体融合发展力度，大力发展新媒体。重新组建《黔南网》编辑部负责运营管理《黔南网》，同时对网站进行改版，并搭建了“云黔南”新闻发布平台。8月，与都匀经济开发区、州农信社合作共同举办了“庆祝黔南州成立60周年大型明星演唱会”。筹集资金235万余元组建黔南报业全媒体中心。筹集资金500余万元，在全州13个县（市、区）建设200余块《黔南日报》阅报栏。投资430余万元，与杭州山哈文化创意公司、杭州美盛动漫公司联合制作布依族动漫剧《聪明的甲金》，该动漫剧图书《聪明的甲金》于6月正式出版，并于7月9日在杭州举行盛大的新闻发布会。该动漫剧首期24集现已制作完成，正在组织申报中宣部“五个一”工程奖。2014年融资400万元和北京十月天文化传媒公司联合拍摄了《山的那边有匹马》，于5月27日在三都举行首映仪式，同时在全国电影院线公映，截至2016年，该片共获得第52届韩国大钟奖“最佳外国优秀故事片”入围奖、2016年俄罗斯罗斯托夫艺术之桥国际电影节“关心自然和地球未来大奖”、第12届圣地亚哥国际儿童电影节提名奖、2016年保加利亚国际红十字委员会与健康电影节入围奖、2016年北京青年影展最佳新晋男演员、最佳女主角和最佳编剧提名奖等奖项。

【文化产业项目申报实现新突破】 2016年，黔南日报社共争取到中央、省、州相关补助资金500余万元。其中，布依族民族题材动漫剧《聪明的甲金》制作补助资金110万元；黔南报业全媒体中心建设补助资金200万元；黔南报业民文数字出版系统研发升级项目补助资金240万元。

【深入践行“两学一做”学习教育】 根据州委办印发的《关于在全州党员中开展“学党章党规、学系列讲话、做合格党员”学习教育实施方案》要求，黔南日报社除做好“两学一做”学习教育的日常宣传报道以外，还专门制定了《黔南日报社“两学一做”学习教育实施方案》，并于2016年4月29日召开了黔南日报社“两学一做”学习教育动员大会。会上组织全体党员学习了当代女愚公邓迎香坚持13年打通一条长200米的通村隧道、为了民族独立25岁牺牲的战地摄影记者方大曾的感人事迹和《毛泽东：党委会的工作方法》等。6月15日，报社组织全体党员到独山县影山镇新贵茶业发展有限公司开展“两学一做”助农采茶活动。向当地群众发放《党章》，对深入开展“两学一做”学习教育作广泛动员宣讲，就如何抓好“两学一做”学习教育推进脱贫攻坚等与村干部进行交流座谈，密切了干群关系。为推动“两学一做”学习教育的深入开展，报社组织全社51名党员积极参与到人民网“学习小组”微信公众号发起的“手抄党章100天”活动当中，坚持一边学习一边手抄，做到坚持每天一学一抄，真正把党章这个总规矩立起来，刻印在每一个党员的心头。9月12日，报社机关党委下发了《关于做好“两学一做”学习教育第三次专题实施方案》，对下属各支部第三次“两学一做”学习教育工作进行安排部署。在专题学习讨论中，报社领导率先垂范，带头以普通党员身份到所在支部参加学习，与支部党员一起参加讨论、一起查摆问题、一起接受教育。

【积极开展党建驻村帮扶活动】　按照州委、州政府“脱贫攻坚，同步小康”的要求，选派1名优秀年轻干部到福泉市陆坪镇香坪村担任第一书记。2016年1月3日，由报社机关党委牵头为蒙家桥社区困难户发放45件衣物；1月4日，出资10800元为帮扶点陆坪镇翁羊村购买毛毯慰问贫困户；2月4日，出资1万元帮扶陆坪镇翁羊村修建村级基础设施，同时，给困难党员发放慰问金1500元。在建党95周年到来之际，组织党员领导干部职工分别到蒙家桥社区和福泉市香坪村开展慰问老党员、困难党员活动，给他们送去了《党章》和2100元的节日慰问金。通过上门慰问和“送党章”活动的开展，不仅确保了学习教育不留空白，让特殊群体党员足不出户了解党的最新方针政策，有效提高了老党员和困难党员的政治素养，同时，也让他们感受到组织的关切和温暖。为支持村级公益事业发展，6月，黔南日报社出资1万元帮助贵定县昌明镇桐荡村修建村级文艺活动场所；12月，出资3万元并协调资金45万元为都匀市毛尖镇摆桑村修建通组公路。2016年，报社在经费紧张的情况，共计出资64400元用于开展党建帮扶工作。

【获年度表彰】　2016年，黔南日报社选送参评的新闻作品中获得贵州好新闻二等奖2个，三等奖6个；获得第二十八届全国少数民族地区报纸好新闻奖二等奖6个，三等奖6个。因工作表现突出，有2人分别获评“黔南州优秀青年人才”和“贵州省新闻职业道德模范”；6人被评为黔南州建州60周年庆祝活动先进个人；4人被评为贵州报业改革先进个人创新奖。同时，因在特色专题策划、媒体融合发展、全媒体中心建设等方面取得突出成就，在第十二届中国传媒大会上《黔南日报》荣获金长城传媒奖“2016中国十大影响力地市党报”称号。

【完成目标数】　2016年，全年共完成经营产值2025万元，其中报业传媒公司完成353万元，同兴广告公司完成490万元，印务公司完成892万元，与县（市、区）合办地方版费用260万元，《黔南手机报》订阅发行总收入30万元。全年共完成《黔南日报》发行31039份、《黔南手机报》总计订阅3万户，顺利完成了年初制定的工作目标任务。同时，在州委改革办和州委宣传部的指导下，经过近一年多的努力，已经初步具备组建报业集团的规模，并于12月23日正式挂牌成立了黔南日报报业集团。

（唐　梅　吴珍幸）

新闻出版和广播电影电视

【概况】　2016年，黔南州文化广电新闻出版局紧紧围绕州委、州政府中心工作，在上级新闻出版广电部门的指导下，较好完成了黔南州新闻出版和广播电影电视工作任务。截至2016年年底，全州广播人口综合覆盖率达到92.97%，覆盖人口达384.79万人、电视人口综合覆盖率达到95.46%，覆盖人口达395.11万人。全州各播出机构拍摄选送的电视节目在中央电视台播出110余条，头条新闻、提要新闻多次出现在央视荧屏；在贵州广播电视台播出新闻共计560余条；上传城市联盟50条；广播方面，全年已外发新闻稿件50多条次，其中在央台（含中国之声、中国乡村之声）发稿30多条、在省台发稿20多条。2016年，争取中央、省级农村广播电视节目无线覆盖运行维护费，中央补助地方公共文化服务体系建设专项资金，中央、省级农村公益电影放映补助资金，争取高山发射台中央广播电视节目无线数字化覆盖工程基础设施建设经费、高山无线发射台站基础设施改造资金等，到位资金1830.92万元。

【新闻出版版权】 2016年，检验印刷企业35家，通过年度核验33家，停业2家。其中，出版物印刷1家，包装装潢15家，其他印刷品印刷19家；积极做好农家书屋补充更新及项目申报工作。组织各县（市）对2015年度1634个农家书屋图书更新情况进行检查验收，同时对所辖行政村的农家书屋点信息进行重新核对申报，核准后申报农村书屋图书更新点1555个。指导贫困县申报数字农家书屋试点项目，全州贫困县共申报试点项目12个；积极扶持精品图书出版发行工作。安排4万元给州非遗中心整理出版《幸福黔南》原创歌曲集，安排5万元资金与黔南州作协合作出版《求索之路——来自扶贫攻坚一线的报道》报告文学集；积极推进国产操作系统软件正版化试点工作，在都匀市、龙里县开展国产操作系统软件正版化试点工作，完成600套国产操作系统软件的采购任务。

【扫黄打非】 根据全国和省"扫黄打非"办统一部署要求，结合黔南州实际，开展"清源2016""净网2016""护苗2016""秋风2016"和"固边2016"五大专项行动，切实加大出版物市场集中整治和中小学教辅教材专项整治。截至9月底，共收缴违法出版物17101件，其中非法出版物6683件（报纸期刊169件，少儿类30件，其他6484件），违禁出版物8519件（淫秽色情750件，其他7769件），侵权盗版出版物1899件（盗版教材教辅22件，其他1877件）；处置网络（其它）有害信息61条（其他61条），有效震慑了违法犯罪，确保了全州政治文化等意识形态领域安全。

【广播电影电视事业】 严密组织，确保广播电视安全播出。认真做好元旦、春节、"两会"、G20峰会、国庆等重要时期的安全播出有关工作，全年全州无一起安全播出事故发生；在全州实施多彩贵州"广电云"村村通工程，积极协调各级政府和各通信运营商，全面完成全州新建乡镇至未通达的1065个行政村的通村光缆干线总里程6956.46公里，完成通村数1065个，占全年计划任务的100%；认真抓好广播电视播出机构制播能力建设工程，争取中央补助资金640万元。配合"百县万村示范工程"，2016年黔南州52个村开展示范点广播电视器材配置项目建设，每个村按2万元配置设备，建设县级应急广播公共文化服务体系。扎实做好2016年度农村电影公益放映工程。到2016年11月12日，全州共完成放映17648.99场次，完成全年任务17484场次的100.94%。联合综治办、公安、国安、工商、质监、工信委等相关部门开展了境外卫星电视传播秩序专项整治工作，全州累计开展执法行动297次，出动执法人员1381人次，检查单位（或个人）1236家次，查处违规单位（个人）90家次，收缴设施254个，收缴天线220面，收缴接收机144台，收缴高频头191个，查处非法小广告80个，发放整改通知书71份，宣传资料14915份；开展电影市场秩序专项治理活动及巡检工作。对12县市15家县城数字影院进行了巡检，重点巡查是否有不规范使用票务系统，偷瞒、截留票房收入，侵权放映、侵权盗录等违法违规行为；组织开展广告管理工作，认真组织开展以传统媒体为重点的虚假违法广告专项整治行动。进一步规范电视剧及相关广告播出管理工作。认真组织开展庆祝中国共产党成立95周年优秀影视剧展映展播活动和纪念红军长征胜利80周年优秀影视剧展映展播活动。

【广播电视宣传评奖】 认真组织开展2015年度黔南州广播电视节目奖（新闻、社教及文艺类）评奖工作，此次评奖共收到172件参作品。其中：广播类67件、电视类105件。经州组委会评选，共有83件广播电视节目获奖（广播类一等奖5件、二等奖12件、三等奖13件；电视类一等奖8件、二等奖16件、三等奖29件）；组织参加2015年度贵州省广播影视节目奖（新闻、社教及文艺类）评奖，共报送64件广播电视节目，其中广播类25件，电视类39件。在2016年举行的新闻评奖中，全州11件作品获贵州广播影视奖一等奖，11件作品获二等奖，24件作品获三等奖；4件作品获贵州新闻奖一等奖，5件作品获二等奖，6件作品获3等奖，获奖数量仅次于贵州广播电视台。黔南广播电视台录制的《纪录黔南》被中国视协评为第二十二届中国电视纪录片好栏目。在全省广播电视技术质量奖评比中，黔南州获3个一等奖，5个二等奖，4个三等奖，组织奖一等奖。

（田文杰）

·卫生和计划生育·体育·

WEI SHENG HE JI HUA SHENG　YU TI YU

卫生和计划生育

【概况】　截至2016年年底，全州各级（类）医疗卫生机构2818家（含营利及非营利性），其中医院93家（综合医院80家、中医医院9家、专科医院4家）、基层医疗卫生机构2469家（其中乡镇医院228家，社区卫生服务中心（站）22家，村卫生室2027家，门诊部1家，诊所、卫生所、医务室187家）、专业公共卫生机构253家（其中疾病预防控制中心13家，卫生监督机构13家、妇幼卫生机构13家，采供血机构2家，计划生育技术服务机构216家）、医学培训机构2家、其他卫生机构1家。全州各级（类）医疗卫生机构设置病床18255张（不含村卫生室）、千人户籍人口拥有床位4.28张。各类卫生技术人员16470人，千人户籍人口拥有卫生技术人员3.66人，卫生技术人员中执业医师（含执业助理医师）6245名，千人户籍人口拥有执业医师1.74名，全州执业注册护士6032名，千人户籍人口拥有执业注册护士1.65名。

2016年全州人口出生率为13.38‰，自增率为6.25‰，符合政策生育率为89.1%，全州出生人口性别比为106.20，比上年同期下降0.9个点。

【医药卫生体制改革】　全面启动了县级公立医院综合改革，取消药品加成，调整部分医疗服务价格，涉及医改的一系列配套措施正在逐步建立、公立医院的收入结构趋于合理，医务性收入逐步提升，公立医院的公益性逐步显现。政府办医的主体责任的得到进一步落实，各级财政对公立医院投入达7.33亿元，是过去年度投资的3倍多。公立医院综合改革呈现“四升三降一放缓”的改革成效，即：门诊病人295.26万人次，较上年同期增长17.20%；住院病人总人次达28.48万人次，较上年同期增长8.35%；手术病人总人次达4.85万人次，较上年同期增长16.55%；群众就医感受明显提升，群众满意度由94.03%提升到96.20%。门诊病人次均医药费用较上年同期下降11.5元，下降6.28%。住院病人次均医药费用较上年同期下降112元，下降比例3.78%；出院患者平均住院天数比上年同期下降0.5天；全州公立医院医药总费用平均增长幅度为7.7%，医疗机构的诊疗行为逐渐规范，不合理费用得到遏制，医药费用增幅趋缓慢，总体控制在医改规定的合理范围内。

【新型农村合作医疗】　新农合制度日趋巩固完善，医疗保障水平不断提高。2016年全州参合328.34万人，参合率98.76%，基本实现全覆盖。财政补助标准提高到420元/人。2016年，新农合补偿896.21万人次，补偿金额14.35亿元。新农合出台有力政策助推精准扶贫工作大病保险全面实施，构建了新农合多重保障体系。

【医政管理】 2016年完成对州内1家县级医院消毒供应室、3家县级医院血液透析室、1家县级医院输血科、3家医院储血室验收，完成都匀市人民医院创“二级甲等”综合医院和两家民营医院的评审工作，完成6家县级综合医院复核评审。积极组建医疗联合体。按照“大手牵小手，上级帮下级”的思路，建立“3+2+1”（即：三级医院+二级医院+一级医院）的医联体模式，全州3家三级医疗机构分别与二级医疗机构、基层医疗机构建立医联体。稳步实施国家基本药物制度。切实巩固基层医疗机构实施国家基本药物制度工作全覆盖成果，实现了4个100%，即基层医疗机构100%使用基本药物、100%网上采购、100%实行零差率销售、100%补助资金配套到位。以“三化”为抓手创建群众满意乡镇卫生院取得显著进展。以“环境公园化、走廊病区做文化、服务规范化”为抓手，开展创建“群众满意的乡镇卫生院”活动，提高基层服务能力，提高群众满意度。全州共74家乡镇卫生院通过创建评审。其中通过全国评审34家、通过州级评估验收40家。全面实施“先诊疗，后付费”便民服务模式。全州从2016年2月1日起全面实施“先诊疗，后付费”的便民服务模式，30万余人次享受“先诊疗，后付费”医疗服务。采供血水平得到进一步提升。采取与黔南电视台、黔南日报等新闻媒体合作、网络宣传等形式加大无偿献血宣传力度，积极开展“3·5”学雷锋等无偿献血活动，全州采血量持续增长。全年采血21110人次，同比增长11.35%；采血量为6569800毫升，同比增长10.94%。

【疾病预防控制和公共卫生应急】 全州共报告法定传染病22种，报告发病率为432.36/10万，控制在省标准以内；免疫规划疫苗接种率保持在95%以上，继续保持无脊灰状态，麻疹发病率维持在1/100万以下；完成艾滋病、结核病、手足口病、狂犬病等重点传染病的防治工作年度目标，在全省结核病临床技能培训竞赛中取得团体三等奖、个人二等奖的优异成绩，率先在大中专院校举办“防治艾滋病知识竞赛”；全面完成精神病专科医院或县级医院精神专科门诊建设；基本消除疟疾、麻风危害，巩固地方病防控成果。完成独山、惠水卫生综合应急示范县创建，举行大型卫生应急演练8次，完成信息报送、风险评估和监测预警机制建设，成功处置平塘、三都人感染H7N9禽流感疫情。全面做好各类重大突发公共事件的卫生应急准备与处置。

【妇幼卫生】 2016年，全州活产数47005人，住院分娩率达99.69%，较2015年同期提高0.59个百分点；孕产妇死亡率18.37/10万，较2015年同期下降7.78%；婴儿死亡率和5岁以下儿童死亡率分别达7.33‰和9.87‰，较2015年同期均下降0.1个千分点。22家县级以上医疗保健机构被国家卫生计生委授予“爱婴医院”称号，长顺县妇幼保健院顺利通过“二级甲等”妇幼保健院综合评审，福泉市妇幼保健院成功创建“二级甲等”、平塘妇幼保健院成功创建“二级乙等”医院，州新生儿疾病筛查中心成功验收通过。

【卫生计生监督执法】 加强卫生计生法治建设，严格程序执法，保持对卫生计生执法高压态势，全州共查办卫生违法案件8957件，结案8953件，罚款1139.84万元，监督覆盖率达97.65%。开展全州卫生计生执法人员培训班5期，培训249人次。全州共受理卫生监督举报投诉案件38起，查办38起．积极回应社会关切，受理信访案224件，其中，处置和回复网上12345民心热线交办的投诉88件，接待群众来电来访160件，均已妥善处置。

【卫生基础建设】 2016年下达中央预算内卫生项目117个全部开工，其中需完成中央预算内卫生项目115个建设任务已全部完工，2017年完成的2个县中医院项目均顺利开工建设。省、州“十大民生实事”基本完成。新建10个乡镇卫生院和50个村卫生室全面完成。全州卫计系统固定资产投资超额完成。全年完成500万元以上口径累计完成8.4亿元，完成率为120%。州级项目扎实推进。州人民医院新院已进入主体施工，累计完成投资1.9亿元。州中医医院异地建设一期全科医师临床培养基地项目主体施工已完成，二期正在开展场平施工，累计完成投资1.5亿元。州公共卫生中心建设项目进入主体施工，累计完成投资0.4亿元。完成州妇女儿童医院前期项目建设书的编制。

【计生基层基础工作】 人口计划全面完成。各级党政和卫生计生部门切实推动和落实年度服务管理改革任务，层层强化责任监督，稳定基层基础，严格依法行政，确保了年度人口计划完成。根据计划生育年度目标考核抽样调查结果，出生率为13.38‰，同比上升0.74个千分点，自增率为6.25‰，同比上升0.62个千分点，符合政策生育率为89.1%，高于目标值0.1个千分点，政策外多孩率为6.9%。计划生育服务管理改革全面推进。全面实行生育登记服务制度，制定出台《黔南州改革生育服务证制度实施方案》，免费发放一孩生育服务证11812张，免费发放二孩生育服务证18568张，委托办理702张，承诺办理4119张，网上办理2016张，已办理计划生育证（再生育）888张，总计31268张。推进流动人口基本公共卫生计生服务均等化，开展流动人口返乡生育全程优质服务。2016年福泉市、惠水县获“2014—2016年全国优质服务先进单位”荣誉称号。全州计划生育利益导向“四项制度”受益人数368492人次，发放资金6271.05万元。补助人畜混居的计生“两户”661户，补助资金61.51万元。补助异地扶贫安置点计生“两户”家庭共有1028户79.64万元，补助计生“两户”女孩助学奖励5968人次358.08万元。

【宣传教育】 主动将卫计工作融入到州委宣传部的战略部署中，加入“黔南微联盟”和“黔南政务头条号矩阵”，凭借全州重大活动节点宣传卫计工作，开辟新的宣传途径。2016年，全州卫计系统在国家级新闻媒体发布新闻50余条，省级媒体发布200余条，州级媒体发布余1500余条，制作电视专题20个，电台访谈节目14期，州卫计委网站、微信、微博公布信息2028条。推送的黔南水医、微笑行动、先诊疗后付费、大病医疗保险、荔波村医姚意肴、三都白血病患者救助行动等电视新闻先后在贵州电视台播出。启动“健康中国行”“健康贵州行”、万步有约等项目，举办黔南卫生计生60周年成就展，特别是与州文明办、州计生协、黔南日报共同举办的“健康黔南·魅力护士”评选活动，访问量达133万余次，累计投票26万余次。网络舆情应对和热点回应工作成效明显，作为卫计宣传工作亮点在全省交流推广。

【计生协会】 创建家庭服务中心示范点35个，创建计生协产业发展合作社12个。全州县级“人口福利·生育关怀”募集基金总额达2000多万元，村级生育关怀基金筹集资金775万元。开展“幸福微笑”大型公益活动，为131名唇腭裂患者实施免费整形修复手术，39名患者接受语音矫正训练，为贫困唇腭裂患者家庭减免上百万元费用。开展“幸福人生——关爱计划生育特殊家庭”公益活动，为全州584户计生特殊家庭建立信息数据库，对191户困难计生特殊家庭实施紧急救助，发放救助金79.7万元。

（罗伦鑫）

2016年卫生机构、床位、人员一览表

统计时间：2016年12月

机构名称	机构数（个）	床位数（张）	人员数（人）	卫生技术人员（人	医师（人）
总计	2818	18255	21531	16368	6116
一、医院	93	14098	12317	10395	3374

续表

机构名称	机构数（个）	床位数（张）	人员数（人）	卫生技术人员（人）	医师（人）
综合医院	80	10107	9596	8026	2529
中医医院	9	3283	2512	2237	769
专科医院	4	708	209	132	49
二．基层医疗卫生机构	2469	3601	7804	4579	2112
社区卫生服务中心（站）	22	218	536	479	214
卫生院	228	3362	4090	3793	1600
村卫生室	2027	0	2774	98	79
门诊部	1	0	16	15	6
诊所、卫生所、医务室	187	0	388	374	213
三．专业公共卫生机构	253	556	1346	1187	621
疾病预防控制中心	13	0	579	507	321
妇幼保健院（所、站）	13	556	623	563	298
采供血机构	2	0	105	86	6
卫生监督所（中心）	12	0	187	158	0
计划生育技术服务机构	216	0	39	31	16
四．其他卫生机构	3	0	46	27	9
医学在职培训机构	2	0	6	4	3
其他	1	0	40	23	6

体　育

【概况】　2016年，全州体育系统深入学习贯彻中共十八大和十八届六中全会精神，紧紧围绕州委、州政府决策部署和年度目标任务，坚持创新驱动发展战略，深入开展“两学一做”学习教育活动，党建与反腐倡廉建设不断强化，着力推进群众体育，开展丰富多彩的全民健身活动，不断强化竞技体育，加快发展体育产业，一批全国性比赛取得优异成绩，体育各项事业取得新的发展。

【群众体育】　2016年，共举办各级各类赛事、活动130次，其中州级举办20次、县级举办110次；举办重大赛事16个，其中国际赛事7个、全国赛事9个。累计投入办赛经费5000余万元。

利用元旦、春节、“三八”、“五一”等节假日和八月全民健身月，开展丰富多彩的全民健身活动。如：元旦节举办首届“中国体育彩票杯”半程马拉松和5公里迷你赛、迎州庆“三八”广场舞大赛、州直机关迎“五一”徒步走活动、迎州庆“体彩杯”体育舞蹈争霸赛、全州职工气排球赛等活动；全州各县（市、区）均结合实际开展了形式多样的系列活动，如：红红火火过大年、三八节趣味活动、五一全民健身等系列活动，丰富了广大职工和群众的业余文化生活，对提高全民身体素质起到了积极的促进作用。

争取到166个农体工程建设，其中：乡镇农民体育健身工程11个、村级农民体育健身工程92个、全民健身路径工程60个、2个县级老年人体育活动中心和1个社区多功能运动场，项目共分2批进行分配，其中第一批112个要求在2016年12月底前通过验收并投入使用，第二批54个要求在2017年4月底前通过验收并投入使用。

建成9条体育旅游精品线路和3个生态体育公园（其中：独山县和福泉市2个省级项目、荔波县1个州级项目）。

牵头积极推进州级100公里自行车道和100公里健身栈道的建设任务。

与州工会联合组织州直部门开展干部职工体质监测活动，为来自州直部门、企事业单位近400名职工分批进行检测，根据个人测试结果，提出合理运动建议，倡导群众科学锻炼身体。

出台《黔南州全民健身实施计划（2016—2020年)》，全州12个县（市）政府均编制出台《全民健身实施计划》，其中开发区与都匀市合并编制。

【竞技体育】 积极推进“省运战略”工作，建立和完善了项目重点布局、目标责任承包、绩效考评激励、体教结合助推等“四位一体”机制，以备战2018年省十运会为抓手，在青少年优秀体育后备人才选拔、培养和输送等方面着力摸索经验，经过认真调研，与州教育局联合出台了《关于创建“黔南州体育传统项目学校”推进体教结合工作实施方案（试行)》。

2016年度，注册新运动员1310名，确认运动员1376人，补充、确认拳击全国注册运动员18名(其中新注册运动员6名，确认运动员12名)。

为提高教练员训练水平和能力，举办了10期教练员、裁判员培训班，共培训303人，其中：拳击教练员裁判员培训班1期28人、游泳教练员培训班1期28人、田径教练员培训班1期32人、跆拳道教练员裁判员培训班1期34人、篮球教练员裁判员培训班1期57人、足球E1教练员培训班2期52人、足球D级教练员培训班3期72人。完成三级裁判员审批90人，二级裁判员审批89人，二级运动员审批48人。

首次举办了全州“省运战略”田径项目布局点调赛，参加调赛的运动员有176人，并通过此次比赛选拔了参加2016年全省青少年田径锦标赛的运动员。同时，举办了拳击项目全国注册测试赛，共有4个县（市、区）116名运动员参赛。

在2016年全省青少年各单项锦标赛中，共组织田径、游泳、拳击、举重等9个项目代表队参赛，荣获奖牌77枚，其中金牌18枚。同时，参加国家级举重比赛取得银牌3枚，铜牌1枚，2个第四名、3个第五名的优异成绩。

立足黔南实际，申报创建省级体传校4个，分别是瓮安中学、都匀二中、都匀一中、都匀三小；俱乐部2个，分别是黔南州龙里县凌云青少年体育俱乐部和黔南体育舞蹈俱乐部；贵州省田径耐力项目高原人才基地学校1个，为长顺县民族中学；户外营地3个，分别是龙里县风之原青少年体育活动户外营地、惠水县野梅岭森林公园青少年户外体育活动营地、龙里县自然之子青少年户外营地。

【品牌赛事】 2016年，共举办中国“都匀毛尖茶”国际体育舞蹈公开赛（贵州·黔南站）暨贵州省体育舞蹈锦标赛、都匀国际足球小镇“跨年杯”中超俱乐部邀请赛、意大利足球传奇巨星中国行荔波站赛事、都匀CKF搏击王国际金腰带赛、荔波国际跳绳公开赛暨全国跳绳联赛分站赛、中国·瓮安洲际青年女篮巅峰争霸赛、福泉古城全国山地自行车赛、中国山地自行车公开赛（龙里站)、2016中国·瓮安全国六省（区）游泳邀请赛、“贵州动起来”系列主题体育赛事启动仪式暨2016年贵定首届金海雪山全国最美花海公路赛、惠水县贵州越野e族2016春季越野联欢赛、“多彩贵州”惠水2016“龙游涟江·好花正红”全省龙舟邀请赛等18个国际、全国赛事。

【体育产业】 2016年，全州体育彩票总销售26678万元，同比增幅23.5%，其中：大乐透5199万元，同比增幅23%；高频游戏9516万元，同比增幅18%；排列三1212万元，同比增幅63%；竞彩游戏7209万元，同比增幅45%；即开游戏1749万元，同比增幅1%；排列五734万元，同比增幅2%；七星彩295万元，同比下降4%。

学习贯彻《国务院关于加快发展体育产业促进体育消费的若干意见》精神，一批体育产业项目已达成意向性协议。

做好学校体育场馆向社区免费开放试点工作，2016年向上争取免费开放补助经费150万元，分别补助试点县（市）：都匀市80万元、瓮安县60万元、都匀一中10万元。

【党建与反腐倡廉建设不断强化】 2016年州体育局深入学习贯彻中共十八大、十八届五中、六中全会和习近平总书记系列重要讲话精神，深入开展“两学一做”学习教育活动。在学习的基础上，结合体育工作实际，研究制定能够解决实际问题的具体措施和办法，努力建设学习型党组织和领导班子。继续开展党的群众路线教育实践活动“回头看”工作，引导党员干部找差距、学先进和争先进，着力打造节约型机关，全年“三公”经费支出7.37万元，其中接待费0.16万元、会议费0.38万元、培训费1.25万元、差旅费5.58万元，比2015年同期减少47.6%。

【全国性比赛取得优异成绩】 2016年7月26—30日，2016年“建友杯”全国青少年藤球锦标赛在山东省烟台市永铭中学举行，惠水县藤球代表队分别获得了男子单组赛、男子双人赛、女子单组赛、女子双人赛4个项目亚军（分别是男子单组赛亚军：杨朝忠、杨保金、陈国标、高明新；男子双人赛亚军：杨朝忠、杨保金、陈国标；女子单组赛亚军：唐荣妹、陈艳、周佳雯、罗光菊、冯佩佩；女子双人赛亚军：唐荣妹、陈艳、周佳雯）。

7月，2016年全国大众跆拳道锦标赛暨“优魄杯”2016—2017年度全国大众跆拳道系列赛广西分站赛在柳州市举行。贵定县12名运动员代表黔南州参赛，经过艰苦角逐，崔国冲荣获少年男子49KG级别金牌、刘瑜煊荣获少年男子57KG级别银牌；此外，还获得5铜（少儿女子40－44KG和少年男子43KG、49KG、57KG、57－64KG级别）和两个第五（少年女子44KG和少年男子53KG级别）的好成绩。

9月，2016年“宏舜杯”第二届全国武术运动大会在天津举行，独山县运动员莫义猛荣获“传统男子虎鹤双形拳”一等奖、“传统特色拳种展示”一等奖以及“传统男子少林棍”二等奖。

10月28日—11月1日，2016年全国藤球锦标赛在内蒙古呼伦贝尔学院举行，惠水县作为西南地区唯一的一支参赛队，经过5天的激烈角逐，最终获得女子双人赛冠军，女子单组赛亚军的好成绩（分别是女子双人赛冠军：崔永辉、崔永妍、陈艳；女子单组赛亚军：崔永辉、崔永妍、陈艳、唐荣妹、周佳雯）。

【黔南籍皮划艇运动员李悦代表国家队出征奥运赛场】 2016年8月5—21日，第三十一届奥林匹克运动会在巴西里约热内卢举行，黔南籍皮划艇运动员李悦代表国家队出征奥运赛场，成为黔南州历史以来第一位走进奥运赛场的运动员。

（张晴莉）

·社会生活·

SHE HUI SHENG HUO

人力资源和社会保障

【概况】 黔南州人力资源和社会保障局作为州人民政府工作部门，内设11个职能科室。截至2016年12月31日，全局有正式在职干部职工119人，离退休干部职工51人。

2016年，黔南州人力资源社会保障工作在省人社厅和州委、州政府的领导下，以科学发展观为引领，认真贯彻落实中共十八大、十八届三中、四中、五中、六中全会精神，紧紧围绕省工作部署和州委、州政府中心工作，以“民生为本、人才优先”为主线，以促进创业和充分就业、提升社保经办水平为工作重点，统筹推进人事人才、劳动关系等各项工作科学发展。

【就业创业】 2016年，全州实现城镇新增就业71731人，其中，民营经济吸纳城镇新增就业人数达53404人；失业人员实现再就业14340人，就业困难人员实现就业9998人；工业园区吸纳就业25853人。农业富余劳动力转移就业116514人；开展职业技能培训37808人，其中农村劳动力转移培训30551人；创业培训完成10946人；城镇登记失业率2.88%，控制在目标任务4.2%以内。新增发放创业担保贷款41804.2万元，扶持创业5662人，带动就业18876人；累计消除“零就业家庭”3616户，实现“动态清零”。

【就业扶贫】 2016年，引导帮扶3154名贫困人口实现创业，实现就业扶贫87284人。

【社会保障】 2016年，全州基本养老、医疗、失业、工伤、生育保险参保人数分别达到35.48万人、57.93万人、16.19万人、20.24万人、15.76万人，分别完成省任务的114%、101.7%、102.5%、103.1%、104.9%。基金征缴收入分别为273513万元、97266万元、9760万元、7030万元、4570万元，分别完成省下达任务的127.9%、122.97%、114%、127.8%、138.5%。城乡居民基本养老保险参保人数达200.11万人，完成省下达任务的102.1%，基金征缴收入为16800万元，完成省下达任务129.2%。按照小康统计监测指标测算，全州基本社会保险覆盖率为96%，其中基本养老保险覆盖率100%，基本医疗保险覆盖率92.89%。切实减轻用人单位负担，全州失业保险费率从2%下调为1.5%，生育保险费率从0.6%下调为0.5%，同时下调工伤保险费率，平均费率从1.27%降至0.94%，降幅为25%。实现全省居民医保异地就医即时结算，开通与“滇、渝、桂、琼、吉”5省（市）跨省就医即时结算。完成州本级离退休人员遗属和因病或非因工死亡人员供养直系亲属生活补助费的调整工作，调整后人均月增加遗属生活补助费150元，企业退休人员遗属生活补助费达到560元（配偶）、530元

(子女及父母),企业离休人员遗属生活补助费达到660元。下发《黔南州城镇基本医疗保险付费总额控制实施办法》(试行),启动基本医疗保险付费总额控制工作,以医保付费总额控制为核心,多种付费方式相结合的支付制度改革。2016年,黔南州社保局被国家人社部评为“全国优质服务窗口”。

【人事人才】 2016年,全州统一面向社会公开招录公务员(人民警察),计划招录584名,实际录用559名;全州事业单位计划公开招聘工作人员2275人,实际聘用2135人;引进各类高层次和急需紧缺人才891人;参加第四届中国贵州人才博览会活动,与广州市人力资源和社会保障局签订《黔南布依族苗族自治州—中国南方人才市场战略合作框架协议书》。做好中小学教师职称制度改革工作,全州涉及各类学校共1663所,涉及教师36834人,共35086名教师过渡到新的职称体系中。完成州直部门及各县(市)、都匀经济开发区101个公务用车制度改革司勤人员安置方案审核及州直88个行政机关参改单位人员身份审查工作。完成10名计划安置军转干部和19名自主择业军官接收安置工作。

【劳动关系】 2016年,全州共受理891件案件,查处各类投诉案件789件,时效内结案率100%;为2.5万人追发工资41355.95万元;督促8户用人单位为10名劳动者补缴社会保险14.42万元。下发《黔南州劳动保障监察“两网化”实施意见》,在全州范围内实现“两网化”全覆盖。受理各类劳动人事争议案件1102件,涉及劳动者1820人,已办结案件1065件,维权金额4049.28万元,其中,调解结案848件,调解率达77%。

【建议提案办理】 2016年,办理州人大代表建议、州政协委员提案共35件,其中,建议18件,提案17件,研究办理建议提案5件(建议3件、提案2件)、牵头办理建议提案9件(建议7件、提案2件),协助办理建议提案21件(建议8件、提案13件)。研究办理和牵头办理的14件代表建议和委员提案全部获“满意”(其中9件获“非常满意”)。承办建议提案工作分别获州政府、州政协“先进单位”。

(严 松)

老龄工作

【概况】 2016年,黔南州老龄工作在州委、州政府的领导下,在省老龄办的业务指导下,以科学发展观为统领,坚持目标导向和问题导向相统一,创新思路,突出重点,真抓实干,各项老龄工作和老龄事业取得新突破、新发展。黔南州老龄工作获全省目标考核一等奖,州老龄工作委员会办公室党支部获州直机关工委先进基层党组织表彰。

【居家养老】 2016年,全州共建立城镇社区(居)居家养老服务中心(站)159个,163个社区(居)开展居家养老服务工作,占城镇社区(居)总数的97.6%,农村有722个行政村开展居家养老服务工作,有服务对象7089人,全州城乡居家养老服务投入经费281万元,建设居家养老服务站示范点19个。

【农村幸福院】 2016年黔南州获得农村幸福院建设项目150个,建设资金450万元,建设床位852张,匹配资金116.57万元,建成交由村委会管理的131个,老年协会管理的15个,自行管理的4个,建成州级示范点5个,县级示范点23个。

【老年协会】 2016年,黔南州建立城镇社区老年协会146个,占应建立数的100%;建立村级老年协会1171个,占行政村总数的97.25%,注册协会56个,备案协会587个,经费投入95.8万元。

【"敬老月"活动】 2016年"敬老月"期间，州委常委、州委组织部部长、老龄委主任胡志峰，州人民政府副州长、州老龄委常务副主任杨从明，州人民政府办公室副主任、州老龄委副主任王文炯等领导，分别慰问或委托慰问都匀市西苑社区老年协会和部分高龄特困老人、长顺县广顺镇北场社区老年协会和部分高龄特困老人，独山县下司镇星朗村农村互助幸福院和部分高龄特困老人；州老龄办对州部分老年协会和30位高龄困难、空巢老年人进行慰问，州老龄委及成员单位在"敬老月"期间，共计慰问百岁老人、高龄老人、空巢贫困老人近100名，慰问敬老院、福利院、老年协会10个。各县（市、区）领导慰问本辖区内部分老年人，组织开展书画、诗词、摄影展、健身操、文艺演出等丰富多彩的活动。

【省督查黔南州贯彻落实《贵州省老年人优待办法》和各级老龄委履职情况】 2016年11月16—17日，省督察组到黔南州督查《贵州省老年人优待办法》落实情况和州、县（市、区）老龄委履职情况，听取黔南州关于贯彻落实《贵州省老年人优待办法》情况暨各级老龄委履职情况的汇报，督查黔南州中医院、都匀市公交公司、荔波小七孔风景区等对老年人优待情况。

【百名长寿老人品茶话茶活动】 2016年9月23日，黔南州在都匀举办2016都匀毛尖（国际）茶人会，来自国内外100名饮茶长寿老人参加品茶话茶活动，实现了"以茶会友、以茶养生、以茶养文、饮茶长寿"的目的。

【高龄补贴】 黔南州13县（市、区）全面建立80周岁以上老年人高龄补贴制度，覆盖率100%。2016年全年有39711名80周岁及以上老年人领取高龄补贴，共计发放高龄补贴3360.9万元。

【孝老爱亲先进人物访谈】 2016年9月30日下午，由黔南州老龄委主办，黔南广播电视台承办的"孝老爱亲·情满人间"先进人物电视访谈活动在黔南广播电视台演播厅进行。州老龄委成员单位、县（市、区）老龄办领导及学生和群众代表共计100余人参加现场录制，对敬老助先进单位、敬老助老优秀志愿者、孝老爱亲好儿女、孝老爱亲好家庭、老有所为杰出老人等现场采访，并向全州广大观众发出《孝老爱亲行动倡议书》。录制的节目在黔南电视台黄金时段播出。

【黔南州组织参展第三届贵州省老龄产业博览会】 2016年9月16—18日，第三届贵州省老龄产业博览会在贵阳举行，黔南州组织贵州罗甸县裕丰玉业、贵州亿源生态果业有限公司、罗甸布依三杯酒业有限公司等12家企业参展。

（蒙永昌）

住房公积金管理

【概况】 2016年，黔南州住房公积金管理中心内设机构17个，编制83人。截至12月31日，实际在岗干部职工76人，1—12月全州共归集住房公积金22.86亿元，提取住房公积金11.32亿元，发放个人住房贷款19.72亿元，实现增值收益7478.06万元，累计归集共109.84亿元。

【黔南州住房公积金管理委员会第二届第五次、第六次全体会议召开】 2016年3月29日，在都匀召开黔南州住房公积金管理委员会第二届第五次全体会议。会议审议通过了2015年全州住房公积金计划执行情况与2016年全州住房公积金计划草案的报告；黔南州住房公积金管理中心2015年年度披露报告；州住房公积金中心关于要求调整支付受托银行归集手续费的请示；州住房公积金中心关于向商业银行申请授信贷款的请示；州财政局、州公积金中心关于调整住房公积金增值收益上缴时间和方式的请示。

2016年10月20日，在都匀召开黔南州住房公积金管理委员会第二届第六次全体会议。会议审议通过了《黔南布依族苗族自治州住房公积金管理委员会章程（修订草案）》；论证《黔南州关于深化住房公积金制度改革全面推进住房公积金制度建立的实施方案》。

【改革课题调研】 2016 年 5 月，按照《中共黔南州委全面深化改革领导小组 2016 年工作要点》的通知要求，中心对《探索进城务工人员建立住房公积金制度》开展课题调研，2016 年 9 月，形成《探索进城务工人员建立住房公积金制度调研报告》和《黔南州全面推进住房公积金制度实施方案》，2016 年 9 月 27 日在州委全面深化改革领导小组第 19 次会议上通过《实施方案》和《调研报告》，10 月 29 日州政府办行文下发《黔南州全面推进住房公积金制度实施方案》。

【建立住房公积金制度列入州“十三五”规划纲要】 州“十三五”规划纲要中将“建立住房公积金保障计划，开展全民‘五险一金’登记行动，积极拓展住房公积金缴存覆盖面，使住房公积金政策更大限度惠及广大人民群众”列入规划纲要。

【开办授信贷款、贴息贷款业务】 2016 年 5 月 17 向黔南州工行申请发放授信贷款 1 亿元；6 月 29 日再次向黔南州工行申请发放授信贷款壹亿元正；12 月 12 日向黔南州建行申请发放贴息贷款壹亿元正。

【中办督查调研组一行到州住房公积金管理中心督查调研】 2016 年 7 月 12 日，中直工委宣传部巡视员、副部长吴清彬率中办督查调研组一行，到州住房公积金管理中心就《中国共产党党组工作条例（试行）》贯彻落实情况进行督查调研。

【联动协作机制】 2016 年 8 月 18 日，与黔南州中级人民法院联合印发《关于建立协作联动机制的若干意见（试行）》的通知（黔南法〔2016〕35 号）。

【提升整体形象】 2016 年 9 月，中心党组提出开展“内强素质、外树形象”活动，统一悬挂自主设计标识、定制窗口统一制服、佩戴统一岗位牌，打造楼廊文化，整体推进中心党建品牌的创建。

【州领导到中心调研】 2016 年 9 月 6 日，州委副书记、州长向红琼到中心就住房公积金运行情况进行实地调研。

【打击骗提公积金行为】 2016 年 9 月，中心发现有公积金缴存职工通过第三方（中介机构）伪造的异地虚假购房合同、虚假银行借款合同、虚假银行流水等证明材料办理住房公积金提取业务。共查出骗提套取职工 47 户，骗提金额 205.86 万元。中心及时向公安机关报案，向州纪委反映情况。10 月，州纪委召开专题会议，提出处理意见。同月都匀市公安局送达立案告知书，并对提供虚假资料的中介机构嫌疑人实施抓捕。中心印发了《关于依法打击骗提骗贷住房公积金违法行为的通告》并在各县（市）管理部大厅张贴。截至 12 月 31 日，共有 29 名职工退回骗提资金 104.86 万元。

【将住房公积金制度覆盖列入党代会报告】 2016 年 12 月，在州第十一次党代会上，将“推进住房公积金制度全覆盖”写入龙长春书记在州第十一次代表大会上所作的《打造民族地区创新发展先行示范区为开启基本现代化建设新征程而奋斗》报告。

（吴玮燊）

旅 游

【概况】 2016 年，黔南州上下认真贯彻落实省委、省政府“做强做优旅游长板”的要求，把加快发展旅游业作为既要绿水青山也要金山银山的生动实践，把实现百姓富与生态美的有机统一作为根本目标，积极迎接大众旅游时代，深入实施“大旅游”发展战略，紧紧围绕“生态黔南·康养天堂”的发展定位，努力打造国际山地旅游目的地和全国大健康养生基地，全州旅游业呈现良好发展态势。

【主要旅游经济指标持续快速增长】 2016年黔南州旅游收入603.04亿元，增幅42.7%，旅游接待人数6708.98万人次，增幅40.8%，接待外省游客2995.39万人次，增幅55%，接待入境游客175740人次，增幅20.2%。

【重点旅游项目建设稳步推进】 始终坚持以重点项目带动发展，积极推动各个项目开展。在项目实施中，充分发挥县市的主体作用，坚持属地管理、分级负责的原则，以“100个旅游景区工程”建设为契机，积极推进12个省级重点旅游景区建设。2016年，黔南州12个重点旅游景区完成投资67.06亿元，完成年度任务数的131.93%。省级重点旅游景区累计招商引资27次，签约项目20个，签约资金81.03亿元，到位资金19.71亿元。并在2016年国际山地旅游暨户外运动大会至“十一”国庆节黄金周期间推出了大射电天文科普体验馆、大射电观景台、红色赤霞心路、凤凰岭停车场、凤凰岭大门、独山飞虎航空体验项目、叶辛作品阅览室、平越文庙、平越驿站、三丰主题文化馆、万三府邸、雄镇楼、上隆黔腊坊休闲观光点13个新景点新项目。建设完成111座厕所，完成投资4906.985万元，11月底排名全省第三，已超额完成目标任务。

【旅游景区质量等级创建、旅游品牌创建和旅游规划编制工作】 2016年黔南州成功创建的4A级景区2家、3A级景区11家，黔南州龙里中铁双龙镇巫山峡谷旅游景区、福泉古城文化旅游景区；完成瓮安朱家山、惠水好花红景区、荔波古镇景区等11家景区国家3A级旅游景区的评定工作；深度发掘乡村地域文化少数民族文化内涵，深度挖掘如都匀毛尖茶、独山盐酸菜、平塘牙舟陶、三都马尾绣、惠水布依族蜡染布、平塘的虎头鞋等特色旅游商品、名优特产品、绿色食品、传统工艺品，以及民风民俗手工制品和民族饰品等旅游产品，并在第九届旅游产业发展大会期间成功举办黔南州旅游商品展活动；《贵州天文地质综合旅游区天坑群景区修建性详细规划》于3月30日通过了州级评审，并报省旅游主管部门审查通过，已下发平塘、罗甸县根据规划组织实施，指导该区域项目建设。

【加大旅游市场开发工作力度】 2016年，紧紧围绕“生态之州·幸福黔南”主题形象进行全方位、多角度宣传促销，全面推进旅游市场开发和信息服务工作。一是与广之旅、南湖国旅、重庆大华国际旅行社、佛山市禅之旅国际旅行社、深圳国际旅行社、湖南万达亲和力国际旅行社等6家旅行社签订的战略联盟合作协议，借助合作联盟，在电视、广播、旅行社店内LCD机、电梯广告、微信平台累计宣传黔南旅游28000余次；二是与《中国经济网》《中国红旗》《贵州日报》《当代贵州》《今贵州》签订合作协议。通过媒体共发布了旅游新闻（信息）204篇，借助国家、省、州三级媒体联动，全州旅游类信息共发布1万余条篇，转载量达10万余次。三是开展黔南旅游宣传“大篷车”全国巡展活动，覆盖100多个城市，直接受宣传游客500多万人次，2016年巡展30多个城市，直接受宣传游客40多万人次。四是在广州、杭州、上海、南京、厦门、香港、北京、山东、宁波、杭州G20专场巡、柳州等地开展旅游宣传活动。全年共投放旅游宣传画册、旅游折页等各类宣传资料20余万册（份），直接受宣游客达150余万人次，大大提高了黔南旅游的知名度。

【旅游行业监管进一步强化】 一是按照省、州相关文件要求认真做好节前旅游安全、旅游市场秩序联合检查工作，认真排除隐患，及时抓好整改。2016 年，检查涉旅企业总计 298 家次，其中星级酒店 126 家次、旅行社 61 家次、景区 77 家次、旅游车队 34 家次，下发整改意见 409 条，全部整改完毕；涉旅企业自查自纠率达 100%；2016 年度没有发生旅游安全事故。二是开展旅游从业人员培训 9 次，涉及星级酒店服务人员、导游、景区讲解员、司乘人员等旅游从业人员共 2174 人次，提升了黔南州旅游服务水平。三是开展行业“文明在行动·满意在黔南”活动，加强旅游行业精神文明建设，通过开展“文明景区”“最佳旅行社”“最佳旅游饭店”“金牌导游”等评选活动，推出一批优秀旅游企业和个人，起到行业标杆带动作用，此项工作在全省旅游系统目标考核中排名第一。四是 2016 年 10 月启用了“12301”全国投诉平台接处旅游投诉，共在系统内接处旅游投诉 11 件，均在限期内办理结案，结案率 100%。实现了投诉处理信息同步化，进一步推进旅游投诉的受理、转办、结案、回访等程序和文书档案的规范。五是指导各县（市、区）在 2016 年成功创建 1 家四星级酒店和 1 家政务接待酒店，指导全州创建 20 家特色酒店和 20 家乡村客栈、50 家乡村旅馆，力争在年底前投入使用；2016 年 7 月出台《黔南州乡村旅游客栈（民宿）等级划分及评定标准》《乡村旅游服务质量通用规范》《黔南州茶园旅游景区等级划分及评定标准》等地方标准，规范行业标准，加强标准化管理。六是完成 2016 年度全州 A 级景区检查及复核工作，对州内 5A 级、4A 级旅游景区进行检查，并指导督促景区整改落实存在的问题；州内 16 家 3A 级及以下景区全部通过复核。

【抓好旅发大会工作】 一是 2016 年 8 月 9—10 日在福泉古城文化旅游景区以“循大道·品福泉——古城文化与太极养生之旅”为主题成功举办了黔南州第九届旅游产业发展大会。此次旅发大会首次以“资源整合、宣传推介、项目观摩、政策推进”方式融合转型，福泉市以承办旅发大会为契机，配套投入资金近 70 亿元，带动打造 27 个旅游景区，进一步丰富了黔南旅游产品。二是 2016 年 12 月 29—31 日在罗甸红水河景区以“山水湖城·玉都罗甸——暖冬休闲度假之旅”为主题成功举办黔南州第十届旅游产业发展大会。此次旅发大会以大健康为引领，以“旅游 +”为支撑，走差异化、特色化发展新路，做足“游山玩水、品果赏玉、健康养生”新篇章，着力打造贵州一流、全国知名的大健康养生基地和水上运动休闲度假基地，推动黔南旅游实现“井喷式”增长。三是紧锣密鼓筹备省十二届旅游产业发展大会。倒排工期，每周调度项目进展情况，各类项目按计划稳步推进，其中平塘星辰天缘大酒店、天文体验馆、FAST 旅游观景台、中轴迎宾广场已经投入使用。省级举办地补助资金 3000 万元全部到位，并按照州政府常务会议纪要（黔南府常议〔2016〕7 号）精神，拨付 2500 万元到平塘县，其余 500 万元作为州统筹。积极开展招标工作，打造国家级旅游品牌，为第十二届省旅发大会系列活动寻找高质量策划团队，招标工作在有序进行中。

【探索旅游体制机制改革】 2016 年，出台了《黔南州推进山地全域旅游供给侧结构性改革实施方案》。

【扎实开展党风廉政和党建工作】 2016 年，根据《中共黔南州委关于印发〈黔南州党风廉政建设主体责任和监督责任清单（试行）〉的通知》文件精神，明确委党风廉洁建设主体责任 47 项，监督责任 34 项。委党组书记、纪检组长亲力亲为，力求落细落小、抓长抓常、真管真严，促进委党风廉洁建设不断提水平、上台阶、创新局。

全面落实《党员领导干部廉洁从政若干准则》《黔南州党员领导干部述责述廉述德制度》《黔南州党风廉政建设“签字背书”制度》《党员领导干部个人报告制度》等党内监督和廉洁自律制度，通过制度加强对领导干部监督和制约。开展科级及以下干部约谈工作，2016 年借严肃换届风气之机集体约谈科级干部 7 人，一般干部 21 人，完成对新进委 2 名人员任前考察及任前谈话。

2017年1月24日，州旅发委召开2016年度党员领导干部民主生活会，会议以学习贯彻党的十八届六中全会精神为主题，围绕“两学一做”学习教育要求，重点对照《关于新形势下党内政治生活的若干准则》和《中国共产党党内监督条例》，进行党性分析，开展批评和自我批评，进一步牢固树立“四个意识”特别是核心意识、看齐意识，严肃党内政治生活、加强党内监督，以提高发现和解决自身问题的能力，民主生活会开出了实效，达到了预期效果。

年内，委机关支部开展民主生活会、民主评议党员活动，坚持“三会一课”制度，加强支部党员管理，发展1人为预备党员.

（向兆国）

·县市概况·

XIAN SHI GAI KUANG

都匀市

【概况】 全市总面积2285平方千米，辖1个乡、3个镇、5个街道办事处，87个村民委员会、29个社区居民委员会。2016年年末总人口49.31万人，其中城镇人口26.45万人，乡村人口22.86万人；少数民族35.47万人，占总人口的71.90%，人口较多的少数民族有布依族、苗族、水族。人口出生率8.93‰，自然增长率2.77‰，符合政策生育率93.92%。耕地面积69.07万亩，森林覆盖率59.20%；主要矿藏有煤、锌、重晶石、石灰石等10余种。

全年全市生产总值1905754万元，同比增长13.30%；农林牧渔业总产值258881万元，增长6.30%；工业总产值1501400万元，增长8.7%；规模以上工业增加值393444万元，比上年增长12.6%。财政总收入311154万元，增长8.90%；其中地方财政收入168113万元，增长7.40%；财政总支出347023万元，增长6.60%。

全年固定资产投资1268887万元，比上年增长21.4%。全年公路里程达1501.87公里，比上年增长9.6%。全市公路营运车辆拥有量为11446辆，比上年增加2403辆。货物周转量786655万吨公里，比上年增长27.9%；旅客周转量703228万人公里，比上年增长36.8%。

全年民营经济增加值完成124.30亿元，同比增长18.90%，占全市GDP比重的65.40%，占全年任务的101.80%，是年在全省县域经济发展综合测评中排城区方阵第十五名。

全年接待旅游总人数1721.39万人次，比上年增长45.9%。全年旅游总收入1633200万元，比上年增长46.5%。

全市普通中等职业学校8所，在校学生13856人，教职工448人。幼儿园133所，在园儿童数15301人。适龄小学入学率99.68%，适龄初中入学率96.86%。

年末，全市卫生机构数233个，其中，医院13所，卫生院17所，社区卫生服务中心6个，专业公共卫生机构8个。卫生机构床位数4030张，比上年末减少9张。卫生机构技术人员3845人，比上年末减少221人，其中医生1266人，比上年末减少191人。

全年全市社会消费零售总额701081万元，比上年增长12.8%。城镇居民人均可支配收入28327元，比上年增长9.2%；人均消费支出17989元，比上年增长11.3%。农村常住居民人均可支配收入10056元，比上年增长8.9%；农村常住居民人均消费支出9398元，比上年增长14.3%。

全年减少贫困人口2412人，666户、8个贫困村出列。

2016年，都匀市在全省政府信用评估中获第一名。

【扶贫攻坚】 围绕“精准扶贫、精准脱贫”目标，把精准扶贫、精准脱贫作为当前经济社会发展的头等大事和全市第一民生工程。亮出作战图，倒排攻坚表，立下“军令状”，发出“总动员”，以项目实施为载体、以产业开发为重点、以增加农民收入为目标，狠抓扶贫项目的实施，扎实推进精准扶贫、精准脱贫工作的开展。

一是实施产业扶贫工程。全市投入产业扶贫资金3300万元，发展经果林1000亩、蔬菜种植4000亩、畜牧养殖牛33000头、猪195100头、家禽78.75万羽、竹鼠2000只。组织职业培训45期3231人，其中涉及贫困家庭劳动力1036人。2016年，全市通过产业和就业培训，实现贫困家庭劳动和易地扶贫搬迁家庭劳动力就业产业8367人。二是实施易地扶贫搬迁工程。2016年全市规划确定6个安置点，计划建设安置房1280套5316人。是年启动房屋工程建设1280套，完成安置房建设803套，搬迁3483人。三是实施教育脱贫工程。全年全市教育脱贫任务1900人，截至12月底，教育扶贫投入资金193.674万元，帮扶贫困学生1400名，其中，小学510人，初中341人，普通高中294人，中职15人，大学生240人，全年资助学生449人，资助资金148.674万元。四是实施生态补偿扶贫工程。2016年全市7个乡镇办事处聘请716名符合条件的贫困人员担任生态护林员，每名每月获得报酬834元，年增加工资性收入1万元。五是实施健康扶贫工程。2016年全市医疗精准扶贫398户407人，实际救助187人，医疗救助“三重保障”报销费用142.10万元，其中新农合基金补偿109.40万元，大病保险理赔9.53万元，医疗保障扶贫救助23.17万元（民政医疗救助18.87万元，医疗机构挂账垫付7.30万元）。社会兜底2818户7077人。

【第24届亚洲攀岩锦标赛在都匀市举行】 8月4—6日，2016中国·都匀第二十四届亚洲攀岩锦标赛在都匀市举行。来自香港、印度尼西亚、伊朗、日本、哈萨克斯坦、吉尔吉斯斯坦、韩国、蒙古、新加坡、泰国、中国台北、澳门、中国等15个国家和地区的230名攀岩运动员参加此次比赛。本届赛事由亚洲攀岩委员会（ACC）、中国登山协会（CMA）、贵州省体育局、黔南州人民政府主办，由黔南州体育局、都匀市人民政府承办。

国家攀岩联合会副主席、国家体育总局登山运动管理中心主任李致新，亚洲攀岩委员会主席余旺龙、贵州省体育局局长张玉广等领导参加开幕式。经过3天的角逐，中国队获2金2银2铜。

【都匀毛尖（国际）茶人会暨第十届都匀毛尖茶文化节】 2016年9月23—25日，都匀毛尖（国际）茶人会召开，以“牵手茶人·拥抱世界”为主题，分别在都匀、独山、贵定、瓮安4县（市）举办系列活动。来自国内外的茶界知名专家学者、国际友人、港澳台嘉宾、世界茶叶知名企业负责人、媒体记者等2000余人云集黔南，品茗话茶，谈茶论道，为黔南茶产业发展出谋划策，共同擦亮“都匀毛尖”这块金字招牌。

活动期间，都匀市还举办“金手指”制茶技能大赛、“山水桥城·国茶之都”万人品茗活动、“最美茶乡·云上都匀”千人茶山歌会、“毛尖茶城·名品博览”活动、“都匀毛尖·养心禅茶”西山禅茶文化故事讲堂、“茶香都匀”文艺晚会、“都匀毛尖万里巡游”启动仪式等活动，大力宣传茶业名士聚匀论茶、助黔兴茶，茶业企业赴匀展茶、立黔做茶的盛况和对都匀毛尖茶发展产生的深远影响。

【第四届水生态文明·黔南（都匀）论坛】 9月21日，第四届水生态文明·黔南论坛在都匀市召开。来自国家水利部及全国部分省区市水务系统有关领导专家学者参加论坛。

会上，中共都匀市委副书记、市人民政府市长邓忠学作以“突出水生态文明建设、让都匀城市生活更美好”主题演讲，全国政协常委、九三学社中央副主席赖明作“改善城市水环境，促进人水新和谐”主题演讲，水利部水保中心副主任姜德文作“保护水土资源，改善生态环境，促进水生态文明建设”主题演讲，西安理工大学水利水电学院院长黄强作“河流生态文明建设理论与实践”主题演讲，还有来自江苏、湖南、北京等地有关专家学者及企业代表也作经验交流发言。

【第三届中国物流（都匀）国际峰会暨商贸物流博览会】 11月8日，2016年第三届中国物流（都匀）国际峰会暨商贸物流博览会在都匀开幕。峰会以“对接‘一带一路’擎领内陆开放”为主题，来自美国、德国、澳大利亚、新加坡等国家以及香港、澳门和地区的商协会代表和企业代表参加会议。

此次博览会采取“1+9+1+2”举办模式。由1个物流发展大会；“一带一路”与内陆开放论坛、陆港与多式联运论坛、快递物流与电子商务协同发展论坛、保税物流与跨境电商协同发展论坛、现代物流与金融创新论坛5个分论坛，出彩物流人——物流项目路演、商贸物流项目推介签约会2个项目推介会以及商贸物流博览会、黔货（名特优产品）出山对接采购会2个展销会等9个分会活动；1个专场活动——全国现代物流示范城市（都匀）“流光溢彩”之夜文艺晚会；加上川贵广—南亚国际物流大通道贵州（昌明）国际陆港贵粤港澳甩挂运输启动仪式、贵州（昌明）国际陆港农特产品集散配送首发仪式2个启动仪式共同组成。

当天，黔南州政府、巴基斯坦瓜达尔市政府、澳大利亚汤斯维尔市政府、珠海市政府、中农批（北京）冷链物流公司、贵州省物流行业协会等分别或共同签订《共建21世纪海上丝绸之路中澳活畜海上物流大通道备忘录》《物流寄递业实名制合作推动贵州大数据发展战略合作协议》《物流资源开发合作协议》等8个协议。

【户籍制度改革】 4月6日，都匀市政府下发《都匀市农业转移人口工作实施方案》，明确2016年全市1.30万农业人口转户工作任务及各职能部门相关工作职责。10月出台相应的配套政策，即《都匀市城中村改造农业人口回迁市民化安置奖补办法》《都匀市农业转移人口市民化奖励办法》《都匀市外来人口市民化奖励办法》《都匀市城镇学校集体户口管理办法》，确保农业转移人口的合法权益，推动都匀市户籍制度改革。

2016年，都匀市农业转移人口落户城镇13404人，流动人口落户城镇5280人，户籍人口城镇化率54.4%，较2015年的51.58%提高2.52个百分点，提前超额完成2016年户籍制度改革目标任务。

【出租车制度改革】 6月8日，都匀市人民政府出台《都匀市出租车行业改革实施方案》，方案要求，取消出租车经营权收费，完善行业准入和退出机制，立足市场调节，强化市场监管，加强宏观调控，全面有序放开出租车数量管控。

全年完成对原有经营权业户颁发经营权证381个，其中：黔南州利都交通运输有限公司18辆，黔南中旅出租运输有限公司91辆，都匀市鸿达出租汽车有限责任公司1辆，黔南州黔都出租服务有限公司137辆，黔南州南方出租车服务有限公司134辆。

【金融扶贫（特惠贷）】 都匀市信贷扶贫“特惠贷”工作由市农商银行具体实施。都匀市扶贫局配合市农商行工作，提供全市建档立卡贫困户信息资料给农商行各乡镇网点，由各网点对建档立卡贫困户开展走访，并建立健全金融扶贫经济档案，实行一户一档管理，做到精准放贷、精准管理。全年完成建档8075户（含都匀经济开发区），评级授信7955户，授信金额38782万元。

截至10月31日，发放“特惠贷”4455.60万元，涉及贫困户910户（其中：都匀市704户3441.60万元，都匀经济开发区206户1014万元）。其中用于产业带动的“特惠贷”资金3290万元、659户。有510户农户享受到股金分红，分红金额104.24万元。全年拨付贴息资金22.80万元。此外，“特惠贷”精准扶贫农户小额信用贷款风险补偿资金1500万全部到位。

【“多彩贵州文明行动”暨“文明在行动·满意在都匀”活动】 2016年，都匀市以“多彩贵州文明行动”“明礼知耻·崇德向善”“文明在行动·满意在贵州”等为抓手，不断夯实基础、加大投入、丰富载体、补齐短板，都匀市“多彩贵州文明行动”暨“文明在行动·满意在都匀”工作取得较好成绩，2016年度在全省综合考核中得分98.12分，位列全省39个一类县（市、区、特区）第二名，比上年提升两个位次，实现增比进位的工作目标。

【保供蔬菜示范基地】 项目总投资500万元。其中：申请省级蔬菜发展专项资金项目补助150万元，合作社自筹350万元。实施地点墨冲镇良亩村。实施时间为2015年9月—2016年9月。

项目计划新建保供蔬菜基地建设和生态化栽培技术推广3000亩，实际完成保供蔬菜基地建设和生态化栽培技术推广面积3025亩，占任务面积的100.83%。其中：2015年秋冬季完成1825亩（菜心810亩、白菜515亩、红菜薹300亩、芥菜200亩）；2016年春季完成1200亩（毛瓜400亩、苦瓜150亩、丝瓜150亩、叶菜200亩、茄子150亩、香菜150亩）。基地生产商品蔬菜7537.5吨，实现产值1802.7万元，扣除物化投入242万元，实现净产值1560.7万元。

（刘运竹）

福泉市

【概况】 福泉市总面积1688平方千米，常用耕地面积4.05万公顷。辖1个乡（仙桥乡）、5个镇（凤山镇、龙昌镇、牛场镇、道坪镇、陆坪镇）、2个街道（金山街道、马场坪街道），60个村民委员会、16个社区居民委员会。2016年年末，福泉市总人口33.38万人，其中少数民族9.74万人，城镇人口14.13万人，乡村人口19.25万人，人口出生率11.36‰，自然增长率5.46‰，符合政策生育率90.96%，人口较多的少数民族有苗族、布依族。境内现探明储量并有工业开采价值的矿产达25种，其中磷矿储量达9.5亿吨以上，煤炭远景储量达2.2亿吨以上；铝土矿已探明保有储量3500万吨，远景储量达2亿吨以上。经济作物盛产烤烟、油菜、茶叶、水果等，其中以“金谷福梨”最为著名，种植面积逾7万亩，全市森林覆盖率达48.56%。

2016年，福泉市地区生产总值完成138.34亿元，同比增长14%；农林牧渔业总产值21.66亿元，增长6.97%；规模工业总产值完成237.92亿元，同比增长8.6%；财政总收入完成24.28亿元，同比增长9.6%，其中地方财政收入14.5亿元，增长9.5%；公共财政支出30.44亿元，增长7.7%。500万口径固定资产投资完成117.61亿元，同比增长22.4%；招商引资到位资金完成191.7亿元；金融机构年末存、贷款余额分别为144.76亿元和136.52亿元，分别同比增长49.7%和36.82%。

2016年，福泉市全市共减少贫困人口8000人，贫困发生率降至10.56%。

社会消费品零售总额完成23.67亿元，同比增长13.9%；城镇居民人均可支配收入完成26633元，同比增长9.4%；农村居民人均可支配收入完成9139元，同比增长10.1%。

工农业发展 2016年，福泉经开区入驻180家企业，启动了北部基础磷化工园区建设，中横门窗、福朋2-乙基蒽醌项目顺利投产，1亿瓶矿泉水生产线已经建成。国际陆港、汽贸产业等项目有序推进。工业投资突破44亿元，规上工业企业增加至106户，较2015年增加26户。建成电子商务产业园区，全市注册电子商务企业增至13户，农村电子商务站点增至101个。31户自有品牌企业应用电子商务开展业务，全市电子商务交易额实现8.16亿元。现代农业加速推进。新增梨、茶种植达7.24万亩，畜牧业产值累计完成9.5亿元。成功引进温氏集团实施“生猪养殖一体化”项目，“金谷福梨”获得国家农产品地理标志和区域公用品牌。

旅游发展 2016年福泉A级景区实现3个A级——古城文化旅游景区获评AAAA级景区，双谷、黄丝分别获评AAA级景区。2016年全市旅游总收入实现 42.11 亿元，同比增长 57.2%，呈现“井喷式”增长态势。

基础设施建设 福泉市争创全省卫生城市通过验收，城镇化率达 54.52%。先后投入 1.2 亿元完成福源大道及 400 公里撤并建制村硬化路工程、G210 线马场坪魏家洞至火车站段路面白改黑工程、马场坪公改二道路改造工程等重点道路建设。在水利方面，相继启动凤山水库、官阳冲、土库槽、瓮偿水库等骨干水源工程建设。城乡一体化供水工作实现城乡 5 个水源点同时入网，城乡供水一体化骨干管网供水覆盖约 16 万人。在电方面，投入 2068 万元，提升供电基础，供电可靠率达 97.9%。在讯方面，新建 4G 站点 65 个，改造升级 471 个，4G 信号覆盖率达 80%。在物流方面，国际陆港通关大道基本建成，安捷丰茂物流公司成功获评“国家 4A 级物流企业”。

生态环境建设 福泉市关闭二〇六片区、石板河片区及边城啤酒等重污染企业 17 家，淘汰落后产能 20 万吨。深入实施大气污染治理工程，对城区 10 万吨以下燃煤锅炉和黄标车及老旧车辆实施淘汰，深入治理城乡生活垃圾和污水，集中式水源地水质合格率保持 100%。启动岔河、蛤蚌河森林公园建设，森林覆盖率提升至 55.55%。

改革开放 福泉市多项改革逐渐形成福泉模式，矛盾纠纷多元化解、综合行政执法、中小学管理、公立医院、环境污染第三方治理、总法律顾问等国家、省、州试点改革赢得点赞，形成福泉经验。实施 7 个领域 18 项重点改革，政府机构改革和乡镇行政区划调整取得实效。扩权强镇、财税管理体制改革打破原有体制壁垒，乡镇获更多事权、财权，投融资、绿色殡葬、医药卫生、国资经营、农村产权等改革稳步推进，福润和兴泉两大国有投资实体企业也起航运转。

社会事业 福泉二中、二幼相继建成投用，在贵州省率先免除全市高中生学费。福泉市综合医院建成，福泉市妇幼保健院开工建设，完成 23 个村卫生室建设。民政事业健康发展，第八次荣获“全国双拥模范城”称号。转移农村劳动力 7800 人。“五险”参保率超额完成目标任务，社会保险覆盖率达到 95%。安全工作成效非常明显，刑事立案、破案绝对数实现“一降一升”，平安建设成效明显。

【免除全市高中阶段学生学费】 2016 年 2 月 22 日，中共福泉市委常委会第 158 次（扩大）会议通过《关于免除全市高中阶段学生学费的决定》，由财政拨付资金，免除全市高中阶段学生学费。对属建档立卡范围内的贫困学生，原享受的各类贫困补助不变。同时，每年安排一定名额采取适当方式接收市外学生进入福泉市高中学校就读，并同等享受免除学费及贫困补助待遇。

【福泉市矛盾纠纷多元化解“112”模式】 近年来，福泉市以市法院被列为全国 50 个、贵州省唯一一个全国矛盾纠纷多元调处机制改革示范单位为契机，结合基层社会治理实际，在探索实践中，提炼形成了独具特色的矛盾纠纷多元化解福泉“112”模式（即：搭建一个市级多元调处联动平台，完善一套以“司法确认”为切入点的诉调对接机制，健全社会第三方调解组织服务网络和“三员两站”便民服务网络），找到了矛盾纠纷多元化解的有效途径。福泉“112”模式自实施以来，引起了社会各界广泛关注，黔南州、贵州省矛盾纠纷多元化解工作现场会分别于 2016 年 1 月 29 日和 3 月 28 日在福泉召开，福泉“112”模式被列入全国 31 个“矛盾纠纷多元化解工作创新项目”之一。

（杨胜立　赵　琦）

福泉市多元化调处中心

全省矛盾纠纷多元化解工作现场会在福泉市召开　　（摄影：张丽）

瓮安县

【概况】　2016年，全县辖1乡、10镇、2街道，82个村民委员会、15个居民社区、2个居委会，行政区域总面积1962.74平方千米，公安户籍管理人口48.84万人，其中少数民族3.5万人。年末耕地面积2.43万公顷。人口较多的少数民族有苗族、布依族、土家族、仡佬族。已探明矿产有磷、煤、铁、锌、钼、钒、汞、铀、硫铁矿等20余种，其中磷矿储量36.15亿吨、煤储量10.6亿吨。森林覆盖率53.36%。2016年完成地区生产总值115.09亿元；财政总收入21.35亿元，同比增长5.95%；实现固定资产投资124.85亿元；社会消费品零售总额21.42亿元，同比增长13.7%；城镇、农村居民人均可支配收入26343元、9156元，同比增长9.2%、10%。实施各类扶贫项目156个；对6377户贫困户投放“特惠贷”3.17亿元；金融机构存、贷款余额分别增长24.5%、29.1%；实现工业总产值、规模工业增加值、工业固定资产投资800亿元、158.8亿元、304亿元，分别增长21%、16%、25%，万元规模工业增加值能耗下降18.5%。

基础设施建设　建成高速公路4条、105公里，改造农村公路121条、803公里，公路通车里程2271公里；实现原247个村100%通油路（水泥路）和通客运车，率先在全省实现城乡公交一体化，开通城乡公交线路8条，投入车辆74辆，县城通乡镇公交车率77%。建成江界河客货运综合码头，乡镇渡口12道。累计客运周转量1476967万人/公里，货运周转量1713290万吨/公里。开工建设瓮马铁路。建成杜仲河水库，治理中小河流26.34公里；完成车地、中火等24座病险水库除险加固，整修山塘89座、防渗农灌渠道320公里，建成199处农村饮水安全工程，全县总蓄水量0.61亿立方米。花竹山96兆瓦风电项目并网发电，新建110千伏以上输变电站6座。建成加油站7座、加气站1座。新增基站850个，实现县城、乡镇及自治村2G、3G、4G网络全覆盖，宽带（含无线宽带）、无线语音电话全覆盖，城乡广播、电视全覆盖。

产业发展　累计实现工业总产值、规模工业增加值、工业固定资产投资800亿元、158.8亿元、304亿元，分别增长21%、16%、25%，万元规模工业增加值能耗下降18.5%。瓮安经济开发区成功创建省级经济开发区和省级新型工业化产业示范基地，名列贵州省级千亿级经济开发区第3位；40家煤矿企业兼并重组为3家煤矿集团公司，实现年产原煤295万吨；瓮福磷矿、中盟磷业等6家磷矿企业年产磷矿350万吨。全县工业企业586户，2000万元口径规模企业80家，新型工业化水平63%。草塘千年古邑区成功创建国家4A级景区，被评为贵州省“十佳旅游城镇”“中国最具价值文化（遗产）旅游目的地”，全年累计接待游客406.96万人次，实现旅游收入35.7亿元，增长59%。建成淘宝·特色中国瓮安馆、贵州（瓮安）国际电子商务产业园；培育电子商务企业及个体100家，建设农村电子商务综合服务站58个；举办2016中国·瓮安电子商务高峰论坛，成功申报“全省电子商务进农村综合示范县”。建成钢材物流市场并投入运营；玉山镇、永和镇新街农贸市场被评为“省级示范性农贸市场”。全年累计实现农业总产值34.59亿元，同比增长14.9%，非粮占比93.9%。茶产业领跑全州，茶园面积20.16万亩，成功创建“欧标茶”品牌，产品远销欧盟、日本等国家和地区；辣椒种植20.09万亩；出栏生猪39.94万头，肉类产量7.6万吨。建成省州级农业园区7个，瓮安现代农业园区成功跨入全省100个现代高效农业示范园区行列，与瓮安县岚关休闲农业园区同时被评为全州“十佳休闲农业园区”；建成建中茶旅小镇。培育农业龙头企业89家、农民专业合作社321个，带动农户3600户8.4万人增收。

城区环境 实施城镇建设项目320个，建筑业总产值11亿元。城区建成面积22平方公里，城镇化率50.09%，荣获全国“2016魅力生态旅游城市”。新建或改扩建城市道路60公里；建成怡人泉人行天桥，设置县城违停车辆智能电子警察抓拍系统，建成智能立体停车场3个停车位408个；实施棚户区改造10468户、64.52万平方米，建成清涟湖湿地公园、西门河沿河景观带，城镇绿地面积新增328万平方米。荣获“全省人防先进城市”。贵州靖沣建筑工程有限公司成功升级为全州唯一一家县级建筑施工总承包一级施工企业。猴场镇成功创建国家部级建设试点镇、省级综合改革试点集镇和全省36个重点建设镇，珠藏镇成功申报为州县共建示范小城镇。投资5.71亿元，实施“四在农家·美丽乡村”六项行动计划，建成81个美丽乡村示范点，建中果水村获贵州十佳美丽乡村“最具商业价值乡村”、猴场下司社区获“推荐旅游目的地”。累计实施“一事一议”财政奖补项目595个，受益村（寨）206个、农户9.42万人次。

社会事业 累计投入民生资金78.94亿元。实施各类扶贫项目156个，对6377户贫困户投放“特惠贷”3.17亿元，5820名“两无”贫困人口全部纳入社会保障兜底；建成易地扶贫搬迁安置点11个，搬迁安置移民2860户、11155人，实现10个贫困乡镇“减贫摘帽”、46个贫困村出列，减少贫困人口2.67万人，贫困发生率下降到2.83%，退出滇桂黔石漠化片区县，全面小康实现程度95%以上。累计实现城镇新增就业6523人，农村劳动力转移就业9051人，失业人员再就业3601人，城镇登记失业率控制在4.3%以内；发放创业贷款1.2亿元，完成职业技能培训8847人；完成城乡居民社会养老保险基本扩面254853人，新型农村合作医疗参合率98.99%，基本社会保险覆盖率96.56%。建设保障性住房22510套，改造农村危房9369户。累计投入教育经费28.09亿元，圆满完成教育“9+3”计划，学前三年毛入园率、义务教育巩固率、高中阶段毛入学率分别提高到88.32%、98.32%、91.28%；整体迁建瓮安职校、瓮安二中，新成立瓮安五中、九中等18所学校；瓮安二中成功申创省级三类示范性普通高中，瓮安成为全州第一个拥有2所示范性高中的教育大县，瓮安职校成功申创国家级示范中等职业技术学校；建成77所山村幼儿园，率先在全州实现村村有幼儿园，被评为首批学科教学渗透法制教育省级示范县，高考达到二本以上人数连续五年位居全州第一。投入3.48亿元实施县医院、中医院及乡镇卫生院、村卫生室改扩建项目132个，全县医疗卫生机构380个，实现村级卫生室全覆盖。迁建和改扩建县医院、县中医院并成功创建国家二级甲等医院。计生投入增加到人均19元，人口自然增长率控制在6.21‰以下，生殖健康技术服务网络实现全覆盖，被评为计划生育国家级优质服务先进县。成功打造“瓮水长歌”文化品牌，“幸福进万家·瓮水长歌文化精品乡村行”获国家公共文化服务体系示范项目，“瓮水长歌MV”获贵州省政府电视文艺三等奖；草塘火龙、玉山白苗舞蹈搓梗籽采阿诗、平定营灯夹戏被列入省级非遗保护名录。建成“文体五馆”，图书馆、文化馆分别通过全国县级图书馆、文化馆一级馆评审，荣获全国文化先进县、中国辞赋之乡、贵州省公共文化服务示范试点县。连续三年成功举办中国·瓮安国际（全国）山地户外运动锦标赛，举办了2016中国·瓮安国际男（女）篮争霸赛、第十三届全国健身交谊舞锦标赛等一系列国家、省州级大型赛事活动21场次。预算信访问题调处专项资金800万元，法律援助、司法救助、特殊人群就业安置帮扶和基层矛盾化解奖补资金各100万元；建成“天网工程”，实现县城区、主要干道出入口和重点集镇视频监控全覆盖。“瓮安经验”经典案例走进中央党校课堂，“5531”社会治理模式全省推广；群众安全感列全省第一方阵。先后荣获全国平安建设先进县、全国法治县（市）创建工作先进县、全国“六五”普法先进县、全国社区戒毒社区康复工作示范单位、省级双拥模范县等荣誉称号。安全生产事故总量和死亡人数总体呈下降趋势。地方志工作在全国第一次地方志工作经验交流会上作交流发言。县公安、司法、人社、教育、文旅、国税等单位获国家部委表彰。

生态环境 荣获“2015年中国生态魅力县”。治理石漠化67.39平方公里，水土流失64平方公里，完成造林28.27万亩，森林覆盖率53.36%，森林蓄积总量600万立方米。实施农村禁止建设区和集中居住区，划定禁止建设区58块63544亩、集中居住区86个3960亩。完成瓮安河治理15.8公里、河道疏浚15.8公里，新建河堤31公里；建成环境监测业务用房；完成县城一期、二期污水处理厂和猴场等4个乡镇污水处理项目建设，全县城镇污水处理率85.1%，城乡生活垃圾无害化处理率73.38%。中盟磷业、鑫光矿业等16家涉磷工矿企业完成矿坑和生产废水治理，洗马、陡山等23对生产煤矿完成矿坑废水治理升级改造；金正大、芭田等企业采用磷石膏制酸联产水泥碱性肥料、硝酸分解磷矿等技术，实现磷矿石资源“榨干吃净”，磷石膏等工业固体废弃物综合利用率98%。关闭取缔塑料加工厂3家，搬迁高污染企业1家，淘汰落后产能企业6家，19座加油站实现油气污染回收治理，淘汰黄标车650余辆，城市空气质量达标率100%。实施30座300立方米以上沼气池工程，实现规模化畜禽养殖场粪便集中处置或综合利用；开展县城及乡镇14个集中式饮用水源地水质监测及水源地保护区划定工作，集中式饮用水水源地水质达标率100%；实现县乡村“河长制”全覆盖，瓮安河流域水环境综合治理全面推进。深入开展“六个一律”环保“利剑”专项联合执法，出动执法人员790人次，检查企业165次，下达执法文书207份，立案查处环境违法行为47起，处罚金200余万元，办理群众来信来电投诉86起，办结率100%。

改革创新 瓮安县相对集中行政许可权获国家级改革试点，乡镇行政管理体制、城市管理综合行政执法、统筹推进农村综合改革等12项重大改革列入省级改革试点，被列为全省乡镇行政管理体制改革唯一整县推进试点县，总法律顾问制度获州级改革试点。财政体制改革全面实行部门预算，实现乡镇“分灶吃饭”。创新农业转移人口市民化改革和户籍制度改革，实现农业转移人口27796人。旅游体制机制改革中率先在全州成立旅游发展委员会。探索城市管理综合行政执法新机制，组建瓮安县城市管理综合行政执法局。率先在全省成立政府专职消防队，实现政府专职消防队乡镇（街道）全覆盖。推行“五证合一、一照一码”登记制度改革，发展市场主体22969户，民营经济占全县GDP比重54.77%。制定三年融资滚动计划，累计完成融资126亿元，成功引进中国银行、贵州银行、贵阳银行，全县累计金融机构8家、合作金融机构15家，成功创建“贵州省农村金融信用县”。成立全省县级第一家互联网金融公司。返乡农民工创业园被列入“西部地区促进农民创业试点工程”、贵州创业孵化基地，瓮安安青创业社被评为国家级众创空间。贵州省知识产权示范县项目通过省州专家组复核验收，专利执法位列全省第4位。全县综合科技进步水平指数提高到83.1%，科技投入占地区生产总值的比重提高到2%。引进百亿磷企金正大、芭田和千亿房企碧桂园等企业221家，实现招商引资686.13亿元。全县外贸备案企业36家，实现进出口总额1184万美元，实际利用外资1.39亿美元。

自身建设 办理县人大代表建议638件、政协委员提案538件，办复率、满意率100%。推行权力清单管理制度，明确全县44个部门（单位）行政权力5176项、11个乡镇行政权力174项。修订《瓮安县人民政府工作规则》，推行政府法律顾问制度，荣获州级“法治政府建设示范县”。严守党的政治纪律和政治规矩，建设“两个责任”与干部正风监督网络平台，勤政廉政约谈党政“一把手”86人次，领导班子成员、中层干部、村（社区）干部1256人次。先后开展廉租房、危房改造、家电下乡补贴等14项专项监察，立案366件，党纪政纪处分382人。累计完成工程项目审计（审核）1112个，送审总金额65.29亿元，审减金额9.25亿元，核减率14.17%。完成新一轮政府机构改革，党政机关公务用车制度改革有序推进。行政许可由原来的142项减少到101项，审批事项减少29%，审批时间缩减58%。建成全省一流县级群众工作中心，建立县、乡镇（街道）、村（社区）群众工作中心（站、室）113个；设立12345民心热线，累计办理各类事项976件，群众满意率98%。实行驻企特派员制度。全县电子政务外网建设实现全覆盖，公开政务信息4万余条，办理回复书记县长信箱群众留言2745件。成立公共投资项目预算评审、结（决）算审计“双中心”。出台《瓮安县提高政府系统办事效率八条规定》，确保政令畅通，决策落地生根。

【州委书记龙长春到瓮安调研】 2016年1月1日，州委书记龙长春到瓮安调研脱贫攻坚工作和草塘十二塘建设情况。州委常委、瓮安县委书记张文强，州委秘书长瓦标龙，瓮安县领导黄桂林、陈博、钟旻、张宗良、韩小忠及县四家班子其他领导陪同调研。龙长春一行到贵州省苗岭雾海生态有机茶园有限公司了解瓮安县建中镇打造茶旅一体化建设情况，要求瓮安按照中央、省、州扶贫工作会议精神和精准扶贫“1+10”和“1+9”文件精神，全力推进精准扶贫工作，大力实施产业扶贫，推进茶企业整合重，组建龙头企业，推动茶产业与旅游业深度融合，助农增收。在猴场镇草塘十二塘建设施工现场，龙长春要求在草塘十二塘打造过程中要科学规划，充分挖掘草塘十二塘文化内涵，优化盈利模式，整合草塘核心区景区资源，提升景区品牌和效益，促进草塘千年古邑旅游区发展。

【中共瓮安县党史研究室获人力资源和社会保障部、中共中央党史研究室表彰】 2016年2月25日，中共瓮安县委党史研究室被人力资源和社会保障部、中共中央党史研究室评为“全国党史系统2011—2015先进集体”，这是贵州省唯一获此殊荣的先进集体。瓮安县委党史研究室主任范祖贵代表先进集体在北京出席表彰会。县委党史研究室编纂的《中共瓮安县委执政纪要（2014）》被中共中央党史研究室评为全国党史部门党史优秀成果奖资政成果类一等奖，获此殊荣的作品全国仅8部（篇）。表彰会议结束后，范祖贵专门到中共中央党史研究室汇报工作，受到中共中央党史研究室主任曲青山、副主任高永中的接见。

【省人大常委会副主任周忠良到瓮安开展乡镇人大工作条例立法调研】 2016年3月24日，省人大常委会副主任周忠良一行到瓮安开展乡镇人大工作条例立法调研，并召开《贵州省乡镇人民代表大会工作条例（草案）》立法座谈会，征求立法建议和意见。州委常委、瓮安县委书记张文强等陪同调研。周忠良一行到雍阳街道详细了解瓮安县乡镇人大工作开展情况，瓮安县人大常委会主任潘玉华汇报了瓮安县乡人大及主席团工作情况并得到周忠良肯定。与会人员就乡镇人大工作开展中存在的困难和问题及下步工作打算进行座谈交流，对条例的体系逻辑、可操作性和体制机制如何完善方面提出了意见和建议。

【贵州省2016年“缅怀先烈·凝心聚力·同步小康”集中示范活动在瓮安举行】 2016年4月1日，贵州省2016年“缅怀先烈·凝心聚力·同步小康”集中示范活动在瓮安隆重举行。省文明办专职副主任朱文东，州委常委、瓮安县委书记张文强，州人大常委会副主任、州文明委副主任张仕雄出席活动；瓮安县领导潘玉华、曾薇、孟先锋、黄成、吴雪嫩及县四家班子其他领导，瓮安各乡镇、各部门主要负责人和全州13县（市、区）文明办、整治办主任等参加活动。朱文东、张文强分别作了讲话。张仕雄主持活动。青少年代表向全省青少年宣读《“缅怀革命先烈·传承红色文化”清明祭英烈倡议书》，瓮安县100名中小学生分别表演了情景朗诵《猴场会议赋》、大合唱《红色足迹·金色家园》和朗诵《瓮安赋》。

参加活动的全体人员参观了猴场会议纪念馆，聆听了革命先烈先进事迹的介绍，接受爱国主义教育。

【贵州城市职业学院瓮安校区开班】 2016年4月15日，贵州城市职业学院瓮安校区举办首个开学仪式。贵州城市职业学院是贵安新区管委会和贵州万好教育投资集团有限公司合作的一所新兴综合性城市大学，通过招商引资引进入驻，在瓮安设立分校区的一所大学专科院校。校区位于瓮安职校内，有专兼职教师49人，开办有建筑工程管理、会计和审计、护理、工程造价专业。

【瓮安县第一部族谱文化志公开出版并举行首发式】 2016年4月3日，在珠藏镇荣院小学召开《瓮水犹氏文化志》编修工作总结会暨首发式，县地方志办主任范祖贵，珠藏镇党委、政府有关领导和来自四川、重庆、河南、江西、贵州的犹氏族人3000余人参加总结会议暨首发式。《瓮水犹氏文化志》由瓮安县地方志编纂委员会办公室、瓮水犹氏文化志编纂委员会联合编纂，由方志出版社出版发行，全志由11章组成，2441千字。该书将地方志书和现代人类文化学研究方法结合在一起，形成以真实记录为主，口传记述为辅的地方文献史料。

【2016（瓮安）第九届国际精细磷化工技术交流大会暨全国磷产业专家委员会成立大会在瓮安召开】 2016年5月9日，2016（瓮安）第九届国际精细磷化工技术交流大会暨全国磷产业专家委员会成立大会在瓮安召开，来自全国各地的业内专家、学者和企业家们围绕用科学技术推进循环生产、清洁生产、资源综合利用等方面进行研讨和交流。

省政协副主席班程农，州委书记龙长春，省国资委党委书记、主任黄秋斌，中国化工信息中心副主任、中国化工情报信息协会理事长揭玉斌，州委常委、瓮安县委书记张文强，瓮福集团有限责任公司总经理杨三可，州人民政府副州长张全毅，州政协副主席、州委秘书长瓦标龙，省经信委总工程师周仕飞，中国化工信息中心HSE事业部主任王武，四川大学教授钟本和，瓮安县领导黄桂林、潘玉华、陈博等参加会议。

来自中国化工信息中心、昆明理工大学化学工程学院、四川大学的专家学者分别作了《我国磷化工行业发展现状及未来发展趋势分析》《磷化工技术现状和发展》《磷化工在高端领域的发展》《磷矿伴生稀土分离提取》的报告。

【龙长春率队到瓮安观摩】 2016年5月22日，州委书记龙长春率领黔南州2016年第一次项目现场观摩会第一组代表到瓮安观摩。瓮安县委副书记、县长黄桂林，县人大常委会主任潘玉华，县政协主席陈博及县四家班子其他领导陪同观摩。龙长春一行到贵州芭田生态工程有限公司，现场观摩了芭田公司污水处理厂项目和到金正大诺泰尔化学有限公司磷石膏综合利用项目。观摩组代表到返乡农民工创业园武江隆塑业有限公司项目、瓮安弘辉五金钢材市场（众创空间·安青创业社）项目和贵州（瓮安）国际电子商务产业园项目进行现场观摩。

【黔南州四项污染减排工作推进会在瓮安召开】 2016年6月7日，黔南州四项污染减排工作推进会暨生活污水一体化处理和河长制工作现场观摩会在瓮安召开。副州长胡晓剑、州政府副秘书长仲成鹏、州环保局局长孙志清出席会议。瓮安县领导黄桂林、曾明康以及全州各县市分管副县长，州、县两级环保、住建、水利、新农村办等部门负责人参加观摩会。与会人员现场观摩了瓮安县平定营镇生活污水一体化处理设施、瓮安县生活污水处理厂二期建设、贵州芭田生产废水处理设施以及清莲湖湿地公园、湖心岛等县城区主要河流环境整治工程。黄桂林介绍了瓮安污染减排情况。胡晓剑对相关工作作了安排部署。孙志清通报了“十二五”期间及全州四项污染减排暨生活污水一体化处理、河长制工作推进情况，并就下一步工作作了安排和部署；州工业信息化委、州水务局、州农委、州交警支队分别针对水泥脱硝、水污染防治、畜禽养殖污染、黄标车和老旧车淘汰等工作作了表态发言，并安排了下步工作；瓮安县、福泉市分别就生活污水一体化处理、主要河流污染整治和河长制工作作了经验交流发言；都匀经济开发区管委会、平塘县、惠水县在会上作检讨表态发言。

【国家文化部党组书记、部长雒树刚到瓮安调研】 2016 年 7 月 8 日，国家文化部党组书记、部长雒树刚一行到瓮安调研。文化部党组成员、部长助理于群，国家文物局副局长顾玉才随同调研。省委常委、宣传部部长张广智，省文化厅厅长徐静，州委书记龙长春，州委副书记、州长向红琼以及省文化厅副厅长王红光、副州长胡晓剑，州政协副主席、州委秘书长瓦标龙等陪同调研。在猴场会议会址、毛泽东行居、红军干部团休养连旧址、猴场镇综合文化站、红军强渡乌江战斗遗址等地实地调研。陪同调研的还有省、州有关部门负责人，瓮安县领导黄桂林、潘玉华、陈博以及县四家班子其他领导。

【贵州瓮安颐高电商馆正式开馆】 2016 年 7 月 24 日，贵州瓮安颐高电商馆正式开馆，标志着瓮安从传统销售模式向网络销售转型迈出了新的步伐。州委常委、瓮安县委书记张文强，颐高集团董事长翁南道，国家科技部专家、中国电子商务基地联盟秘书长邵明，中国电子商务协会副会长卢建新，中国电子商务产业园联盟主席张铁柱，瓮安县委副书记、县长黄桂林，省农村综合经济信息中心副主任袁琳，州供销社主任周英明，瓮安县人大常委会主任潘玉华、政协主席陈博等领导参加启动仪式。

贵州瓮安颐高电商馆是贵州瓮安国际电子商务产业园的重要组成部分，总面积 5000 平方米，主要涵盖电子商务体验展示中心、颐居草塘、瓮安旅游服务与城市资源展示中心、众创空间四大板块，共设立了企业展示、媒体文化展示、大学生实践基地、创业培训基地等 9 大功能区块，致力于打造贵州地区首个集特色产业、电子商务、商贸物流、农村电商、众创空间为一体的大型 O2O 产业园区，是瓮安城市电子商务产业规划、旅游展示中心，城市居民新生活时尚中心和一站式城市文化体验中心。

【国际男篮巅峰争霸赛在瓮安开幕】 2016 年 7 月 26 日，2016 中国·瓮安“雍江商城杯”国际男篮巅峰争霸赛在瓮安县全民健身中心开幕。省体育局群众体育处处长朱宝林，瓮安县领导黄桂林及县四家班子部分领导参加开幕式。

赛事由国家体育总局、中国篮球协会主办，瓮安县人民政府承办，是 2016 国际男篮巅峰争霸赛的第一站。来自意大利、立陶宛、美国、中国的运动员参赛。乐视体育在乐视网全程直播中国国奥男篮参加的 3 场比赛，腾讯、新浪、搜狐、网易、虎扑网以及 20 余家中央驻黔南、省州主流媒体对本次四国赛进行报道。

【第五届中国创新创业大赛贵州赛区（复赛）在瓮安举行】 20168 月 14 日，第五届中国创新创业大赛贵州赛区（复赛）暨首届中国（瓮安）创新创业大赛在瓮安安青创业社举行，全省各县（市）的 20 支参赛队伍参加比赛。

大赛由省科技厅（省知识产权局）主办，贵安新区管委会、贵阳国家高新区管委会协办，贵州省生产力促进中心、州科技产权局、县人民政府、贵州众创联盟、贵安新区大学城管委会、贵阳高新区创业服务中心、安青创业社具体承办。经初评 90 家企业和 30 个团队进入复赛。

【全省户籍制度改革工作现场推进会观摩团到瓮安观摩】 2016 年 8 月 16 日，全省户籍制度改革工作现场推进会观摩团到瓮安观摩。省政府副秘书长周乐职，州委常委、瓮安县委书记张文强，全省各州县市相关领导及瓮安县委四家班子有关领导参加观摩。观摩团到瓮安县瓮水街道茅坡村户改示范点、摩尔城高速路城北回迁安置点、猴场镇木瓜河移民安置点和猴场镇派出所户改示范点，详细了解瓮安县户籍制度改革工作推进情况。观摩团对瓮安户籍制度改革工作的做法和取得的成绩表示肯定。

【“星火燎原·红耀中国”重走长征路大型主题采访团走进瓮安采访】 2016年9月10日，“星火燎原·红耀中国”重走长征路大型主题采访团走进瓮安，到红军强渡乌江现场并与当地村民、渔民进行交流，了解红军四过瓮安的故事、红军战士抢渡乌江的传奇和老区人民生活的发展变化。“星火燎原·红耀中国”主题采访活动是由贵州、广西、云南、四川、湖北、陕西等全国8家省级电视媒体联合发起的，采访团从湖北武汉出发，沿红军长征路线，经江西、湖南、广西、贵州、云南、四川，最后到达陕西延安。此次活动从规模、参与人数、影响区域、时间空间跨度来说都是全国首创。

【绿色中国行活动走进瓮安】 2016年9月25日，纪念红军长征胜利八十周年绿色中国行——走进美丽瓮安启动仪式暨“万人猴场听党课”学习教育在瓮安县猴场镇举行。这是绿色中国行活动开展7年以来首次进入贵州。启动仪式上，中央农村工作领导小组原副组长、原林业部部长、中国绿化基金会顾问徐有芳为瓮安县授予“绿色中国行”旗帜。国家林业局经济发展研究中心主任、国家林业局生态安全研究中心主任李金华讲话。晚间，由全国绿化委员会、国家林业局、中国绿化基金会主办的纪念红军长征胜利八十周年“绿色中国行——走进美丽瓮安”大型公益晚会在瓮安县全民健身活动中心开幕。

【第十三届全国健身交谊舞锦标赛暨2016年全国健身舞大赛在瓮安开赛】 2016年10月15日，第十三届全国健身交谊舞锦标赛暨2016年全国健身舞大赛在瓮安县全民健身活动中心篮球馆开幕。州委副书记、州政府党组书记吴胜华，州委常委、瓮安县委书记张文强，国家体育总局社会体育指导中心副主任刘北剑，省体育局党委委员、副局长肖俊，中国体育舞蹈联合会秘书长、亚洲体育舞蹈联合会副主席苏洁，中国体育舞蹈联合会健身交谊舞委员会主任顾自立及瓮安县四家班子领导出席开幕式。此赛事为期两天，来自全国各地的76支参赛代表队，2700多人参加102个项目的比赛。这是全国健身交谊舞大赛举办以来，首次将比赛落户在县级城市。

【州委书记龙长春到瓮安调研易地扶贫搬迁工作】 2016年11月19日，州委书记龙长春到瓮安调研易地扶贫搬迁工作，详细了解瓮安迎接2016年全省第三次项目建设暨易地扶贫搬迁现场观摩督查会筹备情况。州委常委、瓮安县委书记张文强，副州长陈有德，州移民局局长覃克信，瓮安县领导黄桂林、曾薇陪同调研。

龙长春到瓮安县猴场镇木瓜河移民安置点、瓮安县返乡农民工创业园进行实地调研，听取瓮安易地扶贫搬迁工作相关情况汇报，了解各项目工程进度、产业配套和群众就业保障等情况。龙长春要求瓮安县要抓住此次全省观摩检查现场会的契机，充分展示瓮安在推进易地扶贫搬迁工作中采取的新措施、取得的新成绩和创造的新经验。

【瓮安朵云拓展区基础设施建设项目签约】 2016年11月25日，瓮安县朵云拓展区基础设施建设项目举行签约仪式，瓮安县与中国核工业第二二建设有限公司、贵州省中核水利水电建设有限责任公司签订了瓮安县朵云拓展区基础设施项目PPP模式建设框架协议。中国核工业第二二建设有限公司董事长郑晓军，贵州省中核水利水电建设有限责任公司董事长冯波，瓮安县委副书记、县长黄桂林等领导参加签约仪式。

瓮安县朵云拓展区基础设施建设项目总投资约50亿元，包括朵云拓展区主干道路、安置房建设、公园绿化等基础设施项目，建设工期为3年。

【《瓮安县国土资源志》公开出版发行】 2016年11月，由《瓮安县国土资源志》编辑部编纂，瓮安县地方志编纂委员会办公室终审，方志出版社审定的《瓮安县国土资源志》公开出版发行。该书共18章70节66万字，是首部集土地、矿产、测绘、地质环境管理于一身的部门，也是瓮安县第一部经方志出版社公开出版发行的部门志。

【贵州省党史系统学习贯彻党的十八届六中全会精神理论研讨会在瓮安召开】 2016年12月13日，贵州省党史系统学习贯彻党的十八届六中全会精神理论研讨会在瓮安召开，会议由省委党史研究室主办、瓮安县委、黔南州史志办承办。省委党史研究室主任杜丹，州委常委、瓮安县委书记张文强，省委党史研究室副主任余雄，省委党史研究室副主任覃爱华，省社会科学院原党委书记肖先治，省委党校马克思主义学院和党的建设研究院院长王宏，全省各地（州）党史研究室主任及党史专家学者参加研讨会。与会领导、专家学者结合“两学一做”学习教育，总结建党后特别是十八大以来全面从严治党的成就和经验，探讨新形势下全面从严治党的特点和规律。

（谢兴贵）

贵定县

【概况】 全县总面积1631平方千米，耕地面积1.33万公顷。辖6个镇2个街道办事处，95个村民委员会、19个居民委员会。2016年人口出生率10.19‰，自然增长率4.09‰，符合政策生育率90.88%。人口较多的少数民族有布依族、苗族。主要矿藏有煤、铁、锰等；森林覆盖率57.73%。

全年生产总值79.06亿元，比上年增长13.7%，其中，第一产业增加值10.39亿元，增长6.3%；第二产业增加值34.95亿元，增长15.6%；第三产业增加值33.72亿元，增长15.6%。人均地区生产总值32971元。工业总产值122.5亿元，比上年增长11.97%；工业增加值24.96亿元，比上年增长12.9%。农业牧渔业总产值18.26亿元；财政总收入28.12亿元，下降9.45%。其中，一般公共预算收入6.67亿元，比上年增长17.67%；财政总支出22.01亿元，增长5.75%。年内固定资产投资69.9亿元，增长22.4%。在建67个省、州、县重点建设项目累计投资48.23亿元。全县通车里程1680公里，建制村通达率，通客运率均为100%。启动新一轮农村电网升级改造工程，完成全县光网城市改造，县城100%实现光纤上网、4G网络和宽带（含无线）实现行政村全覆盖。城镇新增就业6173人，城镇化进程指数27.5，城镇化率48%。贫困村发生率下降22.33个百分点，小康社会实现程度95.1%。群众安全感、满意度分别为98.23%、98.55%。在全省县域经济第二方阵23个县（市）中经济发展综合测评排名第一位。

社会消费品零售总额17.13亿元，增长13.4%。城镇常住居民和农村常住居民人均可支配收入24969元和8891元，分别增长10.2%和11.3%。

2016年，贵定县沿山镇石板村被中国生态文化协会评选为“全国生态文明村”。昌明镇、云雾镇通过创建国家卫生镇技术评估，成为国家级卫生镇。贵定县被公安部命名为“全国公安机关执法示范单位”。

投资总量扩大 全年向上争取项目234个、到位资金11.68亿元。获批国家专项建设基金项目18个5.81亿元。全年全县入国家重大项目库492个，总投资1299.12亿元，投资项目三年滚动计划储备408个，总投资1162.47亿元。建立PPP项目库，储备项目33个，总投资236.31亿元，涉及交通、教育、水利、文化旅游、产业发展、社会事业等领域。招商引资项目103个，到位资金135.41亿元，增长23%。全县67个省、州、县重大工程和重点项目累计完成投资48.23亿元。

产业结构调整走出转型新路

1. 农业经济高效发展。把山地特色作为农业发展的方向，突出抓好“茶、鲵、烟、蔬”四大产业和刺梨、竹鼠特色产业。全年新建茶园4.12

万亩，刺梨2.25万亩，蔬菜种植25万亩、大鲵养殖32万尾，出栏竹鼠3.28万只，种植百合、中药材、油菜等特色经济作物5万余亩，建成蔬菜基地6个、养殖基地10个，打造500亩以上模范示范茶园5个、1000亩以上模范示范茶园2个。新增农民专业合作社43家，培育专业村10个，家庭农场500家，专业大户500户，农产品加工率198.5%。贵定县被列为全省首批10个农村一、二、三产业融合发展示范县。

2. 工业发展后劲增强。加快昌明经济开发区建设步伐，提高园区企业入驻承载能力，水电八局风力塔筒、致宏消防、春晖门业、鑫森德木业等项目建成投产，老干妈油制辣椒产业园、贵定卷烟厂易地技改及烟叶醇化库、昌明粮食储备产业园等重大项目开工建设。新增龙辰电器、山王果等10家规模以上工业企业，规模工业增加值50.82亿元，综合科技进步水平指数达70.9，高技术制造业增加值占规模以上工业增加值比重达1.1%。

3. 旅游产业提质升级、彰显活力。建成“四季花谷”“稻梦空间”、盘江千户布依寨等景点景观，“四季花谷”成功申报为AAA级景区，“金海雪山”景区实现提质升级。阳宝山佛教文化旅游区、云雾山茶旅联动平塘科普旅游发展现代农业旅游区、多彩贵州眼·金海雪山贵州民族文化艺术雕塑大观园等重点旅游项目加快建设，夯实全域旅游发展基础。成功举办“我们的节日——冬至·贵州省首届民族民间工艺大师颁证典礼暨贵州·贵定金海雪山第二届中国稻雕艺术节”、都匀毛尖（国际）茶人会暨中国·贵州·贵定阳宝山佛教文化论坛、阳宝山佛教圣地系列活动、“贵州动起来”主题体育赛事等系列活动。全年实现旅游综合收入49.63亿元，增长46.26%，旅游发展综合指数达到79.41。

4. 商贸物流和电子商务加速突破。搭建珠海、贵定、遂宁三方合作平台，构筑川贵广—南亚国际物流大通道昌明重要节点。贵州（昌明）国际陆港开工建设，成功举办第三届中国物流高峰论坛分论坛活动。新增限额以上批发零售企业7家、规模以上其他营利性服务业7家、民贸企业13家。建立贵州领略中国农产品大数据中心、县级电子商务服务中心、县级仓储物流中心，建成镇级电子商务服务站8个、村级电子商务服务站（农村淘宝）62个、“万村千乡市场工程”农家店277个、邮政快递暨农村电商综合服务站67个，培育本土电商企业27家。贵定成功申报为全国供销社电子商务示范县，贵州领略中国农产品大数据中心被评为2016年度贵州电子商务十佳示范基地。全年完成网络零售额486.02万元。

加强基础设施建设，破除瓶颈制约 完成G210线四方井至港边公路改扩建工程、X924线德新至新巴大修工程，高铁大道、金山大道、阳宝山大道等建成通车，S315线盘江至昌明公路（贵昌大道）改扩建工程、S309线大开田至云雾公路改扩建工程进入扫尾阶段。完成县乡道改造25公里，开工建设通村公路24条150公里。建成乐芒水库，小河水库全线封顶。实施农村饮水巩固提升工程，解决3万人安全饮水问题。启动新一轮农网升级改造工程，完成全县“光网城市”改造，县城100%实现光纤上网，4G网络和宽带（含无线）实现行政村全覆盖。围绕“绿色黔南”建设三年行动计划，开展植树造林，完成各类营造林面积7.73万亩，完成巩固退耕还林还草面积1.05万亩，全县森林覆盖率57.73%，林业生态建设保护和发展综合指数达88.97。开工建设瓮城河、瓦窑河河道综合整治和金南河道生态治理工程。在全州率先投入使用新能源电动公交车。县城环境空气质量和集中式饮用水源水质达标率均为100%，通过省级环保督查。开工建设盘江（沿山）—昌明农村环境综合整治建设项目，完成10个农村环境综合整治工程，城乡生活垃圾无害化处理率达到80.33%。沿山镇石板村被授予“全国生态文化村”称号，昌明镇、云雾镇成功创建为国家级卫生乡镇。开展“四在农家·美丽乡村”六项行动计划，创建省级少数民族特色村寨3个。云雾镇荣获2016年度省级同步小康示范乡称号，成功打造云雾镇长寿寨、营上村甲子屯、昌明镇文江村柿花树等小康示范寨、特色新村示范点31个，贵定县被列为成为全省首批整县推进小城镇建设发展试点县。城镇化率提高到48%。城镇化进程指数和示范小城镇建设发展综合指数分别达到77.5、78.6。

兜牢民生底线，社会事业稳步进展 精准扶贫取得新进展，贫困村发生率下降22.33个百分点，完成原马场河乡、原巩固乡2个贫困乡“减贫摘帽”、25个贫困村出列，减少贫困户4277户贫困人口14465人。云雾镇腰箩滩成为全省首个完成整寨搬迁入住、实施整寨拆除和土地复垦的易地扶贫搬迁项目。全县完成易地扶贫搬迁任务393户1620人。社会保障体系加快完善，各项社会保险完成率均达100%。全县城镇新增就业6173人，增速为6.6%，农村劳动力转移就业12115人，发放小额创业贷款3500万元，返乡创业户2745户。城镇登记失业率为2.83%。成功创建省级劳动人事争议仲裁示范院。教育质量提升明显，顺利通过教育“9+3”计划和“4+2”工程省级评估。黔南幼专建设工程（一期）完工并开学，匠人学校开工建设。高考本科上线人数868人，再创历史新佳绩。卫生计生事业有序推进，县中医业务大楼建成投入使用，完成10个乡镇卫生院改扩建项目，昌明医养一体化建设项目开工建设。新农合医保参保率达98%以上。公共文体服务体系不断完善，文化及相关产业增加值占地区生产总值比重达5.02%，全县95个行政村实现广电网络“村村通”。建成全民健身中心，启动云雾湖体育公园、盘江—昌明沿河绿道建设，完成村级农民体育健身工程4个。社会综合治理持续向好，“四级三化两评议一回访”机制和“六尺巷”新巴经验得到国家、省、州认可并加以推广。“两抢”破案率达到100%，“雷霆行动”全省排名前十，群众安全感排名全省前列，贵定县被评为全省平安建设先进县。

【贵定县沿山镇石板村获评“全国生态文明村”】 2016年，由中国生态文化协会主办的，以“弘扬生态文化，倡导绿色生活，共建生态文明”为宗旨，在全国行政村范围内组织评选“全国生态文化村”活动，共评选出122个文化村。贵定县沿山镇石板村获评“全国生态文明村”称号，成为全省获评6个村之一。

【首届中国稻雕艺术节在贵定举办】 2016年1月1—3日，首届中国稻雕文化艺术节在贵定县“金海雪山”景区举行。本次稻雕文化艺术节结合浓厚的布依文化和农耕文化特色，对传承和保护民族文化，壮大旅游产业、激发县域经济发展活力具有重大意义。中国民间艺术家协会党组书记罗扬在艺术节上授予贵定县“中国稻雕艺术之乡”“中国稻雕艺术传承基地”荣誉称号。

【中国·贵州·阳宝山佛教文化论坛在贵定举行】 2016年9月25日，由贵州省社会科学院、中国宗教协会、黔南州人民政府主办，贵定县人民政府承办的中国·贵州·阳宝山佛教文化论坛在贵定举行。此次论坛以宗教文化研究、阳宝山佛教历史、文化遗产、阳宝山文化旅游为主题，对进一步挖掘、研究、整合贵定佛教文化资源，继承弘扬佛教文化精神具有重要意义。本次论坛来自全国各地的专家学者60余人出席，收到理论文章55篇近34万字。贵州省社会科学院党委书记金安江，全国人大常委、中国社科院学部委员、中国宗教学会会长，中国社科院世界宗教研究所所长单新平，贵州省政协副主席班程农参加论坛并作讲话。

【贵州（昌明）国际陆港项目正式开工】 2016年8月7日，贵州（昌明）国际陆港项目在贵定县昌明镇举行开工仪式，该项目从2015年11月28日正式启动，规划用地规模3800亩，其中一期工程800亩，设有甩挂配送区、展示交易区等8个主体功能区，它是珠海港控股集团和贵定县共同加强合作抢抓国家实施“一带一路”大战略的机遇，也是扩大财政，加大国际合作的一个重大项目。珠海市政府党组成员陈仁福、广东省物流行业协会常务副会长马仁洪、黔南州政府副州长杨从明，州政协副主席王国太等出席开工仪式。

（金吉高）

龙里县

【概况】 全县总面积1521平方千米，耕地面积2.45万公顷。主要矿藏有煤、铁矿、铝土矿、高岭土等。森林覆盖率58.37%。辖5镇1街道、63个村18个社区。2016年年末总人口24.19万人。少数民族9.96万人，主要有布依族、苗族。人口自然增长率5.09‰。县城建成区32.77平方公里，城镇化率52.05%。有各类人才2.6万人。

完成地区生产总值79.76亿元，同比增长13.8%。三次产业结构调整为11.5：61.7：26.8。财政总收入18.44亿元，同比增长8.88%，其中：一般公共财政预算收入9.68亿元，同比增长23.5%。固定资产投资116.48亿元，同比增长22.2%。规模以上工业总产值195亿元，同比增长17.5%；增加值50亿元，同比增长13.4%。城镇常住居民人均可支配收入26595元，同比增长10.1%；农村常住居民人均可支配收入9265元，同比增长10.9%。社会消费品零售总额16.54亿元，同比增长14.1%。金融机构各项存贷款余额分别为128.24亿元和79.69亿元，同比增长47.02%和39.41%。

2016年，经济发展综合测评在全省县域第一方阵中位列第二位，经济发展群众满意度排名全省第一，群众安全感居全省首位，荣获“全省平安建设示范县”称号。

工业经济 形成“一区三园多点”产业发展格局，培育壮大新型建材、新医药、高端装备制造、特色食品加工四大支柱产业。以工业“百千万”工程为抓手，实行县级领导挂帮联系企业和向企业派驻“特派员”服务制度，切实解决企业项目建设推进及生产中的难题。加大跑上力度，为贵州中小微企业双创示范基地、黔中产业园公共服务平台等项目争取预算内资金1.2亿元；搭建银企对接桥梁，开辟股权融资、专利权质押、不动产抵押融资和小额贷款等绿色通道，10家企业通过“贵园信贷通”“助保贷”等平台获免费担保贷款3175万元；3家企业通过发明专利质押融资1亿元。加快企业创新、技改扩能和转型升级步伐，促成创奇、弘康、瑞和等企业通过技术创新实现跨越发展。全县入驻企业达396家，其中2000万元以上规模企业达128家。

农业农村 加快建设现代农业发展平台，整合发改、财政、农业、水利、扶贫等项目资金5.36亿元，夯实农业“一区五园”基础；完成农业大数据平台建设。全县机耕面积达13万亩，高标准农田占耕地面积的57.83%；百亩农机总动力达93.5千瓦，农作物耕种收综合机械化水平达54.3%。全县经济作物种植面积达33.4万亩。拥有9个“三品一标”认证产品。全县获无公害产品产地认定6.5万亩，获无公害产品认证品种11个，其中：“龙里刺梨”“龙里豌豆尖”获地理标志保护认证，“无须豌豆尖”“龙里蕨菜”获优质农产品荣誉称号。农村经营主体发展县级龙头企业48家，农民专业合作社突破300家。多种方式推进土地经营权流转，实行农业适度规模经营，农村土地流转13.78万亩。粮食总产量达7.13万吨，同比增长1.28%；畜牧业产值占农业总产值的41.1%，同比增长11.68%；减少农村贫困人口0.95万人，同比增长78.22%。

第三产业 依托航空、铁路和公路立体交通优势，以商贸物流、快递服务为重点，打造西南物流转运枢纽和快递集散中心。引进贵州深国际综合物流港、贵州双龙物流商贸城、龙里中药材电商产业园、贵州省快递物流枢纽园区、贵州龙里万豪总部城、西南药都物流园、万科综合物流仓储等商贸物流项目，总投资198.26亿元，总占地8330余亩。项目涵盖铁路运输、物流仓储、物流服务、电子商务、酒店服务、交易中心、信息服务等行业。其中快递物流园区已入驻快递企业11家、物流企业14家，7家快递企业和8家物流企业建成运营，日吞吐量137万件，2016年完成产值20.38亿元，是2015年的10倍，解决就业3900人，被命名为“中国物流示范基地”。推行“互联网＋农业、互联网＋商贸物流业”等电商模式，全县建成县级快递物流综合配送中心1个、镇村级电商综合服务站62个、村级服务点56个，快递物流配送覆盖率达80%，获“全国电子商务进农村综合示范县”牌子。加快中铁生态城国际休闲旅游度假区建设，推进莲花湿地公园、龙架山森林公园、龙里大草原等景区建设，强化景区、景点品质升级改造，提升对外旅游形象，打造星级酒店7家、旅行分社1家、旅游商品30个，接待游客258.59万人次。

城镇建设 完成投资33.23亿元。主要是新建、改扩建完成城市道路8条8公里；实施房建工程112个，建筑面积298万平方米；建成湿地公园、八一公园等；创建国家级文明城市，启动了“海绵城市”建设；加快推进了小城镇建设。

基础设施 向上争取预算内投资项目42个，总投资7.93亿元；获批专项建设基金项目28个，总投资109.96亿元。210国道过境段16.9公里升级改造完成、草原至高坡10余公里油路建设完成，11条40公里农村“断头路”建成通车，21.8公里龙溪大道、7.56公里贵龙纵线二期开工建设。窄冲水库下闸蓄水，龙滩、大竹芒、下巴比3座小水库建设顺利推进，城市供水得到保障；农村饮水安全巩固提升工程完工，实现4500人饮水安全。新一轮农村电网升级改造启动，35千伏湾寨第二电源工程、110千伏马郎及继望输变电工程投用。实施信息基础设施“三年会战”，加快信息基础设施升级改造，实现4G网络乡镇全覆盖；电信有线网络覆盖率57.23%；无线网络覆盖率88.5%。

改革创新 政府投融资体制、镇（街道）国库集中支付、城市管理执法模式等改革工作取得积极成效；启动医疗救助“一站式”管理服务、农村产权流转交易改革、知识产权质押融资等试点工作。与贵阳市南明区签订战略合作框架协议，继续争取广州市黄埔区对口帮扶；不断加强与贵定、惠水、长顺等“北翼”3县的合作；配合推进双龙航空港经济区建设。建立和完善以企业为主体、市场为导向、政府推动产学研相结合的科技创新体系，开展省级高新技术产业开发区申报及培育高新技术企业认证申报工作，申报科技项目23个、争取国家补助资金2300万元，专利申请500件，科技进步贡献率为78.96%。

民生保障 完成2015年、2016年上级扶贫项目100个、资金7318万元，发放特惠贷7893万元，年内减少贫困人口9540人，20个贫困村出列。发放城市低保金346.33万元、农村低保金1584.57万元，救助金275.57万元；龙山、谷脚、湾滩河3个镇的敬老院投入使用；实现基本养老保险参保1.36万人，城乡居民基本养老保险参保累计10.49万人；完成城镇新增就业5566人；完成棚户区改造1330户，分配住房1327套；完成年度农村危房改造任务1783户。实现乡镇标准化卫生院、远程医疗会诊、新农合大病保险参保、乡镇卫生院拥有执业医生、乡村中小学校校医设置“五覆盖”。13所农村幼儿园建成投用，3所义务教育学校改造完成，县城第五小学完工投用，新高中建设完成40%的工程量。

【举办中国山地自行车公开赛】 2016年7月16—17日，2016中国山地自行车公开赛贵州·龙里站·（A级）在素有“中国刺梨之乡”之称的龙里县谷脚镇茶香村自行车主题公园举行。本次赛事分为男女专业组山地越野赛、男女公开组山地越野赛、男子健身组山地越野赛、男子越野淘汰赛、计时排位赛和男子本地山地越野体验。本次专业组有186人，业余组公开组近600人，加上本地的体验组约有1000人参赛，省内外2万余人到场观看赛事，50多家媒体对赛事进行现场报道，创造旅游收入100余万元。

【企业登记“五证合一”】 “五证合一”是指在原来工商营业执照、税务登记证、组织机构代码证“三证合一”的基础上，进一步整合社会保险登记证、统计登记证，实现“五证合一”“一照一码”。“一照”指五证合为一张营业执照，“一码”则指营业执照上加载的在工商部门核准生成的统一社会信用代码。龙里县于2016年9月起，先于全国提前启动实施“五证合一”改革，通过建立审批信息共享平台，整合各发证部门的审批流程，达到“一表申请、一窗受理、一次告知、一份证照”，审批时限由原来的20个工作日缩短为5个工作日。至2016年年底，龙里县已办理“五证合一”证照539户，其中：新设立企业325户，变更113户，换照101户。

（黄尚发）

惠水县

【概况】 全县总面积2470平方千米，辖好花红、摆金、雅水、岗度、羡塘、断杉、王佑、芦山8个镇，濛江、涟江2个街道办事处、201个村民委员会、8个居民委员会。2016年年末总人口462037人。全县人口出生率为12.31‰，自然增长率6.12‰，符合政策生育率为91.05%，人口较多的少数民族有布依族、苗族。主要矿藏有煤、石英砂、铁、砷、锑等。

2016年，全县生产总值84.38亿元，增长12.8%。实现农业增加值23.15亿元；粮食总产量14.14万吨，增长0.5%；工业总产值完成182.69亿元，增长17.5%，其中规模工业产值完成165.99亿元，增长16.3%；规模工业增加值完成38.44亿元，增长12.8%；财政总收入完成13.48亿元，增长18.6%，公共财政预算支出26.61亿元；金融机构存贷款余额分别达87.94亿元和69.25亿元。完成全社会固定资产投资额113.14亿元。

全县全年项目建设快速推进。年内实施项目199个，总投资450.8亿元，其中省州重大项目35个。通用机场列为全省拟建的12个一类通用机场之一。新增亿元项目46个，总投资143.4亿元。三一重工、金田新材料等47家重点企业建成投成。完成PPP投融资项目包装策划64个，总投资469.2亿元。申报中央专项建设基金项目12个，获批专项建设基金5.2亿元。

全县完成交通投资14亿元，县域境内高速公路里程93.1公里，建成通村公路58条300.218公里；公路运输完成货运量1745万吨，货物周转量593541万吨公里；客运量1265万人次，客运周转量210048万人公里。全县年末邮电业务总量2.84亿元。其中电信业务总量2.62亿元；邮政业务总量0.22亿元。年末全县城乡固定电话用户16778户，移动手机用户263101户，互联网用户30399户。

全县城乡建设进一步发展。年内完成8个镇总体规划修编。城镇固定资产投资累计达55亿元，实施城市基础设施项目15个，建成公共停车位2094个，新建、改建城市道路19公里，实施保障性安居工程2979套（户）。完成房地产投资16.2亿元，销售商品房68万平方米，人均住房面积32.72平方米，城市绿化覆盖率为40.69%，城镇化率达19.12%。新建白秧寨、桐木寨等美丽乡村32个。百鸟河杨柳井水厂建成试运营，摆金、芦山等6个镇污水处理厂启动建设。

全年社会消费品零售总额完成18.97亿元，城镇居民人均可支配收入25785元；农民人均可支配收入完成8910元。

全县社会事业稳步发展。年内新建农村学校教学楼、宿舍楼及运动场3.8万平方米，启动8所幼儿园建设，完成8所薄弱学校改造，贵州大学科技学院落地建设，惠水民中成功申创“省级示范性普通高中”。年内新增城镇就业5558人，转移就业1.3万人。全年城市低保共保障1834户，3206人，累计发放低保金1140万元；农村低保共保障10784户、26445人，累计发放低保金4431.68万元；城乡大病医疗救助943人，发放救助金629.9万元。建成敬老院4所，农村幸福院21所。

全年实现原斗底乡成功“减贫摘帽”，30个贫困村出列，1.5万人脱贫。完成易地扶贫搬迁1293户5486人，实现转移就业1640人。实施产业扶贫项目81个。建成扶贫产业园区10个。实施减灾安居工程823户。

全县医疗卫生服务体系进一步健全。年末卫生机构有247个（含210个村卫生室），卫生机构床位数1336张；卫生技术人员1213人。新型农村合作参合率达到99.72%；报销补偿门诊和住院费用1.39亿元，新型农村合作医疗住院补偿率达70.87%。

全县大数据产业跨越发展。完成信息产业产值15亿元。建成百鸟河数字小镇双创园，设立“百鸟飞翔”产业投资基金10亿元、“百鸟育雏”基金1亿元，成功引进大数据关联企业31家。县、镇、村三级农村电商服务体系日趋完善，京东商城成功入驻，新增淘宝服务站点66个，电商交易金额突破7亿元。年内，贵州惠水百鸟河数字小镇荣获“2016年度全国企业信息化建设示范基地”荣誉称号；惠水县被列入国家商务部“国家级电子商务进农村综合示范县”。

全县文化广播旅游事业蓬勃发展。年内积极开展庆祝建州60周年好花红文化系列活动，成功举办2016年中国．惠水好花红国际民歌会、好花红时代精神研讨会；好花红镇综合文化服务中心荣获“全国优秀文化站”称号。年末全县数字电视用户20054户；广播和电视人口综合覆盖率分别为98.21%和88.88%。全县全年接待游客261万人次。实现旅游总收入19.33亿元。

【中共中央政治局委员、国务院副总理、国务院扶贫开发领导小组组长汪洋到惠水视察调研】 2016年8月22日，中共中央政治局委员、国务院副总理、国务院扶贫开发领导小组组长汪洋在贵州省委书记陈敏尔、省长孙志刚陪同下，深入惠水县搬迁安置点、产业园区和职业学校视察调研，与干部群众共同研究谋划易地扶贫搬迁工作新举措。在惠水县经开区明田易地扶贫搬迁安置点，汪洋听取就业安置和配套服务情况，对当地盘活承包地、山林地和宅基地三块地，统筹就业、就学和就医三大问题，衔接低保、医保和养老保险三类保障，建设经营性用房、农用地、公共服务站三个场所的做法给予肯定。在长田国际家具城，汪洋详细了解企业吸纳搬迁群众就业情况，勉励搬迁群众在新的环境加强学习，自力更生，努力过上新的更好的生活。在盛华学院汪洋实地考察VR实训室、民族文化传承中心，称赞学校教育扶贫卓有成效，希望沿着这条路走下去，把这项功德无量的公益事业做得更好。

【中共中央政治局委员、中央党的建设工作领导小组副组长、中央新疆工作协调小组副组长张春贤到惠水视察调研】 2016年12月3日，中共中央政治局委员、中央党的建设工作领导小组副组长、中央新疆工作协调小组副组长张春贤到惠水县经开区明田易地扶贫搬迁安置点、好花红镇好花红村就深入学习贯彻党的十八届六中全会精神，抓党建促脱贫攻坚工作进行调研，张春贤实地查看明田易地扶贫搬迁安置点、视察好花红村党建工作。他强调，脱贫攻坚是全面建成小康社会最艰巨的任务。抓好党建是脱贫攻坚的重要保障。要切实发挥好农村基层党组织在脱贫攻坚中的重要作用，紧紧围绕“五个一批”“六个精准”，选好配强基层党组织负责人，强化党员带头引领，解决好基层党组织活动阵地、待遇、经费保障等问题，真正把农村基层党组织建设成为落实党的政策、带领农民致富、密切联系群众、维护农村稳定的坚强领导核心。

【团中央书记处第一书记秦宜智到惠水调研】 2016年10月17—18日，团中央书记处第一书记秦宜智到惠水调研共青团工作。贵州省副省长陈明鸣、省政府副秘书长樊新中、团省委书记涂妍，州委副书记、州政府党组书记吴胜华参加调研。

秦宜智走进明田易地扶贫搬迁安置点、濛江新市民子女学校、涟江街道九龙村、盛华职业学院、好花红电子商务村等基层一线，实地了解惠水县经济社会发展情况，了解共青团中央助力脱贫攻坚、农村青年电商培育工作部署的落实情况。

秦宜智要求基层团组织当好桥梁，助力对接政府创业扶持政策与青年创业需求，让青年了解政策、得到帮助，勉励创业青年既要敢于“异想天开”，大胆创新、勇于开拓，又要坚持“脚踏实地”，锲而不舍、不言放弃，一步一个脚印地把自己的创业梦想、人生梦想付诸实践。

【全省第三次项目建设暨易地扶贫搬迁现场观摩督查总结会在惠水召开】 2016年11月24日，2016年全省第三次项目建设暨易地扶贫搬迁现场观摩督查总结会在惠水召开。省委书记、省人大常委会主任陈敏尔，省委副书记、省长孙志刚等领导出席会议。省委副书记、省委政法委书记谌贻琴主持会议。

陈敏尔强调，要深入学习贯彻党的十八届六中全会和习近平总书记关于脱贫攻坚的系列重要讲话精神，以超常规的举措实施大扶贫战略行动，以更大力度推进易地扶贫搬迁，在精准落实上下功夫，努力让搬迁群众一步住上新房子、快步过上好日子。

会议听取各组观摩情况小结汇报，省水库和生态移民局汇报全省易地扶贫搬迁工作实施情况，惠水县作经验交流发言。

各市（州）党委、政府、贵安新区党工委、管委会及发改、移民部门，省有关部门和单位，部分金融机构，有关县（市、区）党委、政府及发改、移民部门，易地扶贫搬迁任务重的经开区主要负责人参加会议。

【中国共产党惠水县第十三次代表大会召开】 2016年10月26—28日，中国共产党惠水县第十三次代表大会召开。

县委书记万庆华代表中共惠水县委第十二届委员会向大会作《唱响好花民族绚歌，率先打造民族地区创新发展示范区》报告；县委常委、县纪委书记廖嵩代表中共惠水县第十二届纪律检查委员会向大会作《全面从严治党、忠诚干净担当，奋力开创党风廉政建设和反腐败工作新局面》的工作报告。大会通过《中国共产党惠水县第十三次代表大会关于中国共产党惠水县第十二届委员会工作报告的决议（草案）》；通过《中国共产党惠水县第十三次代表大会关于中国共产党惠水县第十二届纪律检查委员会工作报告的决议（草案）》。会议选举产生中共惠水县第十三届委员会委员和县委书记、副书记。万庆华、王文旭、陈宇、罗国江、廖嵩、周海弘、刘惠江、王维孔、陈郭勇、孙玲当选为新一届县委常委。万庆华当选为县委书记，王文旭、陈宇当选为副书记。廖嵩当选为县纪委书记。

【惠水县举行系列重大项目开工仪式】 2016年2月29日，在惠水县好花红镇举行2016年第一批重大项目集中开工仪式，集中开工项目48个，总投资138.27亿元，其中产业项目10个，总投资14.63亿元；城建项目20个，总投资58.68亿元；交通项目2个，总投资18.03亿元；教育项目4个，总投资1.59亿元；水利项目7个，总投资39.43亿元；其他项目5个，总投资5.91亿元。2016年7月6日，在惠水县城北新区碧桂园项目点举行2016年第三批重大项目集中开工仪式。集中开工项目39个，总投资51.61亿元，其中产业项目9个，总投资18.04亿元；城建项目6个，总投资12.28亿元；社会发展项目16个，总投资13.99亿元；农林水利项目6个，总投资3.91亿元；交通运输项目2个，总投资3.39亿元。10月29日，在惠水县贵州大学科技学院项目点举行贵州大学科技学院奠基暨惠水县第四季度项目集中签约、集中开工仪式，集中开工项目50个，总投资87.77亿元，2016年计划投资11.76亿元，其中：城镇建设项目17个，水利项目4个，交通项目6个，社会发展项目13个，产业项目10个。

【系列大型体育比赛活动在惠水举行】 一是7月8—9日，2016年“民体杯”全国独竹漂比赛在惠水县城涟江河举行，共有来自海南、湖北、河南、福建、云南和广西等地的13支代表队，100多名运动员、教练员参加比赛。二是7月13—17日全国青少年（中学生）毽球锦标赛在贵州省惠水县举行，来自长春、上海、香港、广州等地的21支代表队及300多名参赛队员展开角逐。三是7月9日，贵州省首届“好花红”杯全省街舞联赛在惠水好花红“桔乡花海”公园举行，来自全省的130名街舞高手以个人和组团的方式参加比赛。本届赛事由惠水县委、县政府主办，CSDA贵州分委会、惠水县文化和旅游局承办。四是6月8—9

日，“多彩贵州”惠水 2016“龙游涟江·好花正红”贵州省龙舟邀请赛在惠水县城涟江河段举行，来自省内外 24 支龙舟队近 400 余名运动员和裁判员参加比赛。

（毛与艳　彭永刚　黄惠金）

长顺县

【概况】　全县总面积 1548.55 平方千米，耕地面积 3.9 万公顷。辖 1 个乡、5 个镇、1 个街道办事处，69 个村民委员会、13 个居民委员会。2016 年年末，总人口 26.79 万人，其中少数民族 16.24 万人，城镇人口 6.37 万人。人口自然增长率 6.15‰，人口较多的少数民族有布依族。主要矿藏有煤、硅石、耐火黏土、方解石、石灰石等；森林覆盖率 57%。全面实现小康程度达 94.3%。

全年生产总值 52.98 亿元，比上年增长 13.1%；农林牧渔业总产值 22.68 亿元，增长 10.5%。财政总收入完成 61807 万元，比上年增加 8161 万元，增长 15.2%，其中公共财政预算收入完成 35010 万元，增长 10.3%；财政总支出 300628 万元，增长 14.1%，其中公共财政预算支出 178243 万元，增长 21.2%。年内固定资产投资 43.36 亿元，累计实施固定资产投资项目 76 个，实施的项目中分别有亿元以上项目 51 个、产业发展项目 20 个、房开项目 9 个。年内以省州 30 个重大项目和重点项目为龙头和重点，共完成重大项目建设投资 61.08 亿元，完成年度计划的 113.15%。实施“一事一议”财政奖补 65.33 千米。“哑铃型”城镇互动发展深入推进，全县城镇化率达到 48.2%。

社会消费品零售总额 10.77 亿元；城镇居民人均可支配收入 23978 元，人均消费支出 17294 元；农民人均可支配收入 8331 元。

规模以上企业达 51 家，形成年产大型采矿设备 640 台（套），水泥 101 万吨、商品混凝土 240 万立方米、水电装机 83150 万千瓦的生产能力。个体工商户 7154 户，总注册资金 3.77 亿元，带动就业 12516 人；私营企业 1781 家，注册资金 64.26 亿元，带动就业 15340 人。招商引资到位资金完成 115.5 亿元，同比增长 16.5%。园区累计落地项目 28 个，总投资 63.11 亿元；“一园三区”基础配套设施进一步完善，新建园区道路 3.7 公里、多形式完成标准化厂房 11.72 万平方米、引进入驻项目 28 个，到位资金 25.1 亿元，全年新增就业 1205 人。旅游业总收入完成 89.54 亿元，同比增长 4.03 倍。高效农业等七大类 41 个项目，总投资 152.68 亿元。同时，积极盘活现有资源和资产，采取贷款、基金、债券等多种形式筹集资金，全年融资到位资金 35 亿元，确保了政府性基础设施项目资金的投入。花安高速长顺段基本完成，长广大道建成通车，210 省道摆所至代化公路改扩建工程快速推进，354 国道县城至牛滚塘公路改扩建工程启动建设。完成干桥水库、龙井水库主体工程建设，板丛水库启动建设。完成通组及串户路硬化 120.68 千米。完成麻线河广顺至洛朗段河道治理工程。启动 7 个集镇供水工程，完成县城第二污水处理厂、广顺污水处理厂建设。投入资金 2 亿余元，完成长广大道、广顺大道和 G321 惠水珠帘洞至白云山镇沿线房屋外立面整治。县医院智能立体停车库。新改建输电线路 269 千米，覆盖 128 个自然村寨。全县 82 个村（居）实现移动通讯网络全覆盖，70 个行政村实现了互联网覆盖。

基本建成长顺天农绿壳蛋鸡产业园，新增长顺绿壳蛋鸡养殖 307 万羽。完成广顺轻工产业园一期建设；跃龙杭箫钢构一期投入生产。完成贵安·长顺新型建材产业园规划设计工作。进一步完善长寨至广顺农业“接二连三”示范带水、电、路、信等基础设施建设，全县新增苹果 1 万亩、刺梨 1 万亩、蔬菜 2 万亩、中药材 1.1 万亩，完成烤烟种植 2.2 万亩。建成白云山 100 万羽但家香酥鸭养殖加工基地。引进贵州银行、贵阳银行并投入运营，富民村镇银行顺利入驻。初步建成乌麻河东（潮井）、西（水厂）两个休闲旅游服务区。广顺老州府文化遗址重建工作快速推进。培育新兴经营主体 60 家，新增限额以上经营主体 22 家。完成6个乡镇电商服务中心建设。

建成城南汽车站、长顺东客运站，启动广顺南二环等6条路网建设。完成第四中学总工程量的60%、鼓扬中学总工程量的80%；完成敦操民族学校、广顺新庄小学“全面改薄”项目。长顺县中医院基本建成，完成长寨、敦操等6个标准化卫生院建设。建成顺宁园“三位一体”殡葬设施并投入使用，建成57个农村公益性公墓。建成长顺生态体育公园一期、玉带河公园、潮井湿地公园。完成“天网工程”二期建设，多彩贵州“广电云”实现82个行政村全覆盖。开通县城至广顺、广顺至凯佐公交车。全面启动6个城乡生活垃圾收运系统工程建设。

建成7个“四在农家·美丽乡村”示范点。十件民生实事全面完成。投资3020.1万元实施农村危房改造2571户、小康房168户，完成1648套生态移民安置房建设；全县城镇基本医疗保险参保人数达1.32万人，城乡居民社会养老保险参保人数达11.71万人，城市低保、农村低保标准增幅分别达到10%、18.6%；农村合作医疗参合率达89.03%；城镇、农村常住居民人均可支配收入同比增长8.9%和10.9%。

【省长孙志刚到长顺县调研易地扶贫搬迁】 2016年8月18日，省委副书记、省长孙志刚到长顺调研易地扶贫搬迁和产业工作。产业脱贫是决战脱贫攻坚最重要的举措，也是确保易地扶贫搬迁顺利实施的重要保障。在长顺县绿壳蛋鸡扶贫产业园、广顺镇凤凰坝生态农业体验园、轻工扶贫产业园，孙志刚希望企业抢抓贵州打造无公害绿色有机农产品大省机遇，加大投资力度，延长产业链条，做强特色品牌，实现裂变发展，助农增收致富。要求当地政府和企业共同研究资源优势、研究市场、研究产业链，选准特色产品，加快组建农业产业化公司，创新利益分享机制，统筹用好财政扶贫资金和产业扶贫基金，盘活好承包地、山林地和宅基地，加快调整种养结构、壮大产业规模，提升产品市场竞争力。要求进一步完善奖励机制，促进企业吸纳更多贫困群众就近就业。

【省委常委、贵阳市委书记陈刚定点包扶代化镇】 2016年9月8日，全省极贫乡镇定点包扶脱贫攻坚启动部署会在贵阳召开。贵州省委常委、贵阳市委书记陈刚定点包扶长顺县代化镇。

10月18日，按照省委、省政府的统一安排部署，陈刚主持召开了专题会，研究部署长顺县代化镇脱贫工作，强调贵阳市结对帮扶长顺县、全市对口支持各乡镇，聚焦全力打赢代化镇脱贫攻坚战。11月3日，陈刚到长顺县代化镇调研指导脱贫攻坚工作，强调要认真贯彻习近平总书记系列重要指示精神，全面落实省委、省政府决策部署，全力做好结对帮扶工作。12月29日，陈刚出席长顺县代化镇脱贫攻坚项目集中开工仪式并作重要讲话。

【省州相关部门挂帮长顺】 2016年，紧紧抓住两位省领导定点帮扶长顺、州委主要领导联系长顺和贵阳市、省检察院、省机关事务局、省银监局等对口帮扶长顺的机遇，长顺县把贫攻坚作为头等大事，以脱贫攻坚统揽经济社会发展全局，深入弘扬“背篼干部”精神，强力推进大扶贫战略行动。紧扣39个贫困村、1.42万贫困户、5.04万贫困人口的全面脱贫，形成政策扶持、专项扶贫、行业扶贫、金融扶贫等于一体，政府、市场、社会协同推进的精准扶贫新格局。深化拓展“长顺做法”和“藤缠树”产业扶贫模式，统筹推进易地扶贫搬迁、产业扶贫、医疗扶贫、教育扶贫、金融扶贫等，走出了一条科学治贫、精准扶贫、有效脱贫之路。

【长顺县召开承办黔南州第十二届旅游发展誓师大会】 2016年10月28日，长顺县召开承办黔南州第十二届旅游发展誓师大会。县委书记高晓昀强调，旅发大会已成为推动承办地在生态环境、旅游产业、城镇化等方面加快发展的重要抓手和平台。要高标准、高质量、高要求抓好承办黔南州第十二届旅游发展工作，着力提升长顺新形象、美誉度、知名度。

【长顺县高考创佳绩】 长顺县以“办好人民满意教育”为目标，从合理布局教育资源、加大投入提升配套设施、优化师资提高教育水平等方面入手，努力实现区域教育资源优质均衡，教学水平、师资力量、办学成果有了质的飞跃。

2016 年，长顺县民族高级中学参加高考学生数 1385 人，二本以上上线 843 人，上线率为 60.86%，其中文化二本以上上线 627 人，体艺二本上线 216 人，高考成绩再创新高。8 月 29 日上午，长顺县 2016 年中高考表彰奖励大会在县民族高级中学举行，领导们为金秋高考题榜的莘莘学子及教育工作者们颁奖，奖金总额高达 200 万余元。

【长顺县荣获“2016 中国年度最佳投资休闲目的地”】 2016 年 10 月 14 日，由求是《小康》杂志社、杭州市人民政府共同主办的 2016 中国（国际）休闲发展论坛在浙江杭州举行，长顺县荣获“2016 中国年度最佳投资休闲目的地”。

长顺县围绕“一山一树一井一湖”做文章，着力构建全域旅游新格局，实现城景一体。围绕山水盆景园林城市，打造了威远潮井湿地公园、县城生态体育公园、广顺玉带河公园、凤凰坝生态旅游休闲观光体验园、重建广顺州府等新景点，利用历史人文、自然生态、特色农业等方面的比较优势，推动旅游业与文化、农业、康体等相关产业融合发展。旅游业态和要素的集聚，使长顺的乡村休闲旅游成为贵州的特色旅游品牌，推动了人流、物流、信息流、资金流的集聚。

【长顺县“藤缠树”党建产业扶贫模式荣获 2016 中国十大民生决策】 2016 年 12 月 17 日，由中国扶贫开发协会、《小康》杂志社主办的“2016 第十一届中国全面小康论坛”在北京举行，长顺县“藤缠树”党建扶贫模式荣获了“2016 中国十大民生决策”，是西部地区唯一获此殊荣的县市。

近年来，长顺围绕发展绿壳蛋鸡、高钙苹果、紫王葡萄、优质核桃“产业四宝”，通过培养、引导、扶持产业大户、龙头企业、专业合作社，探索出了独特的“藤缠树”产业扶贫模式，并通过村支“两委”创办、能人带办和产业联办等方式，给予项目、资金等支持，扶持产业大户、龙头企业，创办各类农业专业合作组织，积极培育“树”，以贫困户为“藤”，吸纳贫困户以土地资源、扶贫产业项目和扶贫资金等入股，抱团发展。

【长顺县三大公园开园】 2016 年 10 月 1 日，长顺县神泉谷国家生态休闲旅游区、生态体育公园、潮井湿地公园开园，为长顺还“乐”于民、还“绿”于民，打造幸福长顺、生态长顺的开端。长顺县围绕“一山一树一井一湖”做文章，着力构建全域旅游新格局，实现城景一体。长顺作为一个山地城市，一个重要目标就是因地制宜，因势利导建设绿色家园，创造良好的生态环境。在城镇发展，始终坚持不摊“大饼”、多做“精品”，为生态“留白”，给自然“种绿”，实现山水、田园、城镇、乡村各美其美、美美与共。

【长顺县启动广顺老州府恢复重建】 2016 年 6 月 24 日，长顺县广顺老州府重建正式启动。

长顺县借黔南州第十二届旅游发展大会的机遇，正加紧打造全方位、高水平的旅游业态项目，构建旅游新格局。按照县委、县政府恢复重建广顺州府文化遗址的工作要求，广顺镇以推进州府文化遗址重建项目建设为核心，围绕内外八景开发竞争性强的旅游产品，结合脱贫攻坚、示范小城镇建设、产业发展、全域旅游等工作，着力打造“产城景”融合的全域景区。

（王　海）

但家香酥鸭生产车间（2016 年 12 月 13 日摄，网络中心提供）

2016年12月29日，省委常委、贵阳市委书记陈刚出席长顺县代化镇脱贫攻坚项目集中开工仪式

2016年8月29日，长顺县委书记高晓昀为中高考成绩优秀学生颁发荣誉证书和奖金（县网络中心提供）

独山县

【概况】 独山县地处贵州南部，与广西河池地区接壤，是贵州省和大西南进入两广的必经之道，地理位置优越，交通方便，素有“贵州南大门”“西南门户”之称。

独山建制久远，从汉代就有行政区域规划。独山县委、县人大、县政府、县政协办公驻地设在百泉镇环东路。设有百泉镇（独山高新技术产业园区）、麻万镇（贵州独山经济开发区）、影山镇（独山城乡统筹改革实验区）、基长镇（现代农业示范园区）、玉水镇、上司镇、下司镇、麻尾镇（麻尾工业园区）、独山紫林山文化旅游产业园区、独山大学城。全县共设8镇64个村（居）1093个村民组和22个社区服务中心，“区镇合一”运行模式放样全省。成立国有资产监管机构，强化国有资产市场运作，全面完善县级国有企业改制，东峰集团、供水公司焕发生机，国有资产实现保值增值。以“五化工程”为重点，“双创”工作成果巩固提升，城镇人居环境极大改善。

地质资源 在世界地质学上，以独山地名命名的术语多条，其中著名的独山泥盆纪——石炭纪标准地层剖面，以其发育完整、出露完好、研究程度较高、各种地质现象和反映时空观念、环境因素、生物进化的生物化石丰富等闻名全球，可以通过直观剖面看到大海与陆地的桑柔变迁、海上风暴与冰川期、生物进化与绝灭等上亿年前的奇观。正在利用地质资源优势开发“地质公园”。

矿藏 县境矿藏丰富，锑矿储量名列全国第三位，品位居全国之首。铁、汞、铅、锌、镁、硫铁矿、水晶石、石膏、冰洲石、大理石、方解石、石灰石、白云岩、煤等储量丰富。

人口 2016年年末，独山县常住人口总数354745万人，其中少数民族27.9万人。城镇人口171712万人，乡村人口183033万人。全年全县出生人口3345人，人口出生率9.05‰；死亡人数为3345人，死亡率6.19‰；人口自然增长率2.85‰，人口符合政策生育率92.05%，出生人口性别比为107.12。人口较多的少数民族为布依、苗、侗、壮、毛南等。精准扶贫全年减少贫困人口1.32万人。

土地资源 全县总面积2442平方千米。是贵州省土地比较平整的18个县（市）之一，农林牧用地17.12万公顷，占土地总面积的68.53%，其中耕地面积3.96万公顷，园地0.097万公顷；林业用地9.13万公顷；牧业用地3.08万公顷。土地利用结构为林、农、牧型。在已利用的土地中，农业以种植业为主，林业以用材林占绝对优势，牧草以天然草地为主，人工草地、改良草地为辅。

主要农产品 主要大宗农产品有：优质大米，"冷凉"蔬菜、无公害西红柿和皱皮辣椒、烤烟、油菜籽、土豆、生猪等，以及具有独山特色的独山盐酸菜、牛奶、茶叶、油桐等优质农产品。

气候 独山县属亚热带湿润季风性气候，四季分明，冬无严寒、夏无酷暑，气候宜人，平均气温15℃，年降雨量1346毫米，无霜期长，全境地处贵州高原向广西丘陵过渡的箱状背斜，形成较周边地区高出300~500米的突出台地，最低海拔500米，最高海拔1465米，平均海拔850~1100米之间，发展立体农业和夏秋"冷凉"蔬果、旅游服务业条件优越。

动植物 森林资源丰富，森林覆盖率为48.39%，生态益林面积国家级108.49万亩，地方53万亩。有自然保护区4个，即独山深沟天然林自然保护区，独山琴阳天然林自然保护区，独山高岩天然林水源涵养林自然保护区，贵州都柳江源湿地自然保护区。有经济价值和比较常见的野生植物有1588种。

国民经济 2016年，地区生产总值完成74亿元，地区生产总值比2015年同期增长16%；招商引资到位资金突破百亿达150亿元；500万元以上固定资产投资突破百亿达118亿元，500万元以上固定资产投资比2015年同期增长63.9%；金融机构存款余额突破百亿达108亿元，财政总收入达9亿元，财政总收入比2015年同期增长16.6%；地方财政可支配资金达60.7亿元，社会消费品零售总额达20亿元，社会消费品零售总额比2015年同期增长14%；城镇和农村居民人均可支配收入分别达26660元、8930元；脱贫人口约6.3万人。全县国有融资平台总资产达718亿元，用电量近10亿千瓦时，新增城镇就业人数突破1万人。总量指标实现翻番，生态、质量、创新、协调等指标居全省前列。2016年，经济社会发展增比进位排全省县域二方阵第2位，取得历史最好成绩。

工业 坚持工业强县主战略，加快现代农业和服务业提质增效，形成三次产业互为支撑、协调发展的良好局面。产业园区建设从无到有，从有到强，特色产业园、科技园、返乡创业园、民族工业园等园区建设琳琅满目，产业培育全面开花。金孟、恒鑫、兴枫霖等铁合金企业升级改造抱团发展；新贵集团、翔音电子等一批规模企业快速成长；晶科光电、中诚水泥等一批骨干企业建成投产；东峰矿业、标准电机等一批大企业成为龙头带动；振发光伏、大唐风电一期成功并网发电，水工气盾、丝绸之路、绿健神农、创建科技玻璃、ITO靶材等装备制造、医药纺织、新能源、新材料、新科技等新兴产业方兴未艾；轴承、水晶、家居三大主导产业发展势头强劲，正在形成气候，轴承企业达46家生产线500条，水晶饰品加工机械达1088（台）套。全县规模工业增加值完成25亿元，对地区生产总值贡献率达33.8%；全县工业总产值达180亿元，年均增长30%；工业用电量是南部四县总量的1.6倍；工业企业就业人数累计突破1万人。入驻企业218家，入驻率达100%。民营经济实现上缴财税6.5亿元，占全县财政总收入的72.2%。农业园区从零到建成四个省级现代农业示范园区。培育李记食品、新贵集团等一批重点龙头企业共54家，辐射带动农户4万户16.1万人，解决就业1781人，带动农户增收2.5亿元。云上茶乡毛尖茶获上海国际文化旅游节"中国名茶"金奖。中国茶产业发展智库峰会永久性会址落户独山。青龙农林、绿健神农在"新三板"成功挂牌，现代农业驶入快车道。第三产业风头正劲。以旅游、餐饮、商贸物流为重点的第三产业蓬勃发展，永辉超市、福林铭城工业品批发市场、环西汽贸一条街、城市之星精品农超等一批大中型批发、零售市场投入使用，城区人气商气加速聚集。黔桂商贸物流城、紫薇城建成运营，麻尾泗亭无水港、五洲物流港等物流平台加快建设。引进阿里巴巴、苏宁易购等网购平台20个，发展电商50家，村级电商服务站150个，覆盖县镇村快递网点151处。净心谷、天洞等景区景点建设精彩亮相，阳光花园大酒店投入使用，南方酒店完成升级改造，温德姆酒店装修快速推进。形成多产业竞相崛起的发展新格局。筹资1.2亿元设立工业、小微企业等发展专项基金，打好转型升级组合拳；"三去一降一补"成效明显，帮助冶金、轴承等企业在技改、物流、电费等方面降低生产成本1.04亿元。

农业 建成果蔬、茶园、药材、牧业等一批农业标准化生产基地，累计发展专业合作社513个社员7700人、家庭农场800个、专业村40个。建成县级电商运营中心（创客大厦），发展淘宝、京东等网购平台，建成覆盖县镇村三级物流配送体系。成功举办中国独山保税物流与跨境电商协同发展论坛。激活力，改革创新推出新举措。争取交通、水利、扶贫等重点项目162个，到位资金13亿元。全年储备项目286个，总投资364亿元。正式实施“五证合一、一照一码”登记制度，“营改增”顺利推进。“三权”确权有序开展，实现农村土地流转25万亩、林地流转5200亩。列入全省涉农资金整合试点县，整合资金2.2亿元。降低市场准入门槛，营商环境明显改善，县工商联荣获全国“五好”县级工商联、2016年度“创新中国特别奖”荣誉称号。抢机遇，文化旅游实现新突破。“旅游建设年”成果丰硕，14个景区规划建设全面启动，净心谷、深河桥、飞凤湖三大核心景区一期工程2016年6月可投入运营；“一镇一景、一镇一特、一镇一韵”各具特色；酒店、客栈、书院、第六空间等配套建设快速推进，成功引入温德姆、豪生等知名酒店管理企业入驻独山。涉旅行业规范化整顿有效，旅游服务“软”环境不断优化。成功举办独山论坛—第二届中国茶产业发展智库峰会。全年旅游总收入74.8亿元，比2015年同期增长62.7%。破瓶颈，要素保障彰显新特色。总投资110亿元的外延道路、内环高架、南北互通等38个交通项目迅猛推进，全面打响“交通大会战”。开展县域航空遥感测绘，全面提升测绘地理信息保障能力。全县耕地保有量56.3万亩，基本农田保有量46万亩，荣获“全国耕地后备资源调查试点先进县”。惠民生，社会事业再上新水平。发放城乡低保金3459万元，保障城乡低保对象17.2万人次。为企业招工9878人次，农村劳动力转移就业1.1万人；城乡居民养老保险参保21.3万人；新型农村合作医疗参合率达99.3%。“四个一”机制、“6322”模式结对帮扶实现精准脱贫2万人，1500名生态护林员正式上岗；累计发放精准扶贫金融“特惠贷”2.5亿元，贫困户分红875万元；实施“雨露计划”助800名贫困学子圆大学梦。建成一中、三小并投入使用；建成1200套保障性住房，完成农村危房改造2711户。

基础设施 着力打基础，利长远，聚要素，搭平台，筑巢引凤效应凸显，发展后劲全面增强。水利设施不断优化。甲摆供水工程顺利投入使用，日供水能力增加到2万吨，县城告别“旱城”历史。建成打渔河水库，完成病险水库治理，新增蓄水量1800万立方米。解决了15万人饮水安全问题，新增耕地有效灌溉面积3.4万亩。交通路网不断完善。“一体两翼”骨干路网基本建成，独平高速建成通车，县境内210国道改造基本完成；都独同城快速干道、内环高架、南北互通项目建设快速推进，三独高速开工建设；率先在全省实现村村通硬化路，全县公路建设里程达1523公里，“公交进镇、面的进村”实现全覆盖；全省首家通用航空实训基地落户独山，获批10个起降点，通用机场列入全省规划，立体交通体系初现雏形。金融体系不断健全。国资集团、交投集团成功打造AA级平台。大力推进政府与社会资本合作（PPP）模式，成功引进东方园林、中冶十九局、中经融玺等优强企业开展九十九滩、120万平方米标准厂房等项目合作。全县国有融资平台36家，融资到位资金93.8亿元。“引金入独”成效明显，贵州银行、贵阳银行、华创证券分别在县设立分支机构，贵州金融资产股权交易中心挂牌营运。全县金融机构共14家，有力支撑了县域经济发展。电力通讯不断夯实。完成南简、上司两个110千伏输变电工程，启动第二轮农村电网改造工程。完成通讯投资4.1亿元，新建基站976个，移动4G网络实现镇镇全覆盖。生态建设不断加强。大力发展绿色产业，积极推进生态文明建设。集中式饮用水源水质达标率、城市空气环境达标率均达100%，城乡生活垃圾无害化处理率达76%，污水处理率达86%，森林覆盖率达53.9%，荣获“贵州省生态文明教育基地”称号。

城乡建设 始终坚持城镇带动、城乡统筹、产城融合、城景相嵌，城乡面貌发生翻天覆地变化。县城变“靓”。县城规划面积达200平方千米，城区面积拓展到18.8平方公里；城镇化率提升到48%；20层以上高层建筑发展到88栋，高楼大厦拔地而起，金盾大厦、京都国际、温德姆酒店等城市建筑成为独山新地标。中央城一期、城市之星等小区建成投入使用，碧贵城、富尊华庭等房开项目迅速推进。全面开工建设南北城门、州署、学宫、八角亭、纪念塔等标志性建筑。完成城区道路“白改黑”，完善市政基础设施建设。建成集绿化、亮化、健身、休闲于一体的毋敛大道景观带13公里、老干健康休闲步道2.5公里，移栽景观大树150棵，新增绿化面积46.5万平方米，城区绿化率达31%，人均绿地面积8.5平方米。新建和提质金鳅湿地、影山公园，盛源国际、福林铭城等休闲广场投入使用。取缔马路市场，划行归市成效显著，天网工程实现城区全覆盖。镇区变“特”。突出“一镇一特、一镇一景”，麻尾、影山、玉水等镇区风貌改造全面完成，百花齐放；经开区、高新区、基长新区“产城景”融合发展，别具一格。麻尾列入全国重点建设镇、基长列入省级示范小城镇、影山列入州级示范小城镇。村庄变“美”。统筹规划“531”新村建设，大力实施“六个小康”到村到户行动，奋力提升村庄环境，共建成卢家寨、影山新城、丰阳城等“四在农家·美丽乡村”示范点33个。

改革创新 以改革开放为突破口，坚持在变中求新、新中求进、进中突破。体制改革步伐加快。涵盖经济发展、教育管理体制、医疗服务体系、城市管理等方面的“十大改革”任务顺利推进。行政区划调整成功经验放样全省，村干部职业化管理、村级发展增比进位考核独树一帜。大部制、公务用车等改革全面完成。全面搭建“二城六区八镇”创新驱动发展主平台，探索形成“区镇合一、镇园合一”新模式，开创“镇镇有园区、镇镇有项目、镇镇大建设”全域发展生动格局。完成东峰锑矿、自来水公司等10家县级国有企业、集体企业产权制度改革。开放活力逐渐增强。通过保税物流与跨境电商协同发展的引领带动，外贸市场逐步拓展。博裕电子、翔音电子、升皇兴饰品等一批外向型企业如雨后春笋落户独山。2016年，全县进出口交易额突破1亿美元，同比增长716%。东峰矿业、建溢集团等一批名企效益蒸蒸日上，招商引资成绩斐然，累计实现利用外资5230万美元。电商云、贵农网等电商知名企业纷至沓来，打通电商服务群众“最后一公里”。

民生福祉 解决一大批人民群众最关心、最直接、最迫切的现实问题。脱贫攻坚有力有效。全县贫困人口减少为3.8万人，贫困人口下降至17.7%，8个贫困乡镇“减贫摘帽”、28个贫困村“减贫出列”；完成易地扶贫搬迁2365户1.01万人。社会事业可圈可点。大学城一期投入使用，建成县中等职业学校、高级中学、三中、二幼等一批教育重点工程，高级中学成功晋级省级示范性高中，三中教学质量名列全州第一并荣获全省继续教育先进学校，二小荣获全省首批校本研修示范校，通过国家义务教育发展基本均衡评估验收和省“普十五”评估。2016年，高考本科上线人数突破千人大关，重塑了人民群众对独山教育的自信。县人民医院成功复检二甲医院。县人民医院急救中心和全州首家“健康小屋”建成投入使用。通过实施文化精品工程，入选首批中国传统文化旅游名城，《近距离击杀》获“百合奖”和全国“五个一工程奖”，成功拍摄以独山为题材的《情逝》《夜郎侠》等一批影视作品。“三创”工作成效明显，殡葬改革顺利推进。获评省军地联考联评优胜单位、省级“双拥模范县”称号。社会管理创新创优。严格落实安全生产“一岗双责”，依法治访有序推进。圆满完成“六五”普法任务。深化科技创新，搭建社会综合管理网络平台，全面推行社会治安“扁平化”指挥、“网格化”管理和“一村一警”制度，“平安独山”创建扎实有效。2016年，全县经济社会发展群众满意度排全省县域二方阵第2位。

社会事业 扎实开展“三品三德”教育活动，着力加强公民道德和精神文明建设，涌现出了全国优秀教师彭长明、全省道德模范李荣珍和肖绍珍、全省诚实守信道德模范官智敏、“山村120”村医吴良梅、最美司机徐有云、全州第一位捐献眼角膜的布依校医金大双等先进事迹人物，在全县形成崇德向善、见贤思齐的良好氛围。

服务能力提升 以“效率独山”为抓手，加大简政放权力度，完善“放管服”配套举措，职能转变蹄疾步稳。政务服务中心标准化、规范化建设基本完成，建立健全三级政务服务体系，并联审批“绿色通道”“一站式”服务等便利化政务公共服务体系成效明显，累计受理行政审批及公共服务事项208万件，日均办件1444件，办结率100%。自觉接受人大法律监督和政协民主监督，累计办理人大代表建议629件、政协委员提案428件，办结率100%。发挥审计监督作用，强化行政效能监察。在新时期独山精神的激励下，全县广大干部在征地拆迁、招商引资、项目建设、信访维稳等一线摸爬滚打，锤炼作风，敢闯敢创，善作善成，干成过去不曾想、不敢想、不敢干的“十件大事要事”。

行政区划 调整“12556”成功经验放样全省；建成全省首家县级大学城，入驻师生1.2万人，黔南幼师成功升专；教育改革成效显著，教学质量领跑黔南，终结28年独山学子无人问鼎清华、北大的历史；“六个城乡一体化”成为全省城乡一体化发展的典型和示范；全省首家县级公用型保税仓库封关运营，获批贵州南部物流聚集区，列入省级“十三五”保税物流中心布局规划；甲摆大型水库建设进入国家“十三五”规划，贵南高铁取道独山；经开区获批国家小型微型企业创业创新示范基地。轴承产业园获批省级“大众创业、万众创新”示范基地；成功跻身全国第三批新型城镇化综合试点县；获批国家级电子商务进农村综合示范县；成功申报九十九滩国家湿地公园；独山深河桥抗战遗址列入全国红色旅游经典景区。

发展构架 黔南师院独山校区、黔南幼专等院校顺利入驻独山大学城；经开区获省政府批复为省级经济开发区，列入省重点打造的100个产业园区；麻尾工业园区列入省重点实施的“511产业园区培育计划”和省重点打造的100个产业园区，被省批准为“煤电冶”一体化工业园区；高新区获州政府批准，成为全州首家高新技术产业园区；基长新区（独山现代农业示范园区）列入省重点打造的100个现代高效农业示范园区；独山城乡统筹改革实验区为全县“统筹城乡一体化”积累了宝贵经验；都柳江源湿地自然保护区获省政府批复；净心谷综合旅游景区、飞凤湖文化旅游度假区列入省大健康专项建设“6个50”重点工程；飞凤湖文化旅游度假区列入省重点打造的100个旅游景区；深河桥抗战文化园纳入黔南州20个旅游景区建设。

（陆江龙）

三都水族自治县

【概况】 三都水族自治县行政区域总面积2400平方千米。2016年，有耕地面积24603公顷。辖6镇1街道，238个行政村，4个居委会，2170个村民小组。年末总人口370975人。其中，少数民族人口360653人，城镇人口79773人，乡村人口291202人。人口出生率9.06‰，自然增长率3.65‰，符合政策生育率93.9%。人口较多的少数民族有水、布依、苗等民族。主要矿藏有铜、铁、煤、汞、金、锑、硫、铅锌、重晶石等；森林覆盖率67.4%。

2016年，地区生产总值完成58.08亿元，增长12.3%，其中：第一产业完成17.42亿元，增长6.5%；第二产业完成8.59亿元，增长14.5%；第三产业完成32.53亿元，增长14.4%；三产结构为30∶14.7∶55.3。小康实现程度92%，提高4个百分点。财政总收入5.47亿元，增长12.7%；一般公共预算收入完成3.25亿元，同比增长5.93%；一般公共预算支出完成23.55亿元，同比增长8.9%。年内固定资产投资（500万元口径）42.28亿元，增长21.9%。招商引资到位资金达

92 亿元，同比增长 22.5%。社会消费品零售总额 13.43 亿元，同比增长 12.5%。城镇居民人均可支配收入 23980 元，农民人均纯收入 8289 元，增长率分别为 8% 和 10.5%。金融机构存款余额 101.29 亿元、贷款余额 58.02 亿元，同比分别增长 76.6% 和 57.7%。

工业经济总量提升 2016 年，规模工业总产值 5.37 亿元，增长 11.5%；规模工业增加值 5.3 亿元，同比增长 36%；招商引资到位资金 91.6 亿元。组建群山、万强等一批森工企业入园，博瑞永固混凝土有限责任公司、福发新型建材有限公司等一批规模企业投产成效，搭建三都水族啤酒、秀秀三都红酒飞地工业平台。全县规模以上工业企业发展到 26 户。

农业 2016 年，完成农业总产值 27.55 亿元，农业增加值 14.8 亿元，农民人均纯收入达 8289 元，分别占任务 104.8%、102%、101.3%，同比增长 6.5%、8.8%、10.5%，非粮农业增加值占比 90.3%，畜牧产值占农业总产值 41.16%。完成农村土地确权权属调查工作 232 个村，占总村数的 95.87%。

新增柳江源现代农业示范园区为省级农业园区，省级农业园区已达 4 个。省级农业园区招商引资到位资金达 7.4 亿元，经营主体完成投资 13.98 亿元，占年度投资计划 116.5%。园区经营主体实现生产总值 37 亿元，销售收入 31.08 亿元，销售利润 10.51 亿元。入驻省级农业园区龙头企业 22 个，省级及以上重点龙头企业 3 个，其中交梨园区入驻龙头企业 7 个，周覃园区入驻龙头企业 5 个，九阡园区入驻龙头企业 2 个，柳江源园区入驻龙头企业 8 个。加大对农业产业化龙头企业、农民专业合作组织和种养殖大户的扶持力度，提升农业生产经营组织化水平。是年，农业园区合作社 58 个，各园区覆盖农民 3.07 万户共计 12.1 万人，从业农民总人数 9.54 万人，园区辐射带动从业农民 11.3 万人。吸纳返乡就业农民工人累计 2353 人，培训从业人员数 4.02 万人，配备农机人员数 125 人。加大农业品牌创建力度。"三品一标"农产品完成 6 个，新增种植业无公害农产品产地认证 10.7 万亩，其中茶叶产地认定 3 个，产地面积 4.7 万亩；无公害水果产地认定 2 个，产地面积 5 万亩；无公害马铃薯产地认定 1 个，产地面积 1 万亩。农产品地理标志认证 23 个，其中交梨园区 8 个，周覃园区 7 个，九阡园区 2 个，柳江源园区 6 个；获得省级及以上名牌产品（著名商标、驰名商标）5 个（即"活力树牌甜茶""九阡酒""江柳""交梨山野"和"巫不"5 个品牌）。

畜牧业 2016 年，生猪存栏 11.99 万头，比上年减少 8.6%；大牲畜存栏 10.5 万头，比上年减少 3.6%；家禽存栏 55.33 万羽，比上年增长 1.3%。

民族文化旅游业 2016 年，累计完成旅游重点项目投资 35 亿元，咕噜圣诞崖景区、水族风情街、贵州水族文化博物馆建成投入使用，中国水族文化风情谷——尧人山生态旅游度假区进入全省 100 个旅游景区；百里水寨、水族文化风情谷、九阡水各卯文化风情园、都江千年府城等一批景区景点加快建设，水书广场、铜鼓广场、民族体育竞技中心等项目快速推进；瑞江酒店、凤麟酒店等一批星级标准酒店投入使用。

2016 年，旅游综合收入完成 39.44 亿元。现代商贸服务业初见成效，人和盛世建材市场、交梨葡萄交易中心、香港名都农贸市场投入使用；县级电子商务公共服务运营中心即将投入运营。电子商务交易额达 4 亿元。

城镇建设 2016 年完成《三都水族自治县总体规划（2016—2030）》和六镇一街道总体规划修编，猴场新区、麻光片区建设推进。建成城镇道路 43.6 公里。全县城镇建成区面积达 25.21 平方千米，城镇人口达 14.08 万人，城镇化率达 45.48%。县城建成区面积达 5.6 平方千米，城镇化率从 2011 年的 29.26% 提升到 45.48%，城区绿化覆盖率达 45%。三合、周覃、普安列入全国重点小城镇打造，周覃、普安列入全省 100 个示范小城镇。12 月，经国家发展改革委等 11 个部门同意，三都被列为第三批国家新型城镇化综合试点地区。

生态环境建设 开展绿色三都建设三年行动计划，完成苗龙加油站至县城环城、苗龙高速路收费站至普安高坪公路沿线绿化美化15.6公里，实施三洞到九阡绿色通道建设20公里，构建绿色屏障1.9万亩，完成城乡绿化1.05万亩，河道水土保持22.5亩。全年完成营造林面积8万亩，石漠化综合治理面积6.1平方千米。开展森林资源保护“六个严禁”执法专项行动，依法查处破坏森林资源违法案件110起。全县森林面积达244万亩，森林覆盖率68.8%，比上年增加1.4个百分点。推进节能减排，关闭高耗能高污染企业2家，立案调查环境违法案件7起，核发7560辆机动车环保检验合格标志。水质在全省10个非经济重点县考核中名列第一，空气质量排第六位，成功纳入国家级重点生态功能区。

交通建设 三都至独山、三都至荔波、荔波至榕江（过境三都）高速公路建设已启动，县人民政府分别成立三都至独山、三都至荔波、荔波至榕江（过境三都）高速公路项目协调指挥部加强征地拆迁和矛盾纠纷调处工作，3条高速公路路基土石方开挖和征地拆迁工作同步实施，累计完成投资2亿元。实施三都湾滩至大塘G321改造项目10.2千米，完成总投资24663万元。实施县乡道改造6个项目共81.5千米。分别是X901交然桥至大河18千米、X996大河至懂干18千米、X994新寨至九阡6.5千米、X942打显至周覃（芒勇至周覃段）16.7千米、X999廷牌至尧棒12.3千米、Y001九阡至扬拱公路项目10千米，总投资23586万元。完成州下达通村油（水泥）路脱贫攻坚任务为313.3千米，完成投资1亿元，实现村村通油（水泥）路目标。完成36个出列贫困村的通组公路项目，累计完成投资1.2亿元。建成农村公路安保工程建设70千米，完成投资2000万元。

完成客运量118万人次，营收1820万元，比上年同期增长6%。进站营运客车安全例检3.8万余台次，查出隐患客运班车61余辆；查安全设施缺项、证件不齐上岗等隐患13余起；检行包900余万件，查出危险品和禁运物品60余件（鞭炮、刀具、打火机、气体、农药），确保了旅客乘车安全。

水利建设 2016年，建成冷水沟水库工程，小农水重点县项目完成县级验收；全年累计完成水利固定资产投资3.3亿元。

电力、通信基础设施建设 2016年，完成《三都县农村电网改造升级“十三五”规划》修编，新建改造10千伏及以下线路26.8千米，新增配变17台；新建通信光缆1131.6千米，新增4G基站201个，4G信号覆盖率达60%；新增46个村寨通宽带，排除盲点182个。累计完成电力、通信设施投资7010万元。

扶贫脱贫 2016年，编制《三都县“十三五”脱贫攻坚规划》，制定出台“1+12”县级配套政策，建立“12568”和“双五”脱贫工作机制。实施葡萄、黄桃种植和生态种鸽养殖等扶贫主导产业，实施“100万头福猪工程”。实施第一批易地扶贫搬迁工程（九阡、都江、周覃安置点）。加大教育培训和贫困家庭子女资助力度，完成教师培训4000人次，教育资助学生40656人次，累计资金达6710万元。完成城乡低保金发放5902万元，保障城市低保对象922户1355人、农村低保对象10267户20655人基本生活。完成2.17万人减贫工作任务，实现了恒丰乡、中和镇2个（原行政区划）贫困乡镇“减贫摘帽”和上江村、来术村、怎雷村等36个贫困村出列。贫困乡镇（原行政区划）发生率由38.09%降至28.57%，下降9.52个百分点，贫困人口发生率由25.26%降至18.53%，下降6.73个百分点。

教育事业 2016年，教育基础设施累计投入资金5.7亿元。新改扩建教育项目303个，建筑面积达40万平方米，完成特殊学校、第三幼儿园、第三小学、第三中学、新职校等项目建设，撤并校点65所。引进高平教育集团合作办学。高考录取二本以上人数由2011年的279人增加到2016年的1093人，比2015年增长2.16倍。

卫生计生事业 2016年，人口出生率、自然增长率均控制在目标值范围内；双诚信双承诺工作开展面达100%；完成“两术”3925例；基本实现智能机发放避孕药具全覆盖的目标，妇幼健康和计划生育技术服务管理上新台阶；全面推行流动人口网络化服务管理机制，提高流动人口基础信息准确度；农民群众参合率达96.87%，实现贫困人口健康卡全覆盖；各种传染病发病率控制在国家规定范围内；县乡医疗机构全部实施国家基本药物制度；基层卫生院执业医师和标准化建设实现全覆盖。

社会保障与救助 全年开展技能、创业、就业扶贫培训3201人次，农村劳动力转移就业6861人，城镇新增就业3364人，城镇登记失业率为2.76%，控制在4.2%指标以内。城镇企业职工基本养老保险在职参保人数5454人，城乡居民社会养老保险参保人数152623人，城镇基本医疗保险参保人数22155人，失业保险参保人数6570人，工伤保险参保人数9750人，生育保险参保人数9798人。救助因灾生活困难群众29763人、孤儿275人、救助流浪乞讨人员463人次、留守儿童789人次；建成公共租赁住房1571套，棚户区改造3847户，农村危房改造4048户；

文化体育事业 成功举办了“驾游尧人圣山、徒步百里水寨”活动、世界体育舞蹈演员走进“神秘水乡·秀秀三都”民族团结大联欢活动、贵州（三都）全国民族民间赛马邀请赛、2016中国·三都·水族开端大典等系列活动。拍摄上映《风流草》等电影。三都被列入贵州省文化产业扶贫项目“千村计划”试点县、贵州省少数民族地区公共文化服务体系试点县。

【完善立法机制、推进依法治县】 2016年，县人大常委会全力推进依法治县工作，建立完善向社会公开征集地方立法选题和立法建议制度，助推实现同步小康和事关群众切身利益的民生领域优先列入立法规划和立法计划、优先进入审议程序，不断充实立法项目库。2016年1月23日三都水族自治县第十五届人民代表大会第五次会议通过2016年7月29日贵州省第十二届人民代表大会常务委员会第二十三次会议批准《三都水族自治县城镇管理条例》，完成《三都水族自治县立法办法（草案）》起草、征求意见、修改等工作。

【三都吉尔斯新型建材项目投产】 2016年9月20日，三都吉尔斯新型建材有限公司正式开机投产典礼在中和镇中化村举行，标志着三都县吉尔斯新型建材有限公司正式开机投产运营。县领导梁嘉庚、韦其贤、陈木林、何信、覃友寿、刘会军、严军、吴勇、徐少勋等出席开机投产典礼仪式。仪式由县委常委、副县长白绍海主持。当天典礼仪式各项议程结束后，所有出席的领导及嘉宾还参观了厂区和生产线，了解公司生产运营情况。三都吉尔斯新型建材项目总投资1.05亿元，是三都水族自治县2016年重点招商引资项目之一，主要生产多功能水泥制品，石材艺术雕刻，轻质仿古文化砖等产品。该项目的正式投产，新增就业岗位300个，每年上缴税费1500万元。

【电影《山那边有匹马》在三都人民大会堂举行首映式】 2016年5月27日上午，电影《山那边有匹马》在三都水族自治县人民大会堂举行首映式。州委常委、副州长刘建民，黔南日报社社长高宏、北京十月天文化传媒有限公司董事长袁熙伯、影视总监李强业，《山那边有匹马》导演、编剧白海滨，影片原著编剧山峰等主创人员，县委书记梁嘉庚，县长潘仕进等县四家班子领导出席并共同欣赏了影片。

电影《山那边有匹马》拍于2014年9—10月，2015年入围第52届韩国电影大钟奖“最佳外国优秀故事片”，入围2016年俄罗斯罗斯托夫国际电影节，2016年首届西班牙国际电影周展映影片，2016年5月27日，在全国各个影院在线同步上映。

【三都水族风情电影《风流草》首映】 2016年9月19日，由三都水族自治县打造的本土水族风情电影《风流草》在该县影院举行首映式。电影《风流草》是三都县委、县人民政府首部官方微电影，县委书记梁嘉庚题名，县委宣传部、县“双庆一办”工作指挥部办公室、县文化和旅游局、县电视台联合拍摄和制作。

全片在三都境内取景拍摄，充分的展现了古

朴的水族风情文化和秀秀三都的自然风光，体现了水族青年为了理想而奋斗的精神面貌，为黔南州建州60周年献礼。

【水书书法作品亮相首届都匀毛尖（国际）茶人会】 2016年9月23日，首届都匀毛尖（国际）茶人会在都匀举行盛大的开幕仪式。三都水族自治县“第一届全国水书书法大赛”优秀作品在活动现场展出，向四方游客展现三都独特的水族文字和博大精深的水族文化。首届都匀毛尖（国际）茶人会邀请了100名中外名书画家现场创作，许多名书画家也对水族文字充满好奇，纷纷到水书书法展厅参观，众多嘉宾和游客也竞相驻足观看。古老奇特的水族文字，笔走龙蛇的创作笔法令前来观赏的嘉宾和游客赞叹不已。嘉宾和游客在观赏水书书法时，水书先生还从旁讲解，让嘉宾和游客不仅仅是看，而且能读懂、理解，更深层次地了解水族文化的独特魅力。水书书法展厅里还准备了笔墨纸砚，嘉宾和游客观赏水书之余，还可以现场学写水书，从又一角度领略水族文化的魅力。

【中国水书国际编码提案通过专家组评审】 由三都水族自治县和荔波县共同申报的《中国水书国际编码提案》获国际编码标准化第65次会议通过专家组评审。2016年9月26—30日，ISO国际标准化组织在美国加利福尼亚州圣何塞市召开第21次全会和国际编码标准化第65次会议。本次会议有来自中国、加拿大、爱尔兰、日本、美国、英国、俄罗斯、法国等20多个国家和中国香港、台湾地区，共40余人参加。会议讨论涉及我国权益的事项：有关汉字编码的意见、水书编码提案、古汉字编码方案、回鹘文编码方案、契丹文编码方案等。

中国代表团一行12人，团长由中国电子技术标准化研究中心高级工程师陈壮担任。水书代表团成员由赖静如博士、赵丽明教授、潘朝霖研究员、韦锦诗、姚覃军等5人组成。会上，赖静如博士代表水书代表团作《中国水书国际编码提案》报告，专家组对《中国水书国际编码提案》进行了讨论评审，认为水书研究团队在《水书编码提案》的修改完善过程中，做了大量严谨细致的工作，给予了充分肯定。

会议认为，《中国水书国际编码提案》在研制过程中方法得当，基础工作扎实，翻译准确，科学严谨，无可挑剔，对《中国水书国际编码提案》报告没有异议，建议将《中国水书国际编码提案》提交2017年中国呼和浩特国际编码标准化第66次会议由各国政府机构投票批准公布。

【三都把党代表推荐工作组织到千里之外】 2016年12月20日，三都水族自治县驻江苏省常州市党支部按照《关于做好三都县非公有制企业和社会组织推荐党的十九大代表候选人初步人选和省第十二次党代会代表候选人初步人选工作的通知》文件要求，迅速组织召开支部会议，完成非公有制企业和社会组织推荐党的十九大代表候选人初步人选和省第十二次党代会代表候选人初步人选工作。会上，支部书记首先组织学习了中央十八届六中全会、州第十一次党代会和县第十二次党代会精神。会议严格按照推荐办法，推荐党的十九大、省十二次党代会代表候选人初步人选。经充分协商、讨论，把名单提交支部大会表决，落实党代会代表候选人初步人选推荐名单。

【三都农村通村通组路网全覆盖项目获省国开行贷款9.6亿元】

农村交通在推进精准扶贫、精准脱贫中具有基础和先导作用。三都水族自治县紧抓国家重点支持贫困县农村基础设施项目信贷政策机遇，经多次与国家开发银行贵州省分行对接项目贷款，2016年10月，获得国家开发银行贵州省分行投放9.6亿元贷款资金，主要用于三都农村道路设施建设。

三都农村通村通组路网全覆盖建设一期工程项目建设规模为全长1599.66千米通村通组硬化路，建设标准为四级公路。覆盖全县164个村，其中141个村为贫困村，23个村为非贫困村，惠及

26.08 万人，其中建档立卡人数达 6.5 万人。

【医疗精准扶贫】 2016 年，自实施医疗精准扶贫工作以来，全县各级各部门加强部门联动，实现基本医疗保险、大病保险、民政医疗救助、计生扶助和医疗精准补偿“一站式”即时结算和资金兑付“一卡通”服务。对贫困患者住院执行“先诊疗，后付费”制度，通过提高住院报销比例、二次补偿和对贫困大病人群个人实施大病保险和分段补偿等政策，确保贫困患者住院政策内自付费用不超过 10%。全县医疗保障对象获得补偿 5649 人次，总补偿 2499.99 万元，其中新农合精准扶贫补偿 1898.39 万元，大病保险补偿 42.34 万元，民政救助 519.48 万元，计生扶助 39.78 万元，平均补偿率达 93.11%。县卫计局兜底医疗精准扶贫对象 108 人次，医疗补偿总费用 58.20 万元，其中新农合精准扶贫补偿 41.89 万元，大病保险补偿 1.78 万元，民政救助 11.14 万元，卫计部门补偿 3.39 万元，使医疗精准扶贫对象获得 100% 补偿。

【民族文化】 2016 年，三都教育围绕创建“以民族特色文化兴校”的办学方向，按照“一校一特一品”构思，制定出台《三都水族自治县义务教育阶段学校特色教育创建活动实施方案》，学校结合当地民族民间文化特色融入学校教育，丰富校园文化。形成了打鱼民校“踩月亮”艺术文化，九阡中学“水书、水歌、水舞的水文化”校园，中和小学、三洞中学“马尾绣”文化，水龙中学“书香校园”文化，鹏城希望学校“足球”艺术文化，城关小学“水族铜鼓操”“弟子规操”艺术文化，第三小学“鱼水情感教育”文化，三都民中“摇马铃”“骑草马”独具特色民族舞蹈，塘州中学孔子“圣源文化”，合江小学的花灯艺术文化，第三中学“马”文化，羊福民校“铜马山下的人家”，丰乐中学“抛花绣”布依文化，交梨中学《芦笙操》《跑步操》《芦笙毡子舞》，梅育小学“梅园水乡，自信教育”文化，廷牌中学“水韵校园”文化，周覃小学“布依文化”及“竹竿舞”文化，交梨小学“芦笙跳月舞”“手拍毽子”“国学文化”，都江中学“经典国学”文化，合江中学“绿化校园”“课堂改革”“阳光运动”等独具特色的民族校园文化。

（韦绍武）

荔波县

【概况】 全县行政区域总面积 2431.8 平方千米，耕地面积 2.17 万公顷。辖 2 个乡（其中 1 个水族乡、1 个瑶族乡）、5 个镇、1 个街道办事处，94 个村民委员会、6 个居民委员会。2016 年年末，总人口 17.98 万人，城镇人口 7.26 万人，乡村人口 10.72 万人，主要为布依族、水族、汉族、苗族、瑶族，少数民族人口占 92% 以上，人口较多的少数民族有布依族、水族。人口出生率 10.06‰，自然增长率 4.38‰，符合政策生育率 92.57%。矿产资源主要有煤炭、白云石、硅石、铅锌矿等。全县森林覆盖率 64.84%，造林成林率 99.78%，生态保护系统修复率 100%。境内河流均属龙江水系属珠江流域，年平均水资源量为 17.82 亿立方米，荔波河流落差大，水能理论蕴藏量 34.9 万千瓦，可开发量 24.43 万千瓦。

2016 年，地区生产总值完成 50.48 亿元，比上年增长 12.5%；农林牧渔业总产值 16.03 亿元，增长 6.87%；规模工业总产值 41.98 亿元，增长 6.6%；农业总产值 7.94 亿元，增长 9.42%；财政总收入 63179 万元，增长 13.01%，其中地方财政收入 32500 万元，增长 14.80%；财政总支出 190231 万元；旅游总收入完成 77.93 亿元，增长 38%；固定资产投资 59.39 亿元，增长 21.3%；全部工业增加值完成 24.76 亿元，其中，规模工业增加值完成 13.5 亿元；招商引资到位资金 114.7 亿元；金融存款余额 68.88 亿元；贷款余额 45.56 亿元。社会消费品零售总额完成 11.26 亿元；城镇居民人均可支配收入 25595 元，增长 10.1%；农村居民人均可支配收入 8491 元，增长 10.7%；全年减少贫困人口10174人，15个贫困村出列，贫困发生率下降至15.17%，全面小康实现程度提高到93.8%。主要经济指标均保持两位数增长，增比进位综合测评在全省同类县获85.66分，连续三年位列第一名。

荣誉称号：

1. 首批国家全域旅游创建示范县（国家旅游局）；

2. 国家重点生态功能区的县（中国政府网）；

3. 全国森林旅游示范县（中国林业产业联合会）；

4. 2016中国年度最佳投资休闲目的地和最佳休闲小城（中国［国际］休闲发展论坛）；

5. 2016民生示范工程奖（第四届中国民生发展论坛）；

6. 2016最具潜力民宿投资目的地（《小康》杂志社）；

7. 全国休闲农业与乡村旅游示范县（农业部）；

8. 中国陀螺之乡（中国少数民族体育协会）。

脱贫攻坚 实施易地扶贫搬迁、产业脱贫、生态补偿、教育培训、民生兜底和旅游脱贫“六个一批”工程。共投入3.08亿元实施1375户5140人易地扶贫搬迁工程，建成佳荣、捞村等7个安置点。总投资达7057万元的74个扶贫项目全面实施，发放“特惠贷”资金2.11亿元、创业担保贷款8556万元、教育扶贫资助资金1594万元，农村低保标准与扶贫标准“两线合一”稳步推进。整合各类资金和项目发展壮大村集体经济，基本消除“空壳村”。2016年共减少贫困人口10174人，15个贫困村出列，贫困发生率下降至15.17%，全面小康实现程度达93.8%。

基础设施建设 41个省州重点项目和31个中央预算内项目分别完成投资50.74亿元、3.31亿元。争取融资到位资金36.24亿元。编制完成全域旅游交通三年行动计划，交通领域完成投资22.1亿元，省道418旅游公路、荔波至瑶山果园公路全面动工，建设完工134千米国省道、40千米县乡公路、593千米通村油路和8座县乡桥梁，全县通车里程达1320千米。率先在全州实现乡乡通油路、村村通沥青（水泥）路目标，连续荣获国家、省、州级农村公路管理养护先进集体和全省一事一议财政奖补工作优秀县。编制完成《水生态文明建设规划》，水利建设完成投资7.8亿元，5个骨干水源工程积极推进，尧柳水库基本完工，大土水库完成大坝主体，拉寨、三荔、拉毛水库前期工作有序推进，247个水利项目和山洪灾害预警监测系统全面完成，农村饮水安全实现全覆盖，有效灌溉面积率达43.28%。成功列入贵州省第四批、第七批小型农田水利建设项目重点县，水利项目“建后资产管护移交制”和“建设申请承诺制”得到国家和省州水利部门充分肯定。电力建设完成投资1.56亿元，建成投运110千伏时来变电站等电力设施。村级宽带覆盖率达97%，通信网络实现乡村全覆盖。

旅游发展 旅游持续井喷式增长，成功纳入全国首批全域旅游示范区创建单位，樟江风景名胜区荣膺国家5A级景区并列入全省旅游度假区和100个旅游示范景区，瑶山古寨、荔波古镇荣获3A级景区。茂兰、水春河景区开发持续推进。兰鼎山、玄武山、观音峰、捞村大峡谷、七彩桫椤谷等新景区景点规划设计和招商引资工作稳步推进。2016年接待游客总人数1108万人次，旅游总收入110.96亿元，旅游增加值占GDP比重达42%，旅游业由观光游向休闲、度假、旅居、体验等复合型转变。梦柳布依风情小镇（一期）建成，冰雪水世界、大小七孔游客集散中心完成主体。成功举办17个大型文化旅游活动，开辟天津、武汉、长沙等新航线，荔波知名度和美誉度大幅提升。

工农业发展 瑶庆绿色工业创新示范区、驾播工业园、小七孔返乡创业园等园区平台，入驻企业17家，实现产值30.02亿元，引领效应逐步增强。茂兰万吨青梅酒厂复工建设，绿宝石缫丝厂（二期）建设快速推进。新增微企608户、民贸民品企业40家，个体工商户和民营企业分别发展到8331户、1025家，注册资金达33.44亿元，“四上”企业89家。新增瑶山、小七孔、黎明关3

个省级高效农业示范园区，有机、绿色和无公害农产品种植面积比重达25%，“三品一标”认证36个，出台扶持加快青梅和桑蚕产业发展的优惠政策，农业增加值达8.9亿元。荣获全国休闲农业和乡村旅游示范县、农业综合开发项目优秀县称号。

生态环境建设 坚持既要绿水青山也要金山银山，厚植生态优势，推动绿色发展。大力实施樟江流域综合治理三年行动计划，深入推进绿色荔波“六大工程”，完成营造林27.5万亩、石漠化治理12.26平方公里、水土流失治理25.64平方公里。建成7座城镇污水处理厂、7个农村环境综合整治项目。强化土地资源节约集约利用，荣获“国土资源节约集约模范县”称号。县域生态环境质量稳定趋好，成功创建省级可持续发展实验区和1个省级生态乡镇、4个省级生态村。集中式饮用水源地水质达标率、县城环境空气质量达标率均达100%。正式纳入国家重点生态功能区。《樟江流域保护条例》公布施行，共投入5.8亿元全面实施樟江河综合治理，森林覆盖率达64.84%。

城镇建设 启动实施老荔波古城文化区，开工建设邓恩铭纪念馆和纪念广场，转移安置430户1590人。罗家寨大桥、江滨南路建成通车。樟江河滨景观（一期）投入使用，成为市民休闲健身乐园。民族体育活动中心主体完工。城区绿化、亮化、美化工程稳步推进。老政府、原县医院、原党校片区旧城改造项目启动建设。7个特色小城镇建设有序推进，房开项目完成投资9亿元，销售面积20.4万平方米，城镇领域完成投资17.4亿元，城镇化率达41.57%。

民生事业 坚持以促进公共服务均等化为基本点，社会事业蓬勃发展，保障体系日臻完善。义务教育基本均衡发展和基本普及十五年教育分别通过国家、省级评估验收，荔波三中投入使用，38个薄弱学校改造项目全面建成，县中等职业学校获评省级示范中职校。高考二本以上上线人数突破千人大关，上线率位列全州第一，全县幼儿入园率达88.6%。县中医院（二期）工程有序推进，5个乡镇中医馆和卫生院标准化项目投入使用，成功建立州、县、乡三级医联体服务网络，“先诊疗·后付费”诚信医疗模式在全州推广。成功创建全国计划生育优质服务先进县，持续巩固国家卫生县城成果，甲良、茂兰、佳荣列入“国家卫生乡镇”。持续加强食药品安全监管，文体事业发展势头强劲，文艺创作成果丰硕。大力推进水书申报《世界记忆遗产名录》和《中国水书国际编码提案》工作。连续举办两届全国陀螺邀请赛并荣获“中国陀螺之乡”。安全形势持续稳定，治安防控和谐有序，安全生产继续保持“双零”目标。整合“三中心”服务职能，创新县域群众诉求管理，荔波“421”社会创新治理模式在全省推广。群众安全感和满意度连续五年位居省州前列。

【国务院副总理刘延东考察荔波】 2016年9月26日，中共中央政治局委员、国务院副总理刘延东到荔波考察调研，省、州、县党委政府领导陪同调研。刘延东在荔波县瑶山乡拉片村先后观看了瑶山瑶族博物馆、瑶山花样陀螺表演、瑶山禾仓、吊脚楼、瑶族刺绣等文化项目和瑶山瑶族乡移民新村。刘延东勉励当地干部群众认真贯彻落实党的民族政策，把经济发展、民生改善、文化传承、生态保护有机结合起来，把民族村寨建设得更好，让各族群众生活过得一天比一天好。

【中国世界自然遗产保护与发展大会（第一届）在荔波召开】 2016年11月17日，2016年“中国世界自然遗产保护与发展大会（第一届）”在荔波开幕。大会由住房和城乡建设部世界自然遗产保护研究中心、联合国教科文组织驻华代表处联合主办，中共荔波县委、荔波县人民政府承办。国内外涉及自然保护和遗产管理的领导、专家、学者及媒体代表共200余人参加会议。

【首届全国民宿旅游发展峰会在荔波召开】 2016年10月23日，2016第二届中国（荔波）西部全面小康论坛暨首届全国民宿旅游发展峰会在荔波县隆重举行。论坛主题为“西部民宿旅游开发与决胜小康”，由《小康》杂志社主办，智纲智库提供策划支持，中共荔波县委、荔波县人民政府承办，是西部首个以民宿经济为主题的国家级论坛。论坛由凤凰卫视资讯台副台长、著名主持人吴小莉主持。省、州、县各级领导及社会各界人士共500余人参加会议。

【首届荔波国际儿童动漫节】 2016年8月7日上午，首届荔波国际儿童动漫节暨绿宝石国际儿童动漫大赛在荔波恩铭广场举行。来自全世界71个国家和地区的4000多幅动漫作品汇集荔波，参加了这场动漫盛会。此次动漫节是国内唯一以儿童为主题的文旅融合的大型国际文化交流活动，以“欢乐儿童、动漫荔波”为主题，以“中国的昂西、世界的荔波”为口号，以发现、培养、造就具有艺术才华的下一代为宗旨，通过动漫节所举办的一系列活动，营造艺术氛围，为贵州荔波文化旅游的发展注入新的活力。

【中国·荔波国际跳绳公开赛】 2016年5月18—21日，2016年中国·荔波国际跳绳公开赛暨全国跳绳联赛分站赛在荔波隆重举行，该比赛是中国规格最高、规模最大、参与范围最广的跳绳赛事。共有来自韩国、巴西、巴基斯坦、马来西亚、越南、中国澳门地区、中国香港地区12个国家和地区114名外籍运动员，以及上海、重庆、辽宁、广州等20个省市的共56支代表队700余名国内外选手参加。

（岑秋慧　何培逊）

平塘县

【概况】 平塘县属黔南布依族苗族自治州13县（市、区）之一，总面积2815.6平方千米，耕地面积4.52万公顷。辖9个镇、1个民族乡、1个街道办事处、121个村民委员会、6个社区居委会。2016年年末，总人口33.14万人，其中，少数民族人口19.9万人，占总人口的60.05%；城镇人口8.27万人，乡村人口24.87万人；人口自然增长率3.38‰，人口出生率10.36‰，符合政策生育率91.79%；人口较多的少数民族有布依族、苗族、毛南族和水族；主要矿藏有煤、大理石、硅石、陶瓷土、紫砂陶土、高岭土、花石等；森林覆盖率60.2%。

2016年，全县地区生产总值实现56.57亿元，同比增长12.9%；其中，第一产业18.62亿元，增长6.4%；第二产业10.05亿元，增长14.4%；第三产业27.91亿元，增长16.2%；财政总收入60236万元，增长5%，其中，县级一般公共预算收入33300万元，增长8.08%；全县一般公共财政预算支出222300万元，增长5%；固定资产投资达43.94亿元，增长23.6%；社会消费品零售总额达13.55亿元，增长13.7%；金融机构支持县域经济发展能力不断加强，存贷款余额分别达72.24亿元、68.73亿元；城乡居民人均可支配收入分别达24548元，增长9.7%；农村居民人均可支配收入分别达8243元，增长11.5%。全面小康实现程度预计达93.06%，较2013年提高14.97个百分点。2016年，在全省综合测评中首次排位全省县域第三方阵15个甲类县第1位；人民群众安全感位居全省第6位，满意度居全省第1位。

工农业发展 2016年，新增规模工业企业5户，达到28户，工业增加值完成6.11亿元，同比增长12.3%；石头纸产品远销新加坡、智利、伊朗等国际市场；大理石产品销往广东、福建、上海、山东等省市，“土石经济”总产值达11.25亿元；石材企业组团参加贵州（安顺）石材博览会，共获11块奖牌。

以现代高效农业园区为载体，“185”工程为抓手，完成农业增加值18.62亿元，同比增长6.4%；粮食产量达11.4万吨,；完成“185”工程35.7万亩，新增茶园3.2万亩，蔬菜种植面积达23万亩，新增水果种植面积1.3万亩。生猪存栏25.81万头，出栏26.2万头；牛存栏9.33万头，出栏1.34头；羊存栏17.2万只，出栏16.5万只；禽存栏83万羽，出栏75万羽；非粮食和畜牧业增加值占第一产业增加值比重分别达到87%和25.1%；县内白龙现代高效农业示范园区晋级全省重点现代高效农业示范园区，掌布现代高效农业示范园区成功申报省级现代农业产业园区；新增省级龙头企业2户、州级2户，县级5户、农民专业合作社15户。

发展旅游产业 2016年，以举办“中国天眼”竣工系列活动为契机，加快景区开发和基础设施建设，打造“观天探地，世界唯一”天文科学旅游和地质探秘旅游产品，实施天文科学旅游文化园一期工程建设，建成游客服务中心、天文体验馆、中轴迎宾广场、星辰天缘大酒店和文化园路网，建成“中国天眼”观景台、观光栈道、停车场，精品旅游线路快速成型；星辰天缘、伯爵玉水等星级酒店建成运营；启动静心谷建设项目，有序推进塘边天坑、掌布藏字石、和甲茶景区深度开发，京舟养生园成功申报3A级景区；是年成功举办“中国天眼”落成启用仪式暨国际射电天文论坛、“都匀毛尖·平塘甲茶贵州春茶第一壶”开采品监活动、“首届黔南·南翼旅游产业峰会”、第三届贵州·平塘中国民间水龙表演暨龙舟争霸赛、京舟康乐园开园仪式、四寨天马山斗牛争霸赛等大型活动，促进了平塘旅游“井喷式”增长。旅游总收入达72.3亿元，同比增长30.7%。

现代服务业发展 2016年，切实加快现代服务业发展。第三产业增加值完成27.61亿元，同比增长16.2%。新增限上商贸企业15户，全县限上商贸企业达33户。建成新舟商贸城，加快玉水商城、满鑫花园农贸市场、克度金星商业区等项目建设，不断优化商贸网点布局。建成星辰天缘大酒店、伯爵玉水酒店和一批精品客栈，旅游接待能力得到较大提升。以“互联网+”为导向，加快服务业转型升级。建成京舟电子商务中心等9个镇级农村电商服务网点和68个村级农村电商服务网点，平塘获“贵州省电子商务示范县”称号。规范和培育申通、圆通、韵达、顺风等13家快递物流企业，邮政快递网点实现行政村全覆盖。

城镇化建设步伐加快 2016年，新建市政道路16公里，建成群众工作中心、三天广场、狮子口橡胶拦河坝，有序推进休闲广场、建平廊桥、停车场等一批综合配套设施建设，建成地下停车泊位693个，加快“玉水金盆”棚户区一期改造工程。持续推进中央大街城市综合体、玉水国际、伯爵玉水花园、江景豪庭等10个房地产项目建设，完成商品房销售20.5万平方米；完成克度镇迎宾大道建设，加快天文大道、马鞍移民安置区等项目建设步伐；完成通州大道建设和老城区路网改造，建成荷花广场、农特产品物流园、五保供养中心等城镇综合配套设施；完成卡蒲毛南族乡交懂传统村落环境整治，建成毛南故事客栈、毛南铜鼓广场等一批旅游基础设施；建设大塘镇“茶文化产业园”；以“四在农家美·丽乡村”建设为载体，加快新农村建设，加快京舟、六硐等新农村示点建设；全县完成通组公路及串户路硬化158公里、小康房建设214户、民居整治4713户、“三改三治”及庭院硬化2776户、实施农村危房改造2001户、农村污水处理设施项目32个，安装灯546盏，发放太阳能热水器707台。至是年底，县城城区面积扩至8.6平方千米，新增城区道路9公里，城区绿化率达36.2%，城镇化率达44.2%。

脱贫攻坚 2016年，全县坚持科学治贫，精准扶贫，有效脱贫的理观念，以基础设施建设和易地扶贫搬迁为主战场，以产业扶贫为主攻方向，加快扶贫攻坚步伐；完成17794户贫困户建档立卡，异地扶贫搬迁2092户，完成6个毛南族贫困村整体脱，5个毛南族聚居村率先小康建设通过省级验收；发放金融扶贫“特惠贷”2.86亿元，惠及5507户贫困户；脱贫2.5万人，贫困发生率降至14.9%。

生态文明建设 2016年，完成水土流失治理14平方千米，石漠综合治理14平方公里，营造林14.74万亩，森林覆盖率提升到60.2%；至是年底，全县有污水处理厂4座、垃圾转运站4个，城镇污水和生活垃圾无害化处理率分别达84%和89%；全县城市空气质量优良率100%、集中式饮用水源地水质达标率100%。已建成京舟、六硐等新农村示范。平塘县被列为全国生态保护与建设示范区，成为国家湿地公园建设试点县。

基础设施建设 启动平塘至罗甸高速公路，县城至白龙、县城至西凉、县城至马蹄岩、掌布至坪上、团部口至通州5条二级公路建设。全州首条旅游公路省道“S315”顺利通车，完成通村油（水泥）路339千米，提前实现油路“村村通”目标，建制村通畅率达100%；至2016年年底，已投放出租车81辆、城市公交车18辆，居民出行便捷指数达96.8%。建成摆图水库，完成通州、塘边、卡蒲、县城二期等供水工程建设，推进擦耳岩水库、黑沟水库建设，启动甲塘水库、项五水库、五里坝水库建设的前期准备工作。完成通州、塘边、卡蒲、县城二期等供水工程。新增灌溉面积1.2万亩，2.95万人的饮水安全得到进一步巩固和提升。建成平塘220千伏变电站，加快塘边110千伏变电站建设。实施41千米10千伏以下线路改造升级，安装变压器15台，更换电表4.6万户。建成移动通讯基站40个，升级改造22个，农村宽带覆盖率达61%，通讯网络覆盖率达90%，实现主要公路沿线移动信号全覆盖和重点景区4G信号全覆盖。完成多彩贵州云广播电视村村通工程。

改善民生福祉 2016年，全县扎实抓好民生实事，增强人民群众获得感。稳步推进省州“1+7”民生工程和县十件民生实事，“1+7”民生工程完成投资13.11亿元，占计划的117.46%。教育普及程度全面提高，义务教育实现均衡发展，建成克度第二幼儿园、西凉幼儿园，推进金星幼儿园项目建设，率先在全省实施农村学前教育儿童营养改善计划，学前入园率87.09%；加快推进塘边小学等教育项目建设，强力推进农村义务教育学生营养改善计划提质升级工程，九年义务教育巩固率96.06%；推进中等职职业学校二期、西关中学等教育项目建设，免除高中阶段学费和住宿费，高中阶段毛入学率86.14%。是年，平塘民族中学成功创建省级示范性高中，新校园建成投入使用，高考上线率达98.2%。全县继续执行考奖励政策，是年兑现高考奖励和发放高考贫困助学金338.9万元，惠及学生4.95万名；各学校实施的营养计划惠及全县4.95万名中小学、幼儿园学生。

近几年来，平塘县投入2.1亿元，建成新县人民医院，完成县妇幼保健院和平湖、大塘卫生院改扩建工程，推进白龙、谷硐、新塘卫生院改扩建项目和县中医院建设。县乡村三级医疗卫生服务体系不断完善，医保、医药、医疗“三医联动”不断推进。新农合累计报销5亿元以上、惠及312.37万人次。平塘县被评为“全国人口和计划生育优质服务先进县”，克度卫生院获“全国群众满意乡镇卫生院”称号，县医院成功创建二级甲等综合医院，启动通州、牙舟、塘边、者密四个乡镇卫生院申报国家级“群众满意的乡镇卫生院”工作，积极推进妇幼健康优质服务示范县争创工作。

社会保障能力不断提高，社会保险覆盖率达97%，实现了跨地区异地就医报销。建成城镇保障房1360套。实施保障性配套基础设施项目21个，完成棚户区货币化安置1213户。完成老年养护楼、通州五保供养中心、牙舟五保供养中心、殡仪馆等项目建设。新增城镇就业2528人，城镇登记失业率控在3.54%以内。提高农村五保供养人员标准，集中供养标准达到每人每年4800元，分散供养标准达到每人每年2400元，分别提高37.1%和10%。完成低保年度核查提标工作，农村低保标准达到每人每年3060元，城镇低保平均标准达到每人每月484元，分别提高18.6%和10%。

深化改革 以供给侧结构性改革为主线，扎实推进投融资体制改革、旅游管理体制改革、农村产权制度改革等31项改革，克度镇荣获全国城镇基础设施投融资体制改革试点特色镇。深入开展“大众创业、万众创新”活动，新增企业247户，新增个体户1412户，发展小微企业70户，民营经济增加值达28亿元。贵州银行和贵阳银行入驻平塘，农商行金融服务网点实现村级全覆盖，金融服务经济发展能力得到进一步提升。大力实施科技创新工程，综合科技进步水平指数达到58.7%。招商引资到位资金100亿元，增长10%。

【中国共产党平塘县第十二次代表大会召开】

2016年10月26—28日，中国共产党平塘县第十二次代表大会在县城召开。本次大会应到代表276人，因病因事请假2人，实到会代表274人。县委书记臧侃代表县第十一届县委向大会作题为《不等不靠　主动作为　创新争　先为实现守底线走新路奔小康的宏伟目标而奋斗》的工作报告。

10月28日，召开中国共产党平塘县第十二届委员会第一次全体会议。本次会议应到会县委委员37名，实到会委员37名。

会议以无记名投票的方式，选举产生中国共产党平塘县第十二届委员会常务委员、书记、副书记。臧侃当选中国共产党平塘县第十二届委员会书记，莫君锋、蒋小祥选为副书记，陈宇玉、刘昌海、曹礼鹏、杨眉、王登辉、黄学兰、莫卫武当选常委。

会议审议通过了《中国共产党平塘县第十二届委员会关于加强自身建设的决定（草案）》和《中国共产党平塘县第十二届委员会议事规则（草案）》。

【500米口径球面射电望远镜（FAST）落成启用仪式在平塘举行】　2016年9月25日，国家重大科技基础设施500米口径球面射电望远镜（FAST）落成启用仪式在黔南自治州平塘县举行。中共中央政治局委员、国务院副总理刘延东，贵州省委书记、省人大常委会主任陈敏尔，省委副书记、省长孙志刚，中国科学院院长白春礼，国家发展改革委副主任连维良等出席。中共中央总书记、国家主席、中央军委主席习近平发来贺信。

启用仪式由中国科学院副院长王恩哥主持。

刘延东宣读了习近平主席的贺信，贺信希望参与项目的科技工作者、工程技术人员和建设者再接再厉，发扬开拓进取、勇攀高峰的精神，弘扬团结奋进、协同攻关的作风，高水平管理和运行好这一重大科学基础设施，早出成果、多出成果，出好成果、出大成果，努力为建设创新型国家、建设世界科技强国做出新的更大的贡献。

国家天文台台长严俊汇报FAST项目基本情况。

出席活动的领导和嘉宾还有：国务院副秘书长江小涓，科技部副部长侯建国，及国家有关部委、中科院有关单位、国家天文台及国内天文机构负责人，来自美国、澳大利亚、英国、荷兰等国家的著名外籍专家，境内外有关高校天文院系负责人和专家，FAST项目建设单位负责人和天文台工程团队代表，贵州省、黔南自治州和平塘县有关部门负责人也参加启用仪式。

【平塘县首届旅游产业发展大会】　2016年12月30日，平塘县首届旅游产业发展大会在牙舟镇召开，大会以“天眼耀平塘·古陶韵牙舟”为主题，先后召开旅游推进会、旅游推介会；进行“牙舟陶”陶艺大赛、“牙舟陶”陶艺体验、旅游项目建设观摩、“牙舟陶”文化艺术研究论坛及文艺表演等活动，展示平塘牙舟陶文化底蕴。

主会场举办了“牙舟陶”陶艺大赛。省内外50多名陶瓷爱好者报名参赛，报名作品达137件。

【平塘县殡仪馆及福圆山公墓建成并投入使用】　2016年9月28日，平塘县殡仪馆（静宁园）暨福圆山公墓启用仪式在县殡仪馆内举行。正式启用殡仪馆和福圆山公墓。2014年，中共平塘县委、县人民政府决定修建平塘县殡仪馆和公墓，成立了以县委书记为组长的平塘县殡葬改革领导小组，相继出台了相关文件和惠民政策，推进殡葬改革工作。县殡仪馆位于金盆街道吉古村米牙组，距县城约4千米。总占地面积76亩，总建筑面积8259.85平方米，项目总投资约7000万元，2014年8月开工建设，2016年9月28日竣工。

（钟成德）

罗甸县

【概况】　罗甸县地处贵州南部红水河畔，毗邻广西天峨、乐业和南丹县。县城距省会贵阳市119公里，距州府都匀187千米。全县国土面积

3015平方千米，耕地面积37315.18万公顷，辖9个乡镇1个街道，总人口35.58万人，以布依族、苗族为主的少数民族占总人口的69%共248427人，城镇人口106364人，农村人口249485人。常住人口出生率2.15‰，自然增长率0.64‰，符合政策生育率98.53%。县境属亚热带季风气候区，具有春早、秋迟、夏长、冬短的气候特点，全县森林覆盖率为52.6%，年平均气温为19.6℃，年均降雨量1335毫米，无霜期长达335天，素有“天然温室”之称。火龙果、蔬菜、脐橙等农特产品扬名省内外。境内矿产、水能资源丰富，大理石、硅、铁等矿产储量大、易开采，特别是近年新发现的罗甸玉，品质可媲美新疆和田玉。

2016年，罗甸县生产总值65.03亿元，比上年增长12.9%；实现农业增加值15.17亿元，增长6.4%；工业增加值17.14亿元，增长12.6%；财政总收入8.92亿元，增长25.12%；其中地方财政收入3.4亿元，增长16.7%；财政总支出21.8亿元，增长3.4%；固定资产投资75.19亿元，同比增长21.2%；县外招商引资项目到位资金96.6亿元；旅游总收入7.3亿元，同比增长55.7%；金融机构存贷款余额分别达69.11亿元和54.44亿元，同比增长22.61%和39%。

重点项建设　2016年罗甸县列入省州重大工程和重点项目共40个，(省级14个，州级26个)，其中收尾项目4个，续建项目10个，新建项目24个，预备项目2个。总投资165.09亿元，2016年计划投资59.95亿元。1—12月，完工项目12个，全年完成投资65.93亿元，超年度目标任务(59.95亿元)5.98亿元，占年度目标的109.88%。

交通建设　2016年罗甸县共完成交通投资12.9亿元，同比增长63.3%，建成通村公路33个项目315千米；公路运输完成货运量630万吨，货物周转量147515.3837万吨千米，旅客发放量536.3557万人次，旅客周转量133250.2066万人千米。

城乡建设　2016年罗甸县城乡建设进一步发展。城镇固定资产投资累计达36.09亿元，实施城市基础设施项目18个，建成公共停车位1050个，新建、改建城市道路21.306千米，实施保障性安居工程357套（户)。完成房地产投资13.39亿元，销售商品房258056.09万平方米，人均住房面积42.5平方米，城市绿化覆盖率为42%，城镇化率达36.8%。

扶贫和易地移民搬迁　罗甸县全年实现原斗底乡成功“减贫摘帽”3个乡镇，15035人脱贫。完成易地扶贫搬迁201户664人。全年社会消费品零售总额完成12.52亿元，城镇居民人均可支配收入达24604元；农村人均可支配收入达8711元。

社会保障　2016年，罗甸县社会保障事业稳步推进，共新建农村学校教学楼25318平方米、宿舍楼13354平方米及运动场104710平方米，启动8所幼儿园建设，完成18所薄弱学校改造。罗悃中学荣获“三生四爱五心五好”省级示范校，沫阳中学荣获“四在学校·幸福校园”省级示范校。年内新增城镇就业8610人，转移就业12980万人。全年城市低保共保障1461户，2494人，累计发放低保金822.28万元；农村低保共保障15517户、48705人，累计发放低保金7624.3355万元；城乡大病医疗救助2472人，发放救助金522.900374万元。建成敬老院8所。

医疗卫生　医疗卫生服务体系进一步健全。至2016年年末，罗甸县共有卫生机构205个（含175个村卫生室)，卫生机构床位数351张；卫生技术人员372人。新型农村合作参合率达到99.74%；报销补偿门诊和住院费用1.04亿元，新型农村合作医疗住院补偿率达57%。

工业发展　规模工业发展潜力不断提升，2016年，罗甸县规模工业企业共27家，比上年增加5家，全年主要工业产品产量总体攀升，其中中成药1009.85吨，比上年增长16.14%；水泥173587吨，比上年下降33.11%；金属硅20671.07吨，比上年增长35.85%；精制茶240.98吨，比上年增长1.26%，鲜、冷藏肉2492.86吨，比上年增长6.58%；建筑用天然石料127535立方米，比上年下降12.41%；电力供应41457.85万千瓦时，比上年增长5.27%；冷冻蔬菜7167吨，比上年增长1.98%；砖3079万块，比上年增长38.44%；商品混泥土669196立方米，比上年增长244.21%；玉石采选40453件，比上年增长32.75%；水力发电102909.15万千瓦时，比上年下降9.24%；新增瓦楞纸箱3494.92吨。

产品质量 产品质量稳中有升，品牌发展战略彰显实效。2016年罗甸县完成16家企业23批次工业产品抽检工作，合格率91.3%；食品抽检21批次，合格率85.71%；完成快速检测点检测任务样本72800个，省级检测点检测样本1800个，合格率均达到100%；还完成例行、监督抽样任务399个，完成国家农产品质量安全县例行自检600个，合格率100%。群众满意度达90.86%。

文化旅游 2016年罗甸县文化广播旅游事业蓬勃发展。年末全县数字电视用户19467户；广播和电视人口综合覆盖率分别为33%和92%。全县全年接待游客81.8万人次，同比增长59.2%；实现旅游总收入7.3亿元，同比增长55.7%。

荣誉称号：

1. 中国长寿之乡；
2. 中国珠宝玉石首饰特色产业基地；
3. 世界最长水上走道吉尼斯记录；
4. 贵州最佳避寒地；

【成功晋级“中国长寿之乡”】 2016年年初，罗甸县百岁老人达49人，最大年龄达110岁，占比14.20人/10万人；90~99岁老人753人，健康状况良好以上的达83.1%；80岁以上老人7075人，占60岁以上老年人口比例为15.6%；全县人口预期寿命77.16岁，比全国人口平均预期寿命76.8岁高0.36岁，指标均超出了“中国长寿之乡”的申报标准。

2016年1月9日，罗甸县“中国长寿之乡”授牌仪式暨新闻发布会在贵阳举行，中国老年学和老年医学学会正式授予罗甸县第二届“中国长寿之乡”称号，罗甸县成为黔南州首个获此殊荣的县份。

【全省春季农业春耕生产现场会顺利召开】 以高度重视春耕生产、坚持农业基础地位不动摇为主基调，以重点展示山地生态特色农业产业、美丽乡村建设和重点突出“创新、协调、绿色、开放、共享”五大发展理念为主抓手，以高标准、严要求、快节奏抢抓筹备春季农业生产工作为主措施，2016年3月28日，全省春季农业春耕生产现场会在罗甸县顺利召开。

【“四在校园·以校为家”模式显成效】 一是全心抓好饮食管理，解决学生“生活失助”问题，确保“吃在学校有保障”。先后投入20余万元，改造学校食堂3万多平方米，配备餐桌椅、切菜机、保温车等设施。严把食材质量安全关，确保学生饮食卫生安全。注重饮食营养搭配，推出正餐“三荤三素”的营养搭配，确保做出让学生满意的饮食。二是用心抓好住宿管理，解决学生“安全失保”问题，确保“住在学校受关怀”。先后投入1364万元修建、完善校园油路、围墙、广场、路灯等基础设施，新建3栋学生宿舍，面积达7400平方米，累计开展师生“亲子”、交心谈心活动15次。三是精心抓好教学管理，解决学生“学业失教”问题，确保“学在学校长知识”。将“新八德”（立志、孝亲、尊师、友学、谨行、诚信、仁爱、守法）和《弟子规》等纳入日常教学工作。投入资金200万元建成音乐室、舞蹈室、书画室等功能室，成立了音乐、舞蹈、书法等8个兴趣爱好班，累计在校留守儿童180人次在州、县二级文体竞赛活动中获奖。四是悉心抓好情感管理，解决学生“亲情缺失”问题，确保“乐在学校感幸福”。投入资金5万元配置“想妈妈”视频终端，2016年共开通“亲情视频”60台、“亲情电话”45门。举办关爱活动2次，解决留守儿童各类问题155个。

【工业经济建设有序推进】 罗甸县四举措力促工业经济有序推进，一是强化园区基础设施建设，筑巢引凤。结合资源优势，合理规划工业布局，初步形成了以轻工业及小微企业孵化为主的边阳工业园、以医药食品为主的城西工业园、以石材加工展示展销为主的罗甸石材产业园、以硅系产品为主的逢亭工业园产业格局。二是扶持政策灵活多样，降成本促生产。全面落实国家、省、州支持工业企业发展的各项优惠政策，先后出台了《罗甸县工业园区企业入驻管理办法（试行）》《罗甸县奖励新增规上限上工贸企业实施管理办法》等政策措施。建立工业发展基金，每年县财政预算安排2000万元作为工业发展基金，主要用于工业企业流动资金贷款担保、产品质押等。积极鼓励县内平台公司通过入股方式支持工业企业发展壮大，2016年罗甸县内平台公司共出资1000万元，入股参与明盛、国鑫、正鑫等公司技改。同时按照国家“三降一去一补”政策要求，积极争取小水电直供交易政策和提高企业用电等级政策，降低企业用电成本。三是技改升级盘存量，自我造血增总量。坚守发展和生态两条底线，根据国家产能政策要求，推动企业技改升级，增强企业自我造血功能，扶持企业发展壮大。充分利用全省“四个一体化”政策优势，加快推进6×16500KVA技改工作，充分发挥小水电资源优势，强力推进蒙江流域梯级电站开发，灰洞、冗各等一批电站相继建成并网发电。四是依托资源招大引强，努力做大增量。罗甸县利用丰富的药材资源来充分发挥信邦公司的龙头带动作用，引入神奇君之堂、艾力康等一批艾纳香加工企业入驻；凭借丰富的小水电资源和硅矿资源引入正鑫硅业入驻逢亭硅业园区新建2×16500KVA电热炉；依托丰富的大理石资源，以石材为主的新型建材产业实现从无到有，坤达、欣益诚等4家石材企业建成投产，罗甸石材产业园成功挤入全省十大产业园区盘子；通过丰富的玉石资源引入贵州中航玉丰、贵州盛世玉业入驻，加大对罗甸玉品牌的推广；依靠丰富的农特产品引入德龙食品、良云金秋等企业入驻，德龙食品一期已建成投产，良云金秋正在开展建设工作。

【积极关心返乡民工创业】　一是“创业+资金”引返乡创业。在全面落实国家、省相关创业扶持政策基础上，创新金融扶持、市场准入、创业服务、登记注册、产业扶持等配套政策，并将农民工和农民企业家返乡创业与招商引资企业同等对待。至2016年年底，累计发放小额担保贷款3369万元，促进创业506人，创业带动就业3105人；兑现返乡农民工、复退军人、城镇失业人员创业一次性补贴87人30.45万元。二是“创业+服务”推返乡创业。先后在罗甸籍务工人员就业创业相对集中江苏海门、广东深圳等地区建立“一心三站”（扶持农民工创业金融服务中心、罗甸县农民工党团员组织生活联系服务站、罗甸农民工就业管理服务站、罗甸县农民工计生便民服务站），并安排3~5名正式工作人员异地办公服务，确保异地就业创业人员能享受到创业金融扶持、创业奖励、职业介绍、计生保健等各项优惠政策和优质服务。积极打造创业孵化基地（园区），扩大就业容量，2016年年底，新建创业基地及创业孵化园4个，各种种养殖专业合作社45个，吸纳就业623人，转移就业519人。三是“创业+培训”促返乡创业。编制和实施农民工等人员返乡创业专项培训计划，积极开展“大学生村官”“新型职业农民”等人员创业培训。2016年，共免费开展返乡农民工转移就业职业技能培训2135人，创业培训634人，落实培训补贴达资金447.7万元。充分发挥公共就业服务平台作用，着力开展求职登记和职业介绍服务，组织举办县工业园区企业用工、县内企业用工、省外企业用工等专场招聘会活动7场次9850人。四是“创业+示范”带返乡创业。出台《罗甸县关于深化拓展“四带”创业活动的实施方案》，每年安排“四带”创业发展基金500万元用于“四带”创业项目的基础设施建设补助，金融贷款贴息、风险补贴和奖励，并按照每年20万元的标准预算落实“四带”工作经费。充分发挥“四带”干部和农民专业合作社组织农民、带动农民、富裕农民的作用，结合“空壳村”清零三年行动计划，引导“村两委”负责人、返乡创业人员、农村种养能手牵头组建农民专业合作社317个、创办小微企业350家。

【举办黔南州第十届旅游产业发展大会】　围绕发挥大射电的品牌、大天坑的奇特、大小井的魅力、大贵州滩的神秘、大湖泊的风光“五大资源优势”，依托“中国长寿之乡”的金字招牌、独具特色的暖冬气候、青山绿水的优良生态、绿色健康的农特产品、温润典雅的珠宝玉石，坚持系统、集成、融合的全域旅游理念，罗甸县紧紧抓住省委、省政府实施大健康、大旅游战略行动的机遇，着力打造大健康养生基地，把旅游作为战略性新兴产业培育，突出暖冬气候、灵水玉秀，精心打造了一批独具罗甸特色的旅游产品，知名度和美誉度不断提升。12 月 30 日，罗甸县成功举办黔南州第十届旅游产业发展大会。

（方兢民）

都匀经济开发区

【概况】　都匀经济开发区成立于 1992 年，1995 年被批准为贵州省首批省级经济开发区，位于黔南州府所在地都匀东部，是黔南州委、州政府唯一直属管理的省级经济开发区。经 2009 年、2013 年两次调位扩区和 2014 年行政区划调整，至 2016 年托管 1 镇 4 社区 26 个村居，实行“区镇（园）合一”的扁平化管理模式，国土面积 512 平方千米，总人口 12 万人。都匀经济开发区背靠大西南，面向珠三角，地处渝黔桂经济带的中间区位、南贵昆经济区边缘，是云贵川渝通往珠三角、长三角的黄金通道，为东西产业转移、市场转移的中间驿站。厦蓉高速公路、兰海高速公路、沪昆高速公路、贵广高铁、沪昆高铁以及正在规划建设的都匀至云南香格里拉高速公路、贵阳至南宁的高速铁路穿区而过，区位优势十分明显。2016 年，固定资产投资完成 47.9 亿元，是 2011 年的 3.1 倍，年均增长 25.6%；财政总收入实现 3.11 亿元，是 2011 年的 3.42 倍，年均增长 27.95%，一般公共预算收入 1.51 亿元，是 2011 年的 2.9 倍，年均增长 23.62%；规模以上增加值实现 4.52 亿元，是 2011 年的 3 倍，年均增长 24.7%；招商引资到位资金 76.5 亿元，是 2011 年的 3.7 倍，年均增长 30%；农村居民人均可支配收入实现 10479 元。固定资产投资、财政总收入、招商引资到位资金三项指标增速连续 5 年位居全州前列。2016 年获批成为国家产城融合示范区、粤桂黔高铁经济带合作试验区（贵州园 B 区），贵州出入境检验检疫局在都匀经济开发区挂牌设立黔南州服务窗口，经济发展呈现出持续向好的良好态势。

【文旅产业】　都匀经济开发区利用国有资本与社会资本合作打造的毛尖小镇、梦都影视文化旅游创意园、巨升爱国主义教育暨红色文化影视基地，成功引入《星火燎原云雾街》《霍去病》《特种兵之深入敌后》等电视剧落地拍摄。与广州南奥集团、上海乐粉体育等企业达成协议，启动建设世界足球文化休闲体验基地。以都匀毛尖世博名茶·百年品牌推介活动、都匀毛尖国际茶人会、国际物流高峰论坛、“巨星演唱会”“跨年杯”足球赛、悦黔南新春·闹匀城庙会等大型活动为载体，扩展文化旅游知名度。杉木湖中央公园、中国茶文化博览园于 2016 年成功评为国家 AAA 级景区，累计吸引游客 100 万余人次。文旅融合向纵深发展，“文化 + 旅游”“影视 + 旅游”“体育 + 旅游”形成新亮点，成为都匀经济开发区发展新的经济增长点。

【交通道路建设】　2016 年，都匀经济开发区交通发展突飞猛进。黔南大道建成并完成改造提升，大龙大道、都凯大道、高铁环线、6 号路、7 号路、11 号路等 25 条主干道路相继建成，完成投资 70 亿元，通车总里程 101.2 千米，群众出行条件得到改善。已初步形成快速路三横两纵，主干路三横一纵的交通路网骨架。完成国道改造、县乡道改造、村道等交通项目 17 个，总里程 132.93 千米。贵广高铁都匀东站的建成投入使用，也标志着都匀经济开发区正式进入“高铁时代”。

【民俗文化】　都匀经济开发区绕河村的“绕家大歌”2016 年 6 月在俄罗斯索契荣获第九届国际合唱大赛金奖，进入省级非物质文化遗产名录；

绕家服饰被评选为黔南十大民族工艺品。

【改革开放】 2016年都匀经济开发区正式推行“区镇（园）合一”扁平化管理模式，充分整合资源，实行区镇两级机关合署办公，职能部门服务端口前移，完成“五证合一、一照一码”等改革，缩短办事流程，提高行政效能。积极探索“管委会+国有公司+民营企业”的产业培育模式，按“政府引导、逐步退出、市场运作、企业主导”的原则，以区国有控股公司为平台、国有资本为杠杆撬动社会资本，引入曙光控股集团、浙江梦都影视等民营企业，采取公私合营的模式共同组建合资公司，促进文化旅游产业大发展。积极盘活存量资源，将原883厂、113厂、37所、38所的旧厂区、厂房及职工宿舍“变废为宝”，改建为酒店、博物馆、影视基地等，将死资产变成了活资源，增强区域旅游休闲、考察观光吸引力，为地方发展注入了新的活力。启动水务一体化改革，组建区水务公司，推进区域内水资源和供排水工作的统一管理。动员社会力量参与脱贫攻坚行动，成立企业家扶贫协会，组建扶贫投资开发公司，引入社会资本参与产业扶贫，推动扶贫工作由输血式向造血式转变。

【精准扶贫】 2016年都匀经济开发区发放国家公益林管护及退耕还林补助38.4万元，惠及908户贫困户；实施退耕还林5500亩，5年内兑现补助款840万元，贫困人口受益180万元。发放低保金747万元，保障兜底1485户3786人。区内就近务工3831人，年均增收8000元以上。实施坝固党垛光伏发电项目，带动周边43户贫困户年均增收1700余元。发放贫困户临时救助金、医疗救助金112万元。减免贫困家庭学生学费和发放“贫困生补助”43万元，资助学生2123人。228户贫困户申请“特惠贷”，实现每户年分红3000元以上。通过种养殖协会、农村能人带动贫困户388户1409人，人均增收1500元以上。启动王司、坝固1674人易地扶贫搬迁工程。

【黔南州全民健身活动中心建成并投入使用】

作为黔南建州60周年庆典活动主会场的黔南州全民健身活动中心，规划占地面积22.94万平方米，建筑面积6.53万平方米，包括体育场和综合馆，项目建设仅用一年的时间，于2016年7月建成并作为黔南州建州60周年庆祝大会主会场投入使用。其中体育场可容纳3万人，篮球馆容纳5000人，游泳馆容纳2000人。此处可举办地区性和全国单项比赛，也是广大市民日常休闲、娱乐、健身的理想去处。

【梦都文化旅游创意产业园】 都匀经济开发区于2016年4月开工建设梦都文化旅游创意产业园，该园是都匀经济开发区与浙江梦都影视集团合作实施的大型影视城，是集影视剧创作摄制、文化旅游创意互动、古装饰品制作租赁、休闲观光和度假旅游为一体的全影视产业链。项目规划面积2200亩，总投资60亿元，分三期打造。2016年建设的一期——秦汉城即将完工，主题为“梦回长安”，预计投资7亿元人民币，规划占地面积近700亩，建筑面积近14万平方米。二期唐宋城主要包括唐皇城和宋都，规划占地600亩；三期影视文化孵化园，规划总面积800亩，建成后以开发OTO（线上线下）概念和IMC（资源整合营销）云处理中心为主，兼营灯光租赁、摄影器材、道具租赁、置景材料供应、影视后期制作等影视服务行业。梦都影视文化旅游创意产业园全部建成后，日均可接待游客2.5万人次，可接纳20个剧组同时拍摄，将成为西南地区最大的古代宫殿群影视城。不久后，大型古装电视剧《霍去病》剧组将到此开始为期6个月的拍摄。同时结合大数据，配套智能化管理系统，开展错时服务，设置游客体验区，既不影响剧组，又满足游客需求、把影视基地打造成与横店相比真正意义上的3.0升级版。

【都匀毛尖小镇】 都匀经济开发区毛尖小镇内含毛尖精品酒店与毛尖小镇，毛尖精品酒店坐落在中国茶文化博览园广场北面山间林荫处，是原军工企业883厂的厂区旧址，总占地面积6.6万平方米，总建筑面积2万余平方米。项目于2015年11月启动建设，于2016年7月全部建成投入使用，可同时接待500余人入住，并具有行政接待功能的接待中心、可兼顾会议及宴会的会议中心及高级养生的康体中心。毛尖小镇主要由茶文化馆、民国街及荷花池三部分组成，总规划面积为7.4万平方米。其中，茶文化馆于2015年11月开工，于2016年7月完工；民国街于2016年7月开工，于2016年8月8日完成；荷花池于2016年7月开工，于2016年8月8日完成。毛尖小镇建成后，已开拍电视剧《星火燎原云雾街》，并将逐渐成为西部地区新、旧民主主义革命时期大量影视题材作品拍摄基地，同时也是重要的休闲和旅游胜地。

（罗韵熙）

·附　录·

FU LU

黔南布依族苗族自治州立法条例

（2016 年 2 月 29 日黔南布依族苗族自治州第十三届人民代表大会第六次会议通过，
2016 年 3 月 31 日贵州省第十二届人民代表大会常务委员会第二十一次会议批准）

第一章　总　则

第一条　为了规范自治州的立法活动，提高立法质量，根据《中华人民共和国宪法》、《中华人民共和国民族区域自治法》《中华人民共和国地方各级人民代表大会和地方各级人民政府组织法》《中华人民共和国立法法》等法律法规的规定，结合自治州实际，制定本条例。

第二条　本条例适用于自治州自治条例、单行条例、地方性法规的制定、修改、废止和解释，自治州人民政府制定的规章的备案审查等活动。

第三条　自治州制定自治条例、单行条例、地方性法规应当遵循以下原则：

（一）坚持四项基本原则，坚持改革开放，促进经济社会发展，维护社会和谐稳定；

（二）依照法定权限和程序，维护社会主义法制的统一和尊严；

（三）科学合理地规定公民、法人和其他组织的权利与义务、国家机关的权力与责任；

（四）坚持立法公开，保障公民通过多种途径参与立法活动；

（五）结合自治州实际，突出民族特色和地方特点；

（六）具有针对性和可执行性。

第四条　自治州人民代表大会依照自治州民族的政治、经济和文化的特点，制定自治条例和单行条例。

自治条例和单行条例可以依照本地民族的特点，对法律和行政法规的规定作出变通规定，但不得违背法律或者行政法规的基本原则，不得对宪法和民族区域自治法的规定以及其他有关法律、行政法规专门就民族自治地方所作的规定作出变通规定。

第五条　在城乡建设与管理、环境保护、历史文化保护等方面以及法律规定的其他事项范围内，自治州人民代表大会及其常务委员会可以从以下方面制定地方性法规：

（一）为执行上位法的规定，需要根据自治州的实际情况作具体规定的事项；

（二）属于自治州的地方性事务需要制定地方性法规的事项；

（三）除《中华人民共和国立法法》第八条规定的事项外，国家尚未制定法律、行政法规，省尚未制定地方性法规的，根据自治州的具体情况和实际，需要先行制定地方性法规的其他事项。

前款所列事项中，涉及本行政区域内特别重大事项、自治州人民代表大会职权范围内的事项以及自治州人民代表大会认为应当由其制定地方性法规的事项，由自治州人民代表大会制定。

在自治州人民代表大会闭会期间，自治州人民代表大会常务委员会（以下简称常务委员会）可以对自治州人民代表大会制定的地方性法规进行部分修改，但不得与其制定的原则相抵触。

第二章 自治州人民代表大会立法程序

第六条 常务委员会或者自治州人民代表大会五分之一以上的代表联名，可以向自治州人民代表大会提出自治条例的制定、修改的议案。

常务委员会、自治州人民政府、自治州人民代表大会各专门委员会（以下简称各专门委员会）、自治州人民代表大会代表 10 人以上联名，可以向自治州人民代表大会提出单行条例案。

自治州人民代表大会主席团（以下简称主席团）、常务委员会、自治州人民政府、各专门委员会、1 个代表团或者 10 名以上代表联名，可以向自治州人民代表大会提出地方性法规案。

第七条 向自治州人民代表大会提出自治条例、单行条例、地方性法规案，应当同时提交草案文本及说明，并提供必要的资料。草案的说明包括制定的必要性、可行性、法律依据和主要内容、需要说明的主要问题以及起草过程中对重大分歧意见的协调处理情况。

自治条例和单行条例对法律、行政法规和省人民代表大会及其常务委员会制定的地方性法规作变通规定的，应当说明变通的情况。

修改自治条例、单行条例、地方性法规的，应当提交修改前后的对照文本。

第八条 向自治州人民代表大会提出的自治条例、单行条例、地方性法规案，在大会闭会期间，可以先向常务委员会提出，经常务委员会会议审议后，决定提请自治州人民代表大会审议，由常务委员会或者原提案人向大会全体会议作说明。

常务委员会依照前款规定审议自治条例、单行条例、地方性法规案，应当通过多种形式征求人民代表大会代表（以下简称人大代表）的意见，并将有关情况予以反馈；专门委员会和常务委员会法制工作机构（以下简称法制工作机构）进行立法调研，可以邀请有关的人大代表参加。

第九条 常务委员会拟提请自治州人民代表大会审议的自治条例，应当经过两次常务委员会会议审议后再提请代表大会审议和交付表决。

常务委员会拟提请自治州人民代表大会审议的单行条例、地方性法规案，一般经两次常务委员会会议审议后再提请代表大会审议和交付表决。对于调整事项较为单一或者作部分修改，各方面意见比较一致的，可以只经一次常务委员会会议审议后提请代表大会审议和交付表决。对各方面意见分歧较大或者主要问题认识不一致的，也可以经三次常务委员会会议审议后再提请代表大会审议和交付表决。

第十条 常务委员会决定提请自治州人民代表大会会议审议的自治条例、单行条例、地方性法规案，应当在会议举行的 30 日前将自治条例草案、单行条例草案、地方性法规草案发给自治州人大代表。

第十一条 列入自治州人民代表大会会议议程的自治条例、单行条例、地方性法规案，大会全体会议听取相关说明后，由各代表团进行审议。

各代表团审议自治条例、单行条例、地方性法规案时，提案人应当派人听取意见，回答询问；有关机关、组织应当根据代表团的要求派人介绍情况。

第十二条 列入自治州人民代表大会会议议程的自治条例、单行条例、地方性法规案，有关专门委员会应当进行审议、向主席团提出审议意见，并印发会议。

第十三条 自治州人民代表大会法制委员会（以下简称法制委员会）根据各代表团和有关专门委员会的审议意见，对自治条例、单行条例、地方性法规案进行统一审议，向主席团提出审议结果报告和自治条例、单行条例、地方性法规的草案修改稿，对重要的不同意见应当在审议结果报告中予以说明，经主席团审议通过后，印发会议。

第十四条 列入自治州人民代表大会会议议程的单行条例、地方性法规案，在交付表决前，提案人要求撤回的，应当说明理由，经主席团同意，并向大会报告，对该单行条例、地方性法规案的审议即行终止。

第十五条 自治条例、单行条例、地方性法规案在审议中有重大问题需要进一步研究的，经主席团提出，由大会全体会议决定，可以授权常务委员会根据代表意见进一步审议，提出修改方案，并决定是否提交下一次自治州人民代表大会审议。决定终止审议的单行条例、地方性法规案，应当报下一次自治州人民代表大会备案。

第十六条 自治条例、单行条例、地方性法规的草案修改稿经各代表团审议，由法制委员会根据各代表团的审议意见进行修改，提出自治条例、单行条例、地方性法规的草案表决稿，由主席团提请大会全体会议表决，自治条例由全体代表的三分之二以上通过，单行条例和地方性法规由全体代表过半数通过。

第三章　自治州人民代表大会常务委员会立法程序

第十七条 常务委员会主任会议（以下简称主任会议）可以向常务委员会提出地方性法规案，由常务委员会会议审议。

自治州人民政府、各专门委员会可以向常务委员会提出地方性法规案，由主任会议决定列入常务委员会会议议程，或者先交有关专门委员会审议、提出报告，再决定列入常务委员会会议议程。

常务委员会组成人员5人以上联名，可以向常务委员会提出地方性法规案，由主任会议决定是否列入常务委员会会议议程，或者先交有关专门委员会审议、提出是否列入常务委员会会议议程的意见，再决定是否列入常务委员会会议议程。不列入常务委员会会议议程的，应当向常务委员会会议报告或者向提议案人说明。

第十八条 向常务委员会提出地方性法规案，应当同时提出地方性法规草案文本及说明，并提供必要的资料。修改地方性法规的，还应当提交修改前后的对照文本。地方性法规草案的说明应当包括制定或者修改地方性法规的必要性、可行性、法律依据和主要内容，需要说明的主要问题以及起草过程中对重大分歧意见的协调处理情况。

向常务委员会提出的地方性法规案与自治州其他法规规定不一致的，提案人应当予以说明并提出处理意见，必要时应当同时提出修改或者废止自治州相关地方性法规的议案。

第十九条 向常务委员会提出地方性法规案，提议案人应当在常务委员会会议召开的30日前将地方性法规案提交常务委员会。未在30日前提交的，不列入该次常务委员会会议议程。

第二十条 交有关专门委员会进行审议的地方性法规案，有关专门委员会应当对其必要性、可行性和主要内容进行审议，提出审议意见，由主任会议决定提交常务委员会会议审议。

有关专门委员会认为有重大问题需要进一步研究的，应当向主任会议提出报告，由主任会议决定是否列入常务委员会会议议程，或者交提案人修改后再交有关专门委员会审议。

有关专门委员会审议时，可以邀请提议案人和其他专门委员会的成员列席会议，发表意见；涉及专业性问题的，可以邀请有关方面的代表和专家列席会议，发表意见。

第二十一条 列入常务委员会会议议程的地

方性法规案，除特殊情况外，应当在会议举行的7日前将地方性法规草案发给常务委员会组成人员。

常务委员会会议审议地方性法规案时，应当邀请有关的人大代表列席会议。

第二十二条 列入常务委员会会议议程的地方性法规案，一般经两次常务委员会会议审议后再交付表决。

调整事项较为单一或者作部分修改，各方面意见比较一致的地方性法规案，可以经一次常务委员会会议审议后交付表决。对各方面意见分歧较大或者主要问题认识不一致的地方性法规案，可以经三次常务委员会会议审议后再交付表决。

第二十三条 常务委员会会议第一次审议地方性法规案，在全体会议上听取提案人的说明和有关专门委员会的审议意见，由会议进行审议。

常务委员会会议第二次审议地方性法规案，在全体会议上听取法制委员会关于地方性法规草案修改情况和主要问题的报告。会议进一步审议后，法制委员会根据常务委员会组成人员、有关专门委员会的审议意见和各方面的意见，对地方性法规案进行统一审议，并向常务委员会全体会议作审议结果的报告。地方性法规案需要进行第三次审议的，法制委员会在常务委员会会议第三次审议的全体会议上作审议结果的报告。

经一次常务委员会会议审议后即交付表决的地方性法规案，在常务委员会会议第一次全体会议上听取提案人的说明和有关专门委员会的审议意见，在当次会议第二次全体会议上听取法制委员会审议结果的报告，经审议后进行表决。

第二十四条 常务委员会审议地方性法规案时，可以采取分组会议、联组会议、全体会议的形式进行。会议期间，提案人应当派人听取意见，回答询问。

第二十五条 列入常务委员会会议议程的地方性法规案，应当在常务委员会会议后，将地方性法规草案及其说明等向社会公布、征求意见，但是经主任会议决定不公布的除外。向社会公布征求意见的时间一般不少于30日。

第二十六条 列入常务委员会会议议程的地方性法规案，由法制委员会根据常务委员会组成人员、有关专门委员会的审议意见和各方面的意见，对地方性法规案进行统一审议，提出修改情况的说明或者审议结果报告和法规草案修改稿，对重要的不同意见应当在修改情况的说明或者审议结果报告中予以说明。

法制委员会审议地方性法规案时，应当邀请有关专门委员会的人员列席会议，发表意见；对有关专门委员会的重要审议意见没有采纳的，应当予以反馈。

第二十七条 专门委员会之间对地方性法规草案的重要问题意见不一致的，应当提请常务委员会主任会议决定。

第二十八条 列入常务委员会会议议程的地方性法规案，法制委员会、有关专门委员会和法制工作机构应当听取各方面的意见。听取意见可以采取座谈会、论证会、听证会等多种形式。

地方性法规案有关问题专业性较强，需要进行可行性评价的，应当召开论证会，听取有关专家、部门和人大代表等方面的意见。论证情况应当向常务委员会报告。

地方性法规案有关问题存在重大意见分歧或者涉及利益关系重大调整，需要进行听证的，应当召开听证会，听取有关基层和群众代表、部门、人民团体、专家、人大代表和社会有关方面的意见。听证情况应当向常务委员会报告。

法制工作机构应当将地方性法规草案发送相关领域的人大代表、县级人民代表大会常务委员会以及有关机关、组织、专家征求意见。

第二十九条 拟提请常务委员会会议审议的地方性法规案，法制委员会在提出审议结果报告前，可以对法规草案中主要制度规范的可行性、法规出台时机、法规实施的社会效果和可能出现的问题等进行评估，也可以委托第三方进行评估。评估情况在审议结果报告中予以说明。

第三十条 常务委员会审议地方性法规修正案，应当围绕地方性法规修正案内容进行。常务委员会组成人员在审议中认为地方性法规修正案之外的重要内容需要修改或者增加的，可以对该部分内容另行提出修改地方性法规的议案，经主任会议决定提请常务委员会审议。

对多部地方性法规中涉及同类事项的个别条款进行修改，一并提出修正案的，经主任会议决定，可以合并表决，也可以分别表决。

第三十一条 地方性法规草案修改稿和审议结果的报告经常务委员会会议审议后，法制委员会根据常务委员会组成人员的审议意见提出地方性法规草案表决稿，经主任会议决定，提交本次或者下次常务委员会会议表决。

地方性法规草案表决稿交付常务委员会会议表决前，主任会议根据常务委员会会议审议的情况，可以决定将个别意见分歧较大的重要条款提请常务委员会会议单独表决。

单独表决的条款经常务委员会会议表决后，主任会议根据单独表决的情况，可以决定将地方性法规草案表决稿交付表决，也可以决定暂不付表决，交法制委员会和有关专门委员会进一步审议。

提请常务委员会全体会议表决的地方性法规草案，由全体组成人员的过半数通过。

第三十二条 列入常务委员会会议议程的地方性法规案，在交付表决前，提案人要求撤回的，应当说明理由，经主任会议同意，并向常务委员会报告，对该地方性法规案的审议即行终止。

列入常务委员会会议议程的地方性法规案，因各方面对制定该法规的必要性、可行性等重大问题存在较大意见分歧搁置满1年，主任会议决定不提请常务委员会会议审议的，或者因暂不交付表决经过1年没有再次列入常务委员会会议议程的，由主任会议向常务委员会报告，对该地方性法规案终止审议。

第四章 其他规定

第三十三条 自治州人民代表大会及其常务委员会加强对地方立法工作的组织协调，发挥在地方立法工作中的主导作用。

第三十四条 常务委员会通过五年立法规划、年度立法计划等形式，加强对立法工作的统筹安排。编制立法规划和年度立法计划，应当认真研究代表议案和建议及立法资源项目库，广泛征集意见，科学论证评估，根据经济社会发展和民主法治建设的需要，确定自治条例、单行条例、地方性法规等项目，提高立法的及时性、针对性和系统性。立法规划和年度立法计划由常务委员会会议通过并向社会公布。

法制工作机构负责编制立法规划和拟订年度立法计划的具体工作，并按照常务委员会的要求，督促立法规划和年度立法计划的落实。

第三十五条 自治条例由常务委员会组织专门起草班子起草。综合性、全局性、基础性的重要法规草案，可以由有关专门委员会或者常务委员会工作机构组织起草。

单行条例、地方性法规草案一般由提案人起草，也可以由提议案人委托其他国家机关、人民团体、科研院所、大专院校等第三方起草。专业性较强的单行条例、地方性法规草案，可以吸收相关领域的专家参与起草工作，或者委托有关专家、教学科研单位、社会组织起草。

有关专门委员会、常务委员会工作机构应当提前参与有关单位和组织对单行条例、地方性法规草案文本的起草、调查研究、论证等活动。

起草单位应当深入调查研究，广泛听取人大代表和各方面的意见，对单行条例、地方性法规草案规范的主要问题和涉及到的专业技术问题应当进行论证。涉及多数公民权益的法规草案，还应当采取召开座谈会、论证会、听证会等形式，征求有关机关、社会团体和其他组织代表、公民的意见。

第三十六条 常务委员会拟提请自治州人民代表大会审议的自治条例、单行条例、地方性法规案，应当报请省人民代表大会有关专门委员会征求意见。

第三十七条 自治州人民代表大会制定的自治条例、单行条例、地方性法规以及常务委员会制定的地方性法规，由常务委员会在会议通过后30日内报省人民代表大会常务委员会批准。

第三十八条 经省人民代表大会常务委员会批准的自治条例、单行条例、地方性法规，由常务委员会在批准后的30日内发布公告予以公布，并在州人大常务委员会公报、州人大常务委员会网站和黔南日报上刊载。

修改的自治条例、单行条例、地方性法规，应当同时公布新的修改文本。

自治条例、单行条例、地方性法规被废止的，除由其他法规规定废止该法规的以外，由常务委员会发布公告予以公布。

在自治州人民代表大会常务委员会公报上刊登的自治条例、单行条例、地方性法规文本为标准文本。

第三十九条 自治条例、单行条例、地方性法规标题的题注应当载明制定机关、通过日期、批准机关、批准日期等。经过修改的自治条例、单行条例、地方性法规，应当依次载明修改机关、修改日期、批准机关、批准日期等。

第四十条 自治条例、单行条例、地方性法规明确授权有关国家机关对专门事项作出实施配套规定的，应当于自治条例、单行条例、地方性法规施行之日起1年内作出，自治条例、单行条例、地方性法规对实施配套规定制定期限另有规定的，从其规定。

第四十一条 有关专门委员会、法制工作机构可以组织对自治条例、单行条例、地方性法规或者其中的有关规定进行立法后评估。评估情况应当向常务委员会报告。

第四十二条 自治州制定的自治条例、单行条例、地方性法规，需要进一步明确具体含义或者自治条例、单行条例、地方性法规制定后出现新的情况，需要明确适用依据的，由常务委员会负责解释。

法制委员会会同有关专门委员会根据具体情况，研究提出自治条例、单行条例、地方性法规解释草案，由主任会议决定列入常务委员会会议议程。经过会议审议后，由法制委员会根据常务委员会组成人员的审议意见进行修改，提出解释草案表决稿。解释草案表决稿由常务委员会全体组成人员的过半数通过，并报省人民代表大会常务委员会备案。

第四十三条 自治州制定的自治条例、单行条例、地方性法规，自治州人民政府、自治州中级人民法院、自治州人民检察院、自治州人大各专门委员会以及县、自治县、市人民代表大会常务委员会可以向州人大常务委员会提出解释的要求。

第四十四条 对自治条例、单行条例、地方性法规具体问题的询问，由法制委员会会同有关专门委员会进行研究，报主任会议决定后予以答复。

第五章 规章的备案审查

第四十五条 自治州人民政府制定的规章应当于公布后30日内报常务委员会备案。

第四十六条 国家机关、社会团体、企业事业组织以及公民认为自治州人民政府制定的规章与宪法、法律、行政法规、省地方性法规和自治州的自治条例、单行条例、地方性法规相抵触的，可以向常务委员会书面提出审查的建议，由法制工作机构进行研究，必要时送有关专门委员会进行审查，提出意见。

有关专门委员会和法制工作机构可以对报送备案的规章进行主动审查。

第四十七条 有关专门委员会和法制工作机构对自治州人民政府制定的规章进行审查，认为与宪法、法律、行政法规、省地方性法规和自治州的自治条例、单行条例、地方性法规相抵触的，可以向制定机关提出书面审查意见、研究意见；也可以由法制委员会与有关专门委员会、法制工作机构召开联合审查会议，要求制定机关到会说明情况，再向制定机关提出书面审查意见。

制定机关应当在2个月内将是否修改的意见向法制委员会和有关专门委员会或者法制工作机构反馈。

法制委员会、有关专门委员会、法制工作机构根据前款规定，向制定机关提出审查意见、研究意见，制定机关按照所提意见对规章进行修改或者废止的，审查终止。

第四十八条 法制委员会、有关专门委员会、法制工作机构经审查、研究认为自治州人民政府制定的规章与宪法、法律、行政法规、省人民代表大会及其常务委员会制定的地方性法规和自治州制定的自治条例、单行条例、地方性法规相抵触而制定机关不予修改的，应当向主任会议提出予以撤销的议案、建议，由主任会议决定提请常务委员会会议审议决定。

第四十九条 有关专门委员会和法制工作机构应当将审查、研究情况向提出审查建议的国家机关、社会团体、企业事业组织以及公民反馈，并可以向社会公布。

第六章 附 则

第五十条 本条例自公布之日起施行。

黔南布依族苗族自治州古树名木保护条例

（2016年2月29日黔南布依族苗族自治州第十三届人民代表大会第六次会议通过，2016年5月27日贵州省第十二届人民代表大会常务委员会第二十二次会议批准）

第一条 为了加强古树名木和古树后续资源保护，促进生态文明建设，根据《中华人民共和国民族区域自治法》《中华人民共和国森林法》、《中华人民共和国野生植物保护条例》等法律、法规，结合自治州实际，制定本条例。

第二条 本行政区域内古树名木及古树后续资源的保护管理适用本条例。

第三条 本条例所称古树是指树龄在100年以上的树木；名木是指珍稀树木或者具有重要历史文化、科学研究价值和特殊纪念意义的树木。

古树后续资源是指树龄在80年以上不满100年的树木。

60年以上的茶树列入古树保护范围。

第四条 州、县两级人民政府应当加强对古树名木保护管理的组织领导，并将古树名木保护纳入经济社会发展规划和城乡规划。

第五条 州、县两级林业行政主管部门负责本行政区域内的古树名木和古树后续资源的保护管理及培育工作。

州、县两级住房和城乡建设、财政、城乡规划、城市管理、水务、国土、旅游、环保等相关部门按照各自职责开展古树名木保护工作。

第六条 古树名木实行分级保护。树龄在300年以上的古树和名木为一级保护；树龄在100年以上不满300年的古树和60年以上茶树为二级保护；古树后续资源为三级保护。

县级林业行政主管部门应当会同规划管理部门划定辖区内古树名木和古树后续资源保护范围，古树名木的保护范围为树冠垂直投影外5米，列为古树后续资源的保护范围为树冠垂直投影外3米。

第七条 公民、法人和其他组织有保护古树名木和古树后续资源的义务，对损害古树名木和古树后续资源的行为予以制止或者举报。

对保护古树名木和古树后续资源有突出贡献的单位和个人，州、县两级人民政府给予奖励。

第八条 州、县有关部门应当加强对古树名木和古树后续资源保护的科学研究，推广适用科研成果和技术，提高保护水平。

第九条 州、县两级林业行政主管部门每5年组织开展一次古树名木和古树后续资源普查，普查成果经鉴定确认后，建立资源数据库，由县级人民政府公布，一级保护的由自治州人民政府公布。

县级林业行政主管部门对本辖区内的古树名木和古树后续资源设置保护标志，保护标志以县级人民政府名义设置，报自治州林业行政主管部门备案。

第十条 州、县两级人民政府应当加大古树名木保护经费投入，经公布的古树名木保护经费每株每年不低于 1000 元列入同级财政预算，专款用于古树名木的管护和养护。

古树名木为一级保护的经费列入州级财政预算，古树为二、三级保护的经费列入县级财政预算。

鼓励单位和个人资助或者认养古树名木。

第十一条 古树名木和古树后续资源的管护责任单位，按照管理便捷、方便有效的原则确定：

（一）机关、社会团体、部队、企业、事业单位和风景名胜区、自然保护区、公园、林场、宗教活动场所等单位用地范围内的古树名木和古树后续资源，所在单位为管护责任单位；

（二）铁路、公路、水库和河道用地范围内的古树名木和古树后续资源，铁路、公路和水务管理部门为管护责任单位；

（三）城镇住宅小区、居民街道院落的古树名木和古树后续资源，所在街道办事处为管护责任单位；

（四）农村村民院落、街道、公共场所、耕地、非耕地等农村集体土地范围内的古树名木和古树后续资源，所在地的乡镇人民政府为管护责任单位；

（五）其他范围内的古树名木和古树后续资源，由县级林业行政主管部门确定管护责任单位。

乡镇人民政府、街道办事处应当鼓励和支持村（居）委员会发挥基层群众自治作用，采取村规民约、居民公约（社区公约）等方式，对古树名木和古树后续资源予以管护。

第十二条 古树名木和古树后续资源管护责任人，由管护责任单位确定，管护责任人负责古树名木和古树后续资源的日常管理。

管护责任单位、管护责任人发现古树名木和古树后续资源生长异常或者死亡的，应当及时向所在地县级林业行政主管部门报告，县级林业行政主管部门自接到报告之日起5 日内组织抢救、复壮；对死亡的，应当鉴定，查明原因，予以处置。

具有特殊意义或者重要价值的古树名木死亡后，县级林业主管部门应当保留原貌，继续加以保护。

第十三条 县级林业行政主管部门应当与管护责任单位签订管护责任书，明确管护责任，管护责任单位发生变更的，管护责任单位应当到县级林业行政主管部门办理变更手续，重新签订管护责任书。

第十四条 县级林业行政主管部门负责古树名木和古树后续资源的专业养护和管理：

（一）一级古树名木每年组织检查 1 次、并进行养护；

（二）二级古树每两年组织检查 1 次、并进行养护；

（三）古树后续资源每五年组织检查 1 次、并进行养护。

检查、养护情况报上级林业行政主管部门和本级人民政府备案。

第十五条 古树名木和古树后续资源保护范围内应当采取适当措施保持土壤的通透性，不得擅自占用古树名木和古树后续资源保护范围内用地。

重大基础设施项目建设，涉及古树名木和古树后续资源保护范围的，在项目选址时应当征求县级以上林业行政主管部门意见。建设单位根据林业行政主管部门的意见制定保护措施，在项目建设中实施保护，实施保护产生的费用由建设单位承担。

第十六条 任何单位和个人不得擅自移植古树名木。

因重大基础设施建设、科学研究等确需移植的，申请单位应当编制移植保护方案。移植二、三级的，报县级林业行政主管部门审批；移植一级的，报自治州林业行政主管部门审批。

经批准移植的古树，由县级林业行政主管部

门按照有关规定组织具有相应资质的施工作业单位移植，所产生的费用和5年内的养护费由申请单位承担。

第十七条 禁止下列损害古树名木和古树后续资源的行为：

（一）砍伐；

（二）掘根、折枝，剥损树干、树皮；

（三）刻划钉钉、架埋管线、缠绕悬挂物、依树搭棚；

（四）擅自修剪、采摘花果叶；

（五）在古树名木和古树后续资源保护范围内采石采砂取土、实施影响土壤通透性工程、焚烧放烟、堆放物品、倾倒废物废水；

（六）移动或者破坏古树名木和古树后续资源保护标志、设施；

（七）其他损毁和影响古树名木和古树后续资源生长的行为。

第十八条 违反本条例第十五条第一款的规定，由县级以上林业行政主管部门责令限期恢复原状，处占用之日起至恢复前按照每日每平方米30元的罚款。

违反本条例第十五条第二款规定，建设单位未按照保护措施实施保护的，由县级以上林业行政主管部门责令限期改正，逾期不改的，处以每株5000元以上5万元以下的罚款。

第十九条 违反本条例第十六条规定，擅自移植二、三级古树的，由县级以上林业行政主管部门每株处以评估价值3倍以上5倍以下的罚款；移植一级古树名木的，由县级以上林业行政主管部门每株处以评估价值5倍以上10倍以下的罚款。

第二十条 违反本条例第十七条第一项规定的，由县级以上林业行政主管部门责令停止违法行为，赔偿损失，未构成犯罪的，处以评估价值3倍以上10倍以下的罚款。

违反本条例第十七条第二项规定的，由县级以上林业行政主管部门责令停止违法行为、采取补救措施，对古树名木造成损害的，处以5000元以上5万元以下的罚款，对古树后续资源造成损害的，处以3万元以下的罚款。

违反本条例第十七条第三至七项规定的，由县级以上林业行政主管部门责令停止违法行为，处以1万元以下的罚款。

第二十一条 林业行政主管部门和其他部门工作人员，玩忽职守、滥用职权、徇私舞弊造成古树名木和古树后续资源损害或者死亡，情节严重的，给予行政处分。

第二十二条 违反本条例规定的其他违法行为，法律法规有规定的，从其规定。

第二十三条 自治州人民政府应当根据本条例制定实施细则。

第二十四条 本条例自2016年7月1日起施行。

黔南布依族苗族自治州500米口径球面射电望远镜电磁波宁静区环境保护条例

（2016年7月6日黔南布依族苗族自治州第十三届人大常委会第三十三次会议通过，2016年7月29日贵州省第十二届人民代表大会常务委员会第二十三次会议批准）

第一条 为了加强黔南布依族苗族自治州境内国家重大科技基础设施500米口径球面射电望远镜（以下简称射电望远镜）电磁波宁静区环境保护，确保射电望远镜运行环境安全，根据有关法律、法规的规定，制定本条例。

第二条 射电望远镜电磁波宁静区（以下简称电磁波宁静区）范围内的环境保护及相关管理工作，应当遵守本条例。

第三条 本条例所称电磁波宁静区是指为保障射电望远镜安全运行必备的电磁波环境所划定的保护区域，以射电望远镜台址为圆心、半径5公里的区域为核心区，5公里至10公里的环带为中间区，10公里至30公里的环带为边远区。

第四条 电磁波宁静区环境保护实行科学管理、保障安全、保护资源、促进发展的原则。

第五条 自治州人民政府及电磁波宁静区内的县级人民政府应当加强电磁波宁静区环境保护和管理工作的领导，建立综合协调管理机制，编制环境保护规划，并将所需经费纳入同级财政预算。

第六条 自治州人民政府及宁静区内的县级人民政府应当加强电磁波宁静区植被、水体和地貌的保护，组织制定实施电磁波宁静区地质灾害防治规划和气象灾害防御规划，建立森林防火联防机制。

核心区为森林防火常年禁火区，中间区、边远区为重点防火区。

第七条 核心区内的地方公益林执行国家公益林补偿标准，商品林经林木所有权人申请，可纳入国家公益林管理，所需经费由所在地县级人民政府承担。

第八条 县级人民政府应当将核心区内十五度以上坡耕地纳入退耕还林规划，并组织实施。

第九条 自治州人民政府及电磁波宁静区内的县级人民政府天文主管部门根据职责负责电磁波宁静区环境保护协调工作。

第十条 自治州无线电管理机构根据省无线电管理机构的委托具体承担电磁波宁静区电磁辐射管理工作，应当在进入核心区的交通路口设置警示标识。

第十一条 自治州人民政府及电磁波宁静区内的县级人民政府林业、国土资源、环境保护、水务、农业、旅游、公安、交通运输、工业和信息化等行政主管部门应当根据各自职责加强电磁波宁静区的环境保护和管理。

第十二条 核心区内禁止新建、改建、扩建与核心区环境保护和射电望远镜无关的建设项目。

已建成的与核心区环境保护和射电望远镜保护无关的建设项目、建筑物、构筑物按照规定限期拆除或者关闭。

第十三条 核心区内禁止开展破坏环境的砍伐、狩猎、开垦、烧荒等活动。

第十四条 核心区内禁止擅自倾倒、堆放、丢弃、遗撒固体废物。

核心区内禁止随意倾倒、抛撒或者堆放生活垃圾。

第十五条 中间区内严禁设置、使用工作频率在68兆赫兹以上3000兆赫兹以下且发射有效功率100瓦以上的无线电台（站）。设置、使用其他无线电台（站）及建设产生辐射电磁波的设施时，应当报省无线电管理机构组织电磁兼容论证。

第十六条 边远区内设置、使用工作频率在68兆赫兹以上3000兆赫兹以下和发射有效功率100瓦以上的无线电台（站），应当报省无线电管理机构组织电磁兼容论证。

第十七条 自治州人民政府及电磁波宁静区内的县级人民政府应当加强电磁波宁静区环境保护的宣传。

每年9月25日为自治州天文科普活动日。

第十八条 公民、法人和其他组织有保护射电望远镜电磁波宁静区环境的义务，有权对违反本条例规定的行为进行监督、劝阻和举报。

自治州人民政府及电磁波宁静区内的县级人民政府对环境保护作出突出贡献的单位和个人予以奖励。

第十九条 违反本条例第十二条第一款规定的，由县级人民政府有关行政主管部门责令停止违法行为，处以2万元以上10万元以下罚款。

第二十条 违反本条例第十三条规定的，除可以依照有关法律、行政法规规定给予处罚的以外，由县级人民政府林业行政主管部门没收违法所得，责令停止违法行为，采取其他补救措施；

对造成破坏的，可以处以1000元以上1万元以下的罚款。

第二十一条 违反本条例第十四条规定的，由县级人民政府有关行政主管部门责令停止违法行为，限期改正，依法处以罚款。

第二十二条 对宁静区负有管理职责的有关单位及其工作人员违反本条例规定，玩忽职守、滥用职权、徇私舞弊，尚不构成犯罪的，对直接负责的主管人员和其他直接责任人员依法给予行政处分。

第二十三条 本条例未规定处罚的其他违法行为，法律法规有规定的，从其规定。

第二十四条 本条例自2016年9月25日起施行。

黔南布依族苗族自治州樟江流域保护条例

（2016年8月25日黔南布依族苗族自治州十三届人大常委会第三十四次会议通过
2016年11月24日贵州省第十二届人民代表大会常务委员会第二十五次会议批准）

第一章 总 则

第一条 为了加强樟江流域生态环境保护，合理开发利用自然资源，促进流域内经济社会可持续发展，根据《中华人民共和国环境保护法》《中华人民共和国水法》《中华人民共和国水污染防治法》等有关法律、法规的规定，结合自治州实际，制定本条例。

第二条 樟江流域内的规划、保护、治理、开发、利用等，应当遵守本条例。

第三条 本条例所称樟江流域是指自治州荔波县、独山县、三都水族自治县境内降雨通过地表水和地下水汇入樟江的水域及陆域。

樟江干流是指樟江自发源地荔波县东北面的月亮山次峰东麓到荔波县瑶山瑶族乡俞家河段。

樟江主要支流是指流域内集水面积在20平方公里以上的一级、二级支流。一级支流为拉学河、蓝淀山河、地界河、水东河、水昔河、岜凡河、姑爽河、水便河、水春河、方村河、小七孔河、平岩河；二级支流为黄江、台村河、尧花河、水维河、下寨河、岜炮河、姑留河、水各河、水令河、黄后河、坝望河。

第四条 樟江流域保护遵循统一规划、保护优先、科学开发、合理利用的原则。

第五条 樟江流域全面实行河长制。支流、干流所在地县（乡、镇）人民政府主要负责人为河长，构建责任明确、协调有序、监管严格、保护有力的保护机制。

第六条 自治州人民政府与流域内县级人民政府应当加强对樟江流域保护工作的领导，建立健全流域保护管理机制，建立综合协调机构。

自治州人民政府及流域内县级人民政府应当在同级财政预算内设立樟江流域保护管理资金。

自治州人民政府及流域内县级人民政府发展和改革、环境保护、水务、林业、国土资源、住房和城乡建设、城乡规划、旅游、农业等行政主管部门，应按照各自职责做好保护管理工作。

第七条 自治州人民政府发展和改革行政主管部门会同自治州人民政府有关部门及流域内县级人民政府，编制樟江流域保护综合规划，报自治州人民政府批准后实施。

樟江流域内县级人民政府根据樟江流域保护综合规划，编制本行政区域内樟江流域区域保护规划。

樟江流域保护综合规划、樟江流域区域保护规划应当与国民经济和社会发展规划、土地利用总体规划、城乡规划、环境保护总体规划、荔波樟江风景名胜区总体规划、荔波世界遗产地保护管理规划相协调。

第八条 公民、法人和其他组织有保护樟江流域生态环境的义务，有权对违反本条例的行为予以监督和举报。

县级人民政府对保护樟江流域生态环境作出突出贡献的，给予奖励。

第二章 生态保护与发展

第九条 樟江流域产业布局、产业结构调整和城乡建设，应当符合自然资源条件、生态环境承载能力以及保护流域环境资源的需要。

鼓励依托樟江流域特有的生态环境资源，发展旅游业、生态农业等绿色产业。

第十条 樟江流域内禁止发展下列产业：

（一）不符合国家产业政策的；

（二）不符合环境保护要求的；

（三）不符合樟江流域保护综合规划的。

第十一条 樟江流域内县级人民政府应当根据樟江流域保护综合规划及相关技术规范划定生态保护红线，确定生态保护红线区域并向社会公布。生态保护红线区域包括世界自然遗产地、集中式饮用水水源保护区等重点生态功能区、生态敏感区和生态脆弱区及具有重要生态保护价值的区域。

第十二条 在生态保护红线区域内，除法律、行政法规另有规定外，禁止下列行为：

（一）砍伐、烧山开垦、烧荒、取土；

（二）狩猎、掘根剥树皮；

（三）违反规定野外用火；

（四）其他破坏植被的行为。

第十三条 樟江流域内县级人民政府应当根据樟江流域保护综合规划和樟江流域区域保护规划，在游览通道沿线划定禁建区和控制区进行保护。

第十四条 樟江流域内县级人民政府应当根据生态环境保护的要求，划定封山育林区域、设置界桩、标志牌，并向社会公布。

第十五条 樟江流域内县级人民政府应当对二十五度以上坡耕地和十五度以上至二十五度以下饮用水水源地坡耕地退耕还林，增加流域内林草植被，涵养水源，改善樟江流域生态环境。

第十六条 经批准在樟江流域生态环境保护范围内从事交通、水利和电力等工程作业的建设单位，应当采取生态环境保护措施。因开发建设造成生态环境破坏和地质灾害的，建设单位应当依法承担治理和赔偿责任。

第三章 河道保护与治理

第十七条 自治州人民政府水行政主管部门负责樟江干流河道管理范围的划定，樟江流域内县级人民政府水行政主管部门负责樟江支流河道管理范围的划定，报同级人民政府批准，并立桩定界。

樟江干流及支流有堤防河道的管理范围为两岸堤防之间的全部水域、沙洲、滩地、行洪区、两岸堤防及护堤地；无堤防河道的管理范围为历史最高洪水位或河道防洪规划所确定的设计洪水位之间的水域、沙洲、滩地和行洪区。

第十八条 樟江河道的管理与建设，应当服从流域保护综合规划，符合国家规定的防洪标准、通航标准和其他有关技术要求，维护堤防安全，保持河势稳定和行洪、航运通畅。

第十九条 城镇建设不得占用樟江流域河道滩地。城镇规划的临河界限，由樟江流域内县级人民政府水行政主管部门会同城乡规划等有关部门确定。

河道岸线的利用和建设，应当服从河道整治规划和航道整治规划。有关部门在审批利用河道岸线的建设项目时，应当事先征求水行政主管部门的意见。

第二十条 樟江流域保护综合规划划定的河道管理范围内不得新建、改建、扩建建筑物，但是符合樟江流域保护综合规划要求的公共基础设施、旅游配套设施以及原有民居在原址上依法依规拆建的除外。

第二十一条　在樟江流域河道管理范围内禁止从事下列活动：

（一）建设妨碍行洪的建筑物、构筑物，从事影响河势稳定、危害河岸堤防安全和其他妨碍河道行洪的活动；

（二）围湖造地、围垦河道、种植阻碍行洪的林木及高秆作物；

（三）炸鱼、电鱼、毒鱼和设置拦河渔具及沉置船舶；

（四）侵占、毁坏水工程及堤防、护岸等设施，毁坏防汛、水文监测、水文地质监测等设施。

第二十二条　在樟江流域河道管理范围内，未经批准不得从事以下活动：

（一）修建水工程，或者建设桥梁、码头和其他拦河、跨河、临河建筑物、构筑物，铺设跨河管道、电缆等；

（二）新建、改建或者扩大排污口；

（三）未按照批准的取水许可规定条件取水；

（四）采砂、采矿、采石、取土；

（五）爆破、钻探、垦荒、挖筑鱼塘、修路、开渠、打井。

第四章　水污染防治

第二十三条　自治州人民政府应当按照谁污染、谁治理的原则，建立完善樟江流域水环境质量管理制度。

第二十四条　樟江流域实行最严格的水环境保护制度。

自治州人民政府环境保护主管部门应当会同发展和改革、水务、农业、城乡建设与管理等行政主管部门，建立完善樟江流域水环境质量目标管理体系，报自治州人民政府批准后实施。

第二十五条　樟江流域内县级人民政府应当建设和完善城乡和旅游景区景点污水、垃圾处理设施，加强环境质量管理。

樟江流域内的新建的城镇建设、工业企业、养殖业等建设项目应当配套建设雨污分流系统，已建项目应当完善雨污分流系统。

第二十六条　樟江流域内各级人民政府应当采取措施，引导和鼓励发展生态农业，加大科技投入，防止农业面源污染。

第二十七条　樟江流域内县级人民政府应当依法划定和公布本行政区域内畜禽规模化养殖禁养区和禁建区，已建的畜禽规模化养殖场所应当搬迁或者完善污染处理设施，满足达标排放标准。

第二十八条　樟江流域内县级人民政府农业主管部门应当推广标准化水产养殖技术，预防、控制和减少水产养殖造成的水体污染。

第二十九条　樟江流域禁止下列行为：

（一）向水体排放油类、酸液、碱液或者剧毒废液；

（二）在水体清洗装贮过油类或者有毒污染物的车辆和容器；

（三）向水体排放、倾倒放射性固体废物或者含有高放射性和中放射性物质的废水；

（四）向水体排放、倾倒工业废渣、垃圾和其他废弃物；

（五）利用渗井、渗坑、裂隙或者溶洞等向地下倾倒污水和其他废弃物，存贮有毒有害的废水、污水、垃圾等污染物；

（六）污染、侵占、填埋地下水出露泉点；

（七）利用无防渗漏措施的沟渠、坑塘等输送或者存贮含毒污染物的废水、含病原体的污水和其他废弃物。

第三十条　樟江流域内县级人民政府应当加强饮用水水源保护，在饮用水水源保护区设置界碑、界桩、警示标志和必要的隔离设施。

饮用水水源保护区禁止下列行为：

（一）网箱养殖、捕捞作业；

（二）从事餐饮、娱乐业；

（三）游泳、垂钓、水上运动等；

（四）施用化肥，使用高浓度、高残留农药；

（五）其他污染饮用水水体的活动。

第三十一条　自治州人民政府环境保护行政

主管部门应当会同水行政等主管部门，在樟江主要干流、支流跨县交界断面设置水环境质量监测点，组织开展水环境质量监测，并发布水环境质量监测信息。

樟江流域内县级人民政府应当保证本行政区域内流域和出境断面水环境质量符合规定的水环境质量标准，组织实施水环境质量监测和报告制度。

第三十二条 樟江流域内县级人民政府应当制定流域水污染事故应急预案。

在樟江流域内从事生产、经营、储存、运输等可能造成水污染事故的单位，应当制定水污染事故应急预案。

第五章 法律责任

第三十三条 国家机关及其工作人员违反本条例第十条规定或者批准、引进法律、法规禁止的项目，由上级主管部门或者监察机关责令改正，对直接负责的主管人员和其他直接责任人员依法给予行政处分；对违法违规批准、引进的项目，按有关法律法规予以处理。

第三十四条 违反本条例第十二条规定的，除可以依照有关法律、行政法规规定给予行政处罚的以外，由县级人民政府林业行政主管部门责令停止违法行为、没收违法所得、限期恢复原状或者采取其他补救措施；对流域造成破坏的，可以处以1000元以上1万元以下的罚款。

第三十五条 违反本条例第二十一条规定的，由县级人民政府有关行政主管部门按照下列规定处罚：

（一）违反第一项规定的，由县级人民政府水行政主管部门责令停止违法行为、限期拆除违法建筑物、构筑物，并恢复原状；逾期不拆除的依法强制拆除，所需费用由违法单位或个人承担，并处以1万元以上5万元以下罚款；

（二）违反第二、四项规定的，由县级人民政府水行政主管部门责令停止违法行为、限期恢复原状，并处以1万元以上5万元以下罚款；

（三）违反第三项规定的，由县级人民政府农业行政主管部门没收渔具及违法所得，并处以1万元以上5万元以下罚款。

第三十六条 违反本条例第二十二条规定的，由县级人民政府水行政主管部门责令停止违法行为，并处以罚款：

（一）违反第一项规定的，责令限期补办有关手续；逾期不补办或补办未被批准的，责令限期拆除；逾期不拆除的，依法强制拆除，所需费用由违法单位或个人承担，并处以1万元以上10万元以下罚款；

（二）违反第二项规定的，责令限期恢复原状，并处以5万元以上10万元以下罚款；

（三）违反第三项规定的，采取补救措施，并处以2万元上10万元以下罚款；

（四）违反第四、五项规定的，没收违法所得，并处以5000元以下罚款。

第三十七条 违反本条例第二十九条第一、二、三、四、五、七项规定的，由县级人民政府环境保护行政主管部门责令限期采取治理措施，消除污染，并处以罚款；逾期不采取治理措施的，可以指定有治理能力的单位代为治理，所需费用由违法单位或个人承担：

（一）违反第一、四、七项规定的，处以2万元以上20万元以下罚款；

（二）违反第二项规定的，处以1万元以上10万元以下罚款；

（三）违反第三、五项规定的，处以5万元以上50万元以下罚款。

违反第六项规定的，由县级以上人民政府水行政主管部门责令停止违法行为，限期改正，并处以1万元以上3万元以下罚款。

第三十八条 违反本条例第三十条规定的，由县级人民政府有关行政主管部门按照下列规定处罚：

（一）违反第一项规定的，处以2万元以上10万元以下罚款，并予取缔；

（二）违反第二项规定的，责令停止营业，处以1万元以上5万元以下罚款；

（三）违反第三项规定，从事游泳、垂钓的，处以500元以下罚款；从事水上运动的，处以2万元以上10万元以下罚款；

（四）违反第四项规定的，给予警告；情节严重的，处以300元以下罚款。

第三十九条 樟江流域内县级人民政府有关部门工作人员违反本条例规定，玩忽职守、滥用职权、徇私舞弊，有下列行为之一的，由本级人民政府责令改正，尚不构成犯罪的，对直接负责的主管人员和其他直接责任人员依法给予行政处分：

（一）不严格执行经自治州、流域内县人民政府批准的有关樟江流域开发、利用、保护规划，擅自调整规划的；

（二）不符合行政许可条件准予行政许可的；

（三）不履行监测职责或者发布虚假监测信息的；

（四）对集中式饮用水水源保护区管理不严，造成水源污染事故的。

第四十条 违反本条例未规定的其他违法行为，法律法规有规定的，从其规定。

第六章　附　则

第四十一条 本条例自2017年1月1日施行。

黔南布依族苗族自治州 2016年国民经济和社会发展计划执行情况与2017年计划草案的报告

（2017年2月15日在州十四届人民代表大会第一次会议上）

黔南州发展和改革委员会

各位代表：

受州人民政府委托，现向大会报告2016年国民经济和社会发展计划执行情况及2017年计划草案，请予审议，并请州政协委员和其他列席人员提出意见。

一、2016年国民经济和社会发展计划执行情况

2016年，我们深入贯彻习近平总书记系列重要讲话精神，在州委坚强领导和州人大、州政协的监督支持下，以五大新发展理念为引领，以“守底线、走新路、奔小康”为总纲，坚持主基调主战略，大力实施“3366”发展战略，统筹抓好稳增长、促改革、调结构、惠民生、防风险各项工作，全州经济社会发展稳中有进、进中有新、新中有效，综合测评连续四年位居全省第一方阵，实现了“十三五”良好开局。

（一）经济发展稳中有进，质量效益明显提升。面对宏观经济持续下行影响，全面加强精准调度、项目支撑和要素供给，抓好企业扶持服务和“四上企业”培育入库，主要经济指标逐月逐季向好，稳住了经济快速发展的基本面。全州地区生产总值突破千亿元大关，达到1023.39亿元，增长12.5%；固定资产投资完成1053.58亿元，增长22%；规模工业增加值完成358.5亿元，增长11.8%。一般公共预算收入完成110.05亿元，增长13.3%；金融机构人民币存、贷款余额达1521.44亿元和1066.21亿元，分别增长29.9%和32.8%。万元GDP能耗、二氧化碳排放量和用水

量分别下降3.2%、3.9%、7%，全州经济发展总量、均量、质量实现“三量齐升”。

（二）三次产业协调并进，新兴业态提速聚集。坚持农业调优、工业调强、服务业调活，三次产业结构优化为17.9∶35.1∶47。山地高效农业持续向好，刺梨精深加工创新突破，都匀毛尖茶品牌价值达211亿元；52个省级农业示范园区产值达340亿元；都匀列入全国农村产业融合发展示范区。工业经济难中有进，新增入园重点项目220个，标准厂房入住率达95%。龙里雪花啤酒、贵定老干妈等重点项目加快推进；成功引进3家通用航空企业。新增水电、风电、光伏发电装机36万千瓦。现代服务业提速升级，成功推出中国天眼、四季花谷等20个景区景点，新增4A级景区2个，全州旅游总收入达603亿元，增长42.7%。贵州（昌明）国际陆港开工建设，福泉陆港通关大楼基本建成；建成12个电商运营中心。大健康“6个50”工程完成投资82亿元。金融业实现“五个全覆盖”。文化产业增加值占GDP比重排全省第一。

（三）投资拉动持续发力，有效需求稳步扩大。坚持扩大投资战略定力，建立了州级“十三五”规划项目库。521个省州重点项目完成年度投资1171亿元，累计新开工项目排全省第一。工业、城建、交通、水利等重点领域投资继续发挥支撑作用。争取国家各类资金117.5亿元，国家专项建设基金争取额度和签约率均排全省首位。全年直接融资达414亿元，发展基金规模超过1600亿元。推介PPP项目286个。通过举办车展、房交会等系列活动，引导活跃城乡消费市场；新增批零住餐限上企业163家，社会消费品零售总额达247.91亿元、增长13.2%；物价水平总体稳定。积极实施“外贸、外资、外经”企业培育工程，进出口总额为2.4亿美元。

（四）基础设施日臻完善，发展条件更加坚实。国家重大科技基础设施FAST竣工落成投运；州全民健身活动中心、州博物馆等一批州庆“六大会战”重点项目相继建成。“都香国高”都匀至安顺段、荔波至榕江高速公路启动建设；“南翼”4条在建高速公路快速推进；花安高速黔南段建成通车，全州高速公路里程达838公里。贵南客专开工建设，瓮马铁路建设及南北延伸线前期工作推进顺利；兴永郴赣铁路、贵兴铁路、都凯城际铁路等列入国家铁路网规划。荔波机场改扩建工程开工，都匀机场完成选址报告编制，建成了7个直升机起降点。福泉凤山大型水库启动建设，累计完工水库6座、续建23座、新开工21座，综合治理河道56公里。3座大型水库和23座中型水库进入国家规划。新一轮农村电网改造工程启动，县县通天然气已制定实施方案、落实投资主体。全州出口带宽达650Gbps，广电网络实现村村通。

（五）“一圈两翼”战略深入实施，区域城乡协调发展。深入实施“一圈两翼”主战略，编制完成南北“两翼”子规划，三大功能区定位更加清晰。“一圈”以城市建设为突破、新型工业为支撑，GDP总量达517亿元，占全州的49.5%；“北翼”加快融入贵阳、对握贵安，GDP三年年均增长14.6%；“南翼”全域旅游势头强劲、生态经济加速崛起。县域经济加快发展，都匀、福泉、瓮安GDP总量均达100亿元以上，7个县综合测评位居全省所在方阵前3名。深入推进山地特色新型城镇化，全面加快城际快道、棚户区改造和城镇配套功能建设，新增城镇建成区面积近10平方公里，都匀基本建成“一江两城五湖多公园”生态城市格局。独山、三都纳入国家新型城镇化综合试点，都匀列入国家级产城融合发展示范区，平塘克度入选国家深化城镇基础设施投融资模式创新试点，都匀墨冲、罗甸边阳等特色小城镇加快建设，全州城镇化率达49%。成功举办“经营乡村·黔南论坛”“四在农家·美丽乡村”六项行动成效明显，完成300个行政村农村垃圾治理，16个村进入中国传统村落名录。

（六）改革开放全面深化，活力动力竞相激发。坚持以供给侧结构性改革为主线，推动形成“1+5”供给侧改革政策体系。坚决落实“三去一降一补”，关闭退出煤矿24处，化解过剩产能240万吨/年；商品房库存去化周期缩短为13.7个月；用电、物流、融资等成本明显下降。完成“营改增”改革，施行“五证合一”登记制度，民营经济比重提高到57.8%。州、县融资平台实体化改革创新推进。建成黔南“项目云”平台。都匀、瓮安出租车行业改革试点成效良好。福泉、平塘率先免除高中学费。州、县公立医院改革基本完成。创新推进农村“三变”改革试点，6000余农民变股东。全面深化开放合作，成功举办中国物流（都匀）国际峰会、都匀毛尖（国际）茶人会等重大开放活动。粤桂黔高铁经济带试验区（贵州园）获批。引进州外到位资金1720.6亿元；实际利用外资增长49.34%。大力推动大众创业、万众创新，新增国家级和省级众创空间3家，新建创业孵化基地6个。

（七）两条底线厚植优势，生态文明加快建设。紧扣速度、收入、脱贫、安全四条发展底线，主要经济指标基本保持两位数增长，经济发展满意度位列全省第一；城乡居民人均可支配收入分别达26063元和8844元；贫困发生率下降到12.79%；安全生产事故起数和死亡人数继续实现“双降”。牢牢守住山青、天蓝、水清、地洁四条生态底线，荔波、三都纳入国家重点生态功能区。独山九十九滩列入国家湿地公园。完成营造林55.92万亩，治理石漠化面积达169平方公里，全州森林覆盖率达59%。统筹实施治气、治水、治土、治渣行动，建成城镇生活污水处理厂17个、城镇生活垃圾收运系统7个，年综合利用产业废物559万吨，重要水功能区水质达标率为91%，城市环境空气质量优良率达99.6%。出台《黔南州深入推进生态文明先行示范区建设的实施意见》，成功举办第四届水生态文明·黔南论坛。

（八）脱贫攻坚首战告捷，民生事业全面进步。加强脱贫攻坚顶层设计和责任压实，不断创新产业扶贫新路径，惠水易地扶贫搬迁“五个三”后扶模式、长顺“4+N”产业扶贫模式等成为典型经验推广。建成搬迁安置房14676套，搬迁了62279人。减少农村贫困人口15.35万人，12个乡镇“减贫摘帽”，82个贫困村退出。“1+7”民生工程完成投资166亿元。建成城镇保障性安居工程3.3万套，改造农村危房3.1万套。提前一年实现村村通油路目标。城镇新增就业7.17万人，荔波列入国家级返乡农民工创业试点。新改建城乡幼儿园94所、“全面改薄”寄宿制学校151所，乡镇公办幼儿园实现全覆盖。新建成10个乡镇卫生院和50个村卫生室，全州基层医疗卫生“五个全覆盖”。建成“农体工程”112个，一批生态体育公园加快建设。新建了汉唐、巨升等影视基地。“幸福进万家－文化精品乡村行”示范项目获国家授牌，《绕家大歌》《刺藜花红》等优秀作品分别荣获世界级、国家级大奖。

面对宏观经济持续下行、多重困难交织影响，我们以开局就是决战、起步就要冲刺的劲头，全面打响精准脱贫攻坚战、经济下行阻击战和增比进位保位战，全州经济社会发展取得了难能可贵的成绩。同时我们也清醒地认识到，全州发展还面临“成长的烦恼”。一是实体经济不强、产业支撑不足、财税收入质量不高，经济持续增长的基础不牢固。二是传统动能优势减弱，新动能支撑相对乏力，供给侧结构性改革的任务繁重。三是有效投资结构急需优化，产业投资占比较低，新引进的重大产业项目偏少。四是融资与项目对接不够精准，投融资的有效性管理和风险管控还不够规范。五是产业扶贫路径不宽，脱贫攻坚的任务仍十分艰巨。针对这些问题，我们将高度重视，采取有效措施，切实加以解决。

二、2017年经济社会发展主要目标建议

2017年是实施“十三五”规划的重要一年，也是供给侧结构性改革的深化之年，更是决战脱贫攻坚、决胜全面小康的关键之年。按照州第十一次党代会的总体部署和州委经济工作会议要求，突出打造“民族地区创新发展先行示范区”的战略定位，紧扣全州“十三五”规划阶段性目标，继续巩固全省第一方阵地位，为开启基本现代化建设新征程夯实基础。建议2017年经济社会发展的主要预期目标是：地区生产总值增长13.5%；规模工业增加值增长12.5%；固定资产投资增长25%；社会消费品零售总额增长13.5%；一般公共预算收入增长13%；金融机构存贷款余额分别增长25%以上；旅游总收入增长40%以上；引进

州外到位资金 2000 亿元以上；城乡居民人均可支配收入增长 10% 和 11%；城镇新增就业 8 万人；常住人口城镇化率达到 51%；森林覆盖率达到 61%；农村贫困人口减少 14.5 万人，5 个片区县、200 个贫困村退出。

2017 年经济增长预期目标定为 13.5%，既契合州第十一次党代会的总体部署，又衔接“十三五”规划预期目标，更考虑了发展和生态两条底线的遵循导向，是一个需要跳起来才能摘到的“桃子”，需要全州上下付出艰辛努力才能实现：一是继续保持山地高效农业走前列。深入推进农业供给侧结构性改革，强化绿色优质农产品供给，狠抓农业生产规模化、质量标准化和产品品牌化，促进农业从“185”基地建设时代向全价值链产业化时代转型，确保农业增加值增长 6.5%。二是抓实投资和工业两大关键领域。以亿元项目入统和规模工业企业入库为突破，全面提升有效投资的拉动力和工业经济的支撑力，确保第二产业增加值增长 13.5%。三是全力挖掘服务业增长潜力。以开展“现代服务业突破年”行动为载体，加强服务业发展的顶层设计和配套政策，大力实施营利性服务业和批零住餐限上企业“双百”培育工程，确保第三产业增加值增长 16.5%。

三、2017 年经济社会发展重点任务措施

2017 年经济形势严峻复杂，发展任务繁重艰巨。我们将紧扣稳中求进的工作总基调，积极践行“五大理念”、落实“五大政策”、抓好“五大任务”，按照州委、州政府今年经济工作总体部署，重点抓好以下八个方面的工作：

（一）坚持精准扶贫、精准脱贫，深入实施大扶贫战略行动，全面加快富民奔康步伐。一是推动落实“三个规划”。始终不忘扶贫初心，以“三山一区”和“2+15”贫困乡镇为主战场，协调落实“十三五”易地扶贫搬迁规划、县（市）脱贫攻坚规划和贫困乡镇定点帮扶脱贫规划方案，以项目化推进为支撑，着力解决易地扶贫有序搬迁、扶贫项目靶向整合和扶贫区域“选准打实”的问题。二是统筹叠加“三项政策”。抢抓国家“补短板”的政策机遇，聚焦贫困群众长远生计，综合运用“五个三”后扶政策、产业扶贫基金政策和财政涉农资金整合使用政策，以农民利益联结为取向、财政资金整合为撬动，推动扶贫项目与脱贫任务深度链接，着力解决产业扶贫路径不宽、资金供给不足和使用效益不高的难题。三是强力实施“三大工程”。继续主攻易地扶贫搬迁工程，坚持以产定搬、以岗定搬，推行城镇化集中安置，强化以县为单位统筹工程建设，力争完成 7.8 万人以上搬迁任务。抓好基础设施向乡村延伸工程，加大“六个小康”项目建设投入，实现 532 个撤并建制村通硬化路，打通贫困山区发展的“最后一公里”；大力实施公共服务设施配套建设工程，解决好贫困乡村居民上学、就医、办事便利等问题。

（二）坚持工业引领、三产并进，以供给侧结构性改革为主线，全力推进产业转型升级。一是加快推进新型工业化。继续抓好产业园区企业培育和引进，大力推动先进装备制造、柔性光伏材料及其组件、环保成套设备等新型产业项目落地量产，支持福泉正霸新型建材等重大项目建设；推动大数据与大射电融合互动发展，引领航龙天文小镇和百鸟河数字小镇联袂打造大数据应用“姊妹镇”；支持打造一批大数据电子信息产业园区。加快改造提升传统产能，推动龙里雪花啤酒、贵定卷烟厂等重点项目扩能投产；实现规模工业企业新增 100 户以上。二是大力培育现代服务业。加快建成贵州（昌明）国际陆港一期工程，加快推动“5+2”物流平台互联互通。积极培育和引进旗舰电商运营平台，推动贫困乡村电商网点全覆盖。实施大健康“十大重点项目”引进计划，推动黔中“泛云雾山”创建省级大健康产业示范区。继续扶持发展影视拍摄、山水实景剧等文化创意产业。以筹办全省旅发大会为契机，强力推进荔波景区提质扩容升级，加快将“中国天眼”铸成国内一流景区，推动旅游发展实现持续“井喷”。三是深化农村产业融合发展。大力实施农业主导产业基地“裂变工程”，启动实施“黔南刺梨品牌培育三年行动计划”，深入推进都匀毛尖茶、长顺绿壳蛋鸡等全产业链延伸工程，支持建成一

批农产品加工园区，力争贵定老干妈油制辣椒产业园建成投产。积极推动“中国兰文化产业园”等一批农村产业融合型园区建设。

（三）坚持扩大投资、促进消费，继续强化需求侧管理，拉动经济持续较快增长。一是狠抓重大项目建设。精准做实项目储备和前期工作，千方百计扩大有效投资，继续推进领导挂帮重大项目和“三级两长”调度制度，对预算内投资项目挂牌督办，对亿元以上重点项目实行清单管理，抓好重大项目集中开工、现场观摩等活动，强力推进526个省州重大项目建设，实现工业、城建、交通、水利等重点领域投资365亿元、425亿元、350亿元和60亿元，力争重大项目年度投资完成1200亿元以上。二是全力提升产业投资比重。继续推进“十亿、百亿”重大产业项目培育工程，力促各县（市、区）至少新开工建设1个“十亿元”产业项目。加快建立“十大产业·百大项目”储备库，通过招商项目定制、专项产业基金撬动，推动产业投资占比突破30%以上。三是强化投资要素保障。全面用好用足国家级试验区、示范区、先行区“牌子”，努力争取各类专项资金不低于全省总盘子的10%。深化与开发性、政策性银行机构合作，努力通过债券、基金等方式实现直接融资400亿元以上。州县协同推进10个以上重点PPP示范项目。四是拓宽消费新空间。加强政策配套和消费预期引导，推进新建城区、产业园区和品牌景区商业网点全覆盖。全面搞活“居、行、讯”三大消费需求，加快发展文化、体育、娱乐和旅游等体验式消费，全力拓展养生养老、网络购物、互联网金融等新型消费业态。强化价格调控监管，确保物价总体水平基本平稳。

（四）坚持交通加密、基础成网，加快七个全覆盖进程，夯实经济社会发展条件。一是加快构建综合立体交通体系。强力推进贵南客专、瓮马铁路及南北延伸工程建设，开工建设都凯高城际铁路、贵兴铁路、贵定南铁路物流中心、黔桂线都匀站外迁工程，积极推进纵连“八百里黔山”的兴永郴赣铁路前期工作。大力推进有轨电车年度建设任务和项目谋划。继续推进都匀、罗甸机场前期工作，加快荔波机场改扩建工程，力争开工2个以上通用机场。大力实施公路“121”工程，加快推进“南翼”5条在建高速公路及“都香国高”黔南段建设，力争贵阳至黄平、贵阳至平塘等高速公路开工建设，确保高速公路在建里程达到660公里以上。推进实施国省道改造550公里，规划建设旅游公路235公里。继续推进瓮安、罗甸两港规划建设，早日打通“南北两大黄金水道”。二是加快构建现代水利保障体系。扎实推进福泉凤山大型水库建设，开工建设都匀石龙、惠水平寨等20座大中小型水库；实施病险水库治理5座、河道治理项目20处；新增耕地灌溉面积15万亩。三是加强能源、信息基础设施建设。加快建设平塘、长顺等县天然气管道工程。规范推进新能源建设，新增水能、风能和太阳能发电装机23万千瓦以上；加快新一轮农网改造升级，完成101个中心村电网改造升级工程。按照“一张网、全覆盖”部署，全面启动充电站（桩）建设。大力推动“数字经济”基础设施标准化建设，深入实施“无限网络·满格黔南”工程，扩大4G网络和泛在无线网络覆盖面。加快实现“宽带村村全覆盖”。

（五）坚持道法自然、产城融合，以人的城镇化为核心，抢占城乡统筹改革制高点。一是推进城市群规划建设。顺应快速交通带来的突变，以“北翼”为聚合、“南翼”为支撑、“一圈”为交汇，以一小时经济圈为半径，深化“拥都匀”城市群空间和特色经济区域布局，加快把“都匀”建成“都市”，增强自治州首府的聚合力、首位度。二是大力提升城镇基础设施及配套建设。继续抢抓政府性基础设施融资建设“窗口期”，以水、电、路及污水垃圾处理、综合配套服务设施为重点，驰而不息推进旧城改造、新区建设，实现新增城镇建成区面积10平方公里以上。三是持续增强城市发展动能。贯彻“三生融合”城市发展理念，以强产业、聚人气、兴城镇为主攻方向，引导产业园区从单一生产型向综合服务型城市经济转型。落实“房子是用来住的”的政策方针，立足于住房刚性与改善性两大需求，以31个重点棚户区改造为推动，以解决“问题”房开为补充，促进房地产投资实现恢复性增长，稳住城市经济发展的主动力。四是推进城乡统筹改革发展。以承办第七届全省小城镇建设发展大会为契机，重点策划包装20个特色乡镇综合开发项目，主动对接国家“千企千镇工程”政策安排，推进小城镇“8+X”与移民安置区联动建设，支持瓮安猴场、长顺广顺等争创国家级“特色小镇”。大力推行“1+N”镇村联动模式，持续打造美丽乡村升级版。统筹推进国家级新型城镇化综合试点，不断完善“人地钱”三挂制度，城镇化率提高2个百分点。

（六）坚持守住底线、绿色发展，大力培育“四型产业”，走向生态文明新时代。一是持续筑牢绿色屏障。以实施国家生态保护与建设示范区为载体，探索实施造林植绿工程化、退耕还林效益化、义务植树货币化、生态管理法治化路径，完成退耕还林还草36.13万亩，营造林60万亩，石漠化综合治理面积155平方公里，治理水土流失面积180平方公里，森林覆盖率提高2个百分点。二是着力守护绿色家园。做好城镇开发边界与基本农田划定、生态保护红线的衔接。加强绿色城镇、绿色村寨建设，深入开展城乡人居环境综合治理。坚持铁腕治污，强化环境保护和环保督察，推动开展污染源排查和治理行动，加大治废与节能减排力度，确保县级及以上城市空气质量优良天数比率85%以上、集中式饮用水源地水质达标率96%以上。三是完善绿色制度。制定自然资源资产考核评价办法，实施领导干部自然资源资产离任审计，全面落实重点生态功能区产业准入负面清单制度，建立水和设施运营管理新机制，全面实施“河长制”，积极争取国家公园体制试点，构建起“四梁八柱”的生态文明制度体系，让绿色理念深入人心、生态文化蔚然成风。四是大力发展绿色经济。围绕拓展“四型产业”，优化充实“大生态”产业工程包，积极争取中央预算内资金、专项建设基金支持绿色产业发展。加快推进园区循环化改造，支持福泉循环经济园区建设。推动温泉、湿地开发与旅游业深度融合。积极协同“三州”推进“八百里黔山”生态经济产业扶贫示范带规划建设。

（七）坚持改革开放、创新驱动，以供给侧结构性改革为主线，奋力激活发展新动力。一是深化重点领域改革。坚决落实“三去一降一补”五大任务，积极申报“千企改造”项目，深入实施“双退出”行动计划，继续压减煤炭产能150万吨/年，关闭退出煤矿16处；提高棚户区改造、保障性住房货币化安置比例。着力为企业降低用电、融资、物流、税费和制度性交易成本。焦振兴实体经济推出八项“特战改革”任务，力求产业园区转型、产业基金撬动、新兴产业示范和企业上市融资等关键环节改革突破。抓好省向自治州下放30项省级审批权的“接管用”，深入推进州对县市“放管服”改革。统筹推进旅游、文化等领域配套改革，深化输配电价、天然气、农业用水等价格改革，有序推进事业单位公车改革。深化农村“三变”改革，建立农村土地“三权分置”新机制。二是扩大对外开放和区域合作。以“中国天眼”为媒介、荔波世界遗产“10周年”为契机，继续扩大国际人文交流与协作；深化与北大校地合作，积极争取“世界反贫困大会”落地黔南。抢抓贵州内陆开放型经济试验区政策机遇，加强与“两广”“两贵”“两州”区域合作，积极承办好第三届粤桂黔高铁经济带联席大会。加快“都匀经济开发区广州产业园”规划建设，协同推动双龙航空港列入国家级临空经济区。三是大力实施创新驱动战略。紧扣产业链布局创新链，重点支持省级经济开发区建立科技型中小企业孵化园，引导大型企业建立重点实验室和技术研究中心，新增5个以上众创空间。加快黔南州科技园建设，建成州电子公共服务平台，争取中科院贵州射电天文台及天文数据中心落地黔南。

（八）坚持用心用情、改善民生，强化公共服务体系建设，竭力增进人民群众福祉。一是统筹推动民生工程。主动争取国家政策、项目和资金支持，加大民生事业投入力度，积极实施“1+7”民生工程，办好“十件民生实事”，让发展更有温度、幸福更有质感。二是抓好就业创业工作。进一步完善公共就业服务平台建设，积极探索“职校+”“创业+”等扩大就业途径；帮助建档立卡贫困户实现“一户一人”稳定就业，扎实做好就业托底工作。三是推进教育卫生更好发展。加快实现基本普及15年教育，深入促进县域义务教育均衡发展，鼓励推行高中免除学费，建成都匀一中新校区、州委党校新校区，支持黔南师院、黔南医专、黔南职院等院校配套建设。加快建成州医院、州中医院新院区和州公共卫生中心，支持建设州妇幼保健院，继续实施全州17个“百院大战”工程建设；深化医疗医保医药联动改革，推动远程医疗向乡镇全覆盖。积极引进基因技术拓展精准医疗。四是繁荣文化体育事业。抓好公共文化数字化惠民服务工程、民族文化精品工程，实现镇镇培育一台地方特色戏。继续打好县县建成综合性体育场馆收官战，积极筹办好国际性的山地户外运动、体育舞蹈等赛事，推动全民健身运动普及化。五是织密社会保障网。实施“全民参保计划”，健全特困人员救助供养制度。建立完善社会救助标准与物价上涨联动机制。加快老年养护楼、农村敬老院建设，建立以居家为基础、社区为依托、机构为支撑的社会养老服务体系。

都匀经济开发区作为州政府派出机构，其2017年经济社会发展计划草案报告以书面形式，提交大会一并审议。

各位代表，自治州开启基本现代化建设的号角已经吹响，“黔南—云贵江南”的壮美画卷正渐次展开。我们将紧密地团结在以习近平同志为核心的党中央周围，在新一届州委、州政府的坚强领导下，自觉接受州人大、州政协的监督，以“千里之行始于足下”的务实干劲，扎实做好今年的各项工作，以优异成绩迎接党的十九大胜利召开！

黔南布依族苗族自治州 2016年全州和州本级预算执行情况与 2017年全州和州本级预算草案的报告

（2017年2月15日在州十四届人民代表大会第一次会议上）

黔南州财政局

各位代表：

受州人民政府委托，向大会报告2016年全州和州本级预算执行情况，提出2017年全州和州本级预算草案，请予审议，并请州政协委员和其他列席人员提出意见。

一、2016年全州和州本级预算执行情况

2016年，在州委的正确领导下，在州人大的法律监督和州政协的民主监督下，全州各级财政部门紧紧围绕全年经济社会发展目标，按照守底线、走新路、奔小康的工作总纲，积极应对复杂形势，努力克服多重困难，不断深化财税体制改革，加强预算管理，努力推进发展型、民生型、绩效型财政提质增效，财政改革发展取得新的成效，全州财政运行情况总体较好。

（一）一般公共预算

全州收支情况。财政总收入185.59亿元，同比增加12.90亿元，增长7.47%。全州一般公共预算收入110.05亿元，占同口径预算102.99%（下同），同口径比增加12.91亿元（下同），增长13.29%。其中，税收收入79.75亿元，增加9.23

亿元，增长13.10%；非税收入30.30亿元，增加3.67亿元，增长13.78%。非税收入占一般公共预算收入比重为27.53%，剔除不可比因素后占比为26.03%，同比增加1.12个百分点。加上上级转移支付收入225.94亿元、置换债券收入148.76亿元（一般债券）、上年结余及调入预算稳定调节基金和调入资金6.37亿元，收入合计491.12亿元。全州一般公共预算支出328.36亿元，同比增加19.43亿元，增长5.69%，加上上解省级支出9.08亿元、置换债券支出148.76亿元（一般债券）、结转下年支出0.99亿元、补充预算稳定调节基金3.93亿元，支出合计491.12亿元。收支平衡。

州本级收支情况。州本级一般公共预算收入20.83亿元，占同口径预算107.76%，同口径比增加3.03亿元，增长17.02%。其中，税收收入16.14亿元，增加1.61亿元，增长11.08%；非税收入4.69亿元，增加1.42亿元，增长43.43%。加上省各项转移支付10.86亿元、置换债券收入4.07亿元（一般债券）、动用预算稳定调节基金0.69亿元、清收结余结转资金0.33亿元，收入合计36.78亿元。一般公共预算支出完成30.13亿元，同口径比增加0.44亿元，增长1.49%。加上上解省级支出0.71亿元、置换债券支出4.07亿元（一般债券）、补充预算稳定调节基金1.87亿元，支出合计36.78亿元。收支平衡。

（二）政府性基金预算

全州政府性基金收入76.80亿元，增加7.39亿元，增长10.66%。加上上级补助收入5.80亿元、置换债券收入96.85亿元（专项债券）、上年结转2.56亿元，收入合计182.01亿元。全州政府性基金支出81.90亿元，加上置换债券支出96.85亿元（专项债券）、调出资金1.62亿元，支出合计180.37亿元。收支相抵，结余1.64亿元结转下年安排使用。

州本级政府性基金收入0.62亿元，减少1.27亿元，下降67.30%，占预算52.99%（主要原因是价格调节基金停征），加上上级补助收入0.78亿元、上年结余0.36亿元、置换债券收入15.08亿元（专项债券），收入合计16.84亿元。州本级政府性基金支出0.98亿元，减少1.22亿元，下降55.45%，占预算64.05%（收入减少，支出相应减少），加上置换债券支出15.08亿元（专项债券），支出合计16.06亿元。收支相抵，结余0.78亿元结转下年安排使用。

（三）国有资本经营预算

州本级国有资本经营收入216.52万元，占预算119.62%，加上上年结余116.70万元，收入合计333.22万元。州本级国有资本经营支出177.29万元，占预算75.44%（主要是2016年州级国有企业改革成本性支出未发生相应支出）。收支相抵，结余155.93万元，结转下年安排使用。

（四）社会保险基金预算

全州社会保险基金收入49.46亿元，增加5.84亿元，增长13.39%。全州社会保险基金支出48.75亿元，增加5.70亿元，增长13.24%，收支相抵，当年结余0.71亿元，滚存结余38.50亿元。

（五）地方政府债务

2016年，全州共争取到地方政府置换债券245.61亿元，其中一般债券148.76亿元，专项债券96.85亿元。所争取到的置换债券全部按规定转下达到各县市，主要用于全州脱贫攻坚、异地扶贫搬迁、重大基础设施项目建设等，极大缓解了地方政府偿债压力，有效降低了债务风险。

二、2016年的主要工作

财政部门认真贯彻落实州十三届人大第六次会议有关决议，采取切实有效的措施，积极发挥财政职能作用，努力促进经济社会健康持续发展。

（一）加强财税收入征收管理，确保收入稳步增长

为圆满完成年初预期收入目标，我们始终坚持把组织收入和财源培植作为工作重点，一方面分类建立税源台账，切实摸清税源家底，狠抓税收入库，严防税收的“跑、冒、滴、漏”，最大限度减少税收流失，有力地促进了财税收入的稳步增长，圆满完成了收入预期目标，取得了全州一般公共预算收入和税收收入两项指标增幅全省排名第一的成绩。另一方面，加大对重点行业、重

点企业的发展、引导和扶持力度，确保重点税源健康稳定发展。

（二）调整和优化财政支出结构，着力保障重点支出

按照“保工资、保运转、保民生、保稳定、集中财力办大事”的原则，调整支出结构，优先保证基本支出，合理保障各项重点支出，切实做好重点科目预算安排，增加对民生领域的投入。全州九项民生类重点支出累计完成257.83亿元，同比增加15.91亿元，增长6.58%。严格控制“三公”经费等一般性支出，继续执行压缩行政经费的6%用于教育精准扶贫的政策。围绕州委重大决策部署，大力支持“一圈两翼”和工业强州、城镇化带动战略深入实施；加快推进大扶贫、大数据、大健康、大旅游、大物流、大文化“六大战略行动”建设；重点支持州庆献礼项目、FAST工程等省州重大项目建设；加大对“十亿、百亿”重大产业项目、“5个20”工程和基础设施建设、“四在农家·美丽乡村”六项行动计划、“185”工程等重点项目和重点产业的支持力度。扎实做好“三农”工作，围绕脱贫攻坚年度目标任务，建立财政对脱贫攻坚投入承诺机制，制定了《黔南州扶贫资金管理办法》，深入推进精准扶贫、精准脱贫工作顺利开展。2016年州级共安排各类扶贫资金2亿元，共向上争取到涉农补助资金28.50亿元，为扶贫攻坚提供了资金保障，有效推进同步小康进程。

（三）继续推进财税体制改革，努力增加公共产品有效供给

强力推进供给侧结构性改革，有效实施积极的财政政策，逐步完善基本公共服务体系，努力增加公共产品有效供给。一是全面落实全面营改增、停征价格调节基金等国家结构性减税、普遍性降费政策，减轻企业负担，激发市场主体活力，制定出台了《全面推开营改增试点后州以下增值税收入划分变动过渡方案》，并报省政府批准执行，进一步理清了州县两级财政收入分配制度。二是财政省直管县改革取得实质性成果。自2016年1月1日，我州将福泉、瓮安、贵定、龙里、惠水五县（市）正式纳入了财政省直管县管理改革范围后，我州率先在三个自治州中将除州府所在地外的其他县市全部纳入了财政省直管县范围，为各县（市）争取上级转移支付资金和缩短资金拨付流程提供了财政管理上的保障。三是注重提高资金使用效益，建立财政结转和结余资金定期清理机制，进一步加大盘活财政存量资金力度。2016年，全州共清理收回财政结余结转资金5.41亿元，收回的资金全部用于保民生、补短板。四是创新推进预决算信息公开。在州政府门户网设立了“黔南州财政资金信息”专栏，统一了州级部门预决算集中公开平台，实现了2016年州本级预决算公开的“全覆盖”。五是注重创新财政投入方式，成立政策性融资担保公司，积极推广“贵园信贷通”“贵工贷”“3个15万元”等融资政策产品和政府购买服务，破解民营企业融资难题。2016年全州共争取到地方政府置换债券245.61亿元，投入到全州重点基础设施建设，减轻了财政负担，有力地支持了道路交通、棚户区改造等重点项目建设。争取PPP项目列入国家示范项目4个、列入省级示范项目8个，极大地缓解了我州项目资金紧缺压力。六是注重财政国库管理，继续扩大财政国库直接支付范围，2016年办理直接支付业务总计51591笔，实现拨付金额总计47.83亿元，支付数同比增长15.48%。

（四）严肃财经纪律，强化财政监督管理

一是强化财政信息公开检查，对全州开展预决算公开信息检查，对个别县（市、区）存在的问题进行了纠正。二是狠抓财政监管，对州直部分单位开展了会计信息质量和专项资金检查。共查出违规资金423.44万元，并按国家相关法律法规进行了处理处罚。三是加强非税收支管理检查。对10个县（市）进行检查，并延伸检查部门39个，纠正违反“收支两条线”管理的问题资金3.76亿元。四是强化“三公”经费的管控，进一步细化“三公”经费预算编制，预算执行中要求单位按月报送情况，并严格审批程序，有力地控制了的“三公”经费支出。2016年全州“三公”经费支出2.6亿元，同比减少0.3亿元，降低9.2%。

总的来看，2016 年财政运行情况虽然总体较好，但当前财政运行和财政工作还面临一些困难和问题，主要是：一是在经济下行压力和减税降费的大环境下，财政收入增幅放缓，政策性刚性支出增长较快，收支矛盾愈加突出，财政收支平衡难度大；二是部分县市非税收入占比较高，收入质量有待进一步提高；三是部分财政支出项目形成只增不减的固化格局，支出结构有待进一步优化；四是财政资金统筹使用力度需要进一步加大；五是政府债务管理仍需加强，部分县市偿债能力弱化，防范政府债务风险压力较大等等。针对这些问题，我们将高度重视，采取有力措施加以积极应对。

三、2017 年全州和州本级预算草案

根据《中华人民共和国预算法》和国务院《关于深化预算管理制度改革的决定》（国发〔2014〕45 号）的有关规定，按照“保运转、保民生、保稳定、保配套、集中财力办大事”的原则，坚持有保有压，科学合理编制 2017 年部门预算，逐步建立全面规范、公开透明的预算制度。

（一）一般公共预算

全州一般公共预算收入预期目标 118.96 亿元，比上年同口径完成数（下同）增加 13.69 亿元，增长 13%；全州一般公共预算支出预期目标为 295.22 亿元（不含执行中上级增加安排的各项专项转移支付）。年度预算执行情况，我们将按照规定及时向州人大常委会报告。

州本级一般公共预算收入预期目标为 21.39 亿元，同口径比增长 8.46%。其中：税收收入（分享收入）17.22 亿元，增长 15.03%；非税收入（含专项收入）4.17 亿元，下降 11.08%。加上上级相对固定的转移支付和提前下达的补助等 15.78 亿元、动用预算稳定调节基金及调入资金 1.39 亿元，收入合计 38.56 亿元。州本级一般公共预算支出预安排 29.4 亿元（含省提前下达的专项转移支付），加上上解省支出和州对县（市）体制返还 9.16 亿元，支出合计 38.56 亿元。收支平衡。

（二）政府性基金预算

州本级政府性基金预算收入 0.42 亿元，加上上年结转 0.78 亿元，收入合计 1.20 亿元。政府性基金预算支出 1.20 亿元。收支平衡。

（三）州本级国有资本经营预算

国有资本经营预算收入 277.56 万元，加上上年结余 155.93 万元，收入合计 433.49 万元。国有资本经营预算支出 433.49 万元。收支平衡。

（四）社会保险基金预算

全州社会保险基金预算收入 104.07 亿元，支出 104.84 亿元。当年赤字 0.77 亿元，加上上年结余 38.50 亿元，年末滚存结余 37.73 亿元。

四、2017 年财政工作主要任务

2017 年，我们将紧紧围绕全年经济社会发展目标，认真贯彻落实省委、省政府和州委各项工作部署，重点抓好以下工作：

（一）着力加强管理，努力实现财政收支预期目标。一是充分考虑全面营改增后增值税收入划分调整、减税降费等因素的影响，按照实事求是、积极稳妥的原则编制好收入预算。依法依规组织收入，挖掘潜力做优存量，厚植涵养做大增量，侧重在发展经济来扩大财源，在堵塞收入漏洞上下狠功夫，确保应收尽收。同时，努力提高税收收入占比，不断提高财政收入质量和征管效率。二是加快民生项目和重点项目的支付进度，进一步完善预算执行动态监控机制，建立健全预算支出责任制度，提高预算执行效率和均衡性。调整和优化财政支出结构，支出预算做到统筹兼顾、有保有压、突出重点，优先保证基本支出和民生支出，切实保障和改善民生，同时合理保障各项重点支出。三是坚持依法理财、科学理财，强化预算刚性约束，坚持先有预算后有支出，未列入预算的原则上不予列支。四是严格执行中央“八项规定”和国务院“约法三章”，狠抓“三公”经费管理，切实降低行政成本，继续压缩行政成本 6% 支持教育精准扶贫。五是采取切实有效措施，继续盘活各类闲置和沉淀资金，深化结余结转资金管理与预算编制相衔接的管理改革机制，不断提高财政资金的使用效益。

（二）不断深化财税改革，创新体制机制增添新活力。一是继续深化部门预算改革和预算绩效

管理改革。以部门预算项目支出为重点，提高绩效目标设置科学性、合理性和可执行性，推动部门开展绩效目标完成情况自评价，促进绩效评价与预算安排的有机衔接。二是结合财政省直管县改革，着力推进财政事权和支出责任划分改革，健全县级基本财力保障机制。三是加力实施积极的财政政策。围绕州委重大决策部署，大力支持新型工业化、新型城镇化、农业现代化、旅游产业化，推动经济优质高效发展。扎实做好“三农”工作，深入推进精准扶贫、精准脱贫。大力推进生态文明建设，创新生态文明体制机制。逐步完善基本公共服务体系，努力增加公共产品有效供给。全面落实国家结构性减税、普遍性降费政策，减轻企业负担，激发市场主体活力。四是定期盘活财政存量资金，建立常态化机制，提高财政资金使用效益。五是进一步推进预决算公开，扩大公开范围，细化公开内容，规范公开方式，强化社会监督，促进依法理财。

（三）优化支出结构，保障民生投入，突出重点领域。一是围绕“十件民生实事”和同步小康建设年度工作目标，努力增加对保障和改善民生类项目的投入，重点确保对九项民生支出的投入。及时将民生项目资金拨付到位，最大限度地把有限的财力用在保障日益增长的民生需求上。二是围绕“一圈两翼”发展战略，大力支持“5个20”工程、工业“百千万”工程、扶贫生态移民、棚户区改造等省、州确定的重点项目建设。三是切实加大财政扶贫力度，针对不同原因、不同类型的贫困，采取不同的支持方式，全面实施“五个一批”“六个精准”扶贫政策，支持解决农村贫困人口脱贫。同时，抓紧完善扶贫资金使用管理和涉农资金整合试点，建立黔南州脱贫攻坚基金和3亿元农业（扶贫）产业发展基金，实行扶贫资金链全流程动态精准监管。四是进一步创新机制，落实好财税扶持激励机制，重点支持工业园区、产业园区建设，促进全州工业企业加快发展，突出工业主导地位，加快转型升级步伐。落实好“3个15万元”工程，支持小微企业、民营企业快速发展，提高民营经济发展活力。

（四）继续加强政府性债务管理。根据《国务院关于加强地方政府性债务管理的意见》（国发〔2014〕43号），坚持“尽力而为、规模适度，量力而行、风险可控”的原则，对不同类别的债务分门别类纳入全口径预算管理，创新运用政府与社会资本合作新模式（PPP模式）。建立规范的政府举债融资机制，对政府债务余额严格实行限额管理。加强政府债务支出项目储备库建设，管好用好置换债券资金，做好置换计划，测算好置换债券资金需求，规范使用政府置换债券资金。分类推进融资平台公司市场化转型和融资，厘清政府和企业责任。要切实履行偿债责任，妥善处理存量债务。建立债务风险预警机制及应急处置机制，积极化解债务风险。构建地方政府债务监管体系，强化考核问责。

（五）严肃财经纪律，切实抓好党风廉政建设。认真贯彻执行中央、省委、州委关于改进工作作风有关规定，严格执行党风廉政建设责任制，认真落实“一岗双责”，保持严肃财经纪律的高压态势，始终绷紧廉洁自律这根弦，筑牢拒腐防变的思想基础，持续开展党风廉政建设和反腐败斗争，完善预防、惩治腐败的制度，严格财政资金管理使用，既要能干事、会干事，又要不出事，真正做到“忠诚、干净、担当”。同时，继续加强财政监督检查，积极配合审计监督，排查风险点，堵塞管理漏洞，严防违纪违法行为发生。

都匀经济开发区作为州人民政府的派出机构，都匀经济开发区2017年财政预算（草案）报告以书面形式向大会报告，请一并进行审议。

各位代表：2017年是实施“十三五”规划承前启后的关键之年，我们将在州委的正确领导下，自觉接受人大的依法监督和社会各界的民主监督，虚心听取政协的意见和建议，按照“生财有道、聚财有方、用财有度、理财有法”的要求，主动适应经济发展新常态，开拓创新，凝心聚力，扎实苦干，努力完成全年各项财政工作任务，为将我州打造成为民族地区创新发展先行示范区作出应有的贡献！

黔南州2016年国民经济和社会发展统计公报

（2017年3月27日）

黔南州统计局

2016年，在州委、州政府的坚强领导下，全州各族人民深入贯彻习近平总书记系列重要讲话精神，以五大新发展理念为引领，坚持主基调主战略不动摇，以“强创新、占高地、作示范”为主题，坚定不移实施“3366”发展战略，励精图治，砥砺前行，全州经济实力显著增强，基础设施不断完善，产业结构调整优化，改革开放不断深入，城乡面貌焕然一新，生态环境持续改善，民生福祉全面提升，社会事业全面发展，经济发展综合测评连续四年位居全省第一方阵，经济发展群众满意度全省第一，创造了建州60年来的辉煌。

一、综　合

初步核算，2016年全州生产总值为1023.39亿元，同比增长12.5%。分产业看，第一产业增加值183.36亿元，增长6.4%；第二产业增加值359.47亿元，增长12.7%；第三产业增加值480.56亿元，增长14.6%，其中：交通运输、仓储和邮政业增长9.5%，批发和零售业增长8.0%，住宿和餐饮业增长6.2%。人均生产总值31472元，同比增长12.0%。

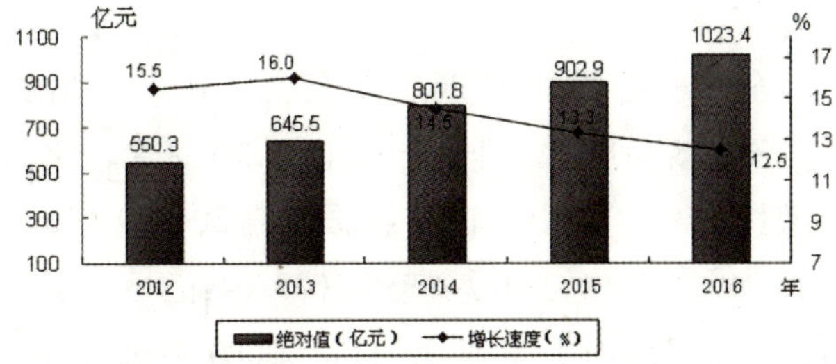

图1　2012－2016年全州生产总值及其增长速度

二、农　业

全州大力推进现代山地高效农业，认真贯彻落实惠农政策，抓农业园区提质升级，打造全省农业“接二连三”示范区，加大贫困地区产业结构调整，实现产业精准扶贫，扎实推进新农村建设。全州共建设州级以上农业园区70个，其中省级园区52个，全州农业产业化龙头企业发展到568个，2016年，入住园区龙头企业176个。全州农民专业合作社累计发展到4532个，新增带动农户数达1.7万户；完成“三品一标”无公害种植业产地认证366个，地理标志保护农产品16个。全州农业实现增加值192.2亿元，比上年增长6.4%，全年粮食作物种植面积31.5万公顷（472.5万亩），下降0.5%；油料作物面积7.8万公顷（117.2万亩），增长2.9%；蔬菜种植面积12.1万公顷（182.7万亩），增长9.7%。果园面积6.2万公顷（94.4万亩），比上年增长6.3%；茶园面积9.6万公顷（144.4万亩），增长11.6%。粮食总产量与上年持平。

表1　2016年主要农产品产量及其增长速度

产品名称		单位	绝对数	增幅%
粮食		万吨	127.37	持平
其中：	稻谷	万吨	64.3	-0.3
	玉米	万吨	36.5	0.8
	小麦	万吨	4.74	5.4
	马铃薯	万吨	15.58	0.9
油料		万吨	11.9	4.0
其中：	花生	万吨	0.9	3.6
	油菜籽	万吨	10.8	3.8

续表

产品名称	单位	绝对数	增幅%
烤烟	万吨	1.7	-22.5
蔬菜	万吨	245.7	9.9
中药材	万吨	10.4	2.4
茶叶	万吨	2.4	59.6
水果	万吨	44.3	12.6
花卉	万枝	1426	7.8

全州林业稳步发展。通过天然林资源保护、退耕还林、石漠化治理、植被恢复造林等国家林业工程、项目，全州完成营造林81.2万亩。完成四旁（零星）植树680万株。义务植树625万株。投资1230万元完成中央财政森林抚育补贴项目10.8万亩。投资2500万元完成造林补贴5万亩。绿色黔南建设三年行动计划的“六大工程”涉及建设项目298项，总面积81.25万亩，共投入全境域绿化造林资金75.36亿元，打造亮点25个。全州育苗总面积为1.61万亩，总产苗量3.87亿株，为营造林生产确保了林木种苗供给。2015年全州森林覆盖率达57.36%。

表2　2016年主要林产品产量及其增速

产品名称	产量（吨）	增幅%
生　漆	103	1.0
油桐籽	5434	-7.6
油茶籽	1421	2.1
五倍籽	539	-3.1
棕　片	233	-0.1
松　脂	2028	-13.4
竹笋干	1478	2.1
核　桃	2101	7.2
板　栗	11741	29.8

加大全州畜牧业防疫工作，全面推行动物防疫工作问责制，层层签订动物防疫责任状，将重大动物疫情防控工作落实到人。

表3　2016年主要畜产品产量及牲畜存栏、出栏情况

指标名称	计量单位	绝对数	增幅%
肉类总产量	万吨	20.39	-4.0
其中：猪肉	万吨	16.19	-6.8
牛肉	万吨	1.89	9.4
羊肉	万吨	0.32	0.8
禽肉	万吨	1.3	4.1
禽蛋产量	万吨	1.1	2.9
猪出栏数	万头	199.68	-6.8
牛出栏数	万头	16.15	8.9
羊出栏数	万只	20.02	0.8
家禽出栏数	万只	797.78	4.1
猪存栏量	万头	154.84	-8.4
牛存栏量	万头	64.95	-3.8
羊存栏量	万只	26.18	-1.5
家禽存栏数	万只	720.78	1.4

全州渔业继续保持增长。全年水产品产量52897吨，比上年增长11.5%。

全州农机总动力达311万千瓦。完成机耕面积314.5万亩，机收面积86.5万亩。

三、工业和建筑业

2016年，全州工业园区完成投资410.62亿元，新增入园企业386户，建成标准厂房74.59万平方米，新增工业就业人员22025人，新增市场主体23068户。全州规模工业企业综合能源消耗量345.49万吨标准煤，规模工业增加值能耗比上年下降17.89%。

全年工业增加值267.31亿元，比上年增长11.4%。规模以上工业总产值1338.03亿元，比上年增长14%。其中，轻工业总产值304.99亿元，增长21.9%；重工业总产值1033.04亿元，增长11.9%。规模以上工业增加值（2000万元以上）比上年增长11.8%。

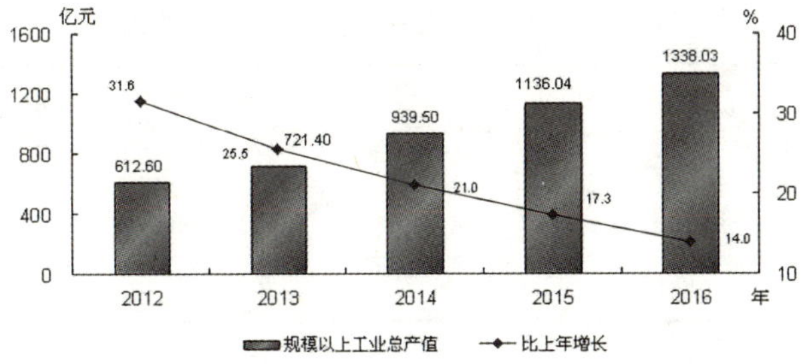

图 2 2012—2016 年规模以上工业总产值及其增长速度

主要工业行业中，酒饮料和精制茶制造业、非金属矿物制品业、非金属矿采选业、医药制造业、化学原料和化学制品制造业等行业产值增长较快，分别比上年增长 39.4%、25.3%、16.6%、14.5% 和 14.1%。

表 4 2016 年规模以上工业总产值和增长速度

指标名称	绝对数（亿元）	比上年增长（%）
规模以上工业总产值	1338.03	14.0
其中：国有控股企业	313.64	3.0
其中：轻工业	301.71	22.1
重工业	1021.89	12.1
其中：国有企业	136.33	2.3
集体企业	6.27	27.2
股份制企业	1122.35	17.1
外商及港澳台商投资企业	33.90	-11.7
其他经济类型企业	39.17	2.7
其中：大中型工业企业	440.90	4.9
煤炭开采和洗选业	59.40	-6.8
非金属矿采选业	141.48	16.6
酒、饮料和精制茶制造业	49.15	39.4
烟草制品业	27.07	-9.6
化学原料和化学制品制造业	194.47	14.1
医药制造业	65.47	14.5
非金属矿物制品业	271.61	25.3
黑色金属冶炼和压延加工业	48.32	-13.8
铁路、船舶、航空航天和其他运输设备制	15.56	13.4
电力、热力生产和供应业	99.00	0.7

主要工业产品产量增长较快。塑料制品、商品混凝土、精制茶、糖果、磷矿石、十种有色金属、金属切削机床、饮料酒、砖、硫酸、化学试剂分别比上年增长 380.5%、72.7%、33.8%、32.3%、24.7%、23.8%、23.8%、20.1%、18.2%、16.9%、13.3%。全年规模以上工业企业产品销售率为 98.92%，比上年增加 0.2 个百分点。

表 5 2016 年规模以上工业主要产品产量及其增长速度

产品名称	计量单位	绝对数	比上年增长（%）
原煤	万吨	591.81	-8.7
铁矿石原矿	万吨	12.61	11.2
磷矿石（折含五氧化二磷 30%）	万吨	3069.47	24.7
糖果	万吨	5.04	32.3
饮料酒	万千升	16.88	20.1
精制茶	吨	1620.34	33.8
卷烟	亿支	138.12	-5.4
人造板	万立方米	55.12	4.5
纸制品	万吨	13.11	8.3
硫酸（折 100%）	万吨	255.81	16.9
农用氮、磷、钾化学肥料（折纯）	万吨	100.11	-2.3
磷酸二铵（实物量）	万吨	75.71	-9.2
化学试剂	万吨	20.05	13.3
中成药	万吨	1.80	0.8
塑料制品	万吨	35.52	380.5
硅酸盐水泥熟料	万吨	1175.99	10.6
水泥	万吨	1699.85	9.1
商品混凝土	万立方米	1819.82	72.7
砖	亿块	54.61	18.2
铁合金	万吨	49.77	-7.7
十种有色金属	万吨	0.78	23.8
金属切削机床	台	52	23.8
矿山专用设备	台	2094	-64.6
电力电缆	万千米	9.57	3.6
发电量	亿千瓦小时	76.50	-16.2

工业企业经济效益大幅提高。工业企业实现主营业务收入1071.20亿元，比上年增长13.0%。利润总额48.7亿元，比上年增长5.0%。亏损企业亏损总额6.6亿元，比上年下降16.5%。

建筑业增加值92.16亿元，比上年增长16.8%。资质内建筑企业总产值181.49亿元，增长4.0%；房屋施工面积2009.5万平方米，增长1.7%；房屋竣工面积82万平方米，增长-23%。商品房销售面积661.38万平方米，增长27.8%。商品房销售额275.79亿元，增长32.6%。

四、固定资产投资

固定资产投资1053.58亿元，增长22.0%，其中：工业投资285.60亿元，增长8.4%。全年省州重大工程和重点项目实际开工281个。州庆献礼项目累计完成投资143.37亿元。

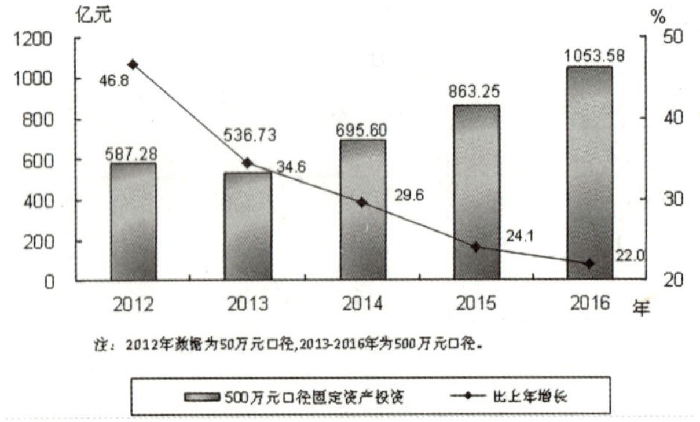

图3　2012—2016年固定资产投资及其增长速度

表6　2016年固定资产投资情况

指标名称	绝对数（亿元）	比上年增长（%）
固定资产投资额	1053.58	22.0
房地产开发	203.53	-19.7
工业投资	285.60	8.4

五、国内、外贸易和物价

消费品市场保持活跃。全年实现社会消费品零售总额247.91亿元，比上年增长13.2%。按经营地统计，城镇消费品零售额230.54亿元，增长13.8%。分行业看，批发业80.48亿元，增长0.5%；零售业146.34亿元，增长19.9%。

表7　2016年城乡消费品市场情况

指标名称	绝对数（亿元）	比上年增长（%）
社会消费品零售总额	247.91	13.2
其中：城镇	230.54	13.8
乡村	17.37	6.4
其中：批发业	80.48	0.5
其中：限额以上批发业（企业）	45.64	3.3
零售业	146.34	19.9
其中：限额以上零售业（企业）	94.71	38.1
住宿业	6.93	18.9
其中：限额以上住宿业（企业）	3.90	34.9
餐饮业	14.02	28.1
其中：限额以上餐饮业（企业）	6.73	44.5

对外贸易增速收窄。全年完成进出口总额24025万美元，比上年下降-13.9%。其中，出口总额23895万美元，比上年下降-10.7%。

居民消费价格有所上升。受食品、医疗保健等价格上涨影响，全年居民消费价格比上年上涨1.9%。在监测的八大类商品及服务项目中，有5类上升，2类下降，1类持平。其中，食品类上升幅度最大，达5.5%。

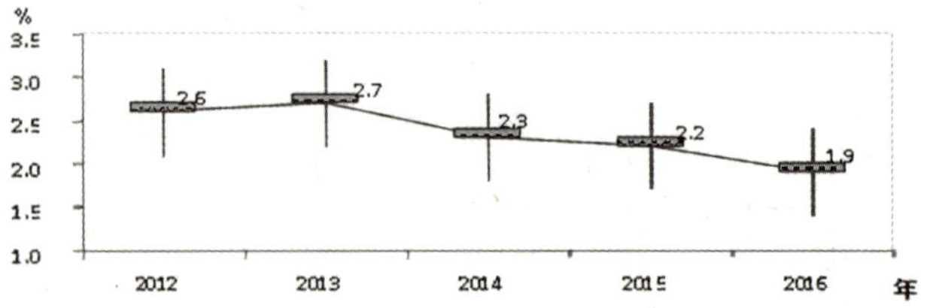

图4　2012—2016年居民消费价格总水平涨跌幅度

表8　2016年居民消费价格指数

指标名称	指数（上年=100）
居民消费价格指数	101.9
其中：食品	105.5
粮食	102.0
畜肉类	111.7
水产品	105.0
蛋类	101.0

续表

指标名称	指数（上年 = 100）
菜	109.0
干鲜瓜果	99.3
烟酒	101.5
衣着	98.6
生活用品及服务	100.0
医疗保健	102.3
交通和通信	99.6
教育文化和娱乐	101.5
居住	101.0
服务价格指数	101.8

六、交通运输和邮政通信

2016 年，全州扎实推进交通基础设施建设，狠抓项目建设，不断加大农村公路养护工作力度，进一步规范运输行业管理，加强队伍建设，不断提升了交通工作的服务质量和水平。

高速公路建设继续加强。续建高速公路项目共 5 个，里程共 258.3 公里。新开工高速公路项目 3 个共 362 公里，分别为：荔榕 27.8 公里，都安（黔南段）224.2 公里，贵阳至黄平高速黔南段 110 公里。全州高速公路通车里程达 827 公里。在建国省道改造项目 18 个，总里程 518 公里，总投资 152 亿元，完成县乡道改造项目 166 公里，建成撤并建制村通硬化路项目 600 公里，新增 314 个建制村通沥青（水泥）路，建制村通畅率达 100%，提前实现“村村通”目标。深入推进农村客运建设，新增 269 个行政村通客运，目前全州行政村通客运率达 96.8%。县级客运站目标建成项目 5 个，乡镇客运站目标建成项目 9 个，实现了镇镇有乡镇客运站的目标。全州 15 个二级及以上客运站联网售票工作已全部实施完毕，全面实现联网售票。其中，贵定、龙里两县客运站还被列入联网售票系统对接全省运政 3.0 系统升级改造试点。公共（电）汽车数 746 辆、出租汽车数 3360 辆。公路旅客发送量 27787 万人，比上年增长 19.4%；货运量 28520 万吨，比上年增长 27.5%；客运周转量 302.12 亿人公里，比上年增长 26.8%；货运周转量 392.18 亿吨公里，比上年增长 27.1%。

邮政电信业平稳发展。全年实现邮政业务总量 2.73 亿元，比上年增长 9.4%。电信业务收入 20.69 亿元，比上年增长 10.4%。互联网宽带用户 38.25 万户，比上年增长 19.7%。年末电话用户 314.31 万户，比上年增长 7.1%，其中：固定电话用户 16.94 万户，移动电话用户 397.37 万户。

七、财政和金融

全年财政总收入 185.59 亿元，比上年增长 7.5%，其中公共财政收入 110.05 亿元，增长 13.3%。公共财政支出 328.36 亿元，增长 5.7%，其中，商业服务业、科学技术、城乡社区等方面的支出增长幅度较大，分别增长 25.1%、23.9%、19.5%。

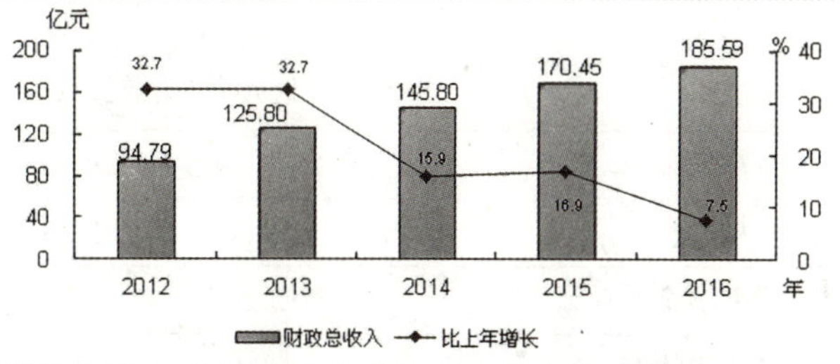

图 5　2012—2016 年财政总收入及其增长速度

表 9　2016 年财政收支情况

指标名称	绝对数（亿元）	比上年增长（%）
财政总收入合计	185.59	7.5
其中：国税系统	78.39	26.8
地税系统	79.96	-7.6
财税系统	27.25	12.5
#公共财政收入	100.05	13.3
财政支出合计	328.36	5.7
其中：一般公共服务	43.4	-2.1
公共安全	17.61	12.2
教育	72.84	10.3
科学技术	6.50	23.9
社会保障和就业	26.15	-1.2
医疗卫生	37.8	14.2
节能环保	11.37	14.8

续表

指标名称	绝对数（亿元）	比上年增长（%）
城乡社区事务	7.98	19.5
农林水事务	53.59	5.3
交通运输	2.83	-20.7
商业服务业	3.63	25.1
住房保障支出	25.35	-12.2

金融业稳步发展。存贷款规模继续扩大。年末，全州金融机构各项人民币存款余额1521.44亿元，比上年增长29.9%，其中住户存款720.46亿元，比年初增加155.30亿元；各项贷款余额1066.21亿元，比上年增长32.8%。

表10　2016年金融机构信贷收支情况

指标名称	年末数（亿元）	比上年增长（%）
各项存款余额	1521.44	29.9
#住户存款	720.46	27.5
非金融企业存款	415.53	38.2
机关团体存款	329.91	27.4
各项贷款余额	1066.21	32.8
境内贷款	1066	32.9
#住户贷款	425.36	24.7
非金融企业及机关团体贷款	640.65	38.8

八、教育

2016年，全州继续实施全面改善义务教育薄弱学校基本办学条件项目工程。办学条件更加完善，各类教育协调发展，教育活力不断激发，教育公平精准发力，多项工作走在全省前列。

教育支出72.84亿元，同比增长10.3%。教育支出与2016年GDP相比为7.1%，占公共财政预算支出的22.2%。

全州教职工数45686人，专任教师数39200人，其中：幼儿园教职工10417人，专任教师6577人；小学教职工17380人，专任教师16027人；初中教职工11158人，初中专任教师10477人；普通高中教职工6510人，专任教师5070人；中等职业学校教职工1887人，专任教师1656人；特殊教育教职工数209人，专任教师192人；普通高等院校教职工2541人，专任教师2008人。

表11　2016年教育事业情况

指标名称	计量单位	绝对数	比上年增长（%）
普通高校	所	5	持平
招生数	人	21082	84.3
在校生数	人	47373	43.0
毕业生数	人	11024	51.6
中等职业教育学校	所	17	-5.6
招生数	人	24420	-2.9
在校生数	人	63371	2.2
毕业生数	人	19056	80.6
普通中学	所	240	11.6
招生数	人	76864	-2.2
在校生数	人	233256	-3.4
毕业生数	人	82587	1.6
普通小学	所	628	-18.3
招生数	人	54382	8.6
在校生数	人	290651	3.8
毕业生数	人	47552	-4.2
学龄儿童入学率	%	99.99	0.17
幼儿园	所	713	24
幼儿园在园幼儿数	人	143173	16.3

九、文化、广播电视、卫生和体育

2016年，“文化惠民”工作取得新成效，完成了“幸福进万家—文化精品乡村行”国家公共文化示范项目验收工作。全州广播覆盖率达到92.97%，电视覆盖率达到95.46%；打造文艺精品工作部署，创作了歌舞剧《吉妮丽吉》《秀色黔南》等优秀作品，分别参加了贵广高铁经济带文艺展演暨都匀毛尖国际茶人会专场演出，继续打磨提升布依族歌舞剧《刺藜花红》参加多彩贵州文化艺术节展演，原生态唱法水族古歌多声部组合《旭皋》参加中国西南民歌大赛荣获“十佳表演奖”第二名，《绕家大歌》参加第九届世界合唱比赛荣获金奖；全州结合地方特色和重要节庆，开展了送戏下基层、书画摄影展览、山歌赛、民歌会、广场舞大赛等群众喜闻乐见的文化活动200余场次。继续推进公共文化免费开放工作，全州图书馆、文化馆全部向市民免费开放，图书馆书刊文献外借18余万册次，开展培训20余期，举办展览15次，共接待读者16余万人次；文化馆（站）组织文艺活动400余场次，举办展览140余次，开展各类培训近200期，参加各项活动10万余人次。圆满完成建州60年州庆大型文艺演出、踩街巡演等相关工作；命名首批州文物保护单位31个，填补了我州文物保护体系的空白，继续深入开展第一次可移动文物普查，全州完成6707件文物信息采集登录工作，以“好花红”为代表的黔南民族文化品牌集群，实施大文化战略行动扎实推进。

公共卫生工作持续加强。全州发生1起一般突发公共卫生事件（Ⅳ级），处置率100%。法定传染病报告发病率为432.36/10万，全州儿童国家免疫规划疫苗接种率99.8%。妇幼卫生工作水平进一步提升，各项妇幼重大公共卫生服务项目得到全面实施，孕产妇死亡率为18.37/10万，婴儿死亡率为7.33‰，5岁以下儿童死亡率为9.87‰，0－6岁儿童健康管理率87.79%，3岁以下儿童系统管理率86.79%。农村合作医疗稳步推进。全州参合农民达328.34万人，参合率98.76%，筹资总额为16.75亿元。全州各级医疗巡回队免费义诊5.42万人次，发放宣传资料共计12.19万份，免费发放各类药品共计8.37万元。2016年度全州人口出生率为13.38‰，自增率为6.25‰，符合政策生育率为89.1%。

2016年，全民健身活动有新亮点。全州举办的重大赛事共16个（其中：国际赛事7个、全国赛事9个）：中国“都匀毛尖茶”国际体育舞蹈公开赛（贵州·黔南站）暨贵州省体育舞蹈锦标赛、都匀CKF搏击王国际金腰带赛、荔波国际跳绳公开赛暨全国跳绳联赛分站赛、中国·瓮安洲际青年女篮巅峰争霸赛、福泉古城全国山地自行车赛、中国山地自行车公开赛（龙里站）、2016中国·瓮安全国六省（区）游泳邀请赛、“贵州动起来”系列主题体育赛事启动仪式暨2016年贵定首届金海雪山全国最美花海公路赛、惠水县贵州越野e族2016春季越野联欢赛、“多彩贵州”惠水2016“龙游涟江·好花正红”全省龙舟邀请赛等。

表12 体育事业发展情况

指标名称	计量单位	2016年	增幅%
在国际、国内重大比赛中获奖	项	1	持平
金牌	块	18	157.0
银牌	块	31	55.0
铜牌	块	32	－11.0
参加全民体育运动人数	万人	120	6.0
销售体育彩票	万元	26678	23.6

十、人民生活

城镇居民生活水平稳步提高。2016年，全州城镇居民人均可支配收入26063元，比上年增长9.0%。城镇居民人均生活消费支出17096元。城镇居民人均居住消费支出3283元，比上年增长6.0%。城镇居民人均住房建筑面积达到44.0平方米。

表13 2016年末每百户城镇居民家庭耐用消费品拥有量

指标名称	计量单位	绝对数
摩托车	辆	26.0
家用汽车	辆	34.3
洗衣机	台	102.1
电冰箱（柜）	台	100.1
彩色电视机	台	111.8
计算机	台	70.6
其中：接入互联网的计算机	台	56.2
空调	台	20.3
热水器	台	95.5
移动电话	部	266.7

农民人均可支配收入大幅度提高。2016年，全州农村常住居民人均可支配收入8844元，比上年增长9.9%；人均生活消费支出9126元，比上

年增长16.2%。农村每百户居民家庭拥有计算机、摩托车、家用汽车、移动电话数量分别增长15.3%、-12.1%、32.7%、10.8%。农村居民人均住房建筑面积达到48.5平方米。

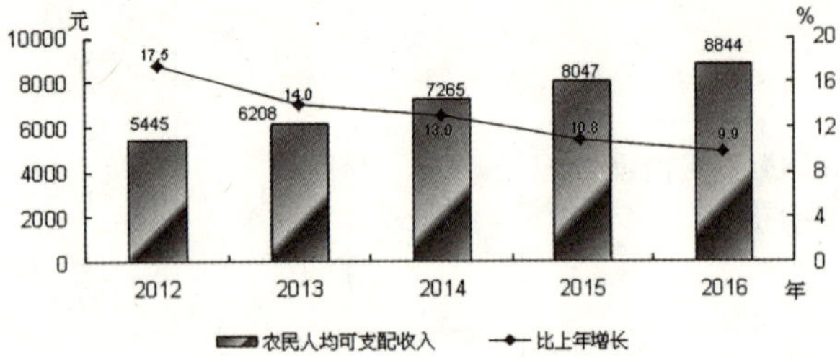

图6　2012—2016年农民人均可支配收入及其增长速度

十一、就业与社会保障

2016年全州以“民生为本、人才优先”为主线，以促进创业和充分就业、提升社保经办水平为工作重点，统筹推进人事人才、劳动关系等各项工作科学发展。全年实现城镇新增就业7.17万人，促进下岗失业人员实现再就业1.43万人，其中就业困难对象实现就业9998人，城镇登记失业率2.88%；农业富余劳动力转移就业人数11.65万人，其中有组织转移（输出）0.42万人；累计消除“零就业家庭”3616户，实现“动态清零”目标；开展就业技能培训3.78万人，创业培训完成1.09万人；社保工作扎实推进，全州城镇职工基本养老保险、城镇医疗保险、工伤保险、失业保险、生育保险、城乡居民养老保险参保人数分别达到23.56万人、57.93万人、20.24万人、16.19万人、15.76万人、200.11万人，基金征缴收入分别达到13.46亿元、10.62亿元、0.7亿元、0.98亿元、0.46亿元、1.33亿元。

表14　2016年社会保险情况

指标名称	绝对数（万人）	比上年增长（%）
参加社会保险人数	333.79	3.2
基本养老	223.67	3.0
失业保险	16.19	5.4
工伤保险	20.24	4.0
基本医疗保险	57.93	2.3
生育保险	15.76	7.4

注：

1. 本公报所列各项数据为年度初步统计数据。

2. 生产总值和各产业增加值绝对数按当年价格计算，增长速度按可比价格计算。

·索　引·

SUO YIN

说　明

一、本索引采用分析索引法，按拼音字母（同音字母按声调）顺序排列。索引词条用字体表明；数字表示该词条内容所在页码；有关图表标题索引加注“图”、“表”字样。

二、本索引择其主要条目内容收录。内容重复出现的词条，可通过同一词条的不同页码进行检索。

数字、字母

A

B

C

D

F

G

H

J

K

L

M

N

P

Q

R

S

T

W

X

Y

Z

图书在版编目（CIP）数据

黔南年鉴. 2017 / 黔南州史志编纂委员会办公室编. —北京：方志出版社，2017.12

ISBN 978-7-5144-2756-1

Ⅰ. ①黔… Ⅱ. ①黔… Ⅲ. ①黔南布依族苗族自治州—2017—年鉴 Ⅳ. ①Z527.32

中国版本图书馆 CIP 数据核字（2017）第 296536 号

黔南年鉴（2017）

编　者：黔南州史志编纂委员会办公室
责任编辑：何明忠

出 版 社：方志出版社
地址　北京市朝阳区潘家园东里 9 号（国家方志馆 4 层）
邮编　100021
网址　http：//www.fzph.org
发　行：方志出版社经销中心
（010）67110500
经　销：各地新华书店
印　刷：成都市标点制版印务有限责任公司

开　本：889 × 1194　1/16
印　张：38.25
字　数：918 千字
版　次：2017 年 12 月第 1 版　2017 年 12 月第 1 次印刷
印　数：0001 ~ 1000 册

ISBN 978-7-5144-2756-1　定价：268.00 元